LITERATUR LEXIKON

Autoren und Werke deutscher Sprache

BAND 6

LITERATUR LEXIKON

Autoren und Werke deutscher Sprache

Band 1 bis 12
Autoren und Werke von A bis Z

Band 13 und 14
Literarische Begriffe
Epochen und Gattungen
Literaturwissenschaft und Buchwesen

Band 15 *Register*

Bertelsmann Lexikon Verlag

LITERATUR LEXIKON

Autoren und Werke deutscher Sprache

Herausgegeben von

WALTHER KILLY

unter Mitarbeit von
Hans Fromm Franz Josef Görtz Gerhard Köpf
Wilhelm Kühlmann Gisela Lindemann † Volker Meid
Nicolette Mout Roger Paulin Christoph Perels Ferdinand Schmatz
Wilhelm Totok Peter Utz

Beratende Mitwirkung und Bildkonzeption
Helmut Kindler

BAND 6

Bertelsmann Lexikon Verlag

Redaktionelle Leitung: Margarete Schwind
Redaktion: Heribert Däschlein, Ulrike Erbertseder, Linda Finnie, Hanna Forster, Bernhard Graßl, Dr. Helmut Hake, Barbara Handwerker Küchenhoff, Dr. Christian Kiening, Dr. Hans Leuschner, Arno Matschiner, Inga Rogg, Johannes Schulz, Eckard Schuster, Rita Seuß, Heinz Wittenbrink, Barbara Zollner

Bilddokumentation: Elisabeth Lezius, Christine Schnelzer
Buchgestaltung und Schutzumschlag: Wolfgang Mudrak

Herstellung: Manfred Flöttmann, Martin Kramer
Datentechnische Leitung: Hans Kreutzfeldt
Redaktions-Software: Bernd Wendt

Bildkapitel:
Uwe Johnson (Dr. Anita Krätzer)
Franz Kafka (Heribert Däschlein)
Gottfried Keller (Dr. Rolf Selbmann)
Heinrich von Kleist (Heribert Däschlein)
Konrad von Megenberg (Dr. Norbert H. Ott)

Druck und Bindung:
Mohndruck Graphische Betriebe GmbH, Gütersloh
Reproduktionen: SKU, München
Printed in Germany
Leinen: ISBN 3-570-04676-1
Halbleder: ISBN 3-570-03706-1

Verfasser der Lexikonartikel dieses Bandes

Dr. Erik Adam, Dr. Antonio Aguirre, Prof. Robert J. Alexander, Claus Altmayer, Prof. Dr. Alfred Anger, Ilse Auer, Dr. Friedhelm Auhuber, Dr. Achim Aurnhammer, Martina Backes, Dr. Dr. Änne Bäumer, Susanne Barth, Dr. Barbara Bauer, Dr. Karl W. Bauer, Stefan Bauer, Prof. Dr. Hanno Beck, Sabina Becker, Thomas Becker, Manfred Behn-Liebherz, Prof. Dr. Michael Behnen, Dr. Maria Behre, Jochen Bepler, Prof. Dr. Rüdiger Bernhardt, Prof. Dr. Eckhard Bernstein, Thomas Betz, Dr. Wolfgang Beyrodt, Dr. Raimund Bezold, Prof. Dr. Wolfgang Biesterfeld, Andreas Bildt, Helmut Blazek, Dr. Herbert Blume, Michael Böhm, Dr. Heiner Boehncke, Dr. Holger Böning, Prof. Dr. Klaus Bohnen, Gerhard Bolaender, Dr. Dorothea Bolte, Prof. Dr. Alexander Bormann, Reinhard Breymayer, Prof. Dr. Gisela Brinker-Gabler, Prof. Dr. Horst Brunner, Walter Buckl, Volker Busch, Elisabeth Chvojka, Prof. Dr. Gion Condrau, Prof. Dr. Victor Conzemius, Dr. Karl Corino, Sibylle Cramer, Prof. Dr. Thomas Cramer, Prof. Birgit Dankert, Dr. Heinrich Detering, Hartmut Dietz, Ingeborg Dorchenas, Alfred Dreyer, Prof. Dr. Klaus Düwel, Regina Dyck, Andrea Ehlert, Dr. Heidrun Ehrke-Rotermund, Prof. Dr. Michael Erbe, Bettina Eschenhagen, Dr. Edith Feistner, Bernhard Fetz, Prof. Dr. Gottfried Fischborn, André Fischer, Dr. Cornelia Fischer, Dr. Ernst Fischer, Prof. Dr. Josef Fleckenstein, Dr. Jürgen Fohrmann, Dr. Konrad Franke, Dr. Jutta Freund, Dr. Jochen Fried, Maria Frisé, Prof. Dr. Hartmut Fröschle, Prof. Dr. Dr. h.c. Hans Fromm, Dr. Frank Fürbeth, Prof. Dr. Kurt Gärtner, Prof. Dr. Klaus Garber, Dr. Iris Gareis, Sabine Geese, Prof. Dr. Ingeborg Glier, Dr. Bernd Goldmann, Prof. Dr. Dr. h.c. Walter Grab, Prof. Dr. Fritz Graf, Jürgen Grambow, Dr. Meinrad M. Grewenig, Dr. Wolfgang Griep, Dr. Martin Grill, Isabel Grübel, Dr. Uwe Grüning, Dr. Detlef Haberland, Dr. Wilhelm Haefs, Dr. Claudia Händl, Prof. Dr. Günter Häntzschel, Dr. Hiltrud Häntzschel, Lutz Hagestedt, Dr. Rainer Hank, Matthias Harder, Prof. Dr. Edward P. Harris, Dr. Anneli Hartmann, Prof. Dr. Peter Hasubek, Dr. Jens Haustein, Dr. Manfred Heiderich, Prof. Dr. Horst Heidtmann, Dr. Ingrid Heinrich-Jost, Prof. Dr. Horst Heintze, Prof. Dr. Ernst Hellgardt, Mechthild Hellmig, Gabriele Henkel, Prof. Dr. Nikolaus Henkel, Klaus Hensel, Werner Herbst, Prof. Dr. Ulrich Herrmann, Dr. Peter Heßelmann, Dr. Walter Hettche, Alex W. Hinrichsen, Dr. Achim Hölter, Dipl.-Bibl. Winfried Hönes, Prof. Dr. Heinz Holeczek, Detlef Holland, Prof. Dr. Johann Holzner, Prof. Dr. Christoph Huber, Martin Huber, Dr. Agnes Hüfner, Adrian Hummel, Bernhard Iglhaut, Stefan Iglhaut, Dr. Wilfried Ihrig, Prof. Dr. Ferdinand van Ingen, Michael Irmscher, Prof. Dr. Dr. Jürgen Jacobs, Dr. Andrea Jäger, Prof. Dr. Hans-Wolf Jäger, Dr. Detlev Janik, Dr. Josef Jansen, Dr. Brigitte Janz, Gerhard Jaschke, Dr. Herbert Jaumann, Heike John, Dr. Ulrich Joost, Dr. Renate Jürgensen, Matthias Jung, Dr. Werner Jung, H. Wolf Käfer, Prof. Dr. Klaus Kändler, Dr. Rudolf Käser, Dr. Peter Kapitza, Prof. Dr. Dieter Kartschoke, Dirk Kemper, Dr. Christian Kiening, Dr. Joseph Kiermeier-Debre, Prof. Dr. Dieter Kimpel, Dr. Arnulf Knafl, Dr. Reinhard

Knodt, Jörg Köhler, Peter König, Prof. Dr. Barbara Könneker, Prof. Dr. Ulrich Köpf, Jörg-Dieter Kogel, Dr. Rainer Kolk, Gisela Kornrumpf, Prof. Dr. Fritz Krafft, Hannes Krauss, Prof. Dr. Hans Joachim Kreutzer, Dr. Ingrid Kreuzer, Dr. Wynfrid Kriegleder, Dr. Detlef Krumme, Astrid Kube, Prof. Dr. Wilhelm Kühlmann, Prof. Dr. Hartmut Kugler, Walther Kummerow, Susanne Kunisch, Uli Kutter, Dr. Johann Lachinger, Dr. Gerhard Lampe, Peter Langemeyer, Michael Langer, Prof. Dr. Erwin Leibfried, Claudia Lenssen, Ulrike Leuschner, Prof. Dr. Virginia L. Lewis, Joachim Linder, Dr. Charles Linsmayer, Dieter Löffler, Prof. Dr. Dr. Reinhard Löw, Dr. Martin Loew-Cadonna, Sabine Lorenz, Prof. Dr. Günther Lottes, Dr. Matthias Luserke, Prof. Dr. Ulrich Mach, Dr. Hendrik Markgraf, Dr. Hanspeter Marti, Matias Martinez-Seekamp, Arno Matschiner, Prof. Dr. Gert Mattenklott, Dr. Albert Meier, Dr. Andreas Meier, Dr. Christoph Meinel, Dr. Sebastian Meissl, Dr. Ute Mennecke-Haustein, Prof. Dr. Otto Merk, Dr. Jörg Martin Merz, Dr. Dietrich Meyer, Dr. Jochen Meyer, Matthias Meyer, Prof. Dr. Eckhardt Meyer-Krentler, Dr. Annette Meyhöfer, Prof. Dr. Wolfgang F. Michael, Alain Michel, Dr. Rita Mielke, Prof. Dr. Jean Mondot, Prof. Dr. Elfriede Moser-Rath, Angelika Müller, Dr. Dominik Müller, Prof. Dr. Gerd Müller, Dr. Waltraud Müller, Dr. Wolfgang Erich Müller, Roger Müller-Farguell, Prof. Dr. Wolf-Dieter Müller-Jahncke, Prof. Dr. Kurt Müller-Vollmer, Prof. Dr. Gunnar Müller-Waldeck, Albert Mues, Prof. Dr. Volker Neuhaus, Dr. Bernd Neumann, Prof. Dr. Gerhard Neumann, Prof. Dr. Hans-Jürgen Nitz, Walter Olma, Bernadette Ott, Dr. Norbert H. Ott, Dr. Johannes G. Pankau, Prof. Dr. Sven Papcke, Prof. Dr. Walter Pape, Prof. Dr. Günther Patzig, Prof. Dr. Roger Paulin, Dr. Rolf Paulus, Dr. Kristina Pfoser-Schewig, Dr. Roland Pietsch, Dr. Beate Pinkerneil, Jörg Platiel, Prof. Dr. Hans Pörnbacher, Gesine v. Prittwitz, Prof. Dr. Ulrike Prokop, Prof. Dr. Fidel Rädle, Lutz Rathenow, Dr. Jürgen Rathje, Prof. Dr. O. F. Raum, Prof. Dr. Martin Rector, Quirinus Reichen, Dr. Pia Reinacher, Prof. Dr. Heimo Reinitzer, Gerda Riedl, Dr. Helmut Riege, Dr. Wolfgang Rieger, Prof. Dr. Bernd Roeck, Prof. Dr. Werner Röcke, Prof. Dr. Monika Rössing-Hager, Karin Rother, Dr. Thomas Rothschild, Dr. Johannes Sachslehner, Prof. Dr. Eda Sagarra, Jutta Sandstede, Prof. Dr. Paul Sappler, Hans Sarkowicz, Dr. Ingrid Sattel Bernardini, Prof. Dr. Gerhard Sauder, Prof. Dr. Gregory Schalliol, Dr. Renate Scharffenberg, Dr. Jürgen Schiewe, Dr. Jörg Schilling, Dr. Wolfgang Schimpf, Volker Schindler, Dr. Christine Schmidjell, Dr. Walter Schmitz, Dr. Sabine Schmolinsky, Dr. Barbara Schnetzler, Dr. Rainer Schönhaar, Dr. Detlev Schöttker, Prof. Dr. Manfred G. Scholz, Dr. Luise Schorn-Schütte, Prof. Dr. Hermann Schreiber, Rolf Schütte, Prof. Dr. Erhard Schütz, Hans J. Schütz, Armin Schulz, Prof. Dr. Gerhard Schulz, Johannes Schulz, Andreas Schumann, Gudrun Schury, Dr. Hans-Rüdiger Schwab, Leonore Schwartz, Dr. Christian Schwarz, Dr. Wolfgang Seibel, Prof. Dr. Peter Seidmann, Dr. Rolf Selbmann, Prof. Dr. Friedrich Sengle, Rita Seuß, Winfried Siebers, Dr. Reinhart Siegert, Dr. Franz Günter Sieveke, Friedhelm Sikora, Karl-Jörgen Simonsen, Dr. Johann Sonnleitner, Prof. Dr. Bengt Algot Sørensen, Dr. Stephan Speicher, Prof. Dr. Günter Spendel, Prof. Dr. Ingeborg Springer-Strand, Paul Stänner, Dr. Guido Stefani, Dr. Hajo Steinert, Frank Steinmeyer, Frauke Stiller, Andrea Stoll, Alfred Strasser, Dr. Gerhard Stumpf, Dr. Dieter Sudhoff, Dr. Erika Swales, Anette Syndikus, Dr. Joachim Telle, Reinhard Tenberg, Dr. Erika Timm, Prof. Dr. Michael Titzmann, Prof. Dr. Jochanan-C. Trilse-Finkelstein, Bertram Turner, Dr. Helgard Ulmschneider, Martin Unkel, Dr. Gesa M. Valk, Dr. Christa Veigl, Klaus Völker, Prof. Dr. Jochen Vogt, Dominica Volkert, Dr. Gisela Vollmann-Profe, Dr. Hartmut Vollmer, Prof. Dr. E. Theodor Voss, Prof. Dr. Wilhelm Voßkamp, Prof. Dr. Hans

Wagener, Dr. Armin A. Wallas, Prof. Dr. Johannes Wallmann, Jürgen P. Wallmann, Cornelia v. Wallmoden, Thedel v. Wallmoden, Dr. Klaus-Peter Walter, Dr. Ernst Weber, Walter Weber, Dr. Hilkert Weddige, Wolfgang Weismantel, Christoph Weiß, Dr. Ursula Weyrer, Heiner Widdig, Prof. Dr. Peter Wiesinger, Dr. Ulla Williams, Prof. Dr. Werner Williams-Krapp, Heinz Wittenbrink, Theresia Wittenbrink, Dr. Matthias Wörther, Dr. Rainer Wolf, Dr. Elsbeth Wolffheim, Dr. Elisabeth Wunderle, Prof. Dr. W. Edgar Yates, Dr. Carsten Zelle, Dr. Markus Zenker.

Abbildungsnachweis

Amerika-Gedenkbibliothek/Berliner Zentralbibliothek, Berlin (1); Archiv Klaus Wagenbach, Berlin (47); Nomi Baumgartl, München (1); Bayerische Staatsbibliothek München (4); Berliner Zentralbibliothek (6); Bildarchiv Preußischer Kulturbesitz, Berlin (15); Deutsche Fotothek Dresden (1); Deutsche Staatsbibliothek Berlin (1); Ursula Edelmann, Frankfurt (1); Dr. E. Fahlke/Johnson-Archiv, Frankfurt (5); Historisches Museum im Schloß Thun (1); Leonore Mau, Hamburg (1); Prof. Bernd Neumann, Trondheim/Foto Winter, Leipzig (1); Niedersächsische Staats- und Universitätsbibliothek, Göttingen (1); Österreichische Nationalbibliothek Wien (2); Klaus Podak, München (9); Toni Richter, München (4); Schiller-Nationalmuseum, Marbach (2); Staatliche Antikensammlung und Glyptothek München (1); Staatsbibliothek Preußischer Kulturbesitz, Berlin (2); Staats- und Universitätsbibliothek Hamburg (2); Suhrkamp Verlag, Frankfurt (2); Suhrkamp Verlag/Johnson-Archiv, Dr. E. Fahlke, Frankfurt (1); Ullstein Berlin (2); Ullstein/dpa (1); Ullstein/Uwe Reuter (1); Universitätsbibliothek Augsburg (1); Universitätsbibliothek Heidelberg (12); Universitätsbibliothek Würzburg (1); Ruth Walz, Berlin/Helga Kneidl, Hamburg (1); Württembergische Landesbibliothek, Stuttgart (1); Zentralbibliothek Zürich (21).

Schutzumschlagfoto: Kunsthaus Zürich/Gottfried-Keller-Stiftung.

Huhn, Kurt, * 18. 5. 1902 Elbing/Westpreußen, † 16. 9. 1976 Berlin/DDR. – Lyriker u. Erzähler.

Der Arbeitersohn war nach einer Schlosserlehre lange arbeitslos, übernahm Hilfsarbeiten u. veröffentlichte mit 18 Jahren erste Gedichte. 1923 wurde er Mitgl. der KPD, schrieb für die »Rote Fahne« Arbeiterkorrespondenzen (psycholog. Studien des Arbeitsalltags) u. für »Die Linkskurve«; 1928 war er Mitbegründer des Bundes proletarisch-revolutionärer Schriftsteller, dessen Sektion »Lyrik« er leitete. 1938-1940 im Konzentrationslager in Haft (dazu die Skizzen *Solange das Herz schlägt.* Halle 1960), lebte er anschließend im Untergrund. Nach 1945 Journalist, unterstützte er junge Autoren aus der Bewegung schreibender Arbeiter.

H. schrieb Naturlyrik sowie kommunistische Kampf- u. Arbeiterlieder (*Kampfruf!* Bln. 1925). In der DDR trat er neben kulturkrit. Essays mit parteipolit. Liedern hervor (*Nur der Gleichschritt der Genossen siegt.* Bln./DDR 1958).

WEITERE WERKE: Rhythmus der Zeit. Bln. 1923 (L.). – Flügelschlag der Epochen. Bln./SBZ 1948 (E.en). – Beschreibung eines Weges. In: Hammer u. Feder. Bln./DDR 1955, S. 160-181. – 22 Erzählungen. Bln./DDR 1977.

Detlef Holland

Humboldt, (Friedrich Wilhelm Heinrich) Alexander Frhr. von, * 14. 9. 1769 Berlin, † 6. 5. 1859 ebd.; Grabstätte: ebd., Schloß Tegel, Campo Santo. – Verfasser von Reiseberichten, Essays u. Naturbetrachtungen.

H. befreite sich im Salon von Henriette Herz u. nach einem äußerlich nicht erfolgreichen Studienbeginn in Frankfurt/O. seit 1788 aus den Fesseln seiner Jugendzeit, wenngleich Unrast u. immer wieder störende Krankheiten bis zum Beginn der Forschungsreise in die Tropen der Neuen Welt (1799) Begleiter eines ungehemmten Forschungseifers seiner sich mehr u. mehr ausprägenden Persönlichkeit blieben, die – bes. im Vergleich mit dem älteren Bruder Wilhelm – zunächst von der gesamten Umwelt unterschätzt wurde. Von 1788 an entwickelte er drei Forschungsprogramme, die ihn 1793 zu einer Methodologie, einer Leitwissenschaft u. dem Beginn einer speziellen Vorbereitung seiner Reise führten. 1793 wurde er mehrfach anerkannt, auch von Wilhelm, der seinem Genius in einem seitenlangen Brief huldigte. Seine Leitwissenschaft nannte H. eindeutig »Physikalische Geographie« (auch »physique du monde« = »Physik der Erde« oder »Theorie der Erde«); in ihrem Rahmen behandelte er Morphographie, Klimatologie, Erdmagnetismus, Hydrographie (Gewässer des Festlandes u. Ozeanographie), Geographie der Pflanzen, der Tiere u. des Menschen. Im Augenblick des Reisebeginns war er bereits der führende Geograph seiner Zeit. In der Verwirklichung des reisegeschichtl. Dreiklangs (sechsjährige Vorbereitung, fünfjährige Ausführung u. über drei Jahrzehnte währende Auswertung im größten privaten Reisewerk der Geschichte) wurzelte sein Weltruhm: Sein Reisewerk ist H.s größte wissenschaftl. Leistung. In ihm begründete er die Pflanzengeographie (*Ideen zu einer Geographie der Pflanzen.* Tüb., Paris 1807), wobei sich ein schöpferischer Gleichklang mit Goethe bei der Darstellung des »Naturgemäldes der Tropenländer« ergab, in der er erstmals seine »Hauptergebnisse« in einem dreidimensionalen Profil darstellte u. im Text ausführlich erläuterte: künstlerisch wie wissenschaftlich auf Ganzheit strukturiert u. von Goethe mit dem Profil einer »idealen Landschaft« begleitet. In seinem frz. Reisewerk (*Voyage aux régions équinoxiales du Nouveau Continent.* 30 Bde., Paris 1805-34. Neudr. Amsterd./New York

1970-73. Nur teilweise dt. Übers.en des eigentl. Reiseberichts: 4 Bde., Stgt. 1859/60; die einzige vollständige Übertragung von Therese Huber ist unbrauchbar) eröffnete er am Beispiel Mexikos (annehmbare dt. Übers.: *Versuch über den politischen Zustand des Königreichs Neu-Spanien.* 5 Bde., Tüb. 1809-14) u. Kubas (keine brauchbare dt. Übersetzung) die moderne geographische Landeskunde in meisterhafter Sprache u. Problemorientierung mit teilweise ungeahnt scharfer Argumentation gegen Sklaverei u. Entrechtung u. breiter Berücksichtigung der räuml. Verhältnisse des Menschen, auf den seine gesamte Physikalische Geographie stets bezogen blieb. H. gelang die entscheidende Neuformung der geographischen Landeskunde, weil er die Naturgeographie erstmals in ausgewogener u. sinnvoll beschränkter Art mit einer statistisch unterbauten sozialgeographischen Behandlung vereinigte. Ein Text, der infolge schlechter Zugänglichkeit wie die meisten Werke H.s nicht traditionsbildend wirken konnte.

Seit der Heimkehr aus Amerika 1804 widmete H. sich seinem Reisewerk, der Planung einer asiatischen Forschungsreise u. diplomatischen Missionen im Auftrag Preußens, dabei zumeist in Paris lebend. 1808 veröffentlichte er die populärwissenschaftl. *Ansichten der Natur* (Tüb. [3]1849), ein »rein auf deutsche Gefühlsweise berechnetes Buch«. Im Titel inspiriert von Georg Forsters, seines Lehrers, *Ansichten vom Niederrhein*, bestimmte H.s »Lieblingswerk« die Form des dt. Essays mit: in der rhetorischen Prägung des Anfangs u. des Schlusses in teilweise hexametrisch gebundener Sprache, der stilistisch überzeugenden, knappen Darstellung der Tropen, mit einer Fülle von Anregungen in den die Länge des Textes übertreffenden Anmerkungen. Goethe, der es sehr schätzte, würdigte den wichtigsten Essay *Ideen zu einer Physiognomik der Gewächse* in kongenialer Rezension. Kritiker haben, wie H. schließlich einmal selbst, die häufig verwendeten Adjektive beanstandet, die indessen die Fülle der Pflanzenwelt des Regenwalds u. der Feuchtsavannen ebenso wie die Vegetation der tropischen Hochgebirge (zum Beispiel der Páramo-Region) durchaus richtig kennzeichnen.

1827 kehrte H. aus Paris endgültig nach Berlin zurück u. hielt vielbeachtete u. anerkannte Vorlesungen über »Physikalische Geographie«, deren Drucklegung er schließlich zu seinem bekanntesten Werk, dem *Kosmos. Entwurf einer physischen Weltbeschreibung* (5 Bde., Stgt./Tüb. 1845-62), ausweitete: Beginnend mit der Astronomie ist der Physikalischen Geographie zwar auch jetzt noch der entschieden größte Anteil erhalten geblieben, doch ist das Werk in der Vereinigung von »Himmel und Erde« etwas Neues. Vom ausführlichsten Register eines dt. Buches aufgeschlossen, blieb es eine literar. Fundgrube ersten Ranges. Mitarbeiter waren außer den Brüdern Grimm viele weitere Philologen, aus deren Briefen oft reichlich zitiert wird. Auch deshalb sind H.s Urteile über Naturschilderungen u. die Entfaltung des Naturgefühls von der Antike über Georg Forster u. Bernardin de Saint-Pierre u. die Naturpoesie der Bibel viel beachtet worden. Sicher ist der *Kosmos* keine Kosmographie, vielmehr die auch stilistisch gelungene Form, in welcher der greise H. sich von der Welt der Erscheinungen verabschiedete. Das Werk war der größte Bucherfolg in der ersten Hälfte des 19. Jh. Wie die vorangehenden Vorlesungen bedeutete es das Ende der Romantik u. den Beginn eines naturwissenschaftl. Zeitalters. – Das Werk bezeugt keineswegs die Darstellung sämtl. Naturwissenschaften, wie bis heute immer wieder gemeint wurde, sondern die Synthese einer Ganzheit von geschaffener Welt (vom fernsten Nebelflecken bis zu unserer ird. Sphäre) u. der Reflexion des Menschen. Neben der äußeren Welt existiert im Inneren des Menschen die ideale Welt, die zum Kosmos-Begriff gehört. Haben reale u. innere Welt in der Darstellung Klarheit gewonnen, erschien H. der Titel *Kosmos* gerechtfertigt, wobei die eigentl. Entstehungsgeschichte des Universums Zukunftsaufgabe blieb. Die Ganzheit der Natur erschließt sich nur dem, der sie erforscht u n d erlebt. Mit Goethe teilte er die Überzeugung vom »Zusammenhang« aller Erscheinungen u. ihrer Ordnung, die er selbst z. B. in der Geographie der Pflanzen u. der Klimatologie empirisch erwies.

H. war der einflußreichste Mäzen seiner Zeit u. hat vielen Dichtern u. Schriftstellern geholfen, so Heine, Tieck, Klaus Groth u. Balduin Möllhausen. Zu seinen Bekannten gehörten Joachim Heinrich Campe, Claudius, Forster, Jacob u. Wilhelm Grimm, August Wilhelm Schlegel sowie Schiller u. Goethe samt ihren Familien. H.s Kenntnis auch der frz., span., engl. u. russ. Literatur war erstaunlich. Schon früh als »klassischer Prosaiker« der dt. Literatur bezeichnet, war H. ein Meister des Gesprächs u. des freien Sprechens – Goethe: »vielleicht der größte Redekünstler« –, gewiß der größte Geograph, der maßgebende Forschungsreisende u. der anregendste themat. Kartograph seiner Zeit, dessen Darstellungskunst als Essayist, als Schilderer seiner Expeditionen noch eingehender zu untersuchen wäre. Niemand ist von Goethe mehr anerkannt worden als er.

Weitere Werke: Relation Historique du Voyage aux régions équinoxiales du Nouveau Continent. 3 Bde., Paris 1814-25. Neudr., hg. v. Hanno Beck. Stgt. 1970. – Ges. Werke. 12 Bde., Stgt. o. J. [1889]. – Gespräche A. v. H.s. Hg. H. Beck. Bln. 1959. – Beiträge zur A.-v.-H.-Forsch. (Briefw. mit Gauss, Heinrich Christian Schumacher, Gustav Lejeune Dirichlet, Auszüge aus den Tagebüchern, Briefe an das preuß. Kultusministerium). Bisher 14 Bde., Bln./DDR 1968-85. – Studienausg. Hg. H. Beck. 7 Bde., Darmst. 1987 ff. – *Briefwechsel:* Briefe an Karl August Varnhagen v. Ense. Hg. Ludmilla Assing. Lpz. 1860. – Briefw. mit Heinrich Berghaus. 3 Bde., Lpz. 1863. – Correspondence inédite. 2 Bde., Paris 1865. – Briefe an Christian Carl Josias Frhr. v. Bunsen. Lpz. 1869. – Im Ural u. Altai. Briefw. mit Graf Georg v. Cancrin. Lpz. 1869. – Briefe an seinen Bruder Wilhelm. Hg. Familie Humboldt. Stgt. 1880. – Lettres américaines. Hg. Ernest Théodore Hamy. Paris 1904. – Goethes Briefw. mit den Gebrüdern v. Humboldt. Hg. Ludwig Geiger. Bln. 1909. – Briefe an Ignaz v. Olfers. Hg. Ernst Werner Mario v. Olfers. Nürnb./Lpz. 1913. – Briefw. mit Achille Valenciennes. Paris 1965. – Jugendbriefe 1787-99. Hg. Ilse Jahn. Bln./DDR 1973.

Literatur: *Bibliographien:* Karl Bruhns (Hg.): A. v. H. 3 Bde., Lpz. 1872. Bd. 2, S. 485-552. – Goedeke 14. – Hanno Beck: A. v. H. 2 Bde., Wiesb. 1959-61. Bd. 2, S. 345-380. – Studienausg., a. a. O. Bd. 1, S. 25-30. – *Weitere Titel:* H. Beck: A. v. H. u. Mexico. Bad Godesberg 1961. – Ders.: A. v. H.s amerikan. Reise. Stgt. 1985. [2]1988. – Ders.: A. v. H.s Reise durchs Baltikum nach Rußland u. Sibirien. Stgt. [3]1985. – Herbert Kessler (Hg.): Die Dioskuren. Probleme in Leben u. Werk der Brüder Humboldt. Mannh. 1986. – H. Beck u. Wolfgang-Hagen Hein: A. v. H.s Naturgemälde u. Goethes ideale Landschaft. Stgt. 1989.

Hanno Beck

Humboldt, (Friedrich) Wilhelm (Christian Karl Ferdinand) Frhr. von, * 22. 6. 1767 Potsdam, † 8. 4. 1835 Tegel bei Berlin; Grabstätte: ebd., Schloß Tegel, Campo Santo. – Schriftsteller, Staatsmann, Sprachwissenschaftler u. Philosoph.

H. entstammte väterlicherseits einer seit dem 15. Jh. im ostdt. Raum ansässigen, 1738 geadelten bürgerl. Familie, die Mutter, geb. Colomb, war hugenott. u. schottisch-dt. Herkunft. Wie sein Bruder Alexander hat auch H. keine öffentl. Schule besucht. Unterrichtet wurden die Brüder zunächst in Tegel, seit 1785 in Berlin, von Privatlehrern, die der Vater u., nach dessen Tod (1779), die Mutter unter den führenden Köpfen der Berliner Aufklärung rekrutierte. Elementarunterricht erteilte u. a. Joachim Heinrich Campe. Nach dem Studium der Naturwissenschaften u. der griech., lat. u. frz. Sprache wurde H. von Ernst Ferdinand Klein u. Christian von Dohm in die Staatswissenschaften eingeführt. Unter Johann Jakob Engel bearbeitete er die zeitgenöss. Philosophie u. las die Hauptschriften von Leibniz. H.s erste Publikation *Sokrates und Platon über die Gottheit* (Bln. 1787-90) verfocht den aufklärerischen Gedanken der natürl. Religion. In Berlin frequentierte er den Salon von Markus u. Henriette Herz u. schloß sich dem von ihr inspirierten »Tugendbund« an; durch sie wurde er mit Brendel Veit (die nachmalige Dorothea Schlegel), den Schwestern von Lengefeld (Charlotte heiratete 1790 Schiller) u. seiner späteren Frau, Caroline von Dacheröden (1766-1829), bekannt.

Nach einem Semester in Frankfurt/O. bezog H. 1788 für drei Semester die Universität Göttingen, studierte klass. Philologie bei Heyne, Naturwissenschaften bei Lichtenberg, der H. als einen der »besten Köpfe, die mir je vorgekommen sind« ansah, setzte sich mit Kant auseinander u. schloß Bekanntschaften u. Freundschaften mit August Wilhelm Schlegel, Georg u. Therese Forster u. Friedrich Heinrich Jacobi. Im Aug. 1789 besuchte er mit Campe das revolutionäre Paris, dann das Rheinland u. die Schweiz u. hielt seine Eindrücke in einem Tagebuch fest. Im Austausch mit Jacobi u. Forster entwickelte er in *Über Religion* (GS 1, S. 45-76) seine eigene philosophische Position.

Im Jan. 1790 trat er in Berlin in den preuß. Staatsdienst ein, wurde im selben Jahr Legationsrat u. Referendar, verließ aber bereits im Mai 1791 auf eigenen Entschluß den Dienst. Im Juni heiratete er Caroline u. verbrachte die folgenden Jahre auf deren Familiengütern in Thüringen. Dort trat er in nähere Beziehung zu Friedrich August Wolf, Carl von Dalberg, Goethe u. Schiller. Seine gesellschafts- u. staatspolit. Ansichten legte er in einer Reihe von Artikeln dar (u. a. *Ideen über Staatsverfassung, durch die neue französische Constitution veranlaßt.* GS 1, S. 77-85), die er 1792 in der »Berlinischen Monatsschrift« u. der von Schiller redigierten »Neuen Thalia« publizierte. Sie waren Teil der erst postum (Breslau 1851) veröffentlichten *Ideen zu einem Versuch die Gränzen der Wirksamkeit des Staates zu bestimmen.* Im Juni 1794 siedelte H. nach Jena über, wo er als krit. Berater u. Mitarbeiter Schillers u. später auch Goethes wirkte. H.s kreative Kritik begleitete u. förderte die Entstehung wichtiger Werke der Weimarer Klassik: u. a. Schillers ästhetische Schriften u. Gedankenlyrik, Goethes *Hermann und Dorothea.* Für Schillers »Horen« verfaßte H. zwei Beiträge: *Ueber den Geschlechtsunterschied* u. *Ueber männliche und weibliche Form* (1794, 1795. GS 1, S. 311-334, 335-369). Mit dem Bruder u. Goethe hörte er bei Justus Leder vergleichende Anatomie u. verarbeitete seine Einsichten in dem *Plan einer vergleichenden Anthropologie* (1797. GS 1, S. 377-410). Der Problematik des Nationalcharakters u. seiner Einbindung in die histor. Welt widmete H. die weitausholende Studie *Das achtzehnte Jahrhundert* (1797. GS 2, S. 1-112). Im Herbst 1797 zog er mit seiner Familie nach Paris, wo er, abgesehen von zwei längeren Reisen (Spanien: Nov. 1799 bis April 1800, Baskenland: Frühjahr 1801), bis zum Sommer 1801 verblieb. Dem Studium der frz. Gesellschaft des Directoire sich widmend, wovon die Tagebücher (GS 14-15) ein beredtes u. umfangreiches Zeugnis ablegen, unterhielt H. Kontakte zu den führenden frz. Politikern u. Intellektuellen, u. a. zu Sieyès, Roederer, Garat, Cabanis, Degérando, Daunou, Benjamin Constant u. Madame de Staël. In Paris schrieb er sein poetolog. Hauptwerk *Aesthetische Versuche I. Ueber Göthe's Hermann und Dorothea* (Braunschw. 1799) u. eine dessen Hauptthesen zusammenfassende frz. Bearbeitung für Frau von Staël (Paris 1799) sowie Aufsätze über frz. Theater u. Malerei für Goethes »Propyläen« (GS 2, S. 345-376, 377-400). Entdeckung u. Studium des Baskischen (1800) markierten für H. den Durchbruch zur eigenen Sprachauffassung u. Sprachwissenschaft, in der er eine Lebensaufgabe fand.

Von 1803 bis Ende 1808 war H. preuß. Ministerresident in Rom am Hl. Stuhl. Die diplomatischen Aufgaben mit Effizienz u. Geschick erledigend, verblieb ihm Zeit für eigenes Arbeiten. Außer dem Baskischen beschäftigten ihn nun die amerikan. Indianersprachen, Übersetzungen aus dem Griechischen (Pindars *Olympische Oden* u. Aischylos' *Agamemnon.* Lpz. 1816) u. Probleme der antiken Geschichte (*Latium und Hellas* u. *Geschichte des Verfalls und Untergangs der griechischen Freistaaten.* 1806 bzw. 1807/08. GS 3, S. 136-170, 171-218). Unter dem Eindruck von Schillers Tod schrieb H. die Elegie *Rom* (Bln. 1806), die bekannteste seiner dichterischen Arbeiten. Die Residenz in der Villa Gregoriana war Sammelpunkt der Künstler- u. Gelehrtenkolonie, zu der Thorwaldsen, Rauch, Schick, Karl Ludwig Fernow u. Johann Georg Zoëga gehörten. Unter den auswärtigen Besuchern befanden sich Frau von Staël, A. W. Schlegel u. Coleridge. Obwohl H. in Rom zwei Söhne verlor – von den acht Kindern der H.s starben drei im Kindesalter – bezeichnete er die röm. Zeit als die glücklichste seines Lebens. Nach dem Zusammenbruch Preußens nach Deutschland zurückgekehrt, übernahm H. die Sektion für Kultus u. Unterricht im Preußischen Innenministerium u. leitete 1809/10 mit energ. Hand die grundlegenden Reformen, durch die in kürzester Zeit ein allg. u. durchgehendes Erziehungssystem von der Elementarstufe bis zur Universität errichtet wurde. Bei der Gründung (1810) der später weithin als Modell genommenen Universität Berlin gelang es H. jedoch nicht, die durch eine Landschenkung vorgesehene Autonomie vom Staat durchzusetzen u. sie vor der Einführung hierarch. Strukturen zu schützen. 1811 als Gesandter nach Wien geschickt, bewirkte er maßgeblich den Beitritt Österreichs zur Großen Koalition gegen Napoleon. Bei den Verhandlungen zum ersten u. zweiten Pariser Friedensvertrag u. auf dem Wiener Kongreß, wo er sich erfolgreich für die jüd. Bürgerrechte u. ohne Erfolg für eine liberale Verfassung für den Deutschen Bund einsetzte, nahm H. als zweiter Bevollmächtigter Preußens teil. 1815 bis 1819 war er nacheinander preuß. Bevollmächtigter auf dem Bundestag in Frankfurt/M., Vorsitzender einer Steuerreform-Kommission u. preuß. Gesandter in London, 1819 kehrte er als Minister für ständ. Angelegenheiten nach Berlin zurück. Mit seinem Widerstand gegen die Karlsbader Beschlüsse u. dem Versuch, den großangelegten, bis ins Detail ausgearbeiteten Entwurf einer liberalen Verfassung (GS 2, S. 389-455) für Preußen durchzusetzen, scheiterte H. u. wurde am 31. 12. 1819 von König Friedrich Wilhelm III. aller Ämter enthoben. Seine Entlassung bedeutete das Ende seiner polit. Laufbahn u. die Eliminierung der Möglichkeit einer polit. Entfaltung des dt. Bürgertums in freiheitl. Institutionen.

Die Jahre 1820-1835, die H. mit wenigen Unterbrechungen (1828 eine Reise nach Paris u. London) auf dem von Schinkel klassizistisch umgestalteten Familiensitz in Tegel verbrachte, waren den sprachwissenschaftl. Forschungen gewidmet. In seinem Akademievortrag vom Juni 1820, *Ueber das vergleichende Sprachstudium in Beziehung auf die verschiedenen Epochen der Sprachentwicklung* (GS 4, S. 1-34), zog er das Fazit aus seiner bisherigen Arbeit u. entwarf ein umfassendes Forschungsprogramm, das er in den folgenden Jahren in regem Austausch mit Gelehrten Europas u. Amerikas (u. a. mit Bopp, A. W. Schlegel, Champollion, Jean Pierre Rémusat, Alexander Johnston, Peter S. Du Ponceau u. John Pickering) entfaltete. Im Besitz einer der umfangreichsten linguistischen Sammlungen Europas, gab es kaum eine Sprachgruppe, der er nicht seine Aufmerksamkeit schenkte. Die Schwerpunkte seiner Forschungen lagen auf den Sprachen von Süd-, Mittel- u. Nordamerika, dem Sanskrit, dem Chinesischen u. ab 1827/28 auf dem Malayischen u. den Sprachen des pazif. Raums. Die Verpflichtung regelmäßiger Akademievorträge, die H. sich auferlegt hatte, erlaubte ihm, eine zwischen philosophischem Essay u. wissenschaftl. Abhandlung kreativ sich bewegende Darstellungsform zu finden. Zu den bedeutenden, H.s Forschungsweg markierenden Vorträgen gehören *Ueber die Aufgabe des Geschichtsschreibers* (1821. GS 4, S. 35-56), *Ueber das Entstehen der grammatischen Formen und ihren Einfluß auf die Ideenentwicklung* (1822. GS 4, S. 285 bis 313), *Ueber die Buchstabenschrift und ihren Zusammenhang mit dem Sprachbau* (1824. GS 5, S. 107-133), *Ueber den Dualis* (1827. GS 6, S. 4-30), *Ueber die Sprachen der Südseeinseln* (1828. GS 6, S. 37-51) u. zwei Beiträge über die *Bhagavad-Gítá* (1826. GS 5, S. 158-189, 325-344). 1830 gab H. seinen Briefwechsel mit Schiller bei Cotta heraus, dem er einen meisterhaften Essay *Ueber Schiller und den Gang seiner Geistesentwicklung* voranstellte (GS 6, S. 492-527). Im gleichen Jahr erschien der Aufsatz *Rezension von Goethes Zweitem römischen Aufenthalt* (GS 6, S. 528-550), in dem er, wie in dem Schiller-Essay, die verschiedenen Seiten des Dichters von e i n e m Zentrum her zu deuten unternahm. Von einem umfangreichen, der Kawi-Sprache auf Java u. den pazif. Sprachen gewidmeten Werk konnte H. nur noch das erste Buch sowie die *Einleitung* (*Ueber die Verschiedenheit des menschlichen Sprachbaus und seinen Einfluß auf die geistige Entwickelung des Menschengeschlechts.* 1836. GS 7, S. 1-344), in der er seine sprachphilosophischen Ansichten zusammenfassend darstellte, selbst für den Druck vorbereiten. Der zweite u. dritte Band wurden 1838 u. 1839 (Bln.) von seinem Mitarbeiter Eduard Buschmann herausgegeben.

Das Werk H.s präsentiert sich in einer inhaltlich wie gattungsmäßig kaum überschaubaren Vielfalt; es wurde zu seinen Lebzeiten nur zu einem kleinen Teil veröffentlicht u. ist in allen bisherigen Editionen nur unvollständig erfaßt worden. Es besteht aus Essays, philosophischen Reflexionen u. Fragmenten, Studien, Aufzeichnungen u. Abhandlungen, deren Thematik sich von der Staatstheorie, Anthropologie, Ästhetik, Bildungstheorie, Literatur u. Geschichte bis zur Hermeneutik, Ethnologie, Linguistik u. Sprachphilosophie erstreckt. Hinzu kommen Nachdichtungen u. Übersetzungen (GS 8, u. a. auch Lukrez u. Aristophanes), eine bis ins Alter reichende dichterische Produktion (GS 9, u. a. *Weibertreue*, *Die Griechensklavin*, *An Alexander*, Alters-Sonette) u. zahlreiche polit. Denkschriften, die H.s bedeutenden geistigen u. schriftstellerischen Leistungen zuzurechnen sind. Zu H.s Werk gehört auch ein für die dt. Literatur- u. Geistesgeschichte nach Vielfalt, Welthaltigkeit u. Umfang einzigartiges Briefkorpus. Hierher gehören die Briefwechsel mit seiner Frau, dem Bruder, mit Bopp, Carl Gustav von Brinkmann,

Charlotte Diede, Gentz, Goethe, Henriette Herz, Jacobi, Körner, Schiller, A. W. Schlegel, Germaine de Staël, Welcker u. F. A. Wolf.

Im H.schen Œuvre stellen nur die *Ideen zu einem Versuch die Grenzen der Wirksamkeit des Staats zu bestimmen*, die *Aesthetischen Versuche* u. die *Kawi-Einleitung* relativ in sich abgeschlossene Werke dar. Dagegen überwiegen neben den für einen Anlaß verfaßten Essays u. Abhandlungen Entwürfe, Studien u. Darstellungen, bei denen es weniger um die endgültige Fixierung von Positionen geht, als darum, ein Problem von immer neuen Seiten u. in abgewandelten sprachl. Formulierungen zu entfalten.

Charakteristisch für H. ist die philosophisch wie methodologisch scharfe Herausarbeitung von Fragestellungen, um einen Problembereich in seiner Komplexität zu erfassen. Die unterschiedl. Wissensbereichen gewidmeten Texte verbindet Konsistenz des Fragens u. der Sichtweise u. sich durchhaltend artikulierende Begrifflichkeit. Das unterscheidet H.s Werk von den Geschlossenheit anstrebenden klass. Texten Goethes u. Schillers wie von der das Fragment u. die offene Form suchenden Romantik.

In *Über Religion* entwirft H. eine histor. Typologie des Verhältnisses zwischen Religion u. Staatsgewalt; der moderne Staat habe seinen Zweck darin, dem Bürger zu erlauben, »seine ganze Bestimmung als Mensch vollkommen zu erfüllen« (GS 1, S. 54). Dazu gehört, daß der unter den bisherigen Herrschaftsformen unterdrückten Sinnlichkeit freier Spielraum gewährt wird. Der Weg zu der von Kant geforderten Selbstbestimmung führt nur über die Kultivierung der Sinnlichkeit. Somit kommt dem Bereich des Ästhetischen eine Schlüsselfunktion zu, die »Kluft« zur sittl. Selbstbestimmung zu überwinden. Schiller hat in den *Briefen über die ästhetische Erziehung des Menschen* (1795) diese Idee aufgegriffen. Im 20. Jh. hat Herbert Marcuse (in *Gesellschaft und Triebstruktur*) sie aufs neue aktualisiert. In seinen beiden »Horen«-Aufsätzen von 1795 präzisierte H. seine These, indem er den Geschlechtsunterschied als biolog. u. anthropolog. Grundtatsache der Kultur herausstellte, in den *Ideen über Staatsverfassung [...]* beschränkt H. Funktionen u. Befugnisse der Staatsmacht bei der Sorge um »das Wohl seiner Bürger« so weit als möglich u. läßt als einzigen Maßstab die freie Selbstverwirklichung des Individuums, die »höchste und proportionierlichste Bildung seiner Kräfte zu einem Ganzen« (GS 1, S. 107), gelten. Der Bildungsbegriff H.s ist dabei – im Gegensatz zu herkömml. Anschauungen – politisch u. gesellschaftlich verankert: Bildung erfordert stets eine »Mannigfaltigkeit der Situationen« u. damit die freie Assoziation u. Kooperation mit andern. Während in England im 19. Jh. die H.schen *Ideen* von unterschiedl. Denkern wie Mill u. Matthew Arnold aufgegriffen wurden, stießen sie in Deutschland auf Mißverständnis u. Ablehnung (Lassalle, Treitschke); auch auf die akadem. Staatslehre u. das Denken der Politiker hatten sie keine Einwirkung. In *Aesthetische Versuche I* verbindet H. die Interpretation von *Hermann und Dorothea* mit der Grundlegung der Ästhetik u. Gattungstheorie. Aus der transzendentalen Fragestellung »wie sind überhaupt ästhetische Wirkungen durch den Künstler möglich?« (GS 2, S. 318) u. mit Hilfe einer aus Kant u. Fichte entwickelten Theorie der Einbildungskraft entwirft H. eine Wirkungsästhetik, die die Dichtkunst von der Dreiheit Künstler, Werk u. Rezipient her begreift. »Die Fertigkeit« der Kunst besteht darin, »die Einbildungskraft nach Gesetzen produktiv zu machen«, »die Einbildungskraft durch die Einbildungskraft zu entzünden« (S. 127), u. so »eine Art lebendiger Mittheilung« ins Werk zu setzen (S. 132). Poesie als »Kunst durch Sprache« u. Produkt der Einbildungskraft erschafft eine Welt eigener Totalität, die sie von der Realität abhebt. Von den Zeitgenossen hatte nur Schiller Verständnis für H.s Leistung, die, obwohl romant. Theoretiker u. idealistische Ästhetiker als unbenannter »Quelle« aus ihr schöpften (Schiller an H., 27. 6. 1798), sich von diesen grundlegend unterscheidet.

Die H.sche Sprachwissenschaft ist in ihrer universalen Spannweite u. theoret. Absicht auf das Ausmessen der menschl. Sprachfähigkeit gerichtet, die sich in der Vielfalt der natürl. Sprachen kundtut. Dabei durchdringen sich Empirie u. philosophisches Anliegen in für H. typischem Wechselbezug. Seine sprachphilosophische Position hat H. in einer Reihe von Texten dargelegt, die mit den aphorist. Thesen 1795/96 *Über Denken und Sprechen* (GS 7, S. 581-583) einsetzen u. mit der großen *Einleitung in die Kawi-Sprache* enden. Bereits in *Denken und Sprechen* formulierte H. das sog. Prinzip der doppelten Artikulation, der simultanen Segmentierung von Laut- u. Vorstellungsreihe bei der Rede, auf der auch der Zeichenbegriff der von Saussure ausgehenden Linguistik beruht. Doch hat sich H. der Reduktion der Sprache auf die Zeichenfunktion vehement widersetzt. Mit seinen Untersuchungen zu Lautsystem, zur Wortbildung, Lexikographie u. Syntax, in denen er dem Verfahren der Sprache »von endlichen Mitteln unendlichen Gebrauch zu machen« (*Einleitung*, GS 7, S. 99) nachgeht, bewegt er sich innerhalb von Fragestellungen, bei denen ihm erst die Sprachwissenschaft des 20. Jh. zu folgen vermochte. Von dieser wurde H.s Werk bisher nur in Teilaspekten rezipiert: Im 19. Jh. durch August Pott u. Heymann Steinthal u. im 20. Jh. durch die Anhänger der linguistischen Relativitätslehre (Sapir/Whorf), der Sprachinhaltsgrammatik (Weisgerber), der Transformationsgrammatik (Chomsky), der strukturalistisch-funktionellen Grammatik (Coseriu) u. der Interlinguistik (Wandruszka). Auch die histor. Hermeneutik von Droysen (*Historik*) u. Cassirers *Philosophie der symbolischen Formen* (1923-29) berufen sich auf H.s Sprachauffassung. H.s Analyse der Sprache als »bildendes Organ des Gedankens« (GS 7, S. 99), der Beziehungen zwischen Sprache u. Denken u. der durch die Sprache entworfenen »Weltansicht«, wie auch seine Auffassung der Sprachlichkeit des Verstehens, berühren sich mit den Bestrebungen der modernen Sprachphilosophie (Wittgenstein) u. der philosophischen Hermeneutik (bei Heidegger u. Gadamer unter Bezug auf H.). In jüngster Zeit findet eine vertiefte, über das dt. Sprachgebiet hinausgehende Auseinandersetzung mit H.s Sprachdenken u. Sprachwissenschaft statt.

Weitere Werke: *Gesamtausgaben:* Ges. Werke. Hg. Carl Brandes. 7 Bde., Bln. 1841-52. Neuaufl. Bln. 1988. – Ges. Schr.en (= GS). Hg. Königl. Preuß. Akademie der Wiss. 17 Bde., Bln. 1903-36. Abt. 1: Werke. Hg. Albert Leitzmann. Bde. 1-9 u. 13. Abt. 2: Polit. Denkschr.en. Hg. Bruno Gebhart. Bde. 10-12. Abt. 3: Tagebücher. Hg. A. Leitzmann. Bde. 14-15. Abt. 4: Polit. Briefe. Hg. Wilhelm Richter. Bde. 16-17. – Werke in fünf Bänden. Hg. Andreas Flitner u. Klaus Giel. Darmst. 1960-81. – W. v. H. Studienausg. Hg. Kurt Müller-Vollmer. 2 Bde., Ffm. 1970/71. – *Briefe:* Briefe an eine Freundin [Charlotte Diede]. 2 Tle., Lpz. 1847. Neuausg. Lpz. 1909. – Briefe an Friedrich Gottlob Welcker. Hg. Rudolf Haym. Bln. 1859. – Briefe an Friedrich Heinrich Jacobi. Hg. A. Leitzmann. Halle 1892. – Briefe an Franz Bopp. In: Salomon Liefmann: Franz Bopp, sein Leben u. seine Wiss. Nachtr. Bln. 1897, S. 1-104. – W. u. Caroline v. H. in ihren Briefen. Hg. Anna v. Sydow. 7 Bde., Bln. 1906-16. – Briefw. zwischen W. v. H. u. August Wilhelm Schlegel. Hg. A. Leitzmann. Halle 1908. – Goethes Briefw. mit W. u. Alexander v. H. Hg. Ludwig Geiger. Bln. 1909. – W. v. H. u. Frau v. Staël. Hg. A. Leitzmann. In: Dt. Rundschau 169 (1916), S. 95-112, 271-280, 431-442. 170 (1917), S. 95-108, 256-266, 425-435. 171 (1917), S. 82-95. – Georg u. Therese Forster u. die Brüder v. H. Urkunden u. Umrisse. Hg. ders. Bonn 1936. – Briefe an Karl Gustav v. Brinkmann. Hg. ders. Lpz. 1939. – Briefe an Christian Gottfried Körner. Hg. ders. Bln. 1940. – Briefe an Christine Reinhard-Reimarus. Hg. Arndt Schreiber. Heidelb. 1956. – Der Briefw. zwischen Friedrich Schiller u. W. v. H. Hg. Siegfried Seidel. 2 Bde., Bln./DDR 1962. – Briefe an Friedrich August Wolf. Hg. Philip Mattson. Bln./New York 1990.

Literatur: *Bibliographien:* Goedeke 14. – Paul Sweet (s. u.), Bd. 2, S. 530-556. – Philip Mattson: Verz. des Briefw. W. v. H.s. 2 Bde., Heidelb. 1980. – *Gesamtdarstellungen:* Gustav Schlesier: Erinnerungen an W. v. H. 2 Bde., Stgt. 1843-45. ^{2}1854. – R. Haym: W. v. H. Lebensbild u. Charakteristik. Bln. 1856. – Eduard Spranger: W. v. H. u. die Humanitätsidee. Bln. 1909. – Otto Harnack: W. v. H. Bln. 1913. – Siegfried Kaehler: W. v. H. u. der Staat. Mchn. 1927. Gött. ^{2}1963. – Robert Leroux: Guillaume de H. La formation de sa pensée jusqu'en 1794. Paris 1932. – Friedrich Schaffstein: W. v. H. Ffm. 1952. – Rudolf Freese (Hg.): W. v. H. Sein Leben u. Wirken, dargestellt in Briefen, Tagebüchern u. Dokumenten. Bln./DDR 1955. – Eberhard Kessel: W. v. H. Idee u. Wirklichkeit. Stgt. 1967. – Herbert Scurla: W. v. H. Bln./DDR 1970. Düsseld. 1974. – Luigi Heilmann: W. v. H. nella cultura contemporanea. Bologna 1976. – Paul R. Sweet: W. v. H. 2 Bde., Columbus/Ohio 1978-80. – Bernfried Schlerath (Hg.): W. v. H. Vortragszyklus zum 150. Todestag. Bln. 1986. – *Ästhetik, Kunst, Literatur:* O. Harnack: Die klass. Ästhetik der Deutschen. Lpz. 1892. – A. Leitzmann: W. v. H.s Sonettdichtung. Bonn 1912. – Karl Borinski: Die Antike in Poetik u. Kunsttheorie vom Ausgang des klass. Altertums bis auf Goethe u. W. v. H. Bd. 2, Lpz. 1924. – Gaetano Marcovaldi: Il pensiero estetico di Guglielmo H. In: Scritti di Estetica, W. v. H. Florenz 1934. – Horst Rüdiger: W. v. H. als Übersetzer. In: Imprimatur 7 (1936/37), S. 79-96. – R. Leroux: L'esthétique sexué de Guillaume de H. In: EG 3 (1948), S. 261-273. – Walther Rehm: Europ. Romdichtung. Mchn. ^{2}1960, S. 174-196. – K. Müller-Vollmer: Poesie u. Einbildungskraft. Zur Dichtungstheorie W. v. H.s. Stgt. 1967. – Cora Lee Price: W. v. H. u. Schillers ›Briefe über die ästhet. Erziehung des Menschen‹. In: JbDSG 11 (1967), S. 358-373. – Richey A. Novak: W. v. H. as a Literary Critic. Bern 1972. – *Politik und Bildung:* Bruno Gebhardt: W. v. H. als Staatsmann. Stgt. 1896-99. Neudr. Aalen 1965. – E. Spranger: W. v. H. u. die Reform des Bildungswesens. Bln. 1910. Tüb. 1965. – Friedrich Meinecke: Staat u. Persönlichkeit. Bln. 1933. – Helmut Schelsky: Einsamkeit u. Freiheit. Reinb. 1963. – Clemens Menze: W. v. H.s Lehre u. Bild vom Menschen. Ratingen 1966. – Gordon Craig: W. v. H. as a diplomat. In: Studies in International History. London 1967. – Ulrich Muhlack: Das zeitgenöss. Frankreich in der Politik H.s. Lübeck/Hbg. 1967. – K. Müller-Vollmer in: Studienausg. a. a. O. – C. Menze: Die Bildungsreform W. v. H.s. Hann./Dortm. 1975. – Ders. in: Vortragszyklus [...]. a. a. O. – *Anthropologie und Geschichte:* E. Spranger: W. v. H. ›Über die Aufgabe des Geschichtsschreibers‹. In: HZ 100 (1908). – Joachim Wach: Das Verstehen. Bd. 1, Tüb. 1926. Neudr. Hildesh. 1966. – Fritz Heinemann: W. v. H.s philosoph. Anthropologie u. Theorie der Menschenkenntnis. Halle/Saale 1929. – E. Spranger: ›Aufgaben des Geschichtsschreibers‹. In: HZ 174 (1952). – R. Leroux: L'Anthropologie comparée de Guillaume de H. Straßb. 1959. – Peter B. Stadler: W. v. H.s Bild der Antike. Stgt./Zürich 1959. – Manfred Riedel: Erklären oder Verstehen? Stgt. 1978. – *Philosophie und Sprachwissenschaft:* E. Spranger: W. v. H. u. Kant. Kant-Studien 13 (1908). – Ernst Cassirer: Die kantischen Elemente in W. v. H.s Sprachphilosophie. In: FS Paul Hensel. Greiz 1923. – Wilhelm Lammer: W. v. H.s Weg zur Sprachforsch. 1785–1801. Bln. 1936. – Helmut Gipper: W. v. H. als Begründer der modernen Sprachforsch. In: WWort 15 (1965), S. 1–19. – Bruno Liebrucks: Sprache u. Bewußtsein. Bd. 2: Sprache. W. v. H. Ffm. 1965. – Volker Heeschen: Die Sprachphilosophie W. v. H.s. Diss. Bochum 1972. – Hans-Werner Scharf: Chomskys H.-Interpretation. Diss. Düsseld. 1977. – Helmut Gipper u. Peter Schmitter: Sprachwiss. u. Sprachphilosophie im Zeitalter der Romantik. Tüb. 1979. – Tilman Borsche: Der Begriff der menschl. Rede in der Sprachphilosophie W. v. H.s. Stgt 1981. – Wulf Oesterreicher: Wem gehört H.? In: FS Eugeniu Coseriu. Bd. 1, Bln. u. a. 1981. – Ulrike Buchholz: Das Kawi-Werk W. v. H.s. Münster 1986. – Jürgen Trabant: Apeliotes oder der Sinn der Sprache. Mchn. 1986. – Klaus Welke (Hg.): Sprache, Bewußtsein, Tätigkeit. Zur Sprachkonzeption W. v. H.s. Bln./DDR 1986. – Peter Schmitter: Das sprachl. Zeichen. Münster 1987. – Tullio De Mauro u. Lia Formigari (Hg.): Leibniz, H., and the Origins of Comparativism. Amsterd./Philadelphia 1988. – Hans-Werner Scharf (Hg.): W. v. H.s Sprachdenken. Essen 1988. – T. Borsche: W. v. H. Mchn. 1989.

Kurt Müller-Vollmer

Humery, Konrad, * nach 1400 Mainz, † vor 1478 ebd. – Übersetzer.

Der Sohn eines Mainzer Kaufmanns studierte 1421 in Erfurt, 1421–1423 in Köln. 1427 begab er sich nach Bologna, wo er 1432 im kanonischen Recht promovierte u. wahrscheinlich auch mit humanistischen Lehrern Kontakt aufnahm. Seit 1435 war er Syndikus seiner Vaterstadt; als Führer der Zünfte war er am Sturz des Geschlechterregiments 1444 beteiligt. Er wurde Kanzler u. Schreiber des Neuen Rats der Zwanzig. In der Bischofsfehde zwischen Dietrich von Isenburg, in dessen Dienst er 1459 getreten war, u. Adolf II. von Nassau nahm H. für Dietrich Stellung u. geriet nach dem Sieg Adolfs u. der Eroberung von Mainz 1462 in Gefangenschaft. 1471 jedoch entschädigte ihn der neue Bischof Adolf für die erlittenen Verluste. In Mainz stand H. Gutenberg nahe.

Sehr wahrscheinlich verfaßte H. während seiner einjährigen Gefangenschaft die handschriftlich erhaltene Übersetzung von Boëthius' *De consolatione philosophiae,* mit der er »den ungelarten« ein Werk »zu beßerung irs leben auch selen« in »mütterlichen zungen«, aber auch »allen gefangenen und auch allen den, die in anderm trocke, anfechten vnd lyden des elende dieses jamertalis der werlde buwent und doldent« eine Trostschrift bieten wollte. H. bemühte sich um ein leicht verständl. Deutsch, verzichtete weitgehend auf rhetorischen Schmuck, verdeutschte die stoische Philosophie des Boëthius u. gab ihr ein eindeutig christl. Gepräge. Zahlreiche Weglassungen, v. a. aber sich zu kleinen Exkursen erweiternde Zusätze u. Glossen weisen auf H.s starkes persönl. Interesse hin.

LITERATUR: Otto Herding: Probleme des frühen Humanismus in Dtschld. In: AKG 38 (1956), S. 344–389. – M. Mommert: K. H. [...]. Diss. Münster 1965. – H. F. Geldner: Johannes Gutenberg, Johannes Fust u. Dr. K. H. In: Börsenbl. für den dt. Buchhandel, Frankfurter Ausg. 24 (1968), S. 309–317. – Eckhard Bernstein: Die Lit. des dt. Frühhumanismus. Stgt. 1968, S. 93 f. – Franz Joseph Worstbrock: H. In: VL.

Eckhard Bernstein

Humm, Rudolf Jakob, * 13. 1. 1895 Modena, † 27. 1. 1977 Zürich. – Erzähler, Essayist, Kritiker u. Übersetzer.

H., Sohn eines Aargauer Kaufmanns, wuchs in behüteter Umgebung in Modena auf; er hielt die Erinnerungen an diese italienische Kindheit, die ihm Stoff für seine schönsten literarischen Werke liefern sollte, lebenslang in sich wach. Ab 1915 studierte er in München, Göttingen, Berlin u. Zürich zunächst theorethische Physik, dann Nationalökonomie. 1922 brach er sein Studium ab u. lebte von da an, seit 1923 verheiratet mit der schottischen Künstlerin Lili Crawford, als freier Schriftsteller, Journalist u. Übersetzer in Zürich.

Als Erzähler debütierte H. 1928 mit *Das Linsengericht. Analysen eines Empfindsamen* (Freib. i. Br.). Der Roman schildert die Erlebnisse einer Gruppe junger Leute während eines winterl. Ferienaufenthalts in den Bergen u. ist v. a. seiner feinsinnigen Psychologie wegen bedeutsam. Bewegend ist auch das Porträt eines gewissen Werner, hinter dem sich der geniale Musikgelehrte Wolfgang Graeser (1906-1928) verbirgt. Das Buch fand u. a. die begeisterte Zustimmung Hesses, mit dem H. von da an in einem intensiven Gedankenaustausch stand (*Briefwechsel Hermann Hesse - Rudolf J. Humm.* Hg. Ursula u. Volker Michels. Ffm. 1977). Eine erste, außerordentlich poetische u. stimmungsvolle literar. Aufarbeitung der ital. Kindheit brachte der Roman *Die Inseln* (Zürich 1936. ²1968. Ffm. 1980. Neuausg. 1990), der als H.s gelungenste künstlerische Leistung angesehen wird. Das Titelwort bestimmt Konzept u. Stimmungslage; es meint »aus dem Meer des Vergessenen« wieder aufgetauchte Momente gelebten Lebens, die sich zu einem mehr assoziativ als logisch verknüpften Mosaik zusammenfinden.

In den 30er Jahren wurde H.s Wohnung im Zürcher »Rabenhaus« zur Anlaufadresse vieler aus Deutschland emigrierter Schriftsteller u. zu einem Insidertreffpunkt, wo junge Schweizer Autoren (Glauser, Zollinger, Hohl, Adrien Turel, Albert Bächtold) ihre Arbeiten vorstellen u. beurteilen lassen konnten. H. hat diese Epoche lebendig beschrieben im Memoirenbuch *Bei uns im Rabenhaus. Aus dem literarischen Zürich der Dreissigerjahre* (Zürich 1963. Neuausg. 1975). Romanhafte Gestaltung fand diese Zeit in *Carolin. Zwei Geschichten aus seinem Leben* (Zürich 1944), einem Werk, das sich als Schlüsselroman der dt. Emigration im Zürich der Jahre 1933/34 lesen läßt (siehe dazu: Werner Mittenzwei: *Exil in der Schweiz.* Lpz. ²1981). Ab 1938 leistete H. auch als Übersetzer einen Beitrag zur geistigen Öffnung der schweizerischen Enge. Vorwiegend für die sozialistische »Büchergilde Gutenberg« übertrug er Werke von Ignazio Silone, Monique Saint-Hélier, Denis de Rougemont, Orlando Spreng, C.-F. Landry u. andere. Für seine Kinder richtete H. um 1940 in seinem Haus ein Marionettentheater ein, für das er Stücke wie *Theseus und der Minotaurus* (Zürich 1943) schrieb. Für die große Bühne war er erfolgreich, als er mit *Der Pfau muß gehen* (Zürich 1951), einem »Festspiel, das keines sein will«, den ersten Preis im Dramenwettbewerb der Stadt Zürich anläßlich der 600-Jahr-Feier des Zürcher Beitritts zur Eidgenossenschaft gewann.

Obwohl H. seit 1936, als ihn die Moskauer Prozesse zu einem Umdenken bewogen hatten, nicht mehr parteipolitisch engagiert war, behielt er dennoch zeitlebens eine dezidiert gesellschaftskritische, »linke«, aber in keiner Weise orthodoxe Haltung bei. Dieser Nonkonformismus kommt v. a. in seiner »Einmannzeitschrift« »Unsere Meinung« zum Ausdruck, die er von 1948 bis an sein Lebensende als weitgehend einziger Textverfasser selbst redigierte, druckte, verlegte u. vertrieb. Unter den Romanen, die er nach 1945 noch veröffentlichte, verdienen *Der Vogel Greif* (Zürich 1953) u. *Der Kreter* (Zürich 1973) Beachtung. Mit dem ersten unternahm H. den Versuch, seine ital. Kindheit ein zweites Mal, aber jetzt mit größerer Faktengenauigkeit, zu gestalten, während *Der Kreter* sich kritisch mit dem zeitgenöss. Zürich der Hochkonjunktur auseinandersetzt. Eher unterhaltenden Wert haben *Spiel mit Valdivia* (Zürich 1964), ein humoristischer Gesellschaftsroman um einen hochstaplerischen falschen Schachmeister, *Alex der Gauner* (Bern 1966), ein in Süddeutschland spielender Schelmenroman, u. *Lady Godiva* (Zürich 1980), ein Zirkusroman. Weitere Elemente aus H.s Lebensgeschichte sind in *Universität oder Ein Jahr im Leben des Daniel Seul* (Zürich 1977) sowie im postum erschienenen Band *Ich bin ein Humm* (Zürich 1982) enthalten, der Texte aus »Unsere Meinung« zusammenfaßt. Auszüge aus dieser Zeitschrift sind auch u. d. T. *Mitzudenken. Reflexionen aus zwei Jahrzehnten* (Bern 1969. Nachw. von François Bondy) erschienen.

H., in dessen Schreiben sich intellektuelle Verve, sprachl. Präzision u. gelegentlich eine gewisse Spröde manifestieren, stand zwischen Tradition u. Moderne u. nahm in den Augen vieler jüngerer Schweizer Literaten die Position eines glaubwürdigen Vermittlers ein. 1969 erhielt er den Literaturpreis der Stadt Zürich.

Weitere Werke: Glimmer u. Blüten. Ges. N.n. Herrliberg 1945. – Die vergoldete Nuss. Basel 1951 (N.). – Die Schuhe des Herrn Lamy. Szenen aus der Pariser Kommune. Zürich 1953 (D.). – Sieben Märchen der Elisa Barbanti. Zürich 1953. – Springinsfeld u. Sauerkloß oder Das Freudenfest. Ein Märchen. Aarau 1954. – Kleine Komödie. Zürich 1958 (R.). – Die Nelke oder Freut euch des Lebens. Zürcher Novelle. Zürich 1962. – Der Wicht. Zürich 1976 (R.).

Literatur: Barbara Loepfe u. Christine Voss: R. J. H. In: Werner Weber (Hg.): Helvet. Steckbriefe. Zürich 1981. – Eric Streiff: Nachw. zu R. J. H.: Das Linsengericht. Hg. Charles Linsmayer. In: Frühling der Gegenwart. Zürich 1981. – Malcolm Pender: Nachw. zu: R. J. H.: Die Inseln. Ffm. 1990.

Charles Linsmayer

Huna, Ludwig, * 18. 1. 1872 Wien, † 28. 11. 1945 St. Gallen. – Dramatiker, Romancier.

In Wiener Neustadt u. Krakau zum Berufsoffizier ausgebildet, mußte H. 1906 wegen einer Duellverweigerung den Dienst quittieren. Als Dramatiker nicht sehr erfolgreich (u. a. *Erstarrte Menschen.* Bln. 1902. *Lockere Vögel.* Bln. 1908), konnte H. von seinen nach 1911 entstandenen Romanen als freier Schriftsteller leben u. gewann v. a. in der Zwischenkriegszeit ein breites Lesepublikum. Seine historisch verbrämte Voyeursprosa hat noch heute Liebhaber. War der Roman *Offiziere* (Bln. 1911. [8]1913) noch durch eigene Militärärgernisse geprägt, so fand er nach dem Ersten Weltkrieg u. dem Ende der Zensur zu einer erzählerisch konventionellen Darstellung hemmungsloser Tat- u. Genußmenschen. Sein größter Erfolg war die *Borgia-Trilogie* (*Die Stiere von Rom.* 1920. *Der Stern des Orsini.* 1921. *Das Mädchen von Nettuno.* 1922. Alle Lpz. 1 Bd., Wien 1938. 3 Bde., Mchn. 1977). Mit dem Renaissanceroman *Die Kardinäle* (Salzb. 1939) versuchte H. noch einmal an diese Erfolgsthematik anzuknüpfen.

Weitere Werke: *Romane:* Monna Beatrice. Lpz. 1913. Wien 1977. – Die Harmonien im Hause Sylvanus. Lpz. 1915. – Der Kampf um Gott. Lpz. 1923. – Wieland der Schmied. Lpz. 1924. – Die Verschwörung der Pazzi. Lpz. 1925. – Granada in Flammen. Lpz. 1927. – Der Goldschmied v. Segovia. Lpz. 1929. – Bartholomäusnacht. Lpz. 1932. – Die Hackenberg. Lpz. 1935. – Nacht über Florenz. Bln. 1939. – Linde Schönwaiz. Wien 1954. *Hermann Schreiber*

Hund, Samuel, * um 1620 Buckau bei Herzberg, † nach 1660 Dresden (?). – Lyriker u. Historiograph.

Über den Lebenslauf H.s ist nicht viel bekannt. Um 1640 ist er als Lehrer in Meißen nachzuweisen. Nach Studien in Altdorf (1642) u. Leiden (1650) u. längeren Reisen nach Italien, Frankreich u. Holland erwarb er 1654 in Straßburg den Grad eines lic. jur. Neben Harsdörffer u. Klaj gehörte H. 1645 als Myrtillus I. zu den Gründungsmitgliedern des Pegnesischen Blumenordens. Seit Mitte der 50er Jahre stand er als Hofmeister u. kurfürstlich-sächs. Rat im Dienst Johann Georgs III. von Kursachsen. Er hinterließ eine reichhaltige Bibliothek.

Aus der Feder H.s ist nur wenig überliefert. 1640-1642 schrieb er einige Gelegenheitsgedichte für Hamburger Bürger. 1645 beteiligte er sich am *Pegnesischen Schäfergedicht*, 1646/47 verfaßte er *Hirten-Gedichte* für Harsdörffers *Gesprächspiele*, in den 50er Jahren eine Reihe lat. Gelegenheitsgedichte (Stolberg Nr. 7911 u. 22 499). 1651 veröffentlichte er eine äußerst selten gewordene Sammlung *Geistliche Lieder* (Leiden). 1653 gab er unter dem Pseud. Numa Sedulia *Innocentii X. Bullam ac defensionem Belgarum contra illius Bullae receptionem* heraus.

Literatur: Jöcher. – Herdegen, S. 238-241. – Zedler. – Heiduk/Neumeister, S. 57, 387. – Kosch. *Renate Jürgensen*

Hundt-Radowsky, Joachim (*Johann*) Hartwig von, * 1779 oder 1780 Gut Schlieven bei Parchim/Mecklenburg, † 15. 8. 1835 Burgdorf/Kt. Bern. – Lyriker, Erzähler u. Publizist.

H., Sohn eines Gutsbesitzers aus mecklenburgischem Landadel, nahm 1806 im Alter von 26 Jahren (Immatrikulationsakten) ein Jurastudium an der Universität Helmstedt auf. 1807 veröffentlichte er erste Gedichte u. Erzählungen u. d. T. *Blüten des Lebens* (Bln.). Der sicheren Juristenlaufbahn – 1810-1813 Hofgerichtsadvokat in Parchim – zog er die journalistische vor, die ihn in heftige Fehden verwickelte. Einerseits engagierter Verfechter der bürgerl. Freiheiten, Republikaner mit jakobin. Tugendliebe, Sympathisant der poln. Befreiungsbewegung – aus diesem Grund legte er sich den Beinamen Radowsky zu –, gilt er andererseits durch seine antisemitischen Hetzschriften wie *Judenspiegel. Ein Schand- und Sittengemälde alter und neuerer Zeit* (Würzb. 1819) als ein Propagandist der Hep-Hep-Pogrome im Sommer 1819. In H.s Schlüsselroman *Truthähnchen. Ein satyrisch-komischer Roman* (Merseburg 1820. Rezension von Börne in: Die Wage 1,8, 1820) mischt sich Ärger über die Praktiken August Kuhns, Herausgeber des »Freimüthigen«, dessen Mitarbeiter H. war, mit antisemitischen Entgleisungen. Auch die lebendigen Zeit- u. Charakterstudien des autobiograph. *Wiechart oder aus dem Leben eines alten Demagogen* (3 Bde., Liestal 1835) in witzig-iron. Stil – dort gibt H. das Geburtsjahr seines Alter ego Wiechart (= Hartwig) mit 1769 an – verlieren viel durch H.s antijüd. Vorurteile.

Der Staatsgewalt in der Metternichära trat H. mit zahlreichen Broschüren entgegen. Den Bespitzelungen der polit. Polizei entzog er sich durch Ortswechsel: Nach Aufenthalten in Berlin u. Leipzig war er ab 1818 in Altenburg, ab 1820 längere Zeit in Straßburg, das er schon früher einige Male besucht hatte, ging von dort 1834 in die Schweiz, wurde aus Appenzell ausgewiesen u. lebte zuletzt in Burgdorf.

Mit Lust an der Polemik scheute H. auch Flügelkämpfe nicht; eine Schrift des Regimekritikers Maximilian von Grävell rezensierte er größtenteils negativ, nahm aber das Verbot dieser Rezension durch die preuß. Zensurbehörde zum Anlaß prinzipieller Agitation gegen geistige Unterdrückung (*Über Herrn Regierungsrath Grävell's Werk [...] und über Censur, Steindruck, Geistesdruck und anderen Druck*. Lpz. 1819).

Zeigte H. bis etwa 1830 noch eine gewisse Verständigungsabsicht gegenüber den Machthabern, radikalisierte er in seinen späten Schriften Inhalt u. Ausdruck kompromißlos. Seine Zeitschrift »Die Geissel« (2 H.e, Straßb. 1832), gegen die Heilige Allianz, den Bundestag u. Metternich gerichtet, brachte ihn auf die schwarze Liste der Bundeszentralbehörde zur Überwachung der Deutschen im Ausland. Leidenschaftlich ergriff H. Partei für das unterdrückte Polen (*Polen und seine Revolution*. 2 Bde., Stgt. 1831) u. mahnte noch im Schweizer Exil demokratische Tugenden an (*Der Schweizerspiegel*. Stgt. 1831).

WEITERE WERKE: Harfe u. Speer. Bln., Lpz. 1815 (L.). – Kotzebues Ermordung. Bln. 1819. – Über die Gewaltstreiche der Regierungen [...] gegen die Preßfreiheit in Baiern, Würtemberg u. Baden. Straßb. 1832. – Die sieben Todsünden der Liberalen. Burgdorf 1834.

Ulrike Leuschner

Hunnius, Monika, * 2. (14.?) 7.1858 Narva, † 10. 12. 1934 Riga. – Verfasserin (auto-)biographischer Schriften.

Die Pastorentochter aus balt. Patriziat wuchs in Narva u. Riga auf, ging 1882 nach Frankfurt/M., wo sie eine Gesangsausbildung erhielt, verkehrte freundschaftlich mit Brahms u. Clara Schumann u. ließ sich dann in Riga als Gesangs- u. Sprechpädagogin nieder. Ein Nervenleiden führte in den 20er Jahren zu einer Lähmung (bis zum Verlust ihres Sprechvermögens).

H., eine der bekanntesten dt.-balt. Autorinnen, begann auf Anregung des mit ihr verwandten Hesse, der sich auch bei Verlegern für sie einsetzte, zu schreiben (*Mein Onkel Hermann*. Heilbr. 1921. 101.-105. Tsd., 1984). Die russ. Besatzungszeit hielt sie in *Bildern aus der Zeit der Bolschewikenherrschaft in Riga* (ebd. 1921) fest, die zeit- u. kulturgeschichtlich bedeutsam sind, da sie neben den polit. Verwerfungen auch die untergegangene Welt dt.-balt. Volkstums u. das Zusammenleben der balt. Völker eindringlich dokumentieren. H. verfaßte außerdem Charakter- u. Landschaftsskizzen (*Menschen, die ich erlebte*. Heilbr. 1911. 87.-90. Tsd., 1962. *Italienische Reise*. Ebd. 1935) u. autobiograph. Schriften (u. a. *Mein Elternhaus*. Ebd. [14]1986. *Meine Weihnachten*. Ebd. 1922. [39]1982).

WEITERE WERKE: Balt. Häuser u. Gestalten. Heilbr. 1926. – Aus Heimat u. Fremde. Ebd. 1928. – Wenn die Zeit erfüllet ist. Hg. Anne-Monika Glasow. Ebd. 1936. [4]1959 (Briefe u. Tagebuchbl.).

LITERATUR: Erik Thomson in: Ostdt. Monatsh.e 25 (1958/59), S. 942-944. – Eckhard Schulz: H. In: NDB.

Christian Schwarz

Hunold, Christian Friedrich, auch: Menantes, * 19. 9. 1681 Wandersleben/Thüringen, † 6. 8. 1721 Halle/Saale. – Verfasser von Romanen, Lyrik, Briefstellern, Poetiken, Verhaltensanleitungen; Übersetzer.

H. zählt wie Bohse zu den ersten Autoren, denen der literar. Markt die Möglichkeit eröffnete, von der Schriftstellerei zu leben. Der Sohn eines gräflich Hatzfeldschen Amtmanns besuchte die Schulen in Weißenfels u. studierte ab Juni 1698 in Jena Rechtswissenschaft. Daneben beschäftigte er sich mit Sprachen, Rhetorik, Poesie u. Musik. Finanzielle Schwierigkeiten zwangen ihn Anfang 1700 zum Abbruch des Studiums. Auf dem Weg nach Hamburg lernte er seinen späteren Biographen, den Buchhandelsgehilfen Benjamin Wedel, kennen. Dieser vermittelte, als H. in Hamburg aus Not zu schreiben begonnen hatte, den Kontakt zu Georg Liebernickel, der die meisten Schriften H.s verlegte.

H. war ein vielseitiger u. produktiver Autor. Er schrieb eine thematisch weitgespannte u. formenreiche Lyrik (*Die edle Bemühung müssiger Stunden*. 2 Bde., 1702. [4]1729. Erw. u. d. T. *Galante, Verliebte Und Satyrische Gedichte*. 1704), die – in der Nachfolge von Hoffmannswaldau – auch Ironie u. Satire als künstlerisches Mittel einsetzt. Das »Galante« äußert sich in einem andeutenden, verschiedene Tonlagen verknüpfenden Sprechen über Sinnlichkeit u. Sexualität, das dem Leser in der Art der Bewältigung des Gegenstands intellektuellen u. emotionalen Genuß bereiten will. Erfolgreich war H. auch mit zwei dem ital. Geschmack entgegenkommenden Opernlibretti (*Die über die Liebe Triumphirende Weisheit / Oder: Salomon.* 1703. ^{4}1713. *Der Gestürzte und wieder Erhöhte Nebukadnezar.* 1704. ^{4}1728. Neudr. Mchn. 1980) sowie mit Briefstellern, die einen am frz. Klassizismus orientierten Begriff des natürl. Stils propagieren (*Die Allerneueste Art Höflich und Galant zu Schreiben.* 1703. ^{6}1729). Vor allem aber entsprachen seine vier, bis zur Jahrhundertwende mehrfach aufgelegten Romane, die »galante Conduite«, d. h. Regeln u. Exempel einer personen- u. situationsbezogenen Etikette vermitteln, dem Geschmack eines adligen u. patrizisch-bürgerl. Publikums, das sich mit erot. Geschichten aus der Sphäre der Höfe unterhalten wollte (*Die Verliebte und Galante Welt.* 1700. Tl. 2 1707. *Die Liebens-Würdige Adalie.* 1702. Neudr. Stgt. 1967. *Der Europäischen Höfe Liebes- Und Helden-Geschichte.* 1705. Neudr. Bern/Ffm. 1978. 1. Forts. von Johann Georg Hamann. Hbg. 1728. ^{3}1741. 2. Forts. Hbg. 1740. ^{2}1747). Mit der Veröffentlichung des *Satyrischen Romans* (1706. Stade 1718 mit einem 2. Tl. Neudr. Bern/Ffm. 1973) beendete H. sein Leben als freier Autor, das er – wie die gescheiterte Bewerbung am Hof von Eutin zeigt – nicht als Existenzform anstrebte, aber zu nutzen wußte.

H. hat sich nie gescheut, seine Feder für seine literar. Überzeugungen (z. B. in der satir. Komödie *Der Thörichte Pritschmeister.* 1704) wie zur persönl. Rache einzusetzen, wobei beides wohl auch der Hebung seines Marktwerts dienen sollte. Im *Satyrischen Roman* brachte er kaum verhüllt Intimes aus dem Personenkreis um die Oper an die Öffentlichkeit. Der Verhaftung – in Hamburg wurde der Roman konfisziert – entzog sich H. am 24. 6. 1706 durch Flucht. In Wolfenbüttel, Rudolstadt u. Braunschweig versuchte er vergeblich eine Anstellung zu erhalten. 1708 ließ er sich in Halle nieder, um bis zu seinem frühen Tod mit Vorlesungen über Moral, Rhetorik u. Stilfragen sein Brot zu verdienen. Zugleich setzte er seine literar. Tätigkeit mit den schon in Hamburg erprobten Gattungen fort (*Theatralische / Galante Und Geistliche Gedichte.* 1715. *Neue Briefe / Und Allerhand ausbündige Und zu Recht bestehende Obligationes [...].* 1715. ^{4}1739), erweitert um poetolog. Abhandlungen (*Einleitung zur Teutschen Oratorie.* Halle, Lpz. 1709. ^{5}1726. Einl. zu Erdmann Neumeisters Poetik *Die Allerneueste Art / Zur reinen und Galanten Poesie zu gelangen.* 1707. ^{11}1742) u. Lehrbücher des Verhaltens (*Die Manier Höflich und wohl zu Reden und zu Leben.* 1710. ^{4}1729). Die Distanzierung von seinen früheren Schriften (u. a. in der Vorrede zu *Accademische Neben-Stunden allerhand neuer Gedichte.* Halle, Lpz. 1713) mag Ausdruck tatsächl. Abkehr des nun im pietistischen Halle zum Gelehrtenstand Gehörenden (Promotion 1714) von der auf Polemik u. Sensation hin angelegten Schreibart sein. Sie entspricht aber auch der in den Verhaltensanleitungen, Briefstellern u. Romanen entworfenen Lebensform des Galanten als einer situationsangepaßten, von Selbst- u. Menschenkenntnis getragenen, doch allein dem eigenen Interesse verpflichteten Verhaltenskunst.

Die galante Lebens- u. Schreibart verfiel mit der Etablierung einer bürgerl. Kultur schnell der Kritik. Gottsched rügte an H.s Werk den Mangel an nützl. Gedanken (in: *Beyträge zur kritischen Historie.* 3. Stück, 1732, S. 539), u. die Literaturgeschichtsschreibung des 19. Jh. sah in H. nur einen »Vertreter poetischer Nichtswürdigkeiten« (Gervinus in: *Geschichte der deutschen Dichtung.* ^{5}1872, S. 653), der in Erotik schwelge (Vogel, S. 70). Erst eine stärker sozialgeschichtl. Betrachtungsweise ist v. a. den Romanen gerecht geworden. (Jüngere Untersuchungen zum übrigen Werk fehlen ebenso wie eine die Auflagen zuverlässig ermittelnde Bibliographie.) Sie gelten als selbständige Übergangsformen zwischen höf. u. bürgerl. Literatur im Kontext eines grundlegenden Normen- u. Bewußtseinswandels, mit dem eine Verlagerung des sozialen Orts der Literatur vom Hof zur Stadt einherging. So folgte H. zwar dem Fiktionsverständnis des höfisch-histor. Romans, wenn er nur wahre Geschichten für lehrreich hielt (*Accademische Neben-Stunden*) u. daher seinen Stoff der europ. Hofgeschichte entnahm. Die *Adalie* z. B.

schildert, in manchem verändert, den Aufstieg der Tochter eines kleinen Adligen aus Poiton, die 1776 die Gemahlin des Herzogs von Celle-Lüneburg wurde, wobei H. Jean de Préchacs *L'illustre Parisienne* (1769) als Vorlage benutzte. Auch behält H. unter Vereinfachung der Handlungsstränge u. Erweiterung der Episodenzahl weitgehend das Heliodorsche Strukturmodell bei. Doch unterscheiden sich seine Romane vom höfisch-histor. Roman grundsätzlich in ihrer pragmat. Ausrichtung (darin dem polit. Roman nahe), im Verzicht auf ein das Handeln der (meist adligen) Figuren leitendes metaphys. Normensystem – statt heroischer Tugend herrscht Opportunismus – u. in der Ersetzung des »Politischen« durch eine Welt der Leidenschaften u. Affekte. In der Aufdeckung von psych. Motivation wie in rudimentären Ansätzen eines perspektiv. Erzählens u. dem pragmat. Charakter zeigen H.s Romane Züge eines bürgerl. Gattungstypus.

WEITERE WERKE: Die beste Manier in Honnêter Conversation sich höflich u. behutsam aufzuführen [...]. Hbg. 1707. [7]1762. – Auserlesene [...] Gedichte unterschiedener Berühmten u. geschickten Männer zusammen getragen u. nebst eigenen an das Licht gestellet v. Menantes. Halle 1718-21.

LITERATUR: [Benjamin Wedel:] Geheime Nachrichten u. Briefe v. Herrn Menantes Leben u. Schrifften. Köln 1731. Neudr. Lpz. 1977. – Hermann Vogel: C. F. H. (Diss. Lpz.) Lucka 1897 (mit Werkverz.). – Amadeus Schmidt-Temple: Studien zur Hamburg. Lyrik im Anfang des 18. Jh. Mchn. 1898. – Herbert Singer: Der dt. Roman zwischen Barock u. Rokoko. Köln/Graz 1963. – Reinhard M. G. Nikisch: Die Stilprinzipien in den dt. Briefstellern des 17. u. 18. Jh. Gött. 1969. – Hans Wagener: Vorw. zu C. F. H.: Der Satyr. Roman. Bern/Ffm. 1973. – Ders.: Vorw. zu C. F. H.: Der Europ. Höfe Liebes- u. Heldengesch. Ffm./Bern 1978. – Wilhelm Voßkamp: Adelsprojektionen im galanten Roman bei C. F. H. In: Peter Uwe Hohendahl u. Paul Michael Lützeler (Hg.): Legitimationskrisen des dt. Adels 1200-1900. Stgt. 1979. – Ernst Weber u. Christine Mithal: Dt. Originalromane zwischen 1680 u. 1780. Eine Bibliogr. [...]. Bln. 1983. – W. Voßkamp: C. F. H. In: Helmut Steinhagen u. Benno v. Wiese (Hg.): Dt. Dichter des 18. Jh. Bln. 1984 (mit Werkverz.).

Ernst Weber

Huppelsberg, Joachim, * 2. 2. 1907 Brüssel, † 15. 3. 1988 Lemgo. – Essayist, Übersetzer, Lyriker.

Der Fabrikantensohn besuchte eine Werkkunstschule in Barmen. Nach dem Kriegsdienst 1939-1945 freier Übersetzer, war er 1951 bis 1972 Volkshochschulleiter in Lemgo. H. war mit der Malerin Anne Huppelsberg verheiratet.

Vor allem in der Nachkriegszeit wirkte H. mit Essays u. Übersetzungen als wichtiger Vermittler frz. Literatur in Deutschland (Lamartine: *Graziella.* Braunschw. 1947. Balzac: *Physiologie der Ehe.* Krefeld 1951. Lyrik von Nouveau, Supervielle, Cocteau u. a.). Die von ihm übersetzte u. herausgegebene Sammlung der *Gedichte, Prosadichtungen, Briefe und Tagebücher* Maurice de Guérins (Krefeld 1949) ist die bislang umfangreichste dt. Ausgabe des Autors. H.s Nachdichtung machte die *Elegien* von Francis Jammes (Düsseld. 1948) erstmals in Deutschland bekannt. Die teils mit den Übersetzungen, teils in Zeitschriften publizierten Essays zu Dichtern u. bildenden Künstlern Deutschlands u. Frankreichs sind lebensvolle poetische Porträts.

Der Essay *Rainer Maria Rilke* (Mchn. 1949), gegen den Willen H.s als »Biographie« ediert, zeichnet in bewußt subjektiver Auseinandersetzung die »Physiognomie dieses Dichtertums« nach. Auch die Monographie über einen vergessenen Maler u. Architekten der Jahrhundertwende, *Karl Junker* (Lemgo 1983), zeigt H. als geistvollen u. kunstsinnigen Essayisten. Eigene, meist in der Tradition des Symbolismus stehende Gedichte erschienen in Zeitschriften.

WEITERE WERKE: Nachdichtungen. In: Flora Klee-Palyi (Hg.): Anth. der frz. Dichtung v. Nerval bis zur Gegenwart. 2 Bde., Wiesb. 1951-53. Ffm./Bln. 1958 (gekürzt). – Lemgoer Kirchen. Lemgo 1977. – Lemgo. Bielef. 1980.

Heinrich Detering

Huppert, Hugo, * 5. 6. 1902 Bielitz-Biala/Österreichisch-Schlesien, † 25. 3. 1982 Wien; Grabstätte: ebd., Friedhof Ober-St. Veit. – Lyriker, Erzähler, Kulturkritiker u. Übersetzer.

H. entstammte einer Beamtenfamilie, schloß sich jedoch schon nach dem Ersten Weltkrieg der Arbeiterbewegung an. Er studierte Staatswissenschaften in Wien (1925 Dr. rer. pol.) u. Soziologie in Paris. 1927, nach der Juli-Erhebung der Wiener Arbeiter, wurde er als Mitgl. der KP verhaftet u. emigrierte 1928 in die Sowjetunion.

In Moskau arbeitete er zunächst am Marx-Engels-Institut, wo er an der Edition der Marx-Engels-Gesamtausgabe mitwirkte (1928 bis 1932); anschließend absolvierte er ein dreijähriges Studium am Institut der Roten Professur für

Literatur u. Publizistik. Gleichzeitig war er als Feuilletonredakteur der »Deutschen Zentral-Zeitung«, 1936-1938 auch als stellvertretender Chefredakteur der »Internationalen Literatur. Deutsche Blätter« tätig. Seit 1930 Mitglied der KPdSU, wurde H. 1938 im Sog stalinistischer Verfolgung inhaftiert; nach seiner Freilassung wirkte er 1939-1941 als Dozent am Maxim-Gorki-Institut für Weltliteratur in Moskau, später publizistisch für die Sowjetarmee, als deren Major er 1945 nach Wien zurückkehrte, um am kulturellen Neuaufbau seiner Heimat mitzuarbeiten. Vier Jahre später wurde er in die UdSSR zurückkommandiert. Ab 1956 lebte er als freier Schriftsteller wieder in Wien.

Anfangs von Karl Kraus beeinflußt, orientierte sich H. seit den 20er Jahren an realistischen Schreibweisen sozialistischer Schriftsteller; in der Sowjetunion hatte er v. a. zur »Lef«-Gruppe, später zu zahlreichen dt. Exilautoren engste Kontakte. Mitte der 60er Jahre wandte er sich von der »explikativen« Dichtung ab u. der »implikativen« Poesie zu – ohne aus dem Kontext der sozialistisch-realistischen Literatur auszubrechen. Sein Werk umfaßt neben Reiseskizzen (*Sibirische Mannschaft.* Moskau 1934), Essays, Gedichten u. Poemen auch eine großangelegte Autobiographie (*Die angelehnte Tür.* Halle 1976. *Wanduhr mit Vordergrund.* Ebd. 1977. *Schach dem Doppelgänger.* Ebd. 1979) sowie Abhandlungen zur Literaturgeschichte u. Poetologie (*Sinnen und Trachten.* Ebd. 1973). Die größte Beachtung fanden H.s Übersetzungen, bes. die Ausgabe der Werke Majakowskis, u. die Nachdichtung des georgischen Nationalepos *Der Recke im Tigerfell* von Schota Rusthaweli. H.s Werk ist v. a. in der DDR verlegt u. dort auch wiederholt ausgezeichnet worden.

WEITERE WERKE: *Gesammelte Werke in Einzelausgaben:* Wolkenbahn u. Erdenstraße. Gedichte u. Poeme. Halle 1975. – Bannmeile u. Horizont. Ausgew. Prosa. Ebd. 1976. – Erinnerungen an Majakowski. Ffm. 1966. – Minuten u. Momente. Ausgew. Publizistik. Ebd. 1978.

LITERATUR: Fritz Mierau: Interview mit H. H. In: WB 18, H. 12 (1972), S. 30-60. – Johann Holzner: Geglückte Integration in der UdSSR – gestörte Integration in Österr. Anmerkungen zu H. H. In: Wolfgang Frühwald u. Wolfgang Schieder (Hg.): Leben im Exil. Hbg. 1981, S. 122-130. – Martin Reso: H. H. In: Horst Haase u. Antal Mádl (Hg.): Österr. Lit. des 20. Jh. Einzeldarstellungen. Bln./DDR 1988, S. 442-460.

Johann Holzner

Hurter, Friedrich (Emanuel) von, * 19. 3. 1787 Schaffhausen, † 27. 8. 1865 Graz. – Theologe, Historiograph.

Der Sohn eines Druckereibesitzers, Verlegers u. Leiters des späteren »Schweizerischen Correspondenten« wurde streng konservativ erzogen. 1804-1806 studierte er Theologie in Göttingen u. betrieb histor. Privatstudien; 1807 ließ er den ersten Band seiner *Geschichte des ostgothischen Königs Theoderich* (Schaffh. 2. Bd.: 1808) erscheinen, die immerhin Johannes von Müllers Anerkennung fand. 1808 übernahm H. die Landpfarrei in Beggingen im Klettgau, 1810(-1824) in Löhningen bei Schaffhausen. Gegen theolog. Rationalismus wie polit. Liberalismus eingestellt, begann H. die Unabhängigkeit der kath. Kirche öffentlich zu vertreten (Artikel im »Schweizerischen Correspondenten«) u. befreundete sich mit Karl Ludwig von Haller. 1824 zum zweiten Vorstand der Kantonsgeistlichkeit gewählt, setzte er sich politisch gegen die Erneuerungsbestrebungen in den Kantonen u. später für ein Eingreifen des Auslands in die frz. Julirevolution ein (»satanisches Prinzip der Nichtintervention«). Die 1834 auf Müllers Anregung hin verfaßte *Geschichte Papst Innozenz III.* (2 Bde., Hbg.) sicherte H. in weiten kath. Kreisen Aufmerksamkeit, jedoch mehr religionspolit. Motive halber (erstarkender Ultramontanismus) als der wissenschaftl. Qualität wegen. Seit 1835 Antistes, wurde er gleichwohl Mitarbeiter von Guido Görres' »Historisch-politischen Blättern«. Eine Österreichreise brachte die auch äußerl. Annäherung an kath. Machtzentren. Sein Bericht *Ein Ausflug nach Wien und Preßburg* (2 Tle., Schaffh. 1840) rief seine Schweizer Amtskollegen endgültig auf den Plan; H. antwortete mit *Der Antistes Hurter von Schaffhausen und sogenannte Amtsbrüder* (ebd. 1840). 1841 legte er alle Ämter nieder. Wohl die Lektüre von Möhlers *Symbolik* gab den letzten Anstoß zur Konversion 1844 (vgl. seine Autobiographie *Geburt und Wiedergeburt.* 3 Bde., ebd. 1844/45. [4]1867). Nachdem H. mit Metternich Verbindung aufgenommen hatte, wurde er 1845 Hofhistoriograph. Die vom Hof erwünschte *Geschichte Kaiser Ferdinands II.* erschien ab 1858 (ebd.) u. umfaßte schließlich elf Bände. In ihrer Bedeutung umstritten, stellt sie H.s Hauptwerk dar, das er mit zahlreichen Monographien, u. a. über Wallenstein, begleitete. Bis ins Alter rastlos tätig, beteiligte er sich an der Leitung der kath. »Wiener Litteraturzeitung« u. am Kampf gegen den österr. Liberalismus.

LITERATUR: Heinrich v. Hurter: F. H. 2 Bde., Wien 1876/77. – Franz X. v. Wegele: H. In: ADB. – Peter Vogelsanger: H.s geistige Entwicklung. Diss. Zürich 1954. *Christian Schwarz*

Husanus, Henricus, eigentl.: Heinrich Haussen, * 6. 12. 1536 Eisenach, † 9. 12. 1587 Lüneburg. – Neulateinischer Lyriker.

H. besuchte die Universitäten Jena u. Wittenberg (immatrikuliert 31. 5. 1553). In freundschaftl. Kontakten zu den von Melanchthon beeinflußten Dichtern Johannes Stigelius u. Friedrich Widebram fand er zu eigenen poetischen Versuchen.

Das entstehende lyr. Werk konzentriert sich auf Themen der Bibel, verarbeitet aber ebenso autobiograph. Erfahrungen, teilweise mit zeitkrit. Tendenz. Auch Erlebnisse der folgenden Studienjahre wurden in Gedichten festgehalten. Über Ingolstadt (1556) wandte sich H. zum Rechtsstudium nach Bourges (1557) u. Padua (1559). Seine Kenntnisse verschafften ihm die Stelle eines herzoglich-sächs. Rats u. Rechtsprofessors in Jena (1561-1562). Im Zusammenhang der »Grumbachschen Händel« reiste H. 1564 nach Frankreich u. England (darüber ein poetischer Bericht El. I, 9), fiel jedoch bald in Ungnade. Sein Vermögen wurde konfisziert, H. floh in die Pfalz (1566). Herzog Johann Albrecht von Mecklenburg ernannte ihn bald darauf zum Rat u. Kanzler (1567-1568). Zermürbende polit. Konflikte mit den Ständen u. der Stadt Rostock, Krankheit u. Widerwille gegen das Hofleben veranlaßten H., um seinen Abschied einzukommen (1573). Die diesbezügl. Gedichte formulieren das Ideal einer musischgelehrten Existenz u. gelten als sehr persönlich gefaßte Dokumente der zeitgenöss. Hof- u. Fürstenkritik. Bis zu seinem Tod stand H. als Syndikus im Dienst der Stadt Lüneburg.

WERKE: Imagines aliquot plenae pietatis et doctrinae. Rostock 1573. – Horarum succisivarum [...] libri duo. Elegiarum libri totidem. Hg. Nathan Chytraeus. Rostock 1577. – In obitum Hulderici Husani. Rostock 1582. – Dierum dominicarum preces anniversariae. Hg. Michael Lang. Rostock 1601. – *Teildrucke in:* Janus Gruter (Hg.): Delitiae poetarum Germanorum. Bd. 3/1, Ffm. 1612, S. 581 ff. – Amphitheatrum sapientiae. Hg. Caspar Dornau. Bd. 1, Hanau 1619, S. 813.

LITERATUR: Fromm: H. In: ADB. – Johannes Merkel: H. H. Gött. 1898. – Ellinger 2, S. 137-146. – Anke-Marie Lohmeier: Beatus ille. Tüb. 1981, S. 161-164 u. ö. – Friedrich Merzbacher: H. In: NDB. – Hermann Wiegand: Hodoeporica. Baden-Baden 1984, S. 241-244, 497 f. *Wilhelm Kühlmann*

Husserl, Edmund, * 8. 4. 1859 Prossnitz/Mähren, † 27. 4. 1938 Freiburg i. Br.; Grabstätte: Freiburg-Günterstal. – Philosoph.

Das Kind eines Tuchhändlers studierte Mathematik u. Philosophie, promovierte u. habilitierte sich in Mathematik. Sein philosophisches Werk ist dennoch nicht von einer Integrierung des Mathematischen ins Philosophische geprägt: Große Teile seines Schaffens galten dem Kampf gegen die Mathematisierung der Natur u. dem Versuch einer erkenntniskritisch-ontolog. Thematisierung des jeglichem naturwissenschaftl. Gebilde vorgängigen lebensweltl. Bodens.

H. wurde 1901 Professor in Göttingen, wo allmählich eine phänomenolog. Bewegung entstand, die sich zunächst über Europa u. dann weltweit ausbreitete u. deren Bedeutung noch größer wurde, nachdem H. 1916 nach Freiburg i. Br. berufen wurde. Zu Lebzeiten veröffentlichte H. die *Logischen Untersuchungen* (2 Tle., Halle 1900/01), die *Ideen zu einer reinen Phänomenologie und phänomenologischen Philosophie* (ebd. 1913), *Formale und transzendentale Logik* (ebd. 1929) u. Aufsätze in verschiedenen Zeitschriften, darunter *Philosophie als strenge Wissenschaft* (in: Logos 1, 1910/11, S. 289-341) u. *Die Krisis der europäischen Wissenschaften und die transzendentale Phänomenologie* (in: Philosophia 1, 1936. Erw. Den Haag 1954). 1928 gab Heidegger ein Buch mit dem Titel *Vorlesungen zur Phänomenologie des inneren Zeitbewußtseins* (Halle) heraus; es enthielt Stücke einer Vorlesung, die H. 1904/05 vorgetragen hatte, u. zahlreiche Beilagen. Auf Französisch waren seine Vorträge von 1929 an der Sorbonne unter dem Namen *Méditations Cartésiennes* (Paris 1931) erschienen. Sein unter abenteuerl. Umständen geretteter Nachlaß umfaßt mehr als 40 000 Blätter: Vorlesungen, zur Veröffentlichung Bestimmtes, v. a. aber Arbeitsmanuskripte, die im Husserl-Archiv zu Löwen aufbewahrt sind u. seit 1950 in der Reihe *Husserliana* (Den Haag) veröffentlicht werden. Die

Bekanntschaft mit diesen Texten, v. a. den späteren mit Themen wie Intersubjektivität, Lebenswelt, Erfahrung als »Vermöglichkeit«, hat dazu geführt, daß das von den *Ideen I* geprägte Bild des einseitig transzendental-idealistischen Philosophen korrigiert wurde.

Wichtig für H.s philosophisches Werden waren die Vorlesungen von Franz Brentano, die er zwischen 1884 u. 1886 in Wien hörte. Von Brentano übernahm er den für alle von ihm behandelten Disziplinen wichtigen Begriff der »Intentionalität«. Schon in den *Logischen Untersuchungen* kommt dieser Grundzug des Bewußtseins zur Anwendung. Die v. Untersuchung enthält eine längere Darlegung vom Erlebnis, das dadurch gekennzeichnet ist, daß es den jeweiligen Gegenstand in sich selbst – immanent – trägt. Obwohl H. in den *Untersuchungen* nicht nur die Intentionalität, sondern auch viele andere Begriffe seines späteren Systems einführte, bleiben sie ein Werk mit einer eingeschränkten, vorwiegend logisch-phänomenolog. Thematik. Erst die *Ideen I* bieten eine transzendentalphilosophische Betrachtung, deren Grundmotiv nicht mehr nur darin besteht, reine Deskription von Phänomenen zu sein, um sie von der Fracht irrtüml. Interpretationen zu befreien. Die *Ideen* bezwecken darüber hinaus eine Erklärung des Zustandekommens von – immanenten oder transzendenten – Phänomenen. Das transzendentale Bewußtsein wird in seinen Leistungen zur Stätte der subjektiven Konstitution des Erfahrenen. Insofern kann es für sich den Charakter des Absoluten beanspruchen, während die Welt in ihrem Sein bewußtseinsrelativ wird. Diese Wende wurde von kaum einem der Phänomenologen der ersten Stunde, noch weniger von den Späteren mitvollzogen. Man sah in ihr ein Weiterleben des Neokantianismus oder gar des alten Cartesianischen Rationalismus, die es doch gemäß der legendären Formel »Zurück zu den Sachen« zu überwinden galt.

Die *Ideen* stehen unter dem Einfluß Descartes' in der zweifachen Beziehung der Aufnahme u. Ablehnung. Als Einstieg in die philosophische Problematik taugt der Zweifel nicht, denn er ist Modifikation einer in Gewißheit vollzogenen, Wirklichkeit anzeigenden Wahrnehmung, setzt diese also voraus. An seine Stelle tritt bei H. die aus der antiken Skepsis übernommene method. Haltung der Epoché, d. h. das Zurückhalten eines Urteils über Sein oder Nicht-Sein der Welt, das in der natürl. Einstellung immer schon gefällt wird. Damit wird alles Sein der eigenen Existenz beraubt u. in phänomenales Korrelat des Bewußtseins verwandelt, ohne im Sinne eines »esse est percipi« (Berkeley) aufgesaugt zu werden (immanente Transzendenz). Dieser Gedanke entspricht den Reflexionen Descartes', bevor dieser, um die Bewußtseinsunabhängigkeit der Dinge wiederherzustellen, auf Gott u. seine Wahrhaftigkeit zurückgriff. H. vollzog nicht mehr diesen Gedanken der ontolog. Heraussetzung der erfahrenen Wirklichkeit, um so weniger, als er die cogitata – die im Bewußtsein gedachten Dinge – nicht als Bilder der wahren Sache ansah, sondern als die – erscheinenden – Sachen selbst. Diese endgültige Überwindung eines Zwischenreichs der Vorstellungen ist eines der wichtigsten Ergebnisse des phänomenolog. Denkens.

Das Ding, den Gegenstand des intentional Gedachten nannte H. »Noema«; den Akt selbst – also die in Wahrnehmungen, Erinnerungen usw. vollzogene Auffassung – die »Noesis«. Dieses Schema von Auffassung u. Auffassungsinhalt ist charakteristisch für die erste Periode des H.schen Philosophierens, verlor später aber an Bedeutung, zweifellos unter dem Einfluß Heideggers. Wichtig für die phänomenolog. Forschung insg. wurde die H.sche Entdeckung der Horizontstruktur der Erfahrung. Ihre systemat. Anwendung zeichnet die *Ideen* gegenüber den *Logischen Untersuchungen* aus: Intentionalität wird zur Horizonts-Intentionalität. Denn der noemat., im Bewußtsein intendierte Gegenstand ist immer nur einseitig, stückhaft, durch Phasen, Aspekte gegeben. Die Intention eines Gegenstands ist jeweils die Erfahrung einer Horizonts-Totalität, die durch eine Synthesis der Teile, Momente des Gemeinten zustandekommt. Descartes schon, aber v. a. Kant, die H. philosophierend ständig vor Augen hatte, hatten diese Synthesis als Ergebnis einer auf die sinnl. Mannigfaltigkeit ausgeübten Handlung des Verstands angesehen. H. verabschiedete diese intellektualist. Auslegung. Seine phänomenolog. Sicht des Erfahrungsgeschehens verwehrte es ihm, darin eine Handlung des Verstands zu sehen. Die Wahrnehmung bedarf keiner anderen Vermögen, um wirklichkeitsgebend zu sein.

Eine entscheidende Rolle in dieser Synthesis übernimmt die Erinnerung. In den *Vorlesungen zum inneren Zeitbewußtsein* finden sich im Zuge einer Analyse vom phänomenolog. Wesen der Zeit die Darstellung der Konstitution der immanenten Gehalte einer Wahrnehmung. Anhand eines Diagramms der Zeit verdeutlicht H., wie ein sinnl. Datum, etwa eine Tonempfindung, eine Phase des Bewußtseinsstroms »urimpressional« besetzt, während sie zgl. abklingt u. doch in diesem Abklingen nicht verlorengeht, sondern im Bewußtsein erhalten bleibt dank der passiven Erinnerungsform, der »Retention«. In jedem Punkt des kontinuierl. Auftretens neuer Töne trägt so jeder Ton einen Kometenschweif passiver Erinnerungen mit sich, die selbst als Erinnerung fungieren. Zugleich ist sich das Ich der sich ankündigenden neuen Töne in Form der »Protention« oder passiven Erwartung bewußt. Das Wahrnehmen eines Gegenstands ist in sich selbst also auch Erinnnerung u. Erwartung, u. nur deshalb kann das Ich sich der Inhalte, die es passiv behalten hat, wiedererinnern, immer wieder Erlebtes aus der Versenkung holen. Die Wiederholung der urspr. Erfahrung durch die Wiedererinnerung festigt diese Erfahrung: Das Seiende bewährt sich in seiner Wirklichkeit. Dieses in Wiedererinnerung u. Erwartung manifeste »Vermögen«, »Können« des Ich universalisierte H. als ein »System des Ich-kann«, einen »Organismus von Vermögen« (*Ideen II*, S. 253 f.). Dabei ist die Wahrnehmung wesentlich durch das Vermögen der körperl. Bewegung, der Kinästhesen bestimmt: Einer bestimmten Augen- oder Handbewegung entspricht eine bestimmte Erscheinung. Die alte Vermögenslehre von Sinnlichkeit, Einbildungskraft, Verstand, Vernunft wurde so radikal uminterpretiert: Sie sind jetzt nichts als Funktionsformen des »Ich kann«. So konstituiert sich eine wahrgenommene Welt, die noch keine prädikative Leistung aufweist.

Diese Welt des Vorprädikativen hat H. exemplarisch dargelegt in der Einleitung u. im ersten Abschnitt von *Erfahrung und Urteil* (Prag 1938; Aufl. fast vollst. eingestampft. Hbg. ^{2}1954). Durch ausführl. Analyse der Grundstruktur des Vorprädikativen wird die Genesis des Urteils, seine Konstitution als Erfahrung höherer Stufe nachgewiesen. Auch das Urteil ist eine Form der Horizonts-Intentionalität: »s ist p« bedeutet ein durch die jeweilige Erfahrungssituation bewirktes Innehalten in einer Reihe »s ist p, q, r, usw.« Zu jedem Seienden gehört wesentlich die durch dieses »usw.« gekennzeichnete intentionale Horizontstruktur.

Kant hatte seinen transzendentalen Idealismus dazu benutzt, die Anmaßung der Philosophie zurückzuweisen, aus reiner Vernunft Erkenntnissätze über nicht-sinnl. Gegenstände aufzustellen. Parallel hierzu bediente sich H. der Ergebnisse der transzendentalen Phänomenologie, um nun die Anmaßung der Naturwissenschaften zu entlarven, mit ihren Aussagen über die einzig wahren Prädikate der Dinge zu verfügen, demgegenüber alles andere bloß subjektiv-relativ sei. Schon die §§ 40 u. 52 der *Ideen I* entwickeln den Gedanken, daß zwar das Ding der Naturwissenschaft den von den Alltagserfahrungen abgesteckten Rahmen überschreitet, doch sei dies kein Anzeichen dafür, daß der Wissenschaftler mit einem anderen Ding zu tun hätte als mit dem des vorwissenschaftl. Lebens. In der *Krisis* u. in unzähligen Manuskripten aus den 30er Jahren versuchte H. eine Differenzierung des Verhältnisses zwischen der Welt des Situativ-Okkassionellen – nun Lebenswelt genannt – u. der in mathemat. Formeln eingekleideten Welt der Wissenschaften. Unter dem Einfluß der für die Entwicklung der Philosophie verheerenden Resultate des neuzeitl., an der Naturwissenschaft orientierten Objektivismus (Descartes, Galilei) geht das Reich des Subjektiv-Relativen – des Vorgeometrischen, Inexakten – zugrunde. Zwei Motive waren für H. von Bedeutung: a) Die Welt des Inexakten hat keineswegs weniger ontolog. Konsistenz als die Welt des mathemat. Exakten. Die Wahrheit des Wissenschaftlers u. die des Markthändlers sind je aus einer Situation entstanden, die für die gerade in Frage stehenden Zwecke die bestmögliche ist. Gilt für die Wissenschaft die kopernikan. Lehre der Bewegung der Erde, so nicht für das vorgeometrisch-prakt. Leben. b) H. bemühte sich aber, nachzuweisen, daß die exakt-abstrakten Wahrheiten in die konkrete Lebenswelt einströmen u. sie bereichern. Indem sie ein Teil von dieser werden, hebt sich der Gegensatz zwischen beiden Welten: Die Lebenswelt wird die eine u. einzige universale Welt. Je nach Tätigkeit grenzen sich Sonderwelten aus, deren Objekte jedoch nie den zu jeder Erfahrung gehörenden Welthorizont überschreiten, sondern in ihm immer schon antizipativ vorgezeichnet sind. Denn nur von dem, was unter die Intentionalität als das vorgriffshafte Vermeinen von etwas fällt, läßt sich mit Sinn reden.

Ausgabe: Husserliana. Den Haag 1950 ff. Darin: Analysen zur passiven Synthesis. 1966. Intersubjektivität. 1973.

Literatur: *Bibliographie:* Archiv für Gesch. der Philosophie 57 (1975). – François Lapointe: H. and His Critics. An International Bibliography. Bowling Green 1980. – *Weitere Titel:* Alfred Schütz: Der sinnhafte Aufbau der sozialen Welt. Wien 1932. – Suzanne Bachelard: La logique de H. Paris 1957. – H. (Cahiers de Royaumont). Paris 1959. – René Toulemont: L'essence de la société selon H. Paris 1962. – Hans Georg Gadamer: Die phänomenolog. Bewegung. In: Philosoph. Rundschau 1/2 (1963), S. 1-44. – Ulrich Claesges: E. H. Theorie der Raumkonstitution. Den Haag 1964. – Klaus Held: Lebendige Gegenwart. Ebd. 1966. – Ernst Tugendhat: Der Wahrheitsbegriff bei H. u. Heidegger. Bln. 1967. – Ludwig Landgrebe: Phänomenologie u. Gesch. Gütersloh 1968. – Antonio Aguirre: Genet. Phänomenologie u. Reduktion. Den Haag 1970. – Elmar Holenstein: Phänomenologie der Assoziation. Ebd. 1972. – Hermann Noack (Hg.): H. Darmst. 1973. – Robert Sokolowski: Husserlian Meditations. Evanston 1974. – Guillermo Hoyos: Intentionalität als Verantwortung. Den Haag 1976. – Severin Müller: Vernunft u. Technik. Mchn. 1976. – Hubert Dreyfus (Hg.): H. Intentionality and Cognitive Science. London 1982. – A. Aguirre: Die Phänomenologie H.s im Licht ihrer gegenwärtigen Interpretation. Darmst. 1982. – J. N. Mohanty: H. and Frege. Bloomington 1982. – K. Held: Einl. In: E. H.: Phänomenologie der Lebenswelt. Stgt. 1986. – Elisabeth Ströker: H.s transzendentale Phänomenologie. Ffm. 1987. – Rudolf Bernet u. a.: E. H. Hbg. 1988. – Dieter Lohmar: Phänomenologie der Mathematik. Den Haag 1989. – Christoph Jamme u. Otto Pöggeler (Hg.): Phänomenologie im Widerstreit. Ffm. 1989. *Antonio Aguirre*

Hut, Hans, * um 1490 Haina bei Römhild, † 6. 12. 1527 Augsburg. – Täuferführer.

H., im Vorfeld der Reformation wohl Buchführer, gehörte zu Müntzers »Ewigem Bund«, nahm an der Schlacht von Frankenhausen teil u. blieb den Überzeugungen Müntzers – freilich in modifizierter Form – verbunden. Er teilte mit ihm die Idee, daß Gott die Bauern gestraft habe, da sie nicht uneigennützig für seine Ehre gestritten hätten. Nach der Ermordung Müntzers u. Johannes Pfeiffers glaubte H., in ihnen die in Apk 11,3 erwähnten Zeugen zu erkennen, u. interpretierte diese Stelle als Ankündigung des Gerichts für Pfingsten 1528. Er sah in der Taufe, die er selbst 1526 von Hans Denck empfing, das Versiegelungszeichen derjenigen, die vom Gericht verschont bleiben würden.

H. gewann erste Anhänger im nördl. Franken, wo er sich v. a. an Führer u. Teilnehmer des Bauernkriegs wandte. Doch zwang ihn das Eingreifen der Obrigkeit, nach Mähren zu gehen. Der dortige Täuferreformator Hubmaier wollte seine Gemeinde nicht durch Endgerichtsphantasien gefährden lassen; nach einer Disputation mit Hubmaier gefangengenommen, floh H. u. unternahm eine Predigtreise durch Österreich. 1527 nahm er an der »Märtyrer-Synode« in Augsburg teil. Kurz darauf wurde er verhaftet u. zum Tode verurteilt. Er starb wohl bei einem Fluchtversuch; Hinrichtung u. Verbrennung wurden am Leichnam vollzogen.

Nur wenige Texte H.s sind überliefert. In *Ein christlicher underricht, wie göttliche geschrift vergleicht und geurteilt solle werden* zeigt H., daß die Bibel drei Teile habe u. nur in der Anwendung aller Teile ihre wahre Lehre zum Ausdruck komme. In *Vom geheimnus der tauf [...]* definiert er diese als Beginn des christl. Lebens.

Ausgaben: Wackernagel 3. – Lydia Müller (Hg.): Glaubenszeugnisse oberdt. Taufgesinnter. Lpz. 1938. – Verhörprotokolle in: Ztschr. des Histor. Vereins für Schwaben u. Neuburg. Bd. 1.

Literatur: Günther Bauer: Anfänge täufer. Gemeindebildungen in Franken. Nürnb. 1966. – Gottfried Seebaß: H. H. In: H.-J. Goertz (Hg.): Radikale Reformatoren. Mchn. 1978.

Frauke Stiller

Hutmacher, Rahel, * 14. 9. 1944 Zürich. – Erzählerin.

Zunächst Bibliothekarin, studierte H. 1971 bis 1975 Psychologie u. ist seit 1976 Dozentin für psycholog. Gesprächsführung in Zürich u. Düsseldorf.

H.s Prosaminiaturen sind bestimmt von einer geheimnisvollen Atmosphäre, die sich aus ihrer Vorliebe für versatzartig in den Erzählfluß eingebaute Sagen- u. Märchenmotive u. für suggestive u. enigmatische Bilder ergibt. Sie widersetzen sich rationaler Deutung u. verdichten menschl. Grunderfahrungen wie Liebe u. Tod, Geborgenheit u. Einsamkeit. Schon ihre ersten

Prosastücke *Wettergarten* (Darmst. 1980), die z. B. mit *Ungeheuer, Berghund, Bannspruch* überschrieben sind, zeigen ihr Erzählprogramm: Es geht H. nicht um eine Nachbildung von Wirklichkeit; vielmehr setzt sie der Realität eine archetypische, traumähnl. Wirklichkeit entgegen.

H. erhielt u. a. 1981 den Rauriser Förderpreis.

WEITERE WERKE: Dona. Gesch.n. Darmst. 1982. – Tochter. Darmst. 1983. ²1987 (P.). – Wildleute. Darmst. 1986 (E.).

Pia Reinacher

Hutten, Katrine von, * 3. 5. 1944 Lohr/Main. – Lyrikerin, Erzählerin, Übersetzerin.

H., Tochter eines Barons aus dem Geschlecht Ulrich von Huttens, studierte Germanistik u. Philosophie in Heidelberg, Marburg u. Bonn (1964-1967), wobei sie die »Lyrischen Hefte« mitredigierte. Dann studierte sie Grafik in Darmstadt (1970-1972), war 1974-1981 in den USA als Schriftstellerin u. Übersetzerin sowie auf Vortragsreisen tätig. Seit 1981 lebt sie als Autorin u. Übersetzerin in München u. Fischbachau. H. erhielt u. a. 1969 den Leonce-und-Lena-Preis, 1987 den Münchner Literaturpreis.

H. publiziert Lyrik u. Kurzprosa seit 1966, ab 1972 auch Hörspiele, Kindergeschichten, Lyrik für Kinder u. Drehbücher für Film u. Fernsehen. Bekannt wurde sie mit der Erzählung *Im Luftschloß meines Vaters* (Zürich 1983), in der sie ihre in der Nachkriegszeit auf Schloß Steinbach bei Lohr verbrachte Jugend in Form einer Reihung knapper, lakonisch-ironisch, aber auch lyrisch gefaßter Erinnerungen schildert, die als sprachlich in sich gerundete Vignetten wirken. Dabei wird zgl. das Bild ihres skurrilen, phantasieverlorenen u. doch mit einem Sinn für listige Realitätsbewältigung ausgestatteten Vaters gezeichnet, des trotz seines patriarchalischen Verhaltens von der Autorin geliebten »ersten Mannes«. Ebenso entsteht eine verhalten krit. Skizze der unterfränk. Provinz nach dem Zweiten Weltkrieg sowie eine Auseinandersetzung mit dem literar. »Familienerbe« Ulrich von Huttens. Heute übersetzt H. vor allem (u. a. Margaret Mead, Margaret Atwood, Elizabeth Bowen, Eudora Welty u. Paul Theroux).

WEITERE WERKE: Von Kopf bis Fuß. Zürich 1973 (L.). – Halb zwölf. Zürich 1974 (Kurzp.). – Nonni (zus. mit Radu Gabrea). 1983 (Drehbuch). – Rosenemil (zus. mit Radu Gabrea). 1984 (Drehbuch).

Christian Schwarz

Hutten, Ulrich von, * 21. 4. 1488 Burg Steckelberg bei Schlüchtern, † Ende August 1523 Ufenau/Zürichsee; Grabstätte: ebd. – Humanist, neulateinischer Dichter, politischer u. reformatorischer Publizist.

H. gehörte einem weitverzweigten fränk. Reichsrittergeschlecht an. Von seinen Eltern zur geistl. Laufbahn bestimmt, trat er 1499 in das Benediktinerkloster in Fulda ein, das er 1505, vielleicht auch früher, eigenmächtig verließ. Die folgenden Jahre verbrachte er an den Universitäten Mainz, Köln, Erfurt, Frankfurt/O., Leipzig, Greifswald u. Rostock, knüpfte Kontakte zu Humanisten (außer zu seinem Lehrer Johannes Rhagius Aesticampianus u. a. zu Hessus u. Crotus Rubeanus) u. schrieb lat. Gedichte. Früh, gelegentlich provozierend, spielte er die Rolle des »poeta«, der das Dichtertum als Beruf betrachtet; dabei lieferte v. a. Celtis Muster der Selbststilisierung. H.s Hang zur Polemik zeigte sich bereits in den *Querelae* (»Lötzeklagen«. Frankf./O. 1510), Elegien, in denen er gegen die Rostocker Kaufmannsfamilie Lötz wegen eines Streits um Geldangelegenheiten zu Felde zog. Im gleichen Jahr erschien in Erfurt der Dialog *Nemo*, der erst in einer erweiterten Fassung (Augsb. 1518) größere Verbreitung fand, u. 1511 die später noch viel gelesene Abhandlung *De Arte Versificandi* (Lpz.).

1511 ging H. zum Jurastudium über Wien, wo er die Bekanntschaft Vadians machte, nach Italien. Zurückgekehrt, lernte er 1514 Erasmus persönlich kennen, der viel von dem jungen Dichter erhoffte u. mit ihm in Verbindung blieb. Zum Abschluß des Studiums führte auch eine zweite Italienreise 1515-1517 nicht. Statt dessen sammelte H. in Rom u. als Teilnehmer an den Feldzügen Kaiser Maximilians Erfahrungen, die ihn dazu bewogen, seine Feder künftig in den Dienst kirchenfeindl. u. patriotischer Agitation zu stellen. In Italien entstanden seine Maximilian gewidmeten Epigramme (gedr. Augsb. 1519) u. der erst postum (Hagenau 1529) veröffentlichte Dialog *Arminius*, in dem H. als erster Deutscher Hermann den Cherusker als Vorkämpfer dt. Freiheit gegen röm. Unterdrückung feierte. Hier schrieb er auch seine etwa 60 anonymen Beiträge für den zweiten Teil der *Epistolae Obscurorum Virorum* u. einige seiner fünf *Ulrichreden* (Mainz 1519) gegen Ulrich von Württemberg, der einen seiner Verwandten ermordet hatte. Auch H.s erster gedruckter Prosadialog *Phalarismus* (1517) war gegen den Herzog gerichtet. H., der Zeitgenossen bald als »deutscher Lukian« galt, übernahm hier noch mehr als später Konzeptionen, Schauplätze u. Motive des antiken Autors. Auf dem Titelblatt erschien zuerst H.s Devise »jacta est alea« (seit 1520 dt.: »ich habs gewagt«).

Zurückgekehrt, wurde H. 1517 in Augsburg von Kaiser Maximilian zum Dichter gekrönt u. trat in den Dienst des Mainzer Erzbischofs Albrecht von Brandenburg. Ihm hatte er sich durch einen umfangreichen *Panegyricus* (Tüb. 1515) nach dem Vorbild Claudians empfohlen, das erste literar. Herrscherlob in Deutschland, das dem antiken Epos nacheifert.

In einem Bekenntnisbrief an Willibald Pirckheimer (Augsb. 1518) stellte H. die »vitae suae ratio« dar u. erklärte, er wolle sich vorerst dem aktiven Leben widmen. (Aus diesem Brief stammen die für das H.-Bild späterer Jahrhunderte wichtigen Sätze »O Jahrhundert, o Wissenschaft! Es ist eine Lust zu leben, wenn auch nicht in der Stille. Die Studien blühen, [...] Barbarei, nimm einen Strick und mach dich auf Verbannung gefaßt.«) Erste, keineswegs positive Erfahrungen mit dem Hofdienst hatte er in dem Dialog *Aula* beschrieben (Augsb. 1518). Mit der Edition von Vallas Schrift über die konstantinische Schenkung (Basel 1519/20) begann die Herausgabe älterer Texte gegen den päpstl. Primatsanspruch. Etwa gleichzeitig entstand H.s Schrift über die – selbst erprobte – Therapie der Syphilis mit Hilfe des Guajakholzes (*De Guaiaci medicina et morbo gallico.* Mainz 1519).

In der polit. Öffentlichkeit trat H. erstmals mit seiner »Türkenrede« *Ad Principes Germaniae, ut bellum Turcis invehant* (Augsb. 1518. Ungekürzt Mainz 1519) zum Augsburger Reichstag hervor. Die Vorgänge auf dem Reichstag, auf dem die Fürsten erneut ihre »Gravamina« gegen die Kurie vorbrachten, bildeten auch den Hintergrund der Dialoge *Febris prima* (separat Mainz 1519), *Febris secunda* u. *Inspicientes.* Zusammen mit *Aula* u. *Vadiscus sive Trias Romana* erschienen sie als *Dialogi* (Mainz 1520). 1521 wurden sie, ohne die *Aula*, größtenteils in H.s eigener Übersetzung als *Gespräch büchlin deutsch* in Straßburg veröffentlicht (*Feber das Erst; Feber das Ander; Wadiscus oder die Römische dreyfaltigkeit; Die Anschawenden*). Mit diesen Dialogen, von denen v. a. der *Vadiscus* schärfste Anklagen gegen Rom enthielt, sagte H. der Kirche offen den Kampf an. Im Gegensatz zu Luther, als dessen Mitstreiter er sich seit 1519 verstand, bestimmten ihn dazu v. a. nationale Gründe, da er das Papsttum für den Niedergang des Reichs verantwortlich machte. Politische Unterdrückung, finanzielle Ausbeutung u. Korrumpierung angestammter dt. »Tugenden« (wie sie nach H.s Meinung Tacitus in der *Germania* beschrieben hatte) waren Hauptanklagepunkte. Als er darauf den Dienst in Mainz quittieren mußte, suchte er Unterstützung bei Franz von Sickingen, von dessen Ebernburg er ab 1520 zahlreiche dt. u. lat. *Klag- und Mahnschriften* (*Conquestiones*) an die Reichsstände, die Fürsten u. Karl v. richtete, um sie zu gemeinsamer Aktion gegen die Kirche aufzurufen. Die gereimte *Clag und vormanuūg gegen den übermässigen unchristlichen gewalt des Bapsts zu Rom* (Straßb. 1520) war H.s erste, gleich deutsch verfaßte Schrift. Bald ließ er eine weitere lat. Dialogsammlung erscheinen, in der er die Führungsrolle des niederen Adels im bevorstehenden Kampf gegen Rom propagierte (*Dialogi novi.* Straßb. 1521. Darin: *Bulla vel Bullicida; Monitor I; Monitor II; Praedones*).

Als H. nach dem Wormser Reichstag einsehen mußte, daß seine Hoffnungen auf ein gemeinsames Vorgehen gegen die Kirche gescheitert waren, entschloß er sich, angekündigt durch das berühmte Lied *Ich habs gewagt mit Sinnen* (*Ain new lied.* [Schlettstadt 1521]), zum Alleingang eines »Pfaffenkriegs«, der jedoch bald in kleinl. Fehden versandete. An Sickingens von H. mitgeplanten Feldzug gegen Trier 1522 konnte der Kranke nicht mehr teilnehmen, mußte aber nach dessen Scheitern in die Schweiz fliehen. In Basel verweigerte ihm Erasmus eine Begegnung. Das veranlaßte H. zu seiner letzten polem. Schrift *Ulrichi ab Hutten cum Erasmo [...] Expostulatio* (Straßb. 1523. Dt. u. d. T. *Ulrich von Huttē mit Erasmo – hādlung.* Halberst. 1523). Erasmus' Erwiderung hat er nicht mehr erlebt. Er starb an den Folgen der

Syphilis auf der Ufenau im Zürichsee, wo ihm Zwingli Asyl gewährt hatte. Die *Opera poetica* edierte der Freund Hessus (Straßb. 1538).

Leben u. Werk H.s wurden durch zwei widerstreitende Faktoren geprägt: durch sein Standesbewußtsein als Mitgl. der Reichsritterschaft, der Fürsten u. Städte ihre ehemalige polit. Bedeutung streitig machten, u. durch seine Zugehörigkeit zur humanistischen Bildungselite, die sich gegen die Bevormundung seitens der Kirche zur Wehr setzte. Diese Doppelbindung bestimmte sein Selbstverständnis als Dichter, der »Wahrheit« u. »Freiheit« verteidigte, u. ließ ihn als einen der ersten öffentlich für die Reformation Partei ergreifen. Als Autor, dem das Wort primär Waffe im aktuellen Meinungsstreit war, gehört er zu den markantesten Vertretern des Typus des engagierten Schriftstellers in der dt. Literatur u. lebte durch die Art, wie er sich in dieser Rolle in Szene zu setzen verstand, in der Erinnerung der Nachwelt zgl. als eine ihrer profiliertesten Persönlichkeiten fort. Da H. nie seine Standesinteressen aus den Augen verlor, enthält sein Werk progressive u. restaurative Züge u. ließ sich später für die unterschiedlichsten polit. Ziele einspannen.

H.s frühe lat. Dichtungen wirkten nicht über einen kleinen Kreis von Literaten hinaus, u. auch seine Mitarbeit an den *Epistolae Obscurorum Virorum* war wohl nur Eingeweihten bekannt. Größere Beachtung fanden die an Maximilian gerichteten Epigramme, die mit ihren scharfen Angriffen auf die Kurie u. dem Appell, ihr gegenüber die Stärke des Reichs zu bekunden, Ausdruck einer in Deutschland weit verbreiteten Stimmung waren. Breite Resonanz fand H.s romfeindl. Publizistik. Eine Zeitlang galt er neben Luther als wichtigster Protagonist der reformatorischen Bewegung. Das war insofern berechtigt, als H. am entschiedensten die nationalpolit. Ziele im Kampf gegen die Kirche verfocht, auf die bis zum Ende des Wormser Reichstags viele ihre Hoffnungen setzten.

Mit den *Novi Dialogi* ist das *Gespräch büchlin* zgl. H.s wichtigster Beitrag zur Literatur. Mit dem Prosadialog erweckte er eine Gattung zu neuem Leben, die in der Flugschriftenliteratur der Reformation zentrale Bedeutung erhielt, u. führte exemplarisch vor, welche Möglichkeiten in ihr angelegt waren, auf den Parteienstreit Einfluß zu nehmen. In H.s Dialogen reichen sie von der Abrechnung mit dem persönl. Gegner (in *Febris I* u. *II*, in denen er mit deutl. Spitze gegen Cajetan die Unmoral des hohen Klerus verspottet) bis zur gezielten Manipulation der öffentl. Meinung zugunsten der Ritterschaftsbewegung (in den *Praedones*, in denen Kaufleute, Fürstendiener u. Klerus als die wahren »Raubritter« entlarvt werden). Darin spiegelt sich auch H.s Entwicklung vom engagierten Humanistenpoeten zum polit. Autor wider. Denn steht das *Gespräch büchlin* in Aufmachung u. Technik des aggressiven Sprechens noch spürbar unter dem Einfluß Lukians u. der Humanistensatire u. ist die *Bulla* als pathet. dramat. Szene gestaltet, so beziehen die letzten der *Dialogi novi* unter Verzicht auf poetische Einkleidung direkt zu den Zeitereignissen Stellung. Als wichtigster Dialog gilt der *Vadiscus*, in dem H. das Herrschaftssystem der Kirche einer schonungslosen Kritik unterwirft u. das Wesen der »unheiligen« röm. Dreifaltigkeit – Papst, Kurie u. Klerus – in dreigliedrigen Merksprüchen auf eine einprägsame, sentenziös zugespitzte Formel bringt.

Seit seiner Neuentdeckung durch Herder (*Hutten.* In: Teutscher Merkur, 1776) hat H. wie kein anderer Autor des 16. Jh. die Phantasie der Deutschen beschäftigt, sei es, daß man ihn (wie Conrad Ferdinand Meyer: *Huttens letzte Tage.* 1873) zum trag. Helden hochstilisierte oder ihn als Wegbereiter einer starken Nation u. Verkünder dt. Volkstugenden feierte. In den Freiheitskriegen, im Kulturkampf u. nach der Reichsgründung wurde H. als Vorkämpfer für die jeweiligen polit. Ziele beansprucht u. schließlich im Dritten Reich zum frühen Verfechter chauvinistischer Macht- u. Gewaltpolitik verfälscht. Daneben hatte es freilich nie an krit. Stimmen gefehlt, die eine Rückbesinnung auf den histor. H. forderten. Die Einsicht, daß sich seine Bedeutung nur unter den Voraussetzungen seines Zeitalters bestimmen läßt, dürfte sich inzwischen allg. durchgesetzt haben, auch wenn die Kriterien, nach denen geurteilt wird, nach wie vor unterschiedlich sind. Unbestritten ist jedoch H.s Rang als einer der wenigen Schriftsteller des 16. Jh., der die dt. u. lat. Sprache gleich virtuos beherrschte u. handhabte.

AUSGABEN: Opera Omnia Hutteni. Hg. Eduard Böcking. 5 Bde. u. 2 Supplementbde., Lpz. 1859-70. Neudr. Aalen 1963. – U. v. H. Dt. Schr.en in Ausw. Hg. Peter Ukena. Mchn. 1970. – U. v. H. Dt. Schr.en. Hg. Heinz Mettke. 2 Bde., Lpz. 1974.

LITERATUR: David Friedrich Strauß: U. v. H. 3 Bde., Lpz. 1858-60. Bde. 1 u. 2 neu hg. v. Otto Clemen. Lpz. [3]1938. – Paul Kalkoff: U. v. H. u. die Reformation. Lpz. 1920. Neudr. New York/London 1971. – Hajo Holborn: U. v. H. Lpz. 1929. Neuaufl. Gött. 1968. – Josef Benzing: U. v. H. u. seine Drucker. Eine Bibliogr. der Schr.en H.s im 16. Jh. Wiesb. 1956. – Helmut Scheuer: U. v. H. Kaisertum u. dt. Nation. In: Daphnis 2 (1973), S. 133-157. – Barbara Könneker: Vom ›Poeta laureatus‹ zum Propagandisten: die Entwicklung H.s als Schriftsteller in seinen Dialogen v. 1518 bis 1521. In: Ernesto Grassi (Hg.): L'Humanisme Allemand. Mchn./Paris 1979, S. 303-319. – Peter Ukena: Legitimation der Tat. U. v. H.s ›Neu Lied‹. In: Volker Meid (Hg.): Gedichte u. Interpr.en. Bd. 1, Stgt. 1982, S. 44-52. – Wilhelm Kreutz: Die Deutschen u. U. v. H. Rezeption v. Autor u. Werk seit dem 16. Jh. Mchn. 1984. – Michael Peschke: U. v. H. [...] als Kranker u. als medizin. Schriftsteller. Köln 1985. – Wilhelm Kühlmann: Edelmann – Höfling – Humanist. In: August Buck (Hg.): Höf. Humanismus. Weinheim 1988. – Eckhard Bernstein: U. v. H. Reinb. 1988. – Carlheinz Gräter: U. v. H. Ein Lebensbild. Stgt. 1988. – Helmut Scheuer: H. In: Dt. Dichter – U. v. H. Ritter, Humanist, Publizist. Kat., bearb. v. Peter Laub. Schlüchtern 1988. – Stephan Füssel (Hg.): U. v. H. Akten des internat. U. v. H.-Symposions [...] in Schlüchtern. Mchn. 1989.

Barbara Könneker

Hutterli, Kurt, * 18. 8. 1944 Bern. – Erzähler, Lyriker u. Dramatiker.

H. betreut ein Teilpensum als Sekundarlehrer in Bern. Häufige Aufenthalte im Tessin u. ein Werkjahr in Finnland haben in seinen literar. Arbeiten ihren Niederschlag gefunden. H. lehnt sich in seinen Prosaarbeiten gegen das Rollenbild vom »starken Mann« auf u. läßt so die verhaltene Sprache seiner frühen Lyrikbände hinter sich (*Blätter zur Acht.* Egnach 1963. *aber.* Bern 1972). Die beiden Bände *felsengleich. ein fiktiver tagungsbericht* (Bern 1976) u. *Ein Hausmann* (Aarau/Ffm. 1980) kreisen das Thema in Form von Textcollagen ein. *Ein Schweizer Soldatenbuch* (Bern 1974) ist die präzise Milieustudie einer Rekrutenschule. Die parabelhafte Erzählung *Die Faltsche* (Bern 1977) handelt von einem Messer, seinem Besitzer u. dessen Vorstellung, alles, was man begreifen wolle, müsse aufgebrochen, aufgeschnitten werden. Riskanter u. weniger überzeugend ist H.s Darstellung einer positiven Alternative, die der Protagonist im Roman *Elchspur* (Bern 1986) in der heilen Welt eines finn. Dorfs findet. H. behandelt Machtgehabe u. Unterdrückung auch in seinen burlesken, meist in histor. Dekor spielenden Theaterstücken.

WEITERE WERKE: Das Matterköpfen. Aarau/Ffm. 1978 (D.). – Finnlandisiert. Gedichte u. Prosa. Ebd. 1982. – Überlebenskunst. Urauff. Bern 1983 (D.; Welti-Preis 1982). – Bakunin am Lago Maggiore. Urauff. Bern 1984. – Baccalà. Kriminalgesch.n. aus dem Tessin. Bern 1989.

Dominik Müller

Hyrtl, Joseph, * 7. 12. 1810 Eisenstadt/Burgenland, † 17. 7. 1894 Perchtoldsdorf bei Wien; Grabstätte: ebd. – Anatom.

Der Sohn eines Musikers aus der Kapelle des Fürsten Esterházy erhielt in Wien als Sängerknabe bei der Hofkapelle u. zgl. im k. k. Konvikt die Gymnasialbildung. 1829 begann H. in Wien ein Medizinstudium. 1833, zwei Jahre vor seiner Promotion, wurde er bei Joseph Berres Prosektor. Ab 1836 Professor für Anatomie u. Chirurgie in Prag, wurde H. 1845 Berres' Nachfolger.

H.s *Lehrbuch der Anatomie des Menschen* (Prag 1846. [15]1889) begründete seinen Ruf u. wurde in die wichtigsten Weltsprachen übersetzt. Mit seinem hauptsächlich für die chirurgische Praxis bestimmten *Handbuch der topographischen Anatomie* (Wien 1847) begründete H. diese wissenschaftl. Disziplin im dt. Sprachraum. Seine Beschäftigung mit der präparierenden u. vergleichenden Anatomie fand Niederschlag in der Gründung eines vergleichend-anatom. Museums in Wien (1945 zerstört). Weltanschaulich schwingt in H.s vergleichend-anatom. Studien das Ganzheitsdenken der dt. Romantik nach; folgerichtig bekämpfte er den naturwissenschaftl. Materialismus u. erregte mit seiner Rede *Die materialistische Weltanschauung unserer Zeit* (Wien/Lpz. 1865) heftigen Widerspruch. Nach der vorzeitigen Niederlegung des Lehramts (1874) publizierte er die bedeutende *Onomatologia anatomica [...] mit besonderer Berücksichtigung ihrer Barbarismen, Widersinnigkeiten, Tropen und grammatikalischen Fehler* (Wien 1880), die wesentlich zur Vereinheitlichung der anatomischen Terminologie beitrug.

LITERATUR: W. S. Miller: J. H. In: Bulletin of the Society of Medical History of Chicago 3 (1923), S. 96-108. – Viktor Patzelt: H. In: anatom. anzeiger 103 (1956), S. 160-175. – Johannes Steudel: H. In: NDB. – Helmut Leitner: H. In: Archiv der Gesch. der Naturwiss.en 5/6 (1982), S. 311-313.

Roland Pietsch

I

Ickelsamer, Valentin, * um 1500 Rothenburg/Tauber (?), † 1541 (?) Augsburg. – Grammatiker.

I. studierte in Erfurt (Baccalaureus 1520) u. Wittenberg, wo er sich bald Karlstadt anschloß. Seit 1524 war er Prädikant u. Schulmeister in Rothenburg. Als Mitgl. des »Gemeindeausschusses« versuchte er 1525, zwischen aufständ. Bauern u. dem Rat zu vermitteln. Den in Rothenburg weilenden Karlstadt verteidigte er in der *Clag etlicher brüder* (o. O. u. J.) gegen Luther. Nach der Niederschlagung des Aufstands floh I. mit Karlstadt, wurde 1527 verurteilt u. aus Rothenburg verbannt. In Erfurt veröffentlichte er *Die rechte weis auffs kürtzist lesen zu lernen* (Marburg ^{2}1534). Er versöhnte sich mit Luther, blieb aber Anhänger Karlstadts. Seit 1530 lebte er als Schulmeister in Augsburg u. trat dort in freundschaftl. Beziehung zu Schwenckfeld. Um 1534 veröffentlichte er sein Hauptwerk *Ein Teütsche / Grammatica / Darauß einer von jm selbs / mag lesen lernen.* (o. O. u. J. [wohl Augsb.]. Stark überarb. u. erw. Nürnb. ^{2}1537 u. ö. *Leßbüchlein* mit 40 Ermahnungen zum christl. Wandel im Anhang).

Diese erste gedruckte dt. Grammatik bietet zukünftigen Grammatikschreibern, Lehrenden u. Lernenden Vorüberlegungen zu einer deutschsprachigen Grammatik des Deutschen, grammatikograph. Ausführungen u. didakt. Anweisungen. I. behandelt die dt. Sprache im Hinblick auf ihre Eigenständigkeit; das Kategorialsystem entnimmt er der lat. Grammatikographie, deutscht jedoch die Terminologie weitgehend ein.

I.s Sprachverständnis ist rhetorisch geprägt. Von der Syntax fordert er die Einführung in eine auch »kunstmäßige« Wort- u. Satzfügung. Das Lesenlernen teilt I. in Distanzierung vom bisherigen Leseunterricht in zwei Phasen: Segmentierung der Lautwerte aus dem Lautkontinuum gesprochener Worte (Lautiermethode) u. Zuordnung der Lautwerte zu den Lautzeichen (Buchstaben). Didaktisch relevant u. zukunftweisend ist die erste Phase. – Als Gegenstände der Wortforschung fordert er Etymologie u. Bedeutungserklärung gebräuchl. Fremdwörter.

Der angestrebte Sprachunterricht gehört zum Konzept einer ganzheitl. Erziehung, in der jeder Teilprozeß formal u. inhaltlich einen festen Stellenwert hat: Die muttersprachl. Grammatik z. B. schult die Verstandeskräfte u. bereitet auf bestimmte Berufe u. die Erlernung von Fremdsprachen vor; die Beschäftigung mit der Etymologie dient der Erhaltung der Sprache, führt zu bewußtem Sprachgebrauch u. wird so zur Voraussetzung für ein gottesfürchtiges Leben. I.s religiös geprägte Auffassung von der Funktion der Sprache zeigt seine Nähe zu den »Schwärmern« u. weist zgl. auf Impulse aus der Devotio moderna u. der »Freunde Gottes«-Bewegung.

Das Werk wurde bald vergessen, doch nahm Schottelius in die *Ausführliche Arbeit von der Teutschen HaubtSprache* zentrale Gedanken I.s auf.

Ausgaben: Ludwig Enders (Hg.): Aus dem Kampf der Schwärmer gegen Luther. Halle 1893 (›Clag etl. brüder‹). – Johannes Müller: Quellenschr.en u. Gesch. des deutschsprachigen Unterrichts bis zur Mitte des 16. Jh. Gotha 1882. Neudr. Hildesh./New York 1969 (S. 120-159: 2. Aufl v. ›Ein Teütsche Grammatica‹). – Heinrich Fechner (Hg.): Vier seltene Schr.en des 16. Jh. Bln. 1882. Neudr. Hildesh./New York 1972 (›Die rechte weis [...]‹; ›Ein Teütsche Grammatica‹). – Karl Pohl (Hg.): V. I.: Die rechte weis [...]. Ain Teütsche Grammatica. Stgt. 1971.

Literatur: Heinrich Noll: Der Typus des religiösen Grammatikers im 16. Jh. – Dargestellt an V. I. Diss. Marburg 1935. – Michael Giesecke: Schriftspracherwerb u. Erstlesedidaktik in der Zeit des ›gemein teutsch‹. In: Osnabrücker Beiträge zur Sprachtheorie 11. Schriftspracherwerb. Bd. 1 (1984), S. 48-72. – Monika Rössing-Hager: Konzeption u. Ausführung der ersten dt. Grammatik. In: Ludger Grenzmann u. Karl Stackmann (Hg.): Lit. u. Laienbildung im SpätMA u. in der Reformationszeit. Stgt. 1984, S. 534-556.

Monika Rössing-Hager

Ida von Toggenburg. – Mittelalterliche deutsche Legenden.

Die Handlung: Der thurgauischen Gräfin I. wird der Ehering von einem Raben gestohlen. Ein Jäger findet den Ring zufällig im Nest des Vogels u. steckt ihn an den Finger. Ein mißgünstiger Diener erkennt den Ring u. weckt daraufhin im Grafen Zweifel an der ehel. Treue I.s. Der wütende Graf läßt den Jäger töten u. I. von der Burgmauer stürzen. Durch Gottes Hilfe bleibt sie aber unversehrt u. beschließt, ihr Leben als Reklusin in der Einöde zu verbringen. Nach langer Zeit wird sie durch den Hund eines Jägers entdeckt. Der reumütige Graf eilt zu ihr u. bittet sie um Verzeihung. I. lehnt eine Rückkehr ab, bittet ihn aber, ihr eine Kirche zu bauen, in der sie Gott dienen kann.

Die urspr. Legende ist in dt. Sprache – ein äußerst seltener Fall in der mittelalterl. Hagiographie – wohl um 1470 im Thurgau entstanden. Diese Fassung benutzte Albrecht von Bonstetten als Quelle für seine beiden lat. I.-Viten, die er im Auftrag des Abts des Benediktinerstifts Fischingen herstellte, dessen Patronin I. war.

Eine in einem Straßburger Druck der Sammlung *Der Heiligen Leben* überlieferte dt. Fassung dürfte ebenfalls auf Albrecht zurückgehen. Daraus wurde sie in das *Habsburgische Heiligenbuch* Jakob Manlius' übernommen.

LITERATUR (jeweils auch Ausgaben): Leo M. Kern: Die I. v. T.-Legende. In: Thurgauische Beiträge zur vaterländ. Gesch. 64/65 (1928), S. 1-136. – Bruno Meyer: Die hl. Ita v. Fischingen. In: ebd. 112 (1974/75), S. 21-97. – Werner Williams-Krapp: Die dt. I.-Legende des schweizer. Humanisten Albrecht v. Bonstetten. In: Ztschr. für Gesch. des Oberrheins 130 (1982), S. 71-80. – Ders.: I. v. T. In: VL.

Werner Williams-Krapp

Iffland, August Wilhelm, * 19. 4. 1759 Hannover, † 22. 9. 1814 Berlin; Grabstätte: ebd., Friedhof der Jerusalems- und Neuen Kirchengemeinde. – Schauspieler, Theaterdirektor u. Dramatiker.

Der Sohn eines Registrators bei der kgl. Kanzlei in Hannover sollte nach den Plänen des Vaters eigentlich Theologie studieren. Schüleraufführungen des Altstädter Gymnasiums, bei denen I. u. sein Klassenkamerad Karl Philipp Moritz begeistert mitwirkten, v. a. aber die Gastspiele der Ackermannschen u. Seylerschen Truppe erregten ein lebhaftes Interesse des Jungen für das Theater. Daraus entwickelte sich eine regelrechte »Theatromanie«, wie sie in der damaligen Generation nicht selten war. Nach einem heftigen Disput mit dem Vater verließ I. am 22. 2. 1777 heimlich das Elternhaus. Ziel seiner Flucht war das Herzoglich Gothaische Hoftheater, dessen Leiter Konrad Ekhof sofort das Talent des jungen Mannes erkannte. In Gotha errang I. seine ersten großen Erfolge. Nach Ekhofs Tod wurde das Hoftheater aufgelöst u. ein großer Teil der Schauspieler, darunter auch I., 1779 durch Wolfgang Heribert von Dalberg nach Mannheim berufen. Zwar hatte Mannheim damals gerade aufgehört, Residenzstadt zu sein, da Kurfürst Karl Theodor die Residenz u. damit auch die standesgemäß höf. Oper nach München verlegte. Dafür sollte der Stadt durch das neu begründete dt. Nationaltheater ein neues Betätigungs- u. Repräsentationsfeld eröffnet werden. Diese Chance verstanden sowohl Dalberg als auch I. zu nutzen, I. selbst vornehmlich dadurch, daß er nun wie schon andere Schauspieler vor ihm (Friedrich Ludwig Schröder, Garrick) auch als Dramatiker hervortrat. Unter ungeheurem Beifall wurde 1784 das »ernsthafte Familiengemälde« (so der Untertitel) *Verbrechen aus Ehrsucht* (Mannh. 1784) aufgeführt. Dem folgten in I.s Mannheimer Jahren nicht weniger als 20 weitere Stücke, darunter auch sein erfolgreichstes u. wohl auch bestes Stück *Die Jäger. Ein ländliches Sittengemälde* (Bln. 1785), mit dem Goethe das Weimarer Theater 1791 eröffnete.

Ein schauspielerischer Triumph wurde die Uraufführung von Schillers *Die Räuber* im Jan. 1782 mit I. in der Rolle des Franz Moor. In einer anonymen Selbstrezension seines Dramas für das »Wirttembergische Repertorium« 1782 hob Schiller besonders I.s Leistungen hervor u. schloß seinen Bericht mit den Worten: »Deutschland wird in diesem jungen Mann noch einen Meister finden.« Zwischen beiden entstand eine so enge Zusammenarbeit, daß Schiller, I.s Rat folgend, den Titel seines bürgerl. Trauerspiels *Luise Millerin* in *Kabale und Liebe* änderte. Auch später in Berlin sollte sich I. als Theaterdirektor bes. um Schillers Dramen bemühen, wovon der literaturhistorisch wichtige Briefwechsel zwischen den beiden zeugt.

Mit Frankreich unterhielt das Mannheimer Nationaltheater, insbes. auch I., enge Beziehungen. So besuchte ihn 1787 der revolutionär gesinnte Mercier. Beaumarchais' sog. Revolutionskomödie *Le mariage de Figaro* (1785), die in München wie zuvor auch in Paris verboten war, wurde hier 1785 in Dalbergs Übersetzung zum ersten Mal in Deutschland aufgeführt. Darauf schrieb I. das Lustspiel *Figaro in Deutschland* (Bln. 1790), das im Revolutionsjahr 1789 auf die Mannheimer Bühne gebracht wurde. Es enthält gegen den Adel gerichtete Kritik, die aber durch harmon. Ausgleich der Gegensätze – wie immer bei I. – ihre Schärfe verliert.

Auch I. machte den für die öffentl. Meinung in Deutschland charakterist. Wandel von urspr. Begeisterung für die Revolution zur Skepsis u. Ablehnung mit. Das Trauerspiel *Die Kokarden* (Lpz. 1791) kam im Auftrag Kaiser Leopolds zustande, der I. gebeten hatte, »gegen gewaltsame Staatsumwälzungen ein Schauspiel zu schreiben« (*Meine theatralische Laufbahn.* 1798, S. 206). Da I. auch Huldigungsstücke für regierende Fürstenhäuser verfaßte, nannten ihn einige Kritiker einen Fürstendiener. Als schließlich auch Mannheim in den Revolutionskrieg hineingezogen wurde, übernahm I. 1796 die Direktorstelle am Berliner Nationaltheater. Dieser Entschluß, der einem Kontraktbruch nahekam, erregte in Mannheim Bitterkeit, nicht zuletzt bei Dalberg, der ein solches Verhalten von »Deutschlands dramatischem Sitten- und Tugendprediger« (an I., 27. 11. 1796) nicht erwartet hatte. I. begegnete den Vorwürfen mit seiner als Autobiographie getarnten Verteidigungsschrift *Meine theatralische Laufbahn.*

Trotz Kriegswirren u. schwieriger Arbeitsbedingungen gelang es I. in den folgenden Jahren, das Berliner Theater, das bis zum Tod Friedrichs II. eine mißachtete Rolle gespielt hatte, zu einer der ersten Bühnen Deutschlands zu machen. Wohlwollende Gönner u. Förderer seiner Bestrebungen fand er dabei in Friedrich Wilhelm II. u. dessen Nachfolger Friedrich Wilhelm III., der ihn mit dem Roten Adlerorden dritter Klasse dekorierte. Damit wurde zum erstenmal in Deutschland ein Schauspieler mit einem Orden ausgezeichnet. 1811 wurde I. Generaldirektor der kgl. Theater zu Berlin.

Als Verfasser von Familiengemälden gehörte I. zu den populärsten Dramatikern seiner Zeit. Die Zahl der Aufführungen dieser »Rührstücke« überstieg bei weitem die der Klassiker. Ihr histor. Wert liegt v. a. darin, daß sie Einblick in die Mentalität des dt. Theaterpublikums im ausgehenden 18. Jh. gewähren. Ihnen allen liegt die Idealvorstellung der harmonisch in sich ruhenden patriarchal. Kleinfamilie zugrunde, deren statische Idyllik von innen u. außen gestört werden kann, sich schließlich aber doch als heile Welt bewährt. Immer wieder wird in diesen Dramen die Handlung zum Stillstand gebracht, damit sich auf der Bühne das Gruppenbild der Familie wie ein Tableau oder Gemälde dem Publikum präsentieren kann. Die Träger der emotionalisierten Familienideologie entstammen meist der gehobenen sozialen Mittelschicht. Sie sind Kaufleute u. Fabrikanten, v. a. aber Beamte, bald bürgerlicher, bald adliger Herkunft. Schurken u. Bösewichter finden sich allerdings auch unter ihnen, die um so schurkischer handeln, je näher sie dem Hof u. der Stadt stehen. Im Hintergrund aber steht der stets gutherzige u. gnädige Fürst. – Der Rahmen dieser Kunst ist durch den engen Kreis des Familienlebens vorgegeben. Vom öffentl. Leben ist nur in einzelnen Dramen aus der Zeit der Französischen Revolution die Rede, u. selbst hier bleiben die Werte der patriarchal. Familie im Mittelpunkt, da I. den Landesvater mit dem Hausvater, die Ordnung des Staats mit der Ordnung der Familie gleichsetzt.

Während I. als Schauspieler überall Bewunderung fand, auch über die Grenzen Deutschlands hinaus, blieb ihm als Dramatiker trotz des Publikumserfolgs die Anerkennung der Kritiker u. Literaturhistoriker weitgehend versagt. In die Geschichte der dt. Literatur ist I. als ein fingerfertiger Verfasser von braven, aber trivialen bürgerl. Rührstücken u. Familiendramen in der Nachfolge des weinerlichen Lustspiels u. des bürgerl. Trauerspiels des 18. Jh. eingegangen.

WERKE: Dramat. Werke. 26 Bde., Lpz. 1798–1802. Bd. 1: Meine theatral. Laufbahn. Auch sep. u. später u. d. T. Über meine theatral. Laufbahn. Heilbr. 1886. Neudr. Stgt. 1976. – Theorie der Schauspielkunst [...]. 2 Bde., Bln. 1815. – Theater

v. A. W. I. Erste vollst. Ausg. 24 Bde., Wien 1843. – I.s Briefw. mit Schiller, Goethe, Kleist u. Tieck u. a. Dramatikern. Hg. Curt Müller. Lpz. o. J.

LITERATUR: W. Koffka: I. u. Dalberg. Lpz. 1865. – Arthur Stiehler: Das I.sche Rührstück. Lpz. 1898. – Karl-Heinz Klingenberg: I. u. Kotzebue als Dramatiker. Weimar 1962. – Horst A. Glaser: Das bürgerl. Rührstück. Stgt. 1969. – Alois Wierlacher: I. In: Benno v. Wiese (Hg.): Dt. Dichtung des 18. Jh. Bln. 1977. – Bengt A. Sørensen: Herrschaft u. Zärtlichkeit. Mchn. 1984. *Bengt Algot Sørensen*

Igel, Jayne-Ann, auch: Bernd I., * 18. 9. 1954 Leipzig. – Lyrikerin, Prosaautorin.

I. studierte nach einer Lehre im Bibliotheksbereich sieben Semester Theologie. Heute lebt sie in Markkleeberg als freie Schriftstellerin. Bis zu einer Geschlechtsumwandlung 1990 veröffentlichte sie unter dem Namen Bernd Igel.

I. läßt sich kaum in die Tradition der DDR-Lyrik bis Ende der 80er Jahre einordnen. Ihr erstes Buch erschien in der BR Deutschland, während sie in der DDR allein in inoffiziellen Literaturzeitschriften (»Anschlag« u. »schaden«) gedruckt wurde. In den Anthologien *Berührung ist nur eine Randerscheinung* (Köln 1985) u. *Sprache und Antwort* (Ffm. 1988) sind I.s Prosagedichte in locker gefügten Strophen auch eine Ausnahme im Ensemble der sprachexperimentellen Arbeiten der Generationsgenossen. *Das Geschlecht der Häuser gebar mir fremde Orte* (Ffm. 1989) ist I.s erster eigener Band. Die Themen der Texte kreisen um Traum u. Tod, Kindheit u. Bestrafung, Angst u. immer wieder um die »Scham des Sprechens«. Zunge, Lippen, Mund sind wiederkehrende Worte. Die Gedichte handeln von der Suche nach einer eigenen Sprache u. Identität gegen den Widerstand der Umwelt. Gott ist nur eine metaphys. Instanz, die dem lyr. Ich – das oftmals zum Wir wird – Furcht einflößt. Die Metaphorik ist zwar mitunter religiös, der freie Rhythmus der Gedichte wirkt jedoch einer unzeitgemäßen Feierlichkeit entgegen. Auch in der Anthologie *Schöne Aussichten* (Ffm. 1990) finden sich Prosastücke I.s.

WEITERE WERKE: Die vom Traum verlassene Stätte Mensch (Aufsatz zu Jakob van Hoddis). In: SuF 41, H. 6 (1989). – Poesiealbum 259. Bln./DDR 1989. *Hajo Steinert*

Ihering, Herbert, * 29. 2. 1888 Springe bei Hannover, † 15. 1. 1977 Berlin/DDR. – Theater- u. Filmkritiker.

Der Sohn eines Amtsrichters studierte u. a. in Berlin bei Erich Schmidt, war von 1909 an Theaterkritiker bei Siegfried Jacobsohns »Schaubühne« u. als Nachfolger Alfred Kerrs am »Tag« (bis 1922); während des Ersten Weltkriegs Dramaturg u. Regisseur der Volksbühne Wien, war er 1918-1933 wieder Kritiker an der »Weltbühne« u. am »Berliner Börsen-Courier«, 1934-1936 erneut als Nachfolger Kerrs am »Berliner Tageblatt«. 1936 wurde I. aus der Reichspressekammer ausgeschlossen, 1937-1941 war er Besetzungschef der Filmgesellschaft Tobis, 1942-1944 arbeitete er am Wiener Burgtheater.

I. entwickelte die Prinzipien seiner Theaterkritiken von Anfang an im Gegensatz zum Stil Alfred Kerrs, dessen krit. Einfluß er Mitte der 20er Jahre erreichte. Im Rückblick wurde deshalb die Theaterkritik der Weimarer Republik als die widersprüchl. Einheit Kerr – Ihering bezeichnet. Den Stil seiner Kritiken beschrieb I. so: »Kein Bildungsjargon, kein Schreiben um der schriftstellerischen Nuance willen, Verantwortung für jeden Satz.« Den Gegensatz zwischen Kerr u. I. zeigt die Favorisierung unterschiedlich ausgerichteter Regisseure u. Theaterautoren: Während Kerr am Illusionstheater Max Reinhardts festhielt, sprach sich I. für die geometrisch orientierte Bühnenkonzeption Leopold Jeßners aus, um sich nach 1925 – der Entwicklung des dt. Regietheaters entsprechend – dem neuen Realismus u. der Neuen Sachlichkeit Jürgen Fehlings u. Erich Engels zuzuwenden. Kerr sah in Gerhart Hauptmann den überragenden zeitgenöss. Dramatiker, I. förderte Brecht, den er als Autor der Neuen Sachlichkeit lobte, der die »Mechanik des Maschinenzeitalters selbstverständlich nimmt« u. dem er als Preisrichter 1922 den Kleist-Preis zuerkannte. I. versuchte, den kargen, sachl. Sprechstil als vorbildlich zu setzen u. befürwortete die Politisierung der Bühne, etwa durch Erwin Piscator.

Nach dem Zweiten Weltkrieg war I. bis 1954 Chefdramaturg des Deutschen Theaters Berlin u. Mitarbeiter der Zeitschriften »Sinn und Form« u. »Sonntag«. Wegen seines Engagements für die im Ostsektor der Stadt liegenden Bühnen Berlins wurde I., der seinen Wohnsitz in Berlin-Zehlendorf nie aufgab, in Westdeutschland kaum beachtet. Nach dem Mauerbau u. der Revisionismusdebatte um »Sinn und Form« gab I. – gleichzeitig mit dem Rücktritt des Chefredakteurs Peter Huchel – das Theater- u. Filmreferat der Zeitschrift auf, das er seit 1955 betreut hatte.

WERKE: Der Kampf ums Theater. Dresden 1922. – Aktuelle Dramaturgie. Bln. 1924. – Die vereinsamte Theaterkritik. Bln. 1928. – Reinhardt, Jeßner, Piscator oder Klassikertod? Bln. 1929. – Von Josef Kainz bis Paula Wessely. Heidelb. 1942. – Von Reinhardt bis Brecht. 3 Bde., Bln./DDR 1958–61. – Theater der produktiven Widersprüche 1945–49. Bln./Weimar 1967. – Bert Brecht hat das dichter. Antlitz Deutschlands verändert. Ges. Kritiken zum Theater Brechts. Mchn. 1980.

LITERATUR: Ursula Krechel: Information u. Wertung. Untersuchungen zum [...] Werk v. H. J. Diss. Köln 1972.

Christian Schwarz

Ihlee, Johann Jakob, * 8. 10. 1762 Elmarshausen/Hessen, † 11. 7. 1827 Frankfurt/M. – Theaterdichter u. Theaterdirektor.

Durch den plötzl. Tod des Vaters, eines Amtmanns, schien I.s Lebensweg vorgezeichnet zu sein: Er mußte die Schulausbildung abbrechen u. ein Handwerk erlernen. Er wurde Posamentierer (Bortenwirker), fand aber schon während der Wanderschaft, die er als bedrükkend empfand, Gelegenheit, seiner Liebe zum Theater nachzugehen, erst als Souffleur, dann als Kassierer, Sekretär u. Librettist. Bereits vor seiner Meisterprüfung (1793) war er Mitgl. des 1792 gegründeten Frankfurter Nationaltheaters. 1805–1813 betrieb er das Theater gemeinsam mit Musikdirektor Carl Joseph Schmitt auf eigene Rechnung u. brachte es zu wirtschaftl. u. künstlerischer Blüte; bis zu seinem Tod blieb er dessen künstlerischer Leiter.

I.s Theatertexte, heute weitgehend vergessen, machten damals Theatergeschichte. Seine zahlreichen Bearbeitungen u. Übersetzungen aus dem Italienischen u. Französischen sollen im süddt. Raum ähnlich vorbildgebend gewesen sein wie die von Carl Alexander Herklots im norddeutschen. Als Quellentext zur Revolutionszeit heute noch interessant ist sein *Tagebuch von der Einnahme Frankfurts durch die Neufranken* (Ffm. 1793). In den Bänden *Gedichte* (Ffm. 1789 u. 1791), die beide I.s ungewöhnl. Berufsweg auf dem Titelblatt vermerken, zeigt er sich in der Tradition der Gesellschaftsdichtung des Gleim-Kreises (Gleim, der Förderer junger Talente, hatte auch den Handwerksgesellen I. ermuntert u. protegiert). Als Bruder Redner der Frankfurter Loge verfaßte I. Freimaurerreden u. Logenlieder.

WEITERE WERKE: Verzeichnisse der Bühnentexte bei Goedeke 11,1 (1951), S. 271–275, u. Kosch. – Fragment einer Autobiogr. in Börnes ›Iris‹ (1827), S. 901–903. – Die für 1828 angekündigten hinterlassenen Werke sind wohl nicht erschienen.

LITERATUR: Elisabeth Mentzel: I. In: ADB. *Reinhart Siegert*

Ihlenfeld, Kurt, * 26. 5. 1901 Colmar, † 25. 8. 1972 Berlin. – Pfarrer; Verlagsleiter, Romancier, Essayist, Lyriker.

I.s Heimat u. Lebensraum sind die Stammlande Preußens, dessen kulturelle u. luth.-kirchl. Tradition seine Arbeit bestimmten. 1933–1943 leitete er in Berlin den Eckart-Verlag u. den von ihm gegründeten »Eckart-Kreis«, der zahlreiche weit verstreute Zirkel literar. Interessierter verband. Sein literar. Spektrum reichte vom Konservatismus Bergengruens bis zur mäßigen Modernität Rudolf Alexander Schröders. Politisch war dieser Kreis ein Zentrum der kirchlich-konservativen Verweigerung gegenüber dem Nationalsozialismus. Allerdings fehlte ihm eine eigene polit. Konzeption, was sich auch darin zeigte, daß I. nach 1945 in seinen Werken über die Beschwörung der vergangenen Jahrzehnte u. die Klage über den »Untergang« der östl. Gebiete des ehemaligen Deutschen Reichs nicht hinauskam.

Dies gilt für die drei Romane *Wintergewitter* (Witten/Bln. 1951), *Der Kandidat* (ebd. 1958) u. *Gregors vergebliche Reise* (ebd. 1962) wie für die Sammlung von Essays *Noch spricht das Land. Eine ostdeutsche Besinnung* (Hbg. 1966), in der I. gegen die Denkschrift der Evangelischen Kirche in Deutschland, *Die Lage der Vertriebenen und das Verhältnis des deutschen Volkes zu seinen östlichen Nachbarn*, Stellung nimmt: Während »Westdeutschland [...] ein stark rationaler und technischer Zug [...] kennzeichnet«, habe er »immer in Ostrichtung gelebt und gedacht«. Unter dem Druck der NS-Diktatur hatten der »Eckart-Kreis« u. sein Projekt einer in luth. u. dt. Tradition stehenden »christlichen Dichtung« ein klares, menschlich beeindruckendes Profil gewonnen, das seine ostdt. provinzielle Herkunft vergessen ließ.

Weitere Werke: Unter dem einfachen Himmel. Witten 1959 (L.). – Stadtmitte. Krit. Gänge in Berlin. Bln. 1964.

Literatur: Joachim Günther: J. In: NDH 19, H. 4 (1972), S. 212 ff.

Walther Kummerow

Ilberg, Werner, * 20. 7. 1896 Wolfenbüttel, † 30. 12. 1978 Berlin/DDR. – Erzähler, Lyriker, Essayist u. Literaturkritiker.

I., Sohn jüd. Eltern, lernte wie sein Vater Textilkaufmann. Später handelte er mit antiquarischen Büchern u. begann selbst zu schreiben. 1925 trat er der SPD bei, wurde jedoch bald als Kommunist aus der Partei ausgeschlossen. Noch Ende 1932 wurde er Mitgl. des Bundes proletarisch-revolutionärer Schriftsteller. 1933 emigrierte er in die ČSR, wo er sich der KPD anschloß. Vor den Nationalsozialisten flüchtete er nach London u. wurde Mitarbeiter der antifaschistischen Zeitschriften »Das Wort« (Moskau) u. »Freie deutsche Kultur« (London). 1947 nach Wolfenbüttel zurückgekehrt, siedelte I. 1956 in die DDR über u. lebte als freier Autor in Ost-Berlin. Als bedeutendstes Werk I.s gilt der Roman *Die Fahne der Witwe Grasbach* (Bln./SBZ 1948), für den er 1935 den zweiten Preis der Büchergilde Gutenberg erhielt. Der Roman beschreibt präzise das Leben in Deutschland unmittelbar vor dem Nationalsozialismus u. stellt I.s polit. Entwicklung dar. Sein literar. Hauptanliegen ist der Kampf gegen den Faschismus.

Weitere Werke: Rastlose Jahre. Bln./SBZ 1948. (E.en). – Traum u. Tat. Romain Rolland in seinem Verhältnis zu Dtschld. u. zur Sowjetunion. Halle 1950. – Romain Rolland. Bln./DDR 1951 (Ess.). – Unser Heine. Ebd. 1952 (Ess.). – Die Befreiung aus dem Zuchthaus. Ebd. 1955 (E.). – Der schwere Weg. Leben u. Werk Romain Rollands. Schwerin 1955 (Ess.). – Bernhard Kellermann in seinen Werken. Ebd. 1959 (Biogr.). – Hans Marchwitza. Lpz. 1971 (Bildbiogr.).

Helmut Blazek

Ilg, Paul, * 14. 3. 1875 Salenstein/Kt. Thurgau, † 15. 6. 1957 Uttwil/Kt. Thurgau. – Erzähler, Dramatiker u. Lyriker.

Der unehel. Sohn einer Fabrikarbeiterin verbrachte die ersten Lebensjahre auf dem Bauerngut der Großeltern, wurde anschließend Hausierer im Appenzellerland u. versuchte es nach der Absolvierung der Realschule in St. Gallen als Schlosser-, Koch- u. Handelslehrling, bis er Sekretär der Genfer Landesausstellung von 1896 u. ab 1900 Redakteur bei der »Berliner Woche« wurde. Gefördert durch die exzentr. Dichterin Annemarie von Nathusius, lebte er ab 1904 zunächst in Berlin u. später in Überlingen bzw. in Uttwil als freier Schriftsteller. I. erarbeitete sich seine Bildung autodidaktisch. Unmittelbare literar. Vorbilder waren ihm Zola u. Maupassant, in deren Manier er in seinen gelungensten erzählerischen Texten die eigene schwere Kindheit u. Jugend zu weitgespannten, sozialkritisch relevanten Romanen verarbeitete. Im Mittelpunkt steht dabei die Tetralogie *Das Menschlein Matthias* (Zürich 1941-43. Gekürzt in einem Bd. 1959), welche die urspr. selbständigen Teile *Das Menschlein Matthias* (Stgt. 1913. Bern 1939), *Die Brüder Moor* (Lpz. 1912), *Lebensdrang* (Stgt. 1906. Lpz. 1912. 1923) u. *Der Landstörtzer* (Bln. 1909. Lpz. 1912) umfaßt. Das Werk ist letztlich ein negativer Entwicklungsroman, denn Matthias Böhi, das Arbeiterkind, scheitert an den Bedingungen des bürgerl. Lebens u. endet als moderner Landstörtzer, der ruhelos herumwandert u. nur in der Einsamkeit der Natur noch Trost findet. Stark gesellschaftskritisch orientiert war auch I.s Roman *Der starke Mann* (Frauenfeld 1916. Zürich 1981), eine eindringl. Parabel über das Scheitern eines fanat. Militaristen, die während des Ersten Weltkriegs in der dt. Schweiz als armeefeindlich bekämpft wurde u. den Autor auch seinem an Schweizer Heimatliteratur interessierten dt. Lesepublikum merklich entfremdete. Nach dem Krieg wandte sich I. mit Erfolg sensationellen Stoffen wie der Biographie des Schweizer Flugpioniers Oskar Bider (*Probus*. Zofingen 1922) oder der Chronik einer skandalumwitterten Insel im Genfer See (*Sommer auf Salagnon. Ein Filmroman*. Bern 1937) zu, erreichte aber die erzählerische Dichte u. Glaubwürdigkeit seines autobiographisch bestimmten Frühwerks nicht wieder.

Weitere Werke: Maria Thurnheer. Frauenfeld 1916 (E.). – Der Führer. Lpz. 1918 (D.). – Das Mädchen der Bastille. Zürich 1933 (R.). – Der Erde treu. Zürich 1943 (L.). – Grausames Leben. St. Gallen 1944 (R.). – Der Hecht in der Wasserhose. Arbon 1953 (humorist. E.en).

Literatur: Martin Stern: P. I. Nachw. zu ›Der starke Mann‹. Neu hg. v. Charles Linsmayer. In: Edition ›Frühling der Gegenwart‹. Zürich 1981. – Nicolaus Schubert: P. I. In: Uttwil, das Dorf der Dichter u. Maler. Uttwil 1988.

Charles Linsmayer

Imhasly, Pierre, * 14. 11. 1939 Visp/Kt. Wallis. – Erzähler u. Lyriker, Publizist, Übersetzer.

Aufgewachsen u. ansässig im deutschsprachigen Oberwallis, fühlt sich I. stark von der romanischen Kultur angezogen. Nach dem Studium der dt. u. frz. Literatur in Freiburg/Schweiz u. Zürich hielt er sich längere Zeit in Spanien u. Italien auf.

I.s großes Poem *Widerpart oder Fuga mit Orgelpunkt vom Schnee* (Zürich/Ffm. 1979) setzte den in Erstaunen, der von einem Buch über das von einer plötzl. Modernisierung überrollte Wallis eine weitere bodenständige »Mauleselgeschichte« erwartet hatte. Der kühne, nach musikal. Kompositionsprinzipien strukturierte Text geht von der hymn. Anrufung der Geliebten über in beißende Attacken gegen die Scheinheiligkeit der Mächtigen, die sich z. B. über die den ital. Gastarbeitern zugemuteten Opfer hinwegsetzen. Mit der Lage des Wallis als Grenzland mag zusammenhängen, wenn sich ein reiches Netz fremdsprachl. Anspielungen entfaltet. Viele der Motive tauchen bereits in weniger hermetisch-komprimierter Form im Prosaband *Sellerie, Ketch up & Megatonnen* (Bern 1970) auf. Von I.s Faszination für den Stierkampf zeugt der reich bebilderte Band *Corrida* (Bern/Mchn. 1982). Unter den Autoren, deren Bücher I. übersetzte, ist der Französischwalliser Maurice Chappaz zu erwähnen, den I. als seinen literar. Mentor bezeichnet. *Dominik Müller*

Immermann, Karl (Leberecht), * 24. 4. 1796 Magdeburg, † 25. 8. 1840 Düsseldorf; Grabstätte: ebd., Golzheimer Friedhof. – Erzähler, Dramatiker, Lyriker, Essayist, Kritiker.

Der Sohn eines Kriegs- u. Domänenrats war von Beruf Jurist u. in dieser Eigenschaft tätig in Magdeburg (1818/19 u. 1824-1827), Münster (1819-1824) u. seit 1827 als Landgerichtsrat in Düsseldorf. Während des durch die Schließung der Universität Halle-Wittenberg 1813 u. die Teilnahme an den Befreiungskriegen 1815 unterbrochenen Studiums trat I. zum ersten Mal mit Streitschriften gegen die Burschenschaft »Teutonia« publizistisch an die Öffentlichkeit. In die Münsteraner Zeit fallen seine ersten literar. Versuche auf den Gebieten des Dramas u. der Lyrik (*Die Prinzen von Syrakus.* Hamm 1821. *Trauerspiele.* Ebd. 1822. *Gedichte.* Ebd. 1822) sowie der Beginn (1822) der langjährigen Freundschaft mit Elisa von Ahlefeldt(-Lützow). In Düsseldorf unterhielt I. enge Beziehungen zu Wilhelm Schadow u. den Schülern der Düsseldorfer Kunstakademie, Beziehungen, die in seiner Biographie wie im literar. Werk ihre Spuren hinterließen. Er pflegte z. T. freundschaftl. Kontakte mit namhaften Zeitgenossen wie Heine, Grabbe, Tieck, Varnhagen, Fouqué, Ekkermann, Goethe, Friedrich von Müller, Gutzkow, Laube, Halm, Freiligrath, Brockhaus, Campe u. Cotta. Besondere Nähe verband ihn mit Amalie von Sybel, Michael Beer, Felix Mendelssohn-Bartholdy, Karl Schnaase, Friedrich von Uechtritz u. mit Marianne Niemeyer (Heirat 1839).

Die Lyrik I.s sowie seine 16 Dramen, die unter den Einflüssen der antiken Dramatik, Shakespeares, Goethes, Schillers u. der Romantik stehen, besitzen nur epigonalen Rang. Selbst mit den von ihm als bes. wichtig angesehenen Dramen hatte er nur wenig Erfolg: mit *Das Trauerspiel in Tyrol* (Hbg. 1828. Umgearbeitet u. d. T. *Andreas Hofer, der Sandwirt von Passeyer.* Düsseld. 1835; Bd. 3 der 14 Bde. umfassenden *Schriften*), mit der Tragödie *Alexis* (Düsseld. 1832), die den Vater-Sohn-Konflikt zwischen Zar Peter I. u. dessen Sohn Alexis thematisiert, u. mit der »Mythe« *Merlin* (Düsseld. 1832), in der I. im Gewand des Sagenstoffs aus dem Artuskreis auch Spannungen u. Gegensätze in seiner eigenen Person u. seiner Gegenwart spiegelt. In seinen Lustspielen (z. B. *Das Auge der Liebe.* Hamm 1824. *Die Verkleidungen.* Hbg. 1828. *Die Schule der Frommen.* Stgt. 1829) gelingt es I. teilweise, überzeugende kom. Effekte u. Figuren zu gestalten. Erfolgreicher betätigte sich I. als Theaterleiter: Er gründete das Düsseldorfer Stadttheater u. entwickelte diese Bühne in den Jahren 1834-1837 zu einer Musteranstalt, die in ganz Deutschland Bewunderung u. Anerkennung fand. I. legte (mit dem Prinzip der Werktreue) bes. Wert auf mustergültige Darstellungen klass. Dramen u. bewirkte durch intensive Probenarbeit einen für die Zeit beispielhaften Darstellungsstil.

Während I. bestrebt war, sich einen Namen als Dramatiker zu machen, wobei ihm der Erfolg versagt blieb, schätzte er seine Prosaarbeiten weniger hoch ein. Gerade aber auf den Gebieten der humoristisch-satir. Erzählung, des zeitkrit. Romans u. der autobiograph. Prosa kommt I. bes. Geltung zu. Vor allem seine beiden großen Zeitromane *Die Epigonen* (3 Tle., Düsseld. 1836) u. *Münchhausen. Eine Geschichte in Arabesken* (4 Tle., Düsseld. 1838/39), vorbereitet durch den in Thema u. Stil noch unfertigen, in Goethescher u. romant. Tradition stehenden Roman *Die Papierfenster eines Eremiten* (Hamm 1822), die Erzählungen (*Der neue Pygmaleon.* In: Taschenbuch zum geselligen Vergnügen, 1825. *Der Carnaval und die Somnambüle.* Aus: *Miscellen.* Stgt./Tüb. 1830) u. vor allem durch das kleine Meisterwerk *Tulifäntchen* (Hbg. 1830), eine Parodie auf das große Heldenepos u. Satire auf die Zeit um 1830, bei dem Heine an der äußeren Form bessernd mitwirkte, weisen I. als krit. Beobachter u. Analytiker seiner Zeit aus, dessen Thematik u. Romankonzeption noch weit in das 19. Jh. ausstrahlen sollten.

In den *Epigonen* wird, äußerlich zwar noch mit den Mitteln des Bildungsromans nach Art des *Wilhelm Meister*, ein Bild der Gesellschaft der 20er u. 30er Jahre des 19. Jh. entworfen. Schwerpunkte sind dabei bestimmte Formen des Adels, der stärker von der Tradition lebt, als notwendige polit. Aufgaben der Gegenwart in Angriff zu nehmen, u. des Bürgertums mit der zeittyp. Präponderanz des sich entfaltenden Unternehmertums, dessen Ziele u. Bestrebungen von I. sehr skeptisch beurteilt werden. Andere Aspekte des Zeitbilds der *Epigonen* bilden die Schul- u. Erziehungsfragen, die studentischen Umtriebe der 20er Jahre mit den entsprechenden staatl. Gegenmaßnahmen u. bestimmte Kunstrichtungen der Zeit. I. lastete der Gegenwart an, keine originellen vorausweisenden Leistungen zu vollbringen, in vieler Hinsicht nur epigonal vom Erbe früherer Zeiten zu zehren: »Unsere Zeit [...] krankt an einem gewißen geistigen Überflluße. Die Erbschaft ihres Erwerbes liegt zu leichtem Antritte uns bereit; in diesem Sinne sind wir Epigonen. Daraus ist ein ganz eigenthümliches Siechthum entstanden, welches durch alle Verhältniße hindurch darzustellen, die Aufgabe meiner Arbeit [der *Epigonen*] ist« (24. 4. 1830). Der Protagonist Hermann, der als Chiffre des Zeitgeists verstanden wird u. an sich typische Krankheitssymptome der Zeit erfährt, findet am Schluß eine angemessene Lebensaufgabe. I.s überwiegend pessimistische Zeit- u. Gesellschaftsanalyse läßt also letztlich doch noch eine positive Weiterentwicklung der Zeitproblematik zu.

I.s zweiter Zeitroman, *Münchhausen*, besteht aus zwei Teilen, die miteinander verflochten sind: den Geschichten von u. um Münchhausen u. den Begebenheiten, die im Umfeld des Oberhofs, eines großen Gutshofs in Westfalen, spielen. In die Geschichten um Münchhausen sind in vielfältiger Weise in der Form von Arabesken krit. u. satir. Darstellungen problemat. Erscheinungen der Gegenwart I.s eingefügt. Zeitgenossen wie Pückler-Muskau, Gans, Raupach, Raumer, Vertreter des Jungen Deutschland u. andere werden angegriffen u. satirisch bloßgestellt, Strömungen u. Tendenzen der Gegenwart in Wirtschaft, Politik, Medizin, Literaturbetrieb u. Kunst werden teils kritisiert, teils lächerlich gemacht. Dieser von I. als negativ aufgefaßten Wirklichkeit tritt die Welt des Oberhofs als positiver Pol gegenüber. Mit der Darstellung der bäuerl., in sich gefestigten Welt Westfalens gestaltet I. Werte, die im Gegensatz zu dem »Schwindelgeist« der Münchhausen-Geschichten lebensbejahenden u. zukunftweisenden Charakter besitzen. Im Prinzip greift I. damit die Problematik der *Epigonen* erneut auf, nur setzt er nun die Akzente anders: Die satirischen Elemente werden verstärkt, ebenso die Gestaltung der positiven Gegenwelt, die in den *Epigonen* nur andeutungsweise zur Geltung kam, was bereits I.s Zeitgenossen als Mangel empfanden. Freilich rechtfertigt die teilweise auf traditionellen Werten basierende Darstellung der Oberhofwelt nicht die separate Publikation dieses Romanteils, die im 19. u. 20. Jh. aus ideologischen Gründen häufig vorgenommen wurde.

In den letzten Jahren seines Lebens verfolgte I. die Absicht, seine Memoiren u. geschichtl. Beobachtungen u. Erfahrungen über das Theater in Deutschland u. bes. in Düsseldorf zu veröffentlichen. Von den umfangreichen Plänen dazu wurden verwirklicht: *Grabbe. Erzählung. Charakteristik. Briefe* (in: Franks Taschenbuch dramatischer Originalien. 1838), *Die Jugend vor fünfund zwanzig Jahren* (1. Bd. der *Memorabilien.* Hbg. 1840) u. *Düsseldorfer Anfänge. Maskengespräche* (in: Deutsche Pandora, 1840). *Die Jugend vor fünfundzwanzig Jahren* beinhaltet die Darstellung der Zeitgeschichte in Verbindung mit biographischen Aspekten, ein innerhalb der Geschichte der Autobiographie interessantes Konzept, während die *Düsseldorfer Anfänge* teils theatergeschichtl., teils biographische Elemente miteinander verflochten schildern. – Zu I.s autobiograph. Schriften gehören auch seine Tagebücher, von denen die zur Theatergeschichte Düsseldorfs neben den Reisetagebüchern, in denen sich I. als Kunstkenner seiner Zeit u. der Tradition erweist, bes. hervorzuheben sind.

Weitere Werke: Werke in 5 Bdn. Hg. Benno v. Wiese. Ffm. 1971-78. – Briefe. Textkrit. u. kommentierte Ausg. in 3 Bdn. Hg. Peter Hasubek. Mchn. 1978-87. – Zwischen Poesie u. Wirklichkeit. Tagebücher 1831-40. Hg. ders. Mchn. 1984.

Literatur: Gustav zu Putlitz (Hg.): K. I. Sein Leben u. seine Werke. 2 Bde., Bln. 1870. – Harry Maync: I. Der Mann u. sein Werk. Mchn. 1921. – Manfred Windfuhr: I.s erzähler. Werk. Gießen 1957. – B. v. Wiese: K. I. Sein Werk u. sein Leben. Bad Homburg u. a. 1969. – Heinz Josef Halm: Formen der Narrheit in I.s Prosa. Marburg 1972. – Siegfried Kohlhammer: Resignation u. Revolte. I.s ›Münchhausen‹. Stgt. 1973. – Sengle 3, S. 815-887.

Peter Hasubek

Immessen, Arnold. – Verfasser eines mittelniederdeutschen Spiels.

I. ist einer der wenigen namentlich bekannten Autoren eines mittelalterl. geistl. Schauspiels. Er nennt sich selbst in einem Akrostichon zu Beginn des Wolfenbütteler *Sündenfalls*, einer umfangreichen dramat. Behandlung der Heilsgeschichte von der Erschaffung der Welt bis zur Darstellung der dreijährigen Maria im Tempel unter dem Aspekt der Erlösung des Menschen, einem Spiel, das in der Tradition des mittelalterl. dt. Theaters weitgehend isoliert steht. Zwei urkundl. Erwähnungen eines I. (1483, 1486) verweisen auf Einbeck u. Alfeld als mögl. Heimat des Dichters; die sprachl. Analyse des Textbestands ordnet das Spiel dem Göttingisch-Grubenhagenschen Gebiet mit engerer Festlegung auf wiederum Einbeck u. Alfeld (Krage) oder aber Goslar zu (Hohnbaum, mit wesentl. Argumenten gegen Einbeck). Die einzige erhaltene Handschrift des Spiels wurde nicht von I. selbst angefertigt, sondern von dem Goslarer Schreiber Johannes Bokenem, dessen Namen der Schlußvermerk überliefert. Außer ihm lassen sich noch wenigstens zwei weitere Hände nachweisen, die an der Herstellung der Abschrift von I.s Spieltext beteiligt waren. Wie viele andere Handschriften mittelalterl. geistl. Spiele wurde auch dieser Codex vermutlich zu Lesezwecken angefertigt, doch repräsentiert er mit Sicherheit einen für eine Aufführung verfaßten Text.

Das im späten 15. Jh. entstandene Spiel gehört mit 3962 Versen zu den umfangreichsten religiösen Dramen des dt. MA. Es beginnt mit einer Vorrede des Verfassers, die – da der Autor anschließend das Wort an den Praelocutor übergibt u. auf den Aufführungsort verweist (»wy [...] sint gesamet up dussem plane«, v. 65) – vermuten läßt, daß I. selbst bei der Aufführung mitgewirkt hat. Nach einführenden Worten des Praelocutor über die »materie« des Spiels (Erschaffung des Menschen, Sündenfall, Vertreibung aus dem Paradies, Bemühungen der Propheten u. Gottes um die Wiedererlangung des Ewigen Lebens für die Menschen, Erfüllung dieses Ziels durch die fünf Wunden Christi) beginnt mit der Anbetung des Creator durch die Engel u. dem Sturz Luzifers ein weitaus umfangreicheres Spiel, als die Eingangsworte erwarten ließen. Durchsetzt von lat. Zitaten u. Gesängen werden im folgenden die Erschaffung Adams u. Evas, ihre Einführung ins Paradies, der Sündenfall – bei dem, ganz ungewöhnlich, Luzifer selbst die Rolle des Verführers als »serpens in specie virginis« übernimmt – u. verschiedene, teils präfigurativ gedeutete »Szenen« aus dem AT vorgestellt (das Opfer Kains u. Abels, der Brudermord, Seths Gang zum Paradies, Adams Tod, Begräbnis u. Höllenfahrt; die Arche Noah, Sintflut u. Noahs Tod; Abrahams u. Melchisedechs Opfer). Im anschließenden Prophetenspiel beraten zunächst David, Jesaias, Jeremias u. Ezechiel über die Erlösung, kommen aber zu keinem Ergebnis. Sie wenden sich an Salomo, der die übrigen Propheten u. die zwölf Sibyllen zu einem sehr plastisch ausgestalteten Gastmahl einlädt, in dessen Anschluß sie ihre Weissagungen auf Christus vortragen. Mit einem Gang dreier Propheten zum Creator, wie Gottvater bei I. durchgängig bezeichnet wird, der Vertröstung ihrer Erlösungshoffnungen auf eine spätere Zeit u. einer Klage Adams »de profundis« endet der alttestamentar. Teil des Spiels. In einem letzten Handlungskomplex behandelt I. die Geschichte von Anna u. Joachim, verbunden mit weiteren Bittgängen Davids zu Gott, Klagen Adams u. der schließl. Verheißung der göttl. Gnade, die sich in der Geburt Marias manifestieren werde. Eingebunden in die Handlung hat I. dabei den Streit zwischen Iustitia u. Misericordia, die auch aus anderen Spielen bekannte »litigatio sororum«. Mit der Darstellung der dreijährigen Maria im Tempel, einem Schlußwort Davids u. einem gemeinsamen Lobgesang auf Maria endet das Spiel.

Die Vielzahl lat. Zitate im Text, Rückbeziehungen auf Augustinus, die Einbringung der Seth-Episode unter Verwendung einer mittelniederländ. Vorlage (*Dat boec van den houte*), Kenntnis der *Opuscula* des Philippus de Barberiis wie auch die Aufnahme lat. Hymnen u. anderer liturg. Gesänge machen wahrscheinlich, daß I. dem geistl. Stand angehörte. Daneben erweist er sich aber zgl. als geschickter Dramatiker, der die einzelnen »Szenen« bis ins Detail formal wie argumentativ klug zu verknüpfen wußte u. auch der Sprache u. Metrik seines Stücks große Aufmerksamkeit schenkte – so sind z. B. die Reden aller auftretenden Personen bis auf drei Ausnahmen konsequent durch Reimbrechung miteinander verbunden.

AUSGABEN: Der Sündenfall u. die Marienklage. Zwei niederdt. Schausp.e aus Hss. der Wolfenbüttler Bibl. Hg. Otto Schönemann. Hanover [sic] 1855. – Der Sündenfall. Hg. Friedrich Krage. Heidelb. 1913.

LITERATUR: Carl Klimke: Das volkstüml. Paradiesspiel u. seine mittelalterl. Grundlagen. Breslau 1902. – Wilhelm Hohnbaum: Untersuchungen zum ›Wolfenbütteler Sündenfall‹. Diss. Marburg 1912. – Friedrich Krage: Vorarbeiten zu einer Neuausg. v. A. I. ›Der Sündenfall‹. Heidelb. 1912. – Toni Weber: Die Praefigurationen im geistl. Drama Deutschlands. Diss. Marburg 1919, S. 22 f. – Gustav Rosenhagen: Die Wolfenbütteler Spiele u. das Spiel des A. v. I. In: FS Conrad Borchling. Neumünster 1932, S. 78-90. – Ludwig Wolff: A. I. Einbeck 1964. – Willy Krogmann: A. I. In: Einbecker Jb. 27 (1966), S. 108-116. – Adalbert Elschenbroich: I. In: NDB. – Rolf Bergmann: Kat. der deutschsprachigen geistl. Spiele u. Marienklagen des MA. Mchn. 1986. *Bernd Neumann*

Inglin, Meinrad, * 28. 7. 1893 Schwyz, † 4. 12. 1971 ebd. – Erzähler, Romanschriftsteller.

I.s Vater war Uhrmacher u. Goldschmied, die Mutter, Josephine Eberle, entstammte einer erfolgreichen Hoteliersfamilie. Kindheit u. Jugend waren überschattet durch schwere Schicksalsschläge – der Vater verunglückte 1906, die Mutter erlag 1910 einem heimtück. Leiden – sowie durch eine lange vergebl. Suche nach einem gangbaren Lebens- u. Berufsweg. I. besuchte die Mittelschule in Schwyz, versuchte es in Luzern mit einer Uhrmacherlehre, kehrte reumütig an die Mittelschule zurück, um bald erneut auszubrechen u. als Kellner nach Caux bzw. Luzern zu ziehen. Bereits als Uhrmacherlehrling hatte er 1909 in einer Lokalzeitung erstmals eine Erzählung publiziert u. in der Folge immer wieder durch kurze Texte u. Gedichte auf seine erwachende Begabung aufmerksam gemacht. Auf Anraten eines verständnisvollen ehemaligen Lehrers brach er im Herbst 1911 die Kellnerlaufbahn ab u. kehrte ein drittes Mal ans Kollegium Schwyz zurück: diesmal in die humanistische Abteilung u. mit der festen Absicht, Schriftsteller zu werden. Seinen Lebensweg bis zur endgültigen Berufswahl hat I. in seinem späten Roman *Werner Amberg* (Zürich 1949) sehr anschaulich u. nur wenig verfremdet dargestellt. Nach dem Besuch der Rekruten- bzw. Unteroffiziersschule immatrikulierte sich I. 1913 ohne Matura an der Universität Neuenburg u. studierte dort, in Genf u. zuletzt in Bern moderne Sprachen, dt. Literatur, Journalistik u. Psychologie (bei Häberlin, dessen welt- u. staatsbejahende positive Ethik ihn nachhaltig beeinflußte). Den Ersten Weltkrieg erlebte I., der aus aristokratischer Neigung mit Begeisterung Offizier war, zunächst als »Steigerung des Bewußtseins«, dann aber, in der zermürbenden Tatenlosigkeit der bloßen Grenzbesetzung, als frustrierendes Trauma. Außer journalistischen Arbeiten für das »Berner Intelligenzblatt« entstanden während des Kriegs auch zwei erste größere Prosawerke: der Nietzsche verpflichtete aristokratische Künstler- u. Entwicklungsroman *Rudolf von Markwald* (unveröffentl.) sowie die expressionistische, gegen die schweizerische Enge u. Spießbürgerlichkeit gerichtete Utopie *Phantasus* (in: Martin Stern: *Expressionismus in der Schweiz*. Bd. 1, Bern 1981, S. 36-91). Nach einem erfolglosen Versuch als

Dramatiker (*Der Abtrünnige.* 1917; ungedr.) gelang I. ein eigentl. Debüt erst 1922, als die Deutsche Verlagsanstalt Stuttgart den Roman *Die Welt in Ingoldau* (2., veränderte Fassung. Lpz. 1943. 3., veränderte Fassung. Zürich 1964) herausbrachte. Geschildert werden darin die Schwierigkeiten u. Nöte einer Gruppe pubertierender Jugendlicher in einem von moralischer u. religiöser Repression bestimmten schweizerischen Landstädtchen. Im Mittelpunkt steht der abtrünnige Priester Anton Reichlin, der in seinen Ideen u. mit seinem pädagog. Engagement eine freiere, offenere Gesellschaft antizipiert. Das Buch begründete I.s Ruhm als Erzähler, führte aber in Schwyz, wo er nach Aufenthalten in Zürich u. Berlin, seit 1939 verheiratet mit Bettina Zweifel, bis zu seinem Tod lebte, zu einem Skandal. So vermied er es danach – mit Ausnahme etwa des Romans *Urwang* (Zürich 1954), dem epischen Abgesang auf ein in einem Stausee ertränktes Bergtal – fast immer, als Autor zu aktuellen polit. oder sozialen Fragen Stellung zu nehmen. *Wendel von Euw* (Stgt. 1925), I.s nächster Roman, stellt dar, wie ein nach bürgerl. Vorstellungen gescheiterter Intellektueller bei der Heimkehr in sein Heimatdorf auf Feindschaft u. Ablehnung stößt. Er flieht wieder hinaus in die Welt u. findet zusammen mit einer jungen Frau in der Einsamkeit der Ostseelandschaft zu sich selbst. Formal ausgereifter als dieser Roman, wenn auch etwas gekünstelt in seiner klassizistischen Diktion, wirkt die Erzählung *Über den Wassern* (Zürich 1925. Neu bearb. in: *Güldramont.* Lpz. 1943. Bamberg 1948. Zürich 1968): Ein junger Dichter tritt während eines idyll. Sommers auf einer Alp mit einer mythisierten Fauna u. Flora in Kontakt u. verherrlicht die alpine Natur in antikisierendem Tonfall als Zuflucht u. Alternative zur modernen Zivilisation. Gegen die Zivilisation gerichtet ist im Grunde auch der Roman *Grand Hotel Excelsior* (Zürich 1928), der I.s Kenntnisse als Nachkomme einer Hoteliersdynastie bzw. seine Erfahrungen als Kellner literarisch nutzbar macht. Das Hotel stellt eine rein merkantile, auf Profit ausgerichtete Scheinwelt dar, der sich Gäste u. Angestellte fraglos einfügen, bis der Palast unversehens in Flammen steht u. die soziale Hierarchie im Taumel des Untergangs auf anarchisch-dionys. Weise zusammenbricht. Der Brand ist von Peter Siegwart, dem Bruder des Direktors, gelegt worden, der auf diese Weise die Landschaft vom Makel des touristischen Schandmals befreien will. I. hat sich später von diesem v. a. stofflich interessanten Roman distanziert.

Was I.s Hotelroman gleichsam an einem abschreckenden Beispiel evozierte, brachten der Essay *Lob der Heimat* (Horgen 1928. Neuausg. in: *Notizen des Jägers.* Zürich 1973) u. der Erzählzyklus *Jugend eines Volkes* (Horw 1933. Lpz. 1939. Neufassung Zürich 1948) affirmativ zum Ausdruck: die Zuwendung zur »ursprunghaften«, in ihrem Kern bäuerl. Schweiz als idealer Gegenwelt zu den Bedrohungen der Zivilisation. Während *Lob der Heimat* mit seinem nationalen Pathos u. seiner »völkischen« Wortwahl einen extrem einseitigen, von I. bald wieder preisgegebenen Standpunkt kennzeichnet, überzeugt *Jugend eines Volkes* in ihren besten Partien – z. B. in der Darstellung Wilhelm Tells – zumindest von den erzählerischen Qualitäten her. Der Text erlangte im Zeitalter der sog. geistigen Landesverteidigung erhöhte Bedeutung u. wurde auch ins Französische u. Italienische übersetzt. Als eine Art resignierender Abgesang auf das gleiche Thema liest sich *Ehrenhafter Untergang* (Zürich 1952), die epische Gestaltung des Untergangs der patriz. Eidgenossenschaft unter dem Vordringen der Armee Napoleons.

Den Durchbruch zur Anerkennung in Deutschland gelang I. 1935 mit dem Roman *Die graue March*, den sein neuer Verleger Staackmann in Leipzig herausbrachte (Neufassung Zürich 1956). Das Geschehen ist in einem abgelegenen Waldtal angesiedelt u. führt dem Leser den harten tägl. Existenzkampf vor Augen, dem nicht nur die Tiere des Waldes, sondern auch die bäuerl., diesmal in keiner Weise idealisierten Menschen ausgesetzt sind. Das Buch, das zuerst *Menschen und Tiere* hätte heißen sollen, stellt sowohl kompositions- als auch stimmungsmäßig u. von der sprachl. Ausformung her I.s geschlossenste literar. Leistung dar.

Seit 1917 bereits beabsichtigte I., die schweizerische Geschichte der Jahre 1914-1918, die er als Zeitzeuge bewußt miterlebt hatte, romanhaft zu gestalten. Im Dez. 1931 begann er mit der

Niederschrift, im Juni 1938 war das Werk beendet u. erschien noch im gleichen Herbst in Leipzig unter dem an Gotthelfs *Bauernspiegel* erinnernden Titel *Schweizerspiegel* (Neufassung Zürich 1955. 1965. 1972). Unter Verwendung eigener Tagebuchaufzeichnungen u. Notizen läßt I. die für die Schweiz entscheidenden Jahre der Grenzbesetzung u. des Generalstreiks sich in den Erfahrungen, Reaktionen u. Vorstellungen der Mitglieder einer einzigen Familie spiegeln: derjenigen des liberalen Nationalrats Ammann, dessen Tochter u. drei Söhne völlig unterschiedl. Wege gehen. Während Gertrud durch ihre Scheidung von einem ehrgeizigen Offizier u. ihre Zuwendung zu einem sensiblen jungen Dichter gegen die bürgerl. Moralvorstellungen rebelliert, verkörpern Severin, Paul u. Fred Ammann der Reihe nach den Typus des engstirnigen Konservativen, des zum Anarchismus, dann zu den Zielen des Sozialismus neigenden, aber schließlich resignierenden Intellektuellen u. des idealistischen Patrioten, der die Zukunft in einer Erneuerung des Bauernstands sieht. Obwohl das Werk in vielem Leonhard Ragaz' skept. Programm einer *Neuen Schweiz* (1917) verpflichtet ist, wirkt es in seiner bürgerl. Grundtendenz dennoch weit weniger pessimistisch als Jakob Bossharts die gleiche Epoche behandelnder *Rufer in der Wüste* (1924) u. gipfelt in der moderaten Erkenntnis, daß die Schweiz »ein Land für reife Leute« sei u. daß allein der »vorzeitige Gefechtsabbruch«, d. h. der demokratische Kompromiß, ihr Überleben garantiere. Im Gefolge dieses epischen Großwerks, mit dem I. laut Zollinger »das Schweizer Schrifttum international legitimierte«, verstärkten sich in seinem Schaffen nicht nur ideologisch, sondern auch formal die konservativen, traditionalistischen Tendenzen u. arbeitete er mehrere frühere Werke in einem klassizistischen, aber auch verharmlosenden Sinne um. Sein Bestes gab I. nun in meisterhaften kurzen Erzählungen wie der um das Vater-Sohn-Thema kreisenden Novelle *Die Furggel* (in: *Güldramont.* a. a. O.), der anarch. Bauernerzählung *Der schwarze Tanner* (in: *Die Lawine.* Zürich 1947. 1968. 1970) oder in der an Mark Twains *Huckleberry Finn* gemahnenden Vagabundengeschichte *Begräbnis eines Schirmflickers* (in: *Verhexte Welt. Geschichten und Märchen.* Zürich 1958. 1970)

WEITERE WERKE (Erscheinungsort: alle Zürich): Besuch aus dem Jenseits u. a. E.en. 1961. – Erlenbüel. 1965 (R.). – Erzählungen I. 1968. – Erzählungen II. 1970. – Notizen des Jägers. Aufsätze u. Aufzeichnungen. 1973. – *Werkausgaben:* Ges. Werke in 8 Bdn. Hg. Beatrice v. Matt. 1981. – Ges. Werke in 10 Bdn. Hg. Georg Schoeck. 1986 ff.

LITERATUR: Egon Wilhelm: M. I. Weite u. Begrenzung. Zürich 1957. – Beatrice v. Matt: M. I. Eine Biogr. Zürich 1976.

Charles Linsmayer

Ingold, Felix Philipp, * 25. 7. 1942 Basel. – Erzähler, Lyriker, Essayist, Übersetzer.

I. ist seit 1971 Professor für Kultur- u. Sozialgeschichte Rußlands an der Hochschule St. Gallen. Für seine Übersetzung von Edmond Jabès' *Vom Buch zum Buch* (Mchn. 1989) erhielt er den Petrarca-Preis.

In *Literatur und Aviatik. Europäische Flugdichtung 1909-1927* (Basel 1978) untersucht I. die Wechselbeziehungen techn. Innovation u. literar. Ästhetik in Texten der Futuristen u. im neu geprägten Vokabular der russ., ital., dt., frz. u. engl. Sprache. Der Prosaband *Haupts Werk. Das Leben* (Mchn./Wien 1984) kann als Darstellung postmoderner Ästhetik gelesen werden. In Form u. Diktion realisiert dieses Buch zgl., wovon es spricht. Die facettenreiche Konstellation von Theoriefragmenten mit u. zu poetolog. Begriffen wie Autor, Werk, Ich, Repräsentation, Leser verweist oft explizit auf maßgebende Werke von Borges, Leiris, Foucault, Hohl u. Celan. Die Engführung poetolog. Reflexion mit krit. Darstellung des Alltags, z. B. mit den hilflosen Versuchen zur Bewältigung des Holocaust, beweist, daß postmodernes Schreiben keineswegs weltabgewandt u. unpolitisch sein muß. *Letzte Liebe* (Mchn./Wien 1987) ist ein langes Prosagedicht, das Karriere- u. Liebesverstrikkungen eines Managers, seiner Frau, seiner Kinder u. seiner Schwester evoziert, zgl. aber den Mythos des Labyrinths neu artikuliert. Für die bittere, nach Lacan interpretierte Liebeserfahrung findet I. eine Sprache, die als musikal. Synthese von unsentimentaler Modernität u. transparenter Klage ihresgleichen sucht: »Auch nach der letzten Liebe also diese Leere, von der man meinen könnte sie sei blau, ein Himmel, der nicht glücklich aber sehend macht. Ja. Die

Trennung. Denn was die Lust ausmacht, was die Lust überhaupt erst möglich macht, ist mein Kopf, was wüßte der Körper sonst davon.«

Weitere Werke: Leben Lamberts. Zürich/Ffm. 1980 (P.). – Unzeit: Gedichte. Stgt. 1981. – Fremdsprache. Gedichte aus dem Deutschen. Bln. 1984. – Mit andern Worten. Mchn./Wien 1986 (Prosagedichte). *Rudolf Käser*

Meister **Ingold**, † zwischen 1440 u. 1450. – Dominikanerprediger; Autor eines allegorischen Predigtzyklus.

Der am Schluß des *Guldîn spil* als Verfasser genannte »priester predigerordens mayster Ingold« ist wohl mit dem Dominikaner Ingold Wild identisch, der 1400 auf Anordnung des Ulmer Provinzialkapitels in Mailand sein Studium aufnahm, 1405 u. 1415 in Basel bezeugt ist, 1416 in einer Wiener Immatrikulationsurkunde erscheint u. 1427 im Basler Konvent erstmals als »magister Ingoldus« erwähnt wird. Da sich Basel der strengen Ordensobservanz anschloß, ging I. 1429 nach Straßburg, wo er offenbar eine Schloßkaplanstelle innehatte, 1432 Lesemeister wurde u. bis zu seinem Tod als Prediger wirkte.

Drei Predigten I.s (über Lk 11,5-13; Mt 22,42 u. über sieben Paternoster) sind dt. überliefert; Exzerpte des Johannes Streler von 1442 aus 20 weiteren Predigten lassen erkennen, daß die deutschsprachige Mündlichkeit der Predigten auf lat. Konzepten beruht. Auch sein 1432 entstandenes Hauptwerk, das *Guldîn spil* (Goldenes Spiel), in sieben Handschriften u. einem Druck des 15. Jh. überliefert, geht – als Niederschrift seiner Hörer – auf einen Predigtzyklus über die sieben Todsünden zurück, den I. als Schloßkaplan in Straßburg hielt. Das Werk steht in der Nachfolge der seit dem 13. Jh. in verschiedenen volkssprachl. Fassungen tradierten sog. Schachzabelbücher, in denen die Figuren des Schachspiels in moralisierend-didakt. Absicht allegorisch ausgedeutet werden. I. vergleicht die sieben Hauptsünden mit den sieben »goldenen« Spielen (Schachspiel, Tric-Trac, Kartenspiel, Würfelspiel, Schießen, Tanzen, Saitenspiel). Mehr als die Hälfte des Umfangs nimmt allein die Auslegung des Schachspiels ein, was sich wohl auch aus der Quellenlage erklärt, konnte sich I. dabei doch auf eine breite literar. Tradition stützen, v. a. auf Konrads von Ammenhausen dt. Versbearbeitung von Jacobus de Cessolis *Schachzabelbuch* von 1337, die er selbst nennt. Weitere nachweisbare Quellen sind Johannes Herolts *De eruditione christfidelium*, Johannes' von Rheinfelden *Ludus cartularum moralisatus* u. der Traktat *Was schaden tantzen bringt.*

Die moralisierenden Auslegungen der Spiele nach scholast. Schematik sind mit vielerlei Beispielerzählungen durchsetzt, die der Bibel, der patrist. u. der Fabelliteratur, aber auch der mhd. Epik (z. B. Baumgartenszene des *Tristan*) entnommen sind. Noch die *Narrenschiffpredigten* Geilers von Kaysersberg von 1510 führten die Entwicklungslinie dieser allegorisch-didakt. Predigtzyklen weiter.

Ausgabe: Das Goldene Spiel. Hg. Edward Schröder. Straßb. 1882.

Literatur: Lucian Pfleger: Zur Gesch. des Predigtwesens in Straßburg vor Geiler v. Kaysersberg. Straßb. 1907, S. 27-30. – Wolfgang Heinemann: Zur Ständedidaxe in den dt. Dichtungen des MA. 2. Tl. In: PBB (Halle) 89 (1967), S. 290-403, hier S. 329-332. – Barbara Weinmayer: Studien zur Gebrauchssituation früher dt. Druckprosa. Mchn./Zürich 1982, S. 29-36. *Norbert H. Ott*

Ingrisch, Lotte, auch: Tessa Tüvari, eigentl.: Charlotte von Einem, geb. Gruber, * 20. 7. 1930 Wien. – Verfasserin epischer, lyrischer u. dramatischer Texte.

Das Pseud. Tessa Tüvari benutzte I. lediglich zur Publikation ihrer ersten drei Unterhaltungsromane, die während ihrer Ehe (1949-1965) mit dem Philosophen Hugo Ingrisch entstanden. Den großen Publikumserfolg erzielte sie mit makaber-iron., z. T. für das Fernsehen verfilmten Einaktern (*Damenbekanntschaften.* Ffm. 1971). Die 70er Jahre standen im Zeichen dramat. Arbeiten (Hörspiele, Fernsehspiele u. -filme, Libretti). Das Libretto zu der »Mysterienoper« *Jesu Hochzeit* (Bln. 1979. Musik von I.s zweitem Ehemann Gottfried von Einem) löste wegen seines angeblich blasphem. Charakters bei der Uraufführung in Wien 1980 einen Skandal aus. Die in diesem Werk bereits vertretene Idee der Einheit von Leben u. Tod manifestiert sich in I.s esoter., sehr persönl. Texten der 80er Jahre.

Weitere Werke: Schmetterlingsschule. Wien 1986 (Ess.). – *Romane und erzählerische Texte:* Verliebter September. Hbg. 1958. – Das Engelfernrohr. Hbg./Wien 1960. – Das Fest der Hungrigen Geister. Hbg./Wien 1961. – Amour noir. Wien

1985 Die Pestsäule. Wien 1989 (R.). – *Hörspiele:* Alle Vöglein, alle ... NDR/SR 1965. – Eine leidenschaftl. Verwechslung. NDR/SR 1966. – Höchste Zeit, daß die Delphine kommen, höchste Zeit ... 1980. – *Bühnenwerke:* Die kybernet. Hochzeit. Ffm. 1968. – Wiener Totentanz. Ffm. 1970 (als Fernsehsp. 1971). – Der rote Bräutigam. Ffm. 1974. – Die fünfte Jahreszeit. o. O. 1977. – Lambert Veigerl macht sein Testament. Ffm. 1980. – *Fernsehspiele:* Glückl. Leben. 1968. – Der Hutmacher. 1972. – Teerosen – Fairy – Abendlicht. Halle 1977. – *Esoterische Texte:* Reiseführer ins Jenseits. Wien 1980. – Nächtebuch. Freib. i. Br. 1986. – Das Donnerstagebuch. Wien 1988.

Elisabeth Chvojka

Innerhofer, Franz, * 2. 5. 1944 Krimml/Salzburg. – Erzähler.

Mit sechs Jahren kam I., unehelicher Sohn einer Landarbeiterin, auf den Bauernhof seines Vaters, wo er bis 1961 als Hilfsknecht lebte u. arbeitete. Nach einer Schmiedelehre besuchte er ein Gymnasium für Berufstätige u. studierte danach einige Semester Germanistik u. Anglistik in Salzburg. Ab 1973 lebte er als freier Schriftsteller vorwiegend in Arni bei Zürich, seit 1980 ist er Buchhändler in Graz. 1975 erhielt er den Literaturpreis der Hansestadt Bremen u. den Rauriser Literaturpreis.

Sein Dasein als Knecht, als »Leibeigener« auf dem väterl. Bauernhof, dann als Lehrling, Abendschüler u. Student beschreibt I. in einer Romantrilogie (*Schöne Tage.* Salzb. 1974. *Schattseite.* Ebd. 1975. *Die großen Wörter.* Ebd. 1977). Er zeigt das Elend, die ländlich-proletar. Sprachlosigkeit, die grausame Brutalität des Knechtschaftsverhältnisses, die sich hinter den »ländlichen Idyllen« verbergen. Die Natur erscheint erbarmungslos u. gewalttätig, die Dorfgemeinschaft funktioniert archaisch, bestimmt von starrem u. lähmendem Katholizismus. In diesem engen Umfeld, der patriarchalisch-autoritären Herrschaft des Vaters wehrlos ausgeliefert, wird Holl – die Hauptfigur der Trilogie – als billige Arbeitskraft mißbraucht. Die Authentizität des Romans wird nicht nur durch die Thematik, sondern v. a. durch die Erzählhaltung bestimmt. I. schreibt in der dritten Person u. schafft sich damit Distanz, um der Sprachlosigkeit zum Ausdruck zu verhelfen. Der erste Roman, ein überraschender Erfolg, löste eine Reihe von Protesten der Bauernschaft u. der Kirche aus, die sich verunglimpft sahen. In *Schattseite* wechselt die Erzählperspektive mit der Entwicklung der Handlung u. der Hauptfigur: Der Autor schreibt in der Ich-Form u. zeichnet so einen Lernprozeß Holls nach: Sein Weg aus der »Leibeigenschaft« über das Fabrikproletariat ins Abendgymnasium u. zur Universität wird als verzweifelte Befreiung dargestellt. Doch die »Welt des Redens« enttäuscht die Erwartungen, Holl sieht die Bedeutungslosigkeit der »großen Wörter«, hinter denen sich Vorgesetzte u. Politiker verschanzen. In der Erzählung *Der Emporkömmling* (Salzb. 1982) läßt I. den Protagonisten den Weg des Aufstiegs zurückgehen: Nach langem Universitätsstudium bleibt nur der Ekel vor »der Leere, dem Nichts« – er will zurück in seine Vergangenheit u. läßt sich als Arbeiter bei einer Baufirma anstellen.

WEITERE WERKE: Innenansichten eines beginnenden Arbeitstages. Pfaffenweiler 1976.

LITERATUR: Ulrich Greiner: F. I. In: Ders.: Der Tod des Nachsommers. Mchn./Wien 1979, S. 101–121.

Kristina Pfoser-Schewig

Innsbrucker Spiele, auch: Neustifter Spiele. – Mittelalterliche geistliche Spiele.

Die in einem Sammelcodex überlieferten I. S. – ein Spiel von der Himmelfahrt Mariae (I. H. M.), ein Osterspiel (I. O.) u. ein Fronleichnamsspiel (I. F.) – wurden 1391 von einem bislang nicht identifizierten Schreiber aufgezeichnet. Seine Vorlage(n) entstammte(n) dem thüring. Sprachgebiet; sprachl. Untersuchungen weisen das I. H. M. u. I. O. dem Hennebergischen (Schmalkalden?), das I. F. jedoch dem Ostthüringischen (Rudolstadt?, Blankenburg?) zu, wo sie etwa 50 Jahre früher entstanden sein dürften. Spätestens 1445 befand sich die Handschrift im Besitz des Klosters Neustift in Südtirol; wie sie dorthin gelangte, läßt sich nicht mehr feststellen. Die Handschrift scheint, vergleichbar dem Erlauer Codex (s. *Erlauer Spiele*), als eine Art Arbeitsmanuskript angelegt worden zu sein, aus dem zukünftige Bearbeiter die gewünschten Texte für eine Aufführung schöpfen konnten. Diverse Randbemerkungen im I. H. M., v. a. aber im I. O., u. eine eindeutig von späterer Hand herrührende zweite Überschrift zum I. F. stützen diese Vermutung.

Das erste Spiel der Handschrift (I. H. M.) ist nicht vollständig überliefert; der Schreiber schließt nach Vers 3168 den Text vor dem Ende des letzten Handlungsteils abrupt mit einem »Et cetera«, dem gleichwohl – wie bei den beiden anderen Spielen auch – ein »Explicit«-Vermerk folgt. Orientiert an apokryphen Überlieferungen (*Transitus Mariae, Ps.-Melito B*), gestützt auf Partien der *Vita beate Virginis Marie et Salvatoris rhythmica* u. in erstaunl. Nähe zu dt. Versionen der *Legenda Aurea* gestaltete der anonyme Verfasser des I. H. M. unter Verwendung einer Vielzahl lat. Gesänge verschiedener Marienoffizien, zumeist Antiphonen u. Responsorien ad Assumptionem S. Mariae (15. Aug.), ein in fünf Handlungsblöcke gegliedertes, sorgfältig durchstrukturiertes Spiel, dessen Leitthemen Marienverehrung u. die Durchführung des von Christus erteilten Missionsauftrags sind. Dargestellt werden neben Tod, Begräbnis u. Himmelfahrt Mariae (Tle. 2-4) die Ausbreitung des Christentums durch die Apostel (Tl. 1) u. – geschickt mit Teil 1 verknüpft durch Wiederaufnahme der eingangs unterbrochenen Handlung – die Zerstörung eines jüd. »castrum« (Jerusalem?) durch einen heidn. König u. seine Ritter (Tl. 5). Wie viele andere spätmittelalterl. Spiele spiegelt auch das I. H. M. Mentalität, Normen u. Wertvorstellungen stadtbürgerl. Initiatoren u. Rezipienten wieder: Didaktische u. affirmative Bestrebungen bestimmen mit Mitteln der anschaul. Erklärung u. predigthaften Vermittlung theolog. Sachverhalte gleichermaßen den Text wie krit. Auseinandersetzungen mit Problemen der Gegenwart. So werden z. B. in Teil 5 die Pflichten wahrer, d. h. christl. Ritterschaft dem zeitgenöss., ganz dem Diesseits verhafteten (Raub-)Rittertum entgegengehalten, womit der Dichter zudem noch »ins Allgemeine ausgeweitete Moral- und Weltklagen« wie auch die »Forderung nach ethischer Neubegründung des adeligen Standes« verbindet (Schmid). Der fünfteiligen Gliederung des Textes entsprechen die Bühnenmodalitäten. Wie vielerorts üblich, ging der Aufführung eine Prozession aller Mitwirkenden voran, die sich beim Erreichen der Bühne(n) in Teilnehmer am Umgang u. Darsteller im Spiel sonderte. Im I. H. M. ziehen fünf von Musikanten begleitete Gruppen in hierarch. Ordnung auf die ihnen vom Praecursor zugewiesenen, offenbar separat errichteten Bühnen, die hier als »borg« bezeichnet werden: Christus mit seinen Engeln, Maria mit drei Jungfrauen, die zwölf Apostel, die Juden u. die Heiden. Daß in dieser besonderen, ansonsten nicht näher beschriebenen Bühnenform ein Typ der Simultanbühne zu sehen ist, zeigt sich mehrfach im Text (z. B. v. 2653); deutlich wird auch, daß auf einem größeren Platz im Freien gespielt werden sollte.

Das I. O. gehört mit 1188 Versen u. etwa 40 Darstellern zu den umfangreichen Vertretern seiner Gattung. Auf einen vom »expositor ludi« gesprochenen Prolog folgen Dingung der Grabwache, Wächterspiel, Christi Höllenfahrt, Erlösung Adams u. Evas durch Christus, die sog. »Ständesatire« u. der Gang der drei Marien zum Grabe, mit dem ein umfangreiches Krämerspiel verbunden wurde. Der weitere Spieltext ist bestimmt von »Szenen«, die sich in ihrem Bestand an der Tradition lat.-liturg. Feiern orientieren: Grabbesuch (»visitatio«), Hortulanus- u. Thomasszene, Verkündigung der Auferstehung durch Maria, Apostellauf u. Vorweisung der Grabtücher durch Johannes u. Petrus. Von bes. Interesse sind dabei jene beiden Handlungskomplexe, in denen die stadtbürgerlich-didakt. bzw. heilspädagog. Intention des Spiels bes. hervortritt: Ständesatire u. Krämerspiel.

Da sich durch Christi Höllenfahrt u. die Erlösung der Altväter (im I. O. vertreten durch Adam u. Eva) die Hölle geleert hat, fordert Luzifer Satanas auf, für Ersatz zu sorgen. Die folgende Aufzählung potentieller Opfer weist weit über den allg. Begriff einzelner Stände hinaus u. zeigt, ganz im Sinne mittelalterl. theolog. Didaxe, die Allgegenwart des Teufels, vor dessen Einfluß niemand gefeit ist: weder der Papst in Avignon noch seine Kardinäle, Patriarchen u. Legaten; weder Kaiser, König, Grafen, Fürsten, Ritter oder Kriegsknechte; weder Vogt, Schiedsmann oder Schöffe; weder Pfaffen noch Mönche; weder der städt. Handwerker (es werden 24 Berufe genannt) noch die Vertreter unehrl. Berufe wie die Spielleute – eine vergleichbare Liste findet sich sonst nur noch im *Brandenburger Osterspiel* (Hg. Renate Schipke u. Franzjosef Pensel. Bln. 1986). Die anschließende Befragung der eingefangenen Seelen durch Luzifer u. deren Selbstkritik ihrer Verfehlungen trifft – alltagsbezogen u. aktuell – jedoch nur Vertreter städt. Handwerke, dazu einen Kaplan u. einen Buhler. Damit stellt sich das geistl. Schauspiel ganz in den Dienst stadtobrigkeitl. Intentionen, deren Ziel unbedingte Ordnung in allen Lebensbereichen war.

Wie die »Ständesatire« weist auch das Krämerspiel Parallelen zu anderen Spielen auf (z. B. *Erlauer Osterspiel, Melker Osterspiel, Wiener Osterspiel*). Es umfaßt etwa die Hälfte des gesamten Textbestands vom I. O. u. konfrontiert in schroffer, nur scheinbar kom. Weise ein völlig unzulängl. Saeculum voller Betrügereien, Grobheiten u. Obszönitäten mit der Heilswelt Christi. Auch hier liegen, ganz im Sinne heilspädagog. Publikumsunterweisung, didakt. Absichten – Abkehr von der Welt, Hinwendung zu Christus – zugrunde: Dem menschl. Arzt (Medicus, Salbenkrämer) u. seiner Unfähigkeit steht Christus als der wahre Seelenarzt gegenüber (Linke).

Das I. F., von seinem Schreiber als »ludus de corpore Christi«, von späterer Hand dann weitergehend als »ludus utilis pro devocione simplicium intimandus et peragendus die corporis Christi [...] de fide Catholica« bezeichnet, ist der bislang älteste bekannte Vertreter dieser im späten MA im dt. Sprachgebiet dann weit verbreiteten Gattung. In seinem Zentrum stehen Betrachtung u. Verehrung des Sakraments, Ziel ist es, die innere Handlung der Messe zu erläutern (z. B. die zwölf Glaubensartikel) u. das Dogma der Transsubstantiation auch dem Laien verständlich zu machen. Dies geschieht in 756 Versen weniger durch Handlung, als vielmehr durch eine Aneinanderreihung belehrender Monologe oder Wechselgespräche, die von Adam, Eva, zwölf Propheten u. zwölf Aposteln (Weissagung u. Bestätigung), Johannes dem Täufer, den Hl. Drei Königen u. endlich vom Papst selbst (als exegetische Schlußpredigt) vorgetragen werden. Adam u. Eva fungieren dabei als Vertreter des sündigen Menschen, der »schuldbeladen zur Messe kommt und beim Meßopfer die Erlösung aus der Hölle der Sünden erlebt« (Franke), die Hl. Drei Könige symbolisieren den Typus des anbetenden Menschen in seiner Sehnsucht nach Gott u. dem inneren Erleben seiner Offenbarung im Meßopfer. Wie sie fordert auch Johannes der Täufer die Zuschauer zu Preis u. Anbetung des in der Eucharistie gegenwärtigen Herrn auf. Nur eine solche Haltung – verbunden mit Bußfertigkeit, reinem Herzen u. rechtem Glauben – kann den Menschen retten; Unglauben oder falsche Lehrmeinungen, gegen die das I. F. sich richtet, aber werden beim Jüngsten Gericht, dessen Folgen für den sündigen Menschen eindringlich geschildert werden, von Gott furchtbar bestraft.

AUSGABEN: Franz Josef Mone (Hg.): Altteutsche Schauspiele. Quedlinb./Lpz. 1841. – Eduard Hartl (Hg.): Das Drama des MA. Bd. 2, Lpz. 1937. Neudr. Darmst. 1964, S. 136–189 (I. O.). – Das I. O. Das Osterspiel v. Muri. Hg. Rudolf Meier. Stgt. 1962. Neudr. 1974. – Die Neustifter-Innsbrucker Spielhs. v. 1391. Hg. Eugen Thurnher u. Walter Neuhauser. Göpp. 1975 (Vollfaks. aller drei Spiele).

LITERATUR: Bis 1974 bei Thurnher/Neuhauser (s. Ausg.n). – Georges Duriez: Les apocryphes dans le drame religieux en Allemagne au moyen âge. Lille/Paris 1914, S. 69–111 (I. H. M.). – Dora Franke: Das I. F. Diss. Marburg 1921. – Franz Ebbecke: Untersuchungen zur I. H. M. Marburg 1929. – Oskar Sengpiel: Die Bedeutung der Prozessionen für das geistl. Spiel des MA in Dtschld. Breslau 1932, S. 58 f., 104–117 (I. F.). – Hanns Ott: Personengestaltung im geistl. Drama des MA. Diss. Bonn 1939, S. 33–35 (I. F.), 74–78, 98 (I. O.). – Wolfgang F. Michael: Die geistl. Prozessionsspiele in Dtschld. Baltimore/Gött. 1947, S. 122–124 (I. F.). – M. Haibach-Reinisch: Ein neuer Transitus Mariae des Ps.-Melito. Rom 1962. – Elizabeth Wainwright: Studien zum dt. Prozessionsspiel. Mchn. 1974, S. 31–37 (I. F.). – Wilhelm Breuer: Zur Aufführungspraxis vorreformator. Fronleichnamsspiele in Dtschld. In: ZfdPh 94 (1974), Sonderheft, S. 55–57, 64, 67 (I. F.). – Ursula Hennig: Die Klage der Maria Magdalena in den dt. Osterspielen. In: ebd., S. 108–138 (I. O.). – Rainer H. Schmid: Raum, Zeit u. Publikum des geistl. Spiels. Mchn. 1975 (I. O., I. H. M.). – W. F. Michael: Das Neustifter-Innsbrucker Osterspiel u. die Tiroler Passion. In: Egon Kühebacher (Hg.): Tiroler Volksschauspiel. Bozen 1976, S. 167–177. – Hans Moser: Die Innsbrucker Spielhs. in der geistl. Spieltradition Tirols. In: ebd., S. 178–189. – Barbara Thoran: Das Osterspiel der Innsbrucker Hs. Cod. 960 – ein Neustifter Osterspiel? In: ebd., S. 360–379. – Dies.: Studien zu den österl. Spielen des dt. MA. Göpp. 1976. – Max Siller: Die Innsbrucker Spielhs. u. das geistl. Volksschauspiel in Tirol. In: ZfdPh 101 (1982), S. 389–411. – Rolf Bergmann: Kat. der deutschsprachigen geistl. Spiele u. Marienklagen des MA. Mchn. 1986. – Hansjürgen Linke: Drama u. Theater. In: Ingeborg Glier (Hg.): Die dt. Lit. im späten MA. Tl. 2, Mchn. 1987, S. 172–175 (I. O.), 197 (I. F.), 202 f. (I. H. M.). *Bernd Neumann*

Institoris, Heinrich, eigentl.: H. Krämer, * um 1430 Schlettstadt, † um 1505 Brünn oder Olmütz. – Theologe u. Inquisitor aus dem Dominikanerorden.

Im Jahr seiner Promotion zum Doktor der Theologie (1479 in Rom) wurde I. von Papst Sixtus IV. zum Inquisitor für Oberdeutschland ernannt. Er stieg zum Generalinquisitor (1484) u. Censor fidei (seit 1500) auf. Als Lektor der

Hl. Schrift u. a. in Salzburg, Venedig u. Regensburg predigte u. agierte er gegen das »Hexen- und Zauberwesen«. Die dabei gesammelten Akten verwertete er für den bis heute als »Hexenhammer« bekannten *Malleus Maleficarum* (zuerst Straßb. 1487. Dt. Bln 1906. Neudr. Mchn. 1982). Die lange angenommene Mitautorschaft Jakob Sprengers ist ungewiß.

Als Vorlage zog I. vor allem das *Directorium inquisitorum* (1376) des Nicolaus Eymericus heran. Der *Malleus* diente der Reglementierung der Verfolgung u. Bestrafung von des Aberglaubens u. der Hexerei verdächtigen Personen. Über die ältere Literatur hinausgehend, schrieb I. »Hexerei« fast ausschließlich Frauen zu. Erstmals wird die Übertragung des Inquisitionsverfahrens auf die weltl. Jurisdiktion möglich. Der *Malleus* nahm so den Rang eines kirchl. »Hexengesetzbuches« für Strafrichter an.

Schon Ulrich Tenglers einflußreicher *Layenspiegel* (Augsb. 1509) verwies in strittigen Fragen des Hexenwesens auf I.; Fischart gab 1582 den *Malleus* neu heraus. Es sind 13 (Post-)Inkunabelausgaben sowie 16 weitere Drucke bis zum Jahr 1609 bekannt.

Weitere Werke: Epistola contra quendem conciliistam archiepiscopum. Schlettstadt 1482. – Opusculum in errores Monarchia. Venedig 1499. – Sancte Romane ecclesie fidei defensionis clippeus adversus Waldensium seu Pickardorum heresim. Olmütz 1501.

Literatur: Hans-Christian Klose: Die angebl. Mitarbeit des Dominikaners Jakob Sprenger am ›Hexenhammer‹. In: FS Lorenz Kardinal Jaeger. Mchn. 1972, S. 197-205. – Helmut Brackert: Der ›Hexenhammer‹ u. die Verfolgung der Hexen in Dtschld. In: Heinz Rupp (Hg.): Philologie u. Geschichtswiss. Heidelb. 1977, S. 106-116. – Peter Segl (Hg.): Der ›Hexenhammer‹. Köln 1988.

Reinhard Tenberg

Isaac, Heinrich, *Ysac, Yzach*, auch: Arrigo Tedesco, * um 1450 Flandern, † 26. 3. 1517 Florenz. – Komponist u. Liederdichter.

Der erste belegte Lebensabschnitt I.s sind die Jahre 1485-1495, in denen er in Florenz als Sänger u. Komponist in den Diensten der Medici stand. Nach deren Vertreibung aus Florenz gelangte er nach Augsburg an den Hof Maximilians I., der ihn, ohne ihn aus seinen Diensten zu entlassen, 1497-1499 der Torgauer Hofkapelle Friedrichs des Weisen überließ. Etwa seit 1500 lebte I. – abgesehen von einigen längeren Aufenthalten in Süd- u. Mitteldeutschland – in Florenz. Seine enge Verbindung mit Medici bezeugt v. a. der Umstand, daß man ihm auf Betreiben seines früheren Schülers Giovanni de Medici (des späteren Papstes Leo X.) ab 1514 eine Altersrente gewährte.

Als der vielleicht bedeutendste Komponist seiner Zeit schuf I. vornehmlich Lieder, Messen u. Motetten. Berühmt wurde er früh durch sein Lied *Innsbruck, ich muß dich lassen* (o. O. u. J.), das er zweifach vertonte: als Tenorlied u. als modernes Diskantlied. Anders als in dem volkstümlich wirkenden Innsbrucklied pflegte I. in über 20 weiteren dt. Lieddichtungen einen eher höfisch-lehrhaften Stil. Der große Einfluß, den er auf die nachfolgende Komponistengeneration (z. B. Ludwig Senfl u. Balthasar Resinarius) wie überhaupt auf die dt. Musik des 16. Jh. ausübte, hat seinen Grund weniger in der Aussagekraft seiner Liedtexte als vielmehr darin, diesen eine höchst kunstvolle u. dennoch stets unprätentiösklare musikal. Form gegeben zu haben.

Literatur: Hellmuth Christian Wolff: Die Musik der Niederländer. Lpz. 1956. – Hans Albrecht: I. In: MGG.

Rainer Wolf

Isaak, Stephan, * 1542 Wetzlar, † 1597 Bensheim/Bergstraße. – Autor einer Selbstbiographie.

I. wurde 1546 in Marburg mit seinem Vater, einem jüd. »Lehrer«, lutherisch getauft. Die Berufung des Vaters als Professor für Hebräisch an die Universitäten Löwen u. Köln bedingte 1548 den Übertritt zum Katholizismus. Nach dem Studium der Medizin u. Theologie zum Priesteramt gedrängt, wurde I. 1564/65 Professor des Hebräischen in Douai, 1565 Professor in Köln, gleichzeitig Priester an St. Ursula, ab 1572 auch Canonicus an St. Marien-Ablaß. Als Kontroversprediger gefeiert, geriet er durch eine Predigt gegen die Auswüchse des Kölner Bilderdienstes 1583 in den Verdacht der Ketzerei, wurde angeklagt, verzichtete 1584 freiwillig auf seine Ämter u. begab sich in die Kurpfalz, wo er zum reformierten Glauben übertrat, den er nun gleichermaßen streng vertrat. 1586 heiratete er (Heidelberger Professoren widmeten ihm hierzu lat. *Carmina*, die im Druck erschienen), 1584-1591 war er Pfarrer an St. Peter in Heidelberg, ab 1591 Superintendent in Bensheim.

Sein Leben als »Mann aller Konfessionen« hat I. in einer 1586 erschienenen Selbstbiographie geschildert: *Wahre und einfältige Historia Stephani Isaaci* – einer äußerst anschaul. Quelle zur Zeitgeschichte, die auch sprachl. Qualitäten besitzt. Angehängt war, in enger Anlehnung an den Heidelberger Katechismus, eine *Christliche Bekandtnuß* sowie eine *Apologia und Antwort* auf Angriffe der Kölner Geschichtsschreiber Michael Eitzinger u. Michael Isselt von Amerßfort.

WEITERE WERKE: Malachias Propheta, hebraice et latine interpretatus. Köln 1563. – Sendbriff (gegen Angriffe Petrus Michaels gen. Brillmachers). Bremen 1592.

LITERATUR: Max Lossen: I. In: ADB. – Wilhelm Rotscheidt: S. I. 1910 (mit Abdr. des ›Sendbriffs‹ u. der ›Apologia‹). – Wilhelm Diehl (Hg.): Hassia Sacra. Bd. 3, Darmst. 1928, S. 333. – H. Steitz: I. In: RGG. – Marianne Beyer-Fröhlich (Hg.): Aus dem Zeitalter der Reformation u. der Gegenreformation. Lpz. 1932. Neudr. Darmst. 1964, S. 75-92.

Helgard Ulmschneider

Ischyrius, Christian, eigentl.: C. Sterck. – Theologe u. lateinischer Dramatiker.

Als Priester in Maastricht veröffentlichte der aus Jülich stammende I. neben zahlreichen theolog. Werken u. d. T. *Homulus* (Köln 1536) seine lat. Bearbeitung der niederländ. Moralität *Elckerlijc* (= Jedermann), die Peter van Diest im letzten Drittel des 15. Jh. verfaßt hatte. Sie steht in der Tradition der spätmittelalterl. »artes moriendi« u. handelt vom Sterben des reichen Mannes, der in einer ihm vom Tod noch gewährten Frist die Hinfälligkeit weltl. Verhältnisse u. ird. Besitzes erkennt u., nach Reue u. Beichte, mit dem Beistand der allegor. Figuren »Cognitio« u. »Virtus« (= Gute Werke) ein seliges Ende findet. I. hält sich im wesentlichen eng an seine Vorlage, verstärkt aber die Kritik an der Geistlichkeit. In Jaspar van Genneps sehr erfolgreicher dt. Übertragung des *Homulus* (1540) ist das Gewicht der Guten Werke bes. betont, an die Stelle von I.s Kirchenkritik tritt hier die grobe Attacke gegen die Position Luthers. Den Höhepunkt in der literar. Entfaltung des Jedermann-Themas bildet für den lat. Bereich der *Hecastus* (Köln 1539) des Macropedius.

AUSGABEN: Homulus. Hg. A. Roersch. Gent 1903. – Vom Sterben des reichen Mannes. Die Dramen v. Everyman, Homulus, Hecastus u. dem Kaufmann. Übers., hg. u. eingel. v. Helmut Wiemken. Bln./Darmst./Wien 1965.

LITERATUR: Jean-Marie Valentin: Die Moralität im 16. Jh. In: Daphnis 9 (1980), S. 769-788.

Fidel Rädle

Iselin, Isaak, * 7. 3. 1728 Basel, † 15. 7. 1782 ebd.; Grabstätte: ebd., Münster. – Publizist, Popularphilosoph.

I. wuchs bei seiner geschiedenen Mutter Anna Maria Burckhardt in Basel auf u. studierte dort zunächst an der philosophischen Fakultät, an der er 1745 den Magister erwarb. Ein Jurastudium in Basel u. Göttingen folgte; I. schloß es 1755 mit der Promotion ab. Seit 1756 war er Ratsschreiber der Republik Basel. Als Mitbegründer der Helvetischen Gesellschaft trat er für eine Gesamtreform der alten Eidgenossenschaft aus dem Geist der Aufklärung ein. In seinen ökonomischen Schriften erweist er sich als Anhänger der physiokratischen Schule (*Versuch über die gesellige Ordnung*. Basel 1772). Als pädagog. Schriftsteller war er Verfechter der philanthropischen Ideen Johann Bernhard Basedows, die er in Basel vergeblich durchzusetzen suchte, u. Förderer Johann Heinrich Pestalozzis, dessen Roman *Lienhard und Gertrud* (1781-87) er herausgab. Ab 1776 schuf er sich mit den »Ephemeriden der Menschheit« (nach I.s Tod bis 1786 fortgeführt von Wilhelm Gottlieb Becker) eine eigene Zeitschrift als Plattform für sein publizistisches Wirken.

I.s geschichtsphilosophisches Lebenswerk ist eine anhaltende Auseinandersetzung mit der Kulturkritik Jean-Jacques Rousseaus, begonnen beim Zusammentreffen beider 1752 in Paris, fortgesetzt mit der 1755 anonym erschienenen Schrift *Philosophische und patriotische Träume eines Menschenfreundes* (Frankf. Bearb. Ausg. Karlsr. 1784); sie erreichte ihren Höhepunkt 1764 mit I.s *Ueber die Geschichte der Menschheit* (Frankf., Lpz.), einem Hauptwerk aufgeklärter »Menschheitshistorie«, das, von Moses Mendelssohn begeistert rezensiert u. als beste Gegenschrift zu Rousseaus *Diskurs über die Wissenschaften und Künste* (1750) u. *Diskurs über die Ungleichheit* (1755) empfohlen, in 27 Jahren sieben Auflagen erlebte.

Rousseau hatte gegen den Fortschrittsoptimismus des aufgeklärten Zeitalters nachzuweisen versucht, daß mit der Entwicklung der Kultur Sittenverderbnis u. Degeneration einhergingen u. daß der Übergang des Menschen vom »natürlichen« in den »gesellschaftlichen Zustand« für Ungleichheit, Zwietracht u. Krieg verantwortlich sei. I. sah demgegenüber die Menschheitsgeschichte als stetige, wenn auch nicht geradlinige Entwicklung zum Besseren u. als unbedingtes Fortschreiten zu wahrer Humanität. Mit metaphys., theolog., psycholog. u. insbes. histor. Argumenten u. unter Verwendung ethnographischen Materials suchte er zu demonstrieren, daß Rousseaus hypothet. Konstruktion des »Naturzustandes« philosophisch unhaltbar sei u. die Identifizierung dieses Zustands mit vergangenen Zeiten den geschichtl. Tatsachen widerspreche. Der Zuwachs an »Glückseligkeit« durch Aufklärung der Begriffe beim Einzelmenschen gelte analog auch für ganze Völker u. Weltalter.

Herder, der in seiner Streitschrift *Auch eine Philosophie der Geschichte zur Bildung der Menschheit* (1774) I.s Werk noch scharf abgelehnt hatte, räumte ihm später einen hohen Rang in der geschichtsphilosophischen Diskussion ein. »Eigentlich folgen wir so aufeinander: Iselin, ich und Kant [...]. So stehen wir drei in der Weltgeschichte« (an Garlieb Merkel, 12. 12. 1799).

Weitere Werke: Pariser Tgb. 1752. Neudr. hg. v. Ferdinand Schwarz. Basel 1919. – Philosoph. u. Polit. Versuche. Zürich 1760. – Schreiben an die Helvet. Gesellsch. über Basedows Vorschläge zur Verbesserung des Unterrichts der Jugend. Basel 1769. – Einige Briefe über das Basedowsche Elementarwerk (zus. mit Lavater). Zürich 1771. – Schreiben an Ulysses v. Salis v. Marschlins über die Philanthropinen [...]. Basel 1775. – Versuch eines Bürgers über die Verbesserung der öffentl. Erziehung in einer republikan. Handelsstadt. Basel 1779.

Literatur: Ulrich Im Hof: I. I. Sein Leben u. die Entwicklung seines Denkens bis zur Abfassung der ›Gesch. der Menschheit‹ v. 1764. 2 Bde., Basel 1947 (mit Bibliogr.). – Ders.: I. I. u. die Spätaufklärung. Bern 1967 (mit Bibliogr.).

Raimund Bezold

Isemann, Bernd, * 19. 10. 1881 Schiltigheim bei Straßburg, † 4. 10. 1967 Gernsbach; Grabstätte: ebd. – Erzähler, Lyriker, Dramatiker.

I., Sohn einer aus elsäss. Bauernfamilie stammenden Mutter u. eines dt. Richters, wuchs in Colmar auf, studierte in München, Straßburg u. Heidelberg u. lebte nach 1904 als Privatlehrer vorwiegend in Schleißheim bei München.

Sein zeitabgewandtes, aber von der dt.-elsäss. Herkunft u. ihrer Problematik geprägtes Werk kreist um die Begriffe Heimat u. Familie, ohne der Heimatkunstbewegung ganz zugerechnet werden zu können. – I. debütierte als Lyriker im Umfeld des »Jüngsten Elsaß« (*Moderne Elegien*. Straßb. 1903), wandte sich jedoch bald ab von dieser den Anschluß an die europ. Moderne suchenden Gruppe um Schickele, Flake u. andere. In religiösen Dichtungen (*Die große Passion*. Mchn. 1907) trat I. als Katholik für eine Erneuerung des Christentums ein, schrieb Märchen, Tiergeschichten (*Nala und Re. Eine Ameisenfreundschaft*. Stgt./Heilbr. 1920) u. eine Reihe von Novellen u. Romanen um die Familie Christoph als Inkarnation ihrer lothring. Heimat, später gesammelt in *Gehöft in den Vogesen. Romanhafte Geschichten* (Straßb. 1941).

Jean Philipps Erbe. Ein Lothringer Roman (Stgt./Heilbr. 1920) erzählt die Entwicklungsgeschichte eines vom Vater geprägten »empfindsamen Nachgeborenen«, soll aber dadurch auch den »deutschen Kern der Seelen« der ehemaligen Reichslande zeigen u. ist symptomatisch für I.s zwiespältige Orientierung zwischen dem »einzig wichtigen inneren Sein« (*Mein Garten. Buch der Lebensfreude und der Naturliebe*. Köln 1927. U. d. T. *Hinter der Gartentür. Eine Romanidylle*. Köln 1938) u. erzwungener Politisierung in einer konfliktreichen Region.

Weitere Werke: Lothringer Novellen. Bln. 1913. – Der Musikantenstrauch. Ffm. 1914 (M.). – Christus. Ein Mysterienspiel in drei Tln. Stgt. 1922. – Zeitgarbe. Neue Gedichte. Stgt./Heilbr. 1923. – Das härtere Eisen. Hzg. Georg Hans, Pfalzgraf v. Lützelstein. 2 Bde., Straßb. 1942. U. d. T. Der Pfalzgraf v. Lützelstein. Histor. Roman. Stgt. 1952. – Die Gerbermühle. Ein Roman um Goethe. Stgt. 1956. – Die Reise um das Herz. Autobiogr. Roman. 1956–58 (ungedr.).

Literatur: Ber. über die 4. Verleihung des Erwin-v.-Steinbach-Preises an B. I. [1966]. In: Studien der Erwin-v.-Steinbach-Stiftung. Hg. Christian Hallier. Bd. 2, Ffm. 1968, S. 231–242.

Hartmut Dietz

Sogenannter althochdeutscher **Isidor**. – Lateinisch-althochdeutsche Sammlung von Texten aus Bibel, Theologie u. Predigt, entstanden am Ende des 8. Jh.

Die Texte der Sammlung sind in zwei Handschriften fragmentarisch erhalten. Die Pariser (P), entstanden kurz nach 800 an einem unbekannten, austrasischen Schreibort, enthält vor anderen, nicht zur Isidorgruppe gehörigen Texten hauptsächlich den Traktat *De fide catholica contra Iudaeos* des span. Kirchenvaters Isidor von Sevilla (570–636). Das Werk gehört in die literar. Tradition der patrist. Auseinandersetzung mit dem jüd. Glauben u. entwickelt auf der Grundlage bibl., v. a. alttestamentar. Prophetien die Grundzüge einer christl. Dogmatik, indem es nachweisen will, daß die Messiasprophetien des AT auf Christus als den wahren Sohn des dreieinigen Gottes zutreffen (Buch 1) u. daß die Heiden, nicht die Juden zum Volk Gottes berufen seien (Buch 2). Vorne fehlen in P acht Blätter, mit dem Anfang von Isidors Traktat, dessen erstes, *De nativitate Domini* überschriebenes Buch bis Blatt 49 reicht; es folgt bis Blatt 79 das zweite Buch *De vocatione gentium*. Die ersten 33 Blätter der Handschrift sind in ungleich breite Spalten unterteilt, von denen die schmalere linke den lat., die breitere rechte den dt. Text enthält. Dieser reicht bis Blatt 22. Dann bleibt die rechte Spalte leer, bis ab Blatt 34 mitten im Satz die Kolumnenteilung aufgegeben u. nur noch der lat. Text eingetragen ist.

Aus dem Einbandmaterial von Büchern des Klosters Mondsee bei Salzburg sind zahlreiche Bruchstücke einer im 15. Jh. zerschnittenen Handschrift (M) zutage gekommen, die um 810 wohl in Mondsee geschrieben wurde. Auch diese Handschrift ist zweisprachig angelegt, indem von zwei gegenüberliegenden Seiten immer die linke den lat. Text, die rechte die dt. Übersetzung enthält. Vor dem Isidortraktat befanden sich in M noch weitere Texte in lat.-dt. Synopse, von denen Fragmente erhalten sind. Am Anfang stand das Evangelium des Matthäus. An dessen Schluß bittet eine nur fragmentarisch erhaltene Subscriptio einen unbekannten, hochgestellten Adressaten um Beurteilung einer Sammlung von Texten, deren Abschluß in der Vorlage von M das Matthäusevangelium gebildet haben muß. – In M folgt auf dieses u. die Subscriptio unmittelbar eine Predigt, die nur hier überliefert ist u. von der Forschung den nur teilweise zutreffenden Titel *De vocatione gentium* erhalten hat (nicht identisch mit dem erwähnten zweiten Buch von Isidors Traktat). Die Predigt handelt in einem Teil A aufgrund zahlreicher Bibelstellen von der Verschiedenheit der Sprachen unter den Völkern u. davon, daß Gott sie alle versteht, wie er überhaupt die innersten Gedanken der Menschen kennt. Sie lehrt ferner, daß Gott auch um der Kläglichkeit der menschl. Sprache willen Mensch (Wort) geworden sei. In Teil B fügt das Stück Paulusworte über die Einheit aller Getauften als Gotteskinder u. Christus als ihr Haupt zusammen, bietet einen langen Auszug über die Liebe zu Gott aus der Hiobauslegung Gregors des Großen, führt Christi Gebot der Gottes- u. Nächstenliebe aus u. bricht schließlich ab mit einem Zitat aus der Apostelgeschichte, in dem sich Paulus u. Barnabas von den verstockten Juden ab- u. den freudig glaubenden Heiden zuwenden. Die Zusammengehörigkeit der Stücke A u. B zu ein u. derselben Predigt ist fraglich. – An späterer Stelle der Handschrift folgen weitere Predigten, von denen die letzten Sätze einer nicht identifizierten Homilie u. unmittelbar anschließend Bruchstücke aus Augustins Sermo 76 erhalten sind. Augustin spricht hier im Anschluß an die Geschichte vom übers Wasser wandelnden Petrus von diesem als Abbild der Kirche aufgrund seines Schwankens zwischen Glaubensfestigkeit u. Kleingläubigkeit. – Den Beschluß der Sammlung in M bildete der Isidortraktat. Die hier erhaltenen Fragmente bieten z. T. Parallelüberlieferung, z. T. Ergänzungen zum Text von P im Bereich der dort fehlenden Anfangspartie. – Die Subscriptio zum Matthäusevangelium sowie sprachl. u. paläograph. Indizien lassen darauf schließen, daß der Schreiber von M zwei Vorlagen hatte, von denen die eine den I. enthielt, die andere das Matthäusevangelium u. die Predigten. Das Matthäusevangelium hat er aus der Schlußstellung der Vorlage an den Anfang seiner eigenen Sammlung gesetzt.

Über all dies hinaus finden sich Wirkungen der verlorenen Handschrift einer vergleichbaren Sammlung, aus der das lat.-ahd. Glossar einer um 820 geschriebenen Handschrift aus Murbach/Elsaß signifikante Wörter entnahm, die auch den in P u. M enthaltenen Texten angehören. Schließlich ist der Hinweis des 831 entstandenen Bibliothekskatalogs von St. Riquier/Nordfrankreich auf eine lat.-dt. Passio Domini vielleicht auf das Matthäusevangelium der Isidorgruppe beziehbar.

Die Zusammengehörigkeit der zur Isidorgruppe gerechneten Texte ergibt sich nicht nur aus den Indizien der Überlieferung, sondern v. a. aus der im ganzen unverwechselbaren Einmaligkeit einer ihnen allen gemeinsamen sprachl. u. literar. Eigenart. Sprachgeschichtlich sind die Fragmente sowohl wegen der erstaunl. Konsequenz u. Systematik ihrer Orthographie von großer Bedeutung, als auch, weil sie grammatisch einen sehr frühen Stand des Althochdeutschen zuverlässig faßbar repräsentieren. Doch ist zu bemerken, daß die P-Überlieferung mit ihrem westlich fränk. Lautstand erheblich originalnäher ist als die M-Überlieferung, in der die orthograph. Systematik verfällt u. die westlich dialektale Färbung einer bair. Überformung ausgesetzt ist. In der schwierigen Frage der genaueren sprachl. Lokalisierung des Originals neigt die Forschung heute wieder zu einer Entscheidung für das westl. Südrheinfränkisch des lothring. Raums (Metz, St. Avold, Hornbach).

Die literar. Bedeutung der Texte beruht auf dem bewundernswerten Niveau ihrer Übersetzungsleistung, das in der dt. Literatur erst Jahrhunderte später wieder erreicht wird. Freilich sollte bei dieser Wertung bewußt bleiben, daß es diesen zweisprachigen Texten nicht um die Schaffung einer autonomen dt. Wissenschaftsprosa für Theologie u. Philosophie ging, sondern um ein optimales, durchschaubar verantwortetes Verständnis der autoritativen lat. Texte, die übersetzt wurden. Schwankungen im Niveau von Sprachbehandlung u. Übersetzungsleistung haben die Frage aufgeworfen, ob die Sammlung von verschiedenen Übersetzern, einer Übersetzerschule oder einer einzigen Übersetzerpersönlichkeit stammt. Sie darf heute wohl als zugunsten eines einzigen Übersetzers entschieden gelten.

Schon früh hat man die Übersetzungen der Isidorgruppe mit den von seinem Biographen Einhard bezeugten Bestrebungen Karls des Großen um die Grundlegung einer Grammatik der Volkssprache in Verbindung gebracht. Außer sprachl. Gründen – Karl wird ein westlich geprägtes Fränkisch gesprochen haben – können personelle u. sachl. Argumente für diese Sicht angeführt werden. So stellt z. B. zwischen Mondsee als Überlieferungsort u. Karl die Person Hildebolds eine mögl. Verbindung her, da dieser als Erzbischof von Köln Karls Kanzler u. zgl. Abt von Mondsee war. Die ausgeprägte Tendenz der Isidorsammlung zu normierender Sprachbehandlung steht in Übereinstimmung mit Karls Programm einer Wiederherstellung des geistigen u. polit. Lebens nach dem Ideal einer »norma rectitudinis«. Auch inhaltlich lassen die Texte der Sammlung Bezüge zu aktuellen Themen von Politik u. Geistesleben erkennen. Augustins Sermo greift das für Karls Regierung vielfältig aktuelle Thema der Glaubensfestigung auf. Die Bedeutung der Heidenthematik in *De vocatione gentium* für die Heidenmission seiner Zeit ist nicht von der Hand zu weisen. Die im selben Stück gelehrte Auffassung von der Gleichwertigkeit aller Sprachen vor Gott wird entsprechend auf dem Frankfurter Konzil von 794 verhandelt. Die christolog. u. die Trinitätsthematik von Isidors Traktat schließlich ist im Zusammenhang der span. Häresie des Adoptianismus am Ende des 8. Jh. aktuell, die u. a. auf dem erwähnten Frankfurter Konzil verurteilt u. 799 nochmals auf einem Aachener Konzil in Gegenwart Karls diskutiert wurde.

AUSGABEN: The Monsee Fragments. Hg. George Allison Hench. Straßb. 1890. – Der ahd. Isidor. Hg. ders. Straßb. 1893. – Der ahd. Isidor. Hg. Hans Eggers. Tüb. 1964.

LITERATUR: Raphaela Gasser: Propter lamentabilem vocem hominis. Zur Theorie der Volkssprache in ahd. Zeit. In: Freiburger Ztschr. für Philosophie u. Theologie 17 (1970), S. 1-83. – Klaus Matzel: Untersuchungen zur Verfasserschaft, Sprache u. Herkunft der ahd. Übersetzungen der Isidor-Sippe. Bonn 1970. – Ders.: Ahd. Isidor [...]. In: VL. – Wolfgang Haubrichs: Die Anfänge: Versuche volkssprachiger Schriftlichkeit im frühen MA (Bd. 1, Tl. 1 der Gesch. der dt. Lit. v. den Anfängen bis zum Beginn der Neuzeit). Ffm. 1988, S. 307-311, 451 f. (Lit.). – Achim Masser: Die frühe volkssprachige Lit. In: Ders. u. Alois Wolf (Hg.): Geistesleben um den Bodensee im frühen MA. Freib. i. Br. 1989, S. 87-106. *Ernst Hellgardt*

Isolani, Gertrud, eigentl.: G. Sternberg, geb. I., auch: Ger Trud, * 7. 2. 1899 Dresden, † 19. 1. 1988 Riehen/Schweiz. – Erzählerin.

I., Tochter des Journalisten u. Schriftstellers Eugen Isolani, veröffentlichte neben ihrer Arbeit für Berliner Zeitungen u. den Rundfunk mehrere Romane u. Novellen. In ihrem literar. Salon verkehrten u. a. Brecht, Joseph Roth u. Ernst Weiß. Als Jüdin mußte sie 1933 die Arbeit beim Rundfunk aufgeben. Im selben Jahr emigrierte sie nach Paris, wo sie wieder journalistisch tätig war. 1940 wurde sie zunächst in Paris, später im Frauenlager Gurs interniert. Ihre Erlebnisse in Gurs schildert sie in dem in mehrere Sprachen übersetzten Roman *Stadt ohne Männer* (Zürich 1945). Nach ihrer Entlassung aus dem Lager lebte sie in Südfrankreich u. floh 1942 in die Schweiz, wo sie ihre journalistische u. schriftstellerische Arbeit wieder aufnahm.

WEITERE WERKE: Golda Meir. Israels Mutter Courage. Ein Lebensbild. Basel 1969. – Briefe Gespräche Begegnungen. 1. Tl. der Memoiren. Köln/Wien 1985. *Ilse Auer*

Italiaander, Rolf, * 20. 2. 1913 Leipzig. – Ethnologe, Romancier, Übersetzer u. Herausgeber.

Der Sohn holländisch-dt. Eltern besuchte in Leipzig das Gymnasium u. begann dort 1930 das Studium der Naturwissenschaften, Germanistik u. Völkerkunde. Aus polit. Gründen – I. hatte die Studentenverbindung »Paneuropa-Union« gegründet, die sich für ein geeintes Europa einsetzte – wurde er 1934 von der Universität verwiesen u. führte sein Studium zunächst in Berlin, dann in Rom u. Oxford weiter. Während der NS-Zeit wurden I.s Bücher teilweise verboten, er selbst war nach seinen Berichten Verfolgungen ausgesetzt u. hielt sich während dieser Zeit in Holland u. Italien auf. 1947 ließ sich I. in Hamburg nieder u. begründete gemeinsam mit Jahnn die Freie Akademie der Künste, deren Generalsekretär er bis 1968 war, als er wegen Anschuldigungen des Journalisten Horst-Dieter Ebert, die seine Veröffentlichungen während des Dritten Reichs betrafen, zurücktrat. I. lehrte als Gastprofessor an zahlreichen außereurop. Universitäten u. begründete 1970 mit seiner Sammlung zeitgenöss. afrikan. Kunst das »Museum Rade« in Hamburg. In eine Stiftung umgewandelt ist die Sammlung heute in Reinbek zu sehen.

I.s große Zahl von Publikationen – seine Bibliographie verzeichnet allein über 100 Buchveröffentlichungen – ist nicht ohne seine zahllosen Reisen vorstellbar. Vom 19. Lebensjahr an bis 1960 unternahm I. zehn Reisen nach Afrika, später richtete er sein Interesse auf Südamerika u. Asien. Seine Reisebücher wie *Der ruhelose Kontinent. [...]* (Düsseld. 1958) u. *Die neuen Männer Afrikas* (ebd. 1960) zählten lange zu den einschlägigen Werken über Afrika. Großen Erfolg hatte er auch mit seinem Buch über Lateinamerika, *Terra Dolorosa* (Düsseld. 1969). I. setzte sich intensiv mit anderen Religionen auseinander, u. a. in der Untersuchung zur mohammedan. Religion, *Die Herausforderung des Islam* (Gött. 1968). Daneben trat er als Übersetzer sowie Herausgeber u. Kinder- u. Jugendbuchautor hervor.

WEITERE WERKE: Die neuen Männer Asiens. Düsseld. 1964 (Ber.). – Die Friedensmacher. Kassel 1966 (Ber.). – Akzente meines Lebens. Düsseld. 1980. – Von Lust u. Leid des Schriftstellers. Geesthacht 1983. – Vielvölkerstadt. Hamburg u. seine Nationalitäen. Düsseld. 1986. – *Herausgeber:* Bücherrevision. Zwischen Erfolgen u. Niederlagen. Hbg. 1977.

LITERATUR: Hans Ludwig Spegg (Hg.): Unterwegs mit R. I. Begegnungen, Betrachtungen, Bibliogr. Hbg. 1963. – Regina Kirchhoff: Ergänzungsbibliogr. R. I. 1977–83. In: Auskunft (1983), S. 106 ff. *Gerhard Bolaender*

Itzinger, Karl, auch: Kunz Iring, * 26. 2. 1888 Ried im Innkreis, † 13. 4. 1948 Linz. – Erzähler.

Nach einer Handwerkerlehre wurde I. Mitarbeiter des »Salzburger Bauernbündlers«, einem Organ des Landbundes. 1919 übernahm er die Schriftleitung des Blatts, 1920 auch die der »Oberösterreichischen Bauernzeitung«. Als deren späterer Verleger u. Herausgeber weiterer regionaler Blätter gewann er bedeutenden polit. Einfluß; 1931 wurde er Pressereferent des Landbundes u. schloß sich in der Folge der NSDAP an. Im Dritten Reich avancierte I. zum SA-Obersturmbannführer. Nach 1945 kam sein Gesamtwerk auf den Index des österr. Unterrichtsministeriums. Grund dafür war der kämpferisch deutschnationale u. antiklerikale Ton seiner Werke. Die passende Analogie zu seiner Zeit glaubte I. in der Epoche der blutigen oberösterr. Bauernkriege gefunden zu haben: Mit seinem Hauptwerk, der Romantrilogie *Ein Volk steht auf*, rief er unverhohlen zum Widerstand gegen den Ständestaat auf. Der erste Teil, *Das Blutgericht am Haushamerfeld* (Graz/Lpz. 1933. Neuaufl. 1941. 1. Fassung u. d. T. *Der Bauerntod*. Ebd. 1925), wurde 1935 beschlagnahmt u. nach kurzzeitiger Freigabe neuerlich mit einem Verbreitungsverbot (bis Febr. 1937) belegt. Auch die Folgebände *Es muß sein!* (Graz/Lpz. 1936. Neuaufl. 1941) u. *Ums Letzte* (ebd. 1937. Neuaufl. 1941) wurden erst nach dem März 1938 ungehindert verbreitet.

WEITERE WERKE: Der Sündenbock. Graz 1922 (R.). – ›Nie wieder Habsburg!‹ Die Habsburger in der Gesch. der Deutschen. Mchn. 1937 (polit. Pamphlet). – Tgb. vom 10. Febr. bis 13. März 1938. Linz 1938. – Der Ketzerfürst. Graz/Lpz. 1941. Mchn. 1967 (R.). *Johannes Sachslehner*

J

Jacob, Heinrich Eduard, auch: Eric-Jens Petersen, Henry J., * 7. 10. 1889 Berlin, † 25. 10. 1967 Salzburg. – Erzähler, Sachbuchautor.

Nach dem Studium war J. bis 1927 in Berlin als Journalist tätig. 1927-1933 war er Chefkorrespondent des »Berliner Tageblatts« in Wien. 1933 standen seine Bücher auf der ersten »Schwarzen Liste« der Nationalsozialisten, die ihn vom 1. 4. 1938 bis zum 10. 1. 1939 in den Konzentrationslagern Dachau u. Buchenwald inhaftierten. Nach seiner Freilassung emigrierte J. über England in die USA. Nach dem Krieg lebte er abwechselnd in New York u. verschiedenen Orten Westeuropas.

Bis 1939 war der produktive u. vielseitige J. ein anerkannter Autor, dessen Werk sich durch Erfindungsreichtum u. eine sensible u. prägnante Sprache auszeichnet. Er verstand sich als Kosmopolit u. fühlte sich dem abendländ. Humanismus verpflichtet. Nach 1945 geriet er mit einem großen Teil seines Werks in Vergessenheit u. scheint als bedeutender Autor der Weimarer Zeit erst seit Mitte der 80er Jahre wiederentdeckt zu werden.

J.s expressionistisch gefärbtes Frühwerk behandelt zeitgeschichtl. Themen im Roman *Der Zwanzigjährige* (Mchn. 1918. Neuaufl. Bln. 1983) u. histor. Stoffe in der Erzählung *Das Flötenkonzert der Vernunft* (Bln. 1923). Sein bester Roman *Blut und Zelluloid* (Bln. 1930. Neuaufl. Bad Homburg 1986) ist der Neuen Sachlichkeit zuzurechnen. Von der zeitgenöss. Kritik als polit. Roman begriffen, setzt er sich kritisch mit der kapitalistischen Filmwirtschaft u. den Gefahren einer Massenmanipulation durch das Medium Film auseinander.

Mit seinen Büchern über den Kaffee u. das Brot gilt J. als einer der Begründer der Gattung des modernen Sachbuchs. Er bezog historisch-polit. wie kulturgeschichtl. Aspekte ein u. schrieb mit profunder Sachkenntnis u. großer Anschaulichkeit. Seine Bücher wurden in viele Sprachen übersetzt. J. trat auch mit Musikerbiographien hervor.

Weitere Werke: *Romane:* Jacqueline u. die Japaner. Bln. 1928. Neuaufl. 1989. – Ein Staatsmann strauchelt. Wien 1932. – Estrangeiro. Ffm. 1951. Neuaufl. 1988. – *Sachbücher:* Sage u. Siegeszug des Kaffees. Bln. 1934. Erw. Neuaufl. 1952. – Sechstausend Jahre Brot. New York 1944. Dt. Hbg. 1954. – *Biographien:* Joseph Haydn. Seine Kunst, seine Zeit, sein Ruhm. New York 1950. Dt. Hbg. 1952. ³1970. – Mozart oder Geist, Musik u. Schicksal eines Europäers. Ffm. 1956. ²1975.

Literatur: Hans J. Schütz: J. In: Ein dt. Dichter bin ich einst gewesen. Mchn. 1988, S. 129-134. *Hans J. Schütz*

Jacobi, Friedrich Heinrich, Bruder von Johann Georg Jacobi, * 25. 1. 1743 Düsseldorf, † 10. 3. 1819 München; Grabstätte: ebd., Alter Südlicher Friedhof. – Romanschriftsteller; Philosoph.

Dem väterl. Wunsch entsprechend kam J. 1759 als Handelslehrling nach Frankfurt/M. u. Genf. Das Manufakturwarengeschäft seines Vaters übernahm er 1764, dem Jahr seiner Heirat mit Helene Elisabeth von Clermont. J. aber nutzte diese finanzielle Freiheit, um sich von den Geschäftsbüchern zu den schöngeistigen zu wenden. Während seines Genfer Aufenthalts 1759-1762 war er durch den Mathematiker Georges-Louis Le Sage mit der Philosophie, bes. mit den Ideen Voltaires u. Rousseaus, vertraut geworden; autodidaktisch beschäftigte er sich mit Spinoza, Leibniz, Bonnet u. dem frühen Kant.

Zugleich boten sich J. im öffentl. Leben Möglichkeiten: 1765 wurde er Schatzmeister der Loge »La Parfaite Amitié« zu Düsseldorf, 1772 erlaubte ihm die Ernennung zum kurfürstl. Hofkammerrat, den Kaufmannsberuf aufzugeben. Sieben Jahre später ernannte man ihn zum Geheimen Rat u. zum Ministerialreferenten für das pfalzbayer. Zoll- u. Handelswesen. Als Verfechter der Freiheit des Individuums machte J. Reformvorschläge, u. a. zur Rationalisierung der Zölle u. zur Abschaffung der Leibeigenschaft, konnte sich aber nur teilweise durchsetzen. Nach Düsseldorf zurückgekehrt, widmete er sich hauptsächlich literar. Projekten. Bereits 1772 hatte er mit Wieland den Plan einer dt. Zeitschrift nach Vorbild des »Mercure de France« entwickelt. In der Folge verfaßte er Rezensionen u. Aufsätze für diesen »Teutschen Merkur«. Die Begegnung mit Wieland, Sophie von La Roche u. Goethe ließ empfindsame Freundschaften entstehen u. regte J. zu seinen Romanen *Eduard Allwills Papiere* u. *Woldemar* an. Enttäuscht von der Reaktion v. a. Goethes, schrieb J. seitdem ausschließlich philosophische Abhandlungen, häufig in Form von Sendschreiben oder aus seinem Briefwechsel hervorgehend. Von J. sind etwa 2600 Briefe überliefert; er korrespondierte u. a. mit Wieland, Goethe, Nicolai, Lavater, Heinse, Claudius, Klopstock, Georg Forster, Lessing, Hamann, Herder, Mendelssohn, Lichtenberg, Jean Paul, Fichte u. Schelling. Nachdem J. auf Reisen durch Deutschland viele bedeutende Schriftsteller kennengelernt hatte u. sein Haus in Pempelfort bei Düsseldorf zu einer Begegnungsstätte von Dichtern u. Philosophen geworden war, mußte er 1794 vor den frz. Truppen nach Holstein fliehen. Einem Parisaufenthalt 1801/02 folgte 1805 der Umzug nach München, wo J. in die Bayerische Akademie der Wissenschaften, deren Präsident er 1807-1812 war, aufgenommen wurde. Schon seine Eröffnungsrede *Ueber gelehrte Gesellschaften, ihren Geist und Zweck* (Mchn. 1807) bezog eine kontroverse Stellung zu Schelling. Die Auseinandersetzungen führten schließlich dazu, daß J. 1812 in den Ruhestand versetzt wurde. Bis zu seinem Tod beschäftigte ihn die Gesamtausgabe seiner Werke.

Briefe – echte u. fingierte – prägten J.s Schaffen, wobei *Allwill* ein reiner Briefroman in der Tradition von Richardson, Rousseaus *Julie* u. Goethes *Werther* ist, der *Woldemar* dagegen der Versuch eines philosophisch-psycholog. Romans mit eingestreuten Briefen. Das Entstehungsjahr 1775 der ersten Fassung von *Eduard Allwills Papieren* (erschienen in: Iris 4,3, 1775, S. 193-236. Dann in: Teutscher Merkur, April u. Juli 1776. Davon Neudr., hg. von Heinz Nicolai. Stgt. 1962) ist zweifach mit Goethe verknüpft: 1774 waren *Die Leiden des jungen Werthers* erschienen, u. am 22. Juli desselben Jahres hatte J. mit Goethe einen enthusiast. Freundschaftsbund geschlossen. Allwill trägt eindeutig Züge Goethes. Er ist der moderne Mensch, der alles will, ein »mächtiger Genius« (Nicolais Ausg., S. 101) von »brausender, unaufhörlich gährender Natur« (S. 99). Wie Werther hat er ein tiefes Verhältnis zur Natur, die die Landschaften seiner Seele abzubilden scheint; wie er übt er Kritik an der adeligen Gesellschaft u. verkündet ein Ideal von Leidenschaft u. Freiheit des Herzens. Aber nicht in einer fortlaufenden Geschichte wie Werther, sondern in fragmentar. Reihung von Briefen verschiedener Korrespondenzpartner wird Allwill charakterisiert. Ziel des Romans sei es gewesen, so J. an Hamann am 16. 6. 1783, »Daseyn zu enthüllen«. Das gilt v. a. für die Figuren Sylli u. Allwill. Sylli verkörpert das Ideal der reinen Liebe einer Schönen Seele. Dem Schicksalsfatalismus setzt sie eine Seelenkultur der »Fülle des Herzens« (S. 11) entgegen, getragen von Unschuld u. allumfassender Liebe. Ihr gegenüber steht Eduard Allwill. Er vertritt einen rigorosen eth. Subjektivismus, verwechselt triebhafte u. sittl. Liebe, seinem »tobenden Herzen« (S. 71) fehlt Mäßigung. J. gestaltete in ihm die Kritik am Mißverhältnis von monomanisch um sich kreisendem Individuum u. allg. Sittengesetz. J.s Lösung lautet: »Süße, reine, einzige Wonne der Unschuld – das ist es doch; ja, Eduard! das ist es was auch Du suchst – ach! [...] Liebe allein kann ihn retten [...]« (S. 110).

In J.s zweitem Roman *Woldemar* (Flensburg/Lpz. 1779. Ausg. in 2 Tln., Königsb. 1794) findet sich diese Vorstellung wieder, angeregt von der Beziehung zu Goethe, wobei die krit. Auseinandersetzung mit dem im *Allwill* entwickelten Freundschaftsideal Distanz zur früheren Empfindsamkeit verrät. Mit den Begriffen Freundschaft – Liebe – Sympathie gestaltet J. die Geschichte der Beziehung zwischen Woldemar, Henriette u. Allwina, aber nicht, um eine »ménage à trois« zu thematisieren, sondern das Verhalten sittlich-gereifter Menschen. Daß solch ein Ideal letztlich Utopie bleiben muß, wird am Ende des ersten Teils deutlich, wenn Freundschaft u. Liebe zu bloßen Chimären zu werden drohen u. Woldemar einsehen muß, daß »stille Zufriedenheit« schwärmerischen »Entzückungen« (*Woldemar.* 1779, S. 250) vorzuziehen ist. Einen gewichtigen Teil des Romans machen philosophische Reflexionen aus. J. will *eine Seltenheit der Naturgeschichte* (Untertitel) darbieten, eine Naturgeschichte des menschl. Ringens um die Aussöhnung von unbedingtem Gefühlskult u. rationalistischer Bescheidung.

Der 1777 u. d. T. *Freundschaft und Liebe* u. 1779 als *Woldemar* publizierte Roman brachte J. die Anerkennung Wielands u. Lessings. Goethe aber, an dessen Urteil J. besonders lag, reagierte spektakulär: Im Sommer 1779 improvisierte er im Ettersburger Park ein Standgericht u. nagelte ein Exemplar des Romans an eine Eiche. Seine Parodie des *Woldemar*-Schlusses wurde gegen seinen Willen von Herzogin Anna Amalia in Druck gegeben. Den Skandal der *Woldemar*-Kreuzigung verwand J. lange nicht. Dennoch widmete er Goethe 1796 das um einen zweiten Teil erweiterte u. neu bearbeitete Werk: »es gehört Dir, ich übergeb' es Dir; [...] Wie hätte ich Dir widerstanden, Du Mächtiger!« (Werke 5, S. IX f.). Der zweite Teil u. d. T. *Der Kunstgarten, ein philosophisches Gespräch* (zuerst 1781) zeigt als philosophischer Dialogroman J.s gewandelte Romanauffassung. Gespräche über das Verhältnis von Individuum u. Gesellschaft, von Gefühl u. Vernunft treten in den Mittelpunkt. Die letztgültige Lösung von Woldemars Lebensproblem liegt in dem Versuch, eine untrennbare Einheit von sittl. Wollen u. Gefühlskultur zu finden; »Gemüth« u. »Grundsätze« gehen eine heilige Allianz ein.

Die letzte *Woldemar*-Fassung von 1794 erfuhr weite Beachtung. Berühmt geworden ist Friedrich Schlegels Rezension (1796), in der er den Begriff der »Friedrich-Heinrich-Jacobiheit« (*Friedrich Schlegel. Kritische Ausgabe* 1,2, S. 68) für eine Haltung »vollendeter Seelenschwelgerei« (S. 74) prägte. Er attestierte J.s Figuren zwar »leisestes sittliches Gefühl« (S. 57), mokierte sich aber über die Idee der »gegenseitigen Unheiratbarkeit« von Woldemar u. Henriette (S. 64). »[...] und das theologische Kunstwerk endigt, wie alle moralischen Debauchen endigen, mit einem Salto mortale in den Abgrund der göttlichen Barmherzigkeit« (S. 77).

J.s bedeutendste Leistung scheint in seinen Romanen auf dem Gebiet der Ethik zu liegen (Baum in: TRE); im *Allwill* scheitert ein »Genie« an der Lebensunmittelbarkeit einer religiös gefestigten Frau – vgl. Puschkins *Eugen Onegin* u. Dostojewskijs *Dämonen* (Lauth in: Briefw. 1,2, S. VII) –, gleichsam ein Anti-Faust, u. *Woldemar* ist der dichterische Aufweis, daß den Antrieben des Herzens nicht zensurlos zu folgen ist. J.s theoret. Philosophie ist allerdings geistesgeschichtlich wirkmächtiger geworden. Seine Ablehnung der Systematik als geschlossener Gattung schlußfolgernden Denkens gründet in der Erkenntnis, alles Verstehen geschehe »dadurch, daß [...] das Begreifen in endlichen Schritten sich vollzieht und daß wir unmöglich begreifen können, was wir [begrifflich] zu constatieren nicht im Stande sind« (*Jacobi an Fichte.* Hbg. 1799, S. 62), wie er, in den Atheismusstreit um Fichte eingreifend, insistiert, denn das Ganze der Wirklichkeit ist mehr als ein endl. Abschreitbares. Wir haben »von Qualitäten, als solchen, keine Begriffe; sondern nur Anschauungen. Selbst von unserm eigenen Daseyn haben wir nur ein Gefühl« (S. 63). Zwar muß nach J. »Wißenschaft durchaus nicht synthetisch, sondern analytisch behandelt werden« (an Fürstenberg, 17. 7. 1771) u. es muß ihr in Begriffen fortschreitendes Interesse sein, »daß kein Gott sey« (Werke 3, S. 384). Doch sie sollte wissen, daß vollständige Bewältigung der Wirklichkeit im folgernden Denken zum Atheismus führt: In begriffl. Schritten ist Gott unerreichbar. Insofern ist Spinozas Ontologie, Paradigma einer konsequent begrifflich folgernden systemat. Philosophie, zwar reines Denken, aber bodenlos: Seine causa sui führt in die Leere des Nihilismus. (Durch J. wurde dieser Begriff 1799 in die Philosophie eingeführt.) Spinozas Substanzbegriff, letzte Konsequenz des Denkens, muß daher Gott verfehlen. Seine Philosophie, als System die Totalität der Wirklichkeit erfassen wollend, ist für J. Repräsentantin einer rationalistischen Position, die keine außerbegriffl. Momente zuläßt, die Beziehung zwischen res extensio u. res cogitatio zu erfassen.

Logisch schlüssige Formelgefüge führen nicht zur Geisthaftigkeit der Welt. Weil die Philosophie aus »sich selbst nur zu einer geistlosen Notwendigkeit [...] gelangt, so ist nur über sie vermittelst eines [...] salto mortale [...] hinwegzukommen« (Werke 4,1, S. XL); es gilt, ohne die Stütze des Begriffs eine Welt zu erreichen, an die sein endl. Maß nicht reicht. Schon im Gefühl des Denkgeschehens, das alle Denkzusammenhänge begleitet, ist die begriffliche Selbständigkeit erschüttert (Einfluß von Thomas Reid; vgl. Hammacher 1969, S. 74). Ein Gottesbeweis ist nicht möglich; auf die Dinge (Kant), auf Dasein durch kausalen Schluß zu kommen, verkehre die Ausgangsposition: »es muß ausgegangen werden von Gefühl und Anschauung, sie offenbaren einen Sinn für das Uebersinnliche. Diesen Sinn nenne ich Vernunft« (Werke 4,1, S. XXI). Vernunft ist »Vernehmen des Uebersinnlichen« (Werke 2, S. 9), ein Wort, auf das sich die Romantiker berufen werden. Die das Gefühl begleitende Gewißheit ist das unmittelbare Erleben der Tätigkeit, das Wahrnehmen von Handlung, letztlich vom Verfügen der Freiheit über sich, »eine unmittelbare Gewißheit, welche allein keiner Beweise bedarf [...] alle Beweise ausschließt [...] ihren Grund in sich selbst hat« (Werke 4,1, S. 210). Der Salto mortale ist weder bloßer Dezisionismus, noch irrational, sondern »die enge Verbindung von Gefühl und Wille, durch die sich die Vernunft notwendig selbst bestimmen muß« (Hammacher 1969, S. 143). Die Welt, die er erreicht, muß daher gegeben sein in der unmittelbaren Überzeugung, im Erleben als reine Weise der Vergewisserung, das seine eigene Sicherheit, die des Daseins, gewinnt. Erfaßt wird sie im Glauben, nicht durch Beweis, weil dieser zu kurz greift (Werke 3, S. 368 f.); nicht durch religiösen Glauben oder ungesichertes Fürwahrhalten (gegen Mendelssohn), weil diese der Gewißheit entbehren, sondern im Vernunftglauben. Es muß »die Ueberzeugung aus Vernunftgründen selbst aus dem Glauben kommen [...]. Aus der bloßen Autorität der Vernunft, womit sie das Princip setzt« (Werke 4,1, S. 210). Dieses in der Intuition Gefaßte, das Gefühl des real Anderen, ist als Gefühl antwortend, ist dialogisch bestimmt. J.s Realismus wird verfehlt, dächte man ihn nur als im »belief« der engl. Empiristen garantiert, oder als vorauszusetzendes Postulat für das Erkennen, letztlich als Annahme der Existenz eines Dings an sich, während ja gerade der Kritizismus »ohne jene Voraussetzung [des Dings an sich] nicht in das System [der Kritik der reinen Vernunft] hineinkommen und mit jener Voraussetzung darin nicht bleiben konnte« (Werke 2, S. 304), oder dächte man ihn als (Kausal-)Schluß aus Anlaß einer Anschauung oder eines Erlebensgefühls. Dieser Realismus ist unmittelbar – »herrlich ist selbständig Gefühl, dass aber antwortend Gefühl würkend macht ist ewig wahr« (an Goethe, 21. 8. 1774). Vor aller Erkenntnis sind Gott u. die Dinge eine aller Diskursivität vorausgehende Gegebenheit, die sich offenbart als Antwort für mein Ich: »ohne göttliches Du kein Ich und umgekehrt« (Werke 4,1, S. XLVII). Jenes Du eröffnet sich erstens im Natur-Du, zweitens im menschl. Du u. drittens in sich selbst, im göttl. Du. Es ist eine »Offenbarung« aus der Vernunft, nicht aus göttl. Gnade (so J. gegen Hamann); allein dann ist wahre Freiheit garantiert, wenn im Salto mortale die Einsicht sich der im eigenen Denken angesiedelten Determiniertheit entledigt. Dieser durch Rousseau angeregte Realismus wurde kritisch an Spinozas Philosophie (*Über die Lehre des Spinoza in Briefen an den Herrn Moses Mendelssohn*. Breslau 1785) dargelegt; er sollte weiterhin die transzendentalen Positionen Kants (*Über das Unternehmen des Kriticismus, die Vernunft zu Verstande zu bringen*. Hbg. 1802) u. Fichtes (*Jacobi an Fichte*) treffen sowie Schellings Idealismus (*Von den Göttlichen Dingen und ihrer Offenbarung*. Lpz. [1798-] 1811) erschüttern. So entdeckte J. Spinozas Diskursivität als atheistisch u. nihilistisch; so mußte Kant die Realität kausal erschließen, zumal ihm die Zeit nur Bedingung war, Kausalität anwenden zu können, nicht aber Bedingung des Handelns u. Erlebens bedeutete; Fichtes Wissenschaftslehre galt J. wegen ihres Reflexionsstandpunkts als »umgekehrter Spinozismus« (Werke 3, S. 12), u. Schelling schließlich wollte, daß »Gott, aequal Natur« (Werke 3, S. 391) »Eines und Alles und außer ihr nichts sey« (S. 388), jedoch als ein »Seyn der absoluten Productivität« (S. 390). Dies erwogen, könnte das Eine und Alles nichts sein als die reine »Veränderlichkeit, die Zeitlichkeit, der Wechsel selbst« (S. 391), Kausalität als blind wirkender Grund (Hammacher 1969, S. 204).

J.s Philosophie, die, wie sie erweist, sich auf unmittelbare Intuition berufen muß u. damit im Kern das Problem von Philosophie u. Leben (Fichte) in sich trägt, bildet den Nährboden, in dem romant. Denken Wurzeln schlagen wird. Sie schuf die Spinoza-Renaissance u. hat bestimmend die klass. dt. Philosophie beeinflußt: in Fichtes Wissenschaftslehren nach 1800, in Hölderlins, Schellings u. Hegels Werken. Wenngleich im Schatten der philosophischen Größen seiner Zeit stehend, J. hat sie alle geprägt.

Werke: *Gesamtausgabe:* F. H. J.s Werke. 6 Bde. Lpz. 1812-25 (zitiert: Werke). – *Teilausgabe:* Vermischte Schr.en v. F. H. J. 1. Theil, Breslau 1781. – *Weitere Einzelwerke:* Etwas das Leßing gesagt hat. Bln. 1782. – David Hume über den Glauben oder Idealismus u. Realismus. Breslau 1787. – *Briefe:* F. H. J.s Auserlesener Brief-Wechsel. 2 Bde., Lpz. 1825 u. 1827. – F. H. J. Briefw. Reihe I (Texte) u. II (Kommentar). Stgt. 1981 ff. (zitiert: Briefw.).

Literatur: Eberhard Zirngiebl: F. H. J.s Leben, Dichten u. Denken. Wien 1867. – Siegfried Sudhof (Hg.): Der Kreis v. Münster. Briefe u. Aufzeichnungen Fürstenbergs, der Fürstin Gallitzin u. ihrer Freunde. 1. Tl.: 1769-88. 2 Bde., Münster 1962 u. 1964. – Renate Knoll: Johann Georg Hamann u. F. H. J. Heidelb. 1963. – Heinz Nicolai: Goethe u. J. Gesch. ihrer Freundschaft. Stgt. 1965. – Michael Brüggen: J. u. Schelling. In: Philosoph. Jb. der Görresgesellsch. 75 (1967/68), S. 419-429. – Günther Baum: Vernunft u. Erkenntnis. Die Philosophie F. H. J.s. Bonn 1969. – Klaus Hammacher: Die Philosophie F. H. J.s. Mchn. 1969. – Ders. (Hg.): F. H. J. Philosoph u. Literat der Goethezeit. Ffm. 1971. – Karl Homann: F. H. J.s Philosophie der Freiheit. Freib. i. Br./Mchn. 1973. – Jörn Göres (Hg.): Veränderungen 1774:1794. Goethe, J. u. der Kreis v. Münster. Düsseld. 1974 (Kat.). – Hans Blumenberg: ›Zündkraut einer Explosion‹. In: Ders.: Arbeit am Mythos. Ffm. 1979, S. 438-466. – K. Hammacher u. Kurt Christ: F. H. J. Düsseld. 1985 (Kat.). – Peter Paul Schneider: Die ›Denkbücher‹ F. H. J.s. Stgt. 1986. – G. Baum: J. In: TRE. – K. Christ: J. u. Mendelssohn. Würzb. 1988. – Reinhard Lauth: Fichtes Verhältnis zu J. In: Ders.: Transzendentale Entwicklungslinien v. Descartes bis zu Marx u. Dostojewski. Hbg. 1989, S. 266-296. – Ders.: J.s Vorwegnahme romant. Intentionen. In: ebd., S. 297-315. – F. H. J. Dokumente zu Leben u. Werk. Stgt. 1989 ff. Darin: Konrad Wiedemann (Hg.): Die Bibl. F. H. J.s. Ein Kat. 2 Bde., Stgt. 1989. – Friedrich Bechmann: J.s ›Woldemar‹ im Spiegel der Kritik. Ffm. u. a. 1990.

Gudrun Schury/Albert Mues

Jacobi, Johann Georg, * 2. 9. 1740 Düsseldorf, † 4. 1. 1814 Freiburg i. Br.; Grabstätte: ebd., Alter Friedhof. – Lyriker, Erzähler, Herausgeber.

Der Vater, Kommerzienrat Johann Konrad Jacobi, stammte aus einer Theologenfamilie, die Mutter, eine geb. Fahlmer, aus einer Düsseldorfer Kaufmannsfamilie. J. erhielt in Düsseldorf eine sorgfältige Erziehung u. war früh mit frz. Sprache u. Literatur vertraut. 1758 begann er in Göttingen mit dem Studium der Theologie. Neben Hebräisch lernte er Italienisch, Englisch u. Spanisch. Ostern 1761 zog er nach Helmstedt, wo er Jura u. Philosophie belegte. Eine »unbesiegbare Hypochondrie« zwang ihn ein Jahr später zur Heimkehr nach Düsseldorf, wo er durch seinen aus Genf zurückgekehrten Bruder Friedrich Heinrich mit der neuen frz. Literatur vertraut gemacht wurde. Im Herbst 1762 setzte J. sein Studium in Göttingen zunächst fort, ließ sich aber bald von Christian Adolph Klotz zum Studium der alten u. neuen Sprachen ermuntern. J. folgte Klotz nach Halle u. erhielt dort 1766 eine Professur der Philosophie u. Beredsamkeit. Im Sommer 1766 lernte er in Bad Lauchstädt Wieland kennen u. Gleim, der den jungen Dichter für sich gewann. Er verschaffte ihm eine Präbende am Mauritius- u. Bonifatiusstift in Halberstadt – seit 1768 war J. Kanonikus. Gleim plante »eine Art Akademie zur Vereinigung der Edelsten Deutschlands und zur Belohnung des Verdienstes« (Brief an J., 18. 2. 1768), an der auch die übrigen Halberstädter Poeten teilnehmen sollten. Mit Heinse übersiedelte J. – zu Gleims Leidwesen – 1774 nach Düsseldorf, wo die Zeitschrift »Iris« gegründet wurde; Heinse war der Redakteur. 1774 lernte Goethe bei einem Besuch in Düsseldorf die Brüder J. kennen u. wurde als Mitarbeiter der Zeitschrift gewonnen. 1777 besuchte J. Goethe in Weimar. Versuche, eine Stelle an der Universität Halle oder am Collegium Carolinum in Braunschweig zu erhalten, scheiterten. 1784 wurde er zum Professor der schönen Wissenschaften im habsburgischen Freiburg i. Br. ernannt. Am 26. 12. 1791 heiratete er Maria Ursula Müller aus St. Peter/Schwarzwald. Der einzige Sohn starb mit 17 Jahren.

Im literar. Bewußtsein war J. seit den 60er Jahren des 18. Jh. vorwiegend Lyriker. Kennern stellte er sich mit Prosaübersetzungen vor (*Romanzen aus dem Spanischen des Gongora übersetzt.* Halle 1767). Damit wurden erstmals in

Deutschland Stoffe der span. Kunstromanze bekannt gemacht, was für die Entstehung einer ernsten dt. Kunstballade von Bedeutung war. Über Tasso hatte J. seine Dissertation geschrieben (*Vindiciae Torquati Tassi.* Gött. 1763). Der Freundschaft mit Klotz verdankte er fundierte Kenntnisse antiker Literatur u. Kunst. Er war mit den Anakreonteen vertraut u. ließ sich, wie die übrigen Halberstädter Dichter, auch von Amoretten u. Grazien auf Gemmen inspirieren (vgl. J.s Vorrede zu seinen *Sämmtlichen Werken.* Zürich 1807-22). Nach dem Vorbild von Chaulieu, Gresset u. Hagedorn entwickelte J. einen »zärtlichen Stil« mit Bevorzugung des Kleinen u. der amönen Landschaft. Die strophenlosen, gereimten u. meist sieben- oder achtsilbigen Verse ahmen die »odes anacréontiques« nach; die mytholog. Elemente sind Allgemeingut der dt. Rokokolyrik der 60er Jahre. In seinen Liebesgedichten an Chloe entdeckte J. »natürliche« u. volksliedhafte Töne (z. B. *Der erste Kuß*). Seine lyr. Schöpfungen (*In der Mitternacht, Litanei auf das Fest Allerseelen, Wiegenlied für ein Mädchen, Hochzeitlied, Schifferlied, Abends*), aber auch Gedichte mit religiöser Thematik wie *Vertrauen* oder *Die Linde auf dem Kirchhofe* wurden dank ihres Liedcharakters u. oft mehrerer Vertonungen geradezu populär. Neben Briefgedichten u. Kantaten schuf J. mehrere Vorspiele mit Arien, Singspiele u. zahlreiche Gelegenheitsgedichte.

Die *Briefe von den Herren Gleim und Jacobi* (Bln. 1768) waren unter den Zeitgenossen berühmt-berüchtigt. Weniger die Mischung von Prosa u. Versen in jamb. oder trochäischen Dimetern als die artifizielle u. durch Wiederholung an Wirkung eher verlierende Sprache eines empfindsamen Freundschaftskults provozierte die Leser. Alltägliches wie Abschied, Besuch, Erwarten eines Briefes teilen sich die »zärtlichen« Freunde mit; sie beteuern Liebe u. Treue. Gelegentlich ist auch von neuen Gedichten, von literar. Kritik u. den Berufspflichten die Rede. J. wird zum dt. Gresset, Gleim zum neuen Anakreon stilisiert.

Viel diskutiert wurden J.s Versuche der Sterne-Nachahmung in Deutschland: *Die Winterreise* (Düsseld. 1769) u. *Die Sommerreise* (Halle 1770). Obwohl die Bemühung, Sternesche Technik u. Komposition zu adaptieren, deutlich zutage tritt, kann J. einen Rest von Originalität für sich beanspruchen. Nicht nur dank seiner Verwendung der Vers-Prosa-Mischung nach dem Vorbild von Chapelles u. Bachaumonts *Voyage* – die Synthese aus Rokokolyrik der 60er Jahre u. Sternescher Empfindsamkeit, die J. zuvor als »Zärtlichkeit« besungen hatte, gelang ihm. 1770/71 veröffentlichte J. fünf Predigten nach Sternes Vorbild. In einem Brief aus Erfurt wunderte sich Wieland darüber, daß es J. habe wagen können, »den Düsseldorfern öffentlich das Evangelium Yoriks zu predigen« (15. 11. 1770). Aber Wieland akzeptierte diese Mischung aus purem, verfeinertem »Epicurismus« u. Grazienphilosophie. J.s *Schreiben eines Freidenkers an seine Brüder* (Bln. 1771) erregte allenthalben, bes. in der Schweiz, Aufsehen, obwohl sich seine wesentl. Thesen gegen die Freidenker richteten. Er wollte zeigen, »daß überhaupt die Religion der Christen, vor allen andern, die Religion der Empfindung sey« (S. 34). J.s popularphilosophische Arbeiten (vgl. seinen Nachruf auf Rousseau im »Teutschen Merkur«, 1778) sind noch kaum beachtet worden.

Die Zeitschrift »Iris« (8 Bde., 1774-76 [-78]. Neudr. Bern 1971), die zunächst im Düsseldorfer Selbstverlag, ab Band 5 in Berlin erschien, war ausschließlich für Frauen bestimmt. Sie wurde in 800 bis 1000 Exemplaren verbreitet. Ein genau umrissenes Programm gab es nicht. Die zur Tugend erziehende Tendenz der Moralischen Wochenschriften war für J. vorbildlich, obwohl er »nicht immer von Religion und Tugend« sprechen u. »Empfindungen der Natur« wecken wollte, »ohne der zur Mode gewordenen trägen Empfindsamkeit zu schmeicheln« (*An meine Leserinnen*). Die *Freundschaftlichen Frauenzimmer-Briefe* von Sophie La Roche u. J.s Aufsätze zur weibl. Ethik erfüllten dieses Programm am ehesten. Mit der »Iris« öffnete sich J. den neuen literar. Tendenzen der Empfindsamkeit u. des Sturm und Drang, den er aber insg. eher distanziert beurteilte.

Zu Beginn der 70er Jahre hatte sich J. von der Schematik der Rokokolyrik abgewandt. Seine Gedichte, bes. aber sein Briefwechsel mit Gleim, hatten ihm scharfe Kritik eingetragen. Bodmer schrieb 1769 eine Polemik *Von den Grazien des Kleinen*; auch die *Winterreise* u. *Som-*

merreise ließ man kaum gelten: Mauvillon, Unzer, Gerstenberg, Lichtenberg, Nicolai, Klopstock, Herder u. Goethe traten als Kritiker auf. Dessen Farce *Das Unglück der Jacobis* ist nicht erhalten; zu Beginn von *Götter, Helden und Wieland*, in dem Gedicht *Flieh, Täubchen, flieh!* u. in Rezensionen findet sich der Spott auf den späteren Freund. Auch Bürger u. die Göttinger wandten sich gegen die »Jacobitchen«.

Die Förderung durch Klotz u. Gleim, die Freundschaft mit den übrigen Halberstädtern, mit Wieland u. Sophie La Roche haben J. in seiner Schriftstellerei bestärkt. Von Freiburg aus wurde Johann Georg Schlosser in Emmendingen, dessen zweite Frau, Johanna Fahlmer, J.s Tante war, oft besucht. Durch Schlosser wurde J. mit Pfeffel in Colmar bekannt.

J. hat sich in den 70er Jahren immer mehr von den rokokohaften »Grazien des Kleinen« abgewandt. In die Ausgabe der *Sämmtlichen Werke* (2. Auflage) hat er seine früheren Dichtungen nicht mehr aufnehmen wollen. Dem Einspruch seiner Freunde war es dann zu verdanken, daß er seine Absicht nicht konsequent verwirklichte.

Weitere Werke: *Werkausgaben:* Sämmtl. Werke. 1./2. Tl., Halberst. 1770. 3. Tl., ebd. 1774. ²1773-75. 2., rechtmäßige, verbesserte u. vermehrte Aufl. 8 Bde., Zürich 1807-22. 8. Bd.: Leben J. G. J.s. Von einem seiner Freunde [Joseph Albert v. Ittner]. 3., rechtmäßige Original-Ausg. Zürich 1819-22. – *Teilausgaben:* Auserlesene Lieder v. J. G. J. Hg. Johann Georg Schlosser. Basel 1784. – Theatral. Schr.en. Nachtr. zu seinen sämtl. Werken. Lpz. 1792. – *Briefe:* Briefe v. Herrn J. [an Gleim]. Bln. 1768. – Ernst Martin: Ungedr. Briefe v. u. an J. G. J. mit einem Abrisse seines Lebens u. seiner Dichtung. Straßb. 1874. – Ich bin mehr Herz als Kopf. Sophie v. La Roche. Ein Lebensbild in Briefen. Hg. Michael Maurer. Mchn. 1983. – *Einzeltitel:* Abschied an den Amor. Halle 1769. – Nachtgedanken v. J. o. O. u. J. [Halberst. 1769]. – Ueber die Wahrheit nebst einigen Liedern v. J. G. J. Düsseld. 1771. – An das Publikum. Halberst. 1771. – Die Dichter. Eine Oper [...]. Halberst. 1772. – Ueber den Ernst. Halberst. 1772. – Der Schmetterling nebst drey Liedern v. J. G. J. Halberst. 1772. – Elysium. Ein Vorsp. mit Arien [...]. Königsb. 1774. – Charmides u. Theone, oder die Sittl. Grazie. Halberst. 1774 (R.). – Phädon u. Naide, oder der redende Baum. Lpz. 1788 (Singsp.). – Tb. v. J. G. J. u. seinen Freunden für 1795 [1796]. Königsb./Lpz. 1798. Basel 1799. – Überflüssiges Tb. für das Jahr 1800. Hbg. 1800. – Tb. für das Jahr 1802. Hbg. 1802. – Iris. Ein Tb. für 1803 [bis 1813]. 11 Bde., Zürich 1803-13.

Literatur: Karl v. Rotteck: Gedächtnißrede auf J. G. J. Freib. i. Br. 1814. – Joseph Longo: Laurence Sterne u. J. G. J. Wien, Lpz. 1898. – Otto Manthey-Zorn: J. G. J.s Iris. Diss. Lpz. 1905. – Friedrich Ausfeld: Die dt. anakreont. Dichtung des 18. Jh., ihre Beziehungen zur frz. u. zur antiken Lyrik. Straßb. 1907. – Helmut Paustian: Die Lyrik der Aufklärung als Ausdruck der seel. Entwicklung v. 1710-70. Diss. Kiel 1932. – Ursula Schober: J. G. J.s dichter. Entwicklung. Breslau 1938. – Hermann Bräuning-Oktavio: J. G. J.s ›Schreiben eines Freydenkers an seine Brüder‹ (1771) [...]. In: WB (1961), S. 694-738. – Carl Hammer: J.'s Memorial to Rousseau. In: Die Neueren Sprachen. N. F. 15 (1965), S. 280-283. – Walter Falk: Die erste dt. Begegnung mit Gongora (Gleim-J.-Herder). In: GRM 17 (1967), S. 26-52. – Alfred Anger: Literar. Rokoko. Stgt. ²1968. – Herbert Zeman: Die dt. anakreont. Dichtung. Stgt. 1972. – Jürgen Wilke: Literar. Ztschr.en des 18. Jh. (1688-1789). Tl. 2: Repertorium. Stgt. 1978.

Gerhard Sauder

Jacobowski, Ludwig, * 21. 1. 1868 Strelno/Posen, † 2. 12. 1900 Berlin. – Lyriker, Erzähler.

J., als drittes Kind einer jüd. Kaufmannsfamilie geboren, studierte Philosophie, Geschichte, Literatur, Psychologie u. Nationalökonomie in Berlin u. Freiburg i. Br. 1891 promovierte er über *Klinger und Shakespeare – ein Beitrag zur Shakespearomanie der Sturm- und Drangperiode* u. veröffentlichte unter dem Einfluß der Ästhetik Gustav Theodor Fechners eine Arbeit über den Ursprung der Sprache u. Dichtung aus »Empfindungswerten« (*Die Anfänge der Poesie.* Dresden 1891). Seinen Lebensunterhalt verdiente sich J. in einer Berliner Schuhfabrik u. als Angestellter beim »Verein zur Abwehr des Antisemitismus«.

Sein erster Gedichtband *Aus bewegten Stunden* (Dresden/Lpz. 1889) spiegelt ein Leben zwischen Schwermut u. Heiterkeit, das vom frühen Tod der Eltern u. Brüder u. seiner Braut Martha (1891) gezeichnet war. Im noch unsicheren Sprachduktus der jugendl. Gedankenlyrik spricht sich das Streben nach Lebensidealen u. der Unabhängigkeit vom Zeitgeschmack aus. Als Reaktion auf die antisemitischen Strömungen der 90er Jahre entstand der erfolglos gebliebene Roman *Werther, der Jude* (Dresden 1892) u. die Studie über das Ende des christl. Staats u. eine neue freie Gesellschaftsordnung: *Der christliche Staat und seine Zukunft* (Bln. 1894). – In der Gedichtsammlung *Aus Tag und Traum* (Bln. 1895), dem Freund Carl Busse gewidmet, kleidete J. seelische Stimmungen in Naturbilder. Von den widerstreitenden Urkräften der Seele, Liebe u. Haß, repräsentiert in dem unwissenden Balder u. dem mit Weisheit begabten *Loki* (Minden 1899. Zuletzt Basel 1966), handelt sein reifstes Prosawerk.

Nach J.s Tod veröffentlichte sein Freund u. erster Biograph Rudolf Steiner die nachgelassenen Gedichte (*Ausklang.* Minden 1901) u. Skizzen (*Stumme Welt. Symbole.* Minden 1901) u. führte die von J. begründete literar. Gesellschaft »Die Kommenden« weiter.

Weitere Werke: Funken. Dresden 1891 (L.). – Diyab, der Narr. Bln. 1895 (Kom.). – Anne-Marie. Breslau 1896 (E.). – Der kluge Scheikh. Breslau 1897 (E.). – Satan lacht u. a. Gesch.n. Lpz. 1898. – Glück. Minden 1899 (Versdichtung). – Leuchtende Tage. Minden 1900 (L., P.). – ... die ungeteilte Melodie. Basel 1966 (L., E.en). – Auftakt zur Lit. des 20. Jh. Briefe [...]. Hg. Fred B. Stern. 2 Bde., Heidelb. 1974.

Literatur: F. B. Stern: L. J. Darmst. 1966. *Angelika Müller*

Jacobs, (Christian) Friedrich (Wilhelm), * 6. 10. 1764 Gotha, † 30. 3. 1847 ebd. – (Jugend-) Schriftsteller, Altphilologe u. Bibliothekar.

Nach dem Studium der Theologie in Jena u. der Philologie in Göttingen (bei Heyne) trat der Advokatensohn J. 1785 eine Stelle als Lehrer am Gymnasium in Gotha an. Von dort wurde er 1807 auf Vermittlung Niethammers als Professor an das Lyzeum in München berufen u. zum Mitgl. der Bayerischen Akademie der Wissenschaften ernannt. Infolge von Anfeindungen kehrte er 1810 nach Gotha zurück u. erhielt dort die Ämter des Oberbibliothekars u. des Direktors des Münzkabinetts. Besondere Verdienste erwarb sich J. im Bereich der Altphilologie. Er veranstaltete Editionen u. Übersetzungen antiker Schriftsteller u. verfaßte Elementarwerke zur griech. u. lat. Sprache. Seine Erzählungen, die sich auch an die Jugend wenden, sind aufklärerisch-unterhaltenden Charakters u. behandeln häufiger histor. Themen (vgl. z. B. die Sammlung *Die Feierabende in Mainau.* Lpz. 1820/21). Das Kinderlesebuch *Allwin und Theodor* (3 Bde., Lpz. 1802-07), das Begebenheiten aus dem tägl. Leben der Titelfiguren schildert, erfreute sich bis zur Mitte des 19. Jh. großen Zuspruchs. J.' verstreut erschienene Erzählungen sind in dem siebenbändigen Werk *Erzählungen* (Lpz. 1824-37) gesammelt. Die zur Bewältigung des Todes seiner Frau verfaßte Schrift *Rosaliens Nachlaß* (Lpz. 1812) wurde zu einer beliebten u. von Erziehern empfohlenen Lektüre für junge Mädchen (Grenz, S. 159 ff.). Später befaßte sich J. – wie viele Pädagogen seiner Zeit – auch theoretisch mit Fragen der weibl. Erziehung (vgl. sein Vorwort zu *Die Schule der Frauen, oder Schriften zur Belehrung des weiblichen Geschlechts.* 7 Bde., Lpz. 1827/28).

Literatur: Hamberger/Meusel. – Karl Regel: J. In: ADB. – Goedeke 10. – Erich Strobach: J. In: LKJL. – Dagmar Grenz: Mädchenlit. Von den moralisch-belehrenden Schr.en im 18. Jh. bis zur Backfischlit. im 19. Jh. Stgt. 1981.

Susanne Barth

Jacobs, Monty, eigentl.: Montague Jacobsohn, * 5. 1. 1875 Stettin, † 29. 12. 1945 London. – Theaterkritiker.

Der Sohn eines engl. Geschäftsmannes wuchs nach dem Tod seiner Mutter bei Verwandten in Berlin auf. 1893-1898 studierte er Philologie u. Literaturgeschichte (u. a. bei Erich Schmidt) in München, Berlin u. Heidelberg, wo er mit einer Arbeit über *Gerstenbergs Ugolino* (Bln. 1898) promovierte. Nach Berlin zurückgekehrt, wandte J. sich ganz dem Journalismus zu. 1905 übernahm er als Nachfolger Mauthners die Theaterkritik am »Berliner Tageblatt«. 1914 trat er in die Fußstapfen des Theaterkritikers Arthur Eloesser bei der »Vossischen Zeitung«.

Der Ausbruch des Kriegs unterbrach J.' Laufbahn: Als Engländer wurde er interniert, doch ließ er sich naturalisieren u. meldete sich freiwillig zum Fronteinsatz. Nach dem Krieg trat er erneut in die Feuilleton-Redaktion der »Vossischen Zeitung« ein u. wurde mit seinen Nachtkritiken (den über Nacht geschriebenen Kritiken, die den ersten Eindruck der Aufführung festhalten sollten) bald einer der angesehensten Theaterkritiker Berlins. Sein Urteil galt als maßvoll, er war »auf Ausgleich und Förderung (besonders junger Kräfte) bedacht; er färbte seinen Stil durch Temperament, nicht durch Eitelkeit« (Rühle). Seiner künstlerischen Einstellung gemäß, daß Dichtung in Harmonie befreien sollte, verhielt er sich dem Expressionismus u. Strindberg gegenüber ablehnend, ebenso negativ war sein Verhältnis zu polit. Stücken u. zum Agitationstheater der 20er Jahre. 1921 wurde J. Leiter des Feuilletons der »Vossischen Zeitung«. Neben verschiedenen Editionen (u. a. von Arnim u. Kleist) u. einem Buch über klass. Rollen u. die Geschichte ihrer Besetzung (*Deutsche Schauspielkunst.* Lpz. 1913) veröffentlichte er bereits 1901 die erste krit. Studie über *Maeterlinck*

(Lpz.) in Deutschland. J. war der gewählte Leiter mehrerer Berufsorganisationen sowie Mitgl. des Kunstrats der Kleist-Stiftung. Nach dem Machtantritt der Nationalsozialisten mußte er seinen Stuhl als Chefredakteur bei der »Vossischen Zeitung« räumen. 1938 emigrierte er über die Schweiz nach England, wo er sich in den verschiedenen Organisationen der Exilierten engagierte u. sich an Schriften gegen das Hitler-Regime (*In Tyrannos*. London 1944) beteiligte.

Weitere Werke: Ibsens Bühnentechnik. Dresden 1920 (Ess.). – Die drei Bilder der Welt. Erlangen 1925 (Ess.). – Jonathan Swift. Bln. 1948 (Biogr.).

Literatur: Joachim Werner Preuss: Der Theaterkritiker M. J. (1875-1945). Bln. 1965. – Günther Rühle: Theater für die Republik 1917-33. Ffm. 1967. *Peter König*

Jacobsohn, Siegfried, * 28. 1. 1881 Berlin, † 3. 12. 1926 ebd. – Herausgeber u. Journalist.

Der theaterbegeisterte Schüler, Sohn einer wenig begüterten Kaufmannsfamilie, ging vor dem Abitur vom Gymnasium ab u. studierte als Gasthörer Germanistik in Berlin. 1901 begann er als Theaterkritiker bei der freisinnig-liberalen »Welt am Montag«. Nach einer einjährigen Italien- u. Frankreichreise gründete J. 1905 »Die Schaubühne«, trotz finanzieller Probleme eine der einflußreichsten Theaterzeitschriften der Zeit. Ab 1913, jetzt mit satir., wirtschaftl. u. polit. Beiträgen, erschien sie mit dem Untertitel »Wochenzeitschrift für Politik, Kunst und Wirtschaft«.

Im Zuge der auch den kulturellen Bereich erfassenden Politisierung wandelte sich J.s Journal nach der Novemberrevolution 1918 zur »Weltbühne«. Eindeutig linksbürgerlich, antimilitaristisch u. antinationalistisch orientiert, wurde sie unter seiner Leitung zum führenden Organ der pazifistischen Linken (Auflage 10-15 000) in der Weimarer Republik u. galt als »klassische Schule des freien Journalismus« (Eggebrecht). J. verpflichtete prominente Autoren (u. a. Alfred Polgar, Paul Fechter, Julius Bab, Fritz Engel, Egon Friedell, Willi Handl, Lion Feuchtwanger, Herbert Ihering).

Mit Tucholsky befreundet, wurde J. dessen Förderer u. gewann ihn ab 1913 als wichtigsten Mitarbeiter der Zeitschrift. 1926 übernahm Tucholsky nach dem plötzl. Tod J.s die Leitung der »Weltbühne«, trat sie jedoch im Juni 1927 an Carl von Ossietzky ab, der bis zum Vorbot 1933 Herausgeber blieb.

Neben Kerr galt J. als der einflußreichste u. gefürchtetste Kritiker des Theaters in den 20er Jahren. 1900 hatte er in einer programmat. Schrift die Theaterentwicklung von 1870-1900 dargestellt u. eine Synthese aus klass. u. modernem Theater als Idealvorstellung formuliert, die seiner Ansicht nach in der Folgezeit von Max Reinhardt eingelöst wurde. J. würdigte dies in seiner Publikation *Max Reinhardt* (Bln. 1910). Neben seiner Bewunderung für Shakespeare, Goethe, Kleist u. Lessing setzte er sich ein für die Anerkennung moderner Autoren wie Ibsen, Strindberg, Gerhart Hauptmann u. Wedekind.

Weitere Werke: Das Theater der Reichshauptstadt. Bln. 1904. – Der Fall Jacobsohn. Bln. 1913. – Oscar Sauer. Bln. 1916. – Die ersten Tage. Bln. 1917. – Jahre der Bühne. Theaterkrit. Schr.en. Hg. Walter Karsch. Hbg. 1965. – Briefe an Kurt Tucholsky. 1915-26. Hg. Richard v. Soldenhoff. Mchn. 1989.

Literatur: Wolf Seidl: Die geistige Haltung der neueren dt. Theaterkritik. Diss. Mchn. 1951. – Wolfgang Steinke: Der Publizist S. J. als Theaterkritiker. Diss. Bln. 1960. – Axel Eggebrecht: S. J. In: Hans Jürgen Schultz (Hg.): Journalisten über Journalisten. Mchn. 1980. *Wolfgang Weismantel*

Jacobus de Theramo, * 1350 oder 1351 Teramo/Abruzzen, † 1417 Spoleto. – Kanonist; Autor eines Satansprozesses.

J. studierte in Padua kanonisches Recht, ist 1382 als Archidiakon in Aversa bei Neapel bezeugt u. erhielt 1391 das Bischofsamt von Monopoli/Apulien. 1399 von Bonifaz IX. zum Registrator der päpstl. Breven bestellt, wurde J. 1400 Erzbischof von Tarent, 1401 Bischof von Florenz u. 1410 von Spoleto.

1382 vollendete J. die auch unter anderen Titeln tradierte *Litigatio Christi cum Belial sive Consolatio peccatorum* (*Belial*), die außer in andere Volkssprachen in der ersten Hälfte des 15. Jh. auch ins Deutsche übersetzt wurde: in einer nur in drei Handschriften überlieferten, sehr wörtl. Version u. in einer freieren, in über 80 Manuskripten u. 20 Drucken verbreiteten Fassung.

Der *Belial* gehört zur Gattung der populärkanonist. Satansprozesse, die, am Fall der Erlösungslehre die Formalia des kanonischen Prozeßrechts exemplifizierend, als Gerichtsordnungen (»Ordines judicarii«) fungierten: Die Hölle schickt den rechtskundigen Teufel Belial zu

Gott, um einen Prozeß gegen Christus wegen Raubes ihres Eigentums – der im »Descensus Christi« befreiten Patriarchen – zu erwirken; Gott setzt Salomon als »iudex delegatus« ein, Moses vertritt Christus als Prokurator. Im erstinstanzl. Verfahren werden alle Institute u. Instrumente des kanonischen Zivilprozesses durchgespielt: Einreichen der Klagschrift, dilator. u. peremptor. Einreden, Beiurteil, Zeugenvorladung u. -vernehmung, die verschiedenen Beweisarten, Klagänderung, Calumnieneid, »positiones« des Klägers u. »responsiones« des Beklagten. Da Moses die Rechtmäßigkeit von Christi Erlösungstat beweisen kann, fällt Salomons Endurteil zuungunsten Belials aus. Damit wäre die heilsgeschichtl. Deutungsabsicht des Texts – juristische Rechtfertigung des Heilsgeschehens, wie sie seit Anselm von Canterbury die soteriolog. Theologie bestimmte – schon erreicht, nicht aber seine rechtspragmat. Funktion: Wegen der Befangenheit des Richters aufgrund seiner Verwandtschaft mit dem Beklagten geht Belial vor Josef von Ägypten in Revision, doch auch im folgenden Schiedsverfahren wird Salomons Urteil als rechtskräftig anerkannt.

Die heilsgeschichtl. wie die juristische Dimension bestimmen sowohl die Textstruktur als auch die Überlieferung des *Belial* (Sammelhandschriften tradieren das Werk gemeinsam mit Rechtsbüchern u. Texten katechetischer Praxis), der wohl auch »halbgelehrten« Praktikern des Rezeptionsrechts (Schreibern usw.) als Einführung in die neue Materie diente. Erst in der Wirkungsgeschichte im 16. Jh. laufen die beiden Deutungsangebote auseinander: Die Aufnahme in Jakob Ayrers *Historischen Processus iuris* (1597) betont die juristische Pragmatik, Sebastian Wilds Dramatisierung des Stoffs (1566) die Erlösungshoffnung.

Ausgabe: Paul B. Salmon (Hg.): Belial, an edition with commentary of the German version of J. d. T.s Consolatio Peccatorum. M. A. These. London 1950.

Literatur: Roderich Stintzing: Gesch. der populären Lit. des röm.-kanon. Rechts in Dtschld. Lpz. 1867. Neudr. Aalen 1959, S. 259-279. – Hans-Rudolf Hagemann: Der Prozessus Belial. In: FS Max Gerwig. Basel 1960, S. 55-83. – Barbara Weinmayer: Studien zur Gebrauchssituation früher dt. Druckprosa. Mchn./Zürich 1982, S. 52-61. – Norbert H. Ott: Rechtspraxis u. Heilsgesch. Zu Überlieferung, Ikonographie u. Gebrauchssituation des dt. ›Belial‹. Mchn./Zürich 1983.

Norbert H. Ott

Jacobus a (de) **Voragine**, * 1228/29 Varazze bei Genua, † 1298. – Verfasser des bedeutendsten Legendars des Mittelalters, der *Legenda aurea.*

J. wurde 1244 Dominikaner. Er könnte 1258 Subprior im Dominikanerkloster in Genua gewesen sein, 1267-1277 u. 1281-1286 war er Provinzialprior der Lombardei u. 1274 Teilnehmer am Konzil von Lyon. Seine wachsende Bedeutung im Orden bezeugt die Ernennung zum Verwalter der vakanten Stelle des Ordensgeneralmeisters. Er wurde 1286 zum Erzbischof von Genua vorgeschlagen u. schließlich 1292 geweiht.

Die *Legenda aurea* dürfte vor 1267 entstanden sein. Die genaue Datierung wird erschwert dadurch, daß das Urcorpus des Werks bis heute noch nicht kritisch erschlossen ist. Es ist in über 1000 Handschriften überliefert, in denen der Legendenbestand z. T. sehr stark divergiert. Einen terminus post quem liefert die Legende des 1252 von Ketzern getöteten Petrus von Mailand, die eindeutig von J. stammt. Die älteste datierte Handschrift ist ein Pariser Codex aus dem Jahre 1281.

Der Titel stammt nicht von J., sondern wurde dem schon früh geschätzten Werk erst nachträglich verliehen. Der häufig anzutreffende Titel *Historia lombardica* geht nicht (wie oft angenommen) auf den Abriß der Langobardengeschichte in der Pelagiuslegende zurück, sondern weist lediglich auf die Herkunft der Sammlung hin: »Historia« kann auch im Sinne von Legende beziehungsweise Legendar verstanden werden.

Die *Legenda aurea* steht in der Tradition dominikan. Hagiographie (Jean de Mailly, Bartholomäus von Trient) u. sucht, die große Fülle heterogener hagiographischer Überlieferung in stilistisch u. erzählerisch möglichst vereinheitlichter Form zusammenzustellen. J. hat nur in wenigen Fällen eigenständige Legenden verfaßt. Er ist also vorwiegend als Kompilator u. Redaktor tätig gewesen, aber die von ihm zur Vollendung entwickelte »andachtbildartige Gestaltung« der Texte prägte das Legendenerzählen im ganzen SpätMA. Die *Legenda aurea* ist nach dem Kirchenjahr gegliedert, mit der Adventszeit beginnend, u. enthält neben Legenden auch von J.

verfaßte »lectiones« zu den Herren-, Marien- u. anderen Festen (Letania, Allerheiligen usw.). Wie im Prolog angekündigt, stellt J. Heiligenlegenden in die Perspektive der gesamten Heilsgeschichte. Typisch für die *Legenda aurea* sind auch die jeweils den Legenden vorausgehenden Namensetymologien der Heiligen. Das Werk dürfte urspr. sowohl für die tägl. monast. Tischlesung als auch für die Predigtvorbereitung konzipiert worden sein. Im Lauf der Jahrhunderte wurde es aber zum hagiographischen Standardwerk schlechthin, seine Wirkungsgeschichte, die auch die bildende Kunst umfaßt, ist völlig unüberschaubar u. wird noch in der vereinzelten Kritik an dem z. T. fabulösen Inhalt (etwa bei Nikolaus von Kues) greifbar. Die *Legenda aurea* wurde in die meisten europ. Volkssprachen übersetzt (z. T. mehrfach), zuerst in den 80er Jahren des 13. Jh. ins Französische. Im dt./niederländ. Raum sind mindestens zehn, corpusmäßig wie im Lateinischen z. T. stark voneinander abweichende Vollübersetzungen u. unzählbare Einzeltextübersetzungen belegt. Der Text diente auch als Hauptquelle für das *Passional* u. die Sammlung *Der Heiligen Leben.*

Die älteste dt. Übersetzung, die *Elsässische Legenda aurea*, entstand vor 1350 in Straßburg u. gehört zu den wichtigsten Prosadenkmälern des 14. Jh. Ihre Corpuszusammensetzung weist auf eine Vorlage aus dem bairisch-österr. Raum. Das populäre Werk ist am besten in einer Straßburger Prachthandschrift aus dem Jahr 1362 überliefert u. fand große Verbreitung im 15. Jh., vornehmlich am Oberrhein u. in der Schweiz, mit Ausläufern im Schwäbischen, Rheinfränkischen u. Österreichischen. Der Straßburger Jakob Twinger von Königshofen hat es als Quelle für seine Chronik benutzt. Die älteste niederländ. Übersetzung ist 1358 in Flandern vom sog. »Bijbelvertaler van 1360« veranstaltet worden (*Südmittelniederländische Legenda aurea*). Sie ist in etwa 100 Handschriften überliefert u. wurde im gesamten niederländ., mittelfränk. u. niederdt. Raum verbreitet, v. a. in Klöstern u. Institutionen, die vom Geist der »Devotio moderna« getragen wurden. Im frühen 15. Jh. entstand dann auch eine nordmittelniederländ. Übersetzung, die aber weit hinter der Popularität der älteren Version zurückblieb. Die restl. dt. Übertragungen – zwei ostmitteldt., drei bairisch-schwäb. u. eine niederdt. – waren wenig erfolgreich; sie sind fast alle nur einfach überliefert. Der magere Erfolg von *Legenda aurea*-Übersetzungen im schwäb. u. bair. Bereich läßt sich durch den Siegeszug der Sammlung *Der Heiligen Leben* in diesem Raum erklären, die sich ab 1400 zum volkssprachl. Legendar schlechthin entwickelte.

Von geringer Bedeutung für die dt. Literatur, aber dennoch Werke, die weite Verbreitung fanden, sind vier nach Abschluß der *Legenda aurea* von J. verfaßte, ganz in der scholast. Tradition stehende Predigtreihen. Nur einige wenige dieser »sermones« sind ins Deutsche übersetzt worden. Eine Geschichte der Stadt Genua, in den Jahren 1295-1297 entstanden, ist im dt. Raum unbekannt geblieben.

Ausgaben: *Legenda aurea:* Hg. Theodor Graesse. Lpz. 1846. Neudr. 1965. – Nhd. Übers. durch Richard Benz. Jena 1925 (mehrfach nachgedruckt). – *Elsässische Legenda aurea:* Ulla Williams u. Werner Williams-Krapp: Die Elsäss. Legenda aurea. Bd. 1: Das Normalcorpus. Tüb. 1980. – Konrad Kunze: Die Elsäss. Legenda aurea. Bd. 2: Das Sondergut. Tüb. 1983. – Ulla Williams: Die Elsäss. Legenda Aurea. Bd. 3: Die lexikal. Überlieferungsvarianz. Register, Indices. Tüb. 1990. – *Sermones:* Hg. P. Adel. Figarol. 2 Bde., Tolosae 1874. – *Chronica Januensis:* Hg. Giovanni Monleone. 3 Bde., Rom 1941.

Literatur: *Bibliographie:* Thomas Kaeppeli: Scriptores Ordinis Praedicatorum Medii Aevi 2. Rom 1975, S. 348-350. – *Weitere Titel:* Ernest Cushing Richardson: Materials for a Life of J. New York 1935. – J. J. A. Zuidweg: De werkwijze von J. de V. in de Legenda aurea. Diss. Amsterd. 1941. – Heinrich Günther: Psychologie der Legende. Freib. i. Br. 1949. – Theodor Wolpers: Die engl. Heiligenlegenden des MA. Tüb. 1964. – Johann Baptist Schneyer: Repertorium der lat. Sermones des MA 3. Münster 1971, S. 221-283. – Maria v. Nagy u. Christoph v. Nagy: Die Legenda aurea u. ihr Verfasser J. de V. Bern/Mchn. 1971. – Manfred Görlach: The South English Legendary, Gilte Legende and Golden Legend. Braunschw. 1972. – Alain Boureau: La Légende dorée. Le système narratif de Jacques de V. Paris 1984. – Brenda Dunn-Lardeau (Hg.): Legenda aurea: sept siècles de diffusion. Paris/Montreal 1986. – *Zu den deutschen Übersetzungen:* Werner Williams-Krapp: Die dt. Übers.en der Legenda aurea des J. de V. In: PBB 101 (1979), S. 252-276. – Konrad Kunze: J. a V. In: VL (Lit.). – W. Williams-Krapp: Die dt. u. niederländ. Legendare des Mittelalter. Tüb. 1986.

Werner Williams-Krapp

Jacoby, Johann, geb. Jonas ben Gerson, * 1. 5. 1805 Königsberg, † 6. 3. 1877 ebd.; Grabstätte: ebd., Jüdischer Friedhof (im Zweiten Weltkrieg vermutlich vernichtet). – Publizist u. Politiker.

J., Sproß einer jüd. Kaufmannsfamilie, studierte Medizin u. Philosophie in seiner Heimatstadt u. eröffnete dort 1828 eine ärztl. Praxis. Während der poln. Erhebung von 1830/31 half er den Aufständischen bei der Bekämpfung der Cholera u. setzte sich publizistisch für polit. Rechte der Polen ein. J., der die Judenemanzipation als Teil des allg. Befreiungskampfes gegen die überholte Privilegienordnung ansah, verfaßte 1841 die aufsehenerregende u. weitverbreitete Flugschrift *Vier Fragen, beantwortet von einem Ostpreußen.* Dieses Manifest, ein Glanzstück polit. Publizistik, artikuliert mit schneidender Logik u. zwingender Macht der Beweisführung die Aspirationen der bürgerl. Opposition u. fordert die Umwandlung Preußens in einen parlamentar. Rechts- u. Verfassungsstaat. Wegen Majestätsbeleidigung u. Hochverrat angeklagt u. in erster Instanz verurteilt, wurde J. vom Appellationsgerichtshof freigesprochen. Seine mutige Haltung machte ihn zum »Liebling der Nation« (Herwegh).

Im Sturmjahr 1848 war J. Mitgl. des Frankfurter Vorparlaments u. des Fünfzigerausschusses. Er wurde in Berlin in die Preußische Verfassunggebende Nationalversammlung gewählt u. trat dort als Wortführer der Linken für Volkssouveränität, Volksbewaffnung u. soziale Rechte der Arbeiterschaft ein. Während der Reaktionsperiode der 50er Jahre war er in Königsberg als Arzt tätig u. nahm seit Beginn der »Neuen Ära« (1859) wieder am polit. Leben teil. 1863 als Abgeordneter der Fortschrittspartei in die zweite Kammer des preuß. Parlaments gewählt, war er 1867-1870 Mitgl. des Reichstags des Norddeutschen Bundes. Als entschiedener Gegner des Bismarckschen Scheinkonstitutionalismus rief er während des preuß. Verfassungskonflikts zur Steuerverweigerung auf u. wurde 1865 zu einer halbjährigen Gefängnisstrafe verurteilt; im Kerker entstand *Der freie Mensch. Rück- und Vorschau* (Bln. 1866), worin er, ausgehend von Spinozas *Ethik*, nachzuweisen suchte, daß die fortschreitende Welterkenntnis das Menschengeschlecht zu sittl. Freiheit emporführen werde. In einer vielbeachteten Rede über das Ziel der Arbeiterbewegung bekannte er sich zu einem sozialreformerischen Sozialismus u. trat in dem Organ »Die Zukunft« für ein Bündnis des fortschrittl. Bürgertums u. der Arbeiterschaft ein.

J.s Protest gegen die Annexion Elsaß-Lothringens im Sept. 1870 brachte ihm wochenlange Festungshaft ein. Während des Hochverratsprozesses gegen Bebel u. Liebknecht 1872 trat er demonstrativ der Sozialdemokratischen Arbeiterpartei bei, lehnte jedoch ein Reichstagsmandat ab, weil er eine Umgestaltung des dt. Militärstaats in einen Volksstaat auf parlamentar. Wege für unrealisierbar hielt. Bis zu seinem Tod gehörte J. dem Zentralkomitee der »Internationalen Friedens- und Freiheitsliga« an.

Werke: Ges. Schr.en u. Reden. 2 Bde., Hbg. 1872. ³1889. – Briefw. Hg. Edmund Silberner. 2 Bde., Hann. 1974 u. Bonn 1978.

Literatur: Edmund Silberner: J. J. Politiker u. Mensch. Bonn 1976. – Bernt Engelmann: Die Freiheit! Das Recht! J. J. u. die Anfänge unserer Demokratie. Bonn 1984. *Walter Grab*

Jacoby, Leopold, * 29. 4. 1840 Lauenburg/Pommern, † 20. 12. 1895 Zürich. – Lyriker u. Literaturwissenschaftler.

Noch 1869 hatte sich der aus einer Lehrer- u. Kantorenfamilie stammende J. in seinem Gedichtband *Weinphantasien* (Marburg 1869. ²1870) emphatisch für ein vereinigtes dt. Kaiserreich ausgeprochen. Als Mitgl. der freiwilligen Krankenpflege erlebte der approbierte Arzt in Lazaretten – zuletzt nahe Paris – die Greuel des Deutsch-Französischen Kriegs von 1870/71. Nach dem Waffenstillstand lernte J. in der frz. Hauptstadt die Ziele der Pariser Kommune kennen u. kehrte 1871 als »aufwachender Sozialist« nach Deutschland zurück. Mit seinem noch im selben Jahr ausgelieferten Gedichtband *Es werde Licht* (Bln. 1872. Mchn. ⁴1893) stellte er sich auf die Seite der dt. Arbeiterbewegung. Im hymn. Grundton seiner Lyrik an der Literatur der dt. Klassik orientiert, wurde er zum wichtigsten Vertreter sozialistischer Weltanschauungsdichtung seiner Zeit. Auf der Flucht vor dem Sozialistengesetz in Deutschland, wo *Es werde Licht* an erster Stelle der indizierten Bücher stand, lebte J. in Amerika, Triest u. Mailand u. lehrte dort in den 80er Jahren an der Reale Accademia scientifico letteraria dt. Literaturgeschichte. Als künstlerisch gelungenstes Werk gilt sein »Gedicht aus Indien« *Çunita* (Hbg. 1885. Zürich/Lpz. ²1896), mit dessen Makamenform er in die Tradition Rückerts tritt. In seinem politisch-philosoph. Hauptwerk *Die Idee der Entwicklung* (2 Tle., Bln. 1874-76. Zürich [2]1887) versuchte J., darwinistische Entwicklungslehre u. wissenschaftl. Sozialismus zu vereinigen. J. gilt als einer der wichtigsten Vorläufer der sozialistischen Gegenwartslyrik.

Weitere Werke: Das Lustsp. Bln. 1870 (Kom.). – Dt. Lieder aus Italien. Mchn. 1892. – Die dt. Makame. Hbg. 1883 (Aufs.).

Literatur: Minna Geith: L. J. Ein Lebensmärchen, aus Mitt.en, Briefen u. Schöpfungen erzählt. Mchn. 1893. – L. J. In: Lexikon sozialist. Schriftsteller. Halle 1963, S. 262-264. – Manfred Häckel: Vorw. zu: L. J. Ausw. aus seinem Werk. Bln. 1971, S. xi-lvii. – Ernst Gottfried Lowenthal: J. In: NDB.

Jörg Platiel

Jacoby, Wilhelm, * 8. 3. 1855 Mainz, † 20. 2. 1925 Wiesbaden. – Schwankautor.

Nach Abbruch einer Buchhändlerlehre wurde J. 1875 Redakteur beim »Niederschlesischen Anzeiger« in Glogau. Ab 1878 war er Chefredakteur des »Mainzer Tageblattes«; daneben stand er dem »Mainzer Carneval-Verein« (MCV) vor. J. – seit 1880 auch Verfasser karnevalist. Texte – kam durch den Schwankautor Carl Laufs zum Lustspiel. In Partnerarbeit entstanden die Posse *Pension Schöller* (Bln. 1890) u. die Schwänke *Der ungläubige Thomas* (Hbg. 1893) u. *Der große Komet* (Bln. 1895).

Das Erbe der väterl. Buchhandlung ermöglichte es J., sich 1892 als freier Schriftsteller in Wiesbaden niederzulassen. Karnevalist blieb er auch in seiner Wahlheimat.

In J.s. Stücken dominiert das Mißverständnis als Mittel der Situationskomik. Durch ständiges Verkennen des Gegenüber in Rede u. Verhalten entsteht ein komisches Chaos. Der unmotivierte Schluß folgt direkt auf diesen Höhepunkt.

Weitere Werke: Der hist. Festzug (zus. mit Arthur Lippschitz). o. O. 1901 (Schwank). – Der Tanzhusar (zus. mit Harry Pohlmann). Bln. 1907 (Schwank). – Laß das Rullo geh'n. Mainz 1924 (L.)

Literatur: Bernd Wilms: Der Schwank. Diss. Bln. 1969. – Volker Klotz: Bürgerl. Lachtheater. Mchn. 1980.

Alain Michel

Jacques, Norbert, * 6. 6. 1880 Eich/Luxemburg, † 15. 5. 1954 Koblenz; Grabstätte: Schlachters bei Lindau. – Romancier, Reiseschriftsteller, Essayist, Drehbuchautor u. Übersetzer.

In seinem Geburtsland gilt J. wegen seiner betont prodeutschen Einstellung, insbes. während des Zweiten Weltkriegs, noch heute als unerwünscht, im übrigen dt. Sprachraum ist der Autor von 55 Romanen, Erzählungen u. Gedichtbänden, einer Vielzahl von Essays, Reiseskizzen u. Rezensionen nahezu vergessen. Allenfalls die durch Fritz Langs Verfilmung zu Weltruhm gelangte Hauptfigur seines größten Romanerfolgs *Dr. Mabuse der Spieler* (Bln. 1921) erinnert noch an das sich gängigen Einordnungen widersetzende, qualitativ wie inhaltlich heterogene literar. Werk des Luxemburgers.

Erste größere literar. Resonanz erzielte der aus einer wohlhabenden Kaufmannsfamilie stammende J., der sich bereits 1901 »durch Flucht« der von ihm immer wieder beklagten Enge seiner Heimat entzogen u. ein in Bonn begonnenes Jurastudium schon nach knapp einem Jahr abgebrochen hatte, 1909 mit dem bei S. Fischer in Berlin erschienenen Roman *Funchal.* Anknüpfend an neuromant. u. impressionistische Zeitströmungen, wendet er sich darin gegen Intoleranz u. rassistische Vorurteile, denen er mit den nach 1914 folgenden Kriegsschriften jedoch selbst nicht entging. Anschluß an frühere Thematik u. literar. Niveau fand J. mit seinem Erfolgsroman *Piraths Insel* (Bln. 1917), der zu den bedeutenden Zeugnissen exotistischer Literatur in Deutschland gezählt werden darf. Zivilisationsmüdigkeit spiegelt auch der Roman *Landmann Hal* (Bln. 1919), in dem ländl. Idylle als Chance zur Erneuerung der Nachkriegsgesellschaft erscheint.

In den 20er u. 30er Jahren dominieren zunächst Reisebeschreibungen, bald aber auch wenig anspruchsvolle Unterhaltungsromane. Bleibenden Wert beanspruchen jedoch der histor. Roman *Der Bundschuhhauptmann Joß* (Bln. 1936) u. vor allem der Schillerroman *Leidenschaft* (Bln. 1939), eine der bis heute eindrucksvollsten Bearbeitungen des Schillerstoffs. Von den Arbeiten nach dem Zweiten Weltkrieg verdient v. a. die Autobiographie *Mit Lust gelebt* (Hbg. 1950) Beachtung, die in amüsantem Plauderton ein kulturhistorisch u. sozialpsychologisch fundiertes Bild der Jahre 1901-1930 entwirft.

Weitere Werke: Der Hafen. Bln. 1910 (R.). – Die Pulvermühle. Bln. 1922 (R.). – Reise nach Sumatra. Schicksale v. Menschen u. Tieren. Hbg. 1926 (Reisebuch). – Die Limmburger Flöte. Bln. 1929 (R.).

LITERATUR: Günter Scholdt: Der Fall N. J. Über Rang u. Niedergang eines Erzählers. Stgt. 1976. *Frank Steinmeyer*

Jaeckle, Erwin, * 12. 8. 1909 Zürich. – Lyriker u. Essayist.

J. studierte Germanistik in Zürich. 1939 bis 1942 war er Lektor im Zürcher Atlantis Verlag, 1943-1971 Chefredakteur der Tageszeitung »Die Tat« u. 1947-1962 Schweizer Nationalrat.

J.s formal traditionelle Lyrik beschäftigt sich mit zeitgenöss. Themen wie dem Spannungsfeld zwischen Technik u. Natur (*Glück in Glas.* Zürich 1957). Auch als Verfasser kulturgeschichtl. Werke über Religion u. Mythologie wurde er bekannt. In *Die Osterkirche* (Stgt. 1970) untersucht er antike u. kelt. Einflüsse auf das frühe Christentum. J.s Freundschaft mit Walther Meier, dem Leiter des Manesse Verlags, u. mit Max Rychner schlägt sich in seinem Erinnerungsbuch *Die Zürcher Freitagsrunde. Ein Beitrag zur Literaturgeschichte* (Zürich 1975) nieder. Angeregt durch Rudolf Gelpke befaßte sich J. auch mit dem Einfluß von Halluzinogenen auf die dichterische Kreativität (*Dichter und Droge.* Zürich 1973). – J. erhielt u. a. 1958 den Conrad-Ferdinand-Meyer-Preis u. 1974 den Zürcher Literaturpreis.

WEITERE WERKE: Rudolf Pannwitz. Hbg. 1937 (Monogr.) – Die Kelter des Herzens. Zürich 1943 (L.). – Das himml. Gelächter. Zürich 1962 (L.). – Die Botschaft der Sternstraßen. Stgt. 1967 (Ess.). – Signatur der Herrlichkeit. Sechs Vorträge zur Natur im Gedicht. Zürich/Freib. i. Br. 1970. – Evolution der Lyrik. Stgt. 1972 (Ess.). – Eineckgedichte. Zürich/Stgt. 1974. – Vom sichtbaren Geist. Naturphilosophie. Stgt. 1984. – Die Idee Europa. Ffm./Bln. 1988. *Guido Stefani*

Jaeger, Henry, eigentl.: Karl-Heinz J., * 29. 6. 1927 Frankfurt/M. – Erzähler u. Romancier.

Der Sohn eines Kupferschmieds wurde 15jährig zum Kriegsdienst eingezogen; nach der Heimkehr aus brit. Gefangenschaft versuchte J. in verschiedenen Berufen Fuß zu fassen, plante Schulabschluß u. Medizinstudium, blieb aber erfolglos. Als Anführer einer Bande, die Raubüberfälle u. Einbrüche verübte, wurde er 1956 zu zwölf Jahren Zuchthaus verurteilt. Der Erfolg seines ersten, noch in der Haft geschriebenen Romans *Die Festung* (Mchn. 1962) bewirkte, daß J.s Strafe 1963 zur Bewährung ausgesetzt wurde. Seit 1965 lebt er als freier Schriftsteller in Ascona/Schweiz.

Wie schon in *Die Festung* beleuchtet J. in seinem zweiten Roman *Die Rebellion der Verlorenen* (Mchn. 1963) die Problematik der gescheiterten Außenseiter in der aufstrebenden Nachkriegs- u. Wirtschaftswunderzeit. Genaue Milieukenntnis zeigt auch der Roman *Die bestrafte Zeit* (Mchn. 1964), eine Anklage gegen die inhumanen u. von der doppelbödigen Moral der Gesellschaft tolerierten Methoden des Strafvollzugs. Obwohl J. seinen sozialkrit. Impetus nie aufgab, gerieten seine z. T. in Fortsetzungen geschriebenen u. in Illustrierten veröffentlichten Romane zunehmend kolportagehaft; die fast ausschließlich in der Welt des sozialen Abseits angesiedelten Personen u. Handlungen tragen mitunter stark klischeehafte Züge.

Seinen eigenen Weg von einer glücklosen Jugend bis zur Straffälligkeit arbeitete J. erst zwei Jahrzehnte nach seiner Verhaftung in dem Roman *Nachruf auf ein Dutzend Gauner* (Mchn. 1975) auf.

WEITERE WERKE: Das Freudenhaus. Mchn. 1966 (R.). – Der Club. Zürich 1969 (R.). – Jakob auf der Leiter. Mchn. 1973 (R.). – Hellseher wider Willen. Mchn. 1977 (R.). – Der Tod eines Boxers. Mchn. 1978. U. d. T. Ein Mann geht in die Falle. Mchn. 1980 (R.). – Unter Anklage. Mchn. 1978 (R.). – Ein Mann für eine Stunde. Mchn. 1979 (R.). – Zwölfmal Liebe. Erot. E.en. Mchn. 1979. – Die Menschen nennen es Liebe. Mchn. 1980 (R.). – Onkel Kalibans Erben. Mchn. 1981 (R.). – Amoklauf. Ascona 1982 (R.). – Auch Mörder haben kleine Schwächen. Mchn. 1983 (E.en). – Kein Erbarmen mit den Männern. Mchn. 1986 (R.). *Bernhard Iglhaut*

Jaeger, Werner (Wilhelm), * 30. 7. 1888 Lobberich, † 19. 10. 1961 Boston/USA. – Altphilologe.

J. studierte in Marburg u. bei Ulrich von Wilamowitz-Moellendorff in Berlin, wo er 1911 promovierte. Seine Dissertation *Studien zur Entstehungsgeschichte der Metaphysik des Aristoteles* (Bln. 1912) stellt die alte Überzeugung, daß die *Metaphysik* des Aristoteles eine einheitl. Abhandlung sei, in Frage. Statt dessen vertrat J. die daraufhin viel diskutierte Ansicht, daß sie eine Sammlung von Vorträgen sei, die Aristoteles zu unterschiedl. Zeiten gehalten habe u. in denen sich die Entwicklung seines Denkens zeige. Zwar sind die Einzelheiten von J.s Ergebnissen inzwischen überholt, doch hat er damit die Erkenntnis durchgesetzt, daß die Brüche u. Widersprüche in Aristoteles' Philosophie ihr immanent u. hermeneutisch nicht zu überwinden seien. Eine ähnl. These stellte J. schließlich für alle Schriften Aristoteles' in seinem Werk *Aristoteles. Grundlegung einer Geschichte seiner Entwicklung* (Bln. 1923. [2]1955) auf.

Nachdem sich J. 1914 in Berlin über *Nemesios von Emesa* (Bln.) habilitiert hatte, wurde er an die Universität Basel berufen. Im darauffolgenden Jahr erhielt er einen Ruf nach Kiel u. 1921 nach Berlin, wo Wolfgang Schadewaldt zu seinen Schülern gehörte. Während dieser Zeit gründete u. edierte er die Zeitschriften »Die Antike« (Bln. 1924-44) u. »Neue Philologische Untersuchungen« (Bln. 1926 ff. Neudr. New York 1973). In seinem Lebenswerk *Paideia. Die Formung des griechischen Menschen* (3 Bde., Bln. 1934-47. 3. bzw. 4. Aufl. 1959) begriff J. – in Überwindung des antiquarischen Historismus – das Griechentum als die Idee, den Menschen nach einem bestimmten Ideal zu formen. Die Gesamtheit der griech. Kultur sei ein Ausdruck dieses Strebens, deren Wirkungsgeschichte auf das frühe Christentum er in der Schrift *Early Christianity and Greek Paideia* (Cambridge 1961. Dt. Bln. 1963) skizzierte. J.s Bemühen, das Interesse für diese Auffassung von der Formung des Menschen nach einem Ideal wiederzuerwecken, ist in seinen *Humanistischen Reden und Vorträgen* (Bln. 1937. [2]1960) zu erkennen.

1936 erhielt J. einen Ruf nach Chicago, 1939 wurde er zum ersten Leiter des Institute for Classical Studies an der Harvard University ernannt. Zu seinen philolog. Leistungen gehören krit. Ausgaben: *Aristotelis de animalium motione et de animalium incessu* (Lpz. 1913) u. *Aristotelis Metaphysica* (Oxford 1957), zudem begründete er die krit. Ausgabe *Gregorii Nysseni Opera* (Bln., später Leiden 1921-60).

Weitere Werke: Diokles v. Karystos. Bln. 1938. – Demosthenes. Berkeley/Cal. 1938. Dt. Bln. 1939. Neudr. 1963. – Die Theologie der frühen griech. Denker. Stgt. 1953. – Scripta Minora. 2 Bde., Rom 1960. – Humanismus u. Theologie. Heidelb. 1960. – Gregor v. Nyssas Lehre vom Hl. Geist. Leiden 1966. – Five Essays. Montreal 1966 (mit Bibliogr.).

Literatur: Hermann Langerbeck: W. J. In: Gnomon 34 (1962), S. 101-105. – Wolfgang Schadewaldt: Gedenkrede auf W. J. Bln. 1963 (mit Bibliogr.). – Horst Seidel: Zu W. J.s Entwicklungshypothese. In: Aristoteles: Metaphysik. Bd. 1, Hbg. [3]1989, S. LV-LIX. *Gregory Schalliol*

Jägersberg, Otto, * 19. 5. 1942 Hiltrup. – Verfasser von Prosa, Hör- u. Fernsehspielen.

Der Sohn eines Eisenbahnbeamten arbeitete nach abgeschlossener Lehre zunächst als Buchhändler, daneben versuchte er sich als Theaterdramaturg u. Journalist. 1965-1968 war J. Redakteur beim WDR, seit 1969 ist er als freier Schriftsteller tätig.

J. debütierte recht erfolgreich mit dem Roman *Weihrauch und Pumpernickel* (Zürich 1964). Bereits in diesem humorvoll-ironisch gehaltenen »westphälischen Sittenbild« – Traditionslinien verweisen auf Heimat- u. Schelmenroman – zeigten sich J.s Hang zu fragmentarisch-sprunghaftem Erzählen, sein Ohr für die Umgangssprache u. sein Auge für die Komik des Alltäglichen. Das für ihn typische, in seinen Kinderbüchern u. Erzählungen wiederkehrende Thema – das Leben des kleinen Mannes – griff er auch in dem Roman *Nette Leute* (Zürich 1967) auf.

In seinen Fernsehspielen behandelte er mit deutlich pädagog. u. gesellschaftskrit. Absicht aktuelle Probleme wie etwa die Überalterung der Bevölkerung (*Seniorenschweiz. Reportage unserer Zukunft.* Zürich 1976). Persiflage u. reportagehafte Sachlichkeit dienten ihm als stilistische Mittel.

Mit dem Roman *Der Herr der Regeln* (Zürich 1983) kehrte J. zur Prosa u. dem Sujet des Kleinbürgeralltags zurück. Die teils autobiographisch gefärbte Entlarvung der Kurortidylle – J. lebt in Baden-Baden – ist betont sachlich gehalten. Der Roman unterscheidet sich darin von den mehr satirisch-iron. Erzählungen (*Der letzte Biss.* Zürich 1977. *Vom Handel mit Ideen.* Zürich 1984). Sie leben wie die in *Wein, Liebe, Vaterland* (Zürich 1985) gesammelten Gedichte von humorvollen, versponnenen Gedankenspielen. Hier monierte die Kritik allerdings, daß J.s Hintersinn sich zu häufig in platten Albernheiten u. mäßigen Scherzen erschöpfe.

Weitere Werke: Der Waldläufer Jürgen. Stierstadt 1969 (E.). – Der große Schrecken Elfriede. Köln 1969 (Kinderbuch). – Cosa Nostra. Zürich 1971 (szen. Texte zu Hörsp.en). – Land. Lehrstück. Zürich 1974 (Fernsehsp.). – Der industrialisierte Romantiker. Zürich 1976 (Text zum Film ›Die Ansiedlung‹). – Georg Groddeck. Der wilde Analytiker, Es-Deuter, Schriftsteller, Sozialreformer u. Arzt aus Baden-Baden. Dokumente u. Schr.en. Moos 1984. *Detlev Janik*

Jaeggi, Urs, * 23. 6. 1931 Solothurn. – Erzähler u. Essayist; Soziologe.

Nach mehrjähriger Tätigkeit als Bankkaufmann studierte J. Volkswirtschaft u. Soziologie. Er war Professor der Soziologie in Bern, Bochum u. New York, seit 1972 lehrt er an der FU Berlin. Für sein literar. Werk erhielt er 1981 den Ingeborg-Bachmann-Preis.

In seinem wissenschaftl. Hauptwerk *Kapital und Arbeit in der Bundesrepublik* (Ffm. 1973) diagnostiziert J. die zunehmende Anonymität der Macht im Kapitalismus, redet aber einem ökonomischen Determinismus ebensowenig das Wort wie der strukturalistischen Abdankung des Subjekts. Die Frage nach dem subjektiven Faktor der Geschichte führte den Soziologen, der schon in den frühen 60er Jahren Erzählungen u. Romane veröffentlicht hatte, zur Literatur zurück. Im Roman *Brandeis* (Darmst. 1978) gibt J. in autobiographisch geprägter Perspektive eine der umfassendsten Darstellungen der 68er Jahre in der BR Deutschland. Die Spannung zwischen individueller Erinnerungsarbeit u. objektivierender Analyse äußert sich formal im Umspringen von Ich- in Er-Perspektive sowie in der Komposition. Der Text ist ein lockeres Geflecht aus Tagebuchnotizen, dialogisch gestaltetem Theoretisieren, typisierenden Porträts u. Seismogrammen eines hellwachen Herumstreunens in Kneipen u. Quartieren. Der Roman *Grundrisse* (Darmst. 1981) erzählt die Fortsetzung des individuellen Widerstands in den späten 70er Jahren als Geschichte eines die Karriere abbrechenden Architekten. Mit seiner Tochter Ruth erlebt er zwar befremdet, aber solidarisch das Erwachen einer neuen Jugendbewegung. J.s Essay *Versuch über den Verrat* (Darmst. 1984) fragt in hartnäckig insistierenden Denkansätzen nach dem Individuum als dem brüchigen Rest, der nicht Ruhe gibt, Verrat übt, um sich treu zu bleiben, u. sich verraten muß, um Treue zu halten. *Rimpler* (Zürich 1987) ist der Monolog eines Patienten in der Psychotherapie. Auf die sich verhärtenden Konflikte in seiner Tätigkeit als Polizist reagiert Rimpler mit psychosomat. Lähmung. Zur schweigenden Therapeutin spricht dieser gebrochene Mann, der kein »Bulle« zu sein vermag, aggressive u. traurige Sätze: »Irgendwann werden sie sich immer wieder an den Polizisten erinnern müssen, der tagelang, monatelang sein Zimmer nicht verließ. [...] Das hat er gesagt und jenes. Dies und das. Oder streifen Sie ihre Kunden ab wie ein verschwitztes Hemd?«

WEITERE WERKE: Die Wohltaten des Mondes. Mchn. 1963 (E.en.). Neuaufl. u. d. T. Fazil u. Johanna. Ffm. 1985. – Die Komplicen. Mchn. 1964. Neuausg. Bln. 1982 (R.). – Ein Mann geht vorbei. Zürich 1968 (R.). – Macht u. Herrschaft in der Bundesrepublik. Ffm. 1969. – Lit. u. Politik. Ffm. 1972 (Ess.). – Theoret. Praxis. Probleme eines strukturalen Marxismus. Ffm. 1976. – Was auf den Tisch kommt, wird gegessen. Aufsätze. Darmst. 1981. *Rudolf Käser*

Jaeglé, Johann Jakob, * 16. 3. 1763 Straßburg, † 21. 10. 1837 ebd. – Lyriker, Erzähler, Übersetzer, Verfasser geistlicher Schriften.

Der Vater von Georg Büchners Braut Minna dürfte, nach seinem Leben u. Werk zu urteilen, ein ergiebiger Gesprächspartner gewesen sein: Geboren als Sohn eines Straßburger Postillons, studierte er 1780-1786 in seiner Vaterstadt u. a. protestantische Theologie, stand 1789 positiv zur Französischen Revolution, hielt sich aber jahrzehntelang (1789-1803) als Hauslehrer reicher Familien an verschiedenen Orten der Schweiz, Bayerns, Tirols u. Italiens auf, u. a. (mit der engl. Familie Wynne) in Venedig, Padua, Florenz, Elba u. namentlich in Neapel, von wo aus er im Mai 1797 eine Anzahl von Gedichten an Schiller schickte (Nationalausg. 37,1, S. 17 f.), der daraus *Das Meer* im »Musenalmanach auf 1798« brachte. Nach seiner Rückkehr ins Elsaß hatte J. 1805-1826 fünf verschiedene ländl. Pfarrstellen inne, seit 1826 wirkte er an St. Wilhelm in Straßburg (in seiner Wohnung Rue St. Guillaume Nr. 66 wohnte Büchner 1831-1833). Der Versteigerungskatalog seiner Bibliothek (Straßb. 1838) ebenso wie die zahlreichen Veröffentlichungen deuten zurück auf J.s reiche Belesenheit in den europ. Literaturen. Anders als J.s zahlreiche Predigten u. geistl. Reden, anders auch als seine späten Gedichte auf Verstorbene (darunter 1828 auf seinen fünfjährigen Sohn u. seine Frau. In: *Der Cypressen-Hain, Klage und Trost bei dem Scheiden unserer Lieben.* Straßb. 1830) vermitteln die 1805 in Straßburg erschienenen *Gedichte* seiner Wanderjahre, überdies die danach in Einzeldrucken erschienenen Gedichte auf bestimmte Gelegenheiten (z. B. *Marie-Louise, Kaiserin der Franzosen, an ihren Vater als er gegen Napoleon zog.* Straßb. 1813. *Napoleons Zug aus Elba nach Paris.* Straßb. 1815. *Gottes Gericht oder der Thronensturz.* Straßb. 1830), das Bild eines politisch engagierten, selbst in den 90er Jahren fortschrittlich orientierten, danach für Napoleon u. Louis-Philippe Partei ergreifenden Autors von zuweilen beachtl. Ausdrucksvermögen (dazu angetan, auch die Auflösung des Klischeebilds einer bigotten Minna Jaeglé weiter zu befördern). Unter den *Gedichten* überzeugen v. a. die in Italien geschriebenen: In der Lebensfülle südl. Bilder bei hoher Literarizität erinnern sie oft an Platens spätere *Bilder Neapels.* Erwähnenswert ist ferner J.s Tätigkeit als Erzähler (siehe bes. Werrn) u. als Übersetzer (z. B. *Gedichte nach englischen Originalen.* Regensb. 1799 u. die *Recherche sur la domesticité* des Abbé Grégoire. Ungedr., siehe Werrn).

LITERATUR: Goedeke 13. – Anne Fremantle (Hg.): The Wynne diaries. 2 Bde., London 1935-37, passim. – Jean Strohl: Oken u. Büchner. Zürich 1936, S. 90 f. – Ders.: Georg Büchner à Strasbourg. Vie en Alsace. Straßb. 1936, S. 193-196. – Jan-Christoph Hauschild: Georg Büchner. Studien u. neue Quellen. Königst./Taunus 1985, passim. – E. T. Voss: Arkadien in Büchners ›Leonce u. Lena‹. In: Burghard Dedner (Hg.): Georg Büchner. Leonce u. Lena. Krit. Studienausg. Ffm. 1987, S. 350 f. – Patrick Werrn: J. J. J. In: Biographie alsacienne. Straßb. 1990 (in Vorbereitung). – Ders.: Le pasteur et homme de lettres J. J. J. In: Bulletin de la Société d'histoire du Protestanisme Français (1990/91). *E. Theodor Voss*

Jagdallegorien, 13. bis 15. Jh.

Jagd als Metapher der werbenden Bemühungen eines Mannes um eine Frau ist ein seit der Antike reich belegtes Motiv. In der dt. Literatur des MA erscheint minnetheoret. Reflexion u. a. in allegor. Texttypen, denen Methoden der Jagd auf Rotwild als Handlungsmodell zugrunde liegen. Ein gemeinsames Merkmal dieser der Gattung der Minnereden zugehörigen Allegorien ist, daß die Jagdhunde positiv oder negativ bewertete Formen der Minnewerbung sowie Eigenschaften oder Stimmungen des Jägers verkörpern.

Abgesehen von Jagdmetaphorik in der höf. Dichtung (Burkhard von Hohenfels, Lied IX), entfaltet im zweiten Viertel des 14. Jh. Hadamar von Laber in der *Jagd* (Brandis 513) die Konstellationen einer Jagdallegorie, die sich mit steter Reflexion des Jagdgeschehens bis hin zur Klage verbindet. Bekannte Rollen können vertauscht werden, so daß z. B. die Dame als »meisterinne« des ihr Minnelob sprechenden, kanifizierten Dichters erscheinen kann (vgl. *Minneburg*, vv. 1631-1671; Brandis 485).

Zwei anonyme, je einfach überlieferte alemann. Dichtungen in Reimpaarversen ahmen Hadamars allegor. Verfahren nach; sie führen es jedoch zu anderen Schlüssen. In *Die Jagd der Minne* (wohl zweite Hälfte des 14. Jh.; Brandis 505) sieht sich ein Jäger, der mit den Hunden »wil«, »lieb«, »trost«, »hare«, »stätte«, »trü« jagt, einem »heck iäger« mit unedlen Mitteln u. unhöf. Hunden gegenüber; jenem gelingt es, seine Jagd hoffnungsvoll fortzusetzen. Die *Jagdallegorie* (Brandis 504) in einer verschollenen Königsberger Handschrift, die heute für jünger als Hadamars Werk gehalten wird, läßt hingegen die negativen Kanifizierungen obsiegen: Mit ihnen zu jagen, hatte der zehn Jahre lang erfolglose Jäger sich geweigert; der Dichter fängt das Wild mit Hilfe von »zwifel«, »wenken« u. »falsch« sogleich u. führt es dem Gericht der Minne vor. Die Verurteilung der Frau illustriert die angeschlossene Lehre, daß es der weibl. Verantwortung anheimgestellt ist, nur »staete« zu erhören. Peter Suchenwirts wohl 1360-1370 entstandene Rede *Daz geiaid* (Brandis 501) ist wiederum auf den glückl. Ausgang der Jagd hin gesprochen: Zwei Unwetter »Meld« u. »Merk« repräsentieren die Gesellschaft als Gegenspieler. Hadamars Werk am nächsten steht *Die Jagd* (Brandis 502; unediert), eine wohl bair. Jagdallegorie in Titurelstrophen, die in einer 1483 fertiggestellten Wiener Handschrift zusammen mit fünf anderen Minnereden überliefert ist. Im Rahmen umfängl. Minnereflexionen u. Jagdlehren beginnt eine Jagd mit Hund u. Vogel auf einen Fasan, die in ein langes Gespräch des Jägers mit einem anderen über die rechte Art des Jagens mündet; es fällt eine Entscheidung zugunsten der Werbung mit »triuwe« u. »staete«.

Offensichtlich als bekannt vorausgesetzt, können die Konventionen des Texttyps Jagdallegorie auch reduziert erscheinen. Im wohl 1475-1479 entstandenen ersten Teil einer Sammelhandschrift aus der Bibliothek des

Nürnberger Arztes u. Chronisten Hartmann Schedel finden sich zwei Minnereden, die moselfränk. *Verfolgte Hindin* (Brandis 506) u. die oberdt. *Drei Hunde als Beschützer* (Brandis 197), in denen die Jagdhandlung hinter dem Zitat weniger Rollen verschwindet. Dem Jäger, der eine wunderschöne Hindin jagt, fehlt der Hund, u. so bleibt ihm nur, sie anzuschauen u. im Selbstgespräch seine Minnesehnsucht zu reflektieren, bis ihm durch Ratschläge der Jungfrauen »stete«, »trew« u. »ere« sowie des weisen Mannes »trewer rat« das Bild des Wildes für immer im Herzen steht. Die drei Hunde »versagen«, »es darff sein nit« u. »las ab pej zeit« sind die Begleiter einer Frau, die im Gespräch mit einem alten Mann psychologisch detailliert das Werben u. die Charakterzüge eines Mannes, den sie nicht erhörte, sowie ihr eigenes Fühlen u. Denken darlegt.

Zu den rheinischen J. des 15. Jh. zählt in Hadamars Tradition neben der *Verfolgten Hindin* auch die in einer ripuar. Handschrift von 1481 überlieferte *Jägerin* (Brandis 508): »vrouwe stede« jagt mit ihren zehn Hunden ein Wild; den fragenden Dichter lehrt sie die Eigenschaften, die ein Jäger besitzen muß. Ein älteres, ungewöhnlich kurzes Gedicht in einer Handschrift von etwa 1375, *Die Brackenjagd* (Brandis 507), scheint als erot. Parodie der Minnejagd gelesen werden zu sollen: Ein Bracke – wohl ein Bild des Phallus – spricht über die Freuden u. Hoffnungen seiner Hetze nach einer schönen Dame; sein Herr überzeugt diese, daß jener all ihre Abwehrmaßnahmen leicht überwinden könne.

Allegorien der Jagd können auch anderen Themen als dem Minnediskurs gelten. In der *Frauenklage* (Brandis 408; Rheinheimer), einem anonymen mittelrheinischen Gedicht aus dem 14. Jh., wird ein Jäger vorgeführt, der alle Arten von Tieren mit positiven Kanifizierungen jagt; er bleibt erfolglos, da die Hunde »nyt«, »melde«, »zwivil« u. »klaffe« in der Welt allgegenwärtig sind (vv. 241-387). In dieser Form der Zeitklage polemisiert schon der Autor des *Seifried Helbling* in seiner 1296-1298 entstandenen vierten Satire gegen die polit. Zustände in Österreich (vv. 401-460).

Geistliche J., die Hirsch- oder Einhornjagd, sind in ihren Bezügen zu weltlichen kaum untersucht. In der anonymen lat. Karfreitagspredigt *Neptalym cervus emissus* aus der Mitte oder der zweiten Hälfte des 14. Jh. erscheint Christus als gejagter Hirsch, seine Passion als die Jagd. Die Einhornjagd, ein Bildtypus v. a. des 15. u. 16. Jh., zeigt den Engel Gabriel als Jäger des Einhorns mit den (Kardinal-)Tugenden als Hunden.

Ausgaben: Tilo Brandis: Mhd., mittelniederdt. u. mittelniederländ. Minnereden. Mchn. 1968 (unter den angegebenen Nrn. Verzeichnis v. Hss. u. Ausg.n der einzelnen Texte). – Melitta Rheinheimer: Rheinische Minnereden. Göpp. 1975.

Literatur: David Dalby: Lexicon of the Medieval German Hunt. Bln. 1965, bes. S. XXII-XXV. – Walter Blank: Die dt. Minneallegorie. Stgt. 1970. – Ingeborg Glier: Artes amandi. Mchn. 1971. – Marcelle Thiébaux: The Stag of Love. The Chase in Medieval Literature. Ithaca/London 1974. – Rheinheimer, a. a. O. – Arthur Thomas Hatto: Poetry and the Hunt in Medieval Germany. In: Ders.: Ess.s on Medieval German and Other Poetry. Cambridge 1980, S. 298-322, 360-363 (zuerst 1966). – Artikel zu den einzelnen Texten in: VL.

Sabine Schmolinsky

Jagemann, Karoline, eigentl.: Henriette Carolina Friederica J., seit 1809 von Heygendorf, * 25. 1. 1777 Weimar, † 10. 7. 1848 Dresden. – Sängerin u. Schauspielerin; Autobiographin.

J. gilt als eine der bedeutendsten Sängerinnen u. Schauspielerinnen ihrer Zeit. Die Tochter des Weimarer Hofbibliothekars Christian Joseph Jagemann u. der gebildeten Mariana Barbara, geb. Spoerer, ging mit 13 Jahren nach Mannheim zur Gesangsausbildung unter Josepha u. Heinrich Beck u. Iffland, 1792 debütierte sie am Nationaltheater Mannheim. 1797 trat sie als Sängerin u. Schauspielerin am Weimarer Hoftheater ihre zweite Stelle an. Dort blieb sie bis 1828. 1802 wurde sie die Geliebte Herzog Karl Augusts von Sachsen-Weimar. 1808-1817 leitete sie die Oper; 1817-1828 war ihr Einfluß am Theater ausschlaggebend.

Nach ihrem Abschied von der Bühne u. dem Tod des Herzogs 1828 lebte J. in Berlin u. Mannheim oder auf ihrem Gut bei Dresden. Dort schrieb sie *Die Erinnerungen der Karoline Jagemann* (Hg. Eduard von Bamberg. 2 Bde., Dresden o. J. [1926]), um ihren Söhnen u. dem »große[n] Publikum« »die Motive – imaginäre oder wirkliche – meiner Lebensverhältnisse anschaulich zu machen« (an Georg von Mecklenburg-Strelitz, 8. 8. 1844. Zitiert nach Bamberg, S. 574), wobei sie in erster Linie die Motive meinte, die sie dazu bewogen hatten, in das Verhältnis mit dem Herzog einzuwilligen.

Zu Unrecht wurde behauptet, J. habe Goethe durch Intrigen zum Rücktritt als Intendant des Weimarer Theaters (1817) veranlaßt.

Literatur: Eduard v. Bamberg, a. a. O., S. 11-16, 171-439. – Wolfgang Frhr. v. Löhneysen: J. In: NDB.

Bettina Eschenhagen

Jahn, Friedrich Ludwig, * 11. 8. 1778 Lanz bei Lenzen/Prignitz, † 15. 10. 1852 Freyburg/Unstrut. – Begründer der Turnbewegung.

»Der Name dieses seltenen Mannes«, so hieß es im *Neuen Nekrolog der Deutschen* 1852 über J., »braucht nur genannt werden, um in Allen, welche die größte Zeit des deutschen Vaterlandes nicht blos vom Hörensagen kennen, eine unendliche Fluth von Gedanken und Meinungen tiefinnerlichst aufzuregen«; für die Zeitgenossen war der »Turnvater« J. vor allem das Symbol eines »bieder«-derben dt. Patriotismus. Obgleich J. auch seine Lehre gern als Lebenszeugnis rechtfertigte, muß sein Hauptwerk, *Deutsches Volkstum* (Lpz. 1810), angeregt von Fichtes *Reden an die deutsche Nation*, als erster Versuch einer »Erfahrungsseelenlehre der Völker« gelten; zudem hatte J. der »Volkstumskunde« eine Begriffssprache geschaffen. Indem er neben Natur u. Vernunft in der Geschichte eine »heilige Offenbarung der Menschheit« erblickt, ordnet er sich jenem patriotischen Historismus zu, in dem auch die dt. Philologie wurzelt, u. wie die Begründer der Germanistik begriff J. die Sprachnation als polit. Einheit. Die schöpferische Pflege der Muttersprache mit einer Vielzahl geglückter Wortneubildungen artete ihm freilich oft in einen skurrilen Kampf gegen Fremdwörter u. »Ausländerei« aus. Doch begriff er die Volkswerdung als göttl. Gebot der Vervollkommnung im Geschichtsprozeß, u. in der polit. »Völkerschöpfungskunst«, die durch seine Schrift angeregt werden sollte, war dabei aus dem dt. Wesen keineswegs der »heilige Begriff der Menschheit« ausgeschlossen. Seine Forderung einer reinen Eigenheit des Volkstums, später mit judenfeindl. Ausfällen untermischt, konnte dagegen einseitig betont werden, sobald deren aktueller Anlaß, der Kampf gegen die »Universalmonarchie« Napoleons u. ihre Uniformierungstendenzen, vergessen war. Nach 1830 überdies nahm J., der in der preuß. Reformära eine »Reichsversammlung der Stände« als »Sprechgemeinde [Parlament]« konzipiert hatte, den Kampf gegen die »Freiheitelei« des Liberalismus auf; Gegner wie Heine u. Immermann unterstellten ihm eine »ungewaschene Opposition« gegen Weltbürgertum u. Humanität, das »Ideal eichelfressender Germanen, versetzt mit etwas starrem Protestantismus«. Sein zunächst aufklärerisch geprägter Tugendenthusiasmus u. die Sehnsucht nach dem »ewigen Frieden« wurden dabei soweit verdrängt, daß J. nach 1933 als »politischer Soldat« (Baeumler) u. Wegbereiter des Nationalsozialismus vereinnahmt werden konnte.

J., Sohn eines Pfarrers, hatte 1795 das Gymnasium zum Grauen Kloster in Berlin ohne Abschluß verlassen; auch die theologisch-histor. u. deutschkundl. Studien, die er bis 1803 an den Universitäten Halle, Greifswald u. Göttingen betrieb, wurden nicht abgeschlossen. Nach »hundertmeiligen Irrfahrten« siedelte er sich 1809 in Berlin an, ohne sich für eine feste Lehrstellung qualifizieren zu können. Während seine erste Veröffentlichung *Über die Beförderung des Patriotismus im Preußischen Reiche* (Halle 1800) noch dem herkömml. Landespatriotismus huldigte, erstrebte der 1810 gemeinsam mit Friedrich Friesen gestiftete »Deutsche Bund« – laut dem programmat. *Bundesbuch* – v. a. die Befreiung Deutschlands von der frz. Herrschaft u. die nationale Einheit. 1811 eröffnete J. den ersten Turnplatz auf der Hasenheide in Berlin. Das Turnen sollte, ganz im Sinn der Philanthropen, die »verlorengegangene Gleichmäßigkeit der menschlichen Bildung wiederherstellen«; darüber hinaus sollte aber die – in dem Turnerspruch »frisch, frei, fröhlich, fromm« zusammengefaßte – Lebensgestaltung dazu beitragen, »im Herzen das neue Deutschland aufzubauen«. Während J. in den patriotischen Kriegen 1813 bis 1815 als Leutnant im Lützowschen Freikorps diente, wurde das Turnen in Berlin weitergeführt. Volkserziehung u. Wehrturnen fügten sich dann auch den Zielen der von J. mitinspirierten studentischen Burschenschaft ein, die 1815 in Jena gegründet wurde. Die preuß. Regierung beargwöhnte, je weiter die Restauration vorrückte u. die für Volksbeteiligung am Staat plädierende Reformpartei ins Abseits geriet, das »vaterländische Turnen« mehr u. mehr als verkappte Demagogie, bis zur vorläufigen Einstellung 1819 u. dem Verbot 1820. J. selbst wurde 1819 »als geheimer, hochverrätherischer Verbindung verdächtig« verhaftet, dann nach Kolberg verbannt, 1825 freigesprochen mit der Auflage, sich in keiner Universitäts- oder Gymnasialstadt aufzuhalten. J. zog sich bei dürftigen Lebensumständen in das abgelegene Freyburg, von 1828-1836 nach Kölleda zurück. Er wurde erst 1840 unter Friedrich Wilhelm IV., der ihm nachträglich das Eiserne Kreuz II. Klasse verlieh, völlig rehabilitiert. Breiteres Wirken konnte er freilich nicht mehr entfalten, auch nicht als Abgeordneter in der Frankfurter Paulskirche 1848.

Weitere Werke: Bereicherung des hochdt. Sprachschatzes. Lpz. 1806. – Dt. Wehrlieder. 1. Slg., (Bln.) 1813. – Runenbl. Ffm./Lpz. 1814. – Die dt. Turnkunst (zus. mit Ernst Eiselen). Bln. 1816. – Dank- u. Denklieder zur Jahresfeier der Leipziger Schlacht. Bln. 1817. – Neue Runenbl. Naumburg 1828. – Merke zum Dt. Volksthum. Hildburghausen 1833. – Denknisse eines Deutschen oder Fahrten des Alten im Bart. Hg. Karl Schöpach. Schleusingen 1835. – Schwanenrede. Ffm. 1848. – Werke. Hg. Carl Euler. 2 Bde., Hof 1884-87. – Briefe. Hg. Wolfgang Meyer. Lpz. 1913. – Briefe. Hg. Friedrich Quehl. Lpz. 1918.

Literatur: *Bibliographie:* Peter Rohrbach u. Otto Thiele (Hg.): F. L. J. Bln. 1978 (Verz. des Nachlasses in der Berliner Stadtbibl.) – *Weitere Titel:* Karl Wassmannsdorff: Das geschichtl. Richtige über das Verhältnis J.s zu Guts-Muths u. Rousseaus zu dem dt. Turnen. Dresden 1871. – Heinrich Pröhle: F. L. J.s Leben. Bln. ^{2}1872. – Carl Euler: F. L. J. Stgt. 1881. – Edmund Neuendorff: Turnvater J. Jena 1928. – Michael Antonowytsch: F. L. J. Ein Beitr. zur Gesch. der Anfänge des dt. Nationalismus. Bln. 1933. – Alfred Baeumler: F. L. J. in der dt. Geistesgesch. Lpz. 1940. – Günther Jahn: F. L. J. u. das dt. Studententum 1798-1848. Diss. Gött. 1958. – Willi Schröder: Das Jahnbild in der dt. Turn- u. Sportbewegung. Diss. Lpz. 1958. – Ders.: Der Anteil der Turner u. Burschenschafter am Kampf um die Lösung der nationalen Frage in den beiden ersten Jahrzehnten des 19. Jh. Habil.-Schr. Jena 1965. – Horst Ueberhorst: Zurück zu J.? Bochum 1969. – Gerhard Stöcker: Volkserziehung u. Turnen. Untersuchung der Grundlagen des Turnens von F. L. J. Schorndorf 1971. – Klaus Zieschang: Vom Schützenfest zum Turnfest. Die Entstehung des Dt. Turnfestes unter bes. Berücksichtigung der Einflüsse v. F. L. J. Ahrensburg 1977. – H. Ueberhorst: F. L. J. 1778/1978. Mchn. 1978. – Internat. J.-Symposium. Köln 1979. – Reinhard Sprenger: Die J.-Rezeption in Dtschld. 1871-1933. Schorndorf 1985.

Walter Schmitz

Jahn, Janheinz, * 23. 7. 1918 Frankfurt/M., † 20. 10. 1973 Messel bei Darmstadt. – Erzähler, Essayist, Übersetzer.

J. studierte Romanistik u. Orientalistik in München u. Perugia, lebte nach dem Zweiten Weltkrieg abwechselnd in Afrika u. Deutschland, war Konsul von Senegal, ab 1968 Lehrbeauftragter für Neoafrikanische Literatur an der Universität Frankfurt/M. J. war einer der ersten, die den Versuch unternahmen, afrikan. Literatur nach Deutschland zu vermitteln. Vor allem für Lyrik u. Erzählkunst der Schwarzen setzte er sich unermüdlich erläuternd u. werbend ein.

Ein erster Erfolg war die Anthologie *Schwarzer Orpheus* (Mchn. 1954) mit Beiträgen aus aller Welt. Durch Übersetzungen machte er v. a. Léopold Sédar Senghor u. Aimé Césaire in Deutschland bekannt u. entdeckte den Erzähler Amos Tutuola. Seine Forscher-, Sammler- u. Übersetzertätigkeit dehnte er auf die zeitgenöss. Volksliteratur des Vorderen Orients, der Karibik, Mittelamerikas u. Indonesiens aus u. förderte junge Autoren dieser Gebiete. Zugleich begleitete er die Entwicklung der neuen Staaten Schwarzafrikas kritisch (*Muntu. Umrisse der neoafrikanischen Kultur.* Düsseld. 1958), widmete sich der *Neoafrikanischen Literatur* (*Eine Einführung.* Düsseld. 1966) u. hielt seine Eindrücke in krit. Reisebüchern fest (*Durch afrikanische Türen. Erlebnisse und Begegnungen in Westafrika.* Düsseld. 1960. *Wir nannten sie Wilde.* Mchn. 1964). 1970 erhielt J. den Übersetzerpreis der Deutschen Akademie für Sprache u. Dichtung.

Weitere Werke: *Herausgeber:* Diwan aus Al-Andalus. Nachdichtungen hispano-arab. Lyrik. Kassel 1949. – Schwarze Ballade. Moderne afrikan. Erzähler beider Hemisphären. Düsseld. 1957. – Rumba Macumba. Afrocuban. Lyrik. Mchn. 1957. – Reis u. Hahnenschrei. Moderne Lyrik v. den Inseln Indonesiens (zus. mit Willem Alexander Braasem). Heidelb. 1957. – Afrika erzählt. Ffm. 1963. – Blues and work songs. Ffm. 1964. – 34 x schwarze Liebe. Ffm. 1968.

Literatur: Edris Makward: Two ›African travelers‹ from Germany. Leo Frobenius and J. J. In: Blacks and German culture (1986), S. 54 ff.

Christian Schwarz

Jahn, Moritz, * 27. 3. 1884 Lilienthal bei Bremen, † 19. 2. 1979 Göttingen-Geismar. – Erzähler, Lyriker.

Als Sohn eines kleinen Beamten verbrachte J. seine Jugendjahre in einem Arbeiterviertel Hannovers. Er besuchte das Lehrerseminar u. unterrichtete 1906-1921 an Schulen u. Lehrerausbildungsseminaren in verschiedenen Städten

Norddeutschlands u. war zuletzt Rektor einer Volksschule. Kurz vor Ende des Zweiten Weltkriegs wurde er pensioniert.

Anfang der 20er Jahre studierte J. einige Semester Germanistik in Göttingen u. trat zunächst mit hochdt. Balladen an die Öffentlichkeit. Bald schrieb er auch in Plattdeutsch. In den 20er u. 30er Jahren entstanden Gedichte u. Erzählungen in ostfries. Mundart, die der niederdt. Dialektliteratur des 20. Jh. in Sprache u. Thematik neue Dimensionen eröffneten. Der Autodidakt J. verarbeitete in Werken wie der Briefnovelle *Luzifer* (Hbg.-Wellingsbüttel 1956) oder der in bewußt antikisierendem Deutsch verfaßten Erzählung *Boleke Roleffs* (Gött. 1930) schwierige religiöse u. philosophische Fragestellungen. In beiden Fällen berichtet er in Anlehnung an alte Chroniken über das Schicksal vermeintl. Teufelsbündner, die den Ketzertod starben. J.s Humor, der v. a. in dem Gedichtband *Ulenspegel un Jan Dood* (Lübeck 1933) zum Ausdruck kommt, meidet jede derbe Komik, mit der die unterhaltende plattdt. Literatur bis heute identifiziert wird. Thematisch bleibt J. in fast allen seinen Werken seiner norddt. Heimat u. ihrer Geschichte verhaftet.

Zunächst von der Heimatkunstbewegung beeinflußt, geriet J. nach 1933 durch seine Freundschaft mit Börries von Münchhausen u. Hans Grimm ganz in den Bann der NS-Ideologie. Er übernahm Funktionen in der Reichsschrifttumskammer u. ließ in einige seiner Werke rassistisches Gedankengut einfließen. Im Rahmen der offiziellen Wertschätzung der Blut-und-Boden-Literatur wurden ihm zahlreiche Auszeichnungen zuteil. Seit dem Krieg wird J.s Werk nur noch regional rezipiert.

Weitere Werke: Ges. Werke. Hg. Hermann Blome. 3 Bde., Gött. 1963/64.

Literatur: Dieter Stellmacher (Hg.): Studien zu M. J. Rinteln 1986 (= Name u. Wort. Göttinger Arbeiten zur niederdt. Philologie, Bd. 8).

Jörg Schilling

Jahnn, Hans Henny, * 17. 12. 1894 Hamburg, † 29. 11. 1959 ebd.; Grabstätte: ebd., Nienstedtener Friedhof. – Dramatiker, Romancier; Orgelbauer.

J. entstammte einer Schiffbauerfamilie u. hielt sich als Kind häufig im Hamburger Hafengebiet auf. Daraus resultierte seine starke Affinität zur Seefahrt. Nach Abschluß des Realgymnasiums 1914 strebte er keine Berufsausbildung an. Er lebte teils im Elternhaus, teils bei wohlhabenden Freunden in der Lüneburger Heide u. widmete sich vornehmlich seinen schriftstellerischen Neigungen; seit dem 15. Lebensjahr hatte er zu schreiben begonnen. 1915 floh er, um der drohenden Einberufung zu entgehen, zusammen mit seinem Freund Gottlieb Harms nach Norwegen. Dort befaßte er sich mit literar. Projekten u. als Autodidakt mit dem Orgelbau. 1918 kehrte er nach Hamburg zurück u. begann mit der Restauration der Arp-Schnittger-Orgel in der Hamburger St. Jacobi-Kirche. Im Laufe seines Lebens hat J. etwa 100 Orgeln restauriert bzw. nach seinen Plänen bauen lassen.

Für sein Drama *Pastor Ephraim Magnus* (Bln. 1919) erhielt J. 1920 den Kleist-Preis. Es verletzt nahezu alle Tabus bürgerl. Moral. Doch sind die verbalen u. sparsamen gestischen Exzesse nicht frivol gemeint, sondern versinnbildlichen die Erlösungssehnsucht der drei Protagonisten. »Lebendige Kunst«, so J.s Überzeugung, muß »böse sein, verbreiternd, vertiefend, verdeutlichend [...] modern, unsittlich, frech.« Nicht durch die Sprache, wohl aber durch die Thematik zeigt das Stück enge Verwandtschaft zum Expressionismus.

Den neuen, nur seinen Affekten gehorchenden Menschen zu beschwören, die durch den Ersten Weltkrieg in ihren Grundfesten erschütterte abendländ. Gesellschaft zu reformieren, war J.s zentrales Anliegen in den 20er Jahren. So gründete er zusammen mit Freunden die »Glaubensgemeinde Ugrino«, die – analog zu verwandten zeittypischen Gruppierungen – lebensreformerische Ideen propagierte. Wie *Pastor Ephraim Magnus* erregten auch seine weiteren Dramen *Die Krönung Richards III.* (Hbg. 1921) u. *Medea* (Lpz. 1926) beim Theaterpublikum wie auch bei den meisten Kritikern Anstoß. Die literar. Vorlagen wandelte J. so weit ab, wie dies sein subjektives Menschenbild erforderte, das den Leib-Seele-Dualismus ebenso zurückwies wie eine psychoanalyt. Deutung der Figuren. J. greift mit nahezu all seinen Stücken auf archaische Grundmuster zurück, wobei seine

Grundüberzeugung ist, daß der Mensch in seiner Charakterstruktur von Anfang an determiniert ist. Sprachlich gehören die beiden genannten Stücke zu den Höhepunkten von J.s dramat. Schaffen.

1929 publizierte J. den Roman *Perrudja* (Bln.), von dem nur der erste Teil abgeschlossen ist. Vom zweiten Teil, dem monströsen Konzept der Menschheitserneuerung durch eine künstlerische Elite, gibt es nur Fragmente. *Perrudja* ist stark von Joyce beeinflußt mit Wortreihungen, Verkürzung der Sätze auf minimale Segmente, mit dem Wechsel der Erzählperspektive u. einmontierten autonomen Erzählungen. Die in J.s Werk nahezu stereotype Figurenkonstellation – eine Frau zwischen zwei voneinander erotisch affizierten Männern – wird auch hier mit leichter Abwandlung durchgespielt. Im Zentrum aber steht der mißlungene Reifungsprozeß der Titelfigur: Perrudja, eine Art Kaspar Hauser, der unvermittelt zu unerhörtem Reichtum gekommen ist, bleibt so entscheidungs- u. willensschwach wie zu Beginn des Romans.

1926 heiratete J. die Gymnastiklehrerin Ellinor Philips. Gleichwohl minderte die Heirat nicht seine Liebe zu dem Jugendfreund Harms, der bereits 1931 starb. 1933 emigrierte J. mit Frau u. Tochter zunächst nach Zürich, dann auf die dän. Insel Bornholm, wo er einen Bauernhof bewirtschaftete. J. wurde von den Nationalsozialisten nie ausgebürgert, er mied auch jegl. Kontakt zu anderen Emigranten. Mehrmals reiste er sogar während des Dritten Reichs nach Deutschland, um mit Verlegern zu verhandeln. Doch wurde zwischen 1933 u. 1945 mit Ausnahme einer Übersetzung aus dem Ungarischen kein Werk von ihm publiziert. Sein polit. Eskapismus ist auf die Angst vor finanziellem Ruin zurückzuführen, aber auch auf eine generelle Unsicherheit, die teilweise aus seiner bisexuellen Anlage resultierte. Unbeugsam war J. jedoch in seiner antizivilisator. Grundhaltung, die er bereits in den 20er Jahren vertreten hatte. Sein Credo »Im Anfang war der Leib« stand in Einklang mit seinem Mißtrauen gegenüber dem homo faber, der mit seinem Pragmatismus die Natur u. ihre Geschöpfe in den »Folterkammern der experimentierenden Wissenschaft« mißhandelt. Dies war seine zentrale These in zahlreichen Aufsätzen. Im *Bornholmer Tagebuch* (Hbg. 1986) polemisierte er gegen die Ausrottung bestimmter Tierarten, die Kastration von Haustieren u. die chem. Düngung der Felder.

Auf Bornholm, in der »großen Abgeschiedenheit von Europa«, schrieb J. sein zentrales Werk, die epische Trilogie *Fluß ohne Ufer* (Mchn. 1949/50), deren letzter Teil nur fragmentarisch überliefert ist (Ffm. 1961). Im Mittelpunkt steht die homoerot. Liebe zwischen dem Komponisten Gustav Anias Horn u. dem Matrosen Alfred Tutein. Nach einer abenteuerl. Schiffsreise von Südamerika nach Europa suchen die Freunde Zuflucht in einer abgelegenen Gegend Norwegens, um polizeil. Nachstellungen zu entgehen. Tutein hat nämlich Horns Verlobte Ellena ermordet u. will diesen zum wenigstens virtuellen Komplizen seiner Tat machen. Mit possessiver Beharrlichkeit treibt Tutein den Freund in immer größere Abgeschiedenheit. Nach Tuteins frühem Tod macht Horn sich daran, in seiner *Niederschrift* – so der Titel des Hauptteils – die gemeinsamen Erlebnisse aufzuzeichnen. Sie weitet sich aus zu einer Rechtfertigung ihrer erot. Exzesse, einer Anklage gegen die Schöpfung, die Tod u. Verbrechen zuläßt, u. überdies zu einer geistig-künstlerischen Rechenschaft. Eingeflochten in die Rückblenden sind bezwingende Beschreibungen der skandinav. Landschaft u. ihrer Bewohner. Die Faszination, die für J. von der Urtümlichkeit dieser Lebensform ausging, hat ihm – zu Unrecht – den Ruf eingetragen, er bewege sich in der Nähe der Blut-und-Boden-Literatur. In Wahrheit greift er mit seiner Romankonzeption auf archaische Mythen zurück. Mit Bezug auf das altbabylonisch-sumerische Gilgamesch-Epos grundiert der Hauptteil der Trilogie die Totenklage des Gilgamesch, der seinen Freund Engidu an die Unterwelt verloren hat. Horns Klage um den verstorbenen Freund wiederholt den myth. Klagegesang aber nicht in Form einer historisierenden Adaption, sondern durch die Wiedervergegenwärtigung verschütteter Erfahrungsbereiche. »Was ich schreibe, steht nur in Beziehung zu einer Welt, die es nicht gibt, die sich auch nicht formen wird – die ich in Wirklichkeit vor ein paar Jahrtausenden verfehlt habe« (Brief vom 26. 2. 1948).

Nach der Kapitulation reiste J. einige Male nach Westdeutschland, um dann 1950 endgültig nach Hamburg zurückzukehren. Hier widmete er sich vornehmlich kulturpolit. Aufgaben. Trotz seines Kulturpessimismus, ja Geschichtsfatalismus engagierte er sich unermüdlich gegen die Wiederbewaffnung der Bundesrepublik, gegen die Atombombe, gegen die Verseuchung der Umwelt. Von dieser Tätigkeit zeugen zahlreiche polem. Texte, die er auf Demonstrationen u. Diskussionsveranstaltungen vortrug. Überdies wurde er zum engagierten Verständigungspolitiker, reiste häufig in die DDR u. einmal – 1956 – auch nach Moskau. Trotzdem fand er Zeit für einen neuen Roman mit dem Titel *Jeden ereilt es* (Ffm. 1968), der allerdings Fragment blieb. Dieser Torso, aus dem J. einen in sich geschlossenen Komplex, *Die Nacht aus Blei*, herauslöste u. publizierte (Hbg. 1956), wiederholt nochmals die Figurenkonstellation aus *Fluß ohne Ufer*, doch ist hier die Handlung partienweise in einem irrealen Zwischenreich angesiedelt, wo der Mensch Spielball außerird. Mächte ist. Mehrere seiner Dramen gelangten nach 1945 zwar auf die Bühne, hatten aber kaum Erfolg: Der Dramatiker J. ist womöglich noch unbekannter geblieben als der Romancier. – Seine Tätigkeit als Orgelbauer u. -restaurator übte er weiterhin aus. Außerdem gründete er in Hamburg die »Freie Akademie der Künste«, deren erster Präsident er wurde.

Weitere Werke: *Ausgaben:* Werke u. Tagebücher in 7 Bdn. Einl. v. Hans Mayer. Hg. Thomas Freeman u. Thomas Scheuffelen. Hbg. 1974. – Werke in Einzelbdn. Hg. Uwe Schweikert. Bisher ersch.: Bd. 1: Perrudja. Bd. 2: Späte Prosa. Bd. 3: Fluß ohne Ufer. Hbg. 1985 ff. – *Einzeltitel:* Der Arzt/Sein Weib/Sein Sohn. Klecken 1922. – Der gestohlene Gott. Potsdam 1924. – Neuer Lübecker Totentanz. Bln. 1931. – Straßenecke. Bln. 1931. – Armut, Reichtum, Mensch u. Tier. Mchn. 1952. – Thomas Chatterton. Ffm. 1955. – Die Trümmer des Gewissens. Ffm. 1961. – Ugrino u. Ingrabanien. Ffm. 1968.

Literatur: Hans Wolffheim: H. H. J. – Der Tragiker der Schöpfung. Ffm. 1966. – Walter Muschg: Gespräche mit H. H. J. Ffm. 1967. – Thomas Freeman: H. H. J. Eine Biogr. Hbg. 1986. – Elsbeth Wolffheim: H. H. J. mit Selbstzeugnissen u. Bilddokumenten. Hbg. 1989.

Elsbeth Wolffheim

Jakob, Ludwig Heinrich von (russischer Adel seit 1816), * 26. 2. 1759 Wettin bei Halle/Saale, † 22. 7. 1827 Lauchstädt. – Philosoph, Nationalökonom, Staatsrechtler.

Als Sohn eines Handwerkers u. Kleinbauern mußte J. sein Studium der Theologie, Philologie u. Philosophie, das er nach dem Besuch der Domschule in Merseburg u. des Gymnasiums in Halle 1777 an der Halleschen Universität aufnahm, mühsam durch Privatunterricht finanzieren. Nach Lehrtätigkeit am Gymnasium wurde er 1787 a. o., 1791 o. Professor der Philosophie in Halle u. widmete sich dabei v. a. der Verbreitung der Lehren Kants.

Neben einer kommentierten Übersetzung des für Kant so wichtig gewordenen *Treatise on Human Nature* von Hume (*Ueber die menschliche Natur.* Halle 1790-92) u. einem von J. herausgegebenen Rezensionsorgan, das den Kantschen Kritizismus gegen neue Dogmatismen verteidigen wollte (»Annalen der Philosophie und des philosophischen Geistes«. Halle/Lpz. 1795-97. Neudr. Brüssel 1969), sind hier v. a. seine krit. Auseinandersetzung mit Mendelssohns Gottesbeweisen (*Prüfung der Mendelssohnschen Morgenstunden.* Lpz. 1786. Neudr. Brüssel 1968) sowie die *Philosophische Sittenlehre*, (Neudr. Brüssel 1969), die 1794 in Halle erschien, zu nennen.

Das verbreitete, nicht zuletzt durch Goethes u. Schillers *Xenien* geprägte Bild J.s als von Kantschen Ideen lebender, zu selbständigem Denken unfähiger Vielschreiber ist teilweise zu korrigieren. In seiner anonym erschienenen Schrift *Antimachiavell [...]* (Halle 1794) setzt sich J. mit Kants Revolutionskritik auseinander u. vertritt dabei, scheinbar im Namen Kants, deutlich gegen-kantische Positionen, so insbes. wenn er dem Volk das Recht zuspricht, Maßnahmen u. Gesetze des Souveräns auf ihre Recht- u. Pflichtgemäßheit hin zu prüfen.

Seit 1798 wandte sich J. mehr u. mehr Fragen der Nationalökonomie zu. Die *Grundsätze der National-Oekonomie [...]* (Halle 1805) stellen einen wichtigen Beitrag zu der in Deutschland verspätet einsetzenden Rezeption der nationalökonomischen Theorien Adam Smiths dar. Durch Übersetzungen schuf J. die Grundlagen für die Aufnahme auch anderer Klassiker der Nationalökonomie in Deutschland.

1806 folgte J. einem Ruf als Professor für Politische Ökonomie u. Staatskunst an die russ. Universität Charkow. Aufgrund der Schrift

Über Rußlands Papiergeld [...] (geschrieben 1809, gedr. Halle 1817) wurde er 1809 nach Petersburg berufen, um an der Verfassungs- u. Verwaltungsreform des russ. Reichs mitzuarbeiten, die aber bereits 1812 ihr Ende fand. 1816 kehrte J. als Professor für Staatswissenschaften nach Halle zurück. In seinen letzten Jahren trat er v. a. durch eine *Einleitung in das Studium der Staatswissenschaften* (Halle 1819) hervor u. durch eine theoretisch, praktisch u. historisch orientierte Darstellung der *Staatsfinanzwissenschaft* (2 Bde., Halle 1821), womit er zur Etablierung dieser Wissenschaft als eigener Disziplin der Wirtschaftswissenschaften beitrug.

Weitere Werke: Über das moral. Gefühl. Halle 1788. – Beweis für die Unsterblichkeit der Seele [...]. Züllichau 1790. – Über den moral. Beweis für das Daseyn Gottes. Liebau 1791. – Grundriß der Erfahrungsseelenlehre. Halle 1791. – Philosophische Rechtslehre oder Naturrecht. Halle 1795. – Die allg. Religion. Halle 1797. Neudr. Brüssel 1970. – Vermischte philosoph. Abh.en. Halle 1797. – Theorie u. Praxis in der Staatswirthschaft. Halle 1801. – Kurze Belehrung über das Papiergeld. Halle 1806. – Über die Arbeit leibeigener u. freier Bauern in Beziehung auf den Nutzen der Landeigenthümer. Petersburg/Halle 1814. – *Zeitschriften:* Annalen der Preuß. Staatswirthschaft u. Statistik. Hg. zus. mit Leopold Krug. Halle 1804/05.

Literatur: Ersch/Gruber 2,14, S. 240-242. – Marie-Elisabeth Vopelius: L. H. v. J. In: NDB. – Hans Pototzky: L. H. v. J. als Nationalökonom. Straßb. 1905. – Bernhard Jannsen: L. H. v. J.s Stellung auf dem Gebiete des Geldwesens. Diss. Halle 1921. – Stephan Bieri: Zur Stellung der frühen dt. Finanzwissenschaft unter bes. Berücksichtigung v. J., Soden, Lotz u. Malchus. Zürich 1968. – Michael Stolleis: Staatsraison, Recht u. Moral in philosoph. Texten des späten 18. Jh. Meisenheim/Glan 1972. *Claus Altmayer*

Jakob von Warte. – Um 1300 tätiger Schweizer Liederdichter.

Der Sänger gehörte dem Thurgauer Freiherrengeschlecht von Warte mit Stammsitz bei Neftenbach an. Von den zwischen 1242 u. 1331 urkundenden drei Namensträgern hält man im allg. den Bruder des an der Ermordung König Albrechts 1308 beteiligten Rudolf von Warte für den Dichter. Demnach besaß dieser das Zürcher Bürgerrecht u. stand dem Kreis um Rüdiger II. Manesse nahe. Das Wappen in der *Großen Heidelberger Liederhandschrift* (C), dem einzigen Überlieferungsträger, stimmt mit dem der Freiherren von Warte überein.

Die 26 unter J.s Namen überlieferten Strophen gliedern sich in vier fünfstrophige (1-4) u. zwei dreistrophige Lieder (5 u. 6) mit stolligem Strophenbau. Das Tagelied 6 mit Wächtermonolog im Liedeingang u. darauffolgendem Dialog Frau – Wächter u. Frau – Ritter könnte eine bewußte Nachgestaltung der Tagelieder Johannes Hadlaubs sein; der Schlußvers »ich sihe den morgensterne schône ûf brehen« greift die bekannte Wendung der provenzal. Alba »vei l'alba« auf. Die fünf Minnekanzonen, davon vier mit Natureingang, variieren in traditionellen Motiven u. Bildern das Thema des vergebl. Minnedienstes, gesteigert in der Bitte des Liebenden an die Angebetete, ihn nicht aus ihrem Dienst zu entlassen (1). Die Dame steht ganz in der Tradition des hochhöf. Minnesangs: Sie ist unnahbar u. behält sich die Belohnung des Sängerdienstes vor. Ausführlicher wird sie nur in Lied 3 gepriesen; charakteristisches äußerl. Attribut ist der rote Mund (Lied 3 u. 5; vgl. v. a. Gottfried von Neifen). Vier Lieder enthalten die v. a. im Minnesang des 13. Jh. beliebten Anreden an die personifizierte Minne.

Sprache, Motive u. Minnekonzeption stellen J. in die Nähe des Zürcher Dichterkreises um Rüdiger II. Manesse. Die Aufnahme seiner Lieder in die im Umkreis der Manesse entstandene Prunkhandschrift C zeugt von einem zumindest lokalen Interesse an seiner konventionellen Minnelyrik.

Ausgabe: Karl Bartsch (Hg.): Die Schweizer Minnesänger. Frauenfeld 1886. Neudr. Darmst./Frauenfeld 1964, S. CXXXVIII-CXLVII (Untersuchung) u. S. 247-255 (Text).

Literatur: Friedrich Techen: Die Lieder des Herrn J. v. W. Diss. Gött. 1886 (mit Ausg.). – Friedrich Grimme: Die Schweizer Minnesänger. In: Germania 35 (1890), S. 302-339, hier S. 327-329. – Herta-Elisabeth Renk: Der Manessekreis, seine Dichter u. die Maness. Hs. Stgt. 1974, bes. S. 158 f. u. 209-211. – Günther Schweikle: J. In: VL. *Claudia Händl*

Jakobs, Karl-Heinz, * 20. 4. 1929 Kiauken/Ostpreußen. – Lyriker, Erzähler u. Publizist.

J., in den letzten Kriegsjahren Flakhelfer, arbeitete in verschiedenen Berufen, bevor er eine Maurerlehre absolvierte u. Abendkurse an der Ingenieurschule besuchte. 1956 wurde er von der Baustelle des Kraftwerks Trattendorf an das Leipziger Literaturinstitut delegiert, seit 1958 ist er freier Schriftsteller u. Journalist. J. gehörte 1976 zu den Erstunterzeichnern des Protests gegen die Ausbürgerung Biermanns u. wurde deshalb 1977 aus der SED u. 1979 aus dem Schriftstellerverband der DDR ausgeschlossen. 1981 kam er mit einem Dreijahresvisum in die BR Deutschland u. lebt seitdem in Velbert.

Nach eher epigonalen Gedichten (*Guten Morgen, Vaterlandsverräter.* Halle 1959) u. zwei Erzählbänden (*Die Welt vor meinem Fenster.* Halle 1960. *Das grüne Land.* Halle 1961, Mchn. 1975) gelang J. mit dem Roman *Beschreibung eines Sommers* (Bln./DDR 1961) ein vielbeachteter Erfolg. In der Tradition früher Industrieromane, diese zgl. kritisch reflektierend, werden die Konflikte eines jungen Ingenieurs auf einer Großbaustelle geschildert, der – vom Faschismus gründlich desillusioniert – jetzt trotz grundsätzl. Loyalität auch dem Sozialismus skeptisch gegenübersteht. Das Buch schlägt ein Thema an, das in den 60er Jahren für die DDR-Literatur bestimmend war. Die folgenden Romane (*Eine Pyramide für mich.* Bln./DDR 1971. *Die Interviewer.* Ebd. 1973) führen die Auseinandersetzung mit der Rolle der techn. Intelligenz in einer sozialistischen Industriegesellschaft fort. J.' Bücher sind nicht immer frei von ästhetisch-literar. Schematismen, beeindrucken aber durch die Aufrichtigkeit, mit der wichtige gesellschaftl. Fragen aufgegriffen werden. Dies gilt bes. für die – ausschließlich in der BR Deutschland erschienenen – Texte, in denen er offensichtlich enttäuscht mit der DDR abrechnet: den Roman *Wilhelmsburg* (Düsseld. 1979) u. den Kriminalroman *Die Frau im Strom* (Mchn./Königst. 1982). Die dokumentar. Collage von Ereignissen im Umfeld des Biermann-Protests mit den Erinnerungen eines ehemaligen Gulag-Opfers (*Das endlose Jahr.* Düsseld. 1983) überzeugt durch die Rigidität, mit der alte Tabus gebrochen werden. In den letzten Jahren ist J. vor allem mit journalistischen Arbeiten (darunter vorzügl. Reisereportagen) hervorgetreten.

Weitere Werke: Merkwürdige Landschaften. Halle 1964 (E.en). – Einmal Tschingis-Khan sein. Bln./DDR 1964 (Reisebericht). – Tanja, Taschka u. so weiter. Ebd. 1975 (Reiseroman). – Heimatländ. Kolportagen. Ebd. 1975 (Reportagen, Ess.s, Interviews). – Wüste kehr wieder. Ebd. 1976, Düsseld. 1979 (Afrika-R.). – Fata Morgana. Bln./DDR 1977 (Phantast. Gesch.n).

Literatur: Dieter Schlenstedt: Ankunft u. Anspruch. Zum neueren R. in der DDR. In: SuF 18 (1966), S. 814 ff. – Interview mit K.-H. J. In: WB, H. 5 (1975) u. in: die horen, H. 2 (1979). – Jochen Staadt: Zur Entwicklung des Schriftstellers K.-H. J. In: Jos Hoogeveen u. Gerd Labroisse (Hg.): DDR-Roman u. Literaturgesellsch. Amsterd. 1981.

Hannes Krauss

Jaksch, Friedrich, auch: F. Bodenreuth, * 4. 4. 1894 Budweis (České Budějovice), † 18. 2. 1946 Buchenwald (in sowjetischer Haft). – Lyriker, Dramatiker, Erzähler, Essayist.

Schon J.s frühe Lyrik aus seiner Zeit als Prager Jurastudent u. Frontsoldat (*Wellen und Wogen.* Prag 1918) enthält die Hauptelemente seines Schaffens: vaterländ. Heldenpathos u. Sentimentalität. Nach Versuchen als Dramatiker (*Hartherz, der Zwerg.* Lpz. 1919) u. Dramaturg gründete er 1923 die »Bücherei der Deutschen« in Reichenberg, die den Status einer »Nationalbibliothek der Sudetendeutschen« reklamierte. Als ihr Direktor brachte J. das *Lexikon sudetendeutscher Schriftsteller und ihrer Werke für die Jahre 1900–1929* (Reichenberg 1929) heraus. Völkisch-nationales Gedankengut wie die Blut-und-Boden-Parolen im Gedichtband *Gott stellt die Zeiger* (Breslau 1935) verhalf J. zu literar. Erfolg im Dritten Reich. Von seinen unter Pseud. geschriebenen Zeitromanen erzielte *Alle Wasser Böhmens fließen nach Deutschland* (Bln. 1937) mit 266 000 die höchste Auflage.

Weitere Werke: Sklavin. Reichenberg 1920 (Trag.). – Eros-Licht. Ebd. 1922 (L.). – Sonne über Böhmen. Breslau 1934 (R.). – F. Bodenreuth (Pseud.): Söhne am anderen Ufer. Bln. 1940 (R.).

Stefan Bauer

Jameson, Egon, eigentl.: Egon Jacobsohn, * 2. 10. 1895 Berlin, † 23. 12. 1969 London. – Journalist, Erzähler, Reiseschriftsteller.

J. besuchte das Gymnasium in Berlin, war 1916 Volontär des Ullstein Verlags u. 1918 Mitarbeiter der »Berliner Morgenpost«. 1920 bis 1923 gab er die Zeitschrift »Film-Hölle. Unabhängige Blätter für und gegen den Film« heraus. 1934 mußte er nach London emigrieren u. arbeitete während des Zweiten Weltkriegs u. a. für die BBC. Nach 1945 kehrte er nach Deutschland zurück u. schrieb für »Die Neue Zeitung« in München, siedelte aber später wieder nach London über. Bekannt wurde J. zum einen durch seine zahlreichen humoristischen Erzählungen, Anekdoten- u. Aphorismensammlungen wie *Egon Jamesons Knigge* (Offenbach/M. 1953 ff.) oder *ABC der dümmsten Sätze* (Reinb.

1965) u. zum anderen durch Reisebücher wie *1000 Curiosities of Great Britain* (London 1937). Weiterhin arbeitete er als freier Journalist für zahlreiche Zeitungen u. Rundfunkanstalten.

Weitere Werke: Millionen aus dem Nichts. Bern 1937. – London, wie es nicht im Wörterbuch steht. Ffm. 1961. – Wenn ich mich recht erinnere. Bern/Stgt. 1963 (Autobiogr.). – So macht man Wunder. Mchn. 1967. – Berlin – so wie es war. Düsseld. 1969. *Heiner Widdig*

Jamsthaler, Herbrandt. – Dichteralchemist des 16. Jh.

Seit Erscheinen des *Viatorium spagyricum. Das ist: Ein [...] Wegweiser / in den edlen Sonnengarten der Hesperidum zu kommen* (Ffm. 1625), einer 1577 abgeschlossenen u. 1579 dem Oettinger Grafen Wilhelm II. gewidmeten Lehrdichtung, zählt man J. zu den dt. Dichteralchemisten, doch ist der Verfassername gänzlich ungesichert. Der weitgehend in biographisches Dunkel gehüllte Lehrdichter wurde vermutlich um 1530/40 in Süddeutschland geboren, lebte vielleicht zeitweilig in der Umgebung des Oettinger Grafen Friedrich V. u. gehörte sicher zu den Anhängern des Paracelsus.

Im Mittelpunkt des *Wegweisers* steht ein Alchemiker, dem nach manchen Irrfahrten die Göttin der Weisheit den rechten Weg zum Ziel seiner Kunst offenbart. Die Stelle ereignisreicher Episoden nehmen in dieser allegor. Odyssee zahlreiche Lehrvorträge ein, die keine genuin paracels. Lehren, sondern Wissensgut der Alchemia transmutatoria darbieten. Obwohl sich der *Wegweiser* als eine autobiograph. »Erzehlung« gibt, vereinigt er hauptsächlich Auszüge aus Werken von Leonhart Thurneisser (*Archidoxa.* Münster 1569. *Quinta Essentia.* Münster 1570) u. aus dem *Zodiacus vitae* des Marcellus Palingenius Stellatus in einer Übersetzung des Augsburger Meistersingers Johann Spreng (Ffm. 1564). Der Kompilator verwirklichte eine Kombination alchem. Fachtexte mit religiösen Unterweisungen, Tugend- u. Sittenlehren, die dem *Wegweiser* als einem Frühwerk der theoalchem. Literatur in der Geschichte der deutschsprachigen Alchemistendichtung eine Sonderstellung sichert.

Der *Wegweiser* wurde auszüglich u. in Vollfassungen sowohl in Drucken als auch in Handschriften verbreitet. In Vollfassung gelangte er nur 1625 in Druck, wobei er in defekter Textgestalt u. mit sekundären Illustrationen präsentiert worden ist. Doch bezeugen manche Zitate in alchem. Fachschriften u. zwei Nachdichtungen einiger Abschnitte in der *Güldenen Rose* des Monogrammisten J. R. V. (Hbg. 1705 u. ö.) seine bis ins 18. Jh. reichende Bekanntheit. Ausweislich seiner Erwähnung in Gottscheds *Versuch einer Critischen Dichtkunst* (Lpz. 1751, S. 574) blieb der »historico-poetische Discurs« auch außerhalb alchem. Fachkreise nicht unbeachtet.

Literatur: Leif Ludwig Albertsen: Das Lehrgedicht. Aarhus 1967, S. 73 f. – Herwig Buntz: Dt. alchimist. Traktate des 15. u. 16. Jh. Diss. Mchn. 1968, S. 45-47. – Ders.: Die europ. Alchimie v. 13. bis zum 18. Jh. In: Emil Ernst Ploss u. a.: Alchimia. Mchn. 1970, S. 119-209, hier S. 183 f. – Joachim Telle: Bemerkungen zum ›Viatorium spagyricum‹ v. H. J. u. seinen Quellen. In: FS Arthur Henkel. Heidelb. 1977, S. 427-442. *Joachim Telle*

Jandl, Ernst, * 1. 8. 1925 Wien. – Lyriker, Hörspiel- u. Dramenautor.

Nach Abschluß des Gymnasiums wurde der Sohn eines Bankbeamten 1943 zum Kriegsdienst eingezogen. 1945 geriet J. in amerikan. Gefangenschaft u. kam nach England. Hier wurde er erstmals mit neuerer amerikan. Literatur bekannt (Gertrude Stein, Carl Sandburg). 1946 nach Wien zurückgekehrt, begann J. das Studium der Germanistik u. Anglistik, das er 1949 mit der Lehramtsprüfung u. 1950 mit einer Dissertation über *Die Novellen Arthur Schnitzlers* abschloß. Seine Tätigkeit als Lehrer an Wiener Gymnasien übte er bis 1979 aus. Dazwischen führten ihn Lehraufträge oder Vortragsreisen nach England, Berlin u. in die USA.

1952 wurden erste Gedichte J.s in der Wiener Zeitschrift »neue wege« veröffentlicht – danach publizierte er regelmäßig in Zeitschriften, Anthologien u. Jahrbüchern. Manche dieser Texte erschienen 1956 erneut in seinem ersten Gedichtband *Andere Augen* (Wien 1956): Meist vollständige Sätze, teilweise in Umgangssprache, Großschreibung, unauffällige Versgliederung prägen den Band. Inhaltlich u. formal von Brecht beeinflußt, wird hier einfach u. direkt in prosanahem freien Rhythmus Kritik an gesellschaftl. Entwicklungen u. Konventionen geübt. Die scheinbare Simplizität der Gedichte, ihr

Hang zur Aussparung u. die schlichte Sprache verbergen ihre Hintergründigkeit.

J.s Begegnung mit Friederike Mayröcker u. Gerhard Rühm 1954 bei den Jugendkulturwochen in Innsbruck war für sein weiteres Schaffen u. für seine private Entwicklung von entscheidender Bedeutung. In Mayröcker hatte J. eine »Verbündete« gefunden, u. gemeinsam wurden sie durch Rühm mit den Ideen der Wiener Gruppe u. mit H. C. Artmann bekannt – eine Freundschaft, die die literar. Praxis J.s wesentlich beeinflußte. J. selbst berichtet über eine »kurze, glückliche zeit wütenden wetteiferns« mit den beiden Exponenten der Wiener Gruppe – die Orientierung an Dada, Expressionismus u. Gertrude Stein bestimmte von nun an die Arbeit am Gedicht. Zugleich bedeutete aber das Vorantreiben des Experiments nahezu das Ende der Publikationsmöglichkeit: Kleinere Ausgaben in entlegenen Verlagen blieben von der Öffentlichkeit beinahe unbeachtet. Erst 1966 gelang der Durchbruch. In *Laut und Luise* (Olten 1966) wird der Leser mit der J.schen Poesie konfrontiert, die inzwischen sein »Markenzeichen« ist: Einzelne Wörter werden nebeneinandergestellt, vertauscht, zerlegt, durch konsequenten Austausch von Buchstaben, durch Weglassen von Silben verändert. Worte werden grafisch zu Bildern angeordnet u. kombiniert, Spannungen zwischen Sprachelementen auf der Fläche aufgebaut u. sprachl. Konventionen attackiert. Visuelle Texte, Sprechgedichte, Lautgedichte oder auch von Gertrude Stein beeinflußte Kurzprosa sind die neuen Errungenschaften J.s. Im Unterschied zu den literar. »Produkten« der Wiener Gruppe gelangen J.s Texte durch formale Experimente über das Spiel mit der Sprache zum Sprachwitz, der sich – wie der Autor meint – »durch die technik« ergibt: Die Pointe ist ein charakteristischer Wesenszug J.scher Poesie.

Bei der Zusammenstellung der *Laut und Luise* folgenden Gedichtbände griff J. immer wieder auch auf Texte zurück, die nach 1956 entstanden sind, u. präsentierte so nach u. nach die Vielfalt der Techniken, das spielerische Experimentieren, das Erlebnishafte der Sprache. Dabei gelangen, wie z. B. mit *der künstliche baum* (Darmst. 1970), für experimentelle Literatur außergewöhnl. Vekaufserfolge. Wesentlich für die Bekanntheit u. Beliebtheit seiner Sprachexperimente ist auch J.s Vortragskunst, mit der er das Publikum bei Lesungen, aber auch per Schallplatte, Tonband (*13 radiophone texte.* Düsseld. 1977) u. Videoband begeisterte (*Ernst Jandl live.* Darmst. 1984; VHS-Video). Mit den erarbeiteten experimentellen Techniken versuchte sich J. andere Medien zu erschließen: Auch zum »Neuen Hörspiel« leistete er bedeutende Beiträge. Zusammen mit Mayröcker wurde ihm 1968 der Hörspielpreis der Kriegblinden für das gemeinsame Stück *Fünf Mann Menschen* (Neuwied/Bln. 1971. Erstsendung SWF 1968) zugesprochen.

Als J. 1973 den Band *dingfest* (Darmst.) veröffentlichte, zeigte sich die Kritik zuerst irritiert. J. hatte sich immer gegen eindeutige Zuordnungen u. Kategorisierungen gewehrt. Nun konfrontierte er sein Publikum mit Lyrik, die den *Anderen Augen* nahesteht u. die den fließenden Übergang markiert vom inhaltsbetonten Gedicht, das traditionellen Erwartungen entspricht, zum experimentellen, das mit den Mitteln der konkreten Poesie arbeitet. Ein nur geringfügig verschlüsselter Selbstkommentar ist der Gedichtsammlung vorangestellt: »es gibt dichter, die alles mögliche sagen, und dies immer auf die gleiche weise. solches zu tun habe ihn nie gereizt; denn zu sagen gäbe es schließlich nur eines; dieses aber immer wieder, und auf immer neue weise.«

Fast programmatisch hat J. mehrere Male festgestellt: »Ich schreibe verschiedene Arten von Gedichten.« Gleichzeitig betont der Autor immer wieder die Kontinuität seiner schriftstellerischen Arbeit. In theoret. Texten u. in Vorträgen über seine Schreibweise stellt er die Gedichte in ihren Entstehungskontext, analysiert die angewandten Techniken u. bettet sie ein in die Geschichte der Dichtung von Schwitters, Brecht u. Ball über Stein bis zu Heißenbüttel u. Rühm (*Die schöne Kunst des Schreibens.* Darmst. 1976. *Das Öffnen und Schließen des Mundes. Frankfurter Poetik-Vorlesung.* Ebd. 1985).

Daß es J. darum geht, »möglichst viele Wege aufzumachen«, zeigt auch *die bearbeitung der mütze* (Darmst. 1978), die den Beginn einer neuen Experimentierphase markiert. Nachdem die Sprachspiel- u. Lautgedichte populär geworden waren, läßt der Autor nun seine Person in den Texten hervortreten u. bringt damit eine radikale Subjektivität zum Ausdruck: Eine destruierte, vereinfachende, verkürzte Sprachform führt Fremdheit vor – ein »verhunzendes« Sprachmodell durchbricht gewohnte Erwartungen. Das »beschädigte Leben« soll in »beschädigter Sprache« abgebildet werden, der Inhalt seine Entsprechung im Sprachduktus finden. »schreiben und reden in einen heruntergekommenen sprachen / sein ein demonstrieren, sein ein es zeigen, wie weit / es gekommen sein mit einen solchenen: seinen mistigen / leben er nun nehmen auf den schaufeln von worten / und es demonstrieren als einen den stinkigen haufen / denen es seien«, heißt es in dem Gedicht *von einen sprachen.* In dem Stück *Aus der Fremde. Sprechoper in sieben Szenen* (Darmst. 1980. Urauff. Graz 1979) wird der Rückbezug ins Existentielle, der depressive Tenor, weitergeführt. Die Depression, die einen etwa 50jährigen Schriftsteller nahezu vollständig isoliert, wird zur Darstellung absoluter Perspektivelosigkeit – wobei alle Dialoge durch die konsequente Anwendung von Konjunktiv u. dritter Person verfremdet werden. Nach der Berliner Inszenierung von Ellen Hammer 1980 wurde *Aus der Fremde* zum »Stück der Saison« gekürt. Der Erfolg der »Sprechoper« half auch, mit dem Klischee vom »Sprachspieler und Sprachclown Jandl« aufzuräumen, u. rückte das breite Spektrum seiner literar. Produktion ins Bewußtsein der Öffentlichkeit. J. erhielt 1984 den Österreichischen Staatspreis u. zgl. den Büchner-Preis. 1990 wurde er für den Gedichtband *idyllen* (Ffm. 1989) mit dem Peter-Huchel-Preis ausgezeichnet.

In den beiden zuletzt erschienenen Lyrikbänden J.s klingen Motive von *Aus der Fremde* deutlich an: Gedanken von Düsterkeit u. Depression, von Selbstverachtung bis zu Selbstzerstörung kreisen um die Themen Tod u. Vergänglichkeit u. bringen einen anscheinend unaufhebbaren Pessimismus zum Ausdruck. – Benedikt Erenz bemerkte anläßlich des Erscheinens des *selbstporträts des schachspielers als trinkende uhr* (Darmst. 1983): »ich hatte mich auf dieses Buch gefreut; auf das nächste freue ich mich nicht mehr, ich fürchte es.«

WEITERE WERKE: lange gedichte. Stgt. 1964. – klare gerührt. Frauenfeld 1964. – mai hart lieb zapfen eibe hold. London 1965. – Sprechgedichte/Sound Poems. London 1965. – Hosi-Anna. Bad Homburg 1966. – No Music Please. London 1967. – sprechblasen. Neuwied/Bln. 1968. – flöda u. der schwan. Stierstadt/Taunus 1971. – übung mit buben. Bln. 1973. – die männer. ein film. Düsseld. 1973. – serienfuss. Darmst./Neuwied 1974. – wischen möchten. Bln. 1974. – für alle. Darmst./Neuwied 1974. – der versteckte hirte. Düsseld. 1975. – Alle freut, was alle freut. Ein Märchen in 28 Gedichten. Köln 1975. – der gelbe hund. Darmst./Neuwied 1980. – falamaleikum. Darmst./Neuwied 1983. – Ges. Werke. Gedichte, Stücke, Prosa. Hg. Klaus Siblewski. 3 Bde., Darmst./ Neuwied 1985.

LITERATUR: Heimrad Bäcker (Hg.): my right hand. my writing hand. my handwriting. e.j. Linz 1976. – Michael Wulff: Konkrete Poesie u. sprachimmanente Lüge. Von E. J. zu Ansätzen einer Sprachästhetik. Stgt. 1978. – Kristina Schewig: E. J. – Versuch einer Monogr. Diss. Wien 1981. – Wendelin Schmidt-Dengler: E. J. Materialienbuch. Darmst. 1982. – Alfred Estermann (Hg.): E. J. Ffm. 1984. – Kristina Pfoser-Schewig (Hg.): Für E. J. Texte zum 60. Geburtstag. Werkgesch. Wien 1985. – Klaus Siblewski (Hg.): E. J. Daten, Texte, Bilder. Ffm. 1990.

Kristina Pfoser-Schewig

Jandl, Hermann, * 1. 3. 1932 Wien. – Lyriker, Erzähler, Hörspielautor.

1952 begann der Bruder von Ernst Jandl in Wien als Pflichtschullehrer zu arbeiten u. zgl. auch in österr. Literaturzeitschriften u. Anthologien zu publizieren.

Während die Rezensenten bei J.s erstem Lyrikband (*Leute, Leute.* Ffm. 1970) starke Parallelen zur Schreibtechnik des bekannteren Bruders konstatierten, gelang es dem Autor mit seinen folgenden Publikationen, einen eigenen, unverwechselbaren Stil zu finden. J. experimentiert nicht mit der Sprache selbst, sondern mit den Möglichkeiten, menschl. Widersprüche darzustellen. In der Erzählung *Storno* (Wien/Mchn. 1983) zeichnet er mit großer Schärfe der Beobachtung, ähnlich einer Falldokumentation, ein präzises Psychogramm seiner Hauptfigur, die in ständiger Angst, Hypochondrie u. Einsamkeit gefangen bleibt. Die ähnliche Tragik seiner Erzählung *Die Übersiedlung* (St. Pölten 1985) wird durch ironische Verkürzungen ins Groteske gewendet.

WEITERE WERKE: Geständnisse. Zwei Akte. Neuwied 1969. – Vom frommen Ende. Ffm. 1971 (P.). – Samstag. HR 1973 (Hörsp.). – Ein Mensch, oder: Das Leben ist eines der schwersten. St. Pölten bzw. ORF 1979 (Hörsp.). – Bindungen. ORF 1984 (Hörsp.). – Die Übersiedlung. St. Pölten 1985 (E.). – kernwissen. Baden bei Wien 1985 (L.). – Licht. Wiener Neustadt 1987 (E.).

Kristina Pfoser-Schewig

Janitschek, Maria, auch: Marius Stein, geb. Tölk, * 22. 6. 1859 Mödling bei Wien, † 28. 4. 1927 München. – Erzählerin u. Lyrikerin.

J. gehört zu den Schriftstellerinnen aus dem Umkreis der bürgerl. Frauenbewegung der Jahrhundertwende. Ihre freizügigen Schilderungen in Liebes- u. Eheromanen brachten ihr zu Lebzeiten scharfe Kritik ein (*Mimikry*. Lpz. 1903. *Eine Liebesnacht*. Lpz. 1908).

Aufgewachsen in ärml. Verhältnissen in Ungarn, lebte J. nach der Heirat mit dem Kunsthistoriker Hubert Janitschek in Straßburg u. Leipzig, nach dessen Tod 1893 in Berlin, ab 1902 in München. Nach ersten Lyrikveröffentlichungen (*Verzaubert*. Mchn./Stgt. 1888. *Gesammelte Gedichte*. Stgt. 1892) u. der Mitarbeit an Zeitschriften (u. a. »Moderne Dichtung«, »Wiener Rundschau«) wandte sich J. mit *Die neue Eva* (Lpz. 1902) dem emanzipator. Frauenroman zu. Ihre große Anzahl an Publikationen brachte ihr den Ruf einer Vielschreiberin u. Unterhaltungsautorin ein, deren gesellschaftskrit. Engagement erst heute wieder in vollem Ausmaß erkannt wird.

WEITERE WERKE: Vom Weibe. Charakterzeichnungen. Bln. 1896. – Die Amazonenschlacht. Lpz. 1897 (N.). – Frauenkraft. Bln. 1900 (N.). – Stückwerk. Lpz. 1900 (R.). – Der rote Teufel. Lpz. 1916 (R.). – Kinder der Pußta. Bln. 1920 (R.).

LITERATUR: Isolde Wermbacher: M. J.s Persönlichkeit u. dichter. Werk. Diss. Wien 1950. *Christine Schmidjell*

Janka, Walter, * 29. 4. 1914 Chemnitz. – Verlagsleiter u. Dramaturg.

J., der im Erzgebirge als Arbeiterkind aufwuchs u. den Beruf des Schriftsetzers erlernte, wurde gleichermaßen Opfer des Faschismus wie des Kommunismus.

1933 wegen seiner Arbeit im kommunistischen Jugendverband erstmals verhaftet u. nach einer Haft in Bautzen 1935 in das Konzentrationslager Sachsenburg eingeliefert, ging J. 1936 zu den Internationalen Brigaden nach Spanien, nach der Internierung in Frankreich (1939-1941) nach Mexiko. Dort leitete er den Exilverlag El Libro Libre, in dem u. a. Seghers' *Das siebte Kreuz* erschien. Nach seiner Rückkehr 1947 nach Berlin/SBZ wurde er Generaldirektor der DEFA; 1952 übernahm er die Leitung des Aufbau-Verlags. Nach dem Ungarnaufstand 1956 wurde er wegen »konterrevolutionärer Verschwörung« gegen die Regierung Ulbricht verhaftet. Der Schauprozeß im Juli 1957 endete mit seiner Verurteilung zu fünf Jahren Zuchthaus.

Der Hauptvorwurf gründete sich auf den Verdacht, J. habe »das Haupt der Konterrevolution«, den Philosophen Lukács, nach Ost-Berlin holen wollen. Über das Schweigen einflußreicher Schriftsteller bei diesem Prozeß, darunter der Präsidentin des Schriftstellerverbands, Seghers, berichtet J. in seinem Erinnerungsbuch *Schwierigkeiten mit der Wahrheit* (Reinb. 1989, Bln./Weimar 1990. Drei Kapitel einer Ende 1990 im Aufbau-Verlag, Bln./Weimar, erscheinenden Autobiographie). 1960 wurde J. aus dem Zuchthaus Bautzen vorzeitig entlassen, arbeitete als Spielfilm-Dramaturg für die DEFA, schrieb Artikel über den Spanischen Bürgerkrieg. Am 1. 5. 1989 erhielt er den Vaterländischen Verdienstorden in Gold. Die Rehabilitierung in der DDR erfolgte erst nach dem Sturz Honeckers. *Hajo Steinert*

Janker, Josef W(ilhelm)., * 7. 8. 1922 Wolfegg/Württemberg. – Romanautor.

J., Sohn eines Schuhmachers u. Mesners, erlernte den Zimmermannsberuf. Er wurde zum Fronteinsatz in der UdSSR u. Polen eingezogen u. geriet in Frankreich in Gefangenschaft. Neben unterschiedlichsten Tätigkeiten u. autodidaktischer Weiterbildung veröffentlichte J. ab 1957 v. a. Erzählungen. Er lebt in Ravensburg u. Kappel.

J.s Prosa, auf die Böll frühzeitig aufmerksam machte, ist durchgängig vom Erlebnis des Kriegs bestimmt. J. zeichnet akribisch die Deformation der Persönlichkeit durch den Krieg nach, wahrgenommen aus der Perspektive von Außenseitern, so in den Romanen *Zwischen zwei Feuern* (Köln 1960) u. *Der Umschuler* (Ffm. 1971). Er kritisiert damit die Anpassung der Gesellschaft an einen Scheinfrieden, der in Wahrheit noch ein moralisch nicht verarbeiteter u. deshalb weiterbestehender Kriegszustand ist.

Seit 1973 erarbeitet J. mit dem Fotografen Rupert Leser einen (nicht verkäuflichen) Jahreskalender zu histor. u. sozialen Aspekten einer »kritischen Heimatkunde«.

Weitere Werke: Mit dem Rücken zur Wand u. a. E.en. Ffm. 1964. – Aufenthalte. Sechs Ber.e. Ffm. 1967. – Das Telegramm (Zeichnungen v. Günter Bruno Fuchs). Düsseld. 1977 (E.). – Werkausg. in 4 Bdn. Hg. Manfred Bosch. Friedrichshafen 1988.

Literatur: Heinrich Böll: Zwischen allen Feuern. In: Ders.: Essayist. Schr.en u. Reden 1. 1952-63. Köln 1979, S. 458 ff. – Peter Hamm: J. W. J. In: Klaus Nonnenmann (Hg.): Schriftsteller der Gegenwart. Dt. Lit. 53 Portraits. Olten/Freib. i. Br. 1963, S. 168-176. – Johann Peter Tammen: ›Eine Prosa, in ihrer Keuschheit geradezu avantgardistisch‹ (Heinrich Böll). In: die horen, H. 1 (1989), S. 212-216.

Christian Schwarz

Jann, Franz Xaver, * 25. 11. 1750 Weißenhorn/Bayern, † 19. 6. 1828 ebd. – Dramatiker, Historiker u. Pädagoge.

J. trat 1767 als Laienbruder in die Augsburger Kongregation des Jesuitenordens ein. Nach dessen Aufhebung (1773) studierte er in Dillingen Theologie (1773/74) u. erhielt 1774 in Eichstätt die Priesterweihe. Da ihm aufgrund seiner früheren Ordenszugehörigkeit keine Pfarrei zugewiesen wurde, betrieb er neben einer subsistenzsichernden Privatlehrertätigkeit weiterführende Studien im Bereich des Kirchenrechts. 1776 erhielt J. eine Anstellung als Gymnasiallehrer am (ehemaligen Jesuiten-)Kolleg St. Salvator in Augsburg. Die Angliederung Augsburgs an das Königreich Bayern (1805) führte aufgrund von Vorbehalten gegen die früheren Jesuiten u. wegen (angebl.) polit. Umtriebe einiger Kollegsmitglieder zur Auflösung von St. Salvator (1807). Von da an lebte J. stellungslos u. zwangspensioniert in Weißenhorn.

Ganz im Sinne aufklärerischen Selbstverständnisses benediktin. u. jesuitischer Kleriker des ausgehenden 18. Jh. betätigte sich J. unter streng pädagog. Prämissen theologisch, universalhistorisch u. belletristisch. Seine anschaul. Fastenpredigten (z. B. *Geschichten aus der göttlichen Schrift in Predigten, auf alle Sonntage in den Fasten.* 2 Bde., Augsb. 1790, 1792) wissen sich der irenischen Katholizität Sailers verpflichtet; der apologetische Essay *Ist der Verfasser der Correspondenz der Heiligen aus dem Mittelalter [...] nicht der ehrloseste Pasquillant?* (Augsb. 1788) bekundet die Fähigkeit des Autors zur Selbstironie. J.s universalhistor. Tätigkeit (*Die Geschichte der Christlichen Kaiser von Constantin dem Großen bis auf Franz II.* Augsb. o. J.) folgt jugend- u. volksaufklärerischen Vorgaben des Benediktiners Anselm Desing. Die belletristische Produktion J.s umfaßt eine Vielzahl von Schauspielen u. Komödien (*Etwas wider die Mode. Gedichte und Schauspiele ohne Caressen und Heurathen, für die studirende Jugend.* 7 Bde., Augsb. 1782-1803 u. 1821). Trotz konsequenter Pädagogisierung der Stoffe erreichten J.s Typenkomödien frz. (u. sächs.) Spielart erhebl. Publikumswirkung. Einige seiner Stücke blieben in den Spielplänen süddt. Bauerntheater noch lange präsent (*Der mißvergnügte Holzhacker* u. *Der eingebildete Kranke.* Neudr.e Düsseld. 1895).

Literatur: Placidus Braun: Gesch. des Kollegiums der Jesuiten in Augsburg. Mchn. 1822, S. 206 f. *Gerda Riedl*

Janosch, eigentl.: Horst Eckert, * 11. 3. 1931 Hindenburg (Zabrze)/Oberschlesien. – Autor u. Illustrator von Kinderbüchern, Romanautor.

Der Sohn eines Eisengießers arbeitete nach einer Schlosserlehre als Hilfsarbeiter, brach das Studium an der Münchner Kunstakademie ab u. zeichnete u. a. als Tapetendesigner. Nach Veröffentlichungen in der satir. Zeitschrift »Pardon«, der »Zeit« u. der »Süddeutschen Zeitung« erschienen seine Bilderbücher.

J.s zeichnerischer u. literar. Stil hat sich im Lauf der Zeit nur wenig entwickelt; den naiven Bildern entspricht ein ebenso bewußt kunstloser Erzählstil. Im Mittelpunkt der Geschichten stehen symphath. Tier-Helden, die meist harmlos-alltägl. Abenteuer bestehen. Die Vielfältigkeit J.s liegt eher in den Genres: Kinderreime, Bildergeschichten (*Die Globeriks.* Mchn. 1973-75. *Mehr von Gliwi und Globerik.* Stgt. 1981), Märchenparodien (*Janosch erzählt Grimm's Märchen.* Weinheim 1972), Lügengeschichten (*Der Mäuse-Sheriff. Lügengeschichten aus dem Wilden Westen.* Recklinghausen 1969). Für sein wohl bisher bestes Kinderbuch *Oh, wie schön ist Panama* (Weinheim 1978) erhielt J. 1979 den Deutschen Jugendbuchpreis. Mit dieser Erzählung vom Glück der Bescheidenheit u. dem Preis des einfachen Lebens (Fortsetzungen: *Komm, wir finden einen Schatz.* Weinheim 1979. *Post für den Tiger.* Ebd. 1980. *Ich mach dich gesund, sagte der Bär.* Zürich 1985. *Guten Tag, kleines Schweinchen.* Zürich 1987) nimmt J. die idyll. Welt aus Kenneth Grahames Kinderbuchklassiker *The*

Wind in the Willows (1908) auf. Die Auflage seiner Kinderbücher geht in die Millionen, Übersetzungen in zahlreiche Sprachen liegen vor; seine Geschichten wurden auch als Fernsehserie (*Janoschs Traumstunde*) verarbeitet. – Neben seinen Arbeiten für Kinder schrieb J. bislang drei Romane für Erwachsene (*Cholonek oder der liebe Gott aus Lehm*. Recklinghausen 1970. Neuausg. Weinheim 1982. Zürich 1985. *Sacharin im Salat*. Mchn. 1975. *Sandstrand*. Weinheim 1979).

WEITERE WERKE: Die Gesch. v. Valek dem Pferd. Mchn. 1960. – Der Josa mit der Zauberfiedel. Ebd. 1960. – Das Auto hier heißt Ferdinand. Ebd. 1964. – Onkel Popoff kann auf Bäume fliegen. Ebd. 1964. – Hannes Strohkopp u. der unsichtbare Indianer. Ebd. 1966. – Lari Fari Mogelzahn. Jeden Abend eine Gesch. Weinheim 1971. – Die Löwenreise. Ebd. 1974. – Das große J.-Buch. Ebd. 1976. – Die Maus hat rote Strümpfe an. Ebd. 1978. – Hallo Schiff Pyjamahose. Zürich 1986. – Rasputin. Das Riesenbuch vom Vaterbär. Ebd. 1986.

LITERATUR: Werkverz. in: Herwig Guratzsch: J. Gemälde & Grafik. Hg. Wilhelm-Busch-Gesellsch. Hann. 1980, S. 86-93 (Kat.). – Horst Künnemann: J. In: LKJL 2. *Walter Pape*

Janowitz, Franz, * 28. 7. 1892 Poděbrady/Böhmen, † 4. 11. 1917. – Lyriker.

Der Sohn eines jüd. Fabrikanten, Bruder von Hans Janowitz, studierte in Leipzig u. Wien Chemie, dann theoret. Philosophie u. plante eine Dissertation über Otto Weininger. Er fand Zugang zum »Prager Kreis« um Brod, der im Almanach »Arkadia« 1913 Gedichte von ihm veröffentlichte. Seit 1914 als Freiwilliger im Ersten Weltkrieg, erlag er einer schweren Verwundung.

Karl Kraus, mit dem J. eng verbunden war, gab postum seinen einzigen Gedichtband *Auf der Erde* (Mchn. 1919) heraus, im »Brenner« u. in der »Fackel« erschienen Schriften aus dem Nachlaß. Eine von Karl Röck in Angriff genommene Edition des Nachlasses scheiterte trotz der Aufforderung zur Subskription im »Brenner« u. in der »Fackel« am mangelnden Publikumsinteresse. Kraus setzte dem Freund im Schlußmonolog des Nörglers der *Letzten Tage der Menschheit* ein literar. Denkmal. J.' deistisch inspirierte Lyrik sucht einen glückl. Urzustand, eine den Kosmos einbeziehende Weltharmonie zu evozieren. Die Grenzen der Sprache werden mitreflektiert: »[...] Nahe kommt / dem Wort, um das die Welt sich dreht, nur das Schweigen.« Erst die Gedichte nach 1915, in denen zunehmend vierhebige Trochäen meisterhafte Verwendung finden, thematisieren den Krieg: In *Die galizischen Bäume* wird die Natur Sprachrohr der Anklage, in *Reglement des Teufels. Aphorismen* (in: Die Fackel, Juli 1925) rekurriert J. auf die christl. Mythologie, um dem Grauen Ausdruck zu verleihen.

WEITERE WERKE: Der Glaube u. die Kunst. Aphorismen aus dem Nachl. In: Der Brenner 11 (1927), S. 88-100.

LITERATUR: Christine Ulmer: F. J. Diss. Innsbr. 1970. – Christine Czuma: F. J. In: Untersuchungen zum ›Brenner‹. Salzb. 1981, S. 294-304. – Gerald Stieg: Der Brenner u. die Fackel. Salzb. 1976. *Johann Sonnleitner*

Janowitz, Hans, * 2. 12. 1890 Poděbrady/Böhmen, † 25. 5. 1954 New York. – Lyriker, Erzähler u. Drehbuchautor.

Nach dem Besuch des Gymnasiums in Prag ging J. als Angestellter einer Getreidefirma nach München, wo er auch Geschichte u. Soziologie studierte. Anschließend wurde er Regieassistent am Deutschen Schauspielhaus in Hamburg.

Frühe expressionistische Arbeiten druckten die »Herder-Blätter« u. »Arkadia«. Aus dem Krieg kehrte J. als Pazifist zurück u. gründete in Berlin die »Wilde Bühne«, wo seine frivolen *Asphaltballaden* (Bln. 1924) gesungen wurden, die später in numerierter Auflage mit 16 Lithographien von Marcel Slodki erschienen. Mit Carl Mayer verfaßte er das Skript für den expressionistischen Film *Das Kabinett des Dr. Caligari* (1920); weitere Szenarien folgten, ehe J. 1924 die väterl. Ölmühle in Poděbrady übernahm. Sein neusachl. Roman *Jazz* (Bln. 1927), der die Geschichte einer Jazzband erzählt, ist auch formal nach den Gesetzen der Jazzmusik komponiert. Ein Lyrikheft *Requiem der brüderlichen Brüderschaft* (Prag 1928) widmete er dem Andenken des Bruders Franz. 1939 emigrierte J. mit seiner Frau nach New York, wo er Parfümhersteller wurde. Im Exil schrieb er u. a. Gedichte (*Hinter der Brücke*), den Roman *So wie die Andern*, Kurzprosa (*Phantasien in New York*) u. *The Story of a Famous Story*, die Geschichte des berühmten *Caligari*-Films (sämtlich ungedr.). Der Nachlaß befindet sich in der Deutschen Kinemathek in Berlin.

Literatur: Siegfried Kracauer: Von Caligari zu Hitler. Ffm. 1984, S. 67-83. – Jürgen Serke: Böhm. Dörfer. Wien/Hbg. 1987, S. 408-411. *Dieter Sudhoff*

Jans Enikel → **Enikel**, Jans

Jansen, Erich, * 31. 10. 1897 Stadtlohn, † 28. 8. 1968 ebd. – Verfasser von Lyrik u. Kurzprosa.

Abgesehen von der Teilnahme am Ersten Weltkrieg führte der Lyriker J. eine unauffällige Existenz als Apotheker im westfäl. Stadtlohn. Sein schmales Werk ist bis heute nahezu vergessen, wiewohl es einmal lebhafte Zustimmung von Kennern wie z. B. Johannes Bobrowski gefunden hat, der 1963 die »Genauigkeit im sprachlichen Kalkül«, das »Leben der Bilder« u. den »Charme« der Poesie J.s gerühmt hatte. Das Lob galt dem Band *Aus den Briefen eines Königs* (Köln 1963); alle zuvor – seit der Kurzprosa-Sammlung *Die grüne Stunde* (Bln. 1937) – erschienenen Bücher verwarf J. später als epigonal u. unzureichend. Der Band von 1963 u. *Die nie gezeigten Zimmer* (Hbg./Düsseld. 1968. Neuaufl. mit einem Nachw. von Winfried Freund. Aachen 1987) zeigt J.s Können in spät beschworenen Kinder- u. Traumlandschaften, die real u. zgl. phantastisch anmuten. Biedermeierliche Sujets, altmod. Interieurs, werden in eine leicht surreale Sphäre versetzt. Dabei entstehen anmutige Verse, die bei aller Phantastik u. Traumhaftigkeit nie den Bezug zur Sinnenwelt verlieren. Die Metaphorik verselbständigt sich nicht zu schwer auflösbaren Chiffren, die hochpoetische spätromant. Sprache wird nicht preziös, sprachl. Klarheit u. Bildhaftigkeit bleiben erhalten.

Weitere Werke: Skurilla. Hbg. 1950 (E.en). – Michael Orsenjew. Oberhausen 1956 (Legende). – Die Galerie. Ebd. 1957 (L.). – Der Schildpattkamm. Ebd. 1958. – Ville oubliée, Vergessene Stadt. Paris 1974 (L.; dt. u. frz.).

Jürgen P. Wallmann

Jansen, Johannes, * 6. 1. 1966 Ost-Berlin. – Prosaschriftsteller, Filmemacher u. Grafiker.

J. absolvierte eine Lehre als Graveur, brach das Studium zum Kommunikationsdesigner ab u. lebt jetzt als freier Autor u. Grafiker in Ost-Berlin.

J. ist auf den ersten Blick ein typischer Vertreter der jungen Boheme der 80er Jahre der DDR. Er schreibt Texte für den Selbstverlag, produziert Hörstücke mit Musikern für den Rundfunk (in West-Berlin), dreht Filme in Super 8, bewerkstelligt Ausstellungen mit eigener Grafik u. Installationen für alternative Galerien, zum Beispiel für EIGEN + ART in Leipzig 1989. Doch im Gegensatz zu den meisten anderen Künstlern der »Szene« wurde J. schon früh von den offiziellen Verlagen entdeckt. 1988 erschien *poesiealbum 248* (Bln./DDR), 1990 sein erstes eigenes Buch: *Prost Neuland – spottklagen und wegzeug* (Bln./Weimar). Zwei Prosaarbeiten finden sich auch in *Schöne Aussichten. Neue Prosa aus der DDR* (Ffm. 1990), J.s ersten Veröffentlichungen in der BR Deutschland. Es sind nicht nacherzählbare Geschichten, sondern sprachl. Erkundungen der inneren u. äußeren Landschaft, Texte von unterwegs durch die Labyrinthe der Seele wie durch die realen Provinzen u. Städte der DDR, Versuche, die Disparatheit der tägl. Wahrnehmung in einem »raum der geborgenheit« aufzulösen, in dem der einzelne zum ruhenden Pol wird. Der bisweilen surrealistische Sog der Bilder wird gebremst durch eine klare Gegenständlichkeit der Sprache. *Hajo Steinert*

Jansen, Werner, * 5. 2. 1890 Wülfrath, † 28. 12. 1943 Velden/Wörthersee. – Erzähler.

Nach seinem Studium in Berlin, Genf, Marburg u. Greifswald (Dr. phil. u. Dr. med.) nahm J. als Freiwilliger am Ersten Weltkrieg teil u. erhielt später eine Professur in Berlin. Mit seinen histor. Romanen, z. T. auch als Schulausgaben, erreichte er ein breites Publikum u. galt als einer der meistgelesenen völk. Autoren.

In J.s erster Trilogie über die dt. »Heldenzeit« wurden in dem »Nibelungenroman« (*Das Buch der Treue.* Hbg. 1916), im »Gudrunroman« (*Das Buch der Liebe.* Braunschw. 1918) u. im »Amelungenroman« (*Das Buch der Leidenschaft.* Ebd. 1920) die Sagenhelden als große Führergestalten gezeichnet. Nach diesem Prinzip verarbeitete J. auch in seiner zweiten Trilogie mittelalterl. Geschichte als Zeit kämpferischer, heldenhafter Selbstbehauptung (*Heinrich der Löwe.* Braunschw. 1923. *Verratene Heimat.* Ebd. 1932) u. verband damit in *Geier um Marienburg* (ebd. 1925) rassenideolog. Komponenten. Die Verherrlichung der Deutschordensritter als Sinnbild des nord. Menschen führt hier zu einer »Lebensborn-Idylle« mit Rassezüchtung im Sinn des späteren NS-Staats. Dieser Roman, 1925 mit einer Startauflage von 100 000 erschienen, wurde von Himmler auf seiner Leseliste neben anderen Werken J.s sehr lobend erwähnt. Mit dem Roman *Die Kinder Israels* (Braunschw. 1927) bekannte sich der Autor als Antisemit. Für seine »Arbeiten im Dienste der rassischen Erneuerung« wurde J. 1940 die Goethe-Medaille verliehen.

Weitere Werke: Firdusis Königsbuch. Hbg. 1922 (E.). – Robert der Teufel. Braunschw. 1924 (R.). – Die Insel Heldentum. Ebd. 1938 (R.). *Wolfgang Weismantel*

Janßen, Hinrich, * 17. 3. 1697 Eckwarden/Butjadingen, † 19. 7. 1737 ebd. – Lyriker; Bauer.

Als erster Sohn des Bauern Johann Hinrichs u. seiner Ehefrau Nanne wurde J. zunächst auf Schulen in Jever u. Quedlinburg geschickt u. von den Eltern für ein Studium bestimmt. Nach verheerenden Deichbrüchen in Butjadingen mußte er 1717 die gelehrte Laufbahn abbrechen u. übernahm schließlich den elterl. Hof. Aus der 1724 mit Metta Behrens geschlossenen Ehe gingen sieben Kinder hervor.

Beeinflußt von Gottsched, Opitz, Brockes u. Fleming, verfaßte J. zahlreiche Gedichte. Ein 1732 in der »Leipziger gelehrten Zeitung« abgedrucktes Ehrgedicht auf den dän. König Christian VI. u. d. T. *Leid-Cypressen und Freuden-Psalmen* verschaffte ihm Beachtung selbst von Brockes, der dem bäuerl. Dichter u. Autodidakten als dem »besten Land- und Feldpoeten« seinen Respekt bezeugte. Entdeckt wurde J. erst nach seinem Tod durch die Volksaufklärer, die ihn in den 60er Jahren in der Öffentlichkeit als Beispiel dafür vorstellten, daß auch in den unteren Ständen die Kraft zum Selbstdenken zu finden ist. Neben zahlreichen Gelegenheitsgedichten verfaßte J. auch Satiren, die originell seine soziale Situation reflektieren. Das dichterische Gesamtwerk zeugt von handwerkl. Können u. strahlt mit seinen besten Gedichten noch heute Kraft aus.

Werke: Eines Niedersächs. Bauers sämtl. Gedichte. Stade 1768.

Literatur: Emil Pleitner: H. J., der butjadinger Bauernpoet. Sein Leben u. Dichten; mit einer Ausw. seiner Dichtungen. Oldenb. 1898. – Leif Ludwig Albertsen: Der poet. Bauer H. J. In: Oldenburger Jb. 65 (1966). – Holger Böning u. Reinhart Siegert: Volksaufklärung. Biobibliogr. Hdb. [...]. Bd. 1, Stgt.-Bad Cannstatt 1990. *Holger Böning*

Janssen, Horst, * 14. 11. 1929 Hamburg. – Grafiker, Zeichner; Schriftsteller.

J. wuchs in Oldenburg auf. 1941 wurde er als Schüler für die Nationalpolitische Erziehungsanstalt in Haselünne ausgewählt, eine der nationalsozialistischen Eliteschulen. Der dortige Kunsterzieher förderte sein bereits klar erkennbares künstlerisches Talent. 1946-1951 studierte J. an der Landeskunstschule Hamburg bei Alfred Mahlau in einer Klasse mit Vico von Bülow (Loriot) u. Peter Neugebauer. Seine vielseitigen Ausdrucksmöglichkeiten in den unterschiedlichsten Techniken u. die unverkennbaren Charakteristika seines Werks machten ihn bald zu einem der gefragtesten u. bekanntesten dt. Künstler.

Ab Mitte der 60er Jahre trat J. auch zunehmend als Schriftsteller hervor. Fasziniert durch Autoren wie Lichtenberg u. Ernst Jünger pflegt er eine in jeder Hinsicht eigenwillige u. subjektive Sprache, in der er sich über Biographisches, seine künstlerischen Auffassungen (*Hokusai's Spaziergang. Über das Zeichnen nach der Natur.* Hbg. 1972), aber auch zu polit. Themen (*Anmerkungen zum Grundgesetz.* Gifkendorf 1981. *Das Pfänderspiel. Ein tagespolitischer Seitensprung.* Ebd. 1983) äußert. J. scheut dabei nicht vor scharfer Polemik u. drast. Sprache zurück. Wie in seinem zeichnerischen Werk kommt er auch als Schriftsteller immer wieder auf seine Grundthemen Liebe (*Die Litze. Eine ziemlich lautlose Geschichte, oder: Die Zeit der Kinder.* Hbg. 1984) u. Tod (*Hommage à Tannewetzel. Neujahrsrede in St. Marien zu Lübeck.* Hbg./Lübeck 1986) zurück. J. nutzt die verschiedensten Gattungen, wie der Untertitel der Sammlung *Querbeet* (Mchn. 1982) verdeutlicht: *Aufsätze, Reden, Traktate, Pamphlete, Kurzgeschichten, Gedichte und Anzüglichkeiten.* Vielfach enthalten die Veröffentlichungen in Buchform auch Reproduktionen seiner Grafiken u. Zeichnungen, wobei J. oft Handschriftliches mit seinen Bildern kombiniert.

Weitere Werke: Mannheim. Festrede anläßlich des Schiller-Preises der Stadt Mannheim 1975. Hbg. 1975. – An u. für mich. Selbstisches, Briefliches, Poetisches, Hämisches, Deklamatorisches, Gesprochenes u. alles Gedruckte 1981-86.

Mchn. 1986. – Mit Georg Christoph Lichtenberg. Gött. 1988.

LITERATUR: Stefan Blessin: H. J. Eine Biogr. Hbg. 1984.

Matthias Wörther

Janssen, Johannes, * 11. 4. 1829 Xanten, † 24. 12. 1891 Frankfurt/M.; Grabstätte: ebd., Hauptfriedhof. – Historiker.

J. entstammte einer Handwerkerfamilie; eine Lehre als Kupferschmied (1843/44) brach er ab u. studierte seit 1849 in Münster, Leuven u. Bonn zunächst Theologie, dann Geschichtswissenschaft. 1853 in Bonn promoviert, wurde er 1854 nach der Habilitation in Münster Professor für Geschichte am Gymnasium in Frankfurt/M. Dort fand er Anschluß an den Kreis um den ihm freundschaftlich verbundenen Historiker Johann Friedrich Böhmer. Seinen kath. Glauben hat J. stets mit einer preußenfreundl. Haltung verbunden. Erst der Ausbruch des Kulturkampfes veranlaßte ihn zum polit. Engagement für die Rechte des Katholizismus. 1875 wurde er als Mitgl. des Zentrums in das Preußische Abgeordnetenhaus gewählt.

Sein wissenschaftl. Ruf beruhte auf seiner achtbändigen *Geschichte des deutschen Volkes seit Ausgang des Mittelalters* (Freib. i. Br. 1876-94. Bde. 7 u. 8: Hg. Ludwig Frhr. von Pastor), deren erste drei Bände bis 1917 20 Auflagen erlebten u. die ihn zum einflußreichsten kath. Historiker im Deutschen Reich werden ließ. J. schrieb von bewußt konfessionellem Standpunkt aus, was ihm spätestens seit dem Erscheinen des dritten Bandes, der die Folgen der kirchlich-religiösen Umwälzung des 16. Jh. für die soziale u. polit. Einheit des Alten Reichs darstellte, heftigste Kritik von seiten der protestantisch-preuß. Geschichtsschreibung eintrug. J. antwortete mit zwei Verteidigungsschriften (*An meine Kritiker.* Freib. i. Br. 1882. *Zweites Wort an meine Kritiker.* Ebd. 1883). Diese konfessionspolit. Polemik verhinderte die ernsthafte Auseinandersetzung mit einer methodisch u. inhaltlich neuartigen Darstellung, die im Unterschied zur vorherrschenden polit. Geschichtsschreibung eine Skizze der sozial-wirtschaftl. u. geistig-kulturellen Situation des Alten Reichs im 16. Jh. gab. Sie verdankte den literar. Erfolg u. a. ihrer klaren u. lesbaren Präsentation, die dem im Kulturkampf geschärften kulturgeschichtl. Interesse des zeitgenöss. Publikums entgegenkam. J. veröffentlichte auch zahlreiche biographische Darstellungen (u. a. *Friedrich Leopold Graf zu Stolberg.* 2 Bde., Freib. i. Br. 1877. *Schiller als Historiker.* Ebd. 1863. ²1879).

WEITERE WERKE: Frankfurts Reichskorrespondenz. 2 Bde., Freib. i. Br. 1863. – Zur Genesis der ersten Theilung Polens. Ebd. 1865.

LITERATUR: Hubert Jedin: J. In: NDB (ältere Lit.). – Heribert Raab: J. J. In: Rhein. Lebensbilder 12 (im Erscheinen).

Luise Schorn-Schütte

Janstein, Elisabeth (von), * 19. 10. 1893 Iglau/ Mähren, † 31. 12. 1944 Winchcombe/England. – Journalistin, Lyrikerin u. Erzählerin.

J. stammte aus geadelter Offiziersfamilie u. war zunächst Telefonistin in Wien, wo sie nach 1918 dem Kreis um die Reformpädagogin Eugenie Schwarzwald angehörte u., von Emil Lucka, Felix Braun u. Emil Alphons Rheinhardt gefördert, Lyrik zu schreiben begann. Gedichte erschienen u. a. 1918-1921 in den expressionistischen Zeitschriften »Die Aktion« u. »Der Friede«. In den 20er Jahren war sie Gerichtsberichterstatterin des »Abend«, dann Mitarbeiterin der »Neuen Freien Presse«. Als deren Korrespondentin in Paris u. Brüssel (bis 1939) schrieb sie Artikel zu Politik, Gesellschaft u. Kultur. 1935/36 war J. Vizepräsidentin der Fédération Internationale des Journalistes. Mit Ausbruch des Zweiten Weltkriegs flüchtete sie nach England, wo sie nach kurzer Internierung schwerkrank u. abgeschieden unweit Londons lebte.

J.s schmales literar. Werk, darunter der Gedichtband *Gebete um Wirklichkeit* (Wien/Lpz. 1919) u. die Prosaaufzeichnungen *Die Kurve* (Wien/Lpz./Prag 1920. Neudr. Nendeln 1973), steht im Umkreis des österr. Spätexpressionismus. Mit diesem teilt J.s Lyrik den oft pathetisch gesteigerten Ton u. die existentielle Perspektive. In Metrum, Vers u. Strophik ist sie einfach, neigt zu »liedhaften Klängen« (Loerke). Einsamkeit u. Krankheit, Landschaft als Seelentrost, die Scheinhaftigkeit menschl. Existenz u. die Suche nach verbrüdernder Menschenliebe sind wiederkehrende Themen. Ein autobiograph. Roman blieb unveröffentlicht. J.s journalistisches u. literar. Werk ist heute weitgehend unbekannt.

Weitere Werke: Die Landung. Mchn. 1921 (L.)

Literatur: Felix Braun: J. In: Wiener Ztg., 12. 8. 1956, Beilage S. 5. – Hans Heinz Hahnl: J. In: Ders.: Vergessene Literaten. Wien 1984, S. 187-190. – Jürgen Serke: J. In: Ders.: Böhm. Dörfer. Wien/Hbg. 1987, S. 411 f. *Ursula Weyrer*

Jaschke, Gerhard, * 7. 4. 1949 Wien. – Lyriker, Erzähler.

Nach dem Studium der Rechtswissenschaft u. Philosophie begann J. um 1970 Lyrik u. Kurzprosa zu veröffentlichen (u. a. in Anthologien: *Kein schöner Land* ... Salzb. 1981. *Interaktion 2.* Wien 1988. ROT-WEISS-BUCH. Graz/Wien 1988. *(Un)verlangt eingesandt.* Wien/Zürich 1988. *Erleichterung beim Zungezeigen.* Wien/Mchn. 1989) u. nahm an Ausstellungen teil, vorwiegend mit Zeichnungen u. Collagen (auch Einzelpräsentationen). J. ist freier Mitarbeiter des ORF u. seit 1986 Lehrbeauftragter für Literaturgeschichte an der Akademie der bildenden Künste in Wien.

1975 gründete J. gemeinsam mit Hermann Schürrer die kulturpolit. Gazette »Freibord«, der 1977 eine Buchsonderreihe beigefügt wurde. 1977, als auch J.s erster Gedichtband *windschiff einer ersten blindschrift* (Wien) herauskam, erhielt er den Theodor-Körner-Preis. Seine Lyrik, die vom Anagramm über das Haiku bis zum Prosagedicht reicht, ist dem formalen Experiment verpflichtet. Mit dem 1987 in Wien erschienenen Band *Das zweite Land* liegt eine repräsentative Auswahl von J.s lyr. Schaffen vor. *Das Geschenk des Himmels* (Wien 1982) vereinigt Prosatexte in realistisch-analyt. Schreibweise.

Weitere Werke: die windmühlen des hausverstands. Wien 1978. – Goethe darf kein Einakter bleiben (zus. mit Hermann Schürrer). Wien 1978. – Ausgew. Gedichte 1971-80. Wien 1981. – Fliegende Trümmer. Wien 1984. – flugspuren/skulpturen. Siegen 1986. – Wiegen-, Hirten-, Splitter-, Spießerlieder. Wien 1988. – essensreste der letzten sternsegler. Siegen 1989. – ursachen rauschen. Köln 1990. *Werner Herbst*

Jaspers, Karl, * 23. 2. 1883 Oldenburg, † 26. 2. 1969 Basel; Grabstätte: ebd., Hörnli-Friedhof. – Philosoph.

J. studierte 1902-1909 Medizin u. habilitierte sich nach Assistenzjahren in einer psychiatr. Klinik mit der *Allgemeinen Psychopathologie* (Bln. 1913. ^{9}1973). 1919 erschien die bereits von philosophischen Fragestellungen geprägte *Psychologie der Weltanschauungen* (Bln. ^{6}1971), deren großer Erfolg dazu beitrug, daß J. 1920 in Heidelberg auf einen philosophischen Lehrstuhl berufen wurde; prominenteste Schülerin J.' wurde Hannah Arendt. Die dreibändige *Philosophie* (Bln. 1932. ^{4}1973) begründete seinen Ruf als Vertreter der Existenzphilosophie, deren zweiten Protagonisten man damals in Heidegger sah. Während des Nationalsozialismus lebte J. mit seiner jüd. Frau unter ständiger Bedrohung u. entging 1945 nur durch den Einmarsch der Amerikaner dem Transport in ein Konzentrationslager. Unmittelbar nach dem Krieg erschien mit dem Buch *Zur Schuldfrage* (Heidelb. 1946) die erste einer Reihe von Publikationen, mit denen J. in den 50er u. 60er Jahren zu polit. u. zeitgeschichtl. Fragen Stellung bezog. 1948 nahm er einen Ruf nach Basel an, wo er bis zu seiner Emeritierung 1961 lehrte.

J.' Denken bewegt sich im Spannungsfeld von *Vernunft und Existenz* (Groningen 1935) – so der programmat. Titel einer wichtigen Vorlesungsreihe. Fragestellungen Kierkegaards, Nietzsches, der metaphys. u. metaphysikkrit. Tradition (Kant, Max Weber) aufnehmend, entwarf er eine Philosophie, die als *Weltorientierung*, *Existenzerhellung* u. *Metaphysik* (so die Titel der drei Bücher seiner *Philosophie*) an die Freiheit des Menschen appelliert u. ihm seine Existenzmöglichkeiten bewußtmachen will.

In J.' philosophischer Entwicklung lassen sich eine frühe u. eine späte Phase unterscheiden, die der unterschiedl. Akzentsetzung entsprechend als Existenz- bzw. Vernunftphilosophie bezeichnet werden. Existenz ist für J. ein Grundbegriff, der die Möglichkeit eines freien Ich-Selbst-Seins anzeigen soll. Sie ist nichts Allgemeines, nicht objektivierbar, sondern muß vom einzelnen konkret ergriffen werden. Sichtbar wird sie in Grenzsituationen wie Leiden, Schuld oder Sterben, in der Kommunikation mit anderen u. in der Erfahrung der Freiheit. Vom Existentialismus Sartres unterscheidet sich J. fundamental, indem er Existenz immer an Transzendenz gebunden sieht. Als »denkendes Vergewissern eigentlichen Seins« ist die Philosophie über alle Gegenständlichkeit u. über die Verabsolutierung der Existenz hinaus.

Unter dem Eindruck der polit. Katastrophe Deutschlands entwickelte J. seit Mitte der 30er

Jahre systematisch die Beziehungen zwischen Vernunft, Existenz, Kommunikation u. polit. Freiheit, deren Zusammenhang durch die Lehre vom Umgreifenden (Periechontologie) gestiftet werden soll. Sie enthält für J. kein objektivierbares Wissen – u. ist deshalb keine Ontologie –, sondern hat die Aufgabe, das umgreifende Sein in indirekter Mitteilung zu vergegenwärtigen. In der Schrift *Von der Wahrheit* (Mchn. 1947), dem einzigen erschienenen Band einer auf mehrere Bände angelegten *Philosophischen Logik*, unterschied J. eine Pluralität von Weisen des Umgreifenden, die durch die Vernunft zusammengehalten werden. Vernunft ist wesentlich auf die »Chiffren der Transzendenz« bezogen. In den Schriften *Der philosophische Glaube* (Zürich 1948) u. *Der philosophische Glaube angesichts der Offenbarung* (Mchn. 1962) entfaltete J. diesen Gedanken u. grenzte Philosophie sowohl von Wissenschaft wie von Religion ab.

Der Gedanke einer universellen, vernünftigen, alle dogmat. Festsetzungen verflüssigenden Kommunikation inspirierte den polit. Denker wie den Philosophiehistoriker. In zahlreichen Publikationen (*Die Atombombe und die Zukunft des Menschen.* Mchn. 1958. [7]1983. *Wohin treibt die Bundesrepublik?* Mchn. 1966. [4]1988) versuchte J., diesen Grundgedanken politisch durch eine Kritik des Totalitarismus u. restaurativer Tendenzen innerhalb der bundesrepublikan. Gesellschaft zu konkretisieren. Seine philosophiehistor. Werke (*Nietzsche.* Bln. 1936. *Schelling.* Mchn. 1955. *Die großen Philosophen.* Mchn. 1957) zielen auf eine existentielle Aneignung der Tradition, die in eine »Weltphilosophie« münde.

J. hat im polit. Diskurs der Nachkriegszeit mit seinen populären u. philosophiehistor. Schriften außerordentl. Wirkung erzielt. In der akadem. Philosophie blieb seine Bedeutung bislang geringer.

Weitere Werke: Die Idee der Universität. Bln. 1923. – Die geistige Situation der Zeit. Bln. 1931. 8. Abdr. der 5. Aufl. v. 1932. Bln. 1979. – Descartes u. die Philosophie. Bln. 1937. – Existenzphilosophie. Bln. 1938. [4]1974. – Vom Ursprung u. Ziel der Gesch. Zürich 1949. Mchn. [8]1983. – Einf. in die Philosophie. Zürich 1950. Mchn. [27]1988. – Die Frage der Entmythologisierung (zus. mit Rudolf Bultmann). Mchn. 1954. – Philosophische Autobiogr. Mchn. 1977. – *Briefwechsel:* Hannah Arendt – K. J. Briefw. 1926-69. Mchn. 1985.

Literatur: Hans Saner: K. J. Reinb. 1970. – Jeanne Hersch: K. J. Mchn. 1980. – Kurt Salamun: K. J. Mchn. 1985. – Jeanne Hersch u. a. (Hg.): K. J. Philosoph, Arzt, polit. Denker. Mchn. 1986. – Yusuf Örnek: K. J. Freib. i. Br. 1986. – Dietrich Harth (Hg.): K. J. Stgt. 1989.

Matthias Jung

Jaun, Sam, * 30. 9. 1935 Wyssachen. – Kriminalautor, Dramatiker, Lyriker.

J. studierte in Bern Altphilologie u. Germanistik. Bis 1976 war er Sekretär für kulturelle Fragen der Stadt Bern. In seinen Erzählungen *Texte aus der Provinz* (Bern 1971) entwickelt er Handlung aus Sprachspielerei. Der Erzählband *Die Wirklichkeit des Chefbeamten* (Bern 1977) befaßt sich mit dem Konflikt zwischen bürgerl. Existenz u. Selbstverwirklichung. Mit *Der Weg zum Glasbrunnen* (Mchn. 1983) fand J. zum Genre des literar. Kriminalromans. Sozialkritische Elemente, persönl. Probleme des Privatdetektivs Keller sind wichtiger als die geradlinige Aufklärung eines Falls. Keller ist Hauptfigur auch im Roman *Die Brandnacht* (Zürich 1986), der Korruption u. Sektentum in einer ländl. Region anprangert. – J., der in West-Berlin u. Steinen/Schweiz lebt, erhielt 1982 den Krimipreis der Autoren u. 1987 den Autorenpreis deutschsprachiger Kriminalliteratur.

Weitere Werke: Die Metamorphosen des Herrn Direktor Huber. Bern 1968 (D.). – Die weißen Zähne der Gemeinde. Texte 1961-71. Bern 1973. – Ach Auerbach (zus. mit Peter J. Betts). Bern 1972 (Spieltext). – Das neue Lust-, Schreck- u. Trauerspiel. Bern 1974 (D.). – Bier. Gümligen 1974 (D.).

Guido Stefani

Jean Paul → **Richter**, Johann Paul Friedrich

Jeep, *Jepp*, Johann(es), * um 1582 Dransfeld, † 19. 11. 1644 Hanau. – Komponist u. Liederdichter.

J. besuchte die Lateinschule in Göttingen, dann in Celle, wo er über vier Jahre Sängerknabe der Hofkapelle war. Wahrscheinlich bereits kurz nach 1600 gelangte er nach Nürnberg. Dort erschien 1605 sein kompositor. wie literar. Hauptwerk *Studentengärtleins Erster Theil Neuer lustiger weltlicher Liedlein.* 1611-1613 führten ihn Reisen nach Frankreich u. Italien. Zurückgekehrt, erhielt er Ende 1613 eine Anstellung als Kapellmeister, Organist u. Rentereibeamter am Hof der Grafen zu Hohenlohe in Weikersheim. Nach der Nördlinger Schlacht verschlug es ihn nach Frankfurt/M., dessen Rat ihn am 30. 1. 1637 als Organisten an den Dom berief. Fünf Jahre später jedoch verließ J., von den Arbeitsbedingungen enttäuscht, die Stadt; seine letzte Anstellung als Kapellmeister fand er schließlich im Jan. 1642 am Hof des Grafen Johann Ernst in Hanau, wo er trotz seines luth. Glaubens bis zu seinem Tod auch das Amt des Organisten an St. Marien bekleidete.

Neben ihrer deutl. Nähe zum Haßlerschen Lied ist das hervorstechendste Merkmal der J.schen Lieder die Einheit von Text u. Musik. Gründe dafür sind zum einen der schlichte u. volkstüml. Charakter der Textschöpfungen J.s sowie zum anderen dessen großes Geschick, diese wortgerecht (z. B. durch rhythmisch aufgelockerte Melodieführung) in Musik zu setzen. Obwohl J.s Liedsammlungen bereits zu seinen Lebzeiten zahlreiche Auflagen erfuhren u. von berühmteren Komponistenkollegen (Johann Hermann Schein, Johann Rosenmüller) durchaus geschätzt wurden, wirkten sie kaum über ihre Zeit hinaus.

Weitere Werke: Studentengärtleins Anderer Theil Neuer lustiger weltl. Liedlein. Nürnb. 1614.

Literatur: Wilfried Brennecke: J. In: MGG. *Rainer Wolf*

Jehoschua. – Zwei jiddische Bearbeitungen des biblischen Buches Josua, 15. u. 16. Jh.

Beide Werke gehören der erfolgreichsten Gattung der altjidd. Erzählliteratur, der stroph. Bibeldichtung, an, deren Autoren ihrem Publikum die bibl. Erzählungen nahezubringen versuchten, indem sie sie mit talmudischen u. midraschischen (d. h. der jüd. exegetischen u. paränetischen Literatur entstammenden) Legenden ausschmückten u. sich dabei der Formen u. Stilmittel der mhd. Heldenepik bedienten.

Die ältere Bearbeitung, entstanden wohl im 15. Jh., aufgezeichnet 1510/11 in Italien (heute: Parma, Biblioteca Palatina, Ms. Parm 2513, fol. 129^v-155^r, unediert), umfaßt 231 Strophen. Sie beschränkt sich weitgehend auf die Nacherzählung der bibl. Handlung; die wenigen Zusätze sind der traditionellen jüd. Exegese, meist Raschi, entnommen. Die Strophenform (vier paarweise gereimte Langzeilen mit Mittelzäsur) entspricht dem Hildebrandston der mhd. Dichtung. Das Epos ist offenbar zum Vortrag bestimmt gewesen; man findet mehrfach Anreden an ein Publikum. Der Autor ist, wie bei fast allen Werken dieser Gattung, nicht bekannt.

Eine jüngere Bearbeitung von 340 Strophen wurde 1594 (wahrscheinlich als Nachdruck) bei Isaak ben Aaron Prostitz in Krakau gedruckt (Unikum, heute: Bodleiana Oxford). Sie enthält zahlreiche legendenhafte Erweiterungen der bibl. Handlung sowie Aktualisierungen u. Interpretationen des Autors. Die Strophenform (vier paarweise gereimte Langzeilen mit Binnenreim), im Vorwort als »Achtgesetz« bezeichnet, entspricht der Heunenweise der mhd. Dichtung. Als Autor kommt möglicherweise Jakob zu der Kannen in Frage, der 1564 in Mantua eine Bearbeitung des bibl. Buches Richter, ebenfalls im »Achtgesetz«, zum Druck gebracht hat.

Das ältere Epos steht im Erzählstil, allerdings weniger in der literar. Qualität, dem *Schmuelbuch* nahe, das als der bedeutendste Vertreter dieser Gattung gilt. Die jüngere, zwar selbständige, aber wohl nicht ohne Kenntnis der älteren entstandene Fassung gehorcht deutlich dem Zwang, durch Aufschwellung seine Vorgänger überbieten zu müssen – eine Erscheinung, die auch sonst in der späteren Phase der jidd. Bibeldichtung (im 16. u. 17. Jh.) bekannt ist.

Literatur: Maks Erik: Di geschichte fun der jid. literatur. Warschau 1928, S. 122-124, 211. – Maks Weinreich: Bilder fun der jid. literaturgesch. Wilna 1928, S. 126-130 (Abdr. v. 9 Str.n der Hs.). – Chava Turniansky: Schtei schirot epijot be-Jidisch al sefer Jehoschua (Zwei altjidd. Josua-Epen). In: Tarbiz 51 (1982), S. 589-632. *Erika Timm*

Jeitteles, Ignaz, * 6. (13.?) 9. 1783 Prag, † 19. 6. 1843 Wien. – Publizist, Ästhetiker, Erzähler.

J. stammte aus einer alten jüd. Familie, sein Vater Baruch war Talmudgelehrter u. medizinischer Fachschriftsteller in Prag. In seiner Heimatstadt begann J. ein Jurastudium u. trat 1804 mit der gemeinsam mit seinem Vater verfaßten volkshygien. Schrift *Die Kuh-Pockenimpfung* u. einem Gelegenheitsgedicht *Seiner Majestät Franz dem Zweiten* an die Öffentlichkeit. Sein literar. Mentor wurde August Gottlieb Meißner, der in Prag Ästhetik u. klass. Literatur dozierte. Aus berufl. Gründen übersiedelte J. nach Wien, wo er Gesellschafter eines Handelshauses wurde; 1825 heiratete er Fanni Barach. Nebenbei entwickelte J. eine rege Tätigkeit als Journalist; er verfaßte mehrere hundert, nie gesammelt erschienene Beiträge für Wiener Zeitschriften u. Taschenbücher, aber auch für dt. Journale. Gemeinsam mit seinem Vetter, dem Brünner Arzt u. Lustspieldichter Alois Jeitteles, redigierte er »Siona, encyklopädisches Wochenblatt für Israeliten« (Wien 1819). Zählen seine Journalbeiträge durchaus zur kritisch-pamphletist. Broschüren- u. Zeitschriftenliteratur des österr. Vormärz, so erweist J. sich in seiner Kunstauffassung als konservativer Theoretiker der Restauration. Sein Hauptwerk *Ästhetisches Lexikon. Ein alphabetisches Handbuch zur Theorie der Philosophie des Schönen und der schönen Künste* (2 Bde., Wien 1835/36. Neudr. Hildesh./New York 1978) ist der Ästhetik der Aufklärung, insbes. Sulzers *Allgemeiner Theorie der schönen Künste* von 1774 verpflichtet u. legt an die gesamte goethezeitl. Literatur einen veralteten normativen Maßstab an. 1839 wurde J. das Ehrendoktorat der Universität Jena verliehen.

Weitere Werke: Jonas J., der Heilkunde Doctor. Eine biogr. Skizze. Prag 1806. – Analecten, Arabesken u. Allegorien. Prag 1807. – Clio, eine Reihe welthistor. Scenen. Wien 1834. – Eine Reise nach Rom. Hg. August Lewald. Siegen/Wiesb. 1844.

Literatur: Wurzbach. – Heinz Rieder: J. In: NDB. – Herbert Seidler: Österr. Vormärz u. Goethezeit. Wien 1982, passim.

Cornelia Fischer

Jelecký, *Geletzky*, Johann, † 28. 12. 1568. – Theologe, Kirchenlieddichter.

J. wurde 1555 zum Priester der Brüderunität geweiht u. stand bis zu seinem Tod der deutschsprachigen Brüdergemeinde Fulnek/Mähren vor. 1559 wurde er von Bischof Johann Blahoslav als Dolmetscher zu den Gesprächen mit den deutschsprachigen Täufern in Eibenschitz u. Znaim hinzugezogen, die den Anschluß an die Unität erwogen.

J. war neben Michael Tham u. Peter Herbert Herausgeber der dritten Auflage des dt. Brüdergesangbuchs *Kirchengeseng darinnen die Heubtartikkel des Christlichen glaubens kurtz gefasset und ausgeleget sind* (Eibenschitz 1566). Es enthielt insg. 343 Lieder, v. a. von Weisse, Herbert u. Luther, daneben 22 Lieder von J., fünf von Johann Jirek [Girk], vier von Centurio Sirutschko u. sechs von Georg Vetter (Strejc). Die vierte, erweiterte Auflage der *Kirchengesänge* (Kralitz 1606) bietet 23 Lieder von J. Noch heute gehören zum evang. Liedgut *Nun rüste dich, o Christenheit* (EKG 429) u. aus dem Brüdergesangbuch *Singet frisch und wohlgemut* sowie *O wie sehr lieblich sind all deine Wohnung'* (urspr. tschechisch von J. Augusta). J. lehnte sich gern an die bibl. Psalmen an u. übersetzte ältere tschech. Lieder in die lebendige Sprache persönl. Frömmigkeit.

Literatur: Geletzki. In: ADB. – Wackernagel 4, S. 349–365. – Rudolf Wolkan: Das dt. Kirchenlied der Böhm. Brüder im 16. Jh. Prag 1891. – Joseph Theodor Müller: Hymnolog. Hdb. zum Gesangbuch der Brüdergemeine. Herrnhut 1916. – Ders.: Gesch. der Böhm. Brüder. Bde. 1–3, ebd. 1922–31.

Dietrich Meyer

Jelinek, Elfriede, * 20. 10. 1946 Mürzzuschlag/Steiermark. – Erzählerin, Dramatikerin, Lyrikerin, Hörspielautorin u. Übersetzerin.

Nicht erst seit ihrem Roman *Lust* (Reinb. 1989) setzt sich J. mit weibl. Sexualität auseinander. Schon in früheren Arbeiten zeigt die Autorin, die in Wien eine Klosterschule besuchte, Theaterwissenschaften, Kunstgeschichte u. Musik studierte u. das Konservatorium mit der Organistenprüfung abschloß, die Frau als Objekt in einer von Männern dominierten Gesellschaft, entlarvt sie Sexualität als brutalen Geschlechterkampf, aus dem als Verliererinnen, weil passiv u. zum Masochismus erzogen, immer die Frauen hervorgehen. In *Die Liebhaberinnen* (Reinb. 1975), ihrem ersten Roman in »realistischer« Schreibweise, führt sie das gesellschaftl. Bewußtsein zweier Fabrikarbeiterinnen auf dem Land vor, deren einzige soziale Chance der »Heiratsmarkt« ist. Die Mutter-Tochter-Beziehung in J. s ausgereiftestem Roman *Die Klavierspielerin* (Reinb. 1986) – eine zyn. Abrechnung mit der systemat. Zerstörung weibl. Sexualität durch gesellschaftl. u. private Zwänge – ist autobiographisch geprägt: J., seit 1974 mit einem Informatiker verheiratet, lebt zusammen mit ihrer Mutter in Wien. Die Mutter-Tochter-Symbiose wird im Roman auf die Spitze getrieben, der Muttermythos u. der Mythos vom begnadeten Künstler zerstört. Doch gleich welcher Problematik sich J. annimmt – der Unterdrückung von Frauen, terroristischer Auswüchse der Wirtschaftswunderjahre (im Roman *Die Ausgesperrten*. Reinb. 1980. Hörsp. SDR/BR/RB 1978), der Naturmystik der jüngsten Zeit (im Roman *Oh Wildnis, oh Schutz vor ihr*, Reinb. 1985, der formal an ihre Anfänge knüpft), des Opportunismus in der NS-Zeit –, der Ansatz von J., seit 1974 Mitgl. der KPÖ, ist immer marxistisch-materialistisch; nur selten, etwa in *Lust*, nimmt eine starke Symbolik die gewohnte satir. Schärfe. J.s satir. Mittel allerdings ist die Sprache. Exakt u. analytisch montiert sie Sprachmaterial aus Comics, Medien- u. Werbewelt; sie spielt mit Sprachstereotypen, die sie seziert, verfremdet, übertreibt: Ihre geschliffenen Analysen psychologisieren nicht, sondern typisieren u. entlarven damit gesellschaftl. Verhaltensmuster.

J.s erste Texte sind formal noch von der experimentellen Literatur der Wiener Gruppe geprägt: skurrile Textmontagen, groteske Sprachbilder, Simulationen von Kinderreimen, Imitationen von Schlagern. So auch der Roman *wir sind lockvögel baby!* (Reinb. 1970), cin Montageroman der 70er Jahre, mit dem ihr der literar. Durchbruch gelang (»erster Poproman deutscher Zunge«, Otto Breicha). Eine Parodie auf traditionelle Entwicklungsgeschichten, montiert er vorgegebenes Sprachmaterial aus Batman, James-Bond- u. Horrorfilm in die Struktur eines Heimatromans, an dessen »Ende« die Aufforderung an den Leser zur eigenen »Veränderung« steht.

Schon *Michael. Ein Jugendbuch für die Infantilgesellschaft* (Reinb. 1972) hat realistischere Züge. Hier fügt J. in die Wirklichkeitsebene der Figur Michael Passagen aus Traum, Wunsch- u. Medienwelt, zerstört damit die in Familienserien (»Flipper«) vorgegaukelte schöne Welt u. macht so falsche Glücksvorstellungen sichtbar. Auch J.s Theaterstücke u. Hörspiele erzielen durch bewußte Provokationen der üblichen Hör-, Seh- u. Sprechgewohnheiten emanzipator. Wirkung. J. thematisiert etwa im Stück *Was geschah, nachdem Nora ihren Mann verlassen hatte* (Urauff. Graz 1979. Hörsp. SDR 1979) oder in *Clara S. musikalische Tragödie* (Urauff. Bonn 1982), weibl. Identitätsverlust, die (nicht realisierbare) Selbstverwirklichung von Frauen, u. auch hier geht es um die Entlarvung der sozio-ökonomischen Bedingungen. J.s Werke, v. a. ihre jüngeren, lösen heftige Diskussionen aus. Ihre ungeheure Bilderphantasie u. ihr dialektischer Sprachwitz treffen dabei immer den gesellschaftl. Punkt. – 1978 erhielt J. den Heinrich-Böll-Preis.

Weitere Werke: bukolit. hörroman. Wien 1979. – ende. gedichte 1966–68. Schwifting 1980. – Burgtheater. Posse mit Gesang. Ffm. 1980 (D.). – Krankheit oder Moderne Frauen. Köln 1987. Urauff. Bonn 1987 (D.). – Wolken. Heim. Urauff. Bonn 1988 (D.).

Literatur: Hanno Beth: E. J. In: Heinz Puknus (Hg.): Neue Lit. der Frauen. [...]. Mchn. 1980. – Ingrit Seibert u. Sepp Dreissinger: E. J. Die Frau im Sumpf. In: Dies.: Die Amazonen der Lit. [...]. Amsterd. 1986. – Barbara Alms: Blauer Streusand. Ffm. 1987. – Gabriele Presber: E. J. In: Dies.: Die Kunst ist weiblich. Mchn. 1988. – Christa Gürtler (Hg.): ›Gegen den schönen Schein‹. Ess.s zu E. J. Ffm. 1989.

Jutta Freund

Jellinek, Oskar, * 22. 1. 1886 Brünn/Mähren, † 12. 10. 1949 Los Angeles; Grabstätte: Hollywood, Friedhof. – Novellist.

J., einer dt.-jüd. Großbürgerfamilie entstammend, übersiedelte 1904 nach Wien, wo er Jura studierte u. nach der Promotion in den Gerichtsdienst trat. Seine Tätigkeit als Richter wurde vom Ersten Weltkrieg unterbrochen, an dem er als Artillerieoffizier teilnahm. Nachdem 1924 seine Novelle *Der Bauernrichter* (Lpz. 1925) preisgekrönt worden war (erster Preis eines Wettbewerbs des Verlags Velhagen & Klasing), entschloß er sich, freier Schriftsteller zu werden. 1938 emigrierte J. in die ČSR, 1939 nach Paris. Nach seiner Internierung gelang ihm 1940 die Flucht in die USA. 1943 ließ er sich in Los Angeles nieder; der dort begonnene Roman *Das Dorf des 13. März* blieb Fragment.

J.s formstrenge Novellen in der Tradition der mähr. Dorfgeschichte (Ebner-Eschenbach, Ferdinand von Saar) spielen meist im mähr. Bauernmilieu u. bedienen sich realistischer Darstellungsmittel. Dramatische Vorgänge, Mord, Gewalt, Leidenschaft u. Verbrechen führen in den Themenkreis des Gerichts. J. zeigt die Konflikte u. Gegensätze zwischen bäuerl. Lebensweise u. städt. Bürokratie, zwischen traditionellem Aberglauben u. neuer Ungläubigkeit. Das Regionale wird durch psycholog. Darstellung zur Allgemeingültigkeit erhoben.

Weitere Werke: Das Burgtheater eines Zwanzigjährigen. Wien 1907. – Die Mutter der Neun. Bln./Wien/Lpz. 1926 (N.). – Der Sohn. Ebd. 1928 (E.). – Das ganze Dorf war in Aufruhr. Ebd. 1930 (N.n). – Die Seherin v. Daroschitz. Ebd. 1933 (N.). – Die Geistes- u. Lebenstragödie der Enkel Goethes. Ein gesprochenes Buch. Zürich 1938. – Ges. Novellen. Mit einer Einf. v. Franz Karl Ginzkey. Wien 1950. – Gedichte u. kleine E.en. Mit einem Nachw. v. Richard Thieberger. Wien 1952. – Hankas Hochzeit. Hg. Wulf Kirsten. Bln./DDR 1980 (N.n u. E.en). – Raacher Silberfeier. Wien/Darmst. 1988 (L.).

LITERATUR: Margarete Stornigg: O. J. Leben u. Werk eines österr. Dichters. Diss. Wien 1956. – Karel Krejčí: O. J. Leben u. Werk. Brno 1967. – Alma Nowotny: Die Novellen O. J.s. Diss. Wien 1972. *Kristina PfoserSchewig*

Jelusich, Mirko, eigentl.: Vojmir Jelusić, * 12. 12. 1886 Semil, Gemeinde Podmoklitz/Nordböhmen, † 22. 6. 1969 Wien. – Erzähler, Dramatiker, Lyriker, Theaterkritiker.

Zeitlebens empfand J. seine Herkunft – sein Vater war Kroate, die Mutter Sudetendeutsche – als Benachteiligung, die er durch schwärmerische Hinwendung zum »Deutschtum« zu kompensieren versuchte. Er studierte ab 1906 Philosophie in Wien; 1912 promovierte er bei Friedrich Jodl mit einer Studie zur Rezeptionsgeschichte Stirners. Noch als Student wurde J. Mitgl. des »Musketenkreises«, wo er u. a. Hohlbaum kennenlernte, mit dem ihn bald enge Freundschaft verband. Entscheidend für seine weltanschaul. Entwicklung, insbes. rassistischen Überzeugungen, wurde die Bekanntschaft mit dem antisemitischen Schriftsteller u. Philosophen Arthur Trebitsch.

Ab 1923 war J. als Theaterkritiker bei der rechtsextremen »Deutsch-österreichischen Tageszeitung« tätig u. wandte sich Ende der 20er Jahre dem Nationalsozialismus zu. Als Nachfolger Graedeners übernahm er den Vorsitz des »Kampfbundes für deutsche Kultur«; nach dessen Verbot 1933 setzte J. seine Propagandatätigkeit für die NSDAP illegal fort (unter anderem Aufbau der NS-Tarnorganisation »Bund der deutschen Schriftsteller Österreichs« 1936). Von seinem Posten als kommissarischer Leiter des Burgtheaters trat er nach Differenzen mit Goebbels im Juli 1938 zurück, unterstützte jedoch das Regime publizistisch bis zum Schluß. Im Aug. 1945 wurde er von den Sowjets verhaftet u. als Hochverräter angeklagt, 1946 jedoch freigesprochen. Das österreichische Unterrichtsministerium setzte sein Gesamtwerk auf die »Liste der gesperrten Autoren und Bücher«, was eine gewisse Renaissance seiner Bücher in den 50er u. 60er Jahren nicht verhindern konnte.

Als Autor der »Muskete« begann J. mit Lyrik u. kurzen Prosaskizzen; sein kriegsbejahendes *Vaterunser 1914* (Bln. 1914) begleitete auf Feldpostkarten die Soldaten der Mittelmächte an die Front. Mit dem historisch-biographischen Roman *Caesar* (Wien 1929) gelang J. der Durchbruch: Anknüpfend an die damalige Konjunktur dieses Genres, präsentiert er seine Vision der heroischen Führergestalt. In dialogischer Erzählsprache inszeniert J. die Vita des welthistor. Individuums als Weg zu überird. Größe. Ist *Caesar* noch vom Vorbild Mussolini inspiriert, so liefert die Romanbiographie *Cromwell* (Wien/Lpz. 1933) ein verstecktes Porträt Hitlers. Ihre Fortsetzung fand die polit. Indoktrination mittels histor. Analogien in der Trilogie *Der Löwe* (Wien/Lpz. 1936), *Der Ritter* (ebd. 1937) u. *Der Soldat* (ebd. 1939. U. d. T. *Scharnhorst.* Salzb. 1953), in der J. das Dritte Reich als Gipfelpunkt dt. Geschichte vorführt.

WEITERE WERKE: Der gläserne Berg. Bln. 1917 (D.). – Don Juan. Wien 1931 (R.). – Hannibal. Wien 1934 (R.). – Der Traum vom Reich. Bln. 1941. Neuaufl. u. d. T. Prinz Eugen, der Feldherr Europas. Graz 1979 (R.). – Eherne Harfe. Balladen u. Gedichte. Wien 1941. – Samurai. Wien 1943 (Schausp.). – Bastion Europas. Wien/Lpz. 1944. Neuaufl. Wien 1951 (R.). – Talleyrand. Wien/Bln./Stgt. 1954 (R.).

LITERATUR: Johannes Sachslehner: Führerwort u. Führerblick. M. J. Königst./Taunus 1985. *Johannes Sachslehner*

Jenaer Liederhandschrift. – Bedeutendste Sammlung von Spruchdichtern, mit Melodien.

Die J. L. ist nach ihrem Aufbewahrungsort (Jena, Universitätsbibliothek, Ms. El. f. 101) benannt. Nach Jena gelangte sie 1549 mit der Bibliothek Kurfürst Johann Friedrichs des Großmütigen von Sachsen. Bis zu dessen Niederlage in der Schlacht bei Mühlberg (1547) residierten die Kurfürsten in Wittenberg. Die J. L. befand sich spätestens seit 1541 in der kurfürstl. Bibliothek u. ist wahrscheinlich mit einem »liber mangnus cum notis« gleichzusetzen, der in einem Wittenberger Bücherverzeichnis von 1437 (als Nr. 2) aufgeführt ist. Auf Anregung von Bodmer u. Breitinger hat der Jenaer Astronom Basilius Christian Bernhard Wiedeburg die J. L. erstmals in der *Ausführlichen Nachricht* über alte dt. Handschriften in Jena (1754) eingehend untersucht u. beschrieben. Zahlreiche Strophen hat 1785 Christoph Heinrich Myller (Müller) in seine *Sammlung altdeutscher Gedichte des XII., XIII. u. XIV. Jahrhunderts* aufgenommen. Alle nicht in der *Großen Heidelberger Liederhandschrift* enthaltenen Texte u. sämtl. Melodien hat 1838 Friedrich Heinrich von der Hagen in seinen *Minnesingern* publiziert. In der Liedforschung trägt die Handschrift die Sigle J.

Zeit u. Ort der Entstehung sind in der J. L. nicht festgehalten. Der Schrift nach gehört sie eher noch ins erste Drittel als in die Mitte des 14. Jh. Die Schreibsprache weist auf niederdt. Kopisten. Der Codex (56 x 41 cm, noch 133 Blätter, Anfang u. Ende verloren, Lücken im Innern) übertrifft wohl alle Handschriften dt. mittelalterl. Literatur an Größe. Der geradezu verschwenderische Umgang mit dem kostbaren Pergament, die große kalligraphische Schrift der Haupthand, farbige, ornamentierte Initialen u. die sorgfältige Ausführung der Noten (Quadratnotation) einerseits, Berichtigungen in Texten u. Melodien u. umfangreiche Ergänzungen auf den Rändern andererseits lassen auf einen fürstl., an der Sache interessierten Auftraggeber schließen. Man hat an den in Wittenberg residierenden Herzog Rudolf I. von Sachsen (Regierungszeit 1324-1356) gedacht. Sprachliche Merkmale machen freilich zumindest die Herstellung der Handschrift in Wittenberg unwahrscheinlich u. deuten eher auf Entstehung westlich der Elbe. Aus derselben Werkstatt wie die J. L., möglicherweise sogar von deren Hauptschreiber stammt eine großformatige, im 16. Jh. in Thüringen zerschnittene Epensammlung, die neben dem Artusroman *Segremors* zumindest den *Parzival* Wolframs von Eschenbach enthielt.

Die J. L. umfaßt heute noch über 900 Lied- u. Spruchstrophen sowie drei Leichs (z. T. fragmentarisch). Mehr als zwei Drittel der Texte sind nur aus J bekannt. Mit der *Großen Heidelberger Liederhandschrift* (C) teilt J lediglich ein Fünftel des Bestands. Die Gewichte der Genres sind in beiden Sammlungen völlig verschieden. Während C Spruchdichtung zwar im gleichen Umfang überliefert wie der Jenaer Torso, jedoch im Gefolge des Minnesangs, der unverkennbar dominiert, bevorzugt J eindeutig die Spruchdichtung – Minnelieder u. selbst Sprüche mit Minnethematik sind sehr selten. Strophen in ein u. demselben Ton stehen beisammen, ebenso Töne ein u. desselben Sängers (Ausnahme: Der Guter); der Beginn eines neuen Autorcorpus wird, anders als in C, durch die bloße Namensangabe markiert. Sofern Sänger Sprüche in Tönen anderer gedichtet haben, sind die Strophen dem Tonautor zugeordnet – eine Praxis, die bereits an die *Kolmarer Liederhandschrift* (etwa 1460) gemahnt.

Bewahrt sind in J 28 Autorennamen, ein oder zwei sind mit dem Corpusbeginn verloren; das nachgetragene Wizlaw-von-Rügen-Corpus hat keine Überschrift. Über Auswahl- u. Anordnungsprinzip läßt sich wegen der bruchstückhaften Erhaltung der Sammlung nicht sicher urteilen. J beginnt mit einer geistl. Kontrafaktur zum Leich Walthers von der Vogelweide u. stellt höchstwahrscheinlich Band 2 einer Sammlung dar, deren erster Band mit Walthers Leich endete (bezeugt als Nr. 1 im Wittenberger Bücherverzeichnis von 1437?). Darüber, was dort vorausgegangen sein könnte, kann man nur spekulieren. Am ehesten ist an ein Reinmar-von-Zweter- u. ein Walther-Corpus zu denken; dazu kamen vielleicht weitere Dichter bis zur Mitte des 13. Jh. (z. B. der Marner?). In J folgen auf die Walther-Kontrafaktur zunächst noch ältere Autoren, so Stolle u. Bruder Wernher (Nr. 2, 3). Im ganzen überwiegen Sänger aus der zweiten Hälfte des 13. Jh. u. der Wende zum 14. Jh. u. solche aus dem nördl. u. mittleren Deutschland – so Rumelant von Sachsen, der Meißner, Hermann Damen, als jüngster Frauenlob († 1318). Das bedeutende Œuvre des Meißner (Nr. 25) setzt auf neuer Lage ein, worin vielleicht eine bes. Auszeichnung zu sehen ist. Der vielstrophige *Wartburgkrieg* (Nr. 30 a/b) unter den Namen [Heinrich] von Ofterdingen u. Wolfram [von Eschenbach] bildete wohl auch urspr. den Beschluß. – Das Lied- u. Spruchœuvre des Wizlaw († 1325) ist erst nachträglich an der Nahtstelle vor dem Meißner-Corpus eingeschoben worden.

Die J. L. ist die älteste deutschsprachige Liederhandschrift mit lesbarer Notation u. wegen ihres Melodienreichtums eine unschätzbare Quelle. Mit Noten versehen sind die erste Strophe jeden Spruchtons u. jeden Lieds sowie zwei der Leichs. Insgesamt überliefert J 91 Melodien (einige sind verloren, ein paar Mal blieben die Notensysteme leer). Wegen ihrer Zusammensetzung vermag J das Fehlen von Melodien in den großen Minnesängerhandschriften nicht wettzumachen.

Als Handschrift niederdt. Provenienz ist die J. L. in der Überlieferung der deutschsprachigen Lieddichtung des MA keineswegs isoliert. Wegen des »Schriftmitteldeutsch«, dessen sich niederdt. Schreiber bei literarisch anspruchsvollen Texten befleißigten, wurde die Herkunft vieler Zeugnisse aus Norddeutschland bis in die jüngste Zeit verkannt. Mit der J. L. ist der weitaus prunkvollste Repräsentant einer speziellen Liedkodifizierungstradition erhalten, die sich seit etwa 1300 herausbildete (vielleicht im Umkreis der brandenburgischen Markgrafen, von denen Otto IV. mit dem Pfeil selbst als Minnesänger hervortrat). Die mit J verwandten Handschriften sind durchweg nur in Fragmenten bewahrt (Basel: Boppe u. a., Wolfenbüttel: Rumelant von Sachsen, Soest: Frauenlob). Auch Bruchstücke in Münster (Walther), ehemals Bonn (Reinmar von Zweter), Berlin (*Magdeburger Frühlingslied*) u. Krakau (früher Berlin; Minnelieder Walthers ohne Noten) stehen mit dieser Tradition in Verbindung. Die Vernachlässigung des Minnesangs in J ist wohl Ergebnis eines Wandels innerhalb dieser Tradition u. entspricht allenfalls teilweise einer Vorliebe der norddt. Dichter für die Spruchdichtung.

Ausgaben (vollständige): Die J. L. [Lichtdr. in Originalgröße]. Vorbericht v. Karl Konrad Müller. Jena 1896. – Die J. L. I. Getreuer Abdr. des Textes [u. der Melodien]. Hg. Georg Holz. II. Übertragung [der Melodien], Rhythmik u. Melodik. Bearb. v. Emil Bernoulli u. Franz Saran. Lpz. 1901. – Die J. L. In Abb.en hg. v. Helmut Tervooren u. Ulrich Müller. Göpp. 1972 (verkleinerte Schwarzweißreproduktion).

Literatur: Karl Konrad Müller, a. a. O. – Georg Holz, Emil Bernoulli u. Franz Saran, a. a. O. – Karl Bartsch: Untersuchungen zur J. L. Lpz. 1923. – Ewald Jammers: Untersuchungen über die Rhythmik u. Melodik der Melodien der J. L. In: Ztschr. für Musikwiss. 7 (1924/25), S. 265-304. – Gerhard Thiele: Ein ostdt. Artusroman des 13. Jh. In: ZfdA 77 (1940), S. 161-163. – Ursula Aarburg: J. L. In: MGG 6 (1957), Sp. 1868-1872 (Lit.). – Helmut Tervooren: Einzelstrophe oder Strophenbindung? Diss. Bonn 1967. – Ders. u. Ulrich Müller, a. a. O. (mit Lit.). – Erdmute Pickerodt-Uthleb: Die J. L. Metr. u. musikal. Untersuchungen. Göpp. 1975. – Horst Brunner: Die alten Meister. Mchn. 1975, bes. S. 199-261. – Georg Karpe u. a.: Hss. u. alte Drucke aus den Slg.en der Universitätsbibl. der Friedrich-Schiller-Univ. Jena. Jena 1976, bes. S. 25-31. – Gisela Kornrumpf u. Burghart Wachinger: Alment. Formentlehnung u. Tönegebrauch in der mhd. Spruchdichtung. In: Christoph Cormeau (Hg.): Dt. Lit. im MA Kontakte u. Perspektiven. Stgt. 1979, S. 356-411, bes. S. 365 f. – B. Wachinger: Der Anfang der J. L. In: ZfdA 110 (1981), S. 299-306. – Ders.: J. L. In: VL (Lit.). – H. Tervooren: Ein neuer Fund zu Reimar v. Zweter. In: ZfdPh 102 (1983), S. 377-391, bes. S. 387-389. – Franzjosef Pensel: Verz. der altdt. u. ausgewählter neuerer dt. Hss. in der Universitätsbibl. Jena. Bln. 1986, S. 307-324. – Thomas Klein: Zur Verbreitung mhd. Lyrik in Norddtschld. In: ZfdPh 106 (1987), S. 72-112, bes. S. 106-111. – B. Wachinger: Von der J. zur Weimarer Liederhs. Zur Corpusüberlieferung v. Frauenlobs Spruchdichtung. In: FS Karl Stackmann. Gött. 1987, S. 193-207. – Lothar Voetz: Überlieferungsformen mhd. Lyrik. In: Elmar Mittler u. Wilfried Werner (Hg.): Codex Manesse. Heidelb. 1988, S. 224-274, bes. S. 256-259. – G. Kornrumpf: Konturen der Frauenlob-Überlieferung. In: Werner Schröder (Hg.): Wolfram-Studien 10. Bln. 1988, S. 26-50, bes. S. 44 f. u. 47 f. – Hans-Jochen Schiewer: Beobachtungen zur Überlieferung des Artusromans im 13. u. 14. Jh. In: Volker Honemann u. Nigel F. Palmer (Hg.): Dt. Hss. 1100-1400. Tüb. 1988, S. 222-278, bes. S. 228-230.

Gisela Kornrumpf

Jendryschik, Manfred, * 28. 1. 1943 Dessau. – Erzähler, Lyriker.

J., Sohn eines Ingenieurs, wurde siebzehnjährig Mitglied des Dessauer Zirkels Schreibender Arbeiter, dessen Leiter er seit 1970 ist. Nach dem Abitur war er als Buchhändler u. Transportarbeiter tätig. Von 1962-1967 studierte er Germanistik u. Kunstgeschichte in Rostock; seit 1967 ist er Lektor im Mitteldeutschen Verlag in Halle.

J.s epigrammat. Prosagedichte widersetzen sich eindimensionaler Deutung u. geben einem reflektierenden Subjektivismus Raum. Von seiner Tendenz zur Verknappung zeugen auch die erzählerischen Miniaturen – Charakteristiken von Personen, Situationen u. Verhaltensweisen – des Bands *Der feurige Gaukler auf dem Eis* (Halle 1981). J. untersucht in seinen Texten die in der Gesellschaft gegebenen Freiräume für die Persönlichkeitsentfaltung des Individuums – Hauptthema auch in seinem bisher einzigen Roman *Johanna oder Die Wege des Dr. Kanuga* (Halle 1972, Mchn. 1976).

Weitere Werke: Glas u. Ahorn. 28 Gesch.n. Rostock 1967. – Die Fackel u. der Bart. 33 Gesch.n. Ebd. 1971. – Lokaltermine. Notate zur zeitgenöss. Lyrik. Halle 1974. – Jo, mitten im Paradies. Rostock 1974 (E.en) – Aufstieg nach Verigovo. Halle 1975 (E.en u. Tagebücher). – Die Ebene. Halle u. Ffm. 1980 (L.). – Anna, das zweite Leben. Prosa u. a. Auskünfte. Halle 1983 (mit Bibliogr.). – Zwischen New York u. Honolulu. Briefe einer Reise. Halle 1986. – *Herausgeber:* Bettina pflückt wilde Narzissen. Halle 1972 (Erzählanth.). – Alfons auf dem Dach u. a. Gesch.n. Halle 1982.

Literatur: Klaus Schuhmann: Die Kunst der Miniatur. In: SuF 38 (1986), S. 673-679.

Alfred Strasser

Jenisch, Daniel, * 2. 4. 1762 Heiligenbeil/Ostpreußen, † 9. 2. 1804(?) Berlin. – Theologe, Popularphilosoph, Philologe, Historiker, Literaturkritiker, Epiker u. Lyriker.

Nach seiner Gymnasialzeit studierte J. Theologie u. Philosophie (Magister) in Königsberg. Er hörte bei Kant u. war mit ihm u. Hamann vertraut. Im Mai 1786 zog er nach Berlin. Eine bald darauf in Braunschweig übernommene Hofmeisterstelle ermöglichte ihm eine kurze Hollandreise. 1788 wurde J. in Berlin ordiniert u. dritter Prediger der Marienkirche, 1792 vierter Diakon an St. Nicolai. Nach dem Tod Moritz' (1793), mit dem er befreundet war, übernahm er auch die Professuren der Altertümer an der Berliner Akademie der bildenden Künste, des Geschäftsstils an der Bauakademie u. der dt. Literatur am frz. Gymnasium zu Berlin. Am 25. 5. 1794 heiratete er Henriette Diterich, Tochter eines Oberkonsistorialrats u. Archidiakons an St. Marien. Ob er sich tatsächlich in einem Anfall von Schwermut am 9. 2. 1804 in die Spree gestürzt hat, bleibt Vermutung; an diesem Tag wurde er zuletzt gesehen. Es gab das Gerücht, er sei heimlich aus Berlin entwichen u. in ein Kloster gegangen. Noch 1806 glaubte ihn seine Frau unter den in Franken von den Franzosen festgenommenen Buchhändlern – aber der in Zeitungen erwähnte Jenisch aus Augsburg trug einen anderen Vornamen. Eintragungen in der Conduitenliste der Berliner Prediger für 1803 deuten auf eine psych. Erkrankung hin.

Mehrfach hat sich J. über seine karge Besoldung beklagt. Sicher war der Wunsch, seine Lebensbedingungen zu verbessern, häufig das Motiv seiner ausgedehnten theolog., philolog., philosophischen u. histor. Schriftstellerei. J. hat Werke von James Harris, Thomas Campbell u. Jean-Jacques Barthélemy übersetzt. Er war mit Gedike u. Biester bekannt u. veröffentlichte in Berliner Zeitschriften der Spätaufklärung, aber auch im »Teutschen Merkur« u. im »Magazin zur Erfahrungsseelenkunde«. Sein Aufsatz *Ueber Prose und Beredsamkeit der Deutschen* (in: Berlinisches Archiv der Zeit und ihres Geschmacks, März/April 1795) provozierte Goethes übereilte Replik *Literarischer Sansculottismus*. J. schrieb die erste umfassende Interpretation über *Wilhelm Meisters Lehrjahre* u. verfaßte eine *Theorie der Lebensbeschreibung* (Bln. 1802). In einigen Gedichten begrüßte er die Französische Revolution. Sein Preußenepos über Friedrich II., *Borussias in 12 Gesängen* (Bln. 1794), zog ihm den Spott der Weimarer u. der Romantiker zu, mit denen er sich satirisch in *Diogenes Laterne* (Lpz. 1799) anlegte.

Weitere Werke: Ueber Grund u. Werth der Entdeckungen des Herrn Prof. Kant in der Metaphysik, Moral u. Aesthetik [...]. Bln. 1786. Neudr. Brüssel 1973. – Der allezeit-fertige Schriftsteller. Oder kurze, doch gründl. Anweisung, wie man [...] ein großer u. fruchtbarer Schriftsteller werden könne [...]. Bln. 1797. Neudr. Mchn. 1981. – Geist u. Charakter des 18. Jh., politisch, moralisch, ästhetisch u. wissenschaftlich betrachtet. 3 Tle., Bln. 1800/01.

Literatur: Wolfgang Biesterfeld: Friedrich der Große als epischer Held: D. J.s ›Borussias‹ (1794). In: Jürgen Ziechmann (Hg.): Friderician. Miniaturen 1. Bremen 1988, S. 171–180, 234. – Gerhard Sauder: Popularphilosophie u. Kant-Exegese: D. J. In: Christoph Jamme u. Gerhard Kurz (Hg.): Idealismus u. Aufklärung. Kontinuität u. Kritik der Aufklärung in Philosophie u. Poesie um 1800. Stgt. 1988, S. 162–178.

Gerhard Sauder

Jens, Ina, eigentl.: Claudia Werkmeister-Cadisch, * 22. 10. 1880 Thusis, † 17. 1. 1945 Valparaiso/Chile. – Erzählerin.

Nach der Schulzeit in Thusis u. der Ausbildung zur Primarlehrerin in Chur arbeitete J. an einer dt. Schule in Bulgarien u. lernte dort ihren Mann, den Pädagogen Carl Werkmeister, kennen. Mit ihm siedelte sie 1907 nach Chile über, wo sie in Concepción u. ab 1916 in Valparaiso an dt. Schulen unterrichtete. In sehnsüchtiger Erinnerung an ihre Heimat begann sie Kurzgeschichten zu schreiben, die anhand von lebensvollen Figuren u. einprägsamen Ereignissen das Erlebnis der Kindheit in einem Bündner Bergtal darstellen u. die sie mit großem Erfolg veröffentlichte: *Maja* (Basel 1926) u. *Rosmarin* (ebd. 1928). Künstlerisch u. von ihrer Authentizität her ist diesen Texten vor den *Heidi*-Erzählungen Spyris, mit welchen sie thematisch u. stofflich sehr viel gemeinsam haben, unbedingt der Vorzug zu geben. Weniger geglückt erscheinen dagegen die Erzählungen, in denen J. ihre Chileerfahrungen verarbeitet: *Mirasol. Ein deutscher Junge erlebt Chile* (Stgt. 1935) oder *Unter chilenischem Himmel* (Basel 1941).

Literatur: Max Ruh: I. J. In: Nachw. zu ›Maja‹ u. ›Rosmarin‹. Neuausg. in einem Bd., Thusis 1980.

Charles Linsmayer

Jens, Walter, * 8. 3. 1923 Hamburg. – Rhetor, Erzähler, Altphilologe, Literaturkritiker.

J. studierte in Hamburg u. Freiburg i. Br. bei Bruno Snell u. Martin Heidegger, promovierte 1944 u. habilitierte sich 1949 in Tübingen. Seit 1950 Mitgl. der Gruppe 47, wurde er 1963 auf den neueingerichteten Lehrstuhl für Allgemeine Rhetorik in Tübingen berufen; 1976-1982 u. nach dem Tod Martin Gregor Dellins bis 1989 war er Präsident des PEN-Zentrums der BR Deutschland.

In den 50er Jahren als Romancier, v. a. aber als Fernsehkritiker der »Zeit« unter dem Pseud. Momos bekannt geworden, suchte J. als Altphilologe die Bedeutung der antiken Göttermythen u. der neutestamentl. Gottesgeschichte durch Übersetzungen griechischer Literatur u. der Bibel für aktuelle Fragen nach Wahrheit u. Frieden zu erweisen (*Antiquierte Antike? Perspektiven eines neuen Humanismus*. Münsterdorf 1971). Entsprechend verdeutlicht sein Buch *Statt einer Literaturgeschichte* (Pfullingen 1957), daß die moderne Literatur entscheidend von der krit. Auseinandersetzung u. dem reflektierten Wiedergewinn antiker Bildvorstellungen geprägt ist. Auf das eigene literar. Werk übertragen wurde die Frage nach der Möglichkeit dichterischer Produktion in dem fiktiven Briefwechsel *Herr Meister. Dialog über einen Roman* (Mchn. 1963). Ein Dichter u. ein Literaturwissenschaftler besprechen darin ein scheiterndes Romanprojekt. Melancholie ist das Thema, eine Melancholie, die der Spannung zwischen Tradition u. Gegenwart entspringt. In den 70er u. 80er Jahren weitete J. dieses kulturkritische Thema aus zu einem Dialog zwischen jüdisch-christlichem Glauben u. Literatur (*Theologie und Literatur*. Mchn. 1986. Hg. zus. mit Karl-Joseph Kuschel).

Als Rhetor will J. Geist u. Gesellschaft durch die Kunst des gesprochenen Worts versöhnen (*Eine deutsche Universität. 500 Jahre Tübinger Gelehrtenrepublik*. Mchn. 1977). Das Vorbild für das demokratische Engagement des in ganz Deutschland häufig u. gern gesehenen Gastredners ist Lessing, dem er den Essay *Feldzüge des Redners* (in: *In Sachen Lessing*. Stgt. 1983) widmete, u. den er immer wieder zum Ausgangspunkt seines radikaldemokratischen Bemühens nimmt: sei es der *Republikanischen Reden* (Mchn. 1976), sei es der Reden in *Ort der Handlung ist Deutschland* (Mchn. 1981).

Weitere Werke: Das weiße Taschentuch. Hbg. 1947 (E.). – Nein. Die Welt der Angeklagten. Hbg. 1950 (R.). – Die Götter sind sterblich. Pfullingen 1959 (Reiseber.). – Die Verschwörung. Grünwald 1969 (Fernsehsp.). – Am Anfang der Stall – am Ende der Galgen: Jesus v. Nazareth, seine Gesch. nach Matthäus. Stgt. 1972. – Fernsehen. Themen u. Tabus. Momos 1963-73. Mchn. 1973. – Der Fall Judas. Stgt. 1975. – Der Untergang. Nach den Troerinnen des Euripides. Mchn. 1982. – Kanzel u. Katheder. Mchn. 1984 (Reden). – Die Friedensfrau. Nach der Lysistrate des Aristophanes. Mchn. 1986. – Anfang u. Ende. Die Offenbarung des Johannes. Stgt. 1987.

Literatur: W. J. Eine Einf. Mchn. 1965. – Herbert Kraft: Das literar. Werk v. W. J. Tüb. 1975. – Manfred Lauffs: W. J. Mchn. 1980. – Ulrich Berls: W. J. als polit. Schriftsteller u. Rhetor. Tüb. 1984.

Maria Behre

Jensen, Wilhelm (Hermann), * 15. 2. 1837 Heiligenhafen/Holstein, † 24. 11. 1911 München; Grabstätte: Fraueninsel/Chiemsee. – Novellist, Romancier, Lyriker, Dramatiker; Redakteur.

Der unehel. Sohn des dän. Etatsrats, Kieler Bürgermeisters u. späteren Sylter Landvogts Swenn Hans Jensen studierte ab 1856 in Kiel, Würzburg, Jena u. Breslau Medizin, pflegte jedoch schon früh literar. Interessen u. Kontakte. 1860 promovierte er in Breslau mit einer Arbeit zum Nibelungenlied zum Dr. phil. u. ging 1862 als Bewunderer Geibels zu diesem nach München. 1863 begegnete er auf der Fraueninsel im Chiemsee Marie Brühl, der kunstsinnigen, später als Malerin dilettierenden Tochter des Wiener Schriftstellers u. Journalisten Moriz Augustin Brühl u. der kath. Novellistin Maria Theresia Brühl. J. folgte ihr nach Wien u. verkehrte im Kreis um Laube. Nach der Hochzeit 1865 zogen sie nach Stuttgart. Dort begann u. a. die Lebensfreundschaft mit Raabe. Im Zuge starken polit. Engagements für die dt. Einigung übernahm J. 1866 die Redaktion der kleindeutsch-oppositionellen »Schwäbischen Volkszeitung«.

In Schleswig lernte J. 1867 Storm kennen, als dessen Schüler er sich fortan verstand. Die motivische u. kompositor. Orientierung an Storm begründete J.s Ruhm als Erzähler, beginnend mit den Novellen *Magister Timotheus* (Schleswig 1866), *Westwardhome* (Bln. 1866), *Die braune Erica* (Bln. 1868) u. der Erzählung *Im*

Pfarrdorf (Bln. 1868). Schauplätze der norddt. Küstenlandschaft wechseln mit exot. Milieu (*Unter heißerer Sonne.* Braunschw. [1869]. *Eddystone.* Bln. 1872. *Sonne und Schatten.* 2 Bde., Bln. 1873). Den dauerhaftesten Erfolg hatte die Erzählung *Karin von Schweden* (Bln. 1872. 234. Tsd. 1957). Daneben pflegte J. die histor. Erzählung u. den histor. Roman (*Minatka.* 2 Bde., Braunschw. 1871).

1869-1872 leitete J. in Flensburg die Redaktion der deutschnationalen »Norddeutschen Zeitung«. Danach lebte das Paar in Kiel; dort entstand u. a. der religionsphilosophische, in der Französischen Revolution spielende Roman *Nirwana* (4 Bde., Breslau 1877), dessen dezidiert atheistisch-pessimistische Haltung klerikale Anfeindung brachte. Ähnliche Kontur zeigt der auf Norderney spielende Roman *Runensteine* (Lpz. 1888), in Freiburg i. Br. entstanden, wohin das Paar 1876 übergesiedelt war. Daneben schrieb J. auch humoristische Prosa in Dickensscher Manier (*Trimborn und Co.* Bln. 1871). Die Publikation mehrerer Gedichtbände (sieben zwischen 1869 u. 1912) fand kaum Resonanz; allein seine Kriegslieder zum Deutsch-Französischen Krieg (*Lieder aus dem Jahre 1870.* Bln. 1870) erfuhren eine zweite, erweiterte Auflage (1872).

Ab 1888 lebte das Ehepaar in München u. bei Prien am Chiemsee. Unermüdlich, aber mit schwindendem Erfolg setzte J. seine erzählerische Produktion in verschiedenen Genres fort – von der weiterhin meist patriotisch getönten histor. Erzählung (*Deutsche Männer. Geschichtlicher Roman aus dem Jahre 1809.* Lpz. 1909) über die »Seegeschichte« bis zur »Heimatkunst« (*Chiemgau-Novellen.* Lpz. 1895. *Luv und Lee.* 2 Bde., Weimar 1897. *Aus See und Sand.* 2 Tle., Dresden/Lpz. 1897. *Heimath.* Ebd. 1901). – Die Heirat der jüngsten Tochter J.s 1892 mit Ernst Prinz von Sachsen-Meiningen, dem Sohn des »Theaterherzogs«, brachte gesellschaftl. Aufstieg; auf der Meininger Bühne konnte J. dennoch nicht reüssieren – ebensowenig wie sonst als Dramatiker (*Der Kampf für's Reich.* Freib. i. Br. 1884).

Der engagierte Anhänger des Poetischen Realismus, der auf seinen »Meister« Storm in dessen späteren Jahren nicht ohne Einfluß war u. zeitweise auch Raabe auf den »rechten Weg« zurückzwingen wollte, verband pessimistische Weltsicht mit idealistischer Verklärung im ästhetischen Text u. blieb damit zunehmend hinter den Zeitströmungen zurück. Die seit den späten 80er Jahren verstärkte Kritik entzündete sich jedoch nicht daran, sondern man warf ihm oberflächlich-gefällige Vielschreiberei vor, Mangel an echter Empfindung, Beliebigkeit von Stoffen u. Lokalkolorit, Selbstplagiat.

Sein über 140 Bände umfassendes Werk ist im 20. Jh. vergessen, auch wenn einige Titel noch nach J.s Tod mehrfach aufgelegt wurden. Der Nachwelt ist J. einzig durch die Erzählung *Gradiva* (Dresden/Lpz. 1903) bekannt geblieben, da Freud ihr 1907 eine Studie widmete.

Literatur: Karl Busse: W. J. In: Bl. für literar. Unterhaltung, 25. 6. 1895, S. 465-468. – Gustav Adolf Erdmann: W. J. Lpz. o. J. [1907]. – Wilhelm Arminius (d. i. Wilhelm Hermann Schultze): W. J. Lpz. 1908. – Alfred Biese: W. J. Ein Nachruf. In: Die Gartenlaube (1911), S. 1154 f. – Willy Rath: W. J. In: Konservative Monatsschr. (1911), S. 318-324. – Waldemar Barchfeld: W. J. als Lyriker. Münster 1913. – Ludwig Fulda: W. J. zum Gedächtnis. In: Heinrich Spiero (Hg.): Wilhelm Raabe u. sein Lebenskreis. Bln.-Grunewald 1931, S. 170-175. – Wilhelm Fehse: Raabe u. J. Denkmal einer Lebensfreundschaft. Bln. 1940. – Sigmund Freud: Der Wahn u. die Träume in W. J.s ›Gradiva‹ mit dem Text der Erzählung v. W. J. Hg. Bernd Urban u. Johannes Cremerius. Ffm. 1973. – Eckhardt Meyer-Krentler: Stopfkuchen – Ein Doppelgänger. Wilhelm Raabe erzählt Theodor Storm. In: Jb. der Raabe-Gesellsch. 1987, S. 179-204. – Horst Denkler: Marie Jensen. Angaben zur Person einer schönen Unbekannten. In: Ders.: Neues über Wilhelm Raabe. Tüb. 1988, S. 43-47. – Ders.: Wilhelm Raabe. Tüb. 1989, S. 100-110.

Eckhardt MeyerKrentler

Jentzsch, Bernd, * 27. 1. 1940 Plauen – Lyriker, Erzähler, Kinderbuchautor, Herausgeber.

J. studierte 1960-1965 Germanistik u. Kunstgeschichte in Leipzig u. Jena u. arbeitete anschließend bis 1974 als Lektor beim Berliner Verlag Neues Leben. 1976 kehrte er aus Protest gegen die Ausbürgerung Biermanns u. den Ausschluß Kunzes aus dem Schriftstellerverband von einer Reise in die Schweiz nicht mehr in die DDR zurück (*Offener Brief an Erich Honecker.* In: Der Bund, 24. 11. 1976). J. trat erstmals 1961 mit dem Gedichtband *Alphabet des Morgens* (Halle) an die Öffentlichkeit. Darin stellt er in einer durch Technik u. Wissenschaft geprägten Sprache die Alltagserfahrungen seiner noch im Krieg geborenen Generation dar u. versteht dies als Beitrag zum Aufbau des Sozialismus. In der Folge veröffentlichte er nur vereinzelt Gedichte in Anthologien u. verlegte sich auf die Herausgabe deutschsprachiger u. internationaler Lyrik in der Monatsschrift »Poesiealbum«, die er 1967 gründete u. bis zu seiner Umsiedlung in die Schweiz betreute. In der Gedichtsammlung *Quartiermachen* (Mchn. 1978) zeigt sich die Entwicklung J.s hin zu politisch unmittelbaren Aussagen, die zum ungewollten Abschied u. Neubeginn führen. In seinen im Grenzbereich zwischen Realität u. Phantastik angesiedelten Erzählungen u. Märchen, für die er in der DDR bekannt ist, zeigt J. die Möglichkeit einer neuen Weltsicht durch die unbefangene Betrachtungsweise der Kinder.

WEITERE WERKE: Jungfer im Grünen. Rostock u. Mchn. 1973 (Gesch.n). – Der bitterböse König auf dem eiskalten Thron. Bln. 1975. – Ratsch u. ade! Sieben jugendfreie E.en. Mit einem ›Nach-Ratsch‹. Rostock 1975, Mchn. 1977. – Bequemlichkeit wäre Selbstmord. In: Lui 9 (1978). – In stärkerem Maße/Med växande styrka. Gedichte dt./schwed. Helsingborg 1977. – Vorgestern hat unser Hahn gewalzert. Köln 1978 (Kinderbuch). – Prosa. Ffm. 1978. – Irrwisch. Mchn. 1981. – Rudolf Leonhard. Mchn. 1984 (biogr. Ess.). – Schreiben als strafbare Handlung. Mchn. 1985. – *Herausgeber:* Auswahl 66. Neue Lyrik – Neue Namen (zus. mit Klaus-Dieter Sommer). Bln./DDR 1966. Weitere Bde. 1968-74. – Ich nenn euch mein Problem. Gedichte der Nachgeborenen. Bln./DDR u. Wuppertal 1971. *Alfred Strasser*

Jerschke, Oskar, * 17. 7. 1861 Lähn/Schlesien, † 24. 8. 1928 Berlin. – Dramatiker u. Lyriker.

J. wurde im niederschles. Pfarrhaus eines Onkels aufgezogen, bis er mit dem Vater, einem Festungsbaumeister, nach Straßburg übersiedelte. Dort u. in Berlin studierte er Rechtswissenschaften. In Berlin redigierte er die »Kyffhäuserzeitung«, das Organ der Vereine deutscher Studenten. Danach ließ er sich in Straßburg als Anwalt beim Landgericht nieder. Nach dem Ersten Weltkrieg wurde er aus dem Elsaß ausgewiesen u. zog nach Berlin.

J.s literar. Tätigkeit ging aus der Jugendfreundschaft mit Arno Holz hervor. Er beteiligte sich als Lyriker an Wilhelm Arents Anthologie *Moderne Dichter-Charaktere* (1884) u. veröffentlichte gemeinsam mit Holz den Gedichtband *Deutsche Weisen* (Bln. 1884) mit geselligen, naturschwärmerischen, aber auch einigen sozialkrit. sowie patriotischen Gedichten. Letztere gehörten »dem Gedanken nach sämtlich Jerschke an und haben mir nur die Flüssigkeit ihrer äußeren Form zu danken« (Holz).

J. u. Holz schrieben außerdem gemeinsam eine Reihe von Dramen, von denen *Traumulus* (Mchn. 1905. Urauff. Bln. 1904) das bekannteste wurde (Spielfilm mit Emil Jannings 1935). Es ist die »tragische Komödie« eines weltblinden dt. Gymnasialprofessors, der gerade den gutwilligsten seiner unruhigen Studenten in den Tod treibt. Das Stück enthält einige die jugendl. Opposition gegen das wilhelmin. Reich bezeichnende Züge, aber seine Schwäche liegt in dem unbewältigten Miteinander u. Gegeneinander von Protest u. Einverständnis. »Die Bibel, Homer und das deutsche Kommersbuch« bleiben sowohl die Stützen der Gesellschaft wie diejenigen des Weltbilds der Autoren, so daß statt der Tragik Melodramatik entsteht. Eine Mischung von Zeitsatire, Sozialschwärmerei, Sentimentalität, oft penetrantem Nationalismus u. der Selbstheroisierung bürgerl. Außenseiter prägt auch die anderen, z. T. technisch recht versiert geschriebenen Stücke. Nationale Tendenzen zeigen sich noch stärker in J.s eigenem Schauspiel *Mein deutsches Vaterland* (Mchn. 1916).

WEITERE WERKE (zus. mit Arno Holz): Heimkehr (veröffentl. unter dem Pseud. Hans Volkmar). Bln. 1903. Urauff. Bln. 1903. Neuausg. u. d. T. Die Perle der Antillen. Bln. 1909. Urauff. Bln. 1910. – Frei! Eine Männerkomödie. Mchn. 1907. – Gaudeamus! Festsp. zur 350jährigen Jubelfeier der Univ. Jena. Bln. 1908. – Büxl. Dresden 1911 (Kom.).
Gerhard Schulz

Jerusalem, Friederike, Magdalene, * 4. 4. 1750 Braunschweig, † 15. 4. 1836 Stift Wülfinghausen. – Lyrikerin.

J. war die jüngste Tochter von Johann Friedrich Wilhelm Jerusalem u. Martha Christina, geb. Pfeiffer, u. die Schwester Karl Wilhelm Jerusalems. Im Elternhaus, wo sie bis zum Tod ihres Vaters 1789 lebte, traf sie eine Reihe berühmter Zeitgenossen – u. a. Lavater u. die in Braunschweig lebenden Bremer Beiträger; Johann Georg Zimmermann u. Friedrich Leopold Graf zu Stolberg sandte sie ihre Gedichte. J.s empfindsame Lyrik, zwischen 1780 u. 1787 gedruckt, steht der des Göttinger Hains in Form u. Inhalt sehr nahe. Ihr Vorbild war Hölty, dem sie neun Jahre nach seinem Tod die aus ihrem schmalen Werk herausragende Ode *An Höltys Schatten* (in: Musenalmanach für 1785, S. 52-56. Hg. Voß u. Goeckingk) widmete. Diesem Gedicht in Duktus u. Gestus ähnlich sind die weiteren zwölf überlieferten Gedichte – bis auf zwei Übersetzungen aus dem Englischen (*Ode an die Philosophie*. In: [*An den Frühling*]. Selbstverlag o. O. u. J., S. 1-9. *Grabschrift auf Mrs. Mason die zu Bristol im Bade starb [...]*. o. O. u. J.). J. schrieb ausnahmslos Gedichte auf Anlässe u. Jahreszeiten.

Ab 1789 lebte J. als Stiftsdame im hannoverschen Stift Wülfinghausen. Sie gab nicht – wie oft angegeben – die nachgelassenen Schriften ihres Vaters heraus; das war ihre Schwester Philippine Charlotte Jerusalem. Der Verbleib von J.s Nachlaß ist ungeklärt.

WEITERE WERKE: Unter den Kürzeln Y., Ms. J., Msl. F. J., Jsm. Gedichte in den Musenalmanachen für 1783 u. 1787. Hg. Voß u. Goeckingk. Hbg. o. J. – Friedrich Matthisson (Hg.): Lyr. Anth. Bd. 14, Zürich 1806, S. 147-160. – Dt. National-Litteratur. Bd. 135, S. 296 f.

LITERATUR: Carl Wilhelm Otto August v. Schindel: Die Dt. Schriftstellerinnen des 19. Jh. Tl. 1., Lpz. 1823, S. 236-238.

Andrea Ehlert

Jerusalem, Johann Friedrich Wilhelm, * 22. 11. 1709 Osnabrück, † 2. 9. 1789 Braunschweig; Grabstätte: ebd., Klosterkirche Riddagshausen. – Theologe.

J. nahm 1727 das Theologiestudium in Leipzig auf, lernte durch Johann Gottlob Carpzov die Bibelkritik, durch Gottsched die Philosophie Wolffs kennen u. kehrte sich von der luth. Orthodoxie ab. 1731 legte er die Magisterprüfung an der Philosophischen Fakultät der Universität Wittenberg ab u. begab sich auf eine zweijährige Bildungsreise nach Holland zur Vertiefung seiner naturwissenschaftl. Kenntnisse. Dort erlebte er das Nebeneinander verschiedener christl. Denominationen in religiöser Toleranz. 1734-1737 war er Hofmeister in Göttingen u. unternahm danach eine Bildungsreise nach England (bis 1740), die ihm die Debatte um den Deismus erschloß. 1742 wurde er von Herzog Karl I. von Braunschweig zum Erzieher des Prinzen Karl Wilhelm Ferdinand u. zum Hofprediger in Wolfenbüttel berufen. Er war Mitbegründer des »Collegium Carolinum«, einer Anstalt, die einerseits zur Universität vorbereiten, andererseits für prakt. Berufe ausbilden sollte (als solche die Vorstufe der heutigen TU Braunschweig). 1745-1770 war J. Direktor dieses Instituts. 1752 erhielt er, mit der Leitung des braunschweigischen Predigerseminars, die er bis zu seinem Tod innehatte, die Würde des Abts von Riddagshausen; 1771 wurde er zum Vizepräsidenten des Konsistoriums in Wolfenbüttel ernannt. Es gelang ihm, zwischen 1745 u. 1761 die als Bremer Beiträger bekannten Carl Christian Gärtner, Johann Arnold Ebert, Zachariä u. Conrad Arnold Schmid sowie 1767 Eschenburg an das Collegium Carolinum zu berufen. Leider läßt sich J.s Verhältnis zu Lessing nicht rekonstruieren. – J. erhielt 1748 die Ehrendoktorwürde von Helmstedt u. 1787 von Göttingen.

J.s Bedeutung über Braunschweig hinaus liegt v. a. in seiner Mitgestaltung der frühen Aufklärungstheologie, z. B. durch seine 1745 in Braunschweig veröffentlichten Predigten, die ganz im Sinne der Rhetorik Gottscheds gearbeitet waren. In den *Briefen über die Mosaische Religion* (Braunschw. 1762) erklärt J. die Entstehung des Pentateuchs nicht mehr verbalinspiriert. Vielmehr sei Mose als Verfasser des Pentateuchs personalinspiriert u. bediene sich verschiedener Schriften; damit vertrat J. als einer der ersten in Deutschland die Urkundenhypothese. Die *Briefe* blieben fragmentarisch wie sein 1768 begonnenes Hauptwerk *Betrachtungen über die vornehmsten Wahrheiten der Religion* (3 Bde., Braunschw. 1768, 1774 u. 1779).

Im ersten Band der *Betrachtungen* erfaßte J. im Sinn einer religionsphilosophischen Reflexion die Bedeutung Gottes für die Welt. Von Leibniz her lassen sich der hier verwendete Gottesbeweis e contingentia mundi, aber auch die verwendete Theodizee begreifen, während der Gedanke der Vervollkommnung der Welt u. des eth. Handelns eher auf Wolff verweist. In den beiden anderen Bänden hat J. eine entwicklungsgeschichtl. Sicht der Religion von ihrer ersten Äußerungsform bis zur Gegenwart entworfen; er erklärt die myth. Denkformen durch die Akkommodationstheorie (die Religion ist dem Verstehensmodus der vernehmenden Menschen angepaßt). Diese Erkenntnis der Geschichtlichkeit des Denkens führte J. zu dem erstmals auf protestantischer Seite erwogenen Plan einer Dogmengeschichte.

Es ging J. in den *Betrachtungen* nicht um die gelehrte Theologie, sondern um Religion, d. h. für ihn, um gelebten Glauben, der dem Menschen das zu seiner Beruhigung notwendige Wissen um seinen Zustand nach dem Tod mitteilt. Eine solche Religion der Simplizität ist weder zeremoniell noch spekulativ, sondern auf Tugend ausgerichtet. Dies impliziert eine erhebl. Kritik an der luth. Orthodoxie. J. weist jegl. Trinitätstheologie zurück, wie auch die altkirchl. Symbole oder die Lehre von Christi Präexistenz. Diese Kritik beruht auf einer Verarbeitung des Deismus bei J., wie sie deutlich wird in der Ablehnung des literalen Schriftverständnisses u. der die Simplizität der Religion zerstörenden Zusätze, in den Vorbehalten gegen die Wunder, in der Betonung der Akkommodation u. der tätigen Nächstenliebe. Dieser Eklektizismus aus Leibniz, Wolff u. dem Deismus kennzeichnet alle Theologie, die – wie bei J., August Wilhelm Friedrich Sack oder Spalding – zur Neologie gerechnet wird. Sie kritisiert die unverständlich gewordene Orthodoxie u. betont die Ethik. Da allein die Religion das menschl. Leben fördert u. sie die Pflichten der Liebe Gottes u. des Nächsten sowie die der eigenen Vervollkommnung sichert, muß sie von allen Zusätzen gereinigt werden. Der radikalen Kritik dieser theolog. Richtung steht jedoch ihr Bemühen gegenüber, angesichts des damaligen Nihilismus die Religion zu erhalten.

Im Auftrag der Herzoginwitwe Philippine Charlotte verfaßte J. seine sprach- u. literaturtheoret. Abhandlung *Ueber die Teutsche Sprache und Litteratur* (Bln. 1781. Neudr. Braunschw. 1963). Mit dem Hinweis auf Dichter wie Haller, Klopstock, Wieland, Mendelssohn u. Lessing wies er darin die Kritik zurück, die Friedrich II. von Preußen in seiner Schrift *De la littérature allemande* (1780) an der »halbbarbarischen« dt. Sprache u. der dt. Dichtung geübt hatte.

WEITERE WERKE: Slg. einiger Predigten. 2 Bde., Braunschw. 1745 u. 1752. – Nachgelassene Schr.en. Hg. Philippine Charlotte Jerusalem. 2 Bde., Braunschw. 1792/93.

LITERATUR: Wolfgang Erich Müller: J. F. W. J. Bln./New York 1984 (mit Bibliogr.). – Ders.: Von der Eigenständigkeit der Neologie J.s. In: Neue Ztschr. für systemat. Theologie 26 (1984), S. 289–309. – Isa Schikorsky: Gelehrsamkeit u. Geselligkeit. Abt J. F. W. J. (1709–89) in seiner Zeit. Hg. Klaus Erich Pollmann. Braunschw. 1989 (Kat.).

Wolfgang Erich Müller

Jerusalem, Karl Wilhelm, * 21. 3. 1747 Wolfenbüttel, † 30. 10. 1772 Wetzlar. – Philosophischer Schriftsteller.

J. ist als Urbild von Goethes Werther in die Geschichte eingegangen. Als Sohn des Theologen u. Hofpredigers Johann Friedrich Wilhelm Jerusalem wuchs er in höfisch-adeligen Kreisen in Braunschweig auf, besuchte das Collegium Carolinum (Lehrer u. a. Ebert, Gärtner u. Zachariä), studierte Jura in Leipzig (Beginn der Freundschaft mit Eschenburg, Begegnung mit Goethe) u. danach in Göttingen. 1770 wurde J. Assessor bei der Justizkanzlei in Wolfenbüttel; seine Beschäftigung mit der Philosophie führte zum freundschaftl. Umgang mit Lessing. Im Herbst 1771 erhielt er die Stelle eines Legationssekretärs bei der Braunschweigischen Vertretung am Reichskammergericht in Wetzlar. Trotz Mitgliedschaft in einem romantisch-burschikosen Ritterorden, dem u. a. auch Goethe, Gotter u. Goue angehörten, wurde ihm Wetzlar bald zur »Seccopolis« (an Eschenburg, 18. 7. 1772), zur Leidensstätte: Er geriet gleich in Streitigkeiten mit seinem Vorgesetzten Johann Jacob von Höfler u. verfiel nach einer verzweifelten u. unerwiderten Liebe in Depression. Am 29. 10. 1772 erbat er sich Johann Christian Kestners Pistolen »zu einer vorhabenden Reise« u. erschoß sich in der Nacht.

Kestners Bericht an Goethe Anfang Nov. 1772 wirkte als erster Anstoß zu den *Leiden des jungen Werthers*, die zwei Jahre später erschienen. Goethes Brief vom gleichen Monat an Kestner – »Gott weis die Einsamkeit hat sein Herz untergraben« – zeugt von wahrer Erschütterung; der spätere Passus in *Dichtung und Wahrheit* (3. Tl., 13. Buch) ist bemüht, den Fall J. im Sinne eines zeittyp. Melancholiefalls darzustellen. Direkte Anleihen für den *Werther*, die Goethe Kestners Bericht oder anderen Zeugnissen entnahm, sind die »Verdrießlichkeit« am Hofe u. die Todesumstände des Helden, wenngleich man Werther nur äußerlich periphär mit J. identifizieren darf. Entrüstet über die fiktive Darstellung seines Freundes, entschloß sich Lessing zur Herausgabe von J.s *Philosophischen Aufsätzen* (Braunschw. 1776. Neudr., hg. von Paul Beer, Bln. 1900); trotz dieser Ehrenrettung kann man J. keinen bes. Platz in der Geschichte der Philosophie zuweisen; seine Aufsätze beschäftigen sich mit Fragen der Schulphilosophie (Determinismus, Ursprung der Sprache usw.). H. von Breidenbachs *Berichtigung der Geschichte des jungen Werthers* (anonym) u. Goues Drama *Masuren* (beide Ffm., Lpz. 1775) versuchen im Gegensatz zu Lessing eine Identifikation J.s mit Werther.

Weitere Werke: Aufsätze u. Briefe. Hg. Heinrich Schneider. Heidelb. 1925.

Literatur: August Kestner (Hg.): Goethe u. Werther. Briefe Goethes, meistens aus seiner Jugendzeit. Stgt./Tüb. 1854. – Heinrich Schneider: Werther-J. als Freund Lessings. In: Zwölf biogr. Studien. Bern 1951, S. 94-109. *Roger Paulin*

Jeschke, Wolfgang, * 19. 11. 1936 Tetschen (Děčin/ČSR). – Herausgeber, Erzähler u. Romancier.

J. verbrachte seine Jugend in Asperg bei Ludwigsburg. Nach der mittleren Reife, Lehrzeit u. Tätigkeit im Maschinenbau erwarb er 1959 das Abitur u. studierte dann Germanistik, Anglistik u. Philosophie in München. Ab 1969 war er u. a. als Redakteur von *Kindlers Literaturlexikon* u. der Enzyklopädie *Die Großen der Weltgeschichte* tätig.

Schwerpunkt seiner Arbeit wurde zunehmend das Genre der Science-fiction-Literatur. Er gab zahlreiche Science-Fiction-Anthologien heraus u. betreut seit 1977 die Taschenbuchreihe *Heyne Science Fiction*. J. schrieb von 1955 an Science-fiction-Erzählungen u. später auch Science-fiction-Hörspiele. 1981 erschien in München sein erster Roman *Der letzte Tag der Schöpfung*, die Geschichte einer Zeitreise. J. wurde mehrfach mit Preisen ausgezeichnet, so für die Erzählungen *Dokumente über den Zustand des Landes vor der Verheerung* (Mchn. 1982) u. *Nekyomanteion* (Mchn. 1985). Durch seine Herausgebertätigkeit hat er die Anerkennung der Science-fiction-Literatur in der BR Deutschland entscheidend gefördert.

Weitere Werke: An der Grenze. Mchn. 1989.

Literatur: Hans-Joachim Alpers, Werner Fuchs, Ronald M. Hahn, Wolfgang Jeschke (Hg.): Lexikon der Science Fiction Lit. Neuausg. Mchn. 1988. *Matthias Wörther*

Jhering, Herbert → **Ihering**, Herbert

Jhering, Rudolf von (geadelt 1872), * 22. 8. 1818 Aurich, † 20. 9. 1892 Göttingen. – Rechtsgelehrter.

Der Sproß eines alten Juristengeschlechts u. Nachfahre des Polyhistors u. Begründers der dt. Rechtshistorik Hermann Conring wurde nach dem Jurastudium in Heidelberg, Göttingen, München u. Berlin 1843 Privatdozent in Berlin, 1845 o. Professor für röm. Recht in Basel, 1846 in Rostock, 1849 in Kiel, 1852 in Gießen, 1868 in Wien, 1872 in Göttingen.

Zunächst von der durch die histor. Rechtsschule begründeten Begriffsjurisprudenz ausgehend, suchte J. in seinem *Geist des römischen Rechts auf den verschiedenen Stufen seiner Entwicklung* (4 Bde., Lpz. 1852-65. [5]1891-1906. Neudr. Aalen 1968) die allg. u. unvergängl. Grundsätze im röm. Recht u. aus dessen Technik eine eigene Rechtsmethodologie zu entwickeln. Doch schon in diesem unvollständig gebliebenen Werk – wie in seiner anonym in der »Preußischen Gerichts-Zeitung« zwischen 1861 u. 1866 als *Vertrauliche Briefe über die heutige Jurisprudenz. Von einem Unbekannten* veröffentlichten Verspottung der Begriffsjurisprudenz – deutet sich die Wende an: von einer konstruktionsfreudigen u. systembildenden Blickweise zu einer Betrachtung der realen Bedingungen der Rechtsbildung, von einer rechtshistor. u. rechtsdogmat. zu einer rechtsteleolog. u. rechtssoziolog. Auffassung. Das berühmte Schlagwort für diese neue Richtung, das als Motto seinem Werk *Der Zweck im Recht* (2 Bde., Lpz. 1877-83. Neudr. der 4. Aufl. von 1904/05 Hildesh. 1970) vorangestellt ist, lautet: »Der Zweck ist der Schöpfer des ganzen Rechts.« J. wurde damit zum Vorläufer der Interessenjurisprudenz Philipp Hecks im Zivilrecht u. der modernen oder soziolog. Strafrechtsschule Franz von Liszts.

In der Zivilrechtsdogmatik gehören zu J.s bleibenden Leistungen seine Lehre von der Culpa in contrahendo, d. h. der Ausdehnung der zivilrechtl. Haftung auch auf schuldhafte Verletzungen vorvertragl. Verhältnisse (wieder abgedr. in: *Gesammelte Aufsätze [...]*. 3 Bde., Jena 1881 bis 1886. Neudr. Aalen 1969. Bd. 1, S. 327), u. seine bes. für das Strafrecht grundlegende Unterscheidung von objektivem Unrecht u. subjektiver Schuld (*Das Schuldmoment im römischen Privatrecht.* Gießen 1867).

In seinem bis 1890 in fast 20 Fremdsprachen übertragenen Vortrag wird *Der Kampf ums Recht* (Wien 1872. [22]1929. Sonderausg. Darmst. 1963) als »Pflicht der moralischen Selbsterhaltung« u. der tatkräftigen Abwehr des Unrechts aufgefaßt. Durch seinen oratorischen, das Allgemeine mit dem Anschaulichen verbindenden Stil u. sein vielfach übersetztes Werk wirkte der weltberühmte Jurist, der in den USA als wegweisender Anreger der soziolog. Jurisprudenz gilt, weit über sein Fach u. Land hinaus.

Weitere Werke: Abh.en aus dem röm. Recht. Lpz. 1844. Neudr. Aalen 1968. – Über den Grund des Besitzschutzes. Jena 1869. Neudr. Aalen 1968. – Die Jurisprudenz des tägl. Lebens. Jena 1870. [15]1927. – Das Trinkgeld. Braunschw. 1882. [5]1903. – Scherz u. Ernst in der Jurisprudenz. Lpz. 1884. [13]1924. Neudr. Darmst. 1988. – Der Besitzwille. Jena 1889. Neudr. Aalen 1968. – Besitz. In: Handwörterbuch der Staatswiss. 2 (1891). – R. v. J. in Briefen an seine Freunde, hg. v. seiner Tochter. Lpz. 1903. Neudr. der Ausg. v. 1913 Aalen 1971. – R. v. J. 1852–68. Briefe u. Erinnerungen. Bln. 1907.

Literatur: Adolf Merkel: J. In: Jherings Jb. 32 (1893), S. 6. – Ludwig Mitteis: J. In: ADB 50. – Elias Hurwicz: R. v. J. u. die dt. Rechtswiss. Bln. 1911. – Max Rümelin: R. v. J. Tüb. 1922. – Erik Wolf: Große Rechtsdenker der dt. Geistesgesch. Tüb. 1939. [4]1963, S. 622 ff. (mit Bibliogr.). – Wilhelm Wertenbruch: Versuch einer krit. Analyse der Rechtslehre R. v. J.s. Bln. 1955. – Franz Wieacker: R. v. J. In: Die großen Deutschen 5 (1957), S. 331 ff. – Ders.: R. v. J. Stgt. [2]1968. – Ders. u. a. (Hg.): J.s Erbe. Gött. 1970 (mit Bibliogr. S. 255 ff.). – Alexander Hollerbach: J. In: NDB 10. – Okko Behrends: R. v. J. [...]. In: Rechtswiss. in Göttingen. Gött. 1987, S. 229 ff. – J. In: Kleinheyer.

Günter Spendel

Jirgal, Ernst, * 18. 1. 1905 Stockerau bei Wien, † 17. 8. 1956 Wien. – Lyriker, Erzähler, Essayist.

J. unterrichtete Deutsch u. Geschichte am Elitegymnasium »Schule am Turm« in Wiener Neustadt u. leitete nach 1945 das Tivoli-Internat in Wien.

Pädagogisches Interesse, angeregt durch Ludwig Erik Tesar, verbindet sich mit psycholog. Handlungsführung in der Erzählung *Erinnertes Jahr* (Leoben 1947), J.s einziger größerer Veröffentlichung, auf die Kurzprosa u. Gedichtbände folgten. Am Wiederaufleben der Wiener Literatur nahm J. regen Anteil als Redakteur der Zeitschrift »Plan«. Persönlicher Umgang u. Korrespondenz machten J. zu einer starken Anregerpersönlichkeit (v. a. für Eisenreich, Leitgeb, Schlorhaufer, Hermann Schreiber). Die essayistischen Arbeiten J.s erschienen noch vor 1938 in den von Nikolaus Hovorka u. Viktor Matejka herausgegebenen »Berichten zur Zeitgeschichte«. Sie brachten J.s Dissertation *Die Wiederkehr des Weltkrieges in der Literatur* (Wien 1931). J.s Hauptwerk ist seine in traditionellen u. modernen Formen vielgestaltige Lyrik, v. a. die Sammlung *Schlichte Kreise* (Wien 1955). – 1950 erhielt er den Österreichischen Staatspreis für Lyrik.

Weitere Werke: Landschaften. Wien 1937 (L.). – Roggenprosa. Wien 1946. – Sonette an die Zeit. Wien 1946. – Tantalos. Wien/Leoben 1946 (Dramat. Gedicht). – Theseus. Innsbr. 1950 (E.). – Etüden. Innsbr. 1953 (L.). – Nomadenabend. Mchn. 1989 (Gedichtausw.)

Literatur: Nikolaus Britz (Hg.): Der Dichter E. J. Wien 1965. – In memoriam E. J. In: Die Pestsäule, Okt./Nov. 1973.

Hermann Schreiber

Jobst, Herbert, * 30. 7. 1915 Neuwelzow/Lausitz. – Erzähler u. Filmautor.

J. wuchs im Armenhaus auf, wurde Buchdrucker u. zu einem abenteuerl., armseligen Leben gezwungen. 1932 ging er auf Wanderschaft, wurde zum Arbeitsdienst eingezogen, desertierte u. durchzog als Landstreicher Österreich. Wegen »Wehrkraftzersetzung« bestraft, wurde er zur »Frontbewährung« entlassen. Nach Kriegsende u. Entlassung aus der Gefangenschaft arbeitete er ab 1947 als Fördermann u. Hauer bei der Sowjetisch-Deutschen AG Wismut, nahm 1954/55 ein Studium an der Bergakademie Freiberg auf u. begann mit ersten schriftstellerischen Arbeiten.

Großen Erfolg hatte J. 1957 mit dem ersten Band seiner Roman-Tetralogie *Der Findling* (Bln./DDR), dem 1959 *Der Zögling* (ebd.), 1963 *Der Vagabund* (ebd.) u. 1974 *Der Glückssucher* (ebd.) folgten. In dieser Tetralogie stellt J. unter anderem eigene Erlebnisse in ironisch-satir. Form vor. Die schlichte u. volkstüml. Art des Erzählens ließ J.s Bücher in der DDR außergewöhnlich erfolgreich werden, bes. für die Jugend der 60er u. 70er Jahre. Diskussionen gab es v. a. um den Band *Der Vagabund*, in dem die literar. Zentralfigur Adam Probst – oft verglichen mit Grimmelshausens Simplicissimus – die Auseinandersetzung mit dem Faschismus führt u. J. auch dafür satir. Mittel verwendete, die manche Kritiker dem Gegenstand für nicht angemessen hielten. Die Naivität des Adam Probst ermöglichte es indessen, Macht u. Mächtige unterschiedl. Prägung zu entlarven.

Weitere Werke: Der Fremde. 1961 (Film). – Das Puppenauge. In: Menschen im Krieg. Bln./DDR 1975. – Tapetenwechsel. Ebd. 1984 (E.en).

Literatur: Werner Neubert: H. J. Der dramat. Lebensweg des Adam Probst. In: Ders.: Die Wandlung des Juvenal. Bln./DDR 1966. *Rüdiger Bernhardt*

Jocham, Magnus, auch: Johannes Clericus, * 23. 3. 1808 Rieder bei Immenstadt, † 4. 3. 1893 Freising; Grabstätte: ebd., Städtischer Friedhof. – Erzähler, Übersetzer; Theologe.

J., Sohn eines Bauern, besuchte das Gymnasium in Kempten u. studierte in München ab 1827 Philosophie bei Thiersch, Görres u. Schubert, 1828 Theologie u. a. bei Döllinger u. Alois Buchner, der ihn mit der geistigen Welt Sailers bekannt machte. Nach der Priesterweihe 1831 arbeitete J. in der Seelsorge im heimatl. Allgäu, bis er 1841 ein Professorat für Moraltheologie in Freising erhielt; in dieser Position blieb er bis zur Pensionierung (1878).

Neben moraltheolog. u. aszet. Fachschrifttum stammen von J. die Neubearbeitung von Schmids *Biblischer Geschichte für Kinder* (Mchn. 1862) sowie Übersetzungen aus dem Griechischen (Macarius), Lateinischen (Ludwig Blosius), Spanischen (S. Theresia u. Johann vom Kreuz) u. Französischen (Franz von Sales), durch welche hochwertige geistl. Literatur den dt. Lesern zugänglich gemacht u. wichtige Teile der barokken Literatur aus der Romania neu rezipiert wurden. Zu weit verbreiteten Volksbüchern gehören J.s *Bavaria Sancta. Leben der Heiligen und Seligen des Bayerlandes* (2 Bde., Mchn. 1861/62. [3]1892) u. seine Bearbeitung des *Christkatholischen Unterrichtsbuches* von Goffine (Mchn. 1858. [2]1866). Als Erzähler lieferte er zahlreiche Beiträge zum sog. »Sulzbacher Kalender« u. publizierte Sammlungen wie *Katholische Parabeln und Erzählungen* (Sulzbach 1852), *Schildereien aus altfränkischen Häusern* (Mainz 1854) u. *Schildereien aus dem Pfarrerleben* (ebd. 1856). Zeugnis für seine Zeit geben J.s biographische Skizzen, v. a. über *Alois Buchner* (Augsb. 1870), u. seine postum erschienene Autobiographie *Memoiren eines Obskuranten* (Kempten 1896). Franz Seraph Mayr lobt mit Recht die »Natürlichkeit der Schreibart [J.s] und das Gewicht des Inhalts«, doch führt der Vorrang des seelsorgerischen Anliegens mitunter zu mangelnder Sorgfalt in der sprachl. Gestaltung.

Literatur: Johannes Zinkl: M. J. Johannes Clericus. Freib. i. Br. 1950 (mit Bibliogr.). *Hans Pörnbacher*

Jochmann, Carl Gustav, * 10. 2. 1789 Pernau/Livland, † 24. 7. 1830 Naumburg/Saale; Grabstätte: ebd., Städtischer Gottesacker, 1945 zerstört; Metallurne mit seinem Herz in Riga, Domklosterhof. – Politischer Publizist, Essayist, Kirchenhistoriker, Sprachkritiker.

J., als russ. Untertan einer bürgerl. dt. Familie entstammend, studierte zwischen 1804 u. 1809/10 Jurisprudenz in Leipzig, Heidelberg u. Göttingen. Anschließend arbeitete er bis 1819 – unterbrochen durch einen zweijährigen Aufenthalt in England u. Schottland, wohin er im Sommer 1812 vor der heranrückenden Armee Napoleons geflüchtet war – als angesehener Advokat in Riga. Die Erfahrung von polit. Freiheit u. Öffentlichkeit in England, die kulturelle Provinzialität des Baltikums, aber auch seine angegriffene Gesundheit waren Gründe dafür, daß J. 1819 die Advokatur aufgab u. sich nach Mittel- u. Westeuropa wandte. Bis zu seinem Tod lebte er, finanziell unabhängig, als freier Schriftsteller überwiegend in Karlsruhe, Baden-Baden u. Heidelberg. Auf Reisen in die Schweiz u. nach Paris schloß er Freundschaft mit den republikanisch gesinnten Emigranten Heinrich Zschokke u. Gustav von Schlabrendorf, die ihm wesentl. Anregungen zu seinen Schriften gaben. J. starb auf dem Weg zu Samuel Hahnemann, von dessen homöopathischer Methode er sich die Heilung seines Lungenleidens erhofft hatte.

J., der zu Lebzeiten – aus Bescheidenheit oder Furcht vor der Zensur – nur anonym veröffentlichte, gehört entschieden in den Kreis der südwestdt. frühliberalen Opposition zur Zeit der Restauration in Deutschland. Welche Themen dieser »Selbstdenker« auch aufgriff, stets schrieb er als wertender, zukunftsorientierter Historiker für die Emanzipation bes. des Bürgertums von polit., geistigen, religiösen u. wissenschaftl. Autoritäten, Denkweisen oder Institutionen. Dafür stehen religionskrit. Arbeiten wie *Die Hierarchie und ihre Bundesgenossen in Frankreich* (Aarau 1823) u. *Betrachtungen über den Protestantismus* (Heidelb. 1826) sowie die *Briefe eines Homöopathischgeheilten* (Heidelb. 1829), eine die Homöopathie gegen die Angriffe der Schulmedizin verteidigende Streitschrift. J. verband Ideen der Aufklärung mit der Erfahrung der Französischen Revolution u. forderte eine dem Stand der Geistesausbildung u. Zivilisation angemessene Gesellschafts- u. Staatsform: Kontrolle der Macht durch eine polit. Öffentlichkeit, Rechtsstaatlichkeit u. Demokratie. England war ihm, wie der mit Weitblick geschriebene Essay *Ueber die Oeffentlichkeit* (in: Allgemeine politische Annalen, 1830) belegt, in vielem das Vorbild. Von J.s themat. Vielfalt, seiner stilistischen Eleganz u. Unabhängigkeit des Denkens zeugen bes. die von Zschokke aus dem Nachlaß edierten dreibändigen *Reliquien* (Hechingen 1836-38), eine für die dt. Gattungstradition ungewöhnl. Sammlung von Essays, Glossen, Aphorismen, Denkwürdigkeiten u. Charakterskizzen zur Personen- u. Zeitgeschichte.

Der geistesgeschichtl. Wert von J.s Schriften wurde in vollem Umfang erst im 20. Jh. erkannt. Werner Kraft u. Walter Benjamin, der ihn »einen der größten revolutionären Schriftsteller Deutschlands« nannte u. ihn an einer Stelle »zwischen der Aufklärung und dem jungen Marx« ansiedelte, hoben erstmals die überzeitl. Bedeutung der aus dem Gesamtwerk herausragenden sprachkrit. u. literatursoziolog. Studie *Ueber die Sprache* (Heidelb. 1828. Neudr. Gött. 1968) hervor. J. sieht darin die zeitgenöss. öffentl. Sprachformen in Deutschland als hinter ihren Möglichkeiten zurückgeblieben u. begründet dieses Urteil mit dem bestehenden restriktiven gesellschaftspolit. Zustand. Das Vorherrschen der Poesie vor der Prosa begreift er als Kompensation eines Mangels an polit. Freiheit. J.s Forderung nach einer krit., vergleichenden u. auf mündl. Rede basierenden Sprachgeschichtsschreibung erweist sich als eine in der Linguistik bis heute weder methodisch noch inhaltlich bewältigte Aufgabe.

Ausgaben: Die Rückschritte der Poesie u. a. Schr.en. Hg. Werner Kraft. Ffm. 1967. – Die unzeitige Wahrheit. Aphorismen, Glossen u. der Essay ›Über die Öffentlichkeit‹. Hg. Eberhard Haufe. Lpz./Weimar 1976. ²1980 (auch Bln. 1981). – Die Rückschritte der Poesie. Hg. Ulrich Kronauer. Hbg. 1982. – Zur Naturgesch. des Adels. Hg. ders. Heidelb. 1982. – Polit. Sprachkritik. Aphorismen u. Glossen. Hg. Uwe Pörksen. Stgt. 1983.

Literatur: Walter Benjamin: Die Rückschritte der Poesie. Von C. G. J. Einl. In: Ztschr. für Sozialforsch. 8, 1/2 (1939), S. 92-114 [u. ö.]. – Werner Kraft: C. G. J. u. sein Kreis. Mchn. 1972. – Uwe Pörksen: Plädoyer für polit. Kultur. Über C. G. J. In: Merkur 35 (1981), S. 198-204. – Markus Fauser: ›Rede, daß ich dich sehe‹. C. G. J. u. die Rhetorik im Vormärz. Hildesh. u. a. 1986. – Jürgen Schiewe: Sprache u. Öffentlichkeit. C. G. J. u. die polit. Sprachkritik der Spätaufklärung. Bln. 1989.

Jürgen Schiewe

Jöcher, Christian Gottlieb, * 20. 7. 1694 Leipzig, † 10. 5. 1758 ebd. – Historiker, Lexikograph.

Der Sohn eines angesehenen Kaufmanns verbrachte zunächst zwei Gymnasialjahre in Gera, bevor er 1709 nach Zittau übersiedelte. Der dortige Rektor Gottfried Hoffmann vermittelte dem Knaben eine gründl. rhetorische Ausbildung u. verschaffte ihm ersten Zugang zur Gelehrsamkeitsgeschichte. 1712 nahm J. das Studium in Leipzig auf, das er 1714 mit dem Magistergrad abschloß. 1717 erhielt er einen Lehrauftrag an der philosophischen Fakultät u. bekannte sich in seinen Vorlesungen eifrig zur Philosophie Wolffs. 1730 erlangte er ein Ordinariat der Philosophie, zwei Jahre später, nach dem Tod Menckes, wurde er Geschichtsprofessor, 1735 Doktor der Theologie u. 1742 Universitätsbibliothekar.

J. gab seit 1720 die deutschsprachigen *Acta eruditorum* (Lpz. Ab 1740 u. d. T. *Zuverlässige Nachrichten von dem gegenwärtigen Zustande, Veränderung und Wachsthum der Wissenschaften*) heraus u. unterstützte Mencke bei der Edition der lat. *Acta eruditorum*. Sein rhetorisches Talent stellte J. bei Begräbnissen vornehmer Leipziger unter Beweis (*Trauer-Reden*. Lpz. 1733). Mencke vertraute J. die Neuherausgabe seines 1715 erschienenen Gelehrtenlexikons an, das erstmals 1725 in einer wesentlich verbesserten Ausgabe erschien u. mit Adelungs u. Rotermunds Fortsetzung bis heute ein bedeutendes biographisches Nachschlagewerk geblieben ist (*Allgemeines Gelehrtenlexikon*. Lpz./Bremen 1750-1897. Neudr. Hildesh. 1960/61). Die Antrittsrede *De insigni studii historici nostra aetate* εχοψη *seu excellentia* (Lpz. 1732) dokumentiert aufklärerischen

schen Fortschrittsglauben; J. stellt die historiographischen Leistungen der Neueren weit über die ihrer Vorgänger. Er geht in *Philosophia haeresium obex* (Lpz. 1732) von der Harmonie zwischen Offenbarungs- u. Vernunftwahrheiten aus u. weist nach, daß der philosophischen Widerlegung u. der Disputation im Kampf gegen die Häresie eine wichtige Rolle zukommt.

LITERATUR: Bibliogr. in: [Ulrich Christian Saalbach:] Memoria viri summe reverendi atque excellentissimi Christiani Gottlieb Joecheri [...]. Lpz. 1758. *Hanspeter Marti*

Joël, Franziskus, * 1. 9. 1508 Szöllös (Solosch/Ungarn), † 20. 10. 1579 Greifswald. – Pharmazeutischer u. medizinischer Fachschriftsteller.

J. übte den in Olmütz erlernten Apothekerberuf seit 1526 in Neustadt bei Wien aus. Nach Medizinstudium in Wittenberg u. Leipzig war er Arzt in Berlin, ging 1543 erst als Hofapotheker nach Güstrow, dann als Apotheker u. Stadtphysikus nach Stralsund. 1549 zog er wegen religiöser Auseinandersetzungen nach Greifswald, gründete hier 1551 die Ratsapotheke u. erwarb 1555 an der Universität Rostock den Grad eines Lizentiaten der Medizin. Seit 1559 Professor der Medizin an der Greifswalder Universität, wurde er 1567 u. 1576 deren Rektor.

In den Thesen *De morbis hyperphysicis et rebus magicis* (Rostock 1580. ²1599) lehnte J. die chemiatr. Lehren des Paracelsus ab. Seine Bezichtigungen des Paracelsus an Nichtigkeit gleichgestellten Leonhard Thurneisser, sich gleich diesem eines Dämons bedient u. zudem den Teufel in einem Kristallglas besessen zu haben, übten auf ältere Biographien des Schweizers nachhaltigen Einfluß aus.

In J.s von einem Enkel 1616-1631 in sechs Bänden in Hamburg, Lüneburg u. dann Rostock herausgegebenen, wenig wirkmächtigen *Opera medica* (Amsterd. ³1701) finden sich allerdings zahlreiche Angaben zur Bereitung chemiatr. Arzneimittel. Jegliche Verbindung der Chemiatrie mit mag. Vorstellungen lehnte der fromme Protestant aber entschieden ab.

LITERATUR: W. Schönfeld: F. J. In: Dermatolog. Wochenschr. 89 (1929), S. 1265-1275. – E. Jendreycyk u. P. Pooth: Aus der Gesch. der Stralsunder Apotheken. Mittenwald 1939, S. 28-32, 70 f. – Johannes Valentin: Die Entwicklung der Pharmazeut. Chemie an der Ernst-Moritz-Arndt-Univ. Greifswald. In: Pharmazie 12 (1957), S. 368-376. – Guido Jüttner: F. J. In: Dt. Apotheker-Biogr. Bd. 1, Stgt. 1975, S. 304 f. – Ferdinand Schmidt: F. J. In: Dt. Apotheker Ztg. 119 (1979), S. 2092 f. – Peter Morys: Medizin u. Pharmazie in der Kosmologie Leonhard Thurneissers. Husum 1982.

Wolf-Dieter Müller-Jahncke

Jördens, Gustav, auch: G. Iden, A. Clauren, * 12. 8. 1785 Berlin, † 1834. – Erzähler.

Nach einem juristischen Studium in Berlin u. diversen staatl. Anstellungen in Görlitz u. Glogau war J., Sohn von Karl Heinrich Jördens, ab 1821 bis zu seinem Freitod in Dresden u. Leipzig als freier Schriftsteller ansässig.

Bevorzugter Publikationsort für J.' zahlreiche Erzählungen waren Unterhaltungsblätter, Zeitschriften u. Almanache wie die »Zeitung für die elegante Welt«, »Beckers Taschenbuch für das gesellige Vergnügen« oder »Gubitzens Gaben der Milde«. Der Texttyp der kurzen Erzählung überwiegt in J.' Œuvre, doch schrieb er auch Romane (*Der Adjunktus des Pfarrers von Friedau.* Lpz. 1825. *Das Labyrinth der Liebe.* Lpz. 1825. *Bella und Beata.* Lpz. 1826). Teilweise veröffentlichte er unter dem Pseud. A. Clauren, um den Erfolg des wohl prominentesten zeitgenöss. Trivialautors Heinrich Clauren zu nutzen.

Die dargestellte Handlung kreist meist um Liebeskonflikte, die als schicksalhaft empfunden werden u. tragisch enden oder nur mit großen Mühen zu lösen sind. Die zeitl. u. themat. Einbindung reicht von der Gegenwart über histor. Situationen bis zu Märchen u. Sage.

Neben Lyriksammlungen dt. Dichter (*Alona.* Lpz. 1825. *Kora.* Lpz. 1827) gab J. auch *Lichtenbergs Ideen, Maximen und Einfälle* (2 Bde., Lpz. 1827-30) heraus.

WEITERE WERKE (Erscheinungsort: alle Lpz.): Morgana. Erzählungen u. Mährchen. 2 Bde., 1820. – Die Vermählung. 1822. – Die Jahreszeiten der Ehe. 1822. – Sinnreiche u. unterhaltende Gesch.n aus Frater Joh. Paulis Schimpf u. Ernst. 1822. – Lanzelot vom See. Eine Rittergesch. [...]. 1822. – Irner, oder die Widersprüche der Liebe (nach Lord Byron). 1823. – Bunte Bilder. E.en u. Skizzen [...]. 2 Bde., 1823/24. – Lothario, oder die Brüder des Bundes zum Gemeinwohl (nach Nodier). 1824. – Amalfried der Thüringer. Histor. Novelle aus dem 6. Jh. 1828. *Dominica Volkert*

Jördens, Karl Heinrich, * 24. 4. 1757 Fienstädt bei Halle, † 6. 12. 1835 Lauban/Niederschlesien. – Verfasser von pädagogischen Schriften u. Schulbüchern; Lexikograph.

Nach dem Theologiestudium in Halle (1773 bis 1776) war J. zunächst als Hauslehrer in Berlin tätig, bevor er eine Karriere im Schuldienst begann: Vom Lehrer am Schindlerschen Waisenhaus (1778-1784) avancierte er zum Subrektor an der Cöllnischen Schule in Berlin (bis 1790), später zum Inspektor u. Konrektor der Waisen- u. Schulanstalt in Bunzlau, um 1796 einem Ruf als Rektor ans Lyceum in Lauban zu folgen. Dort war er bis zu seiner Versetzung in den Ruhestand 1825 tätig.

Zur zeitgenöss. Diskussion um Lehrpläne an höheren Schulen leistete J. einen maßgebl. Beitrag durch seine Schulausgaben antiker Schriftsteller mit ausführl. Wortregistern, Grammatik- u. Übersetzungsanmerkungen. Auch theoretisch äußerte er sich zu Übersetzungsfragen u. Lektüreauswahl für den Schulunterricht (*Sollen auch teutsche Schriftsteller auf Schulen gelesen und erkläret werden?* Lauban 1797. *Etwas über die Verteutschung der alten klassischen Schriftsteller in Schulen [...].* Ebd. 1798). Im Mittelpunkt seiner Argumentation steht die Forderung nach selbständigem Lesen der Schüler. Kommentierungen der Texte sollen zusätzl. Erklärungen des Lehrers weitgehend ersetzen.

Am eigentl. Literaturbetrieb beteiligte J. sich v. a. mit der Herausgabe zahlreicher Gedicht- u. Erzählungssammlungen (*Originaldialogen und Erzählungen der Teutschen.* 2 Bde., Bln. 1789. *Blumenlese teutscher Sinngedichte.* 2 Bde., Bln. 1789 bis 1791. *Berlinischer Musenalmanach für das Jahr 1791/92.* Bln. 1791). Seine wichtigste Publikation ist das *Lexikon deutscher Dichter und Prosaisten* (5 Bde. u. 1 Suppl.-Bd., Lpz. 1806-11. Neudr. Hildesh./New York 1970). In über 400 alphabetisch geordneten Artikeln zu Autoren der gesamten dt. Literaturgeschichte gibt J. nicht nur bio- u. bibliographische Informationen, sondern äußert sich auch zum Stellenwert des jeweiligen Œuvres. Seine Beurteilungen gehen vom aufklärerischen Postulat »Nutzen und Unterhaltung« aus. Sie sind Beispiele für das etablierte Literaturverständnis des ausgehenden 18. Jh.

Weitere Werke: Hierokles Schnurren nebst einem Anhange neuerer Schnurren für lustige Leser. Bln. 1789. – Denkwürdigkeiten, Charakterzüge u. Anekdoten aus dem Leben der vorzüglichsten dt. Dichter u. Prosaisten. Lpz. 1812.

Literatur: Gottlieb Friedrich Otto: Lexikon der Oberlausizischen Schriftsteller u. Künstler. Bd. 2, 1802, S. 258 ff. – Heinrich Julius Kaemmel: J. In: ADB. *Dominica Volkert*

Johann, A. E., eigentl.: Alfred Ernst Johann Wollschläger, * 3. 9. 1901 Bromberg (heute Bydgoszcz/Polen). – Reiseschriftsteller, Romancier.

J. entstammt einer westpreuß. Bauern- u. Handwerkerfamilie. Nach dem Studium der Theologie, Soziologie u. Geographie in Berlin, einer Banklehre u. Tätigkeit in der Verwaltung eines Maschinenbaukonzerns wanderte er nach Kanada aus. Mit Reiseberichten hatte er schnell Erfolg. J. wurde zunächst Sonderberichterstatter für den Ullstein Verlag u. lebte dann seit 1937 als freier Schriftsteller. Eine ausgedehnte Reisetätigkeit (u. a.in die UdSSR, nach China, Indonesien, Japan, Australien u. Afrika) lieferte das Material für seine zahlreichen Reisebeschreibungen (u. a. *Groß ist Afrika.* Bln. 1939. *Große Weltreise mit A. E. Johann. Ein Führer zu den Ländern und Völkern dieser Erde.* Gütersloh 1955. *Wo ich die Erde am schönsten fand.* Ebd. 1960. *Amerika ist eine Reise wert.* Ebd. 1967). Heute lebt J. in der Lüneburger Heide.

Neben den Reisebeschreibungen bilden Liebes-, Abenteuer- u. Schicksalsromane, oft mit zeitgeschichtl. Hintergrund u. in fernen Ländern spielend, den zweiten Schwerpunkt von J.s Werk. J. thematisiert die Erschütterungen u. Umwälzungen des 20. Jh. etwa in der großangelegten, chronikartigen »Radmacher-Trilogie« *Im Strom* (Gütersloh 1968), *Das Ahornblatt* (ebd. 1969) u. *Aus dem Dornbusch* (Mchn./Gütersloh 1972). Daneben war J. als Übersetzer aus dem Englischen tätig u. veröffentlichte eine Vielzahl von Zeitungs- u. Zeitschriftenartikeln. 1989 erschienen seine Erinnerungen *Dies wilde Jahrhundert* (Mchn./Wien). J.s Werk erreichte hohe Auflagen u. weist ihn als einen der erfolgreichsten dt. Reise- u. Unterhaltungsschriftsteller nach 1945 aus.

Weitere Werke: Irland, Heimat der Regenbogen. Irland, Insel am Rande der Welt. Gütersloh 1953. – Weiße Sonne. Ein Roman aus der Wirklichkeit v. heute. Ebd. 1955. – Sohn der Sterne u. Ströme. Ebd. 1955. – Der Wind der Freiheit. Ebd. 1967. – Menschen an meinen Wegen. Aus einem Leben auf Reisen. Gütersloh u. a. 1973. – Am Ende ein Anfang. Mchn. 1978. – Die Leute v. Babentin. Roman eines Dorfes. Mchn. 1980. – Das Haus am Huronensee. Mchn. 1981. –

Evas Wildnis. Eine kanad. Liebeslegende. Bayreuth 1984. – Südwest. Ein afrikan. Traum. Mchn./Bln. 1985.

Matthias Wörther

Johannes Baptista. – Deutsche mittelalterliche Legenden.

Die Legende des außerordentlich populären Heiligen J. B. erfuhr zahlreiche mittelalterl. Bearbeitungen. Seine Vita gehörte, wie die der Apostel, zu denen sie häufig gestellt wurde, zum Grundbestand jedes Legendars. Bereits im 12. Jh. entstanden drei Versfassungen der Legende. Die älteste ist die 446 Verse umfassende Version der Frau Ava. Nur fragmentarisch erhalten (76 von insg. etwa 200/250 Kurzversen) ist der sog. *Baumgartenberger Johannes Baptista*, der wohl um 1140 im österr. Kloster Baumgartenberg entstanden ist. Es handelt sich weniger um eine Legende als um den Versuch, anhand der Figur des Täufers theolog. Fragen zu behandeln. J. B. wird als Bindeglied zwischen Altem u. Neuem Bund gedeutet; er ist zgl. der letzte u. größte Prophet des AT u. der erste, der das Gesetz Mose neu auslegt. Das Werk wird in der *Kaiserchronik* zitiert. Etwa um die gleiche Zeit verfaßte der wohl bair. Priester Adelbrecht eine Legende von J. B., von der nur 267 Verse überliefert sind. Erhalten sind Berichte über Jugend u. Tod des Täufers; Anfang u. Mittelteil sind verschollen. Im wesentlichen hält sich der Verfasser an die evang. Quellen, fügt aber auch Erbauliches hinzu. Das Werk war offenbar für Laien bestimmt. Der Dichter des *Rolandsliedes* hat Verse des Werks verarbeitet.

Aus dem SpätMA stammen neben zahlreichen Legendarfassungen drei selbständige Legenden u. vier Berichte über die Enthauptung Johannes'. Auch in dieser Zeit genoß er große Verehrung, bes. in Frauenklöstern. Bisweilen stritten sich die Nonnen (etwa in St. Katharinental bei Diessenhofen u. im Klarissenkloster Nürnberg) um den Vorrang von J. B. oder Johannes Evangelista. In einer Handschrift aus dem Nürnberger Klarissenkloster ist eine Sammlung von J.B.Legenden, Predigten u. Wunderberichten enthalten. Der erste Text ist eine kommentierende Legende, während sich der zweite streng an die Berichte der Evangelien hält. Dieser Text diente als Quelle für das Nürnberger Prosalegendar *Der Heiligen Leben*. Die Handschrift berichtet auch von Reliquien-Wundern in einer Johannes-Kapelle in Altenberg bei Nürnberg, die dem Kloster gehörte. Eine umfangreiche alemann. Legende ist in einer aus Straßburg stammenden Berliner Handschrift zusammen mit einem ausführl. Johannes-Evangelista-Leben erhalten. Wohl für die Lesung am Tag der Enthauptung des Täufers bestimmt sind vier in verschiedenen Kontexten überlieferte, bisher nicht untersuchte Berichte seines Martyriums.

AUSGABEN: Carl v. Kraus (Hg.): Dt. Gedichte des 12. Jh. Halle 1894, S. 12-15, 101-111 (Baumgartenberger J. B.), S. 15-23, 111-134 (Priester Adelbrecht). – Friedrich Maurer: Die religiösen Dichtungen des 11. u. 12. Jh. Bd. 2, Tüb. 1965, S. 134-139 (Baumgartenberger J. B.), S. 332-341 (Priester Adelbrecht).

LITERATUR: Maurer, a. a. O., S. 328-331 (zu Priester Adelbrecht). – Karl-Ernst Geith: Baumgartenberger J. B. u. (Priester) Adelbrecht. In: VL. – Werner Williams-Krapp: J. B. In: VL. – Ders.: Die dt. u. niederländ. Legendare des MA. Tüb. 1986 (Register; zu den Prosafassungen).

Werner Williams-Krapp

Johann aus dem Baumgarten, *Johan ûz dem virgiere*. – Kurzer Versroman, etwa Ende des 14. Jh.

Das Werk eines unbekannten Autors ist nur in einer aus dem 15. Jh. stammenden rheinfränk. Handschrift überliefert. Im Prolog beruft sich der Verfasser auf eine fläm. Vorlage, die jedoch nicht erhalten ist. Eine auf sie zurückgehende niederländ. Prosaversion, *Joncker Jan wt den vergiere*, existiert in einem Druck (Amsterd. um 1590).

Erzählt wird die Geschichte eines Findlings adliger Herkunft, der am Hof des Kaisers Sigismund in Rom als dessen Sohn erzogen wird. Durch einen Zufall über sein Schicksal aufgeklärt, will Johann Ritter werden, um gegen Heiden u. Riesen zu kämpfen. Als einziger wagt er es, der Herausforderung eines Riesen zum Kampf, in dem es um die Sicherung des christl. Glaubens in Rom geht, zu begegnen, nachdem der Kaiser dem Kämpfer die Hand seiner Tochter Clarie – beide haben sich indessen ineinander verliebt – u. die Herrschaft über sein Reich in Aussicht gestellt hat. Als Ritter besteht Johann diesen Kampf u. weitere Auseinandersetzungen mit den Heiden, wobei er sich auch der Intrigen Gaverons, eines Günstlings des Kaisers, zu erwehren hat. Der Kaiser, immer wieder dessen Einflüsterungen erliegend, weigert sich, sein Versprechen zu halten. Johann verläßt den Hof u. die schwangere Clarie, um seine Heimat zu suchen. Mehr als vier Jahre später besiegt er einen älteren Ritter, u. es stellt sich heraus, daß dieser, Graf Rupreht von Artois, sein Vater u. die Schwester des frz. Königs seine Mutter ist. Rupreht zieht nach Rom u. erschlägt Gaveron, Johann nach Paris, wo er seine Mutter trifft u. der König ihm verspricht, die Eltern, die den Sohn in einem schuldhaften Liebesverhältnis gezeugt hatten, zu verheiraten. Johann wird vom König nach siegreichem Kampf gegen Riesen zu seinem Nachfolger ernannt. Er kehrt nach Rom zurück, der Kaiser hat endlich seinen Widerstand aufgegeben u. seine Verfehlungen eingesehen. Johann heiratet Clarie, das Reich wird ihm übergeben.

Wegen des Fehlens der Vorlage ist die Eigenleistung des dt. Dichters nur schwer zu ermessen. Im Vergleich mit der niederländ. Prosa zeigen sich bemerkenswerte Unterschiede.

So fehlen im dt. Text vor allem einige Namen, die auch im Original vorhanden gewesen sein dürften u. politische Ereignisse im Nordwesten Frankreichs in der ersten Hälfte des 14. Jh. durchscheinen lassen. Der J. a. d. B. ist eher »entpolitisiert« u. mehr auf das private Schicksal des Helden konzentriert. Andererseits sind im dt. Werk Einzelszenen zum Teil erweitert u. stärker mit realistischen Details ausgestattet.

Darstellungstechnisch fällt ein mehrfach auf kom. Wirkung abzielendes Herausarbeiten von Kontrasten auf. Auch wird das Mittel der Retardation (v. a. in den Motiven des Nicht-Erkennens u. des zaudernden Kaisers) eingesetzt, um größere Spannung zu erreichen. Aufs Ganze gesehen steht das Werk stofflich in der Tradition der Chansons de geste u. des höf. Romans (es begegnen aus der frz. u. niederländ. Literatur geläufige Motive), stilistisch mehr im Gefolge der Spielmannsepik. Im Verfasser könnte man einen Fahrenden sehen, sein Publikum wird im Kleinadel zu suchen sein.

Ausgabe: J. û. d. v. Hg. Robert Priebsch. Heidelb. 1931 (mit Faks. der niederländ. Fassung).

Literatur: Edward Schröder: Der Text des ›J. u. d. V.‹. In: ZfdA 76 (1939), S. 114-121. – Hartmut Beckers: J. a. d. V. In: VL. – Manfred G. Scholz: ›J. a. d. B.‹ u. ›Joncker Jan wt den vergiere‹. In: Walter Haug u. Burghart Wachinger (Hg.): Positionen des Romans im SpätMA. Tüb. 1990 (mit Transkription des ›Joncker Jan‹).

Manfred G. Scholz

Johannes von Buch, auch: Jan/Henning von Buk, Bok, Boek, * vor 1290, † nach 1356. – Rechtsgelehrter aus altmärkischem Rittergeschlecht (Buch bei Tangermünde).

J. ist der Verfasser der ältesten Glosse zum *Sachsenspiegel* u. des *Richtsteig Landrechts.* 1305 studierte er in Bologna. In den 20er Jahren stand er in Verbindung mit Herzog Otto von Braunschweig, ab 1333 im Dienst des Wittelsbacher Markgrafen Ludwig von Brandenburg. 1351-1355 findet man ihn noch gelegentlich im Umfeld des Markgrafen Ludwig II., ab 1356 bleiben die Nachrichten über ihn ganz aus.

Um 1325 unternahm J. mit der Glosse zum *Sachsenspiegel* die erste wissenschaftliche Bearbeitung der privaten Rechtsaufzeichnung Eikes von Repgow (Prolog, Verse 131-147). Die endgültige Klärung der Verfasserfrage im Hinblick auf die verschiedenen Textschichten steht noch aus. Den *Sachsenspiegel* hielt J. für ein Privileg Karls des Großen. Übergeordnetes Ziel seines juristischen Kommentars in mittelniederdt. Sprache war der Versuch einer harmonisierenden Verknüpfung von vermeintl. Kaiser- u. gelehrtem Recht, um so Geltung u. Ansehen des Rechtsbuchs zu erhöhen (Prolog, vv. 191-201). Als Anhang zur Glosse entstand 1335 der *Richtsteig Landrechts*, ein sog. Rechtsgangbuch mit Prosaprolog u. Epilog, das (bei leichterer Handhabung) der Rechtsunsicherheit vor Gericht entgegentreten sollte.

Die breite handschriftl. Überlieferung aus dem 14./15. Jh. bezeugt mit zahlreichen Bearbeitungen Verbreitung u. Wirkung der Werke J.' Zu seinen Nachfolgern zählen Nicolaus Wurm, Brand von Tzerstede, Petrus von Posena u. Dietrich von Bocksdorf. Mit Anstieg der Glossenhandschriften nahm die Autorität des *Sachsenspiegels* entscheidend zu, die Produktion von Bilderhandschriften (etwa 1290-1375) wurde eingestellt.

Ausgaben: Der Richtsteig Landrechts nebst Cautela u. Premis. Hg. Carl G. Homeyer. Bln. 1857. – Sassenspegel.

Mit velen nyen Addicien san dem Leenrechte vnde Richtstige. Hg. Hans Rynmann v. Öhringen. Neudr. hg. v. Karl A. Eckhardt. Aalen 1978.

Literatur: Emil Steffenhagen: Die Landrechtsglosse des Sachsenspiegels. Hg. Karl A. Eckhardt. Aalen 1977. – Ingeborg Buchholz-Johanek: J. v. B.: In: VL. – Julianus B. M. van Hoek: Zwischen Eike v. Repgow u. J. v. B. leuchtet das lehrreiche Bild. In: Ruth Schmidt-Wiegand (Hg.): Text – Bild – Interpretation. Bd. 1, Mchn. 1986, S. 59-76. *Brigitte Janz*

Johannes von Dambach, *Tambach, de Tambaco, Argentinensis*, * 1288, † 10. 10. 1372. – Theologe.

J.' Herkunftsbezeichnung Dambach verweist auf das Elsaß als seine Heimat. 1308 trat er in den Straßburger Konvent des Dominikanerordens ein, dem seit 1315 auch Johannes Tauler angehörte. Theologiestudien in Bologna u. J.' Zeugenschaft 1327 im Inquisitionsverfahren gegen Meister Eckhart sind belegt. 1339, z. Zt. des päpstl. Interdikts gegen Ludwig den Bayern, ging J. mit seinen Ordensbrüdern nach Basel ins Exil. 1347 wurde er in Montpellier zum Magister der Theologie promoviert u. als erster Regens an das neuerrichtete Generalstudium in Prag berufen. 1348 in kaiserl. Auftrag sowie 1350 hielt er sich an der päpstl. Kurie in Avignon auf. Die folgenden Jahre bis zu seinem Tod scheint er v. a. in Straßburg verbracht zu haben.

In seiner frühesten erhaltenen Schrift *Exhortatio ad Carolum* IV. (1346-48) fordert J. den Kaiser auf, sich beim Papst für die Aufhebung von Exkommunikationen u. Interdikten einzusetzen. Zwei größere theolog. Werke, *De sensibilibus deliciis paradisi* (vor 1350) u. *De culpa et gratia* (1357), handeln von der vollkommenen Befriedigung auch der Sinne im Jenseits u. von Problemen der Gnadenlehre. In kleineren theolog. u. kanonischen Traktaten (soweit datierbar 1360-65) äußert J. sich zur Ablaßlehre u. zu Streitfragen um Armut u. Einkünfte der Dominikaner. Zu den belegbaren Werken gehört ferner eine Fastenpredigt. Die Überlieferung fast aller Schriften reicht bis in J.' Lebenszeit zurück.

J.' Ruhm bis ins frühe 16. Jh. beruht auf seinem umfängl. Werk *De consolatione theologiae*. In der Nachfolge der *Consolatio philosophiae* des Boëthius († 524) personifiziert J. die Theologie; die mannigfachen Trostgründe für alle vorkommenden Fälle der Trauer u. des Mißgeschicks tragen jedoch allegor. »puellae« vor, die von »milites« als den Stimmen der antiken u. christl. Autoren begleitet werden. Der stoische Grundzug in J.' Denken über die Welt läßt ihn v. a. Seneca zitieren. Als systematisch aufgebautes, kompilatorisches Handbuch war J.' *Consolatio* vollständig u. in Exzerpten handschriftlich u. im Druck in ganz Europa verbreitet u. beeinflußte nachhaltig die spätmittelalterl. Consolatorienliteratur, die bes. z. Zt. des großen Schismas blühte.

Ausgaben: Exhortatio. Hg. Albert Auer. In: Histor. Jb. 46 (1926), S. 540-549. – Dt. Übers. v. Walter Hofmann. In: Wiss. Ztschr. der Karl-Marx-Univ. Lpz., Gesellschafts- u. sprachwiss. Reihe 6 (1956/57), S. 392-396.

Literatur: Albert Auer: J. v. D. u. die Trostbücher vom 11. bis zum 16. Jh. Münster 1928. – Gabriel M. Löhr: Die Mendikantenarmut im Dominikanerorden im 14. Jh. In: Divus Thomas (Freib./Schweiz) 18 (1940), S. 385-427. – Peter v. Moos: Consolatio. 4 Bde., Mchn. 1971/72 (Register). – Thomas Kaeppeli: Scriptores Ordinis Praedicatorum Medii Aevi 2. Rom 1975, S. 400-405. – Franz Josef Worstbrock: J. v. D. In: VL. *Sabine Schmolinsky*

Johannes von Eich, *Eych*, * 1405/06 Eicha/Saale (?), † 1. 1. 1464 Eichstätt; Grabstätte: ebd., Klosterkirche St. Walburg. – Österreichischer Rat, Reformbischof, Frühhumanist.

Nach dem Studium der Rechte in Wien u. Padua lehrte J. ab 1435 in Wien u. diente gleichzeitig den Herzögen Albrecht v. u. Albrecht vi. von Österreich als Rat. Wohl vermittelt über sein Auftreten auf dem Basler Konzil 1434 u. 1438/39 u. über seine Kanzleitätigkeit konnte er Kontakt mit Enea Silvio Piccolomini knüpfen, der ab 1442 in der kaiserl. Kanzlei in Wien tätig war. 1445 wurde J. zum Bischof von Eichstätt gewählt, wo er sich bis zu seinem Tod um die Reform des Bistums bemühte.

J. hinterließ ein umfangreiches lat. Briefwerk, das aus seiner Bischofszeit stammt u. sich vornehmlich mit den damals aktuellen Fragen der Kirchenreform u. der Seelsorge beschäftigt. Während des Studiums in Italien, v. a. aber durch Enea, lernte er die intellektuellen Bestrebungen des Humanismus kennen; als Humanist trat J. allerdings nur rezeptiv in Erscheinung. Bekannt ist er als Mentor des Eichstätter Humanistenkreises um Albrecht von Eyb u. Johannes Mendel wie als Adressat humanistischer

Gedichte u. Briefe. Das berühmteste ihm gewidmete Werk ist wohl Eneas Brief *De miseriis curialium* (1444).

Literatur: Franz Xaver Buchner: Johann III., der Reformator des Bistums. Eichstätt 1911. – Franz Machilek: Ein Eichstätter Inquisitionsverfahren aus dem Jahre 1460. In: Jb. für fränk. Landesforsch. 34/35 (1974/75), S. 417-446. – Ernst Reiter: Johann v. Eych. In: VL. – Richard Kuhn: J. III. v. Eych [...] u. die Kirchenreform seines Hochstifts. Magisterarbeit. Erlangen 1984 (mit Textwiedergabe). – Monika Fink-Lang: Eichstätter Geistesleben im Zeitalter des Humanismus. In: Sammelbl. des Histor. Vereins Eichstätt 77/78 (1984/85), S. 30-45. – Heide Dorothea Riemann: Der Briefw. Bernhards v. Waging u. J.' v. E. Diss. Köln 1985 (mit Textabdr.).

Frank Fürbeth

Johannes von Frankenstein. – Spätmittelalterlicher Verfasser des geistlichen Epos *Der Kreuziger* (*Der krûzigêre*).

Was man über J. weiß, berichtet sein einziges, 11 476 Verse umfassendes Werk, das bloß eine, in Wien um 1350 entstandene Handschrift überliefert. Nach den Angaben im Epilog stammte J. aus der Stadt Frankenstein in Schlesien u. war selbst ein »krûzigêre« (Kreuzträger), ein Angehöriger des Johanniterordens, der späteren Malteser. Durch die Verbindung der böhm. u. der österr. Ordensgemeinschaft kam er in die nordniederösterr. Kommende Mailberg, von wo ihn der Komtur nach Wien schickte. Dort übersetzte J. auf Bitten des Schaffers Seidel eine lat. Prosapassion ohne vorherige dichterische Erfahrung in dt. Verse. Zwar endet sein Werk mit der Angabe des Jahres 1300 als Entstehungsdatum; da aber der Epilog abrupt am Seitenende schließt, darf in den als verloren anzunehmenden Schlußversen die Fortführung der Jahreszahl mit Zehnern u. Einern vermutet werden. Die erst 1935 entdeckte lat. Quelle, ein nicht näher untersuchter Passionstraktat, wurde im MA wohl zu Unrecht dem in Prag u. Heidelberg wirkenden Theologen Matthäus von Krakau (um 1345-1410) zugeschrieben, u. so kann man aus sprachl. Gründen eine Entstehung von J.' Werk spätestens in der ersten Hälfte des 14. Jh. annehmen.

J. folgt bei der ihm nach eigenen Worten oft schwer fallenden Übersetzungstätigkeit ganz dem lat. Passionstraktat. Dieser behandelt die Leidensgeschichte nach den Evangelienberichten vom Aufbruch nach Bethanien u. der Einkehr bei Simon dem Aussätzigen bis zur Grablegung u. damit zeitlich vom Vortag des Palmsonntags bis zum Karfreitag. Aber nicht die Erzählung oder eine von dieser ausgehende Erweckung der compassio u. myst. Versenkung bestimmen den Inhalt, sondern rationale scholastisch-gelehrte Kommentierung des Geschehens u. Erklärungen der lat. Wortwahl. Nachgegangen wird etwa den Fragen, wieviele Sünden Judas beim Verrat beging, ob Christus wirklich Blut schwitzen konnte, woher Petrus das Schwert nahm oder ob vor Christus schon jemand von den Toten auferstand. Ebenso werden widersprüchl. Angaben der Evangelisten zu klären versucht. Obwohl die Schilderung der Leidensstunden Christi am Kreuz mit gefühlvoller Anteilnahme gelingt, zielt das Werk insg. eher auf theolog. Laienbildung.

Sprachlich gehört J. noch der Tradition einer rhythmisch gekonnten, wenn auch formelhaften Verssprache an. Trotz der Entstehung seines Werks im bairisch-österr. Wien ist der Lautstand der reinen Reime ostmitteldt.-schlesisch; bair. Wortschatz dürfte auf das Konto der Handschrift gehen. Obwohl das mehr gelehrt als poetisch wirkende Epos weder Verbreitung fand noch Nachwirkungen zeitigte, steht es in Wien nicht isoliert; dort ist in der ersten Hälfte des 14. Jh. – mit einer Sammelhandschrift geistl. Gedichte des 12. Jh., Heinrichs von Neustadt *Von Gottes Zukunft* u. der *Geistlichen Gemahlschaft* eines gewissen Konrad – lebhaftes Interesse an geistl. Dichtung bezeugt.

Ausgabe: Der Kreuziger des J. v. F. Hg. Ferdinand Khull. Tüb. 1882.

Literatur: Ferdinand Khull: Über die Sprache des J. v. F. In: 11. Jahresber. des Gymnasiums Graz. Graz 1880, S. 3-23. – S. M. Reinhildis Ferber, O.P.: Die Quelle des ›Creuziger‹ des J. v. F. Diss. Mchn. 1935. – Hedwig Heger: J. v. F. In: VL.

Peter Wiesinger

Johannes von Freiburg, auch: J. Rumsik (Choriantus, Teutonicus), * um 1250 Haslach/Kinzigtal, † 10. 3. 1314 Freiburg i. Br.; Grabstätte: vermutlich ebd., Münster. – Lektor u. Kanonist.

J. trat in Freiburg i. Br. dem Dominikanerorden bei. Im Konvent von Straßburg hat er im Rahmen seines Studiums der Theologie u. des kanonischen Rechts vor 1272 Ulrich Engelberti gehört; vielleicht hat er sich auch in Paris aufgehalten. Ab 1280 lehrte er im Freiburger Konvent, zu dessen Prior er um 1294 bestellt wurde.

Als Lektor beschäftigte J. sich mit der Rechtsmaterie des »forum internum«, der Beichtpraxis, wie sie in der vielbenützten, 1259 zum Lehrbuch des Dominikanerordens erklärten *Summa de casibus paenitentiae* (vor 1225 bis nach 1234) des span. Dominikaners Raymund de Peñafort dargestellt war. Solche Beicht- oder Bußsummen auf der Basis römisch-rechtl. Kasuistik dienten der theolog. u. rechtl. Ausbildung künftiger Beichtväter.

J. verfaßte zunächst ein alphabetisches Register zu der systematisch angelegten *Summa Raymundi* u. stellte *Additiones* zusammen. Daraus entstand als sein erstes eigenständiges Werk ein *Libellus de questionibus casualibus* (nach 1280), eine Sammlung in der Raymundina nicht oder unzureichend behandelter Fälle, die J. aus den Schriften zeitgenössischer Theologen, besonders seiner Ordensbrüder Thomas von Aquin u. Petrus von Tarantaise sowie Albertus Magnus u. seines Lehrers Ulrich von Straßburg, kompiliert hatte.

Diese Vorarbeiten sind nur in wenigen Handschriften überliefert, denn J. übernahm sie großenteils wörtlich in sein Hauptwerk *Summa Confessorum*, das er bis 1298 vollendete. Im Rahmen der Konzeption Raymunds formte er dessen juristisch ausgerichtetes Handbuch durch die Aufnahme der »casus morales« der »doctores moderni« in eine Enzyklopädie praktisch-theolog. Wissens um; seine Rolle als »relator« beschränkte ihn auf formelhafte Äußerungen. Die erste Abbreviatur seines Werks verfaßte J. selbst (*Manuale super Summam Confessorum*) u. fügte ihr ein *Confessionale seu Tractatus de instructione confessorum* zur Anleitung weniger gelehrter Beichtväter bei.

J.' *Summa* ist in etwa 200 Handschriften sowie einigen Drucken erhalten u. wurde in den folgenden vier Jahrzehnten sechsmal lateinisch bearbeitet. Ihre vielfältige theolog. u. kanonistische Rezeption erweist sie als eines der einflußreichsten Handbücher des SpätMA. Die dt. *Rechtssumme* Bruder Bertholds OP (Hg. Georg Steer u. a. 4 Bde., Tüb. 1987) begründete ihre nachhaltige volkssprachl. Wirkung.

Literatur: Thomas Kaeppeli: Scriptores Ordinis Praedicatorum Medii Aevi 2. Rom 1975, S. 428-436. – Marlies Hamm u. Helgard Ulmschneider (Hg.): Die ›Rechtssumme‹ Bruder Bertholds. Untersuchungen 1. Tüb. 1980. – M. Hamm: J. v. F. In: VL (Lit.).

Sabine Schmolinsky

Johannes von Hildesheim, * zwischen 1310 u. 1320 Hildesheim, † 5. 5. 1375 Marienau. – Verfasser von Briefen u. einer Dreikönigslegende.

Die Stationen seines Lebens sind gut dokumentiert, v. a. durch eine Sammlung von über 100 von ihm verfaßter Briefe. J. besuchte zunächst die Lateinschule, trat dann in den Karmeliterorden ein (Kloster Marienau) u. studierte ab etwa 1351 am Generalstudium des Ordens in Avignon. Nach einem Einsatz bei der Gründung des Konvents in Aachen lehrte J. 1358 in Paris u. kehrte 1361 als »baccalaureus« der Theologie zurück, um Prior u. Lektor des Kasseler Klosters zu werden. Es folgten Priorate in Straßburg u. Marienau, wo er starb.

In dem 1475 verfaßten Schriftstellerkatalog des Genter Karmeliten Arnold Bostius werden J. acht lat. Werke zugeschrieben, von denen nur noch vier erhalten sind. Zu diesen gehören seine Briefe, die wahrscheinlich alle nach 1350 entstanden. Es handelt sich um kulturhistor. Denkmäler von großer Bedeutung, denn sie sind sowohl an die hohe Geistlichkeit (Papst Gregor XI., Bischöfe, Ordensobere usw.) als auch an weltl. Persönlichkeiten (Kaiser Karl IV., Herzöge, Grafen usw.) gerichtet. Sie dokumentieren J.' polit. Engagement wie auch seine literar. Interessen (Briefwechsel mit Johannes von Neumarkt). Die Briefe legen nahe, daß J. in Avignon mit dem frühen ital. Humanismus in Berührung gekommen ist. Im Briefcorpus sind auch fünf von J. verfaßte Gedichte enthalten.

Das zweite Werk, der *Dialogus inter directorem et detractorem de ordine carmelitarum*, sucht in 16 dialogisch gestalteten Kapiteln die Herkunft des Karmeliterordens aus der Schule des Propheten Elias zu beweisen. Das *Speculum fons vitae*, sein drittes Werk, ist noch nicht näher untersucht worden.

J.' berühmtestes Werk ist seine Dreikönigslegende *Historia trium regum*, welche von dem 1364 zum Bischof von Münster geweihten Florentinus von Wevelinghoven in Auftrag gegeben wurde. Es liegt nahe, das Werk in Verbindung mit der 200jährigen Wiederkehr des Tages zu sehen, an dem die Dreikönigsreliquien nach Köln überführt wurden (23. 7. 1164). Der Text ist in 46 Kapitel gegliedert u. verbindet die vielen im Lauf der Jahrhunderte entstandenen legendarischen Berichte über die drei Magi. J. erzählt von ihrer Heimkehr, ihrer Taufe durch den Apostel Thomas, ihrem Tod u. vom Schicksal ihrer Gebeine. Unter Benützung zeitgenöss. Pilger- u. Orientberichte stellt J. den Stoff in einen konkreten histor. u. geographischen Kontext. Der überaus beliebte Text wurde mindestens sechsmal in dt. Prosa übersetzt, die älteste Fassung entstand bereits 1389 im Auftrag von Elisabeth, Tochter Graf Eberhards III. von Katzenelnbogen. Diese rheinfränk. Übersetzung fand große Verbreitung im alemann./schwäb. Raum. Ähnlich erfolgreich war eine bairisch-österr. Fassung, die auch in Drucke des Legendars *Der Heiligen Leben* aufgenommen wurde. Die *Historia* wurde auch ins Niederländische, Französische u. Englische übersetzt. Goethe entdeckte den von ihm geschätzten Text 1818 in einer von ihm erworbenen Handschrift.

Ausgaben: *Briefe:* R. Hendricks: A Register of the Letters and Papers of John of H. In: Carmelus 4 (1957), S. 116-235. – *Dialogus:* Daniel a Virgine Maria: Speculum Carmelitanum I. Pars 2, Antwerpen 1680, S. 145-159. – *Historia:* E. Köpke: J. v. H. In: Programm Brandenburg 1878. – Elisabeth Christern: Die Legende v. den hl. drei Königen. Mchn. 1963 (Übers.). – Ausg.n der mittelalterl. dt. Übers.en der ›Historia‹ bei Worstbrock/Harris, (s. u.).

Literatur: Hendricks, a. a. O. – Sylvia C. Harris: German Translations of the ›Historia trium regum‹ by J. de H. In: MLR 53 (1958), S. 364-373. – Elisabeth Christern: J. v. H., Florentius v. Wevelinghoven u. die Legende v. den Hl. Drei Königen. Köln 1960. – Achim Masser: Bibel, Apokryphen u. Legenden. Bln. 1969, S. 195-248. – Franz Josef Worstbrock u. S. C. Harris: J. v. H. In: VL (Lit.). *Werner Williams-Krapp*

Johann von Konstanz. – Verfasser der um 1300 entstandenen *Minnelehre.*

Den Namen des Dichters überliefert eine Handschrift der *Minnelehre* aus dem 15. Jh. im Epilog: »Joh'es von Kostentz«. Es handelt sich mit zieml. Wahrscheinlichkeit um den zwischen 1281 u. 1312 in Zürich urkundenden Johannes von Konstanz, dessen Bruder Heinrich 1281 bis 1308 Propst des Augustinerchorherrenstifts auf dem Zürichberg war. Die Urkunden erwähnen J. unter anderem zusammen mit Angehörigen des sog. Manessekreises; sie geben keine Auskünfte über seinen Stand oder nähere Lebensumstände. Die lange geltende Auffassung, Heinzelin von Konstanz habe die *Minnelehre* verfaßt, wird von der neueren Forschung abgelehnt.

Bei dem wohl um 1300 verfaßten Gedicht handelt es sich um eine der frühesten dt. Minnereden größeren Umfangs. Mit anderen Minnereden ist es in vier Sammelhandschriften des 15. Jh. überliefert. Abgesehen von einem Fragment aus dem 14. Jh. findet sich die *Minnelehre* zuvor bereits am Ende der um 1300 entstandenen *Weingartner Liederhandschrift* (B), die damit das erste Beispiel einer engen Überlieferungsgemeinschaft von Minnelied u. Minnerede darstellt. Die Aufnahme des Gedichts in B spricht dafür, daß J. dem Kreis der Anreger u. Sammler der Handschrift nahestand; in die gleiche Richtung weisen die Zürcher Urkunden, die den Namen belegen.

2550 Reimpaarverse enthalten im Rahmen einer exemplarischen Werbeerzählung eine umfangreiche Minnelehre: Der Ich-Erzähler hat der Minne abgeschworen, erblickt jedoch ein wunderschönes Mädchen, in das er sich verliebt. Liebeskummer zwingt ihn auf das Ruhelager, wo er beim Nachdenken über das Wesen der Minne einschläft. In einer Traumvision (vv. 157-1046) begegnet er dem nackten u. blinden Cupido; der gekrönte Knabe thront auf einer mit Edelsteinen geschmückten Säule an den entflammten Ufern eines Sees aus Blut. Flügel, Krone, Fackel, Speer, Säule, Nackt- u. Blindheit des Liebesgottes u. der Blutsee sind Zeichen u. Merkmale der Minne, die Cupido dem Liebenden ausdeutet. Höhepunkt der Traumhandlung ist der prachtvolle Auftritt der Liebesgöttin (Venus/Frau Minne), die den Liebenden mit einem Pfeil im Herzen verwundet. Auf seine Bitte, ihm zu seiner Geliebten zu verhelfen, erteilt die Minne ihm eine zweifache Lehre: Er soll der Angebeteten Minnebriefe schreiben u. unbeirrbar um sie werben, eine Lehre, die er nach dem Erwachen sogleich in die Tat umsetzt. Dabei greift die Minne, die er nun im Herzen trägt, immer wieder ratend u. belehrend in das Minnegeschehen ein. Im Verlauf eines regen Briefwechsels gesteht das zunächst abweisende Mädchen dem Werbenden ein Stelldichein in einem »wurzegarten« zu. Die Minnebeteuerung des Verliebten führt zur Frage des Mädchens, was denn Minne sei – worauf er sie über das Wesen der Minne belehrt. Nach erneutem briefl. Bitten des Liebenden gewährt die Schöne ihm ein weiteres Treffen, diesmal nachts in ihrer Kammer. Dort bricht er eingedenk der Ermahnung der Minne, weniger zaghaft als im Garten vorzugehen, wo er nicht einmal einen Kuß erlangen konnte, das anfangs gegebene Versprechen, von ihr nur das zu verlangen, was sie ihm »mit eren« (v. 2194) zugestehen könne. Seine Beharrlichkeit führt ihn schließlich ans Ziel seiner Wünsche, der Minnewunde wird geheilt. Nach der Beteuerung des Mannes, dem Mädchen treu zu sein (vv. 2441-2443) u. das Liebesglück geheim zu halten (vv. 2444-2449), trennen sich die Liebenden aus Angst vor Entdeckung; der Mann eilt zur Minne, um ihr für ihre Lehre zu danken, die zu seinem Minneglück geführt hat.

Eine bestimmte Vorlage für die *Minnelehre* konnte nicht ausgemacht werden. J. scheint über ein breites literar. Wissen verfügt zu haben: Die Mehrzahl der Motive u. Handlungsmuster haben Parallelen in der vorangehenden oder zeitgenöss. dt., lat. u. frz. Literatur. Zahlreiche Anspielungen erweisen J. als Kenner des hoch- u. späthöf. dt. Romans. Auffallend sind die vielen lat. Textstellen (v. a. Inschriften u. Lehrsprüche), die jeweils, teilweise recht frei, ins Deutsche übersetzt werden. Sie sprechen dafür, daß der Autor die Bildung eines Klerikers genossen hatte. Bei der Gestaltung der Liebesbriefe u. der Personenbeschreibungen greift J. vielleicht unmittelbar auf lat. Muster zurück. Er scheint lat. Briefsteller u. Mythographen (vgl. die Beschreibung u. Deutung Cupidos) gekannt zu haben. Züge der Werbehandlung u. der Minnekonzeption gehen wohl auf lat. Liebeslehren zurück (den *Facetus moribus et vita* u. Ovid).

J. will sein Publikum lehren, »Wie man nauch liebe werben soll« (v. 11). Die Werbeerzählung mit allegorisch-lehrhafter Einleitung mutet im Vergleich mit späteren Minnelehren fast wie ein »gefälliges Handbuch der Verführungskunst« (Glier 1971) an; sie steht am Anfang einer langen Gattungstradition.

Die Nachwirkung der *Minnelehre* selbst bleibt trotz der relativ breiten Überlieferung beschränkt. Viele Einzelzüge, die sich in späteren Werken finden, lassen sich durch allg. zeitgenöss. literar. Tendenzen u. in der Gattung angelegte Möglichkeiten erklären. Die stärkste Wirkung scheinen die Briefe gehabt zu haben: So sind Teile aus der *Minnelehre* in einen um 1350 in Konstanz verfaßten Liebesbriefsteller übernommen, der auch insgesamt in Komposition u. Stil von J. beeinflußt scheint; der – parodierte – Liebesbriefwechsel u. die Traumerscheinung der Frau Venus in Wittenwilers *Ring* könnten auf die *Minnelehre* zurückgehen.

Ausgaben: Die Minnelehre. Hg. Frederic Elmore Sweet. Paris 1934 (zitiert). – Codex Dresden M 68. Bearb. v. Paula Hefti. Bern/Mchn. 1980, S. 223-298 (Nr. 18).

Literatur: Käthe Mertens: Die Konstanzer Minnelehre. Bln. 1935. – Walter Blank: Die deutsche Minneallegorie. Stgt. 1970, S. 94 f. u. 110 f. – Ingeborg Glier: Artes amandi. Mchn. 1971, hier S. 84-94, 237. – Ronald Michael Schmidt: Studien zur deutschen Minnerede. Göpp. 1982, hier S. 77-101 (dazu die Rezension v. Ingeborg Glier in: Germanistik 24, 1983, S. 85 f.). – I. Glier: J. v. K. In: VL. *Claudia Händl*

Johann von Neumarkt, auch: Johannes Noviforensis (de Novo foro), Jan ze Středy, * um 1315/20 Neumarkt/Schlesien, † 24. 12. 1380 Olmütz; Grabstätte: Leitomischl, Kloster der Augustinereremiten. – Hofkanzler u. Übersetzer.

J. stammte aus einer wohlhabenden Patrizierfamilie. Er erhielt eine sorgfältige Ausbildung, zu der Einzelheiten nicht bekannt sind. Die behauptete Identität J.s mit Johann von Hohenmauth (de Altamuta) ist nicht beweisbar, so daß alle diesbezügl. Daten für seine Jugendgeschichte entfallen. Jedenfalls war J. als Landschreiber des Herzogs Nikolaus von Münsterberg u. als Schreiber in der Breslauer Kanzlei König Johanns von Böhmen († 1346) tätig. Seit 1347 ist er als Notar im Dienst König Karls IV. nachweisbar, 1352 avancierte er zum Pronotar, 1353 zum Hofkanzler u. hatte das Amt des Kanzleivorstands (mit einer Unterbrechung 1364/65) bis 1374 inne. Die Verwaltungslaufbahn wurde begleitet von einer kirchl. Karriere: J. versammelte zunächst zahlreiche Pfründen in Schlesien u. Böhmen; 1352 wurde er zum Bischof von Naumburg ernannt, konnte aber das

Amt nicht antreten; 1353 übernahm er dann das von Karl IV. gestiftete Bistum Leitomischl/Böhmen, 1364 den Bischofsstuhl von Olmütz; 1380 wurde er zum Bischof von Breslau gewählt, starb aber noch vor dem Amtsantritt.

J. zählte zu den führenden Männern des sog. »Prager Frühhumanismus« im Kreis um Karl IV. (Burdach; Gesamtbild revisionsbedürftig). Die Rückwendung auf die Antike wurde hier entscheidend angeregt durch persönl. Kontakte zu ital. Humanistenkreisen. Der von altröm. Patriotismus erfüllte u. mit hinreißender Redekunst begabte Cola di Rienzo, der 1347 in Rom die Macht ergriffen, einschneidende soziale Reformen durchgesetzt u. dann überraschend sein Amt niedergelegt hatte, reiste 1350 zu Karl nach Prag, um ihn für seine polit. Ideen zu gewinnen. An J. richtete er ein Bittschreiben um Fürsprache beim Kaiser u. erhielt als Antwort die Empfehlung, er möge sich dem kaiserl. Willen beugen (1350). Cola konnte bei dem skept. Realpolitiker Karl kein Gehör finden u. wurde auf Burg Raudnitz inhaftiert. Von dort schrieb er J. einen Klagebrief u. bat um eine literar. Trostepistel (1351). 1350/51 setzte auch Petrarcas Korrespondenz mit Karl u. Mitgliedern des böhm. Hofs ein. Zu einer ersten Begegnung kam es 1354 in Mantua auf Karls Italienreise, an der auch J. teilnahm (Kaiserkrönung in Rom 1355). 1356 war Petrarca in diplomatischer Mission in Prag u. traf dort wieder mit J. zusammen. Ein weiteres Treffen mit Karl u. dem Kanzler ist auf deren zweiter Italienreise 1368 in Udine bezeugt. Der Briefwechsel zwischen Petrarca u. J. bleibt indes völlig unpolitisch u. erschöpft sich in rhetorisch hochstilisiertem Wettloben.

J. setzte in der kaiserl. Kanzlei eine Reform des Lateins durch, die selbst von Petrarca gelobt wurde. Er veranlaßte Sammlungen von Musterbriefen u. -urkunden (die *Summa Cancellarii*, seit 1354 mehrfach redigiert; die *Cancellaria Johannis Noviforensis*), die weithin auf die Kanzleisprache stilbildend wirkten u. in spätere Formelbücher aufgenommen wurden. Andere lat. Werke sind verschollen oder nicht sicher zuschreibbar.

Auch J.s dt. Schrifttum wurde von Karl IV. angeregt. In dessen Auftrag entstand (wohl zwischen 1357 u. 1363) eine Übersetzung der ps.-augustin. Schrift *Soliloquia animae ad Deum* u. d. T. *Buch der Liebkosungen*. Die ihrer Hinfälligkeit wie ihrer Würde bewußte Seele ringt hier um die Erkenntnis u. Erfahrung Gottes u. um das Geschenk seiner Gnade. Die Übersetzung dieser artistisch geformten lat. Prosa mit ihren klangvollen Wiederholungen u. einprägsamen Antithesen, mit ihrem rhythm. Satzfluß, leistete einen bahnbrechenden Beitrag zur Ausbildung einer dt. Kunstprosa.

Von seinem Italienaufenthalt 1368/69 brachte J. eine Fassung der sog. *Hieronymusbriefe*, einer Fälschung des 12. oder 13. Jh., nach Hause. Die Hieronymusverehrung war in Italien z. B. von dem Kirchenrechtler Johannes Andreae bes. gefördert worden; J. gab dem Kult dieses Schutzheiligen des Humanismus in Böhmen einen wichtigen Anstoß. Er widmete eine Redaktion (keine eigenständige Bearbeitung) des lat. Werks dem Kaiser. Ein erster, dem Eusebius zugeschriebener Brief enthält eine Würdigung u. einen Bericht vom Tod des Heiligen. Der zweite, der Autorität des Augustinus unterschobene Brief schildert eine Jenseitsvision, in welcher Hieronymus neben Johannes dem Täufer u. den Propheten erscheint. Der dritte, angeblich von Cyrillus verfaßte Brief referiert die Wunder. Eine dt. Übersetzung des Werks erstellte J. gegen 1377. Sie wurde zwar auch dem lateinkundigen Karl gewidmet, war aber v. a. für die Damen des Hofes, voran die Gönnerin Markgräfin Elisabeth von Mären, bestimmt. Die Schrift fand bes. in Frauenklöstern weite Verbreitung u. erreichte noch den Buchdruck.

Die Übersetzung eines dritten Werks, des *Stimulus amoris* des Jakobus von Mailand, der Wege der Vereinigung der Seele mit Jesus beschreibt, ist J. nicht sicher zuzuweisen, da der Text nur anonym überliefert ist. Wenn er von J. stammt, ist er gegen Ende seines Lebens entstanden. Er scheint nicht abgeschlossen u. fand nicht die Verbreitung von J.s übrigen dt. Schriften.

Ein umfangreiches Corpus von dt. Gebeten enthält Auszüge aus den Schriften J.s u. Übersetzungen von Texten kirchlich anerkannter Theologen wie Ambrosius, Augustinus, Anselm von Canterbury u. anderer. Die Zuweisung an J. ist z. T. fragwürdig.

Neben den zahlreichen lat. Briefen sind fünf dt. u. zwei lat.-dt. erhalten. Hier erscheint auch die lat. Übersetzung eines sonst nicht überlieferten Spruchs von Frauenlob. J. besaß eine reiche Privatbibliothek, die zum Beispiel Vergils *Bucolica* in einer von Petrarca besorgten Handschrift u. Dantes *Comedia* enthielt. Er gab auch Handschriften in Auftrag u. ließ besonders drei, einen *Liber viaticus* (um 1360), ein Missale (nach 1364) u. einen verschollenen *Liber pontificalis*, mit kostbarem Initialen- u. Miniaturenschmuck ausstatten.

J.s authent. Schrifttum u. seine Ausstrahlung sind im Umkreis der Prager Wissenschafts- u. Hofkultur nicht mit Schärfe abzugrenzen. Wie weit er an Schriften u. Gesetzeswerken des Kaisers mitgewirkt hat, bleibt unsicher. Seine Bedeutung ist unumstritten, »eine umfassende Würdigung seiner Leistungen [...] fehlt jedoch« (Höver).

Die Rezeption des dt. Werks ist vielfältig. Die *Liebkosungen* wurden von Johannes von Tepl im *Ackermann* u. von Michel Beheim verarbeitet. Der *Hieronymus* wirkte wahrscheinlich auf Martin von Amberg u. die Legendensammlung *Der Heiligen Leben*. Ein Dreifaltigkeitsgebet erscheint ebenfalls bei Beheim.

J.s Bedeutung für die Entwicklung der nhd. Schriftsprache wurde von Burdach u. seiner Schule herausgearbeitet. Neuere Darstellungen sind hier skeptisch, schätzen die prägende Wirkung der Prager Kanzlei geringer ein u. rücken die Sprachentwicklung in weitere Zusammenhänge.

AUSGABEN: *Deutsche Werke:* Buch der Liebkosungen. Hieronymus-Briefe. Stachel der Liebe. Gebete. Hg. Joseph Klapper. Bln. 1930-39. – *Lateinische Werke:* Summa Cancellarii. Hg. Ferdinand Tadra. Prag 1895. – Cancellaria. Hg. ders. In: Archiv für österr. Gesch. 68 (1886), S. 1-157. – Briefe, nur z. T. ediert (s. Höver).

LITERATUR: Konrad Burdach: Vom MA zur Reformation. Bln. 1893. – Paul Joachimsen: Vom MA zur Reformation. In: Histor. Vjs. 20 (1920/21), S. 426-470. – Joseph Klapper: J. v. N. Lpz. 1964. – Eduard Winter: Frühhumanismus. Bln. 1964. – Herbert Thoma: John of N. and Heinrich Frauenlob. In: FS Frederic Norman. London 1965, S. 247-254. – Johanna Schreiber: Devotio moderna in Böhmen. In: Bohemia 6 (1965), S. 93-122. – Gerhard Schmidt: Malerei bis 1450. In: Karl M. Swoboda (Hg.): Gotik in Böhmen. Mchn. 1969, S. 167-321. – Oldrich Králík: Die Datierung der Wenzelslegende ›Ut annuncietur II‹. In: Festg. Anton Blaschka. Wien 1970, S. 89-122. – Hans Rupprich: Die dt. Lit. vom SpätMA bis zum Barock. Tl. 1, Mchn. 1970, S. 385-393. – Ernst Schwarz: J. v. N. In: Karl Bosl (Hg.): Lebensbilder zur Gesch. der Böhm. Länder. Bd. 1, Mchn./Wien 1974, S. 27-47. – Hans J. Rieckenberg: Zur Herkunft des J. v. N., Kanzler Karls IV. In: Dt. Archiv für Erforschung des MA 31 (1975), S. 555-569. – Peter Ochsenbein: Die dt. Privatgebete J.s v. N. In: Amsterdamer Beiträge zur älteren Germanistik 12 (1977), S. 145-164. – Winfried Baumann: Die Lit. des MA in Böhmen. Mchn./Wien 1978, S. 189-194. – Josef Bujnoch: J. v. N. als Briefschreiber. In: Ferdinand Seibt (Hg.): Karl IV. u. sein Kreis. Mchn./Wien 1978, S. 67-76. – Helmut Henne: Literar. Prosa im 14. Jh. – Stilübung u. Kunst-Stück. In: ZfdPh 98 (1978), S. 321-336. – F. Seibt (Hg.): Kaiser Karl IV. Mchn. 1978. – Peter Wiesinger: Das Verhältnis des Prager Kreises um Karl IV. zur nhd. Schriftsprache. In: Hans Patze (Hg.): Kaiser Karl IV. Gött. 1978, S. 847-863. – P. Ochsenbein: Eine bisher unbekannte böhm. Hs. mit Gebeten J.s v. N. In: ZfdPh 98 (1979), S. 85-107. – Burghart Wachinger: Michel Beheim. Prosaquellen – Liedvortrag – Buchüberlieferung. In: Volker Honemann u. a. (Hg.): Poesie u. Gebrauchslit. im dt. MA. Würzb. 1979, S. 37-74. – Erika Bauer: Die sog. ›Hieronymus-Briefe‹ u. ihre volkssprachl. Überlieferung. In: Jan de Grauwe (Hg.): Historia et spiritualitas cartusiensus. Destelbergen 1983, S. 21-33. – Werner Höver: J. v. N. In: VL (Lit., auch in tschech. Sprache). – E. Bauer: De morte Hieronymi. J. v. N. u. die ›Hieronymus-Briefe‹. In: Analecta Cartusiana 117, S. 28-49. – Dies.: [...]. Johannes Andreae u. der Hieronymuskult. In: Daphnis 18 (1989), S. 199-221.

Christoph Huber

Johannes von Saaz → Johannes von Tepl

Johann von Soest, auch: J. Steinwert von S., * 1448 Unna, † 2. 5. 1506 Frankfurt/M. – Sänger u. Arzt.

Der Sohn des Steinmetzen Rotcher Grummelkut u. der Wendel Husselyn aus Werl war um 1457 Chorschüler in Soest u. um 1460 Sängerknabe am Hof des Herzogs von Cleve. In den Niederlanden lernte er die engl. u. burgundische Musik kennen. Seit 1469 war J. an der Kasseler, ab 1472 an der Heidelberger Hofkantorei, wo ihm als Sängermeister zgl. die Ausbildung der Kapellknaben oblag. Er nahm teil an den Festivitäten unter Friedrich I. u. Philipp dem Aufrichtigen, hatte wohl Kontakte zum Heidelberger Humanistenkreis, wurde Haus- u. Grundbesitzer u. heiratete zweimal. 1476 begann J. in Heidelberg mit dem Medizinstudium; 1490 urkundet er mit dem Doktortitel. Als Stadtarzt wirkte er 1495-1499 in Worms, 1499 in Oppenheim u. seit 1500 in Frankfurt/M.

Hof u. Stadt, aber auch Universität u. Kirche haben Leben u. Werk des J. geprägt – Institutionen, die zgl. seine literar. Kommunikationskreise umschreiben. Die literar. Tätigkeit jedoch, in der Autobiographie nicht einmal erwähnt, galt J. als Nebenbeschäftigung, die ihm das Wohlwollen der fürstl. Gönner u. Stadtoberen sichern sollte. Die *Kinder von Limburg* (um 1480. Hg. Manfred Klett. Wien 1975) – mit dem Dedikationsbild des sog. Hausbuchmeisters – rücken als Übertragung des mittelniederländ. Versromans *Heinric en Margriete van Limborch* (um 1300) in die Nachbarschaft von *Ogier von Dänemark, Malagis* u. *Reinolt von Montelban*: Bearbeitungen von Chanson-de-geste-Stoffen, die in diesen Jahren u. für dieselben Hofkreise gleichfalls aus dem Mittelniederländischen übersetzt wurden.

Bei den *Kindern von Limburg* handelt es sich aber eher um den gemischten Typ eines erbaul. Minne- u. Abenteuerromans mit dem Schema von Trennung u. Wiedervereinigung u. einer weitgespannten Geographie. Zu den Themen Liebe u. Glaubenskrieg treten hier – in der Handschrift sogar optisch hervorgehoben – Belehrungen über adelig-ritterliches Verhalten u. rechtes Regieren. Damit nähert sich der Roman einem Fürstenspiegel in der Art des *Libellus salutis* von 1494.

In einer anderen Schrift wird dem Wormser Stadtrat in dt. Reimpaarversen mit lat. Kommentar vorgeführt, *Wy men wol ein statt regyrn sol* (1495) – so auch im *Spruchgedicht zu lob und eer der Statt Franckfortt* (1501). *Dy gemeyn bicht* (1483) ist ein systematisch aufgefächerter Beichtspiegel. Nicht zuletzt als Spiegel ist die Autobiographie (1505) gemeint. Wenngleich nur fragmentarisch erhalten (Hg. J. C. von Fichard. In: Frankfurter Archiv für ältere deutsche Literatur und Geschichte 1, 1811, S. 84-139), ist das geistl. Schema unverkennbar: Die Jugendjahre werden als »confessio« eines ausschweifenden Lebens dargestellt. Da sich das Ich am Schluß geläutert gibt, mag der Mittelteil die Bekehrung des Sünders exemplifiziert haben. Von keinem Werk ist mehr als eine Handschrift bezeugt – der Sänger J. war offenbar erfolgreicher als der Autor.

LITERATUR: Wilhelm Wirth: J. v. S., Sängermeister in Heidelberg u. Bearbeiter des Romans ›Die Kinder v. Limburg‹. Diss. Heidelb. 1928. – Gesa Bonath u. Horst Brunner: Zu J. v. S. Bearb. des Romans ›Kinder v. Limburg‹ (1480). In: Wolfgang Harms u. L. Peter Johnson (Hg.): Dt. Lit. des späten MA. Bln. 1975, S. 129-152. – Helmut Birkhan: Die Entstehung des Limburg-Romanes des J. v. S. u. seine Aktualität. In: Rudolf Schützeichel (Hg.): Studien zur dt. Lit. des MA. Bonn 1979, S. 666-686. – G. Bonath: J. v. S. In: VL.

Hilkert Weddige

Johannes von Tepl, auch: J. von Saaz, J. Henslini de Sitbor, * vermutlich um 1350 Tepl (?), † vor April 1415 Prag. – Verfasser der bedeutenden Prosadichtung *Der Ackermann aus Böhmen* (1400/1401).

Über das Leben des J. unterrichten eine Reihe von Urkunden u. mehr oder weniger verschlüsselte Angaben in seiner Dichtung. Noch vor 1378 trat er, Sohn des wohl bis 1374 in Šitboř (Schüttwa im westböhm. Bezirk Bischofteinitz) amtierenden Pfarrers Henslin, als Notar in Saaz u. wenig darauf (spätestens 1383) als Leiter der dortigen Lateinschule in Erscheinung. J. wirkte in diesen Ämtern bis zum Jahre 1411, in dem er, mittlerweile offensichtlich zu Ansehen u. Besitz gekommen, das Amt des Stadtschreibers in der Prager Neustadt übernahm. Für das Jahr 1413 wird eine Krankheit gemeldet, eine Urkunde vom April 1415 spricht dann bereits von seiner (zweiten) Frau Clara als Witwe. Vier Söhne u. eine Tochter sind bezeugt.

Der Magistertitel, den J. führte, u. sein Berufsweg lassen auf ein Studium schließen – erwogen wurden Prag oder Paris –, legen zumindest in Verbindung mit seiner Dichtung eine umfassende Bildung nahe. Von literar. Tätigkeit weiß man allerdings wenig. Bekannt sind, neben berufl. Aufzeichnungen in Stadt- u. Formelbüchern, nur ein Hieronymus-Offizium (1404 für die St. Niklas Kirche in Eger gestiftet; Hg. Anton Blaschka. In: FS Wilhelm Wostry. Brünn u. a. 1937, S. 109-155), das – neben einem Bild des Stifters auf dem Vorsatzblatt – u. a. eine lat. Widmung u. einige stoppelige dt. Verse wohl von J.' Hand enthält, u. schließlich das meisterhafte u. wirkungsreiche Streitgespräch zwischen Mensch u. Tod, der *Ackermann aus Böhmen* (*A. a. B.*). Endgültig gesichert ist die Identität des Saazer u. Prager Notars mit dem Dichter des *A. a. B.* seit der Entdeckung eines lat. Widmungsbriefes (1933), den J. urspr. wohl der Übersendung des »libellus Ackermann« an den Prager Freund Petrus Rothers beifügte.

Der gewaltige Wortstreit, den der Text in Szene setzt, geht von konkretem Anlaß aus, dem Tod Margaretas, der Frau des Klagenden, am 1. 8. 1400 (daraus wird die Datierung abgeleitet). In 33 Kapiteln (der Zahl der Lebensjahre Christi entsprechend), genauer: 32 Wechselreden, auf die der Urteilsspruch Gottes folgt, führt J. die Auflehnung des Menschen gegen das unausweichl. Schicksal des Todes vor Augen; ein hymn. Gebet bildet den Abschluß. Im traditionellen Rechtsgestus des händeringenden Zeterschreiens setzt der Kläger ein, heftig aufbegehrend, sich mit der gesamten Menschheit, mit Natur u. Kosmos einig wissend gegen das unduldsame u. ungerechte Wirken des Todes. Dieser, überrascht zwar, doch kühl bleibend, erkennt die Bewegtheit des andern an, der keine traditionelle literar. Form zu genügen vermag (»Dein klage ist one reime«; II, 14 f., nach Krogmann), u. fordert ihn auf, sich zu erklären. Die Nennung des Klägers – »Ich bins genant ein ackerman, von vogelwat ist mein pflug, und wone in Behemer lande« (III, 1 f.) – führt auf textextern bekannte Elemente der Biographie des Autors J.; die Pflugmetapher hat man als geläufigen Topos für die Schreibtätigkeit identifiziert.

Auf die einleitenden Kapitel, die, aus dem blinden Schmerz des Klägers u. dem Zweifel an der Daseinsberechtigung des Todes heraus, einen zunächst unversöhnl. Gegensatz anzeigen (IV), folgen solche, die die jeweiligen Positionen bewußter machen (VI-XII). Der Tod bestimmt sich selbst als »lex naturalis«, als waltendes u. von Gott eingesetztes Prinzip, notwendig, allumfassend u. unwiderstehlich. Erst langsam beginnt der Ackermann, den Affekt zurückzudrängen u. sich auf seine Erfahrung zu besinnen, damit einen kleinteiligeren Bezug der Streitreden ermöglichend. Er unternimmt es nun, den Tod zu genauerer Definition herauszufordern, fragt nach dem Zeitpunkt seines Auftretens, nach seinem Wesen in einem Fragenkatalog traditioneller Rhetorik (XV, 13-15). Darauf Bezug nehmend, bestimmt sich der Tod in konkret-bildhafter u. abstrakt-philosoph. Form: einerseits als »Gotes handgezeuge, [...] ein rechte würkender meder« (XVI, 5 f.), als (wie es ein röm. Bild darstelle) mit verbundenen Augen auf einem Ochsen sitzend, von Menschen aller Stände bekämpft u. doch siegreich; andererseits als »nichts [...] und doch etwas« (15 f.), herkommend »von allenthalben und [...] doch von ninder« (41). Der auf Hier u. Jetzt eingeschränkten menschl. Perspektive stellt er sich, teilweise selbstgefällig, als zeitlich u. räumlich universale Wirkmacht gegenüber, die sich mit biblisch-histor. Exempeln wie mit Situationen der Welt- u. Heilsgeschichte zu legitimieren vermag (XVIII).

Ein Einlenken des Ackermanns folgt, aber kein Vergessen (XIX-XXIII). Als die ungeduldige Gereiztheit des »Angeklagten« den Ton wieder verschärft, treffen Schelt- u. Gegenreden hart aufeinander. Der Tod läßt sich zu anmaßender Überheblichkeit hinreißen, zur Beschimpfung des Menschen u. der vergänglichen Welt, zur Behauptung tyrannischer, gottunabhängiger Machtvollkommenheit. Dem kann der Kläger nur nachdrücklich die Berufung auf den bevorzugten Ort des Menschen u. auf dessen wohlbestimmte Schönheit innerhalb der göttl. Schöpfung (XXV), dem radikalen Memento mori nur die Lebensbejahung, das Lob von Frau u. Ehe (XXVII, XXIX) entgegenstellen.

In seinem Schlußwort rückt Gott die Positionen zurecht. Unter dem – die vergangene Auseinandersetzung reflektierenden u. transzendierenden – Bild des Streits zwischen den vier Jahreszeiten rügt er beide Parteien für die selbstherrl. Inanspruchnahme dessen, das ihnen nur aufgrund göttl. Gnade verliehen wurde, u. erkennt doch das Leid des Ackermanns ebenso an wie die Herausforderung, die den Tod zur Exponierung seines Wesens u. Wirkens zwang. Das Schlußgebet des Klägers – im Akrostichon ein JOHANNES MA (für Magister oder Margareta) enthüllend – fügt sich dieser Perspektive ein u. führt in einem beeindruckenden hymn. Preis Gottes u. seiner Schöpfung zur Bitte um das Heil der Verstorbenen.

Der *A. a. B.* steht in Traditionen, formal wie thematisch, kennt Vorbilder im einzelnen wie im ganzen, ohne daß er sich stringent aus diesen ableiten ließe. Situativ vergleichbar sind Dispute zwischen Mensch u. Tod im Rahmen der Gattung Streitgespräch, etwa der *Dialogus mortis cum homine* (12. Jh.) oder der *Tractatus de crudelitate mortis* (14. Jh.), überliefert u. a. mit einer Abhandlung *De contemptu mundi* u. einem Vado-mori-Gedicht zusammen in einem Prager Codex, der sich in J.' Besitz befand. Berührungen mit philosophischen Texten sind nachgewiesen, etwa mit einer unter Senecas Namen gehenden Schrift *De remediis fortuitorum* (6./7. Jh.), in der verschiedene allegor. Figuren einer vom Unglück betroffenen Person erscheinen, daneben auch mit einem kosmologisch-naturphilosophischen Todeskonzept in der Nachfolge des Alanus ab Insulis, auf dessen Bild der personifizierten Natur J. auch anspielt (xviii, 26 ff.). Punktuell werden Einflüsse des bibl. Hiob-Buches u. der zeitgenöss. Spruchdichtung (Heinrich von Mügeln) sowie die stilprägende Wirkung der Übersetzungen Johanns von Neumarkt deutlich (dessen Übertragung der ps.-augustin. *Soliloquia animae ad deum* wurde teilweise wörtlich im Schlußgebet des *A. a. B.* benutzt). Doch können die Anklänge an Streit- oder Klagegedichte, an Spruchdichtung oder »genus iudiciale«, an lat. Philosophie u. Rhetorik oder volkstüml. böhm. Spiele nicht die sprachl. u. konzeptionelle Einheit verdecken, die das Thema menschl. Auflehnung gegen den Tod in J.' Dichtung fand. So erweist sich auch die lange Zeit die Forschung prägende u. polarisierende Frage nach dem Vorherrschen mittelalterl. oder humanistisch-renaissancehafter Elemente im *A. a. B.* als in dieser Form falsch gestellt. Der sog. »Prager Frühhumanismus« um Kaiser Karl iv. (Burdach), dessen Kanzler Johannes von Neumarkt war, repräsentierte selbst eine Übergangserscheinung u. blieb durch die Hussitenwirren in seiner Wirkung beschränkt; auch der *A. a. B.* läßt sich heute nicht mehr ungebrochen an den Beginn der frühnhd. Schriftsprache setzen. Doch bleibt der Prager Kreis der entscheidende Hintergrund für die im *A. a. B.* verwirklichte rhythmisierte Kunstprosa, die in zwei- u. dreigliedrigen Strukturen, in Parallelismen u. Amplifikationen, in allen zur Verfügung stehenden Wort- u. Sinnfiguren einen Fluß u. eine Intensität erreicht, die ihresgleichen sucht. Daß J. sich der rhetorischen Formung, die in der dt. Sprache (»in hoc ydeomate indeclinabili«, Widmungsbrief) erst mühsam zu vollziehen war, bewußt gewesen ist, zeigt seine Charakteristik des Textes im Brief an den Prager Freund. Weder die dort genannten rhetorischen Figuren u. Kategorien noch deren Umsetzung im Werk dürfen allerdings dazu verleiten, den *A. a. B.* nur als Produkt formaler Kunstfertigkeit zu betrachten. Genausowenig ist ein modernes Verständnis des Textes als Erlebnisdichtung, als literar. Bewältigung einer persönl. Todes- u. Leiderfahrung, angemessen. Die feinfühlige Ausbalancierung von emotio u. ratio in der Entwicklung des Dialogs, die Präsentation leidenschaftl. Ernstes u. argumentativer Eindringlichkeit mit sprachlich-rhythm. Mitteln zeigen Rhetorik selbst als Ausdruck dichterischer Individualität.

Die Nachwirkung des Textes war beträchtlich. Das bezeugt einerseits der Reichtum der Überlieferung: 16 (wohl wegen der Hussitenwirren) erst seit etwa 1450, fast ausschließlich im Oberdeutschen entstandene Handschriften u. 17 Drucke (zuerst Bamberg: Pfister, etwa 1463, mit Holzschnitten) tradierten das Streitgespräch unter offenbar multifunktionalen Aspekten – didakt., erbaul. u. unterhaltender Art – in der Übergangsphase zur Neuzeit. Vielfältig ist andererseits auch die mittelbare Rezeption: Als Bearbeitung, möglicherweise aber einer Vorstufe des erhaltenen *A. a. B.*, hat der tschech. *Tkadleček* (Weberlein) zu gelten, ein Dialog zwischen einem verlassenen Liebhaber u. dem Unglück (1407), der auch neues Material, u. a. scholastisch peripathet. Richtung, einfügte; der Versuch, davon ausgehend einen *Ur-Ackermann* zu rekonstruieren (u. a. Hrubý), läßt allerdings bislang viele Fragen offen. Punktuell greifbar ist eine Bezugnahme sodann u. a. in mehreren Liedern u. einem Fastnachtspiel von Hans Folz, in Predigten Geilers von Keysersberg u. einem Dialog Georg Wickrams zwischen Pilger u. Tod bzw. Frau Stunde (*Der Irr Reittend Bilger*. Straßb. 1556). Das Rezeptionsspektrum ist insg. noch kaum zureichend erfaßt.

In der zweiten Hälfte des 16. Jh. verlor der Text anscheinend an Ausstrahlung; im 18. Jh. beschäftigten sich dann Gottsched u. Lessing mit ihm, doch erst die Forschungen Konrad Burdachs verhalfen einem der bedeutendsten Werke des dt. SpätMA wieder zu der ihm gebührenden Geltung.

Ausgaben (A. a. B.): Hg. Alois Bernt u. Konrad Burdach. Bln. 1917. – Hg. Willy Krogmann. Wiesb. 1954. [4]1978. –

Hg. Günther Jungbluth. Bd. 1, Heidelb. 1969. Bd. 2 (Kommentar) aus dem Nachl. hg. v. Rainer Zeck. Heidelb. 1983. – Hg. Maurice O'C. Walsh. Hull 1982. – Neue Ausg. ist vorbereitet v. Karl Bertau. – *Faksimiles:* Hg. A. Bernt. Lpz. 1919 (a). – Hg. Albert Schramm. Lpz. 1924 (c). – Hg. Heinz H. Menge. Göpp. 1975 (e_1). – Hg. Werner Schröder. 2 Bde., Wiesb. 1987 (E, H). – Eine Faks.-Ausg. sämtl. Hss. ist angekündigt durch James C. Thomas.

Literatur: *Bibliographien:* Krogmann, a. a. O. – Jungbluth, a. a. O., Bd. 1 (nahezu vollst. bis 1968). Bd. 2 (Ausw. u. Nachträge bis 1981). – *Überblick:* Gerhard Hahn: Der A. a. B. des J. v. T. Darmst. 1984. – *Ausgewählte Titel:* Konrad Burdach: Der Dichter des A. a. B. u. seine Zeit. Bln. 1926-32. – Arthur Hübner: Das Deutsche im A. a. B. Bln. 1935 (Sitzungsber.e der Preuß. Akademie der Wiss.en. Phil.-hist. Klasse 18, S. 323-398). – Ders.: Dt. MA u. ital. Renaissance im ›A. a. B.‹. In: Ztschr. für Deutschkunde 51 (1937), S. 225-239. – Fritz Tschirch: Kapitelverzahnung u. Kapitelrahmung durch das Wort im ›A. a. B.‹. In: DVjs 33 (1959), S. 283-308. – Franz H. Bäuml: Rhetorical Devices and Structure in the ›A. a. B.‹. Berkeley/Los Angeles 1960. – G. Hahn: Die Einheit des A. a. B. Mchn. 1963. – Ernst Schwarz (Hg.): Der A. a. B. des J. v. T. u. seine Zeit. Darmst. 1968. – Klaus Brandmeyer: Rhetorisches im ›a.‹. Diss. Hbg. 1970. – Antonin Hrubý: Der ›A.‹ u. seine Vorlage. Mchn. 1971. – Birgit Stolt: Rhetorik u. Gefühl im A. a. B. In: Dies.: Wortkampf. Ffm. 1974, S. 11-30. – Rosemarie Natt: Der a. a. B. des J. v. T. Göpp. 1978. – Nigel F. Palmer: ›Antiquitus depingebatur‹. The Roman Pictures of Death and Misfortune in the A. a. B. and Tkadleček, and in the Writings of the English Classicizing Friars. In: DVjs 57 (1983), S. 171-239. – Samuel P. Jaffe: Die Konzipierung der Ackermanndichtung im Prager Metropolitankapitel Codex O.LXX. In: FS Hans-Gert Roloff. Bern/Ffm. 1983, S. 46-63. – Werner Schröder: Der A. a. B. Das Werk u. sein Autor. Mchn. 1985. – Kat. der deutschsprachigen illustrierten Hss. des MA. Begonnen v. Hella Frühmorgen-Voss, fortgeführt v. Norbert H. Ott. Bd. 1, Lfg. 1, Mchn. 1986, S. 13-26. – Christoph Huber: Die Aufnahme u. Verarbeitung des Alanus ab Insulis in mhd. Dichtungen. Mchn. 1988, S. 314-362. – Karl-Heinz Schirmer: Zur Funktionalität der Streitgesprächsgattung im ›A.‹. In: FS Herbert Kolb. Bern u. a. 1989, S. 569-590.

Christian Kiening

Johann von Würzburg. – (Haupt-)Autor des 1314 vollendeten Versromans *Wilhelm von Österreich.*

Information über Person u. Leben J.s liefern einzig die Selbstnennungen in seinem Roman. Deren erste u. zgl. längste lautet (v. 13 228 f.): »Johannes der tugend schribær / haizz ich, geborn uz Francken«. J. dürfte der eigentl. Autor des *Wilhelm von Österreich* (W. v. Ö.) sein, da ein (zumindest in einem Teil der Überlieferung) in Vers 9098 erwähnter Dieprecht in den Versen 13 249-13 280 mit Lob (Abschiedslob?) bedacht u. dann nicht weiter erwähnt wird. (Der quantitative u. qualitative Anteil Dieprechts am Roman ist ungeklärt; man darf wohl zeitweilige Kooperation annehmen.) Für seine Dichtung scheint J. zunächst adelige Gönner/Auftraggeber gefunden zu haben. Jedenfalls werden zwei Familien preisend hervorgehoben, die Herzöge von Österreich u. die Grafen von Hohenberg-Haigerloch. Dieses Nebeneinander ist auffallend; es erklärt sich am ehesten durch Gönnerwechsel oder Gönnerverlust. (Für letzteres scheint der Epilog zu sprechen, wo J. klagt, daß er den verdienten Lohn nicht erhalten habe.) Doch das Werk, dem die Mäzene untreu wurden, hatte schließlich beachtl. Erfolg: Neun vollständig u. sechs fragmentarisch erhaltene Handschriften bezeugen dies ebenso wie eine mehrfach gedruckte Prosaauflösung aus dem 15. Jh. u. die Aufnahme des Heldenpaars Wilhelm u. Aglye in den Freskenzyklus von Schloß Runkelstein.

Der etwa 19 600 Verse umfassende W. v. Ö. ist nach Auskunft seines Prologs eine Geschichte von »tugende, aventûr, minne« (v. 135) – Werte, die der Held, ein (fiktiver) österr. Herzogssohn, in seinem Leben exemplarisch verwirklicht. In einer knappen Vorgeschichte wird berichtet, wie der kinderlose Herzog Leopold von Österreich zusammen mit dem gleichfalls kinderlosen Heidenkönig Agrant am Grab des hl. Johannes Nachkommenschaft erbittet. Die Gebete werden erhört: Am gleichen Tag wird Leopold ein Sohn (Wilhelm) u. Agrant eine Tochter (Aglye) geboren. Die Liebe zu Aglye entwickelt sich bald zur beherrschenden Macht in Wilhelms Leben, da Frau Minne schon im Kindesalter seinem Herzen Aglyens Bild einprägt. Von Sehnsucht nach »sinem bilde« getrieben, verläßt Wilhelm heimlich Österreich u. gelangt schließlich unter falschem Namen an Agrants Hof. Er verbringt mit der Königstochter eine glückl. Zeit in zärtl. Kinderminne. Die Heranwachsenden werden jedoch von Agrant getrennt; von nun an ist Wilhelm ein Umhergetriebener, einzig von dem Wunsch beseelt, mit der Geliebten vereinigt zu sein. Dabei gerät er in immer ausweglosere Situationen u. entgeht, am Tiefpunkt seines Wegs, einer Hinrichtung als Verbrecher nur unter der Bedingung, daß er die Heidenkönigin Crispin von einem teufl. Feind befreit. Die Rettung gelingt, u. zum Dank arrangiert Crispin listenreich die Vermählung Wilhelms mit Aglye. Der getäuschte Agrant bietet ein gewaltiges Heidenheer auf, um seine Ehre wiederherzustellen. Wilhelm, unterstützt von der Gesamtheit der christl. Ritter, behält die Oberhand; die Heiden lassen sich taufen. Das Glück der Liebenden ist jedoch nur von kurzer Dauer. Ohne auf die Einwände seiner Frau zu achten, begibt sich Wilhelm auf die Jagd nach einem wunderbaren Einhorn u. wird dabei hinterhältig ermordet. Aglye bricht tot über seiner Leiche zusammen. In einer Art Epilog wird, in Entsprechung zur Vorgeschichte, noch mitgeteilt, daß der kleine Sohn des Paars, Friedrich, in Österreich die Huldigung der »lantherren« entgegennimmt.

Der Roman, für den wohl kaum eine unmittelbare Quelle existierte, läßt einen belesenen Autor erkennen, der nicht nur die ältere Literatur beherrscht, sondern auch zeitgenöss. Tendenzen aufgreift (Neigung zu aufwendigen Allegorien, vielleicht Anklänge an Minnelehren, Vertrautheit mit myst. Terminologie). Besonders beeindruckt zeigt sich J. von Wolfram u. Gottfried, deren Werke häufig, teilweise fast wörtlich, zitiert werden. Trotzdem ist J. kein bloßer Eklektiker. Auch wo er vorhandenes Material benützt, macht er es seinen Intentionen dienstbar. Dies gilt auch für den Roman, dem J.s Werk am nächsten steht, Rudolfs von Ems *Wilhelm von Orlens*. Beide Werke lassen sich über weite Strecken vergleichen, doch dann distanziert sich J. von Rudolfs harmonisierender Lösung durch den trag. Schluß seines Romans, der in der Allegorie der Einhorn-Jagd die Quintessenz seiner Weltsicht enthält, seine Überzeugung von der Ambivalenz menschl. Strebens. Das Einhorn symbolisiert sowohl Reinheit, Schönheit, Liebe als auch Hybris u. Tod. Die »Jagd nach dem Einhorn« ist Sinnbild für das Verlangen nach dem Absoluten, das den groß denkenden Menschen zu Höchstleistungen motiviert, u. gleichzeitig ist sie Symbol für die Unerfüllbarkeit eines solchen Absolutheitsanspruchs, der die Bedingtheit menschl. Existenz verkennt. Wenn menschliches Streben seine Grenzen mißachtet u. dabei persönliches Glücksverlangen rücksichtslos durchzusetzen sucht, muß es notwendig (selbst-)zerstörerisch wirken.

Doch nicht nur der Entwurf einer Romanfigur, die in ihrer problemat. Ich-Befangenheit erstaunlich modern wirkt, macht den W. v. Ö. interessant, sondern auch der souveräne Umgang seines Autors mit der Fiktionalität. Das Werk beginnt scheinbar als histor. Roman u. kehrt am Ende auch aus einer fernen Fabelwelt ins nahe, quasi-zeitgenöss. Österreich zurück, doch wird die Faktizität des Rahmens dominiert von der Fiktionalität der Haupterzählung. J. inszeniert vor u. mit dem Publikum das Erzählen selbst als Abenteuer u. spielt dabei die Autorrolle so breit u. facettenreich aus wie niemand vor ihm. Gerade die Freiheit der Fiktionalität u. das Erproben ihrer Möglichkeiten aber führen dazu, daß sich dem Autor am Ende die Frage nach der Verbindlichkeit u. Wirkung einer solchen Art von Literatur in verschärfter Form stellt. Eine unmittelbare Antwort kann J. darauf nicht geben; er zieht sich zurück auf das traditionelle Schlußgebet.

AUSGABE: J.s v. W. ›W. v. Ö.‹. Hg. Ernst Regel. Dublin/Zürich 1906. Neudr. 1970.

LITERATUR: Eckart Frenzel: Studien zur Persönlichkeit J.s v. W. Bln. 1930. Neudr. 1967. – Eugen Mayser: Studien zur Dichtung J.s v. W. Bln. 1931. Neudr. 1967. – Helmut Rehbock: Ep. Vorgang u. Aufbaustil im W. v. Ö. Diss. Gött. 1963. – Manfred Günter Scholz: Zum Verhältnis v. Mäzen, Autor und Publikum. Darmst. 1987. *Gisela Vollmann-Profe*

Johann II. (der Jüngere), Herzog in Bayern, Pfalzgraf bei Rhein u. Graf von Sponheim, * 20. 3. 1492 Simmern, † 18. 5. 1557 ebd. – Übersetzer von Prosaromanen; Chronist.

J. wurde 1509 Pfalzgraf von Pfalz-Simmern, einem kleinen Territorium im Hunsrück. Geschickt vertrat er die dynastischen u. polit. Interessen seines Hauses (Kurwürde). In seiner langen u. friedl. Regierungszeit erwies sich der umfassend gebildete Fürst als gerechter Herrscher u. angesehener Landesvater. Der Reformation war er anfangs zugeneigt, wie einige Widmungsexemplare von Schriften Huttens (*Dialogi novi*. 1521) u. zwei Sendschreiben (1523) Argulas von Grumbach belegen. Die 1525 erlassene neue Meßordnung schließt die Auseinandersetzung J.s mit der Reformation ab: Er blieb katholisch.

J.s histor. Interessen führten zu umfangreichen Quellenstudien, die er in einer Reimchronik der bayerisch-pfälz. Herrscher seit 436 verarbeitete (ungedruckt). 1527 ließ J. eine Druckerei im Schloßanbau in Simmern einrichten, aus der – geleitet von seinem Sekretär Hieronymus Rodler – 1530-1535 eine Reihe von druckgeschichtlich wichtigen Werken hervorging, darunter Georg Rüxners *Turnierbuch* (1531). J. gilt als Urheber von Text u. Illustration einer *Kunst des Messens* (1531). Die »HH« (Herzog Hans) signierten Holzschnitte in den Druckwerken aus Simmern werden ihm ebenfalls zugeschrieben, desgleichen eine Ansicht von Simmern in Sebastians Münsters *Cosmographey* (Ausgaben nach 1550). Jüngst konnte aufgrund von Akrosticha, die Name u. Titel J.s ergeben, seine Verfasserschaft für den *Fierrebras* (1553) u. die *Haymonskinder* (1535), mit denen er die Übersetzungstradition früher Prosaromane fortführte, gesichert werden. Auf diese Weise tritt J. jetzt auch als Verfasser von *Ein lustiger Spruch von der Buhlschaft* (undatiert aus der Hofdruckerei) hervor, in dem er das Motiv des Minnegerichts u. das Thema der Untreue behandelt.

LITERATUR: Georg R. Spohn: J. In: NDB. – Werner Wunderlich: Der anonyme Autor des ›Fierrebras‹ (1533) u. der ›Haymonskinder‹ (1535). In: ZfdA 118 (1989), S. 193-202.

Klaus Düwel

Johannimloh, Norbert, * 21. 1. 1930 Verl/Westfalen. – Verfasser von Lyrik, Prosa u. Hörspielen.

Der Sohn eines Maurers war nach Abschluß des Studiums (Germanistik, Kunstgeschichte, Altphilologie) zunächst Studienrat. Heute lehrt er an der Universität Münster (Schwerpunkt Niederdeutsche Literatur). 1965-1989 war er Literaturredakteur der Zeitschrift »Westfalenspiegel« (Münster).

Mit seinem ersten Gedichtband *En Hanvöll Rägen* (Emsdetten 1963), geschrieben in der Mundart seines Geburtsorts, erschloß J. der niederdt. Poesie eine neue Dimension: In Duktus, Metaphorik u. Thematik fern aller Heimattümelei u. Brauchtumspflege, leistet er eine krit. Auseinandersetzung mit Vergangenheit u. Gegenwart. Nach Erscheinen des Buchs (1963 mit dem Klaus-Groth-Preis ausgezeichnet) nannte Ernst Meister den Autor »den jungen Lorca Westfalens«. Blieb die Rezeption der niederdt. Hörspiele auf Westfalen u. Norddeutschland beschränkt, so fand der Band *Appelbaumchaussee. Geschichten vom Großundstarkwerden* (Zürich 1983) große Beachtung u. Anerkennung. In diesem autobiographisch getönten Roman zeichnet J. eine Kindheit in bäuerlich-proletar. kath. Umgebung in den 30er u. 40er Jahren. Unsentimentales Erzählen, exakte Detailbeobachtung, landschaftl. Kolorit u. der mit Ironie durchsetzte Ernst machen *Appelbaumchaussee* zu einem Stück Regionalliteratur im Sinne Robert Walsers oder Annette von Droste-Hülshoffs.

WEITERE WERKE: Wir haben seit langem abnehmenden Mond. Darmst. 1969 (L.). – *Hörspiele:* Küninik un Duahlen un Weind. Köln 1964. – Airport Mönsterland. Köln 1971. – Sülverhochtied in'n Roggenslag. Hbg. 1984. – Ähr dat et to-late ist. Köln 1988.

LITERATUR: Jürgen Hein: Zu neuen Gedichten v. N. J. u. Siegfried Dellemeier. In: Jb. der August-Wibbelt-Gesellsch. 1 (1984/85), S. 57-66.

Jürgen P. Wallmann

Johannsen, Christa, * 17. 11. 1914 Halberstadt, † 10. 4. 1981 Magdeburg. – Verfasserin von Erzählungen, Romanen, Feuilletons u. Reportagen.

Die promovierte Philosophin, die als Studentin antifaschistische Gruppen unterstützte, arbeitete nach dem Zweiten Weltkrieg fünf Jahre lang als Dozentin an der Fachschule für Bauwesen in Blankenburg/Harz. Seit 1957 war J. Mitarbeiterin der »Neuen Zeit«. 1974 wurde sie mit dem Lion-Feuchtwanger-Preis ausgezeichnet.

J., deren erklärtes Ziel es ist, durch ihr Werk gegen das Verdrängen der histor. Ereignisse anzugehen, beschreibt in ihren Texten häufig Kindheits- u. Jugenderlebnisse u. stellt Schicksale jüd. Menschen während der Zeit des NS-Regimes dar. In *Leibniz. Roman seines Lebens* (Bln./DDR 1966) befaßt sich J. mit dem Problem der Verantwortlichkeit des Forschers für die sich aus seiner Arbeit ergebenden gesellschaftl. Konsequenzen. Auch in *Zeitverschiebungen* (Bln./DDR 1979) steht diese Problematik im Zentrum. Der Text – eine Synthese aus Biographie, Reisebericht u. Essay – geht dem Leben u. Werk Einsteins nach u. untersucht die Frage nach der moral. Verantwortung des Naturwissenschaftlers. J. arbeitete mit an *Ernte und Saat. Kalender für die christliche Familie* (1959-62).

WEITERE WERKE: Abschied vom Sommer. Bln. 1940 (R.). – Die unsichtbare Krone. Lpz. 1944 (R.). – An einen Jüngling im Felde. Drei Briefe. Lpz. 1944 (Feldpostausg.). – Asklepios u. seine Jünger. Bln./DDR 1960 (R.). – Es kommt ein Stern gezogen. Ein Weihnachtsbuch. Ebd. 1961 (Mitarbeit). – Menschen u. Städte. Skizzen, Feuilletons, Reportagen. Ebd. 1962. – Im Schatten des Minotaurus. Ebd. 1965 (R.). – Lutherstadt Wittenberg zwischen gestern u. morgen. Ebd. 1967. – Flug nach Zypern. Ebd. 1969 (R.). – Der große wunderbare Fisch. Ebd. 1973 (12 E.en u. ein R.). *Helmut Blazek*

Johansen, Hanna, auch: H. Muschg, * 17. 6. 1939 Bremen. – Erzählerin u. Übersetzerin.

J., die in Kilchberg bei Zürich lebt, studierte in Marburg u. Göttingen Germanistik, Altphilologie u. Pädagogik. Sie gehört – mit Gertrud Leutenegger, Verena Stefan, Maja Beutler, Margrit Baur, Margrit von Dach u. Erica Pedretti – zu den Autorinnen, die Mitte der 70er Jahre in die bis dahin männlich dominierte Schweizer Literaturszene einbrachen u. die Entwicklung der Schweizer Literatur der 70er u. 80er Jahre wesentlich mitprägten. Auch wenn J. in ihren Romanen u. Erzählungen fast immer ein weibl. Ich ins Zentrum rückt u. aus einem traditionell weibl. Lebensbereich berichtet, ist ihr Schreiben nicht der feministischen Literatur zuzuordnen. J.s immer wiederkehrendes Thema ist vielmehr die Brüchigkeit, Bodenlosigkeit u. kontinuierl. Veränderbarkeit der Wirklichkeit. Diese Grunderfahrung schlägt sich auch in der Beziehung zwischen Frau u. Mann nieder, die J. häufig thematisiert. Sie bezieht aber auch politisch u. kulturpolitisch brisante Themen in ihr Schreiben ein.

Ihren ersten Roman schrieb J. fast 40jährig, als Mutter zweier Söhne u. verheiratet mit dem Schriftsteller Adolf Muschg. *Die stehende Uhr* (Mchn./Wien 1978) ist vordergründig ein Reisebericht. Eine Ich-Erzählerin fährt mit dem Zug immer nach Osten u. gleichzeitig unablässig hin u. her. Ihre Reise bleibt ohne erkennbares Ziel u. erweist sich am Ende als angsteinflößendes Experiment mit dem Leben. Im Erzählband *Über den Wunsch, sich wohlzufühlen* (Mchn./Wien 1985) erzählt J. lakonisch, mit kühler Präzision u. geschickt gesetzten Aussparungen, elf Geschichten aus der Sicht von Frauen, die sich wundreiben an der Zerbrechlichkeit menschl. Beziehungen, an der Fremde zwischen Frau u. Mann u. an den fehlschlagenden Verständigungsversuchen mit einer Welt, die nicht ihren Vorstellungen entspricht. Im Roman *Ein Mann vor der Tür* (Mchn./Wien 1988) skizziert J. leise u. unspektakulär die Geschichte einer Liebe u. zeichnet den schmerzhaften Trennungsprozeß der Frau nach. – J. wurde u. a. mit dem Marie-Luise-Kaschnitz-Preis 1986 u. dem C.-F.-Meyer-Preis 1987 ausgezeichnet.

WEITERE WERKE: Trocadero. Mchn./Wien 1980 (R.). – Die Analphabetin. Ebd. 1982 (E.). – Bruder Bär u. Schwester Bär. Zürich 1983 (Kindergesch.n). – Die Ente u. die Eule. Zürich 1985 (Kindergesch.n). – Zurück nach Oraibi. Zürich 1986. *Pia Reinacher*

Johnson, Matthias → **Thomas**, Johann

Johnson, Uwe, * 20. 7. 1934 Kammin/Pommern, heute: Kamień Pomorski/Polen, † 23. 2. 1984 Sheerness-on-Sea/Kent (England). – Romancier. (Bildkapitel S. 129–140)

Die erste Lebenszeit verbrachte J. in Anklam; sein Vater Erich Johnson war Gutsinspektor, später Gütekontrolleur der Landwirtschaftskammer. Die beiden letzten Kriegsjahre besuchte J. eine nationalsozialistische »Deutsche Heimschule« in Köslin (Koscian). 1945 zog die Familie in das Dorf Recknitz in Mecklenburg. Der Vater starb, interniert, zwischen 1947/48.

»Eigentlich hätten wir nach 1945 alle still sein müssen.« Deutschland, das sei »ein Land mit einer Schande, die nicht vergeben werden kann. Das einzige, was ein Reden oder Schreiben über Berlin rechtfertigen könnte, das ist eben die Teilung, die Grenze, die Entfernung. Und dies, weil ich meine [...], daß diese Grenze in Deutschland vielleicht stellvertretend ist für den Unterschied in den beiden heute angebotenen Arten zu leben, und für die Dringlichkeit der Alternative [...]«. Der Roman *Mutmaßungen über Jakob* (Ffm. 1959) lag vor, ein zweiter, *Das dritte Buch über Achim* (Ffm. 1961), war im Begriff zu erscheinen, als J. sein Generalthema in einem Interview umriß – die Teilung, die Grenze, der Unterschied. Darauf kam es ihm an: Die Erfahrung DDR »sollte nicht verkleinert werden durch die Tricks der Erinnerung. [...] Was da an Biographie gestiftet wurde, war immerhin nicht alles notwendig zum Leben«

(*Versuch, eine Mentalität zu erklären.* In: *Ich bin Bürger der DDR und lebe in der BR Deutschland.* Hg. Barbara Grunert-Bronnen. Mchn. 1971).

1949-1952 hatte J. die John-Brinckman-Oberschule in Güstrow besucht, anschließend studierte er bis 1956 Germanistik in Rostock u. Leipzig. Als Diplomarbeit reichte J. Hans Mayer eine Untersuchung über Barlachs Roman *Der gestohlene Mond* ein.

Nach einer Verleumdungskampagne gegen die christl. »Junge Gemeinde« war J. 1954 aus Protest aus dem Jugendverband FDJ ausgetreten; als Germanist blieb er folglich ohne Anstellung; er hat, der Not gehorchend, Neigungen nachgebend, Herman Melvilles Roman *Israel Potter. Seine fünfzig Jahre im Exil* (Lpz. 1961) für die Dieterich'sche Verlagsbuchhandlung Leipzig übersetzt u. das *Nibelungenlied* (Lpz. 1961) aus dem Mittelhochdeutschen übertragen.

J.s erster Roman *Ingrid Babendererde/Reifeprüfung 1953*, in vierter Fassung um 1956 entstanden, erst postum veröffentlicht (Ffm. 1985), lag vier Verlagen in der DDR vor, aber auch Suhrkamp konnte sich nicht entschließen zu drukken. Mit Erscheinen der *Mutmaßungen* siedelte J. 1959 nach West-Berlin über.

Hans Magnus Enzensberger nannte die *Mutmaßungen* im Gegensatz zum auf Katharsis u. den novellistisch unerhörten Fall zielenden Nachkriegsroman den »ersten deutschen Roman nach dem Krieg«. Er habe »den unschätzbaren Vorzug, weder hierher noch dorthin zu gehören«. Mit dem Schicksal des Eisenbahners Jakob Abs, der die Grenze zweimal überschreitet, am Ort seiner Herkunft konfliktfrei nicht leben kann, in Westdeutschland nicht leben mag, zurückgekehrt am Arbeitsplatz bei Nebel überfahren wird; mit der Geschichte des Hamburger Journalisten Karsch, der eine Biographie über den Radrennfahrer Achim T. aus Leipzig schreiben will (*Das dritte Buch über Achim*); u. mit der Geschichte einer Fluchthilfe, bei der »der junge Herr B.«, Bildreporter aus Nordwestdeutschland, für die Ostberliner Krankenschwester D. seine Existenz aufs Spiel setzt (*Zwei Ansichten.* Ffm. 1965), griff J. eminent polit. Fragen auf, indem er die Handlung jeweils an histor. Daten band: die Ungarn-Ereignisse vom Herbst 1956, den 17. Juni 1953 in der DDR u. die Suez-Krise, den Mauerbau vom 13. August 1961. Die Haussuchung, die Karschs Übersiedlung nach Italien zur Folge hat, findet in der »Spiegel«-Affäre ihre Parallele (*Eine Reise wegwohin.* In: *Karsch und andere Prosa.* Ffm. 1964). Erntete J. in der DDR anfangs dafür schroffe Polemik, so wurde ihm später in differenzierterer Auseinandersetzung vorgehalten, er gestalte Ereignisse »abseits und entgegen« ihrer »historischen Einbettung« (Anneliese Große), er komme nicht vom Kleinbürgertum los (Günter Hartung), er verzichte auf Lösung der Konflikte.

J. wurde ein umständl., norddt. schwerblütiger, angestrengter Erzähler genannt, sein Stil wurde mit dem des »Nouveau roman« verglichen; man sah in ihm einen Geistesverwandten so moderner Autoren wie Döblin, Faulkner, Brecht, so traditioneller wie Raabe u. Reuter u. selbst so entlegener wie Johann Heinrich Voß u. Barlach. Satzkonstruktionen der Parataxe wie aus Bibel u. Märchen erkannte man, dem Kubismus analoge Verfahren wurden bemerkt. In Wahrheit machte sein Erstling einen Anfang, seitdem sprach man von »Mutmaßprosa«. Er habe die »Manieren des Erzählens« ändern, den allwissenden Erzähler abschaffen müssen, ließ J. verlauten. Wolfgang Trautwein bemerkte, die »Darstellungsformen jenseits des selbstverständlichen Erzählens« vermittelten »die Einsicht, daß die ideologische Grenze kein eindeutiges Wirklichkeitsbild zuläßt« (*Die Grenze als literarische Kategorie.* In: Sprache im technischen Zeitalter 95, 1985). Daß der Leser dicht an die Seite der literar. Charaktere geholt wird, ohne daß ihm Mitleben suggeriert würde, daß dieser Autor also auf raunenden Imperfekt u. illusionistische Techniken verzichtete, war nur durch dauernden Perspektivenwechsel u. eine grüblerische Genauigkeit erreichbar. Deshalb legte J. so großen Wert auf die Feststellung, nicht Gesine Cresspahl schreibe in der Romantetralogie *Jahrestage* (Aug. 1967 bis Aug. 1968. Ffm. 1970 bis 1983) Tagebuch, sondern ein »Genosse Schriftsteller« verfasse es in ihrem Auftrag. In seinem Fall sollte man statt von Erinnertem besser von Aufbewahrtem, Aufgehobenem sprechen.

Die Überbelichtung der exakten techn. Beschreibungen, selbst wo Aufbau u. Abläufe bekannt sind (Organisation einer Post, Aufbau einer Gangschaltung, Vorteile einer Zielkamera, Funktionieren einer Signalanlage, Fälschung eines Personaldokuments) wurde als iron. Kontrastmotiv zu den Ungewißheiten in den Aussagen aus dem persönl. Bereich gewertet, die mutmaßende Vagheit als Entgegensetzung zu einer Auffassung interpretiert, die in jedem Menschen eine »restlos deutbare und daher stets auswechselbare Größe« sieht.

1959-1974 lebte J. in West-Berlin, allerdings mit Unterbrechungen: 1962 hielt er sich als Stipendiat der Villa Massimo in Rom auf, die USA bereiste er 1961, 1965, 1966-1968. Die zweijährige Arbeit als Schulbuchlektor in New York ermöglichte es ihm, Studien für ein Vorhaben zu treiben, das sich als J.s Hauptwerk erweisen sollte: das Simultanepos mit dem Untertitel *Aus dem Leben der Gesine Cresspahl.* J. nutzte in den *Jahrestagen* seine bereits bekannte konstante Personnage für die Darstellung von Umbrüchen u. Neubewertungen von histor. Tragweite in Gneez, Jerichow u. Rande, fiktiven Orten im Klützer Winkel im nordwestl. Mecklenburg. Gesine Cresspahl lebt mit ihrer u. Jakob Abs' Tochter Marie in New York, sie pflegt nachbarschaftl. Umgang mit jüd. Emigranten, bereitet sich auf eine Dienstreise in die ČSSR für den 20. 8. 1968 vor u. unterrichtet ihre Tochter über mecklenburgische Verhältnisse. Zugleich ist sie, die tags an die Bürostunden in der Bank gebunden ist, durch Lektüre der »New York Times« mit dem Weltgeschehen – Vietnamkrieg, Ermordung Robert Kennedys u. Martin Luther Kings, die Entwicklung in der ČSSR – verbunden.

J. ist vielfach geehrt worden: Lesung in der Gruppe 47 Nov. 1960 in Aschaffenburg; Fontane-Preis 1960, Prix Formentor 1962, Knight of Mark Twain 1967, Büchner- (1971), Raabe- (1975), Thomas-Mann-Preis (1979), Literaturpreis der Stadt Köln 1983; Mitgl. der Westberliner Akademie der Künste 1969, der Akademie für Sprache und Dichtung Darmstadt 1977 (Austritt 1979). J. wurde von dem Schriftsteller Hermann Kesten u. dem Politiker Heinrich von Brentano angefeindet, als er zu bedenken gab, die DDR-Regierung habe mit dem Mauerbau »nicht die Absicht gehabt, unmoralisch zu handeln«, vielmehr befand sie sich »in der Notwehr«. »Ich meine nicht, daß die Aufgabe der Literatur wäre, die Geschichte mit Vorwürfen zu bedenken. [...] Es trifft zweifellos zu, daß ein Mensch, der in beiden Teilen Deutschlands zu Hause ist oder Kenntnisse hat, vor eine Wahl gestellt ist. Es ist aber genauso richtig, daß die westdeutsche Wirklichkeit im Vergleich zur ostdeutschen Wirklichkeit keine rechte Alternative darstellt, keine nationale. Eine vernünftige Entscheidung ist also nicht möglich.« Damit wies J., wie in Aufsätzen des Bands *Berliner Sachen* (Ffm. 1975) auch, auf den Zusammenhang von polit. Lage u. Poetologie hin.

J. war, verfolgt man seine Interviews, den immergleichen Mißverständnissen ausgesetzt. Der Etikettierungen überdrüssig, wollte er als Erzähler Geltung erlangen; ein Roman sei nichts als die Geschichte einer Person. Zunehmend bestand er darauf, sein Werk nicht auf Signalworte hin eingrenzen zu lassen. Geschichten dürften nicht auf den Zwischenfall reduziert werden. Und in der Tat wird anderes sichtbar, hat man das Thema dt.-dt. Fremdwerdens, das Vorgehen, nach dem die, wie J. sagte, Personen gleichberechtigt mit dem Autor reden, die Form des weitgreifenden fiktiven Tagebuchs u. den Schauplatz Mecklenburg erst einmal zur Kenntnis genommen. Indem J. eine dt. Region mit ihren sprachl., histor., ethn. (Reuters *Läuschen* u. Wossidlos Spruchgut) u. landschaftl. Eigenheiten einer krit. Inventur unterzog, thematisierte er den Provinzialismus u. machte ihn mit moralischem Rigorismus zu einem Gegenstand weltliterar. Bedeutung. Wollte man Entfremdung als allgemeinsten motivischen Nenner spätbürgerl. Literatur im 20. Jh. ansehen, so sind die dem Autor nahestehenden Personen zwar aus vertrauten Verhältnissen herausgerissen u. in ihrer vollen Entfaltung behindert, aber in gewissem Umfang sind sie frei von Identitätsverlust. Hieß es in den *Mutmaßungen* forsch: »Jedem sein eigener Blutkreislauf«, so nennt J. selbst in seiner letzten vollendeten Arbeit, *Erinnerung* (in: Werner Düttmann: *Uwe Johnson zum Gedenken.* Bln. 1985), noch ideal, was Karsch schon in Achim T. suchte: Der Architekt D. »war keinem ähnlich als sich selbst«.

Ein anderes Kernmotiv ist das Thema aufeinander bezogener Leben, antithetisch zu Frischs

Androgynen-Mythos akzentuiert: »[...] so leben miteinander, wie es aber nicht mehr möglich war«. Insofern sind alle Arbeiten immer auch Liebesgeschichten; »die gekränkte, die getäuschte, die verhinderte Liebschaft« bilde den jeweiligen Anlaß, heißt es in *Vorschläge zur Prüfung eines Romans* (in: *Romantheorie.* Hg. Eberhard Lämmert. Köln 1975). Weiterhin zieht sich die Befreiung von Autoritäten, ein Streben nach Mündigkeit durch das Werk, u. Kurt Batt sieht in der Frage »Wohin soll ich denn gehen?« ein »übergeordnetes Thema« J.s.

1974 ließ sich J. auf der Themse-Insel Sheppey nieder; die Wohnsitzwahl scheint bei diesem Autor Ausdruck der geistigen Situation: J. trieb es immer weiter von Deutschland fort, zu neutraleren Orten, von denen aus die Probleme der Zweistaatlichkeit einen geringeren Stellenwert erhielten: einen, mit Blick auf die Weltlage, angemesseneren. Abschiede, Abreise, Heimatverlust u. Flüchtlingsdasein, Fremdwerden erreichen irgendwann den Punkt, von dem aus nur die Annäherung an den Tod übrigbleibt. Der Topos des Abscheidens gehört weiterhin ins Zentrum dieses Werks, J. sah Literatur als den Ort, wo der Toten gedacht werden könnte.

Begleitumstände des Sterbens u. der schriftstellerischen Existenz erörterte er am Beispiel der verstorbenen Freundin Ingeborg Bachmann in der literar. Recherche *Eine Reise nach Klagenfurt* (Ffm. 1974) u. in seinen Frankfurter Poetik-Vorlesungen (1979. Gedruckt u. d. T. *Begleitumstände.* Ffm. 1980). Man hat, sehr zurecht, J.s Genauigkeitsfanatismus als zeitgemäßen Ausdruck für die Wahrheitssuche angesehen: er insistierte auf der Gültigkeit der Worte (*Skizze eines Verunglückten.* Ffm. 1981).

Eine folgenreiche Irritation, in der Privates u. Öffentliches zusammenfielen, löste eine »Schreibhemmung« aus. Nur mühsam vollendete J. den letzten Band seiner Tetralogie. Er kündigte noch eine »Familiengeschichte anderer Art, eine Art tabellarischen Lebenslauf der gesamten Familie Cresspahl seit 1888« mit dem Titel *Heute neunzig Jahr* an. Dazu kam es nicht mehr. J. starb sehr einsam in seinem Haus, die Nachricht von seinem Tod verbreitete sich erst am 14. 3. 1984.

Norbert Mecklenburg stellte nach Tonbandaufnahmen die nachgelassenen Erzählungen *Versuch einen Vater zu finden. Marthas Ferien* (Ffm. 1988) zusammen.

Weitere Werke: *Übersetzung:* John Knowles: In diesem Land. Aus dem Amerikan. Ffm. 1963. – *Herausgeber:* Der 5. Kanal. Kritiken zum Fernsehen der DDR für den ›Tagesspiegel‹. Bln. 1964. Ffm. 1987. – Me-ti. Buch der Wendungen. Aus dem Nachl. Bert Brechts. Ffm. 1965. – Das neue Fenster. Lesebuch für Harcourt, Brace and World. New York 1967. – Max Frisch: Stich-Worte. Ffm. 1975. – Philipp O. Runge: Von dem Fischer un syner Fru. Ffm. 1976 (M.). – Margret Boveri: Verzweigungen. Mchn./Zürich 1977 (Autobiogr.). – Kleines Adreßbuch für Jerichow u. New York. Ein Register (zus. mit Rolf Michaelis). Ffm. 1983.

Literatur: Anneliese Große: Zur Struktur des Menschenbildes in der westdt. ep. Lit. der Gegenwart. Bln. 1967, S. 285-293. – Reinhard Baumgart (Hg.): Über U. J. Ffm. 1970. – Peter Nöldchen: Kleines Bilderbuch v. Jerichow u. Umgebung. Ffm. 1970. – Bernd Neumann: Utopie u. Mimesis. Kronberg/Taunus 1978. – Nicolai Riedel: U. J. Mit Bibliogr. 1959-80. Bd. 1: 1959-77. Bonn ^{2}1981. Bd. 2, Bonn 1978. – Text + Kritik, H. 65/66 (1980). – Norbert Mecklenburg: Erzählte Provinz. Regionalismus u. Moderne im Roman. Königst./Taunus 1982. – Anita Krätzer: Studien zum Amerikabild in der neueren dt. Lit.: Max Frisch, U. J., Hans Magnus Enzensberger u. das Kursbuch. Bern 1982. – Rolf Michaelis: Kleines Adreßbuch für Jerichow u. New York: ein Register zu U. J.s ›Jahrestagen‹. Ffm. 1983. – Tilman Jens: Unterwegs an den Ort wo die Toten sind. Auf der Suche nach U. J. in Sheerness. Mchn. 1984. – Rainer Gerlach u. Matthias Richter (Hg.): U. J. Ffm. 1984 (mit Bibliogr.). – J.s Jahrestage. Hg. Michael Bengel. Ffm. 1985. – Eberhard Fahlke (Hg.): Ich überlege mir die Geschichte. U. J. im Gespräch. Ffm. 1987. – Ders.: U. J. Porträts u. Erinnerungen. Ffm. 1988. – Jürg Burkhard: U. J.s Bild der DDR-Gesellsch. Bonn 1988. – Sigrun Storz-Sahl: Erinnerung u. Erfahrung. Geschichtsphilosophie [...] in U. J.s Jahrestagen. Ffm. 1988. – Internat. U.-J.-Forum. Beiträge zum Werkverständnis u. Materialien [...]. Bd. 1, Bern 1989.

Jürgen Grambow

Joho, Wolfgang, * 6. 3. 1908 Karlsruhe. – Erzähler u. Literaturkritiker.

J. studierte Medizin, Geschichte u. Staatswissenschaften. 1929 trat er der KPD bei. 1931 bis 1937 arbeitete er als Journalist. 1937 wurde er wegen »Vorbereitung zum Hochverrat« zu drei Jahren Zuchthaus verurteilt; der Haft folgten Berufsverbot u. schließlich der Kriegseinsatz in einer Strafdivision. 1947-1954 war J. kulturpolit. Redakteur des »Sonntag«, 1960-1966 Chefredakteur der »Neuen Deutschen Literatur«.

In der DDR ist J. ein vielgelesener, von der Literaturwissenschaft jedoch wenig beachteter Autor. Sein umfangreiches Werk widmet er v. a. der Beschreibung bürgerl. Intellektueller u. Humanisten, die sich zu Antifaschisten u.

Kommunisten entwickeln – etwa in der Familiengeschichte *Der Weg aus der Einsamkeit* (Bln./DDR 1953), die der Roman *Die Wendemarke* (ebd. 1957) weiterführt.

Erst die polit. Entscheidung eröffnet J. s Protagonisten die Möglichkeit zu individueller Entfaltung. Sie bezahlen umgekehrt mit der Zerstörung ihrer Persönlichkeit, wenn sie sich, wie der Schriftsteller Franz Borg im Roman *Es gibt kein Erbarmen* (Bln./DDR 1962), vom Sozialismus abwenden. In der Erzählung *Das Klassentreffen* (Bln./Weimar 1968) offenbaren sich die scheinbar erfolgreichen ehemaligen Mitschüler aus der BR Deutschland ihrem Schulkameraden aus der DDR als Individuen, deren Lebensprogramm gescheitert ist, was sie durch Selbstbetrug, Selbstmitleid oder Zynismus zu überspielen suchen. Zwar setzt sich J. deutlich von einer propagandistischen Verurteilung bürgerl. Charaktere ab, doch an deren Stelle tritt nicht, wie J. beabsichtigt, eine unvoreingenommene Darstellung individueller Haltungen, sondern deren psychologisierende Vereinnahmung als negative Zeugen für die Güte der DDR als wirkl. Menschengemeinschaft.

Weitere Werke: Die Hirtenflöte. Bln./SBZ 1947 (E.). – Aller Gefangenschaft Ende. Lpz. 1949 (E.). – Die Verwandlungen des Doktor Brad. Bln./DDR 1949. Neuaufl. Bln./Weimar 1988 (E.). – Jeanne Peyrouton. Bln/DDR 1949. [15]1988 (R.). – Ein Dutzend u. zwei. Ebd. 1950 (R.). – Traum v. der Gerechtigkeit. Die Lebensgesch. des Handwerksgesellen, Rebellen u. Propheten Wilhelm Weitling. Ebd. 1956 (Biogr. E.). – Der Aufstand der Träumer. Bln./Weimar 1966 (Histor. R.). – Die Kastanie. Ebd. 1970 (R.). – Abschied von Parler. Ebd. 1972 (E.). – Der Sohn. Ebd. 1974 (E.).

Andrea Jäger

Johst, Hanns, * 8. 7. 1890 Seehausen bei Oschatz/Sachsen, † 23. 11. 1978 Ruhpolding/Obb. – Dramatiker, Erzähler, politischer Publizist; Literaturfunktionär.

Der Sohn eines Volksschullehrers trat nach dem Besuch des Gymnasiums in Leipzig 1907 mit der Absicht einer späteren Missionarstätigkeit in die Bodelschwinghschen Anstalten Bethel ein. Danach studierte er in Leipzig zunächst Medizin, anschließend in München, Wien u. Berlin Philologie u. Kunstwissenschaft. Nach ersten Kontakten mit dem Theater als Schauspieler meldete sich J. 1914 als Kriegsfreiwilliger. Ab 1918 lebte er als freier Schriftsteller in Oberallmannshausen am Starnberger See. Seit Anfang der 20er Jahre orientierte sich J., der unter dem Eindruck der Kriegserfahrung zunächst pazifistische Tendenzen vertrat, politisch zunehmend nach rechts u. trat schließlich 1932 der NSDAP bei. Im Dritten Reich avancierte J. zum hochgeehrten u. einflußreichen Staatsdichter. Er wurde 1933 für kurze Zeit Dramaturg am Schauspielhaus Berlin, später Präsident der Reichsschrifttumskammer u. der Deutschen Akademie der Dichtung (1935-1945) sowie der 1934 gegründeten »Union Nationaler Schriftsteller«. In diesen Funktionen war er wesentlich am Prozeß der diktatorischen »Gleichschaltung« des literar. Lebens in Deutschland beteiligt. J. verstummte als Dramatiker nach 1933 u. beschränkte sich auf die Veröffentlichung propagandistischer Aufsätze, Reden u. Reiseberichte. Nach 1945 wurde er zunächst interniert u. 1949 mit zehnjähriger Berufsbeschränkung belegt. 1955 konnte er, von der Kritik weitgehend unbeachtet, sein letztes Werk publizieren.

J., der als Dramatiker bekannt wurde, früh jedoch auch Lyrik schrieb, entwickelte sich von einem durch den Expressionismus beeinflußten Autor zum Hauptvertreter der nationalsozialistischen Literaturauffassung.

J.s frühe Dramen spiegeln in wesentl. Punkten das Lebensgefühl der »expressionistischen Generation«. Er greift in ihnen die zentralen Themen der literar. Avantgarde der Weltkriegsperiode auf. Das erste Drama *Die Stunde der Sterbenden* (Lpz. 1914) zeichnet den Krieg als Menschheitstragödie, als ein »Martyrium«, das durch den Aufruf zu allg. Verbrüderung überwunden werden soll. Das »ekstatische Szenarium« *Der junge Mensch* (Mchn. 1916) zeigt in charakteristischer loser Reihung den Weg des zunächst gegen die Instanzen der Väterwelt rebellierenden, entindividualisierten Helden hin zur Einsicht in den Sinn eines solidar. Tätigwerdens in der Welt. Ebenso wie im Roman *Der Anfang* (Mchn. 1917) verband J. scharfe Kritik etwa am autoritären Schulwesen mit harmonistisch-christl. Tendenzen. Schon 1920 erkannte Herbert Ihering in J.s Werk eine nur oberflächl. Aufnahme expressionistischer Stilmittel, deren J. sich etwa in dem Drama *Der Einsame* (Mchn. 1917), das den Untergang

Grabbes als notwendiges Schicksal des genialen Außenseiters emphatisch überhöht, bediente. Gegenläufige Entwürfe waren etwa die Bauernkomödie *Stroh* (Lpz. 1916), die, ausgehend vom traditionellen Motiv des betrogenen Betrügers, ihre Wirkung aus satir. Zuspitzung u. drast. Realistik der Situationsbeschreibung gewinnt, Tendenzen, die J.s Komödien u. Satiren der 20er Jahre (*Wechsler und Händler*. Mchn. 1923. *Die fröhliche Stadt*. Mchn. 1925. *Marmelade*. Mchn. 1926) weiterführten.

Bereits 1915 hatte J. seine Grundauffassung einer »organischen« Verknüpfung des Individuums mit einem mythisierten »Volksganzen« formuliert. Unter dem Eindruck der polit. Kämpfe nach dem Ersten Weltkrieg verstärkte sie sich in Richtung auf einen völk. Nationalismus u. führte zu einer dramat. Konzeption, die sich immer deutlicher von den Positionen der literar. Avantgarde entfernte. In seinem Aufsatz *Ethos der Begrenzung* (in: *Wissen und Gewissen*. Essen 1924) propagierte J. die starke Führerpersönlichkeit, die imstande sei, den »Geist« mit der als »roh glühendes Material« verstandenen »Masse« zu verbinden. Entsprechend forderte J. mit der Konzeption eines »heroisch-kultischen Theaters« in Absetzung von der aufklärerisch-klass. Tradition die Wiederbelebung eines »Mythos«, der sich in der affektiven Teilhabe der Zuschauer an der Bühnenaktion realisieren sollte. J. wurde so zum Begründer einer nationalsozialistischen Theaterauffassung, die in den »Thingspielen« u. Masseninszenierungen des Dritten Reichs zum Durchbruch gelangte.

J.s Dramenproduktion während der Weimarer Republik zeigt diese Tendenz zunehmend. Im Luther-Drama *Propheten* (Mchn. 1923) findet sich eine mystisch-heroische Überhöhung des »Deutschtums« als Entgegensetzung von »deutschem und römischem Glauben« u. die Vision des großen Einzelnen als Retter aus gesellschaftl. Chaos. Am Beispiel der amerikan. Revolution gestaltete J. in *Thomas Paine* (Mchn. 1927) die Steigerung des Vaterlandsbegriffs u. die Propagierung einer präfaschistischen Kameradschaftsideologie. Paines faktisches Scheitern erscheint als schicksalhaft in den nationalen Entwicklungsgang eingelagert. Zum Prototyp des nationalsozialistischen Dramas wurde J.s *Schlageter* (geschrieben 1929-1932. Mchn. 1933), von den Nationalsozialisten als »stärkste dichterische Gestaltung der Gesinnung und Haltung unseres neuen Deutschland« gefeiert u. 1933 in über 1000 dt. Städten aufgeführt. In der Gestalt des 1923 wegen der Beteiligung an Sprengstoffattentaten gegen die Besatzungsmacht hingerichteten Freikorpsmannes Schlageter heroisierte J. einen zum Märtyrer stilisierten Vorkämpfer der NS-Bewegung, dessen Tod zum »Blutopfer« für das dt. Volk kultisch überhöht wurde. Schlageters pathet. Schlußaufruf »Deutschland!!! Erwache! Erflamme!!!« signalisiert J.s Bestreben, seine Dramatik ganz in den Dienst der NS-Agitation zu stellen. J.s Weg zum zentralen Agenten der NS-Literatur läßt sich auch an der lyr. u. – weniger auffällig – epischen Produktion beobachten.

Weitere Werke: Wegwärts. Mchn. 1915 (L.). – Der Ausländer. Lpz. 1916 (Kom.). – Rolandsruf. Mchn. 1919 (L.). – Der Krieg. Mchn. 1920 (D.). – Mutter. Mchn. 1921 (L.). – Kreuzweg. Mchn. 1922 (R.). – Lieder der Sehnsucht. Mchn. 1924 (L.). – Wissen u. Gewissen. Essen 1924 (Ess.). – Der Herr Monsieur. Nach Holbergs ›Jean de France‹. Mchn. 1926 (Kom.). – Briefe u. Gedichte v. einer Reise durch Italien u. die Wüste. Chemnitz 1926. – So gehen sie hin. Mchn. 1930 (R.). – Ave Eva. Mchn. 1932 (E.). – Mutter ohne Tod. Die Begegnung. Mchn. 1933 (E.). – Standpunkt u. Fortschritt. Oldenb. 1933 (Ess.). – Maske u. Gesicht. Reise eines Nationalsozialisten v. Dtschld. nach Dtschld. Mchn. 1935. – Ruf des Reiches – Echo des Volkes: Eine Ostfahrt. Mchn. 1940. – Fritz Todt. Mchn. 1943 (Requiem). – Gesegnete Vergänglichkeit. Ffm. 1955 (R.).

Literatur: Siegfried Casper: H. J. Mchn. 1940. – Uwe-K. Ketelsen: Heroisches Theater. Untersuchungen zur Dramentheorie des Dritten Reichs. Bonn 1968. – Horst Denkler: H. J. In: Wolfgang Rothe (Hg.): Expressionismus als Lit. Bern/Mchn. 1969, S. 547-559. – Helmut F. Pfanner: H. J. Vom Expressionismus zum NS. Den Haag 1970. – Günther Rühle: H. J. ›Schlageter‹. In: Zeit u. Theater 1933-45. Bd. 6, Ffm. 1974, S. 729-741 (Kommentar). – Hans-Jörg Knobloch: Das Ende des Expressionismus. Von der Trag. zur Kom. Ffm. 1975. – Franz Norbert Mennemeier: Vom Expressionismus zum Faschismus. (H. J.). In: Modernes Dt. Drama. Kritiken u. Charakteristiken. Bd. 2, Mchn. 1975, S. 101-109. – Günter Hartung: Lit. u. Ästhetik des dt. Faschismus. Drei Studien. Köln 1983.

Johannes G. Pankau

Jokl, Anna Maria, * 23. 1. 1911 Wien. – Jugendbuchautorin, Journalistin, Psychotherapeutin.

Nach dem Besuch der Realschule in Wien siedelte J. 1927 nach Berlin über u. besuchte 1929-1932 die Piscator-Schule. Gleichzeitig arbeitete sie für die »Vossische Zeitung«, den Deutschlandsender u. als Dramaturgin für die Ufa. 1933 mußte J. nach Prag emigrieren. Dort schrieb sie für verschiedene Zeitungen u. war ab 1934 Mitgl. des von Franz C. Weiskopf u. Wieland Herzfelde gegründeten Bert-Brecht-Clubs. 1939 mußte sie erneut emigrieren. Über Polen gelangte sie nach London, wo sie Stücke für die tschech. Theatergruppe Young Czechoslowakia schrieb. Nach einem Studium der Tiefenpsychologie in London u. Zürich kehrte J. 1950 anläßlich einer geplanten Verfilmung ihres Jugendbuchs *Die Perlmutterfarbe* (Bln. 1948) nach Ost-Berlin zurück. Nach ihrer nur zwei Monate später erfolgten Ausweisung arbeitete sie bis 1965 in West-Berlin als Psychotherapeutin sowie journalistisch, u. a. für den Rundfunkrat des SFB. Seit 1965 lebt J. in Jerusalem u. setzt dort ihre therapeutische Tätigkeit fort.

WEITERE WERKE: Das süße Abenteuer. Prag 1937. Wien 1946 (M.). – Die wirkl. Wunder des Basilius Knox. Prag 1938. Zürich/Wien 1946. – Die verzeichneten Tiere. Bln. 1950. *Mechthild Hellmig*

Jokostra, Peter, * 5. 5. 1912 Dresden. – Lyriker, Romancier, Autobiograph, Literaturkritiker.

J., wend. Herkunft, studierte Kunstgeschichte, Germanistik u. Philosophie bei Horkheimer, Tillich u. Buber in Frankfurt/M., München u. Berlin. 1933 zog er als Erbhofbauer nach Mecklenburg, bis die Nationalsozialisten ihn Ende 1941 enteigneten u. zur Wehrmacht einzogen. Nach Kriegsende trat J. aus Protest gegen den Faschismus in die KPD ein u. ging 1946 in die SBZ. Dort war er Lehrer, Kreisschulrat u. Verlagslektor. 1958 gelang ihm die Flucht in die BR Deutschland, wo er nach einer Tätigkeit als Lektor u. Redakteur in München (1960-1962) als freier Schriftsteller bei Linz am Rhein lebt.

Vor dem Hintergrund der Landschaften Masurens u. Südfrankreichs schildert J. in autobiograph. Romanen Naturbeobachtungen u. Begegnungen. In einem Geflecht aus psycholog., traumdeuterischen u. sozialkrit. Reflexionen zeigt sich auch J.s Belesenheit. Seine bedeutendste schriftstellerische Arbeit ist die Beschreibung seiner Begegnung mit Bobrowski (*bobrowski und andere. die chronik des peter jokostra.* Wien 1967). In dieser Schilderung des literar. Dialogs mit dem Dichter von 1957 bis zu dessen Tod sind v. a. die Zitate aus dem persönl. Briefwechsel mit Bobrowski beeindruckend.

WEITERE WERKE: Mag. Straße. Darmst. 1960 (L.). – Hinab zu den Sternen. Neuwied/Bln. 1961 (L.). – Die Zeit hat keine Ufer. Südfrz. Tgb. Mchn./Esslingen 1963. – Die gewendete Haut. Neue Gedichte. Hbg. 1967. – Als die Tuilerien brannten. Der Aufstand der Pariser Kommune 1871. Düsseld. 1970. – Das große Gelächter. Stgt. 1974 (E.). – Feuerzonen. Mchn. 1976 (L.). – Heimweh nach Masuren. Jugendjahre in Ostpreußen. Mchn./Esslingen 1982. *Maria Behre*

Jonas, Anna, * 8. 6. 1944 Essen-Werden. – Übersetzerin, Verfasserin von Lyrik u. Prosaerzählungen.

J., Tochter eines späteren DGB-Funktionärs, verlor früh beide Eltern. Ab 1964 studierte sie zunächst Theaterwissenschaften u. Germanistik, später Politik. Ihre Biographie wie auch ihr Schreiben sind von polit. Engagement geprägt: Sie veröffentlichte erste Gedichte, engagierte sich für die SPD, war Assistentin im Deutschen Bundestag, promovierte mit einer Arbeit über die Industrialisierung in Spanien, schrieb gesellschaftspolit. Essays, war vorübergehend im Vorstand des Deutschen Schriftstellerverbands u. arbeitete für Amnesty International. J. wurde mit verschiedenen Preisen ausgezeichnet.

Ihre bisher wichtigste Veröffentlichung ist der Gedichtband *Nichts mehr an seinem Platz* (Mchn. 1981). Identitäts- u. Beziehungsprobleme, Traum u. Wirklichkeit sind Themen, die J. oft lapidar assoziativ, manchmal als Versuchsanordnung logischer Gedanken- u. witziger Sprachspiele formuliert. Sie zitiert alltägl. Redensarten u. altbekannte literar. Überlieferungen wie Walthers von der Vogelweide *Ich saz ûf eime steine*, Goethes *Über allen Gipfeln ist Ruh* u. Eichendorffs *Mondnacht. Das Frettchen* (Mchn. 1985) ist eine polit. Biographie, für die gelten kann, was J. auch über sich sagt, daß sie »von der Politik zur Sprache und von der Sprache zur Dichtung gekommen« sei.

WEITERE WERKE: Sophie u. a. Pausen. Bln. 1984 (L.). – Berlin u. zugenäht. Mchn. 1987 (Ess.).
LITERATUR: Sibylle Cramer: J. In: KLG. *Reinhard Knodt*

Jonas, Hans, * 10. 5. 1903 Mönchengladbach. – Philosoph u. Religionswissenschaftler.

Uwe Johnson im November 1983 an Bord
der New Yorker South Ferry, die in seinem vierbändigen
Romanwerk »Jahrestage« eine wichtige Rolle spielt.

Uwe Johnson

Links: Johnson Mitte der fünfziger Jahre in seinem Paddelboot auf einem mecklenburgischen See. Wasser blieb sein Leben lang für ihn ein Lebenselixier, denn es erinnerte ihn an die Heimat. 1977 gestand er in »Ich über mich«: »Am Ende könnte man mir nachsagen, ich sei jemand, der hat es mit Flüssen. ... Aber wohin ich in Wahrheit gehöre, das ist die dicht umwaldete Seenplatte Mecklenburgs von Plau bis Templin, entlang der Elde und der Havel.«

Rechts: Johnson 1966 auf einer Tagung der Gruppe 47 in Princeton bei einer seiner Lieblingsbeschäftigungen, dem Zeitunglesen – eine Leidenschaft, die er mit seiner Protagonistin Gesine Cresspahl teilt. Bereits in den »Mutmaßungen über Jakob« berichtet er von Gesines Angewohnheit, täglich »zweieinhalb Pfund Zeitung zu kaufen« und läßt die New York Times in »Jahrestage« zur »tägliche(n) Funktion« und zur unverzichtbaren Informationsquelle Gesines werden.

Links unten: Einer der ersten Förderer Johnsons, der Verleger Giangiacomo Feltrinelli. Als Johnsons differenzierter Standpunkt »auf der Mauer« die CDU/CSU 1961 zu einer beispiellosen Attacke provozierte, verteidigte Feltrinelli ihn entschieden. Er sorgte auch dafür, daß Johnsons Werke ins Italienische übersetzt wurden. Damit geriet auch er ins Schußfeuer. Hermann Kesten schrieb wutentbrannt: »Feltrinelli [...] ist [...] ein Gegner aller westlichen Demokratien.«

Rechts unten: Obwohl Heinrich von Brentano in einer Sitzung des Bundestages am 6. Dezember 1961 gefordert hatte, das Johnson bereits 1959 zuerkannte Stipendium der Villa Massimo wieder abzuerkennen, scheiterte sein als Generalangriff gegen alle politischen Kontrahenten gemeinter Vorstoß. Im Bild Uwe Johnson auf dem Gelände der Villa Massimo in Rom, hinter ihm *(von links)* Tankred Dorst, der Bildhauer Szymanski und der Maler Geiges.

Rechts: Uwe Johnson in den sechziger Jahren an seinem Arbeitstisch, bekleidet mit seiner ständig getragenen schwarzen Lederjacke, vor sich die obligatorische Pfeife.

Links: Die Philosophin, Soziologin und Politologin Hannah Arendt (1906-1975) gehörte zu Johnsons Freunden. Er bewunderte ihr Wissen und ihre Genauigkeit. Während seiner Aufenthalte in New York traf er sie häufig und setzte ihr auch in seinem Romanwerk »Jahrestage« ein Denkmal. In seinem Nachruf auf Hannah Arendt schrieb Johnson: »Mir bleibt nur, ihr zu danken. Wir waren einmal Nachbarn am Riverside Drive von New York. ... Ich bekam Seminare in Philosophiegeschichte, zeitgenössischer Politik, Zeitgeschichte, je nach Wunsch.«

Links: Die beiden großen Förderer Johnsons: Siegfried Unseld und Helen Wolff, 1966 während einer Tagung der Gruppe 47 in Princeton. *Rechts:* Hans Mayer, 1966 in Princeton. Bei ihm studierte Johnson in Leipzig Germanistik.

Johnson und Hans Werner Richter, 1983 in Saulgau während einer Feier zum 75. Geburtstag von Hans Werner Richter, der Johnson in die Gruppe 47 eingeführt hatte.

Links: Die »Katze Erinnerung«, ein Geschenk der Publizistin Margret Boveri (1900-1975) an Uwe Johnson. Sie hatten sich 1968 kennengelernt, weil, wie Johnson schrieb, Margret Boveri in ihrem Buch »Wir lügen alle« den »Umgang mit Zeitgeschichte ... vorgeführt (hatte) in einer Weise, von der ich offenbar etwas lernen wollte«. Die »Katze Erinnerung« ist aus den »Jahrestagen« nicht wegzudenken: »Unabhängig, unbestechlich, ungehorsam. Und doch ein wohltuender Geselle.«

In der Bildmitte Max Frisch an seinem 70. Geburtstag (1981), *links oben* Uwe Johnson, halb verdeckt von Walter Höllerer und umgeben von weiteren Autoren und von Angestellten des Suhrkamp Verlags. Beide Autoren verband eine tiefempfundene gegenseitige Achtung: Frisch bewunderte Johnson ob seines »homerischen Gedächtnisses«, und für Johnson war Frisch einer der wenigen Gerechten unserer Zeit.

Unten: Es gibt kein Detail in den Werken Johnsons, das sich der Autor nur »ausgedacht« hat. Selbst die Namen seiner durch ihre eigenartige Mischung aus ernstgenommener Fiktion und genau rekonstruierter Realität so authentisch wirkenden Romanpersonen wurden von ihm penibel recherchiert. Als dann Zweifel an dem Namen »Babendererde«, der Titelfigur seines ersten Romans, laut wurden, konnte Johnson auf das Schweriner Adreßbuch von 1933 verweisen, das diesen Namen auf der hier abgebildeten Seite enthält. Es gehört zu Johnsons umfänglicher Arbeitsbibliothek, die beispielsweise etwa 160 Bände Lexika und Nachschlagewerke, 300 mit zahllosen Einlegezetteln gespickte und mit Unterstreichungen versehene Zeitschriftenschuber, etwa 480 Werke zur neueren Geschichte und etwa 190 soziologische Arbeiten enthält.

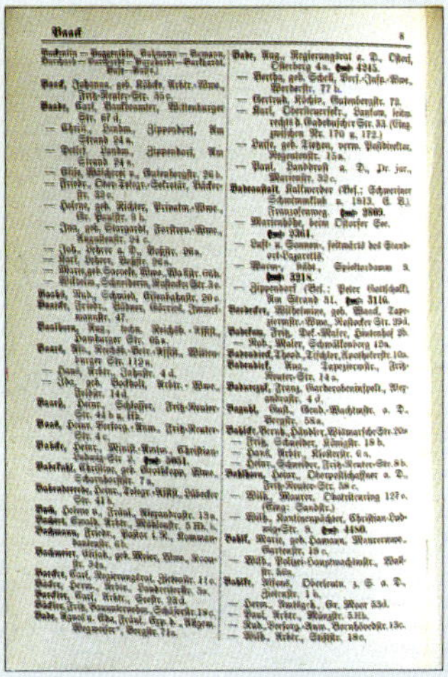

Die obere Bibliothek Johnsons in seinem Haus in Sheerness-on-Sea. *Links oben* ein großes Foto seines Schriftstellerkollegen Max Frisch. Die Bände dieser Bibliothek befinden sich inzwischen im Johnson-Archiv in Frankfurt.

In den »Jahrestagen« kommt der New York Times als jederzeit verfügbares Nachrichtenmedium für die zeitnotgeplagte Gesine eine zentrale Funktion zu. In Erinnerung an die liberale Berliner »Vossische Zeitung«, die von den Nationalsozialisten eingestellt wurde, entwickelt Gesine die Vorstellung von einer betulichen, doch respektgebietenden Tante, wenn sie an ihre mit ironischer Distanz geliebte Zeitung denkt.

Unten links: Eine Eigenwerbung der New York Times, *rechts* Uwe Johnsons Randbemerkungen dazu: »Berg aus grossen Locken, denen die Rolle noch anzusehen ist. / Klemmer mit viereckigen Gläsern / Umhang aus schwarzer Wolle, der aufreppelt / weites Kleid mit geometrischem Muster / und breiter Schmuckbordüre in der Mitte / altersmagere, spillrige Gliedmassen / Krückstock / knöchellanges Kleid, fransiger Saum / Stiefeletten.«

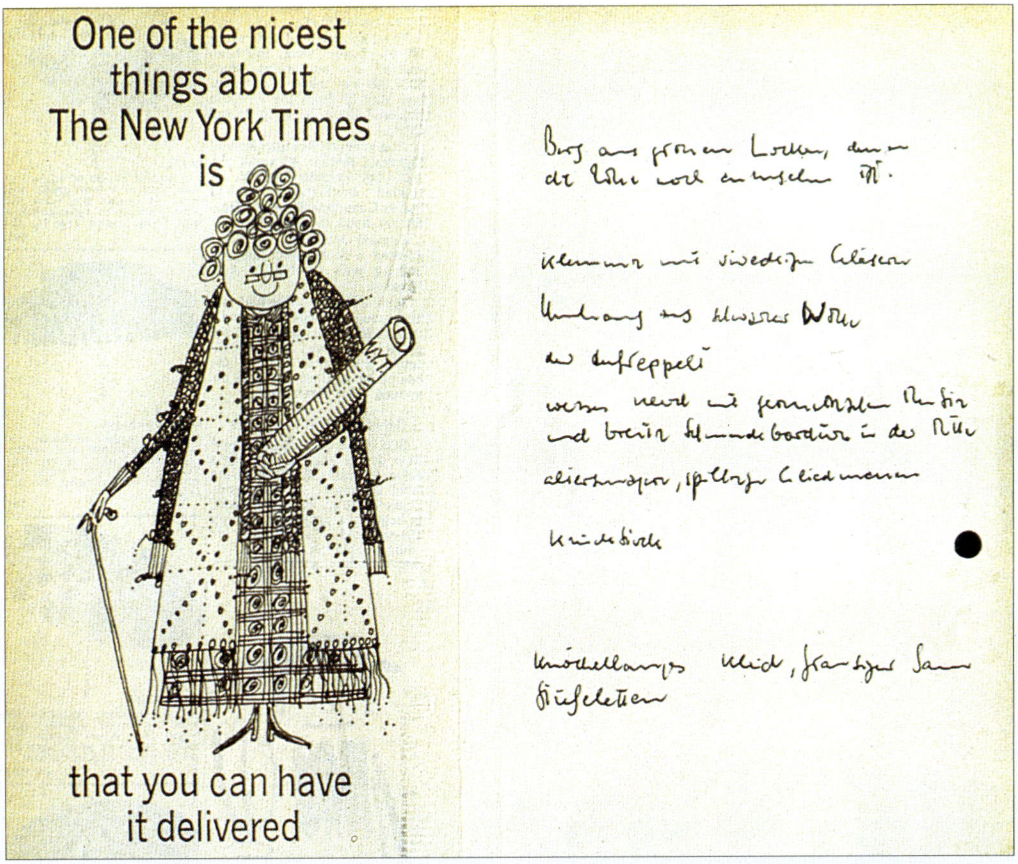

»Wen haben wir denn da? / Eine ältere Person, nicht eben jüngferlich, jedoch keusch. Eine Tante. ... Jettschwarze Punktaugen, viereckige Gläser. Der Mund ist in beiden Winkeln zu delikatem Halbrund hochgebogen; Leichtfertigkeit, vulgäres Grinsen liegen fern. Beherrschte Freundlichkeit. ... Auf dem Kopf trägt sie einen Berg aus dicken Locken, die ihr bis über die Ohren fallen. Die Spuren der Wickelrollen sind deutlich zu erkennen. / Eine mollige Person, geht man nach den runden Schultern, über die ihr ein Umhang aus schwarzer Wolle mit aufgegangenen Maschen fällt ... Die Kleidung ist würdig, ein weißes Kleid mit geometrischen Mustern und breiter Schmuckbordüre in der Mitte ... Stramm steht sie da ... auf ihren akkurat auswärts gestellten Füßchen in den Stiefeletten mit hohem Absatz ... (Aus: »Jahrestage«, Band 4).

Die Sehnsucht nach dem Blick über das Wasser der Mecklenburger Seenplatte ließ Johnson auch in seinen beiden Wahlheimatorten New York und Sheerness-on-Sea das Wasser suchen. In »Ich über mich« bekennt sich Johnson hierzu: »Manhattan ist umschlossen von Hudson und East und North, ... und seit drei Jahren bedient mich vor dem Fenster die Themse, wo sie die Nordsee wird.«

Links unten: Durchblick von 243 Riverside Drive (wo sowohl Johnson als auch seine Protagonistin Gesine wohnten) über den Riverside Park auf den Hudson. *Rechts unten:* Johnson auf der George-Washington-Bridge mit Blick über den Hudson auf den Riverside Park. *Ganz unten:* Sheerness-on-Sea, Themsemündung, wo Johnson dicht am Ufer ein Haus mit Blick aufs Wasser hatte.

Unten: Staten Island: Mecklenburg in New York. Im dritten Band seiner »Jahrestage« läßt Johnson Marie zur heimwehkranken Gesine bei einem Besuch auf Staten Island sagen: »Hier hast du Leben auf dem Lande, Mecklenburg, California; bleib hier, Gesine. Hier, sobald ich kann, kauf ich dir ein Haus.« Dem folgt eine liebevolle Beschreibung: »Unverhofft ein weites hochgrasiges Feld, wild durchwachsen mit Büschen. Ein Frachtdampfer so dicht am Ufer, als läge er fest auf Grund. Gegen den Horizont von Blattwerk umrissen ein weißer Hausgiebel ... Ein überwachsener Steig für den Postboten.« Johnson machte sich einen Spaß daraus, Bekannte raten zu lassen, wo das unten abgebildete Foto aufgenommen sei. – Die meisten tippten auf Mecklenburg.

Johnson war ein Fanatiker der Genauigkeit. So fuhr er eigens nach New York, wenn er sich eines Details nicht mehr erinnerte, und zieh sich anläßlich der Verleihung des Büchnerpreises öffentlich der »Schlampigkeit in der Arbeit«, weil er ein New Yorker Postamt von der 104. Straße in die 105. Straße verlegt hatte. Hier überprüft Johnson die Fahrzeit der South Ferry mit der Stoppuhr.

New York, 243 Riverside Drive – das Haus, in dem Johnson seine Protagonistin Gesine wohnen läßt und das er im zweiten Band der »Jahrestage« so beschreibt: »Um das lederfarben gelbe Haus am Riverside Drive oberhalb der 96. Straße verläuft tief unten, um das dritte von zwölf Stockwerken, ein Fries aus immer noch weißem Sandstein mit Schlangen und Tiergestein. ... Jetzt hatte das Land sie auch eingeholt mit dem Haus, in dem sie wohnte.
Denn das Haus heißt nicht nur nach seiner Nummer, 243, es hat den Namen Cliff Apartment House, nach Arizonas Felsenbewohnern ... Sie lebten hoch oben in Höhlen, ... zu erreichen nur über Leitern. ... Die Leitern fand Marie wieder in dem rostigen Feuerstufengestrüpp an der Südseite unseres Hauses.«

Die hochgradige Authentizität der Werke Johnsons gründet auf umfangreichen Recherchen und, im Falle der New-York-Passagen in »Jahrestage«, auf einer genauen, persönlichen Erforschung der Lebensverhältnisse vor Ort. Zu diesem Zweck hielt es Johnson für erforderlich, in New York zu leben und zu arbeiten, wie er Barbara Bronnen erklärte: »Ich war der Meinung, daß man New York nicht nur zwischen Flugplatz und Hotel schildern kann, sondern daß man in einem Land arbeiten, dort eine Wohnung haben muß, mit Nachbarn, Arbeitskollegen verkehren muß.« Entsprechend genau sind auch die Angaben über Gesines Arbeitsweg und ihren Arbeitsplatz: *Links unten:* Johnson auf dem Oberen Broadway an der U-Bahn-Station 96. Straße. *Rechts unten:* Johnson am Broadway, wo er die 96. Straße kreuzt, und wo Gesine immer einkauft. *Oben:* Büro einer New Yorker Bank.

Genauigkeit als literarische Methode: Einer der 13 Leitz-Ordner mit Ausschnitten aus der New York Times, die in Johnsons Arbeitsbibliothek gefunden wurden. Ein Vergleich mit der Umsetzung der entsprechenden Textpassagen im Romanwerk »Jahrestage« ermöglicht einen guten Einblick in die Arbeitsweise des Autors. Rechts sieht man die Markierungszettel, auf denen Johnson die jeweiligen Themenbereiche vermerkt hat. Dieses und andere Arbeitsdokumente Johnsons werden unter Leitung Eberhard Fahlkes im Frankfurter Johnson-Archiv ausgewertet, das seine Existenz einer Initiative des Suhrkamp Verlags und der Universität Frankfurt verdankt.

Der Sohn eines Textilfabrikanten beschäftigte sich schon als Schüler mit Philosophie (Kant) u. Judaismus (v. a. mit den Propheten). Früh wandte er sich gegen den »Centralverein deutscher Staatsbürger jüdischen Glaubens«, in dem sein Vater Ortsvorsitzender war. Als Student schloß er sich einer Zionistenorganisation an.

Nach dem Abitur in Mönchengladbach 1921 studierte J. in Freiburg i. Br. (bei Husserl), Berlin (u. a. bei Spranger, Wilamowitz, Eduard Meyer u. Werner Jäger) u. Marburg (bei Heidegger u. Bultmann), hörte in Berlin aber auch an der »Hochschule für die Wissenschaft des Judentums«. In Marburg begann eine intensive Freundschaft mit Hannah Arendt. 1928 promovierte er bei Heidegger u. Bultmann über den Begriff der Gnosis. 1930 erschien mit *Augustin und das paulinische Freiheitsproblem* J.' erstes Buch.

1933 verließ J. Deutschland u. emigrierte über England 1935 nach Palästina, war 1938/39 Dozent an der hebräischen Universität in Jerusalem, trat dann der brit. Nahost-Armee bei u. betrat 1945 mit den alliierten Truppen wieder dt. Boden. Seine Mutter war 1942 in Auschwitz ermordet worden. 1946-1948 lehrte er in Jerusalem, diente ab 1948 im Palästinakrieg, nahm 1949 einen Ruf nach Montreal an, wirkte in Ottawa u. schließlich 1955-1976 an der New Yorker New School for Social Research. J. lebt in New Rochelle/N. Y. Er erhielt zahlreiche Auszeichnungen (1987 Friedenspreis des deutschen Buchhandels) u. Gastprofessuren.

Drei eng verbundene Hauptkomplexe lassen sich in J.' Werk ausmachen: Religionsphilosophie; Naturphilosophie u. darauf basierende Ethik der Verantwortung; schließlich Bioethik u. Ethik der Technik.

Durch die »existenzialistische« Lesart der Gnosis u. die Hermeneutik der Heideggerschen »Daseinsanalyse« gelang J. eine Einordnung der Gnosis in den Gang des spätantiken Denkens (*Gnosis und spätantiker Geist.* Tl. 1 mit Vorwort von Rudolf Bultmann. Gött. 1934. Tl. 2,1, ebd. 1954). Das J.sche Seinsverständnis der Zerbrechlichkeit u. Labilität alles Seienden, von seiner neuen Interpretation der Gnosis herrührend, wurde dann Basis einer gegen Empirismus u. Szientismus gerichteten Philosophie des Lebendigen (*The Phenomenon of Life.* 1966. Dt. u. d. T. *Organismus und Freiheit.* Gött. 1973). Anliegen ist der sinnvolle Zusammenschluß von organischer Welt u. menschl. Selbsterfahrung; den Ausgangspunkt bildet der Leib als Ort des Selbstvollzugs menschl. Lebens. Zentral wird in diesem Kontext der Begriff der Freiheit. *Das Prinzip Verantwortung* (Ffm. 1979. [8]1988) erregte zunächst v. a. durch seine scharfe Auseinandersetzung mit Bloch Aufsehen. J. entwickelt darin das Modell einer Zukunftsethik, für die potentielle Schädigungen der Natur u. deren Auswirkungen auf die Existenz der Menschheit bei allen polit. Entscheidungen absolute Priorität vor »positiven Utopien« genießen müssen. Auch hier argumentiert J. vor einem jüdisch-theolog. Hintergrund: Die Existenz der Menschheit ist unbedingt geboten, weil das Paradies im Diesseits verheißen ist, so daß ihr Ende das Scheitern des göttl. Heilsplans bedeuten würde.

J.' Werk charakterisiert eine eigentüml. Offenheit. So blieb die Gnosis-Untersuchung unvollendet; die Abhandlungen von *Organismus und Freiheit*, neben dem *Prinzip Verantwortung* der Hauptpfeiler in seinem Werk, repräsentieren nur »Facetten einer noch unfertigen Philosophie des Organismus und des Lebens«. Selbst *Das Prinzip Verantwortung* bezeichnet J. als »Hilfsmittel« auf dem Weg zu einer systemat. Pflichtenlehre. Auch kürzere Arbeiten belegen, daß es ihm nicht um die Präsentation einer fertigen Philosophie, sondern um den immer wieder neu zu »leistenden« Prozeß des Denkens zu tun ist.

Dementsprechend läßt sich in J.' Untersuchungen nicht eine unverkennbare, sich durchhaltende Terminologie oder Sprache ausmachen, statt dessen ein wechselnder Gebrauch alttestamentar., gnost. wie existenzialistischer Redeweisen – vom Augustinusbuch bis hin zum (nach fast 50 Jahren erstmals wieder auf Deutsch geschriebenen) *Prinzip Verantwortung.* »Altfränkisch« nennt J. selbst diese Sprache, die Emphase u. Pathos keineswegs hinter ihrer analyt. Strenge versteckt.

WEITERE WERKE: The Gnostic Religion. Boston [2]1963. – Philosophical Essays. Englewood Cliffs 1974. – On Faith, Reason and Responsibility. Claremont 1981. – Was für morgen lebenswichtig ist (zus. mit D. Mieth). Freib. i. Br./Basel/

Wien 1983. – Reflexionen finsterer Zeit (zus. mit Fritz Stern). Tüb. 1984. – Technik, Medizin u. Ethik. Ffm. 1985. – Zwischen Nichts u. Ewigkeit. Gött. [2]1987. – Macht oder Ohnmacht der Subjektivität. Ffm. 1987. – Wissenschaft als persönl. Erlebnis. Gött. 1987.

LITERATUR: Barbara Aland (Hg.): Gnosis. FS H. J. Gött. 1978. – Stuart F. Spicker (Hg.): Organism, Medicine and Metaphysics. Essays in Honor of H. J. Dordrecht/Boston 1978. – Joan P. Culianu: Gnosticismo e pensiero moderno: H. J. Rom 1985. – Reinhard Löw: Die Wiederbegründung der organ. Naturphilosophie. In: Philosophia Naturalis (1985). – Matthias Rath: Intuition u. Modell. H. J. u. die Ethik des wiss. Zeitalters. Basel/Bln./Paris/New York 1988. – Erich Müller: Der Begriff der Verantwortung bei H. J. Ffm. 1988. – R. Löw: Vom Prinzip Hoffnung zum Prinzip Verantwortung. In: Universitas (1988).

Reinhard Löw

Jonas, Justus, eigentl.: Jodocus Koch, * 5. 6. 1493 Nordhausen, † 9. 10. 1555 Eisfeld; Grabstätte: ebd. – Theologe u. Reformator.

Der Sohn eines Ratsmeisters bezog 13jährig die Universität Erfurt (Magister 1510; danach Jurastudium) u. schloß sich dem Kreis um Mutianus Rufus u. Eobanus Hessus an. Nach Studien auch in Wittenberg (Sommer 1511 bis Frühjahr 1515?) promovierte er in Erfurt zum Doktor beider Rechte u. erhielt, schon zum Priester geweiht, eine juristische Professur. Mit seinen Freunden schloß er sich immer mehr Erasmus an, den er 1519 auf einer im Auftrag Friedrichs des Weisen unternommenen Reise auch persönlich kennenlernte u. der ihn veranlaßte, sich der Theologie zuzuwenden. J. wurde zur treibenden Kraft der Reform der Erfurter Universität (Rektor 1519), begann bibl. Vorlesungen (Lob der Schriftlektüre in *Praefatio in Epistolas divi Pauli Apostoli ad Corynthios.* Erfurt 1522) u. lernte Griechisch. 1521 begleitete er Luther auf den Wormser Reichstag; endgültig wandte er sich erst in der Auseinandersetzung um den freien Willen 1525/27 von Erasmus ab. Im Juni 1521 ging J. als Propst des Allerheiligenstifts u. Professor für kanonisches Recht nach Wittenberg, wechselte aber bald in die theolog. Fakultät über (Dr. theol. 14. 10. 1521).

Der juristisch geschulte Mitarbeiter u. Freund Luthers gehört zu den wichtigsten Organisatoren reformator. Kirchenwesens (Reform des Allerheiligenstifts; kursächs. Kirchenvisitationen seit 1528; reformator. Tätigkeit in Anhalt u. im Herzogtum Sachsen). Seinem energ. Einsatz als Reformator von Halle ab 1541 (Kirchenordnung 1543; 1544 offiziell Superintendent) machte der Schmalkaldische Krieg ein Ende. 1546 von Moritz von Sachsen ausgewiesen, wurde J. nach seiner Rückkehr im April 1548 nicht wieder in sein Amt eingesetzt. Von einem Steinleiden geschwächt, wirkte er als evang. Geistlicher in Coburg (1550 bis 1552), Regensburg (Dez. 1552 bis Aug. 1553) u. Eisfeld.

Theologisches u. literar. Wirken mußte gegenüber der prakt. Tätigkeit zurückstehen. Der als einer der ersten evang. Geistlichen seit 1522 Verheiratete verteidigte die Priesterehe (*Adversus Johannem Fabrum [...] pro coniugio sacerdotali.* Wittenb. 1523); 1532-1534 polemisierte er gegen Witzel (*Contra tres pagellas Agri[colae] Phagi Georgii Witzel.* Wittenb. 1532). Polemik verbindet sich mit tröstl. Unterweisung in der dt. Schrift *Wilch die rechte Kirche / und dagegen wilch die falsche Kirche ist.* Wittenb. 1534). Von der Tätigkeit des geschätzten Predigers zeugen nur wenige Drucke. J. lieferte auch einzelne Beiträge zum geistl. Lied (*Wo Gott der Herr nicht bei uns hält.* 1524. Vgl. EKG 193).

Vor allem aber übersetzte J. kongenial viele Werke der Reformation. Er verdeutschte u. a. Luthers *De servo arbitrio* (1526) u. mit der *Apologie* (1531) u. den *Loci communes* (1536) zwei zentrale Schriften Melanchthons. Lateinisch erschien u. a. als *Catechismus pro Pueris et iuventute* (Wittenb. 1543) der Brandenburgisch-Nürnbergische Katechismus (Wittenb. 1539). Ein bedeutendes Zeugnis seiner Persönlichkeit u. seines Wirkens ist mit seinem umfangreichen Briefwechsel (Hg. Gustav Kawerau. 2 Bde., Halle 1884 f. Neudr. Hildesh. 1964) erhalten.

J., der schon 1521 tief beeindruckt von Luthers »Bekenntnis« in Worms zum Chronisten wurde (*Acta et res gestae D. Martini Lutheri in comitiis principum Wormaciae a. 1521.* In: *Luthers Werke.* Weimarer Ausg. Bd. 7, S. 825 ff.), begleitete ihn auch auf dessen letzter Reise nach Eisleben u. wurde Zeuge seines Todes. Er hielt ihm die Leichenpredigt in Eisleben (*Zwo tröstliche Predigt uber der Leich D. Doct. Martini Luther.* Wittenb. 1546) u. verfaßte einen häufig aufgelegten, schlichten u. eindringl. Bericht *Vom Christlichen abschied aus diesem tödlichen lebenn des Ehrwirdigen Herrn D. Martini Lutheri* (Wittenb. 1546).

WEITERE WERKE: Das siebend Capitel Danielis / v. des Türcken Gottes lesterung vnd schreckl. morderey. Wittenb. 1529. – Christl. u. kurzer Unterricht v. vergebung der Sünden u. seligkeit. Wittenb. 1542. – Ein Sermon v. der Historien Judas Ischarioth u. des Judas Kuß. Halle 1543. – Eyn fast tröstl. Predigt vnd auslegung der Historien / v. den wunderbaren XL. tagen / In Actis aposto: Cap. I. Erfurt 1554. – Wackernagel 3, S. 62-65. – Emil Sehling: Die Evang. Kirchenordnungen des 16. Jh. Bd. 1, Lpz. 1902. Bd. 2, ebd. 1904.

LITERATUR: *Bibliographie:* VD 16, S. 869-920 (unvollst.). – Walter Delius, a. a. O., S. 129 ff. – Martin Ernest Lehmann, a. a. O., S. 196 f. – *Weitere Titel:* Otto Clemen: Georg Witzel u. J. J. In: ARG 17 (1920), S. 132-152. – Paul Kalkoff: Der Wormser Reichstag v. 1521. Mchn./Bln. 1922, S. 320-337. – W. Delius: Ergänzungen zum Briefw. des J. J. In: ARG 42 (1951), S. 136-145. – Ders.: J. J. Bln. 1952. Gütersloh 1952 (ohne Anhang). – M. E. Lehmann: J. J. Minneapolis 1963. – Hdb. zum EKG I, 2 (1965), S. 310-314. II, 1 (1957), S. 37 f. – Hans-Günter Leder: Luthers Beziehungen zu seinen Wittenberger Freunden. In: Helmar Junghans (Hg.): Leben u. Werk Martin Luthers v. 1526-46. Bln. 1983. [2]1985, S. 433-435 (Bd. 2: Anm.). – E. Koch: Handschriftl. Überlieferungen aus der Reformationszeit in der Stadtbibl. Dessau. In: ARG 78 (1987), S. 321-345. – H.-G. Leder: J. In: TRE.

Ute Mennecke-Haustein

Jonas-Lichtenwallner, Johanna, * 5. 9. 1914 Wien. – Verfasserin von Lyrik, Romanen, Feuilletons.

Neben ihrem vielfältigen literar. Schaffen ist die Bedeutung J.s in ihrer regen kulturellen Öffentlichkeitsarbeit zu sehen (Leitung u. Gestaltung literar. Veranstaltungen u. Volkshochschulkurse). J., verheiratet mit dem Lyriker Karl Jonas, veröffentlichte ab 1933 in Anthologien u. Zeitschriften (u. a. in »Rundflug«, »Hausfrau und Mutter«, »Heimatland-Schrifttum aus Österreich«). 1965 erschien ihr erster Gedichtband *Weg durch die Zeit* (Wien; zum Teil vertont). Neben dem lyrischen Hauptwerk, das J.s enge Natur- u. Menschenverbundenheit ausweist, widmet sich die Autorin der Erhaltung alten Volksguts (*Mühlviertler Sagen.* Krems/Wien 1971. *Wiener Streiflichter.* Ebd. 1973), der Herausgabe von Anthologien (österreichische Frauenlyrik, Jungautoren) u. verfaßt Kindergeschichten, Märchen, Schicksals-, Berg- u. Frauenromane.

WEITERE WERKE: Das Osternachtwunder. Wien 1970 (R.). – Die Schuld der Lina Besenböck. Wien 1971 (R.). – Die Sanduhr. Wien/St. Pölten 1972 (L.). – Der Jäger v. Birkwald. Wildenwart 1974 (R.). – Staubkorn im Raum. Wien 1976 (L.). – Die unwahrscheinl. Dinge. Wien 1977 (Feuilletons, Ess.s, Glossen). – Aphorismen. Wien 1985. – Irmengardis. St. Ottilien 1985 (R.). – Späte Lieder. Wien 1986.

Christine Schmidjell

Jonke, Gert (Friedrich), * 8. 2. 1946 Klagenfurt. – Lyriker, Dramatiker, Erzähler, Hörspielautor.

Nach dem Besuch des humanistischen Gymnasiums in Klagenfurt studierte J. in Wien Musikwissenschaft, Germanistik, Geschichte u. Philosophie u. besuchte die Akademie für Film u. Fernsehen. Er lebt, nach Aufenthalten in Berlin (1971-1975) u. Hamburg (1981), als freier Schriftsteller in Wien. 1977 erhielt er den Ingeborg-Bachmann-Preis, 1987 den Österreichischen Würdigungspreis für Literatur.

Ausgehend von der Sprachskepsis experimenteller Literatur u. beeinflußt von Techniken u. Schreibweisen konkreter Poesie richtet J. diese Skepsis gegen die Gesellschaft: In seiner ersten Publikation, dem *Geometrischen Heimatroman* (Ffm. 1969), wird eine Verbindung geschaffen zwischen immanenter Sprachkritik u. inhaltsorientiertem Schreiben, um so zu einer Analyse gesamtgesellschaftl. Zusammenhänge zu gelangen. Gegen das triviale Muster des Heimat- u. Dorfromans opponierend, läßt J. Sprach- u. Inhaltsebenen einander abwechseln, indem er eine angedeutete Handlung durch Einschübe unterbricht. Dokumentarisches Material (Hinweistafeln, Verhaltensvorschriften etc.) – Sprachmaterial, mit dem die »Heimatbewohner« ständig konfrontiert werden u. das ihr Bewußtsein beherrscht, ihr Leben reglementiert – ist in den Ablauf der Geschichte eingeschoben.

In der Erzählung *Schule der Geläufigkeit* (Ffm. 1977) ist J.s formal bestimmtes ästhetisches Prinzip stärker inhaltlich ausgerichtet – der Autor geht dabei nicht nur von der Sprache, sondern auch von realen Geschehnissen aus. J. greift das Motiv einer frühen Erzählung (*Wiederholung eines Festes.* In: *Beginn einer Verzweiflung.* Salzb. 1970) auf: die Idee der Zusammenfügung von Erinnerung u. Gegenwart. Ein Sommerfest soll unter denselben Bedingungen wie ein Jahr zuvor wiederholt, die Zeit aufgehoben werden. Die Irritation geht auf den Erzähler selbst über – die Beziehung zwischen Fiktion u. Wirklichkeit wird zum Hauptthema der durch neue Geschichten immer wieder unterbrochenen Erzählung.

Die Hauptfigur ist Komponist, u. auch der Titel *Schule der Geläufigkeit* verweist auf ein wesentl. Motiv, auf einen Motor J.scher Prosa:

Musik als Metapher u. Konstruktionsschema. J. »komponiert« verzweigte Labyrinthe von Erzählungen. Verschachtelte Sätze u. drast., kom. Wortzusammensetzungen sind die Bauelemente, geprägt durch skurrilen Humor u. radikale Skepsis. Auch im Roman *Der ferne Klang* (Salzb. 1979) treten Figuren früherer Werke wieder auf, z. B. ein komponierender Erzähler, u. auch hier sieht sich der Leser mit J.s »Wort- und Erzählungsverschachtelungen« konfrontiert. Die Aufhebung von kategorialen Ordnungen wie Zeit, Raum, Logik, Realität u. Traum löst Irritation aus u. entwickelt zgl. den Sog in eine visionäre Welt.

In *Erwachen zum großen Schlafkrieg* (Salzb. 1982) fügen sich absurde, rätselhafte Szenen aneinander, deren Themen Scheitern, fortschreitender Verfall, kleine u. große Katastrophen sind. Hier zeigen sich die Erzählungen nicht wie die frühen Geschichten formal, sondern – wie W. Martin Lüdke meint – »substantiell« verbunden.

WEITERE WERKE: Glashausbesichtigung. Ffm. 1970 (R.). – Musikgesch. Bln. 1970 (E.en). – Die Vermehrung der Leuchttürme. Ffm. 1971 (P.). – Im Inland u. im Ausland auch. Ffm. 1974 (P., L., Hörsp., D.). – Die erste Reise zum unerforschten Grund des stillen Horizonts. Salzb. 1980 (P.). – Der Kopf des Georg Friedrich Händel. Salzb. 1988 (P.).

LITERATUR: Thomas Beckermann: Kalkül u. Melancholie oder Die Vorstellung u. die Wirklichkeit. In: Peter Laemmle u. Jörg Drews (Hg.): Wie die Grazer auszogen, die Lit. zu erobern. Mchn. 1975, S. 200-220. – Ulrich Greiner: G. J. In: Ders.: Der Tod des Nachsommers. Mchn. 1979, S. 123-136.

Kristina Pfoser-Schewig

Jordan, Wilhelm, * 8. 2. 1819 Insterburg/Ostpreußen, † 25. 6. 1904 Frankfurt/M.; Grabstätte: ebd., Hauptfriedhof. – Epiker u. Epiktheoretiker, Übersetzer, Lyriker, Erzähler, Dramatiker.

Der Sohn eines Pfarrers studierte seit 1838 in Königsberg Theologie, dann Philosophie als Schüler von Karl Rosenkranz. Durch Lektüre von Strauß u. Feuerbach eignete er sich ein extrem diesseitiges, fortschrittsgläubiges Weltbild an. Nach der Promotion zum Dr. phil. (1842) studierte J. in Berlin Naturwissenschaften, publizierte populärwissenschaftl. Brotarbeiten u. gab die Zeitschrift »Die begriffene Welt« (Lpz. 1845/46) heraus. Als ostpreuß. u. dt. Patriot propagierte er wie sein Freund Gottschall in Gedichten, Lesungen u. Reden polit. Freiheit. In dem für diese vormärzl. Phase repräsentativen Band *Schaum* (Lpz. 1846) verbinden sich spröde Gedankenlyrik u. antichristlich-liberale Rhetorik mit geläufiger Verskunst. An Selbstbewußtsein fehlte es J. nie; er galt als publikumssüchtig u. eitel. Ende 1843 wurde er wegen seiner Schriften aus Berlin ausgewiesen; er gründete bei Leipzig eine Familie, wurde aber bald inhaftiert u. mußte auch Sachsen verlassen. Für die »Bremer Zeitung« berichtete er im März 1848 aus Paris. Seit April wieder in Berlin, nahm J. mit seinen Reden, u. a. im »Konstitutionellen Klub«, die Liberalen für sich ein; im Kreis Ober-Barnim wurde er in die Deutsche Nationalversammlung gewählt.

Im Parlament der Paulskirche zählte J. zu den markanten Persönlichkeiten. Der Kosmopolitismus der Linken mißfiel ihm bald. Zum erbkaiserl. Zentrum übergetreten, forderte er ein großdt. Reich unter preuß. Führung. Bekannt wurde seine »Polenrede« mit dem unverblümten Plädoyer gegen die Wiederherstellung Polens u. für einen »gesunden Volksegoismus«, Ausdruck auch seiner Auffassung vom naturgesetzl. Recht des Stärkeren in der Geschichte. Zuletzt Marinerat im Reichshandelsministerium, wirkte J. für den Aufbau einer dt. Flotte. Nach deren Versteigerung 1849 bildete J.s Pension die Basis für seine weitere dichterische Tätigkeit, ab 1867 als erfolgreicher Selbstverleger in der Wahlheimat Frankfurt/M.

Die für J.s Denken repräsentativste Dichtung ist das episch-dramat. Mysterium *Demiurgos* (3 Tle., Lpz. 1852-54), das mit gnost. Ideengut die dialektische Notwendigkeit des Bösen dartun will. Das bewußt an Goethes *Faust* II angelehnte, sprachgewaltige Werk leidet unter Verworrenheit u. Stilmängeln. Schopenhauer störte freilich mehr der im versöhnl. Schluß gipfelnde »verruchte Optimismus«. Das Stabreim-Epos *Nibelunge* (*Sigfridsage*. Ffm. 1868. [15]1913. *Hildebrants Heimkehr*. Ffm. 1874. [14]1924), J.s Hauptwerk, verquickt Motive des gesamten Sagenkreises. Als »deutscher Homer« wollte er das Rhapsodentum wiederbeleben, als er seit 1867 reisend den Deutschen Teile der entstehenden Dichtung vortrug. Durch nationalen Stoff – den Schluß bildet eine Apotheose der Hohenzollern – u. in Wechselwirkung mit dem

Volk sollte sie zur Begründung eines »deutschen Glaubens« beitragen. Kerngedanken sind »Erberinnerung« u. »Zuchtwahl« als völkische bzw. sozialdarwinistische Prinzipien. Durch mythologische Verstiegenheit, viel neuzeitliche Gelehrsamkeit u. die volkspädagogische Absichtlichkeit blieb *Nibelunge*, wiewohl ein großer Modeerfolg beim Bildungsbürgertum des Kaiserreichs, ohne den unmittelbaren Eindruck des Vortrags steril.

Ganz im Schatten des Epos u. der darum kreisenden theoret. Schriften (*Epische Briefe*. Ffm. 1876) stehen J.s virtuose Lyrik (*Strophen und Stäbe*. Ffm. 1871) u. die Dramen, von denen nur das graziöse Lustspiel *Durchs Ohr* (Ffm. 1870) Erfolg hatte. In lehrhaften Tendenzromanen (*Die Sebalds*. 2 Bde., Stgt. 1885) verkünden Idealtypen im Spannungsfeld konfessioneller Gegensätze den Weg zur Naturwissenschaft, zum »deutschen Glauben«. Bedeutender sind die J.s Sprachgefühl bezeugenden freien Übersetzungen der *Edda*, von Homer, Sophokles, Dante, Shakespeare u. George Sand. Später beschimpfte er die Naturalisten, die in ihm den unfruchtbaren Epigonen sahen, in dem Lyrikband *Deutsche Hiebe* (Ffm. 1891) als »Tempelschänder«. Trotz themat. Anklänge blieben auch Wagner u. Nietzsche »dem vormärzlichen Literaten« J. völlig fremd.

WEITERE WERKE: Glocke u. Kanone. Königsb. 1841 (L.). – Ird. Phantasien. Ebd. 1842 (L.) – Ihr träumt! Lpz. 1845 (L.). – Das Interim. Ffm. 1855 (Prologszene). – Die Liebesleugner. Ffm. 1855 (D.). – Die Wittwe des Agis. Ffm. 1858 (D.). – Der ep. Vers der Germanen u. sein Stabreim. Ffm. 1867. – Das Kunstgesetz Homers u. die Rhapsodik. Ffm. 1869. – Die Zweideutigkeit der Copula bei Stuart Mill. Tüb. 1870 (Aufs.). – Arthur Arden. Ffm. 1872 (D.). – Andachten. Ffm. 1877 (L.). – Die Erfüllung des Christentums. Ffm. 1879. – Sein Zwillingsbruder. Ffm. 1883 (D.). – Tausch enttäuscht. Ffm. 1884 (D.). – Zwei Wiegen. Bln. 1887 (R.). – Feli Dora. Ffm. 1889 (Versnovelle). – Episteln u. Vorträge. Ffm. 1890. – Liebe, was du lieben darfst. Ffm. 1892 (D.). – Letzte Lieder. Ffm. 1892. – In Talar u. Harnisch. Ffm. 1899 (L.).

LITERATUR: Franz Mehring: Ein vormärzl. Literat. [1904] In: Ders.: Aufsätze zur dt. Lit. v. Klopstock bis Weerth. Bln. 1961, S. 390-394. – Heinrich Spiero: W. J. In: Ders.: Hermen. Hbg. 1906, S. 35-43. – Maurice R. v. Stern: W. J. Ffm. 1910. – W. J.: Sechs Aufsätze. Ffm. 1919. – Alfred Günther: W. J. als Freiheitssänger u. Politiker. Diss. Münster 1920. – Heinrich H. Houben: Verbotene Lit. v. der klass. Zeit bis zur Gegenwart. Bd. 2, Bremen 1928, S. 300-329. – Paul Scholz: W. J.s Reden in der Paulskirche. Königsb. 1930. – Franz Koch: W. J.s ›Demiurgos‹. In: Abh.en der Preuß. Akademie der Wiss. Philosoph.-histor. Klasse 1 (1942). – Georg Bollenbeck: Sentimentale Konventionslyrik [...]. In W. J.s Gedicht ›Die welke Rose‹. In: Günter Häntzschel (Hg.): Gedichte u. Interpretationen 4. Stgt. 1983, S. 334-345. *Gerhard Stumpf*

Jordan von Quedlinburg, * um 1300 Quedlinburg, † 1380 (1370?) Vienne. – Augustinertheologe.

Neben Heinrich von Friemar gehört J. (oft mit dem Dominikaner Jordanus von Sachsen verwechselt) zu den herausragenden Gestalten des Augustinereremitenordens in Deutschland im SpätMA. In seiner Heimatstadt trat er früh in den Orden ein, studierte in Bologna u. Paris (1319-1322) u. erwarb den Grad eines Lektors. Neben administrativen Tätigkeiten im Orden wirkte er als Lektor an den Generalstudien in Erfurt (1327-1333) u. Magdeburg (1336-1338); als Provinzial der sächsisch-thüring. Ordensprovinz ist J. 1345-1351 bezeugt.

Einen Großteil seines umfangreichen Schrifttums verfaßte J. erst nach 1351. Abgesehen von einigen kleinen hagiographischen u. zwei exegetischen Schriften liegt das Hauptgewicht seiner literar. Produktion auf spirituellem u. homiletischem Schrifttum. Vor allem für den Orden wichtig (u. hauptsächlich im Ordenskreis rezipiert) war sein *Liber Vitasfratrum*, ein nach dem Muster der *Vitaspatrum* konzipiertes Werk, das die Grundlagen der Ordensspiritualität festhält, das klösterl. Leben der Zeit anschaulich u. lebendig darstellt u. gleichzeitig als eine Art Erklärung der Ordensregel einen beachtl. Beitrag zur späteren Entwicklung des Ordens liefert.

Weit über die Ordensgrenzen hinaus in über 110 lat. Handschriften u. in mehrfach überlieferten hochdt., niederdt. u. niederländ. Übersetzungen wirkte dagegen das zweite spirituelle Hauptwerk J.s, *Meditationes de passione Christi*, das die Betrachtung des Lebens u. Leidens Christi in 65 »Artikeln« behandelt, die jeweils aus Gebeten, spiritueller Auslegung des Stoffs u. Anweisungen zur Frömmigkeitsübung bestehen. Außerdem sind von J. eine Gebetsammlung *Viginti quattuor gaudia gloriosissimae virginis Mariae* (in mhd. Übertragung in einer Handschrift erhalten) u. zwei kleinere Traktate bekannt, die teils selbständig, teils in seinem Predigtwerk integriert überliefert sind.

Die größte Popularität erreichten die umfangreichen Predigtsammlungen J.s. Sein *Opus postil-*

larum, aus 460 Predigten zu Sonn- u. Festtagen bestehend, wurde in niederdt. u. niederländ. Übersetzung in über 25 Handschriften tradiert; im Oberdeutschen ist nur ein Exzerpt erhalten. Zwei weitere Sammlungen ergänzen das gewaltige Predigtangebot J.s. Die einzelnen Texte sind (sicher nach dem Vorbild Heinrichs von Friemar) nach scholast. Muster gegliedert u. verwerten neben bibl. u. Väterzitaten auch reichlich naturwissenschaftl. Kenntnisse. Mehrere Predigten weisen enge Verbindungen zur dt. Mystik, bes. zu Meister Eckhart, auf.

Ausgaben: *Liber Vitasfratrum:* Hg. Rudolf Arbesmann u. Winfried Hümpfner. New York 1943. – Nhd. Auswahlübers. in: Cor unum. Mitt.en an die dt. Augustinerfamilie. Bde. 10–20, Würzb. 1952–62. – *Mittelniederdeutsche Predigten:* Hg. Johannes Flensburg. Lund 1911 (Ausw.). – *Mittelniederländische Predigten:* Hg. Robrecht Lievens. Gent 1958, S. 87–155.

Literatur: Adolar Zumkeller: Hss. v. Werken der Autoren des Augustiner-Eremitenordens. Würzb. 1966, S. 285–319, 605–608. – Ders.: Jourdain de Saxe ou de Quedlinburg. In: Dictionnaire de spiritualité 8, Sp. 1423–1430 (Werkübersicht). – Ders.: J. v. Q. In: VL (Bibliogr.). *Ulla Williams*

Jordanus von Wasserburg, bürgerlich: Joseph Raisberger (Reisperger), getauft 14. 6. 1670 Wasserburg, † 16. 5. 1739 Rom. – Prediger aus dem Kapuzinerorden.

Der Sohn eines Maurermeisters wuchs im kleinstädtischen Handwerkermilieu auf, besuchte vermutlich das Jesuitengymnasium in München u. trat am 9. 10. 1688 in das Rosenheimer Noviziatskloster der Kapuziner ein. Seine Tätigkeit als Kanzelredner nahm er nach Abschluß der Studien als Ordinari-Prediger in Landshut u. Braunau auf, doch wurde er häufig zu feierl. Anlässen in Kirchen u. Klöster des altbayer. Raums, oft auch nach München berufen. Von dieser Wirksamkeit, die ihm hohe Ordensämter, zuletzt die Ernennung zum Generaldefinitor in Rom einbrachte, gelangte nur ein geringer Teil nach seinem plötzl. Tod zum Druck, so ein Band Gelegenheitspredigten u. d. T. *Fluenta Jordanis [...] Jordanische Flüß und Ausgüß* (Stadtamhof 1742. [2]1745. Als *Geist-Lehr- und Sittenvoller Prediger* noch Augsb./Innsbr. 1763) u. ein zweiteiliger Band Sonn- u. Feiertagspredigten mit demselben Obertitel (Stadtamhof 1745). Zahlreiche unveröffentlichte Kanzelreden u. Traktate befinden sich in der Staatsbibliothek München.

J. hatte es an den verschiedenen Orten seiner Tätigkeit mit einem gemischten Publikum, mit Bauern, Städtern, auch Angehörigen des Adels zu tun, auf deren unterschiedl. Ansprüche er sich sprachlich u. inhaltlich einstellte. Er kam seinen Aufgaben als Vermittler der religiösen Lehre nach, bezog aber auch philosophische, histor. u. naturwissenschaftl. Erkenntnisse ein. Von bes. kulturgeschichtl. Interesse sind seine vielseitigen Äußerungen zum polit. u. gesellschaftl. Leben, zur Alltagskultur, zu Bräuchen im Jahreslauf, Mode, Tanz u. anderen Vergnügungen der Bevölkerung. Seine an volkstüml. Redeweise, Sprüchen, Wortspielen u. Metaphern reichen Predigten sind hervorragende Quellen für den Sprachgebrauch im Spätbarock.

Literatur: Werner Welzig (Hg.): Kat. gedr. deutschsprachiger kath. Predigtslg.en. Bd. 1, Wien 1984, S. 468 f., 614. Bd. 2, Wien 1987, S. 675 f. – Franz Johann Hoedl: Das Kulturbild Altbayerns in den Predigten des P. J. v. W. Mchn. 1939. – Karl Böck: Das Bauernleben in den Werken bayer. Barockprediger. Mchn. 1953, S. 34–37 u. passim. *Elfriede Moser-Rath*

Jorissen, Matthias, * 26. 10. 1739 Wesel/Niederrhein, † 3. 4. 1821 Den Haag. – Psalmenübersetzer.

Aus einer Kaufmannsfamilie stammend, studierte J. in Duisburg u. Utrecht Theologie, kehrte als Kandidat des Predigtamts in seine Heimatstadt zurück u. wurde ganz unterschiedlich beeinflußt von seinem Vetter, dem Liederdichter Tersteegen, dem alchimistischen Geheimlehren nahestehenden Arzt Samuel Collenbusch, von Gedanken Lavaters u. Bengels. Am 28. 2. 1768 hielt J. in der Matenakirche eine Predigt über Proverbia 3,24, die sich gegen die Religionspolemik des Weselschen Regimentskommandeurs Friedrich Wilhelm von Gaudy richtete. Dieser setzte ein Kanzelverbot gegen J. durch, der nach Holland ging. Er wurde Prediger in Avezathen (1769–1779), Hasselt (bis 1782) u. schließlich in der Niederländisch-Reformierten Gemeinde Den Haags (bis 1818).

Die dort im Gottesdienst gesungenen Psalmen Lobwassers genügten modernen Ansprüchen nicht mehr, u. so veranstaltete J. unter Verwendung aller holländ. u. dt. Übertragungen eine *Neue Bereimung der Psalmen* (Wesel 1798), die sich in den reformierten Gemeinden rasch verbreitete u. mehrere Auflagen in holländ. u. dt. Sprache erlebte. Die Übertragung folgte dem Versmaß der alten frz. Psalmmelodien Marots u. war nicht leicht zu singen. Diesem Mangel suchte J. in der vierten Auflage von 1806 (u. d. T. *Die Psalmen Davids [...]*) abzuhelfen. Sie wurde ins *Gesangbuch der Rheinlande* der Elberfelder Reformierten Gemeinde (1854) aufgenommen u. stand in Gebrauch bei den Krefelder Mennoniten. Eine Auswahl der Psalmen ging ein in das *Schaffhausener Gesangbuch* u. wurde auch von anderen reformierten Gemeinden übernommen. Besonders bekannt wurden *Singt, singt Jehova neue Lieder* (Ps 98), *Wie reizend schön, Herr Zebaoth* (Ps 84) u. *Wohl dem, der Gott verehret* (Ps 98).

Literatur: Koch 6, S. 525-527. – Hans Jürgen Riekenberg: J. In: NDB. – Friedrich August Henn: M. J. Der dt. Psalmist in Leben u. Werk. Lpz. 1955. *Heimo Reinitzer*

Jud, *Judä*, Leo, * 1482 Guémar/Elsaß, † 19. 6. 1542 Zürich. – Humanist u. Reformator.

Nach Schulbesuch in Schlettstadt (mit Bucer) immatrikulierte J. sich 1499 in Basel unter dem Namen »Leo Keller von Basel« u. begann zgl. eine Lehre als Apotheker, erwarb 1502/03 in Freiburg i. Br. den Baccalaureus. Zurück in Basel, hörte er ab 1505 (mit Zwingli) bei Thomas Winterbach, der ihn für eine geistl. Laufbahn gewann. Dem stand aber J.s Abkunft von einem Priester entgegen. Bei einer Romreise empfing er päpstl. Dispens u. Priesterweihe. Ab Ende 1507 Diakon von St. Theodor in Basel (Magister 1512), wurde er dann Pfarrer in St. Hippolyte/Elsaß, wo seine Mutter lebte. Seit 1519 war er als Nachfolger Zwinglis Leutpriester in Einsiedeln, wo er mit dem Administrator u. einzig verbliebenen Konventualen Diebold von Geroldseck eng zusammenarbeitete. In dieser Zeit begann J. seine reiche literar. Tätigkeit mit Übersetzungen humanistischer u. reformatorischer Werke. Im Febr. 1523 wurde J. auf Empfehlung Zwinglis in Zürich Pfarrer von St. Peter u. war dort als enger Mitreformer Zwinglis tätig, dessen theolog. Erbe er als Mitarbeiter Bullingers nach Zwinglis Tod 1528 verwaltete.

Als Einsiedler Leutpriester 1519-1523 verbreitete J. wichtige Erasmusschriften in Deutsch: *Auslegung des ersten Psalmen* (erster Aufruf zur Bibellesung), *Underweisung eines christenlichen fürsten* (an Karl v. Basel 1521), *Klag des Frydens* (Basel 1521), *Enchiridion oder handtbüchlein eines christlichen Streiters* (Neubearb. von Johann Adelphus Mulings dt. Ausg. Basel 1521). Bis 1523 gab J. bei Froschauer in Zürich u. Grimm in Augsburg die Erasmusparaphrasen der Apostelbriefe in verschiedener Zusammensetzung heraus. Daneben edierte er in Zürich zwei Luthertexte. Als Übersetzer paraphrasierte er eher u. löste antikisierende Metaphern u. Begriffe für seine »lieben Leser« auf.

In seinen beiden Jahrzehnten in Zürich hat J. neben etlichen homiletisch-katechetischen u. kontroversen Schriften zum Altarsakrament aus seiner Tätigkeit in der sog. »Prophezei« wichtige Kommentare Zwinglis zu bibl. Büchern des AT publiziert. Für seine pastorale Tätigkeit waren seine Katechismen bezeichnend: *Diss sind die Zehn gebott* (Wandkatechismus, 1525), *Catechismus* (mit Vorrede Bullingers. Zürich 1534), *Catechismus Brevissima* (Zürich 1539) u. andere. Mindestens sechs Ausgaben sind verdeutschte Kontroversschriften Zwinglis, so gegen Matthias Kretz, Emser u. Bugenhagen. Um 1525/26 geriet er mit Erasmus u. Luther wegen des Altarsakraments in Konflikt: *Vonn dem nachtmal Christi [...]. H. Zwinglis maynung* (Zürich 1525), *Des hochgelerten Erasmi v. R. und D. Luthers maynung vom Nachtmal* (Zürich 1526), *Vf entdeckung D. Erasmi v. R. [...] antwort und entschuldigung Leonis Jud* (Zürich 1526).

Nach Zwinglis Tod veröffentlichte J. vor allem dessen Kommentare zu einzelnen Büchern des AT. Er gab 1540 eine überarbeitete dt. Bibel bei Froschauer heraus; postum edierten Freunde seine neue lat. Version des AT. In seinem letzten Lebensjahr erschien noch seine dt. Gesamtausgabe der Erasmusparaphrasen des NT, zu denen er selbst den Kommentar zur Offenbarung Johannes beisteuerte.

Ausgaben: L. J. Vom Leiden / Sterben u. Auferstehen des Herrn. Bearb. v. Oskar Farner. Zürich 1955. – Erasmus v. Rotterdam, Ein Klag des Frydens. L. J.s Übers. [...] mit dem lat. Original. Hg. Alois M. Haas u. Urs Herzog. Zürich 1969.

Literatur: *Schriftenverzeichnis:* Vgl. Wyss 1976. – *Forschungsliteratur:* Carl Pestalozzi: L. Judä. Elberfeld 1860. – L. C. Rudolphi: Die Buchdruckerfamilie Froschauer. Zürich 1869. – Emil Egli: L. J. u. seine Propagandaschr.en. In: Zwingliana 2 (1907/08), S. 161-166, 198-208. – Paul Leemann van Elck: Die Offizin Froschauer. Zürich 1940. – Leo Weisz: L. J. Zürich 1942. – Otto Farner: L. J., Zwinglis treuester Helfer. In: Zwingliana 10 (1955), S. 201-209. – Otto Herding: Die dt. Gestalt der Institutio principis Christiani. In: FS Gerd Tellenbach. Freib. i. Br./Basel/Wien 1969, S. 534-551. – Irmgard Bezzel: L. J. als Erasmusübersetzer. In: DVjs 49 (1975), S. 628-644. –Karl-Heinz Wyss: L. J. Seine Entwicklung zum Reformator 1519-23. Bern 1976. – Peter G. Bietenholz: J. In: Contemporaries.

Heinz Holeczek

Ältere **Judith**. – Frühmittelhochdeutsches geistliches Gedicht von 136 Versen.

Der Verfasser der sog. Ä. J. ist unbekannt. Das Anfang des 12. Jh. entstandene Gedicht weist sprachlich ins Rheinfränkische; zusammen mit anderen geistl. Gedichten ist es in der *Vorauer Sammelhandschrift* aus dem letzten Viertel des 12. Jh. überliefert, die offensichtlich auf eine ältere Sammlung von Bibeldichtungen zurückgeht.

Der apokryphe alttestamentl. Judithstoff wird liedhaft gestaltet; Abweichungen vom Bibeltext sprechen dafür, daß das Buch Judith nicht die unmittelbare Vorlage war. Überwiegend vierhebige Endreimverse geben die Geschichte gerafft u. komprimiert wieder. Der Dichter verändert viele Details u. gleicht das Personal z. T. an dt. Verhältnisse an; so kommen ein Burggraf u. ein Bischof vor. Man hat deshalb vermutet, der Judithstoff sei dem Dichter nur durch mündl. Vermittlung (z. B. aus Predigten) bekannt gewesen. Es bleibt jedoch zu bedenken, daß die nahezu balladenhafte Gestaltung des bibl. Stoffs eine gewisse Auswahl, Akzentuierung u. Umformung durch den Bearbeiter erforderte.

Das Gedicht ist in 13 stroph. Abschnitte unterschiedl. Länge unterteilt. Nach einer Beschreibung des Wütens des Holofernes wird erzählt, wie der Feldherr siegessicher, um Gott zu schmähen, vor die seit einem Jahr belagerte Stadt Bathania (das bibl. Bethulia) zieht. Der Burggraf setzt der in Holofernes repräsentierten Macht des götzenhaften Königs Nabuchodonosor das Gottvertrauen der Bürger entgegen. Judith begibt sich ins feindl. Lager; Holofernes begehrt sie – von der Bibel abweichend – zur Frau. Beim Hochzeitsmahl gelingt es Judith, Holofernes u. seine Leute betrunken zu machen u. dem schlafenden Feldherrn das Schwert zu entwenden. Nach einem Gebet Judiths übermittelt ihr in der – wohl nachträglich hinzugefügten – Schlußstrophe eine Engelserscheinung den Auftrag Gottes, Holofernes zu töten u. das israelische Volk zu befreien. Die eigentl. Befreiungstat, auf die bereits am Ende der zweiten u. dritten Strophe vorausdeutend verwiesen wurde, wird nicht mehr erzählt. Der urspr. Schluß fehlt anscheinend.

Fragmentarischer Überlieferungszustand u. formelhafte Elemente des Gedichts – wie Redeeinführungen, Begleitformeln, Wahrheitsbeteuerungen u. Wiederaufnahmen – könnten Ergebnis einer urspr. oder zeitweilig mündl. Weitergabe der Ä. J. sein. Die Zusammenfügung mit dem stofflich u. motivisch selbständigen geistl. Gedicht *Die drei Jünglinge im Feuerofen* in der Handschrift gilt als späterer Eingriff. Der Kompilator wollte wohl den mit dem gleichnamigen König des Danielbuchs identifizierten Nabuchodonosor als Beispiel eines ungerechten Königs Salomo gegenüberstellen, den das im gleichen Codex enthaltene *Lob Salomons* preist.

AUSGABE: Albert Waag u. Werner Schröder (Hg.): Kleinere dt. Gedichte des 11. u. 12. Jh. Bd. 1, Tüb. 1972, S. 56-59, 63-67 (mit vollst. Bibliogr. bis 1970).

LITERATUR: Werner Schröder: Die drei Jünglinge im Feuerofen. Die Ä. J. Überlieferung, Stoff, Form. Mainz 1976. – Ders.: Die Ä. J./Die drei Jünglinge im Feuerofen. In: VL.

Claudia Händl

Jüngere **Judith**. – Übersetzung des biblischen Buches Judith, 12. Jh.

Die Vorauer Sammelhandschrift (Stiftsbibliothek, 276) überliefert auf den Blättern 100va-108vb, direkt an die *Ältere Judith* anschließend, eine davon unabhängige weitere Bearbeitung des Judithstoffs (etwa 1820 Verse). Ob diese zusammen mit den ihr vorausgehenden Gedichten (*Summa theologiae, Lob Salomons, Drei Jünglinge im Feuerofen, Ältere Judith*), die geschlossen aus einer mitteldt. Vorlage übernommen wurden, eine Gruppe bildet, ist umstritten. Gemeinsam sind mitteldt. Sprachformen, die durch die bairisch-österr. Abschrift des Vorauer Codex durchscheinen. Nicht restlos einsichtig ist, was den Redaktor bewogen haben mag, im Falle der Judith zwei Bearbeitungen aufzunehmen. Antiquarischer Sammeleifer könnte sich mit dem Interesse an der Komplementarität der Fassungen verbunden haben.

Der liedhaften Kargheit des älteren Textes steht im jüngeren eine fast epische Breite gegenüber. Ein Prolog bezeugt die neue Literarizität des Textes: Der Sprecher wendet sich an die »lîben lûte«, um ihnen »eine rede vil wunnesame« zu vermitteln (v. 1.3), u. bezieht zgl. Frontstellung gegen Neider u. böse Kritiker, die »gûte lêre« (v. 11) verachten.

Das eigene Werk erscheint vor dem Hintergrund dieses seit Hieronymus geläufigen Topos als Medium der Polarisierung: Zuwendung zur oder Abwendung von der gebotenen »lêre« korrespondieren mit dem Annehmen oder Verwerfen der christl. Heilsbotschaft, was sich im Gegensatz zwischen Judith u. Nabuchodonosor konkretisiert. Die heilsgeschichtl. Perspektive hinderte den Verfasser, der sich im ganzen gesehen eng an die biblische Vorgabe hielt, nicht, Judiths ausführliche Gebete zu kürzen u. dafür bei Kriegshandlungen länger zu verweilen. In Reimtechnik, Versbau u. Stil standen ihm allerdings nur bescheidene Mittel zur Verfügung.

Ausgaben: Die j. J. aus der Vorauer Hs. Hg. Hiltgunt Monecke. Tüb. 1964. – Die dt. Gedichte der Vorauer Hs. Faks.-Ausg. [...] unter Mitwirkung v. Karl Konrad Polheim. Graz 1958.

Literatur: Werner Schröder: Die drei Jünglinge im Feuerofen. Die Ältere Judith. Überlieferung, Stoff, Form. Mainz 1976, S. 10, 106–113. – Ders.: Die J. J. In: VL (Lit.). – Walter Haug: Literaturtheorie im dt. MA. Darmst. 1985, S. 53–56. – Gisela Vollmann-Profe: Wiederbeginn volkssprachiger Schriftlichkeit im hohen MA (Bd. 1, Tl. 2 der Gesch. der dt. Lit. v. den Anfängen bis zum Beginn der Neuzeit). Ffm. 1986, S. 92 f.

Christian Kiening

(Ostmitteldeutsche) **Judith**. – Paraphrase des biblischen Buches Judith, vermutlich 1254.

Wenn das in der einzigen Handschrift der J. genannte Datum (1221 Jahre nach Christi Tod) kein Schreiberversehen darstellt, gehört der Text (2814 Verse) an den Beginn der Deutschordensdichtung. Er folgt der bibl. Vorlage auch stilistisch eng, erweitert nur bei Personendarstellungen u. Kriegsgeschehen sowie durch einige spirituelle Auslegungen (z. B. zu Joseph u. der Verführerin [Gen 39,7 ff.], zu Nabuchodonosor), die im Kontext eher fremd bleiben. Der Autor ist ebenso unbekannt wie der im Prolog apostrophierte »vrunt unde bruder« (v. 73), dem das folgende Werk »rehte wisheit« (v. 77) u. bibl. Lehre vermitteln soll. Neben dem großen Stuttgart-Mergentheimer-Deutschordens-Codex, in dem die J. zwischen *Esra und Nehemia* u. *Hester* steht, müssen weitere Handschriften existiert haben; aus einer von ihnen schöpfte der Ordensritter Jörg Stuler, der in sein sog. *Historienbuch* (geschrieben 1479) eine Prosaauflösung der J. integrierte.

Ausgabe: J. Aus der Stuttgarter Hs. HB XIII 11. 2. Aufl. besorgt v. Hans-Georg Richert. Tüb. 1969.

Literatur: Karl Helm u. Walther Ziesemer: Die Lit. des dt. Ritterordens. Gießen 1951, S. 71–74. – Achim Masser: Bibel- u. Legendenepik des dt. MA. Bln. 1976, S. 76 f. – Manfred Caliebe: Hester. Edition u. Kommentar. Marburg 1985, S. 126–326, passim.

Christian Kiening

Das **Jüdel**. – Marienlegende in Reimpaarversen, um 1200.

Die 458 Verse umfassende Legende gehört zu den ersten Marienmirakeln in dt. Sprache. Ihre Entstehung um 1200 ist u. a. aus graphischen Eigentümlichkeiten in den Vorlagen mehrerer erhaltener Fragmente (vollständig ist nur eine Handschrift) zu erschließen. Die Überlieferung weist auf bairisch-ostschwäb. Gebiet. Entstanden ist der Text wohl in Zusammenhang mit einer sich ausbreitenden Laienfrömmigkeit.

Das J. fußt auf älteren lat. Vorlagen, worunter die bekannteste die Erzählung der Legende bei Gregor von Tours (*Gloria martyrum* I, 9) ist. Ein frühmhd. Prosafragment der Erzählung findet sich in einer alemann. Handschrift aus der Mitte des 12. Jh. Der Verfasser des J. ist nicht bekannt; die Gründe, die für eine Verfasserschaft Konrads von Heimesfurt herangezogen worden sind, haben sich als nicht beweiskräftig erwiesen.

Im Mittelpunkt der Legende steht ein Judenknabe. Dieser lernt von seinen christl. Mitschülern, die ein vor einer Kapelle stehendes Marienbildnis verehren, die Bedeutung Marias kennen u. dient von da an selbst der Gottesmutter. Seine Verehrung für sie zeigt sich, als er Spinnweben u. Staub von dem Bildnis entfernt. Eines Tages erscheint dem Knaben, als er der Messe beiwohnt, bei der Wandlung das Jesuskind. Er entschließt sich daraufhin zum Empfang der Kommunion. Sein Vater u. seine Verwandten sind erbost u. wollen den Knaben, der sich nicht von seinen christl. Überzeugungen abbringen läßt, töten. Trotz des Zögerns des Vaters wird er in einen glühend heißen Backofen geworfen. Maria rettet ihn jedoch als Belohnung für seinen Dienst an ihr u. fordert ihn auf, sich taufen zu lassen. Auch der Vater u. andere Juden bekehren sich nun u. lassen sich taufen. Die Legende endet mit einer Aufforderung zum Mariendienst. Ein Zeugnis für das Weiterleben des Textes ist seine Benutzung als Vorlage für die Legende *Der Judenknabe* im *Passional.*

AUSGABEN: Karl A. Hahn (Hg.): Gedichte des 12. u. 13. Jh. Quedlinb./Lpz. 1840, S. 129-134, 147. – Heinrich Meyer-Benfey: Mhd. Übungsstücke. Bln. ²1920, S. 84-96.

LITERATUR: Eugen Wolter: Der Judenknabe. Halle 1879. – T. Pelizäus: Beiträge zur Gesch. der Legende vom Judenknaben. Diss. Halle 1914. – Gerhard Eis: Fragment eines frühmhd. Predigtwerkes. In: JEGPh 49 (1950), S. 549-556. – Hans Fromm: Mariendichtung. In: Reallexikon der dt. Literaturgesch. 2 (²1959), S. 277-279. – Hans-Friedrich Rosenfeld: D. J. In: VL. *Elisabeth Wunderle*

Die **Jüdin und der Priester**. – Mirakelerzählung, entstanden wohl im späten 14. oder frühen 15. Jh. im ostfränkischen Raum.

Der unikal überlieferte Text (260 Verse) erzählt – in Prolog u. Epilog verknüpft mit der theolog. Frage, ob die Eucharistie auch durch einen in Sünde lebenden Priester ihre Heiligkeit behält – von einem Priester, der ein Verhältnis mit einer Jüdin hat. Als er einmal mit ihr am Sabbat schlafen will, gibt sie nur sehr widerwillig nach, rächt sich aber dann dafür, indem sie ihn zum Liebesakt in einer Nacht verführt, bevor er das Hochamt singen muß. Durch ein Wunder wird der Priester jedoch vor der Messe von allen Sünden rein gewaschen, anschließend werden sie wieder über ihn gegossen. Die Jüdin bekehrt sich daraufhin zum christl. Glauben; beide leben fortan ein tugendhaftes Leben. Die augustin. Lehre, daß die Heiligkeit der Eucharistie von den moralischen Qualitäten des Zelebranten unabhängig ist, wird in der Handlung freilich nur indirekt exemplifiziert. Eine Quelle wird wohl in einer der vielen noch nicht erfaßten lat. Exempelsammlungen zu finden sein.

AUSGABEN: Rolf Max Kully u. Heinz Rupp (Hg.): Der münch mit dem genßlein. Stgt. 1972, S. 131-139. – Ursula Schmid (Hg.): Codex Karlsruhe 408. Bern 1974, S. 363-369.

LITERATUR: R. M. Kully: D. J. u. d. P. In: WWort 22 (1972), S. 133-142. – Ders.: D. J. u. d. P. In: VL. *Werner Williams-Krapp*

Jülicher, (Gustav) Adolf, * 26. 1. 1857 Falkenberg bei Berlin, † 2. 8. 1938 Marburg. – Bibelwissenschaftler u. Kirchenhistoriker.

Nach Schulzeit u. Studium der Theologie in Berlin promovierte J. 1880 in Halle, 1887 wurde er für Kirchengeschichte habilitiert. 1888 nach Marburg als a.o. Professor berufen, war er dort bis zu seiner Emeritierung 1923 Ordinarius für NT u. (alte) Kirchengeschichte.

Die annähernd 800 Veröffentlichungen J.s zeigen als Schwerpunkte das NT, die Patristik u. Textkritik. Nach seiner Dissertation im Fach AT wurde erst der Neutestamentler J. durch die *Gleichnisreden Jesu* (2 Tle., Freib. i. Br. 1886-99. Neudr. Darmst. 1963) auch wirkungsgeschichtlich bis in die heutige theolog. u. germanistische Forschung hinein bedeutsam. Daß in Jesu Gleichnissen keine allegor. Rede vorliege u. daß es darum bei Bild- u. Sachhälfte in jedem Gleichnis um je einen einzigen Vergleichspunkt zur Erhebung der je einen allg. Wahrheit gehe, wird unter Zuhilfenahme aristotel. Grundsätze herausgestellt, um dann im besten Sinne liberaler theolog. Auslegung für das Material (Gleichnisse, Parabeln, Beispielerzählungen) zgl. die palästin. Bodenständigkeit der Reden Jesu zu zeigen. Die *Einleitung in das Neue Testament* (Freib. i. Br. 1894. Bearb. mit Erich Fascher. Tüb. ⁷1931) bildet einen Höhepunkt liberaler histor.-krit. Forschung u. ist einerseits ein Ertrag des durch Carl Weizsäcker vermittelten Erbes der Tübinger Schule in der nachbaurschen Ära, andererseits Bestätigung von J.s Zuordnung des Fachs NT zur histor. Disziplin.

Die liberale Position ließ J. unerschütterlich an der Verkündigung u. Persönlichkeit Jesu gegen ihre Bestreiter festhalten (*Hat Jesus gelebt?* Marburg 1910). Im histor.-krit. Sinn behandelte er *Moderne Meinungsverschiedenheiten über Methode, Aufgaben und Ziele der Kirchengeschichte* (ebd. 1901) auch um der »Demokratisierung der Kirchengeschichtsschreibung willen« (S. 23) u. verteidigte sie gegenüber staatl. Eingriffen (*Die Entmündigung einer preußischen theologischen Fakultät in zeitgeschichtlichem Zusammenhange.* Tüb. 1913) u. trat nach 1933 der nationalsozialistischen Judenverfolgung entgegen (Belege in: *Glanz und Niedergang der deutschen Universität [...].* S. Literatur, S. 132 ff.).

Von bleibender Bedeutung ist J.s Sammlung u. Auswertung der altlateinischen Textüberlieferung (*Itala.* 4 Bde., Bln. 1938-63). – Sein Nachlaß befindet sich in der Universitätsbibliothek Marburg.

WEITERE WERKE: Neue Linien der Kritik der evang. Überlieferung. Gießen 1906. – Die Religion Jesu u. die Anfänge des Christentums bis zum Nicaenum. In: Die Kultur der Gegenwart. Tl. 1/1, Bln. 1906. ³1922. – Paulus u. Jesus. Tüb. 1907. – Brief an die Römer. Gött. 1907. ³1917. – Zur Gesch. der Theolog. Fakultät. In: Die Philipps-Univ. zu Marburg [...]. Marburg 1927, S. 569-574. – Selbstbiogr. In: Die Religionswiss. in Selbstdarstellungen. Bd. 4, Lpz. 1928.

LITERATUR: Werner Georg Kümmel: Das NT. Gesch. der Erforschung seiner Probleme. Freib. i. Br./Mchn. ²1970, S. 217 ff., 232 ff., 367 ff., 396 ff., 584 ff. – Glanz u. Niedergang der dt. Univ. 50 Jahre dt. Wissenschaftsgesch. in Briefen an u. v. Hans Lietzmann (1892-1942). Bln. 1979. – Hans-Josef Klauck: A. J. – Leben, Werk u. Wirkung. In: Histor. Kritik in der Theologie. Gött. 1980, S. 99-124 (mit fast vollst. Primär- u. Sekundärbibliogr. S. 125-150). *Otto Merk*

Jünger, Ernst, * 29. 3. 1895 Heidelberg. – Autor von Tagebüchern, Essayist, Erzähler, Reiseschriftsteller, Aphoristiker.

J. stammt aus einer Apothekerfamilie (Bruder von Friedrich Georg Jünger), mit der er 1907 nach Hannover umzog, wo er Verbindung zur Jugendbewegung aufnahm. Dem unsteten Besuch von Realschulen, Internaten u. Gymnasien entzog er sich 1913 kurzfristig durch eine Flucht in die frz. Fremdenlegion nach Afrika, der die Intervention des Vaters ein Ende machte. Nach dem Notabitur 1914 meldete J. sich als Kriegsfreiwilliger im Ersten Weltkrieg, an dem er, als Offizier an der Front mehrfach verwundet u. mit dem Orden Pour le mérite ausgezeichnet, bis 1918 teilnahm. 1919-1923 diente er in der Reichswehr. Am Beginn seines literar. Lebens stand 1920 die Bekanntschaft mit Schwitters u. Klabund. Im selben Jahr erschien sein erstes u. berühmtestes Buch *In Stahlgewittern. Aus dem Tagebuch eines Stoßtruppführers* (Hann. 2., veränderte Aufl. Bln. 1922. Stgt. ²⁶1961), dem bald darauf der umfangreiche Essay *Der Kampf als inneres Erlebnis* (Bln. 1922.), *Das Wäldchen 125. Eine Chronik aus den Grabenkämpfen 1918* (Bln. 1925. ⁶1935) u. *Feuer und Blut. Ein kleiner Ausschnitt aus einer großen Schlacht* (Magdeb. 1925) folgten. 1923/24 studierte J. Zoologie u. Philosophie in Leipzig u. Neapel. 1925-1933 lebte er als freier Schriftsteller in Berlin, danach in Goslar, Überlingen u. Kirchhorst bei Hannover. Sein heutiger Wohnsitz ist Wilflingen in Württemberg.

Gegen Ende der Weimarer Republik wirkte J. als Mitherausgeber u. Autor von Zeitschriften im Spektrum der »linken Leute von rechts«, der konservativen Revolution u. nationalen Wiedergeburt u. in dezidierter Opposition gegen eine parteipolitische Bindung; u. a. für die »Wochenschrift des neuen Nationalismus«, die »Standarte«, die »Kampfschrift für deutsche Nationalisten«, den »Vormarsch« u. »Die Kommenden«. Zu seinem Bekanntenkreis gehörten Karl Otto Paetel, Ernst Niekisch u. Franz Schauwecker, Ernst von Salomon u. Otto Strasser, Arnolt Bronnen, Carl Schmitt u. Valeriu Marcu. Dem Versuch der Nationalsozialisten, ihn 1933 durch Aufnahme in die Preußische Akademie der Künste auf ihre Seite zu ziehen, widerstand J. aus Abneigung gegen die plebejischen Züge der NS-Diktatur u. wegen ästhetischer Vorbehalte.

Bereits vom Beginn der 30er Jahre an (*Die totale Mobilmachung.* Bln. 1931. ²1934. *Der Arbeiter. Herrschaft und Gestalt.* Hbg. 1932. *Blätter und Steine.* Hbg. 1934. Lpz. ³1942) verschob sich die Richtung seiner Veröffentlichungen von der dokumentierenden u. nationalistisch agitierenden Begleitung zeitgenöss. Verhältnisse zu deren kulturtheoret. Reflexion. Ihre Ausrichtung auf den willensstarken, heroisch-kämpferischen oder kontemplativ philosophierenden Einzelgänger, ihre Verachtung der demokratisch-zivilen Kultur u. der individual-anarch. Vorbehalt gegen die moderne Massengesellschaft sicherten dem Verfasser während der NS-Herrschaft das Ansehen eines literar. Nationalpädagogen des dt. Konservatismus. Dazu trug bei, daß sich das Fundament von Stoffen u. Themen J.s während dieser Zeit verbreiterte. Die *Geheimnisse der Sprache. 2 Essays* (Hbg. 1934), die Erzählung *Afrikanische Spiele* (Hbg. 1936. Stgt. ⁶1965), die Prosavignetten *Das abenteuerliche Herz* (Bln. 1929. Ffm. ¹⁰1950) u. der Roman *Auf den Marmorklippen* (Hbg. 1939. Stgt. ¹²1968) handeln von Sprachmystik, von Abenteuerlust u. Tod, der magischen Ausstrahlung des Wirklichen in ihren Farben, Gerüchen u. Geräuschen, einer gesellschaftsenthobenen Welt von Botanikern u. Philosophen, deren Beziehung zum Terror des 20. Jh. allenfalls in allegorischen Masken in Erscheinung tritt.

1939 wurde J. als Offizier für den Zweiten Weltkrieg reaktiviert, an dem er überwiegend in Frankreich, zuletzt im Stab des dt. Militärbefehlshabers in Paris teilnahm. 1944 wurde er nach dem Attentat vom 20. Juli im Zuge einer »Säuberung« von »Wehrunwürdigen« dienstentlassen. In den Jahren des Frankreich-Feldzugs hatte er Umgang mit Drieu La Rochelle, Paul Morand, Jean Cocteau u. anderen Intellektuellen der Kollaboration, doch auch mit Jean Paulhan u. Pablo Picasso. Aufgrund seiner Weigerung, Entnazifizierungsfragebögen der Alliierten zu beantworten, erhielt J. 1945-1949 Publikationsverbot. Nach der Veröffentlichung der Kriegstagebücher (*Strahlungen*. Tüb. 1949. ^{4}1963) u. des utop. Romans *Heliopolis. Rückblick auf eine Stadt*. Tüb. 1949) unternahm er zahlreiche Reisen nach Südeuropa, Süd- u. Ostasien u. Afrika. Die Erfahrungen der Jahrzehnte nach dem Zweiten Weltkrieg gehen in christlich existenzphilosophische, mytholog. u. geschichtsmorpholog. Weltanschauungsvorschläge ein. War früher Nietzsche der Gewährsmann, so wurden es nun Heidegger, Bachofen u. Spengler. Die Formen der späten Veröffentlichungen teilen sich wie die des früheren Werks in Tagebücher (*Siebzig verweht* I/II. Stgt. 1980/81), Essays (*An der Zeitmauer*. Stgt. 1959. *Der Weltstaat. Organismus und Organisation*. Stgt. 1960. *Aus der goldenen Muschel. Gänge am Mittelmeer*. Stgt. 1984) u. Erzählungen (*Aladins Problem*. Stgt. 1985. *Eine gefährliche Begegnung*. Stgt. 1985).

J.s durchweg in Prosa geschriebenes Werk ist dem Versuch gewidmet, den geschichtl. Kräften, von denen er sein Jahrhundert negativ bestimmt sieht, ästhetische Haltungen gegenüberzustellen, in die das Individuum sich zurücklehnen kann. So reaktiviert er gegen die Entfesselung moderner Technik u. die Vernichtung anonymisierter Menschenmassen in seinen Kriegsdokumentationen die spätromantische Perspektive des Dandy, der Schlachtfelder ungerührt betrachtet wie Gemälde. Der Nivellierung von polit. Ideologien, humanistischer Philosophie u. Ethik entspricht die Aufwertung ästhetischer Details wie der Geräusche von detonierenden Geschossen, der Färbung von Leichen oder der Berührungssensationen eines Kundschafters beim nächtl. Streifgang. Das höchste Interesse des Autors gilt nicht nur in *Stahlgewittern* dem Tod, der Devise folgend: »Jeder Genuß lebt durch den Geist. Und jedes Abenteuer durch die Nähe des Todes, den es umkreist.« Seine in ihren Tempi, den Attributen u. in der Komposition demonstrativ emotionsarm u. sachlich gehaltene Erzählweise symbolisiert eine Strategie heroischer Gelassenheit, wie er sie den militärischen Eliten zuschreibt. Der kalte Stil dient der Entlastung von der Überschwemmung durch den Schrecken.

In seinem kulturtheoret. Hauptwerk *Der Arbeiter* entwirft J. die Vision eines modernen Heroismus, der der tödl. Herausforderung des techn. Zeitalters durch Anpassung u. Überbietung gewachsen ist; der Soldat des Ersten Weltkriegs als sein Vorläufer. In Analogie zu Maurice Maeterlincks *Leben der Termiten* (1930) zeigt er den funktionierenden einzelnen bei den typischen Leistungen des modernen Industriestaats –Erzeugung, Transport u. Verwaltung – als einen Kämpfer für »die große Raumgestaltung«. Seine Freiheit behält der Arbeiter, indem seine Bereitschaft zum Selbstopfer jede Anforderung übertrifft, die an ihn ergehen könnte. Das »Sein« dieser Arbeiter zum Tode bestimmt J. im Sinne einer Funktionselite, die er »Orden« nennt.

In seinem autobiograph. u. zeitgeschichtl. Roman *Auf den Marmorklippen* konfrontiert J. ein philosophierendes u. botanisierendes Brüderpaar, deren kontemplative Welt der Naturbetrachtung in der Prosa des magischen Realismus zur Darstellung kommt, mit der Verbrecherwelt eines »Oberförsters«. Dieser, ein Genosse der Brüder, unterliegt am Ende, doch auch die brüderl. Klause verbrennt mitsamt dem Schatz der Herbarien. Die Brüder selbst aber können sich retten. Die ästhetische Verwandlung des NS-Reichs in eine Szenerie, die aus Bruchstücken von Mythen u. nordischen Sagen zusammengestellt ist, konkurriert mit histor., gesellschaftstheoret. u. psycholog. Faschismus-Beschreibungen exilierter Autoren, indem sie anstelle von Analysen eine »Wesensschau« vorschlägt.

J.s Werk, dessen Prosa oft nachlässig, in den Stilkopien spätromant. Vorbilder dilettantisch u.

durch die Neigung des Autors zu apodiktisch formulierter Lebensphilosophie pädagogisch unplastisch ist, hat v. a. aufgrund seiner Gegenstände sowie seiner weltanschaul. u. polit. Optionen skandalierend gewirkt. Im dt. Sprachbereich vertritt es mit dieser Konsequenz fast einzigartig einen ästhet. Immoralismus, dessen literar. Produktivität in der Erschließung von Stoffen (z. B. der Pflanzen- u. Insektenwelt) u. Themen (wie des Krieges) liegt, zu denen der humanistische Realismus kaum Zugang hat. J. wurde in der BR Deutschland u. in Frankreich, wo sein Werk fast vollständig übersetzt ist, vielfach geehrt, darunter mit dem großen Bundesverdienstkreuz (1959), dem »Prix Europe-Littérature« der »Fondation Internationale pour le Rayonnement des Arts et des Lettres« (1981) u. – gegen heftigen Protest – mit dem Goethe-Preis der Stadt Frankfurt am Main (1982).

Weitere Werke: *Werkausgaben:* Werke. Bde. 1-10, Stgt. 1960-65. – Sämtl. Werke in 18 Bdn. Stgt. 1978-82. – *Einzeltitel:* Gärten u. Straßen. Aus den Tagebüchern v. 1939 u. 1940. Bln. 1942. Hbg. [5]1962. – Der Friede. Ein Wort an die Jugend Europas u. an die Jugend der Welt. Hbg. 1945. Stgt. [9]1965. – Sprache u. Körperbau. Zürich 1947. – Der Waldgang. Ffm. 1951. – Rivarol. Ffm. 1956. – An der Zeitmauer. Stgt. 1959. – Gläserne Bienen Hbg. 1960. – Subtile Jagden. Stgt. 1967. – Annäherungen. Drogen u. Rausch. Stgt. 1970. – Zahlen u. Götter. Philemon u. Baucis. Zwei Ess.s. Stgt. 1974. – Eumeswil. Stgt. 1977. – Autor u. Autorschaft. Stgt. 1984.

Literatur: *Bibliographie:* Hans Peter des Coudres: Bibliogr. der Werke E. J.s. Stgt. 1970. Erw. Neuausg. 1985. – *Gesamtdarstellungen und Biographien:* Joseph Peter Stern: E. J. A writer of our time. Cambridge 1953. – Gerhard Loose: E. J. Gestalt u. Werk. Ffm. 1957. – Karl Otto Paetel: E. J. in Selbstzeugnissen u. Bilddokumenten. Reinb. 1962. – Wolfgang Kaempfer: E. J. Stgt. 1981. – *Weitere Titel und Themen:* Eugen Gottlob Winkler: E. J. u. das Unheil des Denkens. In: Ders.: Gestalten u. Probleme. Lpz. 1937. – Max Bense: Ptolemäer u. Mauretanier oder die theolog. Emigration der dt. Lit. Köln/Bln. 1950. – Rainer Gruenter: Formen des Dandyismus. Eine problemgeschichtl. Studie über E. J. In: Euph. N. F. 3 (1952), S. 170-201. – Hans Peter Schwarz: Der konservative Anarchist. Politik u. Zeitkritik bei E. J. Freib. i. Br. 1962. – Marcel Decombis: E. J. et la ›Konservative Revolution‹. Paris 1975. – Volker Katzmann: E. J.s ›Magischer Realismus‹. Hildesh. 1975. – Karl Heinz Bohrer: Die Ästhetik des Schreckens. Die pessimist. Romantik u. E. J.s Frühwerk. Mchn. 1978. – E. J. Sonderheft. La nouvelle Revue de Paris. H. 2 (1985). – Heimo Schwilk (Hg.): E. J. Stgt. 1988.

Gert Mattenklott

Jünger, Friedrich Georg, ⋆ 1. 9. 1898 Hannover, † 20. 7. 1977 Überlingen/Bodensee. – Lyriker, Erzähler, Essayist.

Als Sohn eines niedersächs. Chemikers u. Apothekenbesitzers wuchs J. in behütet bürgerl. Milieu auf. Freiwillig nahm er am Ersten Weltkrieg teil u. wurde 1917 in Flandern schwer verwundet. Er studierte Jura in Leipzig u. wurde Assessor in Freiberg. 1926 zog er als freier Schriftsteller nach Berlin. Das ständige Zwiegespräch mit dem dreieinhalb Jahre älteren Bruder Ernst bestimmte sein Leben; ernsthafte Berufspläne hat es nie gegeben. Zehn Jahre später ließ sich J. zusammen mit seiner Frau Citta in Überlingen am Bodenseee nieder, wo er, nur unterbrochen von einigen ausgedehnten Reisen, bis zu seinem Tod blieb. Seine Erinnerungen an die Kindheit u. die Jahre bis 1936 geben die beiden Bände *Grüne Zweige* (Mchn. 1951) u. *Spiegel der Jahre* (Mchn. 1958) wieder.

J.s Werk wurzelt in einer konservativen, antidemokratischen Tradition des dt. Bürgertums, aus der heraus er sich in den 20er Jahren dem »nationalbolschewistischen« Kreis um Niekisch anschloß, in dessen Zeitschrift »Widerstand« seine ersten Essays u. polit. Glossen (*Vom Geist des Krieges*) erschienen. Mit dem ersten Band *Gedichte* (Bln. 1934) suchte er, im Gegenzug zum expressionistischen Pathos u. experimentellen Gedicht, die Strenge des antiken Versmaßes für die dt. Lyrik zurückzugewinnen, inspiriert von u. geschult an Klopstocks Oden u. Hölderlins Elegien. Die Zeitgenossen lasen J.s Elegie *Der Mohn* (Bln. 1934) als Angriff auf den Nationalsozialismus, entsprungen freilich der ästhetischen, nicht moralisch-polit. Attitüde dessen, der alles »Niedrige« verachtet u. als »Kränkung« zurückweist. In der sog. Inneren Emigration mahnte J. (*Griechische Götter. Apollon – Pan – Dionysus.* Ffm. 1943) zur Wahrung von Maß, Form, Rhythmus u. Muße, die allein die »Wildheit« bezähmen könnten. Demgegenüber erscheint die Hypertrophie des prometheischen Menschen als Urbild vergangenheitsvergessenen Lebens. Dieselbe Dichotomie beherrscht auch den großen Essay *Die Perfektion der Technik* (Ffm. 1944), der gegen die Zweckrationalität des neuzeitl. Fortschrittsbewußtseins die Musikalität geformter Erinnerung setzt. J.s umfangreiches episches Werk zeichnet sich durch einen nüchternen Erzählton u. fast kalte Abgeklärtheit aus.

Weitere Werke: Der Taurus. Hbg. 1937 (L.). – Der Missouri. Lpz. 1940 (L.). – Griech. Mythen. Ffm. 1947. – Orient

u. Okzident. Hbg. 1948 (Ess.s). – Maschine u. Eigentum. Ffm. 1949. – Dalmatin. Nacht. Tüb. 1950 (E.en). – Rhythmus u. Sprache im dt. Gedicht. Stgt. 1952. – Der erste Gang. Mchn. 1954. – Zwei Schwestern. Mchn. 1956 (R.). – Heinrich March. Stgt. 1979 (R.).

Literatur: Benno v. Wiese: F. G. J. zum 60. Geburtstag. Mit einer Bibliogr. v. Armin Mohler. Privatdr. 1958. – Anton H. Richter: A Thematic Approach to the Works of F. G. J. Bern 1982. *Rainer Hank*

Jünger, Johann Friedrich, * 15. 2. 1759 (1755? 1756?) Leipzig, † 25. 2. 1797 Wien. – Roman- u. Lustspielautor.

Der Sohn eines Kaufmanns begann zunächst eine Handelslehre, die er jedoch zugunsten eines Jurastudiums abbrach. Seit 1780 widmete er sich ausschließlich schriftstellerischer Arbeit. Mit Schiller u. den Verlegern Dyk u. Göschen war er befreundet. 1787 zog er nach Wien u. avancierte 1789 am Nationaltheater unter der Direktion von Johannes Franz Hieronymus Brockmann zum k. k. Hoftheaterdichter. Ab 1794 war er freischaffend tätig. Er litt zunehmend unter Depressionen.

J. debütierte mit dem kom. Roman *Huldreich Wurmsamen von Wurmfeld* (3 Tle., Lpz. 1781-87). Er steht damit in der Tradition spätaufklärerischer satir. Romane (Thümmel, Nicolai) u. ist sowohl Sterne als auch frz. Romanciers verpflichtet. So übersetzte er Choderlos de Laclos' *Les liaisons dangereuses* (*Gefährliche Liebschaften.* Lpz. 1783) – in freier Bearbeitung wie seine übrigen Übersetzungen. *Vetter Jacobs Launen* (6 Bde., Lpz. 1786-92) – eine Sammlung von Erzählungen, Gedichten u. Anekdoten in Anlehnung an Beffroy de Reignys satir. Zeitschrift »Les lunes de Cousin Jacques« – kombinieren Übersetzungen u. eigene Schriften, die teilweise erzähltechnisch experimentieren. Dominante Themen in J.s Œuvre sind Sittenverfall u. Propagierung des gesunden Menschenverstands. Märchenhafte Einkleidung findet die Zeitkritik (v. a. am Hofleben u. an der Staatsgewalt) in der postum erschienenen Satire *Prinz Amaranth mit der großen Nase* (Bln. 1799).

J.s Dramenproduktion stand im Zeichen der Theaterpraxis. Zahlreiche »freie Übersetzungen« von engl. u. frz. Autoren (Vanbrugh, Cibber, Marivaux, Beaumarchais), Dramatisierungen eigener Erzähltexte u. »Original-Lustspiele« schrieb er direkt für die Aufführung.

Weitere Werke: Des Grafen Heinrich v. Moreland merkwürdige Gesch. u. Abentheuer. 2 Bde., Lpz. 1783 (R.). – Lustsp.e. 5 Bde., Lpz. 1785-89. – Der Schein betrügt. 2 Bde., Bln./Libau 1787-89 (R.). – Com. Theater. 3 Bde., Lpz. 1792-95 (Dramenslg.). – Wilhelmine. 2 Bde., Bln. 1795/96 (R.). – Fritz. 4 Bde., Bln. 1796/97 (R.). – Theatral. Nachl. 2 Bde., Regensb. 1803/04 (Dramenslg.). – Gedichte. Hg. Johann Georg Eck. Lpz. 1821.

Literatur: Wurzbach. – Hermann Uhde: Selbstbiogr. Skizze des Dichters J. In: AfLg 6 (1877), S. 416-420. – Bernhard Wedekind: J., ein dt. Lustspieldichter. Lpz. 1921. – Roswitha Fischer: J. In: NDB. *Dominica Volkert*

Jüngeres Hildebrandslied → Hildebrandslied, Jüngeres

Die **Jünglinge im Feuerofen → Drei Jünglinge im Feuerofen**

Juhre, Arnim, * 6. 12. 1925 Berlin. – Verfasser von Lyrik, Erzählungen, Dramen, Sachbüchern, Herausgeber von Anthologien.

Nach Schulabschluß wurde J. zum Arbeitsdienst, dann zur Luftwaffe eingezogen. Ab 1945 lebte er als Gelegenheitsarbeiter u. freier Schriftsteller in Berlin, nach 1969 als Verlagslektor u. Redakteur in Wuppertal, Saarbrücken u. Hamburg, wo er seit 1981 Kulturredakteur beim »Deutschen Allgemeinen Sonntagsblatt« ist. Ab 1948 veröffentlichte J. Gedichte u. Prosa in Zeitschriften, Anthologien u. im Rundfunk. Sein erster Gedichtband *Die Hundeflöte* (Bln. 1962) ist geprägt von melancholisch-skept. Nachkriegsstimmung. In J.s Lyrik u. Prosa steht Zeitkritik unter dem Aspekt christl. Hoffnungen u. Verpflichtungen im Vordergrund. Mit der zeitnahen Abwandlung der Psalmform hat er ein Ausdrucksmittel gefunden, in dem sich Klage u. Anklage mit vertrauender Gläubigkeit zur intensiven individuellen Aussage verdichten.

Weitere Werke: Das Salz der Sanftmütigen. Stgt. 1962 (E.en). – Das Spiel v. der Weißen Rose. Wuppertal 1965 (dramat. Ber.). – Singen um gehört zu werden. Wuppertal 1976 (Werkbuch). – Wir stehn auf dünner Erdenhaut. Hbg. 1979 (L.). – Der Schatten über meiner Hand. Stgt. 1984 (L.). – Weihnachtsnachrichten. Stgt. 1988 (L.). – *Herausgeber:* Freundschaft mit Hamilton. Lahr 1962 (E.en). – Strömungen unter dem Eis. Wuppertal 1968 (E.en). *Leonore Schwartz*

Jung, (Jacob Friedrich) Alexander, * 28. 3. 1799 Rastenburg/Ostpreußen, † 20. 8. 1884 Königsberg. – Publizist, Literaturhistoriker, Erzähler, Lyriker.

J.s Leben u. Schaffen stand immer unter einem schlechten Stern. Behindert durch ein Augenleiden u. häufige Krankheiten, konnte der Halbwaise erst als Zwölfjähriger öffentl. Schulen besuchen. Nach kurzer Tätigkeit als Hauslehrer bestand er 1827 das Abitur u. immatrikulierte sich an der Berliner Universität, wo er u. a. Schleiermacher, Lachmann, Boeckh, Alexander von Humboldt u. Hegel hörte, der ihn tief beeinflußte. Das angestrebte Predigeramt gab er bald wieder auf u. zog nach Königsberg, wo er 1833 Karl Rosenkranz kennenlernte, mit dem ihn lebenslange Freundschaft verband. Gemeinsam unternahmen sie eine Reise durch Deutschland, die sie mit Tieck, den Grimms, Uhland, Schelling, Baader, Görres, Varnhagen u. Bettina von Arnim zusammenbrachte. Rosenkranz war es auch, der sich in späteren Jahren verschiedentlich für den immer von Geldnöten geplagten Freund einsetzte. Nach der Promotion zum Dr. phil. 1836 wurde J. Mitgl. der Deutschen Gesellschaft in Königsberg u. erhielt eine Lehrstelle an der frz. höheren Töchterschule. 1841-1845 redigierte er das »Königsberger Literaturblatt«.

J.s literar. Tätigkeit ist von einer tiefen Diskrepanz zwischen maßloser Selbstüberschätzung u. faktischer Epigonalität geprägt. In rastloser Hektik produzierte er Romane, Gedichtsammlungen, literarhistor. u. -krit. Abhandlungen (über Goethe, Hölderlin u. Gutzkow) sowie sozial- u. zeitkrit. Arbeiten, die häufig nicht einmal den Weg in Druckereien fanden. Dem unnachsichtigen Kritiker Rosenkranz verdanken wir ein aufschlußreiches Porträt des »Dr. exstaticus« J.: »Seine Gesinnung, sein Streben sind groß, edel, rein, idealisch, seine Schreibart im Einzelnen oft vortrefflich; allein in der Composition [...] genügt er nicht eben so und ist ganz ohne Bewußtsein darüber, wo er nur reproducirt und nachahmt [...], weil es ihm immer zuerst um den Styl und dann erst um die Sache zu thun ist« (an Varnhagen, 25. 5. 1851).

Wegbereitend für die Rezeption der Vormärzliteratur waren J.s literarhistor. Abhandlungen, die sich insbes. für Gutzkow u. Sealsfield engagieren u. einer Literatur der Moderne das Wort reden, ohne dabei jedoch – ähnlich anderen Hegelianern wie Ruge, Rosenkranz, Vischer – die Bedeutung Heines zu erkennen. Aufgabe der Literatur nach dem »Ende der Kunstperiode« sei es, fordert J. in den *Vorlesungen über die moderne Literatur der Deutschen* (Danzig 1842), etwas Doppeltes zu leisten, zgl. klassisch u. modern zu werden: »Wir fordern Werke, die den früheren der Idee und der Form nach nichts nachgeben, und doch zugleich auf das wirkliche Leben selbst eingehen.« In den Schriften seit den 50er Jahren bekannte sich J. zu spätidealistischen, ja myst. Positionen, die unter Absage an den Materialismus u. Pessimismus eine Harmonie des Lebens, Verschönung u. Verklärung durch die Kunst propagieren.

Weitere Werke: Briefe über die neueste Lit. Hbg. 1837. – Charaktere, Charakteristiken u. vermischte Schr.en. 2 Bde., Königsb. 1848. – Friedrich Hölderlin u. seine Werke. Stgt. 1848. – Göthes Wanderjahre u. die wichtigsten Fragen des 19. Jh. Mainz 1854. – Briefe über Gutzkow's Ritter vom Geiste. Lpz. 1856. – Das Geheimniß der Lebenskunst. 2 Tle., Lpz. 1858. – Rosmarin oder Die Schule des Lebens. 5 Tle., Lpz. 1862 (R.). – Darwin. Ein kom.-trag. Roman in Briefen an einen Pessimisten. 3 Bde., Jena 1873.

Literatur: Friedrich Engels: A. J. Vorlesungen über die moderne Lit. der Deutschen. In: Dt. Jbb., Juli 1842. – Alexander Reifferscheid: J. In: ADB. – Briefw. zwischen Karl Rosenkranz u. Varnhagen v. Ense. Hg. Arthur Warda. Königsb. 1926. – Fritz Martini: J. In: NDB.

Werner Jung

Jung, C(arl) G(ustav), * 26. 7. 1875 Kesswil/Bodensee, † 6. 6. 1961 Küsnacht; Grabstätte: ebd. – Begründer der analytischen Psychologie.

J. wuchs als Sohn eines Theologen in Laufen bei Schaffhausen, von 1879 an in Kleinhüningen bei Basel auf. Er wurde 1900 Assistenzarzt, dann Oberarzt (1905-1909) an der damals weltberühmten, der Psychoanalyse offenstehenden Psychiatrischen Universitätsklinik Burghölzli in Zürich unter Eugen Bleuler. J. bezog sich bereits von 1900 an, v. a. 1902 in seiner Dissertation *Zur Psychologie und Pathologie sogenannter occulter Phänomene* (Lpz.), auf frühe Erkenntnisse von Freud, der zum Schlüssel für Werk u. Entwicklung J.s wurde. J. korrespondierte von 1906 an mit Freud, den er 1907 in Wien persönlich kennenlernte. Jahrelang war er Bannerträger u. Kronprinz der internationalen Psychoanalyse. 1913 kam es zum Bruch zwischen ihm u. Freud. J. verfiel in diesem Zusammenhang einer längeren psychot. Reaktion, die ihm als »schöpferische Krankheit« (Henry

F. Ellenberger) oder »Krise« (Caspar Toni Frey) half, innerhalb der Tiefenpsychologie seine eigene analyt. Psychologie zu schaffen: teils durch Umdeutung oder Erweiterung psychoanalyt. Begriffe (z. B. Libido), teils durch Einführung einer anderen Konzeption u. Terminologie. Erste grundlegende Werke waren *Wandlungen und Symbole der Libido* (Wien 1912. U. d. T. *Symbole der Wandlung*. Zürich [4]1952) u. *Psychologische Typen* (Zürich 1921). J. war hinfort der kreativste Gegenspieler Freuds u. gehörte international zu den führenden Psychiatern, Psychotherapeuten u. Religionspsychologen seiner Zeit.

J. war Privatdozent an der Universität Zürich (1905-1913), 1933-1935 an der dortigen ETH (Tit.-Professor 1935-1942), zuletzt Ordinarius in Basel (1943/44). Von 1909 an führte er eine eigene psychotherapeutische Praxis in Küsnacht. Studien-, Forschungs- u. Vortragsreisen führten ihn nach Paris (zu Pierre Janet), wiederholt in die USA (zusammen mit Freud u. Sándor Ferenczi 1909), zu den Pueblo-Indianern 1924/25, nach London, Nord- u. Ostafrika u. Indien.

J.s schwer erfaßbare, komplexe Denkform ähnelt einem zur Spiralform gedrehten Schachbrettmuster: Die weißen Felder werden von seiner klin., analyt. u. reichen menschl. Erfahrung u. Praxis, von fachpsychiatr., psychotherapeutischen Problemen u. Kenntnissen beherrscht; in den schwarzen regieren theologie- u. metaphysiknahe, spekulative, mystizist. u. okkultistische Gedankengänge u. Imaginationen. Die Felder überschneiden sich labyrinthisch. Viele, auch kontroverse Strömungen u. Traditionen laufen hier zusammen, was bes. auf manche religiöse, künstlerische u. esoterisch orientierte Naturen seit jeher faszinierend u. befruchtend, auf andere stark abstoßend wirkte. Im Zentrum dieser grenzüberschreitenden Denkweise läßt sich eine Art neuplaton. Aristotelismus feststellen. Der platonische Anteil verdichtet sich v. a. im mehrschichtigen Grundbegriff des »Archetypus«; der etwas verborgenere aristotel. Anteil erscheint im anderen Kernbegriff, der »Individuation«. Mit Hilfe beider Begriffe machte J. seine intensiven persönlich-privaten u. ärztl. Erfahrungen mit der unbewußten Tiefenschicht der Psyche für Wissenschaft u. Kultur fruchtbar. Vor allem die Einbeziehung der spätantik-hermet., gnost. u. insbes. alchemistischen Gedankenwelt bleibt dabei nur schwer nachvollziehbar. J. selbst sah in der alchemistischen Praxis u. Philosophie eine Entsprechung zu seiner Psychologie.

Mit seinem erst spät gefundenen, antiken Grundbegriff des »Archetypus« (Urbild, Urmuster) stellte sich J. durchaus bewußt in die auch für die alchemistische Denkweise wichtige neuplaton. Denktradition. Er grenzte sich damit nicht zuletzt gegen die naturalistisch-positivist. Grundanschauung u. physikalistische Wissenschaftstheorie Freuds scharf u. sehr polemisch ab. Der Begriff gestattete ihm, seinem Suchen nach apriorischen, universellen Fundamenten allen menschl. Erlebens u. Verhaltens einen altehrwürdigen, auch im Englischen brauchbaren Namen zu geben. »Archetypen« sind für J. neben vielen anderen Urphänomenen die Mutter u. das Mütterliche, das Kind, der alte Weise, die unbewußte psych. Gegengeschlechtlichkeit (Anima/Animus), der Schatten (Chamisso), aber auch die »Individuation« (Selbstwerdung, Selbstverwirklichung). In diesem traditionsreichen Begriff tritt die von J. selbst erwähnte aristotel. Entelechie (Vollendung durch Erreichung des innewohnenden Ziels) klar zutage – verknüpft mit Freuds Ich-Synthese, Nietzsches Selbst u. Adlers holist. Finalität. Das Ziel, das in einem lebenslangen psych. Integrationsprozeß – oder durch Psychotherapie im Sinne J.s – erreicht werden sollte, ist die einzigartige Ganzheit jeder Persönlichkeit, das Selbst oder die Synthese des Selbst als eine dem Ich übergeordnete, den Weltbezug tendenziell mitumfassende archetypische Gesamtstruktur.

Neben oder in diesen platonisch-typisierenden u. aristotelisch-entelechialen Bezügen entwickelte J. – mit Bezug auch auf Heraklit – ein an Gegensätzen orientiertes Denken. Seine intensiv mit Analogien arbeitende Denkform vermittelte auf der Basis seiner Archetypologie zwischen Praxisvorgängen u. alten Mythologien, zwischen Träumen u. Phantasien von Patienten u. den universellen Symbolen. Dafür hatte bereits Freud mit seiner Bezugnahme auf Sophokles' König Oedipus 1900 den entscheidenden Anstoß gegeben. Aber J. dachte viel grundsätzlicher u. allgemeiner symbolistisch, wodurch er das Feld der mögl. Verbindungen von psychot. oder neurot., aber auch gesunden seel. Bildern mit der myth. Bildwelt ferner Zeiten u. fremder Kulturen stark erweiterte. Vorbedingung dafür war J.s heurist. Modell des alle Archetypen umfassenden »kollektiven Unbewußten«, das in der Nachfolge von platonischen, stoischen u. dt.-romant. Vorstellungen (Weltseele/Weltgeist) zu denken ist. Es ermöglichte ihm die synthetisierende Zusammenarbeit in anderen, weit auseinanderliegenden Bereichen (z. B. Parapsychologie u. Physik in *Naturerklärung und Psyche.* Zürich 1952) u. das verstehende Eingehen auf außereurop. Religionen oder auf die ihm selber urspr. fernliegende kath. Dogmatik (*Antwort auf Hiob.* Zürich 1952).

Seine gelegentlich heftig anti- oder irrationalistische, scharf antiaufklärerische Einstellung u. sein paradoxaler Wahrheitsbegriff (»Ein Elefant ist wahr, weil er existiert«) erleichterten ihm äußerst kühne, alltags- u. geschichtsfern anmutende Kombinationen. Sie bildeten – zusammen mit seiner Haßliebe zu Freud u. seinen germanophilen, wagnerian. Vorlieben – den Hintergrund für seine jahrelange doppelzüngige Nähe zum Hitler-Regime u. zu Aspekten der NS-Ideologie. Nicht von ungefähr war seine Lehre den Nationalsozialisten ausdrücklich sehr willkommen. 1945 schwenkte J. auf die These der Kollektivschuld u. Minderwertigkeit aller Deutschen ein. Daß die jüngste Generation z. T. über solche opportunistischen Schwankungen hinwegzugehen scheint, zeigt sich nicht zuletzt an der Rezeption J.s in New Age u. counter-culture. J. selbst leistete – trotz selbstkrit. Momente – Tendenzen in seiner Anhängerschaft Vorschub, in der höchst privat-persönl. Individuation seiner Psyche eine allgemeingültige Grundlage für einen religionsartigen Heilsweg, einen Mythos u. eine religiöse Offenbarung zu sehen.

Die Wirkungsgeschichte J.s läßt sich einerseits kaum von derjenigen Freuds, Adlers u. der allg. Tiefenpsychologie klar unterscheiden. Andererseits ist seine spezielle Wirkung außer in der Psychotherapie u. Psychologie (Typologie, Traumanalyse, Maltherapie) auch in der Märchen- u. Mythenforschung, der Esoterik, der Kunstgeschichte u. der Literatur – z. B. bei Hermann Hesse – greifbar. Begriffe wie »Intro-« u. »Extraversion« u. »archetypisch« sind, meist ungenau oder verfälscht, in den Wortschatz der allg. westeurop. Bildung eingegangen.

Ausgaben: Ges. Werke. 19 Bde., Zürich, später Olten 1958-83. – Erinnerungen, Träume, Gedanken. Hg. Aniela Jaffé. Zürich 1962. – C. G. J. u. a.: Der Mensch u. seine Symbole. Olten 1968. – *Briefwechsel:* Briefe. Hg. A. Jaffé. 3 Bde., Olten 1972. – Sigmund Freud – C. G. J. Briefw. Ffm. 1974.

Literatur: *Bibliographien:* Joseph F. Vincie u. a.: C. G. J. and Analytical Psychology. New York 1977. – Lisa Ress: General Bibliography of C. G. J.'s Writings. Princeton 1979. – *Weitere Titel:* Jolande Jacobi: Die Psychologie v. C. G. J. Zürich 1940. Ffm. 1984 (mit Bibliogr.). – Aniela Jaffé (Hg.): C. G. J. Bild u. Wort. Olten 1977. – Paul J. Stern: C. G. J. Mchn. 1977 (mit Bibliogr.). – C. T. Frey-Wehrlin: Die Analyt. (Komplexe) Psychologie J.s. In: Die Psychologie des 20. Jh. Bd. 3, Zürich 1977, S. 694-774. – Peter Seidmann: Tiefenpsychologie. Ursprung u. Gesch. Stgt. 1982. – Gerhard Wehr: C. G. J. Mchn. 1985. – H. F. Ellenberger: Die Entdeckung des Unbewußten. Zürich 1985. – Tilman Evers: Mythos u. Emanzipation. Eine krit. Annäherung an C. G. J. Hbg. 1987.

Peter Seidmann

Jung, Edgar J(ulius), * 6. 3. 1894 Ludwigshafen, † 30. 6. 1934 bei Oranienburg. – Politischer Schriftsteller.

J., Sohn eines Lehrers u. Musikers, studierte Jura. Ab 1922 war er als Rechtsanwalt in Zweibrücken tätig. Seit 1919 Mitgl. der DVP (Pfalz), wurde er 1924 wegen seines Kampfes gegen den pfälz. Separatismus ausgewiesen. Bis zu seinem Tod lebte er als Rechtsanwalt in München. 1929/30 unterstützte er den von Gottfried R. Treviranus repräsentierten Flügel der DNVP, danach agitierte er parteiunabhängig in konservativ-nationalen Clubs, 1932 warb er für die Regierung Papen. J. verfaßte fortan die meisten Reden des späteren Vizekanzlers unter Hitler. Wegen der ebenfalls von ihm geschriebenen *Marburger Rede* vom 17. 6. 1934, einer scharfen Kritik am Nationalsozialismus, wurde er verhaftet u., in vorgebl. Zusammenhang mit dem Röhm-Putsch, erschossen.

J. publizierte zwischen 1928 u. 1932 zahlreiche polit. Aufsätze, in denen er als von der Jugendbewegung u. der Erfahrung des Kriegs geprägter Ideologe gegen die Weimarer Republik kämpfte. Im bereits 1927 erschienenen opus magnum *Die Herrschaft der Minderwertigen. Ihr Zerfall und ihre Ablösung* (maßgeblich die 2., erw. Aufl. mit dem Titelzusatz *[...] durch ein Neues Reich.* Bln. 1930) hatte J. die zentralen ideolog. Positionen der Konservativen Revolution in essayistischer, oftmals pointierter Form zusammengefaßt. Vom Nationalsozialismus abweichende Akzentsetzungen verdankten sich u. a. den Einflüssen Oswald Spenglers, Robert Michels' u. des Ökonomen Othmar Spann. J. propagierte den Kampf gegen Parteidemokratie, Kollektivismus u. Kapitalismus. Er verkündete die »Wiedergeburt deutscher Seele« in einer organisch u. ständisch gegliederten »Volksgemeinschaft«, wobei er weniger biologistisch-rassistisch als historisch argumentierte, u. postulierte eine transnationale europ. Wirtschaftsordnung. Werte wie »Blut und Heimat« band J. in ein metaphys. u. zgl. vitalistisches Weltanschauungskonzept ein, das punktuell als »faschistisch« verstanden werden konnte.

Ab 1933 kritisierte J., der in jungkonservativen Kreisen seit Ende der 20er Jahre großen Einfluß hatte, den Nationalsozialismus u. setzte auf eine Oppositionspolitik, die eine monarchische (jedoch nur vage umschriebene) Restauration unter Hindenburg anstrebte.

WEITERE WERKE: Die geistige Krise des jungen Dtschld. Bln. 1926 (Rede). – Föderalismus als Weltanschauung. Mchn. 1931. – *Herausgeber:* Deutsche über Dtschld. Die Stimme des unbekannten Politikers. Mchn. 1932. – Sinndeutung der dt. Revolution. Oldenb. 1933.

LITERATUR: Leopold Ziegler: E. J. J. Denkmal u. Vermächtnis. Wien u. a. 1955. – Friedrich Grass: E. J. J. In: Kurt Baumann (Hg.): Pfälzer Lebensbilder. Bd. 1, Speyer 1964, S. 320–348. – Karl Martin Graß: E. J. J. Papenkreis u. Röhmkrise 1933–34. Diss. Heidelb. 1966. – Bernhard Jenschke: Zur Kritik der konservativ-revolutionären Ideologie in der Weimarer Republik. Weltanschauung u. Politik bei E. J. J. Mchn. 1971. – K. M. Graß: J. In: NDB. – Edmund Forschbach: E. J. J. Ein konservativer Revolutionär. 30. Juni 1934. Pfullingen 1984. – Armin Mohler: Die konservative Revolution in Dtschld. 1918–32. Ein Hdb. 3., erw. Aufl. Darmst. 1989.

Wilhelm Haefs

Jung, Franz (Josef Johannes Konrad), auch: F. Larsz, Johannes Reinelt, Joe Frank, Frank Ryberg, * 26. 11. 1888 Neiße/Oberschlesien, † 21. 1. 1963 Stuttgart; Grabstätte: Stuttgart-Degerloch, Neuer Friedhof. – Erzähler, Dramatiker, Reiseberichterstatter, Journalist.

Aufgewachsen in einer gut situierten, mittelständ. Familie eines Neißer Uhrmachermeisters, lehnte sich J. schon früh gegen das Elternhaus u. die Provinzialität seiner Heimatstadt auf. 1907 begann er zu studieren, wechselte mehrfach Universität u. Studienfächer, verschuldete sich u. verkehrte in dubiosen Kreisen. Der Vater enterbte ihn. Halt fand er schließlich im Schreiben. 1911 war er nach München, 1913 nach Berlin gezogen. In beiden Städten fand er Freunde im Umfeld der expressionistischen Literaturszene. Er verkehrte u. a. mit Graf, Georg Schrimpf, Grosz u. Pfemfert. Die Psychoanalyse, wie sie Otto Groß vertrat, u. der Vitalismus Raoul H. Francés prägten ihn ebenso wie die anarchistischen Ideen Landauers u. Erich Mühsams. Seine frühen, expressionistischen Texte thematisieren den Geschlechterkampf, den Konflikt zwischen Mann u. Frau. Wenn es den Menschen gelänge, ihre »Erlebensfähigkeit« zu steigern u. damit ihre Beziehungen zueinander zu verändern, dann, so J., sei der Weg frei, die Gesellschaft zu einer glückl. Gemeinschaft umzugestalten. Mit diesem Thema, das er in seinen Romanen u. Erzählungen *Das Trottelbuch* (Lpz. 1912), *Kameraden ...!* (Heidelb. 1913), *Sophie. Der Kreuzweg der Demut* (Bln. 1915), *Opferung* (Bln. 1916), *Saul* (Bln. 1916) u. *Der Sprung aus der Welt* (Bln. 1918) mehrfach variierte, machte er sich als Schriftsteller einen Namen.

Durch die Erfahrung von Krieg, Hunger u. Zerstörung wurde er radikaler u. begann sich politisch zu engagieren. Nach einer kurzen dadaistischen Zwischenphase, in der einer seiner besten Texte, *Der Fall Gross. Novelle* (in: Die Erde 2, Nr. 1, 1920, S. 29–43), entstand, schloß er sich 1918 der (räte-)kommunistischen Bewegung an, nahm an der dt. Revolution teil, kämpfte auf den Berliner Barrikaden u. gehörte zu den Gründungsmitgliedern der linksradikalen Kommunistischen Arbeiter-Partei Deutschlands (KAPD). Mehrfach inhaftiert, verfaßte er in dieser Zeit vieldiskutierte proletarisch-revolutionäre Romane u. Schauspiele, die den Kampf der Arbeiterklasse für eine bessere Welt unterstützen sollten, wie z. B. *Proletarier* u. *Die rote Woche* (beide Bln. 1921). In seinen theoret. Schriften *Die Technik des Glücks. Psychologische Anleitung in vier Übungsfolgen* (Bln. 1921) u. *Mehr Tempo Mehr Glück Mehr Macht. Ein Taschenbuch für Jedermann* (Bln. 1923) versuchte er, psychoanalyt., rätekommunistische u. vitalistische Gedanken miteinander zu verknüpfen.

1921 floh J. vor der dt. Justiz, die ihn wegen einer Schiffsentführung verfolgte, nach Rußland. Dort beteiligte er sich am sozialistischen Aufbau. Als Funktionär der Internationalen Arbeiterhilfe (IAH) u. als Betriebsleiter einer Zündholz-, später dann einer Werkzeugfabrik lernte er den sozialistischen Alltag kennen. Dem dt. Publikum berichtete er von seinen Erlebnissen u. a. in *An die Arbeitsfront nach Sowjetrußland* (Bln. 1922) u. *Das geistige Rußland von heute* (Bln. 1924), die – gekonnt erzählt, sachlich u. parteilich zgl. – aus der Vielzahl der damaligen Rußlandberichte herausragen.

1923 kehrte er enttäuscht nach Berlin zurück. Der Niedergang der revolutionären Bewegung in Deutschland u. sein persönl. Scheitern in Rußland warfen J. in eine tiefe Krise. Er verabschiedete die Idee vom selbst- oder klassenbewußten Menschen, der seine Zukunft frei bestimmen könne, u. zog sich zurück auf einen neusachlich-techn. Standpunkt. Bevor man sich wieder »Ideen« zuwenden könne, müsse man die Gesetze sozialer Bindungen viel genauer als bisher untersuchen. Ihm ging es darum, dieses Grundlagenwissen zu schaffen u. bes. auf der Bühne experimentell anzuwenden, getrieben von der Hoffnung, eine Sozialtechnik zum Wohl der Menschheit einsetzen zu können. *Legende* (Urauff. Bln. 1927) u. *Heimweh* (Urauff. Bln. 1928) fielen allerdings ebenso durch wie sein Roman *Hausierer* (Bln. 1931).

Die Weltwirtschaftskrise, Hitlers Machtergreifung, das 1936 aufgezwungene Exil, die Verhaftung durch ungarische Faschisten 1944, die Auslieferung an den dt. Sicherheitsdienst, das Todesurteil, dem er sich durch Flucht entziehen konnte, die Inhaftierung im Konzentrationslager Bozen, die Übersiedlung in die USA 1948, die Unfähigkeit, in der Neuen Welt Fuß zu fassen, die Rückkehr Ende der 50er Jahre in ein ihm fremdes Deutschland, persönl. Mißerfolge u. Krankheiten – dieser *Weg nach unten. Aufzeichnungen aus einer großen Zeit* (Bln./Neuwied 1961), den er in seiner von der Kritik als »große Selbstdarstellung« gewürdigten Autobiographie beschreibt, lehrte ihn, daß der Mensch als »Parasit« zu wirklicher Gesellschaftsbildung nicht fähig u. zum Untergang verurteilt sei. Man müsse es, meint J. in Anlehnung an Ernst Fuhrmann, den »magischen Kräften der Natur« überlassen, an Stelle des parasitären einen neuen Menschen zu schaffen, der in Harmonie mit der Natur lebt. Mit dem Bild vom Torpedokäfer (so sollte seine Autobiographie urspr. heißen), der – immer von neuem – auf ein Hindernis prallt, stürzt, sich zurückbewegt u. wieder startet, um es endlich zu überwinden, versinnbildlicht er das Schicksal von Linksintellektuellen im 20. Jh.

WEITERE WERKE: Werkausgabe in 11 Bdn. Hbg. 1981-89 (bisher ersch.: Bde. 1/1, 1/2, 2, 4, 6-8, 10, 11). – *Teilausgabe:* Schr.en u. Briefe in 2 Bdn. Salzhausen 1981. – *Einzeltitel:* Joe Frank illustriert die Welt. Bln. 1921. – Die Kanaker. Wie lange noch? Bln. 1921 (D.). – Arbeitsfriede. Bln. 1922. – Annemarie. Bln. 1922 (D.). – Hunger an der Wolga. Bln. 1922 (Ber.). – Die Eroberung der Maschinen. Bln. 1923. – Die Gesch. einer Fabrik. Wien 1924 (Ber.).

LITERATUR: *Bibliographie:* Walter Fähnders: F.-J.-Bibliogr. In: Wolfgang Rieger: Glückstechnik u. Lebensnot. Leben u. Werk F. J.s Freib. i. Br. 1987, S. 252-268. – *Gesamtdarstellungen:* Arnold Imhof: F. J. Leben, Werk, Wirkung. Bonn 1974. – Fritz Mierau: Leben u. Schr.en des F. J. Eine Chronik. In: Lutz Schulenburg (Hg.): Der Torpedokäfer. Hommage à F. J. Hbg. 1988, S. 133-186. – *Weitere Titel:* W. Fähnders u. Martin Rector: Linksradikalismus u. Lit. 2 Bde., Reinb. 1974. – Theo Meyer: Revolte u. Resignation. Eine Analyse v. F. J.s ›Torpedokäfer‹. In: JbDSG 23 (1979), S. 416-467. *Wolfgang Rieger*

Jung, Franz Wilhelm, * 3. 12. 1757 Hanau, † 25. 8. 1833 Mainz. – Lyriker, Übersetzer, Publizist.

Als ältester Sohn eines landgräfl. Rentmeisters ging J. nach Medizinunterricht, Unterweisungen in Nationalökonomie u. autodidaktischen Studien 1780 als Hofmeister nach Holland. 1786 wurde er durch Vermittlung seines Onkels Jakob Wilhelm Kaempf Hofrat in Homburg; 1794 schied er aus den landgräfl. Diensten aus, um so seine Verbundenheit mit dem republikanisch gesinnten Kaempf zu bekunden, der von Friedrich v. entlassen worden war. 1798 wechselte J. nach Mainz, wo er für die frz. Besatzungsmacht Ämter versah. Angeblich aus Enttäuschung über Napoleons Herrschaft verließ J. 1802 oder 1804 die frz. Dienste. 1806 zog er sich nach Frankfurt/M. zurück; von 1814 bis zu seinem Tod lebte er, mit dem Landgrafen versöhnt, wieder in Mainz.

Seit etwa 1782 publizierte J. Gedichte u. kleinere wissenschaftl. Abhandlungen, u. a. im »Teutschen Museum«, »Teutschen Merkur« u. in der »Musikalischen Monatsschrift«. 1800 kam in Frankfurt/M. seine schon Ende der 80er Jahre begonnene Übersetzung von Rousseaus

Contrat social heraus, die er seinem Freund Isaak von Sinclair zur Korrektur vorgelegt hatte. Dieser hatte ihm geraten, »Revolutionsausdrücke« zu benutzen, um Rousseaus Nähe zur Französischen Revolution zu unterstreichen. In der Abhandlung *Über das Übel auf Erden* (Ffm. 1807) stellt J. die als notwendig erachteten Übel als Instrumente dar, derer sich die »Vorsehung« bediene, um die Perfektibilität jedes einzelnen u. der gesamten Menschheit zu befördern. Seine dreibändige Übersetzung der Gedichte Ossians (Ffm. 1808), an der sein Freund Hölderlin Anteil hatte, u. eigene dramat. Gedichte weisen J. als typischen Vertreter des Ossian-Kults aus; so etwa *Odmar* (Mainz 1814), in dem ein aufgeklärter Monarch nach gewonnener Schlacht freiwillig auf den Thron verzichtet, um einem repräsentativen demokratischen System Platz zu machen.

WEITERE WERKE: Erinnerungen an Johann Caspar Lavater. Ffm. 1812. – Klara, ein Gedicht. Ffm. 1814. – Ideen über Kirchen u. Kirchengebräuche. Bln. 1815. – Heinrich Frauenlob, ein Gedicht. Mainz 1819.

LITERATUR: Werner Kirchner: F. W. J.s Exemplar des ›Hyperion‹. In: HöJb (1954). – Gerhard Kurz: Die Freiheit u. das Übel auf Erden. F. W. J. [...]. In: Christoph Jamme u. Otto Pöggeler (Hg.): Mainz – ›Zentralort des Reiches‹. Stgt. 1986, S. 122-137. *Heiner Boehncke*

Jung, *Junge, Jungius*, Hermann, * 1608 (oder 1609) Brokreihe-Nord bei Hodorf/Holstein (?), † 7. 6. 1678 Monnikendam bei Amsterdam; Grabstätte: ebd., Groote Kerk. – Lutherischer Pastor, Didaktiker, frühpietistischer Chiliast.

Der Bauernsohn immatrikulierte sich 1628 an der Universität Rostock, 1629 unter dem Rektorat von Joachim Jungius am Hamburger Akademischen Gymnasium. Der Comenius-Verehrer Vincenz Fabricius rühmte J. 1633: »Iungi, summe meorum amiculorum!« Um 1638 studierte J. wieder in Rostock, v. a. bei dem Hebraisten Samuel Bohl. Johann Moller berichtet, J. sei ein sogar seinem Freund Comenius überlegener Didaktiker gewesen. Seit 1641 luth. Pastor in Monnikendam, hielt er im Geist des Frühpietismus private Bibelstunden ab, was ihn 1678 in Briefkontakt mit Spener brachte.

Gegen das orthodox-luth. Konsistorium in Amsterdam verteidigte er Friedrich Breckling, den er durch seinen antiabsolutistischen, pazifistischen u. sozialkrit. Fürstenspiegel für König Friedrich III. von Dänemark, *Optima Politica. Divinis in Literis lucidè diffusa, hîc breviter adumbrata* [Amsterd. 1660], stark beeinflußte. J.s *Schrift-Troost [...] tegen William Ames Verwerring en Verdoeming* (Amsterd. 1661) behauptet den Vorrang des Bibelworts vor dem »inneren Licht« gegen den Quäker Ames. Chiliastische Zukunftshoffnung vertritt J. in *Hoffnung und Sinn von diesen letzten Zeiten* (Anhang von: Friedrich Breckling: *Christus Judex*. 1663. ^{2}1666. ^{3}1697. – Ders.: *Sechs geistreiche unterschiedliche Schrifften*. Tl. 3).

WEITERE WERKE: Einfältig Gewissens Bedencken über das Flenßburg. Urtheil wieder M. Fridericum Brecklingium. In: Friedrich Breckling: Veritatis triumphus. o. O. 1660, Bl. K 7b-K 9b. [verbesserte Aufl.] o. O. u. o. J., S. 188-190. – Dänsche Gemeent-Stichting in Amsterd. 1664. – Jungii Onschuld. Amsterd. 1669. – Dobbelde Verantwording tegen dat Consistorium to Amsterdam. Amsterd. 1669. – Leichengedicht auf Paulus Cordes in: Reimerus Ligarius: Exequiae Cordesianae. Den Haag/Amsterd. [1675], S. 31.

LITERATUR: Philipp Jakob Spener: [Brief an J.]. Ffm. 13. [23.] 6. 1678. In: Ders.: Letzte Theolog. Bedencken. Halle 1711, S. 261-264. Neudr. 1987. – Moller 1, S. 288 f. 3, S. 75 f., 83, 85. – Reinhard Breymayer: Politik aus dem Geist der Bibel: Die wiederentdeckte ›Optima Politica‹ [...] Edition u. Bibliogr. In: Dietrich Blaufuß (Hg.): Pietismus-Forsch.en. Ffm./Bern/New York 1986, S. 385-513. – J. L. Klaufus: D[ominu]s. H. J. In: Documentatieblad Lutherse Kerkgeschiedenis 1 (1987), S. 38-41. – R. Breymayer: Ein vergessener Freund v. Comenius. In: Klaus Schaller (Hg.): Zwanzig Jahre Comeniusforsch. in Bochum. St. Augustin 1990, S. 179-184. – Karl Hermann Junge: Pastor H. J. In: Norddt. Familienkunde 39 (1990). *Reinhard Breymayer*

Jung, gen. **Stilling**, Johann Heinrich, * 12. 9. 1740 Grund/Rothaargebirge, † 2. 4. 1817 Karlsruhe; Grabstätte: ebd., Hauptfriedhof. – Pietistischer Schriftsteller.

In einem bedrückend ärmlichen, engen, ländl. Milieu geboren u. aufgewachsen, wo ihm durch glückl. Zufälle doch eine zumindest rudimentäre Bildung zuteil wurde, schlug sich J., dem zunächst kein Versuch des Ausbruchs aus diesem Milieu gelang, abwechselnd als Bauer, Grundschullehrer, Hauslehrer u. Kaufmannsgehilfe durch. Mittellos – seine ökonomischen Probleme sollten ihn jahrzehntelang verfolgen – studierte er 1770-1772 in Straßburg Medizin, wo er u. a. Goethe, Herder, Lenz u. Salzmann kennenlernte u. erstmals dem aktuellen Denken seiner Zeit begegnete. Ab 1772 betätigte er sich als prakt. Arzt u. wurde insbes. durch seine

Staroperationen, die er bis ins Alter fortsetzte, bekannt. Den ersten Teil seiner auf Anregung Goethes geschriebenen Lebensgeschichte veröffentlichte dieser ohne J.s Wissen: *Henrich Stillings Jugend* (Bln./Lpz. 1777), der er seinen Beinamen verdankte, fand eine breite, positive Rezeption. J. setzte die Lebensgeschichte bis ins Alter fort: *Henrich Stillings Jünglings-Jahre* (ebd. 1778), *Henrich Stillings Wanderschaft* (ebd. 1778), *Henrich Stillings häusliches Leben* (ebd. 1789), *Henrich Stillings Lehr-Jahre* (ebd. 1804), *Henrich Stillings Alter* (Heidelb. 1817; unvollendet). 1778 wurde er an die Kameralschule in Kaiserslautern berufen, wo er über Landwirtschaft, Fabrikwesen u. Handelskunde dozieren sollte; mit der Verlegung der Schule nach Heidelberg wurde er dort 1784 Professor, ab 1787 lehrte er an der Universität Marburg, 1803 wurde er wieder, als Professor für Staatswissenschaften, nach Heidelberg berufen. In dieser Phase setzte einerseits mit *Der Geschichte des Herrn von Morgenthau* (Bln./Lpz. 1779) seine Romanproduktion (1779-1796) ein; andererseits publizierte er eine Serie von Lehrbüchern (1779-1798), z. B. *Versuch einer Grundlehre sämmtlicher Kameralwissenschaften* (Lautern 1779) oder *System der Staatswirthschaft* (Marburg 1792). J. deckte das gesamte Fach ab, aber im Gefolge der Französischen Revolution verlor sich das studentische Interesse an seinen Lehrveranstaltungen. Nachdem er sich schon früh mit der Aufklärung in Gestalt von Nicolais Roman *Sebaldus Nothanker* (1773-76) angelegt hatte (*Die Schleuder eines Hirtenknaben*. Ffm. 1775), dominierte seit etwa 1795 die religiöse Schriftstellerei. 1803 setzte der Kurfürst von Baden J. von der nunmehr ungeliebten Lehrtätigkeit frei, damit er sich der Erbauungsschriftstellerei widmen möge; 1806 übersiedelte J. nach Karlsruhe. Er starb als eine Autorität der neuen protestantischen Erweckungsbewegung.

Wie Moritz' *Anton Reiser* ist Stillings Lebensgeschichte die in der dritten Person erzählte Geschichte eines jungen, intelligenten, sich aus qualvollen sozialen Verhältnissen (mit selbstverständlich starker Religiosität) herausarbeitenden Aufsteigers, unter dessen Pseud. sich der Autor selbst verbirgt. Doch wo Moritz u. sein Held sich der dominanten Kultur der aufgeklärten Intellektuellen zu integrieren suchen u. Emanzipation u. Autonomie der Person anstreben, bleiben J. u. sein Held gegenüber dem Denk- u. Literatursystem der goethezeitl. Elite Außenseiter, die sich zunehmend politisch wie religiös mit konservativen Ideologemen identifizieren u. bewußt in der Heteronomie religiöser Unterwerfung verbleiben. Die positive Rezeption der *Jugend* durch Goethe u. Zeitgenossen basierte auf dem ethnolog. Interesse des 18. Jh. am Fremden, auf der Aufwertung der Spezifität des Individuums, auf dem Sturm-und-Drang-Wahrnehmungsraster der dem Buch zuschreibbaren »Ursprünglichkeit« u. »Natur«, u. sie verlor sich mit den zunehmend dogmatisierten Positionen in den späteren Bänden der Lebensgeschichte u. in den Romanen; diese Entwicklung führte ebenso konsequent zur Entfremdung J.s u. Goethes (vgl. *Dichtung und Wahrheit*, v. a. 9. u. 16. Buch) wie zur Annäherung J.s u. Lavaters. Aus der Perspektive der dominanten Kultur erscheint J. als Autor für religiöse Kreise mit pietismusnahen Denkstrukturen. Schon in den *Jünglings-Jahren* überlagert sich der denk- wie sozialgeschichtlich interessanten Darstellung von J.s Leben u. den sozialen, ökonomischen, intellektuellen Strukturen, in denen es sich vollzieht, das epochentypische Modell einer »Entwicklung« des Subjekts, nur daß diese sich hier eben nicht aus dessen eigener Teleologie ereignet, sondern jedes Ereignis wird (wie schon Goethe kritisierte) als Produkt einer Fügung u. Führung durch die göttl. Vorsehung interpretiert, die einer Erziehung dient (theoretisch zusammengefaßt im »Rückblick« am Ende der *Lehr-Jahre*): J. erwartet von Gott seine ökonomische Versorgung u. schreibt es ihm zu, wenn ihn Mitmenschen großzügig unterstützen; der Tod der ersten u. zweiten Frau wird nicht nur als Gottes Wille hingenommen, sondern gar als Freisetzung für eine neue Ehepartnerin gedeutet, die der nächsten Lebensphase angemessener wäre.

Auch die Romane bedienen sich des goethezeitl. Erzählmodells der »Entwicklung«, das sie aber ideologisch abweichend mit der »Vorsehung« als entwicklungsleitender Instanz besetzen; ihre Helden werden gern ökonomisch für die dargestellte Gesellschaft tätig, wobei J. sein kameralistisches Wissen funktionalisiert. Besonderes Interesse verdient *Das Heimweh* (4 Bde., Marburg 1794-96), für das J. sich zwar auf Bunyan als Modell beruft, das aber, uneingestanden, nach dem spätaufklärerisch-goethezeitl. Erzählmodell der Geisterseher- u. Geheimbundromane funktioniert, wie es Schiller 1787, Meyern 1787, Grosse 1791, Tschink 1790 konstituiert haben. Typischer goethezeitl. Erzählgegenstand ist auch hier der »Jüngling«, der aus der sozialen Herkunftsordnung austritt, auf Reisen zum Manne gebildet wird u. schließlich eine neue soziale u. familiäre Ordnung gründet; er wird insgeheim von einem positiven Geheimbund geleitet, der J.s Christentum repräsentiert u. dessen Chef in Asien der Held schließlich wird, wobei am Ende kein Geringerer als der »Paraklet« erscheint; verfolgt u. versucht wird der Held auf seinem Weg durch einen negativen Gegenbund, darunter Frau von Traun u. Fräulein Nischlin (Anagramme für »Natur« u. »sinnlich«), der die gehaßte Aufklärung repräsentiert, der gegenüber sich J., indem er ihre Modelle übernimmt, aber ideologisch neu besetzt, einerseits reaktiv verhält, die er andererseits zu überbieten sucht.

In seiner Lebensgeschichte schließt J. sich dem reaktionären Abbé Barruel an, demzufolge die Revolution Ergebnis der Verschwörung eines aufklärerischen Geheimbunds ist; dieser Geheimbund hat nach J. die Absicht, Christentum durch Deismus, Monarchie durch Demokratie zu ersetzen. Dem intellektuellen Zwang des Aufklärungssystems konnte sich auch J. lange nicht entziehen: Er litt an dem seiner Ansicht nach schon aus Wolff resultierenden deistischen Determinismus, dem er sein Bedürfnis nach jederzeitigem göttl. Eingriff in die Welt konfrontierte. Aus Kants mit Verzögerung 1788 von J. rezipierten *Critik der reinen Vernunft* folgerte er nicht aus den Grenzen des menschl. Erkenntnisapparats auf die Unmöglichkeit metaphys. Aussagen, sondern, im Gegenteil, daß damit die Einwände der Vernunft gegen metaphys. Aussagen widerlegt seien. Auf diesem Kant-Verständnis basiert dann seine *Theorie der Geister-Kunde* (Nürnb. 1808. Neudr. mit einem Nachw. von Michael Titzmann. Hildesh. 1980), in der er nicht nur die Existenz einer Geisterwelt, sondern auch deren Erscheinen im Diesseits zu beweisen sucht, wobei er zirkulär die Wahrheit der Bibel, die er belegen will, immer schon voraussetzt u. jede noch so absurde Geistergeschichte, sofern ihr Garant christlich ist, für wahr hält; argumentativ nutzte er auch Mesmers »Magnetismus«. Auf die Kritik der Basler protestantischen Geistlichkeit reagierte er unwirsch mit der *Apologie der Theorie der Geisterkunde* (Nürnb. 1809). Mit diesem nur im Kontext des die Spätaufklärung begleitenden Okkultismus verständl. Opus verabschiedete sich J. definitiv von der Aufklärung, keineswegs aber von allen zeitgenöss. Denktendenzen, wie Arnims positive Rezension 1817 belegt.

WEITERE WERKE: Theobald oder Die Schwärmer. Lpz. 1784. – Lehrbuch der Fabrikwiss. Nürnb. 1785. – Scenen aus dem Geisterreiche. 2 Bde., Ffm. 1800/01. – Gesch. unseres Herrn Jesu Christi. Nürnb. 1820. – *Herausgeber:* Der graue Mann. Eine Volksschr. 30 Bde., Nürnb. 1795-1816. – Tb. für Freunde des Christenthums. 12 Bde., Nürnb. 1805-16. – *Werkausgaben:* Sämmtl. Schr.en. 14 Bde., Stgt. 1835-38 (die ökonom. Schr.en fehlen). – Sämmtl. Werke. 12 Bde., Stgt. 1841/42 (die ökonom. Schr.en fehlen). – Lebensgesch. Vollst. Ausg. Hg. Gustav A. Benrath. Darmst. 1976.

LITERATUR: Max Geiger: Aufklärung u. Erweckung. Beiträge zur Erforschung J. H. J.s u. der Erweckungstheologie. Zürich 1963 (mit Bibliogr.). – Gustav A. Benrath: J.s Tgb. v. 1803. In: Der Pietismus in Gestalten u. Wirkungen. FS Martin Schmidt. Bielef. 1975, S. 50-83. – Dieter Gutzen: J. H. J. In: Benno v. Wiese (Hg.): Dt. Dichter des 18. Jh. Bln. 1977, S. 446-461. – Ulrich Stadler: Die theuren Dinge. Studien zu Bunyan, J. u. Novalis. Bern/Mchn. 1980. *Michael Titzmann*

Junghans, Sophie, auch: S. Schuhmann, * 3. 12. 1845 Kassel, † 16. 9. 1907 Hildburghausen. – Erzählerin, Lyrikerin.

Kaum 19jährig ging die kurhess. Hofratstochter für sieben Jahre als Lehrerin nach England; während dieser Zeit erschien ihr Erstlingswerk *Gedichte* (Kassel 1869) – auch in einer Prachtausgabe »mit Goldschnitt«. Seit 1871 wieder in Berlin, wurde sie 1876 durch den Roman *Käthe. Geschichte eines modernen Mädchens* (Lpz.) bekannt. Die Ehe mit dem Dozenten Josef Schuhmann in Rom wurde schon nach drei Jahren geschieden (1880); seitdem lebte sie nach weiterem Englandaufenthalt 1882/83 vorwiegend in Gotha. Sie versuchte sich in mehreren Gattungen – etwa dem Märchendrama in *Der geraubte Schleier* (Wiesb. 1910); einen Namen machte sie sich durch ihr Porträt des gesellschaftl. Treibens im ausgehenden 19. Jh. in Romanen u. Erzählungen, die unter trivialen Titeln aktuelle Frauenprobleme ansprechen, so die Novelle *Unter der Ehrenpforte* (Bln. 1889), die zweibändigen Romane *Helldunkel* (Stgt. 1895), *Geschieden* (Stgt. 1895), *Um das Glück* (Köln 1896) sowie *Junge Leiden* (Braunschw. 1900).

Eda Sagarra

Jungius, Joachim, * 1. 11. 1587 Lübeck, † 3. 10. 1657 Hamburg. – Philosoph u. Naturforscher.

J. besuchte die Lübecker Katharinenschule, an der sein Vater Lehrer gewesen war, studierte 1606-1608 an der Universität Rostock, wechselte dann an die neugegründete Universität Gießen u. wandte sich hier der Mathematik zu, in der er das Modell für Wissenschaft schlechthin erblickte. 1609 Mathematikprofessor in Gießen, erhielt er 1612 den Auftrag, mit dem Theologen Christoph Helvich ein Gutachten über die »Lehrkunst« Wolfgang Ratkes zu erstellen. J. verfiel dem Bann des umstrittenen Reformpädagogen, gab 1614 seine Professur auf u. folgte Ratke nach Augsburg. Ratkes Scheitern bewies ihm, daß eine wirkl. Wissenschaftsreform nicht über ein formales Lehrsystem, sondern vom sachl. Gehalt, d. h. von der Naturwissenschaft her, zu erfolgen habe. So schrieb er sich in Rostock 1616 noch einmal als Medizinstudent ein u. promovierte 1618 in Padua, wo ein methodologisch fortgeschrittener u. liberaler Aristotelismus blühte. Wieder in Rostock, gründete J. um 1622 die »Societas Ereunetica« oder »Forschungsgesellschaft«, die erste naturforschende Sozietät im nördl. Europa. Von ihrer kometenhaften Existenz zeugen Statuten, die, pointiert antischolastisch u. antimetaphysisch, einen neuen Weg zu sicherer Erkenntnis mit Hilfe von Mathematik u. Empirie verhießen. Von 1624 an war J. Mathematikprofessor in Rostock, trieb opt. Studien u. publizierte sein erstes selbständiges Werk *Geometria empirica* (Rostock 1627 u. ö.). 1629 wurde er Rektor des Johanneums u. Professor für Logik u. Naturlehre am Akademischen Gymnasium in Hamburg.

Noch in Rostock begann J. mit dem Entwurf zu einer allg. Reform der Wissenschaften. Sie sollte ihren Ausgang von der unmittelbaren Sinneswahrnehmung nehmen (»Der Verstand kann sich täuschen, die Sinne nicht«) u. nach dem Prinzip von Analyse u. Synthese, auf unterste, einfachste Erfahrungstatsachen aufbauend, zu einer streng empirisch beweisbaren Naturlehre u. schließlich zu einem hierarch. Gesamtsystem des Wissens fortschreiten. Die erforderl. Erfahrungstatsachen hoffte J. im Bereich des Stofflich-Chemischen auffinden zu können, u. zwar in den »hypostatischen Prinzipien«, experimentell nicht weiter zerlegbaren Grundbausteinen der stoffl. Natur.

In dieser Absicht entstand 1629/30 sein – trotz zahlloser Revisionen unvollendetes – Hauptwerk (*Doxoscopiae physicae minores.* Hg. Martin Fogelius. Hbg. 1662. Hbg./Stockholm [2]1679. *Praelectiones physicae.* Hg. Christoph Meinel. Gött. 1982). Begleitend publizierte J. 1630-1642 kleinere Disputationsschriften zu methodolog. u. erkenntnistheoret. Fragen der Naturwissenschaft (*Disputationes Hamburgenses.* Hg. Clemens Müller-Glauser. Gött. 1988). »Doxoskopie«, Sichtung u. Widerlegung der herrschenden Meinungen, nannte er sein Vorgehen; sein Ziel: eine tabula rasa des Intellekts, ohne die dieser die Sinneseindrücke nicht unverfälscht aufnehmen könne, wobei Naturordnung, Erkenntnisordnung u. didakt. Anordnung streng kongruent gedacht waren.

J.' Wissenschaftslehre basierte auf der Vorstellung, die Wirklichkeit bestehe aus Ordnungen steigender Komplexität, die sich analytisch in ihre Elemente, endlich in Letztbestandteile zerlegen ließen, aus denen dann synthetisch wieder höhere Ordnungen entstünden; so in Arithmetik u. Geometrie, so bei den chem. Elementen, in der Pflanzenmorphologie, bei der didakt. Präsentation des Lehrstoffs u. ebenso schließlich im Verhältnis philosophischer Aussagen zu den »protonoëmata«, den unauflösl. Grundbegriffen. Am Primat des Didaktischen sowie an seinem unbedingten sensorischen Empirizismus u. dem fehlenden Begriff von Experiment u. Naturgesetz im Galileischen Sinne mußte dieser Ansatz scheitern.

J. steht an der Schwelle zur modernen Naturwissenschaft, mit deren Resultaten, zumal in der Astronomie, er vertraut war. Er suchte aber einen eigenen Weg, der in der Nachfolge Francis Bacons bereits auf Robert Boyle verweist, doch stärker noch der Tradition aristotel. Naturlehre u. ihrer metaphys. Fragestellung verhaftet bleibt.

Als Logiker faßt J. die Traditionen der aristotel. Schullogik noch einmal zusammen. Seine von der Schulbehörde in Auftrag gegebene monumentale *Logica Hamburgensis* (Hbg. 1638 u. ö. Lat./dt. hg. von Rudolf W. Meyer. Hbg. 1957. Frz. hg. von François Muller. Metz 1984) sprengte aber zgl. den Rahmen der traditionellen Logiklehrbücher, da eine Wissenschaftstheorie im Zentrum steht, die anstelle der empirisch leeren Begrifflichkeit der Prädikamente aus der Sinneserfahrung gewonnene Daten zur Begründung von Wahrheit heranzieht. Nicht ohne Absicht entstammen die Beispiele der *Logica Hamburgensis* immer wieder Geometrie, Botanik u. Materielehre. Wo strenger Beweis nicht möglich ist, suchte J., wohl im Anschluß an Nikolaus von Kues, eine Wahrscheinlichkeitslogik (»logica engistica«) zu formulieren.

Zugleich markiert das philosophische Werk von J. die endgültige Entthronung der Metaphysik, die er, im Sinne seines mathemat. Methodenideals, nicht zu den eigentl. Wissenschaften zählte. Ihre Stelle nahm eine »Protonoetik« als neue, reflexive Grunddisziplin ein, mit deren Hilfe das Alphabet des Verstandes, eine endliche Menge nicht weiter auflösbarer Grundbegriffe (»protonoëmata«), gewonnen werden sollte, die dann eine wissenschaftl. Heuretik ermöglichen würden. An J.' fragmentar. Protonoetik sollte später Leibniz anknüpfen.

Seit 1635 warf die Hamburger Geistlichkeit J. vor, mit den Reformierten zu sympathisieren. 1637 kam es zu einem Eklat, als J. die Frage disputieren ließ, ob das neutestamentl. Griechisch »Barbarismen«, also zeitgebundene, nichtklass. Formen aufweise. Streitschriften wurden gewechselt, der Wittenberger Aristoteliker Johannes Scharff schaltete sich mit einer Polemik gegen die *Logica Hamburgensis* ein, bis schließlich J. das Rektorat der Lateinschule niederlegte, die Professur für Logik u. Naturlehre am Gymnasium aber behielt u. sich ganz seinen Forschungen widmete. Unermüdlich beobachtete, exzerpierte u. notierte er. Seine Zettelkästen quollen über, doch sein Programm einer Inventarisierung alles empir. Wissens kam nur langsam voran. Schließlich konnten seine Schüler trotz aller Bemühungen aus dem 330 Faszikel umfassenden Nachlaß wenig mehr als bloße Materialsammlungen edieren, denen literar. Wirkung versagt blieb.

J. steht am Übergang von der Schulphilosophie zur aufbrechenden Erfahrungswirklichkeit der Naturwissenschaften. Empirizist im Sinne Francis Bacons, war ihm der Zugang zur hypothetisch-deduktiven Methode eines Galilei oder zum *Discours de la méthode* eines Descartes verwehrt. Er hat die Krise der zeitgenöss. Naturphilosophie klar erkannt u. seine Aufgabe darin gesehen, diese Krise zu beschleunigen. Die gesamte Breite des empir. Materials sollte aufgeboten werden, um die Widersprüche der philosophischen Schulen aufzudecken u. Bausteine für eine neue, in der Erfahrung sich gründende Wissenschaft zu liefern. Sein handschriftl. Nachlaß, der trotz großer Verluste noch immer etwa 45 000 Blatt zählt, umfaßt Aufzeichnungen zur Philosophie, Logik, Mathematik, Optik, Astronomie, Botanik, Medizin, Geschichte, Geographie, Jurisprudenz. Bemerkenswert ist, daß literarisch-humanistisches Erbe u. Theologisches nahezu vollständig fehlen. Sieht man von einem schlichten, für den Schulgebrauch bestimmten u. anonym erschienenen *Nomenclator Latino-Germanicus* (Hbg. 1635 u. ö.) u. handschriftl. Versuchen zur dt. philosophisch-naturwissenschaftl. Terminologie ab, deutet nichts mehr auf die ursprüngliche Verbindung zum Ratkeschen Programm einer muttersprachl. Reformdidaktik.

Weitere Werke: Kurtzer Bericht v. der Didactica oder Lehrkunst Wolfgangi Ratichii (zus. mit Christoph Helvich). Ffm. 1613 u. ö. – Germania superior. Hg. Johannes Vagetius. Hbg. 1685. – Historia vermium. Hg. ders. Hbg. 1691. – Isagoge phytoscopica. Hg. ders. Hbg. [1679]. Coburg [2]1747. – Logicae Hamburgensis Additamenta. Hg. Wilhelm Risse. Gött. 1977.

Literatur: Martin Vogelius: Historia vitae et mortis Joachimi Jungii. Straßb. 1658. – Gottschalk Eduard Guhrauer: J. J. u. sein Zeitalter. Stgt./Tüb. 1850. – Robert C. B. Avé-Lallemant: Des Dr. J. J. aus Lübeck Briefw. mit seinen Schülern u. Freunden. Lübeck 1863. – Ders.: Das Leben des Dr. med. J. J. Breslau 1882. – Adolf Meyer (Hg.): Beiträge zur J.-Forsch. Hbg. 1929. – Die Entfaltung der Wiss. [Hbg. 1957]. – Hans Kangro: J. J.' Experimente u. Gedanken zur Begründung der Chemie als Wiss. Wiesb. 1968 (mit Bibliogr.). – Christoph Meinel: In physicis futurum saeculum respicio: J. J. u. die Naturwiss. Revolution des 17. Jh. Gött. 1984. – Ders.: Der handschriftl. Nachl. v. J. J. in der Staats- u. Universitätsbibl. Hamburg. Stgt. 1984. *Christoph Meinel*

Jungk, Peter Stephan, * 19. 12. 1952 Santa Monica/Kalifornien. – Erzähler u. Hörspielautor.

J., Sohn des Futurologen Robert Jungk, studierte 1974-1976 in Los Angeles am American Film Institute. Neben Arbeiten als Regieassistent für Theater u. Film übersetzte er Theaterstücke aus dem Amerikanischen. J. lebt in Wien u. Paris.

Seine Amerikaeindrücke liegen J.s erster Veröffentlichung *Stechpalmenwald* (Ffm. 1978) zugrunde. In zwölf Erzählungen werden Hollywood-Augenblicke sichtbar gemacht. In dem Roman *Rundgang* (Ffm. 1981), einem autobiograph. Bericht, begibt sich der Autor auf die Suche nach der inneren Herkunft, auf Gottsuche. Bei ruhelosen Wanderungen durch Jerusalem versucht J., Vergangenheit u. Gegenwart jüd. Identität aufzuspüren, sich in den Schutz der scheinbaren Sicherheit religiöser Gesetze zu begeben. Die Biographie *Franz Werfel* (Ffm. 1987) ist zgl. Charakterbeschreibung. Die durch eine Fülle von Material abgesicherte Arbeit ist auch – in kursiv gesetzten Passagen – eine subjektive u. wertende Auseinandersetzung, abseits der Chronistenpflicht zur Sachlichkeit.

Weitere Werke: Oktave. SDR 1979 (Hörsp.). – Suchkraft. WDR 1983 (Hörsp.). *Kristina Pfoser-Schewig*

Jungk, Robert, * 11. 5. 1913 Berlin. – Essayist, Sachbuchautor.

Der Sohn des Dramaturgen, Schauspielers u. Regisseurs Max Jungk (eigentl. David Baum) u. der Schauspielerin Elli Branden (eigentl. Sara Bravo) besuchte in Berlin das Gymnasium u. war Mitgl. der linken jüd. Jugendbewegung, des Sozialistischen Schülerbunds u. der von Münzenberg geleiteten Internationalen Arbeiterhilfe. Nach Abitur, Assistenztätigkeit beim Film u. Beginn eines Philosophiestudiums sowie Kontakten zum Widerstandskreis um Schulze-Boysen wurde J. 1933 verhaftet u. mußte nach seiner Befreiung durch Sven Schacht ins Exil gehen. Er studierte u. arbeitete beim Film u. als Journalist in Paris, Barcelona, illegal in Deutschland, in Prag, London u. seit 1939 in Zürich u. Bern. Nach dem Krieg berichtete er als Korrespondent der »Weltwoche« aus Deutschland, Frankreich, England, Italien u. den USA. 1952 erschien in Bern sein Buch *Die Zukunft hat schon begonnen*, das ihn berühmt machte. Seine Beschäftigung mit den Folgen der Atombombe u. den Perspektiven der Atomforschung schlug sich im weiteren in den Büchern *Heller als tausend Sonnen* (Bern 1956) u. *Strahlen aus der Asche* (Bern 1959) nieder. J., aktiver Teilnehmer an den Bewegungen gegen die Atomrüstung, wurde zu einem gefragten Redner bei deren Veranstaltungen. 1964 gründete er in Wien das offiziell wenig geliebte »Institut für Zukunftsfragen«. Seit 1968 nimmt J. eine Gastprofessur für Zukunftsforschung an der TU Berlin wahr. Seine zahlreichen Bücher u. Zeitschriftenpublikationen beschäftigen sich außer mit Fragen der Futurologie (J. hat die Idee der »Zukunftswerkstätten« konzipiert u. realisiert) mit den Problemen internationaler Forschung, Möglichkeiten des Entwurfs u. der Realisierung sozialer Modelle, mit der polizeistaatl. Gefahr im »Atomstaat« u. mit den gesellschaftl. Forderungen an den modernen Menschen. 1986 gründete er die »Internationale Bibliothek für Zukunftsfragen« in Salzburg, im selben Jahr erhielt er den alternativen Nobelpreis.

Der Erfolg J.s, der mit Kisch bekannt u. mit Peter Weiss befreundet war, beruht auf seiner Fähigkeit, schwierige gesellschaftl. Zusammenhänge u. naturwissenschaftlich-techn. Erkenntnisse auf sprachlich klare u. spannende Weise darzustellen, u. auf seinem bei aller Einsicht in drohende Gefahren optimistischen linken, aber niemals dogmat. Weltbild, das marxistische, anarchistische, pazifistische Elemente einem sehr angelsächs. Commmon Sense unterordnet.

Weitere Werke: Jean Pierhal (Pseud.): Albert Schweitzer. Mchn. 1955. – Die große Maschine. Bern/Mchn./Wien 1966. – Der Jahrtausendmensch. Mchn. 1973. – Der Atomstaat. Mchn. 1977. – Menschenbeben. Mchn. 1983. – Und Wasser bricht den Stein. Freib. i. Br./Basel/Wien 1986. – Projekt Ermutigung. Bln. 1988. *Thomas Rothschild*

Junker, Wilhelm, * 6. 4. 1840 Moskau, † 13. 2. 1892 St. Petersburg (Leningrad); Grabstätte: ebd., Smolensker Friedhof. – Forschungsreisender.

Der Sohn eines Kaufmanns u. Bankiers besuchte Schulen in Göttingen, Wiesbaden, Lausanne u. St. Petersburg u. begann danach ein Medizinstudium in Dorpat, das er in Göttingen mit der Promotion abschloß.

J.s eigentl. Interesse aber galt der Tätigkeit der großen Forschungsreisenden seiner Zeit. 1873 unternahm er im Auftrag von Theodor Mommsen eine erste Forschungsreise, die ihn nach Nordafrika führte. 1875 lernte er während des Geographischen Kongresses in Paris die Afrikaforscher Georg Schweinfurth, Gerhard Rohlfs u. Gustav Nachtigal kennen, die seine weiteren Reisepläne befürworteten u. unterstützten. 1875-1878 bereiste J. das Grenzgebiet der heutigen Republiken Sudan u. Zaire.

Berühmt wurde J. durch seine 1879 begonnene Reise, die ihn in Fortführung der Forschungsarbeit von Schweinfurth in das Quellgebiet von Uëlle u. Aruwimi (heute Haute Zaire) führte. Der Mahdi-Aufstand vereitelte seine Rückreise u. hielt ihn sieben gefahrvolle u. beschwerl. Jahre in Afrika fest, bevor es ihm gelang, über das Zwischenseengebiet die Ostküste zu erreichen. Nach der Aufarbeitung des wissenschaftlichen Materials veröffentlichte er seine *Reisen in Afrika 1875-1886* (3 Bde., Wien 1889 bis 1891), ein nicht zuletzt wegen seiner zeithistor. Bezüge vielbeachtetes Reisewerk. Der in Tagebuchform gehaltene Bericht über ein erst wenig erforschtes Gebiet Äquatorialafrikas galt auch in Kolonialkreisen längere Zeit als einzig verläßl. Informationsquelle.

Literatur: Ludwig Hevesi: W. J. Leben eines Afrikaforschers. Bln. 1896. – Viktor Hantzsch: J. In: ADB. – Heinrich Schiffers: J. In: NDB. *Bertram Turner*

Der **Junker und der treue Heinrich**. – Spätmittelalterliche Reimpaardichtung.

Die Erzählung, die wohl noch im 14. Jh. auf mittelfränk. Gebiet entstand, ist in zwei Handschriften aus der zweiten Hälfte des 15. Jh. (D u. H) überliefert, deren Fassungen in Umfang und inhaltl. Details beträchtlich variieren. Aus zwei Versen der Einleitung kann auf eine Prosavorlage geschlossen werden; ob die Erzählung von einer Frau geschrieben wurde (gemäß vv. 826-828 in H), ist unsicher. Der J. u. d. t. H. sprengt mit über 2000 Versen die Grenzen eines Märe u. nähert sich in ausführl. Schilderungen von Reiseerlebnissen u. zum Teil märchenhaften Nebenhandlungen dem Roman.

Wie für späthöf. Dichtung charakteristisch, stehen sich ritterl. Werte, vertreten durch den Junker, u. bürgerl. Vorstellungen, vertreten durch den treuen Diener Heinrich, gegenüber: Nach einer Zeit der Trauer um seine verstorbene Geliebte widmet sich der Junker wieder wie früher ganz den Turnieren. Als er von einem Turnier auf Zypern erfährt, verkauft er den Rest seines Besitzes, um sich für die Reise dorthin standesgemäß ausstatten zu können. Auf dem Weg gewährt er einem Standesgenossen großzügig Unterstützung und verliert dabei alles bis auf zwei Pferde. Angekommen, gibt er sogar einige der Geschenke der zypr. Königstochter weg. Sein ökonomisch denkender Diener Heinrich versucht vergeblich, seinen Herrn von der, wie ihm scheint, Verschwendungssucht abzuhalten. Am Schluß lösen sich die finanziellen Schwierigkeiten dadurch, daß der Junker nach seinen drei Turniersiegen in Zypern nicht nur die Königstochter zur Frau, sondern auch seine Schulden vom König bezahlt bekommt. Die Minnehandlung ist in der Erzählung ganz an den Rand gedrängt: Der Junker gelangt vor dem Turnier mit Hilfe eines Zaubersteins, der es ihm ermöglicht, sich in einen Vogel zu verwandeln, zur Königstochter u. genießt deren Liebe. Der Turniersieg, in der höf. Dichtung Voraussetzung für die Liebeserfüllung, hat somit seine Funktion als Bewährungsprobe verloren.

Ausgaben: Der J. u. d. t. H. Hg. Karl Kinzel. Bln. 1880 (H). – Heinrichs Buch oder der J. u. d. t. H. Hg. Sebastian Englert. Dillingen 1892 (D).

Literatur: Albert Leitzmann: Zu v. der Hagens Gesamtabenteuer. In: PBB 48 (1924), S. 258-290, hier S. 278-289. – Stephen L. Wailes: An Analysis of ›Des wirtes Maere‹. In: Monatshefte 60 (1968), S. 335-352. – Karl-Heinz Schirmer: Stil- u. Motivuntersuchungen zur mhd. Versnovelle. Tüb. 1969, S. 188-193. – Fischer, 2. Aufl. (Register). – Hans-Joachim Ziegeler: Erzählen im SpätMA. Mchn. 1985, S. 389-405. *Elisabeth Wunderle*

Junkmann, (Johann Bernhard) Wilhelm, * 2. 7. 1811 Münster, † 3. 11. 1886 Breslau; Grabstätte: ebd., Friedhof St. Laurenzius. – Lyriker, Publizist, Historiker.

J. entstammte einer westfäl. Handwerkerfamilie. Seit 1829 studierte er Philologie u. Geschichte in Bonn u. Münster. In seiner Heimatstadt verkehrte er in dem literar. Zirkel um Elise Rüdiger u. im theologisch ausgerichteten Kreis des Philosophen Christoph Bernhard

Schlüter. Hier begegnete J. der Droste, mit der er bis zu ihrem Lebensende in freundschaftl. Verbindung stand. 1834/35 studierte er in Berlin, wurde dort als Burschenschafter inhaftiert u. entging durch Gnadengesuch einer sechsjährigen Festungshaft. Zurück in Münster, veröffentlichte J. eine Sammlung epigonaler, an Hölty u. Klopstock orientierter Dichtungen u. d. T. *Elegische Gedichte* (Münster 1836). Er lernte Schücking kennen u. beriet 1838 den von der Droste mit der Erstausgabe ihrer *Gedichte* betrauten Schlüter. 1844 studierte J. in Bonn u. stand in enger Verbindung mit dem »Maikäferbund« um Gottfried Kinkel, der J.s Bauernidylle *Der Meyer. In Westfalen* (in: Rheinisches Jahrbuch. Hg. Levin Schücking. Köln 1846) mit einem Preis auszeichnete.

Später hat J. sich nicht mehr literarisch betätigt. Er promovierte 1847 u. widmete sich publizistischen u. polit. Aufgaben. 1849-1852 war er Abgeordneter in Frankfurt/M. u. Berlin. Als konservativer kath. Politiker widersetzte er sich preuß. Vorherrschaftstendenzen u. war erklärter Gegner der Sozialisten u. Liberalen. 1851 gab J. gemeinsam mit Schlüter das *Geistliche Jahr* der Droste heraus. 1855 erhielt er eine Professur an der Universität Breslau, wo er bis zu seinem Tod als Historiker lehrte.

Weitere Werke: Gedichte. Zweite, sehr vermehrte Aufl. Münster 1844. – W. J. u. Bernhard Hüppe (Hg.): Spee's Trutznachtigall. Münster 1841.

Literatur: Heinrich Anton Josef Schulte: Levin Schücking u. W. J. als Lyriker. Diss. Münster 1916. – Josefine Nettesheim: W. J u. Annette v. Droste-Hülshoff. Münster 1964. – Dies.: W. J. Dichter, Lehrer, Politiker, Historiker. 1811-86. Münster 1969.

Martin Unkel

Justi, Carl, * 2. 8. 1832 Marburg, † 9. 12. 1912 Bonn; Grabstätte: Marburg, Hauptfriedhof. – Kunsthistoriker.

J. war nicht nur einer der bedeutendsten Kunsthistoriker seiner Zeit, sondern auch ein Kunstschriftsteller von Rang. In großen Biographien kleidete er Person, Werk u. geistiges Ambiente in eine Form, die ihn als »Meister des modernen historischen Essays« (von Einem) ausweist.

Gemäß der Familientradition studierte J. Theologie, wechselte dann aber zur Philosophie, promovierte 1859 in Marburg über *Die ästhetischen Elemente der platonischen Philosophie* u. erwarb gleichzeitig mit einer Antrittsvorlesung über Schopenhauer die Venia legendi.

Mit *Winckelmann. Sein Leben, seine Werke und seine Zeitgenossen* (Bd. 1, Lpz. 1866) entdeckte J. Winckelmann für die Kunstgeschichte neu. Das Kolorit der Schilderung Dresdens, die Porträts bekannter Zeitgenossen u. die Charakteristik des Rokoko, noch ehe sich die Kunstgeschichte diesem Stil zugewandt hatte, machten ihn sofort bekannt. 1867 erhielt er eine Professur in Marburg, ließ sich jedoch bald von den – zeitlebens ungeliebten – Lehrverpflichtungen beurlauben, um sich dem zweiten Winckelmann-Band (*Winckelmann in Rom.* Lpz. 1872) widmen zu können. 1871 wechselte J. nach Kiel, 1872 folgte der Nicht-Fachkunsthistoriker einem Ruf an das Bonner Kunsthistorische Institut.

Auf Spanienreisen 1872-1886 reifte der Plan, sich eingehend mit Velázquez zu beschäftigen, in dem J. den Antipoden des von ihm wenig geschätzten Pathetikers Rubens sah. Auch *Diego Velazquez und sein Jahrhundert* (2 Bde., Bonn 1888) ist eine Wiederentdeckung. J. versucht, durch anschaul. Schilderung der Umgebung, v. a. aber durch Analyse der seelisch-charakterl. Züge des Künstlers zum Verständnis des Kunstwerks zu gelangen. »Held und Szene und: das Rätsel des Genies« (Waetzold) sind die Leitmotive des J.schen Werks.

Erst nach Jahrzehnten der Beschäftigung mit Michelangelo entschloß sich J., seine Forschungen für eine Biographie fruchtbar zu machen, die dem Heroisch-Widerspruchsvollen, der »rätselhaft gemischten Menschennatur« nachgeht (*Michelangelo. Beiträge zur Erklärung der Werke und des Menschen.* Lpz. 1900. *[...] Neue Beiträge.* Bln. 1909). Noch deutlicher als in den früheren Werken J.s steht statt Gesetzmäßigkeiten der Kunstentwicklung oder zeitbedingter Formnotwendigkeiten die große Künstlerpersönlichkeit im Vordergrund.

J. liebte es zu zitieren; typisch ist auch die Vorliebe für Episode u. signifikantes Detail. Manche Kapitel der Michelangelo-Analysen lassen sich auch als Folgen aphorist. Streiflichter lesen.

In Aufsätzen behandelte J. verschiedenste Themen, v. a. die niederländ. Malerei, deren

»plebejische« Variante des Bauerngenres er jedoch ebenso verschmähte wie den Impressionismus, dem er in dem anonym gedruckten Vortrag *Aphorismus in der Kunst* (1902) vorwarf, er müsse zur Auflösung der Malerei führen.

J.s Werke verschafften ihm höchste Anerkennung – bis hin zu Kaiser Wilhelm II., der zu J.s Ärger versuchte, seine Kritik des Impressionismus »kunstpolitisch« zu verwerten. Später berief sich v. a. die »Wiener Schule« der Kunstgeschichte auf J.s Vorbild. Sein Schüler Aby Warburg dagegen entfremdete sich ihm bald.

Weitere Werke: Murillo. Lpz 1892. – Miscellaneen aus 3 Jahrhunderten span. Kunstlebens. 2 Bde., Bln. 1908. – Briefe aus Italien. Hg. Heinrich Kayser. Bonn 1922. – Span. Reisebriefe. Hg. ders. Bonn 1923.

Literatur: Wilhelm Waetzold: Dt. Kunsthistoriker. Bd. 2, Lpz. 1921. – Paul Clemen: C. J. Gedächtnisrede zur 100. Wiederkehr seines Geburtstages. Bonn 1933 (Lit.). – Ludwig Justi: J. In: Lebensbilder aus Kurhessen u. Waldeck 1 (1939), S. 147-160. – Herbert v. Einem: J. In: Arcadia 7 (1972). – Wolfgang Frhr. v. Löhneysen: J. In: NDB. – Heinrich Dilly: Kunstgesch. als Institution. Ffm. 1979 (Lit.). – Harald Olbrich: Nachw. zur Neuausg. v. ›Diego Velazquez‹. Lpz. 1983, S. 419-441.

Ingeborg Dorchenas

Justi, Johann Heinrich Gottlob von (seit 1754), auch: Anaxagoras vom Occident, * 25. 12. 1720 Brücken/Thüringen, † 21. 7. 1771 Küstrin. – Jurist, Kameralist, Historiker, Philosoph, Mineraloge; Herausgeber, Satiriker.

Der Sohn eines kursächs. Akziseinspektors studierte Jura u. Kameralistik in Wittenberg, Jena u. Leipzig u. promovierte 1744. Er wurde in der preuß. Armee Regimentsquartiermeister, trat als Jurist in die Dienste der Herzogin von Sachsen-Eisenach u. wurde um 1750, in Verbindung mit dem Übertritt zum Katholizismus, als Professor der Kameralistik, später auch der Deutschen Beredsamkeit, an die neugegründete Ritterakademie zu Wien berufen. J. arbeitete in der österr. Zensur-Hofkommission, befaßte sich mit Bergbau u. Seidenraupenzucht u. wurde kaiserl. Finanz- u. Bergrat, erbat aber seinen Abschied nach Mißerfolgen im Silberbergbau. 1755 wurde er Bergrat u. Oberpolizeikommissar in Göttingen, wo er außerdem an der Universität Staatsökonomie u. Naturgeschichte las. 1757 ging er in dän. Dienste, kehrte bald darauf nach Preußen zurück, wurde aber erst 1766 in Berlin zum kgl. Berghauptmann u. Direktor der Glas- u. Stahlfabriken ernannt. Der in Hinsicht auf Karriere u. persönl. Finanzen so opportunistische wie unvorsichtige, später erblindete, vereinsamte u. verbitterte J. wurde der Veruntreuung angeklagt u. 1768 auf der Festung Küstrin eingekerkert, wo er starb.

Der kameralistische Teil seines vielseitigen Werks war der wirkungsreichste: J.s Schriften *Staatswirtschaft* (2 Tle., Lpz. 1755. ²1758. Neudr. Aalen 1963), *Grundsätze der Policeywissenschaft* (Gött. 1756. ³1782. Neudr. Ruggell 1969), *Grundveste zu der Macht und Glückseligkeit der Staaten* (2 Bde., Königsb. 1760/61. Neudr. Aalen 1965) u. *System des Finanzwesens* (Halle 1766. Neudr. Aalen 1969) spielen für die Geschichte der Staats- u. Wirtschaftswissenschaft noch heute eine Rolle.

J. gab die Zeitschriften »Ergetzungen der vernünftigen Seele aus der Sittenlehre und der Gelehrsamkeit überhaupt« (Lpz. 1745-49) u. »Göttingische Policeyamts-Nachrichten« (Gött. 1755-57) heraus, er schrieb die Satire *Die Dichterinsel, nach ihren verschiedenen Landschaften unpartheyisch beschrieben* (Lpz./Wittenb. 1744), *Fabeln und Erzählungen* (Köln 1759) u. den romanhaften Fürstenspiegel *Die Wirkungen und Folgen sowohl der wahren, als der falschen Staatskunst in der Geschichte des Psammitichus Königes von Egypten* (2 Tle., Ffm./Lpz. 1759/60).

Ausgaben: Scherzhafte u. satyr. Schr.en. 3 Bde., Bln./Stettin/Lpz. 1760. Bln./Lpz. ²1765. – Ges. chym. Schr.en. 3 Bde., Bln./Lpz. 1760-71. Bde. 1 u. 2, ²1773/74. – Moral. u. philosoph. Schr.en. 3 Bde., Bln./Lpz. 1760/61. – Histor. u. jurist. Schr.en. 2 Bde., Ffm./Lpz. 1760/61. – Ökonom. Schr.en. 2 Bde., Bln. 1760/61. – Ges. polit. u. Finanzschr.en. 3 Tle., Kopenhagen 1761-64. Neudr. Aalen 1970.

Literatur: Rolf Koch: J. H. G. v. J.s ›Dichterinsel‹ u. ihre Beziehungen zur Literaturkritik der Aufklärung. In: ZfdPh 91 (1972), S. 161-171. – Louis Frison: J. H. G. v. J. ou le despotisme éclairé à l'épreuve de la ›science‹ politique. In: RG 5 (1975), S. 60-88.

Wolfgang Biesterfeld

Justi, Karl Wilhelm, * 14. 1. 1767 Marburg, † 7. 8. 1846 ebd. – Theologe u. Historiker; Lyriker.

J., aus einer Theologenfamilie stammend, durchlief nach dem Studium in Marburg (1782 bis 1787) u. Jena (1787/88) die vierstufige Laufbahn eines Pfarrers: 1790 wurde er Subdiakon an der luth. Pfarrkirche in Marburg, 1801 Archidiakonus, 1802 Ekklesiastes sowie Superintendent der luth. Gemeinden Oberhessens, 1814 Oberpfarrer. 1791 nutzte er die kurfürstl. Erlaubnis für Doktoren u. Magister, an der Universität zu lehren. Er begründete damit eine bis zu seinem Tod währende Lehrtätigkeit (1793 Professor der Philosophie, 1822 der Theologie).

Öffentliche Wirkung erzielte der nicht-orthodoxe (neolog.) Lutheraner v. a. als Dichter u. Historiker. Der literar. Wandel allerdings hatte trotz persönl. Beziehungen zu Romantikern wie Brentano, Wilhelm Grimm u. Creuzer keinen Einfluß auf seine in Hessen tonangebende u. in zahlreichen Zeitschriften u. Anthologien vertretene Lyrik (*Gedichte.* Marburg 1808. Siegen ²1810. *Gedichte. Neue Sammlung.* Marburg 1834. ²1835). Sie blieb Hölty, Klopstock, Bürger u. Matthisson verpflichtet. J. war ein Nachkömmling der Aufklärung auch in seinem Dichtungsverständnis (»Meine Mußestunden waren den lieblichen Spielen der Poesie geweiht.« In: Strieder 18, S. 279). Seine polit. Ideen bewegten sich in der Vorstellungswelt des Göttinger Hain (*Teutonias Nacht und neuer Morgen.* Marburg 1813).

Die Vielzahl seiner histor. u. kunsthistor. Beiträge erschien z. T. selbständig (*Amalie Elisabeth.* Gießen 1812. *Die Kirche der heiligen Elisabeth [...].* Marburg 1824. *Grundriß der Geschichte der Universität.* Ebd. 1827. *Sophie [...] Herzogin von Brabant.* Ebd. 1838), z. T. in Zeitschriften, darunter in den von J. herausgegebenen »Hessischen Denkwürdigkeiten« (5 Bde., Marburg 1799-1805) u. »Vorzeit« (10 Bde., Marburg 1820-28 u. 1838). In der Verbindung von auf Quellen gestütztem histor. Bericht u. landschaftl. Stimmungsbildern entwickelte J. einen eigenen, der gerade einsetzenden krit. Quellenedition jedoch sich verweigernden Stil. Dies gilt auch für seine Elisabeth-Biographie, mit der die Elisabeth-Forschung einsetzte (*Elisabeth die Heilige.* Zürich 1797. Erw. Marburg 1835). In der Übersetzung hebräischer Poesie (*Blumen althebräischer Dichtkunst.* 3 Bde., Gießen 1809. *National-Gesänge der Hebräer.* 3 Bde., Marburg 1803, 1816 u. Lpz. 1818. *Sionitische Harfenklänge.* Lpz. 1829) konnte er seine theolog., philolog. u. dichterischen Neigungen integrieren. Ihm wurde auch die Herausgabe der dritten Auflage (Lpz. 1825) von Herders *Geist der Ebräischen Poesie* anvertraut.

Literatur: K. W. J. [Selbstbiogr.]. In: Friedrich Wilhelm Strieder: Grundlage zu einer Hess. Gelehrten- u. Schriftsteller-Gesch. Bd. 18, Marburg 1819, S. 270-298. Bd. 19, Marburg 1831, S. 320-331. Zweiter Nachtr. v. K. W. J. Marburg 1842. – Wilhelm Schoof: Die dt. Dichtung in Hessen. Marburg 1911. – Ingeborg Schnack: K. W. J. In: Lebensbilder aus Kurhessen u. Waldeck 1830-1930. Bd. 6, Marburg 1958, S. 136-176.

Ernst Weber

Justinger, Konrad, † April 1438 Zürich. – Spätmittelalterlicher Chronist.

Der vom Oberrhein (Rottweil, Reiden im Kanton Luzern oder Straßburg) stammende J. ist 1390 als Schüler des Notars u. Chronisten Jakob Twinger von Königshofen in Straßburg bezeugt; zwischen 1390 u. 1431 läßt er sich in Bern nachweisen: zunächst als Notar u. Schreiber in der Stadtkanzlei, seit 1400 als Stadtschreiber u. Ratsmitglied. 1432 wird er erstmals urkundlich in Zürich erwähnt.

J. verfaßte zwischen 1420 u. 1430 im Auftrag der Stadt Bern die *Amtliche Chronik* (sog. *Große Berner Chronik*), die 1152 mit dem »keyser [Friedrich I.] e Bern gestift wart« beginnt u. bis 1421 – dem Jahr der Grundsteinlegung des Münsters – reicht. Von der für den amtl. Gebrauch durch den Rat bestimmten, von J. geschriebenen Handschrift existieren noch drei Pergamentblätter, dazu ein weiteres, vollständiges Autograph sowie 13 Abschriften. Eine kürzere, vielfach textlich mit der *Amtlichen Chronik* ident. Version ist – als Fortsetzung der *Straßburger Weltchronik* Jakob Twingers – in elf Handschriften überliefert. Ob diese *Kleine Berner Chronik* (auch *Anonyme Stadtchronik* oder *Königshofen-Justinger-Chronik*) vor der *Amtlichen Chronik* (Bodmer u. a.) oder als ihre spätere Redaktion entstand (Strahm), muß offenbleiben.

Außer auf chronikal. Quellen – v. a. die lat. *Cronica de Berno* des frühen 14. Jh., Jakob Twingers Chronik u. die *Chronik des Konstanzer Konzils* – u. mündl. Traditionen (»underwisung alter gelöbsamer lüten«) konnte sich J. dank des offiziellen Auftrags u. seines Stadtschreiberamts auch auf städt. Urkunden (»briefe so in der stat kisten ligent«) stützen. Literarisch bedeutsam ist zudem die Aufnahme historisch-polit. Lieder in den chronistischen Kontext. Bei der Vermittlung der geschichtl. Ereignisse verfolgt J. deutlich eine moralisch-didakt. Absicht, die, zuweilen nicht ohne krit. Tendenz, das ordnungspolit. Regelsystem der städt. Gemeinschaft betont. J. kommt auch als Autor einer *Zürcher Chronik* in Betracht, die in einem Manuskript von seiner Hand (Zürich, Zentralbibl., Ms. A. 116) vorliegt.

Die *Große Berner Chronik* ging in den ersten Teil von Diebold Schillings ebenfalls amtl. *Berner Chronik* von 1483 ein, während Benedikt Tschachtlan u. Heinrich Dittlinger 1469/70 die *Kleine Berner Chronik* ausschrieben. Auch die *Narratio proelii Laupensis* ist nicht, wie angenommen wurde, eine Quelle J.s, vielmehr die lat. Übersetzung der Passage über den Laupenkrieg 1339 aus der *Kleinen Berner Chronik*.

Ausgabe: Die Berner-Chronik des K. J. Hg. Gottlieb Studer. Bern 1871 (im Anhang auch die ›Kleine Berner Chronik‹).

Literatur: Ferdinand Vetter: Neues zu J. In: Jb. für Schweizer Gesch. 31 (1906), S. 109-206. – Aimé Perrin: Verz. der handschriftl. Kopien v. K. J.s Berner Chronik. In: Berner Ztschr. für Gesch. u. Heimatkunde (1950), S. 204-229. – Jean-Pierre Bodmer: Chronik u. Chronisten im SpätMA. Bern 1976, S. 10-15. – Hans Strahm: Der Chronist K. J. u. seine Berner Chronik v. 1420. Bern 1978. – Richard Feller u. Edgar Bonjour: Geschichtsschreibung der Schweiz 1. Basel/Stgt. [2]1979, S. 7-11.

Norbert H. Ott

K

Kachold, Gabriele, * 14. 4. 1953 Emleben. – Erzählerin, Filmemacherin.

K., Tochter einer Buchhalterin u. eines Werkzeugmachers, absolvierte eine Ausbildung als medizinisch-techn. Assistentin in Erfurt. Sie holte das Abitur auf der Abendschule nach, studierte bis 1976 in Erfurt Deutsch u. Kunsterziehung. Danach war K. als Chemielaborantin u. als Sachbearbeiterin in einer Schuhfabrik tätig. Seit 1980 lebt sie in Erfurt.

»Erfahrung ist nichts weiter, als immer wieder anfangen«, schreibt K. in einem titellosen Prosatext (in der Anthologie *Berührung ist nur eine Randerscheinung.* Köln 1985). Anfangen ist bei K. ein durchgehendes literar. Motiv, das eng mit Schnittpunkten in der eigenen Biographie zusammenhängt. In *zügel los* (Bln./Weimar 1989) finden sich Prosastücke, die insofern im Kontext ihres einjährigen Aufenthalts (1977) in der Frauenvollzugsanstalt Hoheneck stehen, als sie die Gefangenschaft zur existentiellen Metapher schlechthin erklären. Verurteilt wurde K., weil sie wiederholt an ihrer Hochschule Unterschriften gegen die Biermann-Ausbürgerung u. den dogmat. Lehrbetrieb gesammelt hatte. Vom Motiv der Gefangenschaft ausgehend, entwikkelt K. andere Motive, die freilich immer auch als ureigene Schlüsselerfahrungen erkennbar bleiben: Triebunterdrückung sowie körperl. u. intellektuelle Selbstbehauptung in einer Welt, die dem Leser v. a. als Männerwelt vorgestellt wird. Ihre demgemäßen Erfahrungen an der Universität beschreibt sie in *mein erfurt mein mittelalter* (in: *Schöne Aussichten. Neue Prosa aus der DDR.* Ffm. 1990). K.s Warntexte entziehen sich vorschnellem Einverständnis oder Ablehnung durch den Leser, da Verfremdungstechniken aufgeboten werden: Rhythmisch wiederkehrende Leitmotive, versteckt einmontierte Redensarten, die konsequente Vermeidung von Passivsätzen, Kleinschreibung u. Einsparen von Satzzeichen unterstreichen den Eindruck, es bei jedem Text mit einem einzigen Satz zu tun zu haben. K. schreibt in einem Assoziationsstil ohne surrealistische Anwandlung, Kompromißlosigkeit ist für sie eine inhaltl. wie formalästhet. Kategorie.

Hajo Steinert

Kadelburg, Gustav, * 26. 7. 1851 Budapest, † 11. 9. 1925 Berlin; Grabstätte: Berlin-Stahnsdorf, Südwestkirchhof. – Schwankautor; Schauspieler, Regisseur.

K. ließ sich in Wien bei Alexander Strakosch u. Franz Deutschinger zum Schauspieler ausbilden. Über Leipzig (1868) u. Halle (1869-1871) kam er 1871 als Liebhaber u. Bonvivant an das Wallner-Theater Berlin.

Berlin wurde K.s künstlerische Heimat. Am Stadttheater Wien (1878), wohin ihn Laube verpflichtet hatte, u. am Stadttheater Hamburg (1883) blieb er nur je eine Spielzeit. 1884-1894 gehörte K. als Bonvivant u. Charakterkomiker zum Ensemble des Deutschen Theaters Berlin. Danach machten ihn Gastspiele landesweit bekannt. Die Genossenschaft Deutscher Bühnen-Angehöriger ernannte K. 1921 zum Ehrenmitglied.

Neben seiner Tätigkeit als Schauspieler u. Regisseur (seit 1875) schrieb K. zahlreiche Schwänke für die Berliner Privatbühnen. Nach dem ersten Erfolg mit *Goldfische* (zus. mit Franz von Schönthan. Bln. 1886) entstanden *In Civil* (Bln. 1897), *Der Weg zur Hölle* (Bln. 1905) u. *Husarenfieber* (zus. mit Richard Skowronnek. Bln. 1906).

Die Schwanksituationen in K.s Stücken beruhen auf Lüge u. Verstellung. In *Das Bärenfell* (Bln. 1899) täuscht ein Fabrikant Krankheit vor, um die materiellen Interessen seiner Erben zu erkennen u. dann mit einer eigenen Heirat zu durchkreuzen. Komische Überraschungseffekte, deren Anbahnung die Zuschauer, nicht aber die handelnden Personen durchschauen, wurden durch K. zum festen Schwankstandard. Zwischen 1890 u. 1910 war K. einer der meistgespielten Lustspielautoren dt. Sprache.

Weitere Werke: Großstadtluft. Bln. 1891 (Schwank). – Die Orientreise. Bln. 1892 (Schwank). – Hans Huckebein. Bln. 1897 (Schwank). – Im Weißen Rößl. Bln. 1898 (Lustsp.; alle zus. mit Oskar Blumenthal). – Familie Schierke. Bln. 1902 (Schwank). – Dramat. Werke. 4 Bde., Bln. 1902.

Literatur: Karl Holl: Gesch. des dt. Lustspiels. Lpz. 1923. – Bernd Wilms: Der Schwank. Diss. Bln. 1969. – Alain Michel: Der Militärschwank des kaiserl. Dtschld. Stgt. 1982.

Alain Michel

Kaegi, Werner, * 26. 2. 1901 Oetwil bei Zürich, † 15. 6. 1979 Basel. – Historiker.

Der Sohn eines Pfarrers wurde 1924 bei Walther Goetz in Leipzig mit einer Dissertation über *Hutten und Erasmus* (Dresden 1924) promoviert. Zwischen 1927 u. 1932 reiste er mehrmals nach Paris, 1928 begann er mit seinen Forschungsarbeiten über Jacob Burckhardt. Nach der Habilitation 1934 mit der Arbeit *Michelet und Deutschland* (Basel 1936) wurde er 1935 Ordinarius in Basel als Nachfolger Hermann Bächtolds.

K.s Forschungsschwerpunkte lagen auf dem späten MA, der Renaissance sowie im 19. Jh.; als Übersetzer von Johan Huizinga brachte er die Geschichte der Niederlande den dt. Historikern näher, aus dem Italienischen übertrug er Delio Cantimoris *Italienische Häretiker der Spätrenaissance* (Basel 1949). Seine bevorzugte Darstellungsart indessen war die Biographie; sein Hauptwerk ist die siebenbändige Biographie über *Jacob Burckhardt* (Basel 1947-82). Das Werk geht weit über die konventionelle wissenschaftl. Biographie hinaus u. ist eine epische Darstellung der Zeit. Durch sein hohes sprachl. Niveau u. den Anspruch, Geschichte als Wissenschaft wie als Kunst zu betrachten, haben seine Werke internationale Beachtung erfahren.

Weitere Werke: Grundformen der Geschichtsschreibung seit dem MA. Einsiedeln 1954. – Humanismus der Gegenwart. Zürich 1959. – Erasmus ehedem u. heute 1469-1969. Basel 1969. – *Herausgeber:* Jacob Burckhardt-Gesamtausg. Bd. 5: Die Kultur der Renaissance in Italien. Stgt. 1930. – Jacob Burckhardt: Weltgeschichtl. Betrachtungen. Bern 1941. – Johan Huizinga: Parerga. Basel 1945. – *Übersetzungen von Johan Huizinga:* Holländ. Kultur im 17. Jh. Basel 1932. – Im Schatten v. morgen. Bern 1936. – Erasmus. Basel 1936. – Im Bann der Gesch. Amsterd. 1942.

Literatur: *Bibliographie* in: Menschenrechte [...]. FS zum 70. Geburtstag v. W. K. Zürich 1971.

Quirinus Reichen

Kämpchen, Heinrich, * 23. 5. 1847 Altendorf (Essen-Burgaltendorf), † 6. 3. 1912 Linden (Bochum-Linden); Grabstätte: ebd., Katholischer Friedhof. – Lyriker.

Als Sohn eines Bergmanns in der Region des frühesten Ruhrkohlenbergbaus geboren, wurde K. selbst Bergmann u. erlebte so die durch die Liberalisierung des Bergbaus hervorgerufene Proletarisierung der Knappen am eigenen Leibe mit.

K. blieb Junggeselle u. wohnte zeitlebens als »Kostgänger« bei einer Arbeiterfamilie. Im Selbststudium eignete er sich die Werke der Klassiker an; Vorbild für das eigene Werk wurde ihm aber vor allem die engagierte Vormärzlyrik, politisch beeinflußten ihn die Schriften Lassalles. Ursprünglich aus der katholisch-sozialen Bewegung kommend, war er am großen Bergarbeiterstreik von 1889 an führender Stelle beteiligt u. wurde auf die »Schwarze Liste« der Grubeneigner gesetzt, d. h. mit Berufsverbot belegt. Nach 1889 wirkte er, zum Teil in Vorstandsfunktionen, im neugegründeten »Verband zur Wahrung und Förderung der bergmännischen Interessen in Rheinland und Westfalen« (dem sogenannten »Alten Verband«) mit.

Die von K.s Freund Otto Hue geleitete Verbandszeitung brachte wöchentlich seine auf soziale Tagesereignisse eingehenden Gedichte. Im Vorwort zur ersten Sammelausgabe *Aus Schacht und Hütte* (Bochum 1898) legte er sein operatives Lyrikverständnis dar: Wie für die frühe Arbeiterdichtung typisch, schreibt er innerhalb der Medien der organisierten Arbeiterbewegung als Arbeiter für Arbeiter über Arbeiterprobleme. Daneben finden sich Gedichte, die die Schwere u. Eigenart der Arbeit unter Tage gestalten. Die dritte Gruppe schließlich, Natur- u. Heimatgedichte, diente K. als Beschwörung einer seel. Zuflucht in der Zeit der Entfremdung (Helf). Aufgrund der auch hier spürbaren Vernachlässigung der Form zugunsten des Inhalts haben sie nicht den Rang des übrigen Werks: eines bleibenden sozialgeschichtl Zeugnisses aus der großen Zeit der Arbeiterbewegung.

Weitere Werke: Neue Lieder. Bochum 1904. – Was die Ruhr mir sang. Bochum 1909. – Aus der Tiefe. Gedichte u. Lieder eines Bergmanns. Hg. Wilhelm Helf. Bochum 1931. Neuausg. 1962. – Seid einig, seid einig – dann seid ihr auch stark. Gedichte. Hg. Rolf-Peter Carl u. a. Oberhausen 1984.

Volker Neuhaus

Kaempfer, Engelbert, * 16. 9. 1651 Lemgo, † 2. 11. 1716 Lieme bei Lemgo. – Ostasienforscher.

K., zweiter Sohn eines Lemgoer Pastors, studierte in Thorn, Krakau, Königsberg u. Uppsala. Seine reichen Sprachkenntnisse u. seine naturwissenschaftl. u. medizinische Ausbildung ermöglichten es ihm, als Arzt u. Sekretär einer schwed. Gesandtschaft 1683 nach Rußland u. Persien zu kommen. Von dort aus gelangte er im Dienst der Niederländisch-Ostindischen Kompanie nach Japan, wo er 1690-1692 als Arzt tätig war u., wie er es schon in Persien getan hatte, umfangreiche naturkundl. u. histor. Studien trieb. 1694 promovierte K. in Leiden u. wurde schließlich in seiner Heimat Leibarzt des Grafen zur Lippe.

1712 konnte K. einen Teil der Forschungsergebnisse seiner Aufenthalte in Persien, »Ostindien« u. Japan in den 900 Seiten starken *Amoenitates exoticae* (Lemgo) noch selbst herausgeben. Sir Hans Sloane ließ K.s Sammlungen u. Handschriften aufkaufen, darunter ein Manuskript mit dem Titel *Heutiges Japan*, das als *The History of Japan* 1727 in London veröffentlicht wurde u. rasch Übersetzungen ins Holländische u. Französische erfuhr. Erst 1777-1779 gab Christian Wilhelm Dohm in Lemgo das Werk u. d. T. *Geschichte und Beschreibung von Japan* nach einer Abschrift des dt. Manuskripts heraus (Neudr.e Stgt. 1964. Bln./Heidelb./New York 1980). Eine krit. Ausgabe wird von Beatrice Bodart-Bailey vorbereitet. Große Teile des im British Museum befindl. Nachlasses sind unveröffentlicht.

K. prägte das Japanbild des 18. Jh. Er war nicht nur der für Japan meistzitierte Autor in der Universalgeschichtsschreibung, der Geschichtsphilosophie u. Religionsphilosophie der Aufklärung; sein Werk wirkte auf die großen Autoren der Folgezeit wie Voltaire, Lessing, Goldsmith, Wieland u. Goethe.

Weitere Werke: Icones selectae plantarum, quas in Japonia collegit et delineavit E. K. London 1791. – Die Briefe E. K.s. Hg. Karl Meier-Lemgo. Mainz 1965. – Die Reisetagebücher E. K.s. Hg. ders. Wiesb. 1968.

Literatur: Karl Meier-Lemgo: K. In: NDB. – Gerhard Bonn: Der wiss. Nachl. des Lipp. Forschungsreisenden E. K. im British Museum. In: Lipp. Mitt.en aus Gesch. u. Landeskunde 48 (1979), S. 69-116. – Hans Hüls: Internat. K.-Bibliogr. In: E. K. zum 330. Geburtstag. Hg. ders. u. Hans Hoppe. Lemgo 1982, S. 209-258. – Peter Kapitza (Hg.): Japan in Europa. Texte u. Bilddokumente zur europ. Japankenntnis. 3 Bde., Mchn. 1990.

Peter Kapitza

Kaergel, Hans Christoph, * 6. 2. 1889 Striegau/Schlesien, † 9. 5. 1946 Breslau. – Erzähler, Dramatiker u. Herausgeber.

Der Sohn eines Gymnasiallehrers war selbst zwölf Jahre Volksschullehrer in Weißwasser/Oberlausitz, bevor er als Leiter des Bühnenvolksbundes nach Dresden kam. Dort u. ab 1936 in Hain/Riesengebirge lebte er als freier Schriftsteller. In der Reichsschrifttumskammer war er Landesleiter für Schlesien.

Die schles. Heimat war für den sehr religiösen Autor Mittelpunkt seines Lebens, so z. B. in dem autobiographisch angelegten ersten Roman *Des Heilands zweites Gesicht* (Lpz. 1919). Die Erfahrungen während eines mehrmonatigen Amerikaaufenthalts 1925 verarbeitete K. in den Romanen *Einer unter Millionen* (Bln. 1936) u. *Wolkenkratzer* (Breslau 1926). Das Heimkehrermotiv gestaltete er religiös u. sozial als Suche u. Selbstfindung im Roman *Volk ohne Heimat* (Bln. 1927). Besonders erfolgreich war K. als Hörspielautor mit heimatverbundenen Naturmärchen u. Volksstücken in schles. Mundart, aber auch mit hochdt. Stücken. In seinem Lob der Scholle, *Andreas Hollmann* (Hörsp. 1935), u. mit einer Hitlerbiographie für die dt. Jugend (*Der Volkskanzler*. Langensalza 1935) bekannte K. seine Nähe zum Nationalsozialismus.

Weitere Werke: Schlesiens Heide u. Bergland. Breslau 1921. – Heinrich Budschigk. Jena 1925 (R.). – Ein Mann stellt sich dem Schicksal. Jena 1929 (R.). – Bauer unterm Hammer. Jena 1932 (D.). – Atem der Berge. Lpz. 1933 (R.). – Schaffendes Volk. Lpz. 1937 (E.). – Seele der Heimat. Jena 1939 (Ess.). – Himmelreich u. Heimaterde. Breslau 1942 (E.). – *Herausgeber:* Wir Schlesier, 8 Jahrgänge (1927-35).

Literatur: Ernst Metelmann: K.-Bibliogr. In: Die Neue Lit. 40 (1939). – Franz Schade: H. C. K. In: Schles. Monatsh.e (1939).

Wolfgang Weismantel

Kaeser, Hildegard Johanna, geb. Zander, auch: Hill Hillevi, * 4. 4. 1904 Berlin, † 26. 3. 1965 Norviken/Stockholm. – Journalistin, Roman- u. Kinderbuchautorin, Verfasserin von Biographien, Übersetzerin.

K. arbeitete bis 1933 als Journalistin u. Herausgeberin der Zeitschriften »Der heitere Fridolin« u. »Tempo« beim Ullstein Verlag in Berlin. Von den NS-Rassengesetzen betroffen, emigrierte sie 1933 über Frankreich nach Dänemark. Von 1935 bis zu ihrem Freitod lebte sie in Schweden. Nach Kriegsende war sie aus Abneigung gegen das Land nicht mehr nach Deutschland zurückgekehrt. K. gehörte zu den bekanntesten Exilschriftstellern in Schweden. Sie veröffentlichte zehn Romane, die fast alle auch in Schweizer Verlagen erschienen. Zu ihren Hauptthemen gehören Emigrantenschicksale, wobei die Nationalität keine Rolle spielt. Ihre Romane, die zur gehobenen Unterhaltungsliteratur zählen, sind gefühlsbetont, aber auch spannend; die psycholog. Gestaltung ihrer Figuren ist authentisch. Hohe Auflagen erzielten ihre Biographien u. a. über Johann Heinrich Pestalozzi, Harriet Beecher-Stowe u. Helen Keller, die in der Reihe »Heldentaten« in Stockholm erschienen. Zwischen 1937 u. 1957 veröffentlichte K. in Schweden u. in der Schweiz neun Kinderbücher, die in verschiedene Sprachen übersetzt wurden. Außerdem übertrug sie zehn Romane der schwedischen Autorin Dagmar Edqvists ins Deutsche.

Weitere Werke: Junker u. Spielgefährte. Zürich 1944 (R.). – På jakt efter Trojas gul. Stockholm 1945 (Biogr.). – Fesseln des Herzens. Zürich 1950 (R.).

Literatur: Inger Lundmark: H. J. K. – eine Autorin im Exil in Schweden. Seminaraufsatz (mit ausführl. Bibliogr.). Dt. Institut, Stockholm 1971. – Helmut Müssener: Exil in Schweden. Politik u. kulturelle Emigration nach 1933. Mchn. 1974.

Ilse Auer

Kästner, Abraham Gotthelf, * 27. 9. 1719 Leipzig, † 20. 6. 1800 Göttingen; Grabstätte: ebd., Bartholomäusfriedhof. – Mathematiker; Epigrammatiker, Kritiker.

Als einziges Kind des Leipziger Juristen Abraham Kästner genoß K. eine umfassende u. planmäßige Ausbildung durch Privatlehrer, die, ganz von enzyklopäd. Zuschnitt, sowohl Naturwissenschaften wie alte u. neuere Sprachen umfaßte. Seit dem zehnten Lebensjahr besuchte er die Vorlesungen seines Vaters, zwei Jahre später bereits wurde er an der juristischen Fakultät der Leipziger Universität immatrikuliert. Im Anschluß an die Rechtswissenschaften (1737 Magister artium) studierte K. Mathematik u. Philosophie, was ihn zu Professuren in Leipzig u. Göttingen befähigte. Andere Fachgebiete (Medizin, Botanik, Naturkunde) betrieb er aus Interesse. In diesem breitgefächerten Bildungsprogramm nahmen die »schönen Wissenschaften« zunächst nur eine Randstellung ein. Das änderte sich durch K.s Begegnung mit Gottsched, dessen berühmte Vorlesungen über Poesie u. Rhetorik er besuchte. Angezogen durch den Ruf des damals führenden dt. Literaturtheoretikers u. vertraut mit dessen Methode, die Prinzipien des Wolffschen Rationalismus auch als Fundament der Dichtungslehre zu wählen, intensivierte K. bald seine Kontakte zum Gottsched-Kreis, wurde Mitgl. in der Vertrauten Rednergesellschaft sowie der Leipziger Deutschen Gesellschaft u. veröffentlichte in den von Gottsched herausgegebenen oder geförderten Zeitschriften (»Beyträge zur Critischen Historie der Deutschen Sprache, Poesie und Beredsamkeit«, »Belustigungen des Verstandes und Witzes«) zahlreiche Artikel. In ihnen erweist er sich als sprachlich gewandter, selbstbewußt auftretender Gottsched-Anhänger, der zwar unverkennbar auf dem Boden der Frühaufklärung steht, gleichwohl von Beginn an eigenständiges Urteil (z. B. Übersetzungstheorie) zeigt.

Bereits im Reimstreit nahm K. eine eher vermittelnde Position ein, ebenso in der anschließenden Auseinandersetzung zwischen Gottsched, Bodmer u. Breitinger. Als einer der ersten Schüler Gottscheds gestand er dessen Schwächen ein (Brief von Johann Georg Schultheß an Bodmer vom 27. 9. 1749) u. distanzierte sich noch in den 40er Jahren deutlich von ihm, da eine Übereinstimmung in der Einschätzung Hallers, den K. sehr verehrte, nicht möglich schien. Trotz dieses Zerwürfnisses bemühte er sich zeit seines Lebens um eine objektive Sicht Gottscheds, wie v. a. sein Nachruf auf den Lehrer (1767) erkennen läßt. Das Ende der ersten Phase seiner literar. Entwicklung markiert die Veröffentlichung der *Vermischten Schriften*

(Altenburg 1755), die ihn bes. wegen der satir. Schärfe der hier abgedruckten Epigramme zu einer literar. Berühmtheit machte. 1756 erhielt K. einen Ruf nach Göttingen, wo er eine a. o. Professur für Mathematik übernahm u. 1763 auch Leiter der Sternwarte wurde. Hier lebte er bis zu seinem Tod als im In- u. Ausland anerkannte Autorität seines Fachs, das er in seinem ganzen Umfang in akadem. Vorlesungen, Lehrbüchern u. Einzeluntersuchungen bearbeitete. Darüber hinaus aber bemühte er sich in zahlreichen Schriften, auch auf andere Gebiete Einfluß zu nehmen.

1762-1792 leitete K. die nach dem Siebenjährigen Krieg wiederbelebte Göttinger Deutsche Gesellschaft u. versuchte, ihr durch eine Reform der Statuten (Ausweitung der Themenbereiche, Zugangsbeschränkung) zu mehr öffentl. Resonanz zu verhelfen. Trotz großen persönl. Engagements (*Einige Vorlesungen. In der königlichen deutschen Gesellschaft zu Göttingen gehalten.* 2 Bde., 1768 u. 1773) scheiterte er an mangelnder Unterstützung durch andere Mitglieder u. dem konservativen Zuschnitt des Unternehmens. K. selbst zeigte sich neuen literar. Entwicklungen gegenüber stets kritisch, aber insg. aufgeschlossen; als einzigem der früheren Gottschedianer wurde ihm ein zeitgemäßes ästhetisches Urteil bescheinigt (Gotter an Boie, 8. 11. 1769). Zu seinen Briefpartnern gehörten nicht nur die namhaftesten Naturwissenschaftler seiner Epoche, sondern auch zahlreiche Literaten (Gellert, Gotter, Nicolai, Raspe, Weisse); insbes. jüngeren Schriftstellern (Johann Elias Schlegel, Lessing, Thümmel, Hölty, Voß) galt er als Autorität in poetolog. Fragen. Boie u. Gotter unterstützte er 1770 bei der Initiation des »Göttinger Musenalmanachs«, Lichtenberg in seiner Auseinandersetzung mit Lavater u. Johann Georg Zimmermann (*An Herrn Hofrath und Leibmedicus Zimmermann in Hannover.* Altenburg o. J. [1780]). Trotz seines bis zu seinem Lebensende nie erlahmenden Interesses an allem Neuen galt sein literar. Geschmack seit den 80er Jahren als veraltet, u. der noch 1773 als »classischer« dt. Schriftsteller Gerühmte erhielt schließlich von den Romantikern, nicht zuletzt wegen seiner rigorosen Ablehnung der Französischen Revolution (*Gedanken über das Unvermögen der Schriftsteller Empörungen zu bewirken.* Gött. 1793), seine literar. Pensionierung (Athenäum 2,2, S. 335).

K.s literar. Ruhm gründete sich v. a. auf sein epigrammat. Talent, daneben traten andere lyr. Formen (Elegie, poetische Epistel, Lehrgedicht) fast ganz zurück. Unter der Bezeichnung »witziger Epigrammatist« hat ihn denn auch die zeitgenöss. Kritik verbucht (Hannoverisches Magazin, 1768, S. 446) u. damit dem bis heute gängigen einseitigen Bild Vorschub geleistet; in der Beschränkung auf den Epigrammatiker erfaßt man zwar einen signifikanten Wesenszug K.s, aber nur den geringeren Teil seines literar. Wirkens. Nicht zu Unrecht freilich können K.s »Sinngedichte«, die er oft in Briefe einstreute oder handschriftlich weitergab u. die in Anthologien u. Musenalmanachen noch Jahrzehnte weiterlebten, als histor. Miniaturbibliothek des 18. Jh. gelten. Seine bissigen Kommentare, teils in der überalterten Form des Alexandrinerepigramms, aber stets dem Gebot der »brevitas« verpflichtet, betreffen v. a. literar. Themen; daneben finden sich Kommentare zu aktuellen Ereignissen u. Kritik an gesellschaftl. Mißständen; seltener ist allg. Moralisieren gegen Charakterfehler u. Ständeübel. Zu seinen besten Leistungen fand K. in der Personalsatire, wo er, anders als Lessing, den unverhüllten Angriff bevorzugte u. seine satir. Attacken kaum einmal durch Verlagerung in eine fiktive Gegenwart zügelte. Die Tagesaktualität ihrer Themen sicherte K.s Epigrammen eine zunächst große Resonanz, bedingte aber zgl. das schnelle Verblassen ihrer Wirkung.

Eng verwandt mit der epigrammat. Stilart der poetischen Kritik ist K.s Tätigkeit als Rezensent. So verlagerte sich in der zweiten Phase seines Lebens seine literar. Beschäftigung fast ganz von der poetischen Produktion auf die Kritik. Allein für die »Göttingischen Gelehrten Anzeigen« verfaßte er seit 1756 3500 Artikel, von denen etwa 550 literar. Texte betreffen. In ihnen zeigt sich K. als enzyklopädisch gebildeter, im Urteil überraschend maßvoll intonierender Kritiker. Neben der erwarteten rationalistischen Grundhaltung überrascht seine Toleranz gegenüber neuen literar. Strömungen (Empfindsamkeit, Sturm und Drang), deren kulturpatriotische Tendenzen ihm den Zugang zu ihm wesensfremden Ideen erleichterten.

Als Verfasser gelehrter Prosa fehlte K. der systemat. Zugriff, doch beziehen sich viele Texte auf sein lebenslanges Hauptanliegen als Aufklärer, dem schon seine Göttinger Antrittsvorlesung (*De eo quod studium matheseos facit ad virtutem. Oratio inauguralis.* Gött. 1756) diente: den Nachweis struktureller Verwandtschaft von Mathematik, Natur- u. Geisteswissenschaften.

K. ist als Gestalt des Übergangs einzuschätzen: Ein undogmat. Konservativer war er, der für eine fruchtbare Vertiefung aufklärerischer Grundhaltungen eintrat, in der ratio u. gezügelter Affekt als Komplemente idealer Lebensentfaltung in produktiver Wechselwirkung stehen.

Weitere Werke: Lobschr. auf den Herrn v. Leibnitz. Altenburg 1769. – Eine Recension mit Erinnerungen. o. O. 1780. – Bemerkungen über den Vortrag gelehrter Kenntnisse in der dt. Sprache. Gött. 1787. – Ges. poet. u. prosaische schönwiss. Werke. 4 Bde., Bln. 1841. – Briefe aus sechs Jahrzehnten. 1745-1800. Hg. Carl Scherer. Bln. 1912.

Literatur: *Bibliographie:* Rudolf Eckart (Hg.): A. G. K.s Selbstbiogr. u. Verz. seiner Schr.en. Hann. o. J. [1909]. – *Weitere Titel:* Carl Becker: A. G. K.s Epigramme. Chronologie u. Kommentar. Halle 1911. – Ulrich Joost: Göttinger Gelehrtengezänk. In: Göttinger Jb. (1986), S. 45-59. – Wolfgang Schimpf: K.s Literaturkritik. Gött. 1990. *Wolfgang Schimpf*

Kästner, Erhart, * 13. 3. 1904 Augsburg, † 3. 2. 1974 Staufen. – Prosaautor, Verfasser von Reiseberichten; Bibliothekar.

Der Sohn eines Gymnasialprofessors studierte nach einer Buchhändlerlehre Philosophie u. Literaturgeschichte in Freiburg i. Br., Kiel u. Leipzig u. promovierte 1927 über *Wahn und Wirklichkeit im Drama der Goethezeit* (Lpz. 1929). Anschließend arbeitete K. an der Landesbibliothek Dresden. 1936/37 war er Sekretär von Gerhart Hauptmann. 1940 folgte der Wehrdienst in Griechenland, 1945-1947 Kriegsgefangenschaft in Ägypten. Anfang der 50er Jahre lernte er den von ihm hochverehrten Heidegger kennen. 1950-1968 war K. Direktor der Herzog August Bibliothek in Wolfenbüttel.

Die im militärischen Auftrag geschriebenen Reiseberichte *Griechenland* (Bln. 1942. Neudr. u. d. T. *Ölberge, Weinberge.* Ffm. 1946) u. *Kreta* (Bln. 1946) sind Versuche der Emigration in die griech. Kulturwelt. K. steigt aus Zeit u. militärischer Gegenwart der Besatzungsmacht aus. Einige Textstellen aus *Griechenland* wurden von der Kritik 1943 im Sinne damaliger Deutschtumsideologie gedeutet. Im *Zeltbuch von Tumilad* (Wiesb. 1949), K.s größtem Erfolg, beschreibt er die Kriegsgefangenschaft in der Wüste: eine Beschwörung abendländ. Kultur. Wüste wird zur Metapher faszinierender Zeitlosigkeit u. Leere, die mit den Bildern der Imagination gefüllt wird. In *Aufstand der Dinge* (Ffm. 1973) attackiert K. die Zerstörung der Natürlichkeit u. des Naturgemäßen.

K. verstand sich als Bewahrer u. Mahner u. schuf eine Form des meditativen, belehrend-erbaul. Essays u. Reiseberichts. Sein Nachruhm verblaßte in den 70er Jahren. K. machte die Herzog August Bibliothek zu einem international renommierten Institut.

Weitere Werke: Die Stundentrommel vom hl. Berg Athos. Ffm. 1956 (Reiseber.). – Offener Brief an die Königin v. Griechenland. Beschreibungen, Bewunderungen. Ffm. 1973 (P.). – Über Bücher u. Bibl.en. Dresden u. Wolfenbüttel. Ausgew. v. Wolfgang Milde u. Paul Raabe. Wolfenb. 1974. – Der Hund in der Sonne u. a. Prosa. Aus dem Nachl. hg. v. Heinrich Gremmels. Ffm. 1975. – Griech. Inseln. Hg. H. Gremmels. Ffm. 1975. – Briefe. Hg. P. Raabe. Ffm. 1984. – Martin Heidegger – E. K. Briefw. 1953-74. Hg. Heinrich W. Petzet. Ffm. 1986.

Literatur: Ralf Schnell: Lit. der Inneren Emigration. 1933-45. Stgt. 1976. – Anita Kästner u. Reingart Kästner (Hg.): E. K. Leben u. Werk in Daten u. Bildern. Ffm. 1980. – Paul Raabe (Hg.): Werkmanuskripte. Ausstellungskat. der Hzg. August Bibl. Nr. 43. Wolfenb. 1984. – Anton Krättli: E. K. In: KLG. *Hendrik Markgraf*

Kästner, Erich, * 23. 2. 1899 Dresden, † 29. 7. 1974 München; Grabstätte: München-Bogenhausen, St. Georgs-Friedhof. – Lyriker, Roman- u. Kinderbuchautor.

Der Ehrgeiz der Mutter u. ihre finanziellen Anstrengungen ermöglichten dem aus kleinbürgerl. Verhältnissen stammenden K. Schule u. Ausbildung. Er besuchte vier Jahre das Lehrerseminar in Dresden, holte, nach dem Militärdienst 1917/18, das Abitur nach, studierte in Leipzig, Rostock u. Berlin Germanistik, Geschichte, Philosophie u. Theaterwissenschaften u. promovierte 1925 mit einer Arbeit über *Friedrich den Großen und die deutsche Literatur* (Neudr. Stgt. 1972). Seine journalistische Laufbahn begann K. als Redakteur bei der »Neuen Leipziger Zeitung«. Nach seinem Umzug nach Berlin arbeitete er als freier Mitarbeiter u. a. für die »Weltbühne« u. die »Vossische Zeitung«. In rascher Folge publizierte er in der Endphase der Weimarer Republik Gedichtbände, Kinderbücher u. den Roman *Fabian*, die 1933 von den Nationalsozialisten verbrannt wurden. K., der sich zu diesem Zeitpunkt in der Schweiz aufhielt, kehrte nach Deutschland zurück, weil er es als seine Pflicht ansah, später Zeugnis von jenen Jahren zu geben.

Während des Dritten Reichs veröffentlichte K. ausschließlich im Ausland, er wurde mehrmals verhaftet u. wieder freigelassen u. erhielt 1943 ein auch für das Ausland geltendes totales Schreibverbot. Nach Ende des Zweiten Weltkriegs siedelte er nach München über, wo er Feuilletonchef der von den Amerikanern herausgegebenen »Neuen Zeitung« wurde. Er gehörte zu den Mitbegründern der Kabaretts »Die Schaubude« u. »Die kleine Freiheit«, für die er zahlreiche Texte verfaßte, u. wurde 1951 zum Präsidenten des westdt. PEN-Zentrums ernannt. K. bemühte sich intensiv um die Reorganisation des literar. Lebens der BR Deutschland. Ende der 60er Jahre zog er sich völlig aus dem öffentl. Leben zurück.

»Er ist ein Moralist. Er ist ein Rationalist. Er ist ein Urenkel der deutschen Aufklärung, spinnefeind der unechten ›Tiefe‹, die im Lande der Dichter und Denker nie aus der Mode kommt, untertan und zugetan den unermeßlichen Forderungen: nach der Aufrichtigkeit des Empfindens, nach der Klarheit des Denkens und nach der Einfachheit in Wort und Satz.« So hat K. sich selbst 1949 vor dem dt. PEN-Club charakterisiert. Die persönl. Integrität u. die Einfachheit u. Verständlichkeit seiner Sprache haben K. in der Weimarer Republik zu einem der populärsten Autoren gemacht. Die Kritik meldete dagegen Skepsis an gegenüber dem allzu Unernsten, allzu Schnoddrigen u. Amüsanten der Texte K.s. Mit seiner polit. Haltung, die sich jeder Ideologie verweigerte u. allein auf gesunden Menschenverstand setzte, eckte K. in allen polit. Lagern an.

K. hat, zumal in den Ende der 20er, Anfang der 30er Jahre publizierten Gedichtbänden (*Herz auf Taille*. Lpz./Wien 1928. *Lärm im Spiegel*. Ebd. 1929. *Ein Mann gibt Auskunft*. Stgt./Bln. 1930. *Gesang zwischen den Stühlen*. Ebd. 1932. Alle Neudr. Mchn. 1988), die (Alltags-)Wirklichkeit des »kleinen Mannes« zur Sprache gebracht. Thematisch u. stilistisch zeichnet diese Bände eine weitgehende Einheitlichkeit aus, die K. auf den Begriff der »Gebrauchslyrik« gebracht hat. Seine Gedichte beschäftigen sich mit den sozialen u. wirtschaftl. Sorgen der kleinen Leute, die ebenso anschaulich wie anteilnehmend dargestellt werden. Mit satir. Schärfe kritisiert K. Gleichgültigkeit, Passivität u. Resignation als Reaktionen auf die vermeintlich unabwendbare Misere. Besonders bedeutsam sind K.s pazifistische Gedichte, die gegen den Krieg als Wirtschaftsfaktor opponieren.

Fabian, die Geschichte eines Moralisten (Stgt./Bln. 1931. Neudr. Mchn. 1988), ist ein Beispiel neusachl. Prosa u., neben Heinrich Manns *Untertan*, einer der politischsten dt. Romane des frühen 20. Jh. Die in Episoden erzählte, um die Figur des Germanisten Dr. Jakob Fabian angeordnete Geschichte vom sittl. Verfall Berlins, vom polit. Untergang der Republik sollte als Warnung dienen vor fragwürdigen Ideologien, vor einem in Parolen verpuffenden Aktionismus, vor einem fatalistischen, alles gesellschaftl. u. polit. Bemühen im Keim erstickenden Pessimismus. Die während des Dritten Reichs entstandenen, in einem Schweizer Verlag publizierten Romane *Drei Männer im Schnee* (Zürich 1934. Neudr. Mchn. 1988), *Die verschwundene Miniatur* (Zürich 1935. Neudr. 1988) u. *Georg und die Zwischenfälle* (Zürich 1938. Seit der 2. Aufl. u. d. T. *Der kleine Grenzverkehr*. Neudr. Mchn. 1988) verzichten auf alle gesellschafts- u. sozialkrit. Elemente; sie sind in einer entpolitisierten Wirklichkeit angesiedelt u. entwerfen teilweise klischeehafte Bilder einer idyll. Welt.

Die größten, auch internationalen Erfolge konnte K. mit seinen Kinderbüchern feiern. *Emil und die Detektive* (Bln. 1928. Hbg. 1970), *Pünktchen und Anton* (Bln. 1930. Hbg. 1970), *Das fliegende Klassenzimmer* (Stgt. 1933. Hbg. 1970) oder *Das doppelte Lottchen* (Zürich 1949. Hbg. 1970) sind in 34 Ländern u. 40 Sprachen erschienen. K.s kindl. Helden, als maßstabsetzende Vorbilder konzipiert, entwickeln bzw. verkörpern die für K. zentralen menschl. Tugenden: Aufrichtigkeit, Hilfsbereitschaft, Gerechtigkeit u. Nächstenliebe.

Den urspr. geplanten großen Roman über die Zeit der NS-Diktatur hat K. in der Nachkriegszeit nicht geschrieben. Seine Auseinandersetzung mit der Vergangenheit, seine Besorgnis angesichts der erneuten Militarisierung, seine vehemente Forderung nach einer neuen verbindl. Moral finden sich verstreut in einer Fülle von Essays, Reden, Vorträgen u. Zeitungsartikeln. Mit engagierten Liedern, Szenen u. Dialogen begleitete K. auch in den beiden von ihm mitbegründeten Kabaretts die ersten Jahre der BR Deutschland. Hier knüpfte er am unmittelbarsten an die satir. Schärfe u. den pädagog. Impuls der Vorkriegsarbeiten an.

Als Kinderbuchautor ist K. nach wie vor populär. Die Literaturwissenschaft behandelt den Lyriker, Romancier u. Essayisten, wie zu Lebzeiten die Literaturkritik, eher stiefmütterlich, mit Tadel u. Strenge, häufiger noch mit Nichtbeachtung.

Weitere Werke: Doktor E. K.s lyr. Hausapotheke. Zürich 1936. Neudr. Mchn. 1988 (L.). – Der tägl. Kram. Chansons. u. Prosa 1945-48. Zürich 1948. Mchn. 1989. – Kurz u. bündig. Epigramme. Wien 1948. Mchn. 1989. – Die Konferenz der Tiere. Zürich 1949. – Die kleine Freiheit. Chansons u. Prosa 1949-52. Zürich 1952. Mchn. 1989. – Die Schule der Diktatoren. Zürich 1956 (D.). – Notabene 45. Ein Tgb. Zürich 1961. Mchn. 1989. – *Briefe:* Mein liebes, gutes Muttchen Du. Dein oller Junge. Hg. Luiselotte Enderle. Hbg. 1981.

Literatur: *Bibliographie:* Uta Lämmerzahl-Bensel: E. K. Eine Personalbibliogr. Gießen 1988. – *Weitere Titel:* Luiselotte Enderle: E. K. Reinb. 1966. – Renate Benson: E. K. Studien zu seinem Werk. Bonn 1973. – Helmuth Kiesel: E. K. Mchn. 1981. – Helga Bemmann: Humor auf Taille. Ffm. 1985. – Petra Kirsch: E. K.s Kinderbücher im geschichtl. Wandel. Diss. Mchn. 1986.

Rita Mielke

Käufer, Hugo Ernst, * 13. 2. 1927 Witten/Ruhr. – Lyriker, Kritiker.

Aufgewachsen als Sohn eines von den Nationalsozialisten verfolgten Arbeiters, war K. nach 1945 als kommunaler Verwaltungsangestellter tätig. Nach dem Besuch des Bibliothekar-Lehrinstituts Köln (1954-1957) arbeitete er als Diplom-Bibliothekar bis 1966 in Bochum; danach war er zunächst Hauptreferent, seit 1977 Direktor der Stadtbibliothek Gelsenkirchen.

Nach ersten Lyrikbänden, thematisch mit Vergangenheitsbewältigung u. Pazifismus befaßt, orientiert an Brecht, Tucholsky, aber auch an experimenteller Lyrik (*Wie kannst du ruhig schlafen?* Bochum 1958. *Spuren und Linien.* Emsdetten 1967), gründete K. 1968 die »Literarische Werkstatt Gelsenkirchen«, Vorläuferin des »Werkkreises Literatur der Arbeitswelt«, dessen Mitbegründer u. zeitweiliger Sprecher er war. Die Themen seiner Lyrik, Aphoristik u. Kurzprosa sind seither deutlich durch gesellschaftskrit. Engagement geprägt. Beharren auf mehr Demokratie, Militarismus-Kritik, Fragen der industrialisierten Arbeitswelt usw. werden programmatisch im Titel der Bände formuliert: *Im Namen des Volkes* (Oberhausen 1972), *Massenmenschen Menschenmassen* (Gelsenkirchen 1977), *Demokratie geteilt* (Dortm. 1977).

Sensible Reiseeindrücke gibt K. in den *Rußlandimpressionen* (Leverkusen 1976) wieder. Zuletzt veröffentlichte er lyr. Altersreflexionen (*In späten Jahren.* Zuidhorn 1989; dt.-holländ.). Ein großer Teil seines politisch pointierten, aber nie plump agitatorischen lyr. Werks ist in enger Zusammenarbeit mit Grafikern entstanden, illustriert u. a. von HAP Grieshaber, Artur Cremeracre u. Enric Rabasseda. K.s Lyrik ist u. a. ins Französische, Holländische, Russische u. Schwedische übersetzt worden.

Besondere Bedeutung hat K. jedoch als unermüdl. Förderer anderer Autoren erlangt – als Kritiker, Organisator von Tagungen u. Herausgeber (über 30 Einzelautoren u. Anthologien, u. a. Rose Ausländer u. Paul Schallück: *Schulter an Schulter. Gedichte aus dem Ruhrgebiet.* Mchn. 1985). K. hat damit entscheidend zur Durchsetzung der Arbeiterliteratur in den 70er Jahren u. zur Belebung der Literaturszene im Ruhrgebiet beigetragen.

Weitere Werke: Und mittendrin ein Zeichen. Emsdetten 1963 (L.). – Käufer Report. Krefeld 1968. – Stationen. Ges. Texte 1947-77. Köln 1977. – So eine Welle lang. Gelsenkirchen 1979 (Reiseschilderung). – Über das gesunde Volksempfinden. Bovenden 1983 (Aphorismen). – Zeit-Gedichte. Mchn. 1984. – Bei Licht besehen. Celle 1987 (Aphorismen).

Literatur: Anstöße. H. E. K. zum 60. Geburtstag. Gelsenkirchen 1987. – H. E. K. Bibliothekar, Autor, Herausgeber. Auswahlbibliogr. 1950-86. Ebd. 1987.

Erhard Schütz

Kaffka, Johann Christoph, eigentl.: J. C. Engelmann, * 1754 Regensburg, † 17. 1. 1815 Riga. – Dramatiker.

Nach dem Willen des Vaters, eines Konzertmeisters in Regensburg, sollte der Sohn nach dem Besuch des Gymnasiums Ordensgeistlicher werden, verließ aber 1774 das Kloster u. wurde Schauspieler, Sänger, Dramatiker u. Komponist bei verschiedenen Theatergesellschaften, u. a. in Prag (1775), Nürnberg (1776), Berlin (1779), Brünn (1781), Breslau (1782), Riga (1789), Dresden (1795), Dessau (1797) u. St. Petersburg (1800). 1801 ließ er sich in Riga als Schauspieler nieder u. versuchte sich auch als Buchhändler, Leihbibliothekar u. Zeitschriftenherausgeber (Nordisches Archiv. Riga 1803-09). Er starb während einer Vorstellung auf der Bühne.

K. schrieb Bühnenstücke u. Singspiele nach bewährten Mustern, verfaßte einige Ritter- u. Geheimbundromane (*Ruinen der Vorzeit.* 2 Bde., Breslau 1790), theoret. Schriften (*Über den Werth der Theatralischen Rührung.* Riga 1792), erotisch-satir. Erzählungen (*Hogarthsche Studien für Unerfahrne, Lüsterne und Kenner.* Riga 1805) u. eine Reisebeschreibung (*Schilderungen von Deutschland [...].* Glaz 1798). In den Streit um Kotzebues Bericht über seine Verbannung nach Sibirien griff er mit zwei Schriften ein (*Nöthige Erläuterungen zu der Schrift des Herrn von Kotzebue: das merkwürdigste Jahr meines Lebens.* Lpz. 1802. *Interessante Beiträge zu den nöthigen Erläuterungen [...].* Riga/Lpz. 1803), in denen er dessen Unwahrheiten u. Übertreibungen akribisch nachging.

Weitere Werke: Die Brüder des Bundes für Menschenglück. Lpz. 1796 (R.). – Die Tempelherren. Mannh. 1796 (D.). – Die Weisen v. Scheschian. Lpz. 1797 (R.). – Statist. Schilderungen vom gegenwärtigen Rußland [...]. Lpz. 1809.

Literatur: Johann Friedrich v. Recke u. Karl Eduard Napiersky (Bearb.): Allg. Schriftsteller- u. Gelehrtenlexikon der Provinzen Livland, Esthland u. Kurland. Bd. 2, Mitau 1829, S. 408-412. – Richard Maria Werner (Hg.): Gallerie v. Teutschen Schauspielern u. Schauspielerinnen. Bln. 1910, S. 74-76.

Wolfgang Griep

Kafka, Eduard Michael, auch: Siegwin Freimuth, * 11. 3. 1868 Wien, † 3. 8. 1893 Brünn. – Essayist; Journalist, Redakteur.

K. besuchte die Textilschule in Brünn u. studierte anschließend in Wien Staatswissenschaften, Kunstgeschichte u. Philosophie. Er gehörte zum Kreis Jung-Wien, war in Verbindung mit Bahr 1889/90 Begründer u. Redakteur der Monatsschrift »Moderne Dichtung« (ab dem 2. Jg. in Wien erschienen u. d. T. »Moderne Rundschau«) u. redigierte gemeinsam mit Leo Berg die Zeitschrift »Die Moderne« in Berlin. 1892 übersiedelte er wieder nach Brünn.

K. gehörte während seiner kurzen Laufbahn verschiedenen Geistesströmungen des 19. Jh. an: In seiner Studie *Hans Kudlich und die österreichische Bauernbefreiung* (Wien 1888) vertrat er die gesellschaftspolit. Umwälzungen der Revolution von 1848 u. setzte darin die Tradition des Liberalismus fort. Die Lösung der sozialen Frage dachte er sich ohne Einflußnahme des Staates. Als Weggefährte Bahrs war K. Kultur- u. Gesellschaftskritiker im Sinne des Naturalismus u. warnte vor einem »Kultus der Nerven«. Daneben ist er aber auch als Vorkämpfer des Impressionismus zu würdigen, der sich insbes. für das Werk Maeterlincks einsetzte.

Weitere Werke: Wirtschaftsgeschichtl. Studien. Wien 1889. – Hieroglyphen. Moderne Märchen. Wien 1890. – Der Individualismus. Wien 1891.

Literatur: ÖBL. – Heinz Rieder: K. In: NDB.

Arnulf Knafl

Kafka, Franz, * 3. 7. 1883 Prag, † 3. 6. 1924 Kierling bei Wien; Grabstätte: Prag-Strašnice, Neuer Jüdischer Friedhof. – Romancier u. Erzähler. (Bildkapitel S. 205–220)

K. wurde als ältestes von sechs Kindern – zwei Brüder starben früh, nur die Schwestern Elli, Valli u. Ottla blieben am Leben – der Familie des jüd. Galanteriewarenhändlers Hermann Kafka u. seiner Frau Julie geboren. Der Vater war aus ärml. Verhältnissen aufgestiegen, um ökonomische u. nationale Assimilierung bemüht, ohne Verständnis für die Begabung des Kindes Franz, dessen Schreibversuche bis in die Knabenjahre zurückreichen. Die Mutter, dem Vater ergeben, entstammte einer angesehenen Kaufmannsfamilie. Ihren Bruder Alfred, Eisenbahndirektor in Madrid, betrachtete K. als »nächsten Verwandten«; ihr Stiefbruder Siegfried Löwy, Landarzt in Triesch, wurde zu seinem Lieblingsonkel. K.s Selbstgefühl war bestimmt durch den Gegensatz zu dem als übermächtig erfahrenen Vater: »du stark, groß, breit [...] ich an deiner Hand, ein kleines Gerippe [...]« (H 168). Der *Brief an den Vater* (1919), im Rückblick des 36jährigen verfaßt, dem Vater freilich nicht zugeleitet, erzählt die nie bewältigte Geschichte von K.s Leiden in der Familie, die Rettungsversuche durch das Schreiben: nicht als Freiheit, sondern als »Ausweg«, wie der Affe Rotpeter im *Bericht für eine Akademie* konstatiert. Eng verbunden fühlte er sich seiner Schwester Ottla, die ihm 1916 einen Ausweg aus den Zwängen des Familienraums eröffnete, als sie ihm für einen Winter ein Schreibdomizil im Alchimistengäßchen auf dem Hradschin verschaffte.

K. war ein guter Schüler; nach dem Abitur im Sommer 1901 begann er (nach einigem Schwanken) das Studium der Jurisprudenz an der Prager Universität. Er hörte auch germanistische Vorlesungen u. wurde mit der Prager Literaturszene – Hugo Salus, Friedrich Adler, Brod, Meyrink – bekannt; K. besuchte philosophische Zirkel u. literar. Salons. Am 23. 10. 1902 sprach Brod in der »Lese- und Redehalle«, einem Forum liberaler Studenten, über Schopenhauers Philosophie. Hier lernte K. ihn kennen, u. es entstand eine lebenslange Freundschaft. Brod ermutigte K. zum Schreiben, drängte ihn gegen seine Selbstzweifel zur Veröffentlichung u. vernichtete schließlich K.s Nachlaß nicht, wie der testamentar. Wille lautete, sondern rettete ihn vor den Nationalsozialisten nach Jerusalem. K.s Lehrer während des Studiums waren u. a. der Nationalökonom Robert Zuckerkandl, der Handelsrechtler Otto Frankl u. vor allem der Strafrechtler Hans Groß, dessen Studien über die Psyche des Verbrechers, über Tatsachenerforschung u. Spurensicherung auf K.s Schreiben eingewirkt haben. Am 18. 6. 1906 wurde K. zum Dr. jur. promoviert. Zunächst trat er als Versicherungsjurist in die Assicurazioni Generali, dann in die Arbeiter-Unfall-Versicherungs-Anstalt (1908) ein. Er bewährte sich als Beamter u. stieg zum Obersekretär auf, bis er, mit Fortschreiten der Tuberkulose, 1922 pensioniert wurde. K.s berufl. Aufgabe bestand darin, Ersatzforderungen der durch Arbeitsunfälle Geschädigten möglichst gering zu halten. Er kannte also die sozialen u. wirtschaftl. Verhältnisse im böhm. Industriegebiet sehr genau u. verfaßte mehrere Schriften zur Unfallverhütung.

K. hat zeitlebens unter seinem Beruf gelitten: der Fron der Tagesarbeit, die ihm Zeit u. Kraft für das nächtl. Schreiben nahm; den Zwängen der »verdammten Stadt« (an Hedwig W., Anfang Sept. 1907), die ihn unglücklich machte u. doch nicht losließ. Leben u. Schreiben waren für K. auf verhängnisvolle Weise miteinander verknüpft. Es ist bedeutsam, daß K. gerade in dem Augenblick, als ihm (nach seinem eigenen Wort) mit dem *Urteil* (1912. In: Arkadia, 1913. Lpz. 1916) der »Durchbruch« zur Literatur gelang, jene Frau kennenlernte, um die er einen fünf Jahre währenden Kampf – Verlobung, Entlobung u. erneute Verlobung, Bruch – führen sollte: in dem verzweifelten Bewußtsein, ohne sie nicht leben u. in ihrer Nähe nicht schreiben zu können. Die vielen hundert Briefe, die er zwischen 1912 u. 1917 an die Berlinerin Felice Bauer richtete, sind Versuche, aus der schreibenden Distanz zu ihr jene Literatur zu erzeugen, die von der Einsamkeit, der Verlorenheit des Ich in einer von Schuld u. Bürokratie geprägten Welt zeugt. Es ist die Zeit, in der die im *Urteil* beschriebene Konstellation (der Sohn in Dreiecksbeziehung zu Vater, Geliebter u. zum Freund) lebensbegründende Kraft gewinnt: die Entscheidung dessen, der vom »Blutkreislauf der Familie« (T 296) sich nicht zu lösen vermag, zwischen Ehe u. Schreib-Beruf, zwischen Leben u. Kunst; die Unvereinbarkeit der Verbindung mit der erfolgreichen Frau – Felice Bauer war Prokuristin in der Medienfirma Lindström AG – u. einem künstlerischen Freundeskreis, dem Brod, Werfel, Felix Weltsch, Oskar Baum, Otto Pick, Ernst Weiss u. andere angehörten.

Das äußere Muster von K.s Leben ist unauffällig; nicht der größere Schmerz, nur die schärfere Aufmerksamkeit, die er ihm widmet, gibt seinem Leben, dem schrittweisen Aufzehren der Biographie durch das Schreiben, weltliterar. Gewicht: der Lebensgang als Gerichtsprozeß, der Erwerb der Sprache als Verurteilung zur Delinquenz, der »verhörte Held« als Protagonist des Geschehens, das mit seiner Auslöschung endet.

K. machte (meist mit Brod) Vergnügungs- u. Bildungsreisen, soweit es der Zwang des Berufs erlaubte: nach Helgoland, Berlin, Venedig u. Verona, nach Lugano, Mailand u. Paris, nach Lübeck, Wien u. Meran. Zögernd löste K. sich aus dem Bannkreis der Familie: erst 1914

(31jährig) bezog er ein Zimmer außerhalb der elterl. Wohnung.

In der Nacht zum 13. 8. 1917 erlitt K. einen Blutsturz, der die zum Tod führende Krankheit einleitete. K. konstatierte dieses Ereignis mit Besorgnis u. Erleichterung zugleich: als Möglichkeit, dem verhaßten Beruf zu entgehen u. Zeit fürs Schreiben zu gewinnen. Bei einem Erholungsurlaub in Schelesen (nördlich von Prag) lernte K. Julie Wohryzek kennen, die Tochter eines Schusters u. Gemeindedieners an einer Prager Synagoge. Heiratspläne zerschlugen sich; im Frühjahr 1920 begegnete er der christl. Tschechin Milena Jesenská, Frau des Literaten Ernst Polak. Die Briefe an sie, die Übersetzerin seiner Texte ins Tschechische, sind Zeugnis einer leidenschaftl., Konflikte erzeugenden Liebe. Ihr als einziger gab K. seine Tagebücher u. den *Brief an den Vater*, sein Lebensresümee, zu lesen. Es ist bemerkt worden, daß K.s Beziehungen zu Frauen in einem komplizierten Verhältnis zu seinen Schaffensphasen u. den Zeiten tiefer Depression stehen. So entstanden *Urteil* u. *Verwandlung* (in: Die weißen Blätter, Okt. 1915. Lpz. 1916), *Verschollener* (1911-14. U. d. T. *Amerika*. Mchn. 1927) u. *Prozeß* (1914/15. Bln. 1925) in der Zeit der wechselhaften Beziehung zu Felice Bauer; so erlebte K. die wichtige Schaffensphase in der Alchimistengasse (1916/17), in der u. a. die Erzählungen des *Landarzt*-Bands (Mchn./Lpz. 1919) entstanden, während der Kämpfe um das Verhältnis zu Felice Bauer. Und im Zusammenhang einer krisenhaften Entfremdung von Milena Jesenská schrieb er nicht nur zahlreiche Erzählungen (*Das Stadtwappen*, *Poseidon*, *Gemeinschaft*), sondern, nach einem letzten Aufleben dieser Beziehung, *Ein Hungerkünstler* (in: Die Neue Rundschau, Okt. 1922) u. den Anfang des *Schloß*-Romans (1922. Mchn. 1926).

Bedeutsam, aber doch schwer zu bestimmen ist K.s Verhältnis zum Judentum; er wußte sich der Religion seiner Väter fern, war aber zeit seines Lebens an Erscheinungen des Judentums interessiert: am jidd. Theater (*Rede über die jiddische Sprache*. 1912), an der Zionistenbewegung, an jüd. Brauchtum u. Sozialeinrichtungen, an der hebräischen Sprache, die er zu erlernen suchte. Spuren dieses Interesses in seinem Werk sind rar u. verschlüsselt. Andererseits finden sich Motive christl. Denkens in seinen Texten, die sich auf Schuld, Opfer u. Erlösung beziehen: »Ich bin nicht von der allerdings schon schwer sinkenden Hand des Christentums ins Leben geführt worden wie Kierkegaard und habe nicht den letzten Zipfel des davonfliegenden jüdischen Gebetmantels noch gefangen wie die Zionisten. Ich bin Ende oder Anfang« (H 121). Brod hat in mehreren Büchern eine theolog. Deutung von K.s Werk versucht.

Die beiden wichtigsten Menschen während K.s letzter Lebensjahre waren der Medizinstudent Robert Klopstock u. die aus Polen stammende Ostjüdin Dora Diamant, der er im Ostseebad Müritz begegnete. Mit ihr lebte er wenige glückl. Monate (Sept. 1923 bis März 1924) – vielleicht die glücklichsten seines Lebens – in Berlin, zum ersten Mal sich entschlossen von Prag lösend u. ein Konvolut von Texten, die er für überholt hielt, vernichtend. Um die Jahreswende verschlechterte sich K.s Zustand; er wurde in das Sanatorium Wiener Wald in Niederösterreich, dann, nach der Diagnostizierung der Kehlkopftuberkulose, in das Sanatorium Dr. Hoffmann in Kierling bei Klosterneuburg gebracht, wo er starb.

K.s Schreiben ist auf doppelte Weise geprägt: auf der einen Seite durch das Bewußtsein, in einer langen kulturellen Tradition zu stehen u. deren Werten u. großen Namen verpflichtet zu sein – der junge K. unterliegt dem Einfluß Nietzsches; Goethe, Hebel u. Stifter sind ihm wichtige Autoren; er liest Strindberg u. Kierkegaard; Kleist, Grillparzer, Flaubert u. Dostojewskij nennt er seine »Blutsverwandten« (an Felice Bauer, 2. 9. 1913); er fühlt sich gedrängt, im literar. Schaffen das »Reine, Wahre, Unveränderliche« (T, 25. 9. 1917) herauszuheben, ein »idealistisches Erbe« in sich wiederzufinden. Andererseits aber dominiert die Aufmerksamkeit auf das Dunkle, Körperstumme, das Schmutzige u. Tierische, das Unkanonische, das sich in K.s Neigung zum Varieté, zur Menagerie, dem Zirkus niederschlägt – 1911 erfolgt die Begegnung u. Freundschaft mit dem vom Vater vehement abgelehnten ostjüd. Schauspieler Jizchak Löwy. Dieser Widerspruch zeigt sich zum einen in K.s »Gier«, gedruckt zu werden (an Rowohlt, 14. 8. 1912), gleichzeitig aber dem

Wunsch, alles Geschriebene zu vernichten; zum anderen aber in jenen Themen, die er immer wieder aufgreift. Sein Werk hat ja v. a. durch ein Thema Weltgeltung erlangt: die Darstellung der bürgerl. Familie in ihren Widersprüchen, der Gefühlsambivalenz von Haß u. Liebe, der mögl. Auswege aus ihren Zwängen, die sich in Beziehungen zu Freundesgestalten (wie im *Urteil*) u. geschwisterl. Figuren (wie in der *Verwandlung*) andeuten – freilich immer wieder bezogen auf die Vereinzelung des Subjekts in einer gefühllosen Welt, die im Zeichen des *Unglücks des Junggesellen* (einer der frühesten von K. veröffentlichten Texte. Zuerst in: *Betrachtung*. Lpz. 1913) u. seiner verschiedenen Spielarten (*Blumfeld ein älterer Junggeselle*. 1915. *Ein Landarzt*) steht. K.s Bild von der Familie, wie es seine Werke, vom *Urteil* über den *Verschollenen* bis zum *Brief an den Vater* – geradezu ein Musterbuch aller Aporien der bürgerl. Pädagogik u. Familienkonzeption – u. selbst das *Schloß*, entwerfen, ist zum Modell der von Zwängen beherrschten intimen Welt des kleinbürgerl. »Privaten« geworden, die der bürgerl. »Öffentlichkeit« entgegengesetzt bleibt u. das Adjektiv »kafkaesk« zur Kennzeichnung der Selbsterfahrung in einer labyrinthischen Moderne in alle Kultursprachen hat eindringen lassen. Mit diesem Begriff verbindet sich die Grunderfahrung der Fremdheit – einer Fremdheit, die im Laufe des 19. Jh. den europ. Leitbegriff der Subjektivität, wie er sich von Rousseau herschreibt, zu zersetzen begann. K.s Werk bringt zu literar. Ausdruck, was sich in der Geschichte der Selbsterfahrung des bürgerl. Menschen allmählich Geltung verschaffte: die Einsicht, daß die die Freiheit u. Gleichheit des einzelnen garantierenden Gesetze sich zu Maschinen der Überwachung u. Bestrafung wandeln, die eben diesen einzelnen einschränken, verletzen u. verstümmeln.

Als Ort, an dem der Umschlag von Freiheit in Zwang vonstatten geht, erscheint K. das Institutionenfeld der Justiz, dessen Mechanismen sich auf Pädagogik, Psychiatrie u. Medizin übertragen. Niemand außer Kleist hat dies in so konsequenter Weise literarisch zu vergegenwärtigen gewußt wie der Jurist K.: u. zwar, indem er die Intimität der Familie durch das Modell eines Justizrituals – Verhör, Verurteilung u. Hinrichtung – mit der Sozietät verknüpft. Dieser Gedanke von der Gewalt der Rechtsordnung, die alles Leben überformt, hat K.s Schaffen immer wieder bestimmt: von der *Beschreibung eines Kampfes* (1904-06) über die *Entlarvung eines Bauernfängers* (1911/12), *Das Urteil*, *In der Strafkolonie* (Lpz. 1919), *Vor dem Gesetz* (in: Selbstwehr 9, 1915), *Der Prozeß*, *Der neue Advokat* (1917) u. *Ein Brudermord* (1917. Beide zuerst in: *Ein Landarzt*) bis hin zur *Frage der Gesetze* (1920). Familie, Rechtsordnung, Fremdheitserfahrung u. Gewalt sind die Motive, die zur beherrschenden Argumentationsfigur von K.s Texten zusammenwachsen. Canetti, der dies scharfsinnig erkannte, nennt K. »den größten Experten der Macht«. *Urteil* u. *Strafkolonie* sind dabei von bes. Bedeutung. Während das Strafritual der Rechtsfindung im ersten Text in seiner Wirkung auf das Verhältnis von Subjekt u. Familie dargestellt wird, deutet die *Strafkolonie* auf das Verhältnis von Individuum u. sozialer Autorität im Beispiel jener Maschine, die der Kommandant der Strafkolonie konstruiert hat – mit dem Ziel, die Schrift des Gesetzes dem Delinquenten in den Körper zu schreiben, eine Schrift, die nur diesem allein lesbar wird u. seine Individualität mit der Allgemeinheit des Gesetzes vermitteln soll: als Auslöschung u. Versöhnung zugleich. Der Vater im *Urteil* u. der Kommandant in der *Strafkolonie* erscheinen als Exponenten von Familien- u. Staatsgewalt, einander – und dem Sohn u. Delinquenten – spiegelbildlich gegenübergestellt. K. selbst hat diese Konstellation auch experimentell zu erweitern gesucht, indem er mit seinem Verleger Kurt Wolff zwei Sammelbandprojekte bezüglich seiner großen Erzählungen der Frühzeit erörterte: Nach einem ersten Plan sollten *Urteil*, *Heizer* (Lpz. 1913) u. *Verwandlung* in einem Buch mit dem Titel *Söhne* vereinigt werden (an Wolff, 11. 4. 1913), nach einem späteren *Urteil*, *Verwandlung* u. *In der Strafkolonie* u. d. T. *Strafen* (an Wolff, 19. 8. 1916).

Wenn so die Familie der Ort ist, an dem K. seine Identitätsphantasien des bürgerl. Subjekts ansiedelt, so sind es zwei Seitenthemen, die aus diesem Bild des Familienverbands herauswachsen: zum einen die Frage nach dem Leben in einer modernen Berufswelt, im Zeitalter der Bürokratie (*Der Prozeß*), der Maschinen (*In der Strafkolonie*) u. der Medien (der Saal der Telefone im zweiten Kapitel des *Verschollenen*), die den »Menschenverkehr« regeln, ihn in Gestalt von Briefen, Telefonen, Telegrafen u. Parlografen inhumanisieren u. die Fremdheit zwischen die Menschen legen: »Die Menschheit [...] hat, um möglichst das Gespenstische zwischen den Menschen auszuschalten [...], die Eisenbahn, das Auto, den Aeroplan erfunden, aber es hilft nichts mehr, es sind offenbar Erfindungen, die schon im Absturz gemacht werden« (an Milena Jesenská, Ende März 1922); zum anderen aber, in Gegenüberstellung zu dieser Welt der Zwangsapparate, die Tierwelt, wie sie K.s Erzählungen u. Parabeln bevölkert. K.s Tierfiguren sind verwandelte Menschen auf der Flucht vor der Fremdheit einer ökonomischen Welt (*Die Verwandlung*) oder Tiere, die, auf der Flucht vor dem Verlust der Freiheit in der Menagerie, sich in Menschen verwandeln, um als »Künstler« im Varieté zu überleben (der Affe Rotpeter im *Bericht für eine Akademie*); Tiergesellschaften, der Menschenwelt entfremdet, wie sie die *Forschungen eines Hundes* schildern, u. solche, die scheinbar nach dem Modell der menschl. Gesellschaft sich organisieren, wie *Josefine, die Sängerin oder das Volk der Mäuse* (in: Prager Presse, April 1924); einzelne Tiere schließlich, wie das maulwurfartige Wesen im *Bau*, das sich gegen eine Welt feindl. Zeichen, das Rauschen einer unverstandenen Welt, in seiner Isolation zu behaupten sucht. K.s Tierdarstellungen sind in ihrer Funktion nicht leicht zu bestimmen; zwar stehen sie in den literar. Traditionen der Fabel, der anthropomorphisierenden Allegorie u. der Parabel; aber in ihrem tiefsten Sinn erscheinen sie als Elemente einer wilden Gegenwelt des Menschlichen, die durch den Körper, seine Naturhaftigkeit, dessen stumme u. bewußtlose Unveräußerlichkeit geprägt sind. Vielleicht ist K.s Schreiben nur auf dem Hintergrund dieser zivilisationsgeschichtl. Differenz verständlich: dem Schriftverkehr auf der einen Seite, der in das Universum der Kultur u. ihrer sozialen Rituale u. Zeichenordnungen hineinführt u. dem menschl. Ich, gegen allen Verfall des Körpers, das Überleben sichert, wie es die Parabel *Ein Traum* (in: *Ein Landarzt*) als Ruhmesphantasie überliefert; u. dem wilden Naturkörper auf der anderen Seite, der in die Stummheit des Organismus zurückkehrt – wie Josefine. Diese Ambivalenz bestimmt auch K.s Vorstellungen vom Künstlertum. Anders als bei Thomas Mann oder Musil, deren Werke von einer kontinuierl. Auseinandersetzung mit Fragen der Kunst u. der Poetologie durchzogen sind, handeln K.s Texte von dubiosen Künstlerfiguren, deren Tätigkeit den Wert der europ. Kulturtradition nur zu unterlaufen scheint: vom Maler Titorelli aus dem *Prozeß*, der in einer Atmosphäre der Bestechlichkeit einer beliebigen Reproduzierbarkeit der Kunstwerke sich verschreibt, von dem Trapezkünstler aus der Erzählung *Erstes Leid* (in: *Ein Hungerkünstler*. 1924), der in Bewegungslosigkeit verharrt, von dem *Hungerkünstler*, der an der Kunst des Selbstverzehrs zugrunde geht, von der Maus Josefine, deren Kunstübungen sich aller gängigen Wahrnehmung entziehen. Sie alle stehen zwischen den Welten der Schrift u. der sozialen Redeordnung auf der einen, der Welt des stummen tierischen Naturkörpers auf der anderen Seite u. werden in deren Verwerfungen zerrieben.

Dieser Widerspruch von erlösendem Kunstbegriff der europ. Kulturtradition u. tiefer Verzweiflung über das Versagen des sinnstiftenden Verfahrens kultureller Zeichensetzung durchzieht K.s ganzes Werk. Sein Blick ist der des Wilden auf eine unverständl. Sozietät u. bestimmt auch K.s Verhältnis gegenüber dem eigenen Schaffen: Dem Wunsch, Texte von bleibendem Rang zu veröffentlichen, widerstrebt eine Tendenz, die Niederschriften der Nächte in ihrer Anonymität zu belassen, den namenlosen Schreibstrom der Manuskripte in den stummen Körper zurückzuleiten. K. hat Texte geschrieben, die diesen Vorgang der Verweigerung von Kommunikation bis in die letzten Konsequenzen ausdenken: *Der Bau*, *Die Strafkolonie*, *Die Sorge des Hausvaters* (in: *Ein Landarzt*). Die Chiffre »K.«, mit der K. die Protagonisten seiner Romane ausstattet, deutet genau auf dieses Niemandsland zwischen bedeutungslosem Namen u. stummem Körper. Formales Symptom solcher Fremdheitserfahrung, die ihren Standpunkt zwischen »einsinniger« Immanenz des Blicks u. entpersönlichender Distanz nicht zu finden vermag, sind die Perspektivierungsexperimente der K.schen Prosa: auf der einen Seite der beinahe mit der Sicht des Lesers verschmelzende Blick des Protagonisten »K.« in den Romanen, auf der anderen die berichtenden Perspektivfiguren des Forschers u. des Wissenschaftlers in den *Forschungen eines Hundes*, dem *Dorfschullehrer* u. dem *Bau der Chinesischen Mauer*.

K.s drei Romane – *Der Verschollene, Der Prozeß, Das Schloß* – wurden nie vollendet. Er faßte diese Romane als Dokumente seiner Unfähigkeit auf, die Lebensgeschichte des modernen Subjekts schreibend zu bewältigen; er erfuhr sie als »Niederungen«, denen er durch die Ausflucht in das Schreiben kurzer Texte, »in einem Zug niedergeschriebener« Novellen zu entkommen suchte.

Es gehört zu dem mit K. gesetzten Paradox, daß gerade seine Romane, die er für mißglückt hielt u. nicht vollendete, seinen Weltruhm begründeten, als Brod sie aus dem Nachlaß veröffentlichte. Alle drei Romane können als Widerruf dessen angesehen werden, was der Bildungsroman des 19. u. noch des 20. Jh. postuliert hatte: die Erzählbarkeit der Geschichte eines frei sich entfaltenden Subjekts in einer durch Bildung, Ökonomie u. Politik gestalteten Gesellschaft. K.s Romane setzen zwar mit der traditionellen »Geburt des Helden« in die Familie u. die soziale Welt ein, aber sie lassen diesen hoffnungsvollen Anfang zerbröckeln. In K.s *Amerika*-Roman ist es das verführte Kind – die Urszene des Sündenfalls im Paradies hat, wie seine Aphorismen bezeugen, K. nachhaltig beschäftigt –, das von seinen Eltern verstoßen wird, in der Weite des amerikan. Kontinents seinen Weg als Schauspieler (ein zentrales Motiv des Bildungsromans seit Karl Philipp Moritz u. Goethe) sucht, im »Theater von Oklahama« seine Identität verliert u. zum »Verschollenen« wird. Im *Prozeß* ist es dann der an seinem 30. Geburtstag in Haft genommene Junggeselle, der in der Maschinerie des Lebensprozesses schließlich den Tod in einer freiwillig auf sich genommenen Hinrichtung findet. Im *Schloß* ist es der exilierte Ehemann, der in der Fremde einen Beruf beansprucht u. selbständig den Kampf gegen die übermächtige Bürokratie des Schlosses aufnimmt – einen Kampf mit offenem Ausgang. Es sind drei in drei Lebensaltern unternommene Versuche, den Zusammenhang eines Lebens aus dem Grundkonflikt von Heimat u. Fremde zu stiften. Für Karl, im *Verschollenen*, ist es die Vertreibung aus der Heimat in die Fremde; für Josef K., im *Prozeß*, der Versuch, sich in der Fremdheit der Heimat einzurichten; für K., im *Schloß*, das Bemühen, sich die Fremde durch »Vermessung« – er ist Landvermesser von Beruf – anzueignen u. so die Fremde zur Heimat zu machen.

Wenn die Romane K.s das Erzählmodell des Bildungsromans unterlaufen, so destruieren seine Erzählungen das traditionelle Modell der Novelle. Will der Bildungsroman aus dem Augenblick der Geburt des Subjekts ein Lebensganzes entwickeln, das sich organisch schließt, so sucht die Novelle in einem als Lebenskrise beleuchteten Augenblick das Ganze eines Lebens aufscheinen zu lassen. K.s Erzählungen sind subversive Proben aufs Exempel dieser Modelle, experimentelle Vergegenwärtigungen der Auslöschung des Subjekts im Spiel der anonymen Macht, die die sozialen Ordnungen durchwirkt. Dies wird insbes. an jenen Erzählungen deutlich, die im Sammelband *Ein Landarzt* zu einer Sinnfigur vereinigt wurden. Eine erste Gruppe – *Der Kübelreiter, Ein Brudermord* u. *Der Schlag ans Hoftor* – greift verfremdend auf das Thema der Familie u. der durch sie bestimmten Selbsterfahrung zurück; eine zweite Gruppe – *Auf der Galerie, Das nächste Dorf, Der Nachbar, Beim Bau der Chinesischen Mauer / Eine kaiserliche Botschaft* u. *Ein altes Blatt* – entwickelt das Thema sozialer Ordnungen: von den Beziehungsschwierigkeiten in der modernen Großstadt bis hin zu exotischen u. barbarischen Gesellschaftsformationen, in denen der Begriff des Subjekts dem Phänomen der anonymen Masse weicht; eine dritte Gruppe – *Schakale und Araber, Der neue Advokat, Eine Kreuzung, Ein Bericht für eine Akademie* – spielt das Thema der Identität in die Tierwelt hinüber, als Frage nach der Beglaubigung des Subjekts aus dem animal. Körper; eine vierte Gruppe – *Die Brücke, Der Jäger Gracchus, Ein Besuch im Bergwerk, Elf Söhne* u. *Die Sorge des Hausvaters* – greift ein Thema auf, das dann noch die Schriften der letzten Jahre K.s mitbestimmen wird: die Frage nach der Rolle der Kunst im sozialen Gefüge. In den ersten Jahren der Krankheit bezieht K. zunehmend auch myth. Motive in seine Argumentation über menschl. Kommunikation u. ihre sozialen Folgen ein: Fragen nach der Wirkung der Kunst (*Das Schweigen der Sirenen*), Fragen nach dem Vergessen im Prozeß der Zivilisation, nach dem Ermüden des »großen Subjekts«, seinem Verschwinden im stummen Felsgebirge (*Prometheus*), nach der Vergeblichkeit messender Zeichen in der Kultur (*Poseidon*).

Eine letzte Steigerung u. Vollendung von K.s Schaffen bieten die späten, unvollendeten Erzählungen (die Tiernovellen *Forschungen eines Hundes* u. *Der Bau*) u. der – vom Autor noch auf dem Sterbebett im Druck überwachte – Sammelband *Ein Hungerkünstler. Vier Geschichten* (Bln. 1924). Hier rückt das Thema der Kunst in den Mittelpunkt, u. zwar in der für K. bedeutsamen Konstellation von tierischem Körper, dem gleichsam organischen Substrat allen Lebens u. allen Schöpfertums, u. von Menschen erzeugten Zeichen, die der Kommunikation u. dem Überleben des Subjekts in der Kultur dienen. Auf der einen Seite der fremde Blick des Tiers (*Der Bau*), der die Menschwelt nur im Bedrohlichen ihrer undefinierbaren Geräusche gewahrt, auf der anderen der fremde Blick des Künstlers (*Der Hungerkünstler*) in die Gesellschaft, dessen Äußerungen nicht verstanden werden.

K.s Werk zeigt eine Nähe zu expressionist. Dichtung: durch das Motiv des Vater-Sohn-Konflikts, durch den suggestiven Körpergestus u. durch den experimentellen Einsatz myth. Formeln (*Ein Brudermord*); einer schlüssigen Einordnung in zeitgenöss. Literaturströmungen widerstrebt es aber durch seine Eigenart.

K.s Wirkung setzte, trotz der Bemühung des in der literar. Öffentlichkeit viel bekannteren Freundes Brod, nur zögernd ein u. wurde später überschattet durch die Verfemung jüd. u. »dekadenter« Autoren durch das NS-Regime. K.s Texte sind vor Beginn des Dritten Reichs zunächst von einer kleinen, eingeweihten Elite in Deutschland gelesen worden; dann in Frankreich (ab 1926), in England (ab 1928), in Italien u. in den USA; während des Kriegs u. danach schwoll die Rezeption lawinenhaft an. Das Werk K.s wurde zur Signatur der Epoche u. vielleicht des Jahrhunderts: »kafkaesk« als die Formel für eine Welt, deren Zeichen Unbehaustheit, existentialistische Verlorenheit, Bürokratie u. Folter, Entmenschlichung u. Absurdität zu sein schienen. K.s Werk ist einer unübersehbaren Fülle von Deutungen aller nur denkbaren Ausrichtungen unterworfen worden: religiösen u. philosophischen, psycholog. u. biographischen, soziolog. wie marxistischen, u. zeigt sich als ein Katalysator kultureller Selbsterfahrung u. Selbststilisierung zugleich, die Tendenzen eines ganzen Zeitalters gleichnishaft zusammenfassend.

WEITERE WERKE: Die Aeroplane in Brescia. In: Bohemia, 29. 9. 1909. – Die erste lange Eisenbahnfahrt. 1. Kap. v. ›Richard u. Samuel‹ (zus. mit Max Brod). In: Herderblätter, Mai 1912. – Betrachtung. Lpz. 1913. – Eine kleine Frau. In: Prager Tagblatt, 20. 4. 1924. – *Ausgaben:* Tagebücher u. Briefe. Prag 1937. – Ges. Werke. Hg. Max Brod: Der Prozeß. Ffm. 1950. Das Schloß. Ffm. 1951. Tagebücher 1910-23 [richtig: 1909-23]. Ffm. 1951 (= T). Briefe an Milena. Hg. Willy Haas. Ffm. 1952. Erw. Neuausg. hg. v. Jürgen Born u. Michael Müller. Ffm. 1983. Erzählungen. Ffm. 1952. Amerika. Ffm. 1953. Hochzeitsvorbereitungen auf dem Lande u. a. Prosa aus dem Nachl. [enthält u. a. den ›Brief an den Vater‹]. Ffm. 1953 (= H). Beschreibung eines Kampfes. N.n, Skizzen, Aphorismen aus dem Nachl. Ffm. 1954. – Briefe 1902-24. Ffm. 1958. – Briefe an Felice u. a. Korrespondenz aus der Verlobungszeit. Hg. Erich Heller u. J. Born. Ffm. 1967. – Briefe an Ottla u. die Familie. Hg. Hartmut Binder u. Klaus Wagenbach. Ffm. 1974. – Amtl. Schr.en. Hg. Klaus Hermsdorf. Bln./DDR 1984. – Max Brod/F. K.: Eine Freundschaft. Briefw. Hg. Malcolm Pasley. Ffm. 1989. – *Historisch-kritische Ausgabe:* Schr.en, Tagebücher, Briefe. Hg. J. Born, Gerhard Neumann, M. Pasley u. Jost Schillemeit. [bisher ersch.]: Das Schloß. Hg. M. Pasley. Ffm. 1982. Der Verschollene. Hg. J. Schillemeit. Ffm. 1983. – Die Tagebücher. Ffm. 1990.

LITERATUR: *Bibliographien:* Rudolf Hemmerle: F. K. Bibliogr. Mchn. 1958. – Harry Järv: Die K.-Lit. Malmö/Lund 1961. – Ludwig Dietz: F. K. Die Veröffentlichungen zu seinen Lebzeiten (1908-24). Eine textkrit. u. kommentierte Bibliogr. Heidelb. 1982. – Maria Luise Caputo-Mayr u. Julius M. Herz: F. K.s Werke. Eine Bibliogr. der Primärlit. (1908-80). Bern/Mchn. 1982. – Dies.n: F. K. Eine kommentierte Bibliogr. der Sekundärlit. (1955-80; mit einem Nachtr. 1980-85). Bern/Stgt. 1987. – *Biographisches:* Max Brod: F. K. Eine Biogr. Prag 1937. Ffm. ³1954. – Klaus Wagenbach: F. K. Eine Biogr. seiner Jugend. Bern 1958. – Ders.: F. K. in Selbstzeugnissen u. Bilddokumenten. Reinb. 1964. – M. Brod: Über F. K. Ffm. 1966. – Chris Bezzel: K.-Chronik. Mchn./Wien 1975. – Joachim Unseld: F. K.: Ein Schriftstellerleben. Die Gesch. seiner Veröffentlichungen. Mchn./Wien 1982. – *Weitere Titel:* Friedrich Beissner: Der Erzähler F. K. Stgt. 1952. – Angel Flores u. Homer Swander (Hg.): F. K. Today. Madison 1958. – Wilhelm Emrich: F. K. Das Baugesetz seiner Dichtung. Bonn/Ffm. 1958. – Marthe Robert: K. Paris 1960. – Klaus Hermsdorf: K.

Weltbild u. Roman. Bln./DDR 1961. – Theodor W. Adorno: Aufzeichnungen zu K. In: Ders.: Prismen. Kulturkritik u. Gesellsch. Mchn. 1963, S. 248-281. – Günter Anders: K. Pro u. Contra. Die Prozeßunterlagen. Mchn. 1963. – Kurt Weinberg: K.s Dichtungen. Bern/Mchn. 1963. – Walter H. Sokel: F. K. – Tragik u. Ironie. Mchn./Wien 1964. – Heinz Politzer: F. K., der Künstler. Ffm. 1965. – Jürgen Born u. a. (Hg.): K.-Symposion. Bln. 1965. – Elias Canetti: Der andere Prozeß. K.s Briefe an Felice. Mchn. 1969. – Karl-Heinz Fingerhut: Die Funktion der Tierfiguren im Werke F. K.s. Bonn 1969. – Peter Ulrich Beicken: F. K. Eine krit. Einf. in die Forschung. Ffm. 1974. – Dietrich Krusche: K. u. K.-Deutung. Mchn. 1974. – Christoph Stölzl: K.s böses Böhmen. Zur Sozialgesch. eines Prager Juden. Mchn. 1975. – Hartmut Binder: K.-Kommentar zu sämtl. E.en. Mchn. 1975. – Ders.: K.-Kommentar zu den Romanen, Rez.en, Aphorismen u. zum ›Brief an den Vater‹. Mchn. 1976. – Ders.: K. in neuer Sicht [...]. Stgt. 1976. – Gilles Deleuze u. Felix Guattari: K. Für eine kleine Lit. Ffm. 1976. – Angel Flores (Hg.): The K.-Debate. New Perspectives for Our Time. New York 1977. – J. Born (Hg.): F. K. Kritik u. Rezeption zu seinen Lebzeiten. Ffm. 1979. – H. Binder (Hg.): K.-Hdb. in 2 Bdn. Stgt. 1979. – G. Neumann: Werk oder Schrift? Vorüberlegungen zur Edition v. K.s ›Bericht für eine Akademie‹. In: Jb. Int. Germ. Reihe A, Bd. 11: Edition u. Interpretation. Bern/Ffm./Las Vegas 1981, S. 154-173. – Ders.: Schrift u. Druck. Erwägungen zur Edition v. K.s ›Landarzt‹-Bd. In: ZfdPh 101 (1982), S. 15-139. – Hans Helmut Hiebel: Die Zeichen des Gesetzes. Mchn. 1983. – Susanne Kessler: K.: Poetik der sinnl. Welt. Stgt. 1983. – Gerhard Kurz (Hg.): Der junge K. Ffm. 1984. – Wendelin Schmidt-Dengler (Hg.): Was bleibt v. F. K. Positionsbestimmung. K.-Symposion Wien 1983. Wien 1985. – Ulf Abraham: Der verhörte Held. Mchn. 1985. – Marthe Robert: Einsam wie F. K. Ffm. 1985. – Walter Müller-Seidel: Die Deportation des Menschen. K.s Erzählung ›In der Strafkolonie‹ im europ. Kontext. Stgt. 1986. – Karl Erich Grözinger u. a. (Hg.): F. K. u. das Judentum. Ffm. 1987. – Thomas Anz: F. K. Mchn. 1989. *Gerhard Neumann*

Kagel, Mauricio (Raúl), * 24. 12. 1931 Buenos Aires. – Komponist u. Hörspielautor.

Nach autodidaktischen Musikstudien, dem Studium der Literaturgeschichte u. Philosophie war K. Mitbegründer der Cinemathèque Argentine (1950) u. arbeitete bei verschiedenen Zeitschriften u. Theatern. 1957 kam er durch ein Stipendium des DAAD nach Köln. Seit 1960 nimmt er als Gastdozent an den Darmstädter Ferienkursen für Neue Musik teil, 1969–1975 war er Leiter der Kölner Kurse für Neue Musik, seit 1974 ist er Professor für »Neues Musiktheater« an der Musikhochschule Köln.

Um 1960 begründete K. mit dem Stück *Sur scène* (Urauff. Bremen 1962) das »Instrumentale Theater«, wobei musikal. u. szen. Verläufe, Szene, Licht u. Bühnengestaltung in die Komposition einbezogen wurden. Nach etlichen Musiktheaterkompositionen wie *Match* (Urauff. Bln. 1965), *Pas de cinq* (Urauff. Mchn. 1966), *Staatstheater* (Urauff. Hbg. 1971), *Mare Nostrum* (Urauff. Bln. 1975), *Dressur* (Urauff. Metz 1977), *Die Erschöpfung der Welt* (Urauff. Stgt. 1980), *Aus Deutschland* (Urauff. Bln. 1981) u. *Musik für Tasteninstrumente* (Urauff. Köln 1988) arbeitet K. auch im Medium Film u. Hörspiel. Seit *(Hörspiel) Ein Aufnahmezustand, 1. Dosis* von 1969 realisiert er in regelmäßiger Folge experimentelle Hörspiele im WDR Köln, wobei er auf Text u. Geräusch ähnl. Verfahrensweisen anwendet wie bei der Komposition von Musik. So komponiert K. z. B. in *...nach einer Lektüre von Orwell* (1984) eine von ihm sog. »germanische Metasprache«, deren Wortstämme zwar noch zu erkennen sind, aber in ihrer neuen Zusammenziehung an das musikal. Variationsverfahren u. die parodierende Verzierungstechnik anknüpfen. In *Die Umkehrung Amerikas* (1976) wird mit Hilfe der Verfremdung durch die Tonbandtechnik (Umkehrung des musikal. akust. Materials) ein Entfremdungsprozeß von Ureinwohnern zu ihrer Sprache transportiert, d. h. Sprache als Mittel der Repression entlarvt. Seit der Beethoven-Film-Collage *Ludwig van* von 1969 verwendet K. in zunehmendem Maße histor. Musik- u. Textmaterial u. verarbeitet u. verfremdet dieses beziehungsvoll.

WEITERE WERKE: ›Tamtam‹. Dialoge u. Monologe zur Musik. Mchn. 1975. – Das Buch der Hörspiele. Hg. Klaus Schöning. Ffm. 1981. – Glossolalie. Hg. Schuldt. Reinb. 1986.

LITERATUR: Ulrich Dibelius: Moderne Musik I. Mchn. 1966. – Klaus Schöning: Neues Hörsp. Ffm. 1969. – Dieter Schnebel: M. K. Musik Theater Film. Köln 1970. – Werner Klüppelholz: M. K. 1970-80. Köln 1981. – Ders. u. Lothar Prox: Das film. Werk I. Köln 1985. – Clytus Gottwald: M. K. In: Heinz-Klaus Metzger u. Rainer Riehn (Hg.): J. S. Bach, Die Passionen. Mchn. 1986. *Thomas Becker*

Kahane, Arthur, * 2. 5. 1872 Wien, † 7. 10. 1932 Berlin. – Erzähler, Lyriker, Essayist.

Der theaterbegeisterte Wiener trat mit 19 Jahren aus der mosaischen Glaubensgemeinschaft aus, studierte Literatur u. Philosophie, war Anarchist u. vertrat lebenslang einen subjektivistischen »Glauben an den Einzelnen«.

Seit 1902 begleitete K. Max Reinhardts Theaterpläne. 1905-1932 war er Dramaturg am Deutschen Theater in Berlin. Er war Herausgeber der »Blätter des Deutschen Theaters« (zus.

mit Felix Hollaender. 1.-3. Jg., Bln. 1911-14) u. der Monatsschrift »Das junge Deutschland«, des Organs des gleichnamigen Vereins (mit Versuchsbühne) zur Förderung junger Autoren (zus. mit Heinz Herald. 1.-3. Jg., Bln. 1918-20).

Sehnsucht nach eigentl. Leben, antibürgerl. Freiheitssuche u. Selbsterfüllung kennzeichnen die Romane *Clemens und seine Mädchen* (Bln. 1918), *Willkommen und Abschied* (Bln. 1919), in dem »Männerschicksal von Frauenseele und Frauenverständnis umrankt« wird, u. *Die Tarnkappe* (Bln. 1920). Humorvolle Einsichten in das »Wundergebilde« des Theaters gibt K. in dem Roman *Der Schauspieler* (Konstanz 1924) u. in seinem *Tagebuch des Dramaturgen* (Bln. 1927), dessen Essays eine Typologie des Theaterbetriebs u. in anekdot. Begegnungen subtile Autoren- u. Künstlerporträts enthalten.

Weitere Werke: Lieder. Bln. 1910. – Die Thimigs. Theater als Schicksal einer Familie. Bln. 1930. – Theater. Aus dem Tgb. des Theatermannes. Bln. 1930 (Ess.). – Die Jahre 1905-24. In: Hans Rothe (Hg.): Max Reinhardt. 25 Jahre Dt. Theater. Ein Tafelwerk. Mchn. 1930, S. 15-58. – Das Judenbuch. Bln. 1931 (Ess.). – A. K. (Hg.): Novellen aus der Bibel. Mit 13 Lithographien v. Erich Büttner. Bln. 1917. *Thomas Betz*

Kahlau, Heinz, * 6. 2. 1931 Drewitz/Potsdam. – Lyriker, Drehbuchautor, Verfasser von Büchern u. Stücken für Kinder, Übersetzer.

Nach Gelegenheitsarbeiten, Tätigkeiten als Traktorist u. FDJ-Funktionär (ab 1948) war K. ab 1953 »Meisterschüler« Brechts an der Akademie der Künste in Berlin. K. lebt heute als freier Autor in Ost-Berlin.

K., der als seine Vorbilder Ringelnatz, Villon, Heine, Bellman, Sandburg, aber auch den »Volksmund« nennt, schreibt »volkstümliche Lyrik sozialistischer Prägung« (Mathilde Dau). 1956, auf dem II. Kongreß junger Künstler in Chemnitz, verwahrte er sich öffentlich im Namen der um 1930 Geborenen gegen Gängelung.

Nach Gedichten, die den Ton der *Buckower Elegien* Brechts aufnahmen, fand K. seinen eigenen »anscheinend einfachen« (K. im Gespräch mit M. Dau) Ton, seine Haltung, die »am Detail des Alltags die Richtigkeit gesellschaftlicher Prozesse erkunden und herzeigen« will. K. arbeitet didaktisch, seine Gelegenheits- u. Gebrauchslyrik (*Der Fluß der Dinge*. Bln./Weimar 1964. *Flugbrett für Engel*. Ebd. 1974. *Fundsachen*. Ebd. 1984), seine Liebesgedichte (*Du*. Ebd. 1971), *Balladen* (ebd. 1971) u. Kinderbuchverse sind stärker von Erkenntnissen als von Empfindungen geprägt, er bevorzugt die »Sicht von unten«, den lakon., spruchhaften Sprachgestus. K. ist, neben Eva Strittmatter, der meistgelesene Lyriker der DDR. Zu seinen Auszeichnungen zählen der Heinrich-Heine-Preis, die Erich-Weinert-Medaille (beide 1963), der Lessing-Preis 1972 u. der Johannes-R.-Becher-Preis 1981.

Weitere Werke: Maisfibel. Bln./DDR 1960 (Chronik). *Lyrik*: Hoffnung lebt in den Zweigen des Caiba. Bln./DDR 1954. – Probe. Ebd. 1956. – Mikroskop u. Leier. Mchn./Esslingen 1964. – Bögen. Ausgew. Gedichte 1950-80. Bln./DDR 1980. – Lob des Sisyphus. Lpz. 1982. – *Fernsehspiele und Filme*: Poet der Brotlosen. 1953. – Und das am Sonntag. 1962. – Auf der Sonnenseite (zus. mit Gisela Steineckert). 1962. – Verliebt u. vorbestraft (zus. mit Erwin Stranka). 1963.

Literatur: Mathilde Dau: Interview mit H. K. In: WB, H. 5 (1972). – M. u. Rudolf Dau: Wege zum Publikum. Zur Lyrik H. K.s. In: ebd. *Konrad Franke*

Kahlenberg, Hans von, auch: Eva H. von Montbart, eigentl.: Helene Keßler, * 23. 2. 1870 Heiligenstadt/Thüringen, † 8. 8. 1957 Baden-Baden. – Prosaautorin.

K., Tochter des preuß. Offiziers Erich von Montbart, erhielt im Stift Keppel/Westfalen eine Mittelschulausbildung. 1888 absolvierte sie ihr Lehrerinnenexamen. 1908 heiratete sie den Forstmeister Wilhelm Keßler.

K. thematisierte in ihren zahlreichen Romanen eine in allen Gesellschaftsschichten anzutreffende egoistisch-materialistische Lebensauffassung, die bedingt ist durch einen erbitterten Kampf ums Dasein. In ihren frühen Romanen schilderte sie das Elend im Arbeitermilieu (*Ein Narr*. Dresden/Lpz. 1895. *Die Junge*. Dresden 1896). K. richtete ihre Aufmerksamkeit auch auf die sich wandelnde Beziehung zwischen Mann u. Frau u. kritisierte die bürgerl. Sexualmoral. Dabei nähert sie sich der Darstellungsweise pikanter Literatur, z. B. in der Novelle *Das Nixchen. Ein Beitrag zur Psychologie der höheren Töchter* (Dresden 1899. [6]1905), die 1903 in Berlin konfisziert wurde.

Weitere Werke: Die Familie v. Barchwitz. Bln. 1899 (R.). – Die Sombritzkys. Bln. 1899 (R.). – Eva Sehring. Gesch. einer Jugend. Bln. 1901. – Der Alte. Bln. 1901 (R.). – Ulrike

Dhuym. Eine schöne Seele. Bln. 1902 (R.). – Die starke Frau v. Gernheim. Lpz. 1904. – Der Weg des Lebens. Bln. 1905 (Kultur-R.). – Der König. Bln. 1906 (R.). – Ediths Karriere. Bln. 1907 (R.). – Der liebe Gott. Eine Kindheitsgesch. Bln. 1908. – Der enigmat. Mann. Bln. 1909. – Ahasvera. Bln. 1910 (R.). – Der Kaiser. Bln. 1911 (Trag.). – Verliebte Gesch.n. Bln. 1912. – Sünde. Bln. 1912 (R.). – Die süßen Frauen v. Illenau. Bln. 1914 (R.). – Mutter! Zürich 1917. – Lisa Gorst. Bln. 1921 (R.). – Des Teufels Schachspiel. Bln. 1923 (R.). – Die andere Welt. Bln. 1928 (R.). – Die Witwe Scarron. Bln. 1934. *Gisela Brinker-Gabler*

Kahlert, (Karl) August (Timotheus), * 5. 3. 1807 Breslau, † 29. 3. 1864 ebd. – Musik- u. Literaturkritiker, Ästhetiker, Erzähler, Lyriker.

Nach Studienanfang in Breslau bezog K., Sohn eines Privatlehrers u. späteren -gelehrten, 1827 die Berliner Universität, wo er die Vorlesungen Hegels, Gans' u. Savignys besuchte. Zurückgekehrt nach Breslau, trat er 1829 eine juristische Laufbahn an, die er jedoch schon 1833 aus Gesundheitsgründen aufgeben mußte. Danach widmete er sich ausschließlich seinen literar. wie krit. Neigungen. 1835 publizierte K. die von den Zeitgenossen vielbeachtete Arbeit über *Schlesiens Antheil an deutscher Poesie* (Breslau). Nach der Promotion 1836 u. der anschließenden Habilitation wurde er a. o. Professor u. hielt bis 1846 philosophische u. literaturgeschichtl. Vorlesungen. Ein Rückenmarksleiden zwang ihn zum vorzeitigen Rückzug. Zusammengefaßt hat K. seine ästhetischen sowie musik- u. literaturkrit. Ansichten in seinem weitgehend von Hegel geprägten *System der Aesthetik* (Lpz. 1846). Neben einer Vielzahl musik- u. literaturgeschichtl. Arbeiten, insbes. wieder über schles. Dichter des 17. u. 18. Jh., so die Monographie *Angelus Silesius* (Breslau 1853), schrieb K. eine Reihe von epigonalen literar. Werken (Erzählungen, Novellen, Lyrik).

Weitere Werke: Ewald u. Bertha. Idyll. Epos in sechs Gesängen. Lpz. 1829. – Bl. aus der Brieftasche eines Musikers. Breslau 1832. – Novellen. Ebd. 1832. – Romanzen. Ebd. 1834. – De homoeoteleuti natura et indole. Diss. Ebd. 1836. – Breslau vor hundert Jahren. Auszüge aus einer handschriftl. Chronik. Ebd. 1840.

Literatur: Karl Gabriel Nowack: Schles. Schriftsteller-lexikon. H. 1, Breslau 1836. – Hermann Palm: K. In: ADB. *Werner Jung*

Kahn, Lisa, geb. Liselott Margarete Kupfer, verh. mit Herbert Finkelstein. * 15. 7. 1927 Berlin. – Germanistin, Lyrikerin.

K. studierte Psychologie, Germanistik u. Anglistik in Heidelberg u. an der University of Washington in Seattle. Sie wurde Professor of German u. lehrt seitdem an der Texas Southern University in Houston. Daneben ist sie schriftstellerisch sehr produktiv u. verfaßt Gedichte u. Prosaarbeiten. Viele der Gedichtbände hat ihr Sohn Peter illustriert.

K. betrachtet ihre Zweisprachigkeit als Gewinn u. schreibt in engl. u. dt. Sprache. Sie hält Lesungen auf beiden Kontinenten. Aktiv setzt sie sich für schreibende Frauen dt. Abstammung in Amerika ein (gibt Anthologien mit heraus, leistet Redaktionsarbeit am »literatur-express« u. an der »Zeitschrift für Kulturaustausch«, organisiert u. moderiert Lesungen). Sie gehört dem Internationalen PEN-Club an.

Nach dem Tod ihres ersten Mannes, Robert Kahn, schrieb sie lange Zeit bittere Leid- u. Todesgedichte. Später wandte sie sich Naturthemen zu. Häufige Symbole sind der Baum (*Bäume.* Mchn. 1984), der Stein (*Feuersteine.* Zürich 1978), Landschaften (*From my Log Cabin.* Austin 1984) u. alltägl. Dinge (*Tor und Tür.* Mchn. 1986). K. versucht ihren Gedichten eine ermutigende Botschaft mitzugeben: »Was nutzen Gebete Gedichte / denen die Kraft fehlt einen / Menschen zu retten einen / einzigen nur.« K. trat vom evang. zum jüd. Glauben über.

Weitere Werke: *Lyrik:* Klopfet an, so wird nicht euch aufgetan. Darmst. 1975. – Denver im Frühling. Bln. 1980. – Utahs Geheimnisse. Bln. 1981. – Kinderwinter. Bln. 1986. – *Prosa:* Wer mehr liebt. E.en u. Märchen. Bln. 1984. – *Anthologien:* Reisegepäck Sprache. Deutschschreibende Schriftstellerinnen in den USA. 1938-79. Mchn. 1979. – In Her Mothers Tongue. Bilingual Anthology of German writing Women in the US (zus. mit Jerry Glenn). Denver [2]1983. *Ingrid Kreuzer*

Kahn, Robert (Ludwig), * 22. 4. 1923 Nürnberg, † 22. 3. 1970 Round Top/Texas; Grabstätte: ebd. – Germanist, Lyriker.

K., Sohn eines jüd. Kaufmanns, erlitt ein Emigrantenschicksal: Sein Vater kam 1936 nach Buchenwald u. starb bald nach seiner Rückkehr. Der Mutter gelang es, den 16jährigen nach England zu schicken, wo er eine Privatschule besuchte, solange es die finanziellen Mittel der Familie erlaubten. Dann arbeitete K. in einer Gerberei, wurde später auf der Isle of Man interniert u. 1940 nach Kanada verschifft. Dort machte er im Lager das kanad. Abitur u. studierte an der McGill University. 1962 an die Rice University in Houston/Texas berufen, stieg er rasch zum Full Professor u. Leiter der Germanistischen Abteilung auf. Doch die Unruhen an den amerikan. Universitäten, die in der zweiten Hälfte der 60er Jahre von Berkeley ausgingen, erreichten auch Rice u. lösten für K. schwere Konfrontationen aus (Freitod 1970).

K. arbeitete als Germanist über die Romantik, Georg Forster u. Kotzebue. Seine Gedichte fanden in den 60er u. 70er Jahren wenig Aufmerksamkeit, obwohl ihre Diktion dem Zeitstil entsprach: »klar / ist mein spiegel / der wahrheit chaos / braucht ätzendes wort.« Im Zentrum seines schmalen Werks (*Tonlose Lieder.* Hg. Lisa Kahn. Darmst. 1978) stehen Gedichte über Nürnberg, die »altdeutsche« Stadt der Reichsparteitage, die satirisch-elegisch, z. T. auch mit archaisierenden Sprachformen die Welt seiner Herkunft u. den Holocaust zum Thema haben.

Weitere Werke: Tonlose Lieder. Teilneudr. mit einem Nachw. v. Käte Hamburger. Hg. Helmut Kreuzer. Siegen 1986. *Ingrid Kreuzer*

Kain, Franz, * 10. 1. 1922 Bad Goisern/Oberösterreich. – Erzähler.

K. war nach Volks- u. Hauptschule in Bad Goisern Waldarbeiter. 1941 wurde er wegen illegaler antifaschistischer Betätigung verhaftet u. zu drei Jahren Zuchthaus verurteilt, 1942 in die Strafbrigade 999 versetzt. Nach amerikanischer Kriegsgefangenschaft (1943-1946) trat er in die Kulturredaktion der »Neuen Zeit« in Linz ein, wo er mit Arnolt Bronnen zusammenarbeitete. 1953-1956 lebte er in Berlin. 1989 erhielt K. den Literaturpreis des Landes Oberösterreich.

Nach Anfängen als Lyriker (u. a. vier Sonettenkränze) wandte er sich der erzählenden Prosa u. Essayistik zu. Hauptthema seiner Werke ist die österr. Provinz mit ihren »arteigenen Tükken« als Nähr- u. Resonanzboden größerer sozialer u. polit. Zusammenhänge. In einer rauhen, aber nicht aggressiven Sprache erzählt K. als »zornig Liebender« aus einer Perspektive, die sich dem »volkstümlichen Realismus« im Sinne Brechts verpflichtet weiß. K.s Stärke liegt in der Gestaltung der Schicksale der »kleinen Leute«. Eingewoben in diese Zusammenhänge sind häufig auch Naturbeschreibungen von spröder Schönheit, fernab vermarktbarer Idyllisierung. K.s Werk hat in Österreich noch immer nicht die gebührende Achtung gefunden.

Werke: Romeo u. Julia an der Bernauer Straße. Bln./DDR 1955 (N.). – Der Föhn bricht ein. Ebd. 1962 (R.). – Das Ende der Ewigen Ruh. Bln./Weimar 1978 (R.). – *Erzählsammlungen:* Die Lawine. Bln./DDR 1959. – Die Donau fließt vorbei. Wilhelmshaven 1969. – Der Weg zum Ödensee. Bln./Weimar 1973. – Das Schützenmahl. Ebd. 1986. – Der Schnee war warm u. sanft. Linz/Weitra 1989. – Im Brennnesseldickicht. Ebd. 1989.

Literatur: Erik Adam: Gesch. mit Hilfe v. Gesch.n beleuchten. In: ÖGL, H. 3/4 (1988), S. 162-173. *Erik Adam*

Kaiser, Friedrich, * 3. 4. 1814 Biberach, † 6. 11. 1874 Wien. – Bühnenautor.

K.s lebenslange Beziehungen zum Wiener Theater begannen als Schauspieler u. Rezensent. Von Karl Carl zuerst 1840 als Theaterdichter engagiert, schrieb er etwa 150 Stücke, von denen 78 im Druck erschienen (die Hälfte in der Reihe »Wiener Theater-Repertoir«). Er stand sprachlich unter dem Einfluß Nestroys, mit dem er den Spielplan der Vorstadttheater in den 40er u. 50er Jahren beherrschte. Bedeutung kommt ihm als Erfinder des »Lebensbilds« zu, das mit der eher satirisch-witzigen Posse der Zeit rivalisieren sollte, indem es »Scherz« mit »Ernst« verband. Von konservativen Theaterkritikern, die schon lange ein sentimentales, tendenzvoll-idealisierendes »wahres Volksstück« verlangten, wurde es gegen Nestroy ausgespielt. Dieser verspottete das erste Beispiel der neuen Gattung, *Wer wird Amtmann?* (Urauff. 1840. Wien 1842), im *Talisman* als »traurige Posse«.

Konsequent freiheitlicher Gesinnung, war K. 1848 aktiver Revolutionär. Er war es, der am 15. März mit dem kaiserl. Manifest, das die neue Konstitution verkündete, durch die Straßen Wiens ritt, u. noch im Oktober nahm er im Akademikerkorps an den Straßenkämpfen teil. K.s drei Erinnerungsbände (*Theater-Director Carl.* Wien 1854. *Friedrich Beckmann.* Wien 1866. *Unter fünfzehn Theater-Direktoren.* Wien 1870) sind wertvoll für die Geschichte des Wiener Theaters. Sein Schaffen bildet die Brücke zwischen der Lokalposse der 40er Jahre u. dem neuen Volksstück der 70er Jahre; Anzengruber berief sich ausdrücklich auf ihn.

WEITERE WERKE: *Theaterstücke:* Geld! Wien 1842. – Stadt u. Land. Wien 1845. – Der Krämer u. sein Commis. Wien 1845. – Sie ist verheirathet. Wien 1846. – Die Schule der Armen. Urauff. 1847. Wien 1850. – Städt. Krankheit u. ländl. Kur. Urauff. 1848. Wien o. J. – Junker u. Knecht. Wien 1850. – Der Schneider als Naturdichter. Urauff. 1843. Wien 1851. – Doktor u. Frieseur. Urauff. 1845. Wien 1853. – Der letzte Hanswurst. Wien 1853. – Ein alter Handwerksbursche. Wien 1858. – Eine neue Welt. Wien 1860. – Neu-Jerusalem. Wien 1869. – Pater Abraham a Sancta Clara. Wien 1869. – *Erinnerungen:* 1848. Ein Wiener Volksdichter erlebt die Revolution. Hg. Franz Hadamowsky. Wien 1948. – *Briefe:* Briefe von u. an F. K. Hg. Jeanne Benay. Bern 1989.

LITERATUR: Walter Pöll: Der Wiener Theaterdichter F. K. Diss. Wien. 1947. – Erich Joachim May: Wiener Volkskom. u. Vormärz. Bln. 1975, S. 192-213, 265-292. – W. E. Yates: An Object of Nestroy's Satire: F. K. and the ›Lebensbild‹. In: Renaissance and Modern Studies 22 (1978), S. 45-62. – Jeanne Benay: ›Der letzte Hanswurst‹ (?). Comique et sérieux dans l'œuvre de F. K. In: Austriaca 14 (1982), S. 119-139. – Hugo Aust u. a.: Volksstück. Mchn. 1989, S. 182-188.

W. Edgar Yates

Kaiser, Georg, * 25. 11. 1878 Magdeburg, † 4. 6. 1945 Monte Verità, Ascona/Schweiz; Grabstätte: Friedhof Morcote, Luganer See/Schweiz. – Dramatiker, Romancier, Lyriker, Essayist.

»Ich überfliege mein Leben: es ist keine glatte Landschaft mit Wiesenfrieden und Wälderrauschen – nein, es ist ein zerklüftetes Gebirge mit Schneegipfeln und wüsten Abgründen. Ich stieg und stürzte ab – ich raffte mich auf und klomm wieder hinan. Wieder Sturz und nie Rast. In einem Leben so viele Leben – so viel Schuld, so viel Gnade. Bin ich nicht ein echter Mensch – einer der wenigen echten Menschen? Mein Ruhm und meine Schande. Der Mensch« (an Caesar von Arx, 26. 12. 1942. In: *Briefe.* Hg. Gesa M. Valk. Bln. 1980).

In einem bürgerl. Elternhaus – der Vater Friedrich (* 1829) war angesehener Kaufmann, »ein ernster ruhiger gütiger Mann«, die um sechzehn Jahre jüngere Mutter Antonie »ein Mensch, der nur in Extremen da war, entweder in Tränen schwamm oder glückselig war« – wuchs K. als fünfter Sohn in Magdeburg auf, »ein nervöses Kind, das unter Zuckungen und Unruhe litt«. Mit der mittleren Reife verließ er die Klosterschule »Unserer Lieben Frauen« u. wurde Lehrling in einer Buchhandlung. Nach nur wenigen Wochen trat er in ein Geschäft für Export/Import ein, brach dort die Lehre wiederum ab u. fuhr 1899 nach Buenos Aires, wo er eine Stelle als Kontorist bei der AEG fand. Im Herbst 1901 zwang ihn sein Gesundheitszustand aus Argentinien zurückzukehren. K. wurde in eine Nervenklinik eingewiesen u. verbrachte 1902 vier Monate im Sanatorium Haus Schönow in Berlin. In den Jahren danach war er abwechselnd Gast bei den Brüdern. Die Abhängigkeit von Eltern u. Brüdern stellte sein Selbstbewußtsein immer wieder in Frage. Bis auf Gelegenheitsdichtungen, die im engsten Familienkreis zu bes. Anlässen dargeboten wurden, sah K. sich von keinem Publikum gewürdigt.

1905 lernte er Margarethe Habenicht kennen, eine Magdeburgerin aus wohlhabendem Elternhaus. Die Briefe an sie von 1906-1908 drücken K.s Hoffnungslosigkeit der Zukunft gegenüber aus: Er war überzeugt von seiner außerordentl. Begabung u. suchte nach einer Existenzgrundlage. Als er im Okt. 1908 Margarethe heiratete, ermöglichte die ansehnl. Mitgift K. die ersehnte Unabhängigkeit. In Seeheim/Bergstraße wurde ein Haus gekauft, 1912 in Weimar eine zweite Villa gemietet.

Von 1903-1906 waren neun Dramen entstanden, erst 1911 wurde ein erstes (*Die jüdische Witwe*) bei Fischer in Berlin veröffentlicht (alle anderen ebd.). Bis dahin hatte K. kein Einkommen, u. die Mitgift war bald verbraucht. Die Schulden nahmen derart überhand, daß das gesamte Eigentum in Seeheim u. Weimar 1918 konfisziert werden mußte. Dabei war K. seit 1911 äußerst produktiv: es entstanden *König Hahnrei* (1913), *Der Kongress* (1914) u. *Die Bürger von Calais* (1914), *Großbürger Möller* (1915) u. *Europa* (1915).

Seit 1916 stand K. mit Gustav Landauer in einem Briefwechsel; ihm ist zu verdanken, daß *Die Bürger von Calais* im Jan. 1917 im Neuen Theater Frankfurt/M. zur Uraufführung kamen. Auguste Rodins Denkmal zur Erinnerung an die Belagerung von Calais während des Hundertjährigen Kriegs (1339-1453) diente K. zur Anregung: wenn nicht sechs Bürger »barhäuptig und unbeschuht – mit dem Kittel des armen Sünders bekleidet und den Strick im Nacken!« den Schlüssel der Stadt Calais überreichen, droht der König von England Hafen u. Stadt zu zerstören. Der Hauptmann Duguesclins will die Stadt verteidigen, also kämpfen; sein Gegenspieler Eustache de Saint-Pierre jedoch Hafen u. Stadt vor der Zerstörung bewahren, indem er sich als Opfer zur Verfügung stellt u. weitere sechs Bürger seinem Beispiel folgen. Die Selbstaufgabe des einzelnen zum Wohl der Gemeinschaft weist den Weg zum neuen Menschen: es ist der Aufbruch zu einem pazifistischen u. humanistischen Zeitalter, eines der wichtigsten Themen des Expressionismus.

Obwohl *Die Bürger von Calais* nicht durchgehend gelobt wurden, erzielte K. mit diesem modernen Drama den langersehnten Durchbruch. Im selben Jahr spielte man seine Werke auf den großen Bühnen Deutschlands: *Die Sorina* (Bln. 1917) im Berliner Lessing Theater, *Von morgens bis mitternachts* (Potsdam 1916) u. *Die Koralle* (Bln. 1917) in den Münchner Kammerspielen, *Die Versuchung* (Bln. 1917) im Thalia-Theater Hamburg, *Die Zentauer* (Bln. 1916) im Frankfurter Schauspielhaus.

1918 sind acht weitere Uraufführungen zu verzeichnen, u. a. das wohl bedeutendste Drama *Gas* (Bln. 1918). In dem für den Expressionismus typischen Telegrammstil (obwohl hier moderiert) setzt es sich mit den Problemen der modernen Industriegesellschaft auseinander. Die Figuren (Der Milliardärssohn, der Ingenieur, der Offizier, die schwarzen Herren, Arbeiter) sind Ideenträger, die dialektische Gegenüberstellung dieser Ideen eine K. eigene Form der Dramenkonstruktion. »Was ist Gas? Was sind hier Arbeiter? Mittel der Gegenwart, um ins Menschenunendliche vorzudringen; aus diesen Figuren abzuleiten das Gleichnis, das beständig gültig ist; den Aufruf zu uns, der so am schärfsten laut werden kann. Stellung unserer Epoche in Unvergänglichkeit. Es wird Zufall, daß solches von Zeugen geredet wird – ein Mittel, daß solche Figuren solche Gesten tragen. Es geht niemals um das Personenverzeichnis« (in: *Ein Dichtwerk in der Zeit.* In: *Werke*, Bd. 4, S. 566).

Der Mensch (Arbeiter) ist zur Funktion geworden, ist das entpersönlichte Produkt einer hoch technologisierten Welt, an deren Ende die Katastrophe steht: *Arbeiter*: »Meldung aus Halle acht – Zentrale: – weiße Katze gesprungen – – rote Augen gerissen – gelbes Maul gesperrt – – buckelt knisternden Rücken – – wächst rund – – knickt Träger weg – hebt das Dach auf – – und platzt in Funken!!« *Mitten auf dem Fußboden sitzend und um sich schlagend.* »Hetzt die Katze weg – husch husch!! – – schlagt sie aufs Maul – – husch husch!! – – verschüttet die Augen, die zünden – – stemmt ihren Buckel nieder – – alle Fäuste auf ihren Buckel – – der bläht sich ja – – der mästet sich ja – – mit Gas aus allen Ritzen und Rohren – !!« *Sich nochmal halb hochwerfend. Meldung aus Zentrale*: »– – die weiße Katze explodiert!!« *Er sinkt lang.* (*Gas*, erster Akt).

Dieses Drama befaßt sich mit der Erneuerung des Menschen. »Ich habe den neuen Menschen gesehen – ich muß ihn vor sich selbst schützen!« sagt der Milliardärssohn: »Wann besteht er den Fluch – und leistet die neue Schöpfung, die er verdarb: – – den Menschen? – – Bin ich nicht Zeuge für ihn und für seine Herkunft und Ankunft – – ist er mir nicht bekannt mit starkem Gesicht? – – –«

Als K. nun endlich den Durchbruch erzielt hatte, verließ er den S. Fischer Verlag. Im Juli 1919 übernahm der Gustav Kiepenheuer Verlag (GKV) sämtl. Verlagsrechte am Werk K.s. K. hatte Kiepenheuer um 1915 in Weimar kennengelernt, u. es verband sie bald eine tiefe Freundschaft. Kiepenheuer stand K. zur Seite, als das Chaos über ihn hereinbrach. Trotz hoher Einnahmen aus seinen Werken waren seine Schulden nicht zu decken. 1920 wurde er in Berlin verhaftet u. wegen Unterschlagung u. Betrug vor Gericht gestellt. Der Prozeß war eine Sensation. K. war in kaum zwei Jahren zu einem der meistgespielten Dramatiker geworden.

Am 15. 2. 1921 wurde K. zu einem Jahr Gefängnis verurteilt, jedoch am 16. 4. 1921 aus der Strafanstalt Stadelheim entlassen. Der GKV übernahm die Bürgschaft für alle Schulden. K. ließ sich mit der Familie in Grünheide/Mark in der Nähe Berlins nieder, denn der GKV war inzwischen nach Potsdam umgesiedelt.

In Grünheide begann K.s produktivste Schaffensperiode u. damit auch seine glücklichste Zeit. Seine Berlinaufenthalte dienten dazu, wichtige Kontakte zu knüpfen u. aufrechtzuerhalten. Er verkehrte mit Weill u. Lenya, mit Brecht u. Fritz Stiedry. K. gehörte zur kulturellen Szene – nicht nur Berlins, sondern ganz Deutschlands. Er galt als der »geistigste« unter den Geistigen u. war einer der wichtigsten Repräsentanten seiner Generation.

Nach der Machtergreifung der Nationalsozialisten wurden seine Werke zwar nicht direkt verboten, aber kaum noch gespielt. 1938 folgte K. der Einladung des Schweizer Dramatikers Ceasar von Arx. Begleitet von Maria von Mühlfeld u. der gemeinsamen Tochter Olivia, die 1927 geboren worden war, ging er über Holland in die Schweiz. K.s sieben Jahre im Exil waren ruhelos, aber dennoch produktiv. Allerdings wurde nur wenig gedruckt, u. die drei in der Schweiz aufgeführten Stücke *Die Spieldose* (Bln. 1948), *Zweimal Amphitryon* (Zürich 1948) u. *Das Floß der Medusa* (Bln. 1948) hatten wenig Erfolg. K. blieb auf den Beistand u. die finanzielle Unterstützung seiner Schweizer Freunde angewiesen. Er starb auf dem Monte Verità in Ascona. Seine Familie in Deutschland hatte er nie wieder gesehen.

WEITERE WERKE: G. K. Werke. Hg. Walter Huder. Bln. 1970-72. – G. K. in Sachen G. K. – Briefe 1916-33. Hg. Gesa M. Valk. Lpz. u. Weimar 1989.

LITERATUR: Interpretationen zu G. K. Hg. Armin Arnold. Stgt 1980. – G. K. Symposium. Hg. Holger Pausch u. Ernest Reinhold. Bln./Darmst. 1980. – The Reception of G. K. (1915-45). New York/Ffm. 1984. – Ärztl. Gutachten, verf. v. Dr. Eugen Kahn, Teil der Prozessakte, Photokopie im G. K. Archiv der Akademie der Künste, Berlin. *Gesa M. Valk*

Kaiser, Ingeborg, * 7. 8. 1935 Neuburg/Donau. – Erzählerin, Lyrikerin, Hörspielautorin.

K. war nach der Matura in Buchhandel u. Behörde tätig u. lebt heute in Basel. Im Mittelpunkt ihres literar. Schaffens steht die Suche nach authent. weibl. Identität. K.s Frauenfiguren verlieren sich in bürgerl. Überanpassung, vorgefertigten Rollen u. Beziehungsmustern; sie finden zu sich selbst, nachdem sie die vom Mann geformten »Steinbilder« zertrümmert haben. Selbstverlust u. existentielle Einsamkeit werden in K.s Werk häufig über Kälte-, Eis- u. Steinmetaphern transportiert. In ihrem Roman *Die Puppenfrau* (Zürich 1982) trennt sich Pupa – sie ist 40, verheiratet mit einem erfolgreichen Physiker u. Mutter dreier Kinder – auf dem Weg zum Winterurlaub von der Familie, zieht sich in ein unbewohntes Haus zurück, wo sie sich mit ihrem erstickenden Eheschicksal auseinandersetzt u. den Ausbruch aus dem »Eisland« reflektiert. Dem Schicksal selbstloser Frauen, die als Anima u. inspirierende Musen zur »Schattenfigur am Wegrand der Genies« verkümmern, spürt sie in der Titelerzählung der Sammlung *Ein Denkmal wird zertrümmert* (Basel 1984) nach.

WEITERE WERKE: Staubsaugergeschichten. Zürich 1975. – manchmal fahren züge. Ebd. 1983 (L.). – Endstation. Basel 1983 (Einakter). – *Hörspiele:* Bitte, keine Beeren. ORF 1983. – Am Freitagabend. Radio DRS 1983. *Pia Reinacher*

Kaiser, Joachim, * 18. 12. 1928 Milken/Ostpreußen. – Literatur-, Theater- u. Musikkritiker.

K. studierte in Göttingen, Frankfurt/M. u. Tübingen, wo er 1958 über *Grillparzers dramatischen Stil* (Mchn. 1961) promovierte. Seit 1958 Mitarbeiter der »Frankfurter Allgemeinen Zeitung« u. der »Frankfurter Hefte«, war er 1954 bis 1958 Redakteur beim Hessischen Rundfunk. Anschließend wechselte er zum Feuilleton der »Süddeutschen Zeitung«, das er 1969-1977 – bis zu seiner Berufung an die Staatliche Hochschule für Musik u. darstellende Kunst in Stuttgart – zusammen mit Rudolf Goldschmit leitete.

K. ist der einzige einflußreiche dt. Kritiker, der sich zgl. mit Literatur, Theater u. Musik befaßt. Der Schwerpunkt liegt hier auf Oper u. Klaviermusik, der er auch selbständige Buchveröffentlichungen über *Beethovens 32 Klaviersonaten und ihre Interpreten* (Ffm. 1975) u. *Große Pianisten in unserer Zeit* (Mchn. 1965. Erw. 1989) gewidmet hat. K. scheut sich nicht, subjektive Eindrücke u. Urteile zu formulieren, u. wirkt doch in hohem Maße meinungsbildend.

WEITERE WERKE: Kleines Theatertagebuch. Reinb. 1965. – Hamlet heute. Ess.s u. Analysen. Ffm. 1965. – Erlebte Musik. Hbg. 1977. 2 Bde., Mchn. 1982. – Mein Name ist Sarastro. Die Gestalten in Mozarts Meisteropern v. Alfonso bis Zerlina. Mchn. 1984. – Wie ich sie sah u. wie sie waren. Zwölf kleine Porträts. Mchn. 1985. – Den Musen auf der Spur. Reiseber.e aus drei Jahrzehnten. Mchn. 1986. – Erlebte Lit. Vom ›Doktor Faustus‹ zum ›Fettfleck‹. Dt. Schriftsteller unserer Zeit. Mchn. 1988. *Stephan Speicher*

Kaiser, Karl, * 1868 Straßburg, † unbekannt. – Lyriker.

Als Sohn eines schwäb. Schlossers, der während des Deutsch-Französischen Kriegs 1871 Straßburg verlassen mußte, ging K. in Zürich zur Schule, erlernte dann in Stuttgart den Beruf des Klaviermechanikers, den er schließlich in München ausübte. Dort schloß er sich noch in der Zeit des Sozialistengesetzes, kaum 20jährig, der Arbeiterbewegung an u. wurde zusammen mit Ernst Klaar der tragende Mitarbeiter des von Eduard Fuchs redigierten »Süddeutschen Postillon«, der profiliertesten literarisch-satir. Zeitschrift des linken Flügels der Sozialdemokratie. Seine letzten Gedichte auf die Pariser Commune datieren aus dem Jahr 1901, danach verliert sich seine Spur.

K. war eine der herausragenden Begabungen der frühen sozialistischen Literatur in Deutschland. Die Gedichte u. Epigramme, die in der von ihm zusammen mit Fuchs u. Klaar 1894 in München zusammengestellten Anthologie *Aus dem Klassenkampf. Soziale Gedichte* (neu hg. u. eingeleitet von Klaus Völkerling. Bln./DDR 1978) enthalten sind, heben sich von dem vorherrschend allegor. u. abstrakt-idealist. Bekenntniston der zeitgenöss. sozialdemokrat. Lyrik ab durch eine Verbindung von intellektueller Schärfe u. sprachl. Witz, die politisch an Marx u. ästhetisch an Heine gemahnt.

Weitere Werke in: Stimmen der Freiheit. Blütenlese der hervorragendsten Schöpfungen unserer Arbeiter- u. Volksdichter. Hg. u. mit biograph. Notiz v. Konrad Beißwanger. Nürnb. 1899. – Die Pariser Kommune im dt. Gedicht. Hg. v. Bruno Kaiser. Bln/DDR 1958.

Literatur: Ursula Münchow: Arbeiterbewegung u. Lit. Bln./Weimar 1981, S. 380-396. *Martin Rector*

Kaiser und Abt. – Fastnachtspiel des 15. Jh.

Das früher Hans Folz zugeschriebene, aber wohl anonym in seiner Tradition in Nürnberg entstandene Fastnachtspiel ist nur in einer Handschrift des späten 15. Jh. überliefert (269 Verse). Obwohl dem Spiel der beliebte Erzähltypus von der Beantwortung dreier schwieriger Fragen zugrunde liegt, der in zahlreichen Varianten u. von namhaften Autoren (dem Stricker, Johannes Pauli, Hans Sachs) immer neu gestaltet wurde, handelt es sich bei K. u. A. um eine eigenständige, evtl. auf zeitgenöss. polit. Verhältnisse anspielende Fassung.

Der Kaiser, dessen Anliegen es ist, Raub u. Mord in seinem Reich abzustellen, bittet zunächst drei hohe Adlige um Rat; diese verweisen ihn jedoch an den Abt, dessen bisherige schlechte Ratschläge an den Zuständen Schuld seien. Der Kaiser stellt ihn mit drei Fagen auf die Probe: Wieviel Wasser ist im Meer? Wer ist dem Glück am nächsten? Wieviel ist der Kaiser wert? Der Abt, der Bedenkzeit verlangt, sucht Hilfe beim Prior, der ihn wiederum an den für seine List u. Klugheit bekannten Müller verweist. Dieser erklärt sich ohne Umschweife bereit, gegen reichl. Belohnung als Abt verkleidet vor den Kaiser zu treten u. die Fragen zu beantworten. Die erste Antwort lautet, daß drei Kufen, wären sie nur groß genug bemessen, alles Wasser im Meer aufnehmen könnten. Die Antwort auf die dritte Frage ist ebenso einfach: Der Müller schätzt den Wert des Kaisers auf höchstens 28 Pfennige (d. h. vier Groschen im Wert von sieben Pfennigen), da Christus selbst um nur dreißig Pfennige verraten wurde. Als Höhepunkt folgt schließlich die Antwort auf die zweite Frage, weil sich der Müller hier zu erkennen gibt: Er selbst sei der Glücklichste, da er plötzlich vom einfachen, ungelehrten Müller zum Abt geworden sei. Der Kaiser ist zufrieden u. bestätigt den Müller im neuen Amt.

Die in sich geschlossene, lebendig gestaltete Spielhandlung mit 13 Sprechrollen, mehrfachen Ortswechseln u. verschiedenen Requisiten wird von typischen Elementen des Fastnachtspiels umrahmt: Der für den Prolog zuständige Praecursor leitet die Handlung ein, der Ausschreier beendet sie mit Dank ans Publikum; davor tritt der (ebenso typische) Tanzforderer in einer kleinen Bauernszene auf. Funktion dieser Textteile ist die Einbindung des Spiels in die Fastnachtsgeselligkeit.

Ausgabe: Adelbert v. Keller: Fastnachtspiele aus dem 15. Jh. Tl. 1, Stgt. 1853, S. 199-210.

Literatur: Eckehard Catholy: Das Fastnachtspiel des SpätMA. Tüb. 1961, S. 151-156, 371. – Lutz Röhrich: E.en des späten MA u. ihr Weiterleben in Lit. u. Volksdichtung bis zur Gegenwart. Bd. 1, Bern/Mchn. 1962, S. 146-172, 180-188 (stoffgeschichtl. Parallelen, Lit.). – Johannes Janota: K. u. A. In: VL (Lit.). *Ulla Williams*

Kaiserchronik. – Anonyme Reimchronik (17 283 Verse); Regensburg, zweites Drittel des 12. Jh.

Die wichtigen Fragen der genaueren Datierung (Beginn u. Abbruch des Werks) u. der Auftraggeberschaft sind ungelöst. Umstritten ist auch aufgrund einer mehrdeutigen Textstelle (vv. 10 619-10 627), ob das Werk einem einzigen Autor oder mehreren (unter der Leitung eines führenden Kopfes?) zuzuschreiben sei. Unbezweifelt ist aber klerikale Autorschaft. Die K. wurde noch im 12. Jh. sprachlich bearbeitet, im 13. mehrfach fortgesetzt u. rückte in der kompilatorischen Chronistik späterer Zeit selbst zum Rang eines Quellenwerks für volkstüml. Geschichtsvorstellungen auf. Deutsche Dichter bis hin zu Wolfram haben aus ihr geschöpft.

Das Werk gibt sich im Prolog selbst den Titel »Cronica« u. bezeichnet als seinen Gegenstand die Geschichte des röm. Reichs, seiner Päpste u. seiner guten wie bösen Kaiser bis in die Gegenwart (vv. 15-26). Im Sinne der mittelalterl. Weltchronistik, die Geschichtsschreibung von der Erschaffung der Welt bis zur Gegenwart, gegliedert in die sechs Weltalter christlich-augustin. Lehre bzw. gemäß den vier Weltreichen der bibl. Danielsprophetie, bieten will, präsentiert die K. einen Ausschnitt dieses universalen Programms, der nur die zur Zeit des Chronisten noch andauernde Phase des röm. Reichs behandelt, die bei ihm nahezu dekkungsgleich mit dem sechsten augustinischen Weltalter ist. Im Danielstraum u. in dessen Auslegung (Hieronymus) nimmt das röm. Reich die vierte Stelle ein u. endet mit der Herrschaft des Antichrist. Diese Einordnung ändert die K., indem sie dem röm. Reich die dritte Stelle im Weltreiche-Schema einräumt, während dem Reich des Antichrist die vierte u. letzte, erst in der Zukunft des Chronisten liegende zugewiesen wird. Nach einer summar. Darstellung der älteren röm. Geschichte gilt von Caesar an eine Gliederung nach den Regierungszeiten von 55 Kaisern bis zu Konrad III. (1137-1152). Mitten in dessen Regierungszeit bricht die K. mit der Schilderung der Kreuzzugspredigt Bernhards von Clairvaux vor Konrad (Weihnachten 1146) unvollendet ab. Die Päpste spielen – außer Silvester u. Leo bei Konstantin dem Großen u. Karl dem Großen an entscheidenden histor. Wendepunkten – als Handlungspartner der Kaiser keine bedeutende Rolle. Die K. ist weder päpstlich noch kaiserlich gesonnen, sondern hält an Idealvorstellungen von einem christlich-röm. Reich fest, wie es durch das noch nicht in unterschiedl. Rollenvorstellungen von Kaiser u. Papst gespaltene, einträchtige Zusammenwirken beider Mächte realisiert werde. Den durch Kaisernamen bezeichneten Geschichtsetappen des röm. Reichs werden synchronistisch Erzählstoffe zugeordnet, nicht selten so, daß sie nur in einem losen oder auch gar keinem handlungsmäßigen Zusammenhang mit den Taten des jeweiligen Kaisers stehen. Die Stoffe der Erzählungen stammen erst für die Zeit von Karl dem Großen an vorwiegend aus Quellen der lat. Historiographie. Für die frühere Zeit sind sie einem sehr weitgespannten Bereich durchaus unhistor., lat. Erzählquellen entnommen, zum größten Teil aus der christl. Legende, der freilich im mittelalterl. Verständnis histor. Quellenwert zukommt, u. der röm. Sage u. Lokalsage (*Mirabilia Romae*). Die Einarbeitung älterer dt. Dichtung läßt sich in größerem Umfang nur für einen Fall (*Annolied*) nachweisen, in einem weiteren ist sie sehr wahrscheinlich (*Crescentia*-Erzählung); dt. Heldensage (Dietrich/Theoderich von Bern, aber auch anderes) wird im Sinne klerikaler u. chronographischer Kritik über gelehrte Quellen rezipiert; wirksam ist jedoch auch die Kenntnis mündlicher Tradition in der Volkssprache.

Die chronolog. Reihung der Kaiserbiographien, als Kompositionsprinzip so unabgeschlossen wie die Geschichte selbst, wird formal nachdrücklich herausgearbeitet durch die formelhaft gleichförmige Einführung jedes neuen Herrschernamens u. durch die auf Jahr, Monat u. Tag genaue Angabe der Regierungsdauer beim Tod des Herrschers; Datierungen nach absoluten Jahreszahlen gibt es nicht. Damit ist das Gattungsmuster der mittelalterl. Chronik formal zitiert. Inhaltlich verfährt die K. jedoch erstaunlich freizügig u. unterschiedlich. Sie ändert die von der historiographischen Tradition einheitlich vorgegebenen Nachrichten über die Regierungsdauer u. die chronolog. Folge der Herrscher, erfindet unhistor., legendäre Kaiser u. läßt historische fort. Griechenfeindlich unterdrückt sie die in der Historiographie des 12. Jh. verbreitete Vorstellung vom Übergang des röm. Kaisertums auf Byzanz u. von dort auf Karl den Großen u. die Franken zugunsten einer unmittelbaren Translatio von den Römern auf diese. Eigens für diese Idee konstruiert sie ein kaiserloses Interregnum vom 6. Jh. bis zu Karl dem Großen. Erst von seiner Zeit an stimmen die

Angaben der K. im ganzen mit denen der lat. Geschichtsschreibung überein.

Die Gründe für diesen eigentüml. Umgang mit der Tradition sind im einzelnen ungeklärt. Vermutungen einer zahlensymbolisch begründeten Manipulation der Herrscherzahlen u. Regierungsjahre (Ohly, Urbanek) halten einer Detailanalyse nicht stand; auch wären so die chronolog. Umstellungen einzelner Kaisergeschichten nicht erklärbar. Auf alle Fälle wird aber deutlich, daß der Begriff der histor. Wahrheit für die volkssprachige K. grundlegend anders akzentuiert ist als in der lat. Historiographie. Der Wahrheitswert der Geschichte liegt für die K. über deren bloße Faktizität hinaus im moralisch Exemplarischen ihrer Geschichten nach christlich geistl. Verständnis. So betont es schon der Prolog (vv. 1-14, 27-42). In der Liebe Gottes beginnt der Autor das Werk. Er kontrastiert einem »vernünftigen« Publikum, dem das Anhören der Geschichten von vorbildl. Taten angenehm ist, ein törichtes, dem alle Weisheitslehre, die weltl. Ehre u. Seelenheil fördern könnte, lästig fällt. Als verbreitete Gewohnheit beklagt der Autor, wie oft man in seiner Zeit Lügengeschichten erfinde u. mit »scophelîchen« Worten ausgestalte. Der Terminus deutet auf spielmänn. Dichtung unterhaltenden Charakters, die auch sagenhaft geschichtl. Inhalts sein konnte. Solches Dichten stehe außerhalb der Gottesliebe, u. es sei zu fürchten, daß die Seelen seiner Dichter dereinst im Strafgericht brennen müßten. Auch bedeute es eine Irreführung der Jugend, die der Nachwelt derlei Lügengeschichten als Wahrheit überliefern werde, allen Verständigen zum Greuel. Zum einen wird hier die Wahrheit geschichtl. »facta« der Lügenhaftigkeit bloß erfundener »ficta« gegenübergestellt, die den Wahrheitsgehalt des historisch Faktischen entbehren, wie er nur in der gelehrten Schriftüberlieferung als verbürgt erscheint. In diesem Sinne will die K. auch nicht als »Dichtung« verstanden werden, sondern als »Sachliteratur«. Zum andern u. zgl. werden die Verständigen u. die Törichten unter den Autoren u. Rezipienten einander entgegengestellt wie in den Geschichten der K. die guten u. bösen Herrscher. Auf die exemplarische Erkenntnis von gut u. böse in der geschichtl. Wirklichkeit kommt es letztendlich an. Unter diesem Aspekt werden alle Geschichten in der K. ausgewählt u. erzählerisch strukturiert, u. dieser Sinn wird formal bei der formelhaften Angabe der Regierungsdauer am Ende einer jeden Kaisergeschichte mit einem unverschlüsselten Urteil über gut u. böse herausgearbeitet, das seine Bestätigung in der Schilderung der ehrenvollen oder schändl. Todesart des Herrschers findet.

Über solch exemplarische Sinngebung der einzelnen Geschichten hinaus wurde dem Dichter der K. die bewußte, aber verschwiegene Gestaltung eines durchgängig oder teilweise geltenden typolog. Steigerungsverhältnisses zwischen den einzelnen Geschichten der K. unterstellt (Ohly). Bedingt vorbildl. Helden aus heidn. Zeit würden übertroffen von uneingeschränkt vollkommenen christl. Helden. Die größte Leistung des K.-Dichters bestünde in der bewußten Gestaltung nach diesem, der typolog. Bibeldeutung christl. Theologie entlehnten Prinzip, das Auswahl, Anordnung u. innere Strukturierung der Quellen maßgeblich lenke u. in dem Dichter einen schöpferischen Geist von hohem Rang erkennen lasse.

Demgegenüber bleibt festzuhalten, daß ein derartiges typolog. Gestaltungsprinzip weder explizit nachweisbar noch implizit mit ausreichender Sicherheit faßbar ist. Auch hat sich am Beispiel der *Lucretia*-Erzählung in der K. zeigen lassen (Mohr), daß die typolog. Interpretation literaturgeschichtlich dort versagt, wo es darum geht, die Eigenart der Erzählkunst der K. zu erfassen u. ihren Stand im Rahmen der Entwicklung eines ep. Menschenbilds zu bestimmen, wie es zwischen den Stationen des archaischen Recken der mündlichkeitsnahen Heldenepik u. des höf. Minneritters im literarisch kultivierten Ritterroman des HochMA angesiedelt ist.

AUSGABEN: Der keiser u. der kunige buoch oder die sog. K. Hg. Hans Ferdinand Massmann. 3 Bde., Heidelb. 1848/49 u. 1854. – Die K. eines Regensburger Geistlichen. Hg. Edward Schröder. Bln. 1895. Neudr. Bln./Zürich 1964.

LITERATUR: Ernst Friedrich Ohly: Sage u. Legende in der K. Münster 1940. Neudr. Darmst. 1968. – Wolfgang Mohr: Lucretia in der K. In: DVjs 26 (1952), S. 433-446. – Eberhard Nellmann: Die Reichsidee in dt. Dichtungen [...]. Bln. 1963, S. 82-163. – Ferdinand Urbanek: Herrscherzahl u. Regierungszeiten in der K. In: Euph. 66 (1972), S. 219-237. – Joachim Bumke: Mäzene im MA. Mchn. 1979, S. 78-85. – Eberhard Nellmann: K. In: VL. *Ernst Hellgardt*

Kalbeck, Max, auch: Jeremias Deutlich, * 4. 1. 1850 Breslau, † 4. 5. 1921 Wien. – Lyriker, Musikschriftsteller u. -kritiker, Herausgeber u. Übersetzer.

K., Sohn eines Oberpostkommissars, studierte in Breslau u. München Jura u. Philosophie, widmete sich in München jedoch bald ausschließlich dem Musikstudium. Nach der Rückkehr nach Breslau begann er 1875 seine Berufslaufbahn am Schlesischen Museum, wandte sich aber dann dem Journalismus zu, zunächst (auf Vermittlung von Hanslick) bei der »Wiener Allgemeinen Zeitung«, später bei der »Neuen Freien Presse«, beim »Neuen Wiener Tagblatt« u. der »Wiener Montags-Revue«.

Unter seinem Pseud. schrieb K. zunächst Gedichte, die den Einfluß seines Förderers Carl von Holtei sowie Geibels zeigen. In seiner Wiener Zeit wuchs er zum bedeutenden Musikkritiker in der Geisteshaltung des Liberalismus u. zu entschiedener Gegnerschaft der »Neudeutschen Schule« um Wagner u. Bruckner heran. Seine enge Freundschaft mit Brahms führte zu einer Monumentalbiographie des Komponisten (*Johannes Brahms*. 4 Bde., Wien 1904-14), die dank ihres Materialreichtums noch heute zu den Standardwerken der Brahms-Literatur zählt. Neben seiner Herausgeberschaft war K. auch Übersetzer von Opernlibretti.

WERKE: Aus Natur u. Leben. Breslau 1871 (L.). – Neue Dichtungen. Breslau 1872. – Wiener Opernabende. Wien 1884. Erw. Aufl. 1898 (ges. Kritiken). – Gereimtes u. Ungereimtes. Skizzen u. Epigramme v. Jeremias Deutlich. Bln. 1885. – Daniel Spitzers letzte Wiener Spaziergänge, mit Biogr. des Satirikers. Wien 1894. – *Herausgeber:* Johannes Brahms. Briefw. 15 Bde., Bln. 1907 ff. (Mitherausgeber). – Daniel Spitzers Schr.en (zus. mit Otto Erich Deutsch). Mchn. 1912. – Gottfried Keller u. Paul Heyse im Briefw. Hbg. 1919.

LITERATUR: Die Presse, 8. 1. 1950. – Anton Würz: M. K. In: Ztschr. für Musik 111 (Regensb. 1950). *Arnulf Knafl*

Kalchberg, Johann (Nepomuk) Ritter von, * 15. 3. 1765 Pichl im Mürztal/Steiermark, † 3. 2. 1827 Graz. – Lyriker, Dramatiker, Novellist u. Historiker.

K. wurde zunächst auf dem väterl. Schloß in Pichl (der Vater war landständ. Gutsbesitzer), später von einem Pfarrer in Hohenwang unterrichtet. Anschließend besuchte er das Seminar in Graz, wo er neben literar. auch histor. u. juristische Studien betrieb. 1785-1788 war er als Jurist in Graz tätig. 1791 u. erneut 1796 wurde er zum ständ. Ausschußrat gewählt; 1810 u. 1816 zum zweiten, 1817 zum ersten Verordneten des Ritterstands der Steiermark. Nach 1796 widmete er sich ganz polit. u. kulturpolit. Aufgaben in diversen Deputationen u. Kommissionen. Der standesbewußte Adlige zeigte bei seinen vielfältigen Aktivitäten ein derart starkes soziales Engagement, daß er von Erzhzg. Johann zum Mit-Curator des Erziehungsinstituts »Joanneum« berufen wurde. K. war überdies Mitbegründer des Steiermärkischen Lese- u. Musikvereins u. gab eine zeitlang die »Steiermärkische Zeitschrift« mit heraus.

Lange Jahre beschäftigte sich K. auch mit der Geschichte der Steiermark. Seine bedeutendsten territorialhistor. Publikationen sind *Ursprung und Verfassung der Stände Steiermarks* u. *Ursprung und Beschaffenheit der Urbarialabgaben in Innerösterreich* (beide in: *Historische Skizzen*. Graz 1800). In die Literaturgeschichte ging K. mit mehreren, den Einfluß von Goethes *Götz von Berlichingen* sowie von patriotischen Stücken der Münchner Aufklärer Babo u. Törring verratenden histor. Dramen ein. Bekannt wurde er mit dem auch empfindsame Züge enthaltenden Schauspiel *Agnes, Gräfin von Habsburg* (Graz 1786. Später umgearbeitet in *Wülfing von Stubenberg*. Wien 1794). Den größten, langanhaltenden Erfolg erzielte er mit *Die Ritterempörung. Eine wahre Begebenheit der Vorzeit* (Graz 1792). K. erreichte mit seinen histor. Dramen Popularität u. Wertschätzung wie kaum ein zweiter österr. Dramatiker des ausgehenden 18. Jh. Darunter sind jene Schauspiele am bedeutendsten, in denen er sich als Anhänger der konfessionellen Toleranzidee des Lessingschen *Nathan* zu erkennen gibt: die in Jambenform gedichteten Dramen *Die Tempelherren* (Graz 1788) u. *Die deutschen Ritter in Accon* (Graz 1796).

K. stand zeitweise unter dem Einfluß Schillers, mit dem er korrespondierte u. der in der »Neuen Thalia« 1793 das Dramenfragment *Szenen aus dem Leben Kaiser Heinrichs* IV. abdruckte. Auf Schiller dürfte auch die Vorliebe für das Genre der Ballade zurückgehen. Während die Balladen wie auch andere Gedichte u. Fabeln (überwiegend Klopstock u. Gellert verpflichtet) wenig originell sind, kommt K. als Mitherausgeber des Musenalmanachs »Früchte vaterländischer Musen. Herausgegeben zum Besten der leidenden Menschheit« (2 Bde., Graz 1789-90) größere Bedeutung zu. Der Provinzialalmanach zeigt K. als reformfreudigen, aber zgl. katholisch-traditionsgebundenen Territorialaufklärer, der dem Josephinismus verhalten-distanziert gegenüberstand u. der poetologisch zeitlebens an der mittleren Aufklärung einerseits, an Lessing u. Schiller andererseits orientiert blieb. K., von Karl August Böttiger noch 1817 anläßlich des Erscheinens der ersten Gesamtausgabe wegen seines Stils gelobt, der »geistreich und ungeschmückt, ohne aufgedunsenen Wortprunk, ohne mystische Süßigkeit« sei, war die führende Persönlichkleit in der Literatur der Steiermark zwischen Aufklärung u. Romantik. Er war seit 1793 Mitgl. der Deutschen Gesellschaft in Jena.

WEITERE WERKE: Lyr. Gedichte. Graz 1788. – Die Grafen v. Cilli. 2 Tle., Graz 1790-93 (Trauersp.). – Maria Theresia, ein dramat. Gedicht. Graz 1793. – Gedichte. Graz 1793. – Ges. Werke. 2 Bde., Graz 1793. – Attila, König der Hunnen, dramat. Gedicht. Wien/Graz 1806. – Sämmtl. Werke. 9 Bde., Wien 1816/17. – Ges. Schr.en. Hg. Anton Schlossar. 4 Bde., Wien 1878-80.

LITERATUR: Anton Schlossar: J. N. v. K. In: Mittheilungen des Histor. Vereins der Steiermark 26 (1878), S. 3-57. – Josef Fleck: J. v. K. Diss. Graz 1951.

Wilhelm Haefs

Kalckreuth, Wolf Graf von, * 9. 6. 1887 Weimar, † 9. 10. 1906 Stuttgart-Bad Cannstatt. – Lyriker u. Übersetzer.

Der Sohn des Malers Leopold von Kalckreuth u. dessen Frau Berta Gräfin Yorck von Wartenburg teilte mit seiner Generation das Déjà-vu-Gefühl des Fin de siècle. Sein lyr. Werk ist schmal u. in der kurzen Zeit zwischen seinem 17. u. 19. Lebensjahr entstanden.

In seinen formvollendeten Gedichten suchte K., wie der junge Hofmannsthal, die Zwischentöne, die Augenblicke des Übergangs zwischen Tag u. Nacht, Leben u. Traum zu evozieren, jene Momente des »müden Abendgrauens«, in denen die Gewißheit des Todes den Gehalt des verlöschenden Lebens zuletzt am reinsten aufscheinen läßt. Seine ausgeprägte Vorliebe für roman. Formen (Sonett, Stanze, Alexandriner), die er streng zu handhaben wußte u. mit einer dichterischen Sprache verband, der es v. a. auf Wohlklang u. Gewähltheit des Ausdrucks ankam, verdankte sich der Liebe zur (zeitgenöss.) frz. Dichtung. Seine Übersetzungen von Verlaine u. Baudelaire (*Les Fleurs du Mal*), die fast zeitgleich mit denen Georges entstanden, sind von bleibendem Rang u. zeichnen sich durch formale Genauigkeit u. sprachl. Nähe zum Original aus. Die Erinnerung an K. wird nicht zuletzt durch Rilkes berühmtes Requiem wachgehalten, das dieser, erschüttert vom Freitod des vielversprechenden Dichters, im Nov. 1908 schrieb, u. in dem es nicht frei von Vorwurf heißt: »Daß du zerstört hast. Daß man dies von dir / wird sagen müssen bis in alle Zeiten.«

WEITERE WERKE: Gedichte u. Übertragungen. Hg. Hellmut Kruse. Heidelb. 1962.

LITERATUR: Hellmut Kruse: W. G. v. K. Diss. Hbg. 1949.

Peter König

Kaldenbach, Christoph, auch: Celadon, Lycon, Lykabas, * 11. 8. 1613 Schwiebus, † 16. 7. 1698 Tübingen. – Lyriker u. Komponist.

K.s Vater, der als Tuchmacher zum Zunftmeister in Schwiebus aufstieg, war zeitweise auch kgl. Richter u. Bürgermeister der Stadt; sein Großvater mütterlicherseits war Ratsherr u. Syndikus in Liebenau. Die schul. Ausbildung übernahm zunächst der Vater, die Anfänge in der Musikerziehung ein Bruder der Mutter. Wegen der Kriegswirren schickten die Eltern den neunjährigen Sohn nach Frankfurt/O., anscheinend zu einem Verwandten, der wohl auch die weitere Ausbildung K.s überwachte. Neben der akadem. Vorbereitung auf das Universitätsstudium erhielt der musikalisch begabte Zögling Kompositionsunterricht. Im Frühjahr 1631 floh K. vor schwed. Truppen u. immatrikulierte sich am 1. Juli an der Universität Königsberg. Nun mußte er seinen Lebensunterhalt selbst bestreiten u. nahm eine Stelle als Hauslehrer östlich von Memel an. Nach der Wiederaufnahme des Studiums (1633) blieb K. auf Einkünfte durch Privatunterricht u. Auftragsdichtungen angewiesen. Seine Promotion zum Magister erfolgte erst 1647, als K. bereits fest im Beruf stand.

Wie der Weg des befreundeten Dach führte K.s Werdegang über eine Königsberger Stadtschule zum Lehramt an der Universität. Der Berufung zum Konrektor an die Altstädtische Lateinschule 1639 folgten sechs Jahre später die Beförderung zum Prorektor u. 1651 der Aufstieg zum Professor für Griechisch an der Königsberger Hochschule. 1656 wurde K. Professor für Geschichte, Dichtung u. Beredsamkeit an der Universität Tübingen. In seiner Tübinger Zeit schloß er insg. vier Ehen. Drei Frauen verlor er durch den Tod; die vierte, die er als fast 70jähriger ehelichte, überlebte ihn. Aus zweiter Ehe stammte sein einziger Sohn, der 1683 u. 1687 an der Herausgabe von K.s Werken beteiligt war, aber schon 1692 starb.

K. verdankt die entscheidenden künstlerischen Anregungen den Königsberger Dichtern um Roberthin u. Albert, v. a. aber wohl Dach. Die gesellige Pflege von Musik u. Wortkunst, wie sie in diesem Kreis betrieben wurde, entsprach K.s Neigungen als Sänger, als Verfasser weltl. u. religiöser Lyrik wie auch als Komponist von Liedtexten. Einige seiner Lieder wurden durch Alberts *Arien* (1638-54) bekannt, viele gab er – mit Noten versehen – selbst heraus, so die *Deutsche Sappho* (Königsb. 1651), die, für württemberg. Schulen bearbeitet, noch einmal 1687 in Stuttgart erschien. Auch wenn K. weder Dachs Innigkeit noch dessen sprachl. Gewandtheit besaß, gehörte er doch in Königsberg u. später in Württemberg zu den gesuchten Gelegenheitsdichtern.

Wie die übrigen Mitglieder des Königsberger Dichterkreises stand K. zunächst ganz unter Opitz' Einfluß, doch war er in höherem Maße für die poetolog. Neuerungen empfänglich, die sich nach Opitz' Tod durchsetzten. So greift er in der für den Tübinger Lehrbetrieb verfaßten *Poetica Germanica* (Nürnb. 1674) häufig auf Buchner, Zesen, Schottelius, Tscherning u. Kindermann zurück, die den Daktylus benutzten u. auch metr. Mischformen gelten ließen. Die wachsende Bedeutung der Kasuallyrik im gesellschaftl. u. literar. Leben des 17. Jh. veranlaßte K., sich in seinen dichtungstheoret. Anweisungen auf die Gelegenheitsdichtung zu beschränken. Nachdrücklich verwahrte er sich – wie andere Poetiker der Zeit – gegen den Mißbrauch »so edler Kunst«. An dichterischem Wert standen für ihn die Kasual- u. Auftragspoeme, die er für seinen Freundes- u. Kundenkreis oder auch für die Universität verfaßte, ebenbürtig neben seinen an Vergil, den Neulateinern u. Opitz orientierten Dichtungen in dt., lat., griech., hebräischer, ja selbst poln. Sprache.

Während Dach sich damit begnügte, seine Gedichte in Einzeldrucken erscheinen zu lassen, brachte K. seine zahlreichen Werke in Buchform heraus. So umfaßt das zu Lebzeiten erschienene Œuvre neben etwa 100 Einzeldrucken mehr als 20 Buchpublikationen.

Ein früher Versuch, die dt. Bühne im Sinne von Opitz mit einer »Tragoedie« zu erneuern, blieb ohne Wirkung (*Babylonischer Ofen*. Königsb. 1646). Trotz fünfaktiger Aufteilung u. Verwendung des Alexandriners stand dieses Werk noch zu stark in der Tradition des protestantischen Schuldramas. K.s *Deutsche Eclogen* (Königsb. 1648) weisen ihn als »poeta doctus« aus; die *Deutschen Grab-Gedichte* vom gleichen Jahr zeigen den Gelegenheitsdichter, der scheinbar mühelos, doch mit Feingefühl den Ansprüchen seiner Adressaten gerecht wird. Die umfangreiche Sammlung *Deutsche Lieder und Getichte* (Tüb. 1683), die seine Lyrik aus der Königsberger u. Tübinger Zeit enthält, läßt die beachtl. Spannweite seines Schaffens erkennen. Mehr als die meisten Opitz-Schüler verstand sich K. als Bewahrer der lat. Dichtungstradition (*Lyricorum libri tres*. Braunsberg 1651. *Silvae Tubingenses*. Tüb. 1667).

Eine nachhaltige Wirkung war K. nicht beschieden. Zwar schätzte Gottsched ihn noch als Neulateiner neben Hutten u. Johannes Secundus u. erwähnte ihn neben Opitz, Fleming u. Tscherning als dt. »Meister in Oden«, doch war er als Dichter in der zweiten Hälfte des 18. Jh. nahezu vergessen. Am längsten überdauerte sein Rhetorik-Lehrbuch für württembergische Schulen, *Compendium Rhetorices* (Ffm. 1682), das bis 1765 eine Vielzahl von Auflagen erlebte u. – versehen mit »den nöthigen Zusätzen und Verbesserungen« – noch auf die Generation des jungen Schiller wirkte.

WEITERE WERKE: Holdwodna Klio. Königsb. 1641 (polnisch). – Dissertatio Musica. 1664. – Gottselige Andachten. Tüb. 1668. – Parodiae in locos communes. Tüb. 1671. – In satyricos tres Latinorum. Tüb. 1688. – Der Glorwürdigste Daphnis. o. O. 1689. – Fischer-Tümpel 3, S. 144-150. – *Ausgabe:* Wilfried Barner (Hg.): C. K. Ausw. aus dem Werk. Tüb. 1977 (mit ausführl. Einl. u. Werkregister).

Literatur: Programmata funebria. Tüb. 1698. – ADB. – Georg Reichert: K. In: MGG. – Heiduk/Neumeister, S. 388 f. – George J. Buelow: K. In: New Grove. – Wilfried Barner: Barockrhetorik. Tüb. 1970, S. 444 f.

Ulrich Maché

Kaléko, Mascha, eigentl.: M. Aufen-Engel, * 7. 6. 1907 Schidlow/Galizien (Chrzanów/Polen), † 21. 1. 1975 Zürich; Grabstätte: ebd. – Lyrikerin.

Als Tochter russisch-jüd. Emigranten wuchs K. in kleinbürgerl. Verhältnissen auf. 1914 flüchtete die Familie nach Deutschland. Erste Stationen waren Frankfurt/M. u. Marburg, ab 1918 hatte sie ihren Wohnsitz in Berlin, damals ein Zentrum jüd. Lebens. Nach der mittleren Reife absolvierte K. eine Lehre bei der Arbeiterfürsorge der jüd. Organisationen Deutschlands, daneben belegte sie Abendkurse in Philosophie u. Psychologie an der Humboldt-Universität. 1928 heiratete sie den Journalisten Dr. Saul Kaléko, Mitarbeiter der »Jüdischen Rundschau«. Ab 1929 erschienen erste Gedichte in der »Vossischen Zeitung«, dem »Berliner Tageblatt«, der »Welt am Montag« u. der »Weltbühne«. Ernst Rowohlt entdeckte sie u. verlegte 1933 ihr erstes Buch *Das lyrische Stenogrammheft* (Bln.), kurz darauf das *Kleine Lesebuch für Große* (Bln. 1935), eigenwillig-ironisch, schnoddrig-unsentimentale Momentaufnahmen aus dem Berliner Großstadtalltag. Man feierte K. im Romanischen Café, Treffpunkt der literar. Boheme. Klabund, Tucholsky, Ringelnatz, Thomas Mann u. Hesse rühmten den neuen Ton ihrer Zeitgedichte, gemischt aus Skepsis u. Trauer, Humor u. Wehmut.

K.s Dichtungen hatten Erfolg, aber keine Wirkung mehr. 1935 verbrannten die Nationalsozialisten in Berlin ihre Bücher; 1938 floh K. mit ihrem zweiten Mann, dem chassid. Musiker u. Musikwissenschaftler Chemjo Vinaver, u. ihrem Sohn nach New York. Sie schrieb für die deutschsprachige Exilzeitschrift »Aufbau« u. verdiente ihren Lebensunterhalt als Werbetexterin. 1945 erschienen ihre *Verse für Zeitgenossen* (Cambridge/Mass., Hbg. 1958); 1960 emigrierte sie mit ihrer Familie nach Jerusalem, wo 1968 ihr Sohn u. fünf Jahre später ihr Mann starben. Im Heine-Gedenkjahr 1956 reiste sie zum ersten Mal wieder nach Europa, im Sommer 1974 unternahm sie ihre letzte Lesereise nach Deutschland u. in die ehemalige Reichshauptstadt. Ihre Gedichtbände *Verse in Dur und Moll* (Olten 1967), *Das himmelgraue Poesie-Album* (Bln. 1968), *Hat alles seine zwei Schattenseiten* (Düsseld. 1973) blieben z. Zt. ihres Erscheinens von Kritik u. Öffentlichkeit weithin unbeachtet.

Die Erfahrungen des Exils bestimmen K.s Poesie nach 1938. In den späten Gedichten aus den New Yorker u. Jerusalemer Jahren leistet sie eine unbarmherzige Inventur ihres Lebens, ihres Heimwehs nach der verlorenen Heimat. Ihre Lyrik hat manches mit Kästner, Morgenstern u. Ringelnatz gemeinsam, ihr wirkl. Geistesverwandter aber blieb der »Flüchtling Heinrich Heine«. Sie ist seine legitime Erbin.

Weitere Werke: In meinen Träumen läutet es Sturm. Gedichte u. Epigramme aus dem Nachl. Mchn. 1977. – Der Gott der kleinen Webefehler. Spaziergänge durch New Yorks Lower Eastside u. Greenwich-Village. Mit einem Nachw. v. Horst Krüger. Bln. 1981 (P.). – Ich bin von anno dazumal. Chansons, Lieder, Gedichte. Mchn. 1987.

Literatur: Irene Astrid Wellershoff: Vertreibung aus dem ›kleinen Glück‹. Das lyr. Werk v. M. K. Diss. Aachen 1982. – Gisela Zoch-Westphal: Aus den sechs Leben der M. K. Biogr. Skizzen, Tgb., Briefe. Bln. 1987.

Beate Pinkerneil

Kalenter, Ossip, eigentl.: Johannes Burckhardt, * 15. 11. 1900 Dresden, † 14. 1. 1976 Zürich. – Erzähler, Lyriker, Reiseschriftsteller.

Nach dem Studium der Kunstgeschichte u. Germanistik in Heidelberg u. Leipzig war K. Mitarbeiter u. Korrespondent der »Frankfurter Zeitung«, des »Berliner Tageblatts« u. der »Vossischen Zeitung«. Seine ersten Gedichtbände wie *Der seriöse Spaziergang* (Dresden/Bln. 1920) oder *Die Idyllen um Sylphe* (Hann. 1922) waren stilistisch von einem gemäßigten Expressionismus geprägt. 1924-1934 lebte K. als freier Schriftsteller in Italien u. siedelte dann nach Prag über, wo er journalistisch für das »Prager Tagblatt« tätig war. 1939 mußte er vor den Nationalsozialisten in die Schweiz fliehen. K. war 1945 Gründungsmitgl. des Internationalen Schutzverbandes deutschsprachiger Schriftsteller u. wurde 1957 zum Präsidenten des PEN-Zentrums deutschsprachiger Autoren im Ausland gewählt.

Nachdem K. bis Kriegsende hauptsächlich in den verschiedensten Bereichen als Journalist u. Übersetzer – u. a. von Prosper Mérimée u. Evelyn Waugh – gearbeitet hatte, begann ab 1950 seine zweite schriftstellerische Schaffensperiode. Charakteristisch für diese Zeit sind seine heiter poetischen Prosaminiaturen wie *Soli für Füllfeder mit obligater Oboe* (Basel 1951). Weiterhin wurde K. bekannt durch seine Stadt- u. Reisebilder, gesehen mit den Augen eines Flaneurs. Seine ausdrückliche Vorliebe galt hierbei bes. den Menschen u. Landschaften Italiens, die er in Werken wie *Von irdischen Engeln und himmlischen Landschaften* (Zürich 1955) oder *Die Abetiner. Glück und Glanz einer kleinen Mittelmeerstadt* (Zürich 1950. Ffm. 1959) sehr einfühlsam u. liebevoll charakterisierte.

Weitere Werke: Das goldene Dresden. Eine Arabeske. Hann. 1922. – Das gereimte Jahr. Gedichte für Kinder. Zürich 1953. – Ein gelungener Abend. Komische Gesch.n. Zürich/Stgt. 1955. – Die Liebschaften der Colombina. Ebd. 1957. – Rendezvous um Mitternacht. Seltsame Liebesgesch.n. Ebd. 1958. – Von Genua bis Pisa. Bildbd. mit Karl Jud. Ebd. 1959 (Reisebuch). – Olivenland. Ital. Miniaturen. Ebd. 1960.

Literatur: Hans Kühner: O. K. zum 60. Geburtstag. In: Dt. Rundschau 86 (1960), S. 1104–1106. *Heiner Widdig*

Kalisch, David, auch: D. J. Schalk, * 23. 2. 1820 Breslau, † 21. 8. 1872 Berlin; Grabstätte: ebd., Friedhof der St. Matthäi-Gemeinde. – Bühnenautor, Journalist.

K. entstammte einem aufgeklärt-liberaler Tradition verpflichteten jüd. Elternhaus. Der frühe Tod des Vaters, eines Pelzhändlers, führte zur Verarmung der Familie u. zwang dem Gymnasiasten K. 1837 eine kaufmänn. Lehre auf. Der sich anbahnenden Handelskarriere ging er aus dem Weg, als er sich 1844 nach Paris wandte, dort in wechselnden Stellungen sein Leben fristete u. Bekanntschaft (wohl weniger mit polit. Emigranten als) mit dem Boulevardtheater schloß. In Berlin seit 1846, reüssierte K. 1847 schon mit seinem Possenerstling *Ein Billet von Jenny Lind oder Das erste Debüt in Schöneberg* (Bln. 1846), erzielte mit *Einmalhunderttausend Thaler!* (Urauff. 1847 am Königsstädtischen Theater. Bln. 1848) den endgültigen Durchbruch u. blieb in der Folge einer der meistgespielten dt. Bühnenautoren.

Im Berlin der 48er Revolution erschien die erste Nummer seines »Kladderadatsch« (= Krach, Umsturz), des politisch-satir. »Organs für und von Bummler«, das – trotz anfängl. behördl. Nachstellungen wegen der treffsicheren Satire gegen Militär, Obrigkeit, Pfaffen – als einziges Witzblatt dieser Art auch nach 1848 noch Bestand hatte (bis 1944). Dem Redaktionskollegium gehörten außer K., der Glossen, Parodien u. Travestien beisteuerte, noch seine Vettern Ernst Dohm u. Rudolf Löwenstein sowie Wilhelm Scholz an, ohne dessen Illustrationen stehende Figuren K.s wie Zwickauer, Karlchen Mießnick, Müller u. Schultze kaum zu ihrer Popularität gelangt wären.

»Das Wetterleuchten der Ideen, / Der jungen Freiheit Fahnenwehen« (aus: Prolog zu *Berlin bei Nacht.* Bln. 1849), bis dahin wesentl. Momente von K.s politisch auf der Höhe der Zeit stehenden, anspielungsreichen Possen (oft nach frz. Urtext), fielen nach der mißglückten Revolution dem Hinckeldeyschen Theaterzensur-Erlaß von 1851 zum Opfer; krit. Impulse lebten in K.s umgearbeiteten bzw. später entstehenden Stücken nur in entschärfter Form fort, ja schienen sich in Polit-Possen wie *Faust, der zu spät bekehrte Demokrat* (Bln. 1853) ins Gegenteil zu verkehren (»Habe nun, ach! Demokratie, / Wühlerei und Communismus [...]«). Nach der Schließung des Königsstädtischen Theaters (1851) wurde K. Hausautor des späteren Wallner-Theaters u. feierte Erfolge mit Kleinbürgermisere u. schließlich Glück im Winkel präsentierenden Volksstücken wie *Berlin, wie es weint und lacht* (Nach O. F. Berg. Bln. 1858).

Das soziale Weichbild der werdenden Weltstadt, die »feinen Leute und des Straßengesindel, / Mit eenem Wort, den Berliner Schwindel« (Prolog zur 100. Auff. des *Aktienbudikers*, 1856), nahmen sich K.s Stücke zum Vorwurf. Tagesaktueller Zuschnitt insbes. der Couplets war dabei notwendige Bedingung. Den »poetischen und bleibenden Wert« seiner Bemühung hat ihm schon Keller, gegen »die literarischen Schlafmützen« gerichtet, bescheinigt (Brief an Hettner, 4. 3. 1851).

Weitere Werke (Ort jeweils Bln.): Berliner auf Wache. 1848. – Junger Zunder – Alter Plunder. 1851. – Ein März-Gefangener (später: Er verlangt sein Alibi!). 1854. – Die Bummler von Berlin. 1854. – Doctor Peschke oder: Kleine Herren. Urauff. 1857. In: Lustige Werke. 5 H.e, 1870. – Ein gebildeter Hausknecht, oder Verfehlte Prüfungen. Urauff. 1858. In: ebd. – Berliner Leierkasten. Couplets. 1858. 91861. – Einer v. unsere Leut'. Urauff. 1859. – Namenlos. 1864. –

Krethi u. Plethi. Urauff. 1865. Hg. Heidrun Kerstein. Ffm. u. a. 1989. – Haussegen, oder Berlin wird Weltstadt. Urauff. 1866. In: Lustige Werke. a. a. O. – Hunderttausend Taler. Altberliner Possen 1849-51. Hg. Manfred Nöbel. 2 Bde., 1988.

Literatur: Max Ring: D. K. Der Vater des Kladderadatsch u. Begründer der Berliner Posse. Bln. 1873. – Curt Meyer: Alt-Berliner Polit. Volkstheater (1848-50). Emsdetten 1951. – Erika Wischer: Das Wallner-Theater [...]. Das Berliner Lokalpossen-Theater des Nachmärz. Diss. Mchn. 1967. – Horst Denkler: Restauration u. Revolution. Mchn. 1973. – Volker Klotz: Bürgerl. Lachtheater. Mchn. 1980. – Hugo Aust u. a.: Volksstück. Mchn. 1989. *Arno Matschiner*

Kalisch, Ludwig, * 7. 9. 1814 Polnisch-Lissa/Posen, † 3. 3. 1882 Paris. – Journalist, Lyriker, Verfasser erzählender u. satirischer Schriften, Übersetzer.

Seit 1835 studierte K., der aus einer jüd. Familie stammte, in Heidelberg u. München Medizin. Eine Sammlung von Balladen, Liebes- u. Freiheitsgedichten veröffentlichte er 1836 u. d. T. *Barbiton oder Stunden der Muse* (Heidelb.). 1838 zog er nach Bingen, 1840 siedelte er nach Mainz über, wo er sich als Schriftsteller u. Privatlehrer niederließ u. eine rege publizistische Tätigkeit entfaltete. 1843 wurde er Redakteur, 1844 auch Herausgeber der Mainzer Karnevalszeitung »Narrhalla«. Unter dem Schutz der Narrenkappe verspottete er in seinen Artikeln die reaktionären polit. Zustände u. setzte sich für bürgerl. Freiheiten ein. In Gießen wurde er nach sprach- u. literaturwissenschaftl. Studien 1847 zum Dr. phil. promoviert. 1848 gab er in Mainz die Zeitung »Der Demokrat« heraus, die das Sprachrohr des »Demokratischen Vereins« u. des Mainzer Arbeiterbildungsvereins war u. die Interessen der »Besitzlosen« vertrat.

Die 40er Jahre waren die produktivste Zeit im Leben K.s. Neben seiner redaktionellen Tätigkeit veröffentlichte er mehrere Bücher mit Humoresken, Satiren u. Parodien, in denen er sich über Kleinmut u. Lethargie des »deutschen Michels« mokierte (*Schlagschatten*. Mainz 1844. ²1849. *Das Buch der Narrheit*. Mainz 1845. *Lose Hefte*. 2 Bde., Lpz. 1847). Seine oft bissige polit. Polemik machte auch vor den bürgerl. Abgeordneten der Frankfurter Nationalversammlung nicht halt, die eher bereit waren, mit der Reaktion als mit dem Proletariat gemeinsame Sache zu machen (*Shrapnels*. Ffm. 1849). – Nach der Niederschlagung der Revolution – im Mai/Juni 1849 war K. Mitgl. der provisorischen Regierung der Pfalz, 1851 wurde er in Abwesenheit zum Tod verurteilt – floh K. nach Paris. Über das Alltagsleben in der frz. Hauptstadt u. in London veröffentlichte er 1851 zwei Bände mit Reportagen, die ihn als sensiblen u. kritisch-engagierten Beobachter lokaler u. nationaler Eigenarten zeigen (*Paris und London*. Ffm. Neuausg. u. d. T. *Künstler, Quäker, Demokraten. Impressionen aus Paris und London*. Hg. Therese Erler. Bln./DDR 1970).

Im Pariser Exil arbeitete K. als Lehrer, Übersetzer u. Zeitungskorrespondent u. unterhielt Verbindungen zu dt. Emigranten wie Moses Heß. Über seine Besuche bei dem todkranken Heine berichtete er in der »Gartenlaube«. Hier schrieb er auch über Jacques Offenbach (beides erneut abgedruckt in: *Pariser Leben. Bilder und Skizzen*. Mainz 1880. ²1882), von dem er mehrere Operettentexte ins Deutsche übersetzte. Einen Beitrag zur Kulturgeschichte des Ostjudentums stellen seine Kindheitserinnerungen (*Bilder aus meiner Knabenzeit*. Lpz. 1872) dar, die weniger eine Autobiographie als eine Schilderung der Sitten u. Gebräuche in der jüd. Gemeinde seiner Vaterstadt sind. Mit diesem Buch plädierte K. zgl. für Toleranz gegenüber einer religiösen u. ethn. Minderheit.

Weitere Werke: Poetische E.en. Siegen/Wiesb. 1845. ²1854. – Heitere Stunden. N.n u. E.en. 2 Bde., Bln. 1872. – Streifzug durch die Narrhalla. Satirisches, Lustiges u. Bedenkliches. Hg. Heinz Seydel. Bln./DDR 1974.

Literatur: Barbara Glauert: Paris: Avenue de Matignon Nr. 3. L. K.s Unterhaltungen mit Heinrich Heine. In: Das Neue Mainz. Wirtschaft, Verkehr, Kultur, H. 12 (1972), S. 2-4. – Josef Heinzelmann: K. In: NDB. – Julius H. Schoeps: An der Seite der Unterdrückten. L. K. [...]. In: Ders. u. Walter Grab (Hg.): Juden im Vormärz u. in der Revolution v. 1848. Stgt./Bonn 1983, S. 331-351. *Peter Langemeyer*

Kaltenboeck, Bodo, * 15. 12. 1893 Stuttgart, † 5. 11. 1939 Wien. – Erzähler, Essayist.

Im dt. Kaiserreich aufgewachsen, diente K. im Ersten Weltkrieg als Kriegsfreiwilliger in der österreichisch-ungarischen Armee u. wurde mit der Goldenen Tapferkeitsmedaille ausgezeichnet. Nach dem Krieg schloß er sein Studium in Graz ab u. lebte anschließend in Wien. Im Ständestaat wurde K. 1936/37 für ein Jahr wegen illegaler nationalsozialistischer Betätigung inhaftiert; einen Bericht von dieser Zeit gab er in *Das törichte Auge. Die Selbstgespräche eines Unentwegten* (Wien/Lpz. 1938). Zu Beginn des Zweiten Weltkriegs rückte er als Kommandeur eines Landesschützenbataillons ein; wenige Monate später erlag er einer Krankheit. K.s Eintreten für einen soldatischen Deutschnationalismus spiegelt sich in polit. Schriften wie in der 1924 unter dem Pseud. »Kaka« erschienenen Satire *Lehrbuch der Demagogie*, aber auch in literar. Arbeiten wie in der altertümelnden Erzählung *Der Unfug inn der Ortenau* (*Ein Buch unter Lachen unnd Weynen*. Wien/Lpz. 1937). Der zwischen realistischer Darstellung u. pathetisch-heroischer Überhöhung angesiedelte Kriegsroman *Armee im Schatten* (*Tragödie eines Reiches*. Innsbr./Wien/Mchn. 1932; bis 1942 mehrfach wieder aufgelegt u. dabei um eine mystisch-symbolische »Totenfeier« erweitert) zielt auf eine Ehrenrettung der k. k. Armee: Weil sie als Vielvölkergemisch in ihrer Schlagkraft eingeschränkt gewesen sei, habe sie zu Unrecht im Schatten des dt. Militärs gestanden. Indem K. das altösterr. Heer als »schönste Schöpfung deutschen Geistes« auffaßt, gerät auch sein Roman zur Progaganda für die großdt. Reichsideologie.

WEITERE WERKE: F. T. Vischer's ›Auch einer‹, eine amplificatio der ›Aesthetik‹. Diss. Graz 1920. – Dtschld. – Österreich. Irrtum u. Richtung. Wien/Lpz. [2]1934 (polit. Ess.).

Ernst Fischer

Kaltenbrunner, Karl Adam, * 30. 12. 1804 Enns/Oberösterreich, † 6. 1. 1867 Wien; Grabstätte: ebd., Matzleinsdorfer katholischer Friedhof (jetzt: Waldmüllerpark). – Lyriker, Dramatiker, Erzähler, Kritiker.

Aus einer der ältesten Sensenschmiedefamilien des Kremstales stammend, besuchte K. in Admont u. Linz die Schule u. trat 1823 in die Linzer Staatsbuchhaltung ein. 1842–1867 war er in der k. k. Hof- u. Staatsdruckerei in Wien tätig, ab 1859 als Vizedirektor dieses Instituts. K., der bereits während seiner Linzer Zeit Mittelpunkt des oberösterr. literar. Lebens war, insbes. als Theaterkritiker für das »Bürgerblatt«, widmete sich auch in Wien ganz der Dialektdichtung. Besonders bekannt wurde er mit den Gedichtbänden *Obderennsische Lieder* (Linz 1845), *Alm und Zither* (Wien 1846) u. *Österreichische Feldlerchen* (Nürnb. 1857), in denen es K. gelingt, Ursprünglichkeit u. Kraft des Dialekts zu bewahren. Auch als Erzähler u. Dramatiker hatte er einigen Erfolg, etwa mit dem Volksstück *Die drei Tannen*, das 1862 am Carltheater uraufgeführt wurde.

K. war Mitgl. der »Concordia«, des »Hesperus« u. der Ritterschaft »Grüne Insel«.

WEITERE WERKE: Vaterländ. Dichtungen. Linz 1835 (L.). – Aus dem Traungau. Oberösterr. Dorf- u. Volksgesch.n. Wien 1863.

LITERATUR: Joseph Wihan: K. A. K. als mundartl. Dichter. Linz 1904. – Hildegard Dunzinger: K. A. K. Diss. Wien 1949.

Johannes Sachslehner

Kaltneker, Hans, * 2. 2. 1895 Temesvár/Banat, † 29. 9. 1919 Gutenstein/Niederösterreich. – Erzähler, Dramatiker, Lyriker.

Der Sohn eines österr. Offiziers wuchs in Wien auf. Als Gymnasiast gab er zusammen mit Flesch-Brunningen u. Paul Zsolnay eine literar. Zeitschrift heraus. 1912 erkrankte er an Tuberkulose; 1915 begegnete er Klabund im Sanatorium in Davos.

Bis 1917 entstanden drei Erzählungen, zahlreiche Gedichte, darunter ein Sonettenzyklus für die Burgschauspielerin Else Wohlgemuth u. das Mysterium für Musik *Die Heilige*, das Hans Müller u. Erich Wolfgang Korngold zur Oper *Das Wunder der Heliane* (Mainz 1927) umarbeiteten. 1917 legte K. die erste juristische Staatsprüfung ab. 1918/19 verfaßte er drei Dramen u. das Märchenspiel *Schneewittchen*. Sein postum erschienenes Werk enthält christl. Motive. Mit expressionistischem Pathos schrieb K. von Schuld u. Sühne, Leid u. Erlösung, ähnlich verzweifelt wie Trakl oder Albert Ehrenstein, v. a. in dem Drama *Das Bergwerk* (Wien 1921) zgl. engagiert wie ein österr. Ernst Toller.

WEITERE WERKE: Dichtungen u. Dramen. Hg. Paul Zsolnay. Vorw. Felix Salten. Bln./Wien/Lpz. 1925. – Die drei Erzählungen. Ebd. 1929. – Gerichtet! Gerettet! Hg. Hellmuth Himmel. Graz/Wien 1959.

LITERATUR: Emmy Wohanka: H. K. Diss. Wien 1933. – Hellmuth Himmel: Die Problematik im Werk K.s u. ihr Ort in der österr. Lit. Diss. Graz 1951. – Nikolaus Britz: Der Expressionismus u. sein österr. Jünger H. K. Wien 1975. – Jaak de Vos: Gefangenschaft in den Dramen H. K.s. Diss. Gent 1981.

Wilfried Ihrig

Kaminski, André, * 19. 5. 1923 Genf. – Erzähler, Verfasser von Theater- u. Fernsehstücken.

Nach dem Studium der Geschichte in Genf u. Zürich (Dr. phil.) wanderte K. 1945 als überzeugter Kommunist ins Land seiner Vorfahren nach Polen aus. Er arbeitete dort bis zu seiner Ausbürgerung 1968 für Rundfunk u. Fernsehen. In die Schweiz zurückgekehrt, war er bis 1985 als Dramaturg u. Drehbuchautor für das Fernsehen tätig.

K. ist fasziniert von Menschen, deren Vitalität auch unter den widrigsten Umständen nicht zu besiegen ist. In dem Band *Die Gärten des Mulay Abdallah. 9 wahre Geschichten aus Afrika* (Ffm. 1983) porträtiert er Menschen, deren Lebenskunst den lebenshungrigen Westeuropäer, der sie beobachtet, in Staunen versetzt. In seinem äußerst erfolgreichen Roman *Nächstes Jahr in Jerusalem* (Ffm. 1986. [8]1987) sind es die Nachkommen zweier ostjüd. Familien, die auf ihren labyrinthischen Lebenswegen Schlauheit u. Ausdauer unter Beweis stellen u. die Phantasie ihres Enkels anregen, der als Erzähler deren Geschichte rekonstruiert. Kaum mehr angemessen ist K.s Fabulierkunst, seine Vorliebe für Pointen u. grelle Farben, den Schicksalen aus dem vom Krieg gezeichneten Polen der 50er u. 60er Jahre, die im Roman *Kiebitz* (Ffm. 1988) geschildert werden.

WEITERE WERKE: Herzflattern. 9 wilde Gesch.n. Ffm. 1984. – Schalom allerseits – Tgb. einer Deutschlandreise. Ffm. 1987. – Flimmergesch.n. Ffm. 1990. *Dominik Müller*

Kamossa, Käthe, * 15. 12. 1911 Berlin, † 8. 7. 1989 ebd.; Grabstätte: ebd., Städtischer Friedhof Steglitz. – Lyrikerin.

K. entstammte einer ostpreuß. Klavierbauerfamilie. Sie wuchs in Königsberg auf u. kam 1925 nach Berlin. Nach dem Schulbesuch arbeitete sie kurzfristig als Kinderbetreuerin sowie in Buchhandlungen u. Verlagen. Sie trat in kleinen Rollen auf Berliner Bühnen auf, zuletzt 1969 in Ostrowskis *Wölfe und Schafe.*

Gefördert durch den Lyriker Gustav Stolze schrieb K. seit Anfang der 30er Jahre Gedichte, die zuerst im »Berliner Lokalanzeiger« erschienen. Der erste Lyrikband, *Aufbruch*, kam 1934 heraus (Bln.). 1942-1945 bedrohte sie ein schwebendes polit. Verfahren wegen pazifistischer Äußerungen. K. schrieb hauptsächlich religiös betonte Lyrik, die von Naturgefühl u. Musikalität bestimmt wird. Einige Gedichte wurden von Martin Grabert u. Prinz Louis Ferdinand von Preußen vertont. 1949 veröffentlichte sie ein Kinderbuch *Kathrinchen* (Bln. Neuaufl. u. d. T. *Kathrinchens kleine Welt.* Stgt. 1958). Als Stipendiatin der Berliner Akademie der Künste reiste sie zwischen 1967 u. 1976 dreimal zu Studienaufenthalten nach Olevano/Italien.

WEITERE WERKE: Kleine Sinfonie. Prag 1942 (L.). – Lyr. Vesper. Prag 1943 (L.). – Stationen. Gedichte, Messe in A-Dur, Trag. Schausp. Bln. 1970. – Essays, Gedichte. Darmst. 1978. *Detlef Krumme*

Kamphausen, Felix, * 14. 4. 1944 Krefeld. – Erzähler, Lyriker; bildender Künstler.

Nach der frühen Scheidung der Eltern lebte K. zunächst bei der berufstätigen Mutter, später bei einer Großmutter u. in Erziehungsheimen. 1959-1964 verbüßte er Jugendstrafen. Wegen gemeinschaftlich versuchten Mordes wurde K. 1970 in Düsseldorf festgenommen u. 1973 zu einer lebenslangen Freiheitsstrafe verurteilt. 1974 brach er aus dem Gefängnis aus u. versuchte, die Öffentlichkeit auf seine vermeintlich ungerechte Bestrafung aufmerksam zu machen – eine Episode, die nach zwölf Tagen mit einer erneuten Festnahme endete u. in der Erzählung *Der Sprung* (Düsseld. 1979) beschrieben ist. In der Haft holte K. den Hauptschulabschluß nach. Seit der Entlassung 1985 lebt er als Schriftsteller in Düsseldorf.

Das biographisch motivierte Hauptthema seines literar. u. künstlerischen Werks ist das Häftlingsleben. In Erzählungen wie *Transport* (Krefeld 1978), in Gedichten u. in den autobiograph. Aufzeichnungen *Zu früh zu spät* (Ffm. 1981) schildert K. unter Verwendung des Gefängnisjargons in lakonisch knapper Alltagssprache das gewöhnliche Leben in der Haft. Seine Texte nehmen gegen eine unwürdige u. psychisch reduzierende Behandlung im Strafvollzug Stellung. K. ist einer der bekanntesten neueren Vertreter der zeitgenöss. dt. Gefangenenliteratur, die mit Henry Jaeger einsetzte u. seit Ende der 60er Jahre an Bedeutung gewonnen hat. K. organisierte auch literar. Aktivitäten anderer Häftlinge durch die Herausgabe von Zeitschriften u. Anthologien u. durch die Gründung eines Verlags.

WEITERE WERKE: Gabriel. Krefeld 1979 (E.). – Die Psychatrierung. Dortm. 1981 (E.en). – F. K. u. a. (Hg.): Aufbruch. Dortm. 1981 (Anth.).

LITERATUR: Raimund Hoghe: Wo es nichts zu weinen gibt. Ein Porträt des Lebenslänglichen F. K. In: Die Zeit, 10. 1. 1986. *Matias MartinezSeekamp*

Kamphoevener, Elsa Sophia Baronin von, auch: Else Marquardsen-Kamphövener, * 14. 6. 1878 Hameln, † 4. 8. 1963 Traunstein/Obb. – Lektorin; Dramaturgin, Erzählerin.

K. kam dreijährig in die Türkei, wo ihr Vater die Armee reformierte. Sie erhielt Privatunterricht, lernte neun Sprachen u. durchstreifte als Mann verkleidet die Türkei. Der berühmte Märchenerzähler Fehim Bey nahm sie in die Gilde der Märchenerzähler auf. Das Verbot, die 800 Jahre alten Märchen aufzuschreiben, durchbrach sie erst im hohen Alter, um dieses wertvolle Kulturgut zu erhalten. K. schrieb 20 Romane aus der arab. Welt, arbeitete 1921-1931, nach 40 Jahren in der Türkei, bei der Ufa-Tobis als Dramaturgin u. war als Übersetzerin u. Vortragskünstlerin (u. a. als »Kamerad Märchen« an der Front) tätig.

Berühmt wurde sie durch die Veröffentlichung türk. Märchen, Legenden u. Erzählungen (*An Nachtfeuern der Karawan-Serail.* 2 Bde., Hbg. 1956 f. *Anatolische Hirtenerzählungen.* Hbg. 1960), deren Leitbilder »Heldentum, Liebe und Treue, Wahrhaftigkeit und Edelmut, soziales Empfinden und Ergebenheit im Glauben an Allah und das Kismet« sind (Eckert).

WEITERE WERKE: Der weiße Scheich. Wien 1957 (Jugendbuch). – Am alten Brunnen des Bedesten. Hbg. 1958 (E.). – Damals im Reiche der Osmanen. Gütersloh 1959 (Biogr. ihres Vaters).

LITERATUR: Otto Eckert: K. In: Der Romanführer. Bd. 13, Stgt. 1964, S. 179-181. *Winfried Hönes*

Kandinsky, Wassily, * 5. 12. 1866 Moskau, † 13. 12. 1944 Neuilly-sur-Seine. – Maler, Grafiker, Kunsttheoretiker; Dramatiker, Lyriker.

Zwischen 1896 u. 1901 absolvierte K. eine Ausbildung zum Maler u. Graphiker bei Anton Ažbé u. Franz von Stuck in München. Seit 1908, in den Landschaftsbildern aus Murnau, wandelte sich seine folkloristisch inspirierte, symbolistisch stilisierte Malweise, die Elemente des frz. Spätimpressionismus integrierte, zu einer expressiven Malweise, deren fortschreitende Verselbständigung von Farbe u. Form 1910 schließlich zur Loslösung vom Gegenstand im »Ersten abstrakten Aquarell« führte.

K. u. Franz Marc traten 1909 aus der von K. gegründeten »Neuen Künstlervereinigung München« aus u. organisierten 1911 die für die Kunst der Moderne wegweisende Ausstellung der Künstlervereinigung »Der Blaue Reiter«. 1914-1921 lebte K. wieder in Moskau, wo er – insbes. ab 1918 – kulturpolitisch tätig war. Seit 1922 war er Lehrer am »Bauhaus« in Weimar u. ab 1925 in Dessau bis zur Schließung durch die Nationalsozialisten 1933. Unter dem Einfluß von Suprematismus u. Konstruktivismus veränderte sich sein Malstil von expressiver zu geometr. Abstraktion. Noch 1933 emigrierte K. nach Frankreich; seitdem traten amöboide, zoomorphe u. hieroglyphische Formen in seinen Bildern auf.

Die Innovation der abstrakten Malerei fundierte K. in seiner programmat. Schrift *Über das Geistige in der Kunst* (Mchn. 1912). Er propagiert die Befreiung der Kunst aus der Abbildungsfunktion der Wirklichkeit, die Vermittlung des »inneren Klangs« der entpragmatisierten Dinge u. damit die Heraufkunft einer »Epoche des großen Geistigen«.

Die Bühnenkomposition *Der gelbe Klang* bildete den konzeptionellen Zielpunkt des von K. u. Marc herausgegebenen Almanachs »Der Blaue Reiter« (Mchn. 1912), der die Bedingungen für eine mögl. Synthese der Künste untersucht u. selbst antizipierend verwirklicht. Dieses Gesamtkunstwerk, dialog- u. handlungslos, ist ganz auf die kontrastiven Synästhesien von Musik, Tanz u. Farblicht abgestimmt. K.s rudimentäre u. zgl. emphat. Verwendung von Sprache erlangte bestimmenden Einfluß auf Hugo Balls Entwicklung des dadaistischen Lautgedichts u. die Wortkunsttheorie des »Sturm«-Kreises um Herwarth Walden.

Klänge (Mchn. 1913) ist ein Kompendium aus deskriptiv bis alogisch, assoziativen Gedichten u. folkloristischen bis abstrakten Holzschnitten, die sich um eine latente Bedeutung zentrieren: Pilgerschaft zum Geistigen gegen die Anfechtungen des Materiellen.

WEITERE WERKE: Punkt u. Linie zu Fläche. Beitrag zur Analyse der maler. Elemente. Mchn. 1926. Bern 1964.

Franz Kafka vor dem Oppelthaus
am Altstädter Ring in Prag, um 1920

Franz Kafka

Herkunft und Erziehung

»Hier war mein Gymnasium, dort in dem Gebäude, das herübersieht, die Universität, und ein Stückchen weiter links, mein Büro. In diesem kleinen Kreis ist mein ganzes Leben eingeschlossen.« Kafka beim Blick auf den Altstädter Ringplatz zu seinem Hebräisch-Lehrer Friedrich Thieberger.

Oben links: Der Vater Hermann Kafka. *Oben rechts:* Die Mutter Julie Löwy, seit 1882 mit Hermann Kafka verheiratet.

Links: Der Große Altstädter Ring. Links im Bild das Kinsky-Palais mit dem Altstädter Gymnasium und der Galanteriewarenhandlung des Vaters. *Unten links:* Kafkas Geburtshaus. *Unten rechts:* Kafka als Fünfjähriger.

Rechts: Kafkas Schwestern (von links) Ottla, Elli und Valli. *Mitte links:* Abiturbild. *Mitte rechts:* Klassenbild von 1898. *Unten links:* Mit dem »Madrider Onkel« Alfred Löwy. *Unten rechts:* Der Lieblingsonkel Kafkas, der Landarzt Dr. Siegfried Löwy.

Studium und Arbeit

Links: Kafka hörte vermutlich auch Vorlesungen des Soziologen Alfred Weber, der von der juristischen Fakultät zum Promotor Kafkas bestimmt wurde.

Im Herbst 1901 begann Kafka das Studium der Rechtswissenschaft an der »k. k. deutschen Karl-Ferdinand-Universität« in Prag. *Links:* Am Obstmarkt in Prag (im Hintergrund rechts neben dem Haus an der Stirnseite des Platzes) lag das Karolinum mit den Hörsälen der rechtswissenschaftlichen Fakultät.

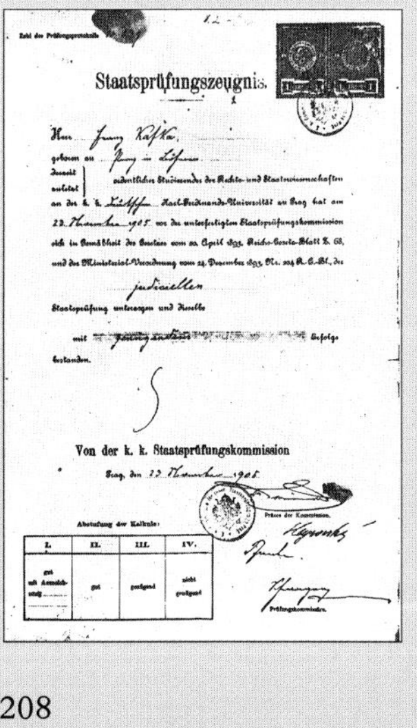

Staatsprüfungszeugnis.

Staatsprüfung unterzogen und dieselbe

bestanden.

Von der k. k. Staatsprüfungskommission

Präses der Kommission.

Abstufung der Kalküle:

I.	II.	III.	IV.
gut mit Auszeichnung	gut	genügend	nicht genügend

Prüfungskommissäre.

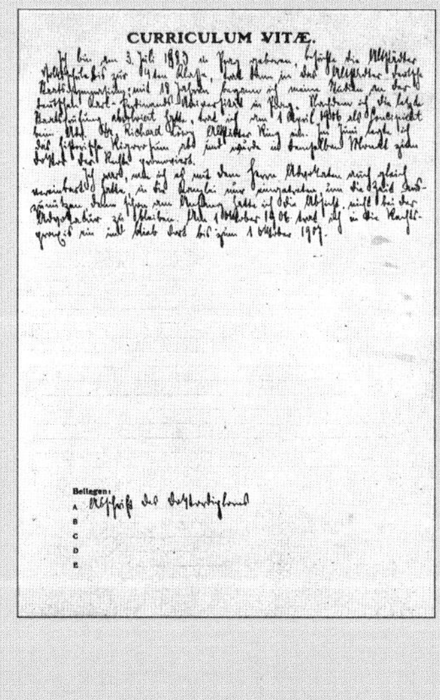

CURRICULUM VITÆ.

Beilagen:
A
B
C
D
E

Links: Die »judicielle Staatsprüfung« bestand Kafka 1902 mit »genügendem Erfolge«.
Rechts: Kafkas Curriculum vitae, handschriftlich für die Bewerbung bei der »Assicurazioni Generali« angefertigt.

Links: Kafka zur Zeit der Promotion, im Juli 1906. *Rechts:* Die Studentin Hedwig Weiler, die Kafka im Sommer 1907 bei einem Aufenthalt in Triesch (Mähren), dem Wohnort seines Onkels Siegfried, kennenlernte.

Oben links: Die Versicherungsanstalt »Assicurazioni Generali« am Wenzelsplatz. Hier war Kafka von Oktober 1907 bis Juli 1908 angestellt.
Oben: In der Arbeiter-Unfall-Versicherungsanstalt für das Königreich Böhmen arbeitete er von 1908-1922.
Links: Eine Wollwarenfabrik in Reichenberg. Sie gehörte zu den Fabriken in Nordböhmen, die Kafka kontrollieren mußte.

Erste literarische Arbeiten

Vermutlich begann Kafka schon um 1898, mit fünfzehn Jahren, zu schreiben. Die erste Buchausgabe erschien 1912 im Rowohlt Verlag Leipzig mit dem Titel: »Betrachtung«. Der Band *(Mitte rechts)* enthielt 18 Prosastücke. Kafka widmete ihn Max Brod.

Rechts: Max Brod, Freund und Förderer Kafkas. Durch Brod kam auch die erste Buchausgabe zustande.

FRANZ KAFKA

DIE VERWANDLUNG

DER JÜNGSTE TAG * 22/23

KURT WOLFF VERLAG · LEIPZIG

1 9 1 6

FRANZ KAFKA

BETRACHTUNG

Oben: Das Titelbild zur »Verwandlung« zeichnete Ottomar Starke. Kafka ersuchte Kurt Wolff, das Insekt in keinem Fall bildlich darstellen zu lassen. *Rechts:* Kurt Wolff mit seiner Frau Elisabeth, 1912.

Rechts: Zur Prager Literaturszene um 1900, mit der Kafka in Verbindung stand, gehörte auch Gustav Meyrink.

Links: Der jüdische Lyriker Hugo Salus. Neben Friedrich Adler beherrschte er den deutschen Literaturzirkel in Prag.

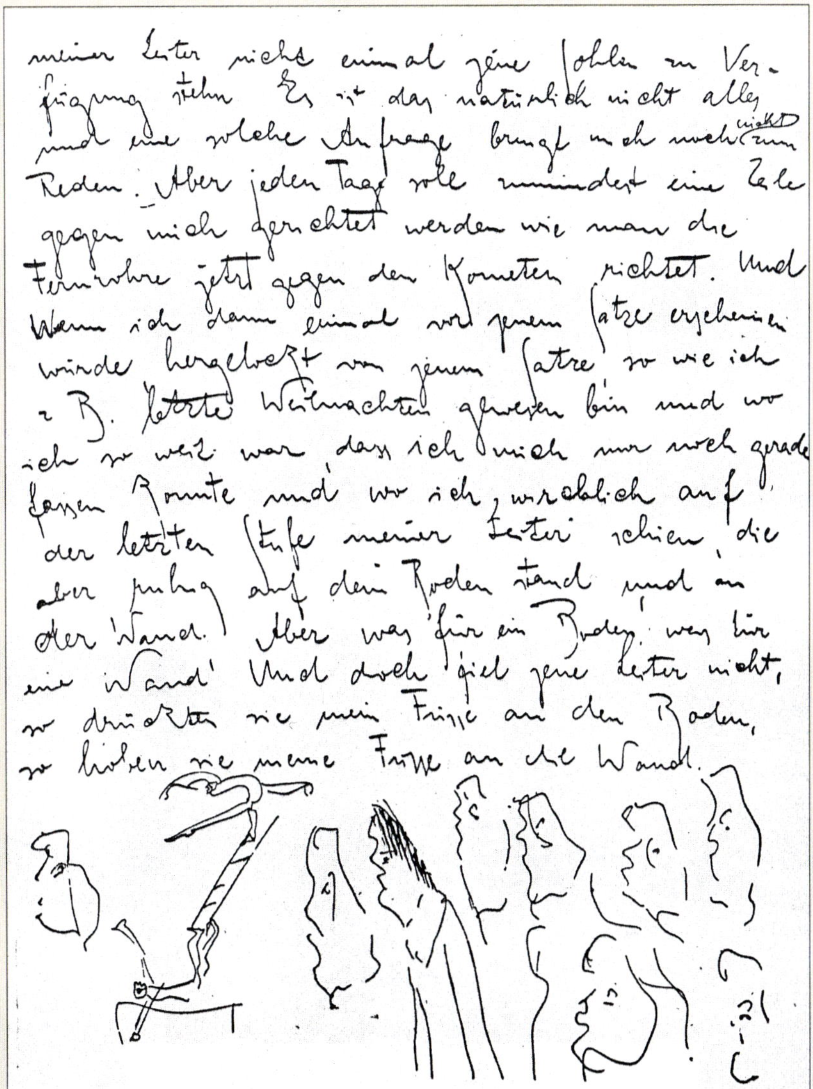

meiner Leiter nicht einmal jene Sohlen zur Verfügung stehn. Es ist das natürlich nicht alles und eine solche Anfrage bringt mich noch nicht zum Reden. Aber jeden Tag soll zumindest eine Zeile gegen mich gerichtet werden wie man die Fernrohre jetzt gegen den Kometen richtet. Und wenn ich dann einmal vor jenem Satze erscheinen würde hergelockt von jenem Satze so wie ich z. B. ~~letzte~~ Weihnachten gewesen bin und wo ich so weit war, dass ich mich nur noch gerade fassen konnte und wo ich wirklich auf der letzten Stufe meiner Leiter schien, die aber ruhig auf dem Boden stand und an der Wand. Aber was für ein Boden! was für eine Wand! Und doch fiel jene Leiter nicht, so drückten sie meine Füsse an den Boden, so hoben sie meine Füsse an die Wand.

Kafkas Tagebucheintragungen beginnen 1910 und enden 1923, im Jahr vor seinem Tod. Im Bild eine der ersten Seiten (nicht datiert) aus dem Jahr 1910.

Die drei Romane Kafkas blieben Fragmente. Sie wurden von Max Brod aus dem Nachlaß veröffentlicht, gegen Kafkas Bitte, »alles, was sich in meinem Nachlaß … an Tagebüchern, Manuskripten, Briefen, fremden und eigenen, Gezeichnetem und so weiter findet, restlos und ungelesen zu verbrennen, ebenso alles Geschriebene oder Gezeichnete, das Du oder andre, die Du in meinem Namen darum bitten sollst, habe« (an Max Brod, undatiert). An seinem »amerikanischen Roman« (Kafkas eigene Bezeichnung) zunächst »Der Verschollene«, später »Amerika« genannt, arbeitete er von 1911-1914. Anregungen dazu gaben auch die Erzählungen nach Amerika ausgewanderter Verwandter.

Ansichtskarte von New York City. Alfred Löwy schickte sie 1905 an Kafkas Großeltern nach Prag.

Chicago, Rush Street Bridge. Ebenfalls an die Prager Löwys adressierte Karte des Onkels Alfred.

Die Arbeit am zweiten Roman »Der Prozeß« begann Kafka 1914. *Rechts:* Textpassage aus dem Romanmanuskript.

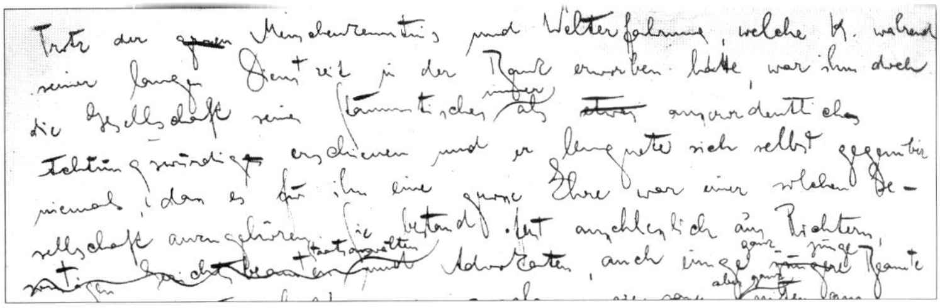
Trotz der Menschenkenntnis und Welterfahrung, welche K. während seiner langen Dienstzeit in der Bank erworben hatte, war ihm doch die Gesellschaft seines Stammtisches immer außerordentlich achtungswürdig erschienen und er leugnete sich selbst gegenüber niemals, daß es für ihn eine große Ehre war einer solchen Gesellschaft anzugehören. Sie bestand fast ausschließlich aus Richtern, Staatsanwälten, Advokaten, auch einige ganz junge Beamte

Links: Jizchak Löwy, ein jiddischer Schauspieler, um 1911 ein wichtiger Freund Kafkas. *Rechts:* Kafka, um 1906. In dieser Zeit liest er intensiv Flauberts Romane. *Unten:* Vorbild für Kafkas dritten Roman »Das Schloß« (Beginn 1922): Schloß Friedland in Nordböhmen, im Vordergrund die Tuchfabriken von Wilhelm Siegmund.

Die Liebe zu Felice Bauer

»6. Juli. Unglückliche Nacht. Unmöglichkeit mit F. zu leben. Unerträglichkeit des Zusammenlebens mit irgend jemandem. Nicht bedauern dessen; Bedauern der Unmöglichkeit nicht allein zu sein. Weiter aber: Unsinnigkeit des Bedauerns, Sichfügen und endlich verstehn. Von der Erde aufstehn. Halte dich an das Buch. Aber wieder zurück: Schlaflosigkeit, Kopfschmerzen, von dem hohen Fenster herunterspringen, aber auf den vom Regen durchweichten Boden, auf dem der Aufschlag nicht tödlich sein wird« (Tagebuchaufzeichnung, 1916). Im August 1912 lernte Kafka Felice Bauer kennen. Zweimal verlobte er sich mit ihr (1914 und 1917) und zweimal wurde die Verlobung gelöst.

Links: Das Alchimistengäßchen auf dem Hradschin in Prag. Hier mietete Kafkas Schwester Ottla im November 1916 für ihn ein Zimmer, in dem er wie später im Schönborn-Palais die »Landarzt«-Erzählungen schrieb. *Unten:* Das Schönborn-Palais in Prag, Kafka wohnte hier ab März 1917.

Grete Bloch, eine Freundin Felices. Sie versuchte auf deren Wunsch zwischen Kafka und Felice zu vermitteln. Im Oktober 1913 besuchte sie ihn in Prag.

Felice Bauer war, als Kafka sie kennenlernte, 24 Jahre alt und arbeitete als Prokuristin einer Firma für Diktier- und Tonaufzeichnungsgeräte in Berlin. *Links:* Das offizielle Photo zur zweiten Verlobung entstand 1917 in Budapest. *Unten:* Berlin-Charlottenburg. Das Photo zeigt den Blick von der Wohnung der Familie Bauer in die Wilmersdorfer Straße.

Im August 1917 brach Kafkas Krankheit, die Tuberkulose aus. Er erhielt eine Beurlaubung von seiner Büroarbeit und lebte 1917/18 bei seiner Schwester Ottla in Zürau (Nordwestböhmen). Im Dezember 1918 kam er nach Schelesen (bei Liboich an der Elbe). Hier lernte er die Schuhmacherstochter Julie Wohryzek kennen, verlobte sich mit ihr. Bereits im folgenden Jahr kam es wieder zur Trennung.

In Schelesen machte Kafka auch die Bekanntschaft der achtzehnjährigen Minze Eisner. Bis März 1923 dauert der freundschaftliche Briefwechsel beider.

Pension Stüdl in Schlesien.
Hier wohnte Kafka im Winter 1918/19 und schrieb den »Brief an den Vater«.

Pension Ottoburg in Meran, Kafkas Wohnort von April bis Juni 1920. Die ersten Briefe an Milena schickte Kafka von hier.

»Erst das Frühjahr 1920, als Kafkas neue Liebe zu Milena die Beziehung zu Julie immer mehr zu überstrahlen begann, brachte die allmähliche innere Loslösung von der Braut, die Kafka jetzt auch begrüßte, weil er der Meinung war, Julie unglücklich gemacht zu haben . . . (Hartmut Binder).

Kafka traf Milena Jesenká in einem Prager Cafe. Sie hatte damit begonnen, Erzählungen Kafkas ins Tschechische zu ersetzen.

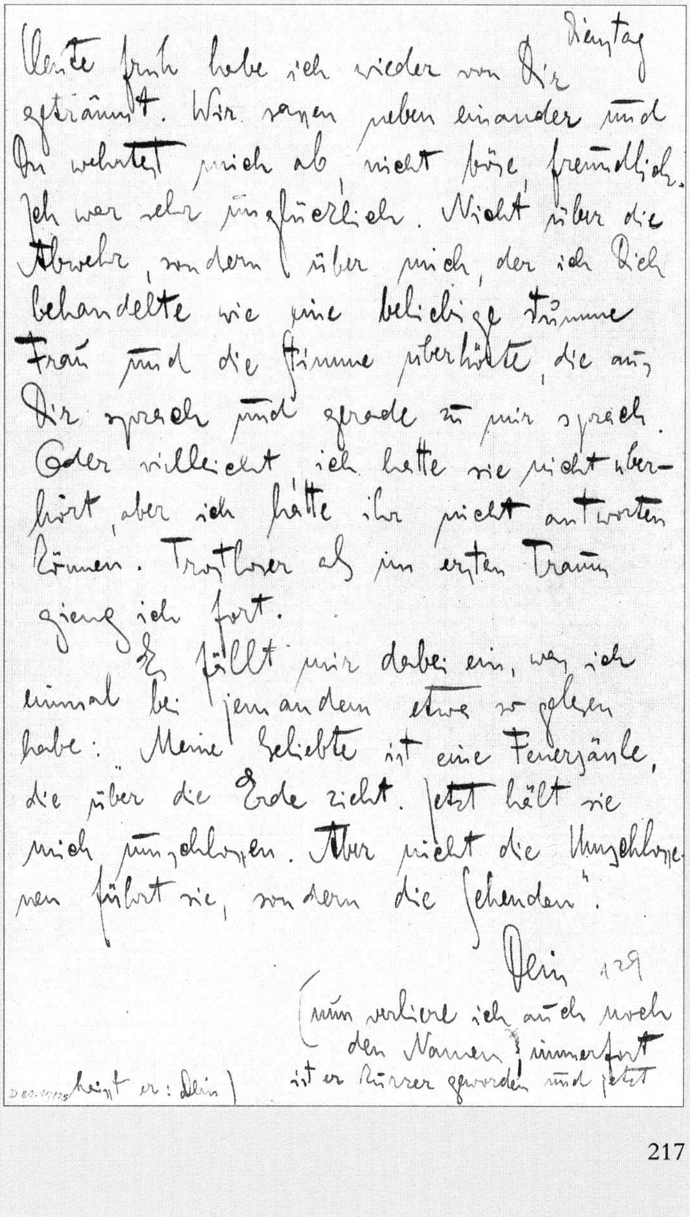

Dienstag

Heute früh habe ich wieder von Dir geträumt. Wir saßen nebeneinander und Du wehrtest mich ab, nicht böse, freundlich. Ich war sehr unglücklich. Nicht über die Abwehr, sondern über mich, der ich Dich behandelte wie eine beliebige stumme Frau und die Stimme überhörte, die aus Dir sprach und gerade zu mir sprach. Oder vielleicht ich hatte sie nicht überhört, aber ich hätte ihr nicht antworten können. Trostloser als im ersten Traum gieng ich fort.

Es fällt mir dabei ein, was ich einmal bei jemandem etwa so gelesen habe: „Meine Geliebte ist eine Feuersäule, die über die Erde zieht. Jetzt hält sie mich umschlossen. Aber nicht die Umschlossenen führt sie, sondern die Sehenden."

Dein

(nun verliere ich auch noch den Namen, immerfort ist er kürzer geworden und jetzt heißt er: Dein)

Brief Kafkas an Milena (undatiert).

Die letzten Jahre

Der Medizinstudent Robert Klopstock und Dora Diamant standen Kafka in seinen letzten Lebensjahren am nächsten. »Der unglückliche Mediziner. Ein solches dämonisches Schauspiel habe ich in der Nähe noch nicht gesehen. Man weiß nicht, sind es gute oder böse Mächte, die da wirken, ungeheuerlich stark sind sie jedenfalls. Im Mittelalter hätte man ihn für besessen gehalten. Dabei ist er ein junger Mensch von 21 Jahren, groß, breit, stark, rotbackig – äußerst klug, wahr, selbstlos, zartfühlend« (an Max Brod).

Matliary in der Hohen Tatra. Im Sanatorium lebte Kafka von Dezember 1920 bis August 1921 in der vergeblichen Hoffnung auf Heilung seiner Krankheit.

Patienten des Sanatoriums von Matliary. In der hinteren Reihe stehend Robert Klopstock, vorn sitzend Franz Kafka.

Erstausgabe des Erzählungsbandes »Ein Hungerkünstler«. Er erschien im Sommer 1924, drei Monate nach Kafkas Tod.

In Müritz an der Ostsee lernte Kafka im Juli 1923 Dora Diamant, die hier als Helferin in einem Kinderferienheim arbeitete, kennen. Im September des Jahres zog er mit ihr nach Berlin.

Links: Das letzte Photo, 1923/24. *Rechts:* Dora Diamant. *Unten links:* Berlin-Steglitz. In der Grunewalder Straße wohnten Kafka und Dora Diamant bis Januar 1924. *Unten rechts:* Im Sanatorium Dr. Hoffmann in Kierling in Niederösterreich starb Kafka am 3. Juni 1924. Dora Diamant und Robert Klopstock waren bei ihm.

Das Grab Kafkas auf dem Straschnitzer
Friedhof in Prag.

LITERATUR: Will Grohmann: W. K. Leben u. Werk. Köln 1958. 1981. – Richard Sheppard: K.'s Abstract Drame ›Der gelbe Klang‹. An Interpretation. In: Forum for Modern Language Studies, Jg. 11, Nr. 2, April 1975, S. 165-176. – Ders.: K.'s ›Klänge‹. An Interpretation. In: GLL, Jg. 33, Nr. 2, Jan. 1980, S. 135-146. *Armin Schulz*

Kandt, Richard, * 17. 12. 1867 Posen, † 29. 4. 1918 Nürnberg. – Psychiater; Forschungsreisender u. Verfasser eines Reiseberichts.

K. studierte in Heidelberg u. München Medizin u. praktizierte anschließend in psychiatr. Anstalten in Bayreuth u. München. 1897 reiste er, enttäuscht von seiner Tätigkeit, nach Tansania, um mit einer selbst finanzierten Expedition auf der Suche nach den Quellen des Kagera-Nils nach Ruanda u. an den Kivusee vorzustoßen. Über diese Reise schrieb K. den Bericht *Caput Nili. Eine empfindsame Reise zu den Quellen des Nils* (2 Bde., Bln. 1904). Das Werk ist eine Sammlung von Tagebuchblättern u. Briefen (1897-1902). In assoziativem, bildungsbürgerl. Stil geschrieben, durchsetzt von lat., engl. u. frz. Sprichwörtern u. angereichert mit Zitaten aus Nietzsches *Zarathustra*, wollte K. keinen chronolog. Bericht liefern, sondern v. a. seine persönl. Empfindungen u. bewegtesten Augenblicke schildern. *Caput Nili* erfreute sich Anfang des Jahrhunderts großer Beliebtheit u. wurde mehrfach aufgelegt. Es ist zgl. die reichhaltigste ethnographische Quelle über das Königreich Ruanda um 1900. – 1907-1913 war K. Leiter des von ihm neugeschaffenen Koloniedistrikts Ruanda. 1914 meldete er sich freiwillig zum Heer u. starb 1918 an Tuberkulose. *Dieter Löffler*

Kanehl, Oskar, * 5. 10. 1888 Berlin, † 28. 5. 1929 ebd. – Lyriker, Publizist; Regisseur.

Nach dem Schulbesuch in Berlin studierte K. Deutsch, Englisch, Französisch u. Philosophie. Sein in Würzburg gescheitertes Promotionsvorhaben konnte er 1912 in Greifswald erfolgreich abschließen (*Der junge Goethe im Urteile des jungen Deutschland.* Greifsw. 1913). Seit Aug. 1913 gab K. den »Wiecker Boten« (verboten 1914) heraus, benannt nach dem nahegelegenen Fischerdorf, in dem er seit 1912 mit Freunden lebte. Das Engagement der frühexpressionistischen Zeitschrift galt der studentischen Jugend u. geistigen Revolte. Eigene Gedichte u. publizistische Beiträge veröffentlichte er in Pfemferts »Aktion«. Das Kriegserlebnis an der Front radikalisierte K.s Gesellschaftskritik. Er war kurze Zeit Mitgl. der KPD, wich jedoch linkskommunistisch von der Parteilinie ab. Dann trat er für die »Allgemeine Arbeiter-Union, Einheitsorganisation« (AAUE) u. später den »Spartakusbund Nr. 2« ein. 1921 bis zu seinem Freitod war K. als Regisseur bei den Berliner Rotter-Bühnen, einem Boulevardunternehmen, tätig. Mehrfach mußte er sich wegen seiner Texte vor Gericht verantworten.

Durch seine antimilitaristische Lyrik *Die Schande. Gedichte eines dienstpflichtigen Soldaten aus der Mordsaison 1914-18* (Bln. 1922. Liechtenstein 1973) sollte »der ganze patriotische Himmel entgöttert werden, alle Rauschromantik zerfledert«. Die vom Aktivismus geprägten Gedichte der Verkündigung eines neuen Menschen aus der ersten Nachkriegszeit hatten einen unbestimmt utop. Gehalt, den K. später politisch konkretisierte. Seine Agitations- u. Kampfgedichte aus den Sammlungen *Steh auf, Prolet!* (Erfurt 1920. Erw. Aufl. Bln. 1922) u. *Straße frei* (Bln. 1928. Reutlingen 1979), die in der sozialistischen Bewegung populär blieben, setzten auf Eingängigkeit u. klare Antithesen. Mit satirisch-parodist. Mitteln attackierte er den polit. Gegner – bis hin zur KPD, der er ihre straffe Führung u. Moskauorientierung vorwarf (*Völker hört die Zentrale*). Mit der Enttäuschung seiner revolutionären Hoffnungen verstärkte sich das resignative Moment in K.s Lyrik.

LITERATUR: Ernst Friedrich: O. K. Der proletar. Dichter. Bln. 1924. – Ian Wallace: The Life and Work of O. K. Diss. Oxford 1970. – Friedrich Albrecht: Dt. Schriftsteller in der Entscheidung. Bln./Weimar 1970. – Lothar Peters: Literar. Intelligenz u. Klassenkampf. Die Aktion 1911-32. Köln 1972. – Walter Fähnders u. Martin Rector: Linksradikalismus u. Lit. Reinb. 1974. – Ute Druvins: O. K. Ein polit. Lyriker der expressionist. Generation. Bonn 1977. – Elke Ritter: Der ›Wiecker Bote‹. Zum publizist. u. lyr. Schaffen O. K.s im Spiegel seiner Entwicklungsbedingungen. Diss. Greifsw. 1982. *Anneli Hartmann*

Kanne, Johann Arnold, auch: Walther Bergius, Johannes Author, Anton von Preußen, * 28.(?), 31.(?) 5.1773 Detmold, † 17. 12. 1824 Erlangen. – Sprachforscher, Mythologe, Schriftsteller.

Nach dem Studium der Philologie bei Heyne in Göttingen war K. an verschiedenen Orten als

Lehrer bzw. Privaterzieher tätig u. unternahm erste schriftstellerische Versuche in der Manier Jean Pauls. Materielle Not veranlaßte ihn 1802, durch Konskription in den österr. Militärdienst einzutreten, aus dem er sich 1805 loskaufte. In Würzburg u. Jena widmete er sich mythologisch-geschichtsphilosophischen Studien. Innerhalb eines Jahres verfaßte er die *Neue Darstellung der Mythologie der Griechen und Römer* (Lpz. 1805) u. *Erste Urkunden der Geschichte der Allgemeinen Mythologie* – ein Werk, das die Leipziger Zensurbehörde wegen des Verdachts der Häresie nicht zur Veröffentlichtung freigeben wollte u. das erst durch Vermittlung Jean Pauls (der auch eine Vorrede dazu schrieb) 1808 in Bayreuth (Hof ²1815) erscheinen konnte. Bereits 1806 ließ sich K. jedoch erneut vom Militär, diesmal dem preußischen, anwerben. Nach seiner Flucht aus frz. Gefangenschaft schloß er sich noch einmal dem österr. Heer an u. wurde auf Veranlassung Jean Pauls von Friedrich Heinrich Jacobi freigekauft, der ihm 1809 auch zu einer Anstellung als Professor für Geschichte am neugegründeten, von Gotthilf Heinrich Schubert geleiteten Realinstitut in Nürnberg verhalf.

Hier setzte K. seine sprach- u. mythenarchäolog. Untersuchungen fort (*Pantheum der ältesten Naturphilosophie. Die Religion aller Völker.* Tüb. 1811. *System der indischen Mythe.* Lpz. 1813), verfolgte aber auch wieder literar. Ambitionen (u. a. das Lustspiel *Comedia humana oder Blepsidemus Hochzeit und Kindtaufe.* Bayreuth 1811). 1818 wurde er als Professor für oriental. Literatur u. Sprachen nach Erlangen berufen.

K. gehört zu den weniger bekannten Vertretern einer insbes. an Schelling u. Friedrich Schlegel anknüpfenden Geschichtsmetaphysik, die sich auf vergleichende Mythendeutung u. auf Spekulationen über symbolhafte bzw. sprachgenealogisch zu bestimmende Archetypen einer histor. Tiefenstruktur verlegte. Ähnliche Ansätze finden sich bei Creuzer, Görres u. Jacob Grimm.

Um 1814 vollzog K. im Zeichen eines pietistischen Erweckungsglaubens einen radikalen Bruch mit seinem bisherigen philosophischen Schaffen. Der neu erwachte religiöse Enthusiasmus fand Ausdruck in Schriften wie *Sammlung wahrer und erwecklicher Geschichten aus dem Reiche Christi und für dasselbe* (Nürnb. 1815-22) oder *Leben und aus dem Leben merkwürdiger und erweckter Christen* (2 Bde., Bamberg/Lpz. 1816/17. Lpz. ²1842. Forts. Ffm. 1824).

Weitere Werke: Bl. v. Aleph bis Kuph. Lpz. 1801. – Kleine Handreise. Penig 1803. – Blepsidemus oder Nicolais literar. Liebesbrief. Lpz. 1803 (D.). – Über die Verwandtschaft der griech. u. teutschen Sprache. Lpz. 1804. – Gianetta, das Wundermädchen Roms. Bayreuth 1809. – Gesch. des Zwillings a pede. Nürnb. 1811. – Zwanzig krit. Paragraphen u. histor. Noten zum Text der Zeit. Lpz. 1814. – Sämundis Führungen. Ein Roman aus der Gesch. der freien Maurer im ersten Jh. Nürnb. 1816. – Worte der Warnung. Nürnb. 1817. – Bibl. Untersuchungen. Erlangen 1819 f. – Zwei Beiträge zur Gesch. der Finsternis in der Reformationszeit. Ffm. 1822.

Literatur: Erich Neumann: J. A. K., ein vergessener Romantiker. Ein Beitr. zur Gesch. der myst. Sprachphilosophie. Diss. Erlangen 1927. Bln. 1928. – Dieter Schrey: Mythos u. Gesch. bei J. A. K. u. in der romant. Mythologie. Tüb. 1969.

Jochen Fried

Kannegießer, Karl Friedrich Ludwig, * 9. 5. 1781 Wendemark/Altmark, † 14. 9. 1861 Berlin. – Übersetzer, Literaturwissenschaftler, Dramatiker, Lyriker.

K., Sohn eines Pfarrers, studierte in Halle Theologie u. Philosophie, wurde 1807 Lehrer in Berlin u. promovierte 1808 in Erlangen zum Dr. phil. 1811 wechselte er nach Prenzlau, 1822 nach Breslau. Dort wirkte er gleichzeitig als Gymnasialdirektor u. Universitätsdozent, bis er sich 1843 ins Privatleben nach Berlin zurückzog. K. repräsentiert die praktisch-akadem. Seite der romant. Literaturwissenschaft mit dem Schwerpunkt einer Vergegenwärtigung des gesamteurop. Literaturspektrums.

K. verfaßte Zeitschriftenbeiträge, wissenschaftl. Aufsätze, philolog. Schulprogramme u. speziell Interpretationen zu Goethes Gedichten (gesammelt Breslau 1835), von denen seine Deutung zur *Harzreise im Winter* (1820) beim Dichter selbst wohlwollende Aufnahme fand u. als frühes Beispiel der Goethe-Exegese bestehen blieb. 1810 gab er mit Johann Gustav Gottlieb Büsching drei Bände der Zeitschrift »Pantheon« heraus. K.s zahlreiche eigene Dichtungen jeder Gattung, v. a. Dramen (z. B. *Adrast.* In: *Dramatische Spiele.* Bln. 1810. *Dorothea.* 1829 aufgeführt. *Isenbart.* Bln. 1843. *Iphigenia.* Lpz. 1843) u. Gelegenheitslyrik, blieben ohne Wirkung. K.s Hauptbedeutung beruht auf seinen vielfältigen

Aktivitäten als Vermittler fremdsprachiger Literatur; spätestens seit 1803 publizierte er Übersetzungen oder Nachdichtungen, wobei er sich die älteren Sprachstufen des Deutschen sowie das Griechische u. Lateinische, Englische, Dänische, Schwedische, Polnische, Provenzalische, Französische u. bes. das Italienische zu eigen machte. 1809-1821 erschien erstmals seine Übertragung von Dantes *Göttlicher Komödie* (Amsterd. bzw. Lpz.), 1827 folgten (in Zusammenarbeit mit Karl Witte) dessen *Lyrische Gedichte* u. 1845 die *Prosaischen Schriften* (beide Lpz.). K.s Andenken lebt daher v. a. in den Annalen der dt. Dante-Forschung.

Weitere Werke: Märchen für Kinder. Breslau 1835. – Abriß der Gesch. der Philosophie. Lpz. 1837. – Abriß der Gesch. der dt. Lit. Bunzlau 1838. – Der dt. Redner. Lpz. 1845. – *Übersetzungen:* Beaumont u. Fletcher: Dramat. Werke. Bln. 1808. – Horaz: Oden. Prenzlau 1820. – Chaucer: Canterburische Erzählungen. Zwickau 1827. – Mickiewicz: Konrad Wallenrodt. Lpz. 1834. – Leopardi: Gesänge. Lpz. 1837.

Literatur: Karl Gabriel Nowack: Schles. Schriftstellerlexikon. Breslau 1836. – Friedrich August Eckstein: K. In: Ersch/Gruber 2, 32. – Goedeke. – Hermann Palm: K. In: ADB. – Friedrich August Eckstein: Nomenclator philologorum. Lpz. 1871. – W. Theodor Elwert: K. In: NDB. *Achim Hölter*

Kant, Hermann, * 14. 6. 1926 Hamburg. – Erzähler u. Essayist.

K.s Biographie ist typisch für eine Generation, die den umfassenden Bildungsreformen der DDR viel verdankt u. heute zur polit., ökonomischen u. intellektuellen Elite des Landes gehört. Aufgewachsen in kleinbürgerlich-proletar. Milieu, absolvierte K. eine Elektrikerlehre, ehe er kurz vor Kriegsende zur Wehrmacht einberufen wurde u. nach wenigen Wochen in poln. Gefangenschaft geriet. Er verbrachte vier Jahre im Arbeitslager Warschau, wurde dort Gründungsmitglied eines Antifa(schismus)-Komitees u. Lehrer einer Antifaschule. Nach der Entlassung 1949 entschied er sich selbstverständlich für die SBZ/DDR u. wurde SED-Mitglied. K. besuchte die Arbeiter- u. Bauern-Fakultät (ABF) in Greifswald (eine Vorstudieneinrichtung für bislang aus sozialen u. polit. Gründen von höherer Bildung Ausgeschlossene), studierte in Berlin Germanistik u. wurde dort 1956 wissenschaftl. Assistent. Später war K. Chefredakteur einer Studentenzeitung, Redakteur der vom Schriftstellerverband herausgegebenen Zeitschrift »Neue Deutsche Literatur« u. polit. Feuilletonist beim »Neuen Deutschland«. Seit über 25 Jahren lebt er als freier Schriftsteller in Ost-Berlin. 1978 wurde K. – nach neunjähriger Vizepräsidentschaft – als Nachfolger von Anna Seghers zum Präsidenten des Schriftsteller-Verbands der DDR gewählt u. im folgenden Jahrzehnt wiederholt im Amt bestätigt. Im Dez. 1989 mußte er nach heftigen Protesten Ostberliner Autoren, die ihm vor allem seine Haltung beim Verbandsausschluß von neun Kollegen 1979 verübelten, zurücktreten. 1981-1990 war K. Abgeordneter der Volkskammer, 1986-1989 Mitglied des ZK der SED.

K.s Verdienst ist es, einen neuen, frechen Ton in die DDR-Literatur eingebracht zu haben, der bereits in seinen ersten Erzählungen (*Ein bißchen Südsee.* Bln./DDR 1962) anklingt, in denen die Hamburger Kindheit, Kriegserlebnisse u. Alltagsszenen aus der DDR sensibel beobachtet u. witzig beschrieben werden. Berühmt wurde er durch den Roman *Die Aula* (Bln./DDR 1965), bis heute wohl sein authentischstes Buch. Am Werdegang von Studenten des ABF-Jahrgangs 1949 schildert K. die Probleme, die sich bei der Heranbildung einer sozialistischen Intelligenz auftaten, u. reflektiert die DDR-Gegenwart auf dem Hintergrund ihrer Vorgeschichte. Gegenwarts- u. Vergangenheitshandlungen sind in einer losen Folge von Episoden u. Figuren-Erinnerungen assoziativ verknüpft. Mit einer Fülle von schnurrigen Details u. skurrilen Einfällen ist das Buch außerordentlich unterhaltsam. Es gehört heute zu den meistgelesenen Büchern der DDR. Ein Grund für die breite Zustimmung ist, daß K. mit der *Aula* eine Art kollektiver Autobiographie gelang – »so etwas wie eine proletarische ›Feuerzangenbowle‹, belangvoller zwar und nicht so friedlich, aber von ähnlichem Charme und mit ebensoviel Zärtlichkeit für die goldene Periode der ungebrochenen Hoffnungen und überschaubaren Probleme« (Sabine Brandt). K.s Erzähltalent hat entscheidend zur internationalen Anerkennung der DDR-Literatur beigetragen.

Der zweite Roman (*Das Impressum.* Bln./DDR 1972) konnte – aus heute nicht mehr nachvollziehbaren Gründen – erst im Zuge kulturpolit. Lockerungen nach dem VIII. Parteitag der SED erscheinen. Er schildert einen Arbeitstag im Leben eines Journalisten, der Minister werden soll, sich dagegen sträubt u. den Entscheidungsprozeß zu Rückschau u. Selbstreflexion nutzt. Auch hier durchdringen Erinnerungen, Episoden u. Anekdoten die erzählzeitlich gegenwärtigen Ereignisse u. formieren sich beiläufig zur Lebensgeschichte eines Menschen, der vom Büchsenmacher-Lehrling zum Chefredakteur einer großen Illustrierten aufgestiegen ist. Im Mittelpunkt steht aber die Selbstbefragung eines sozialistischen Intellektuellen, die mit einem klaren Bekenntnis zur Trennung von Hand- u. Kopfarbeit endet: »Was will deine Arbeiterklasse von dir? – Will sie, daß du machst, was sie selber besser kann? Oder will sie vielleicht doch, du mögest bei deinem Leisten bleiben, damit du morgen noch besser kannst, was sie heute schon von dir erwartet?« (*Das Impressum*). Indem sich der Roman jedoch darauf beschränkt, bislang Erreichtes affirmativ zu beschönigen, gewinnt er Züge eines Traktats.

Im dritten Roman (*Der Aufenthalt.* Bln./DDR 1977) greift K. ein weiteres zentrales Thema seiner Generation auf: Krieg u. die Frage nach Verantwortlichkeit u. mögl. Mitschuld. In der groß angelegten Geschichte des Kriegsgefangenen Mark Niebuhr, der – fälschlich von einer Polin des Mordes beschuldigt u. in der Haft mit Nationalsozialisten unterschiedlichster Provenienz konfrontiert – einsieht, daß auch er hätte schuldig werden können, nimmt die Auseinandersetzung mit dem Alltag im Faschismus breiten Raum ein. Im Gegensatz zu Christa Wolfs fast gleichzeitig entstandenem Roman *Kindheitsmuster* bleibt sie aber oberflächlich u. zielgerichtet: Der Held ist am Ende einsichtig u. immun gegen künftigen Faschismus; der Roman entpuppt sich als sozialistische Version des tradierten Entwicklungsromans.

Bislang letztes Werk ist die Erzählung *Die Summe* (Bln./DDR 1987), die satirisch Probleme einer künftigen kulturellen Zusammenarbeit in Europa aufgreift. Hier wie auch in seiner Kurzprosa (*Eine Übertretung.* Bln./DDR 1975. *Der dritte Nagel.* Ebd. 1981. *Bronzezeit.* Ebd. 1986) erweist K. sich einmal mehr als versierter Rhetoriker, der gleichwohl hinter scharfer u. witziger Detailkritik offene Auseinandersetzung mit Grundproblemen des real existierenden Sozialismus wortreich verbirgt. Die Fähigkeit zum eloquenten Hin- u. Herwenden von Problemen kommt auch in K.s politisch-feuilletonistischen Äußerungen u. Reden zum Tragen (*Zu den Unterlagen. Publizistik 1957-1980.* Bln./Weimar 1981).

Weitere Werke: In Stockholm. Bln./DDR 1971 (Texte zu einem Bildband v. Lothar Reher).

Literatur: Leonore Krenzlin: H. K. Bln./DDR 1980.

Hannes Krauss

Kant, Immanuel, * 22. 4. 1724 Königsberg, † 12. 2. 1804 ebd.; Grabstätte: ebd., Dom. – Philosoph.

Als viertes von neun Kindern des Riemermeisters Johann Georg Kant besuchte K. 1732 bis 1740 das streng pietistische Gymnasium Fridericianum seiner Heimatstadt Königsberg. 1740-1746 studierte er an der Königsberger Universität. Besonderen Einfluß hatte der Professor der Logik u. Metaphysik Martin Knutzen (1713-1751), der K.s lebhaftes Interesse an den Naturwissenschaften weckte u. ihm Newtons Werke bekannt machte.

1746, nach dem Tod des Vaters (die Mutter starb schon 1737), schloß K. mit der Erstlingsschrift *Gedanken von der wahren Schätzung der lebendigen Kräfte* (Königsb. 1746) sein Studium ab. Er versuchte hier zwischen Descartes u. Leibniz hinsichtlich der Bestimmung des Kraftmaßes aus Masse u. Geschwindigkeit zu vermitteln. Die Schrift brachte ihm Lessings Spott ein: »Er schätzet die lebendgen Kräfte, nur seine schätzt er nicht« (*Sämtliche Schriften.* Bd. 1, Stgt. 1886, S. 41).

K. begann eine etwa neunjährige Zeit als Hauslehrer (Hofmeister) bei verschiedenen Familien in Ostpreußen, wie damals bei unbemittelten jungen Gelehrten üblich. 1754, nach Abschluß der ersten bedeutenden Abhandlung *Allgemeine Naturgeschichte und Theorie des Himmels* (Königsb./Lpz. 1755), kehrte K. nach Königsberg zurück, wurde zum Magister promoviert, habilitierte sich u. nahm eine thematisch überaus breite, erfolgreiche u. auch einträgl., aber sehr zeitraubende (16 bis 26 Wochenstunden) Vorlesungstätigkeit auf. K. las über Logik, Metaphysik, Moralphilosophie, Mathematik, Physik, Geographie, später auch über Anthropologie, Pädagogik, Naturrecht, natürl. Theologie, gelegentlich sogar über Festungsbau. Außer in der Geographie, die er als akadem. Lehrfach eingeführt hat, las er entsprechend dem damaligen obligator. Brauch anhand anerkannter Lehrbücher, freilich mit souveräner Freiheit u. in ständiger krit. Auseinandersetzung mit der Vorlage, regte dadurch seine Hörer zu selbständigem Nachdenken u. krit. Distanz gegenüber allen Autoritäten an.

Der vielseitig interessierte u. gebildete junge Gelehrte wurde als anregender Gesprächspartner auch in der Königsberger Gesellschaft geschätzt; er nahm an ihrem Leben gern Anteil u. hieß der »elegante Magister«. Hamann, mit dem K. eine nicht ungestörte freundschaftl. Beziehung (trotz stark divergierenden Grundansichten) aufrecht erhielt, bedauerte brieflich, wohl übertreibend, K. werde »durch einen Strudel gesellschaftlicher Zerstreuungen fortgerissen« (an Johann Gotthelf Lindner, 1. 2. 1764).

K.s ungesicherte wirtschaftl. Lage besserte sich erst 1770, als ihm die schon 1758 vergeblich erhoffte Professur für Logik u. Metaphysik übertragen wurde. Rufe nach Erlangen (1764) u. Jena (1770) hatte K. abgelehnt. Er folgte auch nicht einer ehrenvollen Berufung zu günstigen Bedingungen nach Halle (1778), trotz dringender Bitte des ihm gewogenen Kultusministers Karl Abraham von Zedlitz (dem K. 1781 die *Kritik der reinen Vernunft* widmete).

Aus den Schriften der »Magisterzeit« sind *Der einzig mögliche Beweisgrund zu einer Demonstration des Daseins Gottes* (Königsb. 1763), die weithin wirksamen *Beobachtungen über das Gefühl des Schönen und Erhabenen* (ebd. 1764), die *Träume eines Geistersehers, erläutert durch Träume der Metaphysik* (ebd. 1766) über Swedenborg u. die lat. Inauguraldissertation (anläßlich der Übernahme des Ordinariats) *De mundi sensibilis atque intelligibilis forma et principiis* (ebd. 1770) v. a. zu nennen. Nach 1770 verfiel der bis dahin so fruchtbare wissenschaftl. u. philosophische Autor in ein den Zeitgenossen unverständl. Schweigen; er arbeitete aber mit äußerster Anstrengung an der Auflösung der in der Inauguraldissertation behandelten Probleme des Verhältnisses von Anschauung u. Verstand, von Erfahrungs- u. Vernunfterkenntnis. 1781 legte er, inzwischen 57jährig, die Ergebnisse in der *Kritik der reinen Vernunft* (Riga) vor, die er nach Vorarbeiten durch »mehr als zwölf Jahre [...] in etwa vier bis fünf Monaten« (an Garve, 7. 8. 1783. AA 10, Nr. 187. 2. Aufl. Nr. 205) niedergeschrieben hatte. Das folgende Jahrzehnt sah die Veröffentlichung der weiteren Werke, die als Dokumente der krit. Philosophie Epoche gemacht haben: die *Prolegomena zu einer jeden künftigen Metaphysik, die als Wissenschaft wird auftreten können* (Riga 1783), ein Versuch, die Lehre der *Kritik der reinen Vernunft* knapp u. faßlich darzustellen u. zgl. gegen Mißverständnisse zu verteidigen; 1785 erschien die *Grundlegung zur Metaphysik der Sitten* (Riga), 1786 die *Metaphysischen Anfangsgründe der Naturwissenschaft* (Riga) – genau 100 Jahre nach Newtons *Philosophiae Naturalis Principia Mathematica* u. in Anspielung auf deren Titel. 1787 kam die zweite, wesentlich veränderte Auflage der *Kritik der reinen Vernunft* (Riga) heraus, 1788 die *Kritik der praktischen Vernunft*, schon 1790 die *Kritik der Urteilskraft* (Bln., Libau).

Die *Religion innerhalb der Grenzen der bloßen Vernunft* (Königsb. 1793) verwickelte K. in einen ernsten Konflikt mit der preuß. Regierung unter Friedrich Wilhelm II. u. seinem Kultusminister von Wöllner. Durch Kabinettsordre vom 1. 10. 1794 wurde K. jede weitere Religionskritik verboten, bei »fortgesetzter Renitenz« wurden ihm »unangenehme Verfügungen« angedroht. K. fügte sich dem Verbot der Veröffentlichung (auf Dauer der Lebenszeit des Königs, wie er einschränkend interpretierte), ohne in der Sache etwas zu widerrufen oder zurückzunehmen. 1795 erschien die Schrift *Zum ewigen Frieden* (Königsb.), mit dem zukunftsweisenden Vorschlag eines Völkerbunds republikan. Staaten, der die Herrschaft des Rechts auch unter den Völkern befördern sollte, 1797 die *Metaphysik der Sitten* (ebd.) mit ihren beiden Teilen, den *Metaphysischen Anfangsgründen der Rechtslehre* u. den *Metaphysischen Anfangsgründen der Tugendlehre*, 1798 der *Streit der Fakultäten* u. die *Anthropologie in pragmatischer Hinsicht* (beide Königsb.). Im Juli 1796 stellte K. seine überaus erfolgreiche u. weit über die Philosophie hinaus wirksame Vorlesungstätigkeit ein; 1801 zog er sich aus den akadem. Ämtern zurück. Nach allmähl. Erschöpfung der geistigen u. (ohnehin stets zarten) körperl. Kräfte starb K. kurz vor seinem 80. Geburtstag.

Die philosophische Entwicklung K.s kann man in zwei Perioden einteilen: die vorkritische (1746-1770) u. die kritische (1770-1804). Die erste Periode kann in zwei Phasen 1746-1756 u. 1756-1770 unterteilt werden. Die krit. Periode läßt sich ebenso in die Zeit der Entfaltung der krit. Transzendentalphilosophie u. die der Alterswerke (ab 1790) gliedern.

Bis zur kosmolog. Abhandlung von 1755 (*Allgemeine Naturgeschichte [...]*) war K.s Interesse v. a. der philosophischen Durchdringung der am Modell Newtons orientierten Naturwissenschaften gewidmet. Sein Ruhm als Urheber der Revolution der Philosophie verdunkelt die Tatsache, daß ihm aufgrund seiner Schriften der vorkrit. Zeit auch in der Geschichte der Naturwissenschaften ein ehrenvoller Platz zusteht: Sein Versuch einer rein mechan. Erklärung der Entstehung des Universums u. des Sonnensystems wurde, lange Zeit nicht beachtet, im 19. Jh. unter dem – irreführenden – Namen »Kant-Laplacesche Theorie« eine Diskussionsgrundlage der Astronomie (Laplace hatte 1796, unabhängig von K., eine ähnl., aber in wichtigen Punkten abweichende Erklärung gegeben). K. war auch der erste, der die Vermutung aussprach, die sog. »Nebelsterne« seien in Wahrheit entfernte Galaxien, die zusammen mit unserer Milchstraße ein möglicherweise bis ins Unendliche hierarchisch gegliedertes System von Sternsystemen bilden könnten. K.s These (1754), daß die Reibungseffekte der Gezeiten die Erdumdrehung allmählich verlangsamen müßten, ist ebenfalls erst nach einem Jahrhundert von neuem aufgestellt worden (Robert Mayer, 1848; K. hatte den Effekt allerdings um den Faktor 100 zu hoch angesetzt). Auch mit der Hypothese, die Passat- u. Monsunwinde gingen auf die Erdumdrehung zurück (1756), betrat K. wissenschaftl. Neuland.

In der zweiten Phase der vorkritischen Zeit (1756-1770) war K.s Interesse an den Naturwissenschaften noch lebhaft, aber in den Vordergrund trat allmählich die Auseinandersetzung mit der Leibniz-Wolffschen Schulphilosophie, die, bes. mit dem Konzept einer rationalen Metaphysik u. Moralphilosophie, die philosophische Diskussion in Deutschland noch beherrschte. Der *Einzig mögliche Beweisgrund* von 1763 verwirft drei der traditionellen Gottesbeweise, u. auch den vierten, den ontolog. Gottesbeweis, lehnte K. in der von Descartes vorgelegten Form ab, hielt ihn aber in einer anderen Version für stringent, oder, genauer, hielt es für möglich, daß aus der angegebenen Beweisidee ein schlüssiger Beweis entwickelt werde.

Die *Untersuchung über die Deutlichkeit der Grundsätze der natürlichen Theologie und der Moral* von 1764 (als Preisschrift der Berliner Akademie eingereicht, die den Preis an Moses Mendelssohn vergab, K. aber einen ehrenvollen zweiten Platz einräumte u. die Abhandlungen in einem Band veröffentlichte) ist noch von der begründeten Aussicht bestimmt, in der Metaphysik u. rationalen Theologie strikte Evidenz zu erreichen; hinsichtlich der Moralphilosophie läßt K. es aber offen, ob die Grundsätze der Moral aus dem Erkenntnisvermögen oder dem Gefühl zu gewinnen seien (im Gegensatz zu seiner späteren Vernunftethik).

Unmittelbar an die Grenzen der krit. Philosophie führte dann die Inauguraldissertation von 1770 (*De mundi sensibilis*): Hier werden Anschauung u. Verstand als zwei voneinander unabhängige Quellen der Erkenntnis betrachtet; die Anschauung, deren subjektive Bedingungen Raum u. Zeit sind, liefert uns Erkenntnis von den Dingen als Erscheinungen; der Verstand vermittelt uns Erkenntnis von den Dingen, wie sie sind. Die Widersprüche der Metaphysik rühren aus einer Vermischung der reinen Verstandeserkenntnis mit sinnl. Anteilen her. Wie K. selbst brieflich (an Markus Herz, 1. 5. 1781. AA 10, Nr. 151. 2. Aufl. Nr. 164) sagt, ist die *Kritik der reinen Vernunft* aus weiteren Reflexionen auf die in der Dissertation von 1770 zuerst behandelten Probleme hervorgewachsen.

Die Grundfrage, die K. in der *Kritik der reinen Vernunft* beantworten will, ist die nach der Möglichkeit von Erkenntnissen aus »reiner Vernunft«: Können wir durch bloßes Nachdenken, d. h. ohne uns auf Erfahrung u. damit zuletzt auf sinnl. Wahrnehmung zu stützen, etwas über die Elemente u. Strukturen der Wirklichkeit wissen? Es geht also um die Prüfung der Reichweite menschl. Vernunft, zgl. um die Grenzziehung zwischen dem Bereich, innerhalb dessen reine Vernunft zu objektiver Einsicht gelangen kann, ohne auf Wahrnehmung gestützt zu sein, u. jenem Bereich, in dem ihr solche Einsichten verschlossen sind.

In diesem Zusammenhang spricht K. von der »kopernikanischen Revolution«, die er auch für die Metaphysik vorschlagen will: Das Beispiel der Logik u. Mathematik zeige, daß die Vernunft in den Gegenständen dieser Wissenschaften nur das wiederentdeckt, was sie, im Falle der Logik mit den korrekten Denkformen, im Falle der Geometrie durch Begriffsbildung u. Konstruktion im Anschauungsraum, implizit den Gegenständen schon eingeprägt habe. Das gelte auch für die Physik, denn auch in der Natur sieht »die Vernunft nur das ein, was sie selbst nach ihrem Entwurfe hervorbringt« (*Kritik der reinen Vernunft*, B XIII. AA 3, S. 10). Auch die Metaphysik, so K.s Programm, muß den Spuren der spontanen Tätigkeit der Vernunft nachgehen, wenn sie Wissenschaft werden will: »Bisher nahm man an, alle unsere Erkenntniß müsse sich nach den Gegenständen richten; [...] man versuche es [...] einmal, ob wir nicht [...] damit besser fortkommen, daß wir annehmen, die Gegenstände müssen sich nach unserem Erkenntniß richten« (B XVI. AA 3, S. 11 f.). So habe auch Kopernikus zur besseren Erklärung der Himmelsbewegungen die Annahme, die Gestirne drehten sich um uns, durch die Hypothese ersetzt, der Zuschauer drehe sich, während die Sterne ruhen. Kopernikus hatte nun nicht behauptet, alle Bewegungen der Himmelskörper seien Scheinbewegungen. Ebensowenig will K. alle Eigenschaften der Gegenstände auf unsere Erkenntnisart zurückführen. Genau der Bereich des Inbegriffs solcher Eigenschaften, die die Dinge, die wir erkennen, eben deshalb haben, weil sie unsere Erfahrungsgegenstände sind, ist das Gebiet, in dem wahre Aussagen über die Wirklichkeit möglich sind, die vor aller Erfahrung, d. h. a priori, gelten. Die erste Frage, die sich nach diesem neuen Programm einer wissenschaftl. Metaphysik stellt, ist die, wie man den Anteil feststellen kann, den unsere bes. Erkenntnisart zur Erfahrungswirklichkeit beisteuert.

Hier wird das zentrale Lehrstück von den synthetischen Urteilen a priori bedeutsam. Die Strukturen unseres Erkenntnisvermögens sind uns offenbar nicht in innerer Wahrnehmung unmittelbar zugänglich. Wir können sie nur indirekt am Widerschein dieser Strukturen in den Eigenschaften der Gegenstände ablesen. Durchgehendes Merkmal solcher struktureller Eigenschaften ist ihre strikte Allgemeinheit u. Notwendigkeit. Erfahrungserkenntnis (die sich in Urteilen a posteriori ausspricht) kann niemals Sätze von strikter Allgemeingültigkeit u. Notwendigkeit liefern. Es gibt aber auch allgemeingültige u. notwendige Sätze, die nicht über die Struktur der Wirklichkeit informieren, sondern nur über logische Zusammenhänge zwischen benutzten sprachl. Ausdrücken.

K. unterscheidet daher drei Gruppen von Erkenntnissen: 1. Erfahrungserkenntnisse (Beispiele: »Alkoholgenuß verringert die Fahrtüchtigkeit« oder »Gestern herrschte an der Nordseeküste Sturm«); 2. Erkenntnisse, die logische Beziehungen von Begriffen betreffen (Beispiele: »Rappen sind schwarze Pferde« oder »Wenn A Vater von B ist, dann ist B Sohn oder Tochter von A«); u. 3. die (eigentlich interessante u. problemat.) Gruppe von Erkenntnissen, die solche Eigenschaften von Gegenständen betreffen, die mit den formalen Bedingungen aller Erfahrung gesetzt sind (Beispiele: »Der Raum hat drei Dimensionen« oder »Jede Veränderung hat eine Ursache«). Zur Unterscheidung dieser Gruppen führt K. die Begriffspaare a priori – a posteriori u. analytisch – synthetisch ein. A priori ist erfahrungsunabhängige, a posteriori erfahrungsabhängige Erkenntnis. Analytisch heißen Urteile, die bloß erläutern, was in den verwendeten Begriffen schon implizit enthalten ist. Synthetische Urteile fügen etwas hinzu, das aus den bloßen Begriffen noch nicht folgt. Es ergibt sich sofort, daß analyt. Urteile a priori gültig sein müssen; daß es solche Urteile gibt, zeigen die Beispiele. Synthetische Urteile können a priori oder a posteriori sein. Synthetische Urteile a posteriori sind problemlos; ob es aber tatsächlich synthet. Urteile a priori gibt, ist eine (bis heute) umstrittene Frage.

K. war entschieden der Meinung, es gebe sie: Klare Fälle sind für ihn die Urteile der Geometrie u. Arithmetik, aber auch die von ihm so genannten Grundsätze der »reinen Naturwissenschaft« wie das Trägheitsgesetz, das Prinzip der Erhaltung der Substanz (heute würde man vorziehen: der Energie) u. das Kausalprinzip. Grundfrage der *Kritik der reinen Vernunft* ist daher: »Wie sind synthetische Urteile a priori möglich?« (B 19. AA 3, S. 39).

K. legt zugrunde, »daß es zwei Stämme der menschlichen Erkenntnis gebe, die vielleicht aus einer gemeinschaftlichen, aber uns unbekannten Wurzel entspringen, nämlich Sinnlichkeit und Verstand, durch deren ersteren uns Gegenstände gegeben, durch den zweiten aber gedacht werden« (B 29. AA 3, S. 46). Jeder der beiden »Stämme« enthält apriorische Erkenntnisbedingungen: Im Bereich der Sinnlichkeit sind es die Anschauungsformen Raum u. Zeit; für den Verstand sind es die reinen (erfahrungsfreien) Verstandesbegriffe, die »Kategorien«.

Den Beweis, daß Raum u. Zeit subjektive, aber für menschl. Erkennen notwendige Anschauungsformen sind, führt K. in der überaus kurzen *Transzendentalen Ästhetik* (AA 3, S. 49-73); er zeigt, daß Raum u. Zeit nicht durch Erfahrung gewonnen werden können, weil sie allen Wahrnehmungen als Ordnungssysteme schon immer zugrunde liegen. Die Geometrie ist die Strukturbeschreibung unserer Raumanschauung, die Arithmetik ist entsprechend in unserer Zeitanschauung fundiert (wie, bleibt bei K. eher dunkel). Der physikal. Raum u. alles, was sich in ihm abspielt, muß den Gesetzen der euklidischen Geometrie genügen, weil er für K. nur das intentionale Korrelat unserer subjektiven Raumanschauung ist. (Die Gleichsetzung von Anschauungsraum, geometr. Raum u. physikal. Raum ist eine der Schwächen der kantischen Theorie.)

Auch dem Denken weist K. einen Grundbestand apriorischer Strukturen zu. Der Nachweis ist aber hier ungleich schwieriger als im Fall der Anschauungsformen Raum u. Zeit. Denn diese bestimmen jeden Erfahrungsgegenstand, aber nicht jede Erscheinung repräsentiert schon die reinen Verstandesbegriffe u. ihre Funktionen. Es bedarf daher eines neuen Ansatzes, den K. in der *Transzendentalen Analytik* (AA 3, S. 83-233) stufenweise durchführt. Er sieht sich vor die Frage gestellt, wie es dazu kommt, daß wir uns als ein Subjekt in einer Welt von Gegenständen u. Vorgängen erleben, obwohl die uns zunächst zugängl. Sinnesdaten eine räumlich u. zeitlich ausgebreitete unübersehbare Mannigfaltigkeit bilden. Wie wird aus dem »Gewühl von Empfindungen« eine Natur? Und wie aus dem Chaos von wechselnden Bewußtseinsinhalten eine Person, ein Subjekt? K.s Antwort: Dies ist die Leistung der einheitsstiftenden Funktion des Denkens. Nächster Schritt: Wo finde ich diese Einheitsfunktion des Denkens? K.s Antwort: In der Logik, deren Urteilsformen die verschiedenen Griffe ausdrücken, mit denen das Denken verschiedene Vorstellungen in einem Urteil vereinigt. Aus den zwölf Urteilsformen der herkömml. Logik (K. legt sich dieses System freilich für seine Zwecke etwas zurecht!) ergeben sich so die zwölf Kategorien, als »Begriffe von einem Gegenstand überhaupt, dadurch dessen Anschauung in Ansehung einer der logischen Funktionen zu urteilen als bestimmt angesehen wird« (B 128. AA 3, S. 106).

So liefert die Urteilsform des bejahenden Urteils die Kategorie »Realität«, das kategorische Urteil der Form »S ist P« die Kategorie von »Substanz und Akzidenz«, das hypothetische Urteil »Wenn p dann q« die Kategorie der »Kausalität« usf. Aus den Empfindungsdaten erschafft die denkende Bearbeitung der Erscheinungen zunächst Gegenstände; die weitere Durchdringung der Erscheinungen führt zu komplexen Gruppen von Gegenständen, die in Prozesse eingebettet sind, u. schließlich zu einer von Naturgesetzen beherrschten einheitlichen Erfahrungswelt.

Woher können wir aber wissen, daß diese Kategorien keine »Hirngespinste« sind, sondern objektive Realität haben? Diese Frage beantwortet K. in dem schwierigsten Kapitel der *Kritik der reinen Vernunft*, der »Transzendentalen Deduktion der reinen Verstandesbegriffe«. Die hierfür maßgebende Einsicht ist, daß alle meine Vorstellungen unter den Bedingungen der systemat. Einheit des Denkens stehen müssen, weil sie sonst nicht meine Vorstellungen sein könnten (B 138. AA 3, S. 112). Denn das Ich denke muß alle meine Vorstellungen begleiten können (B 131. AA 3, S. 108). Das Ich ist für K. keine Substanz mehr, wie noch für Descartes. Es ist nur der Beziehungspol für die einheitsstiftende Funktion des Denkens, ja es ist dieses Denken selbst. Die Einheit des Ich u. die Einheit der Welt sind für K. nur zwei Aspekte derselben Sache. Die Integration des Subjekts geschieht u. wird erhalten durch die Aufbauleistung einer gegliederten, aber bruchlos zusammenhängenden Welt der Erscheinungen.

Damit ist die Grundfrage nach den synthet. Urteilen a priori u. ihrer Gültigkeitsbasis beantwortet: Es gibt sie, u. sie haben objektive Gültigkeit, weil sie sich auf die reinen Anschauungsformen Raum u. Zeit u. die reinen Verstandesbegriffe, die Kategorien, beziehen, die zusammen den Rahmen aller mögl. Erfahrung festlegen. Es gibt also allgemeingültige u. notwendige Aussagen über die Gegenstände der Wirklichkeit, die nicht erst durch Erfahrung beglaubigt werden müssen. Freilich gilt dies nur für den Bereich mögl. Erfahrung; über die Dinge, wie sie unabhängig von den Bedingungen mögl. Erfahrung sein mögen, können wir schlechterdings nichts wissen.

Dies ist K.s – geniale – Synthese von Rationalismus u. Empirismus. Bloße Vernunft lehrt uns etwas über die Wirklichkeit, wie die Rationalisten behaupten, aber das gilt nur für Gegenstände mögl. Erfahrung. Tatsächlich ist, wie die Empiristen meinen, alle unsere Wirklichkeitserkenntnis an Erfahrung gebunden, aber nun nicht nur, wie David Hume wollte, an tatsächl. Erfahrung (impressions), sondern an mögl. Erfahrung. Darum kann z. B. das Kausalprinzip gegen Humes skept. Argumente als objektiv gültig erwiesen werden: Es gehört zu den Bedingungen der Möglichkeit aller Erfahrung.

Diese neue Metaphysik der Natur definiert die Grenzen mögl. Erfahrung u. damit den Bereich der objektiven Wissenschaft; die alte, nun nicht mehr haltbare Metaphysik kann dadurch charakterisiert werden, daß sie versuchte, diese menschl. Erkenntnis gezogenen Grenzen zu überschreiten.

Der umfangreiche zweite Teil der *Kritik der reinen Vernunft* u. d. T. der *Transzendentalen Dialektik* ist dem Nachweis gewidmet, daß jede solche Grenzüberschreitung der Vernunft ins Unbedingte zu Leerlauf u. Selbstwidersprüchen führen muß. Die unaufhörl. Streitigkeiten über Endlichkeit oder Unendlichkeit der Welt nach Raum u. Zeit, die Existenz Gottes, die Unsterblichkeit der Seele, Freiheit oder Determinismus im menschl. Handeln – sie alle rühren daher, daß die Anschauungsformen u. Kategorien, die allein zur Ordnung des Erfahrungsstoffs taugen, auf Gegenstände angewendet werden, die prinzipiell nicht Erfahrungsgegenstände werden können.

K.s Ethik ist das hervorragende Beispiel einer autonomen, d. h. nicht von anderen Autoritäten als der menschl. Vernunft abhängigen, u. deontologischen, d. h. moralische Gebote um ihrer selbst willen, nicht um anderer vorausgesetzter Zwecke willen, als verbindlich erklärenden Moralphilosophie. Sie ist außerdem, mit dem Zentralbegriff des »Kategorischen Imperativs«, wenn auch oft mißverstanden, so wirkungsvoll geworden, daß die Nachzeichnung des kantischen Gedankengangs kurz sein kann.

Nach K. unterwerfen wir Menschen unser Handeln gewissen Regeln. Von diesen Regeln sind nun die einen hypothetisch, die anderen kategorisch, d. h., die einen sind für uns nur dann verbindlich, wenn wir uns bestimmte Zwecke vorgesetzt haben, die anderen, die K. »kategorisch« nennt, erheben den Anspruch, unbedingt, also ohne Ansehen irgendeines bestimmten Zwecks, gültig zu sein. Beispiele für hypothet. Imperative: »Wenn Du glücklich leben willst, so achte auf Deine Gesundheit!« oder »Wenn Du Violinvirtuose werden willst, so übe fleißig!« Zwischen diesen beiden besteht noch der Unterschied, daß nur wenige Leute Violinvirtuosen werden wollen, während jeder Mensch nach Glück strebt. Aber beiden gemeinsam ist, daß sie die gebotene Handlung nur als zu einem Zwecke gut empfehlen. Dagegen gebieten Forderungen wie »Lüge nicht!« oder »Halte Deine Versprechen!« ohne jeden Hinweis auf irgendeinen Zweck oder Erfolg; sie sind als kategor. Imperative bedingungslos gültig. Was macht nun solche Imperative für uns verbindlich? Bei den hypothet. Regeln ist es offensichtlich unser Wunsch, das angegebene Ziel zu erreichen, der uns verpflichtet, auch das Mittel zu wollen. Kategorische Imperative nehmen auf unsere Wünsche keine Rücksicht; darum muß ihre Verbindlichkeit in ihnen selbst liegen, u. K.s epochemachender Gedanke war, daß es die reine Allgemeinheit dieser Forderung selbst sein könnte, die uns zum Gehorsam ihnen gegenüber verpflichtet.

Das Prinzip aller kategor. Imperative ist die bekannte Formulierung: »Handle nur nach derjenigen Maxime, durch die Du zugleich wollen kannst, daß sie ein allgemeines Gesetz werde!« (*Grundlegung zur Metaphysik der Sitten*, S. 52. AA 4, S. 421). Damit ist etwas zunächst Einfaches gemeint: Wer sich überlegt, ob er lügen darf, muß sich sagen, daß, wenn alle lügen würden, das nicht nur nicht schön wäre (dies meint die sog. »Goldene Regel«), sondern daß dieser Zustand allg. Lügens nicht sinnvoll vorgestellt werden könnte. Die Lüge setzt voraus, daß sie geglaubt wird; aber gerade dies wäre ausgeschlossen, wenn jeder wüßte, daß ihm jeder andere nach Belieben die Unwahrheit sagt. Allgemein: Jede sittlich schlechte Handlung muß die Bedingungen ihrer eigenen Möglichkeit aufheben. Der Mensch ist als Vernunftwesen frei, d. h., er muß sich die Gesetze seines Handelns selbst geben. Sich selbst aber ein Gesetz geben, das nicht als allg. Gesetz dienen kann, heißt, sich ein Gesetz geben, das kein Gesetz ist, u. das ist ein Widerspruch, unwürdig eines vernünftigen Wesens.

So leitet K. aus der Tatsache, daß der Mensch ein Vernunftwesen ist, seine Verpflichtung ab, den kategor. Imperativ zu befolgen. Damit hätten wir ein Kriterium des sittl. Werts von Handlungen, das selbst keine moralischen Begriffe voraussetzt. Denn es genügt ja der Begriff der Verallgemeinerungsfähigkeit einer Regel. Jedoch hat K. wohl die Tragweite seines Ansatzes überschätzt. Nur für das Beispiel der Lüge (das wohl deshalb so in den Vordergrund rückt) ist ein formaler innerer Widerspruch zwischen der Maxime u. ihrer Verallgemeinerung konstruierbar. Bei K.s anderen Beispielen, wie beim Verbot des Selbstmords u. bei der Pflicht, anderen zu helfen, liegt ein solcher formaler Widerspruch nicht vor. Jedoch hat K. ein wesentl. Teilgebiet moralischer Verpflichtung richtig gekennzeichnet: Für Mitglieder eines Gemeinwesens besteht die Notwendigkeit, Regeln für ihr Verhalten zu entwickeln, u. für den einzelnen gilt die moralische Verpflichtung, die von der Gemeinschaft akzeptierten Regeln zu befolgen, solange nicht wichtigere moralische Gründe im Einzelfall dagegen sprechen.

Die *Kritik der reinen Vernunft* hat für die kantische Ethik insofern die Basis geschaffen, als die Einschränkung unseres Wissens auf den Bereich mögl. Erfahrung die Möglichkeit offenläßt, unser Handeln als (in prakt. Absicht) frei anzusehen. Durch das »Faktum der Vernunft« (*Kritik der praktischen Vernunft*, S. 56. AA 5, S. 31), das Bewußtsein der Pflicht, wird die Freiheit, als Voraussetzung dieses Pflichtbewußtseins, für prakt. Zwecke gesichert. Als Vernunftwesen ist der Mensch frei u. autonom, als Naturwesen der lückenlosen Kausalität unterworfen. Freiheit, Unsterblichkeit u. die Existenz eines gerechten Gottes sind für K. »Postulate« eines moralischen Vernunftglaubens, die als Voraussetzungen der Realisierung des »höchsten Gutes«, nämlich des angemessenen Verhältnisses von moralischem Wert u. menschl. Glück, unabdingbare Forderungen der Vernunft darstellen. In diesem Sinne ist K.s berühmtes Diktum zu verstehen, daß er »das Wissen aufheben« mußte, »um zum Glauben Platz zu bekommen« (*Kritik der reinen Vernunft*, Vorrede B XXX. AA 3, S. 19). In einem solchen moralischen Vernunftglauben sieht K. auch den rationalen Kern der christl. Religion.

Offenbar erst spät fühlte K. das Bedürfnis, theoretisch zwischen dem Reich der Natur u. dem der Freiheit zu vermitteln. Dies ist die bes. Aufgabe der Urteilskraft, die als drittes »oberes Erkenntnisvermögen« neben Verstand u. Vernunft treten soll. Sie ist, nach K., bes. zur Begründung des »Geschmacksurteils«, als ästhetische Urteilskraft, u. zur Begründung der Annahme von Naturzwecken, als teleolog. Urteilskraft, zu einer solchen Vermittlungstätigkeit berufen.

Die »Schönheit« von Naturgegenständen u. Kunstwerken führt K. auf den besonderen, als lustvoll erlebten Zustand des Gefühls »des freien Spiels der Vorstellungskräfte [Sinnlichkeit und Verstand] an einer gegebenen Vorstellung zu einem Erkenntnisse überhaupt« (*Kritik der*

Urteilskraft, S. 28. AA 5, S. 217) zurück. Damit wird das ästhetische Urteil subjektiviert, vgl. aber, wegen des bei allen Menschen ähnl. Ablaufs des Erkenntnisprozesses, als intersubjektiv gültig angesehen. Entsprechend erklärt K. auch die teleolog. Betrachtung der Natur unter Gesichtspunkten materialer Zweckmäßigkeit, wie sie sich v. a. bei Organismen nahelegt, als eine Leistung der reflektierenden Urteilskraft, die, in Analogie zur zielsetzenden Tätigkeit der menschl. Vernunft, Gesichtspunkte zur Beurteilung der inneren Zweckmäßigkeit organisierter Wesen entwickelt, wo die – im strikten Sinne allein wissenschaftliche – kausale Erklärung an ihre Grenzen stößt.

K.s radikale Neubegründung einer wissenschaftl. Philosophie durch transzendentale Reflexion auf die Bedingungen mögl. Erkennens u. Handelns hat die Philosophie der Folgezeit bis heute tiefgreifend beeinflußt. Seine Fragestellungen bildeten weithin die Grundlage der Diskussion, auch wenn seine Lösungen modifiziert oder ganz aufgegeben wurden. Die Ethik des kategor. Imperativs hat in Deutschland weit über die gebildeten Schichten hinaus gewirkt, wobei die unbedingte Pflicht gegenüber dem Vernunftgesetz oft in Gehorsam gegenüber der Obrigkeit umgedeutet wurde.

WERKE: Ges. Schr.en [zitiert: AA], hg. v. der Preuß. Akademie der Wiss.en (später Akademie der Wiss.en der DDR). Bln. 1902 ff. (Bde. 1-9 Werke, Bde. 10-13 Briefe, Bde. 14-23 Handschriftl. Nachl., Bde. 24-29 – noch nicht vollständig – Vorlesungen). Bde. 10-12, ²1922. Bde. 1-9 auch als Studienausg. Bln. 1968. – Werke. Hg. Ernst Cassirer. 11 Bde., Bln. 1912-22. – Werke. Hg. Wilhelm Weischedel. 6 Bde., Wiesb. 1956-64. Paperbackausg. in 12 Bdn., Ffm. 1968. – Briefe v. u. an K. (Ausw.). Hg. Jürgen Zehbe. Gött. 1970/71. – Gute Einzelausg.n von verschiedenen Herausgebern in: Philosophische Bibl. Hbg.

LITERATUR: *Allgemein:* Stephan Körner: K. Gött. 1967. – Friedrich Kaulbach: I. K. Bln. 1969. – Otfried Höffe: I. K. Mchn. 1983. – *Biographien:* Karl Vorländer: I. K.s Leben. Lpz. 1911. Hbg. ³1974. – Kurt Stavenhagen: K. u. Königsberg. Gött. 1949. – Uwe Schultz: I. K. in Selbstzeugnissen u. Bilddokumenten. Reinb. 1965. – *Werkanalyse:* Gerhard Krüger: Philosophie u. Moral in der Kantischen Ethik. Tüb. 1931. ²1967. – Gottfried Martin: I. K. Ontologie u. Wissenschaftstheorie. Köln 1951. ⁴1969. – Wolfgang Bartuschat: Zum systemat. Ort v. K.s Kritik der Urteilskraft. Ffm. 1972. – Gerold Prauss (Hg.): K. Zur Deutung seiner Theorie vom Erkennen u. Handeln. Köln 1973. – Lewis White Beck: K.s Kritik der prakt. Vernunft. Ein Kommentar. Mchn. 1974 (engl. 1960). – Dieter Henrich: Identität u. Objektivität. Heidelb. 1976. – Jens Kulenkampff: K.s Logik des ästhet. Urteils. Ffm. 1978.

Günther Patzig

Kant, Uwe, * 18. 5. 1936 Hamburg. – Kinder- u. Jugendbuchautor.

Nach dem Schulbesuch in Parchim (Mecklenburg) studierte K., Bruder Hermann Kants, 1956-1961 Germanistik u. Geschichte in Rostock u. Ost-Berlin. 1961-1964 arbeitete er als Lehrer, anschließend drei Jahre als Literaturredakteur. Seit 1967 lebt K. als freier Schriftsteller u. Journalist in Ost-Berlin.

An K.s erster Erzählung *Das Klassenfest* (Bln./DDR 1969), die die Auseinandersetzung u. Annäherung zwischen dem 15jährigen Schüler Otto Hintz u. seinem jungen Lehrer Anton Nickel schildert, wurde v. a. die geschickte Verwendung des Stilmittels der Ironie gelobt – ein Novum für die Kinderliteratur der DDR. K.s Erfahrungen als Lehrer sind spürbar auch in den folgenden Erzählungen *Die liebe lange Woche* (Bln./DDR 1971) u. *Der kleine Zauberer und die große Fünf* (ebd. 1974), während spätere Texte autobiograph. Elemente der Kriegszeit aufnehmen (z. B. *Vor dem Frieden.* Ebd. 1979). Immer wieder verweist K. seine jugendl. Leser auf den Prozeß des Schreibens, auf die Schwierigkeit, Geschichten zu erzählen, wie in dem Bilderbuch *Wie Janek eine Geschichte holen ging* (ebd. 1980).

WEITERE WERKE: Roter Platz u. ringsherum. Bln./DDR 1977 (Reiseführer für Kinder). – Die Reise v. Neukuckow nach Nowosibirsk. Ebd. 1980 (E.). – Alfred u. die stärkste Urgroßmutter der Welt. Ebd. 1988. – Panne auf Poseidon Sieben. Ebd. 1989.

LITERATUR: Anneliese Löffler: Interview mit U. K. In: WB, H. 5 (1986). – Dies.: Realitätsgewinn – Phantasie – Wortkunst. In: ebd. – Ulrich Kaufmann: U. K. In: Hans Jürgen Geerdts (Hg.): Lit. der DDR. Bd. 3, Bln./DDR 1987.

Karin Rother

Kantorowicz, Alfred, auch: Helmuth Campe, * 12. 8. 1899 Berlin, † 27. 3. 1979 Hamburg. – Germanist, Verfasser autobiographischer u. biographischer Schriften, Publizist.

Der aus einem großbürgerlich-jüd. Elternhaus stammende K. nahm mit 17 Jahren freiwillig am Ersten Weltkrieg teil. Nach Jura- u. Literaturgeschichtsstudium war K. von 1924 an zunächst Literaturkritiker der »Vossischen Zeitung«, Redakteur u. Theaterkritiker der »Neuen Badischen Landeszeitung« in Mannheim u. in der Nachfolge Kurt Tucholskys Pariser Kulturkorrespondent der »Vossischen Zeitung« sowie anderer Ullstein-Blätter. 1929 kehrte er nach

Berlin zurück, wurde 1931 Mitgl. der KPD u. arbeitete seit Hitlers Machtergreifung im Untergrund, ehe er nach Paris ins Exil ging u. dort als ehrenamtl. Generalsekretär des »Schutzverbandes Deutscher Schriftsteller im Exil« tätig war.

K. begründete die »Deutsche Freiheitsbibliothek«, die unter dem Präsidium von Romain Rolland, André Gide, Herbert George Wells u. Heinrich Mann im NS-Deutschland verbotene Bücher sammelte u. zugänglich machte. Am Spanischen Bürgerkrieg nahm K. vom Herbst 1936 an teil. Seine Erfahrungen resümierte er in seinem *Spanischen Tagebuch* (Bln. 1948). Als K. 1938 nach Frankreich zurückkehrte, wurde er im Lager Les Milles interniert. Seine 1941 geglückte Flucht in die USA hat Seghers in ihrem Roman *Transit* geschildert. K. selbst dokumentierte diesen Abschnitt seines Lebens distanziert in dem Buch *Exil in Frankreich. Merkwürdigkeiten und Denkwürdigkeiten* (Bremen 1971).

Während seines amerikan. Exils arbeitete K. bei der CBS als Chef der Abteilung Auslandsnachrichten. Ende 1946 ging er nach Ost-Berlin u. wurde Herausgeber der Zeitschrift »Ost und West«, die 1949 vom Politbüro der SED verboten wurde. 1949 erhielt K. einen Ruf an die Humboldt-Universität u. wurde Direktor des germanistischen Instituts. Darüber hinaus leitete er das Heinrich-Mann-Archiv bei der Deutschen Akademie der Künste u. gab das Gesamtwerk seines Freundes u. Vorbilds im Aufbau-Verlag heraus. Kurz nachdem er sich geweigert hatte, eine SED-Resolution gegen den ungarischen Aufstand zu unterzeichnen, verließ er im Aug. 1957 die DDR u. suchte in Bayern polit. Asyl, das ihm zunächst versagt wurde, da er sich »nicht in einer besonderen Zwangslage« befunden u. der »Unmenschlichkeit Vorschub geleistet« habe. Seit 1965 bis zu seinem Tod lebte K. in Hamburg u. widmete sich publizistisch bes. der Erforschung der Exilliteratur. Sein literar. Werk bezieht seinen Rang aus der gewissenhaften u. schonungslosen Dokumentation seines Lebens, der »Illusionen, Irrtümer, Widersprüche, Einsichten und Voraussichten« (*Deutsches Tagebuch*. Mchn. 1960).

Weitere Werke: Heinrich u. Thomas Mann. Die persönl., literar. u. weltanschaul. Beziehungen der Brüder. Bln./DDR 1956. – Dt. Schicksale. Wien/Köln 1964. – Politik u. Lit. im Exil. Hbg. 1978. – Ost u. West. Beiträge zu kulturellen u. polit. Fragen der Zeit 1947-49. Königst./Taunus 1979.

Jörg-Dieter Kogel

Kantorowicz, Ernst (Hartwig), * 3. 5. 1895 Posen, † 9. 9. 1963 Princeton/New Jersey; Grabstätte: ebd. – Historiker.

K., Sproß einer jüd. Fabrikantenfamilie, verdankte dem humanistischen Gymnasium seiner Vaterstadt die Grundlagen, die es ihm ermöglichten, der Humanist zu werden, als den ihn sein Leben u. sein Werk ausweisen. Nach Studienbeginn Kriegsfreiwilliger, nahm er noch 1919 als Freikorps-Soldat an den Kämpfen in Posen, Berlin u. München teil, um gleichzeitig das Studium der Nationalökonomie in München u. seit Herbst 1919 das der Kameralistik u. der Alten Geschichte in Heidelberg fortzusetzen. Hier wurde er 1922 über *Das Wesen der muslimischen Handwerkerverbände* promoviert; u. hier fand er durch Friedrich Gundolf Zugang zum George-Kreis, bald auch zu George selbst. Als Frucht dieser Begegnung entstand die große Biographie *Kaiser Friedrich der Zweite* (Bln. 1927. Erg.-Bd. 1931. Neudr. 1963), die schnell Berühmtheit erlangte. Seit 1930 als Honorarprofessor, seit 1932 als Ordinarius an der jungen Universität Frankfurt/M., entfaltete er eine erfolgreiche Lehrtätigkeit, die nach der Machtergreifung jedoch durch Angehörige der NS-Studentenschaft erheblich gestört wurde. K. ließ sich beurlauben u. 1934 emeritieren; 1938 verhalfen ihm Freunde zur Emigration, die ihn über Oxford in die USA führte. Nach Zwischenstation in Baltimore fand er 1939 an der Universität Berkeley eine neue Wirkungsstätte, wurde aber trotz fruchtbarer Arbeit 1950 wieder entlassen, weil er es ablehnte, den antikommunistischen Loyalitätseid abzulegen. Inzwischen aber auch in den USA als einer der führenden Mediävisten anerkannt, wurde er 1951 an das Institute for Advanced Study nach Princeton berufen.

Hier veröffentlichte K. sein Hauptwerk *The King's Two Bodies* (1957), das das Königtum als Ganzes erfaßt u. die Grenzen der histor. Disziplin überschreitet. Es macht seine Besonderheit aus, daß K. darin im Ausgriff auf Politik u.

Recht, Theologie, Liturgie u. Kunst die Kräfte aufspürte, die das Königtum geformt haben, u. daraus eine Typologie des Königtums gewann, in der zgl. seine verschiedenen Entwicklungsstufen erkennbar werden. Es ist in der Sprache von K. der Weg vom »christ-centred kingship« zum »man-centred kingship« u. zgl. der Weg von der im König verkörperten Herrschaft zum Staat als Korporation – das Ganze in seiner subtilen Klarheit, jetzt ohne das Pathos des *Friedrich*-Buchs, auch sprachlich ein Meisterwerk.

Weitere Werke: Laudes regiae. Berkeley 1946. – Selected Studies. Locust Valley/New York 1965 (mit vollständiger Bibliogr.).

Literatur: Edgar Salin: E. K. In: HZ 199 (1964), S. 551-557. – Josef Fleckenstein: E. K. zum Gedächtnis. In: Frankfurter Universitätsreden 34 (1964), S. 11-27. – Yakov Malkiel: E. K. In: Romance Philologie 1 (1964/65), S. 1-15. – Friedrich Baethgen: E. K. In: Dt. Archiv für Erforschung des MA 21 (1965), S. 1-17. – Ralph E. Giesey: E. H. K. In: Yearbook of the Leo Baeck Institute 30 (1985), S. 191-202. – Eckhart Grünewald: E. K. u. Stefan George. Ffm 1982. *Josef Fleckenstein*

Kantorowicz, Hermann (Ulrich), auch: Gnaeus Flavius, * 18. 11. 1877 Posen, † 12. 2. 1940 Cambridge/England. – Rechtshistoriker, Rechtsmethodologe u. Strafrechtler.

K., Sohn eines Kaufmanns, war über seine erste Frau Dorothea Rosenstock Schwager des Rechtshistorikers u. Soziologen Eugen Rosenstock-Huessy (1888-1973). Nach Studium u. Promotion 1900 in Heidelberg habilitierte er sich 1907/08 bei dem Staats- u. Strafrechtler Richard Schmidt in Freiburg i. Br., nachdem entsprechende Bemühungen in Heidelberg u. a. wegen K.' jüd. Abstammung gescheitert waren. In Freiburg wurde er 1913 Titular-, 1923 – nach akadem. Querelen – a. o. Professor für juristische Hilfswissenschaften, erst 1929 Ordinarius in Kiel als Nachfolger seines schon 1926 wegberufenen Freundes Gustav Radbruch. 1933 unter dem NS-Regime als einer der ersten aus seinem Lehramt entlassen, war er nach seiner Emigration Professor an der New School of Social Research in New York, von 1937 an Assistant Director of Research in Law in Cambridge/England.

Der vielseitige u. international angesehene Rechtsgelehrte war führend in der Erforschung der Geschichte des mittelalterl. Rechts u. der europ. Rechtswissenschaft. Schon als junger Wissenschaftler gehörte er mit seiner 1906 unter Pseud. veröffentlichten Streitschrift *Der Kampf um die Rechtswissenschaft* (Heidelb.) zu den Mitbegründern der von ihm so benannten Freirechtsbewegung, welche die Begriffsjurisprudenz bekämpfte u. für eine das Gesetz ergänzende u. weiterbildende freie Rechtsschöpfung durch Rechtslehre u. Richterschaft eintrat. Mit dem Romanisten Fritz Schulz gab K. das Hauptwerk *De claris iuris consultis* des Thomas Diplovatatius, des ersten »Literaturhistorikers der Rechtswissenschaft«, heraus (Bln. 1919. 2. Bd., Bologna 1968).

Über sein juristisches Fach hinaus trat K. schon früh auch auf anderen Gebieten hervor, so 1902 mit der zusammen mit Heinrich Gösch unter dem Pseud. Kuno Zwymann verfaßten Schrift *Das Georgesche Gedicht* (Bln.), das der Dichter ungnädig aufgenommen hat. Als engagierter polit. Publizist schrieb K. verschiedene zeitkrit. Broschüren u. Aufsätze im »Tagebuch« u. in der »Friedenswarte«. Von bes. Bedeutung sind sein im Auftrag des Untersuchungsausschusses des Reichstags 1923 erstattetes u. 1927 im Umbruch vorliegendes, aber erst 1967 veröffentlichtes *Gutachten zur Kriegsschuldfrage 1914* (Ffm.), das recht eigenwillig u. nicht unproblematisch ist u. Reichsaußenminister Gustav Stresemann zum Widerstand gegen die Kieler Berufung von K. veranlaßte; ferner das 1931 auch in England erschienene u. sehr beachtete Buch *Der Geist der englischen Politik und das Gespenst der Einkreisung Deutschlands* (Bln. 1929).

Weitere Werke: Goblers Karolinen-Kommentar u. seine Nachfolger. Gesch. eines Buches. Bln. 1904. – Albertus Gandinus u. das Strafrecht der Scholastik. 2 Bde., Bln. 1907-26. – Zur Lehre vom richtigen Recht. Bln./Lpz. 1909. – Über die Entstehung der Digestenvulgata. Weimar 1910. – Was ist uns Savigny? Bln. 1912. – Die Epochen der Rechtswiss. In: Die Tat 4 (1914), S. 345 ff. – Alfred Doves schriftsteller. Größe. In: HZ 116 (1916), S. 282. – Der Offiziershaß im dt. Heer. Freib. i. Br. 1919. – Bismarcks Schatten. Freib. i. Br. 1921. – Leben u. Schr.en des Albertus Gandinus. In: Ztschr. der Savigny-Stiftung für Rechtsgesch. Romanist. Abt. 44 (1924), S. 224. – Aus der Vorgesch. der Freirechtslehre. Mannh. 1925. – Tat u. Schuld. Zürich/Lpz. 1933. – The Definition of Law. Cambridge 1958. Dt.: Der Begriff des Rechts. Gött. 1963. – *Teilausgaben:* Rechtswiss. u. Soziologie. Karlsr. 1962. – Rechtshistor. Schr.en. Karlsr. 1970 (mit unvollst. Bibliogr.).

Literatur: Gustav Radbruch: In memoriam H. K. In: Die Gegenwart, H. 14/15 (1946), S. 22. – Ders.: H. K. In: Schweizer. Ztschr. für Strafrecht 60 (1946), S. 262 ff. – Adolf Berger: In memoriam H. U. K. (1877-1940). In: Ztschr. der Savigny-

Stiftung für Rechtsgesch. Romanist. Abt. 68 (1951), S. 624 (mit unvollst. Bibliogr.). – Richard Lange: H. K. In: Den Unvergessenen. Opfer des Wahns 1933 bis 1945. Hg. Hermann Maas, Gustav Radbruch, Lambert Schneider. Heidelb. 1952. – Thomas Würtenberger jun.: H. U. K. In: NDB 11. – Karlheinz Muscheler: Relativismus u. Freirecht. Ein Versuch über H. K. Heidelb. 1984 (mit Bibliogr.). – Ders.: H. U. K. Eine Biogr. Bln. 1984. – H. K. In: Kleinheyer.

Günter Spendel

Kantzow, Thomas, * vermutlich Stralsund, † 25. 9. 1542 Stettin. – Geschichtsschreiber.

K. bezog 1526 als Stralsunder (»Sundensis«) die Universität Rostock u. erwarb vermutlich dort den später von ihm geführten Magistergrad. Bereits 1528 trat er als Sekretär in die Kanzlei der pommerschen Herzöge in Stettin ein. Nach der Erbteilung Pommerns 1532 wurde er Sekretär Herzog Philipps I. in Wolgast, der Residenz des westl. Landesteils. In dieser Stellung wirkte er an der Durchführung der Reformation in Pommern mit. Mit finanzieller Förderung des Herzogshauses nahm K. 1538 in Wittenberg erneut ein Studium auf. 1542 erkrankt, kehrte er nach Pommern zurück.

K.s historiographisch-literar. Nachruhm beruht auf seiner im Geist humanistischen Geschichtsinteresses geschriebenen *Pommerschen Chronik*, die in der Hauptsache in vier von ihm hergestellten Redaktionen vorliegt: in einer niederdt. Fassung von etwa 1536/37 (Hg. Wilhelm Böhmer. Stettin 1835. Hg. Georg Gaebel. Stettin 1929), in der ersten hochdt. Chronik von etwa 1538/39 (Hg. G. Gaebel. Stettin 1898), der zweiten hochdt. Chronik um 1539 (Hg. G. Gaebel. Stettin 1897) u. der dritten hochdt. Fassung: *Pomerania. Ursprunck Altheit und Geschicht Der Volker und lande Pomeren, Cassuben, Wenden, Stettin vnd Rhügenn* (Hg. G. Gaebel. Stettin 1908). Auch diese letzte Redaktion darf seit 1973 im wesentlichen als K.s eigene Arbeit gelten; der Textanteil seines Nachlaßerben Nikolaus von Klempzen ist weitaus geringer als bis dahin vermutet.

K., in dessen Lebenswerk der Übergang Norddeutschlands vom Niederdeutschen zum Hochdeutschen als Schriftsprache exemplarisch sichtbar wird, begründet die volkssprachl. Geschichtsschreibung Pommerns u. führt sie zu einer ersten Blüte. Viele pommersche Historiographen des 16. u. 17. Jh. stützen sich direkt oder indirekt auf K. Zwei Karten Pommerns in der *Pomerania* machen K. überdies zum frühesten uns bekannten Kartographen des Landes.

Literatur: F. Groenwall: T. K. u. seine Pommersche Chronik. In: Balt. Studien 39 (1889), S. 257-299. – Hermann Bollnow: Die pommerschen Herzöge u. die heim. Geschichtsschreibung. In: Balt. Studien N. F. 39 (1937), S. 1-35. – Jürgen Petersohn: Die dritte hochdt. Fassung v. K.s Pommerscher Chronik. Identifikation eines verkannten Geschichtswerks. In: Balt. Studien N. F. 59 (1973), S. 27-41. – Roderich Schmidt: K. In: NDB.

Herbert Blume

Der **Kanzler**. – Oberdeutscher Spruchdichter des späteren 13. Jh.

Der Name des Dichters kann ein Beiname sein, ist aber auch als Familienname häufig belegt. Mit keiner der urkundlich nachgewiesenen Personen läßt sich der K. jedoch sicher identifizieren. Der Sprache nach war er oberdt., vielleicht alemann. Herkunft; die Behauptung in der Literaturgeschichtsschreibung der Meistersinger, er sei ein Fischer aus der Steiermark gewesen (so zuerst in zwei um bzw. nach 1500 verfaßten Liedern vom Rosengarten der Zwölf Meister u. vom »vrsprung des maystergesangs«), hat kaum einen wahren Kern. Nach Strophe XVI 6 zu schließen, führte der K. das Leben eines Fahrenden. Seine Schaffenszeit fällt wohl ins spätere 13. Jh. Den terminus ante quem gibt die Überlieferung in der *Großen Heidelberger Liederhandschrift* – hier beschließt das K.-Opus den zu Anfang des 14. Jh. beendeten Grundstock – u. auf dem kürzlich entdeckten Basler Fragment einer Pergamentrolle aus dem Ende des 13. Jh. Politische Situationen, auf die der K. in seinen Sprüchen anspielt, sind zeitlich nicht genauer zu fixieren.

Das erhaltene Werk des K.s umfaßt zwölf Lieder mit insg. 36 Strophen (IV-XV) u. vier Sprachtöne mit 41 oder 42 echten Strophen (I-III, XVI). Lied- u. Spruchdichtung sind also ungefähr gleichgewichtig vertreten. Das ist, seitdem Walther von der Vogelweide erstmals beide Genres verbunden hatte, recht selten der Fall, z. B. bei Konrad von Würzburg. Für die Geschichte der Differenzierung u. Vermischung der Gattungen ist das Œuvre des K.s daher von bes. Interesse.

Die Lieder stehen in der von Gottfried von Neifen geprägten artistischen Minnesangtradition u. lassen speziell den Einfluß Konrads von Würzburg erkennen. Sie sind durchweg dreistrophig, bevorzugen auftaktlose Verse u. zeichnen sich z. T. durch Refrain (vii, xi) oder bes. Reimschmuck aus (xiii, xiv). Das Motiv des persönl. Minnedienstes ist ausgespart. Nur in Lied iv spricht das Sänger-Ich in der Rolle des Minnenden von »der lieben frouwen mîn«. Sonst leitet ein ausgedehnter Natureingang den allg. Preis der »wîbe« ein: Sommers u. winters erscheinen sie als Inbegriff u. Quell der »fröide«; »wîp« wird vom K., ähnlich wie von Frauenlob, als »Wunne In Paradîse« gedeutet (vi). Als Sprachrohr der Freude etabliert, schlüpft der Liedsänger einmal in die Rolle des rügenden Spruchdichters u. schließt an die Winterschelte eine vehemente Klage über die sich versagende »Milte« u. die Herrschaft der »Schande« an (xiii).

Für seine Spruchdichtung verwendet der K. mit Vorliebe die ausladenderen Töne ii u. xvi. Die Mehrzahl der Strophen hat er noch als in sich geschlossene Einheiten konzipiert; frühe Zeugnisse der Entwicklung zum mehrstrophigen Meisterlied sind der Trinitätspreis ii 1-3 u. xvi 14-16 über die »schame«. Das Themenspektrum des K.s ist breit, das Repertoire seiner Stilmittel vielfältig. Religiöse Themen beanspruchen auffallend wenig Raum. Insgesamt dominiert die Herrenlehre. Seine Spruchdichter-Kompetenz demonstriert der K., indem er sich immer wieder gegenüber Rivalen abgrenzt: treulosen Ratgebern der Herren, »kunstlôsen« Sängerkollegen oder »gernden«, wie er sie in ii 8 aufzählt. Ein Zeugnis bes. Gelehrsamkeit sind die Astronomie-Strophen ii 10-11. Das Hauptthema seiner Lieder greift er in ii 9 (u. evtl. ii 12) auf.

Im späten MA u. in der frühen Neuzeit lebte der Name des K.s dank seinen Spruchtönen weiter. Heinrich von Mügeln benützt in seiner kunstvollen lat. Ungarnchronik (etwa 1359) neben anderen Meistertönen Ton xvi »cancellarii rethoris«. Ins Repertoire der Meisterlieddichter hat Ton ii als »Goldener Ton« Eingang gefunden (die *Kolmarer Liederhandschrift* überliefert zwei Melodien dazu); er ist noch im 17. Jh. in Gebrauch. Mehrere Töne, die erstmals in Meisterliedersammlungen des 15./16. Jh. bezeugt sind, werden dort wohl zu Unrecht als Schöpfungen des K.s ausgegeben. In Dichterkatalogen u. Namenlisten hat der K. seit dem 15. Jh. einen festen Platz (öfter neben Frauenlob). Seit dem frühen 16. Jh. rechnen die Meistersinger ihn zu den zwölf Begründern ihrer Kunst unter Kaiser Otto i.

Ausgaben: Friedrich Heinrich v. der Hagen (Hg.): Minnesinger. 4 Tle., Lpz. 1838. Tl. 2, S. 387-399. – KLD 1, S. 185-217 (zitiert); wird ergänzt durch: Steinmann (s. Lit.). – Weitere Nachweise, bes. zu den Meisterliedern in Tönen des K.s u. in ihm zugeschriebenen Tönen, in: RSM (s. Lit.).

Literatur: Harald Krieger: Der K. Ein mhd. Spruch- u. Liederdichter um 1300. Diss. Bonn 1931. – Johannes Siebert: Die Astronomie in den Gedichten des K.s u. Frauenlobs. i. In: ZfdA 75 (1938), S. 1-14; Ergänzung in ZfdA 83 (1951/52), S. 184 f. – Hugo Kuhn: Minnesangs Wende. Tüb. 1952. ²1967. – KLD 2, S. 244-264 (Lit.). – Horst Brunner: Die alten Meister. Mchn. 1975. – Christoph Petzsch: Lied Nr. iii des K.s. In: ZfdPh 98 (1979), S. 402-406. – Olive Sayce: The Medieval German Lyric 1150-1300. Oxford 1982. – Gisela Kornrumpf: Der K. In: VL (Lit.). – Frieder Schanze: Meisterl. Liedkunst zwischen Heinrich v. Mügeln u. Hans Sachs. 2 Bde., Mchn. 1983/84. – H. Brunner u. Johannes Rettelbach: ›Der vrsprung des maystergesangs‹. In: ZfdA 114 (1985), S. 221-240. – RSM 4. Bearb. v. F. Schanze u. Burghart Wachinger. Tüb. 1988, S. 93, 149-168, 252 f. (Lit.). – Martin Steinmann: Das Basler Fragment einer Rolle mit mhd. Spruchdichtung. In: ZfdA 117 (1988), S. 296-310. – Manfred Eikelmann: Denkformen im Minnesang. Tüb. 1988.

Gisela Kornrumpf

Kapp, (Johann) Gottfried, * 27. 3. 1897 Mönchen-Gladbach, † 21. 11. 1938 Frankfurt/M. – Verfasser von Lyrik, Romanen u. Kurzprosa.

Nach der Volksschule besuchte K., Sohn eines Eisengießers u. einer Weberin, ein Lehrerseminar in Odenkirchen, danach in Linnich, von dem er jedoch 1916 wegen einer Ordnungswidrigkeit verwiesen wurde. Nach dem Ersten Weltkrieg, an dem K. wegen Dienstunfähigkeit nicht teilgenommen hatte, lebte er zunächst in Lippstadt u. ab 1923 in Berlin, wo er durch die Bekanntschaft des kath. Sozialpredigers Carl Sonnenschein in der Zeitschrift »Germania« eine Möglichkeit fand, Aufsätze u. kleinere Arbeiten zu veröffentlichen u. als freier Schriftsteller zu leben. Nach einem einjährigen Aufenthalt in Capri u. Italien siedelte er sich 1934 in Kronberg/Taunus an. Aufgrund seiner Kontakte zu Juden wurde er als Volksfeind eingestuft. 1938 erfolgte die Beschlagnahmung seiner beiden letzten Tagebücher aus den Jahren 1933-1938, in denen er sich gegen

Völkerhaß u. Nationalstolz gewandt hatte u. die somit Argumente für seine Verhaftung lieferten. Während eines Gestapo-Verhörs in Frankfurt/M. fand er den Tod.

K.s erste Arbeiten thematisieren Stoffe der Bibel u. des AT. Nach anfängl. lyr. Versuchen entstanden 1915 das Drama *Kain* (Dülmen 1964) u. 1924 die Erzählung *Melkisedek*, die 1928 in der Reihe »Junge Deutsche« des Leipziger Reclam Verlags erschien (Neuaufl. Dülmen 1962). K. verband hier religiöse Themen u. bibl. Milieu mit Motiven des Orients. 1929 veröffentlichte wiederum der Reclam Verlag den Roman *Das Loch im Wasser* (Neuaufl. Dülmen 1961), der den Weg eines Arbeitersohns zum Architekten beschreibt u. die erste Umsetzung von K.s Idee des »ungeschichtlichen Helden« bedeutet, die in dem Roman *Peter van Laac* (Dülmen 1960; entstanden 1931), für den K. keinen Verleger fand, fortgesetzt wird. K. übernimmt die Struktur des Entwicklungsromans in der Nachfolge Goethes u. Stifters. Aktuelle polit. Aspekte werden nur nebensächlich behandelt, da Literatur »nicht vom sozialen und politischen Standpunkt beurteilt« u. geschrieben werden soll. Zudem fordert er statt objektiv-realistischer Erzählweise eine durch »Mitleiden, Gefühl und dichterische Phantasie« bestimmte Darstellung, die zur »Beseelung der Dinge« beitragen soll.

Neben seiner entschiedenen Ablehnung des Expressionismus, den er der »Naturschändung und Formzertrümmerung« bezichtigte, wandte sich K. somit auch gegen die Strömungen der Arbeiterdichtung u. der Neuen Sachlichkeit. Der zeitgenöss. Moderne setzte er anachronistisch »Harmonie, die Normen der Natur« sowie »die Liebe als Erkenntnismittel« entgegen.

WEITERE WERKE: Das Abendopfer. Bln./Zürich 1930. Neuaufl. Dülmen 1961 (N.). – Die Mutter vom Berge. Stgt. 1956 (E.). – Wandellose Götter (E.). – Tgb. aus Italien. Dülmen 1960. – Gedichte – Der starke Helmes (Singsp.). Dülmen 1961. – Briefe. Dülmen 1963.

LITERATUR: Luise Kapp: ... in deinem Namen. Lebensbild des Dichters G. K. Dülmen 1960. – Walter Huder: Über G. K. Ein Beitr. zur Erkenntnis seines Werks. In: G. K.: kain. drama. Dülmen 1964. – Alfred Kantorowicz: Dt. Schicksale. Intellektuelle unter Hitler u. Stalin. Wien 1964. *Sabina Becker*

Kappacher, Walter, * 24. 10. 1938 Salzburg. – Prosa-, Hörspiel- u. Drehbuchautor.

K. absolvierte eine KFZ-Mechanikerlehre, arbeitete seit 1961 als Angestellter in verschiedenen Berufen u. lebt heute als freier Schriftsteller in Salzburg u. in der Toskana.

Nach eher konventionell erzählten Geschichten zeigte K. im Roman *Morgen* (Salzb. 1975) die souveräne Beherrschung von Erzähltechniken. Zeitliche Rückblenden u. abrupte Schnitte spiegeln die Gespaltenheit der Handelnden wider. Die Hauptfiguren der Romane, die meist Salzburg u. die Provinz zum Schauplatz haben, leiden unter den unbefriedigenden Lebens- u. Arbeitsverhältnissen, finden aber in ihrer Apathie meist erst nach alltägl. Katastrophen wie Kreislaufkollaps oder Autounfall die Energie zur Veränderung. Die Technik u. ihr Vernichtungspotential treten durch die emotionslose Nüchternheit u. Distanz des Erzählers in ihrer Bedrohlichkeit u. Faszination für die Figuren um so deutlicher hervor. Auch im Reisebericht über die Toskana *Cerreto* (Salzb. 1988) ist die Zerstörung der Landschaft durch Industrie u. Tourismus eines der Leitmotive, die die subjektiven Erfahrungen überlagern.

WEITERE WERKE: Nur fliegen ist schöner. Salzb. 1973. – Die Werkstatt. Salzb. 1975. Überarb. Fassung. Stgt. 1981 (R.). – Rosina. Stgt. 1978 (E.). – Die ird. Liebe. Stgt. 1979 (E.en). – Die Jahre vergehen. Zwei Drehbücher (zus. mit Peter Keglevic). Salzb. 1981. – Der lange Brief. Stgt. 1982 (R.). – Gipskopf. Graz 1984 (E.). – *Hörspiele:* Enfant terrible. HR 1979. – Die ird. u. die himml. Liebe. ORF 1981. – Bänder. ORF 1983. – Der Heimkehrer. ORF 1984. – *Filme:* Der Zauberlehrling (zus. mit P. Keglevic). ORF 1978. – Rosina. ORF/ZDF 1980. – Die Jahre vergehen (zus. mit P. Keglevic). ORF 1980. – Die kleinen Reisen des Herrn Aghios. Nach Italo Svevo. ORF 1981. – Der stille Ozean (zus. mit Gerhard Roth). ORF/ZDF 1983. – Unser Mann in Bangkok (zus. mit Andreas Gruber). ORF 1984. *Johann Sonnleitner*

Kappeler, Ernst, * 14. 6. 1911 Uster/Kt. Zürich, † 20. 5. 1987 Uitikon/Zürich. – Lyriker, Erzähler, Verfasser von Jugendbüchern u. Hörspielen.

K. war zunächst Primar- u. dann Sekundarlehrer in Andelfingen, Winterthur u. Zürich. 1965 gab er den Lehrerberuf auf u. lebte als freier Schriftsteller u. Mitarbeiter von Jugendzeitschriften. K. debütierte mit dem Gedichtband *Versuchte Stufe* (Zürich 1935), der die Zustimmung Hesses fand, u. entwickelte seine konventionell gearbeitete, aber gedanklich tiefgründige Lyrik in Bänden wie *Der Kreis* (Zürich 1942), *Am Rand der Nacht* (Zürich 1947) u. *Der Unruh-*

pflug (Zürich 1961) konsequent weiter, wandte sich jedoch gleichzeitig immer stärker auch dem sehr viel volkstümlicheren zürichdeutschen Mundartgedicht zu: *Es Püscheli Chruut* (Winterthur 1943), *A der Ärde* (Zürich 1945), *Wäägluegere* (Zürich 1957). Seine eigentl. Lebensaufgabe fand K., als er sich als Berater u. Ansprechpartner ganz den Problemen junger Menschen zuwandte, was in Büchern wie *Warum? Junge Menschen fragen* (Solothurn 1967) oder *Es schreit in mir. Briefdokumente junger Menschen* (ebd. 1979) seinen Niederschlag fand. Seinen Lebensweg hat K. beschrieben in *In Uster geboren* (Zürich 1975) u. *Probezeiten* (Solothurn 1986).

Charles Linsmayer

Karel ende Elegast → **Karl und Elegast**

Karl der Große und die schottischen Heiligen. – Klostergründungsgeschichte mit Legendenzügen u. Chanson-de-geste-Elementen.

Bei dem in zwei Handschriften überlieferten Text handelt es sich um eine 9912 reimpaarige Verse umfassende Übertragung eines Ausschnitts aus dem *Libellus de fundacione ecclesie Consecrati Petri Ratispone* (Hg. Pádraig A. Breatnach. Mchn. 1977) in bair. Mundart (Hg. Frank Shaw. Bln. 1981). Der Herkunftsort ist vermutlich Regensburg, die Entstehung wird zwischen 1300 u. 1350 angesetzt.

Der Text beinhaltet drei Klostergründungen: des Priorats Weihsanktpeter, des Klosters St. Jakob (beide in Regensburg) u. des Klosters St. Jakob in Würzburg. Dem ersten Teil mit der Legende von Weihsanktpeter (Gründung 1075) kommt das Hauptgewicht zu. Er stellt die anachronist., erst bei Aventin aufgehobene Rückbindung der Ereignisse an Karl her, berichtet über die durch Engelsvisionen gelenkten Christianisierungsfeldzüge des Kaisers, der mit Hilfe eines weißen Reiters Regensburg endgültig erobert u. dort eine Kirche erbauen läßt. Nachdem ihn ein Engel auf die Bedeutung der Iren (»Schotten«) für die Bekehrung Deutschlands aufmerksam gemacht hat, treffen irische Mönche auch in Regensburg ein (u. a. Marian, † 1083 oder 1086), die sich bei Karls Kirche niederlassen. Der von Karl geplanten feierl. Einweihung durch den Papst kommt Petrus zuvor, weiht die Kirche selbst u. rückt so die Iren u. ihr Kloster in unmittelbare, über alle ird. Instanzen erhabene Beziehung zu Gott. Dem Preis der Iren dient auch die Geschichte der Gründung von St. Jakob u. des gleichnamigen Klosters in Würzburg, das auf eine Erscheinung des irischen Heiligen Kilian zurückgeführt wird.

Der Übersetzer hält sich eng, bis hin zur Sinnverdunklung, an die lat. Vorlage, erweitert aber »popularisierend« den Anteil der direkten Rede, gestaltet Schilderungen aus. Wichtigere Zutaten sind die Verbindung Karls mit Leo III. u. die wunderbare Unterscheidung der Leichen christl. u. heidn. Krieger.

Die Karlshandlung wurde später in Prosa umgearbeitet (Salzburg: Stiftsbibl. St. Peter, fol. 156ʳ-163ʳ; Drucke in Nürnberg bei Fritz Creußner, Ende 15. Jh., u. bei Johannes Stüchs, Anfang 16. Jh.). Rezeption in der bildenden Kunst bezeugen eine Tischplatte von 1518 (Germanisches Nationalmuseum Nürnberg) u. ein Steinrelief (heute: Schloßmuseum Gotha).

Literatur: Jacob Baechtold: Dt. Hss. aus dem Brit. Museum. Schaffhausen 1873 (Auszug aus Hs. L auf S. 3-45). – Anton Dürrwaechter: Die Gesta Caroli Magni der Regensburger Schottenlegende. Bonn 1897 (Auszug aus dem ›Libellus‹ auf S. 145-218). – Ekkehard Schenk zu Schweinsberg: Die letzte Schlacht Karls des Großen. Mainz 1972 (mit Faks. v. Stüchs' Inkunabel). – Frank Shaw: Die Funktion Karls in dem spätmhd. Gedicht v. K. d. G. u. d. s. H. In: Wolfgang Harms u. L. Peter Johnson (Hg.): Dt. Lit. des späten MA. Bln. 1975, S. 187-208. – Ders.: Einl. zur Edition, S. XI-XCVIII (Bibliogr.). – Herbert Kolb: Der weiße Reiter. In: IASL 12 (1987), S. 26-56.

Edith Feistner

Karl und Elegast. – Mitteldeutsche Erzählung im Umkreis der Chansons de geste.

Anders als die mittelniederländ. Zeugnisse (vgl. *Karlmeinet*) ist der Text (1830 Verse) nur unikal u. mit Schreiberverderbnissen überliefert (Hg. Josef Quint. Bonn 1927). Als Entstehungszeit nimmt man das 14. Jh. an; der genauere Entstehungsort bleibt unklar. Ebenso lassen sich über die Vorlage des mitteldt. Verfassers bloß Hypothesen äußern. Der mittelniederländ. K. u. E. kommt zumindest in der erhaltenen Form (auch in der ripuar. Übertragung des *Karlmeinet*) als direkte Vorlage nicht in Frage, könnte aber auf einer älteren, mit dem mitteldt. Text gemeinsamen mittelniederländ. Vorlage fußen. Frankreich, das übl. Importland, überliefert keine entsprechende Dichtung, nur Anspielungen in Chansons de geste u. in der Chronistik auf eine allerdings ähnl. Geschichte um Karl u. Basin, die, wohl auf einer wallon. Quelle basierend, auch in der *Karlamagnús saga* begegnet. Es ist also eine flandrisch-wallon. Sage anzunehmen, welche in der mittelniederländ. Literatur (bzw. der mitteldt. Version) u. in der frz. aber jeweils eigene Varianten ausgebildet haben dürfte (durchweg german. Namen im K. u. E.).

Der mitteldt. Text enthält die in den Grundzügen mit dem mittelniederländ. K. u. E. parallele, Ernst u. Komik verbindende Geschichte von Karl dem Großen, der auf Befehl eines Engels nachts in ungewohnter Diebesrolle den Hof verlassen muß, um – wie sich herausstellt – sein Leben zu retten. Denn Elegast, der gerechte Räuber, den er (nun zu seinem eigenen Bedauern) einst aus geringem Anlaß rigoros verbannte u. der sich zu ihm gesellt, ohne ihn zu erkennen, deckt den Plan des Eggeric auf, einen Anschlag auf Karl zu verüben.

Trotz der Vorlagenfrage darf man bei variierenden Ausgestaltungen den mögl. Anteil des mitteldt. Verfassers nicht vergessen. Ein Zug zur Parodie heldenepischer Kampfesheroik (etwa bei dem dem *Rolandslied* entnommenen, aber umfunktionierten kosm. Wunder) u. Anspielungen auf Elemente des Tagelieds geben dem Werk gegenüber den übrigen Zeugnissen ein eigenes Gepräge u. sprechen für eine reflektierte Handhabung des »spielmännisch« wirkenden Erzählstils.

LITERATUR: Fedor Bech: Zur Sage v. ›K. u. E.‹. In: Germania 9 (1864), S. 320-337 (mit Textauszug). – Gaston Paris: Histoire poétique de Charlemagne. Paris ²1905, S. 315-322. – Marie Ramondt: K. ende E. oorsprongelijk? Utrecht 1917. – Eckhard L. Wilke: Der mitteldt. Elegast. Marburg 1969. – Paul Aebischer: Textes norrois et littérature française du Moyen Age. Genf 1972. – Klaas Heeroma: De duitse en de nederlandse Elegast. In: Tijdschrift voor Nederlandse taal- en letterkunde 89 (1973), S. 208-216. – Herbert Kolb: Chanson de geste parodistisch: Der mitteldt. ›K. u. E.‹. In: Wolfram-Studien 11 (1989), S. 147-165.

Edith Feistner

Karl und Galie → **Karlmeinet**

Karlmeinet. – »Biographische« Karlskompilation.

Das Werk, dem von der Forschung der lediglich für den ersten Teil mit der sog. Mainetsage zutreffende Name K. verliehen wurde, ist als Ganzes nur in einer Handschrift des 15. Jh. erhalten (Hg. Adelbert von Keller. Stgt. 1858. Neudr. Amsterd. 1971). Es handelt sich um ein ripuar. Karlsleben, das der Verfasser aus urspr. selbständigen Dichtungen, zu einem geringeren Teil auch aus von ihm selbst stammenden Partien komponierte. Der im Prolog rätselartig verschlüsselte Name des Verfassers (vv. 9-21) bleibt bis heute unbekannt. Als Entstehungsort ist Aachen anzusehen. Die Entstehungszeit läßt sich nur ungefähr, wohl auf die Jahre zwischen 1320 u. 1350, eingrenzen.

Der meist *Karl und Galie* genannte erste Teil (bis A216,28; d. h. fast 14 000 Verse) berichtet, wie (Karl)Meinet, der junge Karl der Große, nach Pippins Tod mit einigen Begleitern vor den Usurpatoren Hoderich u. Hanfrat nach Spanien fliehen muß, vom Sarazenenkönig Galafer aufgenommen wird u. die Liebe von dessen Tochter Galie gewinnt. Nachdem er bei den ersten Bewährungsproben als Ritter maßgeblich zum Sieg über Bremunt, den Feind seines Gastgebers, beigetragen hat, gelingt es ihm mit Galafers Hilfe, sein Erbe zurückzuerobern u. Pippins Nachfolge anzutreten. Die Eheschließung mit der bekehrten Galie rundet das Ende ab. Der K.-Version dieser von Frankreich aus auch in Italien u. Spanien verbreiteten Geschichte liegt ein westripuar. (nicht niederländ.) Original des frühen 13. Jh. zugrunde. Eine zumindest in der Form der direkten Vorlage nicht erhaltene frz. Chanson de geste, die schon Höfisierungstendenzen aufgewiesen haben dürfte, ist hier verstärkt im Sinne des höf. Romans gestaltet. Außerhalb des K. ist die Dichtung nur splitterhaft durch mehrere Fragmente aus immerhin mindestens drei verschiedenen Handschriften erhalten, deren paläographischer Befund es erlaubt, sie als ältere, vor dem K. liegende Zeugnisse zu betrachten (kommentierte Edition dieses K.-Teils u. der Fragmente von Dagmar Helm. Bln. 1986; eine histor.-krit. Edition von Hartmut Beckers ist angekündigt).

Der zweite Teil (A216,29-293,38; d. h. knapp 5600 Verse) zeigt Karl in Konfrontation mit verleumderischen u. umstürzlerischen Höflingen, die seinen getreuen Bannerträger Morant unerlaubter Beziehungen zu Galie bezichtigen. Neben dem zur Klärung dieses Vorwurfs bestimmten, episierten Rechtsvorgang wird Karl als auch »privat« betroffene Einzelfigur, als an der Sorge um den Verlust der Liebe Galiens Leidender dargestellt. Dieser Partie liegt gleichfalls eine ripuar. Dichtung zugrunde (Entstehung des Originals wohl um 1220/30), die auf einer verlorenen frz. Vorlage aufbaute. Im Gegensatz zu *Karl und Galie* ist diese Erzählung außerhalb des K. auch vollständig überliefert (siehe Artikel *Morant und Galie*), obgleich es sich nur um eine Entnahme aus dem K. handeln dürfte, wie der gemeinsame, wohl als Glättungsversuch im Rahmen der Kompilation zu erklärende Einschub nahelegt, in dem Morant von dem gleichnamigen, laut *Karl und Galie* aber bereits verstorbenen Helden abgegrenzt wird.

Die Mittelpartie (A293,39-373,64; rund 5400 Verse) wurde unter Benutzung mehrerer, z. T. noch unbekannter chronikal. Quellen (u. a. des *Speculum Historiale* u. des dort vermittelten *Pseudo-Turpin*) vom Kompilator selbst verfaßt. Dem eigenständigen Gliederungsprinzip entsprechend folgt auf Karls Erhebung zum König mit anschließenden Kämpfen (u. a. gegen die Sachsen u. Lombarden) die Kaiserkrönung mit einer zweiten Reihe von Kämpfen, nun gegen die Heiden im Hl. Land u. in Spanien. Zwischen diese beiden in steigerndem Parallelismus aneinandergefügten Reihungsgruppen tritt in zentraler Position die mit der Aegidius-Legende verbundene Aachener Gründungssage von Karls magischer Liebe zu einer toten Frau.

In einem vierten Teil (A374,1-394,49; 1350 Verse) werden die Spanienkriege durch die den Kaiser wieder als Einzelfigur profilierende Geschichte von *Karl und Elegast* unterbrochen, die Karl in ungewohnter Diebesrolle zeigt. Anders als die mitteldt. Erzählung (siehe Artikel *Karl und Elegast*) bildet dieser Teil des K. eine im wesentlichen nur die Sprachform verändernde ripuarische Übertragung der gut überlieferten, um 1250 entstandenen mittelniederländischen Dichtung von *Karel ende Elegast* (synoptische Edition aller Textzeugen einschließlich der K.-Version von A. M. Duinhoven. Zwolle 1969).

Mit der *Rolandslied*-Bearbeitung, der fünften Partie (A394,50-533,12; rund 9200 Verse), schließt sich der Rahmen, denn der Kompilator leitet – den in dieser berühmten Chanson de geste geschilderten, krönenden u. zgl. verlustreichsten Sieg über die Heiden biographisch funktionalisierend – zu dem von ihm selbst stammenden Schlußabschnitt von Karls Lebensende über (A533,13-540,49). Dieses *Rolandslied* bildet eine v. a. aus Konrads Dichtung u. der jüngeren frz. *Rolandslied*-Tradition kombinierte Fassung, in die zudem die stoff- wie textgeschichtlich ungeklärte Episode um den kühnen Babylonier Ospinel eingeschoben ist (A408,60 bis 425,20). Die ausführlicher gestalteten ersten Erfolge bei diesem erneuten Spanienfeldzug finden keine genauere Entsprechung in anderen erhaltenen Versionen. Obwohl man meist selbstverständlich voraussetzt, daß ein verlorenes niederrheinisches *Rolandslied* in ebendieser Form vorgelegen habe, sollte ein gewisser Anteil des Kompilators hier nicht von vornherein ausgeschlossen werden. In jedem Fall bietet sich dieses *Rolandslied*, das (nicht zuletzt durch die Einbindung der jüngeren frz. Tradition) Karl in seinem Leid über den vom Verräter Wellis verschuldeten Tod seiner besten u. liebsten Vasallen stärker als anderswo profiliert, bes. für die Motivation von Karls Lebensende an. Der Kompilator kehrt bei diesem Schlußabschnitt wieder zum *Speculum Historiale* bzw. zum *Pseudo-Turpin* zurück, stellt aber das unverändert nachwirkende Leid als Ursache für die Krankheit des Kaisers heraus. Mit dem ans Ende gerückten Karlsporträt schließt das Werk.

Der K. ist ein Zeugnis für die seit dem späteren 13. Jh. allg. Beliebtheit von Kompilationen. Er zeigt gegenüber anderen vergleichbaren Texten wie der *Karlamagnús saga* oder dem *Charlemagne* des Girart d'Amiens ein selbständiges Gliederungsprinzip mit strukturierter Einarbeitung der chronikal. Tradition u. planvoller Anordnung der dichterischen Quellen, das Karl im Wechsel als Krieger, Heerführer u. Einzelfigur beleuchtet. Das Interesse an einem vielfältigen Bild des Kaisers, dessen Größe selbst dort, wo er nicht souverän auftritt, unangetastet bleibt, ist im K. ausgeprägter als das Bedürfnis, eine eindeutige polit. Position zugunsten der mit Karl verbundenen »deutschen« oder »französischen« Ansprüche zu beziehen. Angesichts des von beiden Seiten, den Kaisern u. ebenso den frz. Königen, hofierten Entstehungsorts Aachen bzw. der polit. wie kulturellen Sonderstellung des niederrheinischen Raums überhaupt kann dies kaum verwundern. Der K. bildet, wiewohl mehr als nur eine Sammelhandschrift, auch ein Zeugnis für die ripuar. Literatur, deren Rezeption auf dieses Gebiet beschränkt blieb. Eine weitere, den Rahmen der Teilüberlieferung überschreitende Nachwirkung des K. selbst konnte bislang nicht überzeugend nachgewiesen werden.

Literatur: *Bibliographie:* Cola Minis: Bibliogr. zum K. Amsterd. 1971. – *Allgemein:* Karl Bartsch: Ueber K. Nürnb. 1861. – Erik Rooth: Zur Sprache des K. Heidelb. 1976. – Hartmut Beckers: K.-Kompilation. In: VL. – *Zu Karl und Galie:* Theodor Frings u. Elisabeth Linke: Ein niederrhein. Liebesduett [...]. In: FS Jost Trier. Meisenheim 1954, S. 148-162. – H. Beckers: Die Liebesduettszene im Lichte eines neuen Handschriftenfundes. In: PBB (Halle) 100 (1979), S. 323-337. – Dagmar Helm, Edition (s. o.), S. 19-76. – H. Beckers: Paläograph.-kodikolog. u. sprachgeschichtl. Beobachtungen [...]. In: Volker Honemann u. Nigel F. Palmer (Hg.): Dt. Hss. 1100-1400. Tüb. 1988, S. 179-213. – Ders.: Ein neues ›Karl u. Galie‹-Bruchstück. In: ZfdPh 108 (1989), Sonderheft, S. 131-155. – Ders: Der Aachener ›Karl u. Galie‹-Roman als Beispiel für die Sonderstellung der rhein. Karlsepik des 13. u. 14. Jh. In: Wolfram-Studien 11 (1989), S. 128-146. – *Zu Morant und Galie:* Siehe Artikel ›Morant u. Galie‹. – *Zu Karl und Elegast:* A. M. Duinhoven: Bijdragen tot reconstructie van de ›Karl u. Elegast‹. Tl. 1, Assen 1975; Tl. 2, Groningen 1981. – Gertrud Zandt: Zur Rekonstruktion des Originals von ›Karl u. Elegast‹ mit Hilfe der mittelfränk. Version K. In: Leuvense Bijdragen 79 (1981), S. 145-149. – Dies.: Enkele opmerkingen over de middelfrank. vertaling van ›Karl u. Elegast‹. In: Tijdschrift voor Nederlandse taal- en letterkunde 97 (1981), S. 185-191. – *Zum Rolandslied:* Karl Bartsch. Zum K. In: Germania 6 (1981), S. 28-43. – Udo v. der Burg: Konrads ›Rolandslied‹ u. das ›Rolandslied‹ des K. In: Rhein. Vierteljahresbl. 39 (1975), S. 321-341. – Rüdiger Zagolla: Der K. u. seine Fassung vom ›Rolandslied‹ des Pfaffen Konrad. Göpp. 1988. – Edith Feistner: Karl u. Karls Tod: Das ›Rolandslied‹ im Kontext des sog. K. In: Wolfram-Studien 11 (1989), S. 166-184.

Edith Feistner

Karlstadt, *Carlstadt*, Andreas (Rudolf) von, eigentl.: A. R. Bodenstein, * um 1477 Karlstadt, † 24. 12. 1541 Basel. – Theologe, Reformator u. Schwärmer.

K.s Vater, ein Kellermeister, war zeitweise Bürgermeister in Karlstadt. K. studierte 1499 bis 1503 in Erfurt die Artes, 1503-1505 in Köln an der thomistischen Montanerburse; als Baccalaureus biblicus ging er 1505 an die neugegründete Wittenberger Universität. Er lehrte erst in der Artistenfakultät u. im Franziskanerkloster. Seit 1508 Kanonikus am Allerheiligenstift, wurde K. 1510 zum Priester geweiht u. zum Dr. theol promoviert. Kurz darauf ernannte man ihn zum Archidiakon am Stift, womit eine theolog. Professur verbunden war. K. lehrte thomistische Scholastik. 1512 promovierte er Luther zum Dr. theol. Nach kanonistischen Studien reiste K. 1515/16 nach Rom, wo er an der Sapienza in beiden Rechten promovierte. Vergeblich bewarb er sich daraufhin in Wittenberg um die Propstei am Stift, die mit einer kanonistischen Professur verbunden war. (Luther u. Spalatin favorisierten mit Erfolg den von Erasmus umworbenen Justus Jonas.)

Die von Luther in Wittenberg angeregten Augustinus-Studien bewirkten ab Frühjahr 1517 eine Art Bekehrung, die sich in *Pro Divinae graciae defensione* sowie *S. Augustini de spriritu et litera* niederschlug (erschienen sukzessiv Wittenb.: Grunenberg 1517-19). In der heftigen Luther-Kontroverse v. a. mit Eck u. im rasch eskalierenden Prozeß gegen Luther war K. ein zuverlässiger u. anerkannter akadem. Kampfgenosse. Höhepunkt war sein wichtiger Part auf der Leipziger Disputation 1519. (Aus seinen Schriften sind zu nennen: *Defensio adversus J. Eckii.* 1518. *Conclusiones contra J. Eccum.* 1519. Ferner *Epistola adversus Eckius argutatoris.* Lpz.: Schumann 1519. *Confutatio adversus defensivam epistolam J. Eckii.* Wittenb.: Lotter 1520.).

Diese von K. sowohl theologisch als auch juristisch »maßvoll« (so Erasmus) geführten Kontroversen gerieten in eine neue polit. Dimension, als auch K. sich auf der Bannandrohungsbulle gegen Luther durch Eck (am 21. 9. 1520 in Meißen) eingetragen sah. Der Bruch mit dem Papsttum, das K. nunmehr als häretisch qualifizierte, war radikal. Während der krisenhaften Zuspitzung des Luther-Prozesses auf dem Wormser Reichstag war K. im Mai/Juni 1521 in Dänemark, um König Christian II. über die Kirchenreform zu beraten. Während Luthers »Schutzhaft« auf der Wartburg gewann K. eine ungewöhnl. Rolle in Wittenberg: Er disputierte u. schrieb nicht nur über Reformen in Kultus u. Lehre; er setzte sich an ihre Spitze – bis hin zum aufsehenerregenden Bildersturm. Er traute

Geistliche u. heiratete im Jan. 1522 die 16jährige Anna von Mochau. Nach Luthers Rückkehr wurde der durch den Kurfürsten unkontrollierbare u. gefährl. Reformprozeß durch dessen »Invocavit-Predigten« rückgängig gemacht, K. herausgedrängt u. auf seine akadem. Tätigkeit beschränkt. Auf diese Ausgrenzung reagierte er mit dem Rückzug aus der Universität auf seine Pfründe Orlamünde, wo er schließlich als erwählter Pfarrer inmitten seiner Gemeinde die Hl. Schrift auslegte. K. bezeichnete sich in mehreren Schriften dieser Zeit als »ein newer Lay« (so in: *Was gesagt ist: Sich gelassen [...] in hayliger schryfft begryffen* vom April 1523).

Die reformatorischen Werke K.s sind erst (entwickelt aus der Eck-Kontroverse 1518) dem Papsttum u. dem Zeremonienunwesen gewidmet. Konkret wurden diese Themen durch die »Wittenberger Bewegung« bestimmt: Gelübde, Abendmahl unter beiderlei Gestalt, Ohrenbeichte, Abtuung der Bilder, Fürbitten Mariens. Daneben rückte, ausgehend vom Augustinus-Kommentar *De spiritu et litera*, mit der Autorität der Hl. Schrift der bibl. Kanon u. die Schriftauslegung in den Vordergrund. Die zentralen Themen seiner Werke werden seit Anfang der 20er Jahre die Sakramentslehre vom Abendmahl u. der Taufe mit weitgehenden Folgerungen für die Gestaltung der Messe sowie die Stellung des Pfarrers in der Gemeinde. Die Zielrichtung seines Denkens geht auf die Autonomie der Gemeinde, was sich als eigentl. Gegensatz zu der Wittenberger u. anderen Reformbewegungen erwies. In seiner radikalen Schrift *Ob man gemach faren, und des ergernüssen der schwachen verschonen soll* (1524) schreibt er bekenntnishaft: »Ein ieglich gemein / sie sey klein oder groß / sol für sich sehen / das sie recht unnd wohl thu / unnd auff niemants warten.« Mit dem Hervortreten reformerischer Themen beginnt K. in Deutsch zu publizieren: erstmalig im April 1519 in *Außlegung und Lewterung etzlicher heyligenn geschriften* (Wittenb.: Lotter 1519), stärker ab Mitte 1520, regelmäßig ab 1521/22.

K. wies zwar Luthers Verdikt, seine Lehren seien wie die Müntzers schwärmerisch u. aufrührerisch, heftig zurück; es kam jedoch bei dem Jenenser Gespräch im Aug. 1524 zu keinem Ausgleich. Darauf wurde K. aus seiner Gemeinde Orlamünde u. Kursachsen ausgewiesen. Auf seiner Reise durch Süddeutschland u. die Schweiz lernte er die Führer der oberdt. Reformbewegungen kennen u. gab v. a. in der Sakramentslehre den Zürcher u. Straßburger Reformatoren wichtige Anregungen – wirkte aber auch nachhaltig auf die entstehende Täuferbewegung dort ein. Wesentlicher Niederschlag sind die von Westerburg in Basel herausgegebenen sieben Schriften v. a. zum Altarssakrament (*Ob man mit heyliger schrifft erweysen müge, das Christus mit leyb, blut und sele im sacrament sey. Dialogus Von dem grewlichen unnd abgöttischem mißbrauch des sacraments. Wieder die alte und neue papistische Messe.* Aber auch: *Was der Frey will vermöge.* Alle: Basel: Thomas Wolff u. A. Cratander Okt. /Nov. 1524. Zahlreiche Nachdrucke v. a. in Straßb.). Luther reagierte mit der wichtigen Schrift *Wider die himmlischen Propheten von den Bildern und Sakrament* (1524/25), die als Auftakt des Abendmahlsstreits gilt.

Den Bauernkrieg erlebte K. in Rothenburg o. d. T., wo er mit Frau u. Kind Unterschlupf gefunden hatte. Seine eigenwillige Position brachte ihn zwischen alle Fronten. Nach der Katastrophe der Bauern drohte K. persönl. Verfolgung. In seiner hoffnungslosen Lage suchte er Asyl in Kursachsen. Nach einem geforderten u. bedingt gegebenen Widerruf fand er Aufnahme durch Luthers Fürsprache. Mit den 1525er Ereignissen brach vorerst jede gedruckte Verbreitung von Schriften K.s ab. Versuche, eine bäuerl. Existenz aufzubauen, scheiterten. Die gegensätzl. Auffassung in der Sakramentslehre ließ auf Dauer eine Versöhnung mit Luther nicht zu. Der drohenden Verfolgung entzog sich K. durch Flucht. Nachdem er in Holstein u. Friesland keine Chance sah, fand er schließlich im Süden eine vorläufige Bleibe als Diakon am Zürcher Spital, die ihm Zwingli vermittelt hatte. Seit 1534 verbrachte er seine letzten Lebensjahre als Universitätsprofessor u. Prediger an St. Peter in Basel. In diesen letzten Jahren sind noch einige wenige Schriften aus seiner Lehrtätigkeit hervorgegangen, namentlich die *Axiomata disputationes* (1534) u. die *Loci communes s. scripturae* (1540). K. starb an der Pest.

AUSGABEN: Valentin Ernst Löscher: Vollst. Reformations-Acta. 3 Bde., Lpz. 1720-29. – Otto Seitz (Hg.): Der authent.

Text der Leipziger Disputation 1519. Bln. 1903. – ›Von Abtuhung der Bilder u. das keyn Bedtler vnther den christen seyn sollen‹. Wittenb. 1522. Bonn 1911. – ›De spriritu et litera‹. In: Ernst Kähler: K. u. Augustin. Der Kommentar des A. Bodenstein v. K. zu Augustins Schrift ›De sprititu et litera‹. Halle 1952 (darin auch K.s 152 Thesen vom 26. 4. 1517). – K.s Schr.en aus den Jahren 1523-25. Hg. Erich Hertzsch. 2 Bde., Halle 1956/57.

LITERATUR: *Bibliographie:* Ernst Freys u. Hermann Barge: Verz. der gedr. Schr.en des A. Bodenstein v. K. In: Zentralblatt für das gesamte Bibliothekswesen 21 (1904), S. 153-179, 209-243, 305-331 (Sonderdr. durch Bob de Graaf. Nieuwkoop 1965). – *Weitere Titel:* Heppe: Bodenstein. In: ADB. – C. F. Jäger: A. Bodenstein v. Carlstadt. Stgt. 1856. – H. Barge: A. B. v. K. 2 Bde., Lpz. 1905. – Karl Müller: Luther u. K. Tüb. 1907. – H. Barge: Frühprotestant. Gemeindechristentum in Wittenberg u. Orlamünde. 1909. – Erich Hertzsch: K. u. seine Bedeutung für das Luthertum. Gotha 1932. – Gerhard Fuchs: K.s radikal-reformator. Wirken u. seine Stellung zwischen Müntzer u. Luther. In: Wiss. Ztschr. der Martin-Luther-Univ. Halle-Wittenberg 3 (1953/54), S. 523-551. – Ronald J. Sider: A. Bodenstein v. K. Leiden 1974. – Ulrich Bubenheimer: Consonantia Theologiae et Jurisprudentiae. Tüb. 1977. – Calvin A. Pater: K. as the Father of the Baptist Movements. Toronto 1984.

Heinz Holeczek

Karlweis, Carl, eigentl.: Karl Weiß, * 23. 11. 1850 Wien, † 27. 2. 1901 ebd.; Grabstätte: ebd., Matzleinsdorfer Friedhof. – Dramatiker, Erzähler.

Nach frühen Schauspielversuchen trat K. 1868 in den Dienst als Bahnbeamter, zunächst in Graz, ab 1879 in Wien, seit 1891 war er Oberinspektor der Südbahn. Literarischen Erfolg feierte er erst mit dem satir. Volksstück *Der kleine Mann* (Urauff. 1894. Stgt. 1896), für das er 1896 den Raimund-Preis erhielt; eine Vielzahl an Komödien, Lustspielen u. Volksstücken (wie *Das grobe Hemd.* Wien 1901) folgte. K.' Volksromane (u. a. *Wiener Kinder.* Stgt. 1897), Erzählungen (u. a. *Adieu Papa.* Wien 1898), Skizzen u. Novellen festigten seinen Ruf als humoristischer Volksschrifsteller des Wiener Lebens. K.' Stücke entstanden z. T. in Gemeinschaft mit Bahr u. Chiavacci; neben seiner Mitgliedschaft in literar. Zirkeln der Jahrhundertwende (Café Griensteidl) war er auch Mitarbeiter der Zeitschrift »Gegen den Strom« sowie Feuilletonist der »Neuen Freien Presse«. 1901 entfachte seine Komödie *Der neue Simson* (Wien 1902) eine heftige Kontroverse mit Karl Kraus.

WEITERE WERKE: Gesch.n aus Stadt u. Dorf. Stgt. 1889. – Reich werden. Stgt. 1894 (R.). – Das liebe Ich. Bln. 1898 (D.). – Onkel Toni. Bln. 1900 (D.). – Martins Ehe. Wien 1901 (N.). – Wien, das du bist. Wien 1903 (E.).

LITERATUR: Annemarie Gruber: C. K. Diss. Wien 1949. – Katharina Dibohlav: C. K.' dramat. Schr.en [...] u. seine Prosaschr.en. Diss. Wien 1950.

Christine Schmidjell

Karoch von Lichtenberg, Samuel, auch: Samuel ex monte rutilo, * 1440 Lichtenberg bei Darmstadt (?), † 1500 (?). – Frühhumanistischer Schriftsteller u. Lehrer.

K. führte ein unstetes Wanderleben, das gekennzeichnet war von immer wieder gescheiterten Versuchen, als Lehrer der humanistischen Fächer Fuß zu fassen. In Leipzig, wo er 1462 bis 1470 studierte, hatte er die Studia humanitatis im Kreis um Heinrich Stercker kennengelernt. Nach einem ersten Italienaufenthalt tauchte er 1470/71 in Erfurt auf, ging aber schon 1472, nun als Magister, an die neugegründete Universität Ingolstadt. Weitere Stationen waren u. a. Wien, Tübingen u. wieder Italien; es folgte um 1481/82 eine kurze, aber fruchtbare Periode der Ruhe als Lehrer u. Erzieher in Biberach. Über Heidelberg u. Erfurt kam er 1485 nach Köln, wo er das Studium des Zivilrechts aufnahm, aber nicht beendete. Nach einem Aufenthalt in Wien 1492 verliert sich seine Spur.

Mit seinen grammatisch-rhetorischen Lehrschriften (u. a. einer *Rhetorica subtilis*, u. einer *Sinonima partium indeclinabilium* sowie zwei Brieflehren) wollte K. zu idealer lat. Schriftlichkeit im Sinne des Humanismus anleiten, verschmähte aber nicht den Verweis auf mittelalterl. Autoritäten. Auch das umfangreiche schriftstellerische Werk K.s, das Briefe, Reden, Gedichte u. Erzählungen umfaßt, versteht sich zwar als Verwirklichung u. Muster humanistischer Eloquenz, verwendet aber gleichzeitig mittelalterl. inhaltl. u. formale Traditionen. So verarbeitet sein 1485 in Köln geschriebenes *Ad divam Barbaram dictamen* zwei ältere Fassungen der Barbaralegende. Die *Arenga de commendatione studii humanitatis* (1470) ist nicht in antikem Versmaß abgefaßt, sondern benutzt Rhythmik u. Reimform der Meistersangstrophe.

Obwohl sich K., wie aus seinen Vorlesungsankündigungen zu ersehen ist, als einer der Vorreiter der Studia in Deutschland einschätzte, war es gerade seine Verwurzelung noch in nichthumanistischen Traditionen, die ihn seinen

Nachfolgern suspekt erscheinen ließ: 1499 berichtet Heinrich Bebel, K. »ziehe noch durch Deutschland, voller Albernheiten, säe Barbarismen und lehre nichts anderes als nur ungebildete Rhythmen«.

Literatur: Wilhelm Wattenbach: S. K. v. L., ein Heidelberger Humanist. In: Ztschr. für Gesch. des Oberrheins 28 (1876), S. 38-50. – Ders.: K. In: ADB. – Heinz Entner: Frühhumanismus u. Schultradition in Leben u. Werk des Wanderpoeten S. K. v. L. Bln. 1968. – Vera Sack: Ein Gedicht des Wanderpoeten S. K. v. L. zur Feier des Barbaratages in der Kölner Kartause. In: FS Otto Herding. Stgt. 1977, S. 188-216. – Franz Josef Worstbrock: Neue Schr.en u. Gedichte S. K.s v. L. Mit einer Werkbibliogr. In: ZfdA 112 (1983), S. 82-125. – Ders.: K. In: VL.

Frank Fürbeth

De **Karolo rege et Leone papa**. – Panegyrisches Karlsepos.

Der in seiner Gattungszugehörigkeit u. Funktion (abhängig von der Einschätzung als fragmentarisch oder vollständig erhaltenes Zeugnis) umstrittene Text (536 Hexameter) ist unikal in einer St. Galler Miszellanhandschrift überliefert (hg. u. a. von Franz Brunhölzl. In: *Karolus Magnus et Leo papa. Ein Paderborner Epos v. J. 799.* Paderb. 1966, S. 55-97; mit dt. Übers.). Die früher u. a. Angilbert zugeschriebene Autorschaft ist, abgesehen davon, daß es sich um einen karoling. Hofdichter handeln muß, noch ungeklärt. Zuletzt wurde Einhard als mögl. Verfasser wieder zur Diskussion gestellt (Schaller). Für die Datierung bietet die zwischen 804 u. 814 entstandene, aus dem Karlsepos zitierende *Ecloga* Modoins einen nicht unbestrittenen terminus ante quem; die genaue zeitl. Situierung (zwischen 799 mit dem Besuch Leos III. bei Karl in Paderborn u. dem ersten Jahrzehnt des 9. Jh.) wie die Lokalisierung (Paderborn oder Aachen) hängen von der Beurteilung des Textes insg. ab.

Mit bedeutenden literar. Anleihen – aus der Vita des als Apostel Galliens verehrten Bischofs Martin von Tours (in der Versbearbeitung des Venantius Fortunatus) einerseits u. aus Vergils *Aeneis* andererseits – wird Karl, dem »rex« u. »Augustus«, ein breiter Panegyricus gewidmet, der in der bisher der Stadt Rom vorbehaltenen, nun in Karl personalisierten Metapher vom »caput orbis« (v. 92) gipfelt. Auf die Schilderung der emsigen Arbeiten zum Bau von Aachen (siehe Vergils Beschreibung Karthagos) als »Roma secunda« (v. 94) folgt anläßlich eines Jagdausflugs ein erneuter, auf Karls Frau u. Kinder ausgeweiteter Lobpreis. Nach einer Traumvision vom blutbesudelten Papst schickt Karl Boten nach Rom, wo Leo tatsächlich an Augen u. Zunge verstümmelt, aber wunderbar geheilt wird. Die Boten geleiten ihn nach Paderborn, u. der einen erneuten Feldzug gegen die Sachsen vorbereitende Karl empfängt ihn festlich. Entgegen dem von der Forschung dem Werk verliehenen Titel steht also eindeutig Karl im Zentrum.

Die schon in der älteren Forschung übl. Ansicht vom fragmentar. Charakter des ohne Incipit u. Explicit überlieferten Textes führte Schaller weiter aus durch den Nachweis von Parallelen zwischen dem Exordium (vv. 1-13) u. der Einleitung zum dritten Buch von Venantius' *Vita Martini.* Da sich auch das Ende in der überlieferten Form als intendierter Schluß bezweifeln läßt, könnte es sich um ein analog dem Vorbild des Venantius in vier Bücher gegliedertes, aber nur in seinem dritten Buch erhaltenes Epos gehandelt haben, das unter dem Eindruck der Kaiserkrönung im Umkreis des Aachener Hofs entstanden wäre. Die von Erdmann u. anderen vertretene frühere Datierung auf das Jahr 799 verbindet sich mit der These von der Vollständigkeit des überlieferten Texts u. mit dessen Stellenwert als Zeugnis der Vorgeschichte der Kaiserkrönung im Sinne eines propäpstl. Plädoyers anläßlich der Paderborner Verhandlungen oder als im vorab für den dortigen Empfang verfaßtes Doppelenkomion, was angesichts des so deutlich auf Karl liegenden Gewichts kaum überzeugt. Auch Ebenbauer, der die Entstehung nach den Paderborner Verhandlungen, aber vor der Krönung annimmt, spricht von einem (allerdings spezifisch auf Karl bezogenen) im Rahmen eines repräsentativen Akts rezitierbaren Panegyricus u. veranschlagt so die buchepischen Erzählmerkmale ebenfalls geringer.

Rezipiert wurde das Werk außer von Modoin auch von Ermoldus Nigellus in seinem – nach vier Büchern gegliederten – panegyr. Ludwigsepos (*In honorem Hludovici*). Später scheint es auf den engl., während der Regierung Karls I. tätigen Dichter Denham (*Cooper's Hill.* Entstanden um 1641) gewirkt zu haben, der auf eine der bereits vorliegenden Editionen zurückgreifen konnte. – Die Geschichte von Karls Hilfe für den verstümmelten Leo war ansonsten in der lat. u. volkssprachl. Chronistik des MA in verschiedenen Varianten bekannt.

Literatur: *Bibliographie:* Repertorium Fontium Historiae Medii Aevi 3. Rom 1970, S. 132 f. – *Weitere Titel:* Gaston Paris: Histoire poétique de Charlemagne. Paris [2]1905, S. 421-423. – Carl Erdmann: Forsch.en zur polit. Ideenwelt des FrühMA. Bln. 1951, S. 21 ff. – Helmut Beumann: Das Paderborner Epos u. die Kaiseridee Karls des Großen. In: Karolus Magnus et Leo papa (s. o.), S. 1-54. – Karl Hauck: Die Ausbreitung des Glaubens in Sachsen. In: Frühmittelalterl. Studien 4 (1970), S. 162-167. – Otto Zwierlein: Karolus Magnus – alter Aeneas. In: FS Karl Langosch. Darmst. 1973, S. 44-52. – Dieter Schaller: Das Aachener Epos für Karl den Kaiser. In: Frühmittelalterl. Studien 10 (1976), S. 134-168. – Ders.: Interpretationsprobleme im Aachener Karlsepos. In: Rhein. Vierteljahresbl. 41 (1977), S. 160-179. – Alfred Ebenbauer: Carmen Historicum 1. Wien 1978, S. 34-90. – Roger P. H. Green: Modoin's Eclogues and the ›Paderborn Epos‹. In: Mlat. Jb. 16 (1981), S. 43-53. – Robert Cummings: Denham's ›Cooper's Hill‹ and ›Carolus Rex et Leo Papa‹. In: Philological Quarterly 64 (1985), S. 337-346.

Edith Feistner

Karrillon, Adam, * 12. 5. 1853 Wald bei Michelbach/Odenwald, † 12. 9. 1938 Wiesbaden; Grabstätte: Weinheim/Bergstraße, Alter Friedhof. – Erzähler, Romancier, Reiseschriftsteller.

Der Sohn eines Dorfschullehrers studierte Medizin u. lebte als Arzt überwiegend im Odenwald. Zur Unterbrechung des Arztalltags unternahm K., teils als Schiffsarzt, ausgedehnte Reisen, die er jeweils ausführlich beschrieb: Vorderer Orient (*Eine moderne Kreuzfahrt.* Weinheim 1898), Kamerun (*Im Lande unserer Urenkel.* Ebd. 1909), Ostasien (*Sechs Schwaben und ein halber. Eine Weltreise.* Bln. 1919), Ostsee (*Meine Argonautenfahrt.* Bln. 1929). Diese letzte Reisebeschreibung enthält zgl. die Fortsetzung seiner Autobiographie, die K. mit *Erlebnisse eines Erdenbummlers* (Bln. 1923) zunächst bis 1920 geführt hatte.

K.s literar. Hauptwerk ist *Die Mühle von Husterloh* (Bln. 1908. Neudr. Pfungstadt 1980), die Geschichte der Odenwälder Müllerfamilie Höhrle, die sich mit den Wandlungen der modernen, sich technisierenden Lebenswelt auseinanderzusetzen hat: Die Wassermühle des alten Höhrle ist der Konkurrenz der Dampfmühle nicht mehr gewachsen; hinzu kommt, daß die Müllerin auf großem Fuß lebt, mit dem Sohn Hans »Höheres« im Sinn hat. Dieser unterhält während seines Studiums ein Verhältnis mit einer Kommerzienratsgattin u. muß flüchten, als der Skandal aufkommt. Die Mühle brennt vor der drohenden Zwangsversteigerung ab; der alte Höhrle stirbt. Hans lebt später als Chirurg in Amerika. Das Ganze wird detailreich von einem ironisch-distanzierten, oft humoristischen Erzähler gestaltet.

Die zeitgenöss. Kritik stellte K., der 1923 mit dem Büchner-Preis ausgezeichnet wurde, neben Keller, Reuter, Raabe u. Rosegger. In seiner Odenwälder Heimat wird sein Andenken heute bes. gepflegt.

Weitere Werke: Michael Hely. Der Dorfteufel. Weinheim 1900 (R.). – O domina mea. Bln. 1909 (R.). – Bauerngeselchtes. Bln. 1914 (N.n). – Adams Großvater. Bln. 1917 (E.en). – Am Stammtisch ›Zum faulen Hobel‹. Konstanz 1922 (E.en). – Viljo Ronimus. Das Schicksal eines Kassenarztes. Bln. 1925 (R.).

Literatur: Karl Esselborn (Hg.): A. K. Altes u. Neues über ihn u. v. ihm. Darmst. 1923. – Ralph Deschler: K.-Biographie. Weinheim 1978. – Begleitheft zur Ausstellung. Wald-Michelbach 1988.

Erwin Leibfried

Karsch, Anna Louisa, geb. Dürbach, gen. Karschin, * 1. 12. 1722 »Der Hammer« zwischen Züllichau u. Krossen/Niederschlesien, † 12. 10. 1791 Berlin; Grabstätte: ebd., Alter Sophienkirchhof. – Lyrikerin.

Von der Mutter wurde K. wegen ihrer Häßlichkeit nicht geliebt; den liebenden Vater, einen Wirtshauspächter, verlor sie früh. Lesen u. schreiben lernte K. bei einem Großonkel in Tirschtiegel/Posen, wurde aber als Zehnjährige von der wieder verheirateten Mutter zurückgefordert u. diente als Magd u. Viehhirtin. Mit 15 Jahren wurde sie an einen Tuchweber verheiratet u. mußte schwerste Arbeit leisten. Ein Rinderhirte vermittelte erste heiml. Lektüre; es entstanden Geburtstags- u. Neujahrsständchen u. Trostgesänge. Nach elfjähriger Ehe ließ sich ihr Mann scheiden u. jagte die mit einem vierten Kind Schwangere aus dem Haus. Wenige Monate später zwang die Mutter sie, den trunksüchtigen Schneidergesellen Karsch zu ehelichen, dem K. ins poln. Fraustadt folgte, wo sie drei weitere Kinder gebar. Hier lernte sie, sich u. die Kinder von Gaben für Gelegenheitsverse zu ernähren. Lehrer u. Pfarrer wurden auf sie aufmerksam u. ermöglichten ihr 1755 die Übersiedlung ins preuß. Glogau. Im Siebenjährigen Krieg schrieb K. Gesänge auf die Siege

Friedrichs des Großen, die, als Flugblätter gedruckt, ihren Ruhm nach Berlin trugen, wo Mendelssohn ihr ein »ungemeines Genie« bescheinigte. Gönner befreiten sie von dem gewalttätigen Karsch (er wurde eingezogen), u. ein Baron von Kottwitz brachte sie im Jan. 1761 nach Berlin. Hier wurde sie durch ihre Stegreiflieder die Sensation der Salons. Durch ernstere Dichtungen gewann sie auch Professoren u. Männer vom Fach zu Bewunderern, wie Sulzer u. Ramler, die ihr Talent zu verfeinern suchten. Gleim, der sie in Berlin besuchte u. zu dem sie eine unerwiderte Liebe hinriß, führte die »deutsche Sappho« in Halberstadt seinen Domherren vor, wo sie feierlich zur Dichterin gekrönt wurde. Anschließend wohnte sie ein Jahr, ebenso gefeiert u. reich beschenkt, im nahen Magdeburg u. knüpfte enge Beziehungen zum Hof der preuß. Königin, die vor den russ. Armeen dorthin geflohen war. Sie befreundete sich u. a. mit Herzog Ferdinand von Braunschweig u. dem regierenden Reichsgrafen Heinrich Ernst zu Stolberg-Wernigerode, schrieb Kantaten für Prinzessin Amalie, die komponierende Schwester des Königs, unterhielt einen regen Briefwechsel mit führenden dt. Schriftstellern, u. Gleim sammelte ihre Gedichte für eine Pränumerationsausgabe.

Von der Höhe dieses Glücks wurde der Sturz zurück ins Elend um so tiefer, als sie im Okt. 1762 nach Berlin zurückkehrte u. mit Elendsquartieren vorliebnehmen mußte. Auf einer Audienz im Aug. 1763 versprach ihr der König ein Haus u. eine Jahrespension, doch hielt er sein Versprechen nicht. Das Urteil der Kritiker über die *Auserlesenen Gedichte* (Bln.: Winter 1764, recte 1763. Neudr. hg. von Alfred Anger. Stgt. 1966) u. andere Veröffentlichungen fiel so niederschmetternd aus, daß es K. monatelang lähmte. Sie war immer unfähig gewesen, ihre hingeworfenen Improvisationen gründlich zu verbessern. Doch sie mußte weiterdichten – aus innerem Bedürfnis wie auch aus äußeren Notwendigkeiten. Das Versemachen war ihr Broterwerb, ihre einzige Möglichkeit, zu existieren u. für den wachsenden Kreis der von ihr Abhängigen zu sorgen. So schrieb sie bis an ihr Lebensende Huldigungsgesänge auf Fürsten, Gelegenheitsdichtungen für Nachbarn u. trat bei Festen als poetische Unterhalterin auf. Daneben sang sie fast täglich ein Lied für sich selbst oder enge Freunde u. schrieb unzählige Briefe. Daß Friedrich Wilhelm II. K. 1789 ein Haus bauen ließ, brachte ihr keine finanzielle Erleichterung. – Das Leben K.s war reich an Freunden, ihr Alter tief überschattet durch Eifersucht u. Haß ihrer dichtenden Tochter Karoline von Klencke, die K. den Haushalt führte u. nach ihrem Tod ihre *Gedichte* auf Pränumeration herausgab (Bln. 1792. Titelaufl. 1797).

Um die Leistung K.s gerecht zu würdigen, muß man zwischen Gelegenheits- u. Erlebnisdichtung im Goetheschen Sinn u. Kunstprodukten unterscheiden. Zu den letzteren gehört die Menge der Fabeln, Epigramme, Anakreontika, Idyllen u. Romanzen, die K. namentlich in den 60er Jahren verfaßte. Bei solchen Werken der feilenden Stilkunst versagte sie meistens. Doch schon aus vielen Huldigungsgedichten ist ihr eigener Ton herauszuhören, da sie die Fesseln der Gelehrsamkeit dieser Gattung durchbricht u. Freiräume für wahre Begeisterung u. persönl. Sympathie offenbleiben. Und wenn die Dichterin ihren natürl. Empfindungen freien Lauf läßt, wenn sie sich im verhaltenen Schmerz oder ausbrechenden Glücksgefühl an Gott wendet, wenn sie neue Freundschaften besingt oder sich dankbaren Herzens der Wohltäter ihrer Kindheit erinnert, dann wird sie zu einer der kühnsten Wortschöpferinnen (von Gerstenberg oder Herder öffentlich gepriesen, von Goethe hoch geschätzt) u. berührt noch heute unmittelbar. Namentlich in ihren Liebesgedichten u. -briefen an Gleim 1761/62 zeigen sich diese Unmittelbarkeit u. Wahrheit, die man bis 1770 wohl vergeblich in der dt. Literatur suchen wird. Darüber hinaus ist K. die beste dt. Briefschreiberin des 18. Jh.; in ihren Briefen spiegelt sich das reale Leben, v. a. auch der unteren Stände, wie in keinem anderen Briefwechsel der Zeit.

WEITERE WERKE: 1753-91 erschienen zahlreiche Huldigungsdichtungen, Oden, Gelegenheitsgedichte usw. als Einzeldrucke. – Die Spazier-Gaenge v. Berlin. Bln. 1761. Neudr. hg. v. O. Rauthe. Bln. 1921. – Einige Oden über verschiedene hohe Gegenstände. Bln. 1764. – Kleinigkeiten. Bln. 1765. – Neue Gedichte. Mietau, Lpz. 1772. – Gedichte u. Lebenszeugnisse. Hg. Alfred Anger (nach Hss. u. Erstdrucken). Stgt. 1987.

LITERATUR: Adolph Kohut: Die Dt. Sappho – Ihr Leben u. Dichten. Dresden, Lpz. 1887. – Elisabeth Hausmann: Friedrich des Großen Volksdichterin. Ein Leben in Briefen. Ffm. 1933. Reinhard M. G. Nickisch: Die Frau als Briefschreiberin im Zeitalter der dt. Aufklärung. In: Wolfenbütteler Studien zur Aufklärung. Bd. 2, Wolfenb. 1976, S. 29-65. – Helene M. Riley: Wölfin unter Schäfern. Die sozialkrit. Lyrik der A. L. K. In: Dies.: Die weibl. Muse. 6 Essays über künstlerisch schaffende Frauen der Goethezeit. Columbia 1986, S. 1-25.

Alfred Anger

Karsthans. – Reformationsdialog.

Der wohl früheste u. meistgelesene deutschsprachige Reformationsdialog erschien Anfang 1521 anonym in Straßburg u. wurde innerhalb weniger Monate neunmal nachgedruckt. Wer die Schrift verfaßte, ist trotz intensiver Nachforschungen ungewiß. Inhaltlich u. stilistisch stellt sie eine Mischung von Humanistensatire u. Reformationsdialog mit entsprechender Überlagerung der Sprach- u. Argumentationsebenen dar. So ist der erste Teil eine Satire auf Thomas Murner, der kurz zuvor mit einigen Streitschriften gegen Luther hervorgetreten war; erst im zweiten Teil bewegt sich die Auseinandersetzung auf allgemeinerer Ebene.

Seinen Erfolg verdankte der Dialog v. a. der Titelfigur. Karsthans, urspr. ein Spottname für den mit der Feldhacke (= Karst) arbeitenden Bauern, wurde durch ihn zum Ehrentitel für den einfachen, unverbildeten u. wahrhaft gläubigen Christen, der die Lehren der Papstkirche als Lügengespinst entlarvt u. in Luther den Erneuerer des reinen Evangeliums begrüßt. Als Identifikationsangebot an den »gemeinen man« avancierte die Karsthansgestalt rasch zu einer Symbolfigur der Reformation, die speziell dort ins Feld geführt wurde, wo neben den religiösen auch soziale u. wirtschaftl. Anklagen gegen die Papstkirche laut wurden. Noch im gleichen Jahr erschien das Bucer zugeschriebene *Gesprech Büchlin Neuw Karsthans*, in dem Karsthans u. Franz von Sickingen u. a. das Problem eines gewaltsamen Vorgehens gegen die Kirche erörtern, sowie der in Hexametern verfaßte lat. Dialog *Karsthans und Kegelhans*. Auch in zahlreichen anderen Flugschriften der frühen Reformationszeit wurde auf den K. Bezug genommen. Eine bes. Rolle spielte er in den Schriften des Wanderpredigers Johann Locher; der Arzt Hans Murer trat unter diesem Namen vorübergehend als Laienprediger auf.

AUSGABEN: Otto Clemen (Hg.): Flugschr.en aus den ersten Jahren der Reformation. Bd. 4. Halle 1911. Neudr. Nieuwkoop 1967. – Werner Lenk (Hg.): Die Reformation im zeitgenöss. Dialog. Bln. 1968. – Rudolf Bentzinger (Hg.): Die Wahrheit muß ans Licht. Dialoge aus der Zeit der Reformation. Ffm. 1983.

LITERATUR: Paul Böckmann: Der gemeine Mann in den Flugschr.en der Reformation. In: DVjs 22 (1944), S. 186-230. – Barbara Könneker: Die dt. Lit. der Reformationszeit. Mchn. 1975, S. 100-109. – Josef Schmidt: Lestern, lesen u. lesen hören. Kommunikationsstudien zur Prosasatire der Reformationszeit. Bern/Ffm. 1977, S. 133-172.

Barbara Könneker

Karsunke, Yaak, * 4. 6. 1934 Berlin. – Dramatiker u. Lyriker.

K., Sohn eines Fabrikdirektors, wuchs im Stadtteil Pankow auf, siedelte 1949 nach West-Berlin über, wo er 1953 das Abitur ablegte. Ein Jurastudium brach er nach drei Semestern ab u. besuchte 1955-1957 die Max-Reinhardt-Schule in Berlin. Der ausgebildete Schauspieler arbeitete danach sieben Jahre als Hilfs- u. Gelegenheitsarbeiter.

1964 begann K. mit ersten schriftstellerischen Arbeiten in München. Als Mitbegründer der Zeitschrift »kürbiskern« blieb er 1965-1969 deren Chefredakteur u. Mitherausgeber. Seine ablehnende Haltung zum Einmarsch der Warschauer-Pakt-Truppen in die ČSSR führte 1969 zum Bruch mit der Redaktion, die damals auf DKP-Kurs einschwenkte. Seit 1969 engagierte sich K. in der APO u. wurde zum Sprecher der (Ostermarsch-)»Kampagne für Demokratie und Abrüstung«. Sein Interesse am Medium Film wurde ausgelöst durch den Kontakt mit Fassbinder. 1976-1979 lehrte er als Fachberater für »Drehbuch und Dramaturgie« an der Deutschen Film- u. Fernsehakademie; seit 1981 hat er eine Gastprofessur an der Hochschule der Künste in West-Berlin im Bereich »Schauspiel«.

K.s schriftstellerisches Werk ist vielfältig. Bekannt wurde er v. a. durch lyr. u. dramat. Arbeiten didakt. u. agitatorisch-polit. Charakters. Ausgangspunkt sind in den Gedichten meist Alltagserfahrungen; oft handelt es sich um Gegenentwürfe, z. B. zu Brechts *Radwechsel*. Ziel ist es, zum Denken u. Handeln anzuregen, polit. u. private Vorgänge zu analysieren (*Klassenphotos*. In: *da zwischen. 35 Gedichte & ein Stück*. Bln. 1979). K. bedient sich einer bewußt unkomplizierten, dabei keineswegs kunstlosen Sprache.

Durch Collage u. Montage, durch Wortspiele u. Zeilenbrüche erreicht er eine Unterbrechung des Assoziationsflusses u. eine krit. Durchleuchtung traditioneller Motive u. Denkgewohnheiten.

Für seine Dramen wählte K. histor. Stoffe: Bauernkrieg, Ruhrkampf, Michael Kohlhaas, Zolas *Germinal* (Urauff. Ffm. 1974). Es geht ihm um von der bürgerl. Geschichtsschreibung »unterschlagene« Abschnitte u. Personen. Mitunter verzichtet K. auf einen explizit bürgerl. Helden, seine Figuren sind das Kollektiv: die namenlose Gruppe der Bauern oder die streikenden Arbeiter der Jahre 1919/20. Die Darstellung orientiert sich am Arbeiter- u. Politrevuetheater von Weimar, der Piscatorbühne der 30er Jahre u. dem Theater Brechts. Als dramat. Mittel dienen Songs, Bänkellieder, Moritaten u. Zwischenkommentare, die Wissen vermitteln sollen. Der sprachl. Duktus ist leidenschaftlich u. doch ökonomisch; K. verwendet ein knappes u. präzises Vokabular.

Sein größter Erfolg – die *Bauernoper* – war eine Auftragsarbeit des Landestheaters Tübingen (Urauff. 1973. Bln. 1976). Der histor. Bilderbogen zeigt in locker geführten Szenen den Bauernkrieg im süddt. Raum. Der Prolog weist K. dabei als Skeptiker aus.

In *Des Colhas' letzte Nacht* (Urauff. Bln. 1978) kritisiert K. die aktuelle Situation der BR Deutschland: die Rituale der Macht mit all ihren restaurativen Tendenzen. Er zeigt den Kampf des einzelnen um Gerechtigkeit.

K.s Werk stieß auf ambivalente Reaktionen, wie bes. die Kritik an der *Bauernoper* deutlich machte. Während ihm die etablierte Kulturkritik trockenen Nachhilfeunterricht im Sinne eines Geschichtsseminars vorwarf, hielt die dogmat. Linke den Unterhaltungsaspekt für überflüssig u. schädlich. Sein literar. Schaffen zeigt K. als einen unabhängigen Linken, als Skeptiker auch in den eigenen Reihen. K. gilt als krit. Beobachter restaurativer Entwicklungstendenzen in der BR Deutschland, wobei er v. a. die Neue Rechte im Blick hat.

Weitere Werke: Kilroy & andere. Gedichte. In: Quarthefte 17 (1967). – reden & ausreden. Gedichte. In: ebd. 38 (1969). – PIGasUS. Urauff. Bremen 1970 (Ballettlibretto). – Josef Bachmann, Sonny Listen. Versuche aus der Unterklasse auszusteigen. Bln. 1973. – Ruhrkampf-Revue. Mit einem Nachw.: Erfahrungen bei der alternativen Kulturarbeit, Urauff. Castrop-Rauxel 1975. Bln. 1976 – auf die gefahr hin. Bln. 1982 (L.). – Die Guillotine umkreisen. Texte v. Y. K., Bilder v. Arwed D. Gorella. Bln. 1984. – *Fernsehfilme:* Bares Geld. WDR 1973. – Hier kein Ausgang – nur Übergang. ZDF 1977. – *Kinofilm:* Bodenproben – Über den Umgang mit einem Gelände. Dokumentarfilm v. Riki Kalbe, Texte v. Y. K. 1987.

Literatur: Harald Hartung: Y. K. Kilroy & andere. reden & ausreden. In: NRs, H. 3, 1970. *Waltraud Müller*

Kasack, Hermann; * 24. 7. 1896 Potsdam, † 10. 1. 1966 Stuttgart; Grabstätte: ebd., Waldfriedhof. – Romancier, Erzähler, Lyriker, Dramatiker, Essayist.

Den Gymnasiumbesuch in Potsdam beendete der Arztsohn K. 1914 als Kriegsfreiwilliger mit dem Notabitur. Aufgrund eines Herzfehlers wurde er jedoch im selben Jahr wieder aus dem Militärdienst entlassen. Bis 1920 studierte er in Berlin u. München Germanistik u. Philosophie. Eine Promotion über Hölderlins Lyrik schloß er nicht mehr ab, sondern trat als Lektor in den Potsdamer Kiepenheuer Verlag ein, zu dessen Direktor er später avancierte. Aus seiner Studienzeit datierte u. a. seine Freundschaft mit Loerke, für den er sich immer wieder als Essayist u. Herausgeber einsetzte. 1926 wurde K. für 15 Monate Verlagsdirektor bei S. Fischer. Neben seinen dichterischen Arbeiten verfaßte er in diesen Jahren eine Vielzahl von Essays u. Rezensionen, v. a. jedoch gestaltete er im Berliner Rundfunk seit 1925 literar. Programme u. wurde damit auch mit eigenen Hörspielen zu einem Pionier dieses Genres. *Stimmen im Kampf* (Berliner Rundfunk 1930. Neuaufnahme NDR 1959 u. d. T. *Ballwechsel*) z. B. macht Gedanken zweier Tennisspieler hörbar. Besonders erfolgreich bei Kindern war eine Serie von zehn Hörspielen mit der Figur *Tull der Meisterspringer* (Berliner Rundfunk 1932. Motive daraus als Jugendbuch Lpz. 1935).

K.s Ablehnung der Nationalsozialisten führte schon 1933 zu einem Sendeverbot im Berliner Rundfunk, so daß seine Frau mit ihrer Massagepraxis die Familie ernähren mußte. Nach Loerkes Tod 1941 übernahm K. dessen Lektoratsstelle beim S. Fischer u. späteren Suhrkamp Verlag, den er in den Kriegs- u. Nachkriegswirren zeitweilig leitete. 1949 schied er aus dem

Verlag aus u. siedelte nach Stuttgart über. Im literar. Leben der Nachkriegszeit hatte K. eine exponierte Stellung inne, u. a. war er 1953 bis 1963 Präsident der Deutschen Akademie für Sprache und Dichtung.

K.s Laufbahn als Lyriker begann während des Studiums mit Veröffentlichungen in expressionistischen Zeitschriften. Sein erstes Buch, thematisch u. sprachlich durchaus dieser Bewegung zugehörig, trägt den programmat. Titel *Der Mensch. Verse* (Mchn. 1918). Spätere Gedichte, gesammelt in *Das ewige Dasein* (Bln./Ffm. 1943), spiegeln in ihrer Kultiviertheit u. formalen Schönheit nichts von der Barbarei ihrer Zeit. K.s späte, formal strenge Lyrik ist in dem Band *Wasserzeichen* (Ffm. 1964) abgedruckt.

Neben kürzerer erzählender Prosa verfaßte der junge K. auch einige Dramen; von den expressionistischen wurde nur *Die Schwester* (Bln. 1920) aufgeführt (Heilbr. 1926). Recht erfolgreich war dagegen *Vincent*, ein Schauspiel über die Beziehung zwischen Van Gogh u. Gauguin (Potsdam 1924. Urauff. Stgt. 1924).

K.s Hauptwerk ist der 1942-1946 geschriebene Roman *Die Stadt hinter dem Strom* (Ffm. 1947), der zu einem der meistdiskutierten Werke der Nachkriegsliteratur wurde. Der Orientalist Dr. Robert Lindhoff, der Züge seines Autors aufweist, wird in einer Ruinenstadt Chronist u. erkennt langsam, daß er sich in einer Zwischenwelt, in der sich die Verstorbenen vor ihrem endgültigen Absterben aufhalten, lebt. In ihr spiegeln sich surrealistisch übersteigert Zustände der gegenwärtigen Lebenswirklichkeit, deren katastrophaler Zustand abendländ. Denken zugeschrieben wird. Ihm soll ostasiatische Weisheit entgegengesetzt werden. Am Ende wird der philosophiehaltige Roman utopisch, indem der Held mit seiner Chronik, eben diesem Roman, in das diesseitige Leben zurückkehrt u. mit seinen Lehren aus dem Jenseits Erfolg hat. 1949 wurde das Werk, das auch zu einem Libretto verarbeitet wurde (Bln./Ffm. 1955. Urauff. Wiesb. 1955; Musik von Hans Vogt), mit dem Fontane-Preis ausgezeichnet.

Weitere Werke: Die Insel. Bln. 1920 (L.). – Die trag. Sendung. Bln. 1920 (D.). – Der Webstuhl. Ffm. 1949 (E.). – Das große Netz. Ffm. 1952 (R.). – Fälschungen. Ffm. 1953 (E.). – Mosaiksteine. Beiträge zu Lit. u. Kunst. Ffm. 1956.

Literatur: Wolfgang Kasack (Zusammenstellung): Leben u. Werk v. H. K. Ffm. 1966. – H. K. 1896–1966. Marbacher Magazin 2 (1976). – Hermann Henne: Katharsis oder Spielerei? H. K. u. sein Roman ›Die Stadt ...‹. In: Literatur-Jb. 25 (1984), S. 285-295. – Woo-Kyun Shin: Chinesisches in K.s Kunst? Diss. Düsseld. 1986.

Walter Olma

Kaschnitz, Marie Luise, eigentl.: M. L. von K.-Weinberg, geb. von Holzing-Berstett, * 31. 1. 1901 Karlsruhe, † 10. 10. 1974 Rom; Grabstätte: Bollschweil bei Freiburg i. Br. – Erzählerin, Lyrikerin, Hörspielautorin, Essayistin.

K. verbrachte Kindheit u. Jugend in Berlin u. Potsdam, absolvierte nach dem Abitur in Weimar eine Buchhändlerlehre u. arbeitete in einem Antiquariat in Rom. 1925 heiratete sie den Archäologen Guido von Kaschnitz-Weinberg, mit dem sie abwechselnd in Rom, Königsberg, Marburg u. Frankfurt/M. lebte. Gemeinsame Reisen führten sie nach Italien, Jugoslawien, Ungarn, Griechenland, in die Türkei u. nach Nordafrika. Nach dem Tod ihres Mannes 1958 lebte K. in Frankfurt/M. u. auf dem Familiengut in Bollschweil bei Freiburg i. Br. Lesereisen führten sie u. a. nach Südamerika u. in die Vereinigten Staaten. K. erhielt zahlreiche Auszeichnungen, u. a. 1955 den Georg-Büchner-Preis u. 1967 den Orden Pour le mérite. Im Sommersemester 1960 las sie als Gastdozentin auf dem Poetiklehrstuhl der Universität Frankfurt/M. über *Gestalten europäischer Dichtung von Shakespeare bis Beckett* (in: *Zwischen Immer und Nie. Gestalten und Themen der Dichtung*. Ffm. 1971).

K.' Werk gliedert sich in vier Teile – die Romane, Erzählungen, Kurzgeschichten; die Gedichte; die Hörspiele; schließlich die autobiograph. Prosa. Trotz aller Vielfalt der Ausdrucksformen ist der Eindruck der Homogenität u. Geschlossenheit dieses Werks vorherrschend. Dazu trägt der durchgängig zu beobachtende lyr. Grundton bei, v. a. jedoch das in den verschiedenen Texten immer wieder neu variierte Grundthema – das Bekenntnis zum Menschen, zu Menschlichkeit u. Menschenliebe als Antwort auf die Gleichgültigkeit, Lieblosigkeit u. Grausamkeit, als Antwort darüber hinaus auf die Erfahrung der Endlichkeit des Lebens u. der Allgegenwart des Todes. Auch zwischen der fiktionalen u. der autobiograph. Prosa läßt sich keine klare Grenze ziehen. Sie werde wohl als

»ewige Autobiographin« (in: *Orte.* Ffm. 1973) in die Literaturgeschichte eingehen, hat K. selbst einmal gemutmaßt, da auch ihre Geschichten u. Gedichte vom persönl. Erlebnis ausgehen. Andererseits zielen die Tagebuchaufzeichnungen auf das hinter dem Individuellen aufscheinende Exemplarische. Privates u. Öffentliches, Persönliches u. Allgemeines sind nicht losgelöst voneinander zu betrachten: Darin erfüllte sich für K. die Pflicht zur »Zeitgenossenschaft«, der sie sich mit zunehmendem Alter immer expliziter stellte.

Unpolitisch im Sinne eines idealistischen Beharrens auf der »reinen«, der Wahrheitssuche dienenden Kunst sind nur die frühen, unter den Bedingungen der Inneren Emigration entstandenen Arbeiten. K. begann mit zwei Romanen, *Liebe beginnt* (Bln. 1933. Ffm. 1984) u. *Elissa* (Bln. 1937. Ffm. 1984), beide psychologisch motivierte Liebesgeschichten, den unterschiedl. Stellenwert von Liebe u. Partnerschaft im Leben von Mann u. Frau, auch das spätere Grundmotiv von Liebe u. Tod thematisierend. Es folgten die Nacherzählung *Griechische Mythen* (Hbg. 1946), das Märchen *Der alte Garten* (aus dem Nachl. Düsseld. 1975), ein Essay über *Eichendorffs Jugend* (in: *Florens.* Aus dem Nachl. Düsseld. 1984) sowie eine Biographie des Malers *Gustave Courbet* (Baden-Baden 1949. Neuausg. u. d. T. *Die Wahrheit, nicht der Traum.* Ffm 1978), die K. rückblickend als »Überleitung« zu einer neuen Epoche ihres Schreibens bezeichnete. In der Prosa lösten in der Folge die knappen Formen von Erzählung u. Kurzgeschichte den Roman ab. In der Lyrik traten freie, ungebundene Versformen an die Stelle der an klass. Maß (v. a. dem Sonett) orientierten Gedichte der Kriegsjahre. Hier wie dort arbeitete K. bevorzugt mit den Mitteln der Verknappung u. Aussparung. Neun Gedichtbände sind zu K.' Lebzeiten publiziert worden, die ihre geistige Entwicklung spiegeln. So stehen die nach dem Krieg entstandenen Gedichte (*Totentanz und Gedichte zur Zeit.* Hbg. 1947. *Zukunftsmusik.* Hbg. 1950) ganz unter dem Eindruck der Nullpunkt-Zeit, zeugen dabei trotz Leid u. Erschütterung vom Glauben an eine humane Zukunft der Menschen. Der Tod des Gatten erklärt die Dominanz von Trauer u. Schmerz in *Dein Schweigen – meine Stimme* (Hbg. 1962). In der späten, im Stil völlig schmucklosen, im Ton oft lakon. Lyrik tritt das radikale Bekenntnis zum Menschen als *Zóon politicón*, so der Titel eines Gedichtzyklus, in den Mittelpunkt.

In ihren Erzählungen u. Kurzgeschichten bevorzugte K. Stoffe mit einem klar umrissenen Handlungsgerüst, einem engen zeitl. Rahmen u. einer begrenzten Zahl von Figuren. Häufig ist es, wie in *Das dicke Kind (und andere Erzählungen.* Krefeld 1951) oder *An irgendeinem Tag* (in: *Ferngespräche.* Ffm. 1966), nur ein einziges Ich, das sich mit sich selbst im Zwiegespräch befindet. Mit großer Selbstverständlichkeit vollziehen sich in diesen Geschichten die Übergänge vom Alltäglichen zum Besonderen, vom Realen zu einem geheimnisvoll Irrealen, das hinter dem vordergründig Konkreten aufscheint u. das Allgemeine wie das Individuelle einem allenfalls ahnungsweise erfahrbaren Höheren zuordnet. Die existentiellen Fragen des Menschseins werden in das alltägl. Milieu der Gegenwart hineingeholt u. an zeitgebundene Erfahrungen geknüpft. In den zumeist handlungsreichen Hörspielen bediente K. sich dagegen häufig histor., auch bibl. oder antiker Stoffe (*Jasons letzte Nacht.* BR 1965. *Der Zöllner Matthäus.* HR 1956. Beide in: *Hörspiele.* Ffm. 1962), von denen her sie die Bedingungen auch des zeitgenöss. menschl. Daseins beleuchtete.

In K.' letzten Lebensjahren nahm die autobiograph. Prosa die zentrale Stellung ein. Erste Versuche mit der literar. Form eines Tagebuchs waren schon in den 50er Jahren entstanden, so die röm. Aufzeichnungen *Engelsbrücke* (Hbg. 1955) u. die in *Das Haus der Kindheit* (Hbg. 1956) aufgearbeiteten Kindheitserfahrungen. In den späten Aufzeichnungen löste K. sich, wie in der Lyrik, immer stärker von formalen Vorgaben, erschrieb sich eine eigene, unverwechselbare Form (*Steht noch dahin.* Ffm. 1970). Unverkennbar ist darin die Irritation, die Skepsis u. der entsprechend geschärfte Blick eines Ichs, das die Wirklichkeit wie die eigene Identität zunehmend in Frage stellt.

Schon zu Lebzeiten wurde K., sehr zu ihrem Mißfallen, zur »grande dame« der Gegenwartsliteratur erklärt, umgab ihre Bücher eine Aura des Konventionellen, die den Blick für die wirkl. Dimensionen leicht verstellte. Seit ihrem Tod ist K. zwar nicht in Vergessenheit, aber in eine literarisch histor. Nische geraten, in der ihr Name respektvoll genannt, ihre Bücher jedoch kaum noch gelesen werden.

WEITERE WERKE: Ges. Werke. Hg. Christian Büttrich u. Norbert Miller. 7 Bde., Ffm. 1981-89. Bd. 1: Frühe Prosa. 1981. Bd. 2: Autobiogr. Prosa I. 1981. Bd. 3: Autobiogr. Prosa II. 1982. Bd. 4: Die Erzählungen. 1983. Bd. 5: Die Gedichte. 1985. Bd. 6: Die Hörsp.e. Die biogr. Studien. 1987. Bd. 7: Die essayist. Prosa. 1989.

LITERATUR: Elsbet Linpinsel: K.-Bibliogr. Hbg./Düsseld. 1971. – Elsbeth Pulver: M. L. K. Mchn. 1984. – Uwe Schweikert (Hg.): M. L. K. Ffm. 1984. *Rita Mielke*

Kaser, Norbert Conrad, * 19. 4. 1947 Brixen/Südtirol, † 21. 8. 1978 Bruneck/Südtirol; Grabstätte: ebd. – Verfasser von Lyrik, Kurzprosa u. politischen Texten.

K. wuchs in ärmlich-kleinbürgerl. Verhältnissen in Bruneck auf, besuchte dort das Gymnasium u. trat 1968 in das Kapuzinerkloster ein, das er 1969 wieder verließ. Er begann in Wien ein Kunstgeschichtestudium, kehrte 1971 nach Südtirol zurück u. arbeitete bis 1976 als Lehrer an Bergschulen, unterbrochen von Klinikaufenthalten wegen seiner Alkoholprobleme. 1976 wurde K. Mitgl. der KP Italiens u. trat aus der kath. Kirche aus.

Seit 1968 erschienen in Zeitschriften u. Anthologien Texte K.s, deren Hintergrund stets die »autonome Provinz« Südtirol mit ihren komplexen polit. u. kulturellen Problemen bildet. Als Lyriker geht K. spontan von der konkreten Wahrnehmung, vom persönl. Erlebnis aus: Orts- u. Landschaftsbeschreibungen, Wut u. Trauer über die dem Tourismus preisgegebene Heimat, Jugenderinnerungen, Liebe u. Religion, Einsamkeit u. das Trinken sind wiederkehrende Sujets. K. verwendet in seinen lakonisch knappen Gedichten sprachreflektierende Stilelemente wie Kleinschreibung, eigenwillige Umlaut- u. »Und«-Stilisierung, arbeitet mit Klischees u. Wortspielen, setzt Umgangssprache u. Mundart ein. Das satir. Element überwiegt. Von K.s Prosa sind die 1975-1977 in der Zeitschrift »skolast« publizierten Porträts v. a. Südtiroler Städte, *Stadtstiche*, am bekanntesten, von seinen polit. Texten die 1977-1978 in der Tageszeitung »Alto Adige« erschienenen krit. Glossen.

In Südtirol war K. zu Lebzeiten wegen seines polem. Auftretens isoliert u. als literar. Begabung unerkannt. Mit der von Hans Haider herausgegebenen postumen Textsammlung *Eingeklemmt* (Innsbr. 1979), der ersten Buchveröffentlichung, setzte ein überregionales Interesse an K. ein. Heute ist er Identifikationsfigur für die jüngeren krit. Südtiroler Autoren.

WEITERE WERKE: Kalt in mir. Hg. Hans Haider. Wien 1981 (Briefe). – jetzt mueßte der kirschbaum bluehen. Hg. u. mit einem Nachw. v. H. Haider. Zürich 1983 (Ausw.). – verrueckt will ich werden sein & bleiben. Bln. 1986 (Ausw.). – K. (1947-78). Lesungen u. Vertonungen. Brenner-Archiv Innsbr. 1987 (Tonkassette). – Ges. Werke. Bd. 1: Gedichte. Bd. 2: Prosa. Bd. 3: Briefe. Innsbr. 1988-90.

LITERATUR: Sigurd Paul Scheichl: n. c. k. (1947-78) [...]. In: ÖGL, H. 5 (1981), S. 288-304. – Benedikt Sauer: Bibliogr.: N. C. K. In: sturzflüge 8 (1984), S. 56-63. – Margareth Kaufmann: K. Ein Leben in Texten. Diss. Salzb. 1988. *Ursula Weyrer*

Kassner, Rudolf, * 11. 9. 1873 Groß-Pawlowitz/Mähren, † 1. 4. 1959 Sierre/Wallis. – Essayist.

Der Sohn eines Guts- u. Fabrikbesitzers, seit frühester Kindheit gelähmt, deutschsprachig in böhm. Umgebung auf dem Land aufgewachsen, promovierte 1896 in Wien. Bereits mit seinem Erstling *Die Mystik, die Künstler und das Leben* (Lpz. 1900. Überarb. u. d. T. *Englische Dichter*. 1920), einem Essaybuch über die romant. Sprach- u. Bildkultur Englands bis zu den Präraphaeliten, fand er Aufmerksamkeit in den Künstlerkreisen des Fin de siècle. Er provozierte sie mit der These von der Gestaltlosigkeit der modernen dt. Bildung, für die ihm die Vermassung großstädt. Kultur u. die Popularität der Musik (Wagner) bezeichnend waren. K. stellte dem die Hygiene der Phantasie engl. Dichter gegenüber, deren magische Begegnung mit dem MA zur Wiedergeburt symbolischer Formen führte. Zum angesehenen Philosophen für die Künstler seiner Zeit wurde K., indem er deren Thema zu seinem eigenen machte: Wie nämlich die myth. Mächte des Irrationalen zur Sprache kommen könnten, ohne die menschl. Freiheit durch ihre Gewalt zu zerstören.

Zwischen London, Paris, Wien u. Berlin unterwegs, wohnte K. seit 1900 bis zum Ausbruch des Ersten Weltkriegs in München, schloß Freundschaft mit Eduard Graf von Keyserling, lernte Wedekind u. die Boheme Münchens kennen, Houston Stewart Chamberlain u. Ulrich Graf von Brockdorff-Rantzau. Mit Hofmannsthal war er von 1902 an, mit Rilke von 1907 an freundschaftlich verbunden. Rilke, der ihm die *8. Duineser Elegie* widmete, u. Hofmannsthal haben K. zeitweise für den verständnisvollsten Deuter der Gegenwart gehalten. In den Dialogen *Melancholia. Eine Trilogie des Geistes* (Lpz. 1908. Winterthur ^{3}1953), dessen Stück *Der Doppelgänger* Rilke bes. liebte, umkreiste sein Denken erstmals die Einbildungskraft, von nun an ein immer erneut bedachtes Thema. Seine *Elemente der menschlichen Größe* (Lpz. 1911) entwerfen eine Philosophie der Umkehr, in deren Mittelpunkt die künstlerische Einbildungskraft als Bedingung existentieller Freiheit steht. Philosophische Paten sind Plato, dessen *Gastmahl, Phaidros* u. *Phaidon* K. neu übertrug (Jena 1908), u. Kierkegaard, den er seiner Generation nahebrachte.

Zwischen 1908 u. 1938 – in K.s Selbstverständnis der zweiten von drei Epochen seiner schriftstellerischen Arbeit – entwarf er sein physiognomisches Weltbild, das die Energien geistigen Lebens in ihrem Einwirken auf die materielle Welt in einer Ordnung – statt Systematik – von »Gesichtern« zu erfassen suchte (*Zahl und Gesicht.* Lpz. 1919. Zürich ^{2}1925. Ffm. ^{3}1956. Neudr. mit einem Nachw. von Ernst Zinn. Ffm. 1979). Auf die 1919 gestellte Frage »Wie ist das menschliche Gesicht zugleich Centrum und Peripherie jener unendlichen Formensprache, die uns die Natur bietet?« antworteten *Die Grundlagen der Physiognomik* (Lpz. 1922), *Das physiognomische Weltbild* (Mchn. 1930) u. die *Physiognomik* (Mchn. 1932): philosophische Abhandlungen, physiognomische Erinnerungen an Zeitgenossen u. Prosavignetten über Gesichter aus Geschichte u. Gegenwart. Für die universalen Dimensionen seines physiognomischen Weltbilds, auf dessen antipsycholog. Richtung K. großen Wert legte, war Albert Einsteins Abhandlung *Über die spezielle und allgemeine Relativitätstheorie* (1917) von Bedeutung, wie in *Anschauung und Beobachtung. Zur vierten Dimension* (Bln. 1938. Umgearb. u. d. T. *Die Geburt Christi.* Zürich 1951) erkennbar ist, zgl. Abschluß dieser Produktionsphase. In der dritten u. letzten Periode des Werks lebte K. zurückgezogen von den polit. Zeitereignissen, veröffentlichte gelegentlich Aufsätze in der »Europäischen Revue«, schrieb im übrigen aber an seinen autobiograph. Büchern *Das Buch der Erinnerung* (Lpz. 1938), *Zweite Fahrt* (Lpz. 1946) u. *Umgang der Jahre* (Lpz. 1949); 1946 zog er nach Sierre.

Im Mittelpunkt von K.s Denken, das in seiner Hauptschrift *Zahl und Gesicht* am bündigsten formuliert ist, steht die Kritik der Romantik, stellvertretend für die Moderne. Ihr hält er vor, das Absolute u. Indefinite durch Vorstellung u. Begriff des Unendlichen ersetzt u. damit der Gestaltlosigkeit der Gegenwart Vorschub geleistet zu haben. Das unendl. metaphorisierende Spiegelverhältnis von Leib u. Seele ersetzte er durch das »Drama der Gestalt zwischen Innen und Außen«, also durch eine innere Unendlichkeit von bewegl. Beziehungen, die an der absoluten Grenze des Nicht-Seins ihren Horizont finden. Mystik u. Mathematik gehen für ihn ein Bündnis mit Platos Ideenlehre ein, um die Umkehr aus der Welt tautolog. Denkens zu lehren.

K.s zuerst vorwiegend ästhetisches, dann philosophisches, später religiöses Denken ist in allen Stadien einflußreich auf Künstler u. Intellektuelle dieses Jahrhunderts gewesen, denen es eine Wahrnehmungswelt jenseits der populären polit. Ideologien erschloß. Das gilt nicht nur für die Freunde Hofmannsthal u. Rilke, Karl Wolfskehl, Max Picard u. Erich von Kahler; es betrifft auch einen weiteren Wirkungskreis, der Walter Benjamin u. Dolf Sternberger, den frühen Georg Lukács u. Georg Simmel einschließt.

Zu K.s Einfluß trug sein Gebrauch unsystemat. Darstellungsformen wie des Dialogs, der philosophischen Erzählung, der Prosaskizze, des Aphorismus u. der Allegorie bei, die der Abneigung nach 1900 gegen die Schulphilosophie Rechnung trugen.

AUSGABEN: Sämtl. Werke in zehn Bdn. Hg. Ernst Zinn u. Klaus E. Bohnenkamp. Pfullingen 1969 ff. – Briefe an Tetzel. Pfullingen 1979. – Rilke. Ges. Erinnerungen 1926-56. Pfullingen 1976.

LITERATUR: Georg v. Lukács: Platonismus, Poesie u. die Formen. In: Ders.: Die Seele u. die Formen. Bln. 1911. Neudr. Neuwied 1969. – Dolf Sternberger: Einsichten K.s. In: Europ. Revue 11 (1940), S. 673-683. – Kurt Werner Peukert: R. K. u. die Metaphysik. Diss. Freib. i. Br. 1961. – Hans Paeschke: R. K. Pfullingen 1963. – Gert Mattenklott: Rilke u. K. In: Bl. der Rilke-Gesellsch. 15 (1988). *Gert Mattenklott*

Kast, Peter, eigentl.: Carl Preißner, * 1. 8. 1894 Wuppertal-Elberfeld, † 23. 5. 1959 Berlin/DDR. – Verfasser von Romanen, Erzählungen u. Reportagen.

K., aus einer Arbeiterfamilie stammend, machte eine Lehre als Kunstschlosser. Als Matrose der kaiserl. Flotte wurde er gegen Kriegsende wegen »Insubordination« zu drei Monaten Haft verurteilt. Er wurde Mitgl. des Spartakusbundes u. war als Delegierter im Arbeiter- u. Soldatenrat von Emden tätig. In die KPD trat er nach deren Gründungsparteitag ein.

Seinen ersten literarischen Erfolg erzielte K. 1928: Während der Reise zur ersten Internationalen Spartakiade in Moskau verfaßte er Reiseskizzen, die in der »Roten Fahne« veröffentlicht wurden. Daraufhin wurde K. Redaktionsmitgl. des Blatts. Ende 1932 flüchtete er nach Prag, 1935 weiter nach Moskau. Ab 1936 kämpfte er bei den Internationalen Brigaden in Spanien. Nach der Internierung in Frankreich (1939-1941) gelang ihm die Flucht in die Schweiz. 1946 nach Berlin zurückgekehrt, war K. in der Kulturredaktion des »Vorwärts« tätig. Seit 1951 lebte er als freier Schriftsteller in Ost-Berlin.

Charakteristisch für K.s Werk ist die starke autobiograph. Ausrichtung; so beschreibt K. in seinem Hauptwerk, dem Roman *Das Geschenk* (Bln./DDR 1954), spannend die selbsterlebte Flucht eines Spanienkämpfers aus dem von den Nationalsozialisten besetzten Frankreich in die Schweiz. K., der auch als Berater u. Co-Autor der Jugendserie *Das neue Abenteuer* hervortrat, genießt in der DDR den Ruf eines erstrangigen Agitators u. Propagandisten. – 1958 erhielt er die Erich-Weinert-Medaille für sein Gesamtwerk, insbes. für die Schaffung einer neuen »sozialistischen Abenteuerliteratur«.

Weitere Werke: Kampf an der Grenze. Moskau 1937 (E.). – Der Birnbaum. Ebd. 1939. Bln./SBZ 1948 (E.). – Irgendwo an der Grenze. Ebd. 1948 (E.). – Der Millionenschatz vom Müggelsee. Bln./DDR 1951 (R.). – Die Nacht im Grenzwald. Ebd. 1952 (E.). – Die entscheidende Nacht. Ebd. 1954 (E.). – Zwanzig Gewehre. Ebd. 1958 (E.en). – Erlebnisse auf weiter Fahrt. Ebd. 1963. – *Herausgeber:* Erich Weinert: Camaradas. Ein Spanienbuch. Ebd. 1956.

Helmut Blazek

Kastein Josef, eigentl.: Julius Katzenstein, * 6. 10. 1890 Bremen, † 13. 6. 1946 Haifa; Grabstätte: Atlit bei Haifa, Khayat Beach. – Romancier, Erzähler, Lyriker, Historiker, Essayist.

K., Sohn jüd. Eltern, wurde Jurist, promovierte 1917 in Greifswald zum Dr. jur. u. praktizierte in den folgenden Jahren in Bremen als Rechtsanwalt. 1927 ließ er sich in Ascona-Moscia als freier Schriftsteller nieder. 1935 übersiedelte er als »Heimkehrer« nach Palästina.

K.s geistige Entwicklung war früh geprägt von intensiven Auseinandersetzungen mit der Problematik jüd. Existenz. Die Begegnung mit den Ideen des Zionismus u. seine Teilnahme an der ersten Wanderfahrt jüd. Studenten nach Palästina wurden für ihn zu Schlüsselerlebnissen. Er veröffentlichte zunächst einen Gedichtband (*Logos und Pan.* Bln./Wien 1918), belletristische Novellen (*Die Brücke.* Bln. 1922) u. Romane (*Melchior.* Bremen 1927. *Pik Adam.* Bln. 1927), gelegentlich jedoch auch Studien mit jüd. Thematik. – Ab 1930 wandte K. sich dann ausschließlich großen Themen der jüd. Geschichte zu: der messian. Sehnsucht, dem Marranentum u. der Heimatlosigkeit. Mit großangelegten Monographien (*Sabbatai Zewi.* Bln. 1930. *Uriel da Costa.* Bln. 1932. *Süßkind von Trimberg.* Jerusalem 1934) gelang es ihm, sich in wenigen Jahren als jüd. Schriftsteller von Rang zu profilieren. *Eine Geschichte der Juden* (Bln. 1931) wurde ein internationaler Erfolg. K. unternahm auch ausgedehnte Vortragsreisen durch Mittel- u. Südosteuropa u. setzte sich als überzeugter Zionist nachdrücklich für eine jüd. Neuorientierung ein. Er schrieb auch in hebräischer Sprache. – Im nationalsozialistischen Deutschland waren K.s Bücher verboten. Mit seinem Wirken leistete K. einen wichtigen Beitrag zum Selbstverständnis der Juden auf dem Weg zu einem autonomen Staat.

Weitere Werke: Joodsche Problemen in het Heden. Arnhem 1933. – Juden in Dtschld. Wien 1935. – Herodes. Wien 1936 (Monogr.). – Jerusalem. Gesch. eines Landes. Wien 1937. – Jeremias. Wien 1938 (Monogr.). – Eine palästinens. Novelle. Haifa 1942. – Wege u. Irrwege. Drei Ess.s zur Kultur der Gegenwart. Tel Aviv 1946. – Que es un judío. Caracas 1949.

Literatur: Alfred Dreyer: J. K. (1890-1946). In: Bremisches Jb. (1980). – LBI Bulletin 60 (1981), 66 (1983), 71 (1985).

Alfred Dreyer

Katharina von Alexandrien. – Mittelalterliche Legenden.

K. war die nach Maria am stärksten verehrte Heilige des späten MA; sie gehörte zu den vier Hauptjungfrauen (mit Barbara, Dorothea u. Margareta) sowie zu den 14 Nothelfern. Ihr Kult wurde entschieden durch den gelehrten Dominikanerorden gefördert, da sie Patronin der Hochschulen u. der Wissenschaft war. Dabei folgt ihre Legende eher dem gewöhnl. Muster der frühchristl. Jungfrauen-Passion. Die Tochter reicher Eltern bekennt sich vor dem Kaiser Maxentius (305-312) zum Christentum. In einer Disputation mit dem Kaiser u. 50 heidn. Gelehrten erweist sich die Ungebildete als die eindeutig Überlegene (daher ihr Wissenschaftspatronat). Der Wüterich Maxentius läßt sie foltern. Als sie gerädert werden soll, zerbricht das Rad durch die Hilfe Gottes. Schließlich wird sie enthauptet, ihr Leichnam von Engeln auf den Berg Sinai gebracht, wo später Justinian I. das berühmte Katharinenkloster gründet.

Die reichhaltige lat. Tradition geht auf eine griech. Urfassung aus dem 6./7. Jh. zurück. Die verbreitetste Version, die sog. *Vulgata*, mit ihren verschiedenen Redaktionen läßt sich seit dem 12. Jh. nachweisen. Um diese in ihrer stoffl. Schlichtheit nicht bes. originelle Legende auszuschmücken, entstanden weitere Texte, wie etwa die *Conversio*, in der von K.s Bekehrung durch einen Einsiedler u. ihrer myst. Vermählung mit Christus erzählt wird. Diesem Text wurde dann eine weitere Erzählung von der wunderbaren Geburt K.s vorangestellt, in der auch ein Astrologe namens Alphoncius ihre Begnadung voraussagt. Zahlreiche Berichte über K.s postumes Wunderwirken wurden der Passion angehängt.

K.s große kult. Verehrung im dt. Sprachraum spiegelt sich in der Vielzahl volkssprachl. Legenden: 21 Vers- u. Prosaversionen sind im Rahmen von Legendaren, wo K. nie fehlen durfte, erhalten; darüber hinaus gibt es 12 unabhängige Vers- sowie 20 Prosalegenden. Viele sind noch nicht näher untersucht worden. Die dt. Verslegenden sind, von der Version des *Passionals* abgesehen, relativ schlichte Erzählungen. Im mitteldt. *Passional* (spätes 13. Jh.) wird der Text mit einer Baum-Allegorie eingeleitet, gefolgt von einer Geschichte der Christenverfolgung unter Maxentius. Die Legende mit Mirakelanhang wird sodann relativ breit erzählt; der Text gehört zu den längsten des Legendars. Eine weitere mitteldt., allerdings nur fragmentarisch erhaltene Version des 14. Jh. enthielt urspr. mindestens 3500 Verse u. wurde von einem Geistlichen für die nichtlateinkundigen »ungelêrten lûte« verfaßt. Im Prolog geht der Verfasser auf die sündhafte Menschheit u. die Möglichkeit der Hilfe durch die Heiligen ein. Die Legende löst sich gelegentlich von der lat. Vorlage u. bietet zum Teil recht originelle Züge.

Die restl., z. T. nur fragmentarisch überlieferten Versversionen bieten kaum mehr als Nacherzählungen der lat. Vorlage.

Dieser Befund trifft umso mehr für die Prosaversionen zu, bei denen es sich ohnehin nur um Übersetzungen handelte. Die sicherlich verbreitetste dt. K.-Legende des MA war die umfangreiche Version des im Nürnberger Dominikanerkloster entstandenen Großlegendars *Der Heiligen Leben*. In seiner urspr. Form bietet der Text eine Jugendgeschichte, die Passion u. 27 postume Mirakel; in einer späteren Redaktion wird eine umfangreichere Jugendgeschichte an die Stelle der älteren gesetzt. Sie stammt von einem nicht näher zu identifizierenden franziskan. Meister Andreas, der die Geschichte aus zwei »puecheren der haydenischen maister« u. anderen ungenannten Quellen zusammengestellt haben soll. Die K.-Legende des *Heiligen Lebens* gehört zu den umfangreichsten des Legendars, was in Anbetracht der dominikan. Verfasserschaft u. des K.-Patroziniums im Nürnberger Dominikanerinnenkloster fast zu erwarten ist. Die umfangreichste dt. K.-Legende ist jedoch eine um 1450 entstandene Kompilation aus der Version des *Heiligen Lebens* u. einer weiteren Fassung, die darüber hinaus auch mit Stoffen aus lat. Legenden angereichert wurde. Auch dieser Text dürfte aus dem Dominikanerorden stammen, u. zwar aus einer Niederlassung im Bamberger Bistum (Nürnberger Katharinenkloster?). Eine wohl im Südwesten entstandene Fassung bietet sogar Berichte über das Leben der Sinai-Mönche. Die stofflich wohl interessanteste Version ist aber eine in zwei fränk. Handschriften überlieferte Legende, die das K.-Leben in die röm. Reichsgeschichte einbettet u. K.s Vater sogar von Konstantinus abstammen läßt. Nach K.s Tod nimmt der Vater selbst Rache an Maxentius u. läßt das Christentum im ganzen Reich erblühen. Diese bemerkenswerte, in 24 Kapitel gegliederte Fassung ist eine Übersetzung der phantasievollen *Nova legenda* eines nicht näher zu identifizierenden ital. Bruder Petrus, der den Text aus sechs älteren Fassungen zusammengesetzt haben will. Es handelt sich um die einzige von Legendaren unabhängige dt. K.-Legende, die zum Druck gelangte.

AUSGABEN der einzelnen Fassungen sind genannt bei Peter Assion: K. v. A. In: VL. – Eine niederdt. Verslegende demnächst bei Sibylle Jefferis: Ein spätmittelalterl. Katharinenspiel aus dem Cod. Ger. 4 der University of Pennsylvania. Göpp.

LITERATUR: Johann Lambel: Katharinen-Marter. In: Germania 8 (1863), S. 129-186. – Alfons Hilka: Zur Katharinenlegende. Die Quelle der Jugendgesch. K.s. In: Archiv 140 (1920), S. 171-184. – Heinrich Bobbe: Mhd. K.-Legenden in Reimen. Eine Quellenuntersuchung. Bln. 1922. – Peter Assion: Die Mirakel der Hl. K. v. A. Diss. Heidelb. 1969. – Werner Williams-Krapp: Die dt. u. niederländ. Legendare des MA. Tüb. 1986. *Werner Williams-Krapp*

Katscher, Hedwig, geb. Walter, * 25. 4. 1898 Wien, † 2. 10. 1988 London. – Lyrikerin.

K., Kaufmannstochter aus jüd. Familie, studierte in Wien Physik u. Mathematik. Nach ihrer Promotion arbeitete sie als Archivleiterin in einem bibliographischen Institut, anschließend im Generalsekretariat eines Industrieunternehmens. In der Zeit der Arbeitslosigkeit (1930) ging sie mit ihrem Mann, einem Chemiker, nach Moskau u. 1934 nach Sizilien. 1938 emigrierte sie nach England. 1953 kehrte sie nach Wien zurück u. arbeitete bis etwa 1978 wieder im Archiv.

K., die unter dem Eindruck von Hofmannsthal u. Rilke zu schreiben begann, veröffentlichte – geprägt von ihren Erfahrungen der Emigration u. des Holocausts – 1964 einen ersten schmalen Band, *Flutumdunkelt.* 1969 erschien *Zwischen Herzschlag und Staub* u. 1977 *Steinzeit* (alle: Wien). Unter anderem in »Neues Österreich« u. »Literatur und Kritik« vertreten, blieb sie zeitlebens eine Außenseiterin des Literaturbetriebs. Das Entzücken über »Farbenflor und Vogelruf« sei, wie sie betonte, untrennbar verbunden mit bleierner Angst vor den »Vernichtungsautomaten«. K.s Losung lautete, alles Überflüssige müsse aus dem Gedicht weichen, es habe letztlich so herb u. knapp dazustehen wie der Tod: »Ein Traumfragment / das Leben. / Der Tod / ein Bruchstück Wahrheit« (*Der Befund.* In: *Versteckenspiel.* Baden bei Wien 1982).

WEITERE WERKE: Kosmosrose. Baden bei Wien 1987.

LITERATUR: Hans Heinz Hahnl: Gedichte gegen das Geschwätz der Welt. In: Arbeiter-Ztg., 11. 7. 1973. – Albert Janetschek: Über ›Versteckenspiel‹. In: Podium 51 (1984). – Gottfried W. Stix: Geheimnis der Zeit. In: Die Furche 36, 4. 9. 1987. *Gerhard Jaschke*

Katz, Henry William, * 31. 12. 1906 Rudky/Galizien. – Romanautor.

Mit sieben Jahren flüchtete K. mit seinen jüd. Eltern aus der k. k. Monarchie nach Deutschland. Seine Kindheit verbrachte er in Thüringen. 1932 kam er als Reporter u. Redakteur zur liberalen Wochenzeitung »Welt am Montag« nach Berlin. Am 17. 5. 1933, eine Woche nach der Bücherverbrennung, ging K. als Jude u. demokratischer Journalist nach Lyon ins Exil, wo er unter sehr schwierigen Bedingungen zu schreiben begann. 1937 zog er nach Paris. Anonym reichte er das Manuskript des Romans *Die Fischmanns* (Amsterd. 1938. Ffm. 1985) zu einem Wettbewerb des exilierten Schutzverbands dt. Schriftsteller ein u. erhielt von der Jury, der u. a. Heinrich Mann u. Anna Seghers angehörten, den Heinrich-Heine-Preis zugesprochen.

Der Roman ist eine locker geknüpfte Folge von Geschichten, die sich um die Familie des Erzählers Jakob Fischmann drehen. Unsentimental u. voller Vitalität erzählt K. vom Schicksal dreier Generationen aus Galizien, einer vergangenen Welt verschrobener Habsburgertreue, u. von seinen Kindheitserinnerungen an die leidvolle Existenz der Ostjuden kurz vor Ausbruch des Ersten Weltkriegs in der österreichisch-ungarischen Monarchie. Der zweite Teil der *Fischmann*-Saga erschien, obwohl dt. geschrieben, zunächst als engl. Übersetzung: *Schloßgasse 21* (New York 1940. Dt. Ffm. 1986). Er ist die Fortsetzung der Geschichte von Jossel u. Jakob Fischmann in einer dt. Kleinstadt zwischen 1917 u. 1933. Aus der Familiengeschichte wird ein Zeitbild: Gerade als die materielle Existenz der Fischmanns gesichert zu sein scheint, bereitet die nationalsozialistische Judenhetze allen Hoffnungen ein Ende.

K. gelangte 1940 über Marseille u. Lissabon nach New York, wo er als Fabrikarbeiter begann u. zum Direktor aufstieg. Über diese Zeit schrieb er seine (unveröffentl.) Memoiren in dt. Sprache. K. lebt heute in Deerfield Beach/Florida. *Klaus Hensel*

Katz, Leo, auch: Joel Ames, * 22. 1. 1892 Unter-Synoutz/Bukowina, † 9. 8. 1954 Wien. – Journalist, Verlagsmitarbeiter, Kinderbuchautor u. Romancier.

Nach dem Besuch des Gymnasiums studierte K. in Wien Geschichte u. Philosophie (1920 Dr. phil.). Nach dreijährigem USA-Aufenthalt lebte er ab 1925 als Journalist u. freier Mitarbeiter sowjetischer Zeitschriften u. Zeitungen wieder in Wien. 1930 siedelte er nach Berlin über, trat im selben Jahr in die KPD ein u. wurde fester Mitarbeiter der »Roten Fahne«. 1933 emigrierte er nach Paris u. arbeitete 1936 bis 1938 als Waffeneinkäufer der span. republikan. Regierung. Aufgrund dieser Tätigkeit von den frz. Behörden des Landes verwiesen, lebte er ab 1940 im Exil in Mexiko, wo er wesentl. Anteil am Aufbau der antifaschistischen Mexikoemigration u. der dt. KPD-Parteigruppe hatte, deren Vorstand er bis 1942 angehörte. K. war zudem Mitbegründer u. Mitarbeiter der 1942 in Mexiko gegründeten Zeitschrift »Freies Deutschland« sowie des im gleichen Jahr entstandenen Exilverlags El Libro Libre. 1949 kehrte K. nach Österreich zurück, wo er bis zu seinem Tod in Wien lebte.

K.' erstes u. bedeutendstes literar. Werk ist der 1944 im El Libro Libre Verlag erschienene Roman *Totenjäger*, in dem er die histor. Situation Europas in den Jahren 1941/42 sowie die Verwüstungen der Nationalsozialisten in der Bukowina u. das Schicksal der dort lebenden Juden darstellt. Nach dem Krieg wieder in Europa, schrieb er zunächst die beiden Kinderbücher *Die Grenzbuben* (Bln. 1951) u. *Tamar. Erlebnisse aus den Tagen des Spartacus-Aufstandes* (Bln. 1952), danach die histor. Romane *Die Welt des Columbus* (Bln. 1954) u. *Der Schmied von Galiläa* (Bln. 1955).

Literatur: Wolfgang Kiessling: Alemania Libre in Mexiko. Bln./DDR 1974. – Ders.: Exil in Lateinamerika. Ffm. 1981, S. 195 ff. *Sabina Becker*

Kauer, Walther, * 4. 9. 1935 Bern, † 27. 4. 1987 Murten, Grabstätte: ebd. – Romancier u. Hörspielautor.

Nach seiner Ausbildung an der Kunstgewerbeschule in Neuenburg u. am Heilpädagogischen Seminar in Aberdeen studierte K. kurzzeitig in Berlin u. war anschließend Journalist in der Schweiz. Sein erster literar. Erfolg war der Roman *Schachteltraum* (Bln./DDR 1974, Zürich 1978). Mit kompliziert »verschachtelter« Erzählstruktur wird die Rolle der Schweiz im Zweiten Weltkrieg aus sozialkrit. Sicht beleuchtet. Der Roman *Spätholz* (Zürich/Köln 1976) ist K.s stilistisch straffstes Werk: Ein alter Tessiner Bauer verteidigt den durch einen reichen Villenbesitzer gefährdeten Nußbaum, das Symbol heimatl. Traditionen u. intakter Natur. In den folgenden Romanen bleibt K. bei der Verknüpfung von individuellen Schicksalen mit gut recherchierten histor. Gegebenheiten. Die Tendenz zur klischeehaften Polarisierung der Figuren verstärkt sich aber, u. K.s Werk gerät so in die Nähe der Trivialliteratur, z. B. im Roman *Abseitsfalle* (Zürich/Köln). – K., der bei einem Motorradunfall ums Leben kam, erhielt u. a. den Preis der Schweizerischen Schillerstiftung 1975.

Weitere Werke: Brot u. Steine. 1980 (TV-Script). – Tellereisen. Zürich 1979 (R.). – Weckergerassel. Ebd. 1981 (E.). – Schwelbrände. Ebd. 1983 (R.). – Bittersalz. Ebd. 1984 (R.). – Gastlosen. Münsigen/Bern 1986 (R.). *Guido Stefani*

Kaufmann, Christoph, * 14. 8. 1753 Winterthur, † 21. 3. 1795 Berthelsdorf bei Herrnhut. – »Apostel der Geniezeit«.

Über die Kindheit u. Jugend des jüngsten von vier Söhnen eines wohlhabenden Gerbermeisters u. Ratsherrn in Winterthur ist kaum Verläßliches bekannt. K.s selbstverfaßte Lebenszeugnisse sowie die davon abhängigen Darstellungen seiner Witwe (unveröffentlicht im Herrnhuter Nachlaß) u. des Herrnhuter Pfarrers Loretz (in: Lausitzische Monatsschrift 2, Görlitz 1795, S. 25 f.) enthalten zahlreiche Unwahrheiten u. haben der Legendenbildung Vorschub geleistet. Nach einer 1767 in Bern begonnenen Apothekerlehre u. naturwissenschaftlich-medizinischen Wanderjahren kam K. 1774 nach Straßburg, wo er durch seine genialische Attitüde u. seine empfindsamen Wohltäterabsichten das Wohlwollen u. die Förderung von Iselin, Lavater u. Johann Georg Schlosser gewann. Neben den etwa gleichaltrigen Straßburgern Johann Ehrmann, Johann Schweighäuser u. Johann Friedrich Simon, mit denen er einen schwärmerischen »Bruderbund« gegründet hatte, gilt K. als Mitverfasser der 1775 in Basel erschienenen *Philanthropischen Ansichten redlicher Jünglinge, ihren denkenden und fühlenden Mitmenschen zur Erwegung übergeben durch Isaak Iselin.* Dieses Manifest einer naturverbundenen u. ganzheitl. Erziehung, die prakt. Wissen, körperl. Bildung u. moralische Erhebung integrieren sollte, veranlaßte Basedow, die jungen Autoren zur Mitarbeit an seinem soeben gegründeten Dessauer Philanthropin aufzufordern. Diesem Ruf folgten zunächst jedoch nur Schweighäuser u. Simon sowie der ebenfalls aus Straßburg kommende Johann Jakob Mochel, während K. mit dem ihm eng verbundenen Ehrmannn im Herbst 1775 in seine Heimat zurückkehrte, um sich enger an die religiös gefärbte Schweizer Geniebewegung u. vor allem an Lavater anzuschließen. Dieser erkor K. zu seinem Lieblingsjünger u. widmete ihm im dritten Band seiner *Physiognomischen Fragmente* (Lpz. u. Winterthur 1777, S. 158-161) ein geradezu hymnisches, mit sechs Bildnissen versehenes Porträt, das ganz auf eine Bekräftigung von K.s Wahlspruch »Man kann, was man will; man will, was man kann« hinauslief.

Im Nov. 1776 trat K. in die Leitung des Dessauer Philanthropins ein u. erwirkte eine finanzielle Unterstützung durch den Anhalter Fürsten, schied jedoch schon im Febr. wegen interner Differenzen wieder aus. Um so nachhaltiger war die Wirkung jener legendären Reise, die der immer mehr Aufsehen erregende K. von Mitte 1776 bis Ende 1777 durch das literar. Deutschland unternahm. Indem er sich als Verkörperung des literarisch beschworenen, empfindsam-schwärmerischen Kraft-Genies stilisierte u. als Apostel von Lavaters myst. Offenbarungsreligion gerierte, beeindruckte er Autoren wie Johann Martin Miller, Heinrich Leopold Wagner u. Maler Müller, Claudius u. Voß, zunächst auch Goethe, v. a. aber Herder u. Hamann; für Klingers Drama *Wirwarr* fand er den folgenreichen Titel *Sturm und Drang.* Doch schon als 1776 in Frankfurt/M. u. Leipzig seine durchaus epigonale popularphilosophische Blütenlese *Allerley gesammelt aus Reden und Handschriften großer und kleiner Männer, Herausgegeben von Einem Reisenden EUK* (d. h. Ehrmann u. K.) erschien, zeigte sich, daß Skeptiker wie Wieland u. Merck recht behielten u. man K.s Originalität überschätzt hatte. Als dieser zudem, geblendet durch seinen schnellen Ruhm, sich zu immer haltloseren Phantastereien über angebl. Taten u. Reisen verstieg, begann sich die öffentl. Meinung gegen ihn zu wenden. Zuerst parodierten Hottinger u. Johann Rudolf Sulzer seine Empfindungsschwärmerei in ihren *Brelokken an's Allerley der Groß- und Kleinmänner* (Lpz. 1778), dann attackierte ihn auch Maler Müller, der ihn noch in seiner *Situation aus Fausts Leben* (Mannh. 1776) als »Gottesspürhund« dämonisiert hatte, in dem neuen Stück *Fausts Leben dramatisiert* (Mannh. 1778) als windigen Aufschneider; schließlich verhöhnten ihn sogar Lavater u. Klinger zusammen mit Jacob Sarasin in ihrer anonym erschienenen Satire *Plimplamplasko, der hohe Geist, (heut Genie)* (Basel 1780). Bald war auch Goethes auf seiner Schweizer Reise Ende 1779 niedergeschriebene Sottise in aller Munde: »Als Gottesspürhund hat er frei / Manch Schelmenstück getrieben / Die Gottesspur ist nun vorbei / Der Hund ist ihm geblieben.«

Als die literar. Freunde ihn als Wirrkopf, Scharlatan oder Hochstapler fallenließen (nur der schon verstörte Lenz suchte nun seinen Umgang), bemühte sich K. einige Jahre vergeblich, als einfacher Schweizer Bauer im Geist Rousseaus zu leben. Danach begann der 28jährige, ökonomisch u. psychisch gebrochen, sich ganz der Demutsreligion der Herrnhuter Brüdergemeine zuzuwenden. Den Anstoß gab ihm der mit Lavater bekannte schles. Frhr. Kurt von Haugwitz, der ihm bereits 1777 eine jährl. Rente ausgesetzt hatte u. der ihm nun mit der Auflage, einen Schlußstrich unter sein bisheriges Leben zu ziehen, sein kleines Gut Straduna bei Oppeln zur Verfügung stellte. Mitte 1781 siedelte K. mit seiner Familie dorthin um. Einige Monate bildete er sich in Breslau medizinisch fort, dann arbeitete er bis zu seinem Tod als Arzt in der Brüdergemeine, 1782 in Gnadenfeld u. Neusalz, seit 1786 in Herrnhut.

K., aus dessen schillernder Gestalt manches vom modernen sektiererisch lebensreformerischen Bohemien vorscheint u. der nicht nur an seinem geltungssüchtigen Dilettantismus, sondern auch an falschen Avancen vermeintl. Freunde gescheitert ist, hat auf die Literaturgeschichte nicht durch eigene Texte gewirkt, sondern dadurch, daß er eine kurze Zeit lang zu leben versuchte, was andere schrieben.

Literatur: Johann Jakob Mochel: Reliquien verschiedener philosoph., pädagog., poet. u. a. Aufsätze. Ges. v. Johann Christian Schmohl. Halle 1780 (darin Briefe v. K.). – J. C. Schmohl: Urne J. J. Mochels ehemaligen Lehrers am Philanthropin zu Dessau. Lpz. 1780. – Jakob Minor: K. In: ADB. – Heinrich Düntzer: C. K., der Apostel der Geniezeit u. der Herrnhut. Arzt. Lpz. 1882. – Jakob Baechtold: Der Apostel der Geniezeit. In: AfLg (1887), S. 161-193. – Anonym: Einiges v. u. über den Apostel der Geniezeit C. K. v. Winterthur. In: Zürcher Tb. N. F. 14 (1891), S. 149-174 (mit Briefen v. K.). – Werner Milch: C. K. Frauenfeld/Lpz. 1932. – Franz Menges: K. In: NDB. *Martin Rector*

Kaufmann, Herbert, * 24. 8. 1920 Köln, † 27. 11. 1976 ebd. – Journalist, Kinder- u. Jugendbuchautor.

Nach dem Abitur war K. zunächst in der Industrie beschäftigt. Lange Reisen u. Aufenthalte in Afrika seit etwa 1950 wurden zum Anlaß seiner schriftstellerischen Tätigkeit. Nach dem Studium der Völkerkunde, Geographie u. Soziologie (Promotion 1960) arbeitete K. als Auslandskorrespondent in Afrika.

K. führte bereits in den 50er Jahren ein wirklichkeitsgetreues Afrikabild in die bundesrepublikan. Kinder- u. Jugendliteratur ein. Afrikanische Geschichte, Kultur u. Mentalität werden in seinen Reiseberichten, Jugendromanen u. Sachbüchern nicht eurozentrisch, sondern mit dem Bemühen um Authentizität vermittelt. Den Nomadenstämmen in der Sahara u. den untergegangenen großen Reichen Westafrikas gehörte K.s bes. Interesse. In dem Liebesroman *Roter Mond und heiße Zeit* (Graz/Köln 1957) aus dem Lebenskreis der Tuareg schildert er mit Einfühlungsvermögen Sozialgefüge u. Ethik der Nomaden (Deutscher Jugendbuchpreis 1958). Ethnologisch exakt erarbeitet ist auch die Erzählung *Des Königs Krokodil* (Graz/Köln 1959) vom Untergang eines westafrikan. Königs.

Weitere Werke: Afrika. Reise durch einen sich wandelnden Kontinent. Mchn. 1954. U. d. T. Rote Straßen – schwarze Menschen. Mchn. 1955 (Reiseber.). – Der verlorene Karawanenweg. Graz/Köln 1955. Neuausg. u. d. T. Die Hammelpiste. Ffm. 1957 (R.). – Der Teufel tanzt im Ju-Ju-Busch. Graz/Köln 1956. Tb., Würzb. 1980 (R.). – Reiten durch Iforas. Mchn. 1958 (Reiseber.). – Pfeile u. Flöten. Graz/Köln 1960 (R.). – Die Bedeutung des Jugendschrifttums. In: Das gute Jugendbuch 2 (1960), S. 17-24. – Afrikas Weg in die Gegenwart. Braunschw. 1963 (Sachbuch). – Tule Tiptops merkwürdige Reise. Graz/Köln 1977 (E.).

Literatur: Martin Kleensang: H. K.s Schr.en unter dem Gesichtspunkt ›Afrika heute‹. In: Jugendschriftenwarte, H. 1 (1962), S. 1-4. H. 3 (1962), S. 17-19. *Birgit Dankert*

Kaufmann, Walter, * 19. 1. 1924 Berlin. – Erzähler, Reiseschriftsteller.

K., Sohn einer jüd. Mutter, wurde 1926 von einem jüd. Ehepaar (1938 während des Novemberpogroms verhaftet, in Auschwitz ermordet) adoptiert. Er emigrierte 1939 nach Großbritannien, wurde interniert u. nach Australien deportiert. Dort arbeitete er in verschiedenen Berufen, war Soldat u. Seemann; nach Polen- u. UdSSR-Reisen übersiedelte er 1955 in die DDR u. lebt heute als freier Schriftsteller in Berlin/DDR u. Kleinmachnow. K. erhielt zahlreiche Preise (1959 Mary-Gilmore-Award Australien, 1961 u. 1965 Fontane-Preis, 1967 Heinrich-Mann-Preis).

K.s Genres sind Romane, Erzählungen u. vor allem Reportagen bzw. Reisebücher – meist zuerst in engl. Sprache geschrieben. In seinem Frühwerk (*Voices in the Storm.* Melbourne 1953. Dt.: *Stimmen im Sturm.* Bln./DDR 1977. *Wohin der Mensch gehört.* Ebd. 1957) erzählt er von Leiden u. Kämpfen im Deutschland der 30er Jahre, im Roman *Kreuzwege* (ebd. 1961) die Liebesgeschichte der bürgerlich erzogenen Frau eines austral. Seemanns. Die Reportagen *Begegnung mit Amerika heute* (Rostock 1965), *Hoffnung unter Glas* (ebd. 1966), *Gerücht vom Ende der Welt* (ebd. 1969) u. *Unterwegs zu Angela* (Bln./DDR 1973) handeln vom Leben in der US-amerikan. Gesellschaft. K. bezieht zunehmend dokumentarisches Material mit ein, der dialogische Charakter der Texte verstärkt sich. In *Wir lachen, weil wir weinen* (Lpz. 1977) u. *Irische Reise* (Bln./DDR 1979) beschreibt K. kritisch den Polizei- u. Militäreinsatz in Nordirland. Viermal bereiste er Israel (*Drei Reisen ins gelobte Land* (Lpz. 1980. 3., neubearb. u. erw. Aufl. 1985 u. d. T. *Reisen ins gelobte Land*). Prinzipiell billigt K. den Staat Israel, steht jedoch einer Politik, die ausschließlich militärische Lösungen sucht, ablehnend gegenüber. Neben Reportage bzw. Reisebuch ist sein bevorzugtes Genre die vom amerikan. Vorbild geprägte Short Story. K. schrieb auch Kinderbücher (*Stefan, Mosaik einer Kindheit* Bln./DDR 1966) sowie Fernsehspiele.

WEITERE WERKE: *In Übersetzungen aus dem Englischen:* Der Fluch v. Maralinga. Bln./DDR 1958 (E.en). – Ruf der Inseln. Ebd. 1960 (E.en). – Feuer am Suvastrand. Ebd. 1961 (Südsee-Gesch.n). – Die Erschaffung des Richard Hamilton. Stories. Rostock 1964. – Unter dem wechselnden Mond. Ebd. 1968 (E.en). – Am Kai der Hoffnung. Stories. Bln./DDR 1974. – *Deutsche Originalausgaben:* Kauf mir doch ein Krokodil. Bln./DDR 1982 (Kinderbuch). – Flucht. Halle 1984 (R.). – Tod in Fremantle. Ebd. 1987 (Reportage).

LITERATUR: Jean Villain: Reise-, Zeit- u. Weltbilder = Algerien, Arabia felix u. Israel ... In: NDL, H. 10 (1982), S. 155 ff.

Jochanan-C. Trilse-Finkelstein

Kaufringer, Heinrich. – Autor von Mären u. anderen kleineren Reimpaardichtungen, erste Hälfte des 15. Jh.

K. ist nicht mit Sicherheit historisch identifiziert worden. Sein Name ist am Ende eines Teils seiner Werke genannt: In einer Verfassersignatur nach Art Heinrichs des Teichners lautet dort der Schlußvers »also sprach Hainrich Kaufringer«. Der Autor gehört ins Ostschwäbische um Augsburg u. Landsberg; in diese Gegend weisen Sprache, Überlieferung, Familienname (Herkunftsname nach Kaufering bei Landsberg) u. ein redensartl. Wortspiel mit den Namen zweier kleiner mittelschwäb. Orte (9,116 f.).

Der Zeitraum seines Wirkens wird durch zwei Daten eingegrenzt: Das Märe *Bürgermeister und Königssohn* (Nr. 4) spielt in Erfurt, wohin der Königssohn von Frankreich auf die Universität geschickt wird; deren Gründung 1392 muß schon etwas zurückliegen. Die andere Grenze, das Jahr 1464, wird durch die Überlieferung gezogen.

K.s Werk ist im wesentlichen in zwei Handschriften erhalten, die keinen gemeinsamen Bestand haben, sondern einander ergänzen. Die ältere Handschrift (München, Bayerische Staatsbibliothek, Cgm 270), wohl aus Augsburg oder Landsberg stammend, enthält als selbständigen Schlußfaszikel, dessen Niederschrift nach Auskunft der Nachschrift 1464 beendet wurde, eine geschlossene Autorsammlung von 17 Reimpaardichtungen. Der Faszikel ist kein Autograph, bietet aber einen autornahen, guten Text, v. a. aber geht der Aufbau der Sammlung wahrscheinlich auf K. selbst zurück; die Gruppe der 13 Mären wird durch geistl. Stücke, zwei Erzählungen am Anfang u. zwei Reden, die Versifizierungen geistl. Prosa sind, am Ende, eingerahmt u. im Innern durch eigentüml. motivl. u. themat. Bezüge gegliedert. In der jüngeren Handschrift (Berlin, Mgf 564; 1472 in Augsburg geschrieben) sind verschiedenartige, insges. kürzere Stücke in eine Teichnersammlung eingestreut: weitere Versifizierungen geistl. Prosa, bispelartige Erzählungen u. eine weltl. Rede, eine Schelte der weltgewandten »Schälke und Lecker«.

Ob der auf diese Weise räumlich u. zeitlich bestimmte Autor mit einem von zwei historisch bezeugten Landsberger Bürgern gleichen Namens, Vater u. Sohn, identisch ist, wird sich nicht abschließend entscheiden lassen. Der erstere, Kirchenpfleger an der Landsberger Pfarrkirche (urkundlich 1369 bis zu seinem Tod 1404), scheint zeitlich nur noch knapp in Frage zu kommen, der letztere, unbezeugt nach 1404, bleibt weitgehend im Dunkel.

Der Dichter vertritt mehrfach den Standpunkt des Stadtbürgers; so beklagt er in Nr. 23 die aus Uneinigkeit der Bürger kommende Schwäche der Stadt gegenüber dem Hof u. lobt in Nr. 20 reichsstädt. Rechtsgepflogenheiten gegenüber (herzoglich-)bairischen (die auch in Landsberg gegolten haben müssen). Er zeigt vielfach Vertrautheit mit Rechts- u. Verwaltungsdingen, u. so möchte man ihn am ehesten in der reichsstädt. Bildungsschicht suchen. Dies um so mehr, als sich die nächstvergleichbaren Reimpaardichter, die Nürnberger Rosenplüt u. Folz – stadtbürgerl. Handwerker mit dem Ehrgeiz, zu Berufsliteraten aufzusteigen –, in ihrem Schaffen nach Themen u. gestalterischen Zielen u. Fähigkeiten deutlich von ihm unterscheiden. Wenn also das gesamte Werk u. somit auch die Erzählungen Stadtliteratur sind, so mag man doch angesichts der starken Traditionsgebundenheit der weltliterar. Stoffe die zentrale Handlungsführung nicht direkt auf eine neue bürgerl. Ethik beziehen, in deren Rahmen der Ehemann auf die Bestrafung des Ehebruchs verzichte, um Vorteile im Erwerbsleben zu erlangen, bzw. die Rache bes. rigid ausfalle aus kleinbürgerlich enger Sexualmoral. Vor allem im Variieren u. geschickten Auserzählen der alten Stoffe ergeben sich neue Akzente.

Von den Mären ist nur eines, die frühe »Dorfgeschichte« *Der verklagte Bauer* (Nr. 3), nicht wesentlich erotisch; ferner sind alle schwankhaft außer der exemplarischen *Suche nach dem glücklichen Ehepaar* (Nr. 8) u. der vorzüglichen säkularisierten Legende *Die unschuldige Mörderin* (Nr. 14). Es überwiegen alle mögl. Spielarten erot. Überlistung. Ein neuer Akzent im obengenannten Sinn ist der, daß einige Male leichtgewichtige schwankhafte Verwicklungen ihre kom. Seite verlieren u. das Grausame, Makabre, der »untergründige Schrecken« beklemmend hervortreten, so bei der sorgfältig gefügten *Rache des Ehemannes* (Nr. 13; ähnlich Nr. 6, 8, 14; anders gewendet Nr. 11). Ein eigentüml. neues Erzählmoment ist auch die »weise Souveränität«, mit der der betrogene Ehemann öfter auf zerstörerische Rache verzichtet. Seine »weishait« ist komplex motiviert; im *Zurückgegebenen Minnelohn* (Nr. 5, zu vergleichen Nr. 4 u. 14, der alte einfache Typus in Nr. 6) ist die bloß symbolische Rache am Ende in der Freundschaft der ritterl. Gegenspieler begründet, u. es trifft hier wohl romanhafte Auflösung u. Erweiterung des Schwankschemas mit dem Bestreben zusammen, dessen einfache Rollencharaktere u. Sympathieverteilung neu »menschlich« zu bestimmen.

Ausgabe: Werke. Hg. Paul Sappler. Bd. 1: Text. Tüb. 1972. Bd. 2: Indices. Tüb. 1974.

Literatur: Karl Euling: Studien über H. K. Breslau 1900. – Kurt Ruh: K.s Erzählung v. der ›Unschuldigen Mörderin‹. In: FS John Asher. Bln. 1981, S. 146-177. – Fischer, 2. Aufl., S. 148-152, 356-361 (Bibliogr.) u. ö. – Jan-Dirk Müller: Noch einmal: Maere u. Novelle. Zu den Versionen des Maere v. den ›Drei listigen Frauen‹. In: FS Elfriede Stutz. Wien 1984, S. 289-311. – Hedda Ragotzky: Das Märe in der Stadt. Neue Aspekte der Handlungsethik in Mären des K.s. In: Georg Stötzel (Hg.): Germanistik – Forschungsstand u. Perspektiven. Tl. 2, Bln./New York 1985, S. 110-122. – Hans-Joachim Ziegeler: Erzählen im SpätMA. Mchn./Zürich 1985, S. 306-310, 220-225 u. ö. – Rüdiger Krohn: Die Entdeckung der Moral oder: Ehebruch u. Weisheit. Das Märe v. der ›Suche nach dem glückl. Ehepaar‹ u. die K.-Slg. im cgm 270. In: Jb. der Oswald v. Wolkenstein Gesellsch. 4 (1986/87), S. 257-272.

Paul Sappler

Kaul, Friedrich Karl, * 21. 2. 1906 Posen, † 16. 4. 1981 Berlin/DDR. – Kriminalautor; Verfasser von Hör- u. Fernsehspielen u. Prozeßberichten.

Der Sohn eines jüd. Kaufmanns studierte Jura in Berlin u. Heidelberg, promovierte 1931 u. trat im Jahr darauf der KPD bei. Nach dem Referendarexamen arbeitete er an der juristischen Fakultät der Berliner Universität, 1931/32 in einem Anwaltsbüro in Berlin. Wegen seiner jüd. Herkunft wurde K. 1933 aus dem Justizdienst entlassen. Ab 1935 in den Konzentrationslagern Lichtenberg u. Dachau inhaftiert, gelang K. 1937 die Emigration über Kolumbien in die USA. Nach mehrjährigem Aufenthalt im Antinazi-Camp »Kennedy« kehrte K. 1946 nach Deutschland zurück. Inzwischen der SED beigetreten, arbeitete er in den folgenden Jahren als Justitiar beim Ostberliner Rundfunk, später bei der Deutschen Verwaltung für Volksbildung. K., seit 1949 als Anwalt bei allen Gerichten in Ost- u. West-Berlin zugelassen, trat als Hauptbevollmächtigter der KPD im Prozeß vor dem Bundesverfassungsgericht in Erscheinung (1954-1956) u. war Nebenkläger im Frankfurter Auschwitz-Prozeß (1964-1966). Er ist Träger des Nationalpreises der DDR (1960 für die Fernsehgestaltung des *Pitaval der Weimarer Republik.* 3 Bde., Bln./DDR 1953, 1954, 1961).

Als sein literarisches Vorbild bezeichnete K. Alfred Döblin, als sein Anliegen, die »bürgerliche Klassenjustiz als Magd des staatsmonopolistischen Kapitalismus zu entlarven«. Mit der Darstellung authentischer Kriminalfälle, wie z. B. *Mord im Grunewald* (Bln./DDR 1953), einem Roman um die Ermordung Rathenaus, wollte K. Formen politischer Herrschaft bewußt machen.

Weitere Werke: Ich fordere Freispruch. Bln./DDR 1955 (R.). – Die Doppelschlinge. Ebd. 1956 (R.). – Der blaue Aktendeckel. Ebd. 1957 (R.). – Es wird Zeit, daß du nach Hause kommst. Ebd. 1959 (R.). – Der Fall Eichmann. Ebd. 1963. – Vornehme Leute. Der Bonner Pitaval. Ebd. 1964. – Der Fall Herschel Grynszpan. Ebd. 1965. – Ich klage an. Ebd. u. Hbg. 1971 (Ber.e über westdt. Strafprozesse). – Watergate: Ein Menetekel für die USA. Bln./DDR 1976. – Nazimordaktion. Ebd. 1973. U. d. T. Die Psychiatrie im Strudel der Euthanasie. Ffm. 1979.

Literatur: Georg Zivier: Blut u. Ehre. In: Tagesspiegel, 20. 4. 1973. – Dietrich Strohmann: Prof. K. der Große. In: Länderspiegel, 1. 2. 1980. – Georg Böhnisch: Jurist K. – durch u. durch Kommunist. In: Die Welt, 18. 4. 1981. – Interview mit K. In: Playboy, April 1981.

Helmut Blazek

Kaus, Gina, eigentl.: G. Zirner-Kranz, verh. Kaus, auch: Andreas Eckbrecht, * 21. 11. 1894 Wien, † 23. 12. 1985 Los Angeles. – Erzählerin u. Drehbuchautorin.

K. war bis zu ihrer Emigration nach Amerika 1939 eine erfolgreiche Schriftstellerin. Schon ihr erstes Stück *Diebe im Haus* wurde 1919 in Wien uraufgeführt, für ihre Erzählung *Der Aufstieg* (Mchn. 1920) erhielt sie den Theodor-Fontane-Preis. Zwischen Wien u. Berlin hin- u. herpendelnd, begann sie mit Erzählungen u. Kurzgeschichten u. a. für die »Vossische Zeitung« u. die Wiener »Arbeiter-Zeitung«, bevor ihr mit dem Unterhaltungsroman *Die Überfahrt* (Mchn. 1932) ein Bestseller gelang. Ihre Romane, v. a. *Die Schwestern Kleh* (Amsterd. 1933. Ffm./Bln. 1989) u. *Der Teufel nebenan* (Amsterd. 1940. Köln 1977. Als *Teufel in Seide* 1956 erfolgreich verfilmt), wurden in viele Sprachen übersetzt. In den Wiener Literatencafés zu Hause, war sie befreundet mit Hermann Broch, Franz Werfel, Franz Blei, Karl Kraus u. Alfred Adler, dessen Studien zur Individual- u. Kinderpsychologie sie interessiert verfolgte u. die den Stil ihrer Charakterzeichnungen u. -analysen prägten.

Das dramat. Auf u. Ab des eigenen Lebens, verwickelte Beziehungen u. erot. Abenteuer gaben Stoff für ihre Bücher. Deren Figuren sind vielfach ehrgeizige, selbstbewußte u. überlegene Frauen, selten mit sich zufrieden u. oft dadurch zum Scheitern verurteilt. Allesamt gehobene Unterhaltungsliteratur, zeigen K.' Romane nicht zuletzt die gesellschaftl. Vorurteile gegenüber einem emanzipierten Verständnis weibl. Erotik.

Während ihrer Zeit in Amerika, wo sie Kontakte zu Brecht, Hanns Eisler, Fritz Kortner u. Vicki Baum knüpfte u. als Drehbuchautorin erfolgreich war, erschien nur noch ihre Biographie *Und was für ein Leben* (Hbg. 1979). Wie für viele Exilschriftsteller wurde auch für K. das Schreiben in der fremden Sprache zum Problem; doch kehrte sie auch nicht mehr in ihre ehemalige Heimat zurück; das Leben dort u. die dt. Literatur waren ihr fremd geworden.

Weitere Werke: Der lächerl. Dritte. Wien 1927 (D.). – Die Verliebten. Bln. 1928 (R.). – Morgen um Neun. Bln. 1932 (R.). – Return to Reality. London 1935 (E.en). – Katharina die Große. Amsterd. 1935 (Biogr.). – Luxusdampfer. Roman einer Überfahrt. Ebd. 1937.

Literatur: Renate Wagner: Doppelleben zwischen Café u. Palais. In: Volksbl. Magazin, 29. 1. 1988. – Sibylle Mulot-Déri: Gina, Almas Gegenstück. In: FAZ, 8. 9. 1989. – Dies.: Nachw. In: Die Schwestern Kleh. a. a. O., S. 287-298.

Jutta Freund

Kautsky, Karl, * 16. 10. 1854 Prag, † 17. 10. 1938 Amsterdam. – Sozialistischer Theoretiker.

Der Sohn des tschech. Theatermalers Johann u. der dt. Schriftstellerin Minna Kautsky wurde zunächst geprägt durch das Studium der Darwinisten, insbes. Haeckels. 1875 schloß er sich in Wien den Sozialdemokraten an. Neben Studien in Wien (Jura, Geschichte, Politische Ökonomie), die zu keinem Abschluß führten, u. literar. Versuchen schrieb K. unter verschiedenen Pseudonymen für die meisten sozialistischen Organe. 1880 stieß er zum Kreis um Karl Höchberg in Zürich, wo er Eduard Bernstein u. Friedrich Engels kennenlernte, dessen Privatsekretär er wurde. Nach Gründung der »Neuen Zeit« (1883) wurde K. ihr Redakteur u. einer der wichtigsten sozialdemokratischen Publizisten. Zusammen mit August Bebel, Engels u. Bernstein trat er für die Durchsetzung des Marxismus u. die Zurückdrängung des Lassalleanismus innerhalb der SPD ein. Das manifestierte sich im Erfurter Programm von 1891, dessen theoret. Teil er, dessen pragmat. Teil Bernstein vefaßte.

Nach 1890 suchte K. das Erfurter Programm sowohl gegen den Revisionismus Bernsteins als auch gegen den Aktivismus Rosa Luxemburgs zu verteidigen, verlor dadurch aber immer mehr an Rückhalt in der Partei. 1917 schloß er sich der USPD an, was zu seiner Entlassung als Redakteur der »Neuen Zeit« führte. K. wandte sich scharf gegen Lenins Marxismus-Interpretation u. die Oktoberrevolution (noch in: *Der Bolschewismus in der Sackgasse*. Bln. 1930), was zum endgültigen Bruch mit Luxemburg führte, nachdem ihr Dissens bereits in der Massenstreikdebatte von 1905 deutlich geworden war (*Der politische Massenstreik*. Bln. 1914). Nach der Revolution war K. einige Monate als Unterstaatssekretär im Auswärtigen Amt mit der Herausgabe der *Deutschen Dokumente zum Kriegsausbruch* (zus. mit Max Graf von Montgelas u. a. 4 Bde., Charlottenburg 1919) beauftragt, wobei er seine Auffassung von der Kriegsschuld der

Mittelmächte zu erhärten suchte (*Wie der Weltkrieg entstand.* Bln. 1919). Sein theoriebildender Einfluß wurde jedoch immer geringer (*Die proletarische Revolution und ihr Programm.* Bln. 1920). Nach der Vereinigung von SPD u. USPD ging K. 1924 nach Wien zurück, wo er sich der Abfassung seiner *Materialistischen Geschichtsauffassung* (2 Bde., Bln. 1927) widmete. Nach der Besetzung Österreichs durch Deutschland 1938 floh K. nach Prag, dann in die Niederlande. Seine Frau Luise wurde in Auschwitz ermordet.

K.s Marxismus stellt unter den theoret. Ansätzen der Sozialdemokratie eine eigenständige Position dar, deren histor. Wirkung freilich, gemessen an K.s Bekanntheit bei den Zeitgenossen, gering blieb. Von Marx unterschied sich K. durch die Annahme einer Naturnotwendigkeit der histor. Entwicklung zum Sozialismus, was die Marxsche Idee der dialektischen Umwandlung der Naturgeschichte in die Geschichte der Gesellschaft aufhob. Hier liegt auch die Wurzel des Konflikts mit Luxemburg, die glaubte, durch polit. Handeln einen revolutionären Zustand erzeugen zu müssen. Gegen Bernstein hingegen verteidigte K. die Revolution als reale Utopie des Marxismus. Doch mußte er spätestens 1925 einsehen, daß die Utopie für die SPD keine reale mehr war. Die Sicht der Menschheits- als Teil der Naturgeschichte hatte K. schon in seinen ersten Publikationen vertreten, von den Darwinisten ebenso geprägt wie von den Malthusianern (*Überseeische Lebensmittelkonkurrenz.* Lpz. 1881), so daß sein Werk als Versuch einer Vereinigung von Haeckelschem Darwinismus u. Marxismus zu sehen ist.

Weitere Werke: Der Einfluß der Volksvermehrung auf den Fortschritt der Gesellsch. Wien 1880. – Karl Marx' ökonom. Lehren. Stgt. 1887. – Das Erfurter Programm in seinem grundsätzl. Teil erläutert. Stgt. 1892. Neudr. Hann. 1964. – Der Parlamentarismus, die Volksgesetzgebung u. die Sozialdemokratie. Stgt. 1893. – Die Vorläufer des neueren Sozialismus. 2 Bde., Stgt. 1894/95. Neudr. Bln. 1947. – Bernstein u. das sozialdemokrat. Programm. Stgt. 1899. – Die soziale Revolution. Bln. 1902. – Der Weg zur Macht. Bln. 1909. – Diktatur des Proletariats. Wien 1918. – Mein Verhältnis zur Unabhängigen Sozialdemokratischen Partei. Bln. 1922. – Erinnerungen u. Erörterungen. Hg. Benedikt Kautsky. 's-Gravenhage 1960. – *Briefwechsel:* Rosa Luxemburg: Briefe an K. u. Luise Kautsky. Hg. Luise Kautsky. Bln. 1923. – Victor Adler: Briefw. mit August Bebel u. K. K. [...]. Hg. Friedrich Adler. Wien 1954. – Friedrich Engels' Briefw. mit K. K. Hg. B. Kautsky. Wien 1954. – August Bebels Briefw. mit K. K. Hg. Karl Kautsky jr. Assen 1972. – *Herausgeber:* Karl Marx: Zur Kritik der polit. Ökonomie. Stgt. 1897. – Ders.: Theorien über den Mehrwert. 3 Bde., Stgt. 1905–10. – August Bebel: Aus meinem Leben. Bd. 3, Stgt. 1914.

Literatur: Rainer Kraus: Die Imperialismusdebatte zwischen Vladimir I. Lenin u. K. K. Ffm. 1978. – Hans-Josef Steinberg: K. K. u. Eduard Bernstein. In: Dt. Historiker. Bd. 4, Stgt. 1981. – Massimo L. Salvadori: Sozialismus u. Demokratie. Stgt. 1982. – Ingrid Gilcher-Holtey: Das Mandat des Intellektuellen. Bln. 1986.

Michael Behnen

Kautsky, Minna, auch: Eckert, Wilhelm Wiener, * 11. 6. 1837 Graz, † 21. 12. 1912 Berlin-Friedenau. – Erzählerin, Dramatikerin; Schauspielerin.

Vater (Anton Jaich) u. Mann (Johann Kautsky) der österr. Volkserzählerin des Sozialismus waren Dekorationsmaler, letzterer seit 1864 am Wiener Burgtheater. K. debütierte 14jährig in Prag in Müllners *Schuld.* Sie kannte aus eigener Erfahrung die Not des Theaterproletariats, welche ihre Romane *Herrschen oder Dienen* (Lpz. 1881) u. *Im Vaterhause* (Hbg. 1904) sowie die krit. Schrift *Das deutsche Theater der Neuzeit* (Stgt. 1884) thematisieren. Mit 16 Jahren heiratete sie u. war bis 1861 weiterhin als Schauspielerin in Olmütz u. Prag (Nationalbühne) tätig. Durch den Einfluß ihres ältesten Sohns Karl wurde sie zur Chronistin des proletar. Lebens in Österreich; in den 80er Jahren war sie die populärste sozialistische Belletristin.

K.s Werke erschienen im Vorabdruck in der sozialistischen Tagespresse – »Neues Leben«, »Die Neue Welt«, »Arbeiter-Kalender« – u. waren in Buchform in den Arbeiterbibliotheken erhältlich. *Stefan vom Grillenhof* (Lpz. 1876), in Marx' Urteil »die bemerkenswerteste Erzählung der Gegenwart«, schildert den preußisch-österr. Krieg aus der Perspektive der (anders als die Oberschicht) moralisch intakten Unterschichten. Die »Klassenfeinde« u. deren Welt werden – in für K. charakteristischem szenisch gestaltetem Erzählduktus – durchgehend schablonenhaft gezeichnet, im Gegensatz zu den menschlich sympathischen Proletariern. Engels, der ihr neben Marx, Bebel, Viktor Adler, Wilhelm Liebknecht u. Rosa Luxemburg freundschaftlich verbunden war, nahm K.s Darstellung unangefochten ideeller Heldinnen wie Elsa im Salzbergarbeiterroman *Die Alten und die Neuen* (2 Bde., Lpz. 1885) zum Anlaß für grundsätzl. krit. Reflexionen zum Verhältnis von Tendenz u. Realismus. In einem Alpental angesiedelt ist der Roman *Victoria* (Zürich 1890), in dem K., wie häufig, dem kleinbürgerl. u. proletar. Milieu die Nebenhandlung vorbehält, aber überzeugt mit der differenzierten Schilderung des Niedergangs der kleinen Handwerker angesichts des vordringenden Kapitalismus. Die Entwicklung eines polit. Selbstbewußtseins der Frau, das sie zur revolutionären Kämpferin werden läßt, ist ein konstantes Thema der »roten Marlitt«, so in *Helene* (Stgt. 1894) oder in *Ein Maifesttag* (Hbg. 1907), einer ausschließlich proletar. Milieudarstellung.

Ausgaben: Ges. E.en u. R.e. 2 Bde., Nürnb. 1914 (mehr nicht ersch.). – Ausw. aus ihrem Werk. Hg. Cäcilie Friedrich. Bln./DDR 1965.

Literatur: Cäcilie Friedrich-Stratmann: Beiträge zur Entstehungsgesch. der sozialist. Lit. Diss. Halle 1963 (mit ausführl. Bibliogr.). – Ingrid Cella: Die Genossen nannten sie die rote Marlitt. M. K. u. die Problematik des sozialen Romans aufgezeigt an ›Die Alten u. die Neuen‹. In: ÖGL 25 (1981), S. 16-29. – Ursula Münchow: Neue Wirklichkeitssicht u. polit. Praxis. Sozialist. Lit. u. Arbeiterinnenbewegung. In: Gisela Brinker-Gabler (Hg.): Dt. Lit. v. Frauen. Bd. 2, Mchn. 1988, S. 254-257.

Eda Sagarra

Kayser, Philipp Christoph, * 10. 3. 1755 Frankfurt/M. † 24. 12. 1823 Zürich. – Lyriker, Komponist u. Publizist.

Vom Vater, Organist an der Frankfurter Katharinenkirche, zum Musiker ausgebildet, besuchte K. 1762-1768 das Gymnasium u. vervollständigte seine musikal. Studien 1769 bei Georg Andreas Sorge in Lobenstein. Ab 1770 trat er in Frankfurt in freundschaftl. Verkehr mit Klinger u. Goethe, Miller, Schubart u. Lenz, die ihn als musikal. Genie feierten u. ihm Verlagskontakte vermittelten. So veröffentlichte K. anakreont. u. im empfindsamen Stil verfaßte Gedichte 1775 in Schubarts »Deutscher Chronik« u. in Voßens »Musenalmanach auf das Jahr 1776«. Im gleichen Jahr gab er die *Flüchtigen Aufsäzze* (Zürich 1776) von Lenz heraus. Goethe empfahl ihn 1775 zu Lavater nach Zürich, der ihn in seiner *Physiognomik* als Goethe ebenbürtig würdigte u. die Veröffentlichung des Aufsatzes *Empfindungen eines Jüngers in der Kunst vor Ritter Glucks Bildnisse* (in: Deutsche Chronik, 1775, S. 233-248) sowie einiger Gedichte in Wielands »Teutschen Merkur« (1776, III, S. 221 ff.) vermittelte. Anläßlich der von K. nicht vollendeten Kompositionen zu Goethes *Jery und Bätely* sowie *Scherz, List und Rache* entstand 1779-1785 ein umfangreicher Briefwechsel, dessen Diskussion um eine Neubelebung des dt. Singspiels bleibenden Eindruck auf Goethes Musikästhetik hinterließ. 1787 traf K. sich mit Goethe in Rom zu (kirchen)musikal. Studien. Als dieser für seine Singspiele auf Reichardt zurückgriff, schlief ihr Briefwechsel ein. Ein Versuch Klingers, K. eine Karriere in Petersburg zu ermöglichen, blieb erfolglos. K. verbrachte seinen Lebensabend in Zürich.

Weitere Werke: Sendschreiben an die Grazien u. adressé an die Herren Poeten v. ganz Europa [...]. Ulm 1775. – Gesänge mit Begleitung des Claviers. Lpz., Winterthur 1777. – Über belletrist. Schriftstellerei, mit einer Parallele zwischen Werthern u. Ardinghello [...]. Straßb. 1788.

Literatur: C. A. H. Burkhardt: Goethe u. der Komponist P. C. K. Lpz. 1879. – O. P. Heuer: K., Goethe u. Klinger. Ber.e. In: FDH 7 (1891). – Ders.: Barbara Schultheß u. P. C. K. Ber.e. In: FDH 8 (1892). – Paul Winter: Goethe erlebt Kirchenmusik in Italien. Zürich 1949. – Edgar Refardt: Der ›Goethe-Kayser‹. Zürich 1950.

Andreas Meier

Kayser, Rudolf, auch: Anton Reiser, * 28. 11. 1889 Parchim/Mecklenburg, † 5. 2. 1964 New York. – Literaturkritiker, Essayist, Biograph.

K. studierte in Berlin, München u. Würzburg Germanistik, Philosophie u. Kunstgeschichte u. promovierte 1914 mit einer Untersuchung über *Arnims und Brentanos Stellung zur Bühne* (Bln.). 1914-1917 war er als Lehrer in Berlin tätig. 1919 in den S. Fischer Verlag eingetreten, übernahm er 1922 die Redaktion der »Neuen Rundschau«. Daneben war K. dramaturgischer Berater an der Berliner Volksbühne unter Piscator. Anfang 1933 mußte er die Redaktionsleitung der »Neuen Rundschau« abgeben, da er nach Meinung S. Fischers den neuen polit. Herausforderungen nicht gewachsen war. K. emigrierte nach Holland, 1935 in die USA. Dort lehrte er u. a. am Hunter College sowie an der School for Social Research in New York, 1951 bis 1957 hatte er eine Professur für dt. Sprache u. Literatur an der Brandeis University in Waltham/Mass. inne.

K. veröffentlichte zunächst eigene Dichtungen sowie Essays u. Kritiken, in denen er die expressionistische Literaturbewegung kommentierte: 1911-1914 in der »Aktion«, später in »Der Neue Merkur«, »Zeit-Echo« u. anderen. Anfang der 20er Jahre sammelte er die Lyrik jener Zeit (*Verkündigung. Anthologie junger Lyrik.* Mchn. 1921). In der Einleitung sowie mit seiner eigenen, als letzter Band der expressionistischen Buchreihe *Der Jüngste Tag* erschienenen myth. Dichtung *Moses' Tod. Legende* (Mchn. 1921) propagierte er das Ende der Form- u. Wertezertrümmerung in der modernen Literatur. Der Essayband *Zeit ohne Mythos* (Bln. 1923. Neudr. Nendeln 1973) zeigte K. als »nachdenklichen, ungläubigen Denker« (Oskar Loerke), der sich in eine produktive Nietzsche-Nachfolge begeben hatte. In der lebendig geschriebenen *Kleinen Philosophie der Dichtung* (u. d. T. *Dichterköpfe.* Wien 1930) reicht die Galerie zukunftsweisender großer Denker u. Sprachschöpfer von Spinoza über Goethe, Hölderlin u. Nietzsche bis zu den formbewußten George, Hofmannsthal, Rilke, Borchardt u. den deutschsprachigen Epikern der Moderne.

Bedeutung erlangte K. auch als biographischer Schriftsteller. Mit seinem Hauptwerk *Stendhal oder Das Leben eines Egotisten* (Bln. 1928. Neuausg. Ffm. 1982) – gelobt u. a. von Stefan Zweig, Kerr u. Heinrich Mann – legte er das überzeugende Beispiel einer biographie romanesque vor. K. hob den iron. u. skept. Realismus, die Lebensintelligenz u. individuelle Energie Stendhals hervor. Geschickt wahrte er die Balance zwischen literarisierten, mit psycholog. Gespür verfaßten Passagen, der Rekonstruktion der äußeren Biographie u. der unaufdringl. Werkanalyse. Von seinen weiteren Biographien seien die über Spinoza (*Bildnis eines geistigen Helden.* Wien 1932. Engl. New York 1946) im Spannungsfeld religiös-orthodoxer u. reformatorisch-krit. Tendenzen sowie jene über *Kant* (Wien 1934) als »Baumeister« einer fortgeschrittenen, Vernunft u. Gefühl verbindenden Aufklärungsphilosophie genannt. K., seit Jahrzehnten in Deutschland vergessen, ist zu den großen dt. Essayisten u. biographischen Schriftstellern des 20. Jh. zu zählen.

Weitere Werke: Das junge dt. Drama. Bln. 1924. – The Life and Time of Jehudah Halevi. New York 1949. – Claude-Henri Graf Saint-Simon, Fürst der Armen. Mchn. 1966. – The Saints of Qumrân. Stories and Essays on Jewish Themes. London/New York 1977.

Literatur: Peter de Mendelssohn: S. Fischer u. sein Verlag. Ffm. 1970. – Biogr. Hdb. der deutschsprachigen Emigration nach 1933. Bd. 2/1, Mchn. u. a. 1983, S. 608. *Wilhelm Haefs*

Kayser, Wolfgang, * 24. 12. 1906 Berlin, † 23. 1. 1960 Göttingen. Germanist.

Nach dem Studium bei Julius Petersen u. Arthur Hübner in Berlin promovierte K., angeregt durch Petersens berühmtes Barock-Seminar, mit einer Arbeit über *Die Klangmalerei bei Harsdörffer* (Lpz. 1932. Gött. [2]1962), die zu den Standardwerken der Barockforschung gehört. In Abwendung von Kriterien moderner Erlebnisdichtung bestimmte K. die Eigenart der rhetorischen Grundstruktur u. Gattungsgebundenheit barokker Texte.

Nach Lektorenzeit in Amsterdam u. Gasttätigkeit in Aarhus wurde K. 1934 Assistent bei Petersen in Berlin. In seiner Habilitationsschrift zur *Geschichte der deutschen Ballade* (Bln. 1936) versuchte er, die Ballade als eine »deutsche Dichtungsform« zu charakterisieren, in der sich die »Kräfte des Volkstums [...] ungehemmter in Wort und Form« umgesetzt hätten »als bei vielen anderen Gattungen«. Vorgeschlagen wird damit allerdings keine Theorie literar. Gattungen, die von völkerpsycholog. oder anthropolog. Grundhaltungen ausgeht, vielmehr werden dominante Merkmale u. Strukturen des jeweils »Gattungshaften« aufgesucht.

Nach kurzer Tätigkeit an der Berliner Universität ging K. 1938 als Dozent nach Leipzig. 1939-1941 war er Soldat, Anfang 1941 folgte er einem Ruf nach Lissabon. K. nutzte die Lissaboner Zeit, um seine komparatistische Neigung u. Kompetenz zu erweitern u. zu intensivieren. Sowohl die portugies. u. span. als auch die brasilian. Literatur gehörten von nun an zu seinen Interessengebieten. Außerordentlich erfolgreich waren die in Lissabon konzipierte *Kleine deutsche Versschule* (Bern 1946. [15]1980) u. *Das sprachliche Kunstwerk* (Bern 1948. [15]1983). Diese *Einführung in die Literaturwissenschaft* spielte in der Nachkriegsgermanistik bis in die 60er Jahre eine maßgebl. Rolle. K. ging von den europ. Literaturen aus u. wandte sich gegen ein nationalphilolog. Konzept. Die »Ganzheit des einzelnen Werkes« als ein »in sich geschlossenes sprachliches Gefüge« steht im Mittelpunkt. Unter Rückgriff auf phänomenolog. Anregungen (Roman Ingarden, Günther Müller, André Jolles) ging es K. um »Analyse« (des Inhalts, des Verses, der sprachl. Formen) u. »Synthese« (der

Interpretation des Gehalts, des Stils u. der Gattung). Die Poetik gehörte für K. gleichberechtigt neben der Literaturgeschichte zum Kerngebiet der Literaturwissenschaft. Vorbildlich waren für K. die Arbeiten von Ernst Robert Curtius u. Emil Staiger.

Nachdem K. 1950 einem Ruf nach Göttingen gefolgt war, setzte er seine Lehrtätigkeit bis zu seinem plötzl. Tod mit außerordentl. Erfolg fort. Er war Mitgl. der Göttinger Akademie der Wissenschaften u. der Deutschen Akademie für Sprache und Dichtung in Darmstadt.

Die in den 50er Jahren entstandenen Arbeiten K.s machen ebenso wie das *Sprachliche Kunstwerk* deutlich, daß seine Forschungen nur sehr unzureichend charakterisiert sind, wenn sie lediglich im Horizont der »werkimmanenten Interpretation« verstanden werden. K. ging es – dem New Criticism vergleichbar – um die Sinn- u. Funktionseinheit literar. Werke u. deren poetolog. Gesetzlichkeit. Deshalb waren Vers-, Stil-, Gattungs- u. Motivgeschichte bevorzugte Arbeitsfelder (*Die Vortragsreise.* Bern 1958. *Das Groteske in Malerei und Dichtung.* Hbg. 1960). K.s Kunstbegriff ist durch die klass. Autonomieästhetik geprägt. »Im Gebildecharakter des Kunstwerks« erblickte er »eine in sich geschlossene Spielsphäre«, deren Funktion es ist, »den Menschen aus dem Zusammenhang der Realität herauszuführen [...] und für das Mögliche freizuhalten«. In der Darstellung der histor. Stadien des dichterischen Wahrheitsbegriffs nahm Schillers Spielbegriff deshalb eine zentrale Rolle ein (*Die Wahrheit der Dichter.* Hbg. 1959). Das Betonen klass. Kunstvorstellungen – auch im Feld der Romangeschichte: K. erblickte im »Tod des Erzählers« den »Tod des Romans« – hinderte ihn nicht, sich auch mit moderner Literatur u. den zeitgenöss. Institutionen des literar. Lebens zu beschäftigen (*Das literarische Leben in der Gegenwart.* Gött. 1958). K. nahm hier wie in anderen Bereichen der Literaturwissenschaft – etwa in der Verbindung von Interpretation u. literar. Wertung – aktuelle Forschungsrichtungen vorweg. Seine Darstellungskunst u. stilistische Eleganz sind in der Germanistik nach 1945 nur selten erreicht worden.

Weitere Werke: Bürgerlichkeit u. Stammestum in Storms Novellendichtung. Bln. 1938. – O problema dos generos literarios. Coimbra 1944. – Entstehung u. Krise des modernen Romans. Stgt. 1933. – Gesch. des dt. Verses. Bern 1960. – Schiller als Dichter u. Deuter der Größe. Gött. 1960. – *Aufsätze:* Böhmes Natursprachenlehre u. ihre Grundlagen. In: Euph. 31 (1930), S. 521-562. – Sprachform u. Redeform in den Heidebildern der Annette Droste-Hülshoff. In: JbFDH 1936/40, S. 52-91. – Die Entstehung v. Goethes Werther. In: DVjs 19 (1941), S. 430-457. – Lohensteins Sophonisbe. In: GRM 29 (1941), S. 20-39. – Das Problem des Erzählens im Roman. In: GQ 29 (1956), S. 225-238. – *Herausgeber:* Kleines Literar. Lexikon. 3 Bde., Bern 1947. – Goethes Werke. Hamburger Ausg. Bd. 4: Dramat. Dichtungen 2. Hbg. 1953. Mchn. [12]1981. – Dt. Lit. in unserer Zeit. Gött. 1959.

Literatur: Wolfdietrich Rasch: W. K. In: WWort 10 (1960), S. 116 ff. – Werner Vordtriede: W. K. In: Monatshefte 52 (1960), S. 130 f. – Hans Neumann: Gedenkrede. In: W. K.: Schiller als Dichter [...]. a. a. O., S. 32-40.

Wilhelm Voßkamp

Kayssler, Friedrich, * 7. 4. 1874 Neurode/Schlesien, † 24. 4. 1945 Klein-Machnow bei Berlin. – Schauspieler, Dramatiker, Aphoristiker.

K., Sohn eines Arztes, studierte Philosophie, ehe er, eben 20jährig, für die Bühne entdeckt wurde u. als Charakterdarsteller, v. a. in reiferen Jahren, große Erfolge errang. Schon früh schrieb K. Aphorismen, gesammelt u. d. T. *Schauspielernotizen* (Bd. 1, Bln. 1910. Bd. 2, Bln. 1914), die unter Kundigen bald als Besonderheit erkannt u. nach 1933 als Zeugnisse seiner inneren Unabhängigkeit angesehen wurden. Sie bilden zusammen mit K.s gedankenreicher, aber auch oft schlicht liedhaften Lyrik den eigentl. Kern seines Werks u. verdienen auch heute noch Interesse. In einem frühen autobiograph. Text, *Der Pan im Salon* (Bln. 1907), versammelte K. Gedichte, kleine Prosastücke u. Szenen um ein imaginäres Ich.

K.s erstes Bühnenstück war das Märchendrama *Simplicius* (Bln. 1905); es enthält Szenen aus seiner schles. Jugend. Dramaturgisch ein Fortschritt u. ein erster Erfolg war das Lustspiel *Jan der Wunderbare* (Bln. 1917), in dem eine der in Schlesien nicht seltenen Dorfapostel- u. Gottsuchergestalten von allen Phantastereien kuriert wird. Da dieses Stück auf vielen Bühnen nachgespielt wurde, blieb K. beim Lustspiel u. verfaßte mit *Der Brief* (1925) eine Satire auf die in der Nachkriegszeit in die Welt der Künstler vordringenden Geschäftsleute.

Von K.s zahlreichen Bearbeitungen u. Einrichtungen klass. Stücke für zeitgenöss. Bühnen sind die zu Goethes *Götz von Berlichingen* (1916)

u. zu Shakespeares *Cymbeline* (1923) im Druck erschienen. Seine theoret. Überlegungen zur Schauspielkunst u. zur Bühne sammelte K. unter dem Titel *Von Menschentum zu Menschentum* (Bln. 1933) u. *Wandlung und Sinn* (Potsdam 1940).

Ausgabe: Ges. Schr.en in 3 Bdn. Bln. 1930.

Literatur: Julius Bab: F. K. Bln. 1920. *Hermann Schreiber*

Keckeis, Gustav, auch: Johannes Muron, * 27. 3. 1884 Basel, † 10. 3. 1967 ebd. – Erzähler, Herausgeber, Verleger.

Nach wirtschaftswissenschaftl., juristischen u. philologisch-literar. Studien wurde K. 1926 Leiter des Herder Verlags in Freiburg i. Br. 1935 übernahm er die Leitung des Benziger Verlags (Einsiedeln) u. baute ihn zu einem modernen belletristischen Verlag mit Sitz in Zürich aus. 1944–1948 gab er im Encyclios Verlag (Zürich) das siebenbändige *Schweizer Lexikon*, 1953/54 das zweibändige *Lexikon der Frau* heraus. Als Erzähler publizierte K. bis 1945 unter dem Namen Johannes Muron u. machte zunächst mit dem Roman *Die spanische Insel* (2 Bde., Bln. 1926 u. 1928. Neufassung Zürich 1961), einer sehr persönl. Deutung von Leben u. Taten Kolumbus', u. mit den »Oasenbriefen« *Himmel über wanderndem Sand* (Mchn. 1931) von sich reden. Als Werk des antifaschistischen Widerstands wurde der Roman *Das kleine Volk* (Einsiedeln 1939) empfunden, das der Verteidigungsbereitschaft einer belg. Kathedralenstadt im Ersten Weltkrieg ein Denkmal setzt. Ein breitgefächertes Gemälde der bedrohten Schweiz zwischen 1933 u. 1945 liefert *Die fremde Zeit* (Zürich 1947), während *Fedor* (Zürich 1957), gepflegt u. stilsicher wie alle Texte K.', das Schicksal eines apokryphen russ. Zaren aufrollt.

Literatur: Bruno Mariacher (Hg.): ... Dichterisch wohnet der Mensch. Briefe, Erinnerungen u. Beiträge zum 70. Geburtstag v. G. K. Zürich 1954. *Charles Linsmayer*

Keckermann, Bartholomäus, * 1571/72 Danzig, † 25. 8. (oder 7.) 1608 ebd. – Reformierter Theologe u. Philosoph.

K. entstammte einer Kaufmannsfamilie, die in den konfessionellen Konflikten Danzigs auf Seiten der Reformierten stand. Zum Studium wandte er sich nach dem damals vom Kryptocalvinismus beeinflußten Wittenberg (Immatrikulation 4. 5. 1590), dann nach Leipzig (Sommersemester 1592), schließlich nach Heidelberg (Immatrikulation 22. 10. 1592; Magister 27. 2. 1595). Danach wurde K. Lehrer am Heidelberger Pädagogium, seit 1597 auch am dortigen Collegium Sapientiae, u. bereitete junge Studenten auf den Besuch der Kollegien vor. Als Magister las er über Logik u. erhielt 1600 einen Lehrauftrag für hebräische Sprache. Privat behandelte er auch Themen der Dogmatik. Als Licentiatus theologiae (23. 3. 1602) folgte er einem Ruf an das berühmte u. vielbesuchte Gymnasium seiner Heimatstadt. Gelegentlich hielt er hier wohl Predigten, lebte ansonsten aber als Konrektor zurückgezogen von äußeren Geschäften ganz seiner Wissenschaft.

K.s Leistung ist zu verstehen im Problemkontext u. im Transformationsprozeß der aristotel. Philosophie. Sein Interesse zielte v. a. auf die enzyklopäd. Ordnung des verfügbaren Wissens in der Symbiose von Theologie u. Philosophie. Religiös-katechetische u. kontroverstheologische Momente traten ganz hinter dem Bemühen zurück, im Sinne einer methodologisch reflektierten »Neoscholastik« den gesamten Kreis der theoret. u. prakt. Philosophie in ein rational definiertes »System« zusammenzufassen. Verknüpft wurde dabei die auf den Humanismus (Rudolf Agricola, Melanchthon) zurückgehende Technik der top. Wissenstheorie mit Anregungen des Paduaner Philosophen Giacomo Zabarella (1533–1589) u. des frz. Theoretikers Pierre de la Ramée (1515–1572). Auf Zabarella war K. von Freunden an der Universität Altdorf hingewiesen worden.

K. drängte sich die Frage auf, wie ohne kanonische Textbindungen, also ohne ein Kommentationsverfahren älterer Art, das sich ausbreitende Feld des Wissens (»eruditio omnis divina et humana«) pädagogisch, methodisch u. analytisch aufzubereiten u. mittels subsumtionslogisch konzipierter Universalbegriffe bzw. axiomat. Leitsätze (»praecepta«) auf die jeweiligen Prinzipien der einzelnen Disziplinen zu beziehen war. Die Masse des noch nicht als Erkenntnis zu bewertenden Wissens, d. h. den Bereich aller mögl. Einzelphänomene (»cognitio singularium«), bezeichnete K. mit dem Begriff der »Historie«, die auf den Eingriff des systematisierenden Intellekts angewiesen ist.

Den Rahmen für K.s enzyklopäd. Denken bot eine erweiterte Konzeption von »Philosophie«, die er final auf die »totius hominis perfectio« zugeordnet sah: als Grundlagenwissenschaft für alle Wissenschaften, als propädeut. Fach der akadem. Ausbildung u. als Prototyp von »Wissenschaft« überhaupt. Es war der Anspruch metaphys. Spekulation u. log. Rationalität, der für K. theoret. u. prakt. Disziplinen verklammerte. In der Verbindung method. Bewußtseins u. empir. Wissensakkumulation übte K. auf das enzyklopäd. Schrifttum der Folgezeit, bes. auf Johann Heinrich Alsted, einen bedeutenden Einfluß aus. Zu beachten sind weiterhin K.s bemerkenswerte u. zum Teil über die Orthodoxie hinausweisende theolog. Positionen (z. B. Verständnis der Theologie als prakt., d. h. operationaler Disziplin; Theorie der Trinität; Verselbständigung der philosophischen Ethik) wie auch eine intensive Lehrtätigkeit auf dem Gebiet der »philosophia practica« (Ethik, Ökonomie, Politik). Sein als *Systema systematum* von Alsted herausgegebenes Gesamtwerk (Hanau 1613) bietet einen weitausgreifenden Überblick über die Wissensbereiche u. das epistemolog. Verständnis seiner Zeit.

Weitere Werke (Ort, wenn nicht anders angegeben: Hanau): System SS. Theologiae, tribus libris. 1603. 1607. – Praecognitorum Logicorum tractatus. 1606. – Systema Logicae, tribus libris. 1606. – Disputationes Philosophicae. Physicae Praesertim. 1606. – Contemplatio gemina, prior, ex generali Physica de loco; altera ex speciali, de terrae motu. 1607. – Gymnasium Logicum. id est de usu et exercitatione Logicae artis [...] libri 3. London 1606. Hanau 1608. – Systema ethicae tribus libris adornatum et publicis praelectionibus traditum in Gymnasio Dantiscano. 1607. 1619. London 1607. – Praecognita Philosophica. 1607 (darin: Brevis et simplex consideratio controversiae de pugna Philosophiae et Theologiae). – Systema disciplinae politicae. 1608. – Disputationes Practicae. nempe Ethicae, Oeconomicae, Politicae. 1608. – De natura et proprietatibus historiae Commentarius. 1610. – Scientiae Metaphysicae compendiosum systema. 1611. – Systema geographicum. 1611. – Opera Omnia. 2 Bde., Genf 1614. – Systema compendiosum [...] mathematices [...]. 1617.

Literatur: Emil Menke-Glückert: Die Geschichtsschreibung der Reformation u. Gegenreformation. Bodin u. die Begründung der Geschichtsmethodologie durch B. K. Osterwieck 1912. Neudr. Lpz. 1971. – Paul Althaus: Die Prinzipien der dt. reformierten Dogmatik im Zeitalter der aristotel. Scholastik. Lpz. 1916. Neudr. Darmst. 1967. – W. H. van Zuylen: B. K. Sein Leben u. Wirken. Borna/Lpz. 1934. – Theodor Schieder: Briefl. Quellen zur polit. Geistesgesch. Westpreußens, 9 Briefe K.s. In: Altpreuß. Forsch.en 18 (1941), S. 262–275. – Otto Weber: Die Treue Gottes. Ges. Aufsätze II. Neunkirchen 1968, S. 138–141. – F. Goedeking: Die Politik des [...] B. K. Diss. Heidelb. 1972. – Manfred Büttner: Die Geographia Generalis vor Varenius. Wiesb. 1973, S. 172–205. – Arno Seifert: Cognitio Historica. Die Gesch. als Namengeberin der frühneuzeitl. Empirie. Bln. 1976, bes. S. 96 ff. – Walter Sparn: Wiederkehr der Metaphysik. Die ontolog. Frage in der luth. Theologie des frühen 17. Jh. Stgt. 1976. – Joachim Staedtke: K. In: NDB (Lit.). – Wilhelm Kühlmann: Gelehrtenrepublik u. Fürstenstaat. Tüb. 1982, passim. – Wilhelm Schmidt-Biggemann: Topica Universalis. Hbg. 1983, S. 89 ff. u. ö.

Wilhelm Kühlmann

Keerl, Johann Heinrich, * 4. 2. 1759 Heidenheim/Mittelfranken, † 22. 1. 1810 Ansbach. – Dramatiker, Lyriker, Übersetzer, Herausgeber.

K.s Vater war Klosterverwalter u. Kammerrat in Heidenheim. K. besuchte das Gymnasium in Ansbach, studierte in Erlangen die Rechte, wurde Hof- u. Regierungssekretär in Ansbach u. stieg 1795 zum Konsistorialassessor auf. Als die Markgrafschaft Ansbach 1806 zum Königreich Bayern kam, brachte er es bis zum Appellationsgerichtspräsidenten. K. heiratete am 9. 5. 1789 Anna Margarethe Messerer; seine Tochter Amalie, die spätere Frau des Archäologen Joseph Anselm Feuerbach, ist die Mutter des Malers Anselm Feuerbach.

K. entfaltete neben seinen Amtspflichten eine rege schriftstellerische Tätigkeit. Vockes »Ansbachischer Geburts- und Todten-Almanach« verzeichnet allein zehn Werke von ihm. K. verfaßte ein Trauerspiel u. zahlreiche Gelegenheitsgedichte, schrieb pädagog., juristische u. kulturgeschichtl. Schriften, übersetzte u. war Mitherausgeber der popularphilosophischen Zeitschriften »Fränkisches Archiv« u. »Anspachische Monathsschrift«. Seine *Lieder und Gesänge [...]* (Ansbach 1794) wurden mehrfach aufgelegt.

K. gehört zum Kreis bayerischer Spätaufklärer; heute nahezu vergessen, war er weit über Ansbach hinaus eine bekannte u. geschätzte Persönlichkeit.

Weitere Werke: Atabaliba oder der Sturz des Inka's. Nürnb. 1788 (Trauersp.). – Fränk. Unterhaltungen zum Nutzen u. Vergnügen. Bde. 1–4, Schwabach 1790–94. – Empfindungen, Entschlüsse, u. Beschäftigungen gutgearteter Kinder. Ansbach 1794. – Houels Reisen durch Sicilien, Malta u. die Lipar. Inseln. 6 Tle., Gotha 1797–1809 (Übers.). – Gedichte. 2 Bde., Fürth 1802/03. – Siciliens vorzüglichste Münzen u. Steininschriften aus dem Alterthum. 2 Tle., Gotha 1802–05.

Friedhelm Auhuber

Kegel, Max, * 6. 1. 1850 Dresden, † 10. 8. 1902 München. – Lyriker, Satiriker, Journalist.

K., unehel. Sohn einer Näherin, absolvierte nach seiner Schulzeit eine Buchdruckerlehre u. bildete sich autodidaktisch in Volkswirtschaft u. Literatur weiter. 1869 trat er der Sozialdemokratischen Arbeiterpartei bei u. war, gefördert von August Otto-Walster, für die Arbeiterpresse (»Dresdner Volksbote«) tätig. Zwei Jahre darauf gründete er das sozialdemokratische Witzblatt »Der Nußknacker«, ein Beiblatt der »Chemnitzer Freien Presse«, deren Redaktion er 1873-1878 angehörte. Weitere Neugründungen von Presseorganen für die Arbeiterschaft ereilte immer wieder das Verbot, so auch 1881 »Hiddigeigei«, K.s satir. Beiblatt zur »Dresdner Abendzeitung«. Seit 1882, nach wiederholten Gefängnisstrafen in München ansässig, leitete er den »Süd-Deutschen Postillon« (bis 1888); danach war er Mitredakteur bei »Der wahre Jakob«. Beide satir. Blätter hatten einen größeren Abonnentenstamm als der »Kladderadatsch«.

K.s schriftstellerisches Werk ist geprägt von seinen Erfahrungen in der sozialdemokratischen Pressearbeit. Neben dem Lustspiel *Preßprozesse oder Die Tochter des Staatsanwalts* (Zürich 1876) u. der Novelle *Robert der Vereinsteufel* (Mchn. 1883) verfaßte er v. a. sozialkrit. Lyrik oft satir. Charakters, die er in den drei Bänden *Freie Lieder* (Chemnitz 1878), *Sozialdemokratisches Liederbuch* (Stgt. 1891) u. *Gedichte* (Stgt. 1893) zusammenfaßte. 1889 würdigte er *Ferdinand Lassalle* in einer *Gedenkschrift zu seinem 25jährigen Todestag* (Stgt.). 1890 gab er die sozialkrit. Gedichtanthologie *Lichtstrahlen der Poesie* (Stgt.) heraus. Bekannt wurde K.s »Sozialistenmarsch« von 1891 zum Erfurter Parteitag; er löste Audorfs *Arbeitermarseillaise* ab.

Ausgabe: M. K. Ausw. aus seinem Werk. Hg. Klaus Völkerling. Bln./DDR 1974.

Literatur: Ursula Münchow: M. K. In: Dies.: Arbeiterbewegung u. Lit. 1860-1914. Bln./DDR 1981, S. 68-82.

Günter Häntzschel

Kehr, Eckart, * 25. 6. 1902 Brandenburg, † 29. 5. 1933 Washington; Urnengrabstätte: Glückstadt/ Elbe. – Historiker.

Der Sohn des Direktors der Brandenburger Ritterakademie u. Neffe des Generaldirektors der Preußischen Staatsarchive promovierte 1927 in Berlin bei Friedrich Meinecke (*Schlachtflottenbau und Parteipolitik 1894-1901*. Bln. 1930. Neudr. Vaduz 1966) u. untersuchte anschließend das Verhältnis von Kapital u. Militärwesen, v. a. im Preußen der Reformära. Zu diesem Schwerpunkt erarbeitete er im Auftrag des Preußischen Geheimen Staatsarchivs eine mehrbändige Aktenedition; die bereits fertiggestellten Bände über die preuß. Finanzpolitik zwischen 1806 u. 1815 durften nach 1933 nicht erscheinen. Seit 1929 las K. an der Hochschule für Politik in Berlin. In seinen strikt sozialhistorisch ausgerichteten Aufsätzen, die geschlossen erst 1965 abgedruckt wurden (*Der Primat der Innenpolitik*. Bln. Neudr. 1970), vertrat er gegenüber der traditionellen preußisch-dt. Geschichtsschreibung u. der Verleugnung der dt. Schuld am Ersten Weltkrieg einen krit. Ansatz, wodurch er nicht nur methodisch in Gegensatz zur geistes- u. politikgeschichtlich orientierten histor. Wissenschaft seiner Zeit geriet. Er bekämpfte die noch von Ranke herrührende Überbewertung außenpolit. Probleme, betonte demgegenüber die Bedeutung privatwirtschaftl. Interessen für die Geschichte einer Nation u. verfocht einen »Primat der Innenpolitik«. 1931 scheiterte er mit seinem Habilitationsversuch in Königsberg bei Hans Rothfels; Anfang 1933 ging er als Stipendiat der Rockefeller-Stiftung in die USA.

K.s Werk wurde nach 1933 nicht rezipiert u. erst in den 60er Jahren neu entdeckt; die sozialwissenschaftlich orientierte Geschichtswissenschaft, namentlich die Bielefelder Schule, wurde von ihm stark angeregt.

Weitere Werke: Preuß. Finanzpolitik 1806-10. Quellen zur Verwaltung der Ministerien Stein u. Altenstein, bearb. v. E. K. Hg. Hanna Schissler u. a. Gött. 1984.

Literatur: Hanns-Ulrich Wehler: Einl. In: E. K.: Der Primat der Innenpolitik. a. a. O. – Ders.: E. K. In: Dt. Historiker. Bd. 1, Gött. 1971, S. 100-113.

Michael Erbe

Keilson, Hans, auch: Alexander Kailand, Benjamin Cooper, * 12. 12. 1909 Bad Freienwalde. – Erzähler, Essayist, Lyriker.

Der aus einer jüd. Familie stammende K. studierte Medizin u. Sport in Berlin. 1936 emigrierte er in die Niederlande, wo er sich während der Besetzung verborgen hielt u. als Arzt den Widerstand unterstützte. Vom Kriegsende bis 1979 leitete K. die Hilfsorganisation Le Ezrad Ha Jeled (für die Betreuung jüd. Waisenkinder). Nach einigen Jahren als Kinderpsychiater an der Amsterdamer Klinik wirkte er als Psychoanalytiker in Bussum, wo er zahlreiche wissenschaftl. Schriften zu Problemen der Psychoanalyse vefaßte (u. a. *Sequentielle Traumatisierung bei Kindern. [...].* Stgt. 1979). 1986-1988 war K. Präsident des PEN-Zentrums deutschsprachiger Autoren im Ausland.

1933 erschien in Frankfurt/M. K.s autobiograph. Roman *Das Leben geht weiter* (Neuaufl. Ffm. 1984). Nach dem Krieg veröffentlichte er die Erzählung *Komödie in Moll* (Amsterd. 1948. Ffm. 1988), die in einer kühnen Gratwanderung zwischen Tragödie u. makabrer Komik Ereignisse aus antifaschistischem Widerstand u. Judenverfolgung schildert. Der bereits 1942 begonnene Roman *Der Tod des Widersachers* (Braunschw. 1959. Ffm. 1989), der in Deutschland zunächst nahezu unbeachtet blieb, fand in den USA große Zustimmung der literar. Kritik. Der fiktive Erlebnisbericht erzählt von der Haßliebe eines verfolgten Juden zu seinem »Widersacher«, dem faschistischen Diktator. Erst nach der Wiederveröffentlichung dieser Hauptwerke in den 80er Jahren wurde K. auch in Deutschland als ein bedeutender Autor der dt.-jüd. Exilliteratur neu entdeckt. Nach zahlreichen essayistischen u. poetischen Beiträgen in Sammelwerken trat er mit dem Band *Sprachwurzellos* (Gießen 1987) auch als Lyriker hervor.

LITERATUR: Hans Kricheldorff: Metaphysik des Bösen. In: NDH 6 (1960). *Heinrich Detering*

Keim, Franz, * 28. 12. 1840 Stadl-Paura/Oberösterreich, † 26. 6. 1918 Brunn am Gebirge/Niederösterreich. – Dramatiker, Lyriker.

Der Sohn eines Bahnhofswirts studierte in Wien u. Zürich (u. a. bei Vischer), war aber aus finanziellen Gründen zum Abbruch gezwungen. Nachdem K. verschiedene Berufe ausgeübt hatte, schloß er 1875 das Studium mit der Lehramtsprüfung ab. Bis 1898 war er als Gymnasiallehrer in St. Pölten tätig u. lebte danach als freier Autor in u. bei Wien.

Laubes Inszenierung der *Sulamith* (Wien 1875) verhalf K. 1876 zum Durchbruch als Dramatiker, der sich später in Anlehnung an Anzengruber u. Rosegger dem Volksstück mit Stoffen aus der Geschichte u. Sagenwelt der Wachau zuwandte (u. a. *Die Spinnerin am Kreuz.* Wien 1892). Der Gedichtzyklus *Stefan Fadinger. Ein deutsches Bauernlied auf fliegenden Blättern* (Wien 1885) beschreibt Situationen aus dem Bauernkrieg. *Lieder aus der weiten Welt* (Linz 1902) versammeln Balladen, Gelegenheitslyrik u. eine kleine Gruppe von oberösterr. Mundartliedern.

WEITERE WERKE: Königsrichter. Lpz. 1879 (D.). – Die Amelungen. Dresden 1904 (D.). – Ges. Werke. 5 Bde., Mchn. 1912.

LITERATUR: Gerhard Ressel: F. K.s Leben u. Schaffen. Diss. Prag 1926. – Oskar Scholz: F. K. als Dramatiker. Diss. Wien 1928. – Gerhard Winkler: K. In: NDB. *Helmut Blazek*

Keim, Theodor, * 17. 12. 1825 Stuttgart, † 17. 11. 1878 Gießen. – Theologe.

Als Tübinger Student geprägt von der Theologie Baurs, wirkte K. 1856-1860 als Pfarrer in Esslingen, dann als Theologieprofessor in Zürich u. seit 1873 in Gießen. Nach Forschungen zur schwäb. Reformationsgeschichte wandte er sich der Geschichte des Urchristentums u. bes. der Frage nach dem histor. Jesus zu, die zu seinem Lebensthema wurde.

In Auseinandersetzung mit der Orthodoxie wie mit David Friedrich Strauß entwarf er in der *Geschichte Jesu von Nazara* (3 Bde., Zürich 1867-72) eine »menschliche Auffassung Jesu ohne Verzicht auf seine Hoheit«. Das Werk stellt nach dem Urteil Albert Schweitzers nicht nur eines der theologisch bedeutendsten »Leben Jesu« dar, sondern auch eine beachtliche künstlerische Leistung: »Schöneres und Tieferes hat niemand mehr über die Entwicklung Jesu geschrieben.« Die Kurzfassung *Geschichte Jesu nach den Ergebnissen heutiger Wissenschaft für weitere Kreise übersichtlich erzählt* (Zürich 1873. Bearbeitet 1875) erreichte breite Leserschichten; ihre literarische Wirkung reichte bis in die Konzeption von Wilhelm Raabes Roman *Im alten Eisen.*

WEITERE WERKE: Die Reformation der Reichsstadt Ulm. Stgt. 1851. – Schwäb. Reformationsgesch. Tüb. 1855. – Der geschichtl. Christus. Zürich 1865 u. ö. – Eine Reihe v. Vorträgen. Zürich 1866. – Aus dem Urchristentum. Zürich 1878. – Rom u. das Christentum. Bln. 1881.

LITERATUR: Albert Schweitzer: Gesch. der Leben-Jesu-Forschung. Tüb. 91984. *Heinrich Detering*

Keiman, Christian, * 27. 2. 1607 Pankraz/Böhmen, † 13. 1. 1662 Zittau; Grabstätte: ebd., St. Johanniskirche. – Pädagoge; Dramatiker u. Kirchenlieddichter.

Der Pfarrerssohn besuchte in Zittau, in das sein Vater vor der Gegenreformation geflohen war, das Gymnasium. Seit 1627 studierte er in Wittenberg; dort förderten ihn der klass. Philologe Erasmus Schmidt sowie Buchner, der die akadem. Rede veröffentlichte, die K. 1634 nach Erlangung des Magistergrads hielt (*Oratio de exercitatione styli*). 1634 berief die unter der Pest u. plündernden Soldaten leidende Stadt Zittau K. zum Konrektor ihres Gymnasiums; 1639 wurde er Rektor. Er wirkte erfolgreich für eine Reform des Gymnasialunterrichts. 1651 wurde er zum Dichter gekrönt.

K. verfaßte vielbenutzte Schulbücher für die Fächer Rhetorik, Logik u. Arithmetik. Die griech. (*Tabulae declinationum [...] apud Graecos*. Lpz. 1649. ³1683) u. die lat. Grammatik (*Enchiridion grammaticum latinum*. Jena 1649) blieben – in den Redaktionen von Elias Weise (1666) u. Christian Weise (1681 u. ö.) – bis ins 18. Jh. Lehrbücher am Zittauer Gymnasium.

Seine poetische Begabung nutzte K. in Merkversen zu pädagog. Zwecken: so verfaßte er eine »Kleine Gedächtnüß-Bibel« *Mnemosyne sacra* (Görlitz 1656. Lpz. ²1652) u. die dreisprachige Sentenzensammlung *Micae evangelicae* (Zittau 1655. Stettin ⁴1687), die Hauptgedanken des NT je in einem griech., lat. u. dt. Epigramm resümiert.

Für das Schultheater lieferte K. Spieltexte (*Vier Schauspiele*. Zittau 1657), häufig nach bibl. Stoffen: dabei griff er auf Vorlagen zurück, die er übersetzte u. bearbeitete, (*Samuel* nach Johann Förster, 1646; *Susanna* nach Frischlin, 1648) oder dichtete selbst (*Junger Tobias*. Freiberg 1641. *Der neugebohrne Jesus, den Hirten und Weisen offenbahret*. Görlitz 1646. Neudr. von Paul Markus in: Neues Lausitz. Magazin 112, 1936, S. 21-75). In die Stücke sind geistl. Lieder eingefügt; die große Wertschätzung, die K. als Kirchenlieddichter (z. B. *Freuet euch ihr Christen alle*, *Meinen Jesum laß ich nicht*) bei den Zeitgenossen fand, dauert bis heute fort.

WEITERE WERKE: Historia Iohannis Baptistae heroico metro comprehensa. Wittenb. 1630. – Rhetorica [...] versibus inclusa hexametris. [1639]. Lpz. ²1659. – Compendium logices [1639]. Lpz. ²1652. – Arithmetica practica. Görlitz 1639 (mit der Logik vereinigt zu: Paedia scholastica compendiosa. Görlitz 1648). – Rechen-Büchlein. Lpz. 1641. – *Bearbeiter:* Melchior Gerlach. Sententiarum sacrarum centuriae duae. Dresden 1635. – Johann Possel: Evangelia et Epistolae. Lpz. 1649. 1683. – Andreas Wittwer: Onomatographia consulum Zittanorum. Zittau 1656. – Gideon Hoffmann: Wechsel-Büchlein. Zittau 1658. – Augustin Preis: Analysis evangeliorum. Zittau 1659. – (Gelegenheitsgedichte, Programme u. Reden in der Stadtbibl. Zittau).

LITERATUR: Christian Weise: Memoria Christiani Keimani. Zittau 1689. – Heinrich Julius Kämmel: C. K. Programm Zittau 1856. – Heinrich Julius Kämmel: K. In: ADB. – Theodor Gärtner (Hg.): Quellenbuch zur Geschichte des Gymnasiums in Zittau. Bd. 1, Lpz. 1905, S. 88-90. *Achim Aurnhammer*

Kein, Ernst (Aloysius), * 27. 11. 1928 Wien, † 21. 1. 1985 ebd.; Grabstätte: ebd., Ottakringer Friedhof. – Lyriker, Erzähler, Feuilletonist, Hörspielautor.

K., Sohn eines Mechanikermeisters, war als 16jähriger bei der Fliegerabwehr. Das Studium der Theaterwissenschaften, Publizistik u. Psychologie in Wien beendete er kurz vor dem Abschluß. Er gehörte dem Kreis um die Zeitschrift »Neue Wege« (bis 1951) an u. lebte ab 1955 als freier Schriftsteller.

Zusammen mit Artmann u. Rühm ist K. der Begründer einer neuen Wiener Dialektdichtung. Seine scherzhaften Kurzgedichte voll schwarzen Humors u. seine Glossen (u. d. T. *weana schbrüch*, *Herr Strudl* u. *Harbe Sprüch* in: Neue Kronen Zeitung. *Weana Schbrüch*. Salzb. 1990) ließen K. als »Dichter ernster moderner Lyrik« (Okopenko) weitgehend in Vergessenheit geraten. Friedrich Cerha vertonte u. d. T. *Keintate* (Urauff. 1983) Sprüche aus dem *Wiener Panoptikum* (Wien/Mchn. 1970) u. der *Wiener Grottenbahn* (ebd. 1972).

K. erhielt 1958 u. 1976 den Österreichischen Staatspreis, 1971 den Preis der Stadt Wien u. 1974 den Theodor-Körner-Preis.

WEITERE WERKE: Alltagsgesch.n. Wien 1959. – Die Meute. Salzb. 1961 (E.en). – Die Verhinderung. Salzb. 1966 (R.). – Kein Buch. Bln. 1967. – Ausflug zur Grenze. Wuppertal/Barmen 1970. – Wohnhaft in Wien. Wien/Mchn. 1976 (Skizzen). – Die kleinen Freuden der Wiener. Wien/Mchn. 1983. – Wirtshausgesch.n. Wien/Mchn. 1986. – Die dritte Art der Raserei. Visuelle Gedichte. In: protokolle 2 (1988), S. 42-69.

LITERATUR: Andreas Okopenko: Der unbemerkte Meister. In: Die Presse, 25./26. 1. 1986. – Ders.: E. K.s hochsprachige Lyrik. In: Freibord, H. 57 (1987) S. 74-94 (mit bisher unveröffentl. Gedichten). *Martin Grill*

Keller, Gottfried, * 19. 7. 1819 Zürich, † 15. 7. 1890 ebd.; Grabstätte: ebd., Friedhof Sihlfeld. – Lyriker, Erzähler u. Romancier. (Bildkapitel S. 285–296)

K. wuchs mit seiner drei Jahre jüngeren Schwester Regula in bescheidenen Verhältnissen auf. Der frühe Tod (1824) des Vaters, eines angesehenen Drechslermeisters, u. der Verweis von der Schule im Alter von 15 Jahren drängten den jungen K. in ein – zwar begeistertes, aber zutiefst verunsichertes – Autodidaktentum. Er sah sich zum Maler berufen, u. unter großen finanziellen Opfern ermöglichte ihm die Mutter, 1840 zur Ausbildung in die Künstlerstadt München zu reisen. Der Aufenthalt war jedoch von materieller Not u. verzweifeltem künstlerischem Bemühen gezeichnet; 1842 kehrte K. niedergeschlagen nach Zürich zurück.

Angeregt vom »Ruf der lebendigen Zeit«, einem radikalen Liberalismus, wandte sich K. im Kreis von August Follen, Herwegh, Hoffmann von Fallersleben u. Freiligrath schriftstellerischer Tätigkeit zu; 1846 erschien der Band *Gedichte* (Heidelb.). Mit K.s Liebe zu Henriette Keller, Marie Melos u. Luise Rieter begann eine lange Reihe durchweg unglückl. Liebschaften (Johanna Kapp, Betty Tendering, Luise Scheidegger). 1848 erhielt K. ein Stipendium der Zürcher Regierung u. zog nach Heidelberg. Er hörte Vorlesungen Henles zur Anthropologie u. Literaturgeschichte bei Hettner, seinem späteren Freund u. Briefpartner. Entscheidend für sein zukünftiges Schaffen war die Begegnung mit Feuerbach, dessen Religionsphilosophie K. vom traditionellen Christentum abkehrte u. ihn zu einer auf die göttl. Kräfte im Menschen ausgerichteten Weltfrömmigkeit bewog.

Ein weiteres Stipendium ermöglichte K. 1850 die Reise nach Berlin. Die folgenden fünf Jahre waren die weitaus fruchtbarsten in K.s Leben. 1851 erschien der Band *Neuere Gedichte* (Braunschw.), 1853 entstand die erste Fassung des *Apothekers von Chamounix*. Das Hauptwerk dieser Jahre ist jedoch der Roman *Der grüne Heinrich* (4 Bde., Braunschw. 1854/55), dessen Entstehung sich über fünf qualvolle Jahre hinzog. Leichter gelangen die Erzählungen, die den ersten Band der *Leute von Seldwyla* (Braunschw. 1856) ausmachen. Das Drama *Therese* blieb Fragment; zeitlebens hoffte K., als Dramatiker hervorzutreten, mußte sich aber damit begnügen, als »Shakespeare der Novelle« (Heyse) gefeiert zu werden.

1855 kehrte K. nach Zürich zurück u. war finanziell erneut von seiner Mutter abhängig. Ein Lichtpunkt dieser dichterisch eher unproduktiven Jahre war der Verkehr mit Friedrich Theodor Vischer, Gottfried Semper, Paul Heyse u. Richard Wagner. 1861 trat die große Wende ein: K. übernahm das Amt des ersten Staatsschreibers. Pflichterfüllt diente er der Öffentlichkeit 15 Jahre lang u. bemühte sich, seine Schuld gegenüber der Mutter († 1864) u. der Schwester, die ihm die Haushälterin ersetzte, abzutragen. Die Jahre 1870-1881 sahen die Ausarbeitung früherer Entwürfe. 1872 erschienen die *Sieben Legenden*, 1874 *Die Leute von Seldwyla* in vier Bänden u. 1877 *Züricher Novellen* (alle Stgt.). 1876 trat K. von seinem Amt zurück u. widmete sich der Neubearbeitung des *Grünen Heinrich* (Stgt. 1879/80). Schließlich folgten 1881 *Das Sinngedicht*, 1883 *Gesammelte Gedichte* u. 1886 der Roman *Martin Salander* (alle Bln.). Diese Jahre wurden bereichert durch den Briefwechsel mit Storm u. Heyse sowie die Freundschaft mit Böcklin. Nach 1882 zerfielen K.s Gesundheit u. künstlerischer Wille zusehends; zwei Jahre nach seiner Schwester verschied er nach langer Krankheit.

K. ist einer der wichtigsten Vertreter des bürgerl. Realismus. Der Einfluß der Romantiker weicht zunehmend einem von Goethe inspirierten Weltbild, während der Jean Pauls in gewandelter Form fortbesteht. Nach der Begegnung mit Feuerbach entwickelt K. ein bejahendes u. zgl. krit. Verständnis menschl. Existenz. Immer wieder kreisen K.s Werke um das Individuum innerhalb des gesellschaftl. Systems. Hauptthemen sind individual- u. sozialpsycholog. Prozesse, lebensbestimmende Faktoren wie Armut, Familienleben, Erziehung, Arbeit u. bes. die Frage, inwiefern sich individuelle Natur in das kulturelle Gefüge, die bürgerl. Ordnung einordnen kann oder soll. Nicht zuletzt befaßt sich K. auch mit der dichterischen Einbildungskraft. Im Sinne des poetischen Realismus besteht K. einerseits auf einer Kunst, die den zeitgenöss. Gegebenheiten entspricht, der »Dialektik der Kulturbewegung« Rechnung trägt, andererseits verteidigt er die »Reichsunmittelbarkeit der Poesie«.

K.s Bekenntnis zu einer gesellschaftlich engagierten Kunst zeigt sich v. a. in seiner zugängl. Erzählweise. Einfache Formen – Dorfgeschichte, Märchen, Parabel – verbinden sich mit humoristisch gefärbter Erzählhaltung, die sich gerne der Umgangssprache, sprichwörtl. Wendungen u. leicht faßl. Symbolik u. Allegorik bedient. Sein Schaffen zeigt z. T. stark ausgeprägte didakt. Züge: »Liederliche« Subjektivisten entwickeln sich zu verantwortungsbewußten Bürgern. K. verwahrt sich jedoch gegen eine unreflektierte Idealisierung u. Idyllisierung. So schloß er etwa seine didaktisch angelegten Kalendergeschichten *Der Wahltag* u. *Verschiedene Freiheitskämpfer* von seiner Werkausgabe von 1889 aus.

Bis ins 20. Jh. wird K.s Werk als intensivstes dichterisches Erfassen der Wirklichkeit gefeiert. Allerdings bemerkt bereits Storm, daß K.s Erzählweise etwas Befremdendes anhängt – »er hat keinen Glauben an das, was er vorträgt«. Er weist damit auf Spannungen hin, die die K.-Forschung im 20. Jh. aufgreift. Die Problematik des tragisch gespaltenen Künstlers, dessen fast zwergenhafter Wuchs geradezu symbolisch für das Gefühl der Unzulänglichkeit steht, Triebhaftigkeit u. ödipale Verdrängung werden in den Mittelpunkt gerückt, wobei sowohl dem psych. Schulderlebnis als auch dem materiellen Schuldverhältnis eine zentrale Rolle zukommt. In Hinsicht auf die Stilhaltung hat sich die Akzentuierung von K.s versöhnendem Humor eingebürgert, zgl. werden die grotesken, skurrilen Züge u. K.s Mißtrauen gegenüber der Literatur hervorgehoben. Diese Tendenzen dienen einem neuen Verständnis von K.s Kunst, die in ambivalenter Weise sich gesellschaftlich u. künstlerisch verpflichtet u. zgl. ironisch gebrochen von ihren Verbindlichkeiten distanziert.

Der grüne Heinrich ist stark autobiographisch geprägt. Die zweite Fassung ist eine reine Ich-Erzählung: Heinrich Lee verliert in jungen Jahren den Vater u. wächst unter mütterl. Obhut auf. Seine Einbildungskraft kompensiert – v. a. nach dem Verweis von der Schule – die bedrückende Wirklichkeit. Während der Aufenthalte bei ländl. Verwandten entfaltet sich seine Liebe zu Anna u. Judith. Anna spricht den »besseren geistigeren Teil« an, während er in der älteren u. sexuell erfahrenen Judith leibhafter Wirklichkeit begegnet. Nach dem Tod der kränkl. Anna scheidet er auch von Judith, die nach Amerika auswandert. In München versucht er, als Kunstmaler Karriere zu machen. Aber seine Versuche sind einerseits in einem leblosen Detailrealismus befangen, andererseits sind sie bloß das »Herausspinnen einer fingierten, künstlichen, allegorischen Welt aus der Erfindungskraft«. Entmutigt beschließt Heinrich, in die Schweiz zurückzukehren. Unterwegs lernt er Dortchen Schönfund kennen, bringt es aber nicht über sich, ihr seine Liebe zu erklären. Zu Hause angelangt, findet er die Mutter dem Sterben nahe. Er sucht seine Schuldgefühle abzutragen, indem er ein Amt übernimmt. Mit der aus Amerika zurückgekehrten Judith verbindet ihn weiterhin enge Freundschaft. So findet die zweite Fassung ihren versöhnlichen, wenngleich melancholischen Ausgang. – Die erste Fassung ist hauptsächlich als Er-Erzählung konzipiert u. fängt mit Heinrichs Reise nach München an. Die Münchner Episoden werden durch den langen Einschub seiner »Jugendgeschichte« (in Ich-Form) unterbrochen. Er kehrt desillusioniert in die Schweiz zurück. Die Mutter ist bei seiner Ankunft bereits tot. Von Schuldgefühlen heimgesucht, findet er keinen Willen zum Leben mehr; der Roman schließt mit seinem Tod.

Verglichen mit der zweiten Fassung ist die erste leidenschaftlicher u. farbenreicher. Die Angriffe auf Kirche, Schule u. Staat sind heftiger, die berühmte Badeszene bringt Judiths Sinnlichkeit stärker zur Geltung. Beiden Fassungen gemeinsam ist die Heinrichs Lebenserfahrung durchziehende Problematik des Verhältnisses zwischen Realität u. Einbildungskraft. Der zweiten Fassung kommt bes. Bedeutung zu, indem mit der durchgehaltenen Ich-Erzählung die Frage nach einer der sozialen u. psycholog. Erfahrung adäquaten Schreibweise grundsätzlich thematisiert wird: Heinrichs Bericht ist nicht bloß souveräner Rückblick, sondern wirft die Frage auf, wie mittels der Sprache die Realität zu gestalten ist. Das Thema des Romans findet somit seinen reflexiven Niederschlag im erzählerischen Prozeß.

Im Zyklus *Die Leute von Seldwyla* stehen Parabel, Märchen, Satire, realistische Erzählungen nebeneinander u. setzen sich mit gesellschaftl. Bedingungen u. Normen, mit moralischen u. eth. Werten auseinander. Seldwyla ist z. T. nach schweizerischen Urbildern modelliert, fungiert aber als utopisch konstruierter Schauplatz, auf dem der trag. oder kom. Konflikt gegensätzl. Kräfte ausgetragen wird. In *Pankraz der Schmoller* oder *Frau Regel Amrain und ihr Jüngster* stehen die Werte des bürgerl. verantwortungsvollen Lebens, persönl. Entsagung u. Einfügung in die kollektive Ordnung, in scharfem Gegensatz zum Seldwyler Ethos einer sorglosen Gemütlichkeit. Ebenso kontrastiert *Die drei gerechten Kammacher*, eine meisterhafte Mischung von Parabolik u. Groteske, das unmenschlich zielstrebige Arbeitsethos der drei Außenseiter mit der ebenso entwürdigenden frivolen Lebensweise der Seldwyler. Das Märchen *Spiegel, das Kätzchen* spricht von der Macht des Geldes. – K.s erzählerische Stellungnahme ist oft keineswegs eindeutig, sondern ambivalent gespalten. *Pankraz* zeigt zwar die Struktur der Besserungsnovelle, verschweigt aber nicht den seel. Preis der Selbstbezwingung: den Verlust persönl. Glückserfüllung. Unauflösbare Widersprüchlichkeit spiegelt sich v. a. in *Romeo und Julia auf dem Dorfe*. Die Dorfgeschichte, die das Shakespearesche Motiv »in neuem Gewande« verarbeitet, durchleuchtet den Konflikt zwischen Leidenschaft u. bürgerl. Ordnungsbedürfnis, der die Liebenden in den Tod treibt. In vielfachen Variationen durchziehen die Motive »wild« u. »ordentlich« die Erzählung. – Wie die Einleitung zum zweiten Band darlegt, ist sich K. als Erzähler in den 70er Jahren durchaus bewußt, daß die prosaische Wirklichkeit des kapitalistischen Wirtschaftssystems keinen poetischen Nährboden gewährt; er sucht daher in »den guten alten Tagen« eine erzählerische »Nachernte« zu halten. Die nachfolgenden Geschichten feiern jedoch keineswegs eine heile Welt, sondern greifen gesellschaftskrit. Thematik auf. In *Kleider machen Leute* geht es um die Rolle des Scheins innerhalb der gesellschaftl. Wirklichkeit u. die Frage, inwiefern überhaupt noch von authent. Sein gesprochen werden kann. *Der Schmied seines Glükkes* belustigt sich über die fehlschlagenden Berechnungen von John Kabys, wirft aber zgl. in der Figur Adam Litumleis ein krit. Licht auf die Gründerzeit. *Die mißbrauchten Liebesbriefe* rechnen satirisch mit einer vom Novellenfieber erfaßten Kultur ab. *Dietegen* u. *Das verlorene Lachen* lassen die Kraft der Liebe über persönl. Zwist u. histor. kulturelle Krisen siegen, so daß das düstere Weltbild des *Seldwyla*-Zyklus am Ende einer versöhnenden Perspektive weicht.

Die *Sieben Legenden* waren z. T. bereits 1858 entworfen. Der Zyklus bekundet den Einfluß Feuerbachs: K. dichtet Kosegartens fromme *Legenden* (1804) in heiter parodistischer Weise um u. durchbricht ideolog. Denkmuster. Das Heilige wird humanisiert – die Mutter Gottes greift verständnisvoll in menschl. Wirren ein. In seiner poetischen Ausgelassenheit wendet sich der Zyklus gegen den »Terrorismus des äußerlich Zeitgemäßen« (19. 5. 1872 an Vischer). Beachtenswert ist v. a. das abschließende *Tanzlegendchen*. Der christl. Himmel wird vom fröhl. Treiben der heidn. Musen erfüllt, u. die Hl. Jungfrau will dafür sorgen, daß sie im Paradies bleiben können. Aber beim Gesang der Musen geraten die Himmlischen derart außer Rand u. Band, daß die »allerhöchste Trinität« die Musen für immer verbannt. Damit bricht die anvisierte Synthese von musischem Eros u. christl. Ordnung letztlich auseinander.

Die *Züricher Novellen* bestehen aus fünf Novellen u. einer Rahmengeschichte, die die ersten drei Erzählungen umspannt. *Hadlaub* erzählt, wie die Manessische Liederhandschrift zustande kam, u. schildert die Liebe, die Hadlaub u. Fides über alle Klassenunterschiede hinweg zusammenführt. Der Akt sorgsamen Sammelns u. Bewahrens des Kulturguts sticht ab gegen die zerstörerischen geschichtl. Mächte, die im Hintergrund spürbar werden. Die Erzählung beeindruckt v. a. durch die subtil arrangierten Motive von Helle u. Dunkelheit, eine Metaphorik, die auch im *Narr auf Manegg* die Handlung symbolisch untermauert: Düstere Kräfte u. geschichtl. Wandel können das strahlende Licht der kulturellen Leistung nicht zerstören. *Der Landvogt von Greifensee* spricht in milder Resignation vom verpaßten u. doch kostbaren individuellen Leben. Der Junggeselle Salomon Landolt vereint an einem Tag die fünf geliebten Frauen seines Lebens um sich; in sich geschlossene Kapitel bringen uns in bewegendem Detail die Frauengestalten näher. Wiederum durchziehen helle u. dunkle Motive die Erzählung u. spiegeln die Vergänglichkeit menschl. Existenz. – Die Rahmengeschichte ist didaktisch angelegt, stellt jedoch zgl. bildende Kräfte in Frage: Unter der Leitung des Oheims wird Jacques zwar von seiner Sucht, ein Original, der Ovid des 19. Jh. zu werden, geheilt, aber als Verwalter von Stipendien fördert er später v. a. künstlerische »Bescheidenheit«, d. h. Mittelmäßigkeit. Auch im *Fähnlein der sieben Aufrechten* ist der didakt. Einschlag nicht zu übersehen. Die Geschichte huldigt einem optimistischen Patriotismus, den K. später als bereits überholt empfand. *Ursula* nimmt abschließend die Motive von hell u. dunkel wieder auf: Die Kraft der Liebe u. der in Zwingli verkörperten Menschlichkeit siegt über die Dunkelheit religiöser Wirren u. persönl. Zwistes.

Das *Sinngedicht*, eine zyklisch angelegte Novelle, geht auf erste Entwürfe in den frühen 50er Jahren zurück. Auf der Suche nach der idealen Frau begegnet Reinhart, der junge Gelehrte, der selbstsicheren Lucie; die beiden finden zusammen, indem sie einander kontrastierende Liebesgeschichten erzählen u. deren Sinn z. T. gegenseitig kommentieren. Für die frühere Forschung kreisen die Binnennovellen um das Verhältnis zwischen Natur u. Kultur, wohingegen neuere Interpretationen den Schwerpunkt v. a. in der Antithese von Schein u. Sein, Wirklichkeit u. Vorstellung sehen. *Das Sinngedicht* zeugt von höchstem Kunstwillen: Rahmen u. Binnennovellen sind subtil ineinander verflochten, lichte u. dunkle Perspektiven lösen sich gegenseitig ab, symbolische u. allegor. Elemente sind stark ausgeprägt.

K.s *Gesammelte Gedichte* zeigen, daß sein lyr. Schaffen längst nicht an die Bedeutung der erzählerischen Prosa heranreicht, mit der es thematisch jedoch eng verbunden ist: Das Naturerlebnis u. das Bekenntnis zum Staat sind von zentraler Bedeutung. Zu den bekanntesten Gedichten, denen es aber zuweilen auch an lyr. Intensität, melod. Klang fehlt, zählen *Abendlied an die Natur*, *Winternacht*, *Jugendgedenken*, der Zyklus *Lebendig begraben*, *Die Zeit geht nicht*, *Abendlied*.

Martin Salander, K.s letztes Werk, ist ein düsterer Zeitroman. Dichterische Gestaltung u. Sprache zerbrechen förmlich unter dem Eindruck einer vom Spekulantentum zersetzten Welt. Salander, der als wohlhabender Mann aus Brasilien zurückkehrt, verliert sein ganzes Vermögen durch die Machenschaften des allegorisch benannten Louis Wohlwend. Salander wandert wieder aus u. gelangt zu neuem Vermögen. Aber das Glück bleibt aus: Die Ehen seiner zwei Töchter zerbrechen, die Schwiegersöhne werden als Betrüger inhaftiert, u. Salander verliert seinen eigenen sittl. Halt, indem er Wohlwends Schwägerin verfällt. Mit der Rückkehr des Sohnes Arnold verspricht sich das Dunkel zu lichten: K. plante einen zweiten Band, aber dieses positive Gegenstück blieb ungeschrieben.

AUSGABEN: Ges. Werke. 10 Bde., Bln. 1889. – Sämtl. Werke. Hg. Jonas Fränkel u. Carl Helbling. 26 Bde., Erlenbach/Mchn. 1926/27 u. Bern/Lpz. 1931-49. – Sämtl. Werke u. ausgew. Briefe. Hg. Clemens Heselhaus. 3 Bde., Mchn. 1958. [4]1980. – Sämtl. Werke. Hg. Thomas Böning u. a. 4 Bde., Ffm. 1985 ff. – *Briefe:* Ges. Briefe. Hg. C. Helbling. 4 Bde., Bern 1950-54. – Der Briefw. zwischen G. K. u. Hermann Hettner. Hg. Jürgen Hahn. Bln./Weimar 1964. – Der Briefw. zwischen Theodor Storm u. G. K. Hg. Peter Goldammer. Bln/DDR. 1967. – G. K. Dichter über ihre Dichtungen. Hg. Klaus Jeziorkowski. Mchn. 1969.

LITERATUR: *Bibliographien:* Charles C. Zippermann: G. K. Bibliogr. 1844-1934. Zürich 1935. – Wolfgang Preisendanz: Die K.-Forsch. der Jahre 1939-57. In: GRM N. F. 39 (1958), S. 144-178. – *Gesamtdarstellungen:* Hugo v. Hofmannsthal: Unterhaltungen über die Schr.en v. G. K. Düsseld. 1906. – G. K.s Leben, Briefe u. Tagebücher. Auf Grund der Biogr. Jakob Baechtolds dargestellt u. hg. v. Emil Ermatinger. 3 Bde., Stgt./Bln. 1915/16. Zürich [8]1950 (als Tb.: 1990). – Walter Benjamin: G. K., zu Ehren einer krit. Gesamtausg. seiner Werke. In: Die literar. Welt, 5. 8. 1927 [u. ö.]. – Georg Lukács: G. K. Bln. 1946. – Fritz Martini: G. K. In: Ders.: Dt. Lit. im bürgerl. Realismus. Stgt. 1964. [4]1981, S. 557-610. – Walter Muschg: Umriß eines G.-K.-Porträts. In: Ders.: Gestalten u. Figuren. Bern/Mchn. 1968, S. 148-208. – Hermann Boeschenstein: G. K. Stgt. 1969. [2]1977. – Adolf Muschg: G. K. Mchn. 1977. – W. Preisendanz: G. K. In: Benno v. Wiese (Hg.): Dt. Dichter des 19. Jh. Bln. 1979, S. 508-531. – Gerhard Kaiser: G. K. Das gedichtete Leben. Ffm. 1981. – Bernd Neumann: G. K. Eine Einf. in sein Werk. Königst./Taunus 1982. – Kaspar T. Locher: G. K. Welterfahrung, Wertstruktur u. Stil. Bern 1985. – G. Kaiser: G. K. Eine Einf. Mchn./Zürich 1985. – *Einzelfragen:* Emil Staiger: Die Zeit als Einbildungskraft des Dichters. Zürich 1939. [2]1953, S. 159-210. – Beda Allemann: G. K. u. das Skurrile, eine Grenzbestimmung seines Humors. In: Jb. der G.-K.-Gesellsch. 1959. – W. Preisendanz: G. K. In: Ders.: Humor als dichter. Einbildungskraft. Mchn.

1963 – K. T. Locher: G. K. Der Weg zur Reife. Bern/Mchn. 1969. – Carl Winter: G. K. Zeit – Gesch. – Dichtung. Bonn 1971. – K. Jeziorkowski: Eine Art Statistik des poet. Stoffes. Zu einigen Themen G. K.s. In: DVjs 45 (1971), S. 547-566. – Ders.: Literarität u. Historismus. Beobachtungen zu ihrer Erscheinungsform im 19. Jh. am Beispiel G. K.s. Heidelb. 1979. – *Einzelne Werke:* Arthur Henkel: G. K.s Tanzlegendchen. In: GRM N. F. 6 (1956), S. 1-15. – Hans Richter: G. K.s frühe Novellen. Bln. 1960. ²1966. – Maria Bindschedler: Vergangenheit u. Gegenwart in den Züricher Novellen. In: Jb. der G.-K.-Gesellsch. 1961. – Karl Reichert: Die Entstehung der ›Sieben Legenden‹ v. G. K. In: Euph. 57 (1963), S. 97-131. – Ders.: Die Entstehung der Züricher Novellen v. G. K. In: ZfdPh 82 (1963), S. 471-500. – W. Preisendanz: G. K.s ›Sinngedicht‹. In: ebd., S. 129-151. – K. Reichert: G. K.s ›Sinngedicht‹ – Entstehung u. Struktur. In: GRM N. F. 14 (1964), S. 77-101. – Luzius Gessler: Lebendig begraben. Studien zur Lyrik des jungen G. K. Bern 1964. – Werner Kohlschmidt: Der Zeitgeist in G. K.s ›Martin Salander‹. In: Orbis litterarum 22 (1967), S. 93-100. – Hartmut Laufhütte: Wirklichkeit u. Kunst in G. K.s Roman ›Der grüne Heinrich‹. Bonn 1969. – Ernst May: G. K.s ›Sinngedicht‹. Eine Interpretation. Bern/Mchn. 1969. – Herbert Anton: Mytholog. Erotik in K.s ›Sieben Legenden‹ u. im ›Sinngedicht‹. Stgt. 1970. – Hans Wysling: Welt im Licht – Gedanken zu G. K.s Naturfrömmigkeit. In: Jb. der G.-K.-Gesellsch. 1970. – W. Preisendanz: ›Der grüne Heinrich‹. In: Ders.: Wege des Realismus. Mchn. 1977. – Gert Sautermeister: G. K.: ›Der grüne Heinrich‹. Gesellschaftsroman, Seelendrama, Romankunst. In: Horst Denkler (Hg.): Romane u. E.en des Bürgerl. Realismus. Stgt. 1980, S. 80-123.

Erika Swales

Keller, Hans Peter, * 11. 3. 1915 Rosellerheide bei Neuß, † 11. 5. 1989 Büttgen bei Neuß; Grabstätte: ebd., Friedhof. – Übersetzer, Lyriker, Essayist.

K., Sohn eines Kaufmanns, floh vor den Nationalsozialisten nach Löwen, um Philosophie zu studieren, kehrte jedoch wegen angedrohter Repressalien gegen seine Familie zurück. Er studierte in Köln u. nahm 1939-1942 am Krieg teil. Nach 1945 hielt er Vorlesungen in der Schweiz, in Münster, Bonn u. Paris. Er war Lektor für Schweizer Verlage, lebte in Paris u. Palermo, auf Stromboli u. Helgoland. 1955 bis 1983 unterrichtete er als Literaturlehrer an der Düsseldorfer Buchhändlerschule.

In seinen literar. Anfängen war K. sehr von seinem Freund Emil Barth beeinflußt, dessen Briefwechsel er edierte (*Emil Barth: Briefe aus den Jahren 1939-1958*. Wiesb. 1968), u. erhielt Anregungen von Bertram u. Carossa. Er begann mit romant. u. klassizist. Gedichten (*Die schmale Furt*. Hbg. 1938). Seinen unverwechselbaren Ton, sprachkritisch u. gedanklich klar, fand K. in den Gedichten des Bandes *Die nackten Fenster* (Wiesb. 1960). Als Vorbilder nannte er Kafka, Michaux u. den poln. Aphoristiker Stanislaw J. Lec. Sein letzter selbständig veröffentlichter Gedichtband war *Kauderwelsch* (Wiesb. 1971).

Weitere Werke: Der Schierlingsbecher. Düsseld. 1947 (L.). – Die wankende Stunde. Wiesb. 1958 (L.). – Panoptikum aus dem Augenwinkel. Wiesb. 1966 (Aphorismen). – Extrakt um 18 Uhr. Wiesb. 1975 (Werkausw.).

Literatur: H. P. K., Hans Rudolf Hilty: Aber das Warten. In: Hilde Domin (Hg.): Doppelinterpretationen. Ffm. 1966, S. 215-220. – Spiegelungen 1961-74. In: H. P. K.: Extrakt um 18 Uhr. a. a. O., S. 173-206. – H. Domin: H. P. K.: Folge. In: Frankfurter Anthologie. Bd. 1. Hg. Marcel Reich-Ranicki. Ffm. 1976, S. 183 ff.

Winfried Hönes

Keller, Heinrich, * 17. 2. 1771 Zürich, † 21. 12. 1832 Rom. – Klassizistischer Bildhauer; Lyriker, Verfasser von Schauspielen, Märchen u. Kunstberichten; Übersetzer.

Als Sohn des kunstsinnigen u. gebildeten Obersten Kaspar Keller u. einer Schwester Johann Heinrich Füsslis genoß K. in seiner Jugend den Umgang mit der geistigen Elite seiner Vaterstadt. Nach einem abgebrochenen Jurastudium bildete er sich zum Bildhauer aus, daneben widmete er sich der Dichtkunst. Ein strenger Richter seiner dichterischen Versuche war sein Freund Jakob Horner. Um seine künstlerischen Fähigkeiten weiter auszubilden, begab sich K. 1794 nach Rom, wo er als Bildhauer bedeutende Werke schuf. 1798 heiratete er Clementina Tosetti, die ihm vier Söhne schenkte. Eine schwere Krankheit zwang K. um 1805, den Bildhauerberuf aufzugeben.

Er widmete sich nun ganz der literar. Arbeit. Bereits in Florenz war eine größere Zahl von Liebesgedichten entstanden, die er als *Lieder der Liebe an Lila* (ungedr.) zusammengefaßt hatte. Einige Elegien, die laut Theodor Körner Goethesches Gepräge tragen, wurden durch Horners Vermittlung 1798 in Schillers Musenalmanach abgedruckt. K. übersetzte ins Deutsche u. a. Calderóns *El astrónomo fingido* (ungedr.), des Grafen Verri *Notti romane* (Bln. 1805) u. ins Italienische Stolbergs *Geschichte der Religion Jesu* (Rom 1828). Als Dramatiker mit Neigung zur Romantik war K. bes. fruchtbar. 1808 erschienen bei Orell & Füssli *Franzeska und Paolo* (von Dante inspiriert) u. *Ines del Castro*, 1809 folgte das »feministische« Schauspiel *Judith*. 1811/12 entstanden K.s *Vaterländische Schauspiele und*

Trauerspiele (Zürich 1813-16): *Karl der Kühne, Hans Waldmann, Johanna* I. u. andere. Für die »Jenaische allgemeine Literaturzeitung« lieferte K. 1809 Kunstnachrichten aus Rom. Auch widmete er sich der Altertumswissenschaft u. wurde 1810 Mitgl. der archäolog. Akademie in Rom. In diesen Jahren verfaßte er zahlreiche Berichte antiquarischen Inhalts für dt. u. Schweizer Zeitschriften.

WEITERE WERKE: K.s unveröffentl. Werke befinden sich in Zürich (Kunsthaus-Bibl.).

LITERATUR: Bernhard Wyss: H. K. der Züricher Bildhauer u. Dichter. Frauenfeld 1891. – Schweizerisches Künstler-Lexikon. Bd. 2, Frauenfeld 1908, S. 157-159. – Thieme/Bekker 20, S. 105-107.

Ingrid Sattel Bernardini

Keller, Paul, * 6. 7. 1873 Arnsdorf bei Schweidnitz/Schlesien, † 20. 8. 1932 Breslau. – Erzähler.

K., Sohn eines Maurers u. Schnittwarenhändlers, war Volksschullehrer in Jauer, Schweidnitz u. Breslau. 1908 schied er aus dem Schuldienst aus u. wurde freier Schriftsteller. 1908-1912 war er Herausgeber u. Redakteur der illustrierten Wochenschrift »Der Guckkasten«; 1912 gründete er die illustrierte Familienmonatsschrift »Die Bergstadt«, die er bis zu seinem Tod redigierte. K. unternahm – meist mit seinem Schriftsteller-Freund Paul Barsch – ausgedehnte Reisen durch Europa u. Afrika.

K. gehörte zu den erfolgreichsten Unterhaltungsschriftstellern in der ersten Jahrhunderthälfte; seine Bücher erreichten 1931 bereits eine Auflage von über fünf Mio. Seine Erstlingswerke standen der Heimatkunstbewegung nahe. Zu seinem Erfolgsrezept gehörte das strikte Vermeiden weltanschaul. oder polit. Stellungnahmen. Nicht zu übersehen sind K.s volkspädagog. Absichten: Er faßte das Thema »Heimat« im Sinn von Frieden u. Versöhnung zwischen Generationen u. gesellschaftl. Schichten.

K.s umfangreiches Werk besteht aus Erzählungen u. Skizzen, in denen Einzelschicksale der unteren Mittelschicht Schlesiens lebhaft-sentimental erzählt – eine große Rolle spielt der schulische Bereich – u. Landschaften im Sinn »beseelter Natur« geschildert werden, deren Einfallsreichtum im Spätwerk jedoch zum Klischee erstarrt. Am bekanntesten wurden die Romane *Waldwinter* (Mchn. 1902), *Die Heimat* (Mchn. 1903) u. vor allem *Der Sohn der Hagar* (Mchn. 1907), die trag. Geschichte eines unehel. Jungen, der zum Bettelmusikanten wird. Dem Schicksal der aussterbenden Wenden widmete K. den Roman *Die alte Krone* (Mchn. 1909). *Ferien vom Ich* (Breslau 1916), einem humoristischen, mehrfach verfilmten Roman, liegt die Auffassung zugrunde, daß der durch die Zivilisation verdorbene Mensch nur in der Natur u. bei körperl. Arbeit zu christl. Sittlichkeit zurückfinde.

WEITERE WERKE: *Ausgabe:* Werke. 14 Bde., Breslau 1922-25. – *Einzeltitel:* Gold u. Myrrhe. Paderb. 1898 (E.en u. Skizzen). – In deiner Kammer. Ebd. 1903 (E.en). – Die fünf Waldstädte. Bln. 1910 (E.en). – Die Insel der Einsamen. Breslau 1913 (R.). – Grünlein. Ebd. 1915 (Kriegsgesch.). – Das kgl. Seminartheater u. a. E.en. Ebd. 1916. – Altenroda. Ebd. 1921 (E.en.). – Die vier Einsiedler. Ebd. 1923 (R.). – Dorfjunge. Ebd. 1925 (E.). – Titus u. Timotheus u. der Esel Bileam. Ebd. 1927 (R.). – Drei Brüder suchen das Glück. Ebd. 1929 (R.). – Ulrichshof. Ebd. 1929 (R.). – Sein zweites Leben. Bln. 1934 (Liebesbriefe).

LITERATUR: Hermann Wentzig: P. K. Leben u. Werk. Mchn. 1954. – Karlheinz Deschner: Kitsch, Konvention u. Kunst. Mchn. 1957. – Wilhelm Menzel: P. K., dem großen dt. Volkserzähler zum 100. Geburtstag. In: Schlesien 18 (1973).

Christian Schwarz

Keller-Schleidheim, *Keller-Schleitheim*, Franz de Paula Ignaz Joseph Frhr. von, auch: Philaleth, Philocharis, * 5. 12. 1767 Wien, † 9. 8. 1844 Mannheim. – Dramatiker, Publizist, Übersetzer.

K., zunächst Sekretär des Fürsten Dietrichstein-Proskau, bekleidete seit 1805 ein Verwaltungsamt in Regensburg, dann (1808) in Mannheim u. ein Jahr später in Karlsruhe. 1815 wurde er Ministerialsekretär im badischen Innenministerium; pensioniert als Ministerialrat, ließ er sich 1819 in Heidelberg, 1824 in Mannheim als Privatgelehrter nieder.

Konservatismus, Kulturpessimismus u. Eskapismus prägen K.s Werk. Das zeigt sich ebenso in seinen Dichtungen wie in der Auswahl der von ihm übersetzten polit. u. religiösen Schriften. So übersetzte er Chateaubriands Pamphlet gegen Napoleon (*Buonaparte und die Bourbonen, oder die Nothwendigkeit, sich wieder mit unsern rechtmäßigen Fürsten zu verbinden [...].* Dtschld., recte Karlsr. 1824); aus dem Werk Bernardin de Saint Pierres wählte er Idyllen (*Arkadien.* Mannh. 1830) u. den Roman *Paul und Virginie* (Mannh. 1829) aus, der das Scheitern der Liebe zweier Naturkinder an den Zwängen der Zivilisation schildert. K.s Erbauungsschriften sind meist frei bearbeitete Übersetzungen, so *Die Religion. Ein Gemälde in 6 Gesängen, frei nach Racine [...]* (Mannh. 1822). Auch in seinen Dichtungen hielt K. sich eng an literar. oder histor. Vorbilder. Zweck seiner bedeutendsten Dichtung, des Trauerspiels *Athenais* (Mannh. 1827), das in geläufigen Jamben einen Stoff aus der byzantin. Geschichte behandelt, sei es, »zu zeigen wie unverläßig alles Erdenglück, und wie unvollkommen selbst die Tugend der Besten sey« (Vorbericht, S. v).

Weitere Werke: Das hohe Lied, dramatisiert [...]. Mannh. 1814. – Notburga. Eine kreichgau. Legende in 6 Gesängen. Nach Wilhelmi. Mannh. 1823. – Koscziusko's Todten-Feier bei den Gräbern der Könige v. Krakau. Heroisches Gemälde nach Lagarde. Heidelb. 1825. – Andachten der christl. Kirche auf alle Tage u. Feste des Jahres. Für Katholiken. Würzb. 1826. – Das Geständniß. Mannh. 1828 (Schausp.). – Agapetus. Ein kleines Gemälde [...] in 12 Gesängen. Heidelb. 1829.

Ulrike Leuschner

Kellermann, Bernhard, * 4. 3. 1879 Fürth, † 17. 10. 1951 Klein-Glienicke bei Potsdam. – Romancier, Reiseschriftsteller.

K., der zunächst an der TH München, dann Germanistik u. schließlich Malerei studierte, war im Ersten Weltkrieg Kriegsberichterstatter des »Berliner Tageblatts.« Über seine ausgedehnten Weltreisen verfaßte er impressionistische Reiseberichte. Die Preußische Akademie der Künste schloß ihn 1933 aus. Das Angebot, für den »Völkischen Beobachter« zu schreiben, lehnte er ab. Nach dem Zweiten Weltkrieg war er in der SBZ Mitbegründer u. Vizepräsident des »Kulturbundes zur demokratischen Erneuerung Deutschlands«. 1949 erhielt er einen Nationalpreis der DDR. – K. begann, auf den Spuren Jacobsens u. Hamsuns, mit epigonalen neuromantisch-impressionistischen, von ihm »lyrisch« genannten Romanen (*Yester und Li.* Lpz. 1904. *Ingeborg.* Bln. 1906. *Der Tor.* Bln. 1909. *Das Meer.* Bln. 1910). Begrenzte Eigenständigkeit zeigte erst *Der Tunnel* (Bln. 1913. Zahlreiche Neuaufl.n), ein in sechs Wochen niedergeschriebener utop. Roman, der Technikbegeisterung u. Massenrausch beim Bau eines Atlantiktunnels schildert u. zgl. die Mechanismen der amerikan. Wirtschaftsordnung darstellt. Das Buch wurde zum Welterfolg. Gesellschaftskritisch äußerte sich K. auch in *Der 9. November* (Bln. 1920. Neuausg. Bln./SBZ 1948. Mchn. 1980): Der Weltkriegs- u. Revolutionsroman wurde von den Nationalsozialisten verboten u. verbrannt. Im Roman *Totentanz* (Bln./SBZ 1948) beschrieb K., wie ein unpolit., »anständiger« Rechtsanwalt, »deutsch bis in die Knochen«, zum Mitläufer, zum Militaristen u. Karrieristen wird. – Für K. war der Schriftsteller »Lehrer [...] Belehrer, Erzieher, Prediger, Mahner und Warner, Tröster und Ermutiger«. Der pazifistisch-humanistisch geprägte Romancier K. wußte Impressionen, »Dichterisches« mit Informationen in meist unterhaltsamer Weise zu verbinden.

Weitere Werke: Die Stadt Anatol. Bln. 1932 (R.). – Jang-tsze-kiang. Bln. 1934 (E.). – Lied der Freundschaft. Bln. 1935 (R.). – Das blaue Band. Bln. 1938 (R.). – Georg Wendlandts Umkehr. Bln. 1941 (R.). – Wir kommen aus Sowjetrußland (zus. mit Ellen Kellermann). Bln./SBZ 1948 (Reportage). – Ausgew. Werke in Einzelausg.n, hg. im Auftrag der Dt. Akademie der Künste v. Ellen Kellermann u. Ulrich Dietzel. 8 Bde., Bln./DDR 1958-63. – Eine Nachlese 1906-51. Hg. Heinz-Dieter Tschörtner. Ebd. 1979.

Literatur: B. K. zum Gedenken. Aufsätze, Briefe, Reden 1945-51. Bln./DDR 1952 (mit Bibliogr. der Primär- u. Sekundärlit.). – Sigrid Anger: Vorläufiges Findbuch des literar. Nachlasses v. B. K. Ebd. 1960.

Konrad Franke

Kelling, Gerhard, * 14. 1. 1942 Bad Polzin. – Dramatiker, Hörspielautor, Übersetzer.

Nach dem Abitur u. einer Ausbildung als Schauspieler am Mozarteum in Salzburg arbeitete K. als Regieassistent bei Peter Palitzsch u. Egon Monk. 1975-1977 war er Dramaturg an den Städtischen Bühnen Köln. Seit 1980 lebt er als freier Autor in Hamburg.

1969 veröffentlichte K. sein erstes Theaterstück, *Arbeitgeber* (Ffm.), eine Analyse polit. Vorgänge u. ein (pessimistischer) Befund über die Veränderbarkeit der Gesellschaft. Wie auch in seinen folgenden Stücken, *Die Auseinandersetzung* (Ffm. 1970) u. *Die Massen von Hsunhi* (Ffm. 1971), orientierte er sich dabei an der Technik des Lehrstücks. In dem Stationendrama *Heinrich* (Ffm. 1979), geschrieben unter dem Eindruck des »deutschen Herbsts« von 1977, u. der west-östl. Komödie *Scheiden tut weh* (Ffm. 1978) setzte er die differenzierte Bestandsaufnahme gesellschaftl. Entwicklungen fort. In seinen Hörspielen, Dialogen zumeist (*Brandung.* Ffm. 1982. *Agenten.* Ffm. 1983. *Die Wasser des Mississippi.* Ffm. 1987), u. dem Stück *Agnes und Karl* (Ffm. 1982) erprobte K. zur Analyse von Liebesbeziehungen eine ganz unpoetische Sprache. Seit 1972 schreibt er auch Kinderstücke, wie *Der Bär geht auf den Försterball* (Ffm. 1972; nach Motiven von Peter Hacks), u. ist Übersetzer von Synge, Ibsen u. Calderón.

Weitere Werke (Ort jeweils Ffm.): Gernot T. 1970 (Hörsp.). – Klauswitz. 1972/73 (Hörsp.). – Gibt es die Liebe? Gibt es sie nicht? 1974 (Hörsp.). – Die Zurechnungsfähigkeit des Mörders Woyzeck. 1975 (Hörsp., D.). – LKW. 1975 (D.). – Die bitteren Zeiten des Wohlstands. 1977 (Hörsp.). – Die Insel des Königs Schlaf. 1981 (Kinderbuch). – Ringolf, der weiße Ritter. 1989 (Kinderstück). *Annette Meyhöfer*

Kellner, Georg Christoph, * 11. 6. 1765 Kassel, † September 1808 ebd. – Pädagoge, Publizist, Romanautor.

K., ältester Sohn des Kasseler Organisten Johann Christoph Kellner, erlernte bei seinem Vater das Klavierspiel. Nach dem Besuch des Kasseler Collegium Illustre Carolinum studierte er ab 1784 Theologie u. Philosophie in Rinteln u. verbrachte als 21jähriger ein vorwiegend literar. Studienjahr in Göttingen. Nach dem Examen in Rinteln vermied er den Theologenberuf. K., der aus eigener Erfahrung Wissen als Selbstvergewisserung begriff, gründete 1787 in Kassel eine freie Schule, die den Verdacht des Konsistoriums erweckte u. nach zwei Jahren geschlossen wurde. Während dieser Zeit schrieb er den *Versuch zur Grundlegung einer subjectiven Tugendlehre* (Ffm. 1788) als ersten Ertrag seiner philosophischen Studien sowie empfindsame Romane (*Familiengeschichte der Rosenbusche [...].* 4 Tle., Lpz. 1789/90. *Klingstein, eine Geschichte mit Scenen aus dem spanischen Succesionsskriege.* Breslau, Lpz. 1790. *Charles Clairon.* Rostock 1791). Seine schriftstellerische Laufbahn setzte K. als Hauslehrer in Mannheim fort u. machte sie endlich (1792) zur Grundlage seiner Existenz. Seit 1792 erschienen im »Deutschen Magazin« (Hg. Christian Ulrich Detlev von Eggers. Hbg. 1791 bis 1803) 39 namentlich ausgewiesene Beiträge K.s, die eine vielseitige u. gründl. Beschäftigung mit gesellschaftl., histor. u. – zunehmend unter Kantischem Einfluß – philosophischen Themen verraten.

Getragen von aufklärerischem Impetus u. klass. Bildungsidealen, schrieb K. philosophische Abhandlungen in belletristischer Form: so die Novelle *Molly und Urania* (Mannh. 1790), den Roman *Charidion* (2 Bde., Mannh. 1793) u., in stilistischer Anlehnung an Helferich Peter Sturz u. Moritz, die histor. Studien *Die Edlen der Vorwelt* (Hbg. 1793), *Athen, von seiner Gründung bis auf unsere Zeiten* (Zürich 1797) u. *Edle Griechen in den Revolutionszeiten des alten Syrakus* (2 Bde., Elberfeld 1800).

1794 kehrte K. auf der Flucht vor den in Mannheim einrückenden Franzosen nach Kassel zurück. Nach dem Tod des Vaters übernahm er 1803 dessen Stelle, heiratete ein Jahr später u. beschloß sein Leben als Organist an der luth. Kirche in Kassel.

Weitere Werke: Etwas v. Tönen u. Tonarten. In: Carl Friedrich Cramer (Hg.): Magazin der Musik 2 (1786), S. 1185–1190. – Unterhaltung beym Klavier in Liedern u. Gesang [...]. Halle 1790. – Dialog einiger guten Zöglinge mit ihrem Lehrer über die Vorbereitung zu ihrer Confirmation. Breslau, Lpz. 1790. – Chines. Hieroglyphen. Mannh. 1791 (N.). – Horatia u. Viburnia. Dürckheim 1793 (D.). – Die schöne Unbekannte. Ein Gemälde häusl. Szenen u. ländl. Situationen. Zürich 1793 (D.). – Was nie Mode sein sollte. In: Journal des Luxus u. der Moden, Aug. 1804, S. 385 ff. – Autobiogr. Skizze. In: Friedrich Wilhelm Strieder: Grundlage zu einer Hess. Gelehrten u. Schriftsteller Gesch. Bd. 11, Kassel 1797, S. 345–357. *Ulrike Leuschner*

Kelpius, Johannes, * 1673 bei Schäßburg/Siebenbürgen (rumänisch: Sighişoara), † 1708 Germantown/Pennsylvania. – Mystiker, religiöser Schriftsteller u. Lyriker.

K. gilt heute als einer der ersten Verfasser religiöser Gesänge in Pennsylvanien; die Handschrift seiner mit Noten versehenen Texte ist die älteste ihrer Art. Den Zeitgenossen war er v. a. als Oberhaupt der Brüdergemeinde »Chapter of Perfection« am Wissahickon Creek (im heutigen Philadelphia) bekannt, die sich u. a. bemühte, durch Lehre u. vorbildliche christl. Lebensführung kulturbildend auf dt. Siedler u. Indianer in Ostpennsylvanien zu wirken.

Nachdem K. mit zwölf Jahren seinen Vater verloren hatte, übernahmen drei Gönner die Erziehung des frühreifen Pfarrerssohns. Sie ermöglichten ihm ein Theologiestudium, das K. 1689 – 16jährig – mit dem Magistergrad an der Universität Altdorf abschloß.

K.' mystisch-religiöse Weltanschauung wurde durch rosenkreuzerische Geistesströmungen, das kabbalistische Werk Knorrs von Rosenroth u. die Schriften Speners geprägt. Der Glaube an die für den Herbst 1694 prophezeite Wiederkunft Christi veranlaßte K., sich 1693 etwa 40 Gleichgesinnten anzuschließen, die das Weltende in der Einsamkeit des amerikan. Urwalds erwarten wollten. Noch in Europa übernahm der 20jährige K. die Leitung dieser Gemeinde, deren Führer u. geistiger Mittelpunkt er nach der Ankunft in Pennsylvanien (Sommer 1694) blieb. Bei den Siedlern Pennsylvaniens stand K. im Ruf eines Erleuchteten; die Erinnerung an ihn blieb bis ins 20. Jh. lebendig.

K.' hinterlassene Schriften sind leicht überschaubar. Ein lat. Tagebuch dokumentiert die Reise von London nach Virginia, Maryland u. Pennsylvanien. Deutsche, engl. u. lat. Briefe bieten Einblick in den psycholog. Hintergrund seines Einsiedlerdaseins. K.' mystisch-pietistische Suche nach Gott findet Ausdruck in dem Traktat *Kurtzer Begriff oder leichtes Mittel zu beten, oder mit GOtt zu reden* (Philadelphia 1756. Engl. u. d. T. *A Short [...] Method of Prayer* Philadelphia 1761 u. Germantown 1763): Der wahre Christ unterscheide sich von den anderen Gläubigen durch das »innere« Gebet, das »ohnabläsig« sei u. in dem sich die Seele ohne Worte u. Gedanken Gott hingebe; es führe zu einer Einswerdung mit Gott u. so bereits in dieser Welt zu einem Zustand der Vollendung. In K.' religiöser Lyrik, die zwischen 1697 u. 1707 entstand, verschmelzen die Einflüsse des Hohenlieds u. der Jesusminne mit dem Gedankengut Speners zu einer stark persönlich gefärbten imitatio Christi: »Johann, ich sag dir frey [...] Du hängst schon an dem Creutz, Sieh zu, steig nicht Herab.«

Als Vorlage für Melodien u. Versform benutzte K. Lieder aus Knorr von Rosenroths *Neuem Helicon* (1684) u. aus Gesangbüchern der Zeit. Während sein Traktat in pietistischen Kreisen der 13 Kolonien Verbreitung fand, erregte K.' geistliche Lyrik, die nur in einer Handschrift des 18. Jh. überliefert ist, erst das Interesse amerikanischer Historiker u. Musikologen des 19. u. 20. Jh.

Weitere Werke: Theologiae naturalis seu Metaphysicae Metaphorosin. Altdorf 1689. – Inquisitio, an Ethicus Ethnicus, aptus sit Christianae Juventutis Hodegus? Nürnb. 1690. – Scylla Theologia (zus. mit Johannes Fabricius). Altdorf 1690. – *Ausgaben:* The Diarium of Magister J. K. (Mit acht Briefen v. K.) Hg. u. übers. v. Julius F. Sachse. In: Pennsylvania: The German Influence in its Settlement and Development. Lancaster 1917. – Faks. der geistl. Lieder u. Kompositionen in: Church Music and Musical Life in Pennsylvania in the Eighteenth Century. Philadelphia 1926, Bd. 1, S. 19-165. – A Method of Prayer. Hg. E. Gordon Alderfer. New York 1951 (modernisierte Fassung mit Einl.).

Literatur: *Bibliographie:* Pyritz 2, S. 368. – *Weitere Titel:* Julius Friedrich Sachse: The German Pietists of Provincial Pennsylvania. Philadelphia 1895. – Karl Kurt Klein: Magister J. K. Transsylvanus. In: FS Friedrich Teutsch. Hermannstadt 1931, S. 57-77. – Andrew Steinmetz: K. In: The American-German Review 7, 1941, S. 7-12. – Ernest Lashlee: J. K. and his Woman in the Wilderness. In: FS Ernst Benz. Leiden 1967, S. 327-338. – Willard M. Martin: J. K. and Johann Gottfried Seelig. Diss. Pennsylvania State Univ. 1973. Mikrofiche: Univ. Micr. Ann Arbor Mich. 74-16039. – Dictionary of American Biography 5, S. 312 f. – New Grove 9, S. 856 f.

Ulrich Maché

Kemnat, Matthias Widman von, * 13. 2. 1429 (?), † 1. 4. 1476 Heidelberg. – Hofdichter u. Historiograph.

K. stammte aus der Oberpfalz u. wurde 1447 an der Universität Heidelberg immatrikuliert. Nach einem Aufenthalt auf der fränk. Plassenburg, wo ihn der ital. Humanist Arriginus in die Studia humanitatis einführte, kehrte er 1457 nach Heidelberg zurück u. wurde um 1460 von Kurfürst Friedrich I. als Hofkaplan aufgenommen. Briefe bezeugen freundschaftl. Beziehungen K.s zu den zeitweilig ebenfalls am Hof wirkenden Humanisten Luder, de Clapis, Hoest u. Wimpfeling. In der Lorscher Klosterbibliothek spürte K. alte Klassikerhandschriften auf; er beschäftigte sich mit wissenschaftl. Prognostik u. Astrologie. Von seiner eigenen literar. Tätigkeit sind ein Kalendarium u. Gebetbuch für den Kurfürsten, eine astrolog. Sammelhandschrift sowie lat. Gelegenheitspoesien erhalten.

Hauptwerk ist die dt. Prosachronik, die K. zwar traditionell als Weltchronik anlegte, in deren Mittelpunkt jedoch die panegyr. Verherrlichung des Kurfürsten steht. Sie diente Michel Beheim als Grundlage für seine *Pfälzische Reimchronik* u. fand unter Auslassung des universalhistor. Teils handschriftlich bis ins 18. Jh. hinein Verbreitung.

Ausgaben: Des M. v. K. Chronik Friedrich I. des Siegreichen. In: Quellen zur Gesch. Friedrichs I. des Siegreichen. Hg. Conrad Hofmann. Mchn. 1862/63. Neudr. Aalen 1969.

Bd. 1, S. 1-141. Bd. 2, S. 305-315 (unvollst. Wiedergabe von Tl. 2). – Karl Hartfelder: Analekten zur Gesch. des Humanismus in Südwestdtschld. In: Vjs. für Kultur u. Litteratur der Renaissance 1 (1886), S. 494-499 (Gedichte). – Wilhelm Wattenbach: Peter Luder [...]. In: Ztschr. für Gesch. des Oberrheins 22 (1869), S. 33-127 (S. 92 ff. Abdr. v. Briefen v. u. an K.). – Die Edition weiterer Briefe hat Probst (s. u.) angekündigt.

LITERATUR: Birgit Studt u. Franz-Josef Worstbrock: K. In: VL (Lit.). – Bibliotheca Palatina. Ausstellungskat., hg. v. Elmar Mittler. Heidelb. 1986 (Textbd.), passim. – Birgit Studt: Überlieferung u. Interesse. Späte Handschr.en der Chronik des M. v. K. u. die Geschichtsforsch. der Neuzeit. In: Kurt Andermann (Hg.): Historiographie am Oberrhein im späten MA u. in der frühen Neuzeit. Sigmaringen 1988, S. 275-308. – Veit Probst: Petrus Antonius de Clapis. Mannh. 1989, S. 33 ff. – B. Studt: Aus der Werkstatt eines Hofhistoriographen [...]. Die Chronik des M. v. K. Diss. Münster (in Vorbereitung).

Martina Backes

Kemp, Friedhelm, auch: Friedrich Umbran, * 11. 12. 1914 Köln. – Lyriker, Essayist, Kritiker, Herausgeber u. Übersetzer.

K. wuchs in Aachen und Frankfurt/M. auf. Nach dem Studium der Romanistik u. Germanistik in Frankfurt/M. u. München promovierte er 1939 mit einer Arbeit über *Baudelaire und das Christentum* (Marburg 1939). Er lebt seit 1945 in München u. wurde dort 1948 literar. Lektor im Kösel Verlag. Seit 1952 war er Mitarbeiter in der Literarischen Abteilung des Bayerischen Rundfunks, die er 1975-1979 leitete. Als Kritiker, Herausgeber u. Übersetzer ist er in den Jahrzehnten nach dem Zweiten Weltkrieg einer der wichtigsten Vermittler zwischen der dt. u. der frz. Literatur geworden. Die zwölfteilige Buchreihe *Contemporains*, die K. 1968-1970 herausgab, war ein Markstein für die Rezeption der modernen frz. Literatur in Deutschland. Seit 1945 veröffentlicht K. sporadisch eigene Gedichte.

K. erhielt zahlreiche Preise u. Auszeichnungen, so u. a. 1963 den Übersetzerpreis der Deutschen Akademie für Sprache und Dichtung.

WEITERE WERKE: Dichtung als Sprache. Wandlungen der modernen Poesie. Mchn. 1965. – Kunst u. Vergnügen des Übersetzens. Pfullingen 1965. – Goethe. West-Östl. Divan. Das Ereignis einer Aneignung. Darmst. 1983. – ... das Ohr, das spricht. Spaziergänge eines Lesers u. Übersetzers. Mchn. 1989.

LITERATUR: F. K. Bibliogr. 1939-84. Marbach 1984. – F. K. In: Akzente 31, H. 6 (1984).

Detlef Krumme

Kempe, Martin, * 3. 6. 1637 Königsberg, † 31. 7. 1683 ebd. – Lyriker u. Historiograph.

Der Sohn eines Kantors besuchte die Löbenicht-Schule in Königsberg u. das Danziger Gymnasium, studierte seit 1660 in Wittenberg u. Helmstedt u. erwarb 1664 den Magistergrad u. die kaiserl. Dichterwürde in Jena. Ab 1666 Mitgl. der philosophischen Fakultät der Universität Königsberg, wurde er dort nach einer Reise durch Dänemark, England u. Holland 1670/71 brandenburgischer Hofhistoriograph. Als einziger Dichter war der 1677 geadelte K. Mitgl. der Fruchtbringenden Gesellschaft, des Pegnesischen Blumenordens, der Deutschgesinnten Genossenschaft u. des Elbschwanenordens. Er unterhielt Verbindungen zu den maßgebl. Autoren in Sachsen, Nürnberg, Hamburg, Amsterdam, Lübeck u. Kopenhagen.

In drei Sammlungen – *Poetische LustGedanken in Madrigalen und einem anmuthigen Spatziergang* (Jena 1665), *Damons Sonderbahres Lob- und Ehren-Liderbuch Von weitberühmten Poeten in Teutschland* (veröffentlicht als Teil der *Balthis.* Lübeck 1674. Bremen ²1677. ³1680. ⁴1689) u. *Poetischen Erquickstunden* (o. O. u. J.) – stellte K. schäferl. u. weltl. Gedichte, Madrigale, Sonette, Gesprächspiele u. Gedichte auf verschiedene Autoren u. ihre Werke sowie Gelegenheitsgedichte für Mitglieder des Hauses Brandenburg zusammen. Geistliche Betrachtungen in Versen bietet *Geistliches Je länger je lieber / Oder Mancherley Nützliche Betrachtungen / in Zwölff gebundenen Reden* (Königsb. 1675).

Seit seiner Studienzeit beschäftigte sich K. mit der Geschichte u. Theorie der Dichtkunst. 1664 veröffentlichte er ein reich annotiertes Gedicht aus 860 Alexandrinern über den Ursprung der Poesie: *Neu-grünender Palm-Zweig Der Teutschen Helden-Sprache und Poeterey*; 1667 verfaßte er die ausführl. Anmerkungen zu Neumarks *Poetischen Tafeln oder Gründlichen Anweisung zur teutschen Verskunst* (Neudr. hg. von Joachim Dyck. 1971). Eine Auftragsarbeit für den Großen Kurfürsten, das Drama der *Brandenburgische Adler*, blieb ungedruckt.

WERKE: Commentarius philologico-poëticus in tabellas Neumarckii concinnatus. Jena 1665. – Opus polyhistoricum. Königsb. 1665. ²1677. Ffm. ³1680. – Thema philologicum de cruce. Königsb. 1666. – Ruhm u. Eigenthum der teutschen Poesie. Jena 1668. – Von der Arth u. Eigenschafft der itzigen Zeit, wie sie [...] gegen die löbl. Dichtkunst gesinnet ist. Königsb. 1668. – Poesis triumphans Oder Sieges Pracht der

Dichtkunst. Königsb. 1676. – Unvorgreiffl. Bedencken über die Schrifften der bekanntesten Poeten hochdt. Sprache. Königsb. 1681. – *Gelegenheitsgedichte:* Stolberg Nr. 6834 u. Nr. 4385. – *Übersetzer:* Charismatum sacrorum trias. Sive bibliotheca Anglorum Theologica. Königsb 1677 (darin Schr.en v. Thomas Goodwin, Joseph Hall u. C. Richardson). – *Briefe:* German. Nationalmuseum Nürnberg; Landesbibl. Dresden.

LITERATUR: Herdegen, S. 288-330, 854 f. – F. L. Hoffmann: M. v. K. In: Altpreuß. Monatsschr. 7, S. 94. – Lehnerdt: K. In: Altpreuß. Biogr. 1, S. 330 f. – Heiduk/Neumeister, S. 59, 390. – DBA.

Renate Jürgensen

Kempff, Diana, * 11. 6. 1945 Thurnau/Oberfranken. – Erzählerin, Lyrikerin.

Die Tochter des Pianisten Wilhelm Kempff, die urspr. Literaturkritikerin werden wollte, debütierte weitgehend unbeachtet mit einem u. a. an die japanische Haiku-Tradition anknüpfenden Gedichtband, *Vor allem das Unnützliche* (Esslingen 1975), ehe sie mit dem autobiograph. Roman *Fettfleck* (Salzb. 1979) großes Aufsehen erregte. Es ist die monologisch erzählte Entwicklungsgeschichte eines an Fettsucht leidenden Mädchens, das dem grausamen Spott der Umwelt ebenso ausgesetzt ist wie der lieblosen Erziehung durch ihre Eltern. Phantasie ist das Losungswort für K.s märchenhaftes Fabelreich *Hinter der Grenze* (Salzb. 1980), die von Parodie, Ironie u. schlagfertigem Witz getragene Erzählung einer modernen Alice im Wunderland. Lyrische Knappheit u. Lakonie bestimmen den Stil der Prosaskizzen *Der vorsichtige Zusammenbruch* (Salzb. 1982), die ihren Stoff aus Ängsten u. Depressionen entwickeln. Die Texte wirken »wie ein riskantes Ausnutzen von Alpträumen. Unglück wird in Bilder hinübergehoben« (Joachim Kaiser).

WEITERE WERKE: Herzzeit. Salzb. 1983 (L.). – Der Wanderer. Salzb. 1985 (P.). – Das blaue Tor. Salzb. 1989 (L. u. P.).

LITERATUR: Joachim Kaiser: Rede auf die Kleist-Preis-Trägerin D. K. In: Kleist-Jb. (1987), S. 15-22.

Michael Langer

Kempner, Friederike, * 25. 6. 1836 Opatow/Posen, † 23. 2. 1901 Gut Friederikenhof bei Reichthal/Schlesien. – Lyrikerin, Dramatikerin, Erzählerin, Philanthropin.

Nachdem sie sich schon in der Armen- u. Krankenfürsorge engagiert hatte, verfaßte die 20jährige Tochter eines Pächters u. Rittergutsbesitzers eine *Denkschrift über die Notwendigkeit einer gesetzlichen Einführung von Leichenhäusern* (Breslau, Lpz. [6]1867), um der Bestattung Scheintoter abzuhelfen; 1869 begann ihre Aktion zur Reform des Gefängniswesens (*Gegen die Einzelhaft.* Breslau. Bln. [2]1885). Mit ihren sozialreformerischen Aktivitäten verband sie eine vielseitige schöngeistige schriftstellerische Tätigkeit, zunächst als Autorin von *Novellen* (Lpz. 1861) u. histor. Trauerspielen wie *Berenice* (Breslau 1860) u. *Rudolph* II. *oder der Majestätsbrief* (Lpz. 1867. [2]1896) sowie von popularphilosophischen Anthologien.

Die Zeitgenossen u. auch die Nachwelt schätzten K., die auch als markante Persönlichkeit bekannt war, nicht zuletzt als Klassikerin des unfreiwilligen Humors. Die *Gedichte* (Lpz. 1873. [8]1903) des »schlesischen Schwans« sind ein eigentüml. Gemisch von gereimter Stellungnahme zu aktuellen Ereignissen u. Themen, sentimental, patriotisch, zuweilen auch sozialpolitisch kritisch. Ihre Verse, am hohen Ton der nachklass. epigonalen Lyrik ausgerichtet, sind jedoch gedanklich u. gestalterisch dem eigenen Anspruch nicht gewachsen u. wimmeln geradezu von Verstößen gegen die Logik. Der rituelle Vortrag von Gedichten K.s (übrigens Tante von Jakob van Hoddis wie von Alfred Kerr) diente bei geselligen Anlässen unverbrüchlich zur allg. Erheiterung; noch heute sind Anthologien von parodistischen Texten ohne sie nicht zu denken.

AUSGABEN: F. K., der schles. Schwan. Hg. Gerhart H. Mostar. Heidenheim 1953. [6]1974. – Die sämtl. Gedichte. Hg. Peter Horst Neumann. Mchn. 1964.

LITERATUR: Ernst Heimeran: Unfreiwilliger Humor. Mchn. 1935. – Peter Haida: K. In: NDB. – Rudolf Krämer-Badoni: ›Frohe Stunden‹. In: Marcel Reich-Ranicki (Hg.): Frankfurter Anth. 3. Ffm. 1978.

Eda Sagarra

Kempowski, Walter, * 29. 4. 1929 Rostock. – Erzähler; Hörspiel- u. Kinderbuchautor.

Der Sohn einer Rostocker Reederfamilie besuchte bis 1945 das Realgymnasium. Wegen »politischer Unzuverlässigkeit« wurde K. einer Strafeinheit der Hitlerjugend zugewiesen. Ende des Kriegs war er Flakhelfer. 1946 begann er eine Lehre als Druckereikaufmann; danach arbeitete er in einer Arbeitskompanie der US-Armee in Wiesbaden. In die SBZ zurückgekehrt, wurde er von einem sowjetischen Militärtribunal aus polit. Gründen zu 25 Jahren

Zwangsarbeit verurteilt (1956 Amnestierung). K. holte das Abitur nach u. studierte an der Pädagogischen Hochschule in Göttingen. Bis 1980 übte er seinen Beruf als Volksschullehrer in Niedersachsen aus. Seit 1981 hat K. einen Lehrauftrag an der Universität Oldenburg. Er war Gastdozent an den Universitäten Essen, Mainz u. Hamburg u. in den USA.

Seit 1956 versuchte K., die eigenen biographischen Erfahrungen wie Jugend, Krieg u. Haft erzählerisch detailliert zu rekonstruieren. Doch erst 1969 erschien sein erster Roman *Im Block* (Hbg. Überarb. Aufl. Mchn. 1987). Der trotz guter Kritiken (Förderpreis des Lessing-Preises der Freien und Hansestadt Hamburg 1969) kaum rezipierte Bericht über K.s Zuchthauszeit zeigt stilistische Qualitäten, die seine nachfolgenden Romane berühmt u. K. zu einem der erfolgreichsten Schriftsteller der Bundesrepublik gemacht haben: Aus der Perspektive des erlebenden Ich werden ohne Rückschau u. Synthese die Fakten der privaten Alltagsgeschichte kommentarlos berichtet. K. verzichtet auf jegliche Einordnung seines dargestellten Lebens in übergeordnete histor., polit. oder psycholog. Sinnzusammenhänge. Er protokolliert die vergangenen Ereignisse in voneinander unabhängigen, knappen Sequenzen u. löst so die eigene Biographie in heterogene Realitätspartikel auf. K. wertet das unmittelbar Erlebte gegenüber der Historie auf.

Der folgende Roman *Tadellöser & Wolff* (Mchn. 1971) ist das erste Buch u. Zentrum der insg. sechs Bände umfassenden »Deutschen Chronik«, in der die Geschichte zweier bürgerl. Familien zwischen 1900 u. 1963 dargestellt wird. Mit *Tadellöser & Wolff* inszeniert K. erzählerisch den selbst erlebten Alltag von 1938 bis 1945, gestützt u. a. auf Zeugenberichte, Briefe u. Tonbandaufzeichnungen der Verwandtschaft. Seine präzise Wiedergabe vergangener Redeweisen – wie Umgangssprache, Schlager, Werbung, Familienkalauer u. Klassikerzitate – macht die Mentalität u. Bewußtseinslage des dt. Bürgertums transparent: Am Paradigma der eigenen Familie führt K. eine bürgerl. Ideologie vor, die gegenüber dem Nationalsozialismus politisch blind u. naiv bleibt; daneben zeigt er den Evasionscharakter von Bildung u. den Rückzug ins Private. Die Deutung der präsentierten Zeit- u. Sozialgeschichte bleibt dem Leser überlassen.

Die Disparatheit des subjektiv erfahrenen geschichtl. Alltags innerhalb eines histor. Zeitraums untermauert K. auch mit seinen Befragungsbüchern *Deutsche Antworten* (Mchn. 1973) u. als Herausgeber von Lebensläufen des »Kempowski-Archivs«. Der Roman *Hundstage* (Mchn./Hbg. 1988) ist eine Selbstreflexion des eigenen Schreibens in einer stilistisch wieder traditionellen Form. Seine Texte u. Hörspiele wurden mit vielen Preisen ausgezeichnet, u. a. mit dem Wilhelm-Raabe-Preis (1972) u. dem Hörspielpreis der Kriegsblinden (1981).

Weitere Werke: Chronik des dt. Bürgertums: Uns geht's ja noch gold. Roman einer Familie. Mchn. 1972. Ein Kapitel für sich. Mchn. 1975. Schöne Aussicht. Hbg. 1981. Herzlich willkommen. Hbg. 1984 (R.). – Haben Sie Hitler gesehen? Dt. Antworten. Mchn. 1973. – Der Hahn im Nacken. Mini-Gesch.n. Hbg. 1973. – Immer so durchgemogelt. Erinnerungen an unsere Schulzeit. Mchn. 1974. – Alle unter einem Hut. Alltags-Miniminigesch.n. Bayreuth 1976. – Aus großer Zeit. Hbg. 1978 (R.). – Unser Herr Böckelmann. Hbg. 1979 (Kinderbuch). – Haben Sie davon gewußt? Dt. Antworten. Hbg. 1979. – K.s einfache Fibel. Braunschw. 1980. – Beethovens Fünfte u. Moin Vaddr läbt. Hbg. 1982 (Buchkassette der Hörsp.e). – *Herausgeber:* Irene Zacharias: Meine sieben Kinder u. der Lauf der Welt. Hbg. 1986. – Helmut Fuchs: Wer spricht v. Siegen? Der Ber. über unfreiwillige Jahre in Rußland. Hbg./Mchn. 1986. – Ray Matheny: Die Feuerreiter. Gefangen in fliegenden Festungen. Mchn. 1988.

Literatur: Wolfgang Preisendanz: Zum Vorrang des Komischen bei der Darstellung v. Geschichtserfahrung in dt. Romanen unserer Zeit. In: Poetik u. Hermeneutik 7 (1976). – Manfred Dierks: W. K. Mchn. 1984.

André Fischer

Kepler, Johannes, * 27. 12. 1571 Weil der Stadt, † 15. 11. 1630 Regensburg. – Kaiserlicher Mathematiker, Astronom.

Wegen seiner schwachen körperl. Konstitution sollte K. einen geistl. Beruf ergreifen u. besuchte nach der Lateinschule in Leonberg u. bestandenem Landesexamen in Stuttgart (1583) die Klosterschule zu Adelberg (1584-1586) sowie das höhere Klosterseminar zu Maulbronn (1586-1589). 1589 trat er als herzogl. Stipendiat in das Tübinger Stift ein, um an der Universität Theologie zu studieren (Magister artium 1591). Besonders widmete sich K. den mathemat. Disziplinen einschließlich der Astronomie. Auf Anraten seines Lehrers Michael Mästlin ging K. noch vor Studienabschluß als Ethik- u. Mathematiklehrer an die Grazer protestantische Landschaftsschule. Er wurde am 28. 9. 1598 im Zuge der Gegenreformation vertrieben u. floh nach Ungarn. Nach der ihm als einzigem erlaubten Rückkehr lebte er so isoliert, daß er Anfang 1600 für fünf Monate auf Einladung Tycho Brahes nach Prag ging u. sich erstmals vergeblich um eine Anstellung an der Universität Tübingen bemühte. Im Aug. 1600 wurde auch K., der sich weigerte zu konvertieren, aus Graz ausgewiesen. Er ging wieder zu Brahe nach Prag u. wurde nach dessen Tod Ende 1601 als Nachfolger des mit ihm verfeindeten Nicolaus Raimarus Bär kaiserl. Hofmathematiker mit der Aufgabe, den Nachlaß Brahes auszuwerten (für die 1627 gedruckten *Tabulae Rudolphinae*). Er behielt die Stelle auch unter den Kaisern Matthias u. Ferdinand II. Da unter beiden keine Präsenzpflicht am Hof bestand, konnte K. 1611/12 an die wiederzugelassene protestantische Landschaftsschule in Linz gehen. Die Unruhen um den Anspruch auf den Kaiserthron u. das Ausbleiben seines Gehalts veranlaßten ihn, die konfessionelle Toleranz des Hofs mit der protestantischen Enklave zu vertauschen. Hier geriet er allerdings rasch mit dem Oberpfarrer Daniel Hitzler in Konflikt, der ihn wegen der Weigerung, die Konkordienformel zu unterzeichnen, exkommunizierte. K. weigerte sich, die Allgegenwart des Fleisches Christi anzuerkennen. Da er auf diesem Standpunkt beharrte, bestätigte auch das Stuttgarter Konsistorium den Kirchenbann u. machte ihn 1619 sogar im ganzen Land bekannt, so daß eine Rückkehr nach Württemberg unmöglich wurde. K. hielt sich hier nur im Okt. 1617 sowie zwischen Sept. 1620 u. Nov. 1621 auf, um seine Mutter in einem Hexenprozeß zu verteidigen.

Nach der Thronbesteigung Ferdinands entging K. nur wegen seiner Vorrechte als Hofbeamter dem Reformationspatent von 1625, das auch in Linz alle Protestanten des Landes verwies. Seine Bibliothek wurde versiegelt; ihm wurde jedoch erlaubt, den mit hohen Kosten vorbereiteten Druck der *Rudolphinischen Tafeln* fertigzustellen; als die Bauernaufstände dann Mitte 1626 auch Linz einschlossen u. die Druckkerei mit den bereits ausgedruckten Tafeln zerstört wurde, ließ K. sich zu ihrer Fertigstellung mit kaiserl. Erlaubnis in Ulm nieder. Anschließend suchte er in Frankfurt/M., Ulm, Regensburg, Linz u. Prag nach einer neuen Anstellung – ohne Erfolg, da er weder bereit war zu konvertieren, noch die Konkordienformel zu unterzeichnen. So ließ er sich im April 1628 als Astrologe in die Dienste Wallensteins übernehmen, der sich verpflichtete, die inzwischen beträchtl. Rückstände des kaiserl. Gehalts als Hofmathematiker auszugleichen. Im August siedelte K. in das Wallenstein gerade übertragene u. damals protestantische niederschles. Teilherzogtum Saga über. Er erhielt zwar erstmals das vereinbarte Jahresgehalt (1000 Gulden), doch führte die von Wallenstein auch hier betriebene Rekatholisierung wieder zur gesellschaftl. Isolation K.s. Auch konnte der Herzog die alten Gehaltsrückstände nicht ausgleichen; eine als Ersatz angebotene Professur in Rostock lehnte K. ab. Als er von der Absetzung Wallensteins erfuhr, machte er sich am 8. 10. 1630 wieder auf den Weg nach Regensburg, um vor dem Reichstag das rückständige Gehalt vom Kaiser einzufordern. Kurz nach der Ankunft erkrankte er tödlich.

K. war ein streitbarer Christ, der fast starrsinnig für seine Überzeugungen eintrat. Der – trotz »kryptocalvinistischer« Neigungen – überzeugte Lutheraner fühlte sich stets als Mitgl. der einen »katholischen« Kirche. Seinem Bemühen um ein überkonfessionelles Christentum entsprangen zahlreiche theolog. Schriften. Zum Teil Apologien von K.s Standpunkt in der Abendmahlsfrage, machten sie wegen der Publizität dem Stuttgarter Konsistorium ein Einlenken unmöglich, zumal K. sich mit der Verteidigung des heliozentr. Weltsystems des Kopernikus gegen scheinbar anderslautende Bibelstellen, durch die er zum (naturwissenschaftlichen) Vorkämpfer u. Wegbereiter der historisch-krit. Methode der Bibelexegese wurde, gegen die Theologen aller Konfessionen stellte.

Doch obwohl K. sein Examen nicht abgeschlossen hatte u. man ihn in Tübingen nicht als Lehrer haben wollte, sah er sich in konsequenter Weiterführung der natürl. Theologie seiner Tübinger Lehrer fast missionarisch dazu beauftragt, Gott durch das Nachdenken u. Darlegen seiner Schöpfung zu feiern. Er suchte die a priori gegebene Ordnung der Schöpfung als des »körperlichen Abbilds Gottes«, in dem alles verklammert ist durch die Dreiheit Gott/Welt/Mensch – Urbild/Abbild/Ebenbild u. die symbol. Abbildung des dreieinigen Gottes im heliozentr. Kosmos, in dem der Vater das Zentrum der Sonne bilde, der Sohn die Begrenzungskugel u. der Hl. Geist sich über den Zwischenraum ergieße.

Für den Neuplatoniker K. ist die Ordnung als »Kosmos« notwendig mathematisch. Aus der selbst Gott vorgegebenen Mathematik müßten sich deshalb auch die Ordnungsprinzipien u. damit die empirisch nicht zu erbringenden Beweise für die kopernikanische Anordnung im Kosmos ergeben.

Diesem Ziel glaubte K. sich bereits in seinem Erstling *Mysterium cosmographicum* (1596) nahe: Die neben der den Kosmos abschließenden Kugel vollkommensten geometr. Körper, die fünf regulären Polyeder, bestimmten, ineinandergeschachtelt, durch ihre In- u. Umkreise, zwischen die die Planetensphären eingebettet seien, nicht nur die Anzahl der Planeten in der kopernikan. Anordnung, sondern mit verblüffender Genauigkeit auch deren Abstände von der Sonne. Aus der mit den Abständen langsamer werdenden Bahngeschwindigkeit der Planeten schloß K. auf ein zentrales Bewegungszentrum, auf die Sonne als rotierenden natürl. »Motor«; sprach er hier noch von der »anima motrix« (bewegenden Seele) der Sonne, so wird hieraus nach 1600 eine »körperliche« Kraft der Sonne, der im Anschluß an William Gilbert magnetische Wirkung auf andere Weltkörper zugeschrieben wird. Dabei kommt es durch die Rotation des Sonnenkörpers mit seinen »Magnetfibern« zu einer kreisförmigen Mitführung. Dagegen bewirkten die Planeten selbst Verringerung u. Vergrößerung ihres Abstands von der Sonne u. damit ihre exzentr. Bahn, aus der die unterschiedl. Bahngeschwindigkeit im vom Bewegungszentrum entfernteren Aphel (langsamer) u. im Perihel folge.

Damit war die von Ptolemaios zur Wiedergabe der Phänomene eingeführte ungleichförmige Ausgleichsbewegung erstmals »physikalisch« begründet. Kopernikus hatte sie noch als Verstoß gegen die alten Prinzipien der Astronomie aufgefaßt, wonach sämtl. (Teil-)Bewegungen am Himmel gleichförmig u. kreisförmig erfolgen müssen.

Auch die Kreisförmigkeit der Bewegung(skomponent)en mußte K. bald aufgeben. In dem Bestreben, das »mysterium cosmographicum« durch die besseren Beobachtungsdaten Brahes zu bestätigen u. die Harmonie in den Bewegungsverhältnissen aufzufinden, bemühte er sich in Prag insbes. um die physikal. Berechnung der Tiefenbewegungen der Planeten, die bis dahin Astronomen nie interessiert hatte, u. ihre empir. Bestätigung. Nach vielen Irrwegen erkannte er die Ellipse mit der Sonne in einem der Brennpunkte als einzig mögl. Bahnform, die der Physik u. den Phänomenen entsprach. Die Bahngeschwindigkeit wird durch das zweite Keplersche Gesetz der Planetenbewegung beschrieben, demzufolge die Verbindungslinie zwischen Planet u. Sonne in gleichen Zeiten gleiche Flächen bestreicht. *Astronomia nova [...] seu physica coelestis* nannte K. deshalb stolz das Werk, in dem er anhand der Marsbahn diese »Neue, [erstmals] ursächliche Astronomie oder Himmelsphysik« (entstanden bis 1605. Ersch. 1609) darlegt.

Auf der Suche nach der richtigen Bahnform hatte K. Zweifel an der Exaktheit der Braheschen Daten beseitigen müssen durch die Untersuchung der Geradlinigkeit der Lichtausbreitung (camera obscura, Spiegellehre) u. der physiolog. Optik des Sehvorgangs (Umkehrung des Bildes), dargelegt 1604 in *Astronomiae pars optica.* In der *Dioptrice* (1611) behandelt K. speziell die Brechung in Linsen u. liefert die Optik des von Galilei in die Astronomie eingeführten Fernrohrs nach, wobei er gleichzeitig das Prinzip des sog. Keplerschen Fernrohrs ableitet. Aufgrund dieser opt. Erkenntnisse war K. sofort von der Richtigkeit der Fernrohrbeobachtungen Galileis überzeugt, obgleich er weder ein Fernrohr besaß noch aufgrund eines Augenfehlers solche Beobachtungen hätte selbst anstellen können; seine Spekulationen (Mondbewohner) legte er in der »Unterhaltung mit dem Sternenboten« (*Dissertatio cum nuntio sidereo.* 1610) dar, als den er die galileische »Sternbotschaft« umdeutete.

Besonders seine neue mathemat. Astrophysik hatte zur Folge, daß K. sich auch um eine Reform der Astrologie bemühte, für die er lediglich die Aspektenlehre anerkannte, u. zwar auf der Basis der »harmonischen« Unterteilung eines Kreises durch die Ecken einbeschriebener konstruierbarer (»wißbarer«, »rationaler«) Polygone. Er nannte das Verfahren »Geometria figurata«, die so entstehenden harmon. Verhältnisse »kosmosbildend«. Damit konnte er erstmals innerhalb der Musiktheorie, die ihm als Ausdruck mathemat. Harmonie Grundlagenwissenschaft war, konsonante u. dissonante Intervalle theoretisch voneinander unterscheiden. Ansatzweise ging K. zwar auch schon in den dt. Prognostika u. Kalendern, deren Erstellung zu seinen Aufgaben als Landschaftsmathematiker in Graz u. Linz gehörte, auf seine neuen Ideen ein, doch widmete er ihnen in der Auseinandersetzung mit absoluten Gegnern u. Befürwortern der judicar. Astrologie auch mehrere lat. u. dt. Abhandlungen, u. a. *De fundamentis astrologiae certioribus* (1601), *Antwort auff D. Helisaei Röslini Discurs* (1609), *Tertius interveniens* (1610).

Am Ziel seiner Bemühungen sah sich K., als es ihm gelungen war, zwischen den extremen Bahngeschwindigkeiten je zweier benachbarter Planeten ebenfalls »kosmosbildende« harmon. Verhältnisse aufzuweisen u. damit die schon von Platon angegangene Forderung zu erfüllen. Auf dem Weg dorthin entdeckte er 1618 als Nebenprodukt das im dritten Keplerschen Gesetz ausgedrückte Abstand-/Umlaufverhältnis je zweier Planeten. K.s *Harmonice mundi* (1619) enthält daneben auch die Musiktheorie u. die Anwendung der Harmonielehre auf alle mögl. Bereiche bis hin zum Strafrecht u. stellt den Höhepunkt des theoret. Schaffens K.s dar – während die *Tabulae Rudolphinae* den Höhepunkt der praxisbezogenen Werke K.s bilden, der fast hundert Jahre die Grundlage der Berechnung von Planetenörtern war. Erwähnung verdienen noch das umfassende Lehrbuch *Epitome astronomiae Copernicanae* (1618–21), die ansatzweise infinitesimale Berechnung von Rotationskörpern in seiner Faßrechnung *Messekunst Archimedis* (1616. Zuerst lat. 1615) sowie sein *Chilias logarithmorum* (1624/25) u. nicht zuletzt die erst im 19. Jh. herausgebrachte wissenschaftstheoret. Abhandlung zur Verteidigung Tycho Brahes gegen Raimarus Bär von 1600 (*Apologia Tychonis contra Ursum*).

Ausgaben: Ges. Werke. Hg. Max Caspar u. a. Mchn. 1937 ff. (auf 26 Bde. geplant; Bd. 20, 1 1988; es fehlen noch die Bde. 11 u. 12 mit den theolog. Schr.en). – *Übersetzungen:* Traum vom Mond. Lpz. 1898. – Weltgeheimnis. Augsb. 1923. Mchn./Bln. 1929. – Neue Astronomie. Mchn./Bln. 1929. – J. K. in seinen Briefen. Hg. M. Caspar u. Walther v. Dyck. 2 Bde., Mchn./Bln. 1930. – Weltharmonik. Mchn./Bln. 1939. Neudr. Darmst. 1969.

Literatur: *Bibliographie:* Max Caspar: Bibliographia Kepleriana. Mchn. 1936. 2. Aufl. besorgt v. Martha List. Mchn. 1968. – *Weitere Titel:* M. Caspar: J. K. Stgt. 1948. – Walther Gerlach u. M. List: J. K. Leben u. Werk. Mchn. 1966. – Dies.: J. K. Dokumente zu Lebenszeit u. Lebenswerk. Mchn. 1971. – Internat. K.-Symposium Weil der Stadt 1971. Hg. Fritz Krafft, Karl Meyer u. Bernhard Sticker. Hildesh. 1973. – K. Four Hundred Years: Proceedings of Conferences held in Honour of J. K. Oxford 1975 (mit Forts. der Bibliogr. bis 1975). – Jürgen Hübner: Die Theologie J. K.s zwischen Orthodoxie u. Naturwiss. Tüb. 1975. – Berthold Sutter: J. K. u. Graz. Graz 1975. – K.-Symposium zu J. K.s 350. Todestag '80 Linz. Hg. Rudolf Haase. Linz 1982. – Das K.-Museum Weil der Stadt 1982. Ein Führer hg. v. der K.-Gesellsch. Weil der Stadt 1982. – Bruce Stephenson: K.'s Physical Astronomy. Bln. 1987. – F. Krafft: K. In: TRE (mit Bibliogr.). *Fritz Krafft*

Keppler, Johann Joseph Friedrich von, * 1760 Stralsund, † unbekannt (1823 angeblich noch am Leben). – Romanautor, Epiker.

K., über dessen Leben nichts bekannt ist, war einer der wichtigsten Autoren im Wien des Josephinismus. Gemäß seinem eigenen Programm (*Kritische Untersuchungen über die Ursache und Wirkung des Lächerlichen.* Cilli 1792) stellte er seine kom. Erzählungen (*Der Kapotrock.* Wien 1782. *Die schöne Beata, oder Der Kapaun.* Lpz./Wien 1790), die sich durch digressive Struktur in der Art Sternes auszeichnen, in den Dienst des satir. Kampfs für die josephin. Aufklärung. In dem »Scherzgedicht« *Der Aufstand der Dummheit zu Wien* (Wien 1781), einem kom. Epos im Gefolge von Popes *Dunciad*, erscheint Joseph II. als Inkarnation der letztlich siegreichen Weisheit.

Weitere Werke: Adelstern, oder: Ehrgeiz u. Vorurteil für seine Familie. Wien 1781. – Der Fasan. Ffm./Lpz. 1785.

Literatur: Werner M. Bauer: Fiktion u. Polemik. Studien zum Roman der österr. Aufklärung. Wien 1978. – Ders.: Beobachtungen zum kom. Epos in der österr. Lit. des 18. u. 19. Jh. In: Zeman 3, S. 465–497. *Wynfrid Kriegleder*

Kerckmeister, Johannes, * um 1450 Münster, † um 1500 ebd. – Dramatiker.

Nur wenige Daten in K.s Werdegang sind bekannt: das Studium in Köln (Immatrikulation 31. 5. 1466), das dort abgelegte Baccalaureats-

Gottfried Keller. Zeichnung von
Johann Rudolf Leemann, 1842.

Gottfried Keller

»Er konnte sich nicht enthalten, jene Familien bitterlich zu beneiden, welche Vater, Mutter und eine hübsche runde Zahl Geschwister nebst übriger Verwandtschaft in sich vereinigen, wo, wenn je eines aus dem Schoße scheidet, ein anderes dafür zurückkehrt und über jedes außerordentliche

Kellers Onkel Johann Heinrich Scheuchzer sollte als Vormund zusammen mit der Mutter Kellers Entwicklung in solide Bahnen lenken.

Ereignis ein behaglicher Familienrat abgehalten wird, und selbst bei einem Todesfalle verteilt sich der Schmerz in kleinere Lasten auf die zahlreichen Häupter, so, daß oft wenige Wochen hinreichen, denselben in ein fast angenehm-wehmütiges Erinnern zu verwandeln. Wie verschieden dagegen war seine eigene Lage« (»Der grüne Heinrich«).

Der plötzliche Tod des Vaters, des Drechslermeisters Hans Rudolf Keller *(linke Seite oben)* zerbrach das kleinbürgerliche Schweizer Familienidyll mit einem Schlag. Die Mutter, Elisabeth Keller *(linke Seite unten)* stand fast mittellos da.

Keller im Alter von 18 Jahren. Skizze von Johann Müller, 1836. *Rechts oben:* Georg Herwegh, der in die Schweiz emigrierte Vormärz-Lyriker, war für Keller poetisches und politisches Vorbild. *Rechts:* Der demokratische Lyriker Ferdinand Freiligrath war mit Keller befreundet. *Linke Seite, rechts:* Am Neumarkt 27 in Zürich wurde Keller geboren.

Keller als Maler

Von Mai 1840 bis Herbst 1842 lebte Keller in der Absicht, Maler zu werden, in München.

Gottfried Keller in München, August 1840. Bleistiftzeichnung von Johann Salomon Hegi.

Oben: Eiche. Aquarell von Keller, um 1840.
Rechts: Landschaft mit Gewitterstimmung. Aquarell, vermutlich um 1842 von Keller in München gemalt.

Rechts: Der Philosoph Ludwig Feuerbach, dessen Vorträge Keller in Heidelberg hörte, wirkte vor allem durch seine materialistische Philosophie auf eine ganze Generation.
Links: In dem Literaturhistoriker Hermann Hettner fand Keller einen lebenslangen Freund und literarischen Vertrauten.

In seinem autobiographischen Roman »Der grüne Heinrich« thematisiert Keller seine Lebensgeschichte: »Die Moral meines Buches ist: daß derjenige, dem es nicht gelingt, die Verhältnisse seiner Person und seiner Familie im Gleichgewicht zu halten, auch unbefähigt sei, im staatlichen Leben eine wirksame und ehrenvolle Stellung einzunehmen« (an den Verleger Eduard Vieweg, 3. Mai 1850).

Oben: Die schöne Elisabeth (»Betty«) Tendering, die einen Brauereibesitzer heiratete, war Kellers leidenschaftliche aber unerfüllte Liebe.
Rechts: Die Schreibunterlage aus Kellers Berliner Zeit (1850-1855), auf der er seinen Roman fertigstellte, spiegelt sein Innenleben: manische Betty-Kalligraphien.

nks: Die mit Keller befreundete Ludmilla Assing zeichnete den Dichter beim Erscheinen seines Romans im Alter von 35 Jahren.

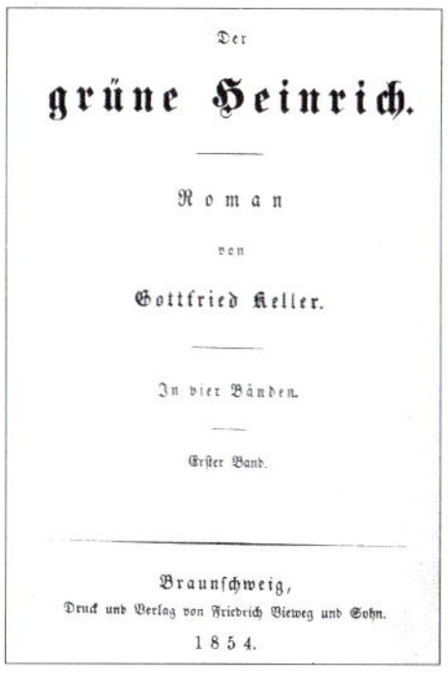

Der

grüne Heinrich.

Roman

von

Gottfried Keller.

In vier Bänden.

Erster Band.

Braunschweig,

Druck und Verlag von Friedrich Vieweg und Sohn.

1854.

Rechts: Der erste Band des Romans erschien Weihnachten 1853 im Buchhandel und wurde kaum gelesen. Bis zu Kellers Neufassung 1879/80 waren erst wenige Exemplare verkauft.

Im Beamtenjoch

»Im Dezember 1861 siedelte Keller mit den Seinigen von Hottingen nach Zürich ins ›Steinhaus‹ oben an der Kirchgasse über, in dem sich die Staatskanzlei befand. Das ganze zweite Stockwerk des mittelalterlichen Turmes stand dem Ersten Staatsschreiber für Amtsräume und Wohnung zur Verfügung, in der ersten Etage hausten die drei oder vier Kanzlisten. Die größte und lauterste Freude über diese ehrenvolle Wendung empfand wohl Frau Keller, die bald

Links: Kellers Mutter und seine Schwester Regula, die eine Witwe, die andere lebenslang unverheiratet, führten dem Dichter den Haushalt. *Oben:* Luise Scheidegger. 1866 verlobte sich Keller mit ihr, noch im selben Jahr nahm sie sich das Leben.

fünfundsiebzig war und ihre ausharrende Opferbereitschaft und den Glauben an Gott und ihren Sohn nun bestätigt und belohnt sah. Die Stelle eines Ersten Staatsschreibers war die wohl bestbezahlte in der ganzen Beamtenhierarchie. Im Laufe der ersten vier Amtsjahre konnte Keller mit allen seinen Schulden aufräumen, die Mutter und die Tochter ausstaffieren und abends erst noch besseren Wein trinken« (Walter Baumann).

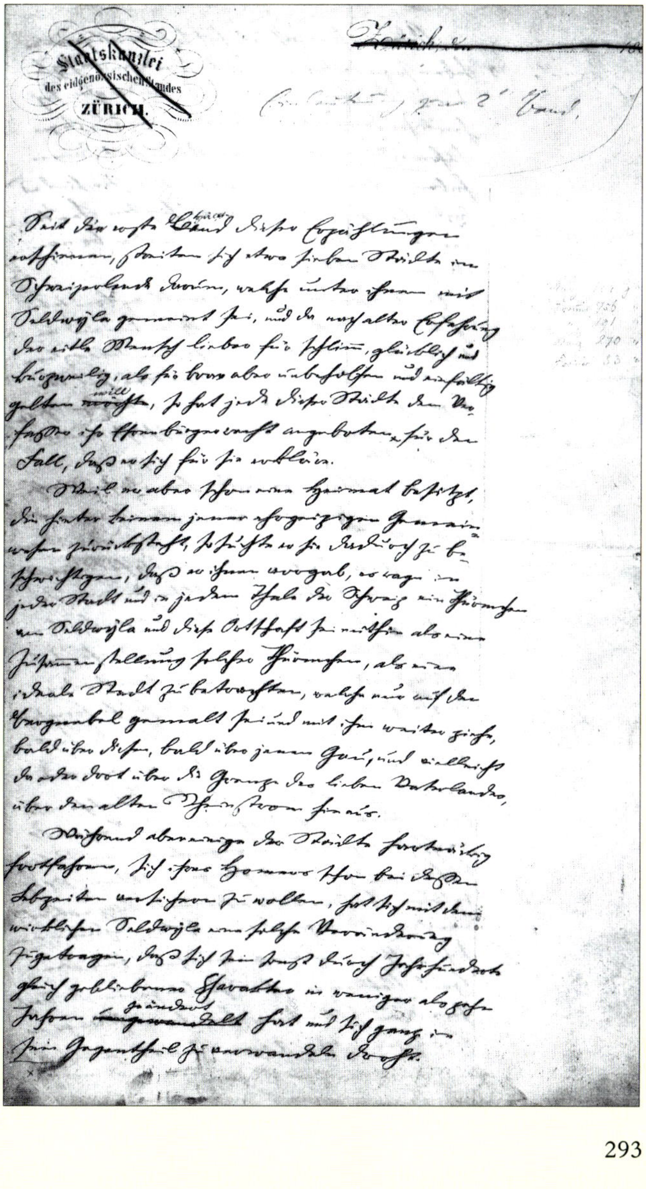

Auf Kanzleipapier schrieb Keller in seiner Stadtschreiberzeit 1873 die Einleitung zum Novellenband »Die Leute von Seldwyla«.

In dem Ästhetiker Friedrich Theodor Vischer fand Keller seinen bedeutendsten Interpreten: »Ein so ausführliches Eingehen ist mir noch nie widerfahren oder richtiger gesagt begegnet, und es freut mich sowohl die Kritik wie das Lob, beides gleich; auch kann ich sagen, daß ich zum erstenmal das hervorgehoben und zitieren höre, was man in der Stille, wie das so zu geschehen pflegt, hervorgehoben zu sehen wünscht« (an Weibert, 30. Juli 1874).
Berthold Auerbach, berühmter Verfasser der »Schwarzwä Dorfgeschichten«, hatte Kellers frühe Erzählungen als Idy verstanden und in seinen Kalendern veröffentlicht.
Mit Paul Heyse, dem deutschen Nobelpreisträger und be-

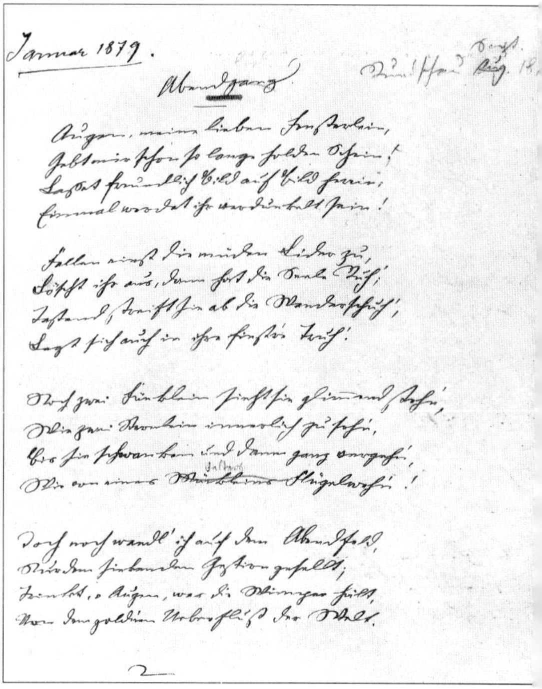
Januar 1879.

Abendgang

Augen, meine lieben Fensterlein,
Gebt mir schon so lange holden Schein,
Lasset freundlich Bild auf Bild herein;
Einmal werdet ihr verdunkelt sein!

Fallen einst die müden Lider zu,
Löscht ihr aus, dann hat die Seele Ruh;
Tastend streift sie ab die Wanderschuh,
Legt sich auch in ihre finstre Truh.

Noch zwei Fünklein sieht sie glimmend stehn,
Wie zwei Sternlein innerlich zu sehn,
Bis sie schwanken und dann ganz vergehn,
Wie von eines [illegible] Flügelwehn!

Doch noch wandl' ich auf dem Abendfeld,
Nur dem sinkenden Gestirn gesellt;
Trinkt, o Augen, was die Wimper hält,
Von dem goldnen Ueberfluß der Welt.

2

Links oben: Im Haus auf dem Bürgli in Enge wohnte Keller 1875-1882. *Links unten:* Haus Thaleck, Kellers Wohnung in Hottingen von 1882 bis zu seinem Tod. *Oben:* Manuskript des Abendlieds.

rühmten Dichter der Zeit, war Keller in ironischer Freundschaft verbunden: »Unter den vom König von Bavarien angestellten Poeten ist Paul Heyse ein wirkliches und schönes Talent, welches aber noch gar keinen rechten Animus hat, da er unter lauter Eseln aufgewachsen ist und noch mit ihnen graset« (an Freiligrath, Ende 1854).

Mit dem Schriftsteller Theodor Storm führte Keller einen literaturgesättigten Briefwechsel: »Im vorletzten Briefe machen Sie die Andeutung, daß meine Schnurren mit der Tendenz, einzelne Liebespaare resignieren zu lassen, zusammenhängen möchten. Hier ist die Antwort« (an Storm, 16. August 1881).

Paul Heyse (1830-1914).

Oben: Berthold Auerbach (1812-1882).
Unten: Friedrich Theodor Vischer (1807-1887).

Theodor Storm (1807-1888).

Gottfried Keller starb am 15. Juli 1890.
Die Photographie zeigt ihn im Alter von 67 Jahren.

bzw. Magisterexamen (25. 5. 1467 bzw. 9. 4. 1470). Anschließend wirkte K. in der Domschule zu Münster im engsten Umkreis Rudolfs von Langen, der zu den namhaften Repräsentanten des westfäl. Frühhumanismus zählt. Mit seinem 1485 in Münster erschienenen Drama *Codrus* (nach einem mißliebigen Dichter bei Vergil) legte der mittlerweile als »Gymnasiarch« u. »praeclarus homo« bezeichnete Autor ein noch in Prosa verfaßtes Spiel vor, das zwischen dem Komödienschema des Terenz u. den humanistischen Schülergesprächen vermittelt. Wahrscheinlich im Blick auf die anstehende Reorganisation der Münsterschen Domschule werden – wie in Wimpfelings *Stylpho* (1480) – neue u. alte Bildung, mittelalterl. u. humanistischer Gebrauch des Lateinischen gegenübergestellt. Abwechselnde Dialoge u. Monologe geben Einblick in den zeitgenöss. Lehrbetrieb.

Ausgabe: Codrus. Hg. Lothar Mundt. Bln. 1969 (Lit.).

Wilhelm Kühlmann

Kerenstein-Ballade. – Vermutlich spätmittelalterliche Ballade.

Ihren Namen hat die siebenstrophige Ballade von dem in Strophe VI, Vers 7 genannten Herrn »von kerenstain«, hinter dem eine histor. Figur vermutet wird. Verschiedentlich wurde angenommen, daß die Melodie eines aus dem 16. Jh. stammenden, in den ersten zwei Zeilen übereinstimmenden Lieds urspr. zur K. gehört habe.

Die »tag weys« überschriebene Ballade enthält viele Elemente des Tagelieds: Ein Ritter läßt der Tochter des Herrn von Kerenstein durch einen Boten Grüße übermitteln; diese bestellt den Ritter zu einer Linde vor dem Burgtor u. verbringt die Nacht mit ihm. Am Morgen bekennt sie ihren Abschiedsschmerz. Der Ritter tröstet sie und erläutert ihr wohl einen Fluchtplan (Textverderbnis). Nach dem Weckruf des Wächters bemerkt der Herr von Kerenstein das Verschwinden seiner Tochter. Vorwürfe wegen Bestechlichkeit weist der Wächter unter Hinweis auf die Macht der Liebe zurück.

Das Alter der Ballade ist umstritten: Überliefert ist sie nur im *Augsburger Liederbuch* von 1454. Motive, Stil u. Form sind ähnlich im frühen Minnesang, bes. beim Kürenberger, anzutreffen u. haben deshalb die Vermutung aufkommen lassen, daß es sich um ein schon im 12. Jh. entstandenes Lied handle. Spätere Zusätze sind jedenfalls die nach den Strophen II, III u. VI anzutreffenden Zeilen, die sich einer Einordnung in das Strophenschema widersetzen. Zu erwägen ist aber, ob hier nicht ein spätmittelalterl. Lied entweder aus einem alten Tageliedkern entstanden ist oder beliebte ältere Motive u. Formen aufgenommen hat. Dies würde die Annahme einer sonst nicht faßbaren »ritterlichen Balladenkunst« (Wehrli) überflüssig machen. Zudem spricht die Überlieferung im *Augsburger Liederbuch*, dessen nachweisbare Vorlagen frühestens im 14. Jh. anzusiedeln sind, für eine spätere Entstehung. Die Ballade wäre dann einer Reihe thematisch verwandter volkstüml. Balladen aus dem SpätMA zuzuordnen.

Ausgaben: Ludwig Uhland: Schr.en zur Gesch. der Dichtung u. Sage. Bd. 4, Stgt. 1869, S. 86–88. – John Meier (Hg.): Dt. Volkslieder mit ihren Melodien I. Lpz. 1935, S. 173–179. – Klaus Jürgen Seidel: Der Cgm 379 der Bayer. Staatsbibl. u. das Augsburger Liederbuch v. 1454. Diss. Mchn. 1972, S. 700–720.

Literatur: Walter de Gruyter: Das dt. Tagelied. Lpz. 1887, S. 72. – Max Ittenbach: Der frühe dt. Minnesang. Halle 1939, S. 50–59. – Max Wehrli: Dt. Lyrik des MA. Zürich 1955, S. 44–49, 522, 569.

Elisabeth Wunderle

Kerényi, Karl, *Károly*, * 19. 1. 1897 Temesvár, † 14. 4. 1973 Zürich; Grabstätte: Ascona. – Klassischer Philologe u. Religionswissenschaftler.

Nach Studien der klassischen Philologie in Budapest u. Greifswald habilitierte sich K. 1927 in Budapest über *Die griechisch-orientalische Romanliteratur in religionsgeschichtlicher Beleuchtung* (Heidelb. 1927). Er verband darin eine traditionelle philolog. Herkunftsfrage – hier gestellt für den durch Nietzsches Freund Erwin Rohde grundlegend dargestellten griech. Liebesroman – mit religionshistor. Deutung, indem er in den Romanen zahlreiche Beziehungen zu den antiken Mysterienritualen aufwies, die er vorsichtig auf eine genet. Verwandtschaft hin deutete.

Die Beschäftigung insbes. mit griech. Religion u. Mythologie – auch nach der Berufung auf ein altertumswissenschaftl. Ordinariat in Pécs (1934) u. Szeged (1941) behielt K. die Dozentur für Geschichte der antiken Religion in Budapest bei – brachte ihn 1929 in Griechenland mit dem klass. Philologen Walter F. Otto zusammen. Ohne daß K. je Ottos Schüler gewesen wäre, verband sie eine gemeinsame Grundauffassung von antiker Religion als dem Zentrum antiker Kultur, als einer Lebenswirklichkeit u. Seinsform, die ergriffen nachfühlend, nicht rational analysierend verstanden werden müsse. Dies brachte beide zur Ablehnung sowohl der insbes. in Deutschland gepflegten altertumswissenschaftlich-philolog. Religionsforschung wie der evolutionistischen Religionswissenschaft ihrer Zeit; über Otto führten Kontakte zur Frankfurter Ethnologie um Leo Frobenius. Zum erstenmal ließ sich diese neue Haltung der »existentiellen Philologie« in der Essaysammlung *Apollon. Studien über antike Religion und Humanität* (Wien 1937), v. a. aber im urspr. in Italienisch erschienenen Buch *Die antike Religion. Eine Grundlegung* (Amsterd. 1940. Neufassung u. d. T. *Die Religion der Griechen und Römer*. Darmst. 1963) fassen: Hier wird nicht nur die Mythologie als Teil der Religion begriffen u. mit der Darstellung der Religion zgl. eine Grundlegung der antiken Kulturgeschichte intendiert, hier wird auch an die Stelle des histor. Entwicklungsbegriffs die Suche nach nicht reduzierbaren Grundformen gesetzt, in deren Entfaltung sich die Geschichte der Religionen abspielt.

Diese Suche nach den konstanten, jeden Wandel überdauernden Grundformen (»Stil«, »Morphologie«) stellt K.s Arbeit in die Nähe der Religionsphänomenologie. Wichtiger aber für die Entwicklung seiner mytholog. Studien war, daß er C. G. Jung 1939 die Untersuchungen *Zum Urkind-Mythologem* u. *Kore. Zum Mythologem vom göttlichen Mädchen* (in: Paideuma 1, 1938/39, S. 241-278, 341-380) zusandte: Aus Jungs psycholog. Kommentar dazu erwuchsen gemeinsame Schriften (vereinigt u. d. T. *Einführung in das Wesen der Mythologie. Gottkindmythos, eleusinische Mysterien*. Zürich 1942). K. beteiligte sich regelmäßig an den Eranos-Tagungen in Ascona u. arbeitete nach seiner Umsiedlung aus Ungarn 1943 nach Ascona am neugegründeten C.-G.-Jung-Institut in Zürich mit; auch der Wahl in die erneuerte Ungarische Akademie der Wissenschaften 1947 (unter kommunistischer Herrschaft annulliert, 1989 rehabilitiert) u. dem Angebot eines Lehrstuhls in Budapest zog K. die Arbeit im Kreis Jungs vor. Die Archetypenlehre schien K. von psycholog. Seite einen Schlüssel zum tieferen Verständnis der Gestalten der griech. Mythologie zu geben – die Bilder des vom Psychologen analysierten Individualtraums u. die des antiken Mythos verhielten sich analog, als jeweils überindividuelle, unmittelbar wirkende Gestaltungen von Grundformen menschl. Daseins.

K.s Spätwerk kennzeichnet eine sachte Rückkehr zu den Ansichten vor der Zeit mit Jung: Griechische Gottheiten wie Demeter u. Kore (*Eleusis. Archetypal Image of Mother and Daughter*. Revidiert Princeton 1967) u. *Dionysos* (Mchn./Wien 1976) werden wieder stärker als historisch einmalige Urbilder von Grundgegebenheiten menschl. Daseins verstanden.

K.s Bedeutung liegt jedoch nicht in der religionswissenschaftl. Theoriebildung, wie er auch keine Schule innerhalb der Fachwissenschaft begründet hat, deren Fachjargon er bewußt nicht verwendete, oft auf Kosten einer präzisen Begrifflichkeit. Wichtiger war K. als der erzählende Vermittler der antiken myth. Stoffe; in der Nacherzählung findet die Mythologie »ihr ursprüngliches Medium«. Seine *Mythologie der Griechen*, welche *Die Götter- und Menschheitsgeschichten* (Zürich 1951) u. *Die Heroengeschichten* (ebd. 1958) deutend nacherzählt, sollte die Mythen nicht nur an den Laien, sondern bes. »den kommenden Dichtern« (so die Widmung des zweiten Bands) vermitteln. Dieses Anliegen ließ ihn auch den Kontakt mit Schriftstellern suchen. Insbesondere mit Thomas Mann verband ihn seit dem 1934 einsetzenden Briefwechsel – als Reaktion K.s auf den ersten Band des *Joseph*-Romans – ein enger, wenn auch einseitiger Gedankenaustausch. Dagegen freilich, daß er »Manns Sachverständiger in Angelegenheiten des Mythos« gewesen sei, verwahrte sich K. Umgekehrt konnte Mann sich K.s an die klassische Antike gebundenen u. von den Anschauungen der Goethezeit mitbestimmten Mythosbegriff nie völlig zu eigen machen.

Einfluß auf das dt. Geistesleben suchte K. auch durch seine Essays zu nehmen im Sinne eines traditionellen Humanismus, der die antiken Wurzeln der europ. Kultur nicht nur im allg. Bewußtsein halten, sondern das, was er als Zentrum der antiken Kultur ansah – Mythologie u. Religion –, wieder wirksam machen wollte: In der »Begegnung der eigenen Existenz mit der Antike«, so hatte er in der Einleitung zu *Niobe* (Zürich 1949) formuliert, falle »mit dem Erschließen historischer Quellen das Sicherschließen von Quellen im Menschen selbst zusammen«. Dieses humanistische Programm fand in der Orientierungskrise der 50er u. 60er Jahre fern der fachwissenschaftl. Entwicklungen ein großes Echo, von dem 1971 auch die Verleihung der Goldenen Medaille der Humboldt-Gesellschaft zeugte.

Weitere Werke: Werke in Einzelausg.n. Mchn. 1966 ff. – *Die Schriften in der Bollingen Series, Princeton:* Asklepios. Archetypal Image of the Physician's Existence. 1959. Dt.: Der göttl. Arzt. Studien über Asklepios u. seine Kultstätten. Basel 1948. – Prometheus. Archetypal Image of Human Existence. 1963. Dt.: Prometheus. Das griech. Mythologem v. der menschl. Existenz. Zürich 1946. Erw. u. d. T. Prometheus. Die menschl. Existenz in griech. Deutung. Reinb. 1959. – Zeus and Hera. Archetypal Image of Father, Husband, and Wife. 1975. Urspr. dt. Leiden 1972. – *Briefwechsel:* Thomas Mann – K. K. Gespräch in Briefen. Zürich 1960.

Literatur: Aldo Magris: Carlo K. e la ricerca fenomenologica della religione. Mailand 1975 (mit Bibliogr. S. 331-338). – Hellmut Sichtermann: K. K. Mit einem Anhang: Ein Gästebuch aus Palestrina. In: Arcadia 11 (1976), S. 150-177. – Walter Burkert: Griech. Mythologie u. die Geistesgesch. der Moderne. In: Les études classiques aux XIXe et XXe siècles. Genf 1980, bes. S. 187-193. – Johannes Kleinstück: K.'s Humanistic Approach to Ancient Religion. In: Edgar C. Polomé (Hg.): Essays in Memory of K. K. Washington 1984, S. 66-74. – Nicola Cusumano: Mito, mitologema e mitologia in K. K. In: Quaderni dell'Istituto di storia Antica. Università degli Studi di Palermo 1 (1984), S. 65-85.

Fritz Graf

Kerndl, Rainer, * 27. 11. 1928 Bad Frankenhausen/Thüringen. – Dramatiker, Erzähler u. Theaterkritiker.

K., Sohn eines Angestellten, wurde geprägt durch das Erlebnis des nationalsozialistisch okkupierten Polen, wo seine Eltern 1943-1945 lebten, durch Wehrmacht, Gefangenschaft u. den zunächst hoffnungsvollen, weil überwiegend antifaschistisch-demokratischen Neubeginn nach 1945 in der SBZ. Er war als Journalist, Heimerzieher u. Jungfunktionär tätig, bevor er – zuerst mit Jugendbüchern (*... und keiner bleibt zurück.* Bln./DDR 1953) u. Erzählungen – schriftstellerisch hervortrat. Ab 1963 wirkte er als Theaterkritiker des »Neuen Deutschland«. 1984, nach dem Verbot seines antistalinistischen Schauspiels *Der Georgsberg* (Urauff. 1984) mußte er diese Tätigkeit aufgeben; danach schrieb er v. a. politisch intendierte Spannungsliteratur. Als Dramatiker ist er, nach eigenem Bekenntnis, ein »Journalist des Theaters«: Seine in den 60er u. 70er Jahren viel gespielten Stücke wollten stets eine politisch-moral. Diskussionsfunktion erfüllen, ohne deshalb literar. Qualität zu entbehren. Sie bewegen sich formal auf der Skala zwischen der »pièce bien faite« des Boulevardtheaters (*Ich bin einem Mädchen begegnet.* Urauff. 1969) u. der episierenden Biographie (*Die seltsame Reise des Alois Fingerlein.* In: Neue deutsche Literatur, H. 10, 1967), inhaltlich zwischen polit. Gläubigkeit gegenüber dem »realsozialistischen« System einerseits, einem kritisch-reflexiven, Geschichte aufarbeitenden Bewußtsein andererseits.

Weitere Werke: Schatten eines Mädchens. Urauff. 1961 (D.). – Ein Plädoyer für die Suchenden. Urauff. 1966. Gedr. in: TdZ, 18. Beilage (1965). – Nacht mit Kompromissen. Urauff. 1976. Neufassung in: NDL 24, H. 9 (1976). – Eine undurchsichtige Affaire. Halle 1981 (R.). – Stücke. Bln./DDR 1983. – Ein heimatloser Typ. Ebd. 1990 (R.).

Literatur: Michael Lee Burwell: ›Theater der Zeit‹ as a mirror of GDR drama [...]. Diss. Univ. of Minnesota 1980. – Gottfried Fischborn: R. K. In: Hans Jürgen Geerdts (Hg.): Lit. der DDR. Bd. 2, Bln./DDR 1979, S. 174-185.

Gottfried Fischborn

Kerndörffer, Heinrich August, * 16. 12. 1769 Leipzig, † 23. 9. 1846 Reudnitz bei Leipzig. – Romancier.

Wahrscheinlich entstammte K. einer Leipziger Pastorenfamilie. Nach dem Philosophiestudium in seiner Vaterstadt war er dort Universitätsdozent u. Privatgelehrter. 1805 trat K. der Leipziger Freimaurerloge »Apollo« bei, deren Meister vom Stuhl er einige Jahre war u. für die er ein *Handbuch für Freimaurer* (Lpz. 1806) verfaßte.

Einer breiteren Öffentlichkeit wurde K. als Verfasser zahlreicher Trivialromane bekannt, die Erfolgsautoren wie Lafontaine, Vulpius oder Karl Gottlob Cramer nachahmten u. deren Verfasser von der Kritik wenig schmeichelhaft als »schreibseliger, größtentheils seichter Autor« bezeichnet wurde (NND 24, 1846, S. 1094, Nr. 1388). K. ließ kein erfolgversprechendes Sujet des zeitgenöss. Trivialromans aus. Sein Repertoire reichte vom Familienroman über den polit. Abenteuerroman bis zum Genre der Ritter-, Räuber- u. Bundesromane. Dabei waren seine Romane Kolportage u. Abklatsch berühmterer Schriftstellerkollegen, zu dürftig in literar. Erfindungsgabe u. sprachl. Gestaltungskraft, als daß K. über den Rang des Epigonen hinauswachsen konnte.

Weitere Werke: *Romane:* Leben, Meynungen u. Schicksale Sebaldus Göz, eines Kosmopoliten. Lpz. 1795. – Lorenzo, der kluge Mann im Walde, oder das Banditenmädchen. 4 Tle., Lpz. 1801-03. – Die Unsichtbaren, oder die Abentheuer in den Ruinen v. St. Elmo. Lpz. 1807. – Die Ahnfrau. 3 Tle., Lpz. 1820/21. – Die Geheimnisse des Ahnen-Saales. Lpz. 1829.

Literatur: Hartmut Weidemeier: H. A. K. Untersuchungen zum Trivialroman der Goethezeit. Diss. Bonn 1967.

Walter Weber

Kerner, (Johann) Georg, * 9. 4. 1770 Ludwigsburg, † 7. 4. 1812 Hamburg. – Politischer Journalist.

Wie bei vielen seiner politischen Mitstreiter, die in Deutschland für die Ziele der Französischen Revolution eintraten, waren auch K.s Leben u. Werk lange Zeit vergessen. Erst 1978 erinnerte eine Auswahlausgabe wieder an den »bis heute faszinierenden Vertreter einer vergessenen demokratischen Gegenkultur« (Hellmut G. Haasis).

K.s revolutionäre Begeisterung manifestierte sich schon zu Ende seiner Ausbildung an der Stuttgarter Hohen Karlsschule, die der Sohn einer württembergischen Honoratiorenfamilie seit 1779 besuchte. Nach der Promotion zum Dr. med. gelangte er Ende 1791 über Straßburg, wo er Sekretär des dortigen Jakobinerclubs wurde, nach Paris. Während der Jakobinerherrschaft geriet K. durch seine Parteinahme für die Gironde im Frühjahr 1794 selbst auf die Haftliste. Er entkam in die Schweiz, wo er seine Arbeit im Dienst der Revolution jedoch fortsetzte. Als Agent der Republik knüpfte er Kontakte zu süddt. Demokraten u. sammelte Informationen über die dortige polit. Lage. Als sein Freund Karl Friedrich Reinhard 1795 frz. Gesandter bei den Hansestädten wurde, reiste K. als dessen Privatsekretär mit. Seine polit. Erfahrungen, die K. in Paris u. fortan auf seinen Reisen im Auftrag Reinhards sammelte, beschrieb er in Artikeln für mehrere fortschrittl. dt. Zeitschriften. Er kritisierte darin sowohl die Terreur wie auch später den Verrat der republikan. Idee unter Napoleon. Die Gründung einer »Philanthropischen Gesellschaft« in Hamburg 1797 zeigt, daß K. trotz dieser Enttäuschung an der Utopie einer demokratischen Gesellschaft festhielt. Erst die Alleinherrschaft u. Machtpolitik Napoleons ließen K. resignieren. 1801 schied er aus frz. Diensten aus. Zwar schrieb er gelegentlich noch über polit. u. soziale Fragen u. gab ein schnell verbotenes antinapoleonisches Journal (»Der Nordstern«, 1802) heraus, doch widmete er sich bis zu seinem Tod v. a. seiner Arbeit als Armenarzt in Hamburg.

Weitere Werke: Briefe über Frankreich, die Niederlande u. Teutschland. 3 Tle., Altona 1797/98 (anonym). – Reise über den Sund. Tüb. 1803 (anonym). – Hedwig Voegt (Hg.): G. K. Jakobiner u. Armenarzt. Reisebriefe, Berichte, Lebenszeugnisse. Bln./DDR 1978.

Literatur: Adolf Wohlwill: G. K. Hbg./Lpz. 1886. – Hellmut G. Haasis: Gebt der Freiheit Flügel. 2 Bde., Reinb. 1988, passim. – Hans-Werner Engels: Republikaner ohne Republik. G. K.s ›Reisen‹ 1796-1801. In: Europ. Reiselit. im 18. u. frühen 19. Jh. Hg. Wolfgang Griep u. Hans-Wolf Jäger. Heidelb. 1990.

Christoph Weiß

Kerner, Justinus (Andreas Christian), * 18. 9. 1786 Ludwigsburg, † 21. 2. 1862 Weinsberg; Grabstätte: ebd., Alter Friedhof. – Lyriker, Erzähler; Parapsychologe, Arzt.

K. war das sechste u. jüngste Kind eines Oberamtmanns u. Regierungsrats; unter seinen Vorfahren befanden sich zahlreiche Mitglieder der württembergischen »Ehrbarkeit«, jener im Herzogtum Württemberg führenden Gruppe von Beamten u. Pfarrersfamilien. K.s Kindheit in Maulbronn u. Ludwigsburg, wo er die Lateinschule besuchte u. eine kaufmänn. Lehre absolvierte, ist anschaulich u. humorvoll geschildert in seiner Autobiographie *Bilderbuch aus meiner Knabenzeit. Erinnerungen aus den Jahren 1786 bis 1804* (Braunschw. 1849). Ermutigt durch seinen Lehrer Karl Philipp Conz, der ihn in die dt. Literatur (Schiller, Klopstock, Hölderlin u. andere) eingeführt hatte, studierte K. 1804 bis 1808 Medizin an der Universität Tübingen (Promotion über die Funktion der Gehörorgane), widmete sich aber daneben in einem Kreis romantisch empfindender Freunde – Uhland, Karl Mayer, Heinrich Köstlin, Varnhagen von Ense (1808) – der lyr. Dichtung, ab 1806 stark beeinflußt von der Volksliederanthologie *Des Knaben Wunderhorn.* Von Jan. bis März 1807 unterhielt der Tübinger Romantikerkreis eine eigene Zeitschrift, das handschriftlich ausliegende »Sonntagsblatt für gebildete Stände« (erst 1961 in Marbach gedr. Hg. Bernhard Zeller). K. veröffentlichte erstmals Gedichte 1807/08 in Leo von Seckendorffs »Musenalmanachen« u. in Arnims »Zeitung für Einsiedler«. Eine einjährige Bildungsreise führte ihn im Frühjahr 1809 nach Hamburg, wo ihm sein Bruder Georg als Spitalleiter Gelegenheit zu medizinischer Praxis bot, wo er mit Rosa Maria Varnhagen u. Amalie Schoppe verkehrte u. von wo aus er Fouqué u. Chamisso in Berlin besuchte; im Herbst reiste er zur Fortsetzung seines Praktikums nach Wien, wo er Umgang mit Friedrich u. Dorothea Schlegel hatte u. Beethoven kennenlernte. Die auf der Reise an Uhland u. andere Freunde geschriebenen Briefe vereinigte K. zu einer originellen szen. Collage: *Reiseschatten. Von dem Schattenspieler Luchs* (Heidelb. 1811), »dieses launig schöne, phantastisch spielende Buch, in dem alle romantischen Blitze spielen und alle romantischen Schatten so reich und mit so traumhafter Selbstverständlichkeit nebeneinander wohnen« (Hermann Hesse, 1913).

Ab Herbst 1810 wirkte K. als prakt. Arzt in kleinen württembergischen Orten: Dürrmenz, Wildbad (1811), Welzheim (1812), Gaildorf (1815) u. schließlich Weinsberg (ab Jan. 1819). Daneben pflegte er, auch nach seiner Heirat mit Friederike Ehmann 1813 u. der Geburt von drei Kindern, die Dichtung weiter u. unterhielt eine ausgedehnte Korrespondenz. In Zusammenarbeit mit Uhland u. Schwab erstellte er zwei Sammelwerke, den »Poetischen Almanach für das Jahr 1812« (Heidelb. Hg. J. K.) u. den *Deutschen Dichterwald* (Tüb. 1813. Hg. J. K., Fouqué u. Uhland), worin neben den schwäb. Romantikern auch Gedichte von Hebel, Fouqué, Chamisso, Varnhagen, Eichendorff u. anderen erschienen. K.s gesammelte Lyrik wurde erstmals von Cotta 1826 gedruckt. Seine *Gedichte* ([4]1854) sind volksliedhaft getönt u. charakterisiert durch schwärmerische, oft schwermütige Haltung, mystische u. okkulte Tendenzen neben schlichter Frömmigkeit, bisweilen auch frisch-humorvolle romant. Stimmungen; seine Balladen neigen zum Schauerlichen. Neben einer Menge formal nachlässiger Gebilde stehen einige geniale Schöpfungen: *Wanderlied, Der Wanderer in der Sägmühle, An das Trinkglas eines verstorbenen Freundes, Der reichste Fürst.* Die späten Sammlungen (*Der letzte Blüthenstrauß.* Cotta 1852. *Winterblüthen.* Cotta 1859) bringen formal u. thematisch nichts Neues. Eine Kuriosität sind die postum (Stgt. 1890) erschienenen *Klecksographien*, ausgemalte u. dichterisch kommentierte Tintenkleckse des seit 1851 zunehmend erblindenden Autors.

Während der württembergischen Verfassungskämpfe, in die er mit einigen Aufsätzen eingriff, stand K. wie sein Bruder Karl, der höhere Staatsämter innehatte, auf der Seite eines fortschrittl. Konstitutionalismus; später zog er sich auf eine politikfeindl. Innerlichkeit zurück. Er verfaßte einige lokalgeschichtl. Studien (über Wildbad 1813, den Welzheimer Wald 1816, Weinsberg 1822 u. andere) u. machte sich einen Namen durch einige medizinische Untersuchungen über die Vergiftung durch verdorbene geräucherte Würste (1820, 1822, 1824); 1831 publizierte er zwei *Sendschreiben in Betreff der uns drohenden Cholera* (Heilbr.). K.s okkulte Neigungen, sein Interesse an den »Nachtseiten der Natur« wie tierischem Magnetismus, Somnambulismus, Siderismus, Hellsehen, all den Phänomenen, »durch die der Mensch dem Geist der Natur, einem Allgemeinleben, dem Leben der Geister und Gestirne, näher kommt« (programmat. Brief an Uhland, 26. 11. 1812), wurden zuerst publik durch seine in Cottas »Morgenblatt« 1816 veröffentlichte Erzählung *Die Heimatlosen.* Später versuchte er, die Existenz eines magnetischen Fluidums u. einer Geisterwelt durch eine Reihe von okkultistischen Schriften u. zwei Periodica (»Blätter aus Prevorst«. Karlsr. 1831–39. »Magikon«. Stgt. 1840–53) wissenschaftlich zu beweisen. *Die Seherin von Prevorst. Eröffnungen über das innere Leben der Menschen und über das Hereinragen einer Geisterwelt in die unsere* (Tüb. 1829) löste in Deutschland eine erregte Debatte aus. K.s 1822 in Weinsberg nahe der Burgruine Weibertreu erbautes Haus, in das er auch psychisch kranke Menschen während ihrer Behandlung aufnahm, wurde dank des Freundschaftsbedürfnisses u. der Ausstrahlung des Hausherrn zu einer Stätte beispielloser Gastfreundschaft u. zu einem der geistigen Zentren Württembergs. Die Namen vieler prominenter

Besucher u. zahlreiche vergnügl. Anekdoten sind festgehalten von K.s Sohn Theobald in dem Buch *Das Kernerhaus und seine Gäste* (Stgt. 1897). K.s geistiges u. materielles Erbe wird gepflegt vom Justinus-Kerner-Verein; das Hauptorgan der K.-Forschung sind die »Suevica« (Weinsberg, später Stgt. 1981 ff.).

Weitere Werke: K.s Werke. Ausw. in sechs Tln. Hg. Raimund Pissin. Bln. u. a. 1914. – Ausgew. Werke. Hg. Gunter Grimm. Stgt. 1981. – *Briefe:* J. K.s Briefw. mit seinen Freunden. Hg. Theobald Kerner. 2 Bde., Stgt. 1897. – J. K. u. sein Münchener Freundeskreis. Eine Slg. v. Briefen. Hg. Franz Pocci. Lpz. 1928.

Literatur: Heinz-Otto Burger: Schwäb. Romantik. Stgt. 1928. – Heinrich Straumann: J. K. u. der Okkultismus in der dt. Romantik. Horgen-Zürich/Lpz. 1928. – Hartmut Fröschle: J. K. u. Ludwig Uhland. Gesch. einer Dichterfreundschaft. Göpp. 1972. – Friedrich Pfäfflin u. Reinhard Tgahrt (Bearb.): J. K. Dichter u. Arzt. Marbach 1986. – Otto-Joachim Grüsser: J. K. 1786–1862. Arzt – Poet – Geisterseher. Bln. 1987.

Hartmut Fröschle

Kernstock, Ottokar, * 25. 7. 1848 Marburg/Drau, † 5. 11. 1928 Festenburg/Steiermark; Grabstätte: ebd. – Lyriker; Autor historisch-biographischer Essays u. religiöser Streitschriften.

Wie von ihm selbst hervorgehoben, entstammte K. einer altdt. Familie aus Steyr; der Vater arbeitete in der Finanzverwaltung. 1867 trat K. in das Augustinerchorherrenstift Vorau ein, wo er Bibliothek u. Archiv reorganisierte, ab 1889 war er Pfarrer in der Festenburg. – Angeregt durch die Archivarbeit schrieb K. dem Mittelhochdeutschen nachempfundene Minnelyrik, veröffentlicht seit 1878 in den Münchner »Fliegenden Blättern«. Erst 1901 erschien seine Gedichtsammlung *Aus dem Zwingergärtlein* (Mchn.). Kaisertreue u. Patriotismus führten ihn zu Kriegshetzerei u. Heldenverklärung im Ersten Weltkrieg; mit seiner Deutschtümelei war er einer der unwissentl. Wegbereiter des Nationalsozialismus. Am bekanntesten wurde er als Verfasser der *Österreichischen Volkshymne* (1930–1938 offizielle Staatshymne).

Weitere Werke: Unter der Linde. Mchn. 1905. – Turmschwalben. Mchn. 1908. – Aus der Festenburg. Ges. Aufsätze u. Gelegenheitsgedichte. Graz 1911. – Tageweisen. Mchn. 1912. – Schwertlilien aus dem Zwingergärtlein. Graz 1915. – Steirischer Waffensegen (zus. mit Peter Rosegger). Graz 1916. – Gedichte. Hg. u. eingel. v. Rainer Rudolf. Graz 1968.

Literatur: Charlotte Grolegg-Edler: O. K. – ein ›polit. Dichter‹. In: ÖGL, H. 2/3 (1986). *H. Wolf Käfer*

Kerr, Alfred, eigentlich: A. Kempner, * 25. 12. 1867 Breslau, † 12. 10. 1948 Hamburg. – Theaterkritiker, Essayist, Schriftsteller.

K. stammte aus einer jüd. Familie. Sein Vater war Weinhändler. Schon früh fühlte er sich zum Schriftsteller berufen. Er studierte Philosophie u. Germanistik, von 1887 an in Berlin, wo er bei Erich Schmidt über Brentano promovierte (*Godwi. Ein Kapitel deutscher Romantik.* Bln. 1898). K. schrieb von 1900 an Kritiken für die Zeitung »Der Tag« u. war bis 1930 der einflußreichste Kritiker Berlins. In diese Zeit fielen die erste Begegnung mit dem verehrten Gerhart Hauptmann u. publizistische Fehden u. a. mit Karl Kraus.

K. erschrieb sich anfangs sein Einkommen durch Schilderungen aus dem Berliner Alltag. Ab 1909 führte er den Namen Kerr. 1912 bis 1915 war er Herausgeber der Zeitschrift »Pan«. 1917 erschien sein erster Gedichtband *Die Harfe* (Bln.) u. die erste Reihe der *Gesammelten Schriften* mit fünf Bänden *Die Welt im Drama* (Bln.). 1919–1933 war K. Theaterkritiker am »Berliner Tageblatt«. Er warnte in mehreren Zeitungsartikeln vor den Nationalsozialisten u. einem neuen Krieg. 1933 floh er über Prag, Wien u. Zürich nach Paris.

1936–1948 lebte K. mit seiner Familie unter ärml. Bedingungen in London, schrieb polit. Kommentare für die BBC, wurde 1933 Präsident des dt. PEN-Clubs in London. Ende Sept. 1948 flog er nach Hamburg, erlitt während einer Theateraufführung einen Schlaganfall u. bereitete am 12. Okt. mit einer Überdosis Veronal seinem Leben ein Ende.

K.s Kritiken waren Tagesereignisse in Berlin, sein Name auch im Ausland ein Begriff. Sein Wirken fiel in eine Blütezeit des Theaters u. des Dramas: Das Publikum verlangte nach Belehrung. Das Neue an K. war der auf Friedrich Schlegel, Novalis u. Wilde zurückgehende Anspruch, Kritik sei Kunst: »Produktive Kritik ist solche, die ein Kunstwerk in der Kritik schafft« (in: *Schauspielkunst.* Bln. 1904. Ess.). Grundlage der Wertung sind für K. Erleben, »Liebe und Haß« u. Willkür, gepaart mit Sachlichkeit: »In dem criticus lebt ein exaktester Anatom. Kein bloßer Impressionist.« Anders als sein Konkurrent Herbert Ihering zeigte K. nicht literar.

Strömungen auf, sondern die jeweilige Eigenart des Dichters. Sein Ausdrucksziel heißt Verknappung. Sprachmischung (z. B. Verwendung von Dialektismen u. Fremdwörtern) ist sein Stilmittel. Charakteristisch sind der hämmernde Rhythmus, pointierte Hauptsätze u. eine Neigung zu Neologismen. K.s essayistische Prosa nimmt Elemente des Expressionismus bereits vor der Jahrhundertwende vorweg.

Bis 1918 förderte K. die moderne Literatur, danach hatte er mit ihr Schwierigkeiten. Die Theatermacher Brahm, Leopold Jeßner, mit Abstrichen auch Piscator, waren seine Favoriten. Distanz bewahrte er gegenüber Max Reinhardt. Er erkannte Brechts Begabung, unterschätzte jedoch dessen Werk.

K.s Daseinslust u. Erlebnishunger zeigen sich v. a. in seinen Reiseberichten; denn er war nicht nur Kritiker. In den Reisefeuilletons (*Die Welt im Licht*. Bln. 1920) kommt der Beobachter der Schönheiten dieser Welt zum Zuge, der freilich auch die Schattenseiten sieht, sie sarkastisch-knapp streift. Die leichte Hand des Erzählers verrät den Einfluß Heines. K.s Prosaskizzen sind genaue Beobachtungen des Alltags. Seine in der Tradition Buschs stehende Lyrik schlägt liebenswürdige u. spöttische Töne zgl. an. Der engagierte Republikaner K. wandelt sich gegen Ende der Weimarer Republik zusehends auch zum polit. Autor, er rechnet in *Die Diktatur des Hausknechts* (Brüssel 1934. Hbg. 1981) mit Hitler u. den Mitläufern ab, bricht mit Gerhart Hauptmann.

Schon zu seiner Berliner Zeit wurde K. von seinen Gegnern als eitel, unsachlich u. ungerecht kritisiert. Nach Ende des Zweiten Weltkriegs war sein Ruhm bereits verblaßt, u. die alten Vorwürfe tauchten nun in der wissenschaftl. Rezeption erneut auf. In den 60er Jahren berief sich der Kritiker Hellmuth Karasek auf ihn. K.s krit. Sicht auf Brecht begünstigte dann eine positive Rezeption. K. blieb ohne Schüler u. Nachfolger. Seine Schriften erschienen nach dem Krieg nur in Auswahlbänden.

Weitere Werke: Herr Sudermann. Der D..Di..Dichter. Bln. 1903 (Ess.). – Schauspielkunst. Bln. 1904 (Ess.). – Das neue Drama. Bln. 1905 (Ess.). – New York u. London. Bln. 1923 (Reiseber.). – O Spanien! Bln. 1924 (Reiseber.). – Caprichos. Bln. 1926 (L.). – Es sei wie es wolle, es war doch so schön. Bln. 1928 (Reiseber.). – Die Allgier trieb nach Algier. Bln. 1929 (Reiseber.). – Die Welt im Drama. Hg. Gerhart F. Hering. Köln/Bln. 1954. ²1964 (Ausw.). – Theaterkritiken. Hg. Jürgen Behrens. Stgt. 1971 (Ausw.). – Ich kam nach England. Hg. Walter Huder u. Thomas Koebner. Bln. 1979 (Tgb.). – Mit Schleuder u. Harfe. Bln. 1981. – Lesebuch zu Leben u. Werk. Hg. Hermann Haarmann, Klaus Siebenhaar u. Thomas Wölk. Bln. 1987. – Werke in Einzelbdn.: Erlebtes 1. Dt. Landschaften, Menschen u. Städte. Hg. Günther Rühle. Erlebtes 2. Reisen durch die Welt. Hg. H. Haarmann. Bln. 1989.

Literatur: Joseph Chapiri (Hg.): Für A. K. Bln. 1928. – Herbert Kirnig: A. K. – Alfred Polgar, ein Vergleich. Diss. Wien 1950. – Walter Schwarzlose: Methoden der dt. Theaterkritik. Diss. Münster 1951. – Maria Theresia Körner: Zwei Formen des Wertens. Die Theaterkritiken Theodor Fontanes u. A. K.s. Diss. Bonn 1952. – Hans-Dieter Roos: Der Theaterkritiker A. K. Mchn. 1959. – Joachim Biener: A. K. u. Herbert Ihering. Diss. 2 Bde., Bln. 1973. – Rüdiger Steinlein: Theaterkrit. Rezeption des expressionist. Dramas. Kronberg/Taunus 1974. – Traute Schöllmann: Ein Weg zur literar. Selbstverwirklichung. A. K. Mchn. 1977. – Hubertus Schneider: A. K. als Theaterkritiker. 2 Bde., Rheinfelden 1984.

Hendrik Markgraf

Kerr, Judith, * 14. 6. 1923 Berlin. – Kinderbuchautorin; Illustratorin.

Die Tochter des Theater- u. Literaturkritikers Alfred Kerr mußte Deutschland 1933 mit ihrer Familie verlassen. Über die Schweiz u. Frankreich emigrierte sie nach England. Nach einer Ausbildung an der Central School of Arts and Crafts in London arbeitete sie als Malerin u. Textildesignerin, bis sie 1953 eine Stelle als Lektorin bei der brit. Rundfunkgesellschaft BBC erhielt. Gleichzeitig schrieb sie Kinderbücher wie *The Tiger who came to tea* (London 1968. Dt. Ravensburg 1979) u. *Mog the forgetful cat* (London 1970. Dt. Ravensburg 1977). International bekannt wurde K. mit *When Hitler stole pink rabbit* (London 1971. Dt. u. d. T. *Als Hitler das rosa Kaninchen stahl*. Ravensburg 1973). Als eine der ersten erzählt sie hier Kindern von ihren eigenen Kinderjahren in den bedrängten Verhältnissen der Flüchtlinge in Paris u. London. K.s Mann Nigel Kneale schrieb nach dieser Vorlage das Drehbuch für einen Film, der wie das Buch beste Kritiken erhielt. Auch die folgenden Romane *Warten bis der Frieden kommt* (Dt. Ravensburg 1975) u. *Eine Art Familientreffen* (Dt. ebd. 1979) beruhen auf eigenen Erfahrungen K.s.

Weitere Werke: When Willy went to the wedding. London 1972. – Mog's Christmas. London 1976. – Mog u. Bunny. Dt. v. Renate Welsh. Ravensburg 1989. *Maria Frisé*

Kerschbaumer, Marie-Thérèse, * 31. 8. 1936 Garches bei Paris. – Verfasserin von Essays, Lyrik, Romanen; Übersetzerin.

Nach den ersten drei Lebensjahren in Costa Rica (österr. Mutter, kuban. Vater) wuchs K., deren Mutter vom Nationalsozialismus verfolgt wurde, bei den Großeltern in Tirol auf. Nach einer kaufmänn. Lehre u. Aufenthalten in England u. Italien lebt K. seit 1957 in Wien (1963 bis 1973 Studium der Romanistik u. Germanistik, 1971 Heirat mit dem Maler Helmut Kurz-Goldenstein).

K. gehört zu den profiliertesten Autorinnen Österreichs, die sich engagiert-fortschrittl. Inhalten mit formalästhetischen Experimenten anzunähern versuchen. K.s Werke spiegeln den Kampf gegen jede Form von Unterdrückung. Ihr Leben ist geprägt von kreativem Eintreten für Antifaschismus, Frieden u. soziale Gerechtigkeit. »Dieser Friede ist nicht der Friede, den wir meinen«, erklärte K. 1986 in der Dankesrede zum Österreichischen Würdigungspreis für Literatur.

Als Lektorin in Bukarest veröffentlichte K. ihren ersten Band *Gedichte* (Bukarest 1970), 1976 folgte der Roman *Der Schwimmer* (Salzb.). Mit *Der weibliche Name des Widerstands* (Olten/Freib. i. Br. 1980, Bln./Weimar 1986. Verfilmung von Susanne Zanke. ORF 1981) legte sie eine Dokumentation antifaschistischen Widerstands von Frauen in einer konzentrierten, reflektierenden Prosa vor. K., 1981 mit dem Österreichischen Förderungspreis zum Staatspreis ausgezeichnet, erweitert im »Familienroman« *Schwestern* (Olten/Freib. i. Br. 1982) die zeitgeschichtl. Ebene um eine explizit weibliche, indem sie die Geschichte des weibl. Ich im österr. Bürgertum in ihren politisch-ökonom. Zusammenhängen von der Jahrhundertwende bis zur Gegenwart rekonstruiert. 1985 mit dem Meersburger Droste-Preis ausgezeichnet, gibt K. mit dem Gedichtband *Neun Canti auf die irdische Liebe* (Klagenf./Salzb. 1989) ein neuerl. Zeugnis ihrer Sprachkunst.

Weitere Werke: Für mich hat Lesen etwas mit Fließen zu tun ... Wien 1989 (Ess.s). – *Hörspiele:* Kinderkriegen. 1979. – Zigeuner. 1981.

Literatur: Hilde Schmölzer: Frau sein & schreiben. Wien 1982, S. 91-97. – Hans Höller: Wer spricht hier eigentlich [...]. In: Manfred Jurgensen (Hg.): Frauenlit. Autorinnen. Perspektiven. Konzepte. Mchn. 1985. – Sigrid Schmid-Bortenschlager: Die Vermittlung zwischen gestern u. heute [...]. In: ebd.

Christine Schmidjell

Kerschensteiner, Georg, * 29. 7. 1854 München, † 15. 1. 1932 ebd.; Grabstätte: ebd., Waldfriedhof. – Reformpädagoge.

Aufgewachsen in ärml. Verhältnissen, durchlief K. aufgrund seiner ungewöhnl. Begabung einen Bildungs- u. Berufsweg vom Schulgehilfen auf dem Dorf zum Gymnasiallehrer für Mathematik u. Physik, vom Münchner Stadtschulrat (1895-1919) bis zum Honorarprofessor der Münchner Universität. Als Stadtschulrat konnte K. – der »Dewey Europas« – seine schulreformerischen u. reformpädagog. Pläne verwirklichen, bes. die Pflichtfortbildungsschule (die obligatorische Berufsschule) u. das Arbeitsschulprinzip (die Einführung von Laboratorien u. Werkstätten, Lehrküchen u. -gärten).

Allgemeine u. berufl. Bildung, intellektuelles u. handwerklich-techn. Lernen, soziale Erfahrung u. kulturelle Teilhabe: Diese verschiedenen Seiten des individuellen Bildungsprozesses bedingen sich nach K.s Auffassung wechselseitig u. müssen daher in der Organisation des Bildungswesens »organisch« miteinander verbunden werden – nach dem Prinzip der in sich gegliederten »Nationalen Einheitsschule«. K.s Formulierungen u. Begründungen der Pädagogik zeigen eine innere Ambivalenz: Sein Berufsbegriff u. seine Arbeitsschule sind am vorindustriellen Handwerk orientiert; sowohl staatsbürgerlich-soziale Erfahrung – begriffen als unpolit. Einbindung in gesellschaftl. Funktionen – als auch technisch-prakt. Lernen unter der Idee der »Sachlichkeit« u. »Sachgesetzlichkeit« ermangeln krit. Distanz zu Staat u. Herrschaft u. bezwecken nicht die Einsicht in die Begründung sittl. Praxis; K.s – von Spranger bestimmte – Konzeption der Allgemeinbildung entspricht bildungsbürgerl. »Lebensformen«.

K.s Leistung ist es, gegen den Ästhetizismus einer »Pädagogik vom Kinde aus« u. gegen den Intellektualismus der bildungsbürgerl. Reformpädagogik die Förderung der prakt. Begabungen zum Zweck des Abbaus traditioneller schul. Bildungsbarrieren u. -benachteiligungen herausgearbeitet zu haben.

Werke: Staatsbürgerl. Erziehung der dt. Jugend. Erfurt 1901. [10]1931. – Grundfragen der Schulorganisation. Lpz. 1907. Mchn. [7]1954. – Der Begriff der staatsbürgerl. Erziehung. Lpz. 1910. Mchn. [9]1961. – Der Begriff der Arbeitsschule. Lpz. 1912. Mchn. [15]1964. – Das Grundaxiom des Bildungsprozesses. Bln. 1917. Mchn. [10]1964. – Theorie der Bildung. Lpz. 1926. [3]1931. – Theorie der Bildungsorganisation. Lpz. 1933. – Ausgew. pädagog. Schr.en. 2 Bde., Paderb. 1966-68 (mit Bibliogr. u. Selbstdarstellung [1926] in Bd. 2, S. 110-149). – Briefw. mit Eduard Spranger. Mchn. 1966.

Literatur: *Bibliographie:* Ludwig Englert u. a.: Bibliogr. G. K. Mchn. 1976. – *Weitere Titel:* Marie Kerschensteiner: G. K. Der Lebensweg eines Schulreformers. Mchn. [3]1954. – Theodor Wilhelm: Die Pädagogik K.s – Vermächtnis u. Verhängnis. Stgt. 1957. – Gerhard Wehle: Praxis u. Theorie im Lebenswerk G. K.s. Weinheim [2]1964. – Karlwilhelm Stratmann: G. K. In: Gesch. der Pädagogik des 20. Jh. Bd. 1, Stgt. 1978, S. 57-71. – T. Wilhelm: G. K. In: Klassiker der Pädagogik. Bd. 2, Mchn. 1979, S. 103-126. – G. Wehle (Hg.): K. Darmst. 1979. *Ulrich Herrmann*

Kersten, Kurt, auch: Georg Forster, * 19. 4. 1891 Welheiden bei Kassel, † 18. 5. 1962 New York. – Verfasser von Monographien, Publizist.

K. studierte Germanistik u. Geschichte in München u. Berlin u. promovierte mit einer Arbeit über *Voltaires Henriade in der deutschen Kritik vor Lessing* (Bln. 1914). 1915 zum Kriegsdienst eingezogen, kehrte er unmittelbar nach der Novemberrevolution nach Berlin zurück, wo er bis 1934 als freier Schriftsteller lebte. Er gehörte den Kreisen um die expressionistische Zeitschrift »Die Aktion« u. den Malik-Verlag an, arbeitete für die »Rote Fahne«, war Mitgl. des Bundes proletarisch-revolutionärer Schriftsteller u. enger Freund u. Mitarbeiter Willi Münzenbergs. 1934 floh K. vor den Nationalsozialisten über Zürich nach Prag u. 1937 nach Paris, wo er in der Volksfront-Bewegung mitarbeitete u. für Exilzeitschriften wie die »Internationale Literatur« u. »Das Wort« schrieb. 1940 glückte ihm die Flucht nach Casablanca, von dort nach Martinique u. 1946 nach New York. Dort blieb er bis zu seinem Tod Mitarbeiter der Exilzeitschrift »Aufbau«, veröffentlichte in zahlreichen westdt. u. internationalen Zeitungen u. Zeitschriften u. arbeitete für den WDR. Ursprünglich vom Expressionismus beeinflußt, wurde K. ab 1920 ein sozialistisch engagierter Autor. In seinen großen Monographien *Ein europäischer Revolutionär: Georg Forster 1754-1794* (Bln. 1921), *Fridericus Rex und die Krise des Absolutismus* (Bln. 1922) u. *Bismarck und seine Zeit* (Bln. 1930) erweist er sich als Meister der histor. Biographie.

Weitere Werke: Die dt. Revolution. Bln. 1923. – Peter der Große: Vom Wesen u. den Ursachen histor. Größe. Amsterd. 1935. – Unter Freiheitsfahnen. Dt. Freiwillige in der Gesch. Straßb. 1938. *Ilse Auer*

Kersten, Paul, * 23. 6. 1943 Brakel bei Höxter. – Lyriker, Erzähler u. Literaturredakteur.

K. wuchs in Holzminden/Weser auf u. begann nach dem Abitur 1963 ein Studium der Germanistik u. Philosophie in Hamburg. Er promovierte 1970 mit einer Arbeit über Nelly Sachs u. wirkte anschließend als Lehrbeauftragter am Literaturwissenschaftlichen Seminar der Universität Hamburg. Seit 1973 ist er Literaturredakteur beim NDR.

Zwar debütierte K. zunächst als Lyriker (*Steinlaub.* Bad Driburg 1963) u. legte in größeren Abständen zwei weitere Gedichtbände vor; für sein zentrales literarisches Thema, das Sterben, wählte er jedoch später v. a. die Form der Erzählung. In seiner ersten Prosaveröffentlichung *Der alltägliche Tod meines Vaters* (Köln 1978) protokolliert K. minutiös den langsamen Krebstod des Vaters. Die Trauerarbeit ruft Kindheitserinnerungen wach, die K. im Band *Die toten Schwestern* (Köln 1982) formuliert. Durch seine detailbesessenen Schilderungen des Sterbens u. der Vergänglichkeit bringt K. die Grausamkeit der Wirklichkeit zum Vorschein. K. schreibt gegen die Kindheit als den Beginn der Vergänglichkeit an.

Weitere Werke: Absprung. Köln 1979 (R.). – Die Blume ist ängstlich. Gedichte für ein Kind. Hbg. 1983. – Die Verwechslung der Jahreszeiten. Hbg. 1983 (L.). – Briefe eines Menschenfressers. Köln 1987 (R.). *Gerhard Bolaender*

Kessel, Martin, * 14. 4. 1901 Plauen/Vogtland, † 14. 4. 90 Berlin. – Erzähler, Essayist, Lyriker.

Nach dem Ersten Weltkrieg studierte K. in Berlin, München u. Frankfurt Germanistik, Philosophie, Musik- u. Kunstwissenschaft. 1923 promovierte er mit einer Arbeit über Thomas Manns Novellentechnik. Danach ließ er sich als freier Schriftsteller in Berlin nieder, der seinem Empfinden nach bewegtesten Stadt, um hier, inspiriert von seinem literar. Lehrmeister Tristram Shandy, einen Sinn für Ruhe gegenüber der Zeit zu finden u. dennoch nicht in Alltäglichkeit zu erstarren. Seine zweite wichtige literar. Kraftquelle waren *Die toten Seelen* Gogols.

Sarkastisch liefert K. poetische u. novellistische Beiträge zur Physiognomik Berlins. Illusionslos durchläuft er sein Territorium u. schildert, wie die Menschen von ihren Wünschen in die Irre geführt u. vom Schicksal widerlegt werden. Die Eskapaden der vom Lebenshunger erfaßten Menschen in den Novellen des Bands *Betriebsamkeit* (Ffm. 1926) zeigen sie als Opfer ihrer fixen Ideen.

K.s bedeutendster Roman ist *Herrn Brechers Fiasko* (Stgt. 1932), die ernüchternde Auslotung des »Tümpels«, in den ein Angestellter gerät, der sich seinen von Ironie durchsetzten Individualismus nicht austreiben lassen will. Brechers weibl. Gegenstück ist die Titelheldin des Romans *Lydia Faude* (Neuw./Bln. 1965), die ihre unzeitgemäße Lebenslust u. romant. Liebhabereien dem verknöcherten Zweckoptimismus ihrer auf Geld erpichten Umwelt entgegenzusetzen versucht. Zwischen den beiden groß angelegten Romanen verfaßte K. den Künstlerroman *Die Schwester des Don Quichote* (Braunschw. 1938), in dem die klass. Erzählstrukturen der Novellen von E. T. A. Hoffmann u. Theodor Fontane zu unerwartet modernem u. eigenwillig skurrilem Ausdruck gelangen. Daß die Geschichte im Dritten Reich entstanden ist, merkt man ihr nicht an, sie ist kein schlitzohrig verstelltes Dokument der »inneren Emigration«, sondern ein stolzes Bekenntnis zur Autonomie der Kunst. K.s Ironie u. romantisierender Weltsinn bestimmen auch die Eigenheit seiner brillant geschriebenen literar. Essays sowie seiner »ironischen Miniaturen« u. erkenntniskrit. Aphorismen. Seine leichtfüßig-geistvolle, immer streng durchgeformte Lyrik folgt vorzugsweise Morgensterns Leitsatz: »Wer fragt, der ist gerichtet, hier wird nicht kommentiert, hier wird an sich gedichtet.«

K. wurde u. a. mit der Kleist-Preis-Ehrung (1926), dem Büchner-Preis (1954) u. dem Berliner Fontane-Preis (1961) ausgezeichnet.

Weitere Werke: Gebändigte Kurven. Gedichte. Ffm. 1925. – Ess.s u. Miniaturen. Stgt./Hbg. 1947. – Ges. Gedichte. Hbg. 1951. – In Wirklichkeit Aber. Satiren, Glossen, kleine Prosa. Bln. 1955. – Gegengabe. Aphorist. Kompendium für hellere Köpfe. Darmst./Bln./Neuwied 1959. – Kopf u. Herz. Sprüche im Widerstreit. Neuwied/Bln. 1963. – Alles lebt nur wenn es leuchtet. Neue Gedichte. Mainz 1971. – Ehrfurcht u. Gelächter. Literar. Ess.s. Mainz 1974.

Literatur: Wilfried F. Schoeller: Der Elan eines Dichters. In: Literaturmagazin Nr. 20. Reinb. 1987. *Klaus Völker*

Kesser, Hermann, eigentl.: H. Kaeser, * 4. 8. 1880 München, † 5. 4. 1952 Basel. – Erzähler, Dramatiker, Essayist.

Der Sohn eines Münchner Kunsthändlers promovierte 1903 in Zürich zum Dr. phil., unterrichtete Musikgeschichte u. Ästhetik am Zürcher Konservatorium, ging jedoch bald zum Journalismus über u. wurde zu einem der kompetentesten Interpreten schweizerischer Themen in der dt. Presse. Als Schriftsteller debütierte er mit den beiden Erzählungen *Lukas Langkofler* u. *Das Verbrechen der Elise Geitler* (Ffm. 1912). Vor allem *Lukas Langkofler*, eine intensive, leidenschaftl. Schilderung der Pariser Bartholomäusnacht von 1572, zeugte erstmals für K.s Begabung, spektakuläre, außergewöhnl. Ereignisse packend in Sprache zu bannen. Einen Höhepunkt erfuhr diese »dynamische Epik« in K.s berühmtester Erzählung, *Die Peitsche* (Ffm. 1917. Frauenfeld 1919. Ffm. 1926), mit der er, obwohl in histor. Gewand, direkt auf die bevorstehende dt. Revolution verwies. Maro, ein Wagenlenker, schlägt in einer unerhört expressiven, spannungsgeladenen Szene dem röm. Kaiser die Peitsche ins Gesicht u. gibt damit das Signal zum Aufstand der Massen. Ebenso prophetisch-visionär mutet der Roman *Die Stunde des Martin Jochner* (entstanden 1914. Erstdr. Lpz. 1917. Bln. ²1930) an, die Beschreibung der hekt. Atmosphäre vor dem Ausbruch des Ersten Weltkriegs, seismographisch genau aufgezeichnet von einem Journalisten, dem der Krieg unausweichlich erscheint. 1919 glaubte K. noch, »am neuen Anfang der Menschheit« teilzuhaben, dann aber wandte er sich immer stärker einer sozial engagierten, pragmat. Tendenz zu (vgl. die Erzählungen *Straßenmann* u. *Schwester*. Beide Ffm. 1926) u. empfand den Expressionismus bereits 1930 als »flammenden Kurzschluß, hergestellt von den Ereignissen«. Auch als Dramatiker nahm K. in Stücken wie *Die Brüder* (Bln. 1921) oder *Rotation* (Wien 1931) aus dezidiert linker Position heraus zu sozialen Problemen Stellung. 1933 verließ er Deutschland, wo er nach 1920 gelebt hatte, u. siedelte ganz in die Schweiz über, deren Bürger er 1934 wurde. Während des Kriegs lebte er, literarisch ohne Fortüne, in den USA. In seinen letzten Lebensjahren versuchte er von der Schweiz aus vergeblich ein Comeback in die Wege zu leiten.

Weitere Werke: Vom Chaos zur Gestaltung. Ffm. 1925 (Ess. u. L.). – Musik in der Pension. Bln. 1928 (R.). – Talleyrand u. Napoleon. Zürich 1938 (D.). – Das Verbrechen der Elise Geitler u. a. E.en. Hg. Bernd Jentzsch. Nachw. v. Thomas B. Schumann. Olten 1981.

Literatur: Franz Hammer: H. K. In: H. K: Die Stunde des Martin Jochner. Bln./DDR 1975, S. 441-468. – Thomas B. Schumann: H. K. In: Ders.: Plädoyers gegen das Vergessen. Bln. 1979, S. 33-35. *Charles Linsmayer*

Kessler, Harry Graf, * 23. 5. 1868 Paris, † 30. 11. 1937 Lyon; Grabstätte: Paris, Père Lachaise. – Verfasser biographischer u. autobiographischer Schriften, Publizist.

An ein Studium der Jurisprudenz u. Kunstgeschichte in Bonn u. Leipzig schloß sich schon bald die Tätigkeit für die Zeitschrift »Pan« an u. damit die Begegnung mit Impressionismus u. Jugendstil, die beide für die Kunstauffassung K.s bestimmend wurden, die er aber auch immer wieder kritisch reflektiert hat. Als Direktor des »Großherzoglichen Museums für Kunst und Kunstgewerbe« in Weimar war K. bestrebt, beide Richtungen durch zahlreiche Ausstellungen in Deutschland durchzusetzen.

Obschon bereits 1906 wegen einiger öffentlich ausgestellter, das Schamgefühl des Großherzogs wie der Hofkamarilla verletzender Aktzeichnungen Rodins entlassen, setzte sich K. weiterhin publizistisch u. verlegerisch für die neue Kunst ein. 1908 erschien die im Rahmen ausgreifender, aber nie monographisch zusammengefaßter Kunststudien entstandene Vorrede zu dem Bildband *Impressionisten*, die ausführlich auch auf das »Problematische am Impressionismus« eingeht, das K. vor allem in der »übergroßen Kompliziertheit« sieht; dieser müsse man – ohne die Ideen u. Ziele des Impressionismus zu verleugnen – eine neue Art von unakadem. Klassizismus entgegensetzen. Emphatisch begrüßte K. daher Gerhart Hauptmanns *Griechischen Frühling* (1908), in dem dem widersprüchlich-verwickelten Verhältnis von menschl. Kultur u. Natur die paradiesisch-antike, harmon. Einheit einer Naturgesellschaft entgegengestellt ist. In ähnl. Weise beurteilte er den »Griechen« Maillol, den er noch über Rodin stellte: Seine Plastiken, denen über lange Zeit erarbeitete, hochkomplizierte Gedanken (Kultur) zugrunde lägen, seien in denkbar einfachen, »naturhaften«, immer mehr reduzierten Formen ausgeführt. Mit Maillolschen Holzschnitten wurde dann auch das wohl bedeutendste Werk der 1913 von K. gegründeten u. geleiteten Cranach-Presse illustriert: Vergils *Eclogen* (1926/27).

Nach seiner Teilnahme am Ersten Weltkrieg engagierte sich K. zunehmend für die dt. Außen- u. Sozialpolitik. Als Botschafter in Polen organisierte er die Rückführung dt. Truppen, als Publizist setzte er sich für die Weimarer Staatsverfassung wie für den sozialen Ausgleich ein, als Verfasser der *Richtlinien für einen wahren Völkerbund* (1920) u. als Teilnehmer an den Konferenzen von Genua (1922) u. Genf (1924) trug er zur Annäherung Deutschlands an die Siegermächte bei.

Persönliche Bekanntschaft wie polit. Tätigkeit führten K. immer wieder in die Nähe Walther Rathenaus. Nach dessen Ermordung verfaßte K. eine bald in mehrere Sprachen übersetzte Biographie (Bln. 1928), die Rathenau v. a. in seinen Widersprüchen darstellt: in seiner persönl. Einsamkeit u. dem Leiden daran; im als unvereinbar empfundenen Nebeneinander von analyt. Verstand u. assoziativer Phantasie; in der Kritik am Kapitalismus u. der führenden Rolle innerhalb der dt. Wirtschaft; oder in der Erfüllungspolitik u. im Kosmopolitismus des überzeugten Preußen. K.s Biographie, die eher darstellend gehalten ist u. selten wertet (getadelt werden die stilistischen Übertreibungen Rathenaus, positiv gewürdigt wird seine Bedeutung für die Organisierung der Kriegswirtschaft), ist bei allen persönl. u. polit. Differenzen von einer Seelenverwandtschaft getragen, die auf der Prägung durch die frz. Aufklärung gründet u. in der Verbindung von Geist u. Tat die vornehmste Form menschl. Lebens sieht.

Im März 1933 verließ K. Deutschland u. lebte bis zu seinem Tod in Frankreich u. auf Mallorca. Dort schrieb er seine Memoiren, von deren 15 000 Seiten mit rund 40 000 namentl. Erwähnungen erst der geringste Teil veröffentlicht ist: der 1935 erschienene Band *Gesichter und Zeiten* (Bln.; Schüler- u. Studentenjahre) u. die 1961 herausgegebene Auswahl der Tagebücher nach 1918. Die Aufzeichnungen der Jahre 1902 bis 1914, die lange als verschollen galten u. 1977 wiederentdeckt wurden, werden im Rahmen einer Gesamtausgabe der Tagebücher publiziert, die dann das Leben eines Mannes vor Augen stellen wird, der wie kaum einer am Schnittpunkt von alt-monarchischer u. neudemokratischer Welt, von Politik u. Kunst, von Kunstkritik u. Kunstproduktion stand.

Ausgaben: Tagebücher. 1918-37. Hg. Wolfgang Pfeiffer-Belli. Ffm. 1961. 1982. – Ges. Schr.en. Hg. Cornelia Blasberg u. Gerhard Schuster. 3 Bde., Ffm. 1988 (Bibliogr. in Bd. 2, S. 302-335).

Literatur: Renate Müller-Krumbach: H. G. K. u. die Cranach-Presse in Weimar. Hbg. 1969. – Wolfdietrich Rasch: H. G. K. als Schriftsteller. Die frühen Schr.en zur Kunst u. Lit. In: FS Bernhard Zeller. Stgt. 1984, S. 315-337. – Gerhard Schuster u. Margot Pehle (Hg.): H. G. K. Tagebuch eines Weltmannes. Eine Ausstellung des DLA. Marbach 1988 (Kat.; Übersicht über die bisher erschienenen Briefausg.n S. 512).

Jens Haustein

Kessler, *Keslerus*, Johannes, auch: A(i)henarius, * 1502 oder 1503 St. Gallen, † 7. 3. 1574 ebd. – Chronist, Reformator.

Der Klosterschüler begann 1521 theolog. Studien bei Erasmus in Basel. 1522 ging K. nach Wittenberg, um sich ein Urteil über Luthers Lehre zu bilden. Von Luther u. Melanchthon beeinflußt, kehrte er Ende 1523 als Anhänger der Reformation in seine Heimat zurück.

K. verzichtete auf die Priesterweihe u. erlernte ein Handwerk, da es in St. Gallen noch keine Wirkungsmöglichkeiten für evang. Geistliche gab. Er verfaßte in den Jahren seiner Tätigkeit als Sattler sein Hauptwerk *Sabbata*, eine 1866-1868 erstmals gedruckte Chronik über Anfänge u. Entwicklung der Reformation in St. Gallen u. der Schweiz 1519-1539. Das »an den fyrtagen und fyrabendstunden« niedergeschriebene (daher der Titel), reformationsgeschichtlich bedeutsame Werk erhält durch Passagen, in denen K. von eigenen Erlebnissen berichtet, seinen bes. Wert. Zu den bekanntesten u. schönsten Szenen gehören K.s Begegnung als junger Student mit Luther in Jena u. die Beobachtung eines Kometen im Sommer 1531.

Wie die *Sabbata* zeigen, blieb K. am kirchl. Leben der Stadt beteiligt. Bereits 1524 hielt er in Zunftstuben öffentl. Bibelauslegungen ab. Nach 1537 gab er das Sattlerhandwerk endgültig auf u. übernahm die Leitung der Lateinschule von St. Gallen. Eng mit dem St. Galler Bürgermeister Vadian befreundet, unterstützte K. dessen Eintreten für die Reformation. So fertigte er ein Gutachten über Schwenckfeld an. Nach Vadians Tod (1551) verfaßte K. dessen Biographie (Erstdruck 1865) u. ordnete gemeinsam mit seinem Sohn Josua die der Stadt vermachte Bibliothek des Humanisten.

Seit der Neukonstituierung des ostschweizerischen Synodalverbands 1544 war K. als dessen Schreiber tätig. Im »Memorialbüchlein« zeichnete er die Beschlüsse u. Protokolle der Synodaltagungen 1552-1573 auf. 1571 wählte man ihn zum Vorsteher der Synode, nachdem er zuvor den Vorsitz der evang. Kirche St. Gallens übernommen hatte. Durch sein langjähriges Wirken für die neue Konfession, das ihn in hohem Alter bis an die Spitze der evang. Kirche der Ostschweiz führte, gilt K. neben Vadian als der bedeutendste Reformator St. Gallens.

Ausgaben: Bibliotheca Sangallensis Ioachimum Vadianum Prudentissimum Consulem Alloquitur. [1531] Erstdr. Melchior Goldast: Alemannicarum rerum scriptores [...]. Bd. 3, Ffm. 1606, S. 215-224. Neuausg. mit Einl. u. dt. Übers. v. Ernst Gerhard Rüsch in: Vadian-Studien 12 (1985), S. 13-62. – Hermann Wartmann, Emil Egli u. Rudolf Schoch (Hg.): J. K.s Sabbata, mit kleinen Schr.en u. Briefen. St. Gallen 1902 (mit sämtl. erwähnten Schr.en, Gelegenheitsgedichten, K.s Briefw. sowie einer Inhaltsangabe der Abhandlung ›Wie man machen solle Quadranten oder Circkel‹). – Wilhelm Ehrenzeller (Hg.): Aus J. K.s Sabbata. 2 Bde., St. Gallen 1945 (nhd. Wiedergabe wichtiger Textpartien).

Literatur: Götzinger: K. In: ADB. – Johann Jakob Bernet: J. K. St. Gallen 1826 (Biogr.). – Gerold Meyer v. Knonau: Eine schweizer. Hauschronik der Reformationszeit. In: Sybels Histor. Ztschr. 24 (1870), S. 43-93. – Traugott Schieß: J. K.s Sabbata. In: Schr.en des Vereins für Reformationsgesch. 28 (1910). Lpz. 1911, S. 1-113 (neben Biogr. vollst. Inhaltsangabe der Sabbata mit Auszügen u. Kommentar). – Ingeborg Wiesmann: Die St. Galler Reformationschronik des J. K. Diss. Tüb. 1971. – Heinold Fast (Hg.): Quellen zur Gesch. der Täufer in der Schweiz. Bd. 2, Zürich 1973, S. 590-638 (Täufer betreffende Auszüge aus der Sabbata mit Kommentar). – Otto Erich Strasser: K. In: NDB. *Jörg Köhler*

Kesten, Hermann, * 28. 1. 1900 Nürnberg. – Erzähler, Dramtiker, Lyriker, Essayist.

K., Sohn eines Kaufmanns, studierte Volkswirtschaft u. Jura in Erlangen, darauf Germanistik, Geschichte u. Philosophie in Frankfurt/M. 1927-1933 war er Cheflektor des Kiepenheuer Verlags in Berlin. 1933 emigrierte er in die Niederlande, wo er 1933-1940 beim Verlag Allert de Lange die literar. Leitung der dt. Abteilung innehatte. Er hielt sich auch oft in Brüssel, Nizza u. Paris auf. Nach der frz. Kriegserklärung wurde er in Frankreich zeitweilig interniert, konnte aber 1940 von Paris nach New York emigrieren, wo er bis 1949 ansässig war u. sich für die Rettung vieler Emigranten aus Europa einsetzte. Nach einem fünfjährigen Romaufenthalt kehrte er zunächst nach New York zurück u. lebt seit 1977 in Basel.

K., dessen Werk Romane, Erzählungen, Dramen, Lyrik, Essays u. Editionen umfaßt, war in der Spätphase der Weimarer Republik einer der Hauptvertreter der Neuen Sachlichkeit. Unsentimental konzentriert er sich auf die dargestellten Schicksale seiner Gestalten, die sich mit ihrer Zeit auseinandersetzen, u. steht mit seiner aufklärerischen Moral u. satir. Grundhaltung Autoren wie Erich Kästner (*Fabian*) nahe. In seinen historisch-biographischen Romanen der Exilzeit verfolgte er ähnliche zeitkrit. Ziele wie Feuchtwanger u. Heinrich Mann, während seine Nachkriegsproduktion mit ihrer krit. u. oft deliziös-erot. Komponente die Tendenzen der westdt. Literatur der endfünfziger u. sechziger Jahre aufnimmt.

Hauptthema K.s ist das Aufeinandertreffen von moralischer Vernunft u. bürgerl. Ideologie, von Machtgier u. irrationalen Vorstellungen. Er ist ein leidenschaftl. Verfechter der Freiheit des Individuums. Im Frühwerk geht es um die Zwänge der Familie, des Staats u. der Konvention. Charakteristisch sind hier die enorme Stoffülle u. der parataktisch ausufernde Stil. In der Exilzeit stehen das Bemühen des einzelnen um einen Freiraum ethischen Handelns u. der Kampf gegen polit. Zwänge im Vordergrund. K.s Bücher sind, bis auf das sich mit dem Selbstmord auseinandersetzende Spätwerk, von Freude am Leben u. an der Liebe erfüllt.

In seinem kurzen Erstlingsroman *Josef sucht die Freiheit* (Potsdam 1927) befreit sich ein 13jähriger von seiner lasterhaften Familie. In der Fortsetzung, dem bitter iron. Roman *Ein ausschweifender Mensch* (Bln. 1929), unter dem Motto »Die Freiheit ist ein bürgerliches Vorurteil« (Lenin), sucht der nun 20jährige Josef, nach Heinrich Mann ein »pessimistischer ›Taugenichts‹«, vergeblich die Freiheit in der Auflehnung gegen die bürgerl. Gesellschaft nach dem Ersten Weltkrieg.

In dem ersten im Exil veröffentlichten Roman *Der Gerechte* (Amsterd. 1934) tritt parabelhaft ein Vater auf, der wohlmeinend-naiv, in einer modernen Version des König-Lear-Themas, 1933 sein Eigentum zu Lebzeiten an seine Kinder verteilt. Parallel zum Untergang dieser Familie wird der Aufstieg des Nationalsozialismus anhand einer anderen Familie gezeigt. Im Exil entstanden auch zwei umfangreiche histor. Romane um Spaniens Aufstieg zur Weltmacht, in denen K. Geist u. Macht, Freiheitsstreben u. Diktatur kontrastiert u. auf diese Weise die Entwicklung der folgenden Jahre vorwegnimmt: *Ferdinand und Isabella* (Amsterd. 1936. In zwei Bänden u. d. T. *Um die Krone. Der Mohr von Kastilien.* Mchn. 1952. *Sieg der Dämonen. Ferdinand und Isabella.* Mchn. 1953) u. *König Philipp der Zweite* (Amsterd. 1938. U. d. T. *Ich der König.* Mchn. 1950). Die Auseinandersetzung mit dem Dritten Reich ist Thema des heiteren Romans *Die fremden Götter* (Amsterd. 1949).

Das erot. Thema seiner *Casanova*-Biographie (Mchn. 1952) kehrt in moderner Fassung in dem Roman über einen erfolgreichen Verführer, *Ein Sohn des Glücks* (Mchn. 1955), wieder. K.s frühere Gestalt des Moralisten, der in der Praxis keiner ist, wird hier weiter ausgestaltet.

In Romanen u. Erzählungen der folgenden Jahre zeigt sich K. weiterhin als Zeitkritiker, oft aber mit Handlungen, die durch erot. u. kriminalistische Elemente nicht weit vom Kolportagehaften entfernt sind. Die satir. Komponente ist besonders stark in dem Roman *Die Zeit der Narren* (Mchn. 1966), in dem K. die Zeit 1949 bis 1965 in der BR Deutschland anhand der Karrieren von drei Schulfreunden als Vertretern repräsentativer Gesinnungen behandelt.

Wichtiger Teil des Nachkriegsœuvres sind auch die Essays in Sammlungen wie *Meine Freunde, die Poeten* (Wien 1953) u. *Revolutionäre mit Geduld* (Percha 1973), in denen K. Schriftstellerkollegen porträtiert u. persönl. Erinnerungen festhält. Hinzu kommt seine umfangreiche

Tätigkeit als Herausgeber der Werke anderer Autoren u. von Anthologien der Weltliteratur. K.s Werk wurde mit zahlreichen Preisen geehrt, u. a. dem Georg-Büchner-Preis 1974 u. dem Nelly-Sachs-Preis 1977. Von seinen Schriftstellerkollegen wurde er den größten dt. Romanciers an die Seite gestellt, von der Literaturkritik nach 1945 allerdings wenig gewürdigt.

Weitere Werke: *Ausgabe:* Ausgew. Werke in 20 Einzelbdn. Ffm. 1980 ff. – *Lyrik:* Ich bin, der ich bin. Mchn./Zürich 1974. – *Dramen:* Maud liebt Beide. Bln. 1928. – Admet. Bln. 1928. – Babel oder Der Weg zur Macht. Bln. 1929. – Wohnungsnot oder Die hl. Familie. Bln. 1929. – Einer sagt die Wahrheit. Bln. 1930. – Wunder in Amerika (zus. mit Ernst Toller). Bln. 1930. – *Romane:* Glückl. Menschen. Bln. 1931. – Der Scharlatan. Bln. 1932. – Die Kinder v. Gernika. Amsterd. 1939. – The Twins of Nuremberg. New York 1946. Dt. u. d. T. Die Zwillinge v. Nürnberg. Amsterd. 1947. – Die Abenteuer eines Moralisten. Wien 1961. – Ein Mann von sechzig Jahren. Mchn. 1972.

Literatur: Cornelius Schnauber: H. K. Zuerst der Mensch, dann die Gesellsch. In: Hans Wagener (Hg.): Zeitkrit. Romane des 20. Jh. Die Gesellsch. in der Kritik der dt. Lit. Stgt. 1975, S. 146-166. – Andreas Winkler: H. K. im Exil (1933-40). Sein polit. u. künstler. Selbstverständnis u. seine Tätigkeit als Lektor in der dt. Abt. des Allert de Lange-Verlages. Geistes- u. sozialwiss. Diss. 45. Hbg. 1977. – Horst Bienek (Hg.): Hommage à H. K. Zum 80. Geburtstag. Ffm. 1980. – Manès Sperber: H. K. In: Ders.: Geteilte Einsamkeit. Wien 1985, S. 243-272.

Hans Wagener

Kettenbach, Hans Werner, * 20. 4. 1928 Bendorf/Rhein. – Journalist, Drehbuchautor, Autor von Kriminalromanen.

K. ging in Köln zur Schule. Er studierte Zeitungs- u. Theaterwissenschaften bis 1953, als er nach dem Tod des Vaters dessen Geschäft als Anzeigenvertreter übernahm. 1958 begann er das Studium der osteurop. Geschichte u. Philosophie u. beendete es 1964 mit einer Promotion über Lenins Theorie des Imperialismus. Seitdem war er für den »Kölner Stadtanzeiger« tätig, auch als Korrespondent in Bonn u. New York, später als Leiter des Ressorts Politik. Für ein Preisausschreiben verfaßte K. seinen ersten Kriminalroman u. gewann den Jerry-Cotton-Preis. Vom Kriminalroman kam er zu anspruchsvolleren Stoffen, die ihm nach u. nach eine beachtl. Resonanz bei Kritik u. Publikum verschafften. K. erhielt 1987 den Deutschen Krimi-Preis. Er verfaßte auch mehrere Drehbücher für das Fernsehen.

Werke: Der lange Marsch der BRD. Aufgabe u. Chancen der inneren Reformen. Düsseld. 1971 (Sachbuch). – Grand mit Vieren. Bergisch Gladbach 1977 (R.). – Der Pascha. Wien/Hbg. 1979 (R.). – Hinter dem Horizont. Ebd. 1979 (R.). – Glatteis. Bergisch Gladbach 1982 (R.). – Minnie oder ein Fall v. Geringfügigkeit. Zürich 1984 (R.). – Sterbetage. Ebd. 1986 (R.). – Schmatz oder die Sackgasse. Ebd. 1987 (R.).

Paul Stänner

Kettenbach, Heinrich von * vor 1500 Kettenbach (Oberpfalz oder Hessen). – Verfasser reformatorischer Flugschriften.

Hinweise in K.s Werken lassen auf ritterl. Abstammung u. eine gelehrte Bildung schließen. 1521/22 hielt er im Ulmer Franziskanerkloster evang. Predigten. Sein religiöser Hauptgegner war Peter Nestler (»Pater Hutz«). 1522 floh K. aus Ulm. Über sein weiteres Leben gibt es zwei Theorien: 1. Flucht zu Franz von Sickingen auf die Ebernburg oder Burg zu Landstall; 2. Flucht nach Wittenberg.

Überliefert sind neun dt. Flugschriften aus den Jahren 1522 u. 1523, die großen Anklang beim Publikum fanden, von den Führern der Reformation allerdings weitgehend unbeachtet blieben. K.s Schriften erlebten mehrere Neuauflagen u. Nachdrucke u. wurden z. T. ins Niederdeutsche übersetzt. Sie greifen die kath. Kirche u. den dt. Adel an. K. schreckte auch vor der Schmähung des Kaisers nicht zurück (*Ein neu Apologia und Verantwortung Martini Luthers wider der Papisten Mordgeschrei.* Augsb. 1523). Eine 1525 unter seinem Namen gedruckte Predigt ist vermutlich nur eine Kompilation von K.s Gedankengut (Clemen, S. 235).

K.s Flugschriften wenden sich gegen die Unfehlbarkeit des Papstes, Fasten, Werkgerechtigkeit, Wallfahrten, Privilegien der Geistlichen usw. u. verteidigen Luther. K. beweist polit. Umsicht. Durch die evang. Lehre sollen auch soziale Mißstände beseitigt werden. Formal verwendet er Predigt, Dialog, Vergleich u. Apologie. Sein Stil ist leicht verständlich, reich an Redewendungen u. Vergleichen, manchmal derb. Er wendet sich an das Volk (*Ein Gespräch mit einem frommen Altmütterlein von Ulm.* o. O. 1523) wie an den Adel (*Vergleichung des allerheiligsten Herrn und Vater des Papsts gegen Jesus.* o. O. 1523), den er mit flammenden Worten zum Widerstand gegen die röm. Kirche aufruft.

Ausgabe: Otto Clemen (Hg.): Flugschr.en aus den ersten Jahren der Reformation. Bd. 2, Lpz./New York 1908.

Literatur: J. Franck: K. In: ADB. – Ludwig Keller: Aus den Anfangsjahren der Reformation. In: Monatsh.e der Comenius-Gesellsch. 8 (1899), S. 176-185. – Karl Schottenloher: Der Münchner Buchdrucker Hans Schobser 1500-30. Mchn. 1925, S. 109-142. – Paul Kalkoff: Die Prädikanten Johann Rot-Locher, Eberlin u. K. In: ARG 25 (1928), S. 128-150. – F. Zoepfl: K. In: LThK. *Susanne Kunisch*

Keun, Irmgard, * 6. 2. 1910 Berlin, † 5. 5. 1982 Köln; Grabstätte: ebd., Melatenfriedhof. – Romanautorin.

Die Tochter eines Fabrikanten arbeitete nach dem Besuch einer Mädchenschule einige Jahre als Stenotypistin, ließ sich dann zur Schauspielerin ausbilden u. erhielt Engagements an mehreren dt. Theatern. 1932 heiratete sie den fast 30 Jahre älteren Schriftsteller u. Regisseur Johannes Tralow, von dem sie 1937 wieder geschieden wurde. Entscheidend für ihre schriftstellerische Karriere war ihre Begegnung mit Alfred Döblin.

Seine Ermutigung zum Schreiben war der unmittelbare Impuls für K.s ersten Roman *Gilgi – eine von uns* (Bln. 1931. Mchn. 1989), der innerhalb kurzer Zeit eine Auflage von mehr als 30 000 Exemplaren erreichte. Nicht weniger erfolgreich war K.s zweites Buch *Das kunstseidene Mädchen* (Bln. 1932. Mchn. 1988). Beide Romane wurden 1933 von den Nationalsozialisten als »Asphaltliteratur mit antideutscher Tendenz« auf die Schwarze Liste gesetzt. 1935 verließ K. Deutschland, lernte 1936 in Belgien Joseph Roth kennen u. reiste mit ihm bis zu ihrer Trennung im Frühjahr 1938 nach Frankreich, in die USA, nach Polen u. in Roths galiz. Heimat Lemberg.

Mit gefälschten Papieren kehrte K. 1940, nachdem sie in Holland vom Einmarsch der dt. Truppen überrascht worden war, nach Deutschland zurück. Daß sie dort unentdeckt bis zum Kriegsende leben konnte, verdankte sie der Falschmeldung von ihrem Selbstmord, die 1940 durch die Presse gegangen war. K. schrieb auch im Nachkriegsdeutschland weiter, konnte jedoch an ihre einstigen Erfolge nicht mehr anknüpfen u. geriet in Vergessenheit. Die Wiederentdeckung ihrer Bücher Anfang der 80er Jahre hat sie selbst noch miterlebt. Eine wiederholt angekündigte Autobiographie wurde, auch in ihrem Nachlaß, nicht gefunden.

K.s Romane beschreiben einen weiten histor. Bogen – vom Ende des Kaiserreichs (*Das Mädchen, mit dem die Kinder nicht verkehren durften.* Amsterd. 1936. Mchn. 1988) über die Endphase der Weimarer Republik (*Gilgi – eine von uns. Das kunstseidene Mädchen*), die Zeit des Nationalsozialismus (*Nach Mitternacht.* Amsterd. 1937. Mchn. 1989) u. des Exils (*Kind aller Länder.* Amsterd. 1938. Bergisch Gladbach 1983) bis zur Nachkriegszeit (*Ferdinand, der Mann mit dem freundlichen Herzen.* Düsseld. 1950. Bergisch Gladbach 1982). Es sind gesellschaftskrit., neusachl. Tendenzen verpflichtete Zeitromane, die diese Abschnitte der dt. Geschichte, ihre polit. u. sozialen (Miß-)Verhältnisse, in konkreten Lebensgeschichten, im Alltag des kleinen Mannes (ein Kind, eine Stenotypistin, eine kleine Angestellte) sinnfällig werden lassen. Dabei geht es nicht um Gesamtschau oder -deutung, auch nicht um differenzierte Analyse der polit. u. gesellschaftl. Strukturen hinter der Alltagswirklichkeit. K.s Intention richtet sich vielmehr darauf, aus dem subjektiven u. eingeschränkten Blickwinkel der jeweiligen Hauptfigur u. in einer Vielzahl von Begebenheiten die *Deutsche Wirklichkeit* (Klaus Mann, 1937) konkret werden zu lassen. Die naive Hellsichtigkeit u. ungefilterte Beobachtungsschärfe von K.s Ich-Erzählern sowie deren Schlagfertigkeit u. Witz bestimmen die Erzählstruktur der Romane, die sprachlich u. stilistisch den Gestus eines assoziativen Drauflosredens nachahmen. Der filmischen Schnitttechnik entlehnt ist das Nebeneinander unverbundener Episoden u. Szenen, die in ihrer Disparität einen Eindruck von den Dissonanzen der jeweiligen Zeit vermitteln. In der suggestiv-unvermittelten Wiedergabe von Erfahrungen, Denk- u. Sprechweisen, die ein hohes Maß an Allgemeingültigkeit haben, liegt die dokumentar. Bedeutung der Romane K.s.

Der plakative Titel des ersten Romans, *Gilgi – eine von uns*, offeriert explizit die breitangelegte Identifikationsmöglichkeit mit der jungen Heldin. In der Tat ist die Lebensgeschichte Gilgis – wie später auch die des *kunstseidenen Mädchens* Doris – typisch: Gilgi läßt sich von den trügerischen Leinwand-Leitbildern verleiten, hält Schönheit u. Tüchtigkeit für den Schlüssel zur großen, weiten Welt, organisiert mit sachl. Kalkül ihr Leben, ihre Gefühle, ihren gesellschaftl. Aufstieg – u. scheitert am Ende kläglich.

In den Exilromanen rückt die polit. Lebenswirklichkeit zunehmend in den Mittelpunkt. So entlarvt die junge Sanna Moder (*Nach Mitternacht*) auf ihre verzweifelt-komische Art die uniformierte Männerherrlichkeit u. die menschl. Erbärmlichkeit im Alltag des Dritten Reichs. Die zehnjährige Kully (*Kind aller Länder*) schildert mit kindlich-unsentimentaler Direktheit das Leben ihrer Familie unter den Bedingungen des Exils, ohne Paß, mit ständig wechselnden Aufenthalten u. der Angst als tägl. Begleiter. Die Figur von Kullys Vater, einem bei den Nationalsozialisten unerwünschten Schriftsteller, trägt Züge Joseph Roths.

Die im Exil entstandenen, in Deutschland weitgehend unbekannten Romane K.s trugen maßgeblich bei zu der spektakulären Wiederentdeckung der Autorin Anfang der 80er Jahre, der sie selbst eher skeptisch gegenüberstand. Insbesondere *Nach Mitternacht* gilt heute als einer der großen Romane über den Alltag im NS-Deutschland. Er wurde 1981 mit K. in einer Nebenrolle verfilmt. Alle Bücher K.s wurden inzwischen mehrfach neu aufgelegt.

Weitere Werke: Bilder u. Gedichte aus der Emigration. Köln 1947. – Wenn wir alle gut wären. Kleine Begebenheiten, Erinnerungen u. Gesch.n. Düsseld. 1954. Köln 1983. – Blühende Neurosen. Flimmerkisten-Blüten. Düsseld. 1962. – Ich lebe in einem wilden Wirbel. Briefe an Arnold Strauss 1933–47. Hg. Gabriele Kreis u. Majory S. Strauss. Düsseld. 1988.

Literatur: Hermann Kesten: Meine Freunde – die Poeten. Mchn. 1959, S. 423–434. – Irene Lorisika: Frauendarstellungen bei I. K. u. Anna Seghers. Ffm. 1985. – Christa Jordan: Die Angestellten in der Erzählprosa am Ende der Weimarer Republik. Ffm. 1988.

Rita Mielke

Keyserling, Eduard Graf von, * 18. 5. 1855 Schloß Paddern bei Hasenpoth (Aizpute) in Kurland, † 28. 9. 1918 München. – Erzähler, Dramatiker, Essayist.

Aus dem urspr. westfäl., 1492 im Gefolge des Deutschen Ordens nach Kurland gelangten Geschlecht der Keyserling sind viele namhafte Persönlichkeiten hervorgegangen: Offiziere, Diplomaten u. Staatsmänner, auch Gelehrte u. Förderer der Künste. K. wuchs auf in der patriarchal. Adelsgesellschaft der elterl. Güter als drittletztes von zwölf Geschwistern; er besuchte die Schule in Hasenpoth u. das dt. Gymnasium in Goldingen (Kuldiga). Aus dem 1874 begonnenen Studium der Jurisprudenz, Philosophie u. Kunstgeschichte in Dorpat wurde er 1877 »herausgerissen wegen einer Lappalie – einer Inkorrektheit« (so K.s Neffe Otto von Taube) u. verfiel der gesellschaftl. Ächtung seiner Kaste. Über weitere Studienjahre in Wien (vor 1890) ist wenig bekannt: Im Umgang mit Anzengruber hat er wohl die jungen Wiener sozialistischen Kreise berührt. Seine naturalistisch getönten ersten beiden Romane sind Resultate dieser Lehrjahre: *Fräulein Rosa Herz. Eine Kleinstadtliebe* (Dresden/Lpz. 1887) u. *Die dritte Stiege* (Lpz. o. J. [1892]. Neudr. Heidelb. 1985; Nachw. von Fritz Martini) – der erste ein krit. Spiegel kleinstädt. Enge, der zweite ein Wiener Sittenbild.

Bis 1895 verwaltete K. – gesellschaftlich isoliert – die mütterl. Güter Paddern u. Telsen. Nach dem Tod der Mutter Ende 1894 u. der Übergabe der Güter an die beiden Majoratsherren zog er mit den ebenfalls unverheirateten u. literarisch tätigen Schwestern Henriette u. Elise im Nov. 1895 nach München. Als Folge einer Syphilisinfektion brach 1897 das Rückenmarksleiden aus, das schon den 45jährigen zum »alten Keyserling« machte u. ihn 1908 erblinden ließ; die späteren Werke hat er seinen Schwestern diktiert – »in seiner Blindheit voll Gesicht« (Kassner). Von Ende März 1899 bis 1900 bereiste er mit den Schwestern Italien: mit längeren Aufenthalten in Venedig, Florenz, Siena, Rom u. Neapel. Nach dem Tod von Henriette (1908) u. Elise (1915) zog eine dritte Schwester, Hedwig, zu ihm u. übernahm in diesen letzten Jahren zunehmender Vereinsamung die Pflege des Bettlägerigen.

K.s Stammtisch war ein Mittelpunkt der Schwabinger Boheme. Hier trafen sich Halbe, Wedekind, Corinth, Kassner, Korfiz Holm, Kubin, Hermann Uhde-Bernays, Peter Altenberg u. andere – nachmittags im Café Stephanie, abends im Weinlokal Torggelstube, im Hoftheaterrestaurant am Max-Joseph-Platz oder bei Kathi Kobus im Simplicissimus. Ein wahres Bild von K.s »phantastischer Häßlichkeit« (Halbe) gibt Corinths Porträt von 1901. Nie zeigte K., wie sehr er litt. »Der Todkranke spielte mit Laune und Grazie jahrelang den

Unpässlichen« (Franz Blei). Sein treffsicherer, auch boshafter Witz war legendär u. bewährte sich in Wortgefechten mit Wedekind, der 1902 im Kabarett »Die Elf Scharfrichter« die Hauptrolle in K.s verschollenem Einakter *Die schwarze Flasche* spielte. Als Kurländer blieb K. zeitlebens russ. Staatsbürger; der Krieg schnitt ihn 1914 von den Einkünften aus seiner Heimat ab u. stürzte ihn in wirtschaftl. Not. Bis zuletzt besuchten ihn, neben den Freunden Halbe u. Kassner, die Fürstin Marie von Thurn und Taxis-Hohenlohe (sie hat K.s Erzählung *Schwüle Tage* ins Französische übertragen) u. die Baronin Marie von der Osten-Sacken, die später – mit seiner Schwester Hedwig – nach K.s letztem Willen seinen Nachlaß vernichten half.

Lange nach den beiden frühen Romanen u. erst, nachdem er sich um 1900 in vier bühnenfernen Dramen versucht hatte, fand K. den unverwechselbaren Ton seiner »Schloßgeschichten«, die wie seine Dramen alle bei S. Fischer erschienen sind. Am Anfang stand *Beate und Mareile. Eine Schloßgeschichte* (Bln. 1903), auf den ersten Blick eine konventionelle Dreiecksaffäre in märk. Junkerkreisen: ein nicht mehr junger Graf zwischen seiner »weißen«, entsinnlichten Frau Beate u. der »roten«, so kultivierten wie leidenschaftlichen, zur gefeierten Sängerin avancierten Inspektorstochter Mareile. Der Ausbruchsversuch des Grafen aus der Dämmerungswelt des Schlosses scheitert im Moment mögl. Gelingens an einer Duellverwundung, die ihn in den scheinbar »hübschen, glatten, tiefen Hafen« seiner Ehe zurückholt; daß dieser Hafen »gut ausgebaggert« sei, »man sieht bis auf den Grund«, dessen ist sich der Leser am Ende nicht mehr so sicher. Motive u. Konstellationen dieser ersten »Schloßgeschichte« werden in fast allen folgenden Erzählungen u. kurzen Romanen abgewandelt, artistisch vervollkommnet, im Blick auf die dargestellte Gesellschaftsschicht kritisch zugespitzt: in den Novellensammlungen *Schwüle Tage* (Bln. 1906) u. *Bunte Herzen* (Bln. 1909), in Romanen wie *Dumala* (Bln. 1908), *Wellen* (Bln. 1911. Neuausg. Ffm. 1971; Nachw. von Peter Härtling) u. *Fürstinnen* (Bln. 1917. Neuausg. 1989; Nachw. von Richard Brinkmann). Die *Harmonie* in der so betitelten Novelle (aus: *Schwüle Tage.* Einzelausg. Bln. 1914) kulminiert im Selbstmord einer hochmütig-todessüchtigen Schloßherrin; sie geht ins Wasser u. bannt ihren Mann nur um so mehr in den Kreis eines Lebens, in dem er sich gefangen fühlte wie in einem »Glasladen«: »Alles hatte hier Nerven, alle Menschen, alle Möbel, alle Blumen.« Zwar wird »das Erotische [...] zur treibenden Kraft des gesellschaftlichen Lebens« (so K. in dem Essay *Über die Liebe.* In: Neue Rundschau 18, 1907), aber die Liebesverstrickungen im Roman *Abendliche Häuser* (Bln. 1914) enden im Tod der männl. Erben dieser »abendlichen« Schloßgesellschaft u. im Absterben der Töchter in Resignation. Nur die alten Herrschaften richten sich – zynische Parodoxie – in selbstgenügsamer »Behaglichkeit« ein.

K. diagnostizierte die Welt des versinkenden kurländ. u. darüber hinaus preuß. Adels vor 1914 in »traumhaft schönen« Bildern von streng ritualisierter Künstlichkeit als eine Sphäre vollkommener Lebensferne. Der enge Bezirk ostelb. Landsitze dient einem immer gleichen Kreis zgl. lebensgieriger u. lebensunfähiger Akteure als Bühne für ein Spiel, dem sich noch der verzweifeltste, immer vergebl. Ausbruchsversuch als Arabeske einfügt. Einer Gesellschaft, welche die »Todesmöglichkeit als Dekoration« genießt, setzt der Hauslehrer Aristides Dorn in der Erzählung *Am Südhang* (Bln. o. J. [1916]. Neuausg. Stgt. 1963 u. ö.) den Selbstmord entgegen, um seiner vergebl. Liebe im Tod so etwas wie Wirklichkeit zu geben, denn »wirklich zu sein, das ist die Leidenschaft unseres Lebens« (*Über die Liebe*). Der Einwand, K.s Weltausschnitt sei zu eng (Blei: »der nur auf einer Saite konzertierende Keyserling«), trifft den Dichter kaum, da gerade die Verengung seiner Welt, der Verlust ihrer Wirklichkeit, sein Thema ist. K.s Ironie ist »angstgeschärft« (Gruenter) u. öffnet wo nicht den Akteuren so doch den Lesern die Augen über die Zukunftslosigkeit einer Gesellschaft, die nach der Devise »Aussterben ist vornehm« zu »leben« sucht (so Onkel Thilo in der Novelle *Harmonie*, der Wert darauf legt, der letzte Reichsgraf zu Elmt zu bleiben). K.s Gesellschaftskritik ist ohne »soziale Attitüde« (Thomas Mann in seinem Nekrolog) u. deshalb um so eindringlicher – radikaler als die Fontanes. Genau benannte Sinneseindrücke, Farben v. a., aber auch Gerüche u. Klänge, die Übergänge u. Gegensätze von Hell u. Dunkel, Innen u. Außen, Natur u. Gesellschaft gewinnen bei K. jenseits aller Oberflächenreize eine krit. Funktion u. darüber hinaus – als Schicksalssignale – symbolische Qualität. Sein symbolischer u. zgl. iron. Impressionismus gibt ihm einen Platz zwischen Fontane u. Mann, im europ. Kontext neben Turgenjew, Tschechow u. Bang.

WEITERE WERKE: *Teilausgaben:* Ges. E.en. Hg. Ernst Heilborn. 4 Bde., Bln. 1922. Davon Titelaufl.n in 2 Bdn.: Balt. Romane. Romane der Dämmerung. Bln. o. J. [1933]. – Schwüle Tage u. a. E.en. Hg. Otto v. Taube. Zürich 1954. – Abendl. Häuser. Ausgew. E.en. Hg. Wulf Kirsten. Bln./DDR 1970. – Werke. Hg. Rainer Gruenter. Ffm. 1973. – *Einzelwerke, Erstausgaben:* Ein Frühlingsopfer. Bln. 1900 (D.). – Der dumme Hans. Bln. 1901 (Trauersp.). – Peter Hawel. Bln. 1904 (D.). – Benignens Erlebnis. Bln. 1906 (D.). – Im stillen Winkel. Bln. o. J. [1918] (E.en). – Feiertagskinder. Bln. 1919 (R.).

LITERATUR: *Würdigungen von Zeitgenossen:* Herman Bang: Graf E. K. In: NRs 23 (1912), S. 427-430. – Thomas Mann: Zum Tode E. K.s. In: Ders.: Rede u. Antwort. Bln. 1922, S. 258-263. – Paul Wertheimer: E. v. K. In: Ders.: Brüder im Geiste. Wien 1923, S. 25-34. – *Biographisches:* Franz Blei: Erzählung eines Lebens. Lpz. 1930, S. 360-364. – Korfiz Holm: ich – kleingeschrieben. Mchn. 1932, S. 194-210. – Max Halbe: Jahrhundertwende. Danzig 1935, S. 316-325. – Das Buch der Keyserlinge. Einl. Otto v. Taube. Bln. 1937. – O. v. Taube: Erinnerungen an E. v. K. In: NRs 49 (1938), S. 287-305. – Ders.: Daten zur Biogr. E. v. K.s. In: Euph. 48 (1954), S. 95-97. – *Einzelne Werke:* Richard Brinkmann: E. v. K.: ›Beate u. Mareile‹. Die Objektivierung des Subjektiven. In: Ders.: Wirklichkeit u. Illusion. Tüb. 1957. [3]1977, S. 216-290. – Benno v. Wiese: E. v. K. Am Südhang. In: Ders.: Die dt. Novelle v. Goethe bis Kafka. Bd. 2, Düsseld. 1962, S. 280-298. – Hans Baumann: E. v. K.s E.en. Eine Interpr. des Romans ›Abendl. Häuser‹. Zürich 1967. – E. Allen McCormick: Inner and outer landscape in E. v. K.'s ›Dumala‹. In: FS Frederic E. Coenen. Chapel Hill 1970, S. 126-136. – Rado Pribić: K.'s ›Schwüle Tage‹ and Turgenev's ›First Love‹. A Comparison. In: FS André v. Gronicka. Bonn 1978, S. 142-152. – Wolfgang Nehring: ›Harmonie‹. Die Welt E. v. K.s. In: Gerald Chaple u. Hans H. Schulte (Hg.): The turn of the century. German literature and art, 1890-1915. Bonn 1981, S. 227-235. – *Weitere Titel:* Saladin Schmitt: K., Die Novellen. In: Mitt.en der Literarhistor. Gesellsch. Bonn 5 (1910), S. 257-281. – Hedwig Schwarz: Die Frauengestalten in den Werken E. v. K.s. Diss. Zürich 1929. – Käte Knoop: Die E.en E. v. K.s. Marburg 1929. – William Webb Pusey III: Point of view in the novels and stories of E. v. K. In: GR 32 (1957), S. 273-281. – Ders.: E. v. K. as a dramatist. In: Modern Language Quarterly 19 (1958), S. 204-212. – Elisabeth Irene Knapp: Bedingungen u. Funktion der Ausschnitthematik in den E.en E. v. K.s. Diss. Bonn 1971. – A. Wayne Wonderley (Hg.): E. v. K. A Symposium. Lexington 1974. – Rudolf Steinhilber: E. v. K. Sprachskepsis u. Zeitkritik in seinem Werk. Darmst. 1977. – D. C. Riechel: Monet and K. Toward a grammar of literary impressionism. In: Coll G 13 (1980), S. 193-219. – Richard A. Koc: The German Gesellschaftsroman at the turn of the century. A comparison of the works of Theodor Fontane and E. v. K. Bern/Ffm. 1982. – Annarosa Azzone Zweifel: E. v. K. I racconti del castello. Padua 1983. – Wolfdietrich Rasch: Décadence-Motive in E. v. K.s Romanen u. E.en. In: Jb. Int. Germ. 15, H. 1 (1983), S. 8-37. – Sabine Buchlaub u. Claudia Werfel: Die Landschaftsdarstellung in E. v. K.s Erzählwerk. In: Dieter Kafitz (Hg.): Dekadenz in Dtschld. Ffm./Bern 1987, S. 243-257.

Jochen Meyer

Keyserling, Hermann Graf von, * 20. 7. 1880 Könno/Livland, † 26. 4. 1946 Innsbruck. – Kultur- u. Geschichtsphilosoph; Essayist.

K.s balt. Herkunft, v. a. seine frühe Naturverbundenheit, beeinflußte entscheidend sein literar. u. philosophisches Schaffen. »Humanistisch, human und bewußt europäisch«, vielsprachig u. weltoffen erzogen, begann der Neffe zweiten Grades Eduard von Keyserlings 1897 in Genf Chemie u. Zoologie zu studieren. In Wien promovierte K. 1902 in Geologie. Hier wurde der Geschichts- u. Kulturphilosoph Houston Stewart Chamberlain sein wichtigster Förderer. Chamberlains Arbeiten beeindruckten K. wohl weniger in ihrem rassenpsycholog. Chauvinismus als vielmehr in ihrem groß angelegten histor. Entwurf kosmopolitischer Ausprägung. Seine Bestrebungen galten einem ähnl. Unternehmen: *Das Gefüge der Welt* (Mchn. 1906) zu erforschen.

Nach 1912, geprägt durch die vielseitigen Erfahrungen seiner einjährigen Weltreise (1911/12), von der das *Reisetagebuch eines Philosophen* (2 Bde., Darmst. 1919) berichtet, entwikkelte K. jene metaphys. »Philosophie des Sinns«, die später durch die »Schule der Weisheit« – 1920 von K. gegründet u. gefördert vom Großherzog von Hessen in Darmstadt – bekannt wurde. K.s Verfolgung durch die Nationalsozialisten beendete deren Arbeit.

Intuitive Wirklichkeitssicht u. introspektive Selbstanalyse, beruhend auf einem bei K. nie geklärten Polaritätsprinzip, waren method. Eckpfeiler einer *Schöpferischen Erkenntnis* (Darmst. 1922), einer prakt. Philosophie, die aus dem bewußten Erleben u. Empfinden zu gewinnen ist. Hierzu zählte auch seine Auffassung von der *Philosophie als Kunst* (Darmst. 1920), die als übersinnliches, meditatives u. zgl. lebendiges Verhältnis zur Wirklichkeit eine individuelle u. gesellschaftl. »Erneuerung vom Geiste her« bewirken sollte. Auf ein »höheres

Erkenntnisstadium« zielte die Synthese aus östl. »Seinskultur« u. westl. »Könnenskultur«, die er in dem ind. Dichter u. Philosophen Rabindranath Tagore verkörpert sah.

Die Verwirklichung des schöpferischen Sinns, des »Ursprungs« (vgl. *Das Buch vom Ursprung*. Baden-Baden 1947) sowie die Erforschung des Geistigen u. Seelischen als nichthintergehbare Einheit gelten als grundlegende Motive seiner Anthropologie u. Bewußtseinsphilosophie, die in den 20er Jahren, trotz ablehnender Kritiken, breiten Zuspruch fand.

Weitere Werke: Unsterblichkeit. Mchn. 1907. [3]1920. – Prolegomena zur Naturphilosophie. Mchn. 1910. – Deutschlands wahre polit. Mission. Darmst. 1919. – Was uns not tut, was ich will. Ebd. 1919. – Der Weg zur Vollendung. Mitt.en der Gesellsch. für Freie Philosophie. Ebd. 1920-29. – Politik, Wirtschaft, Weisheit. Ebd. 1922. – Die neuentstehende Welt. Ebd. 1926. – Menschen als Sinnbilder. Ebd. 1926. – Wiedergeburt. Ebd. 1927. – Das Spektrum Europas. Heidelb. 1928. – America Set Free. New York/London 1929. – Amerika, der Aufgang einer neuen Welt. Stgt. 1931. – Südamerikan. Meditationen. Stgt. 1932. [2]1960. – Das Buch vom persönl. Leben. Stgt. 1936. – Kritik des Denkens. 1937 geschrieben. Stgt. 1948. – Betrachtung der Stille u. Besinnlichkeit. Jena 1941. – Reise durch die Zeit. 1944 begonnen. 3 Bde., Innsbr. 1948-63.

Literatur: Das Buch der Keyserlinge. Einl. Otto v. Taube. Bln. 1937. – Hugo Dyserinck: Graf H. K. u. Frankreich. Bonn 1970. – Gesellsch. Hess. Literaturfreunde (Hg.): Sinnsuche oder Psychoanalyse. Briefw. Graf H. K. – Oskar A. H. Schmitz aus den Tagen der ›Schule der Weisheit‹. Darmst. 1970. – Barbara Garthe: Über Leben u. Werk des Grafen H. K. Diss. Erlangen/Nürnb. 1976. – Anne Marie Bouisson-Maas: H. K. et l'Inde. Paris 1978. *Rolf Schütte*

Keyßler, Johann Georg, * 13. 4. 1693 Thurnau/Oberfranken, † 21. 6. 1743 Gut Stintenburg am Schaalsee; Grabstätte: Lassahn, Dorfkirche. – Altertumskundler u. Reiseschriftsteller.

K., Sohn eines Hofrats der Herrschaft Thurnau, studierte nach dem Besuch der Lateinschule seines Geburtsorts u. des Gymnasiums Casimirianum in Coburg seit 1711 in Halle/Saale Rechtswissenschaft u. german. Altertumskunde. Seit 1716 diente er der Familie von Bernstorff auf deren Stammgut Gartow/Wendland als Hauslehrer, Bibliothekar u. Gutsverwalter.

Neben altertumskundl. Abhandlungen (*Antiquitates Selectae Septentrionales et Celticae*. Hann. 1720) wurde der umfassend gebildete K., der Mitgl. der Londoner Royal Society war, v. a. durch den Bericht über eine 1729-1731 durchgeführte Kavalierstour der beiden Grafen von Bernstorff bekannt: *Neueste Reisen durch Teutschland, Böhmen, Ungarn, die Schweitz, Italien und Lothringen* (2 Bde., Hann. 1740/41. [3]1776. Bis 1797 viele Teilausgaben u. Bearbeitungen. Engl. u. holländ. Übersetzungen). Die in Briefform verfaßte u. polyhistorisch-enzyklopädisch angelegte Reisebeschreibung begründete K.s Ruf als musterbildender Reiseschriftsteller der dt. Frühaufklärung. Durch Verknüpfung von detailreicher Nachrichtenfülle u. kritisch-räsonierender Beobachtung schuf er ein vielbenutztes Kompendium insbes. für Italienreisende. In Darstellungsweise u. Urteilsbildung beeinflußte er die landeskundl. Italienliteratur bis ins späte 18. Jh.

Literatur: Gottfried Schütze: Vorrede v. dem Leben des Verf.s. In: K.: Neueste Reisen. Hann. [3]1776, S. III-XXXVI. – Aage Friis: Die Bernstorffs. Bd. 1, Lpz. 1905, S. 22-49. – Ludwig Schudt: Italienreisen im 17. u. 18. Jh. Wien/Mchn. 1959, S. 69-71. – Gerhard Körner: J. G. K. In: Hannoversches Wendland 3 (1972), S. 7-19. – Klaus Beyrer: Die Postkutschenreise. Tüb. 1985, S. 168-175. *Winfried Siebers*

Khevenhüller-Frankenburg, Franz Christoph Graf von, * 21. 2. 1588 Landskron/Kärnten, † 13. 6. 1650 Baden bei Wien. – Historiograph.

K. wuchs am Hof Erzherzog Ferdinands in Villach auf; sein Vater war in der Kärntner Landesverwaltung tätig. Nach dem Studium in Padua (1607) u. Kavaliersreisen öffnete die Konversion zum kath. Glauben den Weg zu einer glänzenden Karriere in kaiserl. Diensten. Als Diplomat hatte K. maßgebl. Anteil an der Beendigung des Uskokenkriegs (1617) u. an der Festigung der österreichisch-span. Beziehungen. Während des Dreißigjährigen Kriegs war K. – seit 1621 Geheimer Rat, 1623 Ritter vom Orden des Goldenen Vlieses u. 1631 Obersthofmeister – in diplomatischen Missionen im Reich u. in Frankreich tätig.

In der Historiographiegeschichte hat K. als Verfasser der *Annales Ferdinandei* seinen Platz (9 Bde., 1640-46), einer auf umfangreichem Quellenmaterial basierenden Biographie Ferdinands II. Das annalistisch, im Stil antiker Gesta aufgebaute Werk gilt noch heute, obwohl eher Apologie u. gelegentlich Panegyrik des Hauses Habsburg, als Hauptquelle zur Geschichte des Dreißigjährigen Kriegs – nicht nur, weil es viel sonst verlorenes Material überliefert, sondern auch durch die Person des Autors, der als wohlinformierter Berichterstatter gelten kann. Neben Tagebuchaufzeichnungen dienten K. private u. amtl. Korrespondenzen u. Flugschriften als Grundlage seiner monumentalen Arbeit, die 1721-1726 in Prachtbänden noch einmal aufgelegt wurde – nun literar. Zeugnis der unter Karl VI. neu belebten Kaiseridee.

Literatur: Heinz Schulz: Der Gesandte des 16./17. Jh. Diss. masch. Erlangen 1949. – Anna Coreth: Österr. Geschichtsschreibung in der Barockzeit. Wien 1950, S. 70, 73, 75. – Kurt Peball: Zur Quellenlage der ›Annales Ferdinandei‹ des Grafen F. C. K. In: Mitt.en des Österr. Staatsarchivs 9 (1956), S. 1-22.

Bernd Roeck

Khuen, *Kuen*, Johannes, * 1606 Moosach/Obb., † 14. 11. 1675 München. – Theologe, geistlicher Lieddichter.

K. besuchte wohl erst eine Dorfschule, dann seit 1622 das Jesuitengymnasium in München. Dort erhielt er auch eine fundierte musikal. Ausbildung. Die Mitgliedschaft in der Marianischen Kongregation prägte seine gegenreformatorische Frömmigkeit. Nach dem Studium der Theologie (1627-1629) empfing er 1630 die Priesterweihe. 1631 wurde er Hauskaplan der Gräflich-Wartenbergschen Kapelle im Krottental, für deren Patrozinien – »Jährlich solemniter celebriert« – er den Liedzyklus *Vexillum patientiae Oder Creutz Fahnen* (Mchn. 1635) schrieb. 1634 erhielt er noch das Beneficium »Trium Regum« bei St. Peter in München, so daß ein bescheidenes Einkommen gesichert war.

Tiefe Freundschaft verband K. mit Balde. Sie war von nachhaltigem Einfluß auf sein eigenes Schaffen u. fand Ausdruck in den gereimten Übersetzungen von dessen *Agathyrsus* (Mchn. 1647) u. den *Chorea mortualis* als *TodtenDantz.* (Mchn. 1649. Neudr. 1653 u. 1729). Durch Balde lernte K. auch andere Dichter u. Dramatiker des Jesuitenordens kennen, so den Übersetzer von Jakob Bidermanns Drama *Cenodoxus*, Joachim Meichel.

K. bevorzugt für seine Dichtung den Zyklus, in dem bestimmte Themen im Mittelpunkt stehen. Sein erstes u. auch bedeutendstes Werk ist das der Kurfürstin Maria Anna gewidmete *Epithalamium Marianum Oder Tafel Music / Deß himmlischen Frawenzimmers / mit newen geistlichen Gesänglein gezieret* (Mchn. 1636. Weitere Aufl.n um 1639-43. 1644. 1659). Es handelt sich um Marienloblieder von innigem Ausdruck, die immer wieder auf die Brautsymbolik des Hohenlieds zurückgreifen. Der formalen Struktur des Werks liegt die Zahlensymbolik – insbes. der Zahl zwölf – zugrunde. In der Auflage von 1644 sind es jeweils acht Zyklen von je zwölf Liedern mit je zwölf Strophen.

Seelische Zustandsbilder von ergreifender Intensität entwirft K. unter Verzicht auf epische Strukturelemente in den Bußzyklen *Cor Contritum Et humilitatum Engelfrewd oder Bußseuffzer / Zwölff zerknirschter Hertzen* (Mchn. 1640) u. *Mausoleum Salomonis Der Potentaten Grabschrifft / Urlaub vnd Abschidt* (Mchn. 1641. ²1665).

K. griff auch die damals beliebte bukol. Dichtung in der Form der geistl. Schäferei auf. Hierhin gehören die drei Zyklen: *Tabernacula Pastorum Die Geistliche Schäfferey* (Mchn. 1650), *Munera Pastorum Hirten-Ambt / Und anweisung der Geistlichen Schäfferey Getrewlich vorzustehn* (Mchn. 1651) u. *Gaudia Pastorum, SchäfferFrewd* (Mchn. 1655). Im Mittelpunkt stehen die Liebe des guten Hirten zu seiner Herde sowie theolog. Überlegungen über die Bedeutung des Hirtenamts der Kirche. Auch Klagen über die Leiden des geknechteten dt. Volks finden sich. Mit der Wahl des Schäferkostüms entsprach K. dem Geschmack der Zeit, ohne die Mentalität der europ. Bukolik zu teilen. Praktischen Bedürfnissen der Andachtsliteratur dient K.s *Desiderium Colliim Aeternorum. Engel-Post. / Auß dem Himmlichen Jerusalem herab* (Mchn. 1669). Das Werk enthält gelungene Übersetzungen von Psalmen, Cantica, Hymnen u. Sequenzen.

Es ist nicht leicht, K.s Dichtung zu würdigen. Ihn im Vergleich zu Spee, der auf ihn vermutlich Einfluß ausgeübt hat, als manieristisch einzustufen, ist zu simpel. Immerhin fanden seine Lieder Eingang in die bekannten kath. Gesangbücher – etwa in Gregor Corners *Geistliche Nachtigall.* Nachgeahmt wurde er von dem Jesuiten Albert Curtz (*Harpffen Davids*), von Prokop von Templin, Abraham a Sancta Clara, Laurentius von Schnüffis, dem Passauer Domorganist Georg Kopp u. Angelus Silesius. Brentano setzte ihm mit zwei Liedern in *Des Knaben Wunderhorn* ein Denkmal.

Als Musiker fand K. schnell zu einem ausdrucksvollen, gelegentlich dramatisch erscheinenden Stil. Seine Melodien sind bisweilen kühn u. seine Verse immer formvollendet unter strenger Berücksichtigung von Reim u. Metrum. Im mehrstimmigen Satz behandelt er v. a. die Bässe geschickt u. lebendig. In seinen zweistimmigen Weihnachtsliedern weiß er Koloratur u. Echo wirkungsvoll einzusetzen. K. spielte eine bemerkenswerte Rolle bei der Adaption des neuen ital. Sologesangs mit Instrumentalbegleitung (Basso continuo), so daß man ihn zum wichtigsten Vertreter der Münchener Monodisten erklärte.

Weitere Werke: Convivium Marianum Freudenfest Deß Himml. Frawenzimmers. Mchn. 1637. – Florilegium Marianum Der brinnend Dornbusch. Mchn. 1638. – Florilegium Marianum Des Geistl. Frawenzimmers. Lustgarten Drinn die verliebte Gespons jhrem Bräutigam Iesu Christo [...] auffwartet. Mchn. 1638. o. J. [1640]. – Fuga Triumphans De medio Babylonis. Heylsame Weltflucht. Mchn. 1674. – Universae Carnis Threnodia SchwanenGesang / Deß allgemeinen Undergang des gantzen Menschl. Geschlechts. Mchn. 1674. – *Ausgabe:* J. K. Ein Dichter des bayer. Barock. Texte u. Melodien. Hg. Rupert Hirschenauer u. Hans Graßl. Mchn. 1961.

Literatur: G. Westermayer: J. K., ein Zeit- u. Kunstgenosse Spees. In: Histor. polit. Bl. für das kath. Dtschld. 74 (1874), S. 1-16. – Wilhelm Bäumker: Das kath. dt. Kirchenlied in seinen Singweisen. 4 Bde., 1883-1911. – Berta Antonia Wallner: J. K. u. die Altmünchener Monodisten. In: Ztschr. für Musikwiss. 2 (1919/20), S. 445-447. – Otto Ursprung: Der Weg v. den Gelegenheitsgesängen u. dem Chorlied über die Frühmonodisten zum neueren dt. Lied. In: Archiv für Musikwiss. 6 (1924), S. 305. – Curt v. Faber du Faur: J. K. In: PMLA 64 (1949), S. 746-770. – Bernhard Genz: J. K. Diss. Köln 1957. – Günther Müller: Gesch. des dt. Liedes. Mchn. 1925. Nachdr. Darmst. 1959, S. 112-115.

Franz Günter Sieveke

Khunrath, *Conrad*, Heinrich, auch: Ricenus Thrasibulus, * 1560 Leipzig, † vermutlich 1605 an ungesichertem Ort (Leipzig? Dresden?). – Theoalchemischer Fachschriftsteller.

K. lebte nach seiner Promotion zum Dr. med. (Basel 1588) hauptsächlich in Nord- u. Mitteldeutschland u. zeitweilig im näheren Umkreis des böhm. Magnaten Wilhelm von Rosenberg (1591). Er schloß Bekanntschaften mit John Dee (Bremen 1589) u. Johann Grasse (Hamburg 1596) u. zählte Graf Albrecht VII. von Schwarzburg-Rudolstadt zu seiner Klientel. Sein Bruder Konrad verfaßte die *Medulla destillatoria* (Schleswig 1594 u. ö.).

Außer Doktorthesen (*De signatura rerum.* Basel 1588) u. einem Traktat *Von [...] Curation Tartari* (Hg. Johann Thurnmüntzer. Hof 1611) hinterließ K. zahlreiche Alchemica. Bekannt blieb er insbes. durch das *Amphitheatrum sapientiae aeternae solius verae*, ein zunächst in Kleinfassung (o. O. [Basel] 1595), dann postum in einer Vollfassung (Hg. Erasmus Wolfart. Hanau 1609) erschienenes u. mit intrikaten Bildern (Zeichner: Jan Vredeman de Vries; Stecher: Paul van der Doort) ausgestattetes Werk. Ein frühes Zeugnis der vom *Wasserstein der Weisen* (1619) u. Werken Johann Philipp Maullius', Georg von Wellings oder Friedrich Christoph Oetingers repräsentierten physikotheolog. Literatur, wird das *Amphitheatrum* maßgeblich von dem theoalchem. Grundgedanken geprägt, daß in der alchem. Universalarznei (Lapis philosophorum) eine symbolische Kontrafaktur u. ein natürlich-leibl. Ebenbild der übernatürlich-geistigen Universalarznei (Jesus Christus) zu erblicken sei. In einem Kupfer, das Oratorium u. Laboratorium eines Alchemikers zeigt, fand dieses chym. Christentum K.s seinen wohl sinnfälligsten Niederschlag.

Der singuläre Charakter des *Amphitheatrum* beruht auf einer entschiedenen Vermischung heterogener Elemente, die K. aus der »Biblia«, »Alchymia« u. »Kabala« (Johann Pistorius: *Artis cabalisticae scriptorum tomus* I. 1587), ferner aus der »Magia«, »Medicina« u. »Historia« schöpfte. Aus K.s assoziativen Verknüpfungen unterschiedlichsten Vorstellungsgutes ergeben sich janushaft-opake, sowohl in supranatural-religiöse als auch natural-alchem. Bereiche führende Text- u. Bildsequenzen, die heterodoxen Frommen zur Erbauung wie allegoresefähigen Alchemikern zur Unterrichtung dienen konnten.

Ausweislich einer »Censura« der Pariser Universitätstheologen (1625) erregte das *Amphitheatrum* internationales Aufsehen. Im Unterschied zu den anderen Werken K.s, die bis in das 18. Jh. manche Nachdrucke erlebten, erschien das *Amphitheatrum* allerdings nur noch in einer Titelausgabe (Ffm. 1653). Zumal ein Kommentar zu vier *Amphitheatrum*-Bildern von Johann Arndt kursierte, blieb es jedoch unter alchemisierenden Pietisten, Theosophen, naturmyst. Paracelsus- u. Böhmeanhängern des 17. u. 18. Jh. eine wertgeschätzte Schrift. Zwar wurde auch K. von Aufklärern als ein wider die »gesunde Vernunft« handelnder »philosophischer

Unhold« gebrandmarkt (Adelung); gleichwohl fand das *Amphitheatrum* im Zuge des Wiederauflebens der »Geheimwissenschaften« in Frankreich um 1900 manchen neorosenkreuzerisch-hermet. Kommentator (Eliphas Lévi, Stanislaus de Guaita, Papus, Marc Haven) u. Übersetzer (Émile Grillot de Givry: *Amphithéâtre de l'éternelle sapience.* Paris 1898. Mailand 1975). Unter Esoterikern des 20. Jh. genießt es als eines der bedeutendsten Werke der theosophisch-alchem. Literatur einen autoritativen Rang.

WEITERE WERKE: Confessio de chao physico-chemicorum catholico. Magdeb. 1596. – Von hylealischen [...] Chaos. Magdeb. 1597 (darin auch ›Warnungs-Vermahnung‹, eine von M. Maier lat. bearbeitete Schrift u. d. T. Examen fucorum pseudo-chymicorum. Ffm. 1617). – Symbolum physico-chymicum. o. O. 1598. Dt. Hbg. 1598. – Bericht vom philosoph. Athanor. Magdeb. 1599. – Magnesia catholica philosophorum. Magdeb. 1599. – De igne magorum philosophorum. Straßb. 1608.

LITERATUR: Johann Christoph Adelung: Gesch. der menschl. Narrheit. Tl. 5, Lpz. 1787, S. 91-105. – Ladenburg: K. In: ADB. – John Ferguson: Bibliotheca Chemica. Bd. 1, Glasgow 1906, S. 462-464. – Amphithéâtre de la sagesse éternelle (Bildwiedergaben; mit Kommentaren v. Papus u. Marc Haven). Paris 1906. Lyon 1946. Ital. Rom 1973. – Denis Duveen: Notes on some alchemical books. In: The Library. Serie v, Bd. 1 (1947), S. 56-61. – Ders.: Bibliotheca Alchemica et Chemica. London 1949, S. 319-321. – Claude K. Deischer u. Joseph L. Rabinowitz: The Owl of H. K. – Its Origin and Significance. In: Chymia 3 (1950), S. 243-250. – Robert J. W. Evans: Rudolf II. and his World. Oxford 1973, S. 213-215. – Hans Kangro: K. In: DSB. – The Amphitheatre Engravings of H. K. Engl. v. Patricia Tahil (mit Kommentaren v. Johann Arndt, Stanislaus de Guaita, J. B. Craven). Edinburgh 1981. – Jacques van Lennep: Alchimie. Brüssel 1984, S. 168-171. – Gershom Scholem: Alchemie u. Kabbala ([1]1977). In: Ders.: Judaica 4. Ffm. 1984, S. 19-128, hier S. 113-115. – Carlos Gilly: Johann Valentin Andreae. Amsterd. 1986, S. 32-40. – Joachim Telle: H. K. In: Elmar Mittler (Hg.): Bibliotheca Palatina (Ausstellungskat.). Heidelb. 1986, S. 346 f. – Stanislas Klossowski de Rola: The Golden Game. Alchemical Engravings of the Seventeenth Century. London 1988, S. 29-44. – Umberto Eco: Lo strano caso della Hanau 1609. In: L'Esopo 40 (1988), S. 9-12, 17-36.

Joachim Telle

Kiaulehn, Walter, auch: Lehnau, * 4. 7. 1900 Berlin, † 7. 12. 1968 München; Grabstätte: ebd., Nordfriedhof. – Journalist, Kulturkritiker.

K., gelernter Elektromonteur u. bis 1924 Elektromeister bei Osram in Berlin, begann seine journalistische Arbeit als Gerichtsberichterstatter beim »Berliner Tageblatt«; 1930 wechselte er in die Feuilletonredaktion der »BZ am Mittag«, in der er bis 1933 seine oft witzigen, pointierten Skizzen aktueller Ereignisse in Kultur, Politik u. Gesellschaft veröffentlichte. 1933 erhielt K. Berufsverbot u. a. wegen seines ersten Essaybands *Lehnaus Trostfibel und Gelächterbuch* (Bln. 1932). Während des Kriegs arbeitete K. als Nachrichtenoffizer, Kunstmaler u. Sprecher der Ufa-Wochenschau. Den kulturkrit. Essayismus gab er im Dritten Reich nicht auf (*Die eisernen Engel – Geburt, Geschichte und Macht der Maschinen von der Antike bis zur Goethezeit.* Bln. 1935). Nach 1945 trat K. an verschiedenen Münchner Bühnen auf u. wirkte in zahlreichen Filmen mit. In den 50er u. 60er Jahren knüpfte er an seine journalistische Arbeit an u. machte sich als Theaterkritiker u. leitender Redakteur des »Münchner Merkur« einen Namen. Über sein 1958 erschienenes Buch *Berlin – Schicksal einer Weltstadt* (Mchn.), eine Geschichte Berlins 1871-1933, die neben histor. Fakten reich an Anekdoten ist, schrieb K.: »Ich wollte ein großes, schönes Karussell des Berliner Lebens machen, eines von der unvergeßlichen Art unserer Kinderzeit.«

WEITERE WERKE: Lesebuch für Lächler. Neue Plaudereien u. die Meinungen u. Ansichten des Herrn Lehnau enthaltend. Bln. 1938. – Feuerwerk bei Tage. Hbg. 1948. – Rüdesheimer Fragmente. Rüdesheim 1949. – Oberbayr. Bilderbuch. Mchn. 1955. – Der richtige Berliner. Mchn. 1965. – Mein Freund der Verleger – Ernst Rowohlt u. seine Zeit. Reinb. 1967 (P.).

Sabine Geese

Kien, Peter, * 1. 1. 1919 Warnsdorf/Böhmen, † Oktober 1944 Auschwitz (ermordet). – Maler; Lyriker, Dramatiker u. Librettist.

Der Sohn eines jüd. Fabrikanten besuchte die Realschule in Brünn u. ging 1936 nach Prag zu Willi Nowak an die Kunstakademie. Hier befreundete er sich mit Peter Weiss. Sein Talent als Maler u. Dichter zeigte sich früh. Die Vorkriegslyrik steht unter dem Einfluß Heines u. Morgensterns, findet in der Zivilisationskritik aber eigenen Ausdruck.

Nach der Okkupation der ČSR mußte K. sein Studium abbrechen. 1941 gehörte er zu dem Zwangskommando, das in Theresienstadt das Ghetto einrichtete. Er wurde Zeichner in der techn. Abteilung. Neben Plänen u. Plakaten sind Porträts u. Skizzen aus dem Lageralltag (*Texte und Zeichnungen aus Theresienstadt.* Hg. Bernd Polster. Bln. 1989) erhalten. 1942 entstand der Lyrikzyklus *Die Peststadt*, der in der tschech. Übersetzung u. in der Vertonung von Gideon Klein aufgeführt wurde: düstere Todesvisionen, in denen sich die grauenhafte Realität metaphorisch auflöst u. sich die Verurteilung der Barbarei ebenso ausspricht wie der Glaube an die Humanität. In Übersetzung wurde auch K.s antifaschistische Allegorie *Die Puppen* (1942; D.) inszeniert, die Geschichte eines Tyrannenmordes, während die Legende *Der König von Atlantis* (1943; D.), zu der Viktor Ullmann die Musik schrieb, verboten u. erst 1975 in Amsterdam uraufgeführt wurde. In dieser Oper kann der Tod die Verbrechen eines kriegslüsternen Königs nicht mehr ertragen u. streikt; durch eine Pest kommt es zum Chaos, das der Tod erst nach der Selbstaufgabe des Tyrannen beendet.

K. begleitete freiwillig seine Frau Ilse u. die Eltern nach Auschwitz. Von seinen Werken, die sich in Privatbesitz oder in den Gedenkstätten Terezín u. Giv'at Chaim befinden, wurde nur weniges in Anthologien u. Dokumentationen veröffentlicht.

Weitere Werke: *Ungedruckte Dramen:* Die großen Fünf. – Sabbatai Zwi. – An der Grenze. – Der böse Traum (alle um 1943).

Literatur: H. G. Adler: Theresienstadt 1941-45. Tüb. ^{2}1960. – Ludvík E. Václavek: Dt. Lyrik im Ghetto Theresienstadt 1941-45. In: WB 28, Nr. 5 (1982), S. 21-24. – Jürgen Serke: Böhmische Dörfer. Wien/Hbg. 1987, S. 447-450.

Dieter Sudhoff

Kiene, Christoph Friedrich, * 12. 3. 1655 Lübeck, † nach 1721. – Lyriker.

K. studierte nach seiner Lübecker Gymnasialzeit in Rostock (1675) u. Leipzig (1677) Politik u. Jura. Nach ausgedehnten Reisen ließ er sich in Lübeck als Anwalt nieder; 1693 wurde er Justizrat in Mecklenburg-Schwerin.

Seine bekannteste Veröffentlichung (*Poetische Nebenstunden.* Ffm./Lpz. 1680. ^{2}1681) ist Herzog August von Sachsen, dem Oberhaupt der Fruchtbringenden Gesellschaft, gewidmet u. enthält vier Bücher geistl. u. weltl. Gedichte, sog. Elegien, Sonette u. Grabschriften. Acht poetische Heldenbriefe folgen nlat. u. ital. Vorlagen (z. B. Eva an Adam im Paradies, Joseph an Potiphars Gemahlin oder – der einzige Briefwechsel – Candaulens Gemahlin an Gyges u. umgekehrt). Gerühmtes Vorbild ist Hoffmannswaldau. K.s in der Vorrede geäußerte Befürchtung, daß »die Redensart« seiner Gedichte als »nicht nett und eigentlich genug« empfunden werden könne, besteht vielfach zu Recht.

Weitere Werke: Außführl. Beschreibung Der [...] Anno 1677 [...] In [...] Rostock Entstandenen Feuers-Brunst. Rostock 1677. ^{3}1710. – Poema sacrum, sive de credendorum liber primus. Lübeck 1703 (liber secundus ebd. 1710).

Literatur: Heinrich Dörrie: Der heroische Brief. Bln. 1968, S. 188 f., S. 310 f. – Heiduk/Neumeister, S. 390 f. – DBA.

Ingeborg Springer-Strand

Kieseritzky, Ingomar von, * 21. 2. 1944 Dresden. – Roman- u. Hörspielautor.

K. ging in Stadthagen, Freiburg, Königsfeld u. Langeoog zur Schule. Er war ein Jahr Requisiteur am Goetheanum in Dornach bei Basel u. arbeitete anschließend als Buchhändler, zuerst in West-Berlin, dann in Göttingen. Seit 1971 lebt er als freier Schriftsteller in Berlin.

K. erzählt in seinen Romanen u. über 50 Hörspielen absurde u. groteske Geschichten, in denen er nicht die vertraute Realität abbildet, sondern Gegenwelten entwirft. In sein literar. Konzept integriert er dabei wissenschaftl. Positionen wie die der Kybernetik, Linguistik u. Sozialisationsforschung. Valev, dem Helden des Romans *Trägheit oder Szenen aus der vita activa* (Stgt. 1978), wird gerade das, was als größtes Hemmnis glückl. Lebens angesehen wird, zum erstrebten Lebensziel: die Trägheit der Seele. Aber als zärtl. selbstverliebter Hypochonder leidet er weniger an »elementare[r] Antriebslosigkeit«, als daß er sie ausbildet u. stilisiert. K.s Figuren können u. wollen sich aus den grotesken, aber in sich logischen Zusammenhängen nicht befreien; K. macht diese Gegenwelten vielmehr als festgefügte Systeme erkennbar. Er will gewohnte Vorstellungsmuster in Frage stellen, die Willkürlichkeit u. Beliebigkeit jedes noch so plausiblen Realitätsentwurfs aufzeigen.

In zahlreichen kleinen Kapiteln erzählt, haben die Romane Tagebuchcharakter u. sind zusammengesetzt aus reflektierender Rückschau, gegenwärtiger Lektüre, aus Briefen, Anekdoten u. lakonisch protokollierten Details (Stuhlgang, Alkoholkonsum). Wo es nichts zu verstehen gibt, wird wenigstens Ordnung hergestellt.

K., den man mit Woody Allen verglichen hat, beherrscht vom Sarkasmus über die distanziorende Ironie bis zum mitfühlenden Humor alle Ausdrucksformen des (Tragisch-)Komischen. Für den Roman *Das Buch der Desaster* (Stgt. 1988) erhielt er 1989 den Bremer Literaturpreis.

WEITERE WERKE: Ossip u. Sobolev oder Die Melancholie. Mit einem Nachw. v. Helmut Heißenbüttel. Neuwied/Bln. 1968. – Tief oben. Ebd. 1970. – das eine wie das andere. Ebd. 1971. – Liebes-Paare. Expertengespräche. Darmst./Neuwied 1973 (Hörsp.e). – Die ungeheuerl. Ohrfeige oder Szenen aus der Gesch. der Vernunft. Stgt. 1981. – Obsessionen. Ein Liebesfall. Ebd. 1984. – Tristan u. Isolde im Walde v. Morois oder Der zerstreute Diskurs. Dialoge (zus. mit Karin Bellingkrodt). Graz 1987 (Hörsp.e). – Anatomie für Künstler. Stgt. 1989 (R.).

Andreas Bildt

Kießling, Franz, * 10. 1. 1918 Znaim, † 20. 2. 1979 Korneuburg; Grabstätte: Wien, Zentralfriedhof. – Lyriker.

K., Sohn eines Bahnkondukteurs, besuchte die Schule in Wien, wo er 1938 als Finanzbeamter in den Staatsdienst eintrat. Wegen eines Lungenleidens nahm er am Krieg nicht teil. 1951 wurde er Beamter im Unterrichtsministerium.

Bereits seine ersten Gedichte verrieten die ihm eigene mahnende Kraft. Die Kritik zollte K. Beifall, sah in ihm gar einen jungen Klassiker. 1948 erschien sein erster Lyrikband *Das ungefragte Herz* (Wien/Zürich), 1955 *Seht wie ihr lebt* (Wien/Mchn./Basel). Die existentielle Not der Nachkriegsjahre prägte K.s Natur-, Liebes- u. Zeitgedichte. »Die Welt hat mein Gesicht /und weint in meine Hände« heißt es in einem davon. Bewundert wurden die Formstrenge, Abgeklärtheit u. meditative Kraft seiner – rund 150 – Gedichte. Viele davon wurden vertont.

WEITERE WERKE: Lob einer Stunde. Gedichte u. Gedanken. Aus dem Nachl. hg. v. Leopold Wech. St. Pölten 1986.

LITERATUR: Albert Janetschek: Erinnerung an den Lyriker K. In: Niederösterr. Nachrichten, 28. 2. 1979. – Ders.: Ein trag. Dichter ist nicht mehr. In: Wiener Neustädter Ztg., 1. 3. 1979.

Gerhard Jaschke

Kilian, Susanne, geb. Welk, * 2. 8. 1940 Berlin. – Kinder- u. Jugendbuchautorin.

Nach dem Abitur ging die Tochter eines Bankkaufmanns verschiedenen Beschäftigungen nach. Seit 1970 schreibt sie v. a. für Kinder u. Jugendliche. K. gehörte zu den Autorinnen, die zu Beginn der 70er Jahre mit realistischen Schilderungen des Kinderalltags die sozial engagierte deutschsprachige Kinder- u. Jugendliteratur erneuerten. In ihren krit. Texten im *Nein-Buch für Kinder* (Weinheim 1972. 1984. Mit Illustrationen von Günther Stiller) greift sie Positionen der antiautoritären Kinder- u. Jugendliteratur auf u. klagt kinderfeindl. Lebensbedingungen an. Mit viel Sympathie für Kinder schildert sie deren Ängste u. Generationskonflikte in den Erzählungen *Na und?* (Weinheim 1972) u. *Nur 'ne Fünf* (ebd. 1974). In der Ich-Erzählung eines zehnjährigen Jungen *O. K.* (ebd. 1984) wird die Wirklichkeit der BR Deutschland in kindl. Bewußtsein reflektiert.

WEITERE WERKE: Kaugummi-Gustav & Automaten-Susi. Weinheim 1970 (E.). – Von Igor, dem schreckl. Kind. Ebd. 1972 (E.). – Große Ferien (zus. mit Werner Kilian). Ravensburg 1975 (R.). – Lenakind. Weinheim 1980 (E.). – Kinderkram. Ebd. 1987 (E.).

LITERATUR: S. K.: Ich will nicht in eine bestimmte Schublade gestopft werden. In: Hans-Joachim Gelberg (Hg.): Werkstattbuch. Weinheim 1974, S. 115-119.

Birgit Dankert

Kinau, Rudolf, * 23. 3. 1887 Finkenwerder bei Hamburg, † 19. 11. 1975 ebd. – Erzähler.

Als Sohn eines Hochseefischers fuhr K. nach dem Besuch der Volksschule ebenfalls zur See. Im Ersten Weltkrieg kämpfte er in Frankreich u. diente als Marinesoldat. Danach arbeitete er mehr als 20 Jahre als Angestellter in der Hamburger Fischauktionshalle.

Nachdem sein Bruder Johann Kinau, der unter dem Pseud. Gorch Fock in den 20er u. 30er Jahren zum Bestsellerautor wurde, im Ersten Weltkrieg gefallen war, trat K. mit ersten plattdt. Gedichten zu seiner Erinnerung an die Öffentlichkeit. Anders als Gorch Fock, der hochdeutsch schrieb u. vor allem als völkisch-nationaler Dichter rezipiert wurde, bediente sich K. nahezu ausschließlich des Niederdeutschen, was die Rezeption seiner Werke, die thematisch denen des Bruders ähneln, einschränkte. 1917 erschienen u. d. T. *Steernkiekers* (Hbg.) patriotische Kriegserzählungen. Kurz nach dem Ende des Ersten Weltkriegs beschreibt K. in der Erzählung *Thees Bott dat Woterküken* (Hbg. 1919) den wechselvollen Lebensweg eines Seefischers. Dieser Text spielt wie der Roman *Lanterne* (Hbg. 1920) u. die Mehrzahl seiner übrigen Werke im Fischermilieu seines Heimatorts Finkenwerder, das K. zu einer Idylle verklärt u. dessen Bewohner im Kampf mit Schicksals- u. Naturgewalten zu »heldischen« Figuren werden. Die Bedrohung der althergebrachten Lebensformen auf dieser Elbhalbinsel thematisiert K. in fast allen Romanen, kürzeren Erzählungen u. Hörspielen.

Nach 1933 paßte sich K. weitgehend der herrschenden Ideologie an u. wandte sich in den folgenden Jahren v. a. humorvoller plattdt. Kurzprosa zu. 1962 erhielt er den Fritz-Reuter-Preis der Freiherr-von-Stein-Stiftung in Hamburg. Seine zahlreichen Bücher erreichten auch nach dem Krieg hohe Auflagen; sie wenden sich an ein literarisch anspruchsloses Publikum, das niederdt. Prosa in erster Linie als triviale Unterhaltungsliteratur betrachtet.

Weitere Werke: Blinkfüer. Helle un düstere Biller. Hbg. 1918. – Dörte Jessen. Een Book van Leew un Leben. Hbg. 1925. – Mit eegen Oogen. Biller ut mien Leben. Hbg. 1957.

Literatur: Gabriele Gebauer u. Michael Töteberg: Ideolog. Werte u. Rezeption der Werke R. K.s. In: Niederdt. Wort 14 (1974), S. 105–130. *Jörg Schilling*

Kind, (Johann) Friedrich, auch: Oscar, * 4. 3. 1768 Leipzig, † 25. 6. 1843 Dresden. – Lyriker, Dramatiker, Opernlibrettist, Erzähler; Redakteur u. Herausgeber.

K. wuchs in einer angesehenen Juristenfamilie heran. Nach dem häusl. Privatunterricht wurde er 1782–1786 Zögling der Thomasschule. Anschließend studierte er Jura an der Leipziger Universität. Nach dem Doktorexamen trat er 1790 in Delitzsch eine Volontärsstelle im Justizamt an. In Dresden ließ K. sich 1793 als Rechtsanwalt nieder. Im selben Jahr veröffentlichte er anonym eine Sammlung von Gedichten, dramat. Bildern u. Prosaerzählungen u. d. T. *Lenardos Schwaermereyen* (2 Bde., Lpz. 1793/94). Die Sammlung war nach dem Muster beliebter Autoren wie Ossian, Miller u. Matthisson verfaßt u. bescherte K. seinen ersten Publikumserfolg. 1794 heiratete er seine Braut Wilhelmine, die bereits 1795 starb. 1796 ging er mit Friederike Ihle eine zweite Ehe ein.

Erst 1801 trat K. mit der Novelle *Carlo* (Züllichau) wieder an die Öffentlichkeit. Ihr folgten 1802 die Sammlung *Dramatische Gemälde* (ebd.) im Stil Kotzebues u. Ifflands sowie der dreibändige Roman *Natalia* (ebd. 1802–04) in der empfindungsschwärmenden Manier Lafontaines. Durch seinen lokalen Dichterruhm bestätigt, wandte sich K. der Salonerzählung u. Gedichtproduktion zu u. verfaßte bis 1832 mehrere hundert Beiträge für die verschiedensten Publikationsorgane. 1814 wurde er Mitgl. im »Dichter-Thee«, aus dem der »Dresdener Liederkreis«, der wichtigste literarisch-gesellschaftl. Verein Dresdens, hervorging. 1815–1832 wurde ihm die Redaktion von »W. G. Beckers Taschenbuch zum geselligen Vergnügen« (Lpz.) übertragen. Dort erschien 1819 sein Schauspiel *Das Nachtlager von Granada*, das Braun von Braunthal zum Libretto der gleichnamigen Oper von Konradin Kreutzer umarbeitete (Wien 1834). Nach dem Erfolg des Dramas *Van Dyck's Landleben* (Lpz. 1816), in dem er das romant. Modethema des Malerhelden aufnahm, legte K. seine Anwaltspraxis nieder u. wurde 1817 zusammen mit Theodor Hell Herausgeber der Dresdener »Abend-Zeitung«.

Aus der Zusammenarbeit mit Carl Maria von Weber, der 1817 Musikdirektor an der dt. Oper in Dresden wurde, entstand *Der Freischütz*, später Inbegriff der dt. romant. Oper. Den Stoff u. alle zentralen Motive (Freikugeln, Gestalt des schwarzen Jägers) fand K. in der *Freischütz*-Novelle aus dem *Gespensterbuch* (1810) seines Jugendfreunds August Apel, die er u. a. durch die Einfügung eines glückl. Schlusses in eine publikumswirksame dramat. Form brachte. Trotz der durch Weber vermittelten Ernennung K.s zum Hofrat 1818 trat bald nach der triumphalen Uraufführung des *Freischütz* am 18. 6. 1821 in Berlin eine Entfremdung zwischen beiden ein, da sich K. als Schöpfer des Librettos nicht entsprechend am Erfolg beteiligt fühlte. Seine verletzte Eitelkeit war auch der Antrieb für das im Alter verfaßte »Selbstpantheon« *Der Freischütz [...]. Ausgabe letzter Hand* (Lpz. 1843). K.s Ruhm verblaßte trotz anhaltender literar. Produktion mehr u. mehr; 1826 trat er aus der Redaktion der »Abend-Zeitung« aus u. war 1827 Mitbegründer der »Dresdner Morgen-Zeitung«, die bereits eineinhalb Jahre später ihr Erscheinen wieder einstellen mußte. 1832 zog sich K. völlig aus dem literar. Leben zurück.

Weitere Werke: Makaria, Atalante u. Kassandra (zus. mit Lafontaine). Züllichau/Freistadt 1803 (E.en). – Das Schloß

Aklam. Lpz. 1803 (Dramat. Gedicht). – Leben u. Liebe Ryno's u. seiner Schwester Minona. 2 Bde., Züllichau/Freistadt 1804/05 (R.). – Malven. 2 Bde., ebd. 1805 f. (E.en). – Wilhelm der Eroberer. Lpz. 1806 (D.). – Tulpen. 7 Bde., Lpz. 1806-10 (E.en). – Gedichte. Lpz. 1808. – Roswitha. 4 Bde., Lpz. 1811-16 (E.en). – Das Gespenst. Dresden 1814 (E.en). – Der Weinberg an der Elbe. Lpz. 1817 (D.). – Gedichte. 5 Bde., Lpz. 1817-25. – Lindenblüten. 4 Bde., Lpz. 1818 f. (E.en). – Erzählungen u. kleine Romane. 5 Bde., Lpz. 1820-27. – Die Harfe. 8 Bde., Lpz. 1815-19. – Theaterschr.en. 4 Bde., Lpz. 1821-27. – Schön Ella. Lpz. 1825 (D.). – Sagen, Erzählungen u. Novellen. 2 Bde., Lpz. 1829. – F. K. (Hg.): Die Muse. Lpz. 1821 f. (Monatsschr.).

LITERATUR: Goedeke 9, S. 243-274. – Hermann Anders Krüger: Pseudoromantik. F. K. u. der Dresdener Liederkreis. Lpz. 1904. – Felix Hasselberg: Der Freischütz. F. K.s Operndichtung u. ihre Quellen. Bln. 1921. – Johann Robert Doering-Manteuffel: Dresden u. sein Geistesleben im Vormärz. Diss. Lpz./Dresden 1935. – Marianna Borysiak: F. K. als Modedichter. In: Germanica Wratislaviensia 27 (1976), S. 117-126. *Martin Huber*

Kinder, Hermann, * 18. 5. 1944 Thorn (Toruń). – Erzähler.

Nach einer in Mittelfranken u. Münster verbrachten Kindheit u. dem Besuch eines Internats in Hessen studierte K. dt. u. niederländ. Philologie in Münster, Amsterdam u. Konstanz. Er promovierte über *Poesie als Synthese. Ausbreitung eines deutschen Realismus-Verständnisses in der Mitte des 19. Jahrhunderts* (Konstanz 1973) u. ist heute als akademischer Rat an der Universität Konstanz tätig.

Seine ersten beiden Romane *Der Schleiftrog* (Zürich 1977) u. *Vom Schweinemut der Zeit* (ebd. 1980) sind Studien der inneren u. äußeren Zwänge, die unter schulischen bzw. universitären Leistungsbedingungen wirksam werden: Erziehung u. Ausbildung erweisen sich auch als Prozesse der Deformation. Über Bildung u. Einbildung schrieb K. in *Der helle Wahn* (Zürich 1981). In seinem Roman vom Sehen, *Ins Auge* (ebd. 1987), entwarf er Historien über Blicke, Bilder u. Bewußtsein.

WEITERE WERKE: Du mußt nur die Laufrichtung ändern. Zürich 1978 (E.). – Liebe u. Tod. 15 schöne Gesch.n v. A bis Z. Ebd. 1983. – Der Mensch, ich Arsch. Drei Prosastücke. Ebd. 1983. – Kina, Kina. Ebd. 1988 (E.). – Fremd, Daheim. Hiesige Texte. Eggingen 1988. – *Herausgeber:* Bürgers Liebe. Ffm. 1981. – Die klass. Sau. Das Hdb. der literar. Hocherotik. Zürich 1986.

LITERATUR: Bernd Neumann: Die Wiedergeburt des Erzählens aus dem Geist der Autobiogr. In: Basis 9. Ffm. 1979. – Klaus Modick u. Matthias Johannes Fischer: Kalkulierte Sinnlichkeit. Überlegungen zum Werk H. K.s. In: Merkur 37 (1983), S. 696 ff. *Anneli Hartmann*

Kindermann, Balthasar, auch. C. de Z., * 10. 4. 1636 Zittau, † 12. 2. 1706 Magdeburg. – Satiriker, Lyriker, Dichtungstheoretiker.

Johann Rist versprach sich so Bedeutendes von K., daß er den unbekannten Poeten 1659 aufgrund seines burschikos-humorvollen Erstlings *Lob-Gesang Des Zerbster-Biers* (Wittenb. 1658. Hbg. 1664) zum Dichter krönte u. ihn 1660 als »Kurandor« in den Elbschwanenorden aufnahm. Doch erfüllte K. die Erwartungen des väterl. Gönners nur bedingt: Zehn Jahre später stellte er das Schreiben fast ganz ein.

K., Sohn eines Schwertfegers, wuchs in ärml. Verhältnissen auf; der Plan des Vaters, den Sohn in die Schuhmacherlehre zu geben, wurde durch den Rektor der Stadtschule vereitelt. So begann K. 1654 mit dem Studium in Wittenberg, erwarb drei Jahre später den Magistergrad u. widmete sich anschließend dem Studium der Theologie. Obgleich Buchner damals noch in Wittenberg lehrte, war für K. das persönl. u. literar. Vorbild Rists entscheidender. Während er auf der Suche nach einer festen Pfarrstelle in schlecht bezahlter Stellung in Brandenburg/Havel als Konrektor (1659-1664) u. anschließend als Rektor (bis 1667) tätig war, entfaltete er eine ungewöhnlich fruchtbare literar. Tätigkeit.

In seinen Publikationen paßte sich K. geschickt neuen literar. u. gesellschaftl. Bedürfnissen an. So ist seine Anweisung zur »Wohlredenheit«, *Der deutsche Redner* (Frankf./O. 1660. Neudr. Kronberg/Taunus 1974), ein gelungener Versuch, Johann Meyfahrts *Deutsche Rhetorica* (1634) durch ein zeitgemäßeres Werk zu ersetzen. In knapper, leicht verständl. Sprache legte K. die Grundprinzipien des mündl. u. schriftl. Vortrags dar u. ließ Musterbeispiele zeitgenöss. Eloquenz folgen. Zwei stark erweiterte Ausgaben erschienen 1662 u. 1665 in Wittenberg (Neudr. der Ausg. von 1665 bei Haupt 1981). Als der Verleger 1671 eine weitere Revision »nach heutigem Hoff-Stylo« anstrebte, überließ K., der seit 1667 in Magdeburg ein festes Kirchenamt bekleidete, die Bearbeitung Christian Henel; später modernisierte Kaspar Stieler das Werk (Wittenb. 1680. Lpz. 1688).

Eine zweite Marktlücke füllte *Der Deutsche Poët* (Wittenb. 1664. Neudr. Hildesh./New York 1973). K. hatte klar erkannt, daß die Prosodien von Zesen, Harsdörffer u. Schottelius den neueren Publikumswünschen nach Anweisungen für Casualcarmina nicht mehr genügten. Mit seinen Anleitungen für Gedichte »auf Hochzeiten / Kindtauffen / Gebuhrts- und Nahmens-Tagen / Begräbnisse / Empfah- und Glückwünschungen / u. s. f.« wurde sein *Deutscher Poët* zum Vorläufer der praxisnahen Anwendungspoetiken von Joachim Statius, Samuel Wahll u. Johann Hübner.

K. selbst überschätzte seine dichterische Begabung nicht u. nahm nur wenige eigene Gedichte in seine Poetik auf. Seine Beispiele entnahm er v. a. den Werken von Opitz, Fleming, Tscherning u. Dach. Eine Vielzahl eigener Gelegenheitsgedichte, geistl. Sonette, Andachtslieder u. schäferl. Liebesgedichte ließ er in lockerer Ordnung im *Buch der Redlichen* (Küstrin 1663 u. 1664) erscheinen, eingebettet in die Reisegespräche Kurandors u. zweier Freunde.

Als »Kurandor« führte K. sich selbst gern in seine Prosaschriften ein. Mit ihrer stark didakt. u. satir. Tendenz stehen diese Werke unter dem Einfluß von Moscheroschs *Gesichten* u. Rists *Monatsgesprächen*. Auch wirken in ihnen die Teufelsliteratur u. das frauenfeindl. Schrifttum des 16. u. 17. Jh. nach.

Mit Leidenschaft geißelte K. Auswüchse des Studentenlebens: in *Der Christliche Studente* (Wittenb. 1660) sind es Trink- u. Raufsucht, Zweikampf u. Tabaksgenuß; in *Kurandors Schoristen-Teuffel* (Jena 1661) die im Pennalismus verankerte Dienstabhängigkeit u. Mißhandlung jüngerer Studenten durch ältere. Seine demütigenden Erfahrungen als Lehrer u. seine krit. Haltung gegenüber den großen Heerführern der Weltgechichte von Alexander bis Wallenstein finden ihren Niederschlag in dem 1666 entstandenen, aber erst 1673 in Wittenberg veröffentlichten Band *Kurandors von Sittenau Neue Gesichter*. Der wohl bereits 1658 entstandene Roman *Unglückselige Nisette* (Frankf./O. 1660), konzipiert in der Nachfolge von Barclays *Argenis*, erregte wenig Aufsehen u. blieb für die Entwicklung des dt. Romans ohne Bedeutung. Vergeblich versuchte K. mit diesem Werk wie auch mit dem zum Namenstag des Kaisers verfaßten Huldigungsgedicht *Unterthänigster Käyser-Apffel* (Frankf./O. 1660), Leopold I. als Mäzen zu gewinnen.

Nach seiner Bestallung als Diakon (1667) u. Pastor an St. Ulrich (1672) in Magdeburg betätigte sich K. kaum noch literarisch. Eine Ausnahme bildet das unter dem Pseud. C. de Z. erschienene satir. Gedicht auf die Annexion Straßburgs durch Ludwig XIV., *Der politische Schwanen- oder vielmehr Hahnen-Gesang* (1682).

In Morhofs *Unterricht* wird K. wegen seiner musterhaft pointierten Gedichtschlüsse zitiert; Neumeister lobt ihn als einen Dichter, der »von einem Orpheus unterwiesen« zu sein scheint. Für Gottsched jedoch ist K. nur noch eine Quelle, aus der er Simon Dach zitiert.

Weitere Werke: Der Jungfrauen A. B. C. Wittenb. 1661. – Die Böse Sieben. Ebd. 1662. – Der vom Weibe überteuffelte Teuffel. o. O. u. J. [1662] (Übers.). – C. Salustii Crispi Röm. Geschicht-Beschreibung. Wittenb. 1662 (Übers.). – Warhafftiger Traum u. Träumende Warheit. o. O. u. J. [1664]. – Kurandors Trutz Mahometh, Oder Türcken-Lieder. Bln. 1664. – Wollüstige u. verstandlose Jugend eines Reuigen Studenten. o. O. 1664.

Literatur: Trostschreiben: Stolberg 14 319 u. 14 498. – Franz Muncker: K. In: ADB. – Waldemar Kawerau: B. K. In: Geschichts-Bl. für Stadt u. Land Magdeburg (1892), S. 131–239. – Heiduk/Neumeister, S. 391. – Heimo Haupt: B. K. ›Der dt. Redner‹. Text u. Interpretation. Diss. Ffm./Bern/Cirencester U. K. 1981 (mit Neudr. der Ausg. 1665).

Ulrich Maché

Kindermann, Heinz, auch: Marianne Lukas, * 8. 10. 1894 Wien, † 3. 10. 1985 ebd.; Grabstätte: Maria Schutz/Niederösterreich. – Germanist, Theaterwissenschaftler.

K., Sohn eines Buchhändlers, studierte in Wien Deutsche Philologie, Romanistik u. Philosophie. Als Referent im österr. Unterrichtsministerium u. a. für das Burgtheater zuständig, habilitierte er sich 1924, erhielt 1927 an der TH Danzig eine Professur, wurde 1936 nach Münster berufen u. kehrte 1943 auf den neuerrichteten theaterwissenschaftl. Lehrstuhl nach Wien zurück. 1945 außer Dienst gestellt, wurde er 1954 wieder in sein akadem. Amt eingesetzt u. 1969 emeritiert.

K.s frühe Arbeiten (*Lenz und die Romantik*. Wien 1925. *Goethes Menschengestaltung*. Bln. 1932) suchen noch den Ausgleich zwischen geistesgeschichtl. Konstruktionen u. textnaher Interpretation, ein Verfahren, das auch in K.s erstem Großprojekt, einer von ihm herausgegebenen kommentierten Textsammlung nach themat. Längsschnitten, erkennbar ist (*Deutsche Lite-*

ratur. 110 Bde., Wien/Lpz. 1928–42). Von Beginn der 30er Jahre an verstärkte sich bei K. die Neigung zu einem lebensphilosophischen Irrationalismus, für den die gesamte Literaturgeschichte als Prozeß fortschreitender »Deutschwerdung« (mit klassisch-romant. Aufgipfelung) erscheint. Nach 1933 einer der Protagonisten einer »volkhaften Literaturwissenschaft«, nimmt K. bei NS-Ideologen wie Rosenberg u. Günther programmat. Anleihen auf (*Dichtung und Volkheit.* Bln. 1937). Aus weltanschaul. Totalitätsanspruch, Volksgemeinschaftsideen u. Rassentypologien sollten die Kriterien der neuen Wertung gewonnen werden. K., seit 1933 Mitgl. der NSDAP, stellte sich dieser Aufgabe in zahlreichen Reden u. Gelegenheitsschriften (u. a. *Kampf um die deutsche Lebensform.* Wien 1941. *Das Burgtheater.* Wien 1939), sein Œuvre ist das umfangreichste eines Germanisten im Dritten Reich. Besonderes Interesse galt den als »Seher« u. »Propheten« gedeuteten Autoren, deren Werk die Qualität eines vorwärts treibenden nationalen Mythos zugesprochen wurde: Klopstock, Hölderlin, Grabbe, Hebbel. Zugleich wurde in Anthologien die völkisch inspirierte zeitgenöss. Literatur, bes. in ihren großdeutsch orientierten grenz- u. auslandsdeutschen Vertretern, als politisch mustergültig herausgestellt (*Des deutschen Dichters Sendung in der Gegenwart.* Lpz. 1933. *Rufe über Grenzen.* Bln. 1938. *Heimkehr ins Reich.* Lpz. 1939).

K.s Karriere als Theaterwissenschaftler u. das von ihm initiierte Wiener Zentralinstitut (1943) waren im Rahmen der herrschenden Ideologie bereits »europäisch« ausgerichtet. Dieses Selbstverständnis ermöglichte die Kontinuität über 1945 hinaus, schuf aber auch die Legitimierung für eine jetzt erst wirklich übernationale u. interdisziplinäre Theaterforschung. Ihr Monument ist K.s zehnbändige *Theatergeschichte Europas* (Salzb. 1957–74). Eingebettet in die allg. Geistes- u. Kulturgeschichte werden die Hauptlinien der Bühnenkunst der europ. Nationen dargestellt u. im Sinne einer »Wesensforschung« die strukturell gleichbleibenden Formen des Theatralischen seit der Antike betont; das Theater erscheint als ein Hauptfaktor der abendländ. Kulturbildung. Dazu treten ergänzend drei Bände eines großangelegten wirkungsgeschichtl. Alterswerks (*Das Theaterpublikum der Antike.* Salzb. 1979. *Das Theaterpublikum des Mittelalters.* Salzb. 1980. *Das Theaterpublikum der Renaissance.* Salzb. 1984).

Weitere Werke: Ferdinand Raimund. Wien 1940. – Theatergesch. der Goethezeit. Wien 1948. – Das Goethebild des 20. Jh. Wien 1952. – Hermann Bahr. Graz 1954. – *Herausgeber:* Hdb. der Kulturgesch. Potsdam 1934–43. – Briefw. zwischen Ferdinand v. Saar u. Marie v. Ebner-Eschenbach. Wien 1957. – Das Grillparzer-Bild des 20. Jh. Wien 1972. – Hugo v. Hofmannsthal – Max Mell. Briefw. (zus. mit Margret Dietrich). Heidelb. 1982. – Einf. in das ostasiat. Theater. Graz 1985.

Literatur: Margret Dietrich: Laudatio für H. K. In: Maske u. Kothurn 10 (1964), S. 195–202. 20 (1974), S. 231–237. 30 (1984), S. V–XVI. – Helmar Klier: Theaterwiss. u. Univ. In: Theaterwiss. im deutschsprachigen Raum. Darmst. 1981, S. 327–344. – Sebastian Meissl: Wiener Ostmark-Germanistik. In: Gernot Heiß u. a. (Hg.): Willfährige Wiss. Die Univ. Wien 1938–45. Wien 1989, S. 133–154. *Sebastian Meissl*

Kindleben, *Kindlebn*, Christian Wilhelm, auch: Michael Brephobius, * 4. 10. 1748 Berlin, † vermutlich 1785 Dresden oder Leipzig. – Verfasser von Gedichten u. Erzählungen; Übersetzer, Publizist u. Herausgeber.

Der Berliner Handwerkerssohn K. suchte nach dem Theologiestudium in Halle jahrelang sein Auskommen als Hofmeister u. Landpfarrer. 1778 arbeitete er kurze Zeit als Gehilfe Basedows an dessen Philanthropin in Dessau. Nach der Promotion 1779 in Wittenberg wollte er sich an der Universität Halle als Dozent niederlassen. Aufgrund seines Lebenswandels schon früher aus mehreren Stellungen entlassen, wurde K. 1781 auch aus Halle ausgewiesen. In seinen letzten Lebensjahren schlug er sich als Schriftsteller in Berlin, Leipzig u. Dresden durch.

K. schaltete sich in zahlreiche literar. Auseinandersetzungen seiner Zeit ein. So bewies er in der Schrift *Über die Non-Existenz des Teufels* (Bln. 1776) in gut aufklärerischer Tradition, daß hinter den neutestamentl. Teufeln lediglich histor. Gestalten stünden. Dieses Bekenntnis zum Rationalismus widerrief er drei Jahre später, als er in *Der Teufeleien des 18. Jahrhunderts letzter Act* (Lpz. 1779) gegen die Aufklärung polemisierte u. sich in der Frage nach dem Teufel auf einen orthodoxen Standpunkt zurückzog. Offenbar richtete sich der beruflich erfolglose K. jeweils nach den Meinungen derjenigen Gruppe, von der er sich Protektion erhoffte. Er war ein Vielschreiber, der Modegattungen aufgriff, wie auch anerkannte Werke nachzuahmen suchte, ohne deren Qualität auch nur annähernd zu erreichen. In seinen großenteils autobiograph. Romanen widmete sich K. weitschweifig u. deutlich erot. Themen, was zu seinem Ruf als Lüstling u. Sittenverderber beigetragen haben mag. Als Lyriker sah er sich in der Tradition Gellerts u. verarbeitete Anregungen der Anakreontik u. Empfindsamkeit (*Vermischte Gedichte*. Bln./Lpz. 1779). Seine geistl. Gedichte verherrlichen Schicksalsergebenheit u. Sanftmut (*Geistliche Gedichte und Lieder*. o. O. [Halle?] 1781).

Nur zwei seiner Werke überlebten K.: Die *Studentenlieder* u. das *Studenten-Lexicon* (beide Halle 1781) erfuhren im 19. u. 20. Jh. Neuauflagen. Wegen des als anstößig empfundenen Inhalts 1781 konfisziert, gilt das *Studenten-Lexicon* (zuletzt Mchn. 1971) heute als eine der frühesten Zusammmenstellungen studentischer Redewendungen. Die *Studentenlieder* bringen eine ansehnl. Sammlung von Trink-, Kommers-, Trost- u. Abschiedsliedern verschiedener Verfasser, darunter das bekannte *Gaudeamus igitur*.

Weitere Werke: Die allerneueste dt. Orthographie des 18. Jh. Ffm., Lpz. 1779. – Leben u. Abentheuer des Küsters zu Kummersdorf Willibald Schluterius. Halle 1779 (R.). – Ueber den Ursprung der Perücken. Bln. 1779. – Matthias Lukretius, sonst Votius gen.; oder Gesch. eines verunglückten u. metamorphisierten Kandidaten. 2 Tle., Halle 1780. – Emanuel Hartensteins eines peregrinierenden Weltbürgers Reise v. Berlin über Rostock nach Dresden. Halle 1780. – Florido oder Gesch. eines unglückl. Philosophen. Halle 1781 (R.). – Moralische Fragmente zur Kenntniß des Menschen, in Briefen. o. O. 1782. – Zeitverkürzende Unterhaltungen aus Joseph II. [...] Leben. o. O. 1782. – Der gehörnte Siegfried, ein Volksroman. 2 Tle., o. O. 1783.

Literatur: Franz Muncker: K. In: ADB. – Gustav Roskoff: Gesch. des Teufels. Bd. 2, Lpz. 1869, S. 506–510, 521 f. – Konrad Burdach: Studentensprache u. Studentenlied. Halle 1894, S. 17–36. – Kosch.

Isabel Grübel

Kinkel, (Johann) Gottfried, * 11. 8. 1815 Oberkassel bei Bonn, † 13. 11. 1882 Unterstraß bei Zürich; Grabstätte: Zürich-Sihlfeld. – Verfasser von Versepen, Gedichten u. Erzählungen; Kunsthistoriker.

Der Sohn eines protestantischen Pfarrers hielt seit 1837 in Bonn Vorlesungen zur Kirchengeschichte u. *Predigten* (Köln 1842). Hinzu kamen Erfolge als Lyriker, die ihn mit Freiligrath bekannt machten. 1843 heiratete K. die geschiedene Katholikin Johanna Mathieux, mit der er 1840 den bis 1847 bestehenden Dichterbund »Maikäfer« gegründet hatte, dem Ernst Ackermann, Jacob Burckhardt, Alexander Kaufmann u. Karl Simrock angehörten. Die Dichtungen des Bundes sind die bekanntesten des Ehepaars u. der sog. Bonner Spätromantik. Zu nennen sind K.s *Gedichte* (Stgt. 1843), das hieraus separat veröffentlichte u. von K.s Frau vertonte Versepos *Otto der Schütz* (Stgt. 1846. ^{87}1911) sowie beider *Erzählungen* (Stgt. 1849). Die Absicht, sich mit der Tragödie *König Lothar von Lotharingen* (Bonn 1842) als Dramatiker zu etablieren, schlug fehl. Zur Existenzsicherung war er auf Literatur- u. Kunstkritiken angewiesen, die überwiegend anonym in der »Augsburger Allgemeinen Zeitung« erschienen; unterstützt von Burckhardt, verfaßte K. die einzige Lieferung seiner *Geschichte der bildenden Künste bei den christlichen Völkern* (Bonn 1845), aufgrund der er 1846 zum a. o. Professor ernannt wurde.

Für die demokratische Bewegung 1848 agitierte er als Redner u. Journalist in der von ihm herausgegebenen demokratischen »Bonner Zeitung« (1848–50. Seit 1849 »Neue Bonner Zeitung«), er wurde in die preuß. Zweite Kammer gewählt, nahm nach deren Auflösung am badischen Aufstand teil, wurde festgenommen u. zu lebenslanger Haft verurteilt. Das öffentl. Interesse an K.s Schicksal erreichte seinen Höhepunkt nach der von Carl Schurz initiierten Flucht aus dem Spandauer Zuchthaus. Seine Familie übersiedelte mit ihm nach London, wo er als Dozent u. als Journalist für das Emigrantenblatt »Hermann« wirkte. K.s Politik löste in London heftige Polemiken von Karl Marx aus.

1866 erhielt K. eine Professur am Zürcher Polytechnikum. Er widmete sich seinen Fächern in zahlreichen Veröffentlichungen, deren beste er gemeinsam mit alten aus der Bonner Zeit im *Mosaik zur Kunstgeschichte* (Bln. 1875) sammelte. Das dichterische Schaffen in Zürich, wo K. Kontakt zu Conrad Ferdinand Meyer u. Gottfried Keller aufnahm, trat hinter die wissenschaftl. Arbeiten zurück. Die Bedeutung K.s wird heute in seinen Kunstkritiken u. einigen der Novellen gesehen. Der Nachlaß befindet sich in der Bonner Universitätsbibliothek.

WEITERE WERKE: Die Ahr. Bonn 1846. Neudr. Köln 1976. – Nimrod. Hann. 1857 (Trauersp.). – Gedichte. Stgt. 1868. – Der Grobschmied v. Antwerpen. Stgt. 1872 (Versepos). – Tanagra. Braunschw. 1883 (Versepos). – Selbstbiogr. (bis 1848). Bonn 1931. – *Briefwechsel* in: Conrad Ferdinand Meyer u. G. K. [...]. Zürich 1949. – *Herausgeber:* Maikäfer-Ztg. Bonn 1840-47. Neudr. 1982-85.

LITERATUR: Wolfgang Beyrodt: G. K. als Kunsthistoriker. Bonn 1979. – Hermann Rösch-Sondermann: G. K. als Ästhetiker, Politiker u. Dichter. Bonn 1982. – Angelika Berg: G. K. Bonn 1985. *Wolfgang Beyrodt*

Kinkel, Johanna, geb. Mockel, * 8. 7. 1810 Bonn, † 15. 11. 1858 London. – Erzählerin u. Musikerin.

Die Tochter eines Gymnasiallehrers heiratete 1832 in erster Ehe den Kaufmann Johann Anton Mathieux (Trennung 1833, Scheidung 1840). Franz Anton Ries, schon Beethovens erster Lehrer, bildete K. zu einer angesehenen Pianistin, Komponistin u. Dirigentin aus; sie gab u. a. Bettine von Arnims Kindern Musikunterricht. 1843 heiratete sie Gottfried Kinkel, mit dem sie 1840 den »Maikäferbund« gegründet hatte. K. unterstützte die literar. (*Erzählungen.* Stgt. 1849) wie die polit. Aktivitäten ihres Mannes, leitete während seiner Haft die »Neue Bonner Zeitung« u. war maßgeblich an seiner Befreiung beteiligt. Im Londoner Exil ernährte sie die Familie durch Gesangs- u. Klavierunterricht mit u. nahm viele dt. Flüchtlinge, u. a. ihre spätere Freundin Malwida von Meysenbug, bei sich auf. Ihre *8 Briefe an eine Freundin über Clavier-Unterricht* (Stgt. 1852) wurden immer wieder aufgelegt; die im British Museum geschriebene *Geschichte der Musik* blieb unvollendet. Von ihren Liedern wurde in der engl. Übersetzung *The soldier's song* zu einem beliebten viktorian. Gesang. Imponierend in ihrer statuesken Häßlichkeit, neigte diese kluge, ungewöhnlich charakterstarke Frau gelegentlich zu sentimentaler Selbstdramatisierung, die sie zum Spottbild mancher Zeitgenossen (so Karl Marx, Alexander Herzen, Georg Weerth) machte. Fünf Tage nach Vollendung ihres zweibändigen Schlüsselromans *Hans Ibeles in London. Ein Familienbild aus dem Flüchtlingsleben* (Stgt. 1860) stürzte sie (sich?) aus dem Fenster. Ihr polit. Drama *Der letzte Salzblock* blieb ungedruckt. Erfolgreich waren ihre *Lieder für kleine Kinder* (Bonn 1849. Engl. London 1852).

LITERATUR: Ruth-Ellen Boetcher Joeres: The triumph of a woman: J. K.s Hans Ibeles in London (1860). In: Euph. 70 (1976), S. 187-197. – Malwida v. Meysenbug: Briefe an J. u. Gottfried K. 1849-85. Hg. Stephania Rossi u. Yoko Kikuchi. Bonn 1983. – Rosemary Ashton: Little Germany. Exile and asylum in Victorian England. London 1986. *Eda Sagarra*

Kippenberg, Anton (Hermann Friedrich), * 22. 5. 1874 Bremen, † 21. 9. 1950 Luzern; Grabstätte: Marburg, Hauptfriedhof. – Verleger u. Sammler.

K. wuchs in Bremen auf, wo sein Vater ein Lehrerinnenseminar gegründet hatte u. bis zu seinem frühen Tod 1889 leitete. Über die Entscheidung, mit der Obersekundareife das Gymnasium zu verlassen u. eine Buchhändlerlehre zu beginnen, berichtet K. in seinen Erinnerungen *Aus den Lehr- und Wanderjahren eines Verlegers* (in: *Reden und Schriften.* Wiesb. 1952). Nach dem Militärdienst trat er 1896 in den wissenschaftl. Verlag von Wilhelm Engelmann in Leipzig ein, in dem er zuletzt Prokurist war. Nebenberuflich konnte K. in Leipzig ohne Abitur studieren u. unter bestimmten Voraussetzungen (die Arbeit mußte höchsten Anforderungen genügen) den Doktortitel erwerben: 1901 promovierte er bei Albert Köster über *Die Sage vom Herzog von Luxemburg* (Lpz. Neudr. Wiesb. 1970). Bei einer Tagung der Goethe-Gesellschaft in Weimar, deren Präsident er 1938-1950 war, begegnete er Katharina von Düring (1876-1947) aus Hamburg, die in Leipzig eigene Studien betrieb; sie heirateten 1905.

Zu diesem Zeitpunkt war K. von seinem Landsmann Alfred Walter Heymel die Leitung des Leipziger Insel Verlags angetragen worden. Dieser schöngeistige u. bibliophil der neuen Buchkunst verpflichtete Verlag – urspr. neben der 1899 von Heymel, Rudolf Alexander Schröder u. Otto Julius Bierbaum gegründeten Zeitschrift »Die Insel« konzipiert – hatte die drei Jahrgänge der Zeitschrift überlebt, war aber in eine wirtschaftl. Krise geraten. Aus dieser konnte ihn K., zuerst gemeinsam mit Carl Ernst Poeschel, seit 1906 allein, zu der bedeutenden Stellung führen, die er schon wenige Jahre darauf einnahm. K. erweiterte das Verlagsprogramm über die zeitgenöss. Dichtung hinaus – Hofmannsthal u. Rilke waren Autoren der Zeitschrift gewesen –, indem er Goethe ins Zentrum rückte. Neben die Weiterführung der Luxus-Ausgabe (*Johann Wolfgang Goethe. Sämtliche Werke.* 16 Bde., 1905-17) stellte K. den »wohlfeilen«, nicht ohne Kritik aufgenommenen »Volks-Goethe« (*Goethes Werke in 6 Bänden.* 1909) – von Erich Schmidt im Auftrag der Goethe-Gesellschaft herausgegeben – u. weitere Goethe-Einzelausgaben. Mit seinen Klassiker-Dünndruckausgaben setzte K. neue Maßstäbe für Edition u. Buchgestalt. 1912 begründete er die »Insel-Bücherei«, die jungen Menschen Zugang zur Literatur erschloß u. dauernden Erfolg hatte.

Für den Verlag war zudem die wachsende Goethe-Sammlung K.s eine Quelle der Anregung: 1913 erschien der erste *Katalog der Sammlung Kippenberg.* Während des Ersten Weltkriegs gab K. als Hauptmann d. R. in Gent die »Kriegszeitung der 4. Armee« heraus. Hier erschloß sich ihm die fläm. Literatur, die er in den Verlag aufnahm u. teilweise selbst übersetzte. In dieser Zeit leitete Katharina Kippenberg als Prokuristin den Insel Verlag, für den sie längst die Aufgaben einer Lektorin innehatte.

Eine erste Darstellung von Lebensgang u. Werk K.s bietet *Die Anrede,* die Katharina Kippenberg an den Anfang der Festschrift zu seinem 50. Geburtstag stellte: *Navigare necesse est* (1924). Der reich ausgestattete Band enthält eine Beschreibung seiner Goethe-Sammlung. Diese wuchs in den folgenden Jahren neben dem Hauptgeschäft so stattlich heran, daß im Januar 1938 ein Museumsanbau am K.schen Haus eingeweiht werden konnte. Zum 65. Geburtstag wurde ihm die *Bibliographie Kippenberg* gewidmet, die 189 Titel umfaßt, von den ersten Artikeln in der »Weser-Zeitung« (1893) bis zu dem Bändchen *Benno Papentrigk's Schüttelreime* (1937).

Damals waren die guten Jahre bereits vergangen. Stefan Zweig hatte seinem Verleger nach dem Reichstagsbrand gesagt, daß es nun bald vorbei sein werde mit seinen Büchern in Deutschland, worauf K. erstaunt gefragt habe: »Wer sollte Ihre Bücher verbieten? Sie haben doch nie ein Wort gegen Deutschland geschrieben oder sich in Politik eingemengt.« Tatsächlich erschien 1934 eine Neuausgabe von Zweigs *Marie Antoinette,* doch ging damit die bereits 1906 geknüpfte Verbindung zu Ende. K. konnte den Insel Verlag vor ernsten Zugeständnissen zwar bewahren, doch nicht vor der Zerstörung des Verlagshauses im Dez. 1943. Die Arbeit wurde im Privathaus K.s fortgesetzt, bis auch dieses im Febr. 1945 völlig niederbrannte. K. hatte seine Sammlungen bald nach Kriegsausbruch ausgelagert. Nach dem Ende des Kriegs wurden sie aus den Bergungsorten in Sachsen u. Thüringen von den abziehenden Amerikanern zum Central Art Collecting Point nach Marburg gebracht, wohin K. mit seiner Familie folgte. Der Insel Verlag erhielt in Wiesbaden im Sept. 1945 eine Lizenz, im März 1946 auch in Leipzig; K. war bestrebt, die Zusammenarbeit zu erhalten.

Er empfand die Marburger Zeit als Exil, doch waren es tätige Jahre. So konnte die »Sammlung Kippenberg« im Goethejahr 1949 in einer Reihe von Ausstellungen gezeigt werden. Der Verleger wünschte ihre Rückkehr nach Leipzig, erst spät fiel die Entscheidung für Düsseldorf (Goethe-Museum. Anton-und-Katharina-Kippenberg-Stiftung). Katharina Kippenberg vollendete in Marburg ihr Buch über Rilkes *Duineser Elegien und Sonette an Orpheus* (1946); ihr Tod überschattete K.s letzte Lebenszeit. Zu ihrem Gedächtnis eröffnete er 1947 die Rilke-Ausstellung in Marburg, die auf dem Bestand der eigenen Rilke-Sammlung basierte. Die Handschriften u. Bücher aus diesem Privatarchiv konnte später das Deutsche Literatur Archiv in Marbach erwerben.

WEITERE WERKE: Kat. der Slg. K. 3 Bde., Lpz. 1928. – Jb. der Slg. K. 10 Bde, Lpz. 1921-35. – Gesch.n aus einer alten Hansestadt. Lpz. 1933. – Becher u. die Insel. Lpz. 1981 (Briefw. mit A. u. Katharina K.). – *Katharina Kippenberg:* Kleine Schr.en. Wiesb. 1948 (mit Bibliogr.). – Rainer Maria Rilke – Katharina Kippenberg. Briefw. Wiesb. 1954.

LITERATUR: Ingeborg Schnack: Katharina Kippenberg, geb. v. Düring. In: v. Düringsches Familienblatt 74 (1948), S. 134 f. – Die Insel. Marbach 1965 (Ausstellungskat.). – I. Schnack: A. K. Dichter u. Verleger. In: Börsenblatt (Ausg. Ffm.) 33 (1966), S. 829-839. – Friedrich Michael: A. K. Buchhändler u. Sammler. Düsseld. 1967. – Hanns Meyer: K. In: Bremische Biogr. 1912-62. Bremen 1969.

Renate Scharffenberg

Kipphardt, Heinar, eigentl.: Heinrich Mauritius K., * 8. 3. 1922 Heidersdorf/Schlesien, † 18. 11. 1982 München; Grabstätte: Reichenkirchen, Gemeindefriedhof. – Dramatiker, Romancier, Erzähler, Lyriker, Fernsehspielautor.

Die leidvolle Geschichte seiner Familie im Dritten Reich, die Erfahrung des Kriegs u. die Verdrängung dieser Zeit im Nachkriegsdeutschland, der Versuch, dieses dunkle Kapitel dt. Geschichte zu verstehen u. durchschaubar zu machen, prägen das gesamte künstlerische Werk K.s. Er selbst verstand sich als Marxist u. polit. Autor. »Die Vergangenheit wird erst ruhen, wenn sie wirklich Vergangenheit geworden ist. Zur Stunde ist sie das nicht. Weder theoretisch noch praktisch. Wir werten unsere Vergangenheit wie eine unerklärliche Krankheit [...]. Aber ihre Ursachen sind untersuchbar, die Krankheit ist abwendbar, die Wiederholung vermeidbar, hier und an anderen Plätzen der Erde« (*Theaterstücke.* Bd. 1, Köln 1978, S. 355).

Als einziger Sohn eines Zahnarztes wuchs K. in der schles. Kleinstadt Gnadenfrei (heute Piława Górna) auf. 1933 wurde sein Vater als Sozialdemokrat verhaftet, im Konzentrationslager Dürrgoy bei Breslau interniert u. später bis 1937 in Buchenwald gefangengehalten. Die Familie war über Nacht ihrer bürgerl. Existenz beraubt. Nach der Entlassung des Vaters zog die Familie nach Krefeld, wo K. Anfang 1940 ein gutes Abitur machte. Er begann 1941 in Bonn (später in Köln u. Düsseldorf) Medizin zu studieren, aber schon ein Jahr später wurde er zum Kriegsdienst an der Ostfront in Rußland eingezogen. 1942 heiratete er seine erste Frau Lore Hannen. Kurz vor Kriegsende desertierte K. u. versteckte sich im Siegerland; nach der Kapitulation beendete er das Studium mit dem Staatsexamen u. arbeitete zunächst in Krefeld, später bis 1949 in der psychiatr. Klinik Düsseldorf-Grafenberg. Während dieser Zeit entstanden die ersten schriftstellerischen Arbeiten.

Seine Auffassung, daß der Schriftsteller aktiv an der Veränderung der gesellschaftl. Verhältnisse mitarbeiten solle, u. die Enttäuschung über die restaurativen Tendenzen im westl. Teil Deutschlands führten 1949 zu dem Entschluß, nach Ost-Berlin zu gehen. K. war zunächst Assistenzarzt an der psychiatr. Abteilung der Charité, wurde jedoch bereits 1950 Mitarbeiter, später Chefdramaturg unter der Intendanz Wolfgang Langhoffs am renommierten Deutschen Theater. Neben der dramaturgischen Arbeit entstanden die ersten Stücke, so das satir. Lustspiel *Shakespeare dringend gesucht* (Bln./DDR 1954), in dem sich K. mit der DDR-Kulturpolitik u. der Situation an den Theatern kritisch auseinandersetzt. Aufgrund der zunehmenden kulturpolit. Repressionen nach dem Ungarnaufstand 1956 u. der Weigerung, öffentl. Selbstkritik zu üben, sah K. für sich keine Möglichkeit mehr, in der DDR zu arbeiten, u. ging zunächst 1959 ans Düsseldorfer Schauspielhaus, 1961 als Lektor nach München. 1963 zog er mit seiner zweiten Frau Pia Pavel zusammen.

Das Jahr 1964 brachte mit der Fernsehbearbeitung des *Oppenheimer*-Stoffs, den folgenden Uraufführungen gleichzeitig in Berlin u. München u. den ebenfalls im Fernsehen gezeigten Stücken *Der Hund des Generals* (Ffm. 1963) u. *Die Geschichte von Joel Brand* (Ffm. 1965) den endgültigen literar. Durchbruch u. weltweite Anerkennung. Die Qualität der Arbeiten wurde im gleichen Jahr mit der Verleihung einiger Preise, u. a. des Gerhart-Hauptmann-Preises, gewürdigt. Ende der 60er Jahre erreichte die Politisierung des Theaters den Höhepunkt u. K. konnte als Chefdramaturg an den Münchener Kammerspielen die Aufführungen der ersten Stücke von Kroetz durchsetzen. Nach einem Theaterskandal, ausgelöst durch das Programmheft zu Wolf Biermanns Stück *Der Dra-Dra,* wurde K.s Vertrag 1971 nicht verlängert.

Neben Weiss u. Hochhuth gilt K. als führender Vertreter des dt. Dokumentartheaters. Das erste Dokumentarspiel K.s, *Der Hund des Generals,* ist wie *Oppenheimer* ein Prozeßstück, gibt allerdings eine fiktive Begebenheit wieder. Ein General rechtfertigt sich 17 Jahre nach Kriegsende gegenüber dem Vorwurf, er habe 1943 aus Wut über die Erschießung seines Hundes 60 Soldaten sinnlos in den Tod geschickt, mit dem Hinweis auf einen von oben erlassenen Einsatzbefehl. Einflüsse Brechts u. der Piscator-Bühne der 20er Jahre sind spürbar. K. stellt das Theater in den Dienst der polit. Aufklärung.

In dem Stück *In der Sache J. Robert Oppenheimer* (Ffm. 1964) macht K. umgekehrt die persönl. Motive eines einzelnen zum Gegenstand einer Untersuchung durch den Staat. Grundlage ist das etwa 3000 Seiten umfassende Protokoll der Vernehmung des »Vaters der Atombombe« 1954 durch den Sicherheitsausschuß der US-

Atomenergiekommission. Im Vordergrund stehen die polit. Wandlung des Intellektuellen, die daraus resultierende Verfolgung u. Gesinnungsschnüffelei u. die Verantwortung des Wissenschaftlers für das Vernichtungspotential Atombombe. Es geht K. um das Verhältnis von Moral u. Macht, um die Behauptung von der wertfreien Wissenschaft, die er ebenso wie die Autonomie der Kunst entschieden ablehnt. Das Stück ist auch als aktuelle Paraphrase von Brechts *Leben des Galilei* (bes. im von K. hinzugefügten Schlußmonolog) zu verstehen.

Im Roman *März* (als Film 1975, als Roman 1976, als Schauspiel 1980) entsteht aus dem authent. Material über den schizophrenen Dichter Ernst Herbeck, wissenschaftl. Befunden u. den in der Psychiatrie gemachten Erfahrungen die literar. Figur Alexander März, die an der scheinbaren Normalität der Gesellschaft zerbricht.

In seinem letzten Stück *Bruder Eichmann* (Reinb. 1983) hat K. noch einmal umfangreiches Quellenmaterial benutzt; die über 3500 Seiten Protokolle der Eichmann-Verhöre 1960/61 im israelischen Gefängnis. K. will verdeutlichen, daß die sog. Eichmann-Haltung, Gewissen zu delegieren an einen Gesetz- oder Befehlsgeber, im Rahmen einer Ordnung zu funktionieren u. dabei andere auch mit Gewalt auszugrenzen in jedem von uns steckt, die bürgerl. Haltung schlechthin ist. In diesem Sinn hat K. in die Verhörszenen sog. Analogieszenen aus der polit. Gegenwart eingebaut. Die zahlreichen Kritiker warfen K. vor allem vor, er habe zu wenig an die Opfer gedacht u. verharmlose durch die Verallgemeinerung die NS-Verbrechen.

WEITERE WERKE: Ges. Werke in Einzelausg.n. Hg. Uwe Naumann unter Mitarb. v. Pia Kipphardt. Reinb. 1986 f. (bisher 6 Bde.). – Der Aufstieg des Alois Piontek. Farce. Bln./DDR 1956. – Die Ganovenfresse. Mchn. 1964. Neuausg. Reinb. 1966 (E.). – Die Soldaten. Nach J. M. R. Lenz. Ffm. 1968. – Stücke I (Shakespeare [...], Die Stühle des Herrn Szmil, Der Hund [...], In der Sache [...]). Ffm. 1973. – Stücke 2 (Joel Brand, Die Nacht, in der der Chef geschlachtet wurde, Die Soldaten, Sedanfeier). Ffm. 1974. – Engel der Psychiatrie. Gedichte (mit Holzschnitten v. HAP Grieshaber). Düsseld. 1976. – Angelsburger Notizen. Mchn. 1977. Neuausg. Reinb. 1985 (L.). – Der Mann des Tages u. a. E.en. Mchn. 1977. Neuausg. Reinb. 1981. = Theaterstücke. Bd. 1, Köln 1978. Neuausg. Reinb. 1982. Bd. 2, Köln 1981. – Traumprotokolle. Mchn. 1981. Neuausg. Reinb. 1986. – Ruckediguh – Blut ist im Schuh. Essays, Briefe, Entwürfe 1964-82. Reinb. 1989. – Schreib die Wahrheit. Essays, Briefe Entwürfe 1949-64. Reinb. 1989.

LITERATUR: *Bibliographie:* Heinrich Peters u. Michael Töteberg: K. In: KLG. – *Weitere Titel:* Sigrid Ammer: Das deutschsprachige Zeitstück in der Gegenwart. Diss. Köln 1966. – Ferdinand van Ingen: H. K.: In der Sache J. Robert Oppenheimer. Ffm. 1978. – Lotte Bartelheimer u. Maximilian Nutz: Materialien H. K. ›In der Sache [...]‹. Stgt. 1981. – Adolf Höfer: Verstehen oder Verurteilen. Das Dilemma der Faschismusdarstellung in moderner Dichtung. In: Kürbiskern, H. 4 (1985), S. 82-107. – Adolf Stock: H. K. Mit Selbstzeugnissen u. Bilddokumenten. Reinb. 1987.

Michael Böhm

Kirch, Gottfried, * 18. 12. 1639 Guben, † 25. 7. 1710 Berlin. – Astronom, Kalenderschriftsteller.

K. machte sich nach dem Studium – in Jena bei dem Polyhistor u. Mathematikprofessor Erhard Weigel u. in Danzig bei dem angesehenen Astronomen Johannes Hevelius – als Himmelsbeobachter u. Kalenderschriftsteller in Guben, Lobenstein, Coburg u. Leipzig einen Namen. Seine Ephemeriden für die Jahre 1681-1702 (auf der Grundlage von Keplers *Rudolphinischen Tafeln*) verschafften ihm bei Fachkollegen Respekt. K.s erster Kalender erschien 1667 in Jena u. Helmstedt. Seit 1685 war Nürnberg der Druckort für K.s Kalenderproduktion, die nach seinem Tod von seiner zweiten Frau, die seit 1692 seine Mitarbeiterin war, u. seinem Sohn Christfried fortgesetzt wurde. K. beobachtete Finsternisse, Planetenkonjunktionen, Sonnenflecken, veränderl. Sterne sowie den Merkurdurchgang 1707 u. suchte systematisch nach Kometen.

Den Zeitgenossen galt K. als Entdecker des Kometen vom Nov. 1680, dessen Beobachtungen zur Lösung des Problems der Bahnberechnung durch Dörffel, Halley u. Newton beitrugen. K.s eigene Beobachtungen erschienen z. T. in den »Philosophical Transactions«, den »Acta Eruditorum« u. den »Miscellanea Berolinensia«.

K. war eines der ersten Mitglieder der 1700 gegründeten Berliner Sozietät der Wissenschaften, für deren Haupteinnahmequelle, den amtl. Kalender, er bis zu seinem Tod verantwortlich war. Sein Sohn Christfried übernahm 1716 die väterl. Stelle an der Berliner Akademie.

Wegen seiner dt. Flugschriften (1676-81) verdient es K., in der Geschichte des dt. Lehrgesprächs neben Erasmus Francisci genannt zu werden. Diese Gattung eignete sich dazu, interossierte Laien, die zum traditionellen Käuferpublikum von Kalendern u. Kometenflugschriften gehörten, mit den Problemen der modernen Naturwissenschaften bekannt zu machen, ihren Aberglauben zu bekämpfen u. sie durch physiko-theolog. Argumente zum selbständigen Studium der Natur zu motivieren.

Werke: Neues u. gewisses Wunder am Himmel [...] Diesem ist beygefüget Eine richtige Beschreibung der auch in Dtschld. sichtbaren Sonnenfinsternis. St. Annaberg 1676. – Neue Himmels-Ztg. / [...] v. den zweyen neuen grossen im 1680. Jahr erschienenen Cometen [...]. Nürnb. 1681. – Annus primus Ephemeridum Motuum Coelestium [...] 1681 [...] Cui accessit Catalogus novus stellarum Australium clarissimi Edmundi Halleii. Lpz. 1681.

Literatur: Philipp Carl: Repertorium der Cometen-Astronomie. Mchn./Paris/London 1864, S. 79, 81, 84. – Adolf v. Harnack: Gesch. der Kgl. Preuß. Akademie der Wiss.en zu Berlin. Bd. 1, Bln. 1900, S. 114 f. Bd. 3 (Hg. Otto Köhnke), Bln. 1900, S. 344, 346. – DSB. – Dietrich Wattenberg: K. In: NDB. – Werner Hartkopf: Die Akademie der Wiss.en der DDR. Ein Beitr. zu ihrer Gesch. Bln./DDR 1983, S. 225.

Barbara Bauer

Kirchbach, Wolfgang, * 18. 9. 1857 London, † 8. 9. 1906 Bad Nauheim. – Erzähler, Dramatiker, Lyriker, Essayist.

Der in Dresden aufgewachsene Sohn eines Kunstmalers studierte Philosophie u. Geschichte, zog 1879 nach München u. gehörte dort zum Kreis um Conrad, aus dem 1885 das frühnaturalistische Organ »Die Gesellschaft« hervorging. K. war freilich nie radikaler »Zolaist«; 1887 setzte er sich mit dem Naturalismus als Kunst- u. Lebensart im Roman *Der Weltfahrer* (Dresden 1891) auseinander u. ging als Redakteur u. Theaterkritiker nach Dresden. 1897 übersiedelte er nach Berlin u. engagierte sich für die Wandervogel- u. Volksbildungsbewegung.

Dem poetischen Realismus verbunden, suchte K. das moderne Leben u. gerade naturwissenschaftl. Probleme sinnbildhaft darzustellen. Aufsehen erregte sein Novellenzyklus *Kinder des Reiches* (Lpz. 1883), der im Reichstag als gemeingefährlich denunziert wurde u. ihm das Etikett »Naturalist« eintrug, u. der Arbeitslosen-Roman *Das Leben auf der Walze* (Bln. 1892). K.s Gedankendramen blieb jeglicher Erfolg versagt. Mangelnde Selbstkritik ließ K., einen allzu beweglichen, eher rezeptiven Kopf, als Dichter scheitern. Geniales wechselte mit Schrulligem. Aufsätze, Übersetzungen u. vielfältige Korrespondenz verraten hohe ästhetische Bildung, aber auch das Schwanken zwischen idealistischer Tradition u. Moderne.

Weitere Werke: Kosmopolit. Originale. Lpz. 1878 (D.). – Märchen. Dresden 1878. – Salvator Rosa. Lpz. 1880 (R.). – Ausgew. Gedichte. Lpz. 1883. – Ein Lebensbuch. Mchn. 1886 (Aufsätze). – Waiblinger. Mchn. 1886 (D.). – Was kann die Dichtung für die moderne Welt noch bedeuten? Bln. 1888. – Die letzten Menschen. Dresden 1890 (D.). – Des Sonnenreichs Untergang. Dresden 1894 (D.). – Gordon Pascha. Dresden 1895 (D.). – Was lehrte Jesus? Bln. 1897 (Übers., Abh.). – Die Lieder vom Zweirad. Bln. 1900 (L.). – Friedrich Schiller, der Realist u. Realpolitiker. Schmargendorf 1905 (Aufsätze). – Der Leiermann v. Berlin. Dresden 1906 (R.). – W. K. in seiner Zeit. Briefw. u. Ess.s aus dem Nachl. Hg. Marie L. Becker u. Karl v. Levetzow. Mchn. 1910.

Literatur: Adalbert v. Hanstein: Das jüngste Dtschld. Lpz. 1900. – Werner F. Striedieck: W. K. u. die Jüngstdeutschen. In: GR 22 (1947), S. 42–54.

Gerhard Stumpf

Kircher, *Chirchero, Kircherus*, Athanasius, auch: Salvator Imbroll, * 2. 5. 1602 Geisa/Rhön, † 27. 11. 1680 Rom. – Jesuit, Mathematiker, Physiker, Polyhistor.

K. erhielt von seinem Vater, einem Theologen u. ehemaligen fuldaischen Amtmann von Halstein u. Geisa, eine fundierte Grundausbildung. Ab 1612 besuchte er das Jesuitengymnasium zu Fulda u. lernte außerdem von einem Rabbiner Hebräisch. Seine weitere Schulausbildung erhielt er in Mainz. 1618 trat er in Paderborn in den Jesuitenorden ein. Nach zweijährigem Noviziat begann er dort auch seine dreijährige philosophische Ausbildung, die er aber wegen der durch den Dreißigjährigen Krieg bedingten Schließung des Kollegs (1621/22) in Köln beendete. Danach wurde er Lehrer für Griechisch am Koblenzer Jesuitengymnasium, ein Jahr später für die Humaniora in Heiligenstadt. Wegen seiner physikal. Kenntnisse wurde er an die Aschaffenburger Residenz des Kurfürsten von Mainz berufen, um diesen selbst in der Mechanik zu unterweisen. Daneben befaßte er sich mit kartographischen Vermessungen. 1625 nahm er seine theolog. Studien in Mainz auf u. lehrte dort gleichzeitig Griechisch. Nach seiner Priesterweihe 1628 absolvierte er sein drittes Probejahr in Speyer. 1629 wurde er nach Würzburg als Professor für Hebräisch, Syrisch, Ethik u. Mathematik berufen. Zwei Jahre später floh K. vor den Schweden nach Avignon. Gefördert durch den provenzal. Senator Nikolaus Peiresc, der ihn auch mit Gassendi bekannt machte, erforschte er die Hieroglyphen. Peiresc verdankte K. es auch, daß seine Berufung als Hofmathematiker nach Wien 1633 rückgängig gemacht wurde u. er auf Befehl Papst Urbans VIII. eine Professur für Mathematik, Physik u. Orientalistik am Collegium Romanum erhielt.

K. erlangte rasch internationale Berühmtheit. In seiner themat. Vielfalt charakterisiert sein umfängl. Briefwechsel nicht nur die polyhistorische Bildung K.s, sondern er umreißt auch die Breite des damaligen Wissenschaftsbetriebs. Wer in der gelehrten Welt Rang u. Namen hatte, ist in dieser Korrespondenz zu finden. Nach acht Jahren wurde K. von seiner Lehrtätigkeit entbunden u. konnte sich nun ausschließlich seiner Forschung u. dem Ausbau des »Museum Kircherianum« widmen. Den Grundstein hierfür hatte die Sammlung ethnolog. u. antiker Funde gelegt, die der Römer Alfonso Donnino dem Collegium vermacht hatte. Doch K. erweiterte sie aus den ihm gemachten Schenkungen bes. von Missionspatres sowie durch seine von ihm selbst für Experimentierzwecke gebauten Instrumente u. andere techn. Erfindungen. Die von ihm veranstalteten Führungen wurden schon bald die Attraktion für jeden gebildeten Romreisenden. 1870 wurde die Sammlung vom ital. Staat übernommen u. 1915 auf andere röm. Museen aufgeteilt.

Auch das umfangreiche u. vielthematige Œuvre zeugt von K.s universaler Bildung. Dabei verbinden seine Untersuchungen seine Entdeckungen u. eigenen Theorien mit der Vermittlung u. Diskussion der Lehrmeinungen seiner Zeit. Hinzu kommt die Bemühung um klare u. eindeutige Terminologie sowie um Didaktik u. Methodik der Wissensvermittlung für den gelehrten Unterricht, die sich auch in Tabellen u. graphischen Darstellungen niederschlägt u. zu hohen Auflagenzahlen führte. Die Bemühung um Breite des Wissens entspricht dem barocken Wissenschaftsideal, wie es auch von Kepler, Descartes, Newton, Leibniz u. anderen vertreten wurde: Alle Einzelwissenschaften stellte man sich hierarchisch miteinander verbunden in einem geordneten System vor, durch welches die Erkenntnis des einzelnen ihre Bedeutung gewinnt. Dieses Wissenschaftsverständnis erklärt K.s intensives Studium so verschiedener Wissenschaften wie Theologie, Urgeschichte, oriental. Sprachen, Mathematik, Physik, Geographie u. Medizin sowie der wissenschaftl. Methodik. Dabei spielt v. a. die Mathematik eine grundlegende Rolle für die anderen Wissenschaften, da die numer. Erfaßbarkeit die Richtigkeit der Erkenntnis garantiert.

Bereits in Würzburg verfaßte K. die *Ars Magnesia. Hoc est Disquisitio Bipartita empeirica seu experimentalis, Physico-Mathematica De Natura, Viribus, Et Prodigiosis Effectibus Magnetis* (Würzb. 1631). Der Titel verweist bereits hier auf die von ihm mit Vorliebe angewandte Methode empir. u. experimentellen Vorgehens. Im Magnetismus glaubte K. das Grundprinzip der Schöpfung erkannt zu haben: den Dualismus (Sympathie u. Antipathie), der die elektr. Kraft erzeugt, ja alles Leben in der Natur bestimmt, regelt u. lenkt. Fortgeführt hat K. diese Gedanken in *Magnes Sive De Arte Magnetica Opus Tripartitum* (Rom 1641. 1654. Köln 1643) u. *Magneticum Naturae Regnum* (Rom 1667. Amsterd. 1667 u. ö.). Besonders das erstgenannte Werk demonstriert K.s Methode der Verknüpfung von Spekulation u. empirisch begründeter Erkenntnis. Ausgehend von dem Gedanken, daß Gott der zentrale Magnet aller Dinge sei, wird die Wirkung des Magnetismus in allen Bereichen der Natur, der Medizin, der Musik, ja selbst in der Liebe gezeigt.

Die in der gesamten Natur herrschende magnetische Bipolarität wird auch in der Optik in der Zusammengehörigkeit von Licht u. Schatten »nachgewiesen« – so in der *Ars Magna Lucis et Umbrae* (Rom 1646. Amsterd. 1671). Optische Phänomene wie Lichtbrechung u. Spiegelung werden dem Polaritätsprinzip zugeordnet, aber auch die Farben- u. Strahlungslehre sowie Gesetze der Astronomie. Darüber hinaus wird eine Verbindung von Optik u. Akustik versucht.

Bipolarität herrscht für K. auch in der Musik als Spannungsverhältnis von Konsonanz u. Dissonanz. Erst die Beziehung beider zueinander erzeugt die Schönheit musikal. Harmonie: *Musurgia Universalis Sive Ars Magna Consoni et Dissoni* (Rom 1650. Neudr. Hildesh. 1970. Zusammenfassung des 9. Buchs in *Phonurgia Nova.*

Kempten 1673. Neudr. New York 1966. Übers. der *Phonurgia* durch Christoph Fischer u. d. T. *Neue Hall- und Tonkunst.* Ellwangen 1684. Neudr. Hann. 1983). Als mathemat. Disziplin ordnet sich die Musik unproblematisch in das Wissenschaftssystem ein u. repräsentiert die Schöpfung als Weltenorgel, auf der Gott die Harmonie spielt. Neben allg. Musiktheorie u. Kompositionslehre befaßt sich K. auch mit einzelnen Instrumenten u. ihrer Konstruktion, mit der Beziehung von Musik u. Affekten sowie mit der Anwendung der Musik in der Medizin. Als Experimentator entwickelt er auch eine Komponiermaschine.

Als sein Hauptwerk zur Orientalistik gilt der *Oedipus Aegyptiacus. Hoc est Universalis Hieroglyphicae Veterum Doctrinae [...] Instauratio* (Rom 1652-54). Summe 20jähriger Forschung, dient es der Einführung in Wissenschaft, Kultur, Kunst, Sprache u. Religion der Ägypter. Bis heute ist das Werk eine Fundgrube zur Kabbalistik u. zu anderen Geheimwissenschaften. Im 17. Jh. war es eine wichtige Stoffquelle – so für Philipp von Zesens *Assenat.*

Sein geozentr. Weltbild legt K. in seinem *Itinerarium Exstaticum quo Mundi [...] siderumque [...] natura, vires, proprietates, singulorumque compositio et structura [...] explorata* (Rom 1656. Würzb. 1660. 1761. Tyrnau 1729. Kaschau 1752) dar. Es richtet sich mit theolog. u. scheinbar naturwissenschaftl. Argumentation gegen »Häretiker« wie Galilei, Kopernikus u. Kepler. Als Strukturelement wählte K. einen Traum, in dem er von einem Engel durch das Universum zu jedem der Planeten geführt wird (deren System übrigens Grundlage der Musica mundana ist).

Geographische Werke wie der *Mundus Subterraneus* (Amsterd. 1678), der Versuch einer physikal. Beschreibung der Erde, ihrer Struktur u. ihrer Kruste, oder *China Monumentis [...] Illustrata* (Amsterd. 1667. Neudr. Ffm. 1966), ein auf Berichten jesuitischer Chinamissionare basierendes Werk, machten K. ebenso bekannt wie seine medizinischen – so *Scrutinium Physico-Medicum Contagiosae Luis* (Rom 1658. Lpz. 1659. 1671. Graz 1740), worin er Herkunft u. Ursachen der Pest durch das contagium animatum aufzuklären versuchte u. sich dabei auf mikroskopische Beobachtungen berief.

Besonders nachhaltigen Einfluß gewann K. auf seine Zeitgenossen aber durch die *Ars Magna Sciendi, In* XII *Libros Digesta, Qua nova & Universali Methodo [...] de omni re proposita [...] disputari, omniumque summaria quaedam cognitio comparari potest* (Amsterd. 1669). Die von Raymundus Lullus entwickelte kombinator. Methode, die zur Findung gültiger Syllogismen führen u. der Bekehrung der Sarazenen dienen sollte, ließ sich auch zur Verknüpfung aller wissenschaftl. Disziplinen u. zur Klassifizierung ihrer Erkenntnisse benutzen. K. bemühte sich um Eindeutigkeit des Systems u. um Anwendung auf alle zu seiner Zeit bekannten Wissenschaften – einschließlich Politik, Rhetorik u. Kunst. Auch sein Lehrbuch zur Geheimschrift *Polygraphia Nova Et Universalis* (Rom 1673) basiert auf der Kombinatorik. Leibniz setzte sich in seiner *Dissertatio combinatoria* mit der *Ars Magna* auseinander, u. Quirinus Kuhlmann entwickelte aus diesem System seine kombinator. Poetik. Selbst eine Schrift wie Harsdörffers *Fünffacher Denckring der Teutschen Sprache* rekurriert auf K.s Kombinatorik.

LITERATUR: *Bibliographien:* Backer/Sommervogel 4, Sp. 1046-1077. – Dünnhaupt II, S. 994-1016. – *Weitere Titel:* Filippo Buonanni: Museum Kircherianum. Rom 1709. – Ders.: Rerum naturalium [...] in Museo Kircheriano. Rom 1773. – A. Behlau: A. K. Programm. Heiligenstadt 1874. – Karl Brischar: P. A. K. Würzb. 1877. – E. de Ruggiero: Catalogo del Museo Kircheriano. Rom 1878. – Nikolaus Seng: Selbstbiogr. des P. A. K. [...]. Aus dem Lat. übers. Fulda 1901. – A. Sapper: A. K. als Geograph. In: Aus der Vergangenheit der Univ. Würzburg. Bln./Würzb. 1932, S. 355-362. – Oskar Kaul: K. als Musikgelehrter. Ebd., S. 363-370. – Joseph Gutmann: A. K. u. das Schöpfungs- u. Entwicklungsproblem. Diss. Würzb. 1938. – H. B. Torrey: A. K. and the Progress of Medicine. In: Osiris 5 (1938), S. 246-275. – Paul Friedländer: A. K. u. Leibniz. In: Atti della Pontifica Accademia Romana di Archeologia 3,13 (1941), S. 10-17. – Paolo Rossi: Clavis universalis. Mailand/Neapel 1960. – Ulf Scharlau: A. K. [...] als Musikschriftsteller. Marburg 1969. – John E. Fletcher: A brief survey of the unpublished correspondence of A. K. In: Manuscripta 13 (1969), S. 150-160. – Ders.: Medical Men and Medicine in the Correspondence of A. K. In: Janus 56 (1969), S. 259-272. – Ders.: Astronomy in the Life and Correspondence of A. K. In: Isis 61 (1970), S. 52-67. – Thomas F. Glick: On the Influence of K. in Spain. In: Isis 62 (1971), S. 379-381. – J. E. Fletcher: Johann Marcus Marci writes to A. K. In: Janus 59 (1972), S. 95-118. – Conor Reilly: A. K. Wiesb./Rom 1974. – Gerald Gillespie: Primal Utterance. Observations on Kuhlmann's Letters to K. in View of Leibniz' Theories. In: FS Wolfgang Fleischhauer. Köln 1978, S. 27-46. – Ulf Scharlau: A. K. [...] or Some aspects of acustical developments in the 17th century. In: Fontes artis musicae 25 (1978), S. 86-89. – Joscelyn Godwin: A. K. A Renaissance Man and the Quest for

Lost Knowledge. London 1979. – Dieter Ullmann: Ein Akust. Experiment A. K.s. In: NTM – Schriftenreihe für Gesch. der Naturwiss., Technik u. Medizin 17 (1980), S. 61-68. – Universale Bildung im Barock: Der Gelehrte A. K. Ausstellungkat. Karlsr. 1981. – Othmar Wesely: Zur Deutung des Titelkupfers v. A. K.s Musurgia Universalis. In: Röm. Histor. Mitt.en 23 (1981), S. 384-405. – J. E. Fletcher: A. K. and his ›Musurgia universalis‹ (1650). In: Musicology 7 (1982), S. 73-83. – Ders.: Drei unbekannte Briefe A. K.s an Fürstabt Joachim v. Gravenegg. In: Fuldaer Geschichtsbl. 58 (1982), S. 92-104. – Fred Brauen: A. K. In: Journal of the history of ideas 43 (1982), S. 129-134. – Wolfram Kaiser: A. K. [...] u. der Polyhistorismus des 17. Jh. In: Eichsfelder Heimathefte 22 (1982), S. 307-329. – Gerhard F. Strasser: ›Spectaculum Vesuvii‹: Zu zwei neuentdeckten Hss. v. A. K. mit seinen Illustrationsvorlagen. In: Theatrum Europaeum. Mchn. 1982, S. 363-384. – Wilhelm Schmidt-Biggemann: Topica universalis. Hbg. 1983. Ffm. ²1989, S. 176-186.* – Klaus Wittstadt: A. K. In: Würzburger Diözesan-Geschichtsbl. 46 (1984), S. 109-121. – Luigi Belloni: A. K.: seine Mikroskopie, die Animalcula u. die Pestwürmer. In: Medizinhistor. Journal 20 (1985), S. 58-65. – Roberto P. Ciardi u. Lucia Tongiorgi Tomasi: La ›scienza‹ illustrata: osservazioni sui frontispizi delle opere di A. K. e di Galileo Galilei. In: Annali dell'Istituto storico italo-germanico di Trento 11 (1985), S. 69-78. – Olaf Hein: Die wiss. Lit. über das Museum Kircherianum in Rom. In: Archiv der Gesch. der Naturwiss.en, H. 14/15 (1985), S. 681-692. H. 16 (1986), S. 777-787. – Enciclopedismo in Roma barocca: A. K. e il Museo del Collegio romano tra Wunderkammer e museo scientifico. Besorgt v. Maristella Casciato u. a. Venedig 1986. – Catherine Chevalley: L'Ars magna lucis et umbrae d'A. K. In: Baroque Nr. 12. Montauban 1987, S. 95-109. – J. E. Fletcher (Hg.): A. K. u. seine Beziehungen zum gelehrten Europa seiner Zeit. Wiesb. 1988. – Thomas Leinkauf: A. K. u. Aristoteles. In: Eckhard Kessler u. a. (Hg.): Aristotelismus u. Renaissance. Wiesb. 1988, S. 193-216. *Franz Günter Sieveke*

Kirchhof, Hans Wilhelm, * um 1525/28, † 30. 9. 1602 Burg Spangenberg bei Kassel. – Verfasser unterhaltender u. erbaulicher, historischer u. militärischer Schriften.

Als Sohn eines hessisch-landgräflichen Oberforstmeisters erhielt K. eine solide Schulausbildung in Eschwege u. auf der Hohen Schule zu Kassel, ließ sich dann aber als Landsknecht anwerben. In den Jahren 1542-1554 war er an Kriegszügen in Deutschland u. Frankreich beteiligt. 1554/55 nahm er seinen Abschied, studierte in Marburg u. übernahm – seit 1561 in Kassel ansässig – diplomatische u. Verwaltungsaufgaben im Auftrag des Kasseler Hofs. 1584 wurde K. das Burggrafenamt auf Burg Spangenberg übertragen.

K. verfaßte eine Reihe von Gebrauchs- u. Gelegenheitsschriften. Sein Hauptwerk ist die umfangreiche Erzählsammlung *Wendunmuth* (Tl. 1, Ffm. 1563. Mehrere, wiederholt nachgedr. Aufl.n bis 1600. ⁴1581 mit 76 Holzschnitten von Jost Amman. Tle. 2-7, Ffm. 1602/03). Das Werk dient dazu, »wie sein, des buchs namm und titul außweiset, den schwer- und unmuth zu wenden, vertreiben und frölichkeit zu erwecken«. Als »ergetzung« u. Belehrung erhoffendes Publikum kommen die adligen u. bürgerl. Eliten im Umfeld landesfürstl. u. bürgerl. Höfe oder reichsunmittelbarer Städte in Frage. Ihnen will K. durch geistreiche Bemerkungen u. Erzählungen eine gesittete Unterhaltung bieten, die auf »schambare wort und reden« verzichtet.

Der *Wendunmuth* ist als Übersetzung der *Facetiae* Heinrich Bebels (Straßb. 1508) konzipiert, die aber ergänzt werden durch zahlreiche weitere Erzählungen aus der literar. Tradition, persönl. Erfahrungen, Berichte von bemerkenswerten Ereignissen, darüber hinaus auch eine Fülle histor. Informationen aus Antike u. Gegenwart, ausführl. Berichte von Ereignissen der aktuellen polit. u. vor allem kirchenpolit. Auseinandersetzungen, Beschreibungen kath. Bräuche für ein Publikum, dem sie inzwischen fremd geworden sind, u. ähnliches. So stellt sich das Werk als Enzyklopädie unterschiedlichster Wissensbereiche dar, die auch dem »gemein man, so die großen historicos und chronica nicht gelesen, noch zuwegen bringen kann«, Gelegenheit bieten soll, sich »mit diesen particular und special historie [zu] behelfen« u. »nothwendige exempel [daraus zu] nemmen«, so v. a. die Geschichte der antiken Könige, der Herrscher des MA u. der Päpste in Verbund mit allen antikath. Skandalgeschichten, die zum ideolog. Rüstzeug des gebildeten Protestanten gehörten. Bemerkenswert sind auch die ausführl., erstaunlich unpolem. Berichte von wichtigen polit. Ereignissen der jüngsten Vergangenheit, etwa der Werbung Papst Pius IV. um die Teilnahme der dt. Reichsfürsten am tridentin. Konzil oder der Herrschaft der Widertäufer in Münster.

Weitere Werke: *Ausgaben:* H. W. K.: Wendunmuth. Bde. 1-4 (= Buch 1-7). Hg. H. Oesterley. Tüb. 1869. Neudr. Hildesh. 1980. – *Einzeltitel:* Wahrhafftige [...] beschreibung, der vielfeltigen [...] gefurten Kriegen, u. Gesch.en [...]. 1567 (zur Regierungszeit Landgraf Philipps v. Hessen). – Epicedien vom Leben u. Sterben der Fürstin Sabinen. 1581. – Von dem Christl. Heurath u. Vermahlschaft des Wohlgeborenen [...] Herrn Ludwig, Grauen zu Nassau mit [...] Frewlein Anna Malia [...] zu Hessen. 1589. Militaris Disciplina, d. i. Kriegsregiments histor. u. ausführl. Beschreibung. 1602. – (Nicht nachgewiesen: ›ein sehr groß Buch, Schatztruhen, intituliert [...] v. funffzig Hauptpuncten christl. Lehre‹, nach K.s Angaben eine Antwort auf verächtl. Kritik am ›Wendunmuth‹; eine v. Landgraf Wilhelm zu Hessen in Auftrag gegebene Histori vom verlorenen Sohn u. 18 weitere ›Comedien‹.)

LITERATUR: H. Osterley: K. In: ADB. – E. Wenzel: Die Burggrafen auf Schloß Spangenberg, insbes. H. W. K. u. seine Werke. In: Hessenland 11/12, 35. Jg. (1921), S. 161-180. – H. Osterley: K. In: ADB. *Werner Röcke*

Kirchhoff, Bodo, * 6. 7. 1948 Hamburg. – Dramatiker u. Erzähler.

K. wuchs im Südbadischen auf, machte in der Internatsschule Schloß Gaienhofen am Bodensee das Abitur. Nach zwei Jahren bei der Bundeswehr u. einem USA-Aufenthalt nahm er in Frankfurt/M. das Studium der Heilpädagogik auf. 1978 promovierte er mit einer Arbeit über die Schriften des frz. Psychoanalytikers Jacques Lacan.

Seit Ende der 70er Jahre erhält K. mit Theaterstücken, Erzähltexten u. Essays, von denen eine Reihe in der Zeitschrift »TransAtlantik« erschienen, teils wohlwollende, teils ablehnende Aufmerksamkeit. Speziell in seinen Arbeiten für das Theater erkannten Rezensenten themat. u. stilistische Verwandtschaft mit den Werken Thomas Bernhards u. Botho Strauß', was K. mitunter den Vorwurf des Epigonentums eintrug. Seinen Werken liegt die Auseinandersetzung mit den Theorien Lacans zugrunde, etwa in dem poetologischen Essay *Body-Building – Versuch über den Mangel* (in: Kursbuch 52. Bln. 1978). Kennzeichnend sind Darstellungen u. regelrechte Demonstrationen gestörter Intersubjektivität, ergänzt durch Figuren narzißtischer Selbstvergewisserung. Besonders irritierend wirkt dabei die Aussparung jeglicher Brechung oder Relativierung: sinnentleerte Beliebigkeit menschl. Verständigung u. Vergeblichkeit von Selbstreflexion werden bis in die banalsten Einzelheiten registriert, durch tradierte Motive u. Verfahren poetisch aufbereitet u. sprachlich eingängig, gelegentlich mit einem Hang zu pornographischer Exhibition, dargeboten.

Die *Mexikanische Novelle* (Ffm. 1984) enthält darüber hinaus eine innerhalb des Gesamtwerks außergewöhnl. Zuspitzung: Der Erzähler findet, indem er sich zum Schluß in die Abgeschiedenheit einer Gefängniszelle u. damit in sein »Schicksal« fügt, durch die sexuelle Vereinigung mit seinem Zellengenossen die Spur einer eigenen, als Glück empfundenen Identität u. gleitet »in ein anderes Leben«. Von dieser Grenzüberschreitung aus läßt sich die Novelle als – fragwürdiges – Modell der Befreiung von Fremdbestimmung durch Regression in die Sprachlosigkeit verstehen.

WEITERE WERKE: Ohne Eifer, ohne Zorn. Ffm. 1979 (N.). – Das Kind oder Die Vernichtung v. Neuseeland. Ffm. 1979 (D.). – Die Einsamkeit der Haut. Ffm. 1981 (P.). – Wer sich liebt. Ffm. 1981 (D.). – Glücklich ist, wer vergißt. Ffm. 1982 (Schausp./Hörsp.). – Zwiefalten. Ffm. 1983 (R.). – Dame u. Schwein. Ffm. 1985 (Gesch.n).

LITERATUR: Siegfried Steinmann: Sprache, Handlung, Wirklichkeit im dt. Gegenwartsdrama. Studien zu Thomas Bernhard, Botho Strauß, B. K. Ffm. 1985. *Volker Busch*

Kirchmair, *Kirchmayr*, Georg, * 1480 Ragen bei Bruneck, † 1554 Neustift bei Brixen. – Tirolischer Geschichtsschreiber.

Aus einer angesehenen Familie von Maiern des Augustinerchorherrenstifts Neustift in Ragen stammend, wurde K. zunächst in der Klosterschule Neustift, dann wohl in Brixen in einer Vorbereitungsschule für den tirolischen Adel erzogen. Seit 1508 »Hof- und Gerichtsschreiber« in Neustift, erscheint er 1517 als Ökonomieverwalter des Klosters in Bruneck u. wird im selben Jahr von Propst Christoph Niedermayr als Amtmann u. Hofrichter berufen. In den Wirren des Bauernkriegs 1525 gelang es K. durch kluges Taktieren, die Schätze des Klosters, voran die Urbarbücher, vor den Aufständischen zu retten. In den folgenden Jahren widmete er sich in seiner Freizeit der Ordnung des Stiftsarchivs, v. a. der Sammlung der Klosterurkunden sowie ihrer Dokumentation in einem voluminösen zweibändigen Kopialbuch.

Die archival. Tätigkeit dürfte K. angeregt haben, sich aktiv der Geschichtsschreibung zuzuwenden. Bereits 1519 hatte er, primär zu seiner »gedachtnuss«, mit der Niederschrift der *Denkwürdigkeiten seiner Zeit* begonnen, die die Epoche vom ersten Auftreten Maximilians I. in den Niederlanden 1477 über die Reformation u. den Tiroler Bauernkrieg bis zum Ende des Jahres 1553 umfassen. Zu Beginn oft chronologisch fehlerhaft, behandelte er – mit deutl. Vorliebe für das Kriegswesen – alle bedeutenderen europ. Ereignisse im Zeitalter Maximilians u. Karls v. Speziell für die Geschichte des Landes Tirol in der ersten Hälfte des 16. Jh. sind seine Aufzeichnungen – Augenzeugenberichte eines interessierten Zeitgenossen, der, zunächst der Reformation zuneigend, später zum Verfechter der alten Ordnung wurde – eine bedeutende histor. Quelle.

Literatur: Theodor Georg v. Karajan (Hg.): G. K.s Denkwürdigkeiten seiner Zeit. 1519-53. In: Fontes Rerum Austriacarum. 1. Abt.: Scriptores. Bd. 1, Wien 1855, S. 417-534. Nachdr. Graz 1969. – Von Zeissberg: K. In: ADB. – P. Archangelus Simeoner: Der Tiroler G. K. v. Ragen als Chronist Kaiser Maximilians I. In: Programm des öffentl. Privat-Obergymnasiums der Franciscaner. Bozen 1886/87, S. 3-32. – A. Sparber: Das Chorherrenstift Neustift in seiner geschichtl. Entwicklung. Brixen 1952. *Helgard Ulmschneider*

Kirchmann, Julius (Hermann) von, * 5. 11. 1802 Schafstädt bei Merseburg, † 20. 10. 1884 Berlin. – Jurist, Juraloge, Juraforscher.

Dem Offizierssohn K. schien nach dem Rechtsstudium in Leipzig u. Halle zunächst eine glänzende Laufbahn offenzustehen: 1829 wurde er Assessor, 1833 Kriminalrichter in Halle, 1835 Land- u. Stadtgerichtsdirektor u. Kreisjustizrat in Querfurt, 1839 in Torgau. Mit der Reform des Strafverfahrens durch Einführung des Anklageprozesses u. der Staatsanwaltschaft – zunächst nur für das Kriminal- u. das Kammergericht in Berlin 1846 – wurde er dort einer der ersten preuß. Staatsanwälte, seiner liberalen Haltung wegen aber schon im Juli 1848 als Vizepräsident an das Oberlandes-, später Appellationsgericht Ratibor wegbefördert. Als Vertreter des linken Zentrums war K. nach dem Berliner März-Aufstand 1848 Abgeordneter in der Preußischen Nationalversammlung, später als Mitgl. der Fortschrittspartei im preußischen Abgeordnetenhaus u. dann im Reichstag. Nach wiederholten rechtswidrigen Disziplinarmaßnahmen der preußischen Regierung gegen ihn wurde schließlich sein Vortrag vor dem Berliner Arbeiterverein *Über den Communismus der Natur* (Heidelb. 1866. [3]1882) – in dem er zur Eindämmung des sozialen Elends die Beschränkung der Kinderzahl auch in der Arbeiterschaft gefordert hatte – zum Anlaß genommen, den politisch mißliebigen Mann 1867 unter Aberkennung seiner Pensionsansprüche seines Amtes zu entheben. Seitdem wirkte er als philosophischer Schriftsteller u. Politiker in Berlin. Eine von seinen Freunden geplante Nationalspende von 90 000 Talern lehnte er ab.

In der Rechtslehre lebt K. heute noch fort durch seine rhetorisch blendende, berühmt-berüchtigte Rede von 1847 *Über die Werthlosigkeit der Jurisprudenz als Wissenschaft* (Bln. 1848. Neudr. Darmst. 1956), die neben schlagenden Formulierungen zu einseitig am Wissenschaftsbegriff der Naturwissenschaften orientiert ist. Zum geflügelten Wort wurde der Satz: »Drei berichtigende Worte des Gesetzgebers, und ganze Bibliotheken werden zu Makulatur.«

In der Philosophie vertrat K. einen Realismus zwischen Idealismus u. Materialismus, der als Mittel der Erkenntnis nur die Wahrnehmung u. das sie überprüfende, vom Satz des Widerspruchs beherrschte Denken gelten ließ.

Um die dt. Literatur hat sich der sprachbegabte Jurist, der auch als Reiseschriftsteller in Erscheinung trat (*Nach Constantinopel und Brussa.* Bln. 1855. *Erinnerungen aus Italien.* Bln. 1865), bes. durch seine Begründung u. Herausgabe der (seit 1911 vom Verlag Felix Meiner fortgeführten) *Philosophischen Bibliothek* verdient gemacht. Für diese älteste Reihe von Ausgaben klass. Texte der Philosophie übersetzte K. seit 1868 Werke von Platon, Aristoteles, Cicero, Bacon, Spinoza, Locke, Leibniz, Hume, Comte u. erläuterte sie ebenso wie die Schriften dt. Philosophen, z. B. von Kant. Mit dieser phänomenalen Arbeitsleistung erschloß er zum ersten Mal einem größeren Kreis philosophisch interessierter, aber sprachenunkundiger Leser ein ihnen bis dahin unzugängl. grundlegendes Schrifttum.

Weitere Werke: Die Philosophie des Wissens. Bd. 1: Die Lehre vom Vorstellen. Bln. 1864. – Aktenstücke zur Amtsentsetzung des Kgl. Preuß. Appelationsgerichts-Vizepräsidenten v. K. Bln. 1867. – Ästhetik auf realist. Grundlage. 2 Bde., Bln. 1868. – Die Grundbegriffe des Rechts u. der Moral. Bln. 1869. [2]1873. – StGB für den Norddt. Bund. Elberfeld 1870. Nachtr.: Das StGB für das Dt. Reich mit Erläuterungen. Ebd. 1871. – Über das Prinzip des Realismus. Lpz. 1875. – Der Culturkampf in Preußen u. seine Bedenken. Lpz. 1875. – Katechismus der Philosophie. Lpz. 1877. [4]1897.

Literatur: Adolf Lasson: J. H. v. K. als Philosoph. Halle 1885. – Theodor Sternberg: J. H. v. K. In: ADB 51. – Ders.: J. H. v. K. u. seine Kritik der Rechtswiss. Bln. 1908. – Roderich Stintzing u. Ernst Landsberg: Gesch. der Dt. Rechtswiss.

3. Abt., 2. Tl., Mchn. 1910, S. 727 ff. – Jaques Stern: Das Vorspiel der dt. Freirechtsbewegung. In: FS Eduard Heilfron. Bln. 1930, S. 29 ff. – Paul-Hermann Opitz: J. H. v. K.s rechtstheoret. Ansichten. Diss. Marburg 1954. – Herbert Berger: Begründung des Realismus bei J. H. v. K. u. F. Überweg. Diss. Bonn 1958. – Friedbert Holz: J. H. v. K. In: NDB 11. – Rudolf Wiethölter: J. H. v. K. (1802-84). Der Philosoph als wahrer Rechtslehrer. In: Streitbare Juristen. Baden-Baden 1988, S. 44 ff. *Günter Spendel*

Kirchner, Caspar, * 31. 12. 1592 Bunzlau, † 15. 6. 1627 Breslau; Grabstätte: ebd. – Jurist, Kaiserlicher Rat; Lyriker.

K. gehörte zu dem Gönner- u. Freundeskreis Opitz'. K.s Mutter war die Schwester von Sebastian Opitz, dem Vater des Dichters. Bei Christoph Opitz, dem Onkel, u. bei dessen Nachfolger im Rektorat der Bunzlauer Schule, Valentin Sänftleben, erhielt K. seinen ersten Unterricht. 18jährig kam er nach Breslau u. fand wie später Opitz rasch Zugang zu den großen Geschlechtern der Cunrad, Hoeckelshoven, Rindfleisch, Henel usw. Die gleichzeitige Einschreibung an der Universität Frankfurt/O. dürfte wie häufig nur rechtl. Bedeutung gehabt haben.

Tatsächlich absolvierte K. seine Studien wie viele Schlesier im Südwesten. 1615 ging er nach Straßburg, in Basel wurde er zum Dichter gekrönt. In Leiden ließ er sich 1617 als »theologus Silesius« einschreiben u. huldigte der Koryphäe der jungen Dichter, Daniel Heinsius. Auch nach Frankreich u. England reiste K., bevor der Aufstieg in der Heimat begann: 1618 Lehrer in Bunzlau, 1622 Bibliothekar des Fürsten Georg Rudolf von Liegnitz, 1625 Reise zum Kaiserhof in Wien u. Ernennung zum Kaiserlichen Rat. Viel zu früh starb der hoffnungerweckende Dichter, der so viel für Opitz tat. Zincgref vereinigte neun dt. Gedichte von ihm im Anhang zu Opitz' *Teutschen Poemata* (Straßb. 1624); die lateinischen blieben bis heute zerstreut. Opitz selbst schrieb die Biographie des Freundes.

LITERATUR: E. Höpfner: Straßburg u. Martin Opitz. In: FS Julius Zacher. 1880, S. 293-302. – E. Wernicke: Chronik der Stadt Bunzlau. 1884, S. 317 f. – Alexander Reifferscheid: Quellen zur Gesch. des geistigen Lebens in Dtschld. während des 17. Jh. Bd. 1, Lpz. 1889, S. 545 ff.: Abdr. der K.-Biogr. v. Opitz u. zweier Briefe K.s (an Opitz u. Bernegger). – Max Rubensohn: Der junge Opitz (Tl. 2). In: Euph. 6 (1899), S. 24-67, 221-271, hier: S. 61 ff. – George Schulz-Behrend (Hg.): Martin Opitz. Ges. Werke. Bd. 1, S. 133-135. *Klaus Garber*

Kirsch, Hans-Christian → **Hetmann**, Frederik

Kirsch, Rainer, * 17. 7. 1934 Döbeln/Sachsen. – Lyriker, Erzähler, Dramatiker, Übersetzer, Essayist.

K. studierte Geschichte u. Philosophie in Halle u. Jena. Nach dem XX. Parteitag der KPdSU 1956 wurde K. im Zusammenhang mit der Kampagne gegen die philosophischen Anschauungen Blochs 1957 relegiert u. zur Bewährung in die Produktion geschickt (Druckerei, Chemiewerk, LPG). 1960-1963 war K. freier Schriftsteller. Zusammen mit seiner damaligen Frau, der Lyrikerin Sarah Kirsch, studierte er 1963-1965 am Literaturinstitut in Leipzig; das Abschlußdiplom wurde ihm verweigert. Seit 1965 lebt K. als freier Schriftsteller in Halle. Im März 1990 wurde er als Nachfolger Hermann Kants Vorsitzender des Schriftstellerverbands der DDR.

Nach eher konformistischen Anfängen wurde K. einer breiteren Öffentlichkeit zu Beginn der 60er Jahre bekannt, als er seine Gedichte auf Veranstaltungen der Akademie der Künste der DDR u. der FDJ vortragen konnte. Das Gedicht *Meinen Freunden, den alten Genossen* (in: R. K. u. Sarah Kirsch: *Gespräch mit dem Saurier.* Bln./DDR 1965) wurde zum Negativbeispiel der von der offiziösen Kritik heftig attackierten »kritischen Lyrik« (Biermann, Braun, Jentzsch u. andere), da es den offiziell geleugneten Generationskonflikt provoziere: »Denn es träumt sich leicht von Glückssemestern; / Aber Glück ist schwer in diesem Land. / Anders lieben müssen wir als gestern / Und mit schärferem Verstand. / Und die Träume ganz beim Namen nennen; / Und die ganze Last der Wahrheit kennen.«

Als Folge der kulturpolit. Verhärtung nach 1965 konnte der Lyriker K. bis zu Beginn der 70er Jahre nur als Nachdichter z. T. lange tabuisierter sowjetischer Autoren wirken. Auch nach den kulturpolit. Lockerungen des 8. Parteitags der SED 1971 blieb K.s parodistische Variation des Fauststoffs, *Heinrich Schlaghands Höllenfahrt*, ungespielt (in der DDR nur in »Theater der Zeit«, H. 4, 1973, veröffentlicht), mit der ein ökonomistisch halbiertes Sozialismusverständnis ad absurdum geführt wird. Das Stück wurde zum Anlaß für K.s Ausschluß aus der SED.

Erst 1979 (nach Veröffentlichung des Sammelbands *Auszug das Fürchten zu lernen*. Reinb. 1978) konnte sein zweiter Gedichtband *Ausflug machen* in Rostock erscheinen. K. bedient sich souverän der traditionellen literar. Formen, schlägt dialektische Volten, bei denen auch satirisch-aphorist. Mittel ihren Platz finden: Sensualismus u. Aufklärung (»Ich verehre Diderot«), Utopie im Blochschen Sinn u. ein Dokumentarismus, der die Widersprüchlichkeit des sozialistischen Wegs exponiert. Selbstgefälligkeit, Spießertum, Opportunismus, die Hypothek des Sozialismus aus der Zeit des »Großmörders« Stalin fordern K.s heftigen Widerspruch heraus. »Tief im Kern Furcht, die wieder und wieder besiegt wird« (Mickel), grundiert diese Lyrik; hierin ist sie der Mandelstams verwandt.

K. begleitet seine poetische Arbeit mit lakon. Essays u. weit ausholenden poetolog. Reflexionen seiner Übertragungsarbeit. Lyrische u. essayistische Produktion wird zusammengeführt in dem Band *Kunst in Mark Brandenburg* (Rostock 1988, Mchn. 1989).

Weitere Werke: Bekanntschaft mit uns selbst. Halle 1961 (L.). – Kopien nach Originalen. 3 Porträts & 1 Reportage. Lpz. 1974. Veränderte Aufl. 1978. – Die Perlen der grünen Nixe. Bln./DDR 1975 (M.). – Das Wort u. seine Strahlung. Über Poesie u. ihre Übers. Ebd. 1976. – Der Soldat u. das Feuerzeug. Ebd. 1978 (Kom.). – Reglindis. Ebd. 1979 (L.). – Amt des Dichters. Rostock 1979 (Ess.s., Rez.en). – Der kleine lila Nebel. Bln./DDR 1985 (Kinderbuch). – Sauna oder die fernherwirkende Trübung. Rostock 1985 (E.en). – Ordnung im Spiegel. Lpz. 1985 (Ess.s, Gespräche, Notizen). – *Übersetzungen, Nachdichtungen*. Sergej Jessenin: Gedichte. Nachdichtung mit anderen. Hg. Fritz Mierau. Lpz. 1965. 3., erw. Aufl. 1975. – Anna Achmatowa: Ein nie dagewesener Herbst (zus. mit Sarah Kirsch), Hg. Edel Mirowa-Florin, Bln./DDR 1967. Neuaufl. 1973 (L.). – Georgische Poesie aus acht Jahrhunderten (zus. mit Adolf Endler). Ebd. 1971. – Percy Bysshe Shelley: Der entfesselte Prometheus. Lpz. 1979 (D.). – Wladimir Majakowski: Die Wanze. Schwitzbad. Und andere satir. Dichtungen aus den Jahren 1928/29. Hg. F. Mierau, Darmst. 1980. – Maxim Gorki: Fünf Dramen, Lpz. 1989.

Literatur: Rüdiger Bernhardt: ›Ich verehre Diderot‹. In: Ingrid Hähnel (Hg.): Lyriker im Zwiegespräch. Bln./DDR 1981. – Jürgen Grambow: ›Daß der Dichter als Dichter nicht verstummt‹. In: SuF 35, H. 1 (1983), S. 163–180. – Michael Gratz: R. K. In: Hans Jürgen Geerdtst (Hg.): Lit. der DDR. Bd. 3, Bln./DDR 1987. *Manfred Behn-Liebherz*

Kirsch, Sarah, geb. Ingrid Bernstein, * 16. 4. 1935 Limlingerode/Südharz. – Lyrikerin.

K., Tochter eines Fernmeldemechanikers, Enkelin eines Pfarrers, wuchs in Halberstadt auf. Nach dem Abitur arbeitete sie in einer Zuckerfabrik u. studierte Biologie in Halle. 1960 heiratete sie den Schriftsteller Rainer Kirsch. 1963 erhielt sie ein Stipendium zu zweijährigem Studium am Literaturinstitut Johannes R. Becher, der »Dichterschule« der DDR, u. wurde ab 1965 freie Schriftstellerin.

Seit 1960 veröffentlicht K. lyr. Texte in Zeitschriften u. Anthologien unter dem Vornamen-Pseud. Sarah. Zusammen mit Rainer Kirsch u. Thomas Billhardt gab sie 1964 einen Text- u. Bildband über das Deutschlandtreffen der Jugend in Ost-Berlin heraus, ein durchaus staatsfrommes u. SED-affirmatives Buch mit dem Titel *Berlin-Sonnenseite* (Bln./DDR). Ein Jahr später publizierte sie mit Rainer Kirsch den ersten Gedichtband *Gespräch mit dem Saurier* (Bln./DDR), für den ihr der »Kunstpreis der Stadt Halle« verliehen wurde.

Seit ihrer Scheidung von Rainer Kirsch (1968) lebte K. in Ost-Berlin u. arbeitete dort als Journalistin, Hörfunkmitarbeiterin, Prosaautorin u. als Übersetzerin von Anna Achmatowa, Alexander A. Blok, Eduard G. Bagrickij.

1976 wurde sie als Mitunterzeichnerin des Briefes, der gegen die Parteimaßnahmen gegen Biermann protestierte, aus der SED ausgeschlossen. Im Zusammenhang mit der Ausbürgerung Biermanns setzte ein »Exodus« (Wolfgang Emmerich) von Schriftstellern aus der DDR ein: Neben Thomas Brasch, Hans Joachim Schädlich, Rainer Kunze, Jürgen Fuchs u. anderen verließ auch K. die DDR u. zog 1977 nach West-Berlin. Seit 1983 lebt sie in Schleswig-Holstein. Für ihr umfangreiches lyr. Werk wurde sie mit verschiedenen Literaturpreisen ausgezeichnet.

K.s früher Ruhm bezog sich auf die Bände *Landaufenthalt* (Bln./DDR 1967, Ebenhausen 1969), *Zaubersprüche* (Bln./DDR 1973, Ebenhausen 1974) u. *Rückenwind* (Bln./DDR 1976, Ebenhausen 1977), Bücher über Liebe u. Trennung, poetisch formenreiche u. ironisch-elegisch fixierte Gedichte über die Natur u. ihre Bedeutung für den Menschen. K.s Frühwerk thematisiert die Verführungsgewalt von Naturidyllen. Nachdrücklich formuliert dies das Titelgedicht von *Landaufenthalt:* »[...] so viel Natur / die Vögel und schwarzen Schnecken dazu überall Gras

Gras das / die Füße mir feuchtet fettgrün es verschwendet sich / [...] ich rette mich / auf den künstlichen Schlackeweg und werde wohl bald / in meine Betonstadt zurückgehen hier ist man nicht auf der Welt / der Frühling in seiner maßlosen Gier macht nicht halt, verstopft / Augen und Ohren mit Gras die Zeitungen sind leer / eh sie hier ankommen der Wald / hat all seine Blätter und weiß / nichts von Feuer.«

Die Konfrontation von Urbanität u. Ländlichkeit wandelt sich in K.s Werk. Sukzessive verzichtet sie auf histor. Konkretion, auf polit. u. gesellschaftl. Realität. K. ist keine polit. Dichterin. Naturidylle, Subjektivismus, Liebeslyrik galten als Provokation für die Literaturauffassung der DDR, die von ihr forderte, gesellschaftl. Verhältnisse im Sinn des Sozialistischen Realismus umfassend widerzuspiegeln. K. wurden »Modernismus« u. »Exzentrizität« vorgeworfen.

Der poetische Rang K.s verdankt sich u. a. ihrer Aneignung der vielsprachigen Welt der literarisch-poetischen Moderne, deren Rezeption in der DDR verspätet erfolgt ist. Ohne sie ist auch die Sprache K.s u. ihr idiosynkrat., ausgesprochen rhythm. Stil, der von der normalen Syntax abweicht, nicht denkbar.

Für K. wie für viele andere Schriftsteller der Gegenwart ist Erich Arendt der große Vermittler lateinamerikan. u. span. Dichtung gewesen. Nachhaltig beeindruckt wurde K. von Rafael Alberti, Ezra Pound, William Carlos Williams, Pablo Neruda – u. von den deutschsprachigen Lyrikern der Gegenwart u. jüngsten Vergangenheit wie Bachmann, Eich, Lasker-Schüler, Bobrowski u. Celan.

Weitere Werke: Gedichte. Lpz. 1967, Ebenhausen 1969. – Die Pantherfrau. Fünf unfrisierte E.en aus dem Kassetten-Recorder. Bln./DDR u. Weimar 1973, Ebenhausen 1975. – Es war dieser merkwürdige Sommer. Gedichte. Bln. 1974. – Caroline im Wassertropfen (zus. mit Erdmut Oelschläger). Bln./DDR u. Dortm. 1975. – Wiepersdorf. Ebenhausen 1977. – Wintergedichte. Poet. Wandzeitung. Ebd. 1978. – Katzenkopfpflaster. Ausgew. Gedichte. Mchn. 1978. – Erklärung einiger Dinge. Gespräch mit Schülern. Ebenhausen 1978. – Drachensteigen. Ebd. 1979 (L.). – Blitz aus heiterem Himmel. In: Geschlechtertausch. Drei E.en (zus. mit Irmtraud Morgner u. Christa Wolf). Darmst. 1980. – La Pagerie. Stgt. 1980. – Erdreich. Stgt. 1982 (L.). – Katzenleben. Stgt. 1984 (L.). – Landwege. Eine Ausw. 1980-85. Stgt. 1985. – Irrstern. Stgt. 1986 (P.). – Allerleirauch. Eine Chronik. Stgt. 1988. – Schneewärme. Stgt. 1989 (L.).

Literatur: Manfred Behn-Liebherz: S. K. In: Heinz Puknus (Hg.): Neue Lit. der Frauen. Deutschsprachige Autorinnen der Gegenwart. Mchn. 1980. – Heinrich Mohr: Die Lust ›Ich‹ zu sagen. Versuch über die Lyrik der S. K. In: Lyrik – v. allen Seiten. Ffm. 1981. – Wolfgang Wittkowski: S. K. In: Klaus Weissenberger (Hg.): Die dt. Lyrik 1945-75. Düsseld. 1981. – Margaret Stoljar: Das Ende der Utopie: Kunert u. K. als Modelle einer neuen Exillit. In: David Roberts (Hg.): Tendenzwenden. Ffm. 1984. – Silvia Volckmann: Zeit der Kirschen? Das Naturbild in der dt. Gegenwartslyrik: Jürgen Becker, S. K., Wolf Biermann, Hans Magnus Enzensberger. Königst./Taunus 1984. – Jürgen Egyptien: Schweigesprache u. Schneewehpoem. Zum lyr. Werk v. Erika Burkart u. S. K. In: Dieter Breuer (Hg.): Dt. Lyrik nach 1945. Ffm. 1988. – Hans Wagener: S. K. Bln. 1989. – Text + Kritik 101 (1989).

Regina Dyck

Kirschweng, Johannes, * 19. 12. 1900 Wadgassen/Saar, † 22. 8. 1951 Saarlouis; Grabstätte: Wadgassen, Abteifriedhof. – Erzähler.

»Schreiben«, so notierte der kath. Priester K. 1933 in einem Brief an das bischöfl. Generalvikariat, »ist nun einmal meine Begabung, die ich auszunutzen verpflichtet bin und aus der allein für mich sich ein erfülltes Leben gestalten läßt«. Fünf Jahre zuvor hatte K., der nach seiner Ausbildung am Priesterseminar in Trier (1918 bis 1924) zunächst als Kaplan in Bernkastel (1924 bis 1926) u. Neuenahr (1926-1933) tätig war, mit der Novelle *Der Überfall der Jahrhunderte* (Mchn. 1928) seine erste Arbeit vorgelegt u. dafür von der Kritik Anerkennung erfahren.

In den darauffolgenden Jahren machte der aus einer Arbeiterfamilie stammende Geistliche als Literaturkritiker führender kath. Zeitschriften (»Hochland«, »Literarischer Handweiser«) auf sich aufmerksam. Seine literar. Kenntnisse vertiefte er durch Studien an den Universitäten Bonn u. Freiburg i. Br. Nach der Beurlaubung vom Priesteramt (1933) engagierte sich K. für die Wiedereingliederung des Saargebiets in das Deutsche Reich. Seine betont nationalistischen Arbeiten dieser Jahre, insbes. die Erzählung *Der Widerstand beginnt* (Saarlouis 1934) u. der Roman *Das wachsende Reich* (Bonn 1935), stehen in der Tradition der kath.-abendländ. Reichsideologie, greifen aber auch Ideologeme völkisch-nationaler Literatur auf. Nach der Wiedereingliederung der Saar (1935) fand K. rasch zu den Grundthemen seines literar. Schaffens, der Verständigung zwischen Deutschen u. Franzosen (so in dem Roman *Feldwache der Liebe.* Saarlautern

1936) zurück. Seine folgenden Arbeiten, die Erzählung *Die Fahrt der Treuen* (Freib. i. Br. 1938) u. der Roman *Der Neffe des Marschalls* (Mchn. 1939), dokumentieren die zunehmende Distanz des Autors gegenüber dem NS-Regime. Nach dem Krieg wandte sich K. gegen jedes »Wiederaufflackern« nationalistischer Strömungen. Die Bekenntnisschrift *Bewahrtes und Verheißendes* (Saarlouis 1946), in der K. aus europ. Überzeugung für die »freie Eingliederung« des Saarlands »in ein abendländisches Ganzes« eintrat, trug ihm den Vorwurf des Opportunismus ein. In seinem letzten Roman *Der Schäferkarren* (Saarlouis 1948), der wiederum in der vertrauten Landschaft des saarländisch-lothring. Grenzraums spielt, verzichtet er auf jede polit. Stellungnahme u. verweist auf die Verantwortung des einzelnen. »Wer da ist, muß versuchen gut zu sein. Das ist alles.«

WEITERE WERKE: Aufgehellte Nacht. Freib. i. Br. 1931 (E.). – Zwischen Welt u. Wäldern. Saarbr. 1933 (E.). – Odilio u. die Geheimnisse. Freib. i. Br. 1937 (E.). – Das Tor der Freude. Bonn 1940 (R.). – Trost der Dinge. Freib. i. Br. 1940 (E.). – Das unverzagte Herz. Kolmar 1944 (E.). – Der Kathedralenläufer. Kolmar 1944 (E.). – Abendstern überm Land. Saarlouis 1948 (L.). – Der Mönch des Soldatenkönigs. Saarlouis 1948 (E.). – Gesamtausg. in 11 Bdn. Saarbr. 1974 ff.

LITERATUR: Wolfgang Haberl: J. K. – Eine Monogr. Diss. Innsbr. 1965. – Franz-Josef Reichert: J. K. Ein saarländ. Schicksal. In: Festg. zum 20. Todestag. Merchweiler 1971, S. 13-28. – Peter Neumann (Hg.): J. K. – Bilder u. Dokumente. Saarbr. 1980. – Inge Meidinger-Geise: J. K. In: Saarländ. Lebensbilder. Bd. 1, Saarbr. 1982, S. 211-232. – Frank Steinmeyer: ›Weil über allem Elend dieser Zeit die Heimat steht‹. Lit. u. Politik im Werk v. J. K. Diss. St. Ingbert 1990.

Frank Steinmeyer

Kirst, Hans Hellmut, * 15. 12. 1914 Osterode/Ostpreußen, † 23. 2. 1989 Bremen. – Unterhaltungsschriftsteller, Journalist u. Filmkritiker.

Der Sohn eines Landpolizisten arbeitete nach der mittleren Reife 1932 in der Rendantur des Ritterguts Mühlen, ehe er 1933 in die Reichswehr eintrat u. Berufssoldat wurde. Er war NS-Führungsoffizier, zuletzt Chef der Stabsbatterie der Kriegsschule. Nach Kriegsende verbrachte er neun Monate im amerikan. Internierungslager Garmisch. Danach schlug sich K. als Gärtner, Straßen- u. Landarbeiter sowie als Gemeindeschreiber durch, bis er 1947 Filmkritiker in der Feuilletonredaktion des »Münchner Mittag«, dem späteren »Münchner Merkur«, wurde.

Berühmtheit erlangte K. mit dem ersten Band der Trilogie *08/15. Die abenteuerliche Revolte des Gefreiten Asch* (Mchn. 1954). Diese realistische Kolportagegeschichte aus dem Kasernenhofleben u. dem Krieg traf die Stimmung einer ganzen Generation, der K. eine »verlorengegangene Identität« (Hans Schwab-Felisch in: Puknus, 1979) anbot. Nach eigenem Bekenntnis richtete sich die Trilogie gegen »das Grundübel der Macht in unrechten Händen«. Nach einem Drehbuch von Ernst von Salomon u. in der Regie von Paul May wurde die Verfilmung des *08/15*-Romans auch im Kino ein Erfolg. Die späteren Romane *Fabrik der Offiziere* (Mchn. 1960), *Die Nacht der Generale* (Mchn. 1962) u. *Held im Turm* (Mchn. 1970) handeln ebenfalls von Krieg u. Überleben u. diskutieren die Frage, wie es möglich war, daß die Deutschen von den Nationalsozialisten verführt werden konnten.

Daneben publizierte K. eine Reihe ostpreuß. Heimatromane wie *Gott schläft in Masuren* (Mchn. 1956) u. *Die Wölfe* (Mchn. 1967) sowie zahlreiche kriminalistische Zeitromane, die meist im Münchner Milieu spielen u. sich als Sittenspiegel der bundesdt. Wohlstandsgesellschaft verstehen.

WEITERE WERKE: Wir nannten ihn Galgenstrick. Urauff. Bln. 1948. Gedr. Mchn. 1950. – *Romane:* Sagten Sie Gerechtigkeit, Captain? Mchn. 1952. – Aufruhr in der kleinen Stadt. Mchn. 1953. – Kameraden. Mchn. 1961. – Aufstand der Soldaten. Mchn. 1965. – Kein Vaterland. Mchn. 1968. – Alles hat seinen Preis. Hbg. 1974. – Der unheiml. Freund. Mchn. 1979. – Geld, Geld, Geld. Mchn. 1982. – Blitzmädel. Mchn. 1984. – Stunde der Totengräber. Mchn. 1988.

LITERATUR: Kurt Desch (Hg.): Die Desch-Insel. Sonderausg. zum 50. Geburtstag v. H. H. K. Wien 1964. – Heinz Puknus (Hg.): H. H. K. Der Autor u. sein Werk. Information. Zeugnis. Kritik. Mchn. 1979.

Jörg-Dieter Kogel

Kirsten, Wulf, * 21. 6. 1934 Klipphausen/Kreis Meißen. – Lyriker, Erzähler, Herausgeber.

Der Sohn eines Steinmetzen war nach kaufmänn. Lehre als Bauarbeiter u. Buchhalter tätig, studierte an der Leipziger Arbeiter-und-Bauern-Fakultät u. nahm dann ein Pädagogikstudium für Deutsch u. Russisch in Leipzig auf. Nach kurzer Tätigkeit im Lehrerberuf war er 1965 bis 1987 Lektor des Aufbau-Verlags in Weimar.

Seit 1964 veröffentlichte K. Gedichte in Zeitschriften u. Anthologien. Bereits sein erster

Band *satzanfang* (Bln./Weimar 1979) weist ihn als sprach- u. stilsicheren Lyriker aus. In den Gedichtbänden *der bleibaum* (Bln./Weimar 1977) u. *die erde bei Meißen* (Lpz. 1986, Ffm. 1987) erreicht K. höchste sprachl. u. bildl. Prägnanz. In der Tradition dt. Landschaftslyrik stehend, entwirft er in freien Rhythmen ein dem Detail verpflichtetes Porträt (»ans licht bringen / die biografien aller sagbaren dinge«) seiner dörfl. Herkunftslandschaft.

Nicht verklärende Einfühlung, sondern exakte Beschreibung kennzeichnet K.s Lyrik. Der Wortschatz der meißn. Mundart, die Sprache der Bauern u. dörfl. Handwerker gibt seinen Versen ein charakterist. Kolorit. Bild u. Metapher sind von größter Detailtreue u. hoher Sinnlichkeit. Als »entschlossener Landgänger«, der mit Sympathie die Landstreicher, Viehknechte, Mägde seiner Kindheit beschreibt, gibt K. Zeugnis von einer versunkenen Welt u. zgl. von deren gegenwärtigem Pendant. Wird in *satzanfang* die Industrialisierung der Landwirtschaft akzeptiert, so wendet sich K. in der Folge entschieden gegen die Zerstörung von Dorf u. Landschaft, gegen die »Kahlschlaggesellschaften«, wo »unentwegt fluß-lebensläufe begradigt« werden. Im Prosaband *Die Schlacht bei Kesselsdorf – ein Bericht. Kleewunsch – ein Kleinstadtbild* (Bln./Weimar 1984) wird die lokalstolze, weltlose Kleinstadt zum Symbol dt. Enge, auch der Gegenwart. In *Winterfreuden* (Warmbronn 1987) erzählt K. Begebenheiten aus der Nachkriegszeit.

Als Autor, Herausgeber, Entdecker u. Förderer vieler Begabungen ist K. eine der wesentl. Persönlichkeiten der DDR-Literatur. Er erhielt u. a. 1985 den Johannes-R.-Becher-, 1987 den Peter-Huchel-, 1989 den Heinich-Mann-Preis.

Weitere Werke: *Lyrik:* Gedichte. Bln./DDR 1968. – Ziegelbrennersprache. Darmst. 1975. – der landgänger. Düsseld. 1976. – Veilchenzeit. Leonberg 1989. – *Herausgeber:* Eduard v. Keyserling. Abendl. Häuser. Bln./DDR 1970. – Don Juan überm Sund. Bln./Weimar 1975 (Anth.). – Vor meinen Augen, hinter sieben Bergen. Ebd. 1977 (Anth.). – Veränderte Landschaft. Lpz. 1979 (Anth.). – Oskar Jellinek: Hankas Hochzeit. Bln. 1980. – Deutschsprachige E.en 1900-45. Bln./Weimar 1981. – Jakob Haringer. In die Dämmerung gesungen. Ebd. 1982. – Liebesgesch.n. Stgt. 1986 (Anth.). – Die eigene Stimme. Bln./Weimar 1988 (Anth.).

Literatur: Bernhard Rübenach (Hg.): Peter-Huchel-Preis 87. Texte, Dokumente, Materialien zu W. K. Moos/Baden-Baden 1987. *Uwe Grüning*

Kisch, Egon Erwin, * 29. 4. 1885 Prag, † 31. 3. 1948 ebd.; Grabstätte: ebd., Krematoriumsfriedhof Strašnice. – Journalist u. Schriftsteller.

K., Sohn eines deutschsprachigen jüd. Tuchhändlers, trat 1905 als Volontär beim »Prager Tagblatt« ein; ein Jahr später wurde er Lokalreporter bei dem dt.-bürgerl. Blatt »Bohemia«, wo der junge Journalist durch kriminalistische Reportagen erste Erfolge feierte. K. hatte enge Kontakte zu deutschsprachigen Autoren wie Leppin, Rilke, Brod u. Kafka, aber auch zu tschech. Schriftstellern, z. B. Jaroslav Hašek.

In ausgedehnten Streifzügen durch die Prager Unterwelt entdeckte K. seine Heimatstadt neu. Die gewaltige Resonanz seiner Berichte führte zur Herausgabe einer ersten Sammlung von Reportagen u. d. T. *Aus Prager Gassen und Nächten* (Prag 1912).

K.s Wandlung zu einem auch in polit. Zusammenhängen denkenden Journalisten – inzwischen für das »Berliner Tageblatt« tätig – vollzog sich 1913 mit seiner Aufdeckung der Spionageaffäre Oberst Redl (*Der Fall des Generalstabschefs Redl.* Bln. 1924), an deren Beispiel er den unaufhaltsamen Verfall der k. k. Monarchie demonstrierte. Zu Beginn des Ersten Weltkriegs Korporal der österreichisch-ungarischen Armee in Serbien, wurde K. im März 1915 verwundet u. kam ins Kriegspressequartier nach Wien. Hier beteiligte er sich Ende Jan. 1918 an der Gründung des illegalen »Arbeiter- und Soldatenrates«; im Herbst 1918 war er Mitbegründer der »Föderation Revolutionärer Sozialisten, Internationale« sowie erster Kommandant der Wiener Roten Garde. Bereits im Frühjahr 1919 zog er sich von der Roten Garde zurück u. trat in die Redaktion der Wiener Tageszeitung »Der Neue Tag« ein, blieb aber Mitgl. der KP (Deutsch-)Österreichs. Für kurze Zeit inhaftiert u. dann in die ČSR abgeschoben, kam K. 1921 nach Berlin u. etablierte sich dort als einer der herausragenden Publizisten des sozialistischen Lagers. Er schrieb u. a. für den »Berliner Börsen-Courier«, das »Tagebuch«, die »Weltbühne« u. die »Rote Fahne«. Berlin war auch der Ausgangspunkt für seine großen Reisen durch Europa u. Afrika (1922-1924), die Sowjetunion (1925/26) u. die USA (illegal 1928/29); 1932 begab er sich nach China. Zusehends fand K. in seinen Reisereportagen zu jener literar. Form, die auf die Analyse sozialer u. polit. Zusammenhänge zielte; scheinbar abseitige, alltägl. Themen werden zu Paradigmen umfassender Entwicklungsvorgänge. Ausgehend von dem Band *Der rasende Reporter* (Bln. 1924), verfeinerte er die dialektische Präzision seiner Reportagen in *Zaren, Popen, Bolschewiken* (Bln. 1927), aber auch in *Asien gründlich verändert* (Bln. 1932), *China geheim* (Bln. 1933) u. *Paradies Amerika* (Bln. 1930).

1933 wurde K. von den Nationalsozialisten gefangengesetzt, auf Intervention der tschech. Regierung jedoch wieder freigelassen. Einem kurzen Aufenthalt in Prag folgten neuerl. Reisen durch Europa u. 1934 zum Antifaschistischen Kongreß nach Melbourne (vgl. die spektakuläre *Landung in Australien*. Amsterd. 1937). 1937/38 nahm er am Spanischen Bürgerkrieg teil, 1939 emigrierte er von Frankreich aus nach Mexiko, wo er Mitarbeiter der Zeitschrift »Freies Deutschland« wurde. In seinem Erinnerungsbuch *Marktplatz der Sensationen* (Mexiko 1942) gedachte er noch einmal seiner Kindheit u. Jugend in Prag, wohin er 1946 zurückkehrte.

In seinem Bemühen um eine lebendige u. pointierte Reportage, um Realismus u. ungeschminkte Wahrheit hat K. die Entwicklung dieses Genres maßgeblich beeinflußt.

WEITERE WERKE: Ges. Werke in Einzelausg.n. 10 Bde., Bln./DDR 1960-86. – Vom Blütenzweig der Jugend. Dresden 1905 (L.). – Der freche Franz u. a. Gesch.n. Bln. 1906. – Der Mädchenhirt. Bln. 1914 (R.). – *Reportagen:* Prager Kinder. Prag 1913. – Die Abenteuer in Prag. Wien/Prag/Lpz. 1920. – Soldat im Prager Korps. Lpz./Prag 1922. Neuaufl. u. d. T. Schreib das auf, Kisch! Bln. 1929 (Antikriegstgb.). – Hetzjagd durch die Zeit. Bln. 1926. – Wagnisse in aller Welt. Bln. 1927. – Prager Pitaval. Bln. 1931. – Abenteuer in fünf Kontinenten. Paris 1935. – Soldaten am Meeresstrand. Barcelona 1938. – Entdeckungen in Mexiko. Mexiko 1945. – Karl Marx in Karlsbad. Bln./DDR 1953. – Briefe an den Bruder Paul u. die Mutter 1905-36. Hg. Josef Poláček. Ebd. 1978. – *Herausgeber:* Klass. Journalismus. Die Meisterwerke der Ztg. Bln. 1923.

LITERATUR: Emil Utitz: E. E. K. – der klass. Journalist. Bln./DDR 1957. – Dieter Schlenstedt: Die Reportage bei E. E. K. Ebd. 1959. – Ders.: E. E. K. Leben u. Werk. Ebd. 1970. – Christian Ernst Siegel: E. E. K. Reportage u. polit. Journalismus. Bremen 1973. – Hans Kronberger: E. E. K. Seine polit. u. publizist. Entwicklung [...]. Diss. Wien 1979. – Erdmute Prokosch: E. E. K. Reporter einer rasenden Zeit. Bonn 1985. – Klaus Haupt u. Harald Wessel: K. war hier. Reportagen über den ›Rasenden Reporter‹. Bln./DDR 1985.

Johannes Sachslehner

Kistener, Kunz, 14. Jh., Straßburg. – Verfasser einer Verserzählung.

»Kuonze Kistener« nennt sich der Dichter der Mitte des 14. Jh. in Straßburg entstandenen *Jakobsbrüder* (v. 9 u. ö.). Er wird identifiziert mit einem »winrüffer«, der 1355 u. 1372 bezeugt ist u. zu den Meistern u. Geschworenen seiner Zunft gehörte.

K.s Thema ist die »trüwe« (v. 3, vv. 1176 bis 1190), sein Stoff, den er in Paarreimen »ze tütsche hat gebraht« (v. 1194), die lateinisch u. volkssprachlich weit verbreitete Geschichte von Amicus u. Amelius, verbunden mit einem der meistüberlieferten Jakobswunder, der Erwekkung eines Pilgers vom Tode: Der Sohn eines bayerischen Grafen Adam, der auf der Wallfahrt nach Santiago de Compostela stirbt, wird von seinem schwäb. Freund zum Grab des Heiligen mitgenommen; dort wird er wiedererweckt. Als später der »bruoder« vom Aussatz befallen ist, tötet der junge Graf seinen Sohn u. heilt mit dessen Blut seinen Freund. Durch ein zweites Wunder lebt auch das Kind weiter, u. alle wenden sich dem Klosterleben zu. Im Rahmen der zweiteilig-symmetr. Struktur der Freundschaftsgeschichte hat K. so die erste Probe des stellvertretenden Zweikampfs durch ein Legendenmotiv ersetzt; die Namenlosigkeit der Hauptprotagonisten betont deren Exempelhaftigkeit.

Die *Jakobsbrüder* fanden noch ein Jahrhundert nach ihrer Entstehung Leser im Straßburger Bürgertum, wie eine Sammelhandschrift aus der ersten Hälfte des 15. Jh. bezeugt; nur sie überliefert die Erzählung vollständig. Eine Rezeption der Versfassung belegen auch die sog. Frankfurter Fragmente (um 1400) in rheinfränk. Dialekt sowie die Bearbeitung Pamphilus Gengenbachs (Basel um 1516). Zwei Prosaauflösungen des 15. Jh. sind in Legenden- u. Exempelsammlungen aus einem Nonnenkloster (Magdalenenkloster in Straßburg?) erhalten.

AUSGABEN: Die Jakobsbrüder. Hg. Karl Euling. Breslau 1899. – Richard Wülcker: Zu K. K. In: Germania 17 (1872), S. 55-61 (Frankfurter Fragmente). – Karl Goedeke: Pamphilus Gengenbach. Hann. 1856. Neudr. 1966, S. 231-261. – Ausg. der Prosaauflösung durch Ingo Reiffenstein in Vorbereitung.

LITERATUR: Ingo Reiffenstein: Zur Prosaauflösung v. K. K.s ›Jakobsbrüdern‹. In: FS Blanka Horacek. Wien/Stgt. 1974, S. 279-296. – Ders.: K. In: VL. – Edith Feistner: Die Freundschaftserzählungen vom Typ ›Amicus u. Amelius‹. In: FS Herbert Kolb. Bern u. a. 1989, S. 97-130. *Sabine Schmolinsky*

Kittner, Alfred, * 24. 11. 1906 Czernowitz (Černovcy)/Bukowina. – Lyriker, Übersetzer, Literaturkritiker.

K., Sohn eines jüd. Beamten, lebte bis 1942 in Czernowitz als Feuilletonredakteur im Kreis der Bukowiner Dichter, zu dem u. a. Rose Ausländer, Paul Celan u. Alfred Margul Sperber gehörten. 1938 konnte er hier noch den ersten Gedichtband *Der Wolkenreiter* veröffentlichen, dessen Titelgleichnis die Unbehaustheit der folgenden Jahre vorwegnimmt u. K.s Erkenntnis der polit. Lage zeigt. 1942-1944 wurde K. im Konzentrationslager am Bug gefangengehalten, danach war er in Bukarest bis 1958 als Bibliotheksdirektor u. bis zu seiner Übersiedlung in die BR Deutschland 1980 als anerkannter Übersetzer tätig. In Bukarest erschienen die Gedichtbände *Hungermarsch und Stacheldraht* (1956; mit der *Reimchronik eines Deportierten*), *Flaschenpost* (1970) u. *Gedichte* (1973).

Schon der junge K. war ein poeta doctus: Sein Œuvre gründet sich auf die Erfahrungen der Romantiker, Georg Trakls, Franz Kafkas u. anderer. K. findet in der strengen Form wie im Inhalt eine zeitlos gültige sprachl. Verkörperung für sein Thema: Die Würde des Menschen im Grauen der Welt. Noch in extremen Erfahrungen gelingt ihm die genaue Beobachtung, das alte unverbrauchte Bild u. die einfache Sprache, die den Schrecken dieses Jahrhunderts die illusionslose Hoffnung auf die Überlebenskraft des Menschen entgegensetzt.

Weitere Werke: Schattenschrift. Gedichte. Nachw. v. Peter Motzan. Aachen 1988.

Literatur: Helga Abret: Begegnungen mit A. K. In: Südostdt. Vierteljahresbl. 36 (1987), S. 18-25. *Walther Kummerow*

Kittner, Dietrich, * 30. 5. 1935 Oels/Schlesien. – Prosaautor; Kabarettist.

K. studierte in Göttingen Jura u. Geschichte u. gründete dort 1960 das Göttinger Studenten- u. Dilettanten-Kabarett »Die Leid-Artikler«. 1961 wechselte er nach Hannover u. leitete dort bis 1966 das gleichnamige Berufskabarett. Seit 1986 führt er das eigene »Theater am Küchengarten«. K. tritt als Solokabarettist mit eigenem Programm auf u. bestreitet jährlich rund 250 Vorstellungen auf Tourneen in Deutschland u. im europ. Ausland. K.s Kabarettprogramme können als ständiges Forum einer demokratischen Gegenöffentlichkeit aufgefaßt werden. Die polit. Aggressivität der Texte wird geprägt durch die Kompromißlosigkeit, mit der K. das gesellschaftspolit. u. soziokulturelle System der BR Deutschland analysiert. Entlarvung geschieht durch kritisch gebrochene Imitation von Handlungsschemata u. Sprachcodes. Dabei wird K.s sensibles Verhältnis zur Sprache sichtbar, zu dem es gehört, die Gefahr grobschlächtiger Agitation zu vermeiden, u. das auch die skept. Distanzierung von der eingenommenen Position miteinschließt. K.s Werk liegt auch auf zahlreichen Schallplatten vor.

Weitere Werke: Bornierte Gesellsch. Ges. K.-Texte. Bd. 1: Fischerhude 1968. Hann. [4]1983. Bd. 2: Dollar geht's nimmer. Fischerhude 1975 u. 1978. Bd. 3: Krisenstab frei. Ebd. 1969. Hann. 1980. – K.s log. Garten. Bln./DDR 1977. [2]1979. – Wie ein Gesetz entsteht. Fischerhude 1979. – Vor Jahren noch ein Mensch. Hann. 1984. – Vorsicht, bissiger Mund. Hann. u. Bln./DDR 1985 u. 1987. – Einst noch Mensch. Moskau 1988 (russ.). – Gags u. Crime. Hann. 1989. – Kein Grund zur Beruhigung. Hann. 1990.

Literatur: Michael Skasa: 25 Jahre kämpfender Kabarettist. BR, 24. 3. 1985. *Josef Jansen*

Kiwus, Karin, * 9. 11. 1942 Berlin. – Lyrikerin.

Nach einem Studium der Publizistik, Germanistik u. Politologie in Berlin arbeitete K. 1971-1973 als wissenschaftl. Assistentin an der Akademie der Künste in Berlin, von 1973-1975 als Lektorin des Suhrkamp Verlags. Seit 1975 ist sie Sekretärin der Abteilung Literatur an der Akademie der Künste in Berlin.

Von beiden Seiten der Gegenwart (Ffm. 1976) – K.' erster Gedichtband – fand ungewöhnlich große Beachtung in der Literaturkritik. K.' Notate aus der Erfahrungswelt des Alltags, die dennoch zgl. Kritik u. Utopie formulieren, treffen beispielhaft den Tonfall einer Neuen Subjektivität, deren Herkunft aus der 68er-Bewegung deutlich ist. »Sorgfältig durchdacht und spontan« (*Übung einer freien Malerei*), in der Balance zufälligen, subjektiven Erlebens u. bewußter Stilisierung, inszeniert K. das »quasi-autobiographische Rollengedicht« (Harald Hartung), das in seiner Blickrichtung der Frau auf den Mann – etwa in *Im ersten Licht* oder *Aufklärungsstunde* – pointiert-witzig Konventionen zur

Schau u. in Frage stellt. Nach ihrem zweiten Band *Angenommen später* (Ffm. 1979) veröffentlichte K. seither nichts mehr.

Literatur: Harald Hartung: Die Glaskugel in der es schneit. In: NRs 87 (1976), S. 483. – Walter Hinck: Kleine Poetik des Tagtraums. Zu K. K.s Gedicht ›An die Dichter‹. In: Ders. (Hg.): Gedichte u. Interpretationen 6. Stgt. 1982, S. 412–419. *Bernadette Ott*

Klaar, Ernst, * 25. 12. 1861 Chemnitz, † 13. 10. 1920 Dresden. – Lyriker, Publizist, Erzähler.

Der Sohn eines Webers ging nach Volksschule u. Schriftsetzerlehre in Chemnitz 1881 auf Wanderschaft im In- u. Ausland, bevor er sich 1884 endgültig in Dresden niederließ, wo er sich, noch während des Sozialistengesetzes, der Sozialdemokratie anschloß u. in ihren Blättern erste literar. Versuche veröffentlichte. 1888 gab er den erlernten Beruf endgülig auf u. arbeitete als freier Publizist u. Schriftsteller für das sozialdemokratische Feuilleton, zunächst neben Karl Kaiser u. Eduard Fuchs als wichtigster Autor des radikalen »Süddeutschen Postillon«, seit 1910 im eher reformistischen »Wahren Jakob«.

K.s originäre dichterisch literar. Produktivität, sein plebejisch-rebellischer Blick auf den Ausbeutungsalltag, sein Haß auf Militarismus u. Kolonialismus zehrten noch in den 90er Jahren von der Kampfstimmung der Jahre unter dem Sozialistengesetz (*Aus dem Klassenkampf. Soziale Gedichte.* Hg. Eduard Fuchs, Karl Kaiser u. E. K. Mchn. 1894. Neu hg. u. eingeleitet von Klaus Völkerling. Bln./DDR 1978). Je mehr sich aber die Partei nach der Jahrhundertwende etablieren konnte, desto zwiespältiger wurde sein Verhältnis zu ihr: Einerseits begegnete er ihrem staatstragenden Attentismus mit Parolen der spontanen Gewalt (*Knute und Bombe. Lieder und Gesänge für ein freies Rußland.* Mchn. 1905), andererseits stimmte er bei Kriegsbeginn ihrer »Burgfriedenspolitik« zu, von der er sich dann 1916 mit Friedensappellen wieder distanzierte, ohne sich der innerparteil. Opposition zu nähern.

Weitere Werke: Der erste Mai im Bilde. Dresden 1891. – Der Naz'l. Ein Bild aus dem Klassenkampf. In: Süddt. Postillon, Jg. 18, 1894 (E.). – Worte der Weihe. Prologe der Arbeitervereine u. Feste. Mchn. 1905.

Literatur: Ursula Münchow: Arbeiterbewegung u. Lit. Bln./Weimar 1981, S. 380–396. *Martin Rector*

Klabund, eigentl.: Alfred Henschke, * 4. 11. 1890 Crossen/Oder, † 14. 8. 1928 Davos; Grabstätte: Crossen/Oder. – Lyriker, Romanautor, Dramatiker.

K.s kurzes Leben war geprägt von der Tuberkulose, unter der er seit dem 16. Lebensjahr litt. Die Ahnung des bevorstehenden frühen Endes machten ihn zu einem ebenso rastlos wie besessen Lebenden, Liebenden, Schreibenden. Von 1912 bis zu seinem Tod publizierte K. nicht weniger als 76 Bücher, davon 19 Gedichtbände, zehn Romane, acht Dramen, eine Vielzahl von Erzählungen, Schauspiel-Bearbeitungen, Nachdichtungen östl. Lyrik u. Schauspiele, eine dt. Literaturgeschichte u. eine Geschichte der Weltliteratur. Daneben absolvierte er in München u. Berlin ein geisteswissenschaftl. Studium, das er mit der Promotion abschloß, nahm regen Anteil am literar. Leben, v. a. im Berlin der Weimarer Republik, wo er regelmäßig Gast im Romanischen Café war, wurde in einen Sittenprozeß – wegen eines vermeintlich gotteslästerl. Gedichts – u., nach dem Ersten Weltkrieg, in einen polit. Prozeß – wegen Vaterlandsverrats u. Majestätsbeleidigung – verwickelt. K. hatte zahlreiche Affären u. heiratete zweimal. Seine erste Frau, Brunhilde Heberle, die »Irene« vieler Gedichte (*Irene oder die Gesinnung.* Bln. 1917. *Die Sonette auf Irene.* Bln. 1920), lernte er während eines seiner häufigen Sanatoriumsaufenthalte in der Schweiz kennen. Sie starb, noch im ersten Ehejahr, bei der Geburt eines Kindes. 1925 heiratete K. die Schauspielerin Carola Neher.

K. hat sein Pseud. als »eine Kreuzung von Klabautermann und Vagabund« gedeutet. Politisch u. gesellschaftlich widersetzte er sich allen eindeutigen Zuordnungen, auch literaturgeschichtlich. Expressionismus u. Neue Sachlichkeit haben in seinem Werk ebenso ihre Spuren hinterlassen wie Naturalismus u. Neuromantik. Derb-sinnliche Verse, am Vorbild des Vagantendichters Villon orientiert (*Der himmlische Vagant.* Mchn. 1919), stehen neben den subtilen Nachdichtungen chines. u. japanischer Liebeslyrik. K. war einer der berühmtesten Morgenlandfahrer des frühen 20. Jh. Seine insbes. dem chines. Dichter Li tai-pe nachempfundenen Verse (*Li tai-pe.* Lpz. 1916. *Das Blumenschiff.* Bln. 1921) haben ostasiat. Lyrik in Deutschland erstmals populär gemacht, seine Bearbeitung des chines. *Kreidekreises* (Bln. 1925) diente Brecht als Vorlage für den *Kaukasischen Kreidekreis.* K. verfaßte Kabarettexte, Couplets, Balladen, Chansons, Bänkellieder, die er teilweise selbst vortrug, so in Max Reinhardts Kabarett »Schall und Rauch« 1920/21 in Berlin. Seine polit., satir., groteskkomischen Gedichte über die Zeit, die sozialen Mißstände, die menschl. Verkümmerungen, eingängig v. a. in der von K. bevorzugten Liedform, machten ihn zu einem der populärsten Dichter des frühen 20. Jh. (*Die Himmelsreiter.* Bln. 1916. *Dreiklang.* Bln. 1920. *Das heiße Herz.* Bln. 1922). *Die Harfenjule* (Bln. 1927) ließ er in einer preiswerten Heftchen-Ausgabe herausbringen, um sie möglichst vielen zugänglich zu machen.

In seinen Romanen bevorzugte K. histor. Stoffe: *Moreau* (Bln. 1916), *Mohammed* (Bln. 1917), *Franziskus* (Bln. 1921), *Rasputin* (Wien 1929). *Borgia* (Wien 1928. Neuausg. Bln./DDR 1985), der im Todesjahr K.s veröffentlichte *Roman einer Familie* schildert die Borgias als »Genies der Amoralität« u. läßt zgl. in den Schilderungen der Stadt Rom im Zeitalter der Renaissance K.s Vorbehalte gegenüber dem Geist der 20er Jahre deutlich werden. *Bracke* (Bln. 1918. Neudr. Reinb. 1988), ein in Anekdoten erzählter Eulenspiegel-Roman, der in die Zeit der Reformation führt, ist die Geschichte eines Außenseiters, eines Narren, der, vor dem Hintergrund der eigenen zivilisationsfeindl. Gesinnung, seiner Zeit den Spiegel vorhält u. für ein natürlicheres, menschlicheres Zusammenleben eintritt.

K.s erfolgreichstes Theaterstück war der *Kreidekreis.* Elisabeth Bergner verschaffte ihm die Bearbeitung der chines. Vorlage. Sie selbst spielte am Deutschen Theater in Berlin in mehr als 100 Aufführungen die Rolle der Haitang. *Der Kreidekreis* wurde in der Folge an allen größeren dt. Bühnen gespielt. K.s Popularität ebenso wie seine Vielseitigkeit brachten ihm zu Lebzeiten schon das Vorurteil eines allzu banalen, allzu unernst-spielerischen Umgangs mit der Sprache u. der Literatur ein. Im Dritten Reich wurden K.s Bücher als »Asphaltliteratur« verboten. Einige Romane u. Gedichtbände wurden nach dem Zweiten Weltkrieg neu aufgelegt. Eine eigentl. Wiederentdeckung des Autors blieb jedoch aus.

Weitere Werke: Morgenrot! Klabund! Die Tage dämmern! Bln. 1913 (L.). – Der Marketenderwagen. Ein Kriegsbuch. Bln. 1916. – Dragoner u. Husaren. Soldatenlieder. Mchn. 1916. – Die Krankheit. Bln. 1917 (E.). – Der Leierkastenmann. Volkslieder der Gegenwart. Bln. 1917. – Die Geisha O-sen. Geisha-Lieder. Mchn. 1918. – Die Nachtwandler. Bln. 1920 (D.). – Der Neger. Dresden 1920 (E.). – Das trunkene Lied. Die schönsten Trunk- u. Sauflieder der Weltlit. Bln. 1920. – Marietta. Hamb. 1920 (R.). – Kunterbuntergang des Abendlandes. Grotesken. Mchn. 1922. – Spuk. Bln. 1922 (R.). – Pjotr. Bln. 1923 (R.). – Totenklage. 30 Sonette. Wien 1928. – XYZ. Lpz. 1928 (D.). – Der Rubin. Wien 1930. Bonn 1988 (R.). – *Auswahl:* Der himml. Vagant. Hg. Marianne Kesting. Köln 1978.

Literatur: Sander L. Gilman: Form u. Funktion. Eine strukturelle Untersuchung der Romane K.s. Wiesb. 1971. – Guido v. Kaulla: Brennendes Herz. Legende u. Wirklichkeit. Zürich/Stgt. 1971. – Ders.: ›Und verbrenn' in seinem Herzen‹. Die Schaupielerin Carola Neher u. K. Freib. i. Br. 1984.

Rita Mielke

Kläber, Kurt, auch: K. Held, * 4. 11. 1897 Jena, † 9. 12. 1959 Sorengo bei Lugano. – Lyriker, Erzähler, Jugendbuchautor.

K., Sohn eines Werkmeisters, absolvierte eine Schlosserlehre u. war Soldat im Ersten Weltkrieg. Als Mitgl. des Spartakusbunds, später der KPD, beteiligte er sich an der Novemberrevolution, ging 1923 für ein Jahr nach Amerika, wurde dann Redakteur u. Leiter der Arbeiterhochschule in Bochum. 1924 heiratete er die Schriftstellerin Lisa Tetzner. K. war Gründungsmitgl. des Bundes proletarisch-revolutionärer Schriftsteller u. zeitweilig Redakteur u. Mitherausgeber der »Linkskurve«. 1930 besuchte er die Sowjetunion. Er war mit Brecht, Johannes R. Becher, Feuchtwanger, Leonhard Frank u. anderen Schriftstellern befreundet. 1933 kam er kurz in Haft, seine Bücher wurden verboten. Über die Tschechoslowakei floh er in die Schweiz u. lebte dort bis zu seinem Tod. Seit 1948 war er Schweizer Staatsbürger.

K.s erste pazifistisch-expressionistische Gedichte (*Neue Saat.* Bln. 1919) wurden abgelöst durch zeitbezogene proletarisch-revolutionäre Prosa u. Lyrik (*Barrikaden an der Ruhr* u. *Empörer! Empor!* Beide Bln. 1925), die v. a. den Arbeiterkampf an der Ruhr thematisierten, an dem der Verfasser z. T. selbst beteiligt war. Nach Distanzierung von der Politik der Komintern u. der KPD (1938) verfaßte K. unter dem Pseud.

Kurt Held eine Reihe von sozialkrit. Jugendbüchern, die große Popularität erreichten. Das bekannteste ist der Roman *Die Rote Zora und ihre Bande* (Aarau 1941). Es wurde 1979 verfilmt u. als 13teilige Serie von der ARD ausgestrahlt.

WEITERE WERKE: Passagiere der III. Klasse. Bln. 1927 (R.). – Die Toten v. Pabjanice. Moskau 1936 (E.en). – *Unter Pseudonym:* Der Trommler v. Faido. 2 Bde., Aarau 1947, 1949 (E.). – Giuseppe u. Maria. 4 Bde., Aarau 1955/56 (E.en).

LITERATUR: Lisa Tetzner: Das war Kurt Held. Aarau 1961. – Helga Gallas: Marxist. Literaturtheorie. Kontroversen im Bund proletarisch-revolutionärer Schriftsteller. Neuwied/Bln. 1971. – Gerald Stieg u. Bernd Witte: Abriß einer Gesch. der dt. Arbeiterlit. Stgt. 1973. – Walter Fähnders: Proletarisch-revolutionäre Lit. der Weimarer Republik. Stgt. 1977.

Karl W. Bauer

Klähr, *Klär*, Karl Gottfried, auch: Karl Fero, * 12. 5. 1777 (oder 1773) Dresden, † 16. 5. 1842 Meißen. – Lustspieldichter.

Am 1. 8. 1793 trat K. nach autodidaktischer Ausbildung als Porzellanmaler in die Meißner Porzellanmanufaktur ein u. arbeitete dort bis zu seiner Pensionierung am 1. 5. 1828. Zum Gründungsjubiläum seiner Firma verfaßte er das offizielle Festgedicht *Die Weihe des Danks [...]* (Meißen 1810).

Das Schauspiel *Die Friedensfeyer* (ebd. 1809) war das erste von 17 im Druck nachweisbaren Stücken K.s, die meist sowohl in Sammel- wie in Einzelausgaben erschienen. In *Die Lotterielisten* (in: *Dramatische Ephemeren.* Ebd. 1810. 1811) spielt K. auf sein Pseud. Fero an: Unter diesem Namen agiert dort ein entlaufener Student, der als Lotteriegewinner in der Verkleidung eines holländ. Leutnants die gewünschte Braut heimführt.

K.s Lustspiele sind konventionell gebaute Gebrauchsstücke, meist mit kleinen Musikeinlagen. Die gattungstypischen Rollenfiguren bleiben blaß u. ohne Einfluß auf die Entwicklung der meist von Verwechslungs- u. Verkleidungsintrigen bestimmten Handlung. Kleinbürgerliche Abenteuer- u. Wunschphantasien, mangelnde Sprachgestaltung u. oberflächlich-optimistische Gesellschaftsauffassung weisen K.s Werk der Trivialliteratur zu.

WEITERE WERKE: Der Patriot oder die ungewisse Hochzeit. Meißen 1814. Auch in: Dt. Schaubühne. Bd. 26, Augsb./Lpz. [1814–18]. – Blüthen der Natur. Meißen 1815 (L.; enthält auch die Posse ›Die Pfirschen‹). – Neue Theatersp.e. Ebd. 1817. – Der Alchymist. Ebd. 1819 (D.). – Zwei neue Lustsp.e: Von Sieben die Häßlichste. Wachtmantel u. Schlafrock. Ebd. 1834.

Ulrike Leuschner

Die **Klage** → **Nibelungenlied**

Klages, Ludwig, auch: Dr. Erwin Axel, * 10. 12. 1872 Hannover, † 29. 7. 1956 Kilchberg bei Zürich. – Philosoph, Essayist, Lyriker, Prosaist.

K. stammte aus einer Kaufmannsfamilie, studierte u. a. in München, wo er 1901 in Chemie promovierte. Die Schul- u. Studentenzeit war dennoch stärker durch literar. u. philosophische Neigungen bestimmt. In München, wo K. 1893–1915 lebte, kamen zu der schon während der Schulzeit geschlossenen Freundschaft mit Theodor Lessing (1899 dramatisch beendet) eine Reihe weiterer hinzu, von denen die mit Friedrich Huch u. Franziska Gräfin zu Reventlow, v. a. aber die mit Stefan George, Alfred Schuler, Ludwig Derleth u. Karl Wolfskehl die literarisch folgenreichsten wurden. K. veröffentlichte zwischen 1894 u. 1904 Gedichte u. Prosa in den »Blättern für die Kunst« Georges, den er in einer Monographie (*Stefan George.* Bln. 1902) als Mensch gewordenen Kosmos feierte. George seinerseits hatte K. ein Gedicht im *Jahr der Seele* (1897) gewidmet u. ihn Hofmannsthal gegenüber als »urbedingt« verteidigt. In der »kosmischen Runde« stieß K. in den 90er Jahren auf das *Mutterrecht* (1861) Bachofens, den er später »einen der Führer meines Lebens« nannte u. dessen Lehren er gegen die für untergangsbestimmt gehaltene eigene Zeit hielt. Im Winter 1903/04 zerbrach die Kosmiker-Runde durch ein Zerwürfnis zwischen K. u. Schuler einerseits, George u. Wolfskehl andererseits. Nach Franziska Reventlows Schlüsselroman *Herrn Dames Aufzeichnungen* (1913) war dafür ein antisemitischer Vorbehalt von »Hallwig« (d. i. K.) gegen die Juden im George-Kreis der Auslöser, was auch denunziator. Äußerungen K.' von 1940 nahelegen.

Nach dem Bruch mit dem George-Kreis gab K. den Schriftstellerberuf auf. Bereits 1896 hatte er mit dem Psychiater Georg Meyer eine Deutsche Graphologische Gesellschaft u. um 1900 den ersten Entwurf einer *Graphologischen Prinzipienlehre* verfaßt. 1905 wurde ein Psychodiagnostisches Seminar gegründet, das die grapholog. Forschungen in den Zusammenhang einer allg. Ausdruckswissenschaft stellte, deren Ausarbeitung (*Ausdrucksbewegung und Gestaltungskraft*. Lpz. 1913. ^{4}1923 u. d. T. *Grundlegung der Wissenschaft vom Ausdruck*. Bonn ^{9}1970) vor dem Ersten Weltkrieg starke Aufmerksamkeit bei Künstlern u. Kunstwissenschaftlern fand, etwa bei Alfred Kubin, Hermann Hesse, Norbert von Hellingrath, Carl Jacob Burckhardt. Den Weltkrieg bezeichnete K. als »Ausbruch eines Menschheitsirrsinns«, dem er sich 1915 zunächst improvisierend in die Schweiz entzog, wo er sich 1920 in Kilchberg endgültig niederließ. Seine Arbeit galt nun der Theorie des Bewußtseins. Sein Essay *Vom kosmogonischen Eros* (Lpz. 1922. Jena ^{6}1930. Bonn ^{7}1968) mit seiner Theorie über die Augenblicke ekstat. Lebensvergewisserung während profaner Andachten in Natur u. Kunsterfahrung fand auch bei Walter Benjamin u. Martin Buber Zustimmung, die dem biozentr. Denken, dem sich K. immer entschiedener zuwandte, im übrigen fernstanden. In einer universellen Bildtheorie entwikkelte K. unter romant. Einfluß (Novalis, Eichendorff, Lenau, Carl Gustav Carus) die Vorstellung einer urspr. leib- u. empfindungsnahen Wahrnehmung allbeseelter Natur, die erst durch die histor. Dazwischenkunft des Geistes unheilträchtig irritiert worden sei (*Der Geist als Widersacher der Seele*. 3 Bde., Lpz. 1929-32. Bonn ^{5}1972). Von Thomas Mann als »Dummheitstreue« karikiert, hat Robert Musil dieses Denken u. die Person K.' in seinem *Mann ohne Eigenschaften* in der Figur des »Meingast« abgetan.

K.' Werk, das mit der Goethe-Medaille geehrt (1932) u. in mehrere Sprachen übersetzt wurde, hat als Künstlerphilosophie gewirkt. Es ist im Umkreis der konservativen Revolution aufgrund seiner kapitalismus- u. kulturkrit. Richtung, seines ökolog. Bewußtseins u. seiner Aufklärungskritik hochgeschätzt worden. Die Nationalsozialisten haben es durch Alfred Rosenberg nach der Liquidation ihres linken Flügels als elitär bekämpft. Nach dem Zweiten Weltkrieg wird es durch eine Klages-Gesellschaft gefördert, die neben den Werken K.'auch das Jahrbuch »Hestia« (1964 ff.) herausgibt.

Weitere Werke: Sämtl. Werke in 10 Bdn. mit Suppl.-Bd. Bonn 1964 ff. – *Einzeltitel:* Prinzipien der Charakterologie. Lpz. 1910. ^{3}1921. Revidiert u. d. T. Die Grundlagen der Charakterkunde. Bonn ^{14}1969. – Handschrift u. Charakter. Lpz. 1917. Bonn ^{27}1974. – Die psycholog. Errungenschaften Nietzsches. Lpz. 1926. Bonn ^{4}1977. – Goethe als Seelenforscher. Lpz. 1932. Bonn ^{4}1971. – Vom Wesen des Rhythmus. Jena 1934. – Rhythmus u. Runen. Nachl. Hg. v. ihm selbst. Lpz. 1944 (dichterische Jugendwerke).

Literatur: Hans Prinzhorn (Hg.): Die Wiss. am Scheidewege v. Leben u. Geist. FS L. K. zum 60. Geburtstag. Lpz. 1932. – Gustave Thibon: La science du caractère. L'œuvre de L. K. Paris 1933. – Max Bense: Anti-Klages oder v. der Würde des Menschen. Bln. 1937. – Herbert Hönel (Hg.): L. K. – Erforscher u. Künder des Lebens. FS zum 75. Geburtstag. Linz 1947. – Enno Bartels: L. K. Seine Lebenslehre u. der Vitalismus. Meisenheim 1953. – Hans Eggert Schröder: L. K. Die Gesch. seines Lebens. Bonn 1972 (= Suppl. der Werk-Ausg.). – Hans Kasdorff: L. K. – Werk u. Wirkung. Einf. u. kommentierte Bibliogr. 2 Bde., Bonn 1969. – Ders.: L. K. im Widerstreit der Meinungen. Eine Wirkungsgesch. 1895-1975. Bonn 1978.

Gert Mattenklott

Klaj, Johann, * um 1616 Meißen, † 16. 2. 1656 Kitzingen. – Lyriker, Dramatiker.

Nach ersten akadem. Studien in Leipzig ging K. 1634 nach Wittenberg, wo er Theologie studierte u. die Vorlesungen Buchners besuchte. 1643 zog er nach Nürnberg. Dilherr förderte ihn; sein wichtigster literar. Mentor wurde Harsdörffer, der 1644 mit K. den Pegnesischen Blumenorden gründete (vgl. *Pegnesisches Schäfergedicht [...] von Strefon und Clajus*. Nürnb. 1644. *Fortsetzung der Pegnitz-Schäferey [...] durch Floridan und Klajus*. Nürnb. 1645). K. war der eigentliche sprachschöpferische Geist der Pegnitz-Schäfer; das Dreigestirn K., Harsdörffer (Strefon), Birken (Floridan) leitete eine fruchtbare Periode manieristisch-barocken Dichtens in der Reichsstadt ein. K.s Sprachgenie u. seine Virtuosität trugen entscheidend zum Ruhm der »Nürnberger Manier« bei; seine Freude am Klang setzte Harsdörffers (u. Schottelius') Theorie der Klangmalerei überzeugend in die Praxis um. 1651 übernahm K. die Pfarrstelle in Kitzingen.

Durch Verwendung von anapästischen u. daktyl. Versen ist K. (wie Zesen) für die Popularisierung von metr. Mischformen eingetreten u. hat damit die wichtigste prosod. Neuerung nach Opitz, zu der Buchner den Grund gelegt hatte, kräftig gefördert. Seine Spezialität waren lautnachahmende Verbformen in Verbindung mit Binnenreim. K.s Eigenart drückt sich am deutlichsten in der neuen Form der sog. Redeoratorien (Nürnb. 1644/45) aus, die er selber in der Kirche zur Aufführung brachte: *Auferstehung Jesu Christi, Höllen- und Himmelfahrt Jesu Christi, Herodes der Kindermörder, Der Leidende Christus* sowie *Engel- und Drachen-Streit* (1649). Mit Instrumenten u. Chören arbeitete er in *Freudengedichte Der seligmachenden Geburt Jesu Christi Zu Ehren gesungen* (Nürnb. 1650); programmatisch ist die *Lobrede der Teutschen Poeterey* (ebd. 1645). Zu den Nürnberger Friedensverhandlungen von 1649/50 verfaßte K. *Schwedisches Fried- und Freudenmahl* (ebd. 1649), *Geburtstag Deß Friedens* (ebd. 1650) u. *Irene* (ebd. 1650).

WEITERE WERKE: Augusti Buchneri Joas. Wittenb. 1642 (Übers.). – Weyhnacht-Liedt. Nürnb. 1644. – AndachtsLieder. Ebd. 1646. – Weihnacht Gedichte. Ebd. 1648. – Das gantze Leben Jesu Christi. Ebd. 1648. – Trauerrede über das Leiden seines Erlösers. Ebd. 1650. – *Ausgaben:* Redeoratorien u. ›Lobrede der Teutschen Poeterey‹. Hg. Conrad Wiedemann. Tüb. 1965. – Friedensdichtungen u. kleinere poet. Schr.en. Hg. ders. Ebd. 1968. – Pegnes. Schäfergedicht 1644–45. Hg. Klaus Garber. Ebd. 1966.

LITERATUR: Albin Franz: J. K. Marburg 1908. – Conrad Wiedemann: J. K. u. seine Redeoratorien. Nürnb. 1966. – Martin Keller: J. K.s Weihnachtsdichtung. Bln. 1971. – Hans P. Braendlin: Individuation u. Vierzahl im ›Pegnesischen Schäfergedicht‹ v. Harsdörffer u. K. In: Gerhart Hoffmeister (Hg.): Europ. Tradition u. dt. Literaturbarock. Bern/Mchn. 1973, S. 329–349. – Robert R. Heitner: J. K.s Popularization of neo-latin Drama. In: Daphnis 6 (1977), S. 313–325. – L. Elmore: J. K.s Last Known Work. In: MLN 93 (1978), S. 361–373. – Harold Jantz: A Recovered Work by J. K. In: Chloe 3 (1984), S. 101–114. – Ferdinand van Ingen: J. K.s ›Lob der Teutschen Poeterey‹. In: FS George Schulz-Behrend. Amsterd. 1990 (= Chloe 9).

Ferdinand van Ingen

Klaproth, Heinrich Julius, auch: Louis d'Or, Wilhelm Lauterbach, * 11. 10. 1783 Berlin, † 28. 8. 1835 Paris. – Orientalist u. Forschungsreisender.

K. begann im 14. Lebensjahr gegen den Widerstand seines Vaters, Martin Heinrich Klaproth, mit dem Selbststudium des Chinesischen. Auch ein vom Vater verordneter Aufenthalt an der Universität Halle brachte K. nicht davon ab, seine philolog. Studien fortzuführen. 1804 wurde er auf Empfehlung Jan Potockis Adjunkt bei der kaiserl. Akademie der Wissenschaften in St. Petersburg. 1805 wurde er der China-Gesandtschaft des Grafen Golovkin zugewiesen. Trotz deren Scheitern (in Ulan Bator) erlernte er eine Reihe von innerasiat. Sprachen u. legte umfangreiche Vokabulare an. 1807 geadelt u. zum a. o. Mitgl. der kaiserl. Akademie der Wissenschaften ernannt, leitete K. eine Expedition in den Kaukasus u. nach Georgien, die er 1809 erfolgreich abschloß; zur Sichtung des Materials hielt er sich seit 1811 in Berlin auf. 1814 bemühte er sich bei Napoleon auf Elba um eine Anstellung in Frankreich, was die polit. Ereignisse vereitelten. Auf Intervention Wilhelm von Humboldts wurde für K. eine Professur für oriental. Sprachen an der Berliner Universität eingerichtet – ohne akadem. Pflichten, so daß er weiterhin in Paris leben konnte. 1823 erschien hier sein Hauptwerk *Asia Polyglotta* (^{2}1831) mit Sprachatlas, das den Wissensstand seiner Zeit zum erstenmal zusammenfaßt.

Von unerschöpfl. Arbeitskraft erfüllt, reichten K.s Interessen vom Kaukasus über den asiatischen Teil des russ. Reiches, die Mongolei bis China, Japan u. Korea, wobei er nicht allein die Sprachen dieser Länder erforschte, sondern auch deren Geographie, Ethnologie u. Geschichte in seine Untersuchungen einbezog. Bedeutende Leistungen hat K. bes. bei der Erforschung der innerasiat. Sprachen u. deren Klassifizierung erbracht. Mit Recht gilt er als Mitbegründer einer neuzeitl., ganz Asien umfassenden Orientalistik.

WEITERE WERKE: Reise in den Kaukasus u. nach Georgien unternommen in den Jahren 1807 u. 1808, mit Anhang Kaukas. Sprachen. 2 Bde., Halle/Bln. 1812 u. 1814. – Mémoires relatifs à l'Asie, contenant des recherches historiques, géographiques et philologiques sur les peuples de l'Orient. 3 Bde., Paris 1824.

LITERATUR: Ernest Augustin Xavier Clerc de Landresse: Catalogue des livres imprimés, des manuscrits et des ouvrages chinois, tartares, japonais, etc. composant la biblioth▷que de feu M. Klaproth. Paris 1839. – Henri Cordier: Un orientaliste allemand: J. K. In: Comptes rendus. Ac. des Inscriptions & Belles-Lettres. Paris 1917, S. 297–308. – Gert Naundorf: K. In: NDB.

Roland Pietsch

Klaproth, Martin Heinrich, * 1. 12. 1743 Wernigerode, † 1. 1. 1817 Berlin. – Pharmazeut u. Chemiker.

Der Sohn eines Schneiders verließ mit 15 Jahren die Lateinschule in Wernigerode u. trat 1759 in Quedlinburg eine Apothekerlehre an; 1766 ging er als Gehilfe an eine Apotheke in Hannover, 1768 nach Berlin, 1770 nach Danzig u. 1771 endgültig nach Berlin. Nach dem Staatsexamen u. der Heirat mit einer wohlhabenden Nichte des Chemikers Andreas Sigismund Marggraf (1709–1782) – der Ehe entsprang der Sohn Heinrich Julius Klaproth – kaufte K. 1780 die »Bär-Apotheke« u. baute sie zu einer der angesehensten Apotheken Berlins aus, bis er 1800 als ordentl. Chemiker u. Nachfolger Franz Carl Achards (1753-1821) in die Preußische Akademie berufen wurde (Mitgl. seit 1788) u. das 1754 für Marggraf eingerichtete chem. Akademielabor bezog. 1810 wurde er als erster o. Professor der Chemie an die neugegründete Universität berufen.

Seit seiner Gehilfenzeit in Hannover eignete K. sich als Autodidakt u. in Berlin als Schüler von Marggraf chem. Kenntnisse an; Privatvorlesungen am Berliner Collegium medico-chirurgicum wurden ihm erst genehmigt, nachdem er 1782 zum Assessor (1797 Rat) der Pharmazie am preuß. Ober-collegium medicum ernannt worden war. Daneben hielt er ab 1784 chem. Vorlesungen am Berg- u. Hütteninstitut u. ab 1787 an der kgl. Artillerieschule. 1795 wurde er Mitgl. der Royal Society in London, 1804 des Institut de France.

K. war einer der ersten ausgeprägt quantitativ arbeitenden analyt. Chemiker u. der bedeutendste Vertreter der analyt. Chemie zwischen Torbern Bergman u. Jöns Jakob Berzelius sowie ein Vorkämpfer für die neue Oxidationstheorie Lavoisiers. Seine Analyseberichte waren stets von vorbildl. Exaktheit, woraufhin die von ihm eingeführten Verfahren rasche Verbreitung fanden. Er selbst widmete sich v. a. der Analyse von Mineralien aus allen Teilen der Erde, wobei ihm die Entdeckung mehrerer neuer Elemente (meist in Oxidform als deren »Erden«) u. Verbindungen – so des Urans, Zirkons, Titans, Strontiums, Chroms, Cers u. der Mellithsäure – u. die Bestätigung früher vermuteter Elemente gelang – so des Tellurs u. Berylliums. 1797 erkannte er, daß Kalium auch im Mineralreich vorkommt, u. führte die Bezeichnungen Kali u. Natron ein. K. war maßgeblich beteiligt an der vorbildlichen Gestaltung der ersten preußischen Pharmakopöe (*Pharmacopoea Borussica.* 1799).

Werke: Chem. Untersuchungen der Mineralquellen zu Karlsbad. Bln. 1790. – Beiträge zur chem. Kenntniss der Mineralkörper. 6 Bde., Bln./Stettin 1795-1815 (ges. Schr.en).

Literatur: Georg Edmund Dann: M. H. K. (1743-1817), ein dt. Apotheker u. Chemiker. Bln. 1958 (mit Bibliogr.).

Fritz Krafft

Klee, Paul, * 18. 12. 1879 Münchenbuchsee/Kt. Bern, † 29. 6. 1940 Locarno-Muralto. – Maler, Zeichner, Radierer, Graphiker; Lyriker.

Sohn eines aus Deutschland stammenden Vaters u. einer schweizerischen Mutter, wuchs K. in Bern auf u. tendierte zunächst als begabter Violinist wie seine Eltern zum Musikerberuf. Daß K. auch literarisch begabt war, zeigte unverkennbar bereits die – v. a. gegen den konservativen Deutschlehrer Otto von Greyerz gerichtete – Kommerszeitung »Die Wanze« (vollständig abgedruckt in: *Schriften.* Hg. Christian Geelhaar. Köln 1976), die er 1898, aus Anlaß der Matura am Berner Literargymnasium, zusammen mit Hans Bloesch u. René Thiessing verfaßte. Zu K.s hauptsächl. Anliegen wurde aber schon bald die bildende Kunst, zu welcher er sich ab Okt. 1898 bei Heinrich Knirr in München u. ab 1900 als Schüler Franz von Stucks an der dortigen Akademie professionell ausbilden ließ. 1902-1906 lebte er wieder in Bern, wo er nebenamtlich als Musikreferent für das »Berner Fremdenblatt« arbeitete. Auch nach der Heirat mit der Pianistin Lily Stumpf u. nach der Übersiedlung nach München war K. trotz des sich anbahnenden Ruhms als Maler weiterhin auch journalistisch tätig u. belieferte die Berner Zeitschrift »Die Alpen« regelmäßig mit fundierten Beiträgen über das Münchner Kunstgeschehen. Nach 1912 stellte K. seine Rezensententätigkeit ein u. beschränkte seine schriftl. Veröffentlichungen auf wenige Aufsätze, mit welchen er seine spezif. künstlerischen Anliegen verdeutlichte u. die heute alle in den *Schriften* gesammelt vorliegen: *Schöpferische Konfession* (1920), *Wege des Naturstudiums* (1923), *Wassily Kandinsky* (1926), *Emil Nolde* (1927) u. *Exakte Versuche im Bereiche der Kunst* (1928). Direkter als in diesen theoret. schriftstellerischen Zeugnissen äußern sich K.s literar., ja dichterische Fähigkeiten in der engen, fast unlösbaren Verbindung, die Wort u. Bild bisweilen in seinem künstlerischen Werk eingehen. Vor allem seine Bildtitel, die er in freier Assoziation vor dem fertigen Werk zu erfinden pflegte u. wo »die Magie des Wortes die der Linie und Farbe intim begleitet« (Carola Giedion-Welcker), wirken oftmals wie Zeilen von verlorenen lyr. Gedichten. Erst als Carola Giedion-Welcker die schönsten davon in ihrer *Anthologie der Abseitigen* (Zürich 1946) abdruckte, wurde bekannt, daß K. auch eigentliche Gedichte geschrieben hatte: Liebeslyrik, Nonsens-Verse Morgensternscher Art, abstrakte Kontemplationen zu künstlerischen Fragen. Die Texte gehen zuweilen sehr frei mit der dichterischen Form um, verraten aber eine eigenwillige, stark am Bildhaften orientierte Sprachbegabung.

Als imponierende Belege für K.s Affinität zur Literatur u. zum geschriebenen Wort können auch die *Tagebücher*, die er 1898-1918 führte (hg. von Felix Klee. Köln 1957. Neuausg. Stgt. 1988) sowie die *Briefe an die Familie* (hg. von Felix Klee. 2 Bde., Köln 1979) angesehen werden, welche die Entwicklung seines Denkens, die Entstehung seines künstlerischen Werks sowie seinen Weg vom gefeierten Avantgardisten zum verfemten Vertreter der »entarteten Kunst« bis in die letzten Schweizer Jahre hinein auf sehr persönl. u. oftmals brillant formulierte Weise dokumentieren.

Weitere Werke: Pädagog. Skizzenbuch. Mchn. 1925. [2]1968. – Über die moderne Kunst. Bern 1945. – Gedichte. Hg. Felix Klee. Zürich 1960. Erw. Ausg. 1980.

Literatur: Carola Giedion-Welcker: P. K. in Selbstzeugnissen u. Bilddokumenten. Reinb. 1961. – Dies.: P. K.s Verbindung zur Poesie. In: Dies.: Schriften 1926-71. Köln 1973, S. 355-380. – Roman Jakobson: Der Maler P. K. als Dichter. In: Ders.: Hölderlin, K., Brecht. Zur Wortkunst dreier Gedichte. Ffm. 1976.

Charles Linsmayer

Klein, Anton von, * 12. 6. 1746 Molsheim/ Elsaß, † 5. 12. 1810 Mannheim. – Dramatiker, Theaterkritiker, Sprachforscher.

Der Sohn eines Bäckermeisters besuchte das Jesuitenkolleg seiner Heimatstadt, wo er kurz vor dessen Aufhebung 1765 den Magistergrad erwarb. Den Eintritt in den Jesuitenorden verhinderte 1773 dessen Auflösung. 1774 wurde K. in Mannheim Professor der schönen Künste, nachdem er zuvor in Mainz u. Mannheim als Lehrer tätig gewesen war. Als Protegé des Kurfürsten Karl Theodor plante K. zielstrebig seine Karriere (1777 Comes Palatinus, 1790 erbl. Adel). Durch seine intensive publizistische Tätigkeit stieg er zur Zentralfigur der pfälz. Aufklärung auf: K. war Sekretär der Kurpfälzischen Deutschen Gesellschaft, zeitweilig Dramaturg des Mannheimer Nationaltheaters u. gab zahlreiche Zeitschriften, Lesebücher sowie Sammlungen antiker u. neuerer Autoren heraus.

Vom frz. klassizistischen Drama u. der ital. Oper geprägt, hatte K. seine größten Erfolge mit dem vaterländ. Singspiel *Günther von Schwarzburg* (Mannh. 1777) u. der Sammlung *Leben und Bildnisse der Grosen Deutschen* (5 Bde., ebd. 1785-1805). Die meisten poetischen Werke K.s erfuhren scharfe Kritik, insbes. sein Hauptwerk *Athenor* (Ffm./Lpz. 1802), ein Epos in der Art von Wielands *Oberon*. Literaturgeschichtlich interessant ist K. als scharfer Kritiker von Lessings *Emilia Galotti* u. als Verteidiger der traditionellen heroisch-klassizistischen Tragödie.

Weitere Werke: Jacob der jüngste unter den sieben Macchabäischen Helden. Mannh. 1769 (Trauersp.). – Das Triumphirende Christenthum im Grosmogol. Kaiserthume. Ebd. 1770 (Trauersp.). – Tod der Dido. Aus dem Italienischen des Metastasio. Ebd. 1779. – Kaiser Rudolf v. Habsburg. Ebd. 1787 (Trauersp.). – Dt. Provinzialwörterbuch. Ffm./Lpz. 1792. – Gedichte. o. O. 1793. – Dramaturg. Schr.en. Ffm./ Lpz. 1809.

Literatur: Litterär. Leben des [...] A. v. K. Wiesb. 1818. – Karl Krükl: Leben u. Werke des elsäss. Schriftstellers A. v. K. Straßb. 1901 (mit ausführl. Bibliogr.). – Jean-Marie Valentin: Tragédie héroïque – Tragédie bourgeoise. A. v. K. et sa critique de Lessing. In: Germanistik aus interkultureller Perspektive. FS Gonthier-Louis Fink. Straßb. 1988, S. 77-92.

Albert Meier

Klein, Eduard, * 25. 7. 1923 Wien. – Erzähler, Verfasser von Abenteuerbüchern; Übersetzer.

K. entstammt einer wohlhabenden jüd. Kaufmannsfamilie. Er war kaufmänn. Angestellter, mußte 1938 in die ČSR, 1939 nach Chile emigrieren, wo er 1943 in die KP eintrat. 1953 kehrte er nach Europa zurück u. ließ sich in Ost-Berlin nieder. In seinen fast ausnahmslos in Südamerika angesiedelten Abenteuerromanen – erschienen in der Reihe »Spannend erzählt« im Verlag Neues Leben – tritt das individuelle Erleben des Helden in den Hintergrund zugunsten durch soziale Konflikte hervorgerufener gesellschaftl. Vorgänge, die für K. die echten Abenteuer sind. Großes Interesse erweckte nach seinem Erscheinen der Roman *Alchimisten* (Bln./ DDR 1967), der sich mit Problemen sozialistischer Produktion auseinandersetzt.

Weitere Werke (Erscheinungsort: alle Bln./DDR): Señor Contreras u. die Gerechtigkeit. 1954. – Goldtransport. 1957. – Der Feuerberg. 1957. – Der Indianer. 1958. [12]1987. – Die Flucht. 1958. – El Quisco. 1962 (R.). – Die Straße nach San Carlos. 1965. – Sprengstoff für Santa Inés. 1968. – Salz der

Gerechtigkeit. 1970. – Nächstes Jahr in Jerusalem. 1976. – Land der Kälte. 1977. – Die Smaragdmine. 1979. – Die Last der Berge. 1982.

Literatur: Thomas Eberlein: Interview mit E. K. In: WB 12 (1986). – Ders.: ›Eine Einstellung finden zu seiner Welt‹. In: ebd. *Alfred Strasser*

Klein, Johann (Baptist) August, * 13. 2. 1778 Koblenz, † 15. 4. 1831 ebd. – Verfasser von Reisehandbüchern.

Ab 1807 Lehrer am Kreuznacher Gymnasium, wurde der 1810 zum Professor für Mathematik u. Naturwissenschaften ernannte K. 1819 nach Koblenz berufen. Ab 1826 war er am dortigen Gymnasium Professor für Geschichte. 1827 wurde er wegen »Ungehorsams, Widersetzlichkeit und grober Fahrlässigkeit« seines Amtes enthoben, später rehabilitiert, in Koblenz aber nicht wieder in den Dienst aufgenommen.

1828 erschien K.s *Rheinreise von Mainz bis Köln. Historisch, malerisch bearbeitet* (Koblenz. Frz. 1829). Als *Handbuch für Schnellreisende* markiert es den Beginn der rheinischen Personendampfschiffahrt. 1829 ließ K. einen ergänzten Auszug der *Rheinreise* folgen (*Koblenz, historisch-topographisch mit Benutzung urkundlicher Nachrichten*. Koblenz) u. 1831 *Das Moselthal zwischen Koblenz und Zell mit Städten, Ortschaften, Ritterburgen* (Ebd. 2. Tl. verfaßt von Christian von Stramberg).

K.s *Rheinreise* wurde die Grundlage für die von Karl Baedeker ab 1832 verlegten Reisehandbücher.

Weitere Werke: Ueber die altröm. Confluentes u. ihre nächste Umgebung am Rheine u. an der Mosel. Koblenz 1826/27. – Denkbl. für meine Freunde. Ebd. 1832 (postum).

Literatur: Goedeke 13, S. 581–583. *Alex W. Hinrichsen*

Klein, Melanie, * 30. 3. 1882 Wien, † 22. 9. 1960 London. – Psychoanalytikerin.

Die Arzttochter aus jüdisch-orthodoxem Haus begann die analyt. Arbeit mit Kleinkindern, nachdem sie sich als 30jährige in Budapest bei Sándor Ferenczi einer Psychoanalyse unterzogen hatte; 1921 folgte sie einer Einladung Karl Abrahams an das Berliner Psychoanalytische Institut, 1926 zog sie auf Anregung von Ernest Jones nach London.

K. ist neben Anna Freud die Begründerin der Kinderpsychoanalyse. Ihr neuer Ansatz liegt in der Analyse von Kleinkindern, deren Spielverhalten sie – analog dem freien Assoziieren bei Erwachsenen – als symbolischen Ausdruck unbewußter Konflikte deutete. In ihrem Werk *The Psychoanalysis of Children* (London 1932. Dt. Wien 1934) zeigte sie, daß ödipale Konflikte weitaus früher einsetzen als von Freud angenommen, nämlich schon gegen Ende des ersten Lebensjahrs. Das moralische Gewissen, laut Freud erst ein Resultat der Überwindung des Ödipus-Komplexes, entstehe bereits vor der ödipalen Phase u. beeinflusse deren Verlauf.

Schon unmittelbar nach der Geburt kann das Verlangen des Kindes nach einer unerschöpfl. u. immer gegenwärtigen Mutterbrust nicht vollkommen gestillt werden. Diese unvermeidbaren Enttäuschungen verstärken den angeborenen Konflikt zwischen Liebe u. Haß, u. das Kind reagiert in den ersten drei Monaten, der sog. paranoid-schizoiden Position, durch Spaltung der Objekte: Für das Kind existiert so eine »gute«, Befriedigung verschaffende u. eine »böse«, versagende Mutterbrust. In der sich anschließenden depressiven Position erkennt das Kind, daß sich seine liebevollen u. aggressiven Impulse auf ein u. dieselbe Person, die Mutter, richten. Der Begriff »Position« soll ausdrücken, daß die beschriebenen psych. Phänomene nicht nur vorübergehende Stadien darstellen, sondern überdauernde Muster sind, die sich auch in späteren psychischen Erkrankungen niederschlagen. K. beschrieb die Positionen in einer Serie von Aufsätzen, die in dem Buch *Das Seelenleben des Kleinkindes und andere Beiträge zur Psychoanalyse* (Stgt. 1962) zusammengetragen sind.

Weitere Werke: Love, Guilt and Reparation. London 1937. Dt.: Seel. Urkonflikte. Mchn. 1974. – Narrative of a Child Analysis. London 1961. Dt. Mchn. 1975.

Literatur: Donald Winnicott: Collected Papers. London 1958. Dt.: Von der Kinderheilkunde zur Psychoanalyse. Mchn. 1976. – Hanna Segal: Introduction to the Work of M. K. London 1964. Dt. Mchn. 1974. – Jochen Stork: Reifungsprozesse u. fördernde Umwelt. Mchn. 1974. – Elliot Jaques: M. K. In: International Encyclopedia of Psychiatry. New York 1977. *Matthias Meyer*

Kleine Heidelberger Liederhandschrift → **Heidelberger Liederhandschrift**, Kleine

Kleineidam, Horst, * 23. 6. 1932 Gebhardsdorf (Gibultow/Polen). – Dramatiker u. Erzähler.

K. absolvierte den typischen Bildungsgang eines »schreibenden Arbeiters«: Einer Zimmermannslehre folgte die Tätigkeit als Berg- u. Bauarbeiter (1951-1958 in der BR Deutschland) u., nach seiner Rückkehr in die DDR, neben der Arbeit im erlernten Beruf das Studium am Literaturinstitut in Leipzig. Seit 1985 ist er Künstlerischer Leiter beim Bezirksliteraturzentrum Dresden (»Club für Dich«).

K.s Brigadestück *Millionenschmidt* (in: Theater der Zeit, H. 12, 1963; Beilage), 1962 als erstes Drama eines Arbeiters in Leipzig uraufgeführt, kontrastiert schematisch sozialistische Arbeitsmoral mit Geldgier u. Schlamperei in schlaglichtartigen Kurzszenen. Einen histor. Stoff verarbeitete K. in dem zum 450. Jahrestag des dt. Bauernkriegs geschriebenen Festspiel *Hinter dem Regenbogen* (Urauff. Dresden 1975. Abgedr. in: *1525. Dramen zum deutschen Bauernkrieg*. Hg. Walter Dietze. Bln./Weimar 1975). Das turbulente Stück handelt von der »Erringung und Festigung der revolutionären Macht und vom Aufbau einer menschlichen Gesellschaft« (Kleineidam). Der autobiograph. Roman *Westlandstory* (Halle/Lpz. 1983) erzählt vom illegalen Überschreiten der grünen Grenze u. der reuevollen Rückkehr aus der Welt des Konsums, der Unmenschlichkeit u. des kalten Kriegs.

Weitere Werke: Die Offensive. Szenen für Agitprop. Lpz. 1959. – Von Riesen u. Menschen. In: Forum 21, 1967 (D.). – Polterabend. In: Theater der Zeit, H. 12, 1973 (D.). – Karaseck. Urauff. 1977 (D.). – Siegfried, der Drachentöter. Urauff. Rathen 1989 (D.). – *Einakter* (alle drei uraufgef. 1970): Barfuß nach Langenhanshagen. In: NDL, H. 7 (1967). – Der verlorene Sohn. 1969. – Susanne oder Ein Stern erster Größe. 1970.

Rita Seuß

Kleinfercher, Johann, auch: Fercher von Steinwand, * 22. 3. 1828 Steinwand/Kärnten, † 7. 3. 1902 Wien. – Dramatiker, Lyriker, Epiker.

Der Sohn der Magd Anna Kleinfercher u. eines Bauern wuchs in dürftigen Verhältnissen auf. Zunächst Viehhirte, studierte er 1849 Jura an der Universität Graz, wo er auch mit der Philosophie des dt. Idealismus vertraut wurde. Seit 1850 hörte er in Wien Geschichte, klassische Philologie, Geographie u. Astronomie. Nach einer Typhuserkrankung 1852/53 kam sein literarisch interessierter Arzt Joseph Hyrtl für K.s Lebensunterhalt auf.

K.s Dichtungen – meist Gedankenlyrik u. Versepik – prägt sein Festhalten an der idealistischen Tradition (»Zum Besseren hat stets nur der Geist geführt!«); dem Naturalismus erteilte K., führendes Mitgl. der Wiener Dichtergruppe »Iduna« (der auch Rudolf Steiner angehörte), ebenso eine Absage wie dem materialistischen Zeitgeist, gegen den seine Verssatire *Gräfin Seelenbrand* (Hbg. 1874) Front machte, die den Beifall des mit K. befreundeten Hamerling fand. Seine Geschichtsdramen nach dem Vorbild v. a. Grabbes (selbst Protagonist in *Ein Prometheus*. Entstanden 1854) waren gedanklich überfrachtet; allein *Dankmar* (Wien 1867) wurde aufgeführt u. mit dem Literaturpreis des Österreichischen Reichstags ausgezeichnet.

Weitere Werke: Dt. Klänge aus Österr. Wien 1881 (L.). – Johannisfeuer. Wien 1898 (L.). – Sämtl. Werke. Hg. Johann Fachbach Edler v. Lohnbach. 3 Bde., Wien 1903. – Briefe. Hg. ders. Wien 1905. – Kosm. Chöre. Hg. Heinrich O. Proskauer. Stgt. 1966 (L.).

Literatur: Ernst Winkler: Fercher v. Steinwand im Leben u. in der Dichtung. Klagenf. 1925. – Erich Nußbaumer: K. In: ÖBL. – Ders.: K. In: NDB.

Heike John

Kleinschmidt, Karl, * 22. 2. 1913 Ybbs, 19. 11. 1984 Linz; Grabstätte: ebd., St.-Barbara-Friedhof. – Lyriker, Essayist, Übersetzer.

K. lebte seit früher Kindheit in Linz. Diese Stadt wurde nach Studien der Kunstgeschichte in Wien sowie Privatstudien der Germanistik, Philosophie u. asiat. Literaturen sein berufl. Wirkungsort: 1952-1974 war er städtischer Literaturreferent; als Herausgeber des »Literarischen Jahrbuchs« u. der Lyrik- u. Prosareihe der Stadt Linz förderte er jahrzehntelang den literar. Nachwuchs. Seinen Lebensabend verbrachte K. im Mühlviertel, das ihm als naturhafte Lebenslandschaft wichtig wurde.

International bekannt wurde K. mit seiner dt. Haiku-Dichtung, die auch in japanische Anthologien Eingang fand. Strenge u. freie Nachbildungen des japanischen Modells enthalten seine Haiku-Bändchen *Der schmale Weg* (Linz 1953) u. *Tau auf Gräsern* (Wien 1960). Gedankliche Präzision u. geschliffene sprachl. Form verbinden sich auch in seinen Aphorismen u. kulturhistor. Essays. Von der Sammlung von Nachdichtungen kosmisch-myth. Erzählungen u. Betrachtungen des pers. Dichters Behram Cheir, *Der andere*

Tierkreis, wurde der erste Teil in bibliophiler Ausstattung 1978 (Bad Goisern) veröffentlicht. In K.s von philosophischer Meditation u. konkreter Naturanschauung geprägtem Wortkunstwerk vereinigt sich abendländ. Tradition mit asiat. Form- u. Gedankenwelt.

WEITERE WERKE: Die Hohe Stunde. Gedichte. Brünn 1941. – Europ. Volkslieder. Chorsätze v. Robert Schollum. Wien 1960. – Michelangelo, Sonette, Übertragungen. Bremen 1964. – Europ. Städte: Impressionen [...]. Bad Goisern 1967. – Neue Übertragung v. Sonetten William Shakespeares. In: Oberösterr. 30, H. 4 (1980). LuK 189/190, Nov./Dez. 1984. – Beiträge in: Hachiro Sakanishi u. a. (Hg.): Anth. der dt. Haiku. Hokkaido o. J. – Beiträge im Lit.-Jb. der Stadt Linz 1940-72. 1980.

LITERATUR: Manfred Egger: K. K. Eine Monogr. Diss. Innsbr. 1984 (mit Bibliogr.). *Johann Lachinger*

Kleist, Ewald Christian von, * 7.(?) 3.1715 Zeblin/Pommern, † 24. 8. 1759 Frankfurt/O.; Grabstätte: ebd., »Park« (ehemaliger Friedhof der Gubener Vorstadt). – Lyriker, Epiker.

Der äußere Lebensgang dieses Dichters einer neuen Zeit ist (trotz mancher Umwege) ebenso selbstverständlich aus seiner Herkunft aus altem, allmählich verarmendem märk. u. pommerischen Adel abzuleiten, wie Tatsache u. Gestalt seines Dichtens sich daraus gerade nicht erklären lassen. Nicht erst seit dem »Soldatenkönig«, der in Preußen den Konflikt zwischen absolutistischem Herrscher u. feudalem Adel durch den Dienst nicht am Hof, sondern im Offizierskorps löste, hatten die Namen seiner Vorfahren Kleist u. Manteuffel in der preuß. Armee einen guten Klang. So nimmt es auch nicht Wunder, daß K. dort vergleichsweise schnelle Karriere machte.

Er wuchs als drittes von sechs Kindern Joachim Ewald († 1738) u. Maria Juliane von Kleists (geb. von Manteuffel; † 1719) auf – bis 1724 auf dem Lande: eine Idylle, in die sich später sehnsuchtsvoll-verklärend zurückzuträumen charakteristisch für seine Dichtung werden sollte. Dann wurde er zur Jesuitenschule im poln. Valcz (Arnskrone, Deutsch-Krone) geschickt, hernach zusammen mit seinem Bruder Franz Kasimir am 15. 9. 1729 auf dem Gymnasium im noch poln. Danzig immatrikuliert. 1731 bezog er die Universität Königsberg, um Jura zu studieren: Man plante also, ihn auf eine höhere Verwaltungslaufbahn möglichst gut u. ohne religiöse Rücksichten vorzubereiten, denn die Aufsicht über die Güter sollte in die Hände des älteren (einzigen) Bruders gelegt werden. K. hörte in Königsberg bis 1735 auch Philosophie u. Mathematik (u. zur Unterhaltung auch Theologie), lernte neuere Sprachen u. las die Klassiker der Antike. Die Mittellosigkeit der Familie offenbar ließ indessen alle Hoffnungen auf eine Zivillaufbahn zerrinnen.

Rascheres Fortkommen scheint er sich im dän. Militärdienst ausgerechnet zu haben, wo ihm ein angeheirateter Onkel, General Friedrich Wolldemar von Fölckersam, seit 1736 mehrfach die Türen öffnete. 1740, nach Friedrichs II. Thronbesteigung, wurde der in zwei Jahren zum Seconde-Leutnant aufgestiegene K. (wie alle anderen im Ausland lebenden Preußen) vom König in die Heimat zurückgerufen – Friedrich brauchte Offiziere für die neu aufgestellten Regimenter – u. schon bald »in der prächtigen Wüste von Potsdam« zum Premier-Leutnant befördert.

Im Todesjahr des Vaters hatte K. auf Besuch bei einer entfernten Verwandten in Westpreußen, Freifrau von der Goltz, deren Tochter Wilhelmine lieben, später auch kennengelernt u. sich mit ihr versprochen. Die Verlobung wurde infolge einer Intrige ihres Bruders gelöst, worunter K. lebenslang gelitten hat. Es war aber unabsehbar, wann der mittellose Leutnant (die Erbteilung brachte ihm eben 2200 Taler) angesichts der erbärmlich schlechten Besoldung der preuß. Offiziere je seine Braut standesgemäß hätte ernähren können; auch die Goltzens hatten sich vergebens um eine »Zivilbedienung« für den Bräutigam bemüht.

Was K. sonst von der Welt gesehen hat, brachte sein Beruf mit: Dänemark als Fähnrich, Sachsen, Schlesien u. Böhmen als Offizier in den Kriegen Friedrichs II., als Werbeoffizier dann die Pfalz (Speyer) u. die Schweiz 1752/53 mit ihren Dichtern u. vor allem ihren Naturschönheiten. Auch fast alle seine Freunde lernte K. durch den Dienst kennen: nach Berlin abkommandiert, Nicolai, Ramler u. Sulzer, im Krieg dann 1757 in Leipzig den gerade stellungslosen Lessing.

Seine ganz in zeitgemäßer Empfindsamkeit kultivierte Freundschaft mit dem tantigen, vier

Jahre jüngeren »Vater Gleim« kam – so will es die von diesem selbst produzierte Legende 1743 zustande, als Gleim, seinerzeit Stabssekretär in Potsdam, dem infolge einer Duellwunde bettlägrigen K. eines seiner Gedichte vortrug: Der verständl. Lachanfall führte zu einer Blutung der Wunde, die die Heilung beschleunigte. Vielleicht wäre der zu Depressionen neigende, auch oft hypochondr. K. wie seine stumpfsinnigen Offizierskameraden in der Potsdamer Garnison moralisch u. intellektuell verkümmert, hätte er nicht Gleims Bekanntschaft gemacht, die seine Dichtung aufs äußerste inspirieren sollte. Der anakreont. Tändelei Gleims hat er gleichwohl nicht allzu lange angehangen. Seine Poesie ist zudem oft schwermütig – frühes Beispiel einer Weltschmerz-Dichtung.

An seinem bekanntesten Werk, dem *Frühling*, hat K. jahrelang gearbeitet u. gefeilt. Ursprünglich sollte es ein umfassendes Poem *Landlust* werden, aus dem er dann unter dem Eindruck der ersten Veröffentlichung von Klopstocks *Messias* (1749) den *Frühling* als ein erstes Fragment des ganzen herausbrachte. Dieser Spaziergang durch die Natur entstand 1746-1749 (erschienen: Bln. 1749 u. ö.); 1756 dann eine letzte, nicht zu ihrem Nachteil um rund 20 Prozent gekürzte Fassung, deren auftaktige Hexameter zumal durch die metr. Feile sehr gewonnen haben. Zwar unter dem literar. Einfluß von Hallers *Alpen* (1732), Brockes' *Irdischem Vergnügen in Gott* (1721-48) u. bes. deren unmittelbarem Vorläufer, Thomsons *Seasons* (1726-30), ist K. doch mit gewaltigen Schritten aus der noch ganz kalkuliert wirkungsästhetisch bestimmten Lehrdichtung der frühen Aufklärungspoetik herausgetreten (ohne sie ganz zu verlassen) in ein empfindsames, vom Dichter empfundenes Erleben – im Sinne Schillers vollkommen »sentimentalisch«. Im Unterschied zu den literar. Vorbildern wird bei K. Landschaft u. Natur zum Zustand der Seele u. zum Arsenal ihrer Heilmittel vor allem. Aber auch das Handwerk der Dichtung hat er bereichert, bewiesen zumal, daß das Deutsche als poetische Sprache geschmeidig genug war, mit anderen Kultursprachen mitzuhalten. Viel Kleines entstand in Nebenstunden: Lied, Epigramm, Fabel, Ode, Lehrgedicht, auch entwurfsweise erbaul. Kurzprosa.

Die Prosatragödie *Seneca* (1757/58 entstanden) fand Schiller etwa »dürftig, langweilig, mager und bis zum Unerträglichen frostig« (*Über naive und sentimentalische Dichtung*). Das ist nicht zuviel gesagt. Auch die bemerkenswerten Versuche, den Reim klass. Odenmaßen nutzbar zu machen, wurden alsbald obsolet, als Klopstock seine Vorherrschaft brach. Hingegen das Heldengedicht in fünffüßigen Jamben über zwei Makedonier, die ihre Heimat retten, *Cißides und Paches in drey Gesängen vom Verfasser des Frühlings* (Bln. 1759), half, den Blankvers in Deutschland zu verbreiten – die Ernte dieser Saat aber sollte dem Anreger dieses Gedichts, Lessing, vorbehalten bleiben.

Dennoch ist K. zwar ein Erster, aber über das 18. Jh. hinaus nicht d e r schneisenschlagende Poet gewesen, für den ihn manche gern halten wollten; selbst der *Frühling* blieb doch eigentlich folgenlos.

Ein Teil von K.s Berühmtheit ist nicht zuletzt den Umständen seines Todes zuzuschreiben, die den Nachgeborenen die Einheit von Leben u. Poesie herzustellen schienen – da doch die gleichzeitigen Dichter Wasser tranken u. Wein sangen, Gleim etwa, der ohnehin selten Pulver gerochen hatte, zehn Jahre aus dem Dienst geschieden war, als er die *Preußischen Kriegslieder in den Feldzügen 1756 und 1757 von einem Grenadier* schrieb. K. dagegen, der immer ein abgesagter Gegner des lebensfernen Berufspoeten (meint damals: Hofdichters oder Literaturprofessors) war, hatte zwar den Zweiten Schlesischen u. die ersten Feldzüge des Siebenjährigen Kriegs heil überstanden, starb aber als Major u. nicht lange nach Abfassung seines ex eventu visionären *Cißides und Paches* an den Folgen seiner in der Schlacht bei Kunersdorf empfangenen schweren Verwundungen – er hatte sich vorschriftswidrig, den Langemarck-Mythos vorwegnehmend, an die Spitze seines Bataillons gestellt. Dieser Tatsache u. seiner vornehmen Persönlichkeit verdankt er neben einem frühen Gedenkstein am Grab auch literar. Ehrungen: Abbt lobte ihn im *Tod fürs Vaterland* (1761); Lessing, der ihn schon zu Lebzeiten ungenannt als Empfänger der *Briefe die neueste Litteratur betreffend* imaginiert hatte, lieh in der *Minna von Barnhelm* seinem Tellheim mehrere schöne, verbürgte Charakterzüge K.s (z. B. die verweigerte Annahme der Schuldzahlung); Schiller schließlich inszenierte die Bestattung Max Piccolominis in *Wallensteins Tod* nach diesem rührenden Vorbild.

Weitere Werke: Gedichte v. dem Verf. des Frühlings. Bln. 1756. – Neue Gedichte v. dem Verf. des Frühlings. Bln. 1758 (darin auch ›Seneca‹). – Werke. Hg. August Sauer. 3 Bde., Bln. o. O. [1881/82] (Bde. 2 u. 3.: Briefw.). – Sämtl. Werke. Hg. Jürgen Stenzel. Stgt. 1971 u. ö.

Literatur: Ausführl. Lit.-Verz. in: Sämtl. Werke, a. a. O.

Ulrich Joost

Kleist, Franz Alexander von, * 24. 12. 1769 Potsdam, † 8. 8. 1797 Gut Ringenwalde bei Neudamm/Neumark. – Lyriker.

K., mit dem Heinrich von Kleist entfernt verwandt war, stammte aus einer Offiziersfamilie. 1785 trat er in den Heeresdienst ein. Im Frühjahr 1790 begann er ein Studium der Rechts- u. Staatswissenschaften in Göttingen, Ende 1790 erhielt er eine Anstellung als Legationsrat im diplomatischen Dienst. Im Dez. 1791 heiratete er Albertine von Jung, quittierte aus gesundheitl. Gründen den Staatsdienst u. lebte seit 1792 als Privatier.

K. veröffentlichte zahlreiche Gedichte histor. u. mytholog. Inhalts in Zeitschriften, nur ein geringer Teil wurde in die *Vermischten Schriften* (Bln. 1797) aufgenommen. Das *Denkmal Deutscher Dichter und Dichterinnen* (in: Deutsche Monatsschrift. März, Aug., Nov. 1791) ist eine Mikro-Literaturgeschichte in Form einer »historisch-lyrische[n] Dichtung«, die der Verbreitung patriotischer Stimmung dienen sollte. Rief K. am 24. 10. 1789 in der *Ode an die Deutschen, bey denen französischen Unruhen* (in Archenholtz' »Neue Litteratur und Völkerkunde«, 1790, S. 412 ff.) noch zum bewaffneten Widerstand gegen die Revolutionäre auf, so sympathisierte er nach 1791 im Rahmen eines aufgeklärten Absolutismus mit der Französischen Revolution. Sein Reisetagebuch *Fantasien auf einer Reise nach Prag* (Dresden/Lpz. 1792) enthält neben eleg. Naturbeschreibungen u. deutl. Fürsten- u. Priesterkritik bestechende sozialkrit. Urteile. Im Anhang zu *Sappho. Ein dramatisches Gedicht* (Bln. 1793) schreibt K., Schillers Programm der ästhetischen Erziehung vorwegnehmend: »Je mehr ästhetische Empfänglichkeit ein Volk besitzt, desto weniger wird es sich unterdrücken lassen.« K. galt als Hoffnungsträger der dt. Literatur des ausgehenden 18. Jh. (vgl. Allgemeine Deutsche Bibliothek 112, 1792, S. 93).

Weitere Werke: Ueber die eigenthüml. Vollkommenheiten des Preuß. Heeres. Bln. 1791. – Graf Peter der Däne. Ein histor. Gemählde. Bln. 1791. – Das Glück der Liebe. Bln. 1793. – Zamori u. Midora, oder die Philosophie der Liebe. Bln. 1793. – Das Glück der Ehe. Bln. 1796.

Literatur: Paul Ackermann: F. v. K. Eine litterar. Ausgrabung. In: Der Bär. Bln. 1892, S. 269-282, 293-295. – Julius Schwering: F. v. K. Eine litterar. Ausgrabung. Paderb. 1892. – Berthold Schulze: Ein vergessener Dichter. In: Nord u. Süd 65 (1893), S. 322-343. – Hans Joachim Kreutzer: Hat Kleist Mozart gesehen? In: Mozart-Jb. (1989/90), S. 141-148.

Matthias Luserke

Kleist, (Bernd) Heinrich (Wilhelm) von, * 18. 10. 1777 Frankfurt/O., † 21. 11. 1811 zwischen Berlin u. Potsdam, am heutigen Kleinen Wannsee; hier auch bestattet; Gedenkstein unweit dieses nicht mehr genau lokalisierbaren Ortes. – Dramatiker, Erzähler, Publizist. (Bildkapitel S. 361–376)

K. entstammte einer altpommerschen Familie wend. Herkunft. Die in mehrere Linien verzweigte Familie (K. gehörte dem Haus Alt-Schmenzin aus der Linie Damen-Muttrin an) war im 18. Jh. in den meisten preuß. Provinzen ansässig u. in erster Linie, aber nicht ausschließlich, im Militär vertreten. Nach Leistung wie Selbstverständnis rechnete sie gleichsam zur Substanz des preuß. Staates. Auch zu K.s Lebenszeit hatten zahlreiche Namensträger hohe u. höchste Positionen inne. Schon vor K. hatte die Familie zwei Dichter aufzuweisen: Ewald von Kleist, dessen Tod als Offizier (Schlacht von Kunersdorf) im Andenken der Nachlebenden den Zwiespalt zweier Existenzformen versöhnte, der für K. lebenslang bestehen blieb, u. Franz Alexander von Kleist, dessen Lebensweg den K.s in manchem vorzeichnet. – K.s Traum, mit seiner Tragödie *Robert Guiskard* »zu so vielen Kränzen noch einen auf unsere Familie herabzuringen« (an Ulrike von Kleist, 5. 10. 1803), bringt sein Bewußtsein, einer großen Tradition, die niemals eine private war, mit seiner Existenz verpflichtet zu sein, zum Ausdruck. In den geschichtl. Vorgaben seiner Familie hat K. sich, in Bindung wie Abstoßung, zeitlebens bewegt. – »Familie« als individuelle Konstellation hat er nur in fragmentar. Form erlebt.

K. wurde als Sohn des (damaligen) Kapitäns beim Regiment Herzog Leopold von Braunschweig, Joachim Friedrich von Kleist, geboren, als drittes von fünf Kindern aus zweiter Ehe; aus erster Ehe stammten zwei Töchter, darunter Ulrike, K.s wichtigste familiäre Bezugsperson. K. erhielt häusl. Privatunterricht. Seit seinen Kindertagen bleiben Bemerkungen, er sei impulsiv bis unstet gewesen, konstant. Der Vater starb 1788 als Major. Daraufhin wurde K., zehnjährig, nach Berlin in hugenott. Erziehung gegeben, über deren Form u. Gehalt so gut wie nichts bekannt ist. Nach vier Jahren, mit der Konfirmation (20. 6. 1792), kam der 15jährige zum Militär, ins Regiment Garde. Nach dem Tod der Mutter (3. 2. 1793) machte er den Rheinfeldzug mit, auch in ernsthaften Gefechten. Im Sommer 1795 kehrte das Regiment nach Potsdam zurück. Nach knapp vier Jahren, die letzten beiden als Seconde-Leutnant, erbat K. seinen Abschied, um studieren zu können. Er erhielt ihn am 4. 4. 1799. Dieser Entschluß war noch kein Durchbruch zu einem bestimmten Lebensziel. – Spurenhafte Hinweise lassen darauf schließen, daß er als Soldat bereits geschrieben hat, wahrscheinlich Gedichte. Das früheste Datum (1792) nennt K. selbst, als er 1808 im »Phöbus« eines dieser Gedichte (*Der höhere Frieden*) veröffentlichte. Den Charakter dieser Dichtung könnte das handschriftlich erhaltene Gedicht *Nicht aus des Herzens bloßem Wunsche* veranschaulichen. An der lyr. Sprache der Epoche hat K. im übrigen keinen Anteil.

K. hat nacheinander gleichsam zwei verschiedene Lebensläufe, zunächst den eines Offiziers, dann, nach einer Phase der Orientierungssuche, ein Schriftstellerleben, das allein von Möglichkeiten u. Notwendigkeiten der Produktion bestimmt war. Er hat selten in amtl. u. geschäftl. Beziehungen gestanden, so daß nur wenige dokumentarisch gesicherte Daten über ihn existieren. Über sich selbst hat K. sich selten u. nicht im Zusammenhang geäußert. Die vielfach zufälligen Aussagen über ihn gewannen später, als sein Ruhm entstand, verzerrte Dimensionen. Hinzu kommt, daß K.s Briefe für seine Charakteristik nur auf Umwegen deutbar sind. Sie bestehen überwiegend in schriftstellerischen Situations- u. Rollenprojektionen für Schreiber u. Adressaten u. müssen zum guten Teil als literar. Texte gewürdigt werden.

Unter dem von ihm selbst formulierten Vorzeichen der exzentr. Bahn des Kometen durchlebte K. ein zweieinhalbjähriges Wechselspiel von Selbststabilisierungen u. Fluchtversuchen. Ausgangsbasis war seine Idee eines »Lebensplanes«, im Grunde ein Verfahren immerwährender, zweckfreier Selbstbildung. Fachlich dachte er an Mathematik, Philosophie u. Physik, zusammengefaßt von ihm »höhere Theologie« genannt. Unter dem Druck familiärer Erwartungen nahm er widerwillig u. wenig schulgerecht ein Rechtsstudium in Frankfurt/O. auf. Daraus bewahrte er spezif. Denkformen u. Schreibweisen, die sein dichterisches Verfahren entscheidend prägten. Im zweiten Semester verlobte sich K. mit Wilhelmine von Zenge, Tochter des Garnisonschefs, nachmals Ehefrau des Philosophen Wilhelm Traugott Krug, in Königsberg der Nachfolger Kants. Die warmherzige, aufrichtige junge Frau ist im – rein literarischen – Spiegel der Briefe K.s, in denen ihr beständig abstrakte Rollen vorgezeichnet werden, nicht wiederzuerkennen. – Nach drei Semestern schuf sich K. ein Moratorium in Gestalt seiner geheimnisvollen Würzburger Reise, für deren Zweck er in Briefen so viele verschiedene Fährten gelegt hat, daß dieser auf Dauer verborgen blieb; eine Selbsterprobung auf Eignung zum Schriftsteller war zumindest mit im Spiel. – Die Beamtenlaufbahn empfand K. als Bedrohung u. wich vor ihr zunächst durch eine Reise in Begleitung seiner Schwester Ulrike über Dresden nach Paris aus. Vor die Notwendigkeit gestellt, sich mit Gründen aus bestehenden Verhältnissen lösen zu können, hatte K. zuvor seine Lebenskrise als Erschütterung durch die krit. Philosophie Kants formuliert. Zwar haben Themen der Philosophie (Erkenntnis u. ihre Bedingungen, Naturrecht u. Vertrag, Eigentum u. Bürgerrechte, Krieg u. Frieden) K. fundamental bewegt, aber er war kein Philosoph im method. Sinne. Die Formulierung solcher Probleme war ihm nur in Form von Vorgängen oder Fällen, szenisch wie erzählerisch, möglich. Zweimal hat er in seiner (»vordichterischen«) Frühzeit seine Suche an krisenhaften Lebensschwellen in großen Aufsätzen gleichsam fortgeschrieben: 1799 in dem *Aufsatz, den sichern Weg des Glücks zu finden* u. 1801 in der *Geschichte meiner Seele* (verloren); hiervon zu unterscheiden ist ein sog. Ideenmagazin, das keinen Werkcharakter trug.

K.s Briefe aus Paris bilden nicht nur einen Beitrag zur ausgedehnten dt. Parisliteratur, sie sind v. a. für seine eigene Dichtung hochwichtig: In Paris erblickte K. einen katastrophischen, nahezu endzeitlichen Zustand gesellschaftlicher Entwicklung, allen philosophischen Entwürfen als reale Verneinung entgegengesetzt. Der Ursprung seiner Dichtung liegt in der Entdeckung seines ureigensten Talents, Grundprobleme von Zeit u. Gesellschaft in konzentriertester dramatischer Konstellation darzustellen; sie muß K. in ihrer Plötzlichkeit selbst überrascht haben. Er hat das in dem Bild einer Wiedergeburt, im Sinne des pietistischen Erweckungserlebnisses, gefaßt u. das Datum als seinen zweiten, wahren Geburtstag verstanden: »Ja, mein Geburtstag ist heute [...]« (an die Braut, 10. 10. 1800). Auf der Rückreise trennten sich in Frankfurt/M. die Geschwister, u. K. ging nach Basel, Bern u. Thun.

Die zwölfeinhalb Jahre nach der Lösung aus der militärischen Laufbahn hat K. überaus unstet verbracht, nur zehn Jahre als Schriftsteller. Wie er unter solchen Lebensumständen seine literar. Studien, die ausgebreitet u. zgl. fachmännisch waren, getrieben hat, entzieht sich der Vorstellung. Es gibt keine Hinweise auf die Art, wie K. seine Kenntnisse fixiert u. aufbewahrt haben könnte. Nachweise über Bibliotheksbesuche existieren, jedoch keine über Bücherbesitz; ein Nachlaß ist nicht erhalten. Nur selten hatte K. einen festen Wohnsitz: April 1799 bis Juli 1800 als Student in Frankfurt/O., von Nov. 1800 bis März 1801 in Berlin, wo er an Sitzungen im Manufaktur-Departement teilnahm. Januar 1805 wurde er regulär im Finanzministerium angestellt u. wechselte im Mai nach Königsberg, wo er als Diätar bei der Kriegs- u. Domänenkammer arbeitete. Zeitweilig war er jedoch beurlaubt, im Aug. 1806 gab er die Stellung auf. Zweimal hielt sich K. als freier Schriftsteller für längere Zeit an festem Ort auf: in Dresden von Aug. 1807 bis April 1809 u. in Berlin ab Febr. 1810. Zwischen diesen an sich schon unzusammenhängenden Stationen immer wieder Reisen der allerverschiedensten Art (zusammengerechnet machen sie die Hälfte der gesamten Zeitspanne aus): Herbst 1800 die sog. Würzburger Reise, Frühjahr bis Herbst 1801 die Parisreise, Dez. 1801 bis Okt. 1802 Basel, Bern, Thun. November u. Dez. 1802 hielt sich K. in Weimar auf, Jan. u. Febr. 1803 in Oßmannstedt, März bis Juli in Leipzig u. Dresden. Es folgte eine zweite Schweizer Reise, bis über die Alpen. Im Okt. kam K. nach Genf, ging dann erneut nach Paris. Nach einem Versuch, sich der frz. Invasionsarmee anzuschließen, wurde K. im Dez. vom preuß. Gesandten zur Abreise gezwungen, blieb aber (unter dem Vorwand einer Erkrankung?) in Mainz u. pendelte aus unbekannten Gründen immer wieder nach Paris. Im Juni 1804 kam er in Berlin an. Im Jan. 1807 wanderte er von Königsberg nach Berlin, wurde (vielleicht nicht ohne Grund) verhaftet u. nach dem Fort de Joux bei Pontarlier verbracht. Seine Dresdner Schriftstellerexistenz 1807/08 vertauschte K. im Sommer 1809 für fast neun Monate mit einer in Einzelheiten nicht kenntl. polit. (Kurier?-)Tätigkeit in Böhmen, Österreich, aber auch im Westen des Reichs (z. B. Frankfurt/M.). Dieses Leben von beispielloser Unrast hat Halt u. Form in einem dichterischen Werk von einzigartiger Strenge gefunden.

K.s erlernter Beruf, der des Soldaten, hat seine Dichtung bis tief in Bildlichkeit u. szenisch-motivische Konstellationen entscheidend bestimmt: K. wurde rein thematisch der Kriegs- u. Militärdichter par excellence der Deutschen. Philologische Archäologie der Zitat- u. Lektürespuren in K.s Texten läßt ausgebreitete Lektüre seit früher Jugend erschließen. Schlüsselerlebnisse in seiner Entwicklung bot Wieland-Lektüre, die ihm zentrale Elemente einer christlich getönten, aufklärerischen Vervollkommnungslehre vermittelte. Auch in seiner Dichtung verwandte K. immer wieder erlernte christl. Themen wie Formen. Intensives Interesse an bildender Kunst bewirkte, daß seine Dichtung auf weite Strecken vorgeformt ist von Gestalten u. Situationen, die er in ausgedehnten Museumsstudien in großer Zahl gespeichert haben muß. Musikausübung ist nur für die Militärzeit wirklich belegt; K.s Instrument war die Klarinette. Er erwähnt mit Joseph Beer einen Virtuosen von europ. Rang als persönl. Bekannten; auch eine Begegnung mit dem berühmten Flötisten Friedrich Ludwig Dülon ist belegt.

K. nahm gegenüber seinen nachmals zu Bedeutung gelangten Jugendfreunden (vornehmlich Otto August Rühle von Lilienstern u. Ernst von Pfuel) in briefl. Formulierung gerne eine Führungsrolle ein. Gesprächspartner von Autorität besaß er in Frauen, die deutlich älter waren als er selbst: Adolphine von Werdeck, Marie von Kleist, geb. von Gualtieri, v. a. aber seine Halbschwester Ulrike. Ihnen gegenüber offenbarte er sich am unverstelltesten, d. h. gegenüber Frauen, zu denen eine sichere Distanz bestand, die erot. Beziehungen ausschloß. K. ist praktisch vaterlos aufgewachsen, hat weite Teile der Kindheit in der Fremde der Armee verbracht. Die übermäßige Macht der Vater- u. Herrschergestalten in seiner Dichtung läßt starke Erlebnisdefizite vermuten. Über seine Mutter ist so gut wie nichts bekannt. In K.s Dichtung gibt es einerseits zauberhafte Mädchengestalten, daneben alters- u. geschlechtslose Herrscherinnen u. Priesterinnen, zum Frauenbild der romant. Generation leistete K. jedoch im Grunde keinen Beitrag.

Auf verschiedene Weise sind die Dramen K.s zu je zweien entstanden u. auch als Kunstwerke in solchen Konstellationen aufeinander bezogen. Die Erzählungen K.s haben ihren geschichtlich-biographischen Ort an bes. Entwicklungsstationen seiner Dramatik. – Auch wenn für die Mehrheit der Dramen Anregungen in Literatur, Kunst u. Geschichte existieren, besteht doch prinzipiell ein Hiatus zwischen benennbarem Substrat u. ausgeführtem Werk, so daß nicht an eine »Quelle« zu denken ist, aus der das Werk hervorgegangen wäre. Durchweg war eine Konstellation, ein Konflikt in Recht, Geschichte, Politik, Gesellschaft oder überhaupt die bes. künstlerische Aufgabe als solche die primäre Veranlassung, zu der K. den Stoff dann hinzugefunden hat, der bisweilen fast wie eine Einkleidung wirkt. Deutlicher noch als in den Dramen hat K. in seinen Erzählungen Zeit u. Handlung verfremdend in weite Ferne »verlegt« (eine bezeichnende Wendung im Untertitel der *Marquise von O...*) u. ist mit hohem Aufwand u. größter Sorgfalt jedem Anschein realistischer Darstellungsabsichten aus dem Weg gegangen. Die auf diese Weise thematisierten Probleme sind solche aus K.s eigener Zeit u. Welt.

Die Familie Schroffenstein u. *Robert Guiskard* hat K. selbst nebeneinander gestellt u. dabei die Problematik innergesellschaftl. Entwicklung mit der einer Herrschaftsform, die in eine Krise gerät, konfrontiert: »[...] was ist der Staat? Oder: was ist das Eigentum?« lauten die exemplarischen Fragen eines gedachten Examens in K.s Essay *Über die allmähliche Verfertigung der Gedanken beim Reden* (nicht datiert, um 1805?). Hier sind in Abbreviatur die Problemkerne dieser beiden frühesten Tragödien K.s angegeben. Seine Dichtung erwächst aus einem tiefgreifenden Krisenbewußtsein in bezug auf Gesellschaft u. Staat, das er mit seiner Generation teilt. Die Familie ist schon in K.s erster Tragödie eine gesellschaftl. Formation, geschichtlich gewachsen u. durch Eigentum, Erbe u. Vertrag definiert; die Gliederung des Familienverbands in Häuser entsprach K.s Herkommen u. Lebenserfahrung. »Familie« ist eines der Urthemen K.s. Das zweite, der Herrschaftsvertrag, ist im *Guiskard* angesprochen. Aus der Reibung solcher Themen im geschichtl. Ablauf, Verlust u. Wiedergewinnung von Frieden u. Harmonie, entsteht die aggressive Schärfe der dramat. Konflikte K.s, Kehrseite einer unstillbaren Sehnsucht nach Frieden. Wenn der *Guiskard* K. letztlich erfolglos beschäftigte, mag dabei mitgespielt haben, daß die Analogie zu dem zeitgeschichtl. Paradigma Napoleon (der histor. Guiskard war gleichfalls Usurpator u. legaler Herrscher in einem) überdeutlich war u. sich überdies im Lauf der Zeit wandelte: K. begann die Arbeit etwa Mai 1802 in Thun u. brach sie Nov. 1803 durch Zerstörung eines Manuskripts (»durchlesen, verworfen, und verbrannt«) zunächst ab. Der Appellcharakter dieses hochdramat. Gestus gegenüber dem familialen Über-Ich in Gestalt der Halbschwester Ulrike ist so bedeutsam wie das Faktum selbst. 1807/08 rekonstruierte oder überarbeitete K. das Drama u. druckte den Anfang im »Phöbus«; wie weit es je ausgeführt war, bleibt ungewiß.

Der Bau der ersten Dramen K.s verrät sorgfältiges Studium der attischen Tragödie, insbes.

des analyt. Prinzips. Im Beginn der *Schroffensteiner* sind sämtl. Voraussetzungen der Katastrophe bereits vorhanden. Alle aktiven Handlungsimpulse gehen von der Gestalt des »Rächers« Rupert aus, der (wie nach seinem Muster die K.schen Gestalten Michael Kohlhaas u. der Cheruskerfürst Hermann) eine durch ein ungeheuerl. Verbrechen gestörte natürl., urspr. Ordnung wiederherstellen will, indem er mit gleicher Radikalität den Verursacher vernichtet. Zerstört werden aber die Träger des Erbes, die nächste Generation. Die Kinder, Ottokar u. Agnes, vereinen sich in einer gegenläufigen Handlung: Dem Paar gelingt in der »Natur« (Einsamkeit, Hochgebirgsszenerie als Ort der Idylle, der Utopie; die menschl. Behausung ist der Ort des Irrtums u. Unrechts) die Aufklärung der Irrtümer, denen die Väter erlegen sind, jedoch zu spät. In dem (erotischen) Schutzraum einer Höhle bringt irrtümlich jeder der Väter sein eigenes Kind um. Die Schlußszene absoluter Hoffnungslosigkeit kommentiert der Wahnsinnige mit dem Bild des hinter dem Menschen liegenden Paradieses (»s'ist inwendig / Verriegelt« vv. 2630 f.), das zentral in dem Essay *Über das Marionettentheater* wiederkehrt. – Die Tragödie, urspr. mit span. Namen, hat K. für den Druck in ein dt. MA verlegt, das wie alle Landschaften, Länder u. Zeiten bei K. weder Atmosphäre noch Kolorit aufweist. – Allgemein lassen sich die Spielorte der K.schen Dichtungen als Innenräume, zumeist unter künstl. Beleuchtung, verstehen, ja oftmals nahezu in den Maßen u. Begrenzungen von Bühnenräumen, mit Auf- u. Abtritten, Gängen, nicht zuletzt mit entsprechender Gestik der redenden Personen.

K.s *Guiskard* besitzt gleichsam eine Vorzeichnung in Gestalt einer Abhandlung von Karl Wilhelm Ferdinand von Funck in Schillers »Horen« (1797). Der Herrscher, dessen Legitimation auf seiner Persönlichkeit beruht, aber wegen der zugrundeliegenden Usurpation zgl. in Zweifel steht, ist bei Einsetzen der Handlung bereits an der Pest erkrankt, die – wie im Sophokleischen *König Ödipus* – im Volk wütet. Den Weg nach vorn, ins belagerte Byzanz, weist eine trügerische Wahrsagung. Da in den 524 Anfangsversen das Gegenspiel noch nicht klar hervortritt (der kriegerische Gegner? Guiskards eigenes »Haus«, d. h. die konkurrierenden Prinzen? etwas in Guiskard selbst?), ist nicht auszumachen, worin das Problem bestand, das K. mit diesem Drama zu lösen nicht gelang. Daß ein Herrscher durch die Art seines eigenen Untergangs Staat u. Volk radikal in Frage stellen kann, zeigt die *Penthesilea.* Vermutlich hat deren noch kühnere »Erfindung« K.s Interesse am *Guiskard* später zurücktreten lassen.

Die Möglichkeiten des komischen Dramas im klassisch-romant. Zeitalter erprobte K. mit *Dem zerbrochnen Krug* u. dem *Amphitryon,* indem er den vollen Gattungsspielraum auf auseinanderstrebenden Wegen ausmaß. Beide Werke sind als Gegenstücke unter dem Aspekt einer vorausgesetzten Totalität zu betrachten. – In einer für den Druck wieder gestrichenen Vorrede zum *Krug* beruft sich K. auf einen Kupferstich nach einem Gemälde von Philibert Debucourt, dessen Personal u. Aufbau er mit Hilfe des Sophokleischen *Ödipus* entscheidend umdeutet: Der Stich zeigt durchaus keinen schuldigen Richter, hingegen eine verführte Unschuld nebst dazugehörigem jugendl. Täter; am Arm trägt das Mädchen einen schlichten Topf, der, da zerschlagen, erot. Symbolik besitzt. K. hat die Fabel somit weitgehend erfunden. Mit dem niederländ. Bauernmilieu zitiert er zgl. eine ältere Kunstwelt, die hinter der des frz. Bildes liegt: die niederländ. Bauernmalerei des 17. Jh. In Verbindung mit Verssprache u. Handlungsstruktur der großen Tragödie bildet diese Motivwelt ein höchst spannungsreiches Gefüge, außerdem wird zeitgenöss. Rechtsproblematik aufgerufen, u. mit dem teilweise tatsächlich komischen Personal kontrastiert die ernsthafte Mädchengestalt Eves, die in mehreren Richtungen Krisen von Vertrauen u. Erkenntnis durchlebt. In dieser Form, dazu ohne Szenengliederung, mit zweieinhalbtausend Versen entschieden zu lang, gelangte das (1805 bereits abgeschlossene) Werk am 2. 3. 1808 am Weimarer Hoftheater zur Uraufführung, zum Überfluß im Anschluß an eine Oper. Das Publikum nahm an der Länge des Abends Anstoß, offenbar auch am Sujet. Im Druck vereinfachte K. 1811 das Stück, indem er es zugunsten der Gattungsreinheit kürzte. Damit hat er selbst der Auffassung vorgearbeitet, es handle sich um ein Lustspiel.

Die geopferten etwa 480 Verse, in einem Anhang als »Variant« abgedruckt, lassen erkennen, daß der *Krug* urspr. ein »gemischtes Stück« war, bei dem es auf Weite u. Stärke der Spannung zwischen komisch u. tragisch ankam. In beiden Fassungen nimmt der Prozeß um den Krug für die schuldige Hauptgestalt – lustspielwidrig – kein gutes Ende: Adam wird nicht wieder integriert, er ist nicht einmal reuig.

Der *Amphitryon* rief in zeitgenöss. Aufnahme Befremden hervor. K. hat durch den Untertitel *Ein Lustspiel nach dem Molière* die Erwartung des Publikums ironisch desavouiert: Er hat Molières im genaueren Sinne höf. Text schwere u. dunkle Farben hinzugefügt, ihn stofflich privatisiert u. individualisiert. K.s Leistung beruht im Kern auf der Erfindung einer neuen Alkmene-Gestalt: jung, eben verheiratet, Mädchen u. Frau in einem, vollkommen autonom in sich ruhend (am besten kenntlich in der von K. erfundenen Szene II,5). Der Raum, den diese Gestalt bei K. beansprucht, geht insbes. dem nunmehr ironisierten Jupiter verloren. Das Spiel auf der Götter- u. Heroenebene verselbständigt sich derart, daß Leser u. Zuschauer in krasser Weise zwischen dieser u. der Dienersphäre hin- u. hergeworfen werden. Kein K.sches Stück weist eine so gewaltige Amplitude von hoch u. niedrig, tragisch u. komisch auf, mit seinem Schluß unentschieden zwischen solchen Orientierungsmarken verharrend. – Der *Amphitryon* begründete bereits im Sommer 1807 das für K. künstlerisch u., darauf beruhend, auch menschlich zerstörerische Fehlverständnis Goethes gegenüber seiner Kunst. Goethe unterstellte K. hier, wie ein halbes Jahr später bei der *Penthesilea*, die Absicht zur Vereinigung von Antike u. Moderne. Doch der ruhelos experimentierende K. hat nie eine Nachfolge, eine Wiederbelebung der Antike gesucht. Seine Alkmene ist eine Gestalt seines eigenen Zeitalters u. dabei wiederum keine romant. Frauengestalt.

Eine Verbindung zwischen *Penthesilea* (entstanden 1806/07) u. dem *Käthchen von Heilbronn* (entstanden 1807/08) hat K. selbst hergestellt, über die beiden Hauptpersonen (»das + und - der Algebra [...], [...] Ein und dasselbe Wesen, nur unter entgegengesetzten Beziehungen gedacht«; an Heinrich Joseph von Collin, 8. 12. 1808). Nimmt man beide Dramen als bildhafte Vergegenwärtigungen der beiden literar. Hauptorientierungsmarken der Zeit, Antike u. ritterl. Romantik, dann zeichnet sich der Gesamtgedanke einer »klassisch-romantischen Phantasmagorie« ab (wie Goethe den Helena-Akt seines *Faust* benannte), jedoch bewußt in zwei voneinander unabhängigen Kunstwerken – spannungshafte Zusammenhänge zwischen polaren Gegensätzen solcher Art mögen die wechselseitige Anziehung zwischen Adam Müller u. K. bestimmt haben. – Die entlegene Variante der Überlieferung, daß die Amazone den Griechenhelden tötet, gewinnt Leben einzig unter Rahmenbedingungen der Erfindung, die von K. selbst stammen. Die ganz im Vordergrund stehende Welt von Heer, Krieg, Staat u. Geschichte hat er entscheidend verfremdet u. verrätselt durch Verlagerung auf Weiblichkeit. Die Irritation erfaßt Bühnenhelden wie Publikum gleichermaßen u. macht das Geschehen, in immer wieder neuer Aktualität auflebend, nur unter enormer Anstrengung lesbar. Penthesilea, in deren Betroffenheit über Achill Liebe u. Ehrgeiz ununterscheidbar sind, hat Achill von Anbeginn verfehlt. Ihre Staatsgründungserzählung im 14./15. Auftritt läuft ab, als ihr Spiel schon verloren ist. Achill verliert das seine anschließend, indem er Penthesileas Suche nach ihm unter umgekehrtem Vorzeichen nachvollzieht: Während Penthesilea sich dem ihr von ihrer Mutter verheißenen Achill in Bildern der Jagd nähert, unternimmt Achill das gleiche in der Form wehrloser Hingabe. K. vertauscht die im Abendland literarisch vorformulierten Geschlechterrollen. Penthesilea betreibt die Verfolgung Achills wörtlich, dabei Tiefenschichten des Eros freilegend, die künstlerischer Gestaltung auf der Bühne bis heute eher zugänglich sind als wissenschaftl. Erklärung. Penthesilea erlebt ihre Anagnorisis am Ende (24. Auftritt) wie ein Auftauchen aus dem Wahnsinn: Wie Ödipus vollzieht sie eine Selbstbestrafung in der Form des willentl. Liebestodes. – Kompromißloser noch als in den *Schroffensteinern* tritt K.s Grundauffassung zutage, daß die Gegenwart eine Umkehrung aller natürl. Verhältnisse ist: Die lebende Generation wird erschlagen von Recht u. Satzung einer Staatsform, die seit fernster Vorzeit auf Eroberung, Raub, Vergewaltigung u. Rache beruht.

Der Dramatiker K. nähert sich der Ästhetik der Frühromantik nirgends stärker als in der Oberflächenstruktur des *Käthchen von Heilbronn*: Alle Regularitäten sind absichtlich gestört, Vers u. Prosa wechseln ohne Rücksicht auf Aktgliederung in schöner Willkür, die äußere Gliederung übergreift den dramat. Aufbau. Die absolute Hingabe einer – zudem halbkindlichen – Frauengestalt steht in krassem Gegensatz zu der Motivwelt der Ritterromantik. Hingegen hat Käthchen eine gewisse Affinität zur weibl. Totalität des frühromant. Frauenbildes des Schlegel-Kreises, zumal das Doppeltraum-Thema auf den Mythos vom urspr. vollständigen Menschen zurückweist, den Platon im *Gastmahl* entwickelt. – K. hat beklagt, der Kunstgestalt des *Käthchen* durch Konzessionen geschadet zu haben, die er vielleicht zu korrigieren beabsichtigte (an Marie von Kleist, Sommer 1811). Da diese nicht gut seine ureigensten, wiederkehrenden Themen betreffen können, bleibt dafür am ehesten die dem Zeitgeschmack entsprechende ritterl. Einkleidung.

Auch *Die Hermannsschlacht* u. *Prinz Friedrich von Homburg* sind gegensätzlich-zusammenhängende Pendants. Entstanden zwischen Mitte 1808 u. Frühjahr 1810, sind sie K.s letztes Wort zum Drama, die Bühnenbearbeitung des *Zerbrochnen Krugs* nicht gerechnet. – Die vielfältig mißdeutete *Hermannsschlacht* weicht diametral von dem Suche- u. Frageschema der früheren Dramen ab. Erstmals wird hier eine Konstellation schrittweise aufgebaut: ein militärischer Befreiungsschlag auf der Grundlage einer ad hoc gebildeten militärischen Koalition, zgl. mit der Andeutung ihrer anschließenden Umwandlung in ein polit. Bündnis. K. stellt sich mit diesem Werk auf Standpunkt u. Ranghöhe der Autonomieästhetik. Aber paradoxerweise macht er von ihr prakt. Gebrauch: Das Drama ist für die Anwendung, wie eine Waffe, in einer erhofften, u. a. mit einem solchen Werk herbeizuführenden polit. Situation geschrieben. Jede Übertragung auf scheinbar analoge, jüngere Situationen enthält Verfälschung: K. kannte den modernen Staatsbegriff nicht, sein Germanien beruhte auf kulturellen u. geschichtl. Faktoren, die Maßlosigkeit der Rachehandlung Hermanns ist ein Zurückschlagen, ein chiliastischer Kampf mit dem Bösen. Die Gefahr, daß die Rache den Rächer selbst zerstört, ist gleichwohl unübersehbar. – In das Jahr 1809 fallen sorgfältig gefeilte polit. Agitationsgesänge (strenggenommen keine Gedichte), die mit der Zweckbestimmung der *Hermannsschlacht* auf einer Linie liegen.

Der äußere Handlungsrahmen des *Homburg* ist ähnlich: erfolgreicher militärischer Abwehrkampf gegen Eroberer, das dramat. Interesse aber in der Hauptsache gerichtet auf den Geist eines Gemeinwesens, das von innen heraus u. auch für die Zukunft Überlebenskraft aufbringt. K. variiert eine bekannte vaterländ. Lesebuchgeschichte, deren Tenor Friedrich der Große in seinen *Mémoires pour servir à l'histoire de la Maison de Brandebourg* (1751) in dem Sinne vorformuliert hatte, daß die Herrscher/Vaterfigur des Großen Kurfürsten einen Fehler des jungen Feldherrn aus überlegener Weisheit verzeiht. K. deutet dies im Sinne der preuß. Reformzeit um: Den Fehler läßt er bestehen, doch ein lebendiges Gemeinwesen beruht auf Initiative des einzelnen, dessen selbständiges Handeln erfordert Freiraum, auch für nicht absolut normgerechte Individuen. In diesem Sinne lernt bei K. insbes. der Herrscher selbst. Der Text des Dramas steckt voller Anspielungen auf Denkschriften u. Eingaben der jüngeren Prinzen u. der Militärreformer nach der Niederlage von 1806. Es wird damit zu einem Plädoyer, das mit einer Widmung an die Prinzessin Marianne aus dem Hause Hessen-Homburg die politisch denkbar geeignetste Vermittlerin gefunden hätte. Ob die Dedikation je eingeleitet worden ist, ist unsicher. Die Botschaft des *Homburg* bleibt ästhetisch in der Schwebe: Von der Eingangsszene, in der eine Utopie – als Traum – Bestandteil eines Spiels ist, verläuft eine eigentüml. Kreisbewegung zu der Schlußszene, in der das Erträumte erneut (nur) in einer Pantomime Gestalt gewinnt.

Die *Marquise* u. das *Erdbeben* (entstanden 1805/06) sind K.s erste erzählerische Versuche. Die *Marquise* steht strukturell dem Drama nahe. Vom Sujet her ist sie selbst für K.sche Unbefangenheit vom Theater ausgeschlossen: Eine junge Witwe fällt in die Hände marodierender

Heinrich von Kleist. Miniatur von
Peter Friedel, 1801.

Heinrich von Kleist

Herkunft und Erziehung

Links: Der Vater Major Joachim Friedrich von Kleist.
Rechts: Der Großonkel, Dichter und Offizier Ewald Christian von Kleist. Kupferstich von Christian Fritzsch, 1760.

Kleists Regimentskameraden:
Ernst von Pfuel (Altersporträt, *links*)
Otto August Rühle von Lilienstern *(rechts)*.

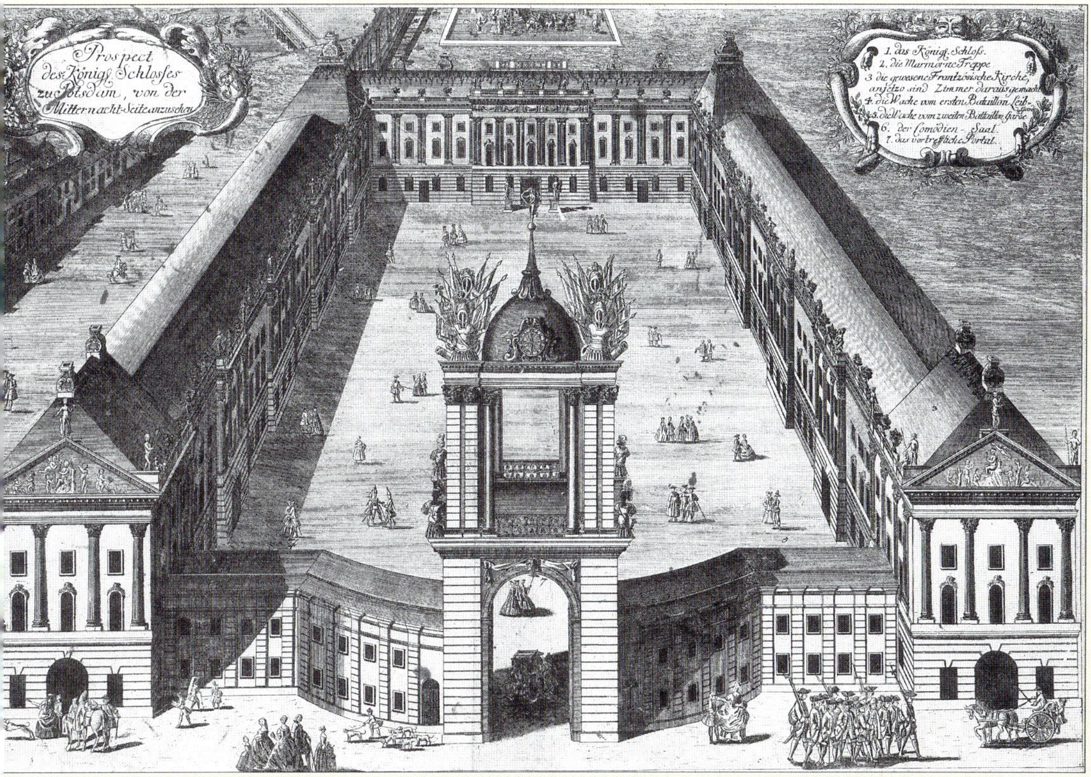

Linke Seite, Mitte: In Frankfurt an der Oder wird Kleist am 18. Oktober 1777 geboren. Die Photographie (um 1920) zeigt Kleists Geburtshaus mit hohem Giebel vor dem Ostchor der Marien- oder Oberkirche. *Oben:* Knapp fünfzehnjährig tritt Kleist 1792 in das Potsdamer Regiment Garde 15 b, 3. Bataillon ein.
Die Wachstuben befanden sich in den halbrunden Verbindungsteilen des Potsdamer Stadtschlosses. Kupferstich, 18. Jahrhundert. *Linke Seite, unten:* Die Universität in Frankfurt an der Oder. Lithographie, um 1865. Am 10. April 1799 begann Kleist hier das Studium der Rechtswissenschaft und Kameralistik.

Die Verlobte

»Denn durch solche schriftlichen Auflösungen interessanter Aufgaben üben wir uns nicht nur in der Anwendung der Grammatik und im Stile, sondern auch im Gebrauch unserer höheren Seelenkräfte und endlich wird dadurch unser Urteil über zweifelhafte Gegenstände festgestellt und wir selbst auf diese Art nach und nach immer um eine und wieder um eine interessante Wahrheit reicher.« Anfang 1800 verlobt sich Kleist mit Wilhelmine von Zenge, der Tochter des Garnisonschefs in Frankfurt an der Oder. In seinen Briefen an die Verlobte schreibt Kleist Denkübungen für sie auf.

Wilhelmine von Zenge.
Zeitgenössisches Porträtmedaillon.

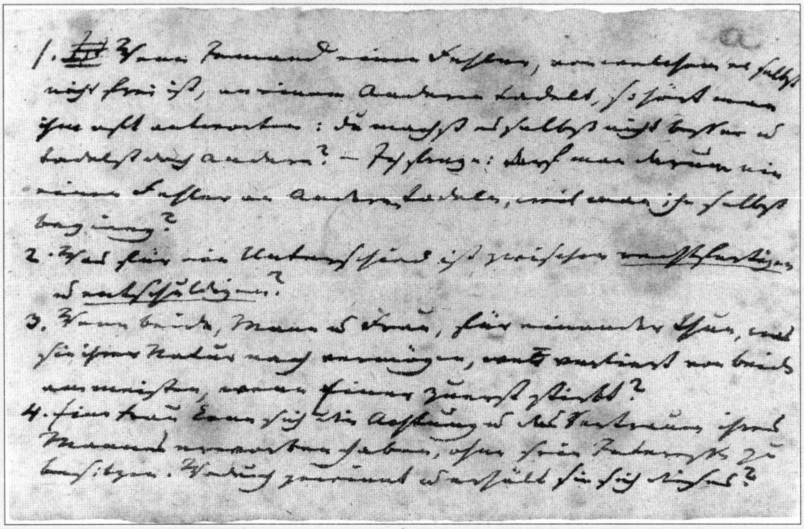

Denkübung I für Wilhelmine von Zenge. Kleist schrieb sie der Verlobten zwischen Frühjahr und Sommer 1800.

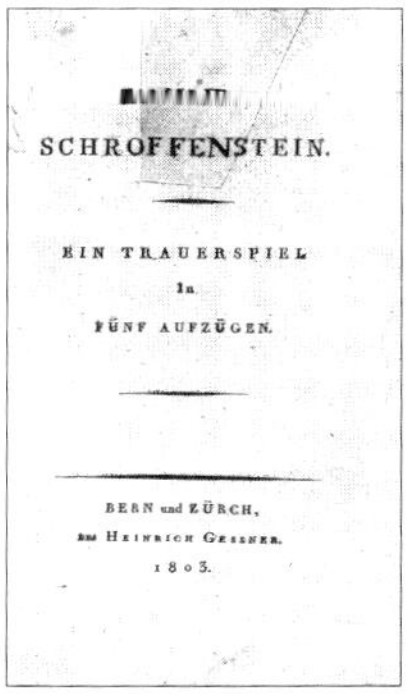
[illegible]
SCHROFFENSTEIN.

EIN TRAUERSPIEL
in
FÜNF AUFZÜGEN.

BERN und ZÜRCH,
bei HEINRICH GESSNER.
1803.

Frühe Reisen

1802 begann Kleist mit der Arbeit an dem Schauspiel »Familie Ghonorez«, später »Familie Schroffenstein«, das als sein erstes Drama 1803 erschien.

Nach der geheimnisvollen Würzburger Reise (1800) begibt sich Kleist 1801 auf die Reise nach Dresden, Leipzig, Halle, Göttingen, Kassel, Straßburg und Paris. In Paris erlebt er die Volksfeste zum Gedenken an die Erstürmung der Bastille.

Eine Feuerwerkstraße anläßlich der Friedensfeiern in Paris, 14. Juli 1801.

Von Paris reist Kleist 1801 in die Schweiz. Im April bezieht er ein Haus auf einer Aare-Insel im Thuner See. Er faßt den Plan, ein Landgut zu erwerben. Wilhelmine sollte ihm in die Schweiz folgen. Dazu kam es nicht, die Verlobung wurde aufgelöst. »Liebes Mädchen, schreibe mir nicht mehr. Ich habe keinen anderen Wunsch als bald zu sterben«, schrieb er ihr am 20. Mai 1802. *Im Bild links* das »Kleisthaus« im Thuner See.

Komödien

Wohl noch am Thuner See begann Kleist die Arbeit am »Zerbrochenen Krug«. Anfang 1802 verkehrte er in einem Kreis junger Schriftsteller in Bern, darunter Ludwig Wieland, Sohn des großen Martin Wieland, Heinrich Gessner, Sohn des Salomon Gessner und Heinrich Zschokke. In Zschokkes Haus hing der Kupferstich »La cruche cassée« *(unten rechts)* von Philibert Debucourt, der die Freunde zu

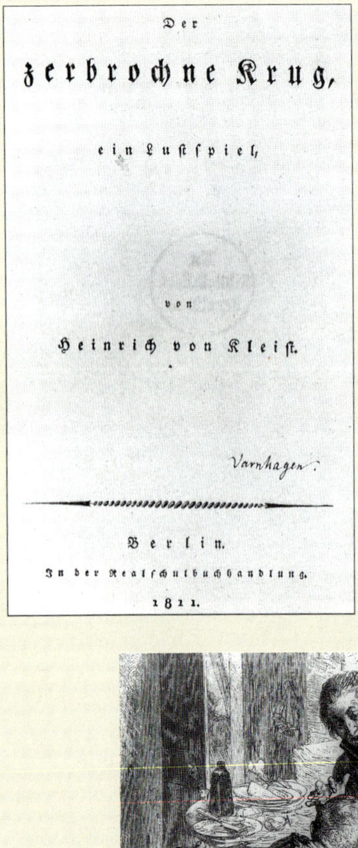
Der
zerbrochne Krug,
ein Lustspiel,
von
Heinrich von Kleist.
Varnhagen
Berlin.
In der Realschulbuchhandlung.
1811.

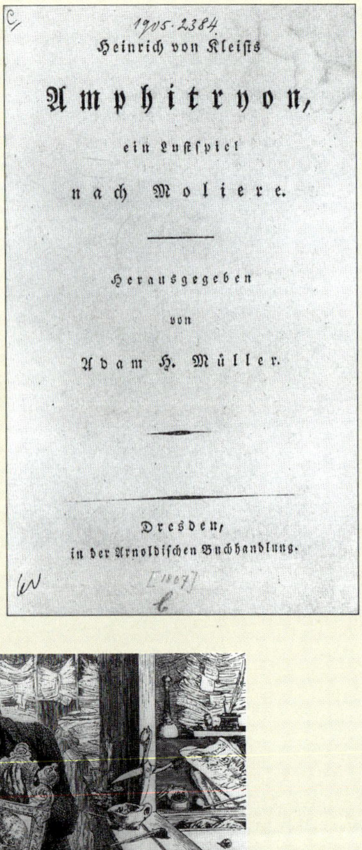
1905.2384
Heinrich von Kleists
Amphitryon,
ein Lustspiel
nach Moliere.
Herausgegeben
von
Adam H. Müller.
Dresden,
in der Arnoldischen Buchhandlung.
[1807]

einem Dichterwettstreit anregte: Wieland schrieb eine Satire, Zschokke eine Novelle und Kleist das Lustspiel, das 1806 vollendet wurde und 1811 als Buchausgabe bei Georg Andreas Reimer erschien.

(unten links). Ein Jahr später begann Kleist die Arbeit am »Amphitryon« (*unten Mitte*, Erstausgabe von 1807). *Ganz unten:* Illustration zum »Zerbrochenen Krug« von Adolph Menzel.

Beamtenjoch und Gefangenschaft

»Es ist mit der innigsten Betrübnis, und nach einem Kampf voll unsäglicher Schmerzen, daß ich die Feder greife, um Sie zu bitten, Verehrungswürdigster! mich von der Verpflichtung, die mir obliegt, alle Ihre gütigen Schritten für mich durch Weihung meiner Kräfte für den Dienst des Staates zu rechtfertigen – eine Verpflichtung, die nicht heiliger, als in meiner Brust empfunden werden kann, – wieder loszusprechen« (an Karl Freiherr von Stein zum Altenstein, 30. Juni 1806). Von Anfang 1805 bis Herbst 1806 arbeitete Kleist, wenig glücklich, im Finanzdepartement und darauf in der Domänenkammer in Königsberg. *Unten:* Kleists Wohnung in Königsberg, in der Löbenichtschen Langgasse 81.

»Nichts kann öder sein, als der Anblick dieses, auf einem nackten Felsen liegenden, Schlosses, das zu keinem anderen Zweck, als zur Aufbewahrung der Gefangenen, noch unterhalten wird« (an Ulrike von Kleist, 23. April 1806). Die Abbildung *(unten)* zeigt Fort de Joux bei Pontarlier, in das Kleist mit seinen Freunden Albert von Ehrenberg und Karl Franz von Gauvain, als angeblicher Spion verhaftet, im März 1807 gebracht worden war. Die Gefangenschaft in dieser Festung und darauffolgend in Chalons-sur-Marne dauerte bis zum Juli des Jahres.

Beginn als Journalist

Kleists erstes journalistisches Unternehmen war die Zeitschrift »Phöbus«. Zusammen mit Adam Müller gab er die Hefte 1-5 des ersten und einzigen Jahrgangs 1808 heraus. *Links:* Georg Andreas Reimer, der Verleger des »Phöbus«. *Unten:* Die Umschlagzeichnung Ferdinand Hartmanns für den »Phöbus« zeigt den Sonnengott Phöbus, der, von Horen, Genien und Tierkreiszeichen umgeben, den von Pferden gezogenen Wagen des Okeanos über den Himmel von Dresden lenkt.

»Ein und dasselbe Wesen ...«

»Unbeschreiblich rührend ist mir alles, was Sie mir über die Penthesilea schreiben. Es ist wahr, mein innerstes Wesen liegt darin, und Sie haben es wie eine Seherin aufgefaßt: der ganze Schmutz zugleich und Glanz meiner Seele. Jetzt bin ich nur neugierig, was Sie

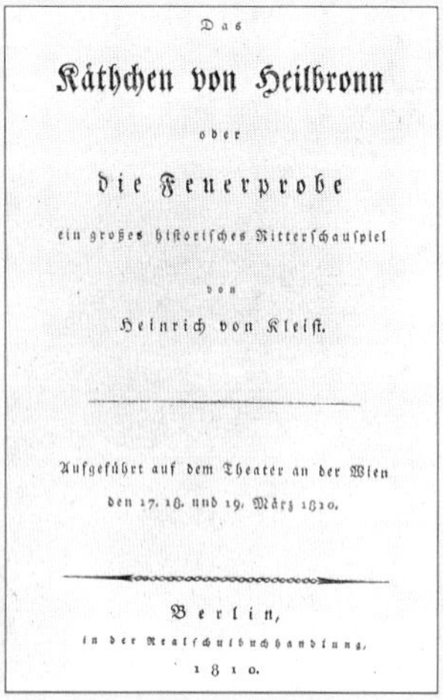

Das

Käthchen von Heilbronn

oder

die Feuerprobe

ein großes historisches Ritterschauspiel

von

Heinrich von Kleist.

Aufgeführt auf dem Theater an der Wien

den 17. 18. und 19. März 1810.

Berlin,

in der Realschulbuchhandlung.

1810.

»Wie gerne hätte ich das Wort von Ihnen gehört, das Ihnen, die Penthesilea betreffend auf der Zunge zu schweben schien! Wäre es auch gleich ein wenig streng gewesen. Denn wer das Käthchen liebt, dem kann die Penthesilea nicht ganz unbegreiflich sein, sie gehören ja wie das + und − der Algebra zusammen und sind ein und dasselbe Wesen, nur unter entgegengesetzten Beziehungen gedacht« (an Heinrich Joseph von Collin, 8. Dezember 1808).

Oben: Titelblatt der Ausgabe von 1810. *Links:* E.T.A. Hoffmanns Entwurf der Dekoration zu »Käthchen von Heilbronn«. Die Aufführung in Bamberg fand am 1. September 1811 statt.

zu dem Käthchen von Heilbronn sagen werden, denn das ist die Kehrseite der Penthesilea, ihr anderer Pol, ein Wesen, das ebenso mächtig ist durch gänzliche Hingebung, als jene durch Handeln« (an Marie von Kleist, Spätherbst 1807).

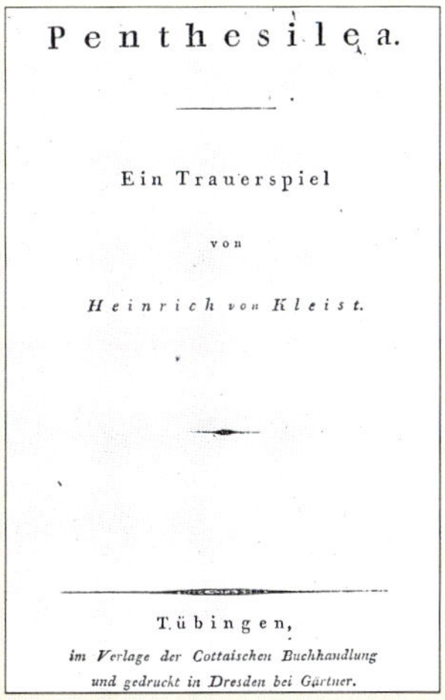

Penthesilea.

Ein Trauerspiel

von

Heinrich von Kleist.

Tübingen,

im Verlage der Cottaischen Buchhandlung

und gedruckt in Dresden bei Gärtner.

»Daß Ihnen … das letzte, in seiner abgerissenen Form höchst barbarische Fragment der Penthesilea, worin sie den Achill totschlägt, gleichwohl Tränen entlockt hat, ist mir, weil es beweiset, daß Sie die Möglichkeit einer dramatischen Motivierung denken können, selbst etwas so Rührendes, daß ich Ihnen gleich das Fragment schicken muß, worin sie ihn küßt und wodurch jenes allererst rührend wird« (an Marie von Kleist, Spätherbst 1807).

Oben: Titelblatt der Ausgabe von 1808.
Rechts: Szenenbild einer attischen Schale (um 460 v. Chr.), die die übliche Form der Überlieferung zeigt: Achill tötet Penthesilea.

Prinz Friedrich von Homburg

»Ich wage zu gleicher Zeit, Ihrer Königl. Hoheit der Frau Prinzessin ein Stück zu Füßen zu legen, welches der Verfasser ihr gewidmet hat und das sicher große Schönheiten enthält, auf das man jedoch, wenn ich nach der Wirkung urteile, die es auf mich gemacht hat, die Frau Prinzessin vorbereiten müßte, und vor allem wäre es nötig, daß sie den Dichter und all seine aus Shakespeare geschöpften Ideen über das Drama kennenlernte. Aber ich verspreche der Frau

Carl Kretschmar: Der große Kurfürst tadelt den Landgrafen von Hessen-Homburg wegen seines verfrühten Eingreifens in der Fehrbelliner Schlacht. Kleist kannte das Bild vermutlich.

Prinzessin viel Befriedigung, wenn sie das Stück bis zu Ende liest. [...] Die Armut in der er sich befindet, verhindert, daß er in seinen Werken Vollendung erreicht.« Marie von Kleist empfahl mit diesen Sätzen dem Prinz von Preußen Kleists letztes Drama, »Prinz Friedrich von Homburg«. Sie übergab 1811 das Widmungsexemplar der Prinzessin. Aber erst mit Ludwig Tiecks Ausgabe von 1821, zehn Jahre nach Kleists Tod, beginnt die Anerkennung des Dramas.

Aufführung des »Prinz Friedrich von Homburg« in der Schaubühne am Halleschen Ufer, 1972.
Regie: Peter Stein. Bruno Ganz in der Rolle des Prinzen.

Der Tod am Kleinen Wannsee

»Ich kann nicht sterben, ohne mich, zufrieden und heiter, wie ich bin, mit der ganzen Welt, und somit auch, vor allen anderen, meine teuerste Ulrike, mit Dir versöhnt zu haben ... die Wahrheit ist, daß mir auf Erden nicht zu helfen war. Und nun lebe wohl; möge Dir der Himmel einen Tod schenken, nur halb

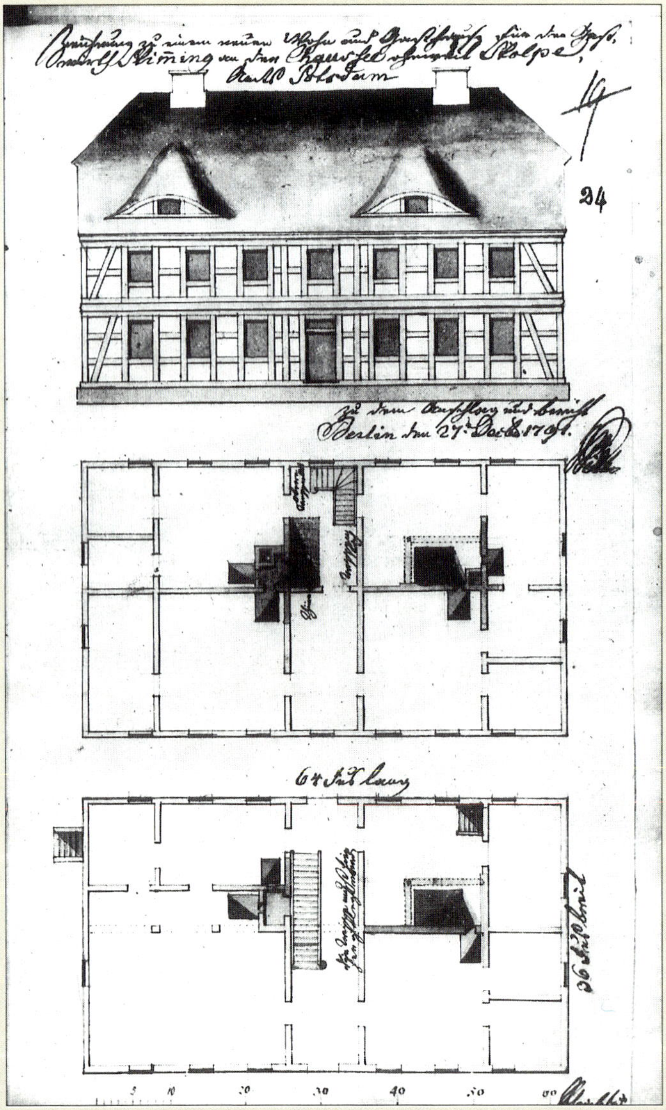

Oben: Henriette Vogel, die Todesgefährtin Kleists.
Links: In Stimmings Neuem Krug, einem Gasthof am Großen Wannsee, verbrachten Kleist und Henriette Vogel die letzte Nacht. Am 21. November 1811 schieden sie freiwillig aus dem Leben.

an Freude und unaussprechlicher Heiterkeit, dem meinigen gleich: das ist der herzlichste und innigste Wunsch, den ich für Dich aufzubringen weiß.
Dein Heinrich.
Stimmings bei Potsdam d. – am Morgen meines Todes.«

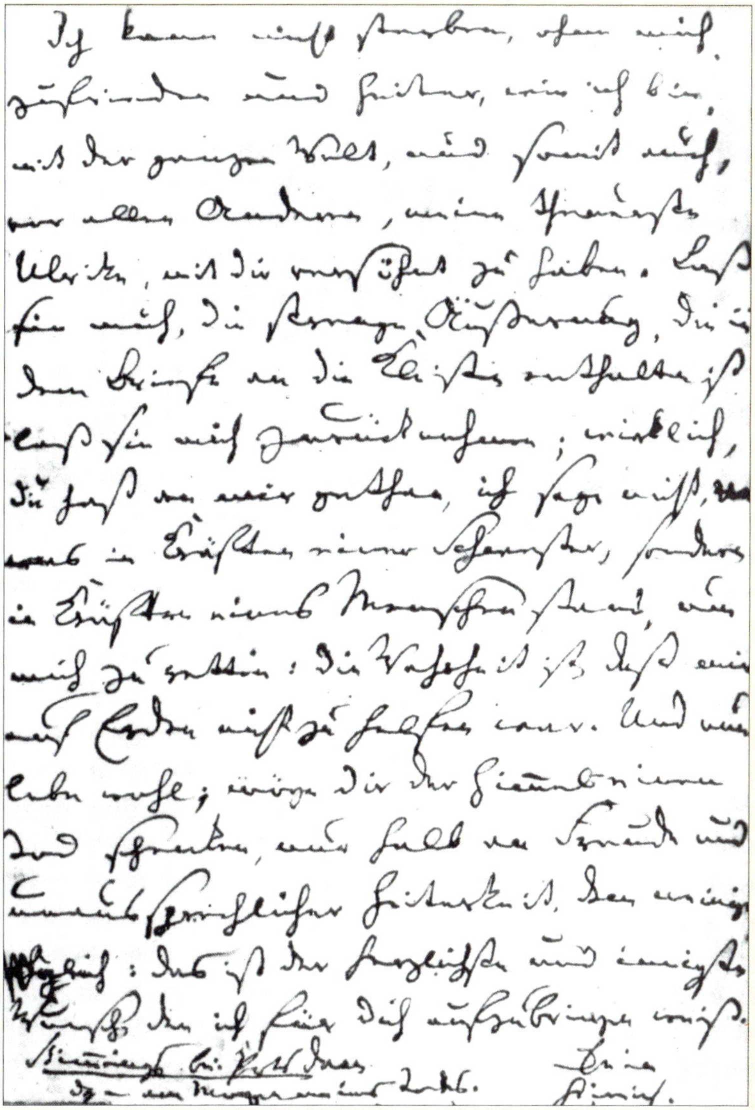

Ich kann nicht sterben, ohne mich, zufrieden und heiter, wie ich bin, mit der ganzen Welt, und somit auch, vor allen Anderen, meine theuerste Ulrike, mit Dir versöhnt zu haben. Laß sie mich, die strenge Äußerung, die in dem Briefe an die Kleisten enthalten ist, laß sie mich zurücknehmen; wirklich, Du hast an mir gethan, ich sage nicht, was in Kräften einer Schwester, sondern in Kräften eines Menschen stand, um mich zu retten: die Wahrheit ist, daß mir auf Erden nicht zu helfen war. Und nun lebe wohl; möge Dir der Himmel einen Tod schenken, nur halb an Freude und unaussprechlicher Heiterkeit, dem meinigen gleich: das ist der herzlichste und innigste Wunsch, den ich für Dich aufzubringen weiß.

Stimmings bei Potsdam d. – am Morgen meines Todes. Dein Heinrich.

Oben: Heinrich von Kleists Schwester Ulrike. Sie war zeitlebens für ihn von besonderer Bedeutung. (Die Echtheit des Porträts ist nicht gesichert.)
Rechts: Manuskript des Briefs an Ulrike, dessen Anfang und Ende oben wiedergegeben wurden.

Das Grab von Heinrich von Kleist und Henriette Vogel
am Kleinen Wannsee in Berlin. Darstellung um 1860.

Soldateska u. wird während einer Bewußtlosigkeit von dem Offizier, der sie gerettet hat, vergewaltigt. Die Familie verstößt die Schwangere, die, von den Zusammenhängen nichts ahnend, den Vater ihres Kindes mittels Zeitungsanzeige sucht. Der Text setzt sich aus einer Vielzahl erzählter Szenen, mit Dialog u. Begleitgestik u. sorgfältig markierter Bewegungsregie, zusammen. Episch berichtende Übergänge verbinden diese Szenen. – K.s räumlich-zeitl. Distanzierungstechnik läßt im *Erdbeben* mehrere gewichtige Themenkreise miteinander verschmelzen: die Vernichtung der Kinder durch die Instanz der Familie, ein Gesellschaftskonflikt (von der Art des *Hofmeisters* von Lenz), das Theodizeeproblem der Aufklärungsphilosophie, radikale Infragestellung eines religiös bzw. kirchlich sanktionierten Staats u. anderes mehr. Auf relativ begrenztem Raum überschreitet K., der wahrscheinlich unfreiwillig die Metamorphose von der einen in die andere Gattung vollzogen hat, in seiner Erzählkunst bei weitem die Möglichkeiten der Bühnenkunst.

Seit der Uraufführung des *Käthchen* im März 1810 in Wien blieb der Dramatiker K. ohne öffentl. Echo. Zum zweiten Mal, jetzt ernstlich in einer Notlage, wandte er sich der Erzählkunst zu. Im Sommer 1810 arbeitete er den *Michael Kohlhaas*, seine gewaltigste Prosadichtung, aus. Das 1808 im »Phöbus« erschienene Fragment, etwa ein Viertel des Ganzen, zeigte das Aufbegehren eines, dem der Zugang zu einem Rechtsverfahren verweigert wurde. 1810 traten hinzu: Kohlhaas' Schuldigwerden durch eigene Gewalttaten, sein Zermürbtwerden in der Länge u. Vergeblichkeit des Prozeßverlaufs, der zweite Staat u. dazu die Reichsgewalt. Der Schluß, der in Gestalt einer ehrenhaften Hinrichtung gerechte Strafe u. öffentl. Rechtfertigung ineinander verschränkt, fängt die gegenläufigen Motivierungsstränge in einem Paradox auf: Kohlhaas verfocht exemplarisch ein Bürgerrecht, das Recht, Eigentum zu erwerben, konkret im Rahmen seines Gewerbes, aber als die Obrigkeit sich seinem Appell entzog, sicherte er es sich selbst. Im Gewande der Lutherzeit kommen damit Fragen der zeitgenöss. Reformdiskussion zur Sprache. – *Michael Kohlhaas* wurde publiziert in einem Band *Erzählungen* (1810), der ferner *Das Erdbeben in Chili*, 1807 im »Morgenblatt«, u. *Die Marquise von O...*, 1808 im »Phöbus« erschienen, enthielt.

Die »Berliner Abendblätter«, die K. am 1. 10. 1810 eröffnete, waren sein dritter Versuch auf dem Gebiet des Journalismus, eindeutig der profilierteste, professionellste. Vorangegangen war 1808/09, zusammen mit Adam Müller, die Kunstzeitschrift »Phöbus«, die an der Last trug, daß die Herausgeber die Bedeutung, die ihre Funktion vorausgesetzt hätte, durch eigene Erstveröffentlichungen allererst gewinnen mußten. – 1809 in Prag stand K. knapp vor der Realisierung des Plans, eine Zeitschrift »Germania« im Sinne der ideolog. Vorbereitung antinapoleonischer Erhebung herauszugeben; die erhaltenen Texte zeigen eine virtuose Vielfalt von Genres des polit. Journalismus. – Die »Abendblätter«, die dem modernen Begriff von Tageszeitung sehr nahekommen, sind eine faszinierende, obschon geschichtlich unzeitige Erscheinung. K. als Redakteur kombinierte Information, Diskussion, Erziehung, Unterhaltung. Er bot öffentl., unparteiische Diskussion von (Reform-)Maßnahmen der Regierung auch mit oppositionellen Stimmen, hier der konservativen, altständ. Adelspartei, konzentriert um die Deutsche Tischgesellschaft (K. gehörte ihr nicht an, auch ist der Zusatz »christlich-« eine nachträgliche Beschönigung).

K. belebte das Blatt durch Berichte über spektakuläre Tagesereignisse, nicht zuletzt Kriminalfälle. Zitate aus ausländ., namentlich frz. Zeitungen, die der Leser als tendenziös entzifferte, informierten über die polit. u. militärische Lage in Europa. Als die Regierung Mitteilungen der Polizei unterband, traf sie die »Abendblätter« entscheidend, nämlich in ihrem Unterhaltungswert (in einem Zeitalter ohne einen Begriff von unabhängiger Presse war das nur in einem metaphor. Sinne »Zensur«). Dem begrenzten Raum u. zunehmend dem Zwang zur Eigenproduktion verdanken Kostbarkeiten des K.schen Œuvre ihre Entstehung: virtuose Anekdoten als vaterländ. Identifikationsentwürfe, einige hochstilisierte Essays zur Ästhetik – K. zeigt sonst nicht die mindeste Neigung zur schriftl. Fixierung ästhetischer Reflexion. Allem voran steht *Über das Marionettentheater* (12. bis 15. 12. 1810), ein Essay, der eine prinzipiell unendliche Vielzahl von Deutungen zuläßt. Gerade weil er kein aufzulösendes Rätsel enthält, ist er ein Paralleltext (kein anwendbarer Schlüssel) zu K.s »späten« Werken mit ihrer das Gleichgewicht widersprüchlicher Wertungen auskostenden Lust an der Kompliziertheit u. Unentwirrbarkeit der Welt wie der Texte.

Im Sommer 1811 war K. mit sich u. seinen Manuskripten ganz allein. Erstmals ließ er sich auf die Gattung Roman ein. Das Manuskript, fertig oder nicht, hat er im Nov. wahrscheinlich selbst vernichtet. Das zufällige Schlußwort seiner Dichtung ist damit der zweite Band seiner *Erzählungen*, begonnen Herbst 1810, gedruckt Mai 1811. *Das Bettelweib von Locarno* u. *Die Heilige Cäcilie* waren für die »Abendblätter«, *Die Verlobung in St. Domingo* für den »Freimüthigen«, *Der Findling* u. *Der Zweikampf* für diesen Band entstanden. Das detektivisch zu lösende Rätsel tritt in diesen Erzählungen zurück. Wahr u. falsch, antagonistische Ursachen, gut u. böse, Schuld u. Strafe bleiben in gleichgewichtiger Schwebe; die Rätselhaftigkeit der Welt wird zur Unerklärbarkeit.

Im literar. Leben seiner Zeit hat K. eine untergeordnete Rolle gespielt. Sein Werk war auf dem Buchmarkt, auf der Bühne u. in der literar. Kritik nur wenig präsent. K.s Ruhmesgeschichte setzte erst ein mit der Nachlaßausgabe Tiecks (*Heinrich von Kleists hinterlassene Schriften*. Bln. 1821; u. a. mit *Hermannsschlacht* u. *Homburg*) bzw. mit dessen erster Gesamtausgabe (*Heinrich von Kleists gesammelte Schriften*. 3 Bde., Bln. 1826). K.s erste, zgl. konsequenteste Tragödie, *Die Familie Schroffenstein* (Bern/Zürich 1803), war anonym erschienen; ihre angemessene Würdigung steht auch heute noch aus. K.s erstes mit Verfassername gedrucktes Drama, *Amphitryon* (Dresden 1807), u. die *Penthesilea* (Tüb. 1808) stießen auf Ablehnung. Herbst 1810 kam noch das *Käthchen von Heilbronn* (Bln.) heraus, schließlich im Frühjahr 1811 *Der zerbrochne Krug* (Bln.). Mit den polit. Dramen fehlte für das Urteil der Zeitgenossen praktisch das Zentrum der K.schen Dichtung.

Noch weit geringer war das Echo der Aufführungen: Die *Schroffensteiner*, 1804 im entlegenen Graz, blieben praktisch wirkungslos. *Der zerbrochne Krug* geriet in der Uraufführung nicht; der Text K.s hätte einer bühnengerechten Einrichtung bedurft. Der Mißerfolg traf K. tief. Für Zeitgenossen wie Nachwelt bot er Anlaß zur Legendenbildung. – Das *Käthchen* machte K. zum Opfer des populären Romantizismus des 19. Jh. Den Zeitgenossen, etwa gar Goethe, mangelndes Verständnis für die ungeheuerl. Wagnisse der *Penthesilea* vorzuwerfen, wäre absurd. *Hermannsschlacht* u. *Homburg* sind, aus unterschiedlichsten Gründen, bis heute auch für große Künstler extreme Herausforderungen geblieben.

Die beiden Sammelbände der *Erzählungen* sicherten K. ganz am Ende seines Lebens die Achtung einiger Kenner. Das literar. Gespräch der Zeit reagierte kaum darauf. Kein irgend erwähnenswerter dt. Dichter hat in vergleichbarem Maß außerhalb des Tagesgesprächs seiner Zeit gelebt u. geschrieben.

K.s Tod ist mit dem Begriff »Selbstmord« nicht erfaßt. Die Tötung Henriette Vogels, Frau des Rendanten Friedrich Ludwig Vogel (K.s persönl. Beziehung zu ihr wird als schwärmerisch religiös geschildert), war nach den Begriffen der Zeit ein Mord, die Selbsttötung eine Konsequenz von unerhörter Sachlichkeit. K.s Tod war auch eine Hinrichtung, Selbstbestrafung – alle Todesarten in K.s Dichtungen sind Konsequenzen rechtl. Charakters aus vorangegangenen Taten. Nicht ohne Bedeutung auch der Ort: auf einer leichten Anhöhe, nahe der Brücke, die den heutigen Kleinen u. Großen Wannsee trennt, in Sichtweite der großen Heerstraße zwischen dem militärischen u. dem polit. Zentrum des Staats, zum immerwährenden Gedenken für alle, zum fortdauernden Vorwurf aber an das Königshaus. Das hat man dort gewußt u. verstanden; die Prinzessin Marianne deutete es am 8. 1. 1833 in ihrem Tagebuch an. Der komplizierte, verstörende Vorgang warf tiefe Schatten auf K.s ganze Wirkungsgeschichte. Der Vorwurf, eine der reichsten Begabungen der dt. Dichtung sei an Gleichgültigkeit u. Unverstand der Öffentlichkeit, der Kritik, der Obrigkeit zugrundegegangen, ist Bestandteil des Kleist-Mythos geworden u. hat u. a. 1912 zur Gründung des Kleist-Preises geführt (1932 eingestellt, 1985 wiederbegründet).

Werke: *Kritische Ausgabe:* Werke. Im Verein mit Georg Minde-Pouet u. Reinhold Steig hg. v. Erich Schmidt. 5 Bde., Lpz./Wien 1905 (einzige Ausg. mit durchgehender krit. Rechtfertigung). Briefe in den Bdn. 1 u. 2 der neu durchges. 2. Aufl. der Ausg. v. E. Schmidt. Lpz. 1936 (Texte in originaler Schreibweise). – *Studienausgaben:* Sämtl. Werke u. Briefe. Hg. Helmut Sembdner. 2 Bde., Mchn. 1952. ^{8}1985. – Werke u. Briefe. Hg. Siegfried Streller u. a. 4 Bde., Bln./Weimar 1978. Ffm. ^{2}1986. – Sämtl. Werke u. Briefe in 4 Bdn. Hg. Ilse-Marie Barth u. a. Ffm. 1986 ff. – *Einzelausgaben:* Die Familie Ghonorez. Mit einer Nachbildung der Hs. hg. v. Paul Hoffmann. Bln. 1927. – Der zerbrochene [!] Krug. Eine Nachbildung der Hs. Hg. P. Hoffmann. Weimar 1941. – Berliner Abendbl. Nachw. u. Quellenregister v. H. Sembdner. Darmst. 1959. – Phöbus. Ein Journal für die Kunst. Hg. H. v. K. u. Adam H. Müller. Nachw. u. Kommentar v. H. Sembdner. Darmst. 1961. – Prinz Friedrich v. Homburg. Ein Schausp. Nach der Heidelberger Hs. hg. v. Richard Samuel unter Mitwirkung v. Dorothea Coverlid. Bln. 1964.

Literatur: *Bibliographien:* Georg Minde-Pouet: K.-Bibliogr. 1914-37. In: Jb. der K.-Gesellsch. 1921: S. 89-169. 1922: S. 112-163. 1923/24: S. 181-230. 1929/30: S. 60-193. 1933/37: S. 186-263. – Eva Rothe: K.-Bibliogr. 1945-60. In: JbDSG 5 (1961), S. 414-547. – Helmut Sembdner: K.-Bibliogr. 1803-62. K.s Schr.en in frühen Drucken u. Erstveröffentlichungen. Stgt. 1966. – Die posthumen Erst- u. Wiederabdr.e der Werke u. Briefe K.s. In: Klaus Kanzog: Edition u. Engagement. 150 Jahre Editionsgesch. der Werke u. Briefe K.s. Bln./New York 1979. Bd. 2, S. 251-357. – *Biographien:* Otto Brahm: Das Leben H.s v. K. Bln. 1884. ^{4}1911. – Joachim Maass: K., Die Fackel Preußens. Wien/Mchn./Basel 1957. Mchn. 1980. – *Dokumente:* H. Sembdner (Hg.): H. v. K.s Lebensspuren. Bremen 1957. Ffm. ^{5}1984. – Ders. (Hg.): H. v. K.s Nachruhm. Bremen 1967. Ffm. ^{2}1984. – *Bücher und Aufsätze:* Thomas Mann: K.s ›Amphitryon‹. Eine Wiedereroberung. In: Ges. Werke in 13 Bdn. Bd. 9: Reden u. Aufsätze 1. Ffm. ^{2}1974, S. 187-228 (zuerst 1927). – Wolfgang v. Einsiedel: Die dramat. Charaktergestaltung bei H. v. K., bes. in seiner ›Penthesilea‹. Bln. 1931. – Roger Ayrault: H. v. K. Paris 1934. Edition définitive 1966. – Clemens Lugowski: Wirklichkeit u. Dichtung. Untersuchungen zur Wirklichkeitsauffassung H. v. K.s. Ffm. 1936. – Emil Staiger: K.s ›Bettelweib v. Locarno‹. Zum Problem des dramat. Stils. In: Meisterwerke dt. Sprache. Zürich ^{4}1961, S. 100-117 (zuerst 1942). – Wolfgang Schadewaldt: Der ›Zerbrochene Krug‹ v. H. v. K. u. Sophokles' ›König Ödipus‹. In: Hellas u. Hesperien. Bd. 2, Zürich/Stgt. ^{2}1970, S. 333-340 (zuerst 1957). – Walter Müller-Seidel: Versehen u. Erkennen. Köln/Graz ^{2}1967 (zuerst 1961). – Peter Szondi: Versuch über das Tragische. Ffm. 1961. – Richard Samuel: K.s ›Hermannsschlacht‹ u. der Frhr. vom Stein. In: JbDSG 5 (1961), S. 64-101. – Hans-Peter Herrmann: Zufall u. Ich. Zum Begriff der Situation in den Novellen H. v. K.s. In: GRM 42 (1961), S. 69-99. – Helmut Koopmann: Das ›rätselhafte Faktum‹ u. seine Vorgesch. Zum analyt. Charakter der Novellen H. v. K.s. In: ZfdPh 84 (1965), S. 508-550. – Hans Joachim Kreutzer: Die dichter. Entwicklung H.s v. K. Untersuchungen zu seinen Briefen u. zu Chronologie u. Aufbau seiner Werke. Bln. 1968. – Jochen Schmidt: H. v. K. Studien zu seiner poet. Verfahrensweise. Tüb. 1974. – H. Sembdner: In Sachen K. Mchn. ^{2}1984 (zuerst 1974). – Wolfgang Binder: Iron. Idealismus. K.s unwillige Zeitgenossenschaft. In: Aufschlüsse. Zürich/Mchn. 1976, S. 311-329. – Ruth Angress: K.'s Treatment of Imperialism: ›Die Hermannsschlacht‹ and ›Die Verlobung in St. Domingo‹. In: Monatshefte 69 (1977), S. 17-33. – Bernd Leistner: Dissonante Utopie. Zu H. v. K.s ›Prinz Friedrich v. Homburg‹. In: Spielraum des Poetischen. Bln. ^{2}1989, S. 142-190 (zuerst 1979). – Rudolf Vierhaus: H. v. K. u. die Krise des preuß. Staates um 1800. In: K. Jb. (1980), S. 9-33. – H. J. Kreutzer: Über Gesellsch. u. Gesch. im Werk H.s v. K. In: ebd., S. 34-72. – Richard Samuel u. Hilda Brown: K.'s Lost Year and the Quest for Robert Guiskard. Leamington Spa 1981. – Hans-Jürgen Schrader: Widerrufene Rollenentwürfe in K.s Briefen an die Braut. In: K. Jb. (1983), S. 122-179. – Hermann F. Weiss: Funde u. Studien zu H. v. K. Tüb. 1984. – Kolloquium ›K.-Inszenierungen auf dem modernen Theater‹. In: K. Jb. (1984), S. 55-146. – Kolloquium ›Recht u. Dichtung‹. In: ebd. (1985), S. 7-127. – Jürgen Schröder: K.s Novelle ›Der Findling‹. Ein Plädoyer für Nicolo. In: ebd., S. 109-127. – Internat. K.-Kolloquium Berlin 1986. In: ebd. (1987. 1988/89). – Dirk Grathoff (Hg.): H. v. K. Studien zu Werk u. Wirkung. Opladen 1988. – *Wirkung:* H. Sembdner (Hg.): Der K.-Preis 1912-32. Eine Dokumentation. Bln. 1968. – Peter Goldammer (Hg.): Schriftsteller über K. Bln./Weimar 1976. – K. Kanzog u. H. J. Kreutzer (Hg.): Werke K.s auf dem modernen Musiktheater. Bln. 1977. – K. Kanzog (Hg.): Erzählstrukturen – Filmstrukturen. Erzählungen H. v. K.s u. ihre film. Realisation. Bln. 1981. – H. J. Kreutzer: Der K.-Preis 1912 – 1932 – 1985. Rede zu seiner Wiederbegründung. In: K. Jb. (1986), S. 11-18. – Manfred Fuhrmann: Christa Wolf über ›Penthesilea‹. In: ebd., S. 81-92.

Hans Joachim Kreutzer

Klemm, Christian Gottlob (oder Gottlieb), * 12. 11. 1736 Schwarzenberg/Erzgebirge, † 26. 1. 1802 Wien. – Dramatiker u. Herausgeber von Wochenschriften.

Der Sohn eines Sattlermeisters studierte 1752-1757 in Leipzig Theologie u. Jura, in Jena Mathematik. 1757-1759 war K. in Frankfurt/M. als Sprachlehrer tätig. 1759 kam er nach Wien. Hier arbeitete er bis 1762 als Korrektor für den Verleger Johann Thomas von Trattner, dann vorübergehend als freier Schriftsteller. 1766 wurde er Theatersekretär am Wiener Kärntnertortheater, um 1770 – nach seiner Konversion zum Katholizismus – Sekretär u. Bibliothekar des Fürsten Khevenhüller-Metsch, 1771 Lehrer.

K.s literar. Wirken beschränkt sich im wesentlichen auf die 60er u. frühen 70er Jahre. Als Mitgl. der von Sonnenfels dominierten Wiener Deutschen Gesellschaft (1761 gegründet), die versuchte, Gottscheds Reformen auf Österreich zu übertragen, gründete K. 1762 die erste Wiener Wochenschrift »Die Welt« (1763/64). Neben allgemein-aufklärerischen Intentionen (Sitten- u. Sprachverbesserung) galt K.s bes. Interesse der Theaterreform. Er vertrat hierbei eine sowohl auf Johann Elias Schlegels Gedanken über den Nationalgeschmack als auch auf Mösers *Harlequin, oder Vertheidigung des Groteske-Komischen* (1761) basierende gemäßigte Linie u. versuchte, das Stegreiftheater durch behutsame Reformen der Aufklärung dienstbar zu machen u. die kom. Figur des Hanswurst zu retten. Das brachte ihn u. seinen Freund Franz von Heufeld allmählich in Gegensatz zu Sonnenfels; Höhepunkt dieses sog. Wiener Hanswurststreits war die Aufführung von K.s Lustspiel *Der auf den Parnaß versetzte grüne Hut* (Wien 1767), in dem er nicht nur seine Thesen von der Bühne herab verkündete, sondern überdies auch Sonnenfels in der Gestalt eines pedantischen Gelehrten dem Spott preisgab. In vielen weiteren Lustspielen (z. B. *Die Heurath wider die Mode.* Wien 1767) versuchte er, seine Theorie in die Praxis umzusetzen.

Weitere Werke: *Wochenschriften:* Der Österr. Patriot. Wien 1764/65. – Wiener Allerlei. 1774/75.

Literatur: Rudolf Patek: C. G. K. (1736–1802). Diss. Wien 1932. – Hilde Haider-Pregler: Des sittl. Bürgers Abendschule. Bildungsanspruch u. Bildungsauftrag des Berufstheaters im 18. Jh. Wien 1980. *Wynfrid Kriegleder*

Klemm, Wilhelm, auch: Felix Brazil, * 15. 5. 1881 Leipzig, † 23. 1. 1968 Wiesbaden; Grabsätte: ebd., Südfriedhof. – Lyriker.

K., der in der kultivierten Atmosphäre des Elternhauses früh mit künstlerischen Versuchen begonnen hatte, studierte Medizin u. war an verschiedenen Kliniken tätig. 1909 übernahm er die väterl. Firma u. heiratete 1912 Erna Kröner, die Tochter des Verlegers Alfred Kröner. 1914 bis 1918 war K. Oberarzt an der Westfront. 1921 wurde er geschäftsführender Gesellschafter des Kröner Verlags. 1937 mußte er aus dem Verlag ausscheiden u. wurde aus der Reichsschrifttumskammer ausgeschlossen. 1943 wurden alle Betriebe zerstört; der Verlag wurde 1945 nach Wiesbaden überführt, wo K. bis zu seinem Tod lebte.

Bekannt wurde K. mit Anti-Kriegsgedichten, die seit Okt. 1914 in der »Aktion« erschienen. Sie lesen sich wie Dokumente eines Berichterstatters, der die entsetzl. Ereignisse mit Distanz zu schildern weiß. Unter diesen *Kriegsgedichten aus dem Feld* (*Gloria.* Mchn. 1915) war auch das berühmt gewordene Gedicht *Schlacht an der Marne*: »Mein Herz ist so groß wie Deutschland und Frankreich zusammen. / Durchbohrt von allen Geschossen der Welt.«

Unter den Lyrikern des Expressionismus nimmt K. eine Sonderstellung ein. Von Anfang an strebte er nach Konzentration, Vereinfachung u. Lakonie u. gab der metaphor. Präzision den Vorrang vor dem Pathos. Seine Sprache vermittelt weniger einen naiv-sinnl. denn einen abstrakten Eindruck u. bleibt in ihrer Begrifflichkeit eher spröde. In seinen späten Versen näherte sich K. dem Surrealismus.

Nachdem er bis 1922 acht Gedichtbände veröffentlicht hatte u. als Lyriker anerkannt war, zog sich K. aus dem literar. Leben zurück. Zwar schrieb er weiterhin Gedichte, doch erst 1961 gestattete er eine unveränderte Neuauflage des Gedichtbands *Aufforderung* (Bln. 1917) im Limes Verlag (Mchn.) mit einem Nachwort von Kurt Pinthus; 1964 ließ er den Gedichtband *Geflammte Ränder* erscheinen (Darmst.). Vermutlich waren es nicht nur private Gründe, die K. den Weg in die Öffentlichkeit unmöglich machten, sondern auch die lang nachwirkenden Traumata der Kriegserlebnisse. In letzter Zeit hat sich v. a. Hanns-Josef Ortheil um seine Wiederentdekkung verdient gemacht.

Weitere Werke: Verse u. Bilder. Bln. 1916. – Entfaltung. Ffm. 1919. – Ergriffenheit. Mchn. 1919. – Traumschutt. Hann. 1920. – Verzauberte Ziele. Bln. 1921. – Die Satanspuppe. Verse v. Felix Brazil. Hann. 1922. – Ich lag in fremder Stube. Ges. Gedichte. Hg. u. mit einem Nachw. v. Hanns-Josef Ortheil. Mchn. 1981.

Literatur: Hanns-Josef Ortheil: W. K. Ein Lyriker der ›Menschheitsdämmerung‹. Stgt. 1979. *Hans J. Schütz*

Klemperer, Victor, * 9. 10. 1881 Landsberg/Warthe, † 11. 2. 1960 Dresden; Grabstätte: ebd. – Romanist.

Als neuntes Kind eines Reformrabbiners kam K. – Vetter des Dirigenten Otto Klemperer – mit der Familie über Bromberg nach Berlin, wo er das Französische u. das Friedrich-Werdersche Gymnasium ohne Abschluß besuchte. Nach dem Abitur am Landsberger Gymnasium studierte er in München bei Franz Munker u. in Genf bei Bernard Bouvier, während er einen Parisaufenthalt zum Studium des frz. Theaters verwendete. Vier Semester hörte er in Berlin bei dem Germanisten Erich Schmidt u. dem Romanisten Adolf Tobler. Nach der Heirat mit der Malerin

u. Pianistin Eva Schlemmer (1906) suchte er sich mit literar. Arbeiten u. mit Vorträgen in jüd. literar. Vereinen selbständig zu machen; von den ihn finanziell unterstützenden Brüdern wurde er zur Habilitation gedrängt. Nach zwei Jahren als Lektor in Neapel, wo er Benedetto Croce kennenlernte, habilitierte er sich 1915 bei Karl Voßler in München mit einer Arbeit über *Montesquieu* (Heidelb. 1914). Nach dem Ersten Weltkrieg wurde K. Privatdozent in München. Seit 1920 war er o. Professor an der TH Dresden, wo ein erster Teil der geistesgeschichtlich orientierten *Geschichte der französischen Literatur* (Bd. 5, Tle. 1-3, Lpz. 1925-31) u. die Monographie *Pierre Corneille* (Mchn. 1933) entstanden.

Als Jude nach 1934 von der Lehrtätigkeit ausgeschlossen, wurde er 1943 als ungelernter Hilfsarbeiter dienstverpflichtet. Nach der Flucht aus dem bombenzerstörten Dresden u. der Rückkehr stellte er sich dem Kulturbund zur demokratischen Erneuerung Deutschlands zur Verfügung u. nahm seine Vorlesungen zuerst in Greifswald, dann in Halle u. schließlich in Berlin wieder auf.

Das wichtigste Zeugnis seines inneren Widerstands gegen das Dritte Reich ist die *LTI* [d. i.: Lingua Tertii Imperii] (Bln. 1947), das *Notizbuch eines Philologen*, eine aus persönl. Erfahrungen erwachsene Sprachkritik. Ihre biographische Grundlage bilden Tagebuchnotizen, die K. über Jahrzehnte fast regelmäßig führte u. aus denen außerdem das umfangreiche, zwischen 1939 u. 1942 heimlich geschriebene *Curriculum vitae. Jugend um 1900* entstand, die 1989 in zwei Bänden sowohl in West- wie in Ost-Berlin erschien. Die Autobiographie verbindet die Familien- u. Sozialgeschichte mit der Ideologie- u. Sprachkritik der *LTI* u. zeigt erneut das literar. Darstellungstalent des Autors.

Der literaturgeschichtl. Ertrag der Nachkriegszeit ist die *Französische Literatur des 18. Jahrhunderts* (Bd. 1, Bln./DDR 1954. Bd. 2, Halle 1966), an der K. lange vor 1945 gearbeitet hatte. Innerhalb der Romanistik der DDR hat er neben Werner Krauss schulbildend gewirkt.

WEITERE WERKE: Romanische Sonderart. Geistesgeschichtl. Studien. Mchn. 1926. – Die moderne frz. Lyrik v. 1870 bis zur Gegenwart. Lpz. 1929. Erw. Bln./DDR 1957. – Der alte u. der neue Humanismus. Bln./DDR 1953. – Vor 33 / nach 45. Ges. Aufsätze. Ebd. 1956.

LITERATUR: *Bibliographie:* Verz. der Veröffentlichungen V. K.s. In: Im Dienste der Sprache. FS V. K. Halle 1958. – *Weitere Titel:* V. K. zum Gedenken v. seinen Freunden u. ihm selbst. Rudolstadt o. J. – Utz Maas: Als der Geist der Gemeinschaft eine Sprache fand. Opladen 1984 (mit themat. Bibliogr.). – Walter Nowojski: Nachw. zu V. K.s Curriculum vitae. a. a. O., S. 713 ff.

Horst Heintze

Klencke, *Klenke*, Karoline (Luise) von, geb. Karsch, verh. Hempel, * 21. 6. 1754 Fraustadt/Posen, † 21. 9. 1802 Berlin. – Verfasserin von Gedichten u. Essays.

Gemeinsam mit ihrer Mutter, der schles. Dichterin Anna Louisa Karsch, zog K. von Fraustadt über Glogau (1755) schließlich nach Berlin (1761), wo sie die Realschule besuchte. Ihre dichterischen Ambitionen entfaltete sie im Lauf ihrer unglückl. u. 1780 geschiedenen Ehe mit dem Stiefbruder ihrer Mutter. Aus einer weiteren Ehe (1782/83) ging eine Tochter hervor, die spätere Schriftstellerin Helmina von Chézy; danach lebte K. zurückgezogen bis zu ihrem Tod vom geringen mütterl. Erbgut u. von Zuwendungen der preuß. Prinzessin Amalia.

K.s autobiographisch gefärbtes Rührstück *Der ehrliche Schweizer* (Bln. 1776) erfuhr in Berlin eine Vielzahl von Aufführungen. Allerdings verhinderte ihre mangelnde Geschäftstüchtigkeit die finanzielle Nutzung des Erfolgs. K.s empfindsam-schwärmerische Weltsicht schlug sich auch in dem Romanfragment *Aspasia* (in: Literar. Pantheon, 1794) nieder u. durchzieht ihre lyr. Versuche anakreont. Provenienz (*Gedichte.* Bln. 1788). Verstreut edierte Gedichte im »Berliner Musenalmanach« (1791-95) u. in anderen Journalen sowie eine von Gleim u. Klamer Schmidt postum besorgte Auswahlausgabe bezeugen das Interesse an K.s Dichtungen. Abhandlungen über musikal. (*Cäcilie. Oder Beitrag zum Modeton.* Bln. 1780) u. pädagog. Themen (*Sittliches Wahrsagebüchlein in 100 Motto's, für junge Frauenzimmer, von ihrer Mutter.* Bln. 1790. *Charakteristische Beobachtungen einer Mutter über ihre Kinder.* Bln. 1792) beschränkten sich dagegen eher auf den weibl. Leserkreis.

LITERATUR: Elisabeth Friedrichs: Die deutschsprachigen Schriftstellerinnen des 18. u. 19. Jh. Stgt. 1981, S. 160 (Lit.).

Gerda Riedl

Klenze, (Franz) Leo(pold Karl) von (seit 1833), * 28. 2. 1784 Bokela bei Schladen/Harz, † 27. 1. 1864 München; Grabstätte: ebd., Alter Südlicher Friedhof. – Architekt, Maler, Archäologe, Architekturtheoretiker.

Der Beamtensohn K. studierte 1800-1803 in Berlin zunächst Jura, dann Archäologie u. Architektur (bei David u. Friedrich Gilly). Das Architekturstudium setzte er für drei Jahre in Paris fort (bei Durand, Percier u. Fontaine) u. schloß daran eine halbjährige Italienreise an. 1808 bis 1813 war K. Hofbaumeister von König Jérôme in Kassel (Theater Schloß Wilhelmshöhe). Entscheidend für seine Laufbahn wurde die Begegnung mit Kronprinz Ludwig von Bayern (ab 1825 König Ludwig I.) 1814 in München. Ludwig berief K. 1816 als Privatarchitekt u. Kunstagent, ernannte ihn dann zum Oberbaurat, 1820 zum Hofbauintendanten, 1825 zum kgl. Baurat u. Vorstand der Obersten Baubehörde.

K. setzte für Ludwig I. die Stadterweiterung Münchens (»Maxvorstadt«) fort u. führte dabei zahlreiche klassizistische Bauten aus, die der Stadt den Beinamen »Isar-Athen« gaben (Max-Josephs-Platz, Odeonsplatz, Ludwigstraße, Königsplatz). Neben anderen Aufträgen Ludwigs (v. a. Walhalla bei Donaustauf, Befreiungshalle bei Kelheim) entwarf K. auch Projekte für Athen u. London. Ab 1839 entstand nach seinen Entwürfen die Neue Eremitage in St. Petersburg. Reisen führten ihn regelmäßig nach Italien, einmal nach Griechenland (1834) u. gelegentlich nach Frankreich. Neben seinen sehr zahlreichen Zeichnungen schuf K. seit den 20er Jahren ein mindestens 78 Gemälde umfassendes malerisches Œuvre, meist Landschaften mit klass. Architekturen.

Aus den 20er Jahren stammen K.s wichtigste Publikationen. Vorwiegend archäolog. Interessen verfolgte er in *Der Tempel des olympischen Jupiter von Agrigent [...]* (1821; publiziert Mchn. 1824) u. in *Versuch einer Wiederherstellung des toskanischen Tempels [...]* (Mchn. 1822). Seine Position als Architekt kommt in der Schrift *Anweisung zur Architektur des christlichen Cultus* (Mchn. 1822. ²1834) zum Ausdruck, die mit der zeitgenöss. Diskussion um die christl. Basilika in Zusammenhang steht. K. sah in der Architektur der griech. Antike das feste Prinzip, das Vorbild schlechthin für die von einem Bauwerk zu fordernde Schönheit. K. wandte sich damit gegen die Gotik-Diskussion.

Ab 1830 publizierte K. auch ausgewählte Entwürfe u. Darstellungen seiner Bauten. Weitere Schriften u. ein umfangreicher Briefwechsel sind unpubliziert (u. a. Staatsbibliothek München, Klenzeana).

Literatur: Oswald Hederer: L. v. K. Mchn. 1964. ²1981. – Norbert Lieb u. Florian Hufnagel: L. v. K. Gemälde u. Zeichnungen. Mchn. 1979. – Ein griech. Traum. L. v. K. Der Archäologe. Mchn. 1985/86 (Ausstellungskat.). – Hanno-Walter Kruft: Gesch. der Architekturtheorie. Mchn. 1985. ²1986, S. 348-350.

Jörg Martin Merz

Klepper, Jochen, eigentl.: Joachim Wilhelm Georg K., * 22. 3. 1903 Beuthen, † 11. 12. 1942 Berlin; Grabstätte: Berlin-Nikolassee. – Lyriker, Romanautor.

Im Pfarrhaus aufgewachsen, begann K. 1922 ein Theologiestudium in Erlangen, das nie zum Abschluß kam. 1927 wurde er Redakteur beim Evangelischen Presseverband in Breslau, 1931 erhielt er eine Stelle beim Berliner Rundfunk; schon im Juni 1933 aber wurde er als »nicht genehm« wieder entlassen, da er 1931 die Jüdin Johanna Stein (1890-1942) geheiratet hatte. Diese Verbindung war auch der Grund für seine Entlassung bei Ullstein (1935), die Aufhebung der nach 1933 für literar. Publikationen unerläßl. Mitgliedschaft in der Reichsschrifttumskammer (1937) u. die als Schmach empfundene Entfernung aus der Armee (1941) wegen »jüdischer Versippung«. Im Dez. 1942 schied K. gemeinsam mit seiner von der Deportation bedrohten Frau u. deren Tochter Renate freiwillig aus dem Leben.

K.s erster literar. Erfolg nach einigen Gedichten u. einem nie publizierten Moderoman, *Die große Direktrice*, kam mit dem *Kahn der fröhlichen Leute* (Stgt. 1933). Von 1933 an arbeitete er an *Der Vater* (Stgt.), der Lebensgeschichte Friedrich Wilhelms I. Der Roman erschien im Febr. 1937 unmittelbar vor K.s Ausschluß aus der Reichsschrifttumskammer. Nur aufgrund des Mißverständnisses in nationalsozialistischen Kreisen, hier sei das Führerprinzip verherrlicht, konnte eine Sondergenehmigung für den Druck des Werks erwirkt werden, das rasch einen spektakulären Siegeszug antrat.

Wenngleich K. über Jahre hin Quellenstudien trieb u. minutiös Leben u. Werk des Königs in Preußen von der Übernahme der Herrschaft bis zum qualvollen Sterben schildert, sollte *Der Vater* kein historischer, sondern ein christl. Roman werden. In einer gleichnamigen Abhandlung (1940) verlangt K. von christl. Dichtung, daß sie selbst zur Botschaft von der guten Botschaft zu werden habe, u. sieht es demzufolge als Aufgabe des christl. Autors an, im menschl. Leben das Handeln des deus absconditus aufzuzeigen. Diese Forderung führt K. zur Lebensbeschreibung solcher Personen, durch die »Gottes Führung« sichtbar wird. Das schriftgemäße Leben Friedrich Wilhelms stellt K. als Voraussetzung dafür dar, daß dem König die Schöpfung seiner Welt (Preußens) aus dem Chaos des märk. Sandes gelang. Des Königs »Führung« durch Gott wird so – aus menschl. Sicht – imitatio göttl. Vorbilds. K.s *Vater* versteht auch das Verhältnis zu seinem Sohn in Analogie zum Verhältnis Gottes zu Christus; deshalb gibt ihm die Darstellung einer Pietà des Schmerzenreichen Vaters die Kraft, das Leben seines Sohns nach Verrat u. Flucht unter das Gebot der Gnade, nicht der Rache zu stellen. Das Handeln des Königs als Abbild göttl. Handelns – in diesem Konzept liegen Stärken, aber wohl auch Schwächen des Romans, der in der sinnstiftenden Überhöhung Friedrich Wilhelms bis an die Grenzen des Zumutbaren geht (so, wenn er am Ende die Seinen zu Brot u. Wein zusammenruft).

Ein das Programm des histor. als des christl. Romans fortsetzendes Buch über Luther u. das erste dt. Pfarrhaus in Wittenberg, das den Titel *Das ewige Haus* tragen sollte, gelangte nicht über einen ersten Teil, *Die Flucht der Katharina von Bora* (Hg. Karl Pagel. Stgt. 1951), hinaus.

K. ist der bedeutendste Kirchenlieddichter des 20. Jh. (*Kyrie*. Bln. 1939). In reformatorischer Tradition gehen seine Lieder vom Bibelwort aus u. legen es in einem Gotteslob aus, das auf die Zuversicht gegründet ist, alle menschlich-zeitl. Anstrengung u. Sorge werde in Gottes Ruhe u. Ewigkeit aufgehoben sein. Die erst nach dem Krieg publizierten Tagebücher (*Unter dem Schatten deiner Flügel*. Hg. Hildegard Klepper. Stgt. 1956 u. ö.) offenbaren, in welchem Maße bei K. literar. Programm u. private Haltung übereinstimmen, etwa wenn sie seine theologisch begründete Ablehnung jegl. Aktivismus deutlich werden lassen oder seinen Glauben an eine gottgewollte, in den Hohenzollern geschichtlich vollendete Obrigkeit. Die über alle Verluste, Demütigungen u. schonungslos eingestandenen Schwächen hinausreichende Zuversicht, daß alles »bei Gott steht«, u. die lutherisch geprägte Freude an allem Schönen als Geschenk Gottes machen die Tagebücher zu einer großen christl. Konfession der dt. Literatur.

Weitere Werke: Nachspiel. E.en, Aufsätze, Gedichte. Witten 1960. – Gast u. Fremdling. Briefe an Freunde. Hg. Eva Juliane Meschke. Witten, Bln. 1960. – Ziel der Zeit. Die ges. Gedichte. Witten/Bln. 1962. [4]1987. – Briefw. 1925-42. Hg. Ernst G. Riemschneider. Stgt. 1973. – *Herausgeber:* Der Soldatenkönig u. die Stillen im Lande. Bln. 1938. [2]1957. [3]1962. – In tormentis pinxit. Stgt. 1938. [2]1959.

Literatur: Kurt Ihlenfeld: Freundschaft mit J. K. Witten/Bln. 1958. – Rita Thalmann: J. K. Ein Leben zwischen Idyllen u. Katastrophen. Mchn. 1977. – Gérard Imhoff: J. K. Contribution à l'étude de l'Emigration intérieure. Bern/Ffm. 1982.

Jens Haustein

Klesch, Christoph, * 16. 10. 1632 Iglo (Neudorf/Zips, heute: Spišská Nová Ves/ČSSR), † 20. 2. 1706 Erfurt. – Prediger, Lyriker u. geistlicher Schriftsteller.

K. verlor schon mit knapp fünf Jahren seinen Vater, einen Bergmeister u. Zechenteilhaber. Er ging anfangs in Neudorf zur Schule; dann reiste der 15jährige über Krakau, Posen, Frankfurt/O., Leipzig, Wittenberg u. Dresden nach Breslau, wo er schließlich 1648 das Gymnasium Magdalenaeum besuchte. Anfang der 50er Jahre studierte er an der Universität Wittenberg Philosophie u. Theologie. 1654 wurde K. Diakon in Fölk/Ungarn, 1661 Pastor u. Schulinspektor in Georgenberg, von wo er 1673 vertrieben wurde u. nach Wittenberg floh. Am 9. 10. 1674 erlangte er die Magisterwürde, ging dann als Prediger u. Schriftsteller nach Jena. Ab 1680 war er Prediger in Dennstädt/Thüringen; 1684 wurde er Diakon, ein Jahr später Pastor in Erfurt. Sein Freund Kaspar Stieler verfaßte auf den Antritt der Diakonatstelle in Erfurt das Gedicht *Aufrichtiger Segen* (Jena 1684).

Zeitgenossen schätzten den Schüler Hoffmannswaldaus als Meister der Wort- u. Reimkunst. Seine dt. u. lat., teilweise gemeinschaftlich mit seinem älteren Bruder, dem Prediger u. Dichter Daniel Klesch von Iglo, produzierten Schriften zeigen eine prägnante Ausdrucksweise. Neben Predigten u. Streitschriften schrieb K. auch Gelegenheitsgedichte, so ein *Epikedeion* zum Tod des dreijährigen Sohns seines Bruders (Jena 1678). Am 4. 5. 1676 wurde K. von Philipp von Zesen zum Dichter gekrönt u. als der »Dichtende« in die Deutschgesinnte Genossenschaft aufgenommen. Er erhielt, weil er »kurtz, doch Kunstgemäß verblühmt« dichtete, den Zunftspruch »zwar kurtz / doch künstlich«. Wie glücklich K. über diese Aufnahme war, bezeugt sein für Zesen verfaßter *Dank-Geruch* (Jena 1678), in dem er sich selbst als »Elends-Gast in Jena« bezeichnet.

Weitere Werke: Aller Christen, absonderlich Lehrer, Lebenskrone. Leutschau 1661. – Redl. u. Redender Reise-Gefährte eines aus Ungarn Vertriebenen. Jena 1675. – Der mit dem Göttl. Kleinod heilsamer Elends-Klauen gezierte Evang. Prediger. Jena 1679. – Succincta Papistică [...] institută deformationis enarratio. Jena 1679. – Neue Ehrenpforte. Erfurt 1705.

Literatur: Johann Caspar Wetzel: Histor. Lebens-Beschreibung Der berühmtesten Lieder-Dichter. Bd. 4, Herrnstadt 1728. – Zedler. – Jöcher, 3. Erg.-Bd., Delmenhorst 1810. – Heiduk/Neumeister. – Franz Heiduk: K. In: Kosch.

Gabriele Henkel

Klesch, Daniel, ab 1652: D. K. von Iglo, * 22. 2. 1624 Iglo (Neudorf/Zips, heute: Spišská Nová Ves/ČSSR), † 1697 (?) Berlin. – Lutherischer Theologe, Lyriker, Apokalyptiker.

Als Zipser Sachse gehörte K. einer traditionell luth. Minderheit an u. wurde bereits als Kind zum Geistlichen bestimmt. 1644-1649 studierte er in Wittenberg u. Straßburg. 1649 wurde er in Wittenberg zum Magister promoviert u. zum Dichter gekrönt. 1652 erwarb er Adelsprädikat u. Wappenbrief. Bis 1659 war er Konrektor in Ödenburg (Sopron), bevor er die ersehnte Pfarrstelle zunächst in Günz (Köszeg) erhielt. In die Zips zurückgekehrt, stieg er bald zum Senior der Pfarrerbruderschaft der 24 Königlichen Städte auf. In der Folge der Vesselényischen Verschwörung wurde die gesamte evang. Geistlichkeit u. Lehrerschaft Ungarns der Rebellion gegen das Kaiserhaus bezichtigt u. 1674 zur Wahl zwischen Amtsverzicht, Exil u. Konversion zum Katholizismus gezwungen. K. wurde bereits im Dez. 1673 verhaftet u. sieben Monate in Festungshaft gehalten, bevor er 1674, wie zuvor sein Bruder Christoph, ins Exil nach Deutschland ging. Erst 1676 gelangte er als Stadtschulrektor in Jena wieder in ein Amt. 1682 zum Professor am Gymnasium in Weißenfels berufen, wurde er noch 1682 Superintendent in Heldrungen. Durch eine gegenwartsbezogene Auslegung der Apokalypse des Johannes u. heftige Angriffe auf die luth. Geistlichkeit geriet er 1686 ins schwärmerische Abseits u. mußte sein Amt niederlegen.

K. schrieb v. a. Predigten, Lieder u. Gelegenheitsschriften, in denen er dem Ideal des gelehrten Dichters nachstrebte. Seine theolog. Traktate zur Apokalypse blieben ohne erkennbare Wirkung. Mit seinem Bruder Christoph trat er gelegentlich als Sprecher der ungarischen Exulanten in Erscheinung. Er gehörte als »der Huldende« der Deutschgesinnten Genossenschaft Zesens, als »der Kräftigste« der Fruchtbringenden Gesellschaft u. als »der Kriechende« der Fruchtbringenden Jesus-Gesellschaft Ahasver Fritschs an.

Werke: Apostolica Status Ratio. Geistl.-Apostol. Staatist. Hbg. 1675. – Homagium Sacrum. Hbg. 1676. – Treuhertzige Wächter-Stimm. [Jena] 1679. – Baculus Exilii. Der Elend-Stab. Amsterd. 1682. – Bestia Bicornis. Das Zweygehörnte Thier. Merseburg 1686. – Wieder-Hall u. Gegenschall Einer bekanten Offenbahrungs-Stimme. o. O. 1692.

Literatur: David Czvittinger: Specimen Hungariae Literatae. Ffm. u. Lpz. 1711, S. 206-219. – Johann Samuel Klein: Nachrichten v. den Lebensumständen u. Schr.en evang. Prediger in allen Gemeinen des Königreichs Ungarn. Bd. 1, Lpz. u. Ofen 1789, S. 157-170.

Jochen Bepler

Klesel, Abraham, * 7. 11. 1635 Fraustadt, † 13. 4. 1702 Jauer. – Theologe u. geistlicher Dichter.

Der Sohn eines Predigers besuchte die Schule in Fraustadt u. das Elisabeth-Gymnasium in Breslau. Er studierte zunächst Rechtswissenschaft, dann Theologie in Königsberg. 1660 wurde K. Pfarrer in Ulbersdorf bei Fraustadt, 1670 in Zedlitz bei Wohlau, 1674 in Diebitz bei Glogau u. 1680 schließlich Oberpfarrer in Jauer.

K. dichtete auf alle Sonn- u. Feiertage geistl. Lieder: *Vergiß mein nicht, Oder JEsus-süsse Andachten* (Lissa 1675). Das Breslauer Gesangbuch enthält K.s Osterlied *Jesus ist erstanden, freu' dich, Osterherz*, u. in den *Berliner Liederschatz* von Elsner wurde sein Palmsonntagslied *Seele mach dich heilig* (Variante: *eilig*) *auf, Jesum zu begleiten* aufgenommen.

Weitere Werke: Dem Ewigen Erbarmer gewiedmete Andachten. o. O. 1680. – Dehmütiger Fuß-Fall vor dem Throne der Barmhertzigkeit Gottes. Liegnitz 1680. – Christl. Glaubens- u. Lebensschatz. Jauer o. J. – Statua Eugnomosynes Apostolico-Epistolica: Das ist Apostol- u. Epistol. Lehr-Seule oder frömml. Andachten. Jauer 1685. – Unsterbl. Gedächtnüß Der Sterblichen; oder Zwey Hundert Grabschrifften. Breslau 1691. – Durchzug ungemeiner Heuschrecken in der Gegend des Jauerischen Fürstenthums beschrieben. Görlitz 1693. – Der Liebes-Schlag v. Liebster Hand. o. O. 1694.

Literatur: Koch 4, S. 34. – ADB. – Heiduk/Neumeister, S. 312. – Ingrid Bigler: K. In: Kosch. *Astrid Kube*

Kletke, Hermann, * 14. 3. 1813 Breslau, † 2. 5. 1886 Berlin. – Lyriker, Erzähler, Publizist.

K., Sohn eines Justiz-Kommissionsrats, studierte zunächst Jura in Breslau, dann Literaturgeschichte in Jena, wo er zum Dr. phil. promovierte. Schon als Student veröffentlichte er Feuilletons in Breslauer, Leipziger u. Wiener Zeitungen u. Zeitschriften. 1837, nach dem Erscheinen seiner *Gedichte* (Breslau 1836), verkehrte er in Wien mit Lenau, lebte dann aber bis zu seinem Tod in Berlin, wo er durch Hitzigs Vermittlung Mitgl. der literar. »Montags-Gesellschaft« wurde. Ludwig Rellstab öffnete ihm den Weg zum Feuilleton der »Vossischen Zeitung«, für die K. Kunstkritiken schrieb, bis er 1849 Redakteur des polit. Teils u. 1867 dessen Chefredakteur wurde. Er leitete seitdem auch die »Sonntagsbeilage zur Vossischen Zeitung« bis zu seiner Pensionierung 1885.

Neben seiner journalistischen Tätigkeit veröffentlichte K. kontinuierlich Gedichte, von denen 1852, 1873, 1875 u. 1881 Ausgaben erschienen. Bekannt wurde er weiterhin durch seine Kinder- u. Jugendschriften: Neben seinem *Deutschen Kinderschatz in Liedern* (Bln. 1839), den *Liedern aus dem Kinderleben* (Bln. 1842) u. den *Kinderliedern* (Bln. 1846) verfaßte er zahlreiche Märchenbücher (u. a. *Der gestiefelte Kater.* Bln. 1839. *Der Großmutter Abenderzählungen.* Bln. 1841. *Liedermärchen.* Bln. 1843), Sagen (*Das Buch vom Rübezahl.* Breslau 1852) u. Schriften wie *Spinnstube* (Bln. 1842) u. *Das goldene Buch* (Breslau 1850).

Das unterhaltsame, lebendige, teils geistreich-witzig, teils besinnlich anmutende belletristische Werk K.s war in seiner Zeit beliebt, wegen mangelnder Innovation bald danach vergessen. Die von ihm herausgegebenen Lyrik-Anthologien erreichten teilweise hohe Auflagen.

Weitere Werke: Der neue Kinderfreund. 2 Bde., Bln. 1845. – Dt. Kindermärchen. Bln. 1849. – Reisebilder. 2 Bde., Bln. 1854/55. – Märchen vom Kamin. Bln. 1873.

Literatur: Ludwig Fränkel: K. In: ADB 51. – Herbert Sommerfeld: Theodor Fontane u. H. K. In: Ztschr. des Vereins für die Gesch. Berlins 57 (1940). – Hubert Göbels: K. In: LKJL. *Günter Häntzschel*

Klettenberg, Susanna Katharina von, * 19. 12. 1723 Frankfurt/M., † 13. 12. 1774 ebd. – Protestantische Mystikerin.

Was sie dachte, legte K. vor allem in Briefen dar; von ihrer Korrespondenz sind nur Bruchteile erhalten. Wichtigste Briefpartner waren Carl von Moser, die Theologen Sebastian Friedrich Trescho, Lavater sowie die Herrnhutischen Brüder Neißer. Zusammen mit ihren Liedern u. ihrer mit Moser u. ihrer Schwester Maria Magdalena von Klettenberg verfaßten Schrift über die Freundschaft (*Neue Lieder.* Ffm. 1754) geben die wenigen erhaltenen Zeugnisse das Bild einer ungewöhnl. Person. Sie hatte sich mit ihrer Frömmigkeit nicht aus der Gesellschaft heraus, sondern geradezu in sie hinein begeben. Der radikale Pietismus – dieser Richtung wandte sie sich zu – war in Deutschland Ausdruck sozialer Unruhe. Die kirchentreue Protestantin hatte 1747 ihren eigenständigen Weg begonnen; um 1765 stand sie den Herrnhutern nahe; Ende 1769 begann sie mit alchimist. Experimenten u. wandte sich der Naturmystik zu; 1772–1774 stand sie wie Lavater dem Frankfurter Sturm und Drang nahe.

K.s Familie zählte zum gehobenen Bürgertum. 1747 löste K. ihre Verlobung, um ihrer inneren Stimme zu folgen. Sie wies das bürgerl. Frauenleben zurück, heiratete nie. Ihr Gottesglaube befreite sich von allem Dogmatismus (»Ich bin ein Christlicher Frey-Geist. Alles Formenwesen, alles gemodelte, ist verschwunden – meine Brüder-schafft sind alle Menschen«, Brief an Moser, 21. 1. 1774). Sie faßte das Göttliche als sinnl. Erleben der Gottesnähe u. verlieh dem in ihren Liedern Ausdruck.

K. beeinflußte das Weltbild des jungen Goethe, indem sie ihn mit naturmyst. Schriften bekannt machte. Goethe beschrieb ihren Umgang in *Dichtung und Wahrheit* (8. Buch; 15. Buch: »von so vielfachen Zerstreuungen, die doch meist zu ernsten, ja religiösen Betrachtungen Anlaß gaben, kehrte ich immer wieder zu meiner edlen Freundin von Klettenberg zurück«). Unter dem Titel *Bekenntnisse einer schönen Seele* (in: *Wilhelm Meisters Lehrjahre.* 6. Buch) rekonstruierte Goethe Kindheit, Jugend u. K.s bes. Art der Frömmigkeit. Die Konflikte, die sich für die dem Geistigen zugewandte Frau in der Epoche des Rokoko ergaben, blieben dem Dichter allerdings verschlossen.

WERKE: Die schöne Seele. Bekenntnisse, Schr.en u. Briefe der S. K. v. K. Hg. Heinrich Funck. Lpz. 1912.

LITERATUR: Johann Martin Lappenberg: Reliquien der Fräulein v. K. nebst Erläuterungen zu den Bekenntnissen einer Schönen Seele. Hbg. 1849. – Hermann Dechent: Goethes Schöne Seele S. K. v. K. Gotha 1896. – Rolf Christian Zimmermann: Die mystisch pietist. Vorstellungen des jungen Goethe. Diss. Heidelb. 1958. – Barbara Becker-Cantarino: Der lange Weg zur Mündigkeit. Frau u. Lit. in Dtschld. (1500–1800). Stgt. 1987. – Dies.: Die Bekenntnisse einer schönen Seele: Zur Ausgrenzung u. Vereinnahmung des Weiblichen in der patriarchalen Utopie v. Wilhelm Meisters Lehrjahren. In: Wolfgang Wittkowski (Hg.): Verantwortung u. Utopie. Tüb. 1988. – Ulrike Prokop: Die Illusion vom Großen Paar. Lebensentwürfe im dt. Bildungsbürgertum um 1730–70. Ffm. 1990.

Ulrike Prokop

Klingemann, (Ernst) August (Friedrich), * 31. 8. 1777 Braunschweig, † 25. 1. 1831 ebd.; Grabstätte: ebd., Magnifriedhof. – Dramatiker, Theaterleiter, Erzähler, Essayist.

Schon durch sein Geburtsjahr eher zum Nachtrab der Jenaer Romantiker gehörend, besuchte der Sohn eines Kopisten u. einer aus der Musikerfamilie Weinholtz stammenden Mutter das Braunschweiger Katharineum, ab 1795 das Collegium Carolinum. Vermutlich über den Verkehr im Haus seines Onkels Joachim Heinrich Campe ergaben sich erste Kontakte zur Frühromantik. 1798 ging er zum Studium der Jurisprudenz nach Jena. Mit Brentano startete er im Stil des »Athenäums« die Zeitschrift »Memnon« (Lpz. 1800), die über den ersten Band nicht hinauskam. Als Rechtskandidat ohne Examen Ende 1801 wieder in Braunschweig, führte K. als freier Mitarbeiter der »Zeitung für die elegante Welt« zunächst eine freie Schriftstellerexistenz, bis er 1806 eine bescheidene Stelle als Registrator erhielt. In zweiter Ehe heiratete er 1810 die Schauspielerin Elise Anschütz u. wurde bei der Waltherschen Gesellschaft Oberregisseur. Ab 1814 Mitdirektor, gelang es K., die Verhältnisse so sehr zu verbessern, daß ab 1818 ein vom Hof begünstigtes Aktienunternehmen für ein »Braunschweiger Nationaltheater« zustande kam, das 1826 als Hoftheater übernommen wurde. Den Rang, den K.s Theaterleitung sich eroberte, dokumentiert am besten die erste öffentl. Aufführung von Goethes *Faust* am 19. 1. 1829 unter seiner Regie.

Literarisch trat K. schon als 18jähriger mit dem Ritterstück *Wildgraf Eckart von der Wölpe* (anonym, Breslau 1795) hervor, u. sein Trauerspiel *Die Maske* (anonym, Breslau 1797) wurde auf Goethes Anordnung von der Weimarer Bühne aufgeführt (1797 in Rudolstadt). K. wandte sich nach einer poetolog. Selbstbesinnung in seiner im Stil von Tiecks Theaterkomödien anonym erschienenen satir. Komödie *Freimüthigkeiten* (Abdera-Lüneburg 1804) großen histor. Stoffen zu. Lessing u. Schiller als Dramatiker verpflichtet, als späterer Theaterdirektor an einem gepflegten Weimarer Deklamationsstil orientiert, gelang es K., sich zeitlebens als vielgespielter Theaterautor zu behaupten. Zwischen 1808 u. 1820 erschienen jeweils Sammelbände seiner zahlreichen, nur z. T. gedruckten Dramen: u. a. *Heinrich der Löwe, Martin Luther, Cromwell, Columbus, Ferdinand Cortez, Das Vehmgericht.* Neben Bearbeitungen (*Hamlet* nach Goethes Andeutungen im *Wilhelm Meister* oder *Oedipus*) wagte K. auch ein eigenes *Faust*-Drama (1811. Ersch. Lpz. 1815), das sich im 19. Jh. gut behaupten konnte. Im Genre des histor. Schauspiels machte er gegen seine in theoret. Schriften proklamierten krit. Positionen auch Konzessionen an den Publikumsgeschmack.

Während K. seine frühen Versuche als Romanautor (*Romano.* 2 Bde., Breslau 1800/01. *Albano der Lautenspieler.* 2 Bde., Lpz. 1802), die in dem bezüglich der Verfasserschaft umstrittenen Roman *Nachtwachen von Bonaventura* (Penig 1804; s. Artikel *Bonaventura*) gipfelten, zugunsten des Dramatikers gänzlich zurückstellte, hat er als Mitarbeiter der »Zeitung für die elegante Welt« nie aufgehört, kritisch-polemisch u. apologetisch als Rezensent zu arbeiten. Am Beginn seiner Mitarbeit standen Auseinandersetzungen mit Merkel u. Kotzebue im Vordergrund, später

Schillers Apologie u. vor allem zunehmend dramaturg. Fragen, die sich in den drei Bänden *Kunst und Natur* (Breslau 1819-28) vereint mit autobiograph. Skizzen u. Reiseeindrücken zu einer Art von Lebenssumme zusammenschlossen. K.s Œuvre erweist sich jenseits des ihm von der älteren Schule attestierten Epigonentums durchaus als vielschichtig, weil seine Dichtungen durch eine erstaunl. »poetische Imagination und Kombinationsfreude« (Fleig) ausgezeichnet sind.

Weitere Werke: Die Asseburg. 2 Bde., Breslau 1796/97 (D.; anonym). – Die Ruinen im Schwarzwalde. 2 Bde., ebd. 1798/99 (R.; anonym). – Selbstgefühl. Ebd. 1800 (D.). – Was für Grundsätze müssen eine Theaterdirektion bei der Auswahl der aufzuführenden Stücke leiten? Lpz. 1802. – Über Schillers Tragödie: Die Jungfrau v. Orleans. Lpz. 1802. – Die Lazaroni. 2 Bde., Lpz. 1803 (R.; anonym). – Der Schweizerbund. 2 Bde., Lpz. 1804/05 (D.). – Der Lazzaroni oder Der Bettler v. Neapel. In: Neueste dt. Schaubühne. 3. Jg., Augsb. 1805 (D.). – Heinrich v. Wolfenschießen. Lpz. 1806 (D.). – Theater. 3 Bde., Tüb. 1808-20. – Dramat. Werke. 2 Bde., Breslau 1817.

Literatur: Heinrich Kopp: Die Bühnenleitung A. K.s in Braunschweig. Lpz. 1901. – Valentin Hauck: A. K. als Dramatiker. Diss. Würzb. 1926. – Hans Jenker: A. K.s Anschauungen über die Funktionen des Theaters. Bln. 1929. – Hugo Burath: A. K. u. die dt. Romantik. Breslau 1948. – Jost Schillemeit: Bonaventura. Der Verf. der ›Nachtwachen‹. Mchn. 1973. – Horst Fleig: Literar. Vampirismus. K.s ›Nachtwachen v. Bonaventura‹. Tüb. 1985. – Joseph Kiermeier-Debre: ›Der Tieck des Tiecks‹: A. K.s ›Freimüthigkeiten‹. In: Ders.: Eine Komödie u. auch keine. Stgt. 1989, S. 162-177.

Joseph Kiermeier-Debre

Klinger, Friedrich Maximilian, * 17. 2. 1752 Frankfurt/M., † 25. 2. 1831 Tartu/Estland; Grabstätte: Leningrad, Alter Smolensker Lutherischer Friedhof. – Dramatiker, Romancier.

K. war das zweite Kind des Bauernsohns Johannes Klinger aus dem Odenwald, der sich in Frankfurt/M. als Konstabler bei der städt. Artillerie hatte anwerben lassen. Nach dem Tod des Vaters (1760) mußte die 32jährige Witwe Cornelia Margareta Dorothea, geb. Fuchs, als Krämerin u. Wäscherin den Sohn u. die beiden Töchter ernähren. K. fühlte früh den Druck der Armut, konnte aber das Gymnasium besuchen u. mit der finanziellen Hilfe des jungen Goethe 1774 in Gießen ein Jurastudium beginnen. Vor allem aber interessierte er sich für die Antike u. die zeitgenöss. Literatur. Noch einmal durch Vermittlung Goethes brachte er bei Friedrich Weygand in Leipzig, dessen Verlag sich schon als Haus der Geniebewegung etabliert hatte, 1775 das Ritterdrama *Otto* u. das Trauerspiel *Das leidende Weib* als Dramen in der »Goetheschen/Lenzischen Manier« heraus. Dabei ließ es der Verleger dahingestellt sein, ob die Leser »sich nun den Verfasser als einen muthigen Jüngling denken, der mit verhängten Zügeln dahin schießt oder als einen Mann, der aus Vorsatz romantisiren wollte« (in: Frankfurter Gelehrte Anzeigen, 1775). Im Sommer 1775 schrieb K. für das von Friedrich Ludwig Schröder u. Sophie Charlotte Ackermann aufgestellte »Hamburger Preisausschreiben« *Die Zwillinge* (in: *Schröders Hamburgisches Theater.* Bd. 1, 1776, S. 1 bis 88). Nach dem Erfolg dieses Stücks, das mit dem Preis ausgezeichnet wurde, u. mit dem raschen Erscheinen der weiteren Werke *Die neue Arria* (Bln. 1776), den an verschiedenen Stellen gedruckten *Szenen aus Pyrrhus Leben und Tod* (1776-79) u. *Simsone Grisaldo* (Bln. 1776) entschloß sich K. im Juni 1776, die Universität zu verlassen.

Die erste Station seiner Wanderung war Weimar, wo er dachte, an Goethes Seite gedeihen zu können. K., dem die Natur »eine große, schlanke, wohlgebaute Gestalt und eine regelmäßige Gesichtsbildung gegeben« hatte (*Dichtung und Wahrheit,* 12. Buch), wollte entweder Schauspieler oder Offizier werden. Nach dem bis heute ungeklärten Bruch mit Goethe ging K. mit dem Manuskript seines neuen Stücks *Sturm und Drang* (Bln. 1776) als Dramaturg in die Truppe Abel Seylers. Auf den Reisen mit Seyler zwischen Okt. 1776 u. Febr. 1778 traf er Lessing in Wolfenbüttel u. befreundete sich in Düsseldorf mit den Jacobis u. Heinse.

In dieser Zeit schrieb er verhältnismäßig wenig: *Der verbannte Göttersohn* (Gotha 1777) blieb Fragment; *Stilpo und seine Kinder. Ein Trauerspiel,* fürs Theater geschrieben, wurde erst 1780 (Basel) gedruckt; die ersten beiden Bände des Romans *Orpheus* (insg. 5 Bde., Genf, recte Basel 1778-80) waren Produkte seiner Geldnot. Enttäuscht vom Leben als Theaterdichter, machte sich K. nach Zürich zu seinem Jugendfreund Philipp Christoph Kayser auf. Unterwegs besuchte er in Emmendingen Johann Georg Schlosser, der K. als Leutnant in das Freikorps des Chevalier de Wolter vermittelte. Sommer

1778 bis Frühling 1779 zog K. während des Bayerischen Erbfolgekriegs durch Böhmen u. fand sich nach dessen Ende 27jährig verabschiedet u. ohne Lebensunterhalt. So kehrte er zum Theater zurück, aber diesmal mit einem tiefen Sinn für Selbstironie, weit entfernt von der Schwärmerei der Jugendwerke. 1779 entstanden die Komödien *Prinz Seiden-Wurm* (Genf, recte Basel 1780) u. *Der Derwisch* (Ormus, recte Basel, Prag 1780). Im selben Jahr vollendete er den Roman *Orpheus* u. das Pendant dazu, *Prinz Formosos Fiedelbogen und der Prinzeßin Sanaclara Geige* (2 Bde., Genf, recte Basel 1780). Im Sommer 1780 wohnte K. in Pratteln in der Schweiz u. verfaßte mit Lavater u. Jacob Sarasin die Satire *Plimplamplasko, der hohe Geist, heut Genie* (Basel 1780. Neudr. hg. von Peter Pfaff. Heidelb. 1966) auf Christoph Kaufmann, der K.s urspr. *Der Wirrwarr* betiteltes Stück in *Sturm und Drang* umgetauft u. somit der Geniezeit einen anderen Namen verliehen hatte.

Wieder durch Schlossers Vermittlung wurde K. 1780 zunächst als Vorleser, dann als Ordonnanzoffizier u. Leutnant im Marinebataillon beim russ. Thronfolger Großfürst Paul in Petersburg eingestellt, mit dem er zwischen Sept. 1781 u. Dez. 1782 eine Europareise unternahm. In Wien traf er Schröder wieder, der die noch im Manuskript befindl. Komödie *Die falschen Spieler* (Wien 1782) im Hoftheater aufführte. In Paris beendete K. sein Drama *Elfride* (Basel 1783). Wieder in Petersburg, machte er Militärkarriere, nicht zuletzt weil er 1788 eine Tochter des Obersten Alexander Alexajef heiratete. Mit Elisabeta Alexandrowna hatte er drei Kinder, aber nur der Sohn Alexander überlebte die Kindheit, um dann 1812 in der Schlacht bei Borodino zu fallen. 1801 wurde K. Generalmajor u. Leiter des Kadettenkorps. Auch diente er beim Ministerium für Volksbildung u. im Rat verschiedener Lehranstalten. Ab 1803 war er Kurator des Schulbezirks u. der Universität Dorpat in Estland, bis er 1816 im Zuge der beginnenden Restauration seine Amtes enthoben wurde. In der Folge zog er sich aus dem öffentl. Leben zurück.

In Rußland war K. zum dienstbeflissenen Offizier u. Beamten geworden; die Schriftstellerei war für ihn Zeitvertreib, brachte aber immerhin auch »Beweise meines moralischen Daseyns« (6. 8. 1810). Die Werke dieser Zeit sind betont weltbürgerlich. Zu den schon genannten Schauspielen kamen in den 80er Jahren noch drei Historien, zwei Komödien u. eine Gruppe von fünf antikisierenden Dramen, darunter zwei Medeenstücke. Die Entstehung seines Romans *Die Geschichte vom Goldenen Hahn* (Gotha 1785) geht wohl auf Aug. 1783 zurück. Anfang 1790 begann K. eine Revision seines Romans *Orpheus*, der 1791 u. d. T. *Bambino's sentimentalisch-politische, comisch-tragische Geschichte* (Petersburg, Lpz.) erschien. Im selben Jahr teilte K. seinem Jugendfreund Ernst Schleiermacher mit, daß er ein Manuskript abgeschickt hatte: »Darinnen wirst du nebst einem tiefen Zwek, alles finden, was ich über Wissenschaft, Menschen, Glük, Moral, Religion, Gott und Welt denke« (24. 3. 1791). Dieses Werk, *Fausts Leben, Thaten und Höllenfahrt in fünf Büchern* (Petersburg, Lpz. 1791), ist das erste eines geplanten Zyklus von zehn Romanen, von denen acht u. ein Teil vom zehnten erschienen sind. Der neunte ist verschollen. Die unvollendete »Dekade« stellt den Versuch des weitgereisten u. belesenen Vernunftmenschen K. dar, das Spektrum der europ. Aufklärung aus persönl. Sicht zusammenzufassen. Mit den *Betrachtungen und Gedanken über verschiedene Gegenstände der Welt und der Literatur* (Bde. 1 u. 2, Köln 1803. Bd. 3, Petersburg 1805) u. der Herausgabe der zwölfbändigen Werkausgabe beendete er seine literar. Tätigkeit.

K. führte einen umfangreichen Briefwechsel: mit Goethe, mit dem die alte Freundschaft 1811 wieder aufgenommen wurde, u. mit den vielen, die ihn in Petersburg u. Dorpat besuchten, darunter Caroline von Egloffstein, Fanny Tarnow, Seume, Arndt u. Wilhelm von Wolzogen. Sein langes u. produktives Leben, Offenheit Ideen gegenüber u. seine magnetische Persönlichkeit machten K. zu einem der einflußreichsten Literaten seiner Zeit.

WERKE: *Werkausgaben:* Theater. 4 Bde., Riga 1786/87. – K.s neues Theater. 2 Bde., Petersburg, Lpz. 1790. – Ausw. aus K.s dramat. Werken. 2 Bde., Lpz. 1794. – K.s Werke. 12 Bde., Königsb. 1809-16 (Ausg. letzter Hand). Neuausg. Lpz. 1832. – Sämmtl. philosoph. Romane. 12 Bde., o. O. [Wien] 1810. – K.s Werke. Hist.-krit. Gesamtausg. Hg. Sander L. Gilman u. a. 24 Bde., Tüb. 1978 ff. – *Briefe:* Briefbuch zu F. M. K. Sein Leben u. Werk. Hg. Max Rieger. Darmst. 1896. – *Einzeltitel:* Oriantes. Ffm., Lpz. 1790 (Trauersp.). – Medea in Korinth u. Medea auf dem Kaukasus. Zwey Trauersp.e. Petersburg, Lpz. 1791. – Gesch. Raphaels de Aquillas [...]. Lpz. 1793. – Reisen vor der Sündfluth. Bagdad, recte Riga 1795. – Der Faust der Morgenlaender [...]. ebd. 1797. – Der Schwur. Riga 1797 (Lustsp.). – Sahir, Eva's Erstgeborener im Paradiese. Ein Beytrag zur Gesch. der Europ. Kultur u. Humanität. Tiflis, recte Riga 1798. – Gesch. eines Teutschen der neuesten Zeit. Lpz. 1798.

Literatur: *Biographisches:* Max Rieger: K. in der Sturm- u. Drangperiode. Darmst. 1880 (im Anhang Briefe K.s). – Max Rieger: K. Sein Leben u. Werk. 2 Bde., Darmst. 1896. – Olga Smoljan: K. Leben u. Werk. Übers. v. E. M. Arndt. Weimar 1962. – Christoph Hering: K. Der Weltmann als Dichter. Bln. 1966. – *Zu den Dramen:* Kurt May: K.s Sturm u. Drang. In: DVjs 11 (1933), S. 398-407. – Edward P. Harris: ›Der Tyrann v. Syrakus‹: An Unknown Early Version of F. M. K.s ›Damocles‹. In Archiv 210.2 (1973), S. 241-296. – Karl S. Guthke: Lektion eines Preisausschreibens: K.s ›Zwillinge‹. In: Ders.: Literar. Leben im 18. Jh. [...]. Bern/Mchn. 1975. – E. P. Harris: Vier Stücke in einem: Die Entstehungsgesch. v. K.s ›Die Zwillinge‹. In: ZfdPh 101.4 (1982), S. 481-495. – *Zu den Romanen:* Hans Heinrich Borchert: K.s Romanzyklus: In: Ders.: Der Roman der Goethezeit. Urach 1949, S. 76-103. – Hans Jürgen Geerdts: K.s Faust-Roman in seiner histor.-ästhet. Problematik. In: WB 6 (1960), S. 58-75. – Hartmut M. Kaiser: Studien zu K.s Romanen [...] ›Faust‹, ›Raphael‹, ›Giafar‹. Diss. Brown Univ. Providence 1968. – Harro Segeberg: K.s Romandichtung [...]. Heidelb. 1974. – David F. Stout: The Portrayal of the Author Figure in Three Novels by K. Diss. Cornell Univ. Ithaca 1979. – David Hill: K.s Novels: The Structure of the Cycle. Stgt. 1982. – *Einflüsse:* Erich Schmidt: Lenz u. K. Bln. 1878. – Friedrich A. Wyneken: Rousseaus Einfluß auf K. Univ. of California Publications in Modern Philology 3,1. Berkeley 1912. – S. L. Gilman u. E. P. Harris: K.s Wieland: In: MLN 199,3 (1984). *Edward P. Harris*

Klinger, Kurt, * 11. 7. 1928 Linz. – Lyriker, Dramatiker, Essayist.

Nach der Matura arbeitete K. als Handelsangestellter; ab 1953 studierte er Germanistik u. Theaterwissenschaften in Wien. Bekannt wurde er 1954 durch die Linzer Uraufführung seines Schauspiels *Odysseus muß wieder reisen* (abgedr. im Sammelband *Schauplätze.* Wien 1971). Von 1955 an war K. Dramaturg u. a. in Linz, Düsseldorf, Zürich, 1978 ließ er sich als freier Schriftsteller u. Publizist in Wien nieder. Seit 1979 ist er Mitherausgeber u. Redakteur von »Literatur und Kritik«. – Schon der Titel von K.s publikumswirksamem Odyssee-Stück ist symptomatisch für eine Autorschaft, die geschichtsbedingte Erfahrungen der Unbehaustheit u. Verstörung im Rückgriff auf den antiken Mythos gern zum Spiegel einer überzeitl. condition humaine stilisiert: Homers Held ist bei K. verfremdet zur Figur des haltlosen Kriegsverlierers, dem noch die Aussicht auf Heimkehr am Ende verloren geht. Hier u. großenteils in den späteren, minder erfolgreichen Dramen K.s bricht sich freilich gerade der gegenwartskrit. Elan am illusionslosen Entwurf existentieller Konstanten.

Sujets aus dem griechisch-röm. Kulturerbe u. die Spannung zwischen kämpferischem Mut u. melanchol. Dämpfung, zwischen sprachgläubiger Bilderfülle u. eleg. Weltzweifel prägen auch K.s lyr. Produktion. Formal erscheint diese im Vergleich zu seinen durchweg traditionell gebauten Schauspielen vielfältiger, mitunter wird die Grenze zur lyr. Prosa überschritten (*Studien im Süden.* Linz 1965). Auf Experimente im engeren Sinn verzichtet K. indes, selbst sein jüngster Gedichtband (*Zeitsprung.* Salzb. 1987) verweist zurück auf den Gedichtzyklus *Harmonie aus Blut* (Wien 1951). – K. erhielt u. a. 1984 den Georg-Trakl-Preis für Lyrik.

Weitere Werke: Auf der Erde zu Gast. Linz 1956 (L.). – Entwurf einer Festung. Wien/Mchn. 1970 (L.). – Auf dem Limes. Salzb. 1980 (L.). – Theater u. Tabus. Ess.s, Ber.e, Reden. Eisenstadt/Wien 1984. – Erinnerung an Gärten. Salzb. 1989 (P.). *Martin Loew-Cadonna*

Klinger, Max, * 18. 2. 1857 Leipzig, † 4. 7. 1920 Großjena bei Naumburg; Grabstätte: ebd., in Klingers Weinberg. – Maler, Radierer, Bildhauer; Kunsttheoretiker.

Das Werk des »deutschen Atheners« K. wurde von den Zeitgenossen stürmisch aufgenommen, seit den 20er Jahren gerieten seine Malerei u. Plastik als unzeitgemäß u. schwülstig immer mehr in die Kritik; erst seit etwa 1970 erlebte bes. K.s graph. Werk eine umfassende Renaissance. Heute gilt er neben Klimt als herausragender Künstler des Jugendstils.

Der Sohn eines künstlerisch begabten Seifensieders kam nach der Realschule 1874 an die Karlsruher Kunstschule zu dem Realisten Carl Gussow, dem er 1875 an die Berliner Akademie folgte. 1883-1886 lebte er in Rom, 1889 bis 1893 in Paris. 1891 erschien K.s einziges kunsttheoret. Werk *Malerei und Zeichnung* als Privatdruck (Lpz. [3]1899). K.s Schriften u. Briefe zeugen von seiner idealistischen Einstellung, die in der Sinnlichkeit einen Grundpfeiler aller Kunst sah. Wie bei Runge oder Wagner (in der

Musik) war sein Ziel das Gesamtkunstwerk (von Malerei, Plastik u. Architektur). Nur die graphische »Griffelkunst« sah K. davon ausgenommen, ihr Feld sei die Gedankenkunst, in der Ideen subjektiv ausgedrückt werden. Seit 1894 Mitgl. der Königlichen Akademie der Künste in Berlin, wurde K., vielfach hoch geehrt, 1897 Professor an der Akademie der graphischen Künste zu Leipzig. 1903 wählte ihn der neugegründete Deutsche Künstlerbund zu seinem Vizepräsidenten.

Weitere Werke: Briefe aus den Jahren 1874-1919. Hg. Hans Wolfgang Singer. Lpz. 1924. – M. K. – Gedanken u. Bilder aus der Werkstatt des werdenden Meisters. Hg. Hildegard Heyne. Lpz. 1925.

Literatur: Ferdinand Avenarius: M. K. als Poet. Mchn. o. J. – Hans Wolfgang Singer: M. K.s Radierungen, Stiche u. Steindrucke. Bln. 1905 (Verz.). – Hildegard Heyne: M. K. im Rahmen der modernen Weltanschauung u. Kunst. Lpz. 1907. – Julius Vogel: K. In: Thieme/Becker. – Ausstellungskat.e Lpz. 1970, Bielef. 1976, Hildesh. 1984. – Renate Hartleb: M. K. Bln./DDR 1985. *Meinrad M. Grewenig*

Klipstein, Editha, geb. Blaß, * 13. 11. 1880 Kiel, † 27. 5. 1953 Laubach/Oberhessen. – Essayistin, Ezählerin.

Als Tochter des Altphilologen Friedrich Wilhelm Blaß wuchs K. in Halle auf u. unternahm in ihrer Jugend ausgedehnte Reisen durch Europa. 1905-1914 ließ sie sich zur Malerin ausbilden u. heiratete 1909 den Maler Felix Klipstein. K. gehörte zum Freundeskreis um Rilke, ihr Domizil auf dem Ramsberg bei Laubach war der Mittelpunkt zahlreicher Künstler. Deutlich von Flaubert u. Proust beeinflußt, fand K. erst spät zu ihrem literar. Stil. Mit dem Roman *Anna Linde* (Hbg. 1935) greift sie die Tradition des gesellschaftl. Entwicklungs- u. Bildungsromans auf u. gestaltet den Lebensweg einer jungen Frau um die Jahrhundertwende. Auch in ihrem zweiten Roman *Der Zuschauer* (Hbg. 1942) verbindet sie die Gesellschaftsstudie mit einer psychologisch durchdachten Figurenführung. Lassen sich in ihren Erzählwerken nur gelegentlich autobiographische Hintergründe erkennen, so beruht die Essaysammlung *Gestern und Heute* (Schloß Laupheim 1948) ausdrücklich auf persönliche Erinnerungen. K. reflektiert darin gesellschaftliche u. historische Entwicklungen aus dem Blickwinkel der eigenen Zeitgenossenschaft.

Weitere Werke: Sturm am Abend. Hbg. 1938 (N.). – Die Bekanntschaft mit dem Tode. Hbg. 1947 (R). – Das Hotel in Kastilien. Ffm. 1951 (N.).

Literatur: Benno Reifenberg: E. K. In: Die Gegenwart, 8. Jg., Nr. 183 (1953), S. 366. *Andrea Stoll*

Klischnig, *Klischnige*, Karl Friedrich, auch: Karlo Josko, * 16. 2. 1766 Berlin, † um 1825. – Verfasser diverser Schriften im Umkreis von Karl Philipp Moritz; Übersetzer.

K. war Schüler u. Mitarbeiter von Moritz, in dessen Haus er 1783-1786 wohnte. Später war er Sekretär beim kgl. Kommerz-Kollegium in Berlin. Von histor. Interesse ist seine »Fortsetzung« des *Anton Reiser* (*Erinnerungen aus den zehn letzten Lebensjahren meines Freundes Anton Reiser. Als ein Beitrag zur Lebensgeschichte des Herrn Hofrath Moritz*. Bln. 1794), in der er chronikartig Moritz' Biographie weitererzählt, ohne den literar. Rang des Vorbilds zu erreichen. Dieser »fünfte Teil« des *Anton Reiser* ist dennoch eine wichtige Quelle für Moritz' Biographie ab 1780 (mit Bibliographie). K. war nach eigenen Angaben Beiträger zu Moritz' Zeitschrift »Denkwürdigkeiten«, Mitautor an dessen *Fragmenten aus dem Tagebuche eines Geistersehers* (Bln. 1787) u. *Andreas Hartknopfs Predigerjahren* (Bln. 1790) u. Übersetzer der von Moritz aus dem Englischen herausgegebenen Romane *Anna St. Ives* (5 Bde., Bln. 1792-94) u. *Vancenza* (Bln. 1793). In der Schriftensammlung *Blumen und Blüthen* (Bln. 1794) nennt er die unter Moritz' Namen erschienenen Passagen u. erlaubt sich, sein »Eigenthum zurück zu nehmen«. K. war Herausgeber von Moritz' Schriftensammlung *Launen und Phantasien* (Bln. 1796).

Weitere Werke: Minneglück u. Weiberlist. Bln. 1789. – Gedankenspäne, mitunter manch Paradoxon. Aus der Brieftasche eines v. der Span. Inquisition Verurtheilten. Bln. 1795. – Fritz Wanderers Lebensreise. Bln. 1795. – Die himmelblaue Mappe. Bln. 1796. *Raimund Bezold*

Klöden, Karl Friedrich von, * 21. 5. 1786 Berlin, † 9. 1. 1856 ebd. – Verfasser von Lebenserinnerungen u. populärwissenschaftlichen Schriften.

K. stammte aus alter brandenburgischer Adelsfamilie. Der Vater hatte jedoch den Adelstitel abgelegt u. diente als Artillerie-Unteroffizier im preuß. Heer; später bekleidete er, zunehmend dem Trunk verfallen, kleine Posten in der Steuerverwaltung. Die deklassierte Stellung des Vaters u. drückende Armut prägten K.s Jugend. Trotz auffallender Begabung blieb ihm der Weg zu höherer Bildung verschlossen. 15jährig kam er bei seinem Onkel, einem Berliner Goldschmied, in die Lehre: ein fünfjähriges Martyrium mit permanenten Demütigungen u. 13stündigem Arbeitstag. Unter diesen bedrückenden Bedingungen widmete sich K. einem umfassenden Selbststudium u. vervollkommnete seine Fähigkeiten im Zeichnen u. Gravieren. Die Arbeit für einen Landkartenverlag (seit 1811) brachte ihn mit Gelehrten wie Niebuhr u. Friedrich August Wolf in Kontakt. Zugleich erteilte er Unterricht an der von Johann Ernst Plamann geleiteten Schule, die den Prinzipien Pestalozzis folgte u. in hohem Ansehen stand. Um sich auch formell zu qualifizieren, legte K. 1814 als fast 28jähriger Familienvater die Abiturprüfung ab u. begann ein Studium. Schon 1817 zum Direktor des neugegründeten Lehrerseminars in Potsdam berufen, leitete er seit 1827 die Berliner Gewerbeschule. Von 1825 an hielt er regelmäßig populärwissenschaftl. Vorlesungen über Themen der Physik, der Astronomie u. der Geographie. K.s zahlreiche Auszeichnungen krönte 1853 die Erlaubnis des Königs, den Adelstitel wieder zu führen.

K.s Veröffentlichungen behandeln v. a. Gegenstände aus der Geographie, der Astronomie u. Mineralogie, später zunehmend Themen aus der Geschichte Brandenburgs u. Berlins. Sein Hauptwerk ist *Die Mark Brandenburg unter Kaiser Karl* IV. *bis zu ihrem ersten Hohenzollerschen Regenten, oder: Die Quitzows und ihre Zeit* (4 Bde., Bln. 1836/37). K. bemühte sich hier um solide histor. Fundierung u. zgl. um eine farbige u. lesbare Darstellung. Dies trug ihm gelegentlich den Vorwurf einer romanhaften Popularisierung ein.

Die dauerhafteste literar. Leistung K.s sind seine *Jugend-Erinnerungen* (Lpz. 1874; postum), ein wichtiges kulturgeschichtl. Dokument, das die Entwicklung Preußens in den bewegten Jahrzehnten zwischen Friedrich dem Großen u. Friedrich Wilhelm IV. spiegelt. K. schildert darüber hinaus die eigene erstaunl. Erfolgsgeschichte, ohne eitler Selbstverklärung zu verfallen. Ihm ist bewußt, daß der soziale Aufstieg die Person in ihrem Identitätsgefühl verunsichern kann: »Es ist unter solchen Umständen nicht leicht, die Einheit des Lebens und des Bewußtseins als einen ununterbrochenen Faden fortzuspinnen und sich nicht selber im steten Gedränge der neuen Verhältnisse zu verlieren.«

Weitere Werke: Grundlinien zu einer neuen Theorie der Erdgestaltung. Bln. 1824. – Beiträge zur mineralog. u. geognost. Kenntniß der Mark Brandenburg. Bln. 1828-37. – Über die Entstehung, das Alter, u. die früheste Gesch. der Städte Berlin u. Kölln. Bln. 1839. – Lebens- u. Regierungsgesch. Friedrich Wilhelms des Dritten, Königs v. Preussen. Bln. 1840. – Über die Stellung des Kaufmanns während des MA, bes. im nordöstl. Dtschld. Bln. 1841-44. – Diplomat. Gesch. des Markgrafen Waldemar v. Brandenburg. 4 Bde., Bln. 1844-46. – Der Sternenhimmel. Weimar 1848. – Gesch. einer Altmärk. Familie im Lauf der Zeiten bis zur Gegenwart. Bln. 1854. – Andreas Schlüter. Bln. 1855.

Literatur: Miroslaw Ossowski: Das Bild Preußens in den Jugenderinnerungen K. F. K.s. In: Rocznik Naukowo-dydaktyczny. Filologia germańska 3/55 (1983), S. 79-105.

Jürgen Jacobs

Kloepfer, Hans, * 18. 8. 1867 Eibiswald/Steiermark, † 27. 6. 1944 Köflach/Steiermark. – Lyriker, Erzähler; Heimatkundler.

K., Arzt wie sein Vater, lebte ab 1894 im weststeir. Köflach. Bei der landeskundl. Erforschung jener Gegend galt sein bes. Interesse dem Leben der bäuerl. Bevölkerung, aber auch den Arbeitern der Braunkohlegruben. Im Essayband *Vom Kainachboden* (Graz 1912. 3., vermehrte Aufl. Graz/Wien/Lpz. 1924) demonstrierte K. seine Verbundenheit mit Land u. Leuten, ohne jedoch die sozialen Probleme mit der nötigen Schärfe zu erfassen. Mit seinem »zweiten Buch der Heimat«, *Aus dem Sulmtale* (Graz/Wien/Lpz. 1922), näherte auch er sich jener damals gängigen Verklärung des »bodentreuen« u. »wurzelstarken« Bauerntums. K. gelangte in seiner Heimat v. a. aufgrund seiner nicht selten humoristischen Mundartgedichte zu beträchtl. Popularität (vgl. die Auswahlbände *Gedichte in steirischer Mundart.* Graz/Wien/Lpz. 1924. *Neue Gedichte in steirischer Mundart.* Ebd. 1935. Gesamtausg. u. d. T. *Joahrlauf.* Ebd. 1937. ^{3}1954. Neuaufl. Graz 1974). Bereits als Student mit deutschnationalem Gedankengut bekannt geworden, schloß sich K., der auch als Erzähler hervortrat (*Steirisches Bilderbuch.* Graz/Wien/Lpz. 1930), im Alter der NSDAP an u. forderte durch Aufrufe in der Presse u. in Flugblättern die Bauern zum »Ja« bei der Volksabstimmung vom 10. 4. 1938 auf. Einzelblätter aus *Joahrlauf* wurden steir. Soldaten ins Feld geschickt (Sonderausgabe u. d. T. *Dahoam*. Graz 1942). – 1939 erhielt K. den Mozart-Preis.

Weitere Werke: Gedichte. Graz/Wien/Lpz. 1924. 2., vermehrte Aufl. 1931. – Aus alter Zeit. Steir. Gesch.n. Ebd. 1933. – Ges. Werke. 5 Bde., ebd. 1936/37. – Bergbauern. Jena 1938 (Ess.). – Um den Zigöllerkogel. Weststeir. Gesch.n. Wien 1940. – Steir. Roas. Wien 1960 (L.). – Werke. Hg. Wilhelm Danhofer. 3 Bde., Graz 1967.

Johannes Sachslehner

Klopstock, Friedrich Gottlieb, * 2. 7. 1724 Quedlinburg, † 14. 3. 1803 Hamburg; Grabstätte: Hamburg-Ottensen. – Epiker, Lyriker, Dramatiker u. Literaturtheoretiker.

K. war das älteste von 17 Kindern. Seine Mutter Anna Maria, geb. Schmidt, lebte von 1703 bis 1773. Sein Vater, Gottlieb Heinrich Klopstock (1698-1756), war in Quedlinburg seit 1736 Stiftsadvokat u. fürstlich-mansfeldischer Kommissionsrat. Vier Jahre zuvor hatte er versucht, durch Pacht des Gutes Friedeburg/Saale eine selbständige wirtschaftl. Existenz aufzubauen u. war dabei gescheitert. Der junge K. verlebte seine Kindheit auf diesem Gut. Zunächst wurde er von Hauslehrern unterrichtet. Von 1736 an besuchte er das Gymnasium Quedlinburg, 1739-1745 die Fürstenschule Pforta. Er erhielt dort eine gründl. humanistische Ausbildung, beschäftigte sich intensiv mit Bibelexegese, griech. u. lat. Dichtern u. Historikern. Von 1745 an studierte er in Jena Theologie u. Philosophie. Im Juni 1746 wechselte er nach Leipzig, das er 1748 verließ, um in der Familie von Verwandten in Langensalza eine Hofmeisterstelle zu übernehmen. In die Kusine Maria Sofia Schmidt verliebte er sich ohne Glück – sie war die »Fanny« seiner Oden. Als er im Juli 1750 nach Zürich aufbrach, um einer Einladung Bodmers zu folgen, war er schon berühmt: In Leipzig hatte er die Bekanntschaft mehrerer literarisch ambitionierter Studenten, der sog. Bremer Beiträger, gemacht. In ihrer Zeitschrift »Neue Beyträge zum Vergnügen des Verstandes und Witzes« veröffentlichten sie 1748 die ersten drei Gesänge des *Messias*.

Als Bodmer feststellen mußte, daß K. keineswegs der von ihm erwartete fromme *Messias*-Dichter sei, der sein Epos in Zürich fortsetzen sollte, entstanden persönl. Verstimmungen. K. hielt sich lieber bei den literarisch interessierten jungen Zürchern auf als bei dem mäzenat. Patriarchen. Im Febr. 1751 reiste er nach Dänemark; bereits im Aug. 1750 hatte ihn die Nachricht von Johann Hartwig Ernst von Bernstorff erreicht, Friedrich v. von Dänemark habe ihm eine jährl. Pension (400, später 600 Taler) ausgesetzt mit der einzigen Verpflichtung, den *Messias* zu vollenden. Auf der Durchreise machte K. in Hamburg die Bekanntschaft der Kaufmannstochter Margareta (Meta) Moller (* 1723), die er als »Cidli« in seinen Gedichten besang. Sie war eine glühende Verehrerin seiner Dichtung. Nachdem K. in Dänemark Fuß gefaßt hatte, heiratete er am 10. 6. 1754 die geliebte Frau. Sie starb bei der Totgeburt eines Kindes am 28. 11. 1758.

Abgesehen von einigen Reisen u. einem längeren Aufenthalt 1762-1764 in Deutschland lebte K. bis 1770 in Dänemark. In Kopenhagen fand er einen literarisch u. politisch engagierten Freundeskreis, zu dem Johann Andreas Cramer, Gerstenberg, Helferich Peter Sturz, die Grafen Stolberg u. Basedow zählten. Als K.s Gönner u. Freund Bernstorff im Herbst 1770 durch Christian VII. seiner Ämter enthoben wurde u. nach Hamburg zog, begleitete ihn K. u. blieb bis zu seinem Tod dieser Stadt treu.

Im Herbst 1774 erreichte ihn das Angebot des Markgrafen Karl Friedrich von Baden, mit dem Titel eines Hofrats in Karlsruhe von einer fürstl. Pension zu leben. K. nahm an u. reiste im Sept. 1774 nach Karlsruhe. Intrigen einiger Höflinge verbitterten ihm allerdings bald das Leben, so daß er im März 1775 wieder nach Hamburg zurückkehrte. Auf der Hinreise hatte er seine Göttinger Verehrergemeinde, die Mitglieder des Hainbundes, u. in Frankfurt/M. Goethe besucht. In Hamburg wurde K. der geistige u. gesellige Mittelpunkt eines großen Freundeszirkels, zu dem Claudius, Voß, Gerstenberg u. die Grafen Stolberg gehörten. Für die Besucher der Stadt war es geradezu Pflicht, den berühmten Dichter zu sehen u. zu sprechen. Wegen seines schon vor dem Sturm auf die Bastille erwiesenen »Civismus« ernannte ihn die frz. Republik am 26. 8. 1792 zum Ehrenbürger.

Bereits 1776 war K. zu einer Nichte seiner verstorbenen Frau, der verwitweten Johanna Elisabeth von Winthem (1747-1821) gezogen. Er heiratete sie 1791. Die Ehe blieb kinderlos. Als K. 1803 starb u. am 22. 3. in Ottensen neben seiner ersten Frau beigesetzt wurde, erwiesen ihm Zehntausende von Bürgern Hamburgs die letzte Ehre.

In Arno Schmidts Dialog *Klopstock, oder Verkenne Dich Selbst!* heißt es: »Im Bewußtsein unserer Gebildeten ist ›Klopstocks=Messias‹ ein solches versteinert=untrennbares Begriffspaar geworden, wie etwa ›Darwin?: DermitdemAffen‹.« K. war für die literar. u. religiöse Öffentlichkeit seit 1750 zunächst u. ohne Einschränkung der Sänger des *Messias.* Mit der Veröffentlichung der drei ersten Gesänge hatte er seinen Ruhm begründet – im dt. Sprachraum wurde geradezu ungeduldig die Vollendung seines Epos erwartet.

In seiner Abschiedsrede über die epische Poesie nahm sich K. noch in Pforta vor, den Ruhm des Vaterlands zu mehren. Zu einem Epos inspirierte ihn die gründl. Lektüre von John Miltons *Paradise Lost.* Aber erst 1772 hatte er den »Hauptzweck« seines Lebens vollendet. Für die Gesamtausgaben von 1781 u. 1798 nahm er sich das Werk erneut vor u. verbesserte den Text. Die 20 Gesänge enthalten nahezu 20 000 Verse. Erzählt wird die Leidensgeschichte Christi vom Einzug in Jerusalem bis zur Himmelfahrt. Dabei ist der Messias der »Mittler« zwischen dem Vatergott u. der durch Sünde gefallenen Menschheit. Selbst die Teufel können, wenn sie wie Abbadona Reue zeigen, erlöst werden. Den Berichten der Evangelien über die Passion folgt der *Messias* vom fünften Gesang an genauer, aber das Christusbild K.s entspricht weder dem der Schrift noch dem der luth. Christologie. K. versucht eine Psychologisierung u. Vergöttlichung der Passion. Seine Hexameter u. Stilmittel (komplizierter Satzbau mit vielen Einschüben u. der Nachstellung von Subjekt oder Objekt, Wortwiederholungen, gehäufte Vergleiche, Partizipialkonstruktionen, zahlreiche Genitivmetaphern u. absolute Komparative) sollen die Seele des Lesers in Bewegung versetzen. Um Geschehnisse in ihrer Wirkung mehrfach darstellen zu können, werden zahlreiche Zeugen – bis hin zu Gestorbenen u. Ungeborenen – fingiert. Die Betrachtung des Geschehens hat oft Vorrang vor dem knapp erzählten Geschehen selbst. Gerhard Kaiser hat gezeigt, daß etwa das Auferstehungsgeschehen in einem Nebensatz von neun Versen erzählt wird, während sich der Hauptsatz von drei Versen mit den Empfindungen der Zuschauer beschäftigt, die ihrerseits in 14 Versen mit den Gefühlen der Auferstehenden am Jüngsten Tag verglichen werden. »650 vorhergehende Verse beschreiben die Erwartungsstimmung vor der Auferstehung bei den versammelten Zeugen, 200 folgende Verse die Gefühlswirkung des Ereignisses« (S. 241). Die oft mehrfache Spiegelung der erzählten Begebenheiten führt zu einem Polyperspektivismus der Darstellung, der analog zu K.s Sprache die Überanstrengung u. Übersteigerung der poetischen Fiktion verrät. Viele Zeitgenossen haben schon an der Unanschaulichkeit des *Messias* Anstoß genommen. Die Dimensionen von Raum u. Zeit werden im Sinne der damaligen Naturwissenschaft abstrakt dargestellt – die Orientierung am kopernikan. Weltbild führt zu räuml. Unanschaulichkeit u. Unendlichkeit. August Wilhelm Schlegel hat bemerkt, daß in das Weltsystem des *Messias* das Chaos eingedrungen sei; es herrsche darin »Formlosigkeit des Himmels wie der Hölle«. Der *Messias* demonstriert, wohin eine poetische Konstruktion führt, die Zeit u. Raum aufheben muß, um das nicht Darstellbare, die Ewigkeit u. Allmacht Gottes, zu versinnlichen. »Beim Versuch, die Menschenwelt zu sprengen und in die Welt Gottes vorzudringen, muß Klopstock in einer grenzenlosen Unendlichkeit landen, die sich in einer abstrakten Innerlichkeit spiegelt« (Kaiser, S. 258).

K.s Messiade war sowohl in der künstlerischen Anlage u. Gestaltung als auch in der Wirkung ambivalent. Das Überwiegen der betrachtenden über die traditionell epischen Passagen legte es den religiös orientierten Lesern nahe, das Werk als Erbauungsbuch zu verstehen. An kaum einem anderen Werk aus der Mitte des 18. Jh. läßt sich präziser der Wandel verschiedener Lesereinstellungen studieren. Den modernen Viellesern war der *Messias* ein Kunstgebilde wie andere auch, das oft nicht einmal vollständig gelesen wurde. Für die Frommen eignete sich das Epos zu einer erbaul. Wiederholungslektüre.

Die scharfe Kritik der Gottschedianer war vorauszusehen. Orthodoxe Theologen nahmen die eigenwillige Christologie K.s u. weniger bedeutende Häresien aufs Korn. Es mußte beide ablehnende Parteien stören, daß der *Messias* geradezu ein buchhändlerischer Erfolg war. Richard Alewyn hat in einer Studie über K.s Leser dargelegt, daß mit drei großen Lesergruppen gerechnet werden muß. Das traditionale bürgerl. Publikum, die Gelehrten u. der Adel nahmen von K.s Werk kaum Notiz. Seinen Erfolg verdankte die Messiade einem neuen Publikum, das sich im wesentlichen aus den literarisch Desinteressierten, die nur Erbauungsliteratur schätzten, aus den Frauen u. jungen Leuten zusammensetzte. Mit K.s *Messias* u. Oden verbindet sich eine bislang in den deutschsprachigen Ländern unbekannte Kultur des öffentl. Vortrags dieser Dichtungen. Sie wirkten in dieser Form gemeinschaftsbildend. Von Schubart sind mehrere Berichte über seine Klopstock-Deklamationen überliefert. Die Wirkung des Vortrags auf die Zuhörer war K. selbst außerordentlich wichtig. So bildete sich für einige Jahrzehnte v. a. unter der Jugend eine »Klopstock-Gemeinde«. Es genügte, den Namen des Dichters auszusprechen, um einer starken Sympathetik sicher zu sein (Gewitterszene im *Werther*). Von bes. Bedeutung für die ungewöhnl. Rezeption eines so schwierigen Werks waren die lesenden Frauen. Nach K.s Auffassung waren sie bes. zum »Verstehen« befähigt. Schließlich übte die Messiade auf die Unbelesenen eine nachhaltige Wirkung aus: Durch ihre Lektüre des Epos als Erbauungsbuch wurden sie oft als Leser für weltl. Literatur gewonnen. Die Schweiz u. Schwaben wurden durch K.s Werk gleichsam literarisiert.

Die Wertschätzung, die der Messiade von Literaturkritikern zuteil wurde, äußerte sich in kühnen Vergleichen u. Formulierungen unüberbietbaren Lobes. Georg Friedrich Meier wagte schon 1749 die Prophezeiung, der *Messias* werde einmal »unmittelbar« nach der *Ilias* u. *Äneis* genannt werden. Gerstenberg war 1769 überzeugt, daß sich »alle Nationen der Christenheit und alle künftigen Weltalter« dies Werk aneignen würden, das dann Eschenburg 1790 als »die klassische Epopee unserer Nation« bezeichnete. Lessing u. Goethe erkannten in K. das »große Genie«. Von Herder stammt eine der treffendsten Charakteristiken. In *Klopstock mit Homer verglichen* in der zweiten Sammlung von Fragmenten *Über die neuere deutsche Literatur* (1767) verteidigte er die Unsinnlichkeit der Messiade: Die »gleichsam unsichtbar in die Seele« gemalten Bilder seien vielleicht »unsrer geistigen Zeit« gemäßer; vielleicht übertreffe das »Moralische« in K. sogar »alles schöne Sinnliche in Homer«. Schiller verstand den *Messias*-Dichter als »musikalischen Dichter«, der die Einbildungskraft auf kein bestimmtes Objekt beschränke – seine Sphäre sei immer das Ideenreich.

Seit 1800 überwogen die respektvollen Lobeserhebungen. Aber gelesen wurde der *Messias* kaum noch; er repräsentierte für die jüngeren Generationen das »Empfindungssystem der Vergangenheit« (Carlsson, S. 38 ff., 42 f., 47, 49). In Tiecks Todesjahr 1853 erschien ein Aufsatz von Johann Leonhard Hoffmann: *Wie kommt es, daß Klopstocks Messias hochgeschätzt und doch nicht gelesen wird?* Tieck konnte sich mit der Messiade trotz fünffacher Lektüre nicht befreunden; vieles sei gegen die Bibel u. man finde wenig Poesie. Der letzte, 20. Gesang sei vollends »tönende Wortdichterei«, das ganze Gedicht »die Leere selbst«. Zu dieser vernichtenden Kritik paßt das Bekenntnis des Teufels in Grabbes Komödie *Scherz, Satire, Ironie und tiefere Bedeutung*, K.s *Messias* sei sein »altes unfehlbares Schlafmittelchen« (1,4).

K. hat seinen frühen Ruhm als *Messias*-Sänger nicht allein für sich genutzt. 1768 entwikkelte er einen Plan *Zur Unterstützung der Wissenschaften in Deutschland*, der zur Förderung der Künste u. Wissenschaften durch Kaiser Joseph aufrief. Die Gelehrten u. Schriftsteller Deutschlands hätten von seiten der Fürsten keine Unterstützung zu erwarten. Der Kaiser werde, so hoffte er, die »Ehre der vaterländischen Wissenschaften an sein Zeitalter mit Blumenketten« fesseln. Im einzelnen schlug der Plan vor, die nationale Geschichtsschreibung zu fördern, eine kaiserl. Druckerei zu errichten, von der die

»besten Werke Deutschlands« zum Vorteil ihrer Autoren gedruckt werden sollten. Ferner wurde die Gründung eines subventionierten Nationaltheaters u. eines »Singhauses« für die musikal. Darbietung dt. Dichtungen vorgeschlagen. Auszeichnungen oder Pensionen für Dichter u. Gelehrte seien so zu bemessen, daß sich die Sorge ums tägl. Brot erübrige. Nur in einem Bereich hatte der Plan Chancen der Realisierung: in der Förderung der nationalen Geschichtsschreibung. Insgesamt ist er gescheitert. Der Plan hatte die Überschrift *Fragment aus einem Geschichtsschreiber des neunzehnten Jahrhunderts* – aus der fiktiven Distanz des folgenden Jahrhunderts wollte K. die Realisierung des »Wiener Plans« als Faktum erscheinen lassen, als wären durch den Kaiser die Wissenschaften in Deutschland »zu einer Höhe« gebracht worden, »welche von der Geschichte als Epoke wird bemerkt werden«.

Wie beim »Wiener Plan« verbarg sich K. bei der *Deutschen Gelehrtenrepublik* als Autor hinter einer fingierten Herausgeberschaft: »Auf Befehl der Aldermänner durch Salogast und Wlemar. Herausgegeben von Klopstock.« Mehrere Abschnitte waren zuvor schon durch Vorabdrucke bekannt geworden. Um so gespannter war das literar. Deutschland auf K.s zweites großes Werk – es erschien 1774, ein Jahr nach dem letzten Band des *Messias*, als »Erster Theil«; ein zweiter ist nicht erschienen.

Das Buch ist aus verschiedenartigen Elementen zusammengesetzt; auf die knappe »Einrichtung der Republik« folgen »die Gesetze« u., als »historischer« Teil, die »Geschichte des letzten Landtages« in zwölf Tagungen der »Landgemeinde«. Die Stillage wechselt häufig; es finden sich Passagen eines »erhabenen Lakonismus« neben satir. Sentenzen; Ironie u. Humor fehlen ebensowenig wie Archaismen, Fragmente, historische Begebenheiten, Übersetzungen alter Sprachdenkmäler, epische Abschnitte. Der fiktionale Rahmen schwankt zwischen Vergangenheit u. Gegenwart. Zu dem Sentenzen-Ton, der auf ausführlich begründende Argumentation verzichtet, paßt K.s Prosa-Ideal der »Kürze«, der »Karglautigkeit«, des Weglassens.

In der Fiktion der Gelehrtenrepublik griff K. auf eine Tradition zurück, die von ital. Humanisten begründet u. im 18. Jh. in Europa erneut diskutiert wurde. Ging es doch nicht zuletzt um den Anspruch der »nobilitas literaria«, mit der »nobilitas generis« gleichgestellt zu werden. Auch K. verstand die Gelehrtenrepublik im Verhältnis zum absolutistischen Staat als gleichrangig. Doch gilt selbst im Gelehrtenstaat das aristokratische Prinzip – je nach Grad der intellektuellen Leistung wird eine Position erworben. An der Spitze der »Zünfte« stehen »Aldermänner« als Elite; das Volk hat einen niedrigeren Status in einem ausschließlich gelehrten Leistungssystem. Der verachtete (gelehrte) Pöbel hat keine Stimme auf dem Landtag.

Alle Nachahmung führt zur Knechtschaft; wer selbst denkt u. nur selten nachahmt, gilt als »Freier«. Der Entdecker oder Erfinder ist ein »Edler«. Die Betonung der Originalität u. die häufigen Wendungen gegen »Nachahmungssucht«, »unvaterländische Sclaven«, »Nachleser und Stoppelsammler« erlauben es, die *Gelehrtenrepublik* als eine scheinbar anarch. Poetik für »Originalgenies« zu lesen. Entdeckung, Erfindung neuer u. würdiger Gegenstände, deren Mitteilung durch Bücher u. Lehre gehören zu den Grundsätzen der Republik. Der »Gute Rath der Aldermänner«, aber auch der histor. Teil des Werks enthalten Hinweise für junge Dichter u. zur Poetik (Handlung, Leidenschaft, Darstellung). Der Vorschlag einer Poetik, deren Regeln sich auf Erfahrung gründen, wird unterbreitet.

So ist es nicht verwunderlich, wenn Friedrich Leopold Stolberg am 17. 5. 1774 an Voß schrieb, das Werk K.s sei ein »göttliches Buch, voll Tiefsinns, voll Scharfsinns, voll Genies, voll Salzes«. Goethe nannte die *Gelehrtenrepublik* die »Einzige Poetik aller Zeiten und Völker« (an Gottlieb Friedrich Ernst Schönborn, 10. 6. 1774), während Herders Urteil die Gegensätze hervorhob – es sei »das größte und kleinste, übertrieben männlichste und kindischste Buch«, das er je gesehen habe. Garve kritisierte den forcierten Nationalismus, den »übel verstandenen Patriotismus«, der darin herrsche. Die Verehrer K.s waren von dem Werk enttäuscht, ja bestürzt, wie Goethe in *Dichtung und Wahrheit* (3,12) berichtet. Aber der Ruhm K.s habe noch nicht einmal ein »Murren, kaum ein leises Murmeln« entstehen lassen. Die intensive

Diskussion über das als hermetisch geltende Werk konzentrierte sich auf einen kleinen Kreis. Da der zweite Teil der *Gelehrtenrepublik* nicht erschien, war sie nach einigen Jahren vergessen.

Seinen neugeschaffenen Typ eines vaterländ. Dramas nannte K. »Bardiet«, das er nach »barditus« (Tacitus) bildete. »Bardengesang« – so die Übersetzung – heißen Gedichte, die sich mit Geschichte verbinden; der »Bardiet« soll »die Charaktere und die vornehmsten Teile des Plans aus der Geschichte unsrer Vorfahren« nehmen, seine selteneren Erdichtungen genau auf die Sitten der gewählten Zeit beziehen u. nie ohne Gesang sein (Anmerkung zu *Hermanns Schlacht*). Der »Bardiet« besteht aus Prosadialogen, freirhythm. Chorpartien u. Gesängen. Er verzichtet auf eine Akteinteilung, wahrt aber die Einheit von Ort, Zeit u. Handlung. Das Kampfgeschehen wird nicht vorgeführt, jedoch in den Bardengesängen wiedergegeben. Die Barden selbst sind wichtige Träger der Handlung u. stehen sozial auf derselben Stufe wie die Fürsten.

K. hat drei »Bardiete« für die Schaubühne geschaffen, in welchen der Sieg des Cheruskerfürsten Hermann über die von Varus geführten Römer, die Niederlage Hermanns im Kampf gegen Germanicus u. sein Tod durch die verbündeten Stammesfürsten dargestellt wird: *Hermanns Schlacht* (1769), *Hermann und die Fürsten* (1784), *Hermanns Tod* (1787).

Mit der Wahl Hermanns rief K. dem dt. Publikum eine seiner bedeutendsten patriotischen Symbolfiguren ins Gedächtnis. Gelegentlich gewinnt Hermann sogar die Züge eines profanen Heilands der Deutschen in einer Phase wachsenden kulturellen Nationalbewußtseins nach 1760. Allerdings bleibt der Held in den »Bardieten« im wesentlichen passiv – er reagiert eher, als daß er agieren würde.

Im Hinblick auf die Bibeldramen sind die »Bardiete« ebenfalls als Dokumente einer Auflösung historischer Berichte in empfindsame Subjektivität verstanden worden (Kaiser). Dem wird entgegengehalten, daß es der Bezug auf die polit. Gegenwart war, der die zeitgenöss. Rezeption bestimmte. Wenn sich die german. Völker durch Tyrannenhaß u. Freiheitsliebe zum Befreiungskampf gegen die röm. Welteroberer drängen ließen, so konnte diese Haltung als Kritik an der Realität der Gegenwart verstanden werden. In der Verletzung der natürl. Weltordnung, wie sie die Germanen verstanden, zu der wesentlich die »heilige Freiheit« gehörte, war absolutistische Willkür bis hin zum Verstoß gegen das Naturrecht zu erkennen.

Sein erstes bibl. Trauerspiel veröffentlichte K. 1757: *Der Tod Adams*. Es folgten 1764 *Salomo* u. 1772 *David*. Wie in den vaterländ. Dramen macht sich der Lyriker bemerkbar, indem er die Handlung weitgehend zurücknimmt, die »Bewegung« des Stückes auf Gedanken u. Empfindungen beschränkt. Weder die vaterländ. noch die bibl. Trauerspiele erlebten die Aufführung.

Der Tod Adams weicht von traditionellen Formen des Trauerspiels ab – weder die Bukolik noch eine der Spielarten des Bibeldramas seien in diesem »Schäfertrauerspiel« (Mendelssohn) intendiert. Das Erkennen u. Erleiden des Todes, die Ausschließlichkeit, mit der die »Empfindung des Todes« die drei »Handlungen« durchdringt, bewirken eine Zerstörung jeder Idyllik u. schaffen eine neue, völlig aus Empfindungen lebende dramatisch-trag. Figuration. Adams urspr. Erfahrung, daß er nicht »entschlummern«, sondern als Erstling der gefallenen Menschheit »des Todes sterben müsse«, läßt sich nicht durch äußere Ereignisspannung, sondern nur in »Thaten der Seele«, in Form intensivierender Wiederholung u. in Varianten des Grundthemas evozieren. Im »Fühlen« wird der Tod als Folge des Falls der Menschen verstanden. K. hat mit diesem Stück ein wichtiges Paradigma für empfindsame u. Sturm-und-Drang-Literatur geschaffen.

Bevor sich K. mit seinen Oden u. Elegien auch als Lyriker einen Namen machte, veröffentlichte er 1758 *Geistliche Lieder*. Er wollte dazu beitragen, den protestantischen Gemeindegesang zu erneuern u. mit den behutsam eingesetzten Tönen der moralischen Empfindsamkeit neuerem Fühlen näherzubringen. Er wünschte die Wiederaufnahme des Wechselgesangs zwischen Chor u. Gemeinde u. forderte die Integration von Instrumentalmusik im Gottesdienst. In der 1767 entstandenen Ode *Die Chöre* evoziert er das Idealbild eines neuen Gottesdienstes mit musikal. Abwechslung – auf Rührung hin müssen Dichter u. Komponist arbeiten. Wenn auch die *Geistlichen Lieder* u. die *Veränderten Lieder* nicht auf Dauer im protestantischen Gesangbuch lebendig bleiben konnten, so wirkte er doch mit Gellert zusammen im Sinne einer Erneuerung des Kirchenlieds. K. hat durch die Bekanntschaft mit Gerstenberg im Sommer 1765 in Kopenhagen seine Liebe zur Musik entdeckt. Er suchte die Zusammenarbeit mit Komponisten u. verehrte die Musik Händels (vgl. die Ode *Wir und Sie.* 1776). Er schätzte Carl Philipp Emanuel Bach außerordentlich (vgl. die Ode *Klage.* 1772). Bach hat mehrere Oden K.s vertont (z. B. das *Vaterlandslied.* 1770). Mit Gluck stand K. in briefl. Verbindung.

K. begann seine lyr. Produktion im Frühjahr 1747. Er entwickelte die Ode als seine wichtigste Ausdrucksform in Übereinstimmung mit der zeitgenöss. Lyriktheorie, aber auch in strenger Beachtung der traditionellen Regeln. Daneben entstanden bald freiere Varianten der Ode u. Elegien. K. hat auch Epigramme u. Spruchlyrik geschrieben. In vielen Bereichen hat er sich von den Normen der Tradition entfernt. Er vermeidet alternierende Metren u. verzichtet meist auf den Reim u. Schemata der Liedtradition. Er entwickelt eigene Formen der reimlosen Strophe u. strebt rhythm. Variabilität der Verssprache an. Die Orientierung an den antiken Metren u. am Hexameter bleibt sein Korrektiv, selbst wenn er freie Rhythmen, eigene Odenformen u. originelle Strophen erfindet.

K. hat sich zunächst mit der Rokokolyrik u. der Horaz-Rezeption der Jahrhundertmitte auseinandergesetzt. Durch seine emotionale Wirkungsästhetik entfernt er sich jedoch bald von den Vorbildern. In seiner mittleren Periode entstehen die großen Hymnen, darunter *Dem Allgegenwärtigen* (1758) u. *Die Frühlingsfeier* (1759). Bis hin zu den Hymnen von 1764 entfaltet sich K.s lyr. Kunst in Annäherung an Form u. Sprache der Psalmen, aber auch in der Verarbeitung moderner naturwissenschaftl. Einsichten (z. B. der Astronomie). K. hat seinen Bürgersinn nicht verleugnet; in der Revolutionszeit schrieb er Oden mit geschichtsphilosophischen Perspektiven. In *Die Etats Généraux* begrüßte er die polit. Bewegungen in Frankreich schon 1788. Mit der Metaphorik der Morgendämmerung, der Sonne u. des Lichts zeigte er, daß Aufklärung u. Revolution zur Vereinigung gekommen seien. 1790 feierte K. in der Ode *Sie und nicht wir* in »mächtigen Dithyramben« den Beschluß der frz. Nationalversammlung, keinen Eroberungskrieg mehr zu führen. Um so bitterer war nach der Absage an diesen Grundsatz K.s Enttäuschung; in Oden wie *Mein Irrtum* (1793) verabschiedet K. den »goldnen Traum« der Revolution. In keiner Gattung hat K. so intensiv gewirkt wie in seiner Lyrik. Der Hainbund, Goethe, Hölderlin, Stefan George, Rilke u. Johannes Bobrowski sind Stationen einer aneignenden Auseinandersetzung mit seinem Werk.

Mit einem von Breitinger eingeführten Begriff ist K.s Schreibweise »herzrührend« genannt worden (Karl Ludwig Schneider). Sofern damit keine Vorstellungen verbunden werden, die K. aus der Perspektive einer »Erlebnisdichtung« verstehen wollen, ist die Charakteristik zutreffend. Sie integriert K. nur bedingt in die empfindsame Tendenz. Gewiß müssen K.s »herzrührende Schreibart« u. seine Wirkungsästhetik im Horizont der Emotionalisierung der Kunsttheorie seit Dubos gedeutet werden. Doch sind Verbindungen zur Frühform der moralischen Empfindsamkeit, der »Zärtlichkeit«, nur in den Jahren 1755-1760 nachzuweisen. Diese verleiht den älteren Zentralbegriffen der emotionalen Theorie eine aktuelle u. sozialgeschichtlich in den Freundeskreisen praktisch gewordene Bedeutung. Die »moralische Schönheit« als Endzweck der Dichtung hat nicht allein ihre Funktion in der Aktivierung der Seele. Sie will zu allg. »Menschlichkeit«, zu Würde u. Selbstachtung führen. Im Gegensatz zur Wirkungsästhetik der Empfindsamkeit, die eine Aktivierung der Empfindungen ohne moralische Wirkungsabsicht nicht kennt, läßt sich in K.s theoret. Äußerungen seit 1758 eine Tendenz zur Abstraktion von »Inhalten« u. zur Autonomie erkennen. Die darstellungsästhetischen u. technisch-metr. Einsichten konzentrieren sich häufig schon auf Fragen des »Ausdrucks« u. der »Darstellung«, der 1779 ein eigener Aufsatz gewidmet wurde. Vor dem Hintergrund der rhetorischen Tradition des »movere« erhebt K. »Bewegung« als »Bewegung der Worte« zum Zentralbegriff seiner Darstellungs-Poetik. Unter Verzicht auf die poetische Bild-Tradition u. in der Entwicklung einer unsinnl. Sinnlichkeit der musikalisch-rhythm. Sprachbewegung entfaltet K. aus der poetischen Praxis heraus eine geradezu moderne Ästhetik. Doch gibt es durchaus Unterschiede in der Radikalität u. Innovationskraft zwischen seinen theoret. Schriften. Die technisch-metrischen (v. a. *Vom deutschen Hexameter.* 1779) gehen weiter als diejenigen über Gegenstände u. Darstellung oder die rein gegenstandsästhetischen Schriften. »Seele« u. »Empfindung« beziehen sich tendenziell eher auf den »Tanz« der Silben als auf empfindsame Affekte. »Denn als erhaben bestimmt K. eben dasjenige, was am meisten bewegt« (Winfried Menninghaus).

K. verstand sein Dichtertum nicht nur als hl. Aufgabe u. religiöse Berufung, sondern er verlieh dem Dichter eine bis dahin in der dt. Literatur nicht bekannte hohe Stellung. Seine Selbst-Berufung zum »Messias«-Sänger erhob ihn selbst; das Pathos der religiösen Dichtung u. des »Erhabenen« teilte sich auch dem Ansehen der Person mit. Goethe hat bereits in *Dichtung und Wahrheit* festgestellt, mit K. beginne das »Sich-Gewahrwerden« des dichterischen Genies (10. Buch). Dieser Vorgang im Autorselbstverständnis läßt sich nicht von K.s gesellschaftl. u. materieller Existenz trennen. Die finanzielle Misere des Vaters hatte sich als Warnbild in K.s Gedächtnis eingegraben. Er entwickelte eine ungewöhnl. Geschäftstüchtigkeit im Umgang mit seinen Verlegern, denen er auf dem Gipfel seines Ruhms Spitzenhonorare abhandelte, u. in der Beteiligung an einem Textilunternehmen.

Mit den Pensionen des dän. Königs u. des Markgrafen von Baden im Hintergrund konnte K. sein Ziel verfolgen, als Dichter materiell unabhängig zu leben u. zu arbeiten. Zumindest »ideell« brach er mit der Tradition höf. Mäzenatentums. K. entwickelte schon im Zusammenhang mit der Veröffentlichung der ersten Gesänge des *Messias* Selbstverlagspläne u. warb überall in Deutschland um »Commissionäre« u. »Collecteure« unter Freunden u. Bekannten. Die Kopenhagener Selbstverlagsausgabe von 1755, deren Druckkosten der König von Dänemark übernahm, erbrachte bei 350 verkauften Exemplaren einen Erlös von 700 Reichstalern. Für die »Deutsche Gelehrtenrepublik« entwarf er ein später noch mehrfach u. erfolgreich praktiziertes Subskriptionsmodell. Damit konnte er den Buchhandel wie den Raub- u. Nachdruck umgehen u. die Interessenten durch Vorbestellung u. Selbstverlag unmittelbar erreichen. So vielfältige Bemühungen verschafften K. Unabhängigkeit u. das einem »heiligen Dichter« gemäße Auskommen.

Werke: Werke. 12 Bde., Lpz. 1798-1817 (Ausg. letzter Hand). – Sämmtl. Werke. 18 Bde. u. Suppl.-Bd., Lpz. 1823-30. – *Historisch-kritische Ausgaben:* Werke. Hg. Robert Boxberger. 3 Bde. in 6 Tln., Bln 1879. – Werke. Hg. Richard Hamel. 4 Tle., Bln./Stgt. 1884. – Werke u. Briefe. Begr. v. Adolf Beck u. a. Hg. Elisabeth Höpker-Herberg u. a. Bln./New York 1974 ff. (= Hamburger K.-Ausg.). – *Teilausgabe:* Werke. Hg. Karl August Schleiden. 2 Bde., Mchn. 4 1984. – *Briefe:* Briefe v. u. an K. Ein Beitr. zur Literaturgesch. seiner Zeit. Hg. Johannes Martin Lappenberg. Braunschw. 1867. – Meta Klopstock geb. Moller. Briefw. mit K., ihren Verwandten u. Freunden. Hg. Hermann Tiemann. 3 Bde., Hbg. 1956. – Briefw. zwischen K. u. den Grafen Christian u. Friedrich Leopold zu Stolberg. Hg. Jürgen Behrens. Mit einem Anhang: Briefw. zwischen K. u. Herder. Hg. Sabine Jodeleit. Neumünster 1964. – *Einzelwerke:* Der Messias (Gesang I-III). In: Neue Beyträge zum Vergnügen des Verstandes u. Witzes 4, 4./5. Stück, Bremen/Lpz. 1748 (Ep.). – Der Messias. 4 Bde., Halle 1751-73 (Ep.). – Der Tod Adams. Kopenhagen/Lpz. 1757 (Trauersp.). – Geistl. Lieder. 1. Tl., ebd. 1758. – Salomo. Magdeb. 1764 (Trauersp.). – Geistl. Lieder. 2. Tl., Kopenhagen/Lpz. 1769. – Hermanns Schlacht. Hbg./Bremen 1769 (D.). – Oden u. Elegien. Darmst. 1771. – Oden. Hbg. 1771. – David. Hbg. 1772 (Trauersp.). – Die dt. Gelehrtenrepublik [...]. 1. Tl., Hbg. 1774. – Ueber Sprache u. Dichtkunst. Fragmente. Hbg. 1779. – Ueber Sprache u. Dichtkunst. Fragmente. 1. Forts., Hbg. 1779. – Ueber Sprache u. Dichtkunst. Fragmente. 2. Forts. Hbg. 1780. – Hermann u. die Fürsten. Hbg. 1784 (D.). – Hermanns Tod. Hbg. 1787 (D.). – Grammat. Gespräche. Altona 1794. – Epigramme. Ges. u. erläutert v. Christian Friedrich Rudolph Vetterlein. Lpz. 1830. – Oden. Hg. Franz Muncker u. Jaro Pawel. 2 Bde., Stgt. 1889.

Literatur: *Bibliographie:* Gerhard Burkhardt u. Heinz Nicolai: K.-Bibliogr. Redaktion Helmut Riege. Bln./New York 1975 (= Hamburger K.-Ausg., Addenda 1). – *Gesamtdarstellungen:* Franz Muncker: K. Gesch. seines Lebens u. seiner Schr.en. Stgt. 1888. – Jean Murat: K. Les thèmes principaux de son œuvre. Paris 1959. – Gerhard Kaiser: K. Religion u. Dichtung. Gütersloh 1963. – Helmut Pape: K.s Autorenhonorare u. Selbstverlagsgewinne. Ffm. 1969. – Hans-Henrik Krummacher: F. G. K. In: Benno v. Wiese (Hg.): Dt. Dichter des 18. Jh. Bln. 1977, S. 190-209. – F. G. K. In: Text + Kritik (1981). – *Wirkungen:* Anni Carlsson: K.s ›Messias‹ u. die dt. Kritik. In: Dies.: Die dt. Buchkritik v. der Reformation bis zur Gegenwart. Bern/Mchn. 1969, S. 30-50. – Richard Alewyn: K.s Leser. In: FS Rainer Gruenter. Heidelb. 1978, S. 100-121. – Hans-Georg Werner (Hg.): F. G. K. Werk u. Wirkung. Bln. 1978. – Achim Hölter: Ludwick Tiecks K.-Bild u. seine ›Kritik der Messiade‹. Ed. u. Kommentar. 2 Tle. In: JbFDH

(1986), S. 187-215; (1987), S. 194-227. – *Gattungen und einzelne Werke:* Ernst Kaußmann: Der Stil der Oden K.s. Diss. Lpz. 1931. – Irmgard Böger: Bewegung als formendes Gesetz in K.s Oden. Bln. 1939. – Reinhold Grimm: Marginalien zu K.s ›Messias‹. In: GRM N. F. 11 (1961), S. 274-295. – Ingrid Strohschneider-Kohrs: K.s Drama ›Der Tod Adams‹. Zum Problem der poet. Form in empfindsamer Zeit. In: DVjs 39 (1965), S. 165-206. – Heinz Schlaffer: Das Schäfertrauersp. K.s Drama ›Der Tod Adams‹ u. die Probleme einer Mischform im 18. Jh. In: Jb. der Jean-Paul-Gesellsch. 1 (1966), S. 112-149. – Karl Richter: Lit. u. Naturwiss. Eine Studie zur Lyrik der Aufklärung. Mchn. 1972. – Hans-Heinrich Hellmuth: Metr. Erfindung u. metr. Theorie bei K. Mchn. 1973. – *Sprache:* Renate Baudusch-Walker: K. als Sprachwissenschaftler u. Orthographiereformer. Bln. 1958. – Karl Ludwig Schneider: K. u. die Erneuerung der dt. Dichtersprache im 18. Jh. Heidelb. 1960. – *Ästhetik und Poetik:* Karl August Schleiden: K.s Dichtungstheorie als Beitr. zur Gesch. der dt. Poetik. Saarbr. 1954. – Wilhelm Große: Studien zu K.s Poetik. Mchn. 1977. – Kevin Hilliard: Philosophy, Letters, and the Fine Arts in K.s Thought. London 1987. – Winfried Menninghaus: K.s Poetik der schnellen ›Bewegung‹. In: Ders. (Hg.): F. G. K.: Gedanken über die Natur der Poesie. Dichtungstheoret. Schr.en. Ffm. 1989, S. 259-361. – *Geschichte:* Harro Zimmermann: Freiheit u. Gesch. F. G. K. als histor. Dichter u. Denker. Heidelb. 1987. *Gerhard Sauder*

Klopstock, Meta → **Moller**, Meta

Kloster der Minne. – Allegorisches Minnegedicht, vermutlich zwischen 1330 u. 1350 in Süddeutschland entstanden.

Anregungen könnte dem anonymen Verfasser Kloster Ettal geliefert haben, das Kaiser Ludwig der Bayer 1330 gründete u. für Mönche wie ritterl. Ehepaare bestimmte. Die Vorstellung, daß vorbildl. Liebende eine Art Ordensgemeinschaft bilden, ist in der Literatur des MA aber auch sonst verbreitet. Anlage u. Organisation des Klosters grenzen ans Wunderbare u. werden breit geschildert: Es dauert z. B. mehr als ein Jahr, die gesamte Anlage zu umreiten. Sie ist rund u. hat zwölf Tore, deren Umgebung jeweils einem Monat des Jahrs entspricht, worin sich Analogien zum himml. Jerusalem wie zu Minnepalästen in lat. u. frz. Literatur eigentümlich mischen. Die Bewohner des Klosters sind adelige Liebende, die sich mit höf. Zeitvertreib vergnügen, u. a. mit Turnieren, zu denen sie von Gästen herausgefordert werden u. in denen sie sich als überlegen erweisen. Einige Ritter bekleiden traditionelle Klosterämter (Abt, Prior usw.), doch hierarch. Strukturen sind nur schwach ausgebildet. Typen wie Klatschmäuler, Angeber, Spötter oder Treulose werden mit Gefängnis bestraft. All dies wird nicht schematisch beschrieben, sondern von einem Ich-Erzähler erwandert, den eine Bewohnerin des Klosters begleitet u. einweiht. Zwischen beiden entspinnt sich im Gespräch eine zarte Liebesbeziehung, die den Erzähler beschließen läßt, nach einer Bewährungsfrist in der Außenwelt um endgültige Aufnahme in das Kloster zu bitten.

Im Unterschied zu anderen Minneallegorien der Zeit kommt das K. d. M. ohne Personifikation aus. Das Kloster gilt zwar als Reich der Frau Minne, doch an der Stelle, an welcher der Erzähler – wie auch der Leser – ihr Auftreten erwartet, wird auf den Anblick eines liebevollen Verhaltens aller Bewohner verwiesen. Im Minneideal stark höf. Traditionen verpflichtet, verrät der Verfasser im Spiel mit Publikumserwartungen u. Gattungkonventionen waches literar. Bewußtsein.

AUSGABE: Das K. d. M. Hg. Maria Schierling. Göpp. 1980, S. 5-71.

LITERATUR: Tilo Brandis: Mhd., mittelniederdt. u. mittelniederländ. Minnereden. Mchn. 1968, S. 170. – Walter Blank: Die dt. Minneallegorie. Stgt. 1970, S. 165-172, 214 f. u. ö. – Ingeborg Glier: Artes amandi. Mchn. 1971, S. 178-184 u. ö. – Schierling, a. a. O., S. 73-169. *Ingeborg Glier*

Klosterneuburger Evangelienwerk → **Österreichischer Bibelübersetzer**

Klosterneuburger Osterspiel. – Lateinisches Osterspiel des frühen 13. Jh.

Das K. O. gehört zu den ältesten im dt. Sprachraum entstandenen Spielen. Es ist textlich aufs engste verwandt mit dem *Benediktbeurer Osterspiel* u. muß daher mit diesem auf eine gemeinsame Vorstufe zurückgehen. Dennoch weichen beide so weit voneinander ab, daß sie als individuelle Spiele zu gelten haben. Die das Stück überliefernde Klosterneuburger Handschrift bietet eine stellenweise unlog. Anordnung der Szenen; es ist daher nicht anzunehmen, daß es in dieser Form aufgeführt wurde. Sämtliche Versuche, die Heimat des Spiels auszumachen, blieben v. a. aufgrund dieser ungünstigen Überlieferungsumstände ohne Stringenz.

Im Mittelpunkt des auf einer Simultanbühne aufgeführten Stücks stand das Grab Christi. Links davon, vor dem Thron des Pilatus, setzt die Handlung, wie in Mt 27,62-66 vorgeprägt, mit der Bestellung der Grabwache ein. Der Abmarsch der »milites« u. ihr Verhalten vor dem Grab ist eine jener Szenen, die keine bibl. Grundlagen haben u. hier erstmals in der dt. Spieltradition zu finden sind. Im Gesang der Wächter, die, um eine längere Wegstrecke zu simulieren, mehrfach um das Grab laufen, sind, v. a. im Refrain, dt. Wörter eingemischt, die die »Dörperhaftigkeit« der Soldaten unterstreichen sollten. Ein Schwert schwingender Engel schlägt sie vor dem Grab zu Boden u. verkündet die Auferstehung. Für die dt. Spieltradition neu ist auch die kurze Salbenkrämer-Szene, allerdings fehlen ihr noch jene kom. Elemente, die für spätere Osterspiele typisch sind. Es folgen nun die Szenen des Osterfeiertypus III (»Visitatio sepulchri«, Jüngerlauf, Hortulanusszene), in die eine Szene eingefügt ist, in der die Wächter den Juden Bericht erstatten u. Schweigegeld empfangen. Auf das apokryphe *Evangelium Nicodemi* geht die anschließende Höllenfahrtsszene zurück. In der Schlußszene überzeugt Maria Magdalena die noch an der Auferstehung zweifelnden Jünger, indem sie von ihrer Begegnung mit Jesus berichtet. Schließlich stimmt der »Cantor« das dt. Gemeindelied *Christ ist erstanden / Von der marter alle* an, während die Apostel u. die hl. Frauen Linnen u. das Schweißtuch dem Publikum vorzeigen.

Für die Geschichte des dt. Dramas ist das Spiel insofern von Bedeutung, als es sich um den ältesten Text handelt, der in Szenen- u. Figurenbestand wesentlich über den Feiertypus III hinausgeht. Zwar ist das Spiel noch stark liturgisch geprägt, doch finden sich auch mehrere außerbibl. Handlungselemente, die in der Weiterentwicklung des Oster- u. Passionsspiels z. T. zentrale Bedeutung erhalten sollten. Deutlich läßt sich frz. Einfluß greifen, v. a. in der fast durchgängigen Verwendung der Zehnsilbenstrophe. Das Stück wurde ausschließlich gesungen; für die 40 liturg. u. nichtliturg. Gesänge (Antiphone, Responsorien, Sequenzen, Hymnen usw.) sind etwa 20 Melodien vorgesehen, wovon etwa 14 in der Handschrift neumiert sind. Bemerkenswert für ein derart frühes Spiel ist auch die große Zahl der Darsteller: zwischen mindestens 25 u. etwa 50 wurden benötigt. Auch die Zahl von sechs oder sieben Bühnenorten (»loca«) zeugt von einer verhältnismäßig aufwendigen Aufführung – wohl kaum während der Messe u. am Hauptaltar, eher an einem Nebenaltar oder eventuell im Kreuzgang. Offenbar waren die Darsteller auch kostümiert, Requisiten (Thron des Pilatus, Schwerter, Schweißtuch usw.) werden in den Regieanweisungen genannt. Dennoch ist nicht an einen größeren Bühnenaufbau zu denken. Aus dem Text geht zudem hervor, daß man auf bescheidene Bühneneffekte – etwa den großen Lärm beim Zerschlagen der Höllentore (»magno impetu«) – sowie auf Mimik Wert legte.

Das jüngere, urspr. wohl auch kürzere, nur fragmentarisch erhaltene *Benediktbeurer Osterspiel* bietet eine logischere (u. wohl ursprünglichere) Szenenabfolge. Auch die Bühnenanweisungen sind z. T. ausführlicher. So ist zu Spielbeginn ein Einzug der Darsteller, von der rechten Bühnenseite her, vorgesehen. Zudem treten weitere Figuren auf, wie die Ratgeber u. die Ehefrau des Pilatus; auch der Apotheker hat seine Frau bei sich, die hier den Preis der Salbe bestimmt.

Problematisch ist die Frage nach dem intendierten Publikum. Allein die Tatsache, daß der Text von »illiterati« nicht verstanden werden konnte, gestattet nicht, unbedingt auf ein gebildetes Publikum zu schließen. Zu stark war die generelle Dominanz des Lateins als Sakralsprache in dieser Zeit.

Ausgaben: Karl Young: The Drama of the Medieval Church. Bd. 1, Oxford 1933. [4]1967, S. 421-429. – Eduard Hartl: Das Drama des MA, Osterspiele. Lpz. 1937. Darmst. [2]1964, S. 21-44 (stellt Szenen um). – Karl Langosch: Geistl. Spiele. Bln. 1957. [2]1961, S. 106-125 (mit dt. Übers.). – Walther Lipphardt: Lat. Osterfeiern u. Osterspiele. Bd. 5, Bln./ New York 1976, S. 1703-1711, Nr. 829. – *Benediktbeurer Osterspiel:* Young, a. a. O., S. 432-437. – Lipphardt, a. a. O., S. 1711-1718, Nr. 830. – Außerdem in Ausg.n der ›Carmina burana‹.

Literatur: Helmut de Boor: Die Textgesch. der lat. Osterfeiern. Tüb. 1967. – Richard Blank: Sprache u. Dramaturgie. Mchn. 1969. – Elisabeth Kunstein: Die Höllenfahrtsszene im geistl. Spiel des MA. Diss. Köln 1972. – Anke Roeder: Die Gebärde im Drama des MA. Mchn. 1974. – David Brett-Evans: Von Hrotsvit bis Folz u. Gengenbach. Bd. 1: Von der liturg. Feier zum volkssprachl. Spiel. Bln. 1975, S. 65-70. – Karl Konrad Polheim: Das Admonter Passionsspiel. Bd. 2: Untersuchungen zur Überlieferung, Sprache u. Osterhandlung. Paderb. 1980. – William L. Smoldon: The Music of the Medieval Church Dramas. London 1980, S. 325-330. – Hansjürgen Linke: K. O. In: VL (Lit.). – Ders.: Drama u. Theater. In: Ingeborg Glier (Hg.): Die dt. Lit. im späten MA. Tl. 2, Mchn. 1987, S. 153-233 (Register). *Werner Williams-Krapp*

Klotz, Christian Adolph, * 13. 11. 1738 Bischofswerda/Lausitz, † 31. 12. 1771 Halle. – Philologe.

K., Sohn eines Superintendenten, besuchte nach seiner Gymnasialzeit die Universitäten Leipzig u. Jena. Schon während seiner Studienjahre trat er mit zahlreichen philolog. Abhandlungen, Rezensionen, lat. Gedichten u. satir. Schilderungen aus dem akadem. Leben hervor. 1762 erhielt er einen Ruf nach Göttingen, wo er im Jahr darauf zum o. Professor ernannt wurde. 1765 folgte er einem Ruf als Professor der Philosophie u. Beredsamkeit an die Universität Halle. Während K. seinen akadem. Verpflichtungen mit wenig Ernst nachkam, konnte er seine Eitelkeit in der gesellschaftl. u. schöngeistigen Welt desto mehr befriedigen.

In weiten Kreisen machte er sich durch seine elegant u. witzig geschriebenen Essays über das klass. Altertum einen Namen. Mit seinen Abhandlungen über Ästhetik, Kritik u. guten Geschmack hatte er Resonanz bei der akadem. Jugend u. jungen Rokokodichtern. Einen großen Leserkreis fanden die von ihm herausgegebenen Zeitschriften (»Acta litteraria«, 1764-72, »Neue Hallische gelehrte Zeitungen«, 1766-71, »Deutsche Bibliothek der schönen Wissenschaften«, 1761-71), die in Stil, Duktus u. ästhetisierender Darstellung gegen die aufklärerische »Allgemeine Deutsche Bibliothek« Nicolais gerichtet waren. Als K. in seiner 1768 erschienenen Schrift *Über den Nutzen und Gebrauch der alten geschnittenen Steine* (Altenburg) in ungerechtfertigter Weise gegen Lessings *Laokoon* polemisierte, erwiderte Lessing mit seinen *Briefen antiquarischen Inhalts* (Bln. 1769), in denen er K.' Oberflächlichkeit, seine mangelnde Gelehrsamkeit u. effekthaschende Schöngeisterei bloßstellte. Diese Vorwürfe u. ähnliche von Herder in seinen *Kritischen Wäldern* (1769) sowie die Polemik Nicolais u. seiner Mitarbeiter schmälerten K.' Ansehen u. bewirkten, daß er bis zu seinem Tod in der gelehrten Welt nicht mehr ernst genommen wurde.

WEITERE WERKE: Opuscula varii argumenti. Altenburg 1765. – Carmina omnia. Altenburg 1766. – Bibl. der elenden Skribenten. 7 Bde., Ffm. 1768-71. – Opuscula philologica et oratoria. Halle 1772.

LITERATUR: Carl Renatus Hausen: Leben u. Charakter des Herrn C. A. Klotzens. Halle 1772. – Anton v. Hagen (Hg.): Briefe dt. Gelehrten an K. 2 Tle., Halle 1773. – Conrad Bursian: K. In: ADB.

Günter Häntzschel

Kluckhohn, Paul, * 10. 4. 1886 Göttingen, † 20. 5. 1957 Tübingen. – Germanist.

K. war der Sohn des Göttinger Historikers August von Kluckhohn. Nach Promotion in Göttingen, Soldatenjahren im Ersten Weltkrieg u. finanziell beengter Zeit als unbesoldeter Privatdozent in Münster lehrte er als Ordinarius in Danzig, Wien u. seit 1931 in Tübingen.

K. gehört zu den Hauptvertretern der germanistischen Geistesgeschichte in der Nachfolge Diltheys, die sich vom histor. Positivismus distanzierte. Gleichzeitig erkannte er durchaus die Bedeutung der von Friedrich Gundolf u. Oskar Walzel begründeten ästhetisch orientierten Literaturwissenschaft. Besonders in den Tübinger Jahren öffnete er seine Seminare der damals bes. beliebten »Werkinterpretation«, wobei er jedoch mehr Lernender als Lehrender war; freilich zeigte schon die mit dem Philosophen Erich Rothacker 1923 begründete »Deutsche Vierteljahresschrift für Literaturwissenschaft und Geistesgeschichte« seine Abneigung gegen alle Methodendogmatik. Große Geltung gewann K. auch dadurch, daß er auf dem Gebiet der Epochenforschung einen viel diskutierten Vorstoß wagte. Er führte die Biedermeierforschung, die zu Beginn des Jahrhunderts von der Publizistik in ziemlich vager, »kulturgeschichtlicher« Weise vorbereitet worden war, mit fachl. Strenge in die Literaturgeschichte ein u. fand dadurch bei Kollegen u. Schülern eine lang anhaltende, oft recht selbständige Nachfolge.

Ein Zeichen seiner Vielseitigkeit ist der bei Literarhistorikern nicht selbstverständl. Sinn für die engere Philologie. Zu seinen Hauptverdiensten zählt die gemeinsam mit Richard Samuel herausgegebene erste historisch-krit. *Novalis*-Ausgabe (4 Bde., Lpz. 1928. Darmst. ^{3}1977. Materialienbd. 1988). K.s intensive editorische Interessen erklären seinen starken organisatorischen Anteil am Zustandekommen der *Stuttgarter Hölderlinausgabe* (8 Hauptbde., Stgt. 1943-85), wofür er den editorisch hervorragenden Philologen Friedrich Beißner als Hauptherausgeber gewinnnen konnte; als Vizepräsident (1943 bis 1945) u. Präsident (1946-1955) der Hölderlingesellschaft wehrte K. zusammen mit Beißner alle Eingriffe in die Gestalt dieser Ausgabe ab.

Eine weniger riskante u. in diesem Sinne bescheidenere, doch von K. sehr ernstgenommene Pflicht war die Ausgabe der *Reihe Romantik* in Reclams Großunternehmen *Deutsche Literatur in Entwicklungsreihen.* Die sorgfältigen histor. Einführungen in die zwölf der insg. 23 Werkbände ersetzten einigermaßen die allseitige, auch realgeschichtl. Faktoren u. literar. Gattungen berücksichtigende Romantikdarstellung, die historiographisch orientierte Schüler von dem überaus kenntnisreichen Romantikforscher K. erhofften. Die Jüngeren vergaßen zu leicht die schwere Kopfverwundung, die K. aus dem Krieg heimgebracht hatte u. die ihn lebenslang behinderte. K. war eine liebenswürdige Persönlichkeit, die in der alten humanen Bürgerkultur wurzelte. Hans Rothfels sprach am Grab vom »Erhebenden und Versöhnlichen dieses überwindenden Lebens«. – Der Nachlaß befindet sich im Deutschen Literaturarchiv Marbach.

Weitere Werke: Die Ministerialität in Südostdtschld. vom 10. bis zum Ende des 13. Jh. Weimar 1910. – Die Auffassung der Liebe in der dt. Lit. des 18. Jh. u. in der dt. Romantik. Halle 1922. – Die dt. Romantik. Bielef. 1924. – Persönlichkeit u. Gemeinschaft. Studien zur Staatsauffassung der dt. Romantik. Halle 1925. – Die Fortentwicklung der dt. Romantik in der Kultur des 19. u. 20. Jh. In: Ztschr. für dt. Bildung 4 (1928), S. 57-69. – Die Gegensätze in der Dichtung der Gegenwart u. ihre geistesgeschichtl. Voraussetzungen. Stgt. 1933. – Biedermeier als literar. Epochenbezeichnung. In: DVjs 13 (1935), S. 1-35. – Zur Biedermeierdiskussion. In: DVjs 14 (1936), S. 495-504. – Das Ideengut der dt. Romantik. Halle 1941. – Dichterberuf u. bürgerl. Existenz. Stgt. 1949.

Literatur: *Bibliographie* in: P. K. FS zum 70. Geburtstag (= DVjs 30, 1956), S. 13-16. – *Weitere Titel:* FS P. K. u. Hermann Schneider. Tüb. 1948. – Hans Rothfels: Worte bei der Trauerfeier für P. K. In: DVjs 31 (1957), S. 4 f. – Berthold Emrich: Biedermeier. In: Reallexikon der dt. Literaturgesch. Bln. 1958. – Wolfgang Binder: K. In: Euph. 52 (1958), S. 223-225. – Hugo Kuhn: K. In: NDB.

Friedrich Sengle

Klügel, Georg Simon, * 19. 8. 1739 Hamburg, † 4. 8. 1812 Halle. – Mathematiker, Enzyklopädist.

Der Sohn eines Maklers studierte in Göttingen 1760-1765 zunächst Theologie, doch wandte er sich, v. a. unter Kästners Einfluß, der ohnehin schon früher intensiv betriebenen Mathematik zu (bei ihm lernte er Lichtenberg kennen, mit dem er auch späterhin in Verbindung stand). Nach kurzem publizistischen Intermezzo als Redakteur des »Hannoverischen Magazins« wurde er als Professor der Mathematik 1767 nach Helmstedt, dann 1788 nach Halle berufen.

K. war nicht so sehr Entdecker als vielmehr Popularisator u. Verbreiter positiver Kenntnisse, ganz in der Tradition seines bekannteren Vorgängers auf dem Hallischen Philosophie-Lehrstuhl Christian Wolff. Seine *Optik* (2 Bde., Lpz. 1775) ist mehr als die bloße Übertragung von Priestleys Werk, da er reichlich eigene Gedanken einstreute. Sein *Mathematisches Wörterbuch* (3 Bde., Lpz. 1803-08) bestätigt seinen Ruf als hervorragender Mathematiker. Vor allem aber seine *Encyklopädie oder zusammenhängender Vortrag der gemeinnützigsten Kenntnisse* (3 Bde., Bln. 1782-84 u. ö.) erfreute sich weitester Verbreitung, wurde viermal, von ihm bearbeitet, aufgelegt, wurde nachgeahmt u. auch unrechtmäßig nachgedruckt. Sie ist einer der letzten Versuche eines einzelnen Gelehrten, das gesamte Wissen des Zeitalters zusammenzufassen, u. ist, da klein genug zugeschnitten, im Unterschied zu den megalomanen enzyklopäd. Versuchen eines Johann Georg Krünitz oder Samuel Ersch u. Johann Gottfried Gruber, nicht auf halber Strecke stehengeblieben. Über allem stand ihm das Ziel, in klarem Stil u. ohne Weitschweifigkeiten »eine wohlthätige Aufklärung befördern, Schwärmerey und Beleidigung der Vernunft vermindern« zu helfen (Vorrede der 4. Auflage).

Literatur: Hans Schröder: Lexikon der Hamburg. Schriftsteller. Bd. 4, Hbg. 1866, S. 65-73.

Ulrich Joost

Klünner, Lothar, auch: Leo Kettler, * 3. 4. 1922 Berlin. – Lyriker, Übersetzer, Essayist.

Der Sohn eines Oberregierungsrats bestand 1940 das Abitur, leistete Arbeits- u. drei Jahre Kriegsdienst u. studierte evang. Theologie u. Kunstgeschichte. Er lebt seit 1949 als freier Schriftsteller in Berlin. 1949/50 arbeitete er beim sog. Malerkabarett »Badewanne« mit. Lyrische u. essayistische Texte veröffentlichte er in verschiedenen Zeitschriften. Er ist Herausgeber von Lyrik-Anthologien u. *Henssels immerwährendem deutschen Kalauer-Kalender* (Bln. 1971; Pseud. Leo Kettler). K. schreibt Funkessays zu philosophischen u. literar. Themen u. über bildende Kunst u. übersetzt neuere u. ältere frz. Poesie (u. a. Dupin, Éluard, Char). Er ist beeinflußt vom frz. Surrealismus u. insbes. später von seinem Freund René Char. In seinen Gedichten äußert sich ein Lebensgefühl, »das, fernab jeder Doktrin und eher anarchischen Ursprungs, sich befreit [...] vom Monopol der Logik und des bewußten Kalküls« (Klünner). K. verfaßte über 450 Rundfunksendungen.

Werke: Gläserne Ufer. Wuppertal 1957 (L.). – Wagnis u. Passion. Pfullingen 1960 (L.). – Windbrüche. Bln. 1976 (L.). – Gegenspur. Bln. 1977 (L.). – Befragte Lichtungen. Waldbrunn 1985 (L.). – Abfuhr u. sieben Ermittlungen zur Poetik. Bln. 1985 (P.). – *Herausgeber:* Speichen '68-'71. Jb. für Dichtung. Bln. – Johannes Hübner, Gedenkbuch 1921-77. 2 Bde., Bln. 1983.

Paul Stänner

Kluge, Alexander, * 14. 2. 1932 Halberstadt. – Prosaautor u. Filmregisseur.

Nach dem Abitur in Berlin studierte der Arztsohn in Marburg u. Frankfurt/M. Jura u. Geschichte (*Die Universitäts-Selbstverwaltung.* Diss. Ffm. 1961), arbeitete im Grenzgebiet von Kultur- u. Rechtspolitik (*Kulturpolitik und Ausgabenkontrolle.* Zus. mit Hellmuth Becker. Ffm. 1961), engagierte sich als Sprecher der sog. Oberhausener Gruppe für die Erneuerung des dt. Films u. lehrte als Dozent an der Hochschule für Gestaltung in Ulm (seit 1962). Gleichzeitig war er mit eigenen Buch- u. Filmprojekten befaßt. Seit der Publikation des Prosabands *Lebensläufe* (Stgt. 1962) u. dem Erfolg des ersten, thematisch damit verbundenen Spielfilms *Abschied von gestern (Anita G.)* (1965/66) arbeitet K. kontinuierlich, bei immer engerer Verknüpfung der jeweiligen Projekte, in beiden Medien – u. wurde in beiden Bereichen mit wichtigen Preisen bedacht, u. a. dem Goldenen Löwen der Internationalen Filmfestspiele von Venedig 1968, dem Kleist-Preis 1985. In den 80er Jahren hat K. sich zunehmend mit Entwicklungen im Bereich der elektron. Medien befaßt u. ein experimentelles Kulturmagazin im Rahmen des kommerziellen Fernsehens produziert.

Als Erzähler hat K. sein Ausgangsthema mit vielen Autoren der eigenen oder der vorhergehenden Generation (Grass, Böll) gemein: Das »Nachleben des Faschismus in der Demokratie« (Adorno). Mit seiner Schreibweise geht er jedoch von Anfang an radikal eigenwillige Wege. Sein erstes Buch nutzt die bürokratische Gebrauchsform des »Lebenslaufs« parodistisch (Justizsprache, Militärjargon) u. zgl. ideologiekritisch, um die Beschädigung der Opfer wie die Entmenschlichung der Täter aufzudecken. *Schlachtbeschreibung* (Olten/Freib. i. Br. 1964. Zwei Neufassungen) versucht den »Untergang der sechsten Armee« in Stalingrad als »organisatorischen Aufbau eines Unglücks«, d. h. als Zusammenwirken vielfältiger Absichten, Aktionen u. Umstände zum schlimmstmögl. Resultat – u. damit als Umkehrung des optimistisch-liberalen Gesellschaftsmodells – transparent zu machen. Formal geschieht das als Collage von authent. oder fingierten Dokumenten (Nachrichten, Kriegstagebuch usw.) mit fiktiven Partien, wobei weder eine klare strukturelle Ordnung, ein »roter Erzählfaden«, zu erkennen noch eine eindeutige Abgrenzung von Fakten u. Fiktionen zu treffen ist. Damit stellt K. den Wahrheitsanspruch von Dokument u. Geschichtsschreibung ebenso in Frage wie die Möglichkeit naiv-fiktiven Erzählens; er unterläuft die entsprechenden Erwartungen seiner Leser u. fordert sie zu einer aktiven, »mitproduzierenden« Lektüre heraus.

Diese Schreibweise wie auch sein – stark von Adorno geprägtes – Gesellschaftsbild radikalisierte K. in der Folge. Die »Katastrophen« unseres Alltags sind ähnlich komplex wie die historischen u. vom Alltagsbewußtsein ebenso schwer zu erfassen. Zusätzlich wirken die Medien u. Strukturen unserer Öffentlichkeit erkenntnisverhindernd, als »Verblendungszusammenhang« (Horkheimer/Adorno). Um das Wechselspiel von objektiven Prozessen u. subjektiven Intentionen u. Wünschen zu erfassen, ist eine analytisch differenzierende Gesellschaftstheorie oder/u. eine ebenso vielschichtige wie offene Erzählprosa nötig. Als Theoretiker versuchte sich K., gemeinsam mit dem ebenfalls der Kritischen Theorie verbundenen Soziologen Oskar Negt, in *Öffentlichkeit und Erfahrung* (Ffm. 1972) sowie *Geschichte und Eigensinn* (Ffm. 1981). Als Erzähler entwickelte er in *Lernprozesse mit tödlichem Ausgang* (Ffm. 1983) u. *Neue Geschichten* (Ffm. 1977) weitmaschige, »gitterartige« Konstruktionen, die eine Fülle von thematisch u. formal disparaten »Geschichten« in sich aufnehmen: klass. Exempelgeschichten, Lebensläufe, aber auch dokumentarische, pseudodokumentarische u. imaginäre Erzählsplitter aller Art, immer häufiger auch Bildmaterial. Hin u. wieder formieren sich diese »Gitter« zu relativ zusammenhängenden, in sich wieder kaleidoskopartig aufgesplitterten Erzählungen mit autobiograph. Gehalt (*Der Luftangriff auf Halberstadt am 8. April 1945*) – oder etwa zu einer Science-Fiction-Saga, die von Stalingrad direkt in die Galaxis führt.

K. löst in solchen »Geschichten ohne Oberbegriff« die Kategorie des literar. Werks gleich doppelt auf. Er zerlegt den Erzähltext einerseits in ein »Trümmerfeld« (Hans Magnus Enzensberger) von narrativen Bruchstücken. Andererseits überführt er ihn in einen filmisch-literar. Schaffensprozeß, in dem ein Buch Themen des vorherigen aufnimmt, ein Film vom Textbuch gleichen Titels nicht nur dokumentiert, sondern ergänzt u. theoretisch reflektiert wird. Das gilt insbes. von K.s Filmen bzw. Büchern *Die Patriotin* (1979), *Die Macht der Gefühle* (1982. Ffm. 1984), *Der Angriff der Gegenwart auf die übrige Zeit* (Ffm. 1985). Trotz der vielen unterhaltsam-komischen Effekte in diesen wie in früheren Werken mag der intellektuelle Anspruch K.s wie auch seine unkonventionelle, auf Taschenbuch u. alternative Vertriebswege ausgerichtete Publikationsweise dazu beitragen, daß er nach wie vor (in Enzensbergers Formulierung) als der »unbekannteste unter den bekannten Autoren« gelten muß.

Literatur: Rainer Lewandowski: A. K. Mchn. 1980. – Ders: Die Filme v. A. K. Hildesh. 1980. – Michael Kötz u. Petra Höhne: Sinnlichkeit des Zusammenhangs. Zur Filmarbeit v. A. K. Köln 1981. – Thomas Böhm-Christl (Hg.): A. K. Ffm. 1983. – Text + Kritik (1985), Sonderbd. – Helmut Heißenbüttel: Rede auf A. K. zur Verleihung des Kleist-Preises. In: Kleist-Jb. (1986), S. 19-24. – Stefanie Carp: Kriegsgesch.n. Zum Werk A. K.s. Mchn. 1987. – Ulrike Bosse: Formen literar. Darstellung v. Gesch. Ffm. 1989.

Jochen Vogt

Kluge, Kurt, * 29. 4. 1886 Leipzig, † 26. 7. 1940 Fort Eben Emaël bei Lüttich. Grabstätte: Friedhof Berlin-Nikolassee. – Erzähler.

K. war der Sohn eines Organisten. Zum Schreiben kam er erst nach Jahren an der Kunstakademie Leipzig u. der Ausbildung als Erzgießer. Im Ersten Weltkrieg wurde er bei Becelaere in Belgien schwer verwundet. 1921 an die Hochschule für freie u. angewandte Kunst in Berlin berufen, entfaltete K. eine fruchtbare Tätigkeit als Lehrer, Restaurator u. Fachschriftsteller (*Die antiken Goldbronzen.* Zusammen mit Karl Lehmann-Hartleben. 3 Bde., Bln. 1927).

Musisch vielfältig u. hochbegabt, konkretisierte sich K.s Verhältnis zur Kunst durch den Umgang mit den Erzgesteinen, deren histor. u. techn. Erscheinungsformen er gut kannte. Der erste Roman *Der Glockengießer Christoph Mahr* (Stgt. 1934), geschrieben vor autobiograph. Hintergrund, ist ein geschlossenes, in K.s Entwicklung unentbehrl. Werk, aus dem wesentl. Elemente in den aus fünf Büchern bestehenden Roman *Der Herr Kortüm* (Stgt. 1938. 1986) eingingen. Unter diesem Titel wurden auf annähernd 800 Seiten frühere Werke um- u. zusammengeschrieben. Wilhelm Raabe u. Jean Paul waren K.s Vorbilder.

Das breit u. unterhaltsam in vielen abwechslungsreichen Szenen erzählte Werk wurde von der nationalsozialistischen Kritik sehr gelobt. Friedrich Joachim Kortüm, aus einem großen Hamburger Handelshaus stammend u. als Kapitän weitgereist, läßt sich auf einer jener Paßhöhen des Thüringer Waldes nieder, »um die herum alles grün wogt und der Frieden unendlich scheint«. Als Gastwirt des Schottenhauses empfängt Kortüm, ein kauziger Idealist u. Weltverbesserer, seine Gäste u. bemüht sich, »gejagte Menschen ruhen zu lassen: streift euer Ameisentum ab [...] und begreift das deutsche Inwendige«. K. wollte »dem Schönen eine Gasse schlagen durch die Wirklichkeit«.

In mehr als einer Viertelmillion Exemplaren verbreitet, ist *Der Herr Kortüm* bis heute das bekannteste Werk K.s geblieben, trotz anderer gelungener Romane u. Erzählungen, die K.s inniges Verhältnis zur bildenden Kunst (*Die gefälschte Göttin.* Stgt. 1935. 1950; N.n) u. zur Musik (*Die Zaubergeige.* Stgt. 1940. 1976) erschließen, während seine Bühnenwerke nur wenig Erfolg hatten (*Die Ausgrabung der Venus.* Bln. 1934; Kom.).

Der späten Erzählung *Nocturno* (Stgt. 1939) um die sog. Dunkelgräfin von Hildburghausen hat K. einen kurzen Lebensbericht beigegeben. Briefe K.s wurden u. d. T. *Lebendiger Brunnen* (Hg. Carla Kluge u. Martin Wackernagel. Stgt.

1952) gesammelt. Sein Nachlaß befindet sich in Berlin-Nikolassee.

AUSGABE: Werke. Stgt. 1948.

LITERATUR: Rainer Drewes: Der Zwischen-Zeilen-Widerstand des Herrn Kortüm. In: Der Literat 28 (1986), S. 123 ff.

Hermann Schreiber

Knapp, Albert, * 25. 7. 1798 Tübingen, † 18. 6. 1864 Stuttgart. – Lyriker u. Hymnologe.

Der Sohn eines Hofgerichtsadvokaten bezog 1814 das Seminar Maulbronn, 1816 das Tübinger Stift. 1820 war K. als Vikar in Stuttgart-Feuerbach, anschließend in Gaisburg tätig. In dieser Zeit vollzog sich seine Hinwendung zum Pietismus; er vernichtete seine bisherigen, jetzt weltl. Eitelkeit zugerechneten Dichtungen u. betrachtete Goethe als der Hölle verfallen. Seit 1825 versah K. Pfarrstellen in Sulz, Kirchheim/Teck u. Stuttgart, wo er – ab 1845 Stadtpfarrer an St. Leonhard – den Ruf eines hervorragenden Kanzelredners genoß.

Der Schwerpunkt von K.s Schaffen liegt im Bereich des Kirchenlieds. Mit seinen feierl., im eindringl. Eingehen auf Glaubenssätze auf eine Vertiefung der Frömmigkeit abzielenden *Christlichen Gedichten* (2 Bde., Basel 1829) trat er als Begründer des neueren geistl. Liedes hervor. Seine sakrale Dichtung fand in zahlreiche Gesangsbücher Eingang; weltl. Lyrik K.s, oft mit vaterländ. Ton, bevorzugt die Romanzenform. Auch als Herausgeber u. Bearbeiter geistl. Dichtung Gottfried Arnolds u. Zinzendorfs tätig, faßte er seine hymnolog. Forschungen zu dem weit verbreiteten *Evangelischen Liederschatz für Kirche und Haus* (2 Bde., Stgt. 1837. 41891) zusammen, wobei K. die Vorlagen oft variierte.

WEITERE WERKE: Christoterpe. Ein Tb. für christl. Leser. 21 Bde., Tüb., ab 1843: Heidelb. 1833-53. – Hohenstaufen. Stgt./Tüb. 1839 (L.). – Herbstblüthen. Stgt. 1859 (L.). – Ges. prosaische Schr.en. 2 Bde., Stgt. 1870-75.

LITERATUR: Martin Knapp: A. K. als Dichter u. Schriftsteller. Tüb. 1912. – Goedeke 13. – Gerhard Schäfer: K. In: NDB.

Helmut Blazek

Knappe, Joachim, * 16. 3. 1929 Zeitz. – Erzähler.

K., Sohn eines Ingenieurs, war in verschiedenen Berufen (u. a. Elektroinstallateur, Verkäufer) tätig. Nach längerer Krankheit studierte er am Leipziger Institut für Literatur; Tätigkeiten als Redakteur u. kulturpolit. Arbeit folgten.

K.s erster Roman *Bittere Wurzeln* (Weimar 1961) war dem antifaschistischen Kampf gewidmet, besaß jedoch wenig Originalität u. literar. Qualität. Der 1965 erschienene Roman *Mein namenloses Land. Zwölf Kapitel einer Jugend im Dickicht der Jahrhundertmitte* (Halle) steht in der Reihe der zu jener Zeit in der DDR üblichen Entwicklungsromane. 1970 erschien der erste Band der Romantrilogie *Die Birke da oben* u. d. T. *Aufstieg der Toten* (Halle). Im Unterschied zu Versuchen ähnl. Art ließ K. seine Hauptfigur Max Runewski die Schwere u. Hoffnungslosigkeit der Nachkriegszeit ungeschminkt erleben. Trotz Vorwürfen der Literaturkritik, die Entwicklung Runewskis dauere zu lange, ging K. seinen literar. Weg weiter. 1975 erschien *Frauen ohne Männer* (Halle), gedacht als Fortsetzung u. zgl. Neuansatz zu *Die Birke da oben*: Schicksalsschläge bleiben auch unter veränderten Bedingungen nicht aus. K.s Roman erzählt u. a. von den Frauen, die nach dem Krieg Aufgaben der Männer übernehmen mußten. Die Trilogie wurde mit *Abschied von Marie* (Halle 1980) abgeschlossen. Dabei ging die innere Zusammengehörigkeit der Bände zunehmend verloren: K.s Figurenensembles wurden immer weniger differenziert. Auch die anfangs wirkungsvolle lakon. Art des Erzählens erhielt mehr u. mehr vereinfachend platten Charakter.

WEITERE WERKE: Das Glockenhaus. Halle 1976. – Das wirkl. Blau. In: NDL, H. 2 (1984).

LITERATUR: Eberhard Panitz: Abschied v. der Verzweiflung. In: NDL, H. 1 (1987). – Rüdiger Bernhardt: Mutter, Genossin u. Funktionär. In: ich schreibe, H. 1 (1982).

Rüdiger Bernhardt

Knauss, Sibylle, * 5. 7. 1944 Unna. – Romanautorin, Erzählerin, Lyrikerin.

Nach dem Studium der Germanistik, Anglistik u. Theologie wurde K. Gymnasiallehrerin. Sie lebt in St. Ingbert/Saarland. – Der ungeliebten Geliebten Hebbels, Elise Lensing, widmete sie ihren ersten Roman: *Ach Elise oder Lieben ist ein einsames Geschäft* (Hbg. 1981). Aus Tagebuchnotizen Hebbels u. Briefen von Elise entsteht die Romanfiktion eines Lebens, das sich an einen undankbaren Mann verschwendet. Für ihren von der Kritik hochgelobten Erstling erhielt K. 1982 den Preis der Neuen Literarischen Gesellschaft Hamburg e. V.

In ihrem zweiten Roman *Das Herrenzimmer* (Hbg. 1983) rekonstruiert K. aus der Sicht des Enkels Victor die Geschichte einer großbürgerl. Industriellenfamilie. Am Tag des Begräbnisses seines Vaters Carl sucht Victor in der Gründerzeitvilla des Großvaters nach den Ursprüngen der patriarchal. Prägung, der Leiden u. Verwundungen in der Familie. Im Jagdzimmer hat sich der Großvater erschossen – Jäger u. Opfer zugleich: Der Roman kulminiert in der Entfaltung des Jagdmotivs. Im Roman *Erlkönigs Töchter* (Hbg. 1985) erzählt eine nicht ganz überzeugend gestaltete Ich-Erzählerin wieder von drei Generationen: Mutter, Tochter u. Enkelin sind auf den Mann u. Vater fixiert – selbst abwesend übt er Macht aus u. ist der Märchenkönig ihrer Phantasien. Die Darstellung der sozialen Ebenen u. die Evokation des Atmosphärischen sind hervorzuheben. An ihren ersten literar. Versuch knüpft K. mit ihrem biographischen Roman *Charlotte Corday* (Hbg. 1988) an: Aus den Quellen über die Mörderin Marats wird deren Leben erzählt – mit Hilfe von Träumen, literar. Reminiszenzen aus Märtyrerdramen Corneilles (eines Vorfahren) u. der Gestalt des Malers Jean Jacques Hauer, der die zum Tode Verurteilte noch einmal malt, fingiert ein auktorialer Erzähler die Biographie dieser »Männin« der Revolutionszeit. *Gerhard Sauder*

Knaust, Heinrich, * 1520/30 Hamburg, † 1580 Erfurt. – Dramatiker.

K.s Vater, ein wohlhabender Goldschmied, wirkte eifrig für die Reformation. Seit 1537 studierte K. in Wittenberg. 1540 kam er als Schulmeister nach Neukölln; 1543 übernahm er das Rektorat in Stendal u. heiratete. 1559 wurde er kath. Canonicus in Erfurt.

Sein erstes Drama *Tragedia von verordnung der Stende* (Wittenb. 1539) folgte einer Schrift Melanchthons mit dem Gedanken: Jeder verstehe seinen Beruf als Berufung. 1541 wurde ein traditionelles Weihnachtsspiel K.s in Neukölln aufgeführt u. gedruckt. Sein lat. *Agapetus scholasticus* (Straßb. 1572) spielt im Gegensatz zu anderen Schülerspielen in der ersten nachchristl. Zeit. Der Apostel Johannes bringt den durch Wohlleben u. Mord herabgesunkenen Agapetus zu Reue u. Umkehr. *Pecuparunpius* (o. O. 1574) behandelt die durch die Übersetzung von Waldis popularisierte Aesopische Fabel von dem singenden Schuhmacher, den der Nachbar durch ein großes Geldgeschenk zum Schweigen u. ins Unglück bringt. K. schrieb auch eine *Dido* (Ffm. 1566), lat. Gedichte u. religiöse Abhandlungen.

Weitere Werke: Comoedia latina de sacrificio Abrahae. Wittenb. 1539 (verloren). – Ein seer schön vnd nützl. Spiel, v. der liebl. Geburt unsers Herren Jesu Christi. Bln. 1541. Neuausg. mit Einl. v. Johannes Bolte: Drei märk. Weihnachtsspiele des 16. Jh. In: Ders.: Berlinische Forsch.en. Bd. 1, Bln. 1926. – Cassenhawer, Reuter u. Bergliedlein. Ffm. 1571.

Literatur: Hermann Michel: H. K. Bln. 1903. – Johannes Bolte, a. a. O. *Wolfgang F. Michael*

Knauth, Joachim, * 5. 1. 1931 Halle. – Bühnen- u. Hörfunkdramatiker, Essayist.

K., Sohn eines Ingenieurs, studierte in Leipzig Jura u. Germanistik, arbeitete als Dramaturg, zuletzt am Deutschen Theater Ost-Berlin, u. lebt seit 1962 als freier Autor.

K. trat zunächst mit histor. Komödien hervor (*Heinrich VIII. oder Der Ketzerkönig*. Urauff. 1955) u. schuf in der Folgezeit ein reiches, vielgestaltiges Œuvre, das aber trotz seiner allg. anerkannten literar. u. theatral. Qualität von den Theatern bis heute nur zögerlich genutzt wird. Neben dem satir. Schauspiel *Die Kampagne* (Urauff. 1963), das opportunistisches Verhalten im »realen Sozialismus« attackiert, lassen sich drei Gruppen von Stücken unterscheiden: Geschichtsdramen (etwa *Aretino oder Ein Abend in Mantua* u. *Die Mainzer Freiheit*. Beide Bln. 1989), Bearbeitungen antiker Stoffe (u. a. *Die Weibervolksversammlung* nach Aristophanes. Urauff. 1972), schließlich auch philosophisch tieflotende Märchendramen (wie *Der Prinz von Portugal*. Urauff. 1973. *Die Nachtigall*. Urauff. 1974). Gleichermaßen vielfältig sind die von K. souverän genutzten literar. Traditionen: Aristophanes, Lenz, Goethe, Büchner, Tieck, Sternheim. Immer wiederkehrende Themen K.s sind das Verhältnis von Revolution u. Restauration, die Beziehungen zwischen den Geschlechtern, das Problematische der Künstlerexistenz u. das utop. Potential der Künste.

Weitere Werke: Stücke. Bln./DDR 1973. – Vier Theatermärchen u. ein Ess. Ebd. 1981. – Ich möchte schreien. Erstsendung: Stimme der DDR, Jan. 1990 (Hörsp.).

Literatur: Jochen Ziller: Zwischenbescheid über J. K. In: J. K.: Stücke, a. a. O. – Christoph Trilse: J. K. In: Hans Jürgen Geerdts (Hg.): Lit. der DDR. Bd. 2, Bln./DDR 1979.

Gottfried Fischborn

Knebel, Karl Ludwig von, * 30. 11. 1744 Schloß Wallerstein bei Nördlingen, † 23. 2. 1834 Jena; Grabstätte: ebd., Alter Friedhof. – Lyriker, Übersetzer.

Nach einer gründl. humanistischen Schulbildung begann K. auf Wunsch seines Vaters 1764 ein Jurastudium in Halle, das er aber bald aufgab. 1765 trat er ins Regiment des Prinzen von Preußen in Potsdam ein. Während des achtjährigen Dienstes hatte er in Berlin Umgang mit Nicolai u. Ramler; er übersetzte Werke röm. Klassiker u. unternahm auch eigene poetische Versuche, von denen einige im »Göttinger Musenalmanach« 1770 gedruckt wurden. 1773 quittierte K. den Dienst u. reiste nach Weimar, um den von ihm verehrten Wieland kennenzulernen. Die Herzogin Anna Amalia stellte ihn als Erzieher des Prinzen Konstantin ein. Während K. vom Dez. 1774 bis 1780 diesen Dienst ausübte, lebte er mit seinem Zögling auch in Tiefurt, wo er die ersten Anlagen für den berühmten Park schuf.

Ende 1774 begleitete K. die Prinzen Karl August u. Konstantin nach Paris. Während ihres Aufenthalts in Frankfurt besuchte K. Goethe u. stellte ihn am 12. 12. 1774 den Prinzen vor, die ihn nach Weimar einluden. K. hat schließlich Goethe dazu bewogen, dem von ihm in *Götter, Helden und Wieland* verspotteten Dichter einen freundl. Brief zu schreiben, so daß Goethes Reise nach Weimar 1775 nichts mehr im Weg stand. K. war einer der ersten engen Freunde Goethes in Weimar, der »Urfreund«, wie Goethe selbst ihn nannte. Bei der Uraufführung der Prosa-*Iphigenie* am 6. 4. 1779 spielte er den Thoas. – 1798 heiratete K. die Weimarer Kammersängerin Luise Rudorff, zog mit ihr nach Ilmenau u. 1805 nach Jena, wo er bis zu seinem Tod blieb.

K.s Gedichte, die er v. a. zum »Tiefurter Journal« beisteuerte, begeisterten die Zeitgenossen, z. B. Herder, an dessen »Adrastea« K. mitarbeitete. Vor allem trat er jedoch durch Übersetzungen hervor; seine Übertragung der Elegien des Properz (entstanden 1788-90. Teildr. in: Horen, 1796. Ausg. Lpz. 1798) fand große Anerkennung; in hohem Alter übersetzte er noch Alfieris Drama *Saul* (aufgeführt 1811 in Weimar. Ausg. Ilmenau 1829) u. *Die Natur der Dinge* des Lukrez (Lpz. 1821).

Weitere Werke: Slg. kleiner Gedichte. Lpz. 1815. – Literar. Nachl. u. Briefw. Hg. Karl August Varnhagen v. Ense u. Theodor Mundt. Lpz. 1840. – Briefw. zwischen Goethe u. K. (1774-1832). Hg. Gottschalk Eduard Guhrauer. Lpz. 1851.

Literatur: Hellmuth Frhr. v. Maltzahn: K. L. v. K., Goethes Freund. Jena 1929. – Regine Otto: K. L. v. K. Diss. Jena 1968.

Walter Hettche

Knef, Hildegard, * 28. 12. 1925 Ulm. – Schauspielerin, Sängerin, Autorin u. Malerin.

Die ehemalige Ufa-Kunstschülerin schrieb ab 1963 dt. Texte zu amerikan. Schlagern u. eigene Chansontexte. Oft bemüht frivol, ironisierte K. darin ihr Image als *Sünderin* – so der Titel eines ihrer Filme (1951). 1968 wurde »the greatest singer in the world without a voice« (Ella Fitzgerald) zur »besten deutschsprachigen Sängerin« gewählt. 1970 löste sie mit dem Roman *Der geschenkte Gaul* (Wien) über ihr Leben u. Überleben nach dem Zweiten Weltkrieg eine Flut von Schauspielermemoiren aus. Charakteristisch ist ihr eigenwilliger Stil u. ihre schonungslos offene Selbstdarstellung.

Weitere Werke: Ich brauch Tapetenwechsel. Chansons, Lyrik. Wien 1972. – Das Urteil oder Der Gegenmensch. Wien 1975 (R.). – Nichts als Neugier. Interviews zu Fragen der Parapsychologie. Mchn. 1978. – So nicht. Hbg. 1982 (R.). – Romy. Betrachtungen eines Lebens. Hbg. 1983.

Klaus-Peter Walter

Kneip, Jakob, * 24. 4. 1881 Morshausen/Hunsrück, † 14. 2. 1958 Pesch bei Mechernich/Eifel. – Lyriker, Erzähler, Essayist.

Der Bauernsohn K. besuchte das Gymnasium in Koblenz u. das Priesterseminar in Trier, wechselte zum Studium der Philologie, Philosophie u. Germanistik u. war 20 Jahre im höheren Schuldienst tätig, zuletzt in Köln. Seit 1941 lebte er als freier Schriftsteller in Pesch. K. begründete 1912 als Student mit Josef Winckler u. Wilhelm Vershofen den »Bund der Werkleute auf Haus Nyland« u. war Mitherausgeber der Vierteljahreszeitschrift »Quadriga« (1912-14; später »Nyland«, 1918-20), die eine Annäherung von Heimatkunst u. dem Glauben an den technolog. Fortschritt propagierte u. eine Art neuer Sachlichkeit forderte. 1946 gründete K. das »Rheinische Kulturinstitut« in Koblenz, dessen Präsident er war.

Von größter Bedeutung für K.s dichterisches Schaffen war stets die Verbundenheit mit der Landbevölkerung u. ihrer Umwelt (»Den Brüdern auf der Scholle«), die er als »gottdurchwaltet« sah u. teils hymnisch, teils in einfacher u. bildkräftiger Sprache schilderte. *Bekenntnis* (Jena 1912) war seine erste Gedichtsammlung, die Einflüsse Walt Whitmans u. Émile Verhaerens aufweist u. den Werdegang des Dichters verdeutlichen will.

Als K.s lebendigstes Werk gilt der »fröhliche Roman« *Hampit der Jäger* (Bln. 1927), der die Abenteuer eines ländl., die Natur liebenden u. gesellschaftl. Normen verachtenden genialischen Menschen schildert u. ein naturmystisch akzentuiertes, rheinisches Gegenstück zu Wincklers *Der tolle Bomberg* ist. K.s Hauptwerk, die Trilogie *Porta Nigra oder die Berufung des Martin Krimkorn, Feuer vom Himmel* u. *Der Apostel* (Mchn. 1932), beschreibt stark autobiographisch die von inneren Kämpfen begleitete Entwicklung u. das priesterl. Engagement – auch gegen die Nationalsozialisten – eines Hunsrücker Gastwirtssohns. Nach dem Zweiten Weltkrieg entwarf K. dann in den 17 Geschichten des Bandes *Das Licht in der Finsternis* (Köln 1949) Visionen u. Gleichnisse, u. a. auch Unterredungen Christi mit Stalin u. Oswald Spenglers mit Hitler. Vor allem aus kath. Verantwortung trat er schließlich für eine Versöhnung mit Frankreich ein (*An Frankreich*. Köln 1922. *Die geistige Aufgabe am Rhein*. Mainz 1948). K.s Werk fand bes. in der kath. Bevölkerung quer durch alle Schichten breite Aufnahme.

Weitere Werke: Barmherzigkeit. Mönchen-Gladbach 1918 (L.). – Werkausw. Ebd. 1926. – Bauernbrot. Mchn. 1934 (L.). – Hunsrückweihnacht. Köln 1934 (E.). – Ein dt. Testament. Stimmen der Toten. Köln 1934. – Ges. Gedichte. Köln 1953. – Weltentscheidung des Geistes am Rhein. Köln 1953 (Ess.). – Der Apostel. Mchn. 1955 (R.). – Gedichte u. E.en. Eine Ausw. Nachw. v. Stephan Berning. Trier 1981.

Literatur: Heinrich Saedler: J. K. Eine Einf. u. Ausw. Mönchen-Gladbach 1924. – Martin Rockenbach: J. K. Würzb. 1924. – Paul Staffel: Die Verslegenden J. K.s. Diss. Bonn 1948. – K. Rauch: Das rhein. Element. J. K. u. J. Winckler. In: Dt. Rundschau 82 (1956).

Christian Schwarz

Knigge Adolph (Friedrich Ludwig), Frhr. von, * 16. 10. 1752 Bredenbeck bei Hannover, † 6. 5. 1796 Bremen; Grabstätte: ebd., Dom. – Autor popularphilosophischer Schriften, Erzähler, Dramatiker, Übersetzer.

Nach der für Adlige im 18. Jh. übl. Erziehung durch Hofmeister studierte K. 1769–1772 zunächst Jura in Göttingen, ehe er 1772 eine Anstellung als Hofjunker u. Assessor der Kriegs- u. Domänenkasse in Kassel fand. 1777 wurde er weimarischer Kammerherr. Seine Tätigkeit für den Illuminatenorden (1780–1784) u. sein Eintreten für die Verwirklichung der Menschenrechte ließen den in unsicheren wirtschaftl. Verhältnissen lebenden Kleinadligen bei seinen aristokratischen Gönnern ins Zwielicht geraten, führten schließlich zum Verlust des geringen Vermögens u. nötigten K. auch in seinem äußeren Lebensstil zur Anpassung an bürgerl. Lebensformen. Erst wenige Jahre vor seinem Tod erhielt der inzwischen schwerkranke K. 1790 mit der Stelle als Oberhauptmann u. Scholarch von Bremen die Möglichkeit zu einem von äußeren Sorgen freien Leben.

Sowohl der ständige Zwang zur Rechtfertigung gegenüber den Verdächtigungen u. Verleumdungen seiner Kritiker wie auch sein Glaube an die Realisierbarkeit der in der Aufklärungsphilosophie aufgehobenen Gesellschaftsutopie veranlaßten K. zum Verfassen einiger philosophischer Abhandlungen, die ihn durch Einfachheit des Stils, Prägnanz der Darstellung u. Logizität der Argumentation gleichermaßen als wichtigen Wegbereiter der Aufklärung in Deutschland erscheinen lassen. Spuren von Hobbes' Philosophie lassen sich in seinen Werken nachweisen. Die *Bekenntnisse* Rousseaus übersetzte er ins Deutsche (1786–1790), u. auf der Basis von Rousseaus *Contrat social* entwickelte er ein *Allgemeines Sistem für das Volk zur Grundlage aller Erkenntnisse für Menschen aus allen Nationen, Ständen und Religionen* (Nicosia, recte Hanau 1778). Sehr früh hat er auch Elemente der engl. empir. Philosophie des 18. Jh. nach Deutschland vermittelt u. nach dem Vorbild der Moralischen Wochenschriften eine eigene Form prakt. Moralphilosophie entwickelt. So schrieb er u. a. *Sechs Predigten gegen Despotismus, Dummheit, Aberglauben, Ungerechtigkeit, Un-*

treue und Müßiggang (Ffm. 1783) u. glaubte, durch sie diese Laster zgl. entlarven u. unschädlich machen zu können. Seine in dem Essay *Über Schriftsteller und Schriftstellerey* (Hann. 1793) dargelegte Überzeugung, ein Schriftsteller sei ein Mann, der »Gutes, Nützliches, Belehrendes, Tröstendes, Aufmunterndes, zur Beförderung der Tugend, Weisheit und Heiterkeit« schreibe, zeigt zgl. den Anspruch u. die Grenze von K.s schriftstellerischer Tätigkeit. So ist der Schriftsteller einerseits Anwalt einer prakt. Philosophie des sozialen Handelns: Das berühmte Buch *Über den Umgang mit Menschen* (Hann. 1788) – eines der wenigen, die im 18. Jh. aus dem Deutschen in andere Sprachen (Englisch, Niederländisch u. andere) übersetzt worden sind – ist in diesem Sinne prakt. Gesellschaftslehre u. nicht, wie es heute meist verstanden wird, ein Regelwerk über förml. Verhalten.

Aber auch die schönliterar. Werke K.s, die Romane u. Theaterstücke, sind in ihrem Kern nichts anderes als um die Demonstrationshandlung erweiterte bzw. aufgeblähte moralisch-polit. Erörterungen. Das zeigen nicht nur die so handlungsarmen, immer wieder in Reflexionen über Politik, Moral u. Aufklärung ausufernden polit. Romane wie *Benjamin Noldmanns Geschichte der Aufklärung in Abyssinien* (Gött. 1790/91) oder *Politisches Glaubensbekenntnis von Joseph Wurmbrand* (Hann. 1792), sondern in anderer Form auch scheinbar absichtslose, nur unterhalten wollende Werke wie *Die Reise nach Braunschweig* (Hann. 1792) oder *Das Zauberschloß oder Geschichte des Grafen Tunger* (Hann. 1791).

Während sich der *Noldmann* literarisch an Montesquieus *Lettres Persanes* orientiert, indem die Kritik einheim. Zustände in ein fremdes Land verlegt wird, ist das literar. Muster für die letztgenannten Werke der empfindsame engl. Roman Richardsons u. Fieldings. Der *Noldmann* schildert zwar, wie sich im fiktiven Staat Abyssinien die Dinge auf eine Revolution zubewegen, die Revolution selbst aber findet wie in vielen Schriften K.s gar nicht statt: Während nämlich der Negus als Repräsentant der alten Ordnung stirbt u. die korrupten Mitglieder der Hofclique ins Ausland fliehen, taucht ein edler Prinz auf, dem es gelingt, durch Integrität u. Autorität den Ausbruch der Anarchie zu verhindern. Das Volk verzichtet auf die Revolution, die absolutistische Regierungsform wird durch die konstitutionelle Monarchie ersetzt. Im *Wurmbrand* gar formulierte der von seinen Zeitgenossen als »Erzschalk« (Kotzebue) u. gefährl. Jakobiner verrufene K.: »Wir haben in Deutschland keine Revolution weder zu befürchten noch zu wünschen Ursache, wenn nur die verschiedenen Regierungen, statt die Aufklärung zu hindern, mit ihr Hand in Hand fortrücken und die Mittel, Ordnung zu erhalten mit der Stimme des Zeitalters in ein richtiges Verhältnis setzen.« »So lange es eine Chimäre bleibt«, schrieb K. in der *Geschichte des armen Herrn von Mildenberg* (Hann. 1789), »das goldene Zeitalter, die allgemeine Freiheit und Gleichheit unter den Menschen herbeizuführen«, so lange sei es notwendig, an den gegebenen gesellschaftl. Verhältnissen festzuhalten u. diese nur nach vernünftigen Gesichtspunkten zu organisieren. Deshalb erschienen ihm aufgeklärte Despoten wie Peter der Große, Friedrich II. oder Joseph II. als Garanten dafür, daß »allen gewaltsamen Revolutionen vorgebeugt werden könne« (*Wurmbrand*). Deshalb aber formulieren die positiven Gestalten K.s auch immer wieder melancholisch Einsichten über den Zustand der Welt u. die Möglichkeit des Menschen, diesen zu verändern, die man nicht als Resignation oder gar Fatalismus mißverstehen sollte. »Ich werde täglich inniger überzeugt, daß nur der ein wahrhaft weiser, guter, nützlicher, glücklicher und großer Mann ist, der nicht mehr und nicht weniger thut noch thun will, als was er, nach den Umständen jedesmal thun darf, soll, kann und muß« (*Geschichte des Grafen Tunger*).

Aus dieser pragmat. Lebenshaltung heraus entstanden die späten Romane K.s, die statt des programmat. Gegenentwurfs zur bestehenden Wirklichkeit diese selbst realistisch beschreiben, indem sie die Eitelkeit der Menschen mild-ironisch, humorvoll oder satirisch stilisieren. Es entstand der Roman *Die Reise nach Braunschweig*, der ein wirkl. Ereignis, die Ballonfahrt Blanchards in Braunschweig im Jahre 1788, zum Anlaß nimmt, über den Zweck dieser »Luft-Spazierfahrt« kritisch nachzudenken u. zgl. die gemütl. Beschränktheit der Menschen zu schildern, die zu diesem Ereignis nach Braunschweig reisten. Es entstand aber auch die satir. *Reise nach Fritzlar im Sommer 1794* (o. O. u. J. [1795]), die Lavaters Reise nach Kopenhagen zum Anlaß nimmt, um sich parodistisch mit der Eitelkeit dieses Mannes u. der Willkür seiner Lehre auseinanderzusetzen.

Weitere Werke: Der Roman meines Lebens. Riga 1781 u. ö. – Gesch. Peter Clausens. Riga/Ffm. 1783-85 (Übers.en ins Polnische, Französische, Englische u. Niederländische). – Ges. polit. u. prosaische kleinere Schr.en. Ffm. 1784. – Die Verirrungen des Philosophen, oder Gesch. Ludwigs v. Seelbergs. Ffm. 1787. – Philo's endl. Antwort auf verschiedene Anforderungen u. Fragen, meine Verbindung mit dem Orden der Illuminaten betreffend. Hann. 1788. – Über den Zustand des geselligen Lebens in den vereinigten Niederlanden. Hann. 1790. – Erläuterungen über die Rechte des Menschen. Für die Deutschen. Lpz. 1792. – Gesch. des Amtsraths Guthmann. Hann. 1794. – Schr.en. Hann. 1804-06. Neudr. Nendeln/New York 1974 ff. (bisher nicht vollst.). *Gerd Müller*

Knittel, John, eigentl.: Hermann Emanuel, * 24. 3. 1891 Dharwar/Indien, † 26. 4. 1970 Maienfeld/Kt. Graubünden. – Romanautor.

Der Sohn eines Basler Missionars verbrachte seine früheste Kindheit in Indien. Mit fünf Jahren kam er nach Basel, wo er die Volksschule, das Gymnasium bzw. eine Handelsschule besuchte, ehe er schließlich eine kaufmänn. Lehre begann. 1910 folgte er einer Geliebten nach England u. brachte sich in London in verschiedenen Metiers durch (bei Banken, in der Filmindustrie, als Bootsverleiher), bis er 1922, inzwischen mit der Engländerin Frances White verheiratet, Teilhaber eines Theaters wurde. 1919 hatte er in London seinen ersten Roman publiziert: *The Travels of Aaron West* (dt. Basel 1921: *Die Reisen des Aaron West*), die Story vom Aussteiger, der auf einer Südseeinsel auf ein reines, natürl. Mädchen stößt, das ihm die ganze Zivilisation als Weg in die Irre erscheinen läßt. 1924 kam der Liebesroman *A Traveller in the Night* (dt. Zürich 1926: *Der Weg durch die Nacht*) heraus, u. dann folgte, fast immer zuerst auf Englisch, Titel um Titel: leicht lesbare, spannend geschriebene Romane, die Menschen in Extremsituationen vorführen u. ein Weltbild propagieren, das Abenteuerlichkeit mit dem Engagement für mehr Gerechtigkeit verknüpft, ohne die geltenden Hierarchien wirklich in Frage zu stellen. Bestsellererfolge ermöglichten K. bald die seiner Romanwelt adäquate internationale Lebensweise. Ständig auf Reisen, hatte er seine regelmäßigen Stützpunkte in London, im ägypt. Aïn Shems, in Portugal, am Genfer See u. in Maienfeld, wo ihn am Ende der Zweite Weltkrieg u. die Beschwerden des Alters festhielten.

Die Beschäftigung mit Ägypten u. Nordafrika hat K. am erfolgreichsten umgesetzt in dem Roman *Abd-el-Kader* (Bln. 1931), einer u. d. T. *Protektorat* (Zürich 1935) auch als Drama berühmt gewordenen, leidenschaftlich-sentimentalen Auseinandersetzung mit dem Kolonialismus, sowie in dem Roman *El Hakim* (Bln. 1936), der Geschichte eines ägypt. Arztes, der sein Volk aus jahrhundertelanger Lethargie zu nationalem Selbstbewußtsein aufrütteln will. K. schuf aber auch Werke spezifisch schweizerischer Prägung, die allerdings ihrer krit. Beiklänge wegen den Unwillen seiner Landsleute erregten. Im Roman *Therese Etienne* (Zürich 1927) geht es um die mit Vater- bzw. Gattenmord endende Liebe eines jungen Bergbauern zur wesentlich jüngeren zweiten Frau seines Vaters u. um die Frage nach der Effizienz strafender Gerechtigkeit. Auch *Via Mala* (Bln. 1934. Zuletzt Stgt. 1985) stellt in aller Drastik u. Ausführlichkeit die Geschichte eines Vatermords dar. Er bleibt unbestraft, weil der Richter, hin- u. hergerissen zwischen Pflicht u. Liebe, den Mantel des Schweigens über das entsetzl. Geschehen breitet. Der Roman *Amadeus* (Bln. 1939) setzt *Therese Etienne* in einer nächsten Generation fort: Amadeus, Frucht des sündigen Verhältnisses, ist Ingenieur geworden u. verficht K.s Lieblingsidee eines geeinten, aus Afrika u. Europa bestehenden »Atlantropas«. Dieser Pläne wegen verzichtet er auf seine geliebte Pauline u. treibt sie so in die Arme des Beamten Elfenau, einer grotesken Verkörperung helvet. Spießertums. Als sie Amadeus wieder begegnet, triumphieren zuletzt Idealismus u. selbstlose Liebe über Opportunismus u. Konvention.

K., der – v. a. auch im angelsächs. Bereich – zu den meistgelesenen Unterhaltungsautoren seiner Generation gehörte, war in seinen gut gemachten, oft auch reißerischen Romanen weder gegen den Kitsch gefeit noch jederzeit fähig u. willens, gefährl. zeitbedingte Tendenzen wie das »Vivere pericolosamente« oder den Blut- u.

Bodenkult zu vermeiden. Vor allem in den Büchern mit exotischen Schauplätzen wird allerdings auch immer wieder ein gewisses aufklärerisches, auf Toleranz u. Völkerversöhnung ausgerichtetes Moment bedeutsam. – Seit 1985 gibt der Engelhorn Verlag (Stgt.) K.s Werke in Einzelausgaben heraus.

Literatur: Elisabeth Knöll: J. K. Diss. Wien 1950. – Carl Jakob Burckhardt: Zu J. K.s 70. Geburtstag. Zürich 1961. – Reto Carisch: Der Romancier J. K. Diss. Freib./Üchtland 1972. *Charles Linsmayer*

Knittel, *Knitl*, Kaspar, * 6. 2. 1644 Glatz, † 11. 12. 1702 Telcz/Ungarn. – Jesuit; Prediger, Mathematiker, Philosoph u. Polyhistor.

K. wurde 16jährig in den Orden aufgenommen. Nach seinen Studien lehrte er v. a. Mathematik u. Philosophie, verfaßte Einführungen in die aristotel. Naturphilosophie u. Dialektik u. machte sich auch als Prediger einen Namen.

Bekannt wurde K. durch seine Einführung in die lullistische Kombinatorik, die *Via regia ad omnes scientias et artes* (Prag 1682. ^{4}1759). Darin bemühte er sich um eine Vereinfachung der Methode Athanasius Kirchers u. um ihre brauchbare Anwendung in verschiedenen Wissenschaftsbereichen.

Weitere Werke: Cosmographia elementaris. Prag 1673. – Aristoteles curiosus et utilis. Prag 1682. – Conciones Dominicales Academicae. Prag 1687/88. – Conciones academicae In praecipua totius Anni festa. Prag 1707 u. ö.

Literatur: *Bibliographien:* Backer/Sommervogel 4, Sp. 1132–1134. – Franz Martin Pelzel: Böhm., mähr. u. schles. Gelehrte u. Schriftsteller aus dem Orden der Jesuiten. Prag 1786, S. 98 f. – *Weitere Titel:* Jakob Friedrich Reimmann: Versuch einer Einleitung in die historiam literariam. Bd. 3, Halle 1709–13, S. 177 f. – Ramón Cenal: La combinatoria de Sebastian Izquierdo. 1974, S. 17. – Eberhard Knobloch: K. In: NDB. – Cesare Vasoli: Il Gesuita K. K. e la sua ›Via regia‹. In: Nouvelles de la république des lettres, H. 2 (1985), S. 149–165. *Franz Günter Sieveke*

Knobelsdorff, Eustachius (graezisiert: Eustathius) von, * 1519 Heilsberg/Preußen, † 11. 6. 1571 Breslau. – Neulateinischer Lyriker.

K. gehört zu einem urspr. meißnischen, nachmals in Preußen bedeutenden Adelsgeschlecht. Sein Vater Georg war Bürgermeister der ermländ. Residenzstadt Heilsberg. Seinen durch humanistische Interessen bestimmten Studienweg (1533 Kulm, 1536–1544 Frankfurt/O., Wittenberg, Leipzig, Löwen, Paris, Orléans) absolvierte K. mit der Billigung u. dem Geld des Ermländer Bischofs Johannes Dantiscus. Nach 1544 übernahm K. als Domherr in Frauenburg u. (seit 1556) Breslau verschiedene Aufgaben in bischöfl. Diensten. Trotz Sympathien für die Position Melanchthons blieb er beim kath. Glauben, beeinflußt v. a. von Dantiscus, der sein gegen Luther gerichtetes *Carmen paraeneticum* dem Studenten K. (»Alliopagus«) gewidmet hat.

Das schmale poetische Œuvre bezeugt K.s Tendenz, mit dem Blick auf die Antike die Glaubenskämpfe seiner Zeit zu relativieren. In seiner *Elegia de bello Turcico* (Wittenb. 1539) läßt er den poln. König die europ. Fürsten zur Abwehr der Türkengefahr aufrufen. Christliche u. antik-mytholog. Gestalten erscheinen poetisch dicht kombiniert in K.s einzigem wichtigeren Werk *Lutetiae Parisiorum descriptio, elegiaco carmine* (Paris 1543). Diese dem Genus des Städtelobs nur z. T. verpflichtete Beschreibung von Paris fand den Beifall des Kardinals Du Bellay. Sie rühmt Paris bes. als Ort der gelehrten Studien; daneben bezieht sie Ereignisse der frz. Geschichte (Jeanne d'Arc) ein. Sebastian Münster benutzte sie für seine *Cosmographia*.

Weitere Werke: Lovanii descriptio, elegiaco carmine. Löwen 1542. – Reverendissimi [...] Joannis Dantisci epicedium. Danzig 1548. – Divi Poloniae Regis Sigismundi I. epicaedion. Krakau 1548. – Ecclesia catholica afflicta. Neiße ^{2}1557.

Literatur: Franz Buchholz: Die Lehr- u. Wanderjahre des ermländ. Domkustos E. v. K. In: Ztschr. für die Gesch. u. Altertumskunde Ermlands 22 (1926), S. 61–134, 177–255. – Ders.: E. v. K. als Schüler in Kulm. In: ebd. 23 (1929), S. 804–820. – Ernst Manfred Wermter: E. v. K., Statthalter v. Ermland 1558–64. In: ebd. 86 (1957), S. 93–111. – Contemporaries. *Hartmut Kugler*

Knoblauch zu Hatzbach, Karl von, * 3. 11. 1756 Dillenburg, † 6. 9. 1794 Bernburg. – Publizist

Trotz Neigung zu Mathematik u. Philosophie studierte K. Jura in Gießen (1775) u. Göttingen (1776–1778). Dann wurde er in Dillenburg Justiz- u. zuletzt auch Bergrat. Zugleich verfaßte er eine Vielzahl von selbständigen Schriften u. Zeitschriftenartikeln, die bisher, z. T. wegen ihrer Anonymität, nicht gebührend gewürdigt worden sind. In Schriften wie *Skeptische Abhandlungen über wichtige Gegenstände der menschlichen Erkenntnis* (o. O. 1790), *Antithaumaturgie oder die Bezweiflung der Wunder* (Loretto, recte Bln.

1790), *Die Nachtwachen des Einsiedlers zu Athos* (Nürnb. 1790), *Taschenbuch für Aufklärer und Nicht-Aufklärer auf das Jahr 1791* (Bln. 1790), *Politisch-philosophische Gespräche* (Bln. 1792) kritisierte K. scharf Religion u. polit. Meinungen seiner Zeit. Seine philosophischen Betrachtungen sind repräsentativ für die dt. Spätaufklärung u. ihre Anlehnung an die frz. Lumières.

K. übersetzte auszugsweise Holbachs, Helvétius' u. Diderots Werke. Sein Weltbild weist schon auf das des Vormärz hin. Nicht zufällig wurden einige seiner Schriften von Edgar Bauer 1846/47 neu herausgegeben. K. schrieb Beiträge für die Zeitschriften Wielands, Lichtenbergs, Johann August Eberhards, Archenholtz' u. August Hennings', bes. aber für die des schwäb. Publizisten Wekhrlin; sie waren nicht nur philosophisch-polit., sondern auch dichterischen Inhalts. K., der im Briefwechsel mit dem Freimaurer Jacob Mauvillon stand, war seit seiner Göttinger Zeit selbst Freimaurer u. in den späten 80er Jahren Mitgl. der Deutschen Union Bahrdts.

Weitere Werke: Über Feerey. Bln. 1791. – *Briefe:* In: Mauvillons Briefw. [...]. Hg. Friedrich Mauvillon. Dtschld. [Braunschw.] 1801, S. 190-230.

Literatur: Von Knoblauch zu Hatzbach: K. In: ADB. – Jean Mondot: Carl v. K. zu H. ou les audaces religieuses et philosophiques d'un ›esprit fort‹. In: Roland Krebs (Hg.): Recherches nouvelles sur l'Aufklärung. Reims 1987, S. 43-59. *Jean Mondot*

Knobloch, Heinz, * 3. 3. 1926 Dresden. – Erzähler u. Feuilletonist.

K., Sohn eines Reproduktionsfotografen, begann 1942 in Berlin eine Lehre als Verlagskaufmann. 1943 zum Kriegsdienst eingezogen, desertierte er bereits 1944 u. geriet in Kriegsgefangenschaft (USA, England). Ab 1948 wieder in Berlin, arbeitete er u. a. als Journalist u. wurde 1953 Redakteur der Ostberliner »Wochenpost«, für deren Feuilleton er bis heute regelmäßig schreibt. Ein Journalistik-Fernstudium in Leipzig schloß K. 1960 als Diplomjournalist ab. In dieser Zeit erschienen auch erste literar. Arbeiten – v. a. Feuilletons. In der Studie *Vom Wesen des Feuilletons* (Halle 1962) definiert er dieses als Verbindung von literar. Journalismus in der Tradition des Vormärz u. des frz. »poème en prose« u. leitet daraus eine neue Form des krit. Lokalfeuilletons ab, das er in der Nachfolge von Victor Auburtin u. Polgar als eigenes poetisches Genre handhabt. K.s wichtigster Themenkomplex ist Berlin: Die von ihm herausgegebenen Anthologien *Allerlei Spielraum* (Bln./DDR 1973) u. *Der Berliner zweifelt immer* (ebd. 1970, Bln. 1981) vereinigen Feuilletons über Berlin von 1848 bis zur Gegenwart. Mit *Berliner Fenster* (Halle 1981) u. *Stadtmitte umsteigen* (Bln./DDR 1982. U. d. T. *Angehaltener Bahnhof.* Bln. 1984) wird K. in der Nachfolge Franz Hessels zum »Spaziergänger durch Berlin«. In der BR Deutschland wurde K. vor allem durch *Herr Moses in Berlin: Auf den Spuren eines Menschenfreundes* (Bln./DDR 1979. U. d. T. *Herr Moses in Berlin. Ein Menschenfreund in Preußen.* Bln. 1982) bekannt – eine populärwissenschaftl. u. kulturhistor. Darstellung des jüd. Aufklärers u. Philosophen Mendelssohn.

Er erhielt u. a. 1965 den Heinrich-Heine-Preis u. 1986 den Nationalpreis der DDR. Der parteilose K. wurde im Jan. 1990 PEN-Präsident der DDR.

Weitere Werke: Pardon für Bütten. Bln./DDR 1965 (E.). – Man sieht sich um u. fragt. Ebd. 1973 (R.). – Meine liebste Mathilde. Ebd. 1985. U. d. T. Meine liebe Mathilde: das unauffällige Leben der Mathilde Jacob. Bln. 1986. (R.). – Berliner Grabsteine. Bln./DDR 1987, Bln. 1988. – Im Lustgarten. Halle 1989. – *Feuilletonsammlungen:* Mir gegenüber. Halle 1960. – Stäubchen aufwirbeln. Halle 1974. – Zur Feier des Alltags. Bln./DDR 1986.

Literatur: Michael Franz: Plädoyer für ein Genre. [...]. In: WB 22 (1976), S. 83-95. – Ders.: Interview mit H. K. In: ebd., S. 67-82. – Ders.: Gespräch mit H. K. In: Ingrid Hähnel u. Siegfried Röhnisch (Hg.): Auskünfte 2. Werkstattgespräche mit DDR-Autoren. Bln./Weimar 1984. *Sabina Becker*

Knodt, Reinhard, * 13. 10. 1951 Dinkelsbühl. – Erzähler, Essayist.

»Man muß sich doch wiedererkennen in dem, was man tut, auch wenn man erfolglos ist. Aber statt dessen verriet ich meine Geistesarbeit.« So paraphrasiert der 1982 an der Universität Erlangen mit einer Arbeit über Nietzsche promovierte K. selbst in der Erzählung *Das Haus* (Ffm. 1987) die quälende Frage nach dem Sinn literar. Äußerung. Zwischen dem toten Hallraum autistischen Poetentums u. der opportunistischen Verflachung im Gestrüpp mediengerechter Allerwelts-Schreiberei ahnt er als einzigen, aber fernen Ausweg die Synthese von Literatur u. Philosophie. An diesem Desiderat orientiert, begann K. sein literar. Schaffen während eines Stipendienaufenthalts in Irland (1978-1980) mit einer Reihe stark subjektiv ausgeprägter Short-Stories nach dem Vorbild von Joyce. In der Folge erscheinen K.s zunehmend unter den Einfluß der Postmoderne geratende Kurzgeschichten u. Gedichte in diversen Zeitschriften u. Anthologien. 1984 übernahm er einen Lehrauftrag an einem philosophischen Lehrstuhl der Universität Erlangen u. gründete 1985 die »Nürnberger Blätter Zeitung für Literatur und Philosophie« als Forum der streitbaren Auseinandersetzung u. Annäherung beider Disziplinen.

Sein – bislang – philosophisches Hauptwerk *Die ewige Wiederkehr des Leidens* (Bonn 1987) nimmt zu den durch die »Postmodernendiskussion« entstandenen Problemen der Rationalitätskritik, der Ästhetisierung der Politik u. der Selbstverwirklichung des Individuums über das Leiden Stellung. Die Erzählung *Das Haus* arbeitet menschl. Bewußtseinszustände inneren u. äußeren Realitätsverlustes zwischen sehnsüchtig utop. Vorstellungen u. dem fortschreitenden Zerfall sinnstiftender Wertkategorien persiflierend auf. Die Fülle kulturkrit. Symbolismen, die manch oberflächl. Kritik als Schwäche dieser Erzählung galt, signalisiert in Wahrheit K.s Zielprojektion einer Reästhetisierung der zur kommunikations- u. genußunfähigen Konkursverwaltung verkommenen Gesellschaft.

Weitere Werke: Gott, Liebe oder die Reinhaltung der Luft. Hersbruck 1983. – Asyle. In: L 80, Nr. 36, Dez. 1985 (poet. philosoph. Ess.). *Friedhelm Sikora*

Knoop, Gerhard Ouckama, auch: Gerhard Oukkama, * 9. 6. 1861 Bremen, † 7. 9. 1913 Innsbruck. – Romanschriftsteller.

Der Sproß einer hanseatischen Kaufmannsfamilie studierte Chemie u. arbeitete ab 1885 als Chemiker in einer Kattunfabrik bei Moskau. Zurückgezogen lebend u. abhängig von reicheren Verwandten – eine in K.s Romanen häufig wiederkehrende Figurenkonstellation –, begann er 1893 zu schreiben. Sein erster Roman *Die Karburg. Fremde Erlebnisse, eigene Betrachtungen. Aus einem Tagebuche* erschien 1897 in München. Ab 1911 lebte K. als freier Schriftsteller in München, nahm an den Donnerstagstreffen bei Wolfskehl teil, hatte Kontakte u. a. zu Rilke, Thomas Mann u. Ricarda Huch. Er blieb jedoch eine Randfigur des gesellschaftlich-literar. Lebens, nicht zuletzt aufgrund seines menschenscheuen Charakters. K.s jung verstorbener Tochter Wera widmete Rilke als »Grab-Mal« die *Sonette an Orpheus.*

Realitätsfern u. als Außenseiter – in einer »Mischung aus Theaterwelt und Abstraktion«, wie der Erzähler K. über seine Figur Sebald Soeker vermerkt (*Die Grenzen.* 2 Bde., Lpz. 1903, 1905) – leben zumeist auch die Helden u. Heldinnen von K.s Romanen. Gesellschaft u. Wirklichkeit werden von ihm als ein ins Groteske u. Irreale übersteigertes Panoptikum schematisierter Typen u. mit ihnen repräsentierter Weltentwürfe gezeichnet. Vom »Skeptizismus einer die bürgerlichen Grundlagen unterwühlenden Ichkritik« spricht Richard Schaukal in einer zeitgenöss. Kritik (u. d. T. *Prinz Hamlets Briefe* in: Die Gegenwart, 39. Jg., Bd. 77, Nr. 13, 1910, S. 251). Programmatisch stehen dafür Titel wie *Die Dekadenten. Psychologischer Roman* (Mchn. 1898), *Prinz Hamlets Briefe* (Bln. 1909) oder *Das A und das O* (Mchn. 1915). Die Ich-Schwäche der Figuren schlägt immer wieder um in Allmachtsphantasien; gegen seine romantisch gefärbte, von Schopenhauer u. Nietzsche beeinflußte Zivilisationskritik stellt K. ein vages Ideal archaisch-patriarchal. Landlebens.

Weitere Werke: Die erlösende Wahrheit. Mchn. 1899 (R.). – Das Element. Bln. 1901 (R.). – Outsider. Dresden 1901 (N.). – Hermann Osleb. Bln. 1904 (R.). – Nadeshda Bachini. Bln. 1906 (R.). – Der Gelüste Ketten. Bln. 1907 (N.). – Aus den Papieren des Freiherrn v. Skarpl. Bln. 1909 (E., Ess.). – Verfalltag. Bln. 1911 (R.). – Die Hochmögenden. Bln. 1912 (R.). – Unter König Max. Bln. 1913 (R.). – Gedichte. Lpz. 1914. – 5 Märchen. Wien o. J.

Literatur: J. Repis: G. O. K. Versuch einer Monogr. Diss. Mchn. 1951. *Bernadette Ott*

Knorr von Rosenroth, Christian, auch: Peganius, Rautner. * 15. oder 16. 7. 1636 Altraudten bei Wohlau/Schlesien, † 4. 5. 1689 Gut Großalbersdorf bei Sulzbach; Grabstätte: Gotteskapelle südöstlich von Sulzbach. – Übersetzer, Herausgeber, Dichter, Gelehrter.

Der Pfarrerssohn besuchte die Lateinschule in Fraustadt u. verbrachte Studienjahre in Frankfurt/O. (1651), Stettin (1652) u. Leipzig (ab 1655; Magister 1660). Nach vermutl. Aufenthalt in Wittenberg führte ihn eine Bildungsreise von Leipzig nach Frankreich, Holland u. England (1663-1666). Seit 1668 diente er Pfalzgraf Christian August im Herzogtum Pfalz-Sulzbach als Hofrat, spätestens seit 1687 als Kanzleidirektor, u. übte maßgebl. Einfluß darauf aus, daß die kleine Residenzstadt Sulzbach eine Pflegestätte hermetisch-kabbalistischer Traditionen bildete, den Schauplatz einer ungewöhnlich irenisch-philosemitischen, tolerant-liberalen Religionspolitik darbot u. sich zu einem bedeutenden Druckort für hebräische Schriften entwikkelte. K. wurde 1655 in Zesens »Deutschgesinnte Genossenschaft« aufgenommen u. 1677 in den erbl. Freiherrenstand erhoben. Zu seinen engeren Freunden gehörten Johann Jakob Schütz u. Franciscus Mercurius van Helmont; mit Leibniz wurde er persönlich bekannt. Zu seinen Briefpartnern zählten der Theologe Gottlieb Spitzel u. der Orientalist Christoph Wagenseil, engl. Quäker (George Keith, Benjamin Furley), John Locke, Edward u. Anne Conway u. Angehörige der Royal Society (Henry Oldenburg, William Brouncker, Robert Boyle). Der Bekanntschaft mit Meir Stern (Amsterdam) u. John Lightfoot (Cambridge) verdankte K. manche Kenntnisse über jüdisch-myst. Literatur; maßgeblich beeinflußte ihn der Cambridger Platoniker Henry More.

K. übersetzte die *Magia naturalis* von Giambattista della Porta (Sulzbach/Nürnb. 1680 u. ö.), die *Pseudodoxia epidemica* von Thomas Browne (Ffm./Lpz. 1680) u. den paracelsistischen *Ortus medicinae* von Johannes Baptista van Helmont, dem Vater seines Freundes Franciscus Mercurius van Helmont (*Aufgang der Artzney-Kunst.* Sulzbach 1683. Reprographischer Nachdr. mit Nachw. u. Werkverz. von Friedhelm Kemp. Mchn. 1971). Zu diesen bedeutenderen Zeugnissen dt. Wissenschaftsprosa des Barock gesellen sich alchem. Werke in Gestalt einer Übersetzung des *Enchiridion physicae restitutae* von Jean d'Espagnet u. einer *Aesch Mezareph*-Ausgabe. Hinzu kommt eine Reihe religiös-theolog. Werke, die eine gemeinsam mit Franciscus Mercurius van Helmont geschaffene Übersetzung der *Consolatio philosophiae* des Boëthius (*Christlich-Vernunfft-gemesser Trost und Unterricht.* Sulzbach 1667. Lüneb. 1697), eine im Anschluß an die *Clavis apocalyptica* von Joseph Mede entstandene *Erklärung über die Gesichter der Offenbarung S. Johannis* (o. O. 1670. Amsterd. 1671) u. eine *Harmonia Evangeliorum* einbegreift (Ffm. 1672. Halle 1699; mit Vorw. von August Hermann Francke). Geleitet von der Vorstellung, daß »jüdischer und christlicher Glaube in ihrem esoterischen Kern identisch seien« (Ernst Benz), auch beflügelt von iren. Gesinnung u. der Hoffnung auf eine Überwindung der konfessionellen Gegensätze schuf K. schließlich die *Kabbala denudata* (Bd. 1, Sulzbach 1677. Bd. 2, Ffm. 1684. Reprographischer Nachdr. Hildesh./New York 1974), ein Kompendium, das Teile des *Sohar* u. andere Schriften der jüd. Mystik erstmals in lat. Übersetzung bekannt machte.

Das naturkundl. u. religiös-theolog. Streben K.s schlug sich auch in Dichtungen nieder. Seine alchem. Neigungen gelangten in einem »chymischen Pracht-Spiel« zum Ausdruck, das anläßlich der dritten Vermählung Kaiser Leopolds I. entstanden ist (*Conjugium Phoebi & Palladis. oder Die / durch Phoebi und Palladis Vermählung / erfundene Fortpflantzung des Goldes.* Sulzbach 1677). Und seine auf protestantischem Boden erwachsene »Erkäntniß der wahren Glückseligkeit« fand Niederschlag in einer Sammlung »geistlicher Sitten-Lieder« (*Neuer Helicon mit seinen Neun Musen.* Nürnb. 1684. Titelausg.n Nürnb. 1694 u. 1699), dazu auch in einem »geistlichen Lust-Spiel« (*Von der Vermählung Christi mit der Seele.* Handschriftlich u. d. T. *Almelic und Fadil*), mit dem K. darauf zielte, »die menschliche Seele [...] gleichsam singend und spielend auf den Weg ihrer wahren Glückseligkeit zu leiten«.

K.s Nachruhm beruht hauptsächlich auf der *Kabbala denudata*, einem publizistischen Höhepunkt der »christlichen Kabbala«. Sie erlangte im hebräischunkundigen Publikum den Rang eines Standardwerks der jüd. Mystik, auf dem nicht zuletzt Angehörige des hermet. Ordens »Golden Dawn« ihre Ausgaben gründeten (Samuel Liddell MacGregor Mathers: *Kabbalah unveiled.* London 1887 u. ö. Sapere Aude [William Wynn Westcott]: *Aesch Mezareph* [London 1714]. London 1894 u. ö.). Zum anderen war einigen vornehmlich in pietistische Gesangbücher gelangten Liedern K.s eine zähe Beharrungskraft beschieden. Insbesondere hielt das vielerorts tradierte u. bis heute im Kirchengesang gebräuchl. Lied *Morgen-Andacht* (»Morgen-Glantz der Ewigkeit / Licht vom unerschöpften Lichte«) die Erinnerung an den vielseitigen Dichter u. Gelehrten wach.

WEITERE WERKE: De antiquis Romanorum numismatibus consecrationem illustrantibus. Diss. Lpz. 1660. – Praefatio ad lectorem. In: Franciscus Mercurius van Helmont: Alphabeti verè naturalis Hebraici [...] delineatio. Sulzbach 1667. Dt. ebd. 1667. – Observationes in Tractatum Dr. J. Locke de Intellectu. 1680 (handschriftlich). – Historiae Evangelicae initium. o. O. u. J. – *Herausgeber:* Abraham Benedikt Rautner (d. i. A. B. Knorr v. Rosenroth, der Vater K.s): Anführung zur Teutschen Stats-Kunst. Sulzbach 1672. – Liber Sohar. Ebd. 1684. – Novum [...] Testamentum Syriace. Ebd. 1684. – *Schriftlicher Nachlaß und Briefwechsel:* Herzog-August-Bibl. Wolfenbüttel; Staats- u. Stadtbibl. Augsburg; Bodleian Library Oxford. – *Ausgaben:* Schreiben an seine älteste Fräulein Tochter. In: Fortgesetzte Slg. v. Alten u. Neuen Theolog. Sachen auf das Jahr 1738, S. 413-423. – Fischer/Tümpel 5, Nr. 551-565. – Arnold Fuchs (Hg.): Aus dem ›Itinerarium‹ des C. K. v. R. In: Geschichts-Bl. für Stadt u. Land Magdeburg 49/50 (1914/15), S. 184-194. – Aureus [...] ramus. Sulzbach 1678. In: Carl Eugen Paulig (s. Literatur) 1919, S. 210-215 (dt. Glückwunschgedicht auf die Geburt des nachmaligen Kaisers Joseph I.). – A. Fuchs: Aus dem Itinerarium des C. K. v. R. In: Ztschr. des Vereins für Hamburg. Gesch. 24 (1921), S. 87-139. – ›Nachgesetzte Reime‹ zum Tode v. A. H. Buchwälder. Breslau 1685. Hg. Italo Michele Battafarano. In: C. K. v. R. Sulzbach-Rosenberg 1989, S. 120-122. – Proben der geistl. Lieddichtung im ›Helicon‹ bieten zahlreiche Anthologien zur dt. Barocklit.

LITERATUR: Arnold Fuchs: C. K. v. R. In: ZKG 35 (1914), S. 548-583 (mit Werkverz.). – Ders.: Die Quellen zu der geistl. Liederdichtung des C. K. v. R. In: Monatsschr. für Gottesdienst u. kirchl. Kunst 20 (1915), S. 185-190, 228-230. – Carl Eugen Paulig: C. K. v. R. In: Correspondenzblatt des Vereins für Gesch. der evang. Kirche Schlesiens, Bd. 16, H. 1 (1918), S. 100-171. Bd. 16, H. 2 (1919), S. 177-242. Bd. 18, H. 1 (1925), S. 163-172. Bd. 18, H. 2 (1926), S. 334-366. – Gerhard (Gershom) Scholem: Bibliographia Kabbalistica. Lpz. 1927, Nr. 668. – Kurt Salecker: C. K. v. R. Lpz. 1931. – Ernst Benz: Die christl. Kabbala. Zürich 1958, S. 18-25. – Konrad Ameln: K. In: MGG. – Hans Graßl: Aufbruch zur Romantik. Mchn. 1968. – Friedhelm Kemp: Kabbala denudata. In: Kindlers Lit.-Lexikon, Sp. 10 731. – Horst Meyer: John Locke u. C. K. v. R. In: Wolfenbütteler Barock-Nachrichten 2 (1975), S. 123. – Adalbert Elschenbroich: K. In: NDB. – G. Scholem: Alchemie u. Kabbala (1977). In: Ders.: Judaica 4. Ffm. 1984, S. 19-128, bes. S. 79-104. – Manfred Finke: Toleranz u. ›diskrete‹ Frömmigkeit nach 1650. Pfalzgraf Christian August v. Sulzbach u. Ernst v. Hessen-Rheinfels. In: Dieter Breuer (Hg.): Frömmigkeit in der frühen Neuzeit (Chloe, Bd. 2). Amsterd. 1984, S. 193-212, bes. S. 206-209. – Bernhard Gajek: ›Morgenglanz der Ewigkeit‹. Über Gotteserfahrung im Zeugnis der Dichtung. In: Wolfram Böhme (Hg.): Träume, Visionen, Offenbarung. Karlsr. 1984, S. 60-82. – Ruth Fritze-Eggimann: ›Morgenglanz der Ewigkeit‹. In: Jb. für Schles. Kirchengesch. N. F. 65 (1986), S. 84-90. – C. K. v. R. Dichter u. Gelehrter am Sulzbacher Musenhof. Hg. vom Literaturarchiv u. der Stadt Sulzbach-Rosenberg. Sulzbach-Rosenberg 1989 (mit Werkverz.).

Joachim Telle

Knorr-Anders, Esther, * 9. 3. 1931 Königsberg/Ostpreußen. – Romanautorin, Journalistin.

Nach K.' Übersiedlung aus der DDR u. ihren Versuchen, sich mit Hilfe verschiedener Tätigkeiten eine Existenz im Westen aufzubauen, entstanden Mitte der 60er Jahre erste literar. Arbeiten. Existentielle Fragen ihres jüd. Schicksals markieren dabei einen Schwerpunkt ihres Werks. In dem Roman *Kossmann* (Regensb. 1967) verfolgt K. den Lebenslauf u. die psych. Disposition der gleichnamigen Hauptfigur, der als jugendl. NS-Täter an der Ermordung zahlreicher Juden beteiligt war. Der detaillierte Blick des Romans für die Banalität des Grauens kennzeichnet K.' erzählerische Perspektive. Die gesellschaftskrit. Intention zeigt sich auch in ihrer Reportage über zwei Schwestern, die aus der DDR in den Westen übersiedeln: Der Roman *Die Packesel* (Freib. i. Br. 1969) wendet sich jenen Menschen zu, die im Schatten des Wirtschaftswunders an ihren Zukunftsängsten zerbrechen. Für ihr literar. Schaffen erhielt K. mehrere Auszeichnungen.

WEITERE WERKE: *Ausgabe:* Die Falle. Frau Models Haus am Wasser. Das Kakteenhaus. Slg. Mchn. 1978. – *Einzeltitel:* Die Falle. Ein Dokumentarber. Regensb. 1966. – Blauer Vogel Bar. Wien/Hbg. 1970 (P.). – Der Gesang der Kinder im Feuerofen. Stierstadt 1972 (P.). – Örtel u. Aderkind. Dortm. 1973 (P.). – Das Kakteenhaus. Psychogramme. Leverkusen 1975. – Frau Models Haus am Wasser. Leverkusen 1976 (N.). – Jakob u. Darja. Leverkusen 1977 (R.).

Andrea Stoll

Kobell, Franz Ritter von, * 19. 7. 1803 München, † 11. 11. 1882 ebd.; Grabstätte: ebd., Alter Südlicher Friedhof. – Lyriker, Dramatiker, Erzähler; Mineraloge.

K., der einer alteingesessenen bayerischen Beamtenfamilie entstammte, durchlief eine steile akadem. Karriere: Nach einjährigem Studium der Mineralogie an der Universität Landshut wurde er Adjunkt bei der mineralog. Staatssammlung in München, dann 1825 a. o., 1834 o. Professor. Als Mineraloge machte sich K. mit Lehrbüchern, Bestimmungstafeln u. der Entdeckung neuer Gesteinsarten einen Namen; daneben gelangen ihm u. a. Entdeckungen auf dem Feld der Fotografie (unabhängig von Daguerre).

Durch die Freundschaft zum bayerischen Königs- u. Herzogshaus, deren Vorlieben für

Brauchtumspflege u. Jagdromantik er teilte, geriet K. bald in die Rolle des »Hoftirolers«. In der Selbstdarstellung als volksnaher Jäger statt als bürgerl. Intellektueller, der er war, ging auch K.s Wirkung als Dichter auf. Sein unkompliziertes u. unterhaltsames Wesen machte ihn zum geschätzten Mitgl. in einflußreichen Zirkeln der Münchner Oberschicht; so gehörte er etwa den berühmten Symposien Max' II. ebenso an wie den mehr an einen »Stammtisch« gemahnenden »Rittern« der Tafelrunde um Herzog Max.

In zahllosen Gelegenheitsgedichten, zumeist mit Illustrationen Poccis in den »Fliegenden Blättern« erschienen, verfocht K. die bäuerl. Idylle des Alpenlandes, biedermeierl. Zufriedenheit u. eine sich naiv gebende, bedingungslose Treue zum Königshaus. Schon in *Triphylin* (Mchn. 1839) signalisierte K.s Verwendung unterschiedl. Dialekte, daß er die Mundart als Kunstform, nicht als bäur. oder fehlerhafte Sprachverwendung ansah. Altbekannte u. abgegriffene Poesiethemen konnten so in sprachlich verfremdeter Form neu präsentiert werden – hochgeschätzt von den Zeitgenossen als bodenständige Ausprägung des literar. Realismus. Darüber hinaus machte K. das v. a. durch österr. Dialektdichter in Mode gekommene »Schnaderhüpferl« oder »Gstanzl«, eine pointierte Kurzversgattung mit urspr. ex-tempore-Reim, literaturfähig. Spätestens mit der Aufnahme in Heyses *Neues Münchner Dichterbuch* (1882) wurde K.s Dialektpoesie reif für die Literaturgeschichte.

Volksstücke in oberbayerischer Mundart entstanden seit 1847; K.s Singstücke wurden (in der Vertonung Ignaz Lachners) am Münchner Hoftheater aufgeführt. Mit *Wildanger* (Stgt. 1859), anekdotisch verbrämten Jagderzählungen, gelang ihm die »Bibel der Jäger«. Von seinen kurzen u. kurzweiligen Dialekterzählungen ist nur *Die G'schicht von' Brandner-Kasper* (in: Fliegende Blätter, 1871), die Erzählung vom bauernschlauen u. erfolgreichen Betrug am »Boanlkramer«, weithin bekannt dank der Theaterbearbeitung Kurt Wilhelms.

Ausgabe: Ausgew. Werke. Hg. Günter Goepfert. Mchn. 1972 (mit Werkverz.).

Literatur: Aloys Dreyer: F. v. K. In: Oberbayer. Archiv 52 (1904). – Karl Pörnbacher: K. In: NDB. *Rolf Selbmann*

Kobell, (Franziska Maria) Louise (Karoline) von, * 13. 12. 1827 München, † 28. 12. 1901 ebd.; Grabstätte: ebd., Alter Südlicher Friedhof. – Erzählerin.

Begünstigt durch ihr Elternhaus, wuchs die Tochter Franz von Kobells schon früh in das gesellschaftl. u. künstlerische Leben Münchens hinein; so hatte sie enge Verbindungen zu den Mitgliedern des Dichterkreises unter Max II. Der Kontakt zu Scheffel u. zu Döllinger kam durch ihren Mann August von Eisenhart (Heirat 1857) zustande; während dessen Tätigkeit als Kabinettssekretär Ludwigs II. wohnte die Familie in der Residenz. Hier entstand der Plan zu K.s Hauptwerk *Unter den ersten vier Königen Bayerns* (2 Bde., Mchn. 1894), das v. a. das gesellschaftl. Leben, weniger polit. Ereignisse, gewandt u. mit anekdot. Charme darstellt – eine immer noch fesselnde u. sehr persönl. Quelle für das Biedermeier u. die Zeit Ludwigs II. Andere literar. Arbeiten K.s, Kulturbilder, Novellen, biographische Skizzen, sind dagegen heute weitgehend vergessen.

Weitere Werke: Nordseebilder. Norden 1881. – Franz v. Kobell. Mchn. 1884. – Ignaz v. Döllinger. Mchn. 1891. – Marie Alphonse. Mchn. 1894 (E.). – Münchner Porträts. Mchn. 1897. – Farben u. Feste. Mchn. 1900. – Joseph Victor v. Scheffel. Schwetzingen 1901.

Literatur: Kurt Wilhelm: L. v. K. u. die Könige Bayerns. Mchn. 1900. – Käte Lorenzen: L. v. Eisenhart. In: NDB. – Ludwig Schrott: Biedermeier in München. Mchn. 1963.

Hans Pörnbacher

Kober, *Coberus*, Tobias, * um 1570 Görlitz, † nach 1612 vermutlich Ödenburg (Sopron). – Späthumanistischer Dramatiker.

Der Sohn eines Arztes schloß seine Philosophie- u. Medizinstudien in Leipzig u. Helmstedt 1595 mit der Doktorwürde ab u. nahm dann als Feldarzt in der kaiserl. Armee in Ungarn am »Langen Türkenkrieg« teil. Nach dem Frieden von Zsitva-Torok Ende 1606 ging K. als Kreisarzt nach Löwenberg.

In K.s Dichtungen bleibt Rom das große Vorbild u. die Quelle der Inspiration. Der Studentenzeit entstammen nlat. Dramen wie die Komödie *Hospitia seu Kakokerdofagos* (Helmstedt 1591) u. die Trauerspiele *Troja* (Lpz. 1593), *Ludi funebres sive Palinurus* (Lpz. 1593) u. *Tragoedia de Anchise exule* (Görlitz 1594). Noch interessahter sind zwei Türkendramen, die eine bunte Mischung dt. Dialekte bieten: *Sol Marcus Curtius sive Filopatris* (Lpz. 1595) u. *Mars sive Zedlicus* (Liegnitz 1596. Dt. 1607 u. d. T. *Idea Militis vere Christiani Tragoedia.* Wiedergabe bei Scheibelauer). Der patriotisch gesinnte Dichter bringt aktuelle Themen auf die Bühne u. läßt die vorbildl. Hauptpersonen stoisch-christl. Tugenden verkörpern, um die Jugend zur Verteidigung des bedrohten Abendlands zu ermuntern.

Weitere Werke: Historica descriptio rerum circa Budam metropolin regni Ungariae mense octobri anno 1598 gestarum. 1598. – Descriptio Budae. 1606. – De lacte & pultibus. 1606.

Literatur: Hermann Palm: Die älteste Probe schles. Volksdialekts im Drama. In: Schles. Provinzbl. N. F. 6 (1867), S. 7-13. – Curt Pietsch: T. K.s Leben u. Werke. Diss. Breslau 1934. – Günther Scheibelauer: Das dramat. Werk des T. K. Diss. masch. 2 Bde., Wien 1970. *Robert J. Alexander*

Koberstein, August (Karl), * 10. 1. 1797 Rügenwalde/Pommern, † 8. 3. 1870 Kösen/Saale; Grabstätte: Schulpforta, Friedhof. – Germanist.

Der Sohn eines Lehrers u. Pfarrers besuchte 1809-1811 als Externer das Stolper Cadetteninstitut, von 1812 an das Berliner Friedrich-Wilhelm-Gymnasium. 1816-1819 hörte K. in Berlin neben Mathematik vornehmlich philolog., archäolog., philosophische u. geschichtl. Vorlesungen bei Friedrich August Wolf, August Boeckh, Solger u. Hegel. 1820 trat er in die Königliche Landesschule zu Pforta ein, der er für 50 Jahre angehörte. Zunächst noch Adjunkt, avancierte K. zum Professor, 1855 zum Rektoratsverweser. Er unterrichtete Mathematik u. Geschichte, v. a. aber Französisch u. Deutsch; hier vermochte er allmählich unter dem Rektorat David Ilgens eine Aufwertung der dt. Studien gegenüber den noch alles dominierenden klass. Sprachen durchzusetzen.

Bekannt geworden ist K. als Germanist. Schon früh mit der entstehenden dt. Philologie – Karl Lachmann, Jacob u. Wilhelm Grimm – verbunden, betätigte sich K. als forschender Schulmann. K.s germanistisches Erstlingswerk handelte *Ueber die wahrscheinlichen Alter des Gedichts vom Wartburger Kriege* (Naumburg 1823); weitere Studien im Rahmen der damals beliebten Schulprogramme folgten: *Ueber die Sprache des Oesterreichischen Dichters Peter Suchenwirt* (Programme Schulpforta 1828 u. 1852. Naumburg 1829 u. 1852), *Ueber die Betonung mehrsilbiger Wörter in Suchenwirts Versen* (Programm Pforta 1843). Daneben traten Reden auf Hans Sachs, Klopstock u. Goethe, *Vermischte Aufsätze zur Literaturgeschichte und Aesthetik* (Lpz. 1858) – in denen sich K. als Preußen-Verehrer zu erkennen gab –, eine erfolgreiche *Laut- und Flexionslehre der mittelhochdeutschen und neuhochdeutschen Sprache in ihren Grundzügen* (Halle 1862), die Edition *Heinrich von Kleists Briefe an seine Schwester Ulrike* (Bln. 1860) sowie die Überarbeitungen des *Deutschen Lesebuchs* von Nicolaus Bach (Lpz. ^{3}1849) u. der *Entwicklung der deutschen Poesie* Johann Wilhelm Loebells (Bd. 3, Braunschw. 1865).

Berühmt geworden ist K. durch seinen *Grundriß der Geschichte der deutschen Nationalliteratur* (Lpz. 1827), der verschiedene Auflagen (^{5}1872/73, besorgt von Karl Bartsch) u. damit erhebl. Erweiterungen erlebte, in deren Folge aus dem urspr. für schulische Zwecke gedachten Leitfaden ein oft benutztes germanistisches Handbuch wurde. K. schloß an die litterärhistor. (klassifizierende) Tradition an u. versuchte, einen möglichst gedrängten, gleichwohl alles Wichtige berücksichtigenden Überblick zu geben. Dabei stand weniger die Entwicklung eines durchgängigen Sinnzusammenhangs im Vordergrund – wie etwa zur selben Zeit bei Gervinus –, sondern die Präsentation der äußeren Daten. In der zeitgenöss. Diskussion ist K.s Literaturgeschichte daher insbes. von Philologen immer als gelungene Darstellung der »äußeren Geschichte« der dt. Literatur gefeiert worden. Durch seine lange Zeit als mustergültig angesehene Literaturgeschichte hat K. noch auf Generationen von Germanisten u. durch seine Tätigkeit an der Eliteschule zu Pforta auf zahlreiche Schüler – u. a. Nietzsche – Einfluß genommen.

Literatur: Erich Schmidt: K. In: ADB. – Jürgen Fohrmann: Das Projekt der dt. Literaturgesch. Stgt. 1989. *Jürgen Fohrmann*

Koch, Erduin (oder Erdmann) Julius, auch: Johann Agricola, * 13. 6. 1764 Loburg bei Magdeburg, † 21. 12. 1834 Kreuzburg/Oberschlesien. – Literaturhistoriker.

Nach der Schulausbildung u. a. bei Christoph Heinrich Müller in Berlin studierte der Predigerssohn Theologie u. klass. Philologie bei Friedrich August Wolf in Halle, kehrte 1786 als Lehrer der antiken Literatur an das aufklärerische Pädagogium der Realschule nach Berlin zurück u. bekleidete ab 1790 Predigerstellen in Stralau u. Berlin. Zunehmender Alkoholismus führte 1810 zur Amtsentlassung, 1815 zur Einweisung in das Landeskrankenhaus in Kreuzburg.

Mit dem *Grundriss einer Geschichte der Sprache und Literatur der Deutschen* (2 Bde., Bln. 1795-98. Auch u. d. T. – in manchen Ausgaben auch Reihentitel – *Compendium der Deutschen Literatur-Geschichte*) schloß K. 1798 sein literaturgeschichtlich-bibliographisches Hauptwerk (1. Aufl. von Bd. 1 u. d. T. *Compendium [...].* Bln. 1790) ab, das mit seinem gattungsgeschichtl. Überblick bis zum Erscheinen von Goedekes *Grundriß* ein Standardwerk zur älteren dt. Literatur blieb. In Beiträgen zu seinem *Literarischen Magazin für Buchhändler und Schriftsteller* (Bln. 1792/93) u. insbes. in der Broschüre *Ueber Deutsche Sprache und Literatur* (Bln. 1793) konzipierte K. für die von ihm gegründete »Gesellschaft der Deutschen Sprach- und Literatur-Forscher« das Programm einer wissenschaftl. dt. Philologie, das die Germanistik des 19. Jh. methodologisch vorwegnahm. Über Wackenroder, dessen Begeisterung für die Literatur des MA K. geweckt u. den er für die Mitarbeit am *Grundriss* gewonnen hatte, wirkte er indirekt auf Tieck, ferner auf Brentano u. Arnim ein.

Weitere Werke: Über den Köhlerglauben, oder Beweiß, daß D. M. Luthers Glaube der wahre Köhlerglaube sei. Bln. 1789. – Hodegetik für das Univ.-Studium. Bln. 1792.

Literatur: Paul Raabe: E. J. K.s Pläne zur Erforschung der dt. Sprache u. Lit. In: FS Adolf Beck. Heidelb. 1979, S. 142-157. – Uwe Meves: Zur Rezeption der altdt. Lit. In: Peter Wapnewski (Hg.): MA-Rezeption. Stgt. 1986, S. 473-497.

Dirk Kemper

Koch, Ernst (Wilhelm August Peter), auch: Leonhard Emil Hubert, Eduard Helmer, * 3. 6. 1808 Singlis/Niederhessen, † 24. 11. 1858 Luxemburg. – Lyriker, Erzähler.

Der Sohn eines Friedensrichters u. späteren Regierungsrats trat nach Studium (1829 Dr. jur. in Marburg) u. Aufgabe der akadem. Laufbahn (1830 während der Berliner polit. Unruhen) in den hess. Staatsdienst. Zeugnis von seiner liberalen Gesinnung legten die pseudonym in der Beilage des »Verfassungsfreundes« publizierten *Vigilien* ab, deren humoristisch vorgetragene Kritik der herrschenden Zustände vorauswies auf Dingelstedts *Kosmopolitischen Nachtwächter* (1841). Aus dem Briefwechsel mit der Verlobten ging K.s Hauptwerk hervor, *Prinz Rosa-Stramin* (pseudonym; Kassel 1834. Neudr. Marburg 1966. Krit. Ausg. in Vorbereitung), ein Jean Paul u. der Romantik verpflichtetes Gattungs- u. Stilkonglomerat, natur- u. gefühlsinnig, anti-philiströs u. fragmentarisch-offen. Als Protegé des reaktionären Innenministers in Mißkredit geraten, bat K. um Versetzung, die Verlobung ging darüber in die Brüche, als Zuflucht blieb endlich nur die Fremdenlegion, von deren Drangsal (beschrieben in *Aus dem Leben eines bösen Jungen.* In: *Erzählungen.* Kassel 1847) ihn erst 1837 der Typhus befreite; der Rückkehr in die Heimat folgte 1839 die in den staatl. Schoß, seit 1850 lehrte K. Deutsch in Straßburg.

Ausgabe: Ges. Schr.en. 2 Bde., Kassel 1873.

Literatur: Otto Fuhr: Die Lyrik E. K.s. Diss. Gött. 1924. – Hermann Froeb: E. K.s ›Prinz Rosa-Stramin‹. Marburg 1925. – Leopold Hoffmann: Der letzte Romantiker u. die Härten der Existenz. Leben u. Werke des Dichters E. K. Luxemburg 1959. – Paul Noesen: Ein Dichter-Triptychon. Ebd. 1960. – Ludwig Denecke: ›Das Fähnlein der sieben Aufrechten‹ u. E. K.s ›Prinz Rosa-Stramin‹. In: WWort 39 (1989), S. 372-374.

Arno Matschiner

Koch, Joseph Anton, * 27. 7. 1768 Obergiblen/Tirol, † 12. 1. 1839 Rom; Grabstätte: ebd., katholischer deutscher Friedhof beim Vatikan. – Landschafts- u. Historienmaler, Radierer; Verfasser kunsttheoretischer u. satirischer Schriften.

Der als Erfinder der Heroischen Landschaft u. (neben Blake) als bedeutendster Illustrator der *Göttlichen Komödie* gerühmte K. entstammte einer armen Tiroler Häuslerfamilie u. verdankte seine geistige u. künstlerische Ausbildung der Förderung einflußreicher Persönlichkeiten. Rom wurde zu seiner Wahlheimat, wo er im freundschaftl. Verkehr mit den hervorragendsten ultramontanen Künstlern, Dichtern u. Gelehrten die sein Schaffen prägenden Einflüsse aufnahm u. wo er ein ital. Bauernmädchen ehelichte. Folgenreich für seine Kunstauffassung sollte auch sein Umgang mit dem Künstlerkreis um

Friedrich Schlegel werden, als er sich 1812 bis 1815 in Wien aufhielt.

K.s überragendes urwüchsiges poetisches Talent befähigte ihn, das Prinzip des ut pictura poesis in seinen bildkünstlerischen Werken, seinen großartigen Landschaften mit myth. oder bibl. Staffage umzusetzen. Nach seiner Meinung durfte der literar. Stoff allerdings nur einen Anstoß zur Erkenntnis des Wesentlichen in der Malerei bilden. Die Dichtkunst war für den Illustrator Homers, Aischylos', Ossians, Shakespeares u. Wielands die Mutter aller Künste; ohne sie »müssen sich die andern zum Naturalismus wenden, oder Künste des Bedürfnisses, das heißt Handwerk werden«. Seine Kunstauffassung, sein Urteil über alte u. neue Kunst u. über die die Kunstpraxis prägenden histor. Verhältnisse formulierte er in seinen Schriften. Am bekanntesten wurde die *Moderne Kunstchronik oder die Rumfordische Suppe* (Karlsr. 1834), eine scharfe Satire gegen den von Gewinnsucht u. Kunstfeindlichkeit geprägten Zeitgeist.

WEITERE WERKE: Tgb. einer Ferienreise. 1791. Hg. Theodor Musper. In: Jb. Preuß. Kunstslg.en 56/3 (1935), S. 167-193. – Unveröffentl. Manuskripte in Karlsruher Privatbesitz.

LITERATUR: David Friedrich Strauß: J. K.s Gedanken über ältere u. neuere Malerei. In: Kleine Schr.en. Lpz. 1862. – Otto R. v. Lutterotti: J. A. K. Wien/Mchn. 1985. – K. e Dante. Mailand 1988 (Kat.). – J. A. K. Ansichten der Natur. Stgt. 1989 (Kat.).

Ingrid Sattel Bernardini

Koch, Jurij, * 15. 9. 1936 Horka/Kamenz. – Erzähler.

Der Sohn eines Steinbrucharbeiters wuchs in der Lausitz auf. Er besuchte sorb. Gymnasien, studierte 1956-1960 Journalismus in Leipzig u. arbeitete dann als Rundfunkredakteur. Seit 1976 lebt K. als freier Schriftsteller in Cottbus.

Die Frage nach der nationalen Identität der Sorben steht im Vordergrund von K.s Texten der 60er Jahre. Der Roman *Rosamarja* (Halle 1976) ist sein erstes sorbisch u. dt. erschienenes Buch – die Geschichte eines Bürgermeisters, der sich um das Zusammenleben verschiedener Nationalitäten in der DDR bemüht. K.s Schaffen ist ein Beweis dafür, daß Literatur aus einer ethnisch geschlossenen Region nicht von lediglich regionaler Bedeutung bleiben muß. Geschichten zwischenmenschl. Beziehungen stehen im Vordergrund. Sie spielen zwar in der Lausitz, könnten aber auch in jedem anderen Landstrich mit deutlich provinziellen Zügen angesiedelt sein. Das trifft zu sowohl für die Erzählungen in *Der einsame Nepomuk* (Halle 1980) als auch für den trag. Roman um drei Jugendliche, die um ihre ethn. Identität ringen: *Landung der Träume* (ebd. 1982). Die Novelle *Der Kirschbaum* (ebd. 1984) erzählt die Dreiecksgeschichte zwischen einem sorb. Mädchen vom Land u. zwei Männern, von denen der eine, ein junger Bauer, die Tradition verkörpert, der andere, der Fremde, ein Ingenieur, die Welt moderner Technik. Im Roman *Augenoperation* (Bln./DDR 1988) treffen sich die Themenbereiche Heimat, Liebe, Verhältnis von Mensch u. Natur u. – deutlicher als zuvor – Zivilisationskritik ohne optimistische Auflösung. Auf dem x. Schriftstellerkongreß 1987 entwarf K., Vorkämpfer der ökolog. Bewegung in der DDR, ein geradezu apokalypt. Szenario: »Bis zum Jahr 2000 wird fast ein Viertel des Gesamtterritoriums meines Bezirks devastiert sein.«

LITERATUR: Claudia Schicker: Das deutschsprachige Prosaschaffen von J. K. Diss. Halle 1987. – Renate Drenkow: Interview mit J. K. In: WB 33, H. 11 (1987). – Dies.: ›Sprechen u. auf der Stelle verstanden werden!‹ In: ebd. – x. Schriftstellerkongreß der DDR. Bd. 1, Bln./Weimar 1988. *Hajo Steinert*

Koch, Robert, * 11. 12. 1843 Clausthal, † 25. 5. 1910 Baden-Baden; Grabstätte: Berlin, Robert-Koch-Institut. – Mediziner u. Bakteriologe.

Der Sohn eines höheren Bergbeamten studierte ab 1862 in Göttingen zunächst Naturwissenschaften, dann Medizin. Seit 1866 Arzt in verschiedenen Anstellungen u. mit Privatpraxis, wurde er 1872 zum Kreisphysikus in Wollstein/Posen bestellt. Dort begann K. mit Forschungen zur *Ätiologie der Milzbrandkrankheit [...]* (publiziert 1876 in: Beiträge zur Biologie der Pflanzen) u. der infektiösen Wundkrankheiten, die ihm 1880 die Berufung an das Kaiserliche Gesundheitsamt in Berlin eintrugen. Sein Ruhm festigte sich mit der Entdeckung des Tuberkelbazillus (1882) u. des Choleraerregers (1883). 1885 wurde K. auf den neu geschaffenen Lehrstuhl für Hygiene in Berlin berufen. Mit der Erforschung der Krankheitsursachen einher ging die Suche nach Heilmitteln, Immunisierungsmöglichkeiten u. geeigneten Methoden der Seuchenbekämpfung. 1890 schien mit der Entdekkung des Tuberkulins der Durchbruch im Kampf gegen die Tuberkulose gelungen. Seit 1891 Leiter des neu gegründeten Instituts für Infektionskrankheiten, unternahm K. im Auftrag der dt. u. auch der engl. Regierung zwischen 1896 u. 1907 mehrere Reisen nach Süd- u. Ostafrika, Indien u. Südostasien, um nach Erregern, Übertragungsweisen u. Behandlungsmethoden v. a. der Pest, der Malaria u. der Schlafkrankheit zu suchen.

K., der 1905 den Nobelpreis für Medizin erhielt, verhalf dem bakteriolog. Gedanken zum Durchbruch. Mit seiner method. Grundlegung der Bakteriologie gehört K. zu den Wegbereitern der modernen Medizin.

Ausgabe: Ges. Werke. Hg. Julius Schwalbe. 2 Bde., Lpz. 1912.

Literatur: Johannes Kathe: R. K. u. sein Werk. Bln. 1961. – Wolfgang Genschorek: R. K. Lpz. 1975. *Günther Lottes*

Koch, Rosalie, * 1. 3. 1811 Haynau/Schlesien, † 26. 8. 1880 Jauer. – Jugendschriftstellerin u. Erzieherin.

Als Tochter eines Steuerbeamten erhielt K. die Erziehung einer »höheren Tochter«. Ab 1850 stand sie einer Erziehungs- u. Unterrichtsanstalt in Jauer vor. Durch die Bekanntschaft mit Agnes Franz wurde K. zu ihrer schriftstellerischen Tätigkeit angeregt.

K. richtete ihr umfangreiches Schrifttum (Erzählungen, Märchen, Gedichte, Lieder) an die »Kinder« u. an die »Jugend«, v. a. aber wandte sie sich an Mädchen. Ihre Erzählungen (einige davon mit Illustrationen von Hosemann) repräsentieren den biedermeierlich-idyll. Typ der zeitgenöss. Mädchenliteratur. K. folgte dem überkommenen Rollenbild vom lebensklugen, liebevollen, fleißigen, frommen u. demütigen Mädchen. Entsprechend der von der zeitgenöss. Philosophie geprägten Vorstellung vom pflanzenhaften Wesen weibl. Seins betitelte sie bes. die für Mädchen bestimmten Sammlungen mit Blumennamen.

Die von K. geschilderte Welt ist stark von religiösen Momenten (teils mit pietistischen Anklängen) geprägt. Ländliche Zurückgezogenheit u. das Streben nach den Tugenden des Gottvertrauens u. Gehorsams, der Zufriedenheit, Geduld u. Demut werden den Lastern Hochmut, Dünkel, Stolz u. Leichtsinn als Inbegriffen eines Verfallenseins an die Welt gegenübergestellt. Die Idealisierung von Armut u. die Darstellung von Reichtum als Belohnung für tugendhaftes Verhalten zeugen vom Festhalten am tradierten Wertesystem (vgl. Dahrendorf).

Werke: Maiblumen. E.en u. N.n für die weibl. Jugend. Bln. 1849. – Gedenke mein! E.en. u. N.n für die weibl. Jugend. Bln. 1853. – Weltleben oder die Begüterten – Gottes Haushalter auf Erden. Breslau 1854.

Literatur: Malte Dahrendorf: K. In: LKJL. – Dagmar Grenz: Mädchenlit. Von den moral.-belehrenden Schr.en im 18. Jh. bis zur Herausbildung der Backfischlit. im 19. Jh. Stgt. 1981. *Susanne Barth*

Koch, Werner, * 4. 8. 1926 Mülheim/Ruhr. – Erzähler, Romancier, Essayist, Filmautor.

Nach Abitur, Studium (Geschichte, Germanistik, Philosophie) u. Staatsexamen wandte sich der Pastorensohn früh dem Journalismus zu. Er begann 1948 als Feuilleton-Redakteur der »Rheinischen Zeitung«, sammelte als Dramaturg u. Regisseur bei den Bühnen der Stadt Köln seit 1954 reiche Erfahrung u. übernahm 1961 die Leitung des ersten dt. Fernsehmagazins »Spektrum« beim WDR. Seit 1965 ist er dort Leiter der Programmgruppe Kultur u. verantwortl. Redakteur für Geschichte/Zeitgeschichte. Im Auftrag des Fernsehens produzierte er etwa 80 Kultur- u. Dokumentarfilme.

Mit unprätentiösen Werken hält K. sich fern von modischen Tendenzen in der Gegenwartsliteratur. Seine Vorliebe für religionsgeschichtl. Stoffe schlägt sich in Werken wie *Pilatus. Erinnerungen* (Düsseld. 1959), *Der Prozeß der Jeanne d'Arc* (Ffm. 1963) oder *Diesseits von Golgatha* (Ffm. 1986) nieder. Aber schon im vielfach übersetzten, 1964 in Frankreich als bester ausländ. Roman preisgekrönten *Pilatus* tritt die histor. Dimension gegenüber der quälenden Innenschau eines einsam verlöschenden Lebens in den Hintergrund. In der See-Leben-Trilogie (*See-Leben I.* Pfullingen 1971. *Wechseljahre oder See-Leben II.* Ffm. 1975. *Jenseits des Sees.* Ffm. 1979) wird anhand einer Fabel, die Alltägliches mit Irrealem mischt, die Frage nach dem »richtigen« Leben aufgeworfen, in dem Ethik u. Hedonismus ihren gleichberechtigten Platz haben. Erst nachdem der Held im See ertrunken ist, lernt er, daß die Bilanz immer negativ u. die Frage nach ihr immer unerheblich ist – eine Erfahrung, die die Lebenden verändern könnte, aber: »Es ist nicht wahr, daß die Toten schweigen. Richtig ist, daß die Lebenden die Toten überhören« (*Jenseits des Sees*, S. 91).

Weitere Werke: ›Sondern erlöse uns von dem Übel‹. Köln-Olten 1955 (R.). – Der Prozeß Jesu. Versuch eines Tatsachenberichts. Köln/Bln. 1966 (Ess.). – Intensivstation. Ffm. 1983 (E.). – Autor u. Publikum. Tgb. einer Lesereise. Mainz 1986. – *Herausgeber:* Zum Prozeß Jesu. Versuch histor. Konstruktion. Weiden 1967 (Ess.).

Literatur: Hartmut Griesmayr: ›See-Leben I‹. In: Das Fernsehspiel im ZDF, H. 8 (1975), S. 25-28 (zur ›See-Leben‹-Verfilmung). – Fred Silbermann: ›Diesseits v. Golgatha‹. In: NDH 33 (1986), S. 380 ff. *Friedhelm Sikora*

Koch-Grünberg, Theodor, eigentl.: T. Koch, * 9. 4. 1872 Grünberg, † 8. 10. 1924 Vista Alegre/ Brasilien. – Ethnologe.

Der Sohn eines evang. Pfarrers war nach dem Studium der klass. Philologie (1896) zunächst als Gymnasiallehrer tätig. Eine Wende nahm sein Leben, als er 1899 an einer Expedition nach Zentralbrasilien teilnahm, deren Ergebnisse er 1900 noch als Theodor Koch der Fachwelt vorlegte. In späteren Veröffentlichungen fügte er seinem Familiennamen die Bezeichnung seines oberhess. Heimatorts hinzu. K. widmete sich fortan der Völkerkunde u. promovierte 1902 in diesem Fach an der Universität Würzburg. 1903-1905 u. 1911-1913 führte er weitere Forschungsreisen in Nordwestbrasilien durch, deren ethnologisch, linguistisch u. geographisch bedeutsame Erkenntnisse er in zahlreichen wissenschaftl. u. populären Werken veröffentlichte. 1913 zum a. o. Professor an der Universität Freiburg i. Br. ernannt (Habilitation 1909), wurde ihm ab 1915 die Leitung des Stuttgarter Linden-Museums anvertraut. 1924 brach er zum vierten Mal nach Brasilien auf, wo er einer schweren Malaria erlag.

K. wollte Vorurteile beseitigen u. Verständnis für fremde Kulturen wecken. Davon zeugen sowohl populäre Ausgaben seiner Hauptwerke in Form spannender Reiseschilderungen (*Zwei Jahre bei den Indianern.* Bln. 1909/10. Graz ²1967. *Vom Roroima zum Orinoco.* Bln. 1916-28) als auch die von ihm herausgegebene Sammlung *Indianermärchen aus Südamerika* (Jena 1920). *Iris Gareis*

Kochen, Albrecht Heinrich Matthias, * 25. 3. 1776 Kiel, † 21. 6. 1847 Flensburg. – Erbauungsschriftsteller.

Nach seiner Gymnasialzeit in Schulpforta (1792-1796) studierte K. zunächst Jura, schließlich Theologie an den Universitäten Kiel, Leipzig u. Jena (1797-1800). 1801 zum Doktor der Philosophie promoviert u. 1802 im selben Fach habilitiert, zog K. Anstellungen als Diakon (Glückstadt 1802-1806) u. Hauptpastor (Wilster/ Holstein 1806-1816) einer Universitätslaufbahn vor. 1816 wechselte er als Hauptpastor an die dt. Petrikirche in Kopenhagen; dort erwarb er die Doktorwürde der Theologie (1820). Schließlich avancierte K. zum lübeckischen Konsistorialrat, oldenburgischen Hofprediger u. Superintendenten von Eutin (1824). Auf eigene Bitte 1839 pensioniert, lebte K. bis zu seinem Tod bei seinem Schwiegersohn Christian August Valentiner in Flensburg.

K. entfaltete eine umfangreiche Tätigkeit als Erbauungsschriftsteller, Pastoraltheologe u. Religionsphilosoph. Seine Predigtsammlungen (z. B. *Festpredigten, Casual- und kleine Amtsreden.* Kopenhagen 1817) u. patriarchal. Paränesen (z. B. *Archiv für die moralische und religiöse Bildung des weiblichen Geschlechts.* Jena 1800) atmen ebenso den Geist rationalistischer Theologie wie seine Abhandlungen zu Fragen des kirchl. Lebens (z. B. *Ueber das Beichtgeld.* In: Löffler's Magazin 5,2, 1811). Als aufgeklärter Rationalist äußerte sich K. ferner zu aktuellen Themen der Religionsphilosophie (*Versuch zu einer neuen Theorie der Religionsphilosophie [...].* Germanien, recte Lpz. 1797). Diese Einstellung verhalf ihm auch zur Publikation einiger Gedichte in Schillers »Musenalmanach für das Jahr 1799«.

Literatur: Carsten Erich Carstens: K. In: ADB. *Gerda Riedl*

Köchlin, Michael, latinisiert: M. Coccinius, * 1482 Tübingen, † nach 1512 (Modena ?). – Humanist; Historiker.

K.s zuerst juristische, dann theolog. Universitätsausbildung in Wien u. Tübingen verlief in traditionellen Bahnen, bis er sich als Schüler, später als Freund Heinrich Bebel anschloß. Bereits mit 16 Jahren wird K. als Lehrer der Tübinger Knabenschule genannt. Zu seinen Förderern zählte auch Johannes Nauclerus.

Drei in einem Band erschienene, Reuchlin u. anderen Humanisten gewidmete Schriften (*De Imperii a Graecis ad Germanos translatione [...] Apologiae duae eiusdem Coccinii.* Straßb. 1506) zeigen K. als patriotischen Historiker in der Nachfolge Wimpfelings u. zgl. als humanistischen Publizisten, der, wenn auch sehr vorsichtig, bereits einzelne satirische Mittel der späteren Dunkelmänner-Kontroverse benutzt.

K. wurde dann, weiterhin von Bebel gefördert, Kanzler des kaiserl. Statthalters Veit von Fürst in Modena. In Italien entstanden vier Bücher *De rebus italicis.* Das rasch geschriebene u. von K. Bebel zur Überarbeitung empfohlene Werk über die zeitgenöss. Auseinandersetzungen in Norditalien trug ihm bei Freunden den Titel eines Livius Germaniens ein. Er gilt als bemerkenswert unanhängig von der dem Lob Maximilians dienenden Reichsgeschichtsschreibung. Gedruckt wurde nach K.s Rückkehr nur das vierte Buch über den Venetianerkrieg Maximilians I. (Tüb. 1512); Das Gesamtwerk wurde erst im 19. Jh. in der Österreichischen Nationalbibliothek wiederentdeckt.

Literatur: Heinrich Grimm: K. In: NDB (mit Lit.) – VD 16.

Heinz Wittenbrink

Köhler, Erich, * 28. 12. 1928 Karlsbad. – Erzähler, Essayist, Dramatiker.

K. war Hilfs-, Land- u. Bergarbeiter in der DDR, in der BR Deutschland u. in Holland, ab 1950 wieder in der DDR. Er studierte 1958 bis 1961 am Literaturinstitut Leipzig. Seit 1963 lebt er als freier Autor in Alt-Zauche/Lübben. K. erhielt u. a. 1977 den Heinrich-Mann-Preis.

K. begann mit konventionell erzählten Geschichten, die vom Zweiten Weltkrieg, von Tierliebe, von der »sozialistischen Umgestaltung« der Landwirtschaft der DDR berichten (*Das Pferd und sein Herr.* Rostock 1956. *Schatzsucher.* Rostock 1964). Dann wandte sich K. der phantastischen Satire, dem phantastisch-moralischen Erzählen in gleichnishaften Formen zu. Als literar. Vorbilder nennt er Poe, Fallada, Marchwitza, Goethe u. Babel. K. will schreibend helfen, die Praxis des Umgangs mit eth. Problemen zu verbessern. Er verspricht sich davon eine größere Aufnahmefähigkeit der Gesellschaft für ästhetische Genüsse. Seine märchenhaft-realen Helden werden von einem bewußtseinsfördernden Gebilde befallen (*Der Krott oder Das Ding unterm Hut.* Rostock u. Bln. 1976), sie reisen um die Welt (*Reise um die Erde in acht Tagen.* Bln./DDR u. Bln. 1979), sie sehen sich auf eine Glücksinsel verschlagen (*Kiplag-Geschichten.* Ebd. 1980) oder bauen für Kinder einen Berg (*Hartmut und Joana oder Geschenk für Kinder.* Rostock 1980, Ffm. 1981). K. versteht sich als proletarisch-revolutionärer Schriftsteller neuer Art, er verteidigt unbeirrbar die »hesiodische«, arbeitsorientierte gegen die »homerische«, kampfverherrlichende Literatur, fordert die Abschaffung des freien Schriftstellers u. die vertragl. Bindung von DDR-Autoren an DDR-Betriebe (*Nichts gegen Homer.* Rostock 1986).

Weitere Werke: Die Teufelsmühle. Rostock 1958 (E.). – Marnitzer Tgb. Ebd. 1960. – Nils Harland. Ebd. 1968 (E.en). – Die Lampe. Urauff. 1970 (D.). – Der Geist v. Cranitz. Urauff. 1972 (D.). – Platekatel-Banzkonsumirade oder Die Suche nach der verlorenen Stecknadel. Bln./DDR 1973 (Kinderbuch). – Der Schlangenkönig. Ebd. 1975 (Kinderbuch). – Hinter den Bergen. Rostock 1976, Ffm. 1978 (R.). – Das kleine Gespenst. Urauff. 1977 (Kinderdrama). – Die Denkmaschine. Bln./DDR 1979 (Kinderbuch). – In Amöbien oder Der große Laligei. In: SuF 30, H. 1, 1987 (Kom.).

Literatur: Eva Kaufmann: Gespräch mit E. K. In: SuF, H. 4 (1978).

Konrad Franke

Köhler, Wolfgang, * 21. 1. 1887 Reval, † 11. 6. 1967 Lebanon/New Hampshire. – Gestaltpsychologe.

K. leitete, nach Studien in Tübingen, Bonn, Berlin u. einer Assistenzzeit in Frankfurt/M. 1913–1920 eine Forschungsstation der Preußischen Akademie der Wissenschaften auf Teneriffa, wo er sich durch Versuche an Schimpansen einen Namen machte. Sein Werk *Intelligenzprüfungen an Menschenaffen* (Bln. ²1921. Neudr. Bln. 1963) erbringt den Beweis, daß bestimmte Tierarten die Fähigkeit zu einer Art von Verstehen u. Einsicht besitzen.

In die Geschichte der Psychologie ist K. als Mitbegründer der Gestalttheorie eingegangen. Bereits als Assistent am Psychologischen Institut der Universität Frankfurt/M. hatte er sich 1910 – zusammen mit Kurt Koffka (1886–1941) – Max Wertheimer (1880–1943) angeschlossen, um Versuche zur Wahrnehmungstheorie vorzunehmen. Die lebenslange Freundschaft der drei Forscher u. ihr gemeinsames Streben nach einem neuen Bild vom menschl. Seelenleben führte zur »Lehre von der Gestalt«. Danach besteht das Seelische nicht aus einzelnen Elementen, sondern besitzt eine innere, durch dynam. Kräfte hervorgebrachte Organisation. Diese ganzheitl. Ordnung wurde – in Anlehnung an Max Planck – mit dem »Feld«-Begriff bezeichnet: jede geistige Tätigkeit geschehe in einem Feld, jedes Verhalten sei »feldbedingt«. Die Feldtheorie wurde später von Kurt Lewin (1890-1947) aufgegriffen u. neu formuliert. K. selbst führte seine Feldtheorie in die Lehre von der Gestaltgleichheit (Isomorphie) über. Er vermutete ein örtlich bestimmbares physiolog. »Feld« in der Hirnrinde. Diese These konnte nicht verifiziert werden, doch fand K. seine Auffassung der »Gestalttheorie« durch die Schimpansenversuche bestätigt.

K. wurde 1920 zum Direktor des Psychologischen Instituts in Berlin gewählt. K. war der einzige dt. Hochschullehrer, der 1933 einen krit. Artikel über die nationalsozialistische Judenpolitik publizierte. 1935 verließ er Deutschland, da er eine fruchtbare wissenschaftl. Tätigkeit unter der Herrschaft der Nationalsozialisten nicht für möglich hielt. Er emigrierte in die USA, wo er 1935-1955 Professor am Swarthmore College war.

Weitere Werke: Die phys. Gestalten in Ruhe u. im stationären Zustand. Braunschw. 1920. – Gestalt Psychology. New York 1929. – Psycholog. Probleme. Bln. 1933. – The Place of Value in a World of Facts. New York 1938. Dt.: Werte u. Tatsachen. Bln. 1968. – Dynamics in Psychology. New York 1940. Dt.: Dyn. Zusammenhänge in der Psychologie. Bern 1958. – The Task of Gestaltpsychology. Princeton 1969. Dt. Bln. 1971.

Literatur: Ismail Amin: Assoziationspsychologie u. Gestaltpsychologie. Ffm. 1973. – Amelie Köhler: Intelligenzleistungen u. Werkzeuggebrauch bei Primaten. In: Kindlers Enzyklopädie ›Der Mensch‹. Bd. 1, Zürich 1982, S. 598-643. – Gion Condrau: In Sorge um den Menschen. Eine Gesch. der Anthropologie in Gestalten v. der Frühzeit bis zur Gegenwart. In: ebd., Bd. 10, Zürich 1985, S. 387 ff. *Gion Condrau*

Köhlmeier, Michael (Johannes Maria), * 15. 10. 1949 Hard/Vorarlberg. – Romancier; Theater-, Hörspiel- u. Drehbuchautor.

K. studierte Germanistik u. Politologie in Marburg u. Gießen. Seit 1981 ist er mit der Schriftstellerin Monika Helfer verheiratet. Er erhielt 1982 den Rauriser Literaturpreis, 1988 den Johann-Peter-Hebel-Preis.

K.s erster Roman *Der Peverl Toni und seine abenteuerliche Reise durch meinen Kopf* (Hbg. 1982) schildert eine grotesk-surreale Bilderwelt in der Tradition der phantastischen Literatur. Im Roman *Moderne Zeiten* (Mchn. 1984) bildet die Landschaft zwischen Bodensee u. Arlberg – u. hier insbes. K.s Wohnort Hohenems – die Kulisse für assoziativ verknüpfte Szenenfolgen. Realen Begebenheiten wendet er sich zu mit den Romanen *Die Figur. Die Geschichte von Gaetano Bresci, Königsmörder* (Mchn. 1986) u. *Spielplatz der Helden* (Mchn. 1988), der Geschichte der Grönlanddurchquerung dreier Südtiroler. *Spielplatz der Helden* wurde K.s bislang größter Erfolg. – K. wurde auch durch zahlreiche Hörspielproduktionen bekannt.

Weitere Werke: Like Bob Dylan. Drei im Café spielen. Das Anhörungsverfahren. Bregenz 1975 (Stücke). – Die Musterschüler. Mchn. 1989 (R.). *Bernhard Fetz*

Koeler, *Köler, Coler(us)*, Christoph, * 1. 12. 1602 Bunzlau, † 19. 4. 1658 Breslau. – Gymnasialprofessor, Bibliothekar; Lyriker.

Nach dem Besuch der Bunzlauer Schule u. des Elisabeth-Gymnasiums in Breslau brach K. 1624 zum Jurastudium nach Straßburg auf. Nach dem Untergang Heidelbergs war diese Stadt unter dem Patronat Berneggers das Zentrum der modernen dt. Literatur; hier gab Zincgref 1624 die Opitzschen Gedichte heraus. Die Freunde – Gruter an der Spitze – stellten K. neben Opitz. Gleichwohl zerschlugen sich alle Pläne, zwei Sammlungen der lat. u. der dt. Gedichte des jugendl. Dichters zu veranstalten.

1629 kehrte K. in das von der Gegenreformation umgepflügte Schlesien zurück, schlug sich mit Hauslehrerstellen durch, übersetzte fleißig – u. a. die lat. Version von Grotius' *Über die Wahrheit der Christlichen Religion* (1631) u. das Glückwunschgedicht von Opitz für den poln. König Vladislav IV. (1637) –, versuchte sich an (unpublizierten) Biographien u. verdingte sich mit ungezählten Gelegenheitsgedichten. 1634 erhielt er die Professur für Poesie u. Philologie am Elisabeth-Gymnasium in Breslau, 1637 avancierte er zum Konrektor (neben dem Rektor Elias Major) u. Professor für Geschichte u. Beredsamkeit, 1639 vertraute man ihm die Bibliothekarsstelle in der Maria-Magdalenen-Kirche an. Die berühmte Bibliothek, die später mit der Rhedigerschen den Fundus der Breslauer Stadtbibliothek bildete, erlebte unter K. ihre Sternstunde. K. war ein vielbeschäftigter Verfasser von Schulactus u. ein gefragter Redner; mit seiner Trauerrede auf Opitz im Elisabeth-Gymnasium, der wichtigsten Quelle zur Biographie des Dichters, zgl. ein kulturpolit. Manifest ersten Ranges, ging er in die dt. Literaturgeschichte ein.

Werke: Laudatio honori & memoria v. cl. Martini Opitii (1639). Lpz. 1665. Wiederholt gedr.; dt. zuerst in: K. G. Lindner: Umständl. Nachricht v. [...] Martin Opitz [...]. Bd. 1, Hirschberg 1740. – Oratio auspicalis, cum Habita solemni Panegyri Bibliotheca Maria-Magdalenaea Libris auctior et Cultu ornatior [...] 1644. Breslau 1646. ²1699. – *Ausgaben:* Hippe (s. Literatur), S. 91-206. – Gedichte v. C. K., mitgeteilt v. Max Rubensohn. In: Euph. 1 (1894), S. 293-305. – G. Kozielek: Aus dem handschriftl. Nachl. C. K.s. In: Euph. 52 (1958), S. 303-311. – Marian Szyrocki u. D. Weyen: Ungedr. Gedichte v. C. K. In: Germanica Wratislaviensia 40 (1980), S. 181-194. – (Eine Slg. der nlat. Gedichte fehlt.) – *Briefe:* Alexander Reifferscheid: Quellen zur Gesch. des geistigen Lebens in Dtschld. während des 17. Jh. Bd. 1, Lpz. 1889. – *Nachlaß:* Universitätsbibl. Wrocław. – Staatsbibl. Berlin. – Stiftung Preuß. Kulturbesitz.

Literatur: J. Fechner: Fama posthuma C. C. Breslau 1658. – Max Hippe: C. K. Breslau 1902 (mit Verz. v. Einzeldrucken dt. Gedichte). – G. Kozielek: Die Lyrik des Opitzschülers C. K. In: Germanica Wratislaviensia 3 (1959), S. 157-173. – Heiduk/Neumeister, S. 314. – C. Gellinek: Wettlauf um die Wahrheit der christl. Religion, Martin Opitz u. C. K. als Vermittler zweier Schr.en des Hugo Grotius. In: Simpliciana 2 (1980), S. 71-89. – Kosch.

Klaus Garber

Kölliker, (Rudolf) Albert von, * 6. 7. 1817 Zürich, † 2. 11. 1905 Würzburg. – Anatom.

Der Sohn eines höheren Bankbeamten studierte seit 1836 Medizin in Zürich, Bonn u. Berlin, wo er u. a. bei Müller u. Henle hörte u. sich für die mikroskopische Anatomie entschied. Nach der (doppelten) Promotion (1841 Zürich, 1842 Heidelberg) wurde K. Hilfsassistent Henles in Zürich u. habilitierte sich 1843 mit einem Vortrag über die Entwicklung wirbelloser Tiere. 1844 wurde er in Zürich Extraordinarius u. 1847 in Würzburg Ordinarius für Physiologie u. vergleichende Anatomie, 1849 übernahm er den Lehrstuhl für Anatomie. Mit Philipp Franz von Siebold hatte er 1849 die angesehene »Zeitschrift für wissenschaftliche Zoologie« gegründet.

K. hielt sich für den Begründer der Zellularphysiologie für das Tierreich. Im Rahmen der Wissenschaftsgeschichte gilt er v. a. als Begründer der systemat. Histologie. Als erster definierte er die Begriffe Gewebe u. Organ nach neuzeitl. wissenschaftl. Maßstäben. Außerdem wies K. den Zusammenhang zwischen den hinteren Wurzelfasern des Rückenmarks mit den Spinalganglienzellen nach u. begründete damit die Neuronenlehre. Aufgrund seiner grundlegenden Beiträge über die Ontogenese von Zähnen, Sinnes- u. inneren Organen gilt K. auch als Begründer der neuzeitl. Entwicklungslehre.

Weitere Werke: Mikroskop. Anatomie oder Gewebelehre des Menschen. 2. Bd., Lpz. 1850-54 (1. Bd. nicht ersch.). – Hdb. der Gewebelehre des Menschen. Lpz. 1852. ⁶1889-96. – Entwicklungsgesch. des Menschen u. der höheren Tiere. Lpz. 1861. ²1876-79. – Die Entwicklung des Auges u. Geruchsorganes menschl. Embryonen. Lpz. 1883. – Erinnerungen aus meinem Leben. Lpz. 1899.

Literatur: Hans Zupplinger: A. K. (1817-1905) u. die mikroskop. Anatomie. Zürich 1974.

Roland Pietsch

Koelreuter, Joseph Gottlieb, * 27. 4. 1733 Sulz/Neckar, † 11. 11. 1806 Karlsruhe. – Botaniker.

K. studierte ab 1748 in Tübingen, Straßburg u. wieder in Tübingen, wo er 1755 in Medizin promovierte (*De Insectis Coleopteris*). 1756-1761 war er Adjunkt an der Akademie der Wissenschaften in Petersburg. Als diese einen Preis für den experimentellen Nachweis der Sexualität der Pflanzen aussetzte, begann K. 1759 mit Bastardisierungsversuchen, die er in Berlin, Leipzig (1761), Sulz u. Calw (1762) fortsetzte. 1763 wurde er Professor für Naturgeschichte u. Direktor der Hofgärten in Karlsruhe. Als es Schwierigkeiten mit dem Gartenpersonal gab, wurde K. 1786 entlassen. Er verbrachte seine letzten Jahre ohne Anerkennung u. Unterstützung.

K.s Hauptwerk waren die *Vorläufigen Nachrichten von einigen das Geschlecht der Pflanzen betreffenden Versuchen [...] 1, 2 und 3* (Lpz. 1761-66. Neudr. Lpz. 1893). Darin erbrachte er den vorläufigen Beweis für die Sexualität der Pflanzen. Dies gelang ihm auf dem Weg der Pflanzenbastardisierung, die er als erster mit einer großen Anzahl von Experimenten wissenschaftlich betrieb. Bahnbrechend wirkte K.s Schrift auch durch die exakte Beschreibung der Insektentätigkeit bei der Pflanzenbefruchtung. Er richtete durch seine Bastardisierungsversuche das Interesse der Forscher auf das Studium von Pflanzenhybriden u. ebnete so den Forschungen von Mendel, Sprengel u. Darwin den Weg.

Weitere Werke: Das entdeckte Geheimniss der Kryptogamie. Karlsr. 1777.

Literatur: Julius Behrens: J. G. K. In: Verhandlungen des Naturwiss. Vereins Karlsruhe 11 (1895), S. 268-320. – Herbert Fuller Roberts: Plant Hybridization before Mendel. Princeton 1929. Neudr. New York 1965. – Peter Hartwig Graepel: Carl Friedrich Gärtner (1772-1850). Diss. Marburg 1978, S. 198-212.

Änne Bäumer

Koelsch, Adolf, * 7. 7. 1879 Buch am Ahorn/Baden, † 3. 2. 1948 Rüschlikon/Zürich. – Biologe; Essayist, Erzähler u. Maler.

Der Pfarrerssohn aus dem Badischen kam nach einem Biologiestudium 1904 aus Würzburg nach Zürich u. wurde nach dem Ersten Weltkrieg als Kolumnist der »Neuen Zürcher Zeitung« u. als Verfasser von Büchern wie *Die Verwandlungen des Lebens* (Zürich 1919), *Kreatur. Erlebnisse und Gesichte* (Ffm. 1922), *Der singende Flügel* (Zürich 1924) oder *Greif nur hinein* (Rüschlikon 1946) zu einem vielgelesenen essayistisch-literar. Deuter u. Interpreten der Natur u. Pflanzenwelt. Auch in seinen erzählerischen Texten steht das Naturerlebnis im Vordergrund. Der Roman *Der Mann im Mond* (Lpz. 1924) stellt eine Liebesgeschichte zwischen einem naturhaften Mädchen u. einem zivilisationsmüden »Aussteiger« in eine unberührte ostdt. Landschaft. Die Erzählung *Longin und Dore* (Zürich 1925) behandelt in leicht stilisierter Manier den Fall einer vermeintl. Geschwisterliebe. Sehr erfolgreich war K. mit der Biographie romancée des Äthernarkose-Erfinders William T. Morton, *Narkose* (Rüschlikon 1938), während der weitgefächerte Künstler- u. Liebesroman *Es ist sehr weit zum Paradies* (ebd. 1944) mit einprägsamen Naturschilderungen u. der Darstellung einer fein empfundenen Altersbeziehung als sein literar. Vermächtnis angesehen werden kann. K., der hervorragend aquarellierte u. die letzten Jahrzehnte seines Lebens beobachtend u. schreibend in einem einsamen Haus am Rande einer unberührten Hochebene verbrachte, geriet nach seinem Tod fast völlig in Vergessenheit.

Weitere Werke: Geliebtes Leben. Zürich 1935 (R.). – Der Herr der Welt inkognito. Rüschlikon 1947 (Naturbilder). – Hundeballade. Erlebnisse u. Gesichte. Ebd. 1951.

Charles Linsmayer

Kölwel, Gottfried, * 16. 10. 1889 Beratzhausen/Oberpfalz, † 21. 3. 1958 München. – Lyriker, Erzähler, Dramatiker.

Der Sohn eines Kaufmanns u. Färbermeisters besuchte 1902-1907 die Lehrerbildungsanstalt in Amberg. Seit 1912 war er in München als Volksschullehrer, seit 1926 als freier Schriftsteller tätig. Nach ersten Gedichtveröffentlichungen in der Zeitschrift »Charon« u. dem ersten Gedichtband *Im Frührot* (Bln./Lpz. 1910) wurde K. von Buber gefördert u. mit den Gedichten *Gesänge gegen den Tod* (Lpz. 1914) bekannt. Auch in den beiden folgenden Sammlungen zeigte sich K. als Autor eines gemäßigten Expressionismus.

Die Erzählungen in *Bertolzhausen* (Trier 1925) markieren gegenüber der 1913-1920 überwiegend in Zeitschriften wie »Die Aktion« u. »Wieland« publizierten, drastischeren Prosa eine Neuorientierung zugunsten einer konservativ vereinfachten Sprachhaltung. Die volkstüml. u. humorvollen Geschichten aus dem bäuerl. u. kleinstädt. Leben wurden in *Volk auf alter Erde* (Mchn. 1929) u. *Der Bayernspiegel* (2 Bde., Wien 1940) fortgeführt. Erfolgreich waren die zu einem Jahreskreis gestalteten Kindheitserinnerungen »von goldenen und grauen Zeiten, von bunten Tieren, von seltsamen Menschen und Ereignissen«, *Das Jahr der Kindheit* (Bln. 1935. U. d. T. *Das glückselige Jahr.* Wien 1941).

Landschaft, Heimatbezogenheit, Kindheit u. die Darstellung von Lebensschicksalen (häufig sozialer Außenseiter) sind die im gesamten Werk immer wieder behandelten Themen. Zentrale Orientierungsgröße ist dabei die Natur in ihren Verwandlungen.

Weitere Werke: Die frühe Landschaft. Gedichte u. Skizzen. Mchn. 1917. – Erhebung. Neue Gedichte. Mchn. 1918. – Der vertriebene Pan. Die Gesch. einer großen Liebe. Stgt. 1930. Neubearb. u. d. T. Franz Sebas. Bln. 1940 (E.). – Franziska Zachez. Jena 1934 (D.). – Der Hoimann. Bln. 1934 (D.). – Musikantenkomödie. Bln. 1935 (D.). – Irdische Fülle. Bln. 1937 (L.). – Der geheimnisvolle Wald. Bln. 1938 (R.). – Die schöne Welt. Erlebnisse u. Gestalten. Wien 1942 (E.en). – Der verborgene Krug. Wien 1944. U. d. T. Aufstand des Herzens. Speyer 1952 (R.). – Münchner Elegien u. a. Gesänge. Bln. 1947 (L.). – Gedichte. Mchn. 1950. – Das Himmelsgericht. Merkwürdige Ereignisse. Wien 1951 (E.en). – Prosa. Dramen. Verse. 3 Bde., Mchn. 1962-64.

Literatur: G. K. zum 70. Geburtstag. Hg. Kuratorium zur Pflege des dichter. Werkes v. G. K. [Mchn. 1959].

Thomas Betz

Ko(e)nemann von Jerxheim, * um 1240/50, † Juli 1316. – Verfasser geistlicher Dichtungen.

K. entstammt dem Ministerialengeschlecht von Jerxheim, das im Harzvorland ansässig war. Seine geistl. Laufbahn war vom engen Bezug zu dem bedeutenden Domstift St. Simon und Judas in Goslar geprägt: Er hatte nacheinander die Stiftspfarreien in Dingelstedt am Huy u. an St. Thomas in Goslar (1275-1285) inne, wurde Vizedom (1291) u. Dekan (1292-1300), ehe er sich als Domherr (1300-1302) u. »scholmestere« am Domstift (1306/07-1315) wieder mehr seiner literar. Arbeit widmete.

Um 1270/75 verfaßte K. den *Kaland*, ein gereimtes Regelbuch (1423 Verse) für den Gebrauch der Kalandsbruderschaft von Eilenstedt. In diesen Vereinigungen, die seit dem 13. Jh. in Nord- u. Mitteldeutschland verbreitet waren, suchten geistl. u. weltl. Männer Freundschaft u. Beistand für ein christl. Leben. Aufgrund des Statutenbuchs u. einer Predigtsammlung der Bruderschaft legt K. im ersten Teil Entstehung, Zweck u. Gemeinschaftsformen dar; die eschatolog. Überlegungen des zweiten Teils ermahnen zur Ausdauer im Kaland. K. schrieb in der literar. Mischsprache Ostfalens; allerdings überwogen die niederdt. Merkmale bereits die mitteldt., wie die Abschrift seines Werks noch aus dem 13. Jh. zeigt. Sie gehörte dem Eilenstedter, später dem Halberstädter Kaland; dem Oscherslebener entstammen einige Fragmente. 1466 verfaßte Johann Stegeler von Osterwieck eine niederdt. Nachdichtung; im 17. Jh. benötigte man eine hochdt. Fassung. Beide Bearbeitungen sind ebenfalls nur im nordöstl. Harzvorland überliefert.

In zwei Doppelblättern aus dem frühen 14. Jh. haben sich Bruchstücke aus dem alttestamentl. Teil einer urspr. vollständigen Reimbibel erhalten, die K. in Anlehnung an die *Historia scholastica* des Petrus Comestor verfaßte. Sein umfänglichstes, 1304 in Goslar vollendetes Werk *Sunte Marien wortegarde* (Wurzgarten; 6586 Verse) tradiert nur eine niederdt. Sammelhandschrift aus der Mitte des 15. Jh. Der »unghelarde« (v. 6560) findet darin die Heilsgeschichte vergegenwärtigt: Nach dem Sündenfall rechten die vier Töchter Gottes (Wahrheit, Gerechtigkeit, Barmherzigkeit, Friede) um die Strafe des Menschen, die Christus auf sich nimmt. Seine Menschwerdung u. Passion verbinden sich mit Marienlob u. Marienklage.

Ausgabe: Die Dichtungen K.s. Hg. Ludwig Wolff. Neumünster 1953.

Literatur: Eduard Johann Mäder: Der Streit der ›Töchter Gottes‹. Bern/Ffm. 1971, S. 58-66. – Hans Jürgen Rieckenberg: Zur Biogr. des Dichters K. v. J. In: AKG 61 (1979), S. 452-456. – Hartmut Beckers: K. In: VL. *Sabine Schmolinsky*

Koenig, Alma Johanna, auch: Johannes Herdan, verh. Freifrau von Ehrenfels, * 18. 8. 1887 Prag, † 1942 (ermordet; wahrscheinlich Ghetto Minsk). – Erzählerin u. Lyrikerin.

K. stammte aus wohlhabender jüd. Familie. Sie lebte von 1888 an in Wien, wo sie histor. u. literar. Bildung im Selbststudium erwarb. Zu ihrem Freundeskreis zählten Alfred Grünewald, Felix Braun u. Emil Lucka, seit 1933 Oskar Jan Tauschinski. 1921 heiratete sie den Geschäftsmann Bernhard von Ehrenfels u. begleitete ihn 1925-1930 nach Algier. Die für K. emotionell u. finanziell ruinöse Ehe wurde 1936 geschieden. Von 1938 an wurde sie verfolgt u. lebte unter unwürdigen Bedingungen. Am 27. 5. 1942 wurde K. aus Wien deportiert u. ist seitdem verschollen.

Leidenschaft, Erotik u. leidende Liebe, oft in historisch-mytholog. Gewand dargestellt u. in sensuell geladener, expressiver Sprache vorgetragen, sind K.s Generalthemen. Nach ersten neoromant. Gedichten u. Erzählungen unter Pseud. in Zeitschriften erschien u. d. T. *Die Windsbraut* (Zürich/Lpz./Wien 1918) formstrenge Liebes- u. Landschaftslyrik; antikisierende Liebesgedichte folgten (*Die Lieder der Fausta.* Wien 1922). Als Erzählerin debütierte K. mit der Hundenovelle *Schibes* (Wien/Lpz./Prag 1920. Neuaufl. u. d. T. *Schibes und andere Tiergeschichten.* Wien 1957); bekannt wurde sie mit historisch-psycholog. Romanen: *Der heilige Palast* (Wien 1922) erzählt das Leben der byzantin. Kaiserin Theodora. Für den im Saga-Stil gehaltenen Wikingerroman *Die Geschichte von Half dem Weibe* (Wien 1924) erhielt K. 1925 den Preis der Stadt Wien. Für das Jugendbuch *Gudrun. Stolz und Treue* (Stgt. 1928. Neuaufl.n bis 1973) bearbeitete sie das mittelalterl. Kudrunlied in archaisierender Prosa. International erfolgreich war der autobiograph. Gesellschaftsroman *Leidenschaft in Algier* (Wien 1932. ²1955). Ihr Hauptwerk vollendete K. 1941/42: *Der jugendliche Gott* (Wien 1947. Zahlreiche Neuaufl.n) beschreibt den Werdegang des röm. Kaisers Nero vom intelligenten, einsamen Kind zum Muttermörder u. Despoten. Seit 1957 erinnert der Koenig-Preis an die heute nahezu Vergessene.

Weitere Werke: Liebesgedichte. Wien 1930. – Sonette für Jan. Wien 1946 (L.). – Sahara. Graz 1951 (Reisenovellen u. -essays). – Gute Liebe – Böse Liebe. Graz 1960 (Ausw.). – Schicksale in Bilderschr. Wien 1967 (histor. Ess.s). – Vor dem Spiegel. Graz 1978 (lyr. Autobiogr.).

Literatur: Franziska Raynaud: K. Leben u. Dichten einer Wienerin. In: Bulletin des Leo Baeck Instituts 64 (1983), S. 29-54. – Edmund Rosner: Między erosem a caritas. Życie i twórczość K. (Zwischen Eros u. Caritas. Leben u. Werk K.s). Katowice 1987 (mit Bibliogr.). *Ursula Weyrer*

König, Barbara, * 9. 10. 1925 Reichenberg/Böhmen. – Verfasserin von Prosa, Hör- u. Fernsehspielen.

Nach dem Abitur wurde K. wegen ihrer Bekanntschaft mit einem ukrain. Arzt von der Gestapo ein halbes Jahr in »Schutzhaft« genommen. Bald nach Kriegsende floh sie über die Grenze nach Bayern u. begann journalistisch zu arbeiten, zuerst für die »Deutsche Nachrichtenagentur« (DENA), dann für die »Neue Zeitung«, bis sie 1950/51 Zeitungswissenschaft u. Creative Writing in den Vereinigten Staaten studierte. Anschließend redigierte sie bis 1953 die Zeitschrift »Kontakt«. Seit 1950 gehörte sie der Gruppe 47 an.

K. veröffentlicht in großen Abständen Werke, die sie als eine genaue Beobachterin ausweisen. Mit lebhafter persönl. Anteilnahme schildert sie vermeintl. Nebensächlichkeiten des Alltags u. wendet sich psycholog. Problemen zu. Die Identitätsproblematik ist Thema des Romans *Die Personenperson* (Mchn. 1965). Durch Rückblenden in Vergangenheit u. Vorvergangenheit spaltet K. eine Person in mehrere Personen auf u. läßt diese einander begegnen. Der Roman *Der Beschenkte* (Mchn. 1980) schildert das Schicksal eines Mannes, der als junger Soldat durch das Opfer eines Militärgeistlichen mit dem Leben davonkam. Ihn bedrängt die Frage, wie er sein geschenktes Leben genutzt hat. Auch mit ihren Hörspielen war K. erfolgreich. *Ich und Ihr, die ich mal war* (SFB 1975) wurde in mehrere Sprachen übertragen. K. wurde vielfach ausgezeichnet u. ist Mitgl. mehrerer Akademien.

Weitere Werke: Kies. Mchn. 1961 (R.). – Spielerei bei Tage. Mchn. 1969 (E.). – Schöner Tag, dieser 13. Ein Liebesroman. Mchn. 1975. – Die Wichtigkeit, ein Fremder zu sein. Der Schriftsteller u. die Distanz. Wiesb. 1979 (Ess.). – Übergänge. Weilheim 1982 (Ausw.). – Ich bin ganz Ohr. Nachwort v. Bernd Goldmann. Mainz 1985 (Hörsp.e).

Literatur: Bruna Morelli: B. K., Poetessa del Privato e dell' Interioritá. Diss. Bologna 1980. *Bernd Goldmann*

König, Eberhard, * 18. 6. 1871 Grünberg/Niederschlesien, † 26. 12. 1949 Berlin. – Dramatiker u. Erzähler.

Der Sohn eines Farbenfabrikanten studierte Philologie u. Kunstgeschichte in Göttingen u. Berlin, brach seine Studien jedoch ab, als das 1897 entstandene Renaissance-Trauerspiel *Filippo Lippi* allg. Zustimmung fand (1899 von S. Fischer verlegt). Er arbeitete als Dramaturg in Berlin, bis er sich in Frohnau/Mark als freier Autor niederließ. Politisch konservativ u. an der Tradition des Idealismus festhaltend, wurde er v. a. als Dramatiker bekannt, der bevorzugt Stoffe aus der dt. u. antiken Geschichte u. Sagenwelt aufgriff. Die in dem Kriminalstück *Meister Josef* (Bln. 1906) versuchte Hinwendung zu aktuelleren Gegenständen blieb ohne größere Resonanz, wie in der Folge die meisten Dramen K.s. Durch betont vaterländ. Gesinnung u. eine Affinität zur Heimatdichtung setzte er sich dem Verdacht aus, dem völk. Dunstkreis zuzugehören (Goethe-Medaille 1937). – K. schuf neben Erzählungen u. (Künstler-)Novellen v. a. Märchenlegenden, so *Die Legende vom verzauberten König* (Stgt. 1925), die in altertümelnder Verssprache die innere Wandlung eines Tatmenschen zu einem demütig sich Gott Unterordnenden darstellt u. sich als Kritik an Nietzsche verstehen läßt.

Weitere Werke: Gevatter Tod. Ein Märchen v. der Menschheit. Bln. 1900 (D.). – König Saul. Bln. 1903 (Trauersp.). – Klytaimnestra. Jena 1903 (Trag.). – Frühlingsregen. Jena 1905 (Schelmensp.). – Wielant der Schmied. Dramat. Heldengedicht. Bln. 1906. – Das Volk steht auf! Erzählung aus dem Frühjahrsfeldzug 1813. Lpz. 1913. – Dietrich v. Bern. 3 Bde., Lpz. 1917-22 (D.). – E. K. (Mithg.): German. Götter- u. Heldensagen. Lpz. 1930.

Literatur: Anna Haberkalt: E. K.s dichter. Werk. Diss. Wien 1938. – Helmut Rosenfeld: E. K. In: AGB 11 (1970). *Helmut Blazek*

König, Eva (Catharina), geb. Hahn, * 22. 3. 1736 Heidelberg, † 10. 1. 1778 Braunschweig. – Briefpartnerin Lessings.

Die Kaufmannstochter heiratete mit 20 Jahren den Hamburger Seidenhändler Engelbert König. Von sieben Kindern der ersten Ehe blieben ihr vier. 1769 verwitwet, befaßte sich K. mit dem Verkauf der bedeutenden Seiden- u. Tapetenfabriken in Wien, um die Zukunft der Kinder zu sichern. Seit 1769 war Lessing mit der Familie König bekannt; 1771 verlobte er sich mit K. Erst sechs Jahre später konnte geheiratet werden. Höfische Verpflichtungen u. notorische Unterbezahlung schränkten Lessings Unabhängigkeit ein; K.s Geschäfte hielten sie in Wien fest; die Hochzeit fand am 25. 12. 1777 statt. Der Geburt u. dem Tod des Sohnes Traugott am 10. 1. 1778 folgte K.s Tod im Kindbett.

Der Briefwechsel der Jahre 1770-1776 ist ein bedeutendes Dokument frühaufklärerischen Geistes. Die Liebenden schrieben in der älteren Tradition der Aufklärung, die weibl. Witz, Tatkraft, Realismus u. Mut zu schätzen vermochte. Vor dem Hintergrund empfindsamer Schreibweisen u. Persönlichkeitsmuster ist der Briefwechsel später als »kühl« mißverstanden worden – was nur die Macht der neuen Formeln der »romantischen Liebe« verdeutlicht.

Literatur: Günter u. Ursula Schulz (Hg.): Meine liebste Madam. Gotthold Ephraim Lessings Briefw. mit E. K. 1770-76. Mchn. 1979. – Dieter Hildebrandt: Lessing. Biogr. einer Emanzipation. Mchn. 1979. *Ulrike Prokop*

König, Ewald August, auch: Ernst Kaiser, C. Reinfels, * 22. 8. 1833 Barmen, † 9. 3. 1888 Köln. – Erzähler.

K. wurde schon kurz nach seiner Geburt zum Halbwaisen. Sein Vater brachte ihn nach Köln, wo K. das Friedrich-Wilhelms-Gymnasium besuchte. Zur Finanzierung eines Medizinstudiums reichten die väterl. Mittel nicht aus. Nach dem Dienst in der preuß. Armee wurde K. Geschäftsführer in Elberfeld (1859); 1860 heiratete er u. begann seine schriftstellerische Tätigkeit. Seine Humoresken wurden schnell beliebt; bald konnte er den kaufmänn. Beruf aufgeben u. sich ganz der Schriftstellerei widmen. Nach elf in Neuwied verbrachten Jahren kehrte K. 1882 nach Köln zurück.

K.s erste Werke sind kom. Behandlungen ihm vertrauter Lebensbereiche (*Humoristische Bilder aus dem Kaufmannsleben*. Mülheim 1864. *Bei der Infanterie. Heitere Manövergeschichte*. Düsseld. 1865). Später konzentrierte er sich auf den Kriminalroman: *Dunkle Wege* (4 Bde., Jena 1880), *Va Banque!* (2 Tle., Jena 1885), *Ohne Gewissen* (Lpz. 1896); in *Schuldig?* (4 Bde., Jena 1878) u. *Wegen Mangels an Beweisen* (3 Bde., Bln. 1886) spielt die detektivische Aufklärung von Straftaten eine wesentl. Rolle. K.s zahlreiche Werke befriedigten das Bedürfnis der Leser nach spannender Unterhaltung auf gewandte u. geistreiche Weise.

Weitere Werke: Platzpatronen. Elberfeld 1866 (humorist. E.en). – Dämon Gold. Jena 1871 (R.). – Alle Schuld rächt sich. Bln. 1885 (R.).

Literatur: Hans-Otto Hügel: Untersuchungsrichter, Diebsfänger, Detektive: Theorie u. Gesch. der dt. Detektiverzählung im 19. Jh. Stgt. 1978. *Virginia L. Lewis*

König, (Johann) Georg(ius), * 27. 4. 1664 Solothurn, † 21. 4. 1736 ebd. – Reiseschriftsteller.

Ende des 19. Jh. sind Auszüge aus den Reiseberichten des Minoriten durch Jakob Bächtold zum ersten Mal im Druck herausgegeben worden. K. entstammte einer alteingesessenen Bürgerfamilie in Solothurn. Ein Vetter war der berühmte Orgelbauer Caspar König.

Nach abgelegter Profeß 1683 setzte K. seine Studien in den Klöstern Überlingen u. Konstanz fort, erhielt 1688 die Priesterweihe, lebte u. lehrte von da an in verschiedenen Klöstern, auch in Werthenstein, Thann im Elsaß, Arles u. Gray. Beinahe zwei Jahre (1695-1697) hielt er sich in Italien, v. a. in Assisi, auf u. berichtete darüber ausführlich u. anschaulich, in einem frischen Ton, aus oft naiv anmutender Erzähl- u. Lebensfreude. In seiner Eigenschaft als Hofkaplan des frz. Gesandten in Solothurn gelangte K. nach Wien (1715-1717) u. beschrieb auch diese Reise in barocker Fülle u. mit »oft rührender Naivität« (Bächtold).

Weitere Werke: Von urspr. über 40 handschriftl. Quartbdn. sind 25 Bde. erhalten (Zentralbibl. Solothurn).

Literatur: Jacob Bächtold: Der Minorit G. K. v. Solothurn u. seine Reisebeschreibungen [...]. Solothurn 1874 (darin Auszüge aus der Italienreise). – Ders. (Hg.): Des Minoriten G. K. v. Solothurn Wiener-Reise. In: Urkundio 2 (1875), S. 49-104 (Separatdr.). – Der Franziskusorden. In: Helvetia Sacra. Abt. v, Bd. 1, Bern 1978, S. 180, 278 f. *Barbara Schnetzler*

König, Heinrich (Joseph), * 19. 3. 1790 Fulda, † 23. 9. 1869 Wiesbaden. – Erzähler, Dramatiker, Kultur- u. Literaturhistoriker.

K. wuchs, da sein Vater, ein Soldat gewordener Bauernsohn, bei der frz. Belagerung von Mainz 1792 starb, als Halbwaise auf; er besuchte das Gymnasium, danach das ehemalige Jesuiten-Lyceum Fuldas. Nach Hilfsschreibertätigkeit beim Stadtmagistrat avancierte er 1813 zum Distriktskontrolleur für das Amt Burghaun, 1816 zum Regierungssekretär der Finanzen u. kam als solcher 1819 nach Hanau. Religionskritische Aufsätze trugen dem Katholiken 1831 die Exkommunikation ein. In seiner Denkschrift *Leibwacht und Verfassungwacht* (Hanau 1831) schlug er die Bildung einer Volksmiliz zum Schutz der hessischen Verfassung vor. Mehrmals zum Landtagsabgeordneten gewählt, erlebte er zweimal die Auflösung der Ständeversammlung durch die Regierung. 1839 gegen seinen Willen als Obergerichtssekretär nach Fulda versetzt, ließ er sich 1847 pensionieren, war aber weiter politisch tätig; seit 1860 lebte er in Wiesbaden.

K. debütierte mit wenig bedeutenden lyr. u. dramat. Versuchen. Seit seiner Hanauer Zeit stand er mit Wortführern des »Jungen Deutschland« in Verbindung u. veröffentlichte in ihren Zeitschriften, so in Mundts »Freihafen«, in Lewalds, später Kühnes »Europa«, in Laubes »Zeitung für die elegante Welt« u. in Gutzkows »Deutscher Revue«, »Telegraph« u. »Literaturblatt zum Phönix«. Auch zu Varnhagen, Wienbarg, Grabbe, Bechstein u. Dingelstedt knüpften sich freundschaftl. Beziehungen.

In größeren Arbeiten pflegte K. den histor. Roman nach dem Vorbild Scotts, weshalb ihm gelegentlich der Ehrenname eines »hessischen Scott« zuteil wurde. Am Anfang stand eine Historie aus der piemontes. Revolution: *Die hohe Braut* (Lpz. 1839), wonach Richard Wagner für Johann Friedrich Kittls Oper *Bianca und Giuseppe oder die Franzosen vor Nizza* (1848) ein Libretto schuf. 1836 folgten die tendenziösen antikirchl. *Waldenser* (2 Bde., Lpz.), 1839 der auf längeren Shakespeare-Studien aufbauende Roman *Williams Dichten und Trachten* (2 Bde., Hanau, später Lpz. ²1850). Später interessierte K. vor allem die Epoche der Französischen Revolution u. Napoleons, mit der sich die Romane *Die Clubisten in Mainz* (3 Bde., Lpz. 1847), *König Jerômes Carneval* (3 Bde., Lpz. 1855) u. *Von Saalfeld bis Aspern* (3 Bde., Wiesb. 1864) beschäftigten. Überdies hat er sich mit dieser Zeit auch in histor. Studien auseinandergesetzt, so in der Forster-Biographie *Haus und Welt* (2 Bde., Braunschw. 1852. U. d. T. *Georg Forster*. Ebd. 1858).

Von K.s histor. u. literaturhistor. Arbeiten sind seine *Literarischen Bilder aus Rußland* (Stgt., Tüb. 1837) zu nennen, sodann die aufschlußreichen autobiograph. Schriften *Aus dem Leben* (Stgt. 1840), *Auch eine Jugend* (Lpz. 1852) u. *Ein Stilleben* (Lpz. 1861).

K., der eine halbe Generation älter war als die Literaten des »Jungen Deutschland«, wurde ihnen gleichwohl zugerechnet wegen seiner liberalen Haltung, der Ablehnung jeder staatl. oder kirchl. Bevormundung u. seinem Bekenntnis zu einer tendenziös eingreifenden Literatur, auch im historisch-novellistischen Genre. Allerdings fehlen libertine Züge, was die Auffassung von Liebe, Ehe u. weibl. Emanzipation betrifft. K.s frühe Romane sind spannend, die späteren achtenswerte kulturdidakt. Leistungen, wenn auch bisweilen allzu gefüllt mit histor. u. sittengeschichtl. Details.

Weitere Werke: Wyatt. Reutlingen, Lpz. 1818 (Trauersp.). – Ottos Brautfahrt. Elberfeld 1826 (D.). – Die Wallfahrt. Eine Novelle. Ffm. 1829. – Rosenkranz eines Katholiken. Ffm. 1829. – Die Bußfahrt. Lpz. 1836 (Trauersp.). – Dt. Leben in dt. Novellen. 3 Bde., Lpz. 1842–44. – Eine Fahrt nach Ostende. Ffm. 1845. – Denkwürdigkeiten des Generals Eickemeyer. Ffm. 1845. – Stationen. Ffm. 1846. – Spiel u. Liebe. Lpz. 1849 (N.). – Ges. Schr.en. 20 Bde., Lpz. 1854–68. – Täuschungen. Eine histor. Novelle. Ffm. 1857. – Marianne oder um Liebe leiden. Ffm. 1858 (R.). – Schillerfeier. Fest-Toast. Ffm. 1859. – Dt. Familien. 2 Bde., Wiesb. 1862. – Was ist die Wahrheit v. Jesu? Lpz. 1867. – Eine Pyrmonter Nachkur. Lpz. 1869. – Ausgew. Romane. 15 Bde., Lpz. 1875.

Literatur: Heinrich Hubert Houben: Jungdt. Sturm u. Drang. Lpz. 1911, S. 468–480. – Karl Glossy: Literar. Geheimber.e aus dem Vormärz. Separatabdr. aus dem Jb. Grillparzer Gesellsch. 21–23 (1912). – Hans Halbeisen: H. J. K., Ein Beitr. zur Gesch. des dt. Romans im 19. Jh. Diss. Münster 1915. – Günther Hohmann: H. K., Leben u. Werk des Fuldaer Schriftstellers. Fulda 1965 (Bibliogr.). – Rolf Vogel: Das erzähler. Schaffen H. J. K.s. Diss. Halle 1965 (ungedr.).

Hans-Wolf Jäger

König, Johann Ulrich, * 8. 10. 1688 Esslingen, † 14. 3. 1744 Dresden. – Lyriker, Übersetzer u. Herausgeber, Verfasser von Operntexten, Singspielen, Oratorien, Pastoralen, Serenaden u. Lustspielen.

Nachdem der Sohn eines Pfarrers die Gymnasialzeit in Stuttgart verbracht hatte, studierte er – vielleicht in Tübingen – Theologie. Ohne Studienabschluß suchte er um 1706 am Wolfenbütteler Hof u. in Hamburg vergeblich eine Anstellung. Als Hofmeister eines Grafen reiste er nach Brabant u. Flandern. Ende 1710 kehrte er nach Hamburg zurück, wo er Förderung durch namhafte Gönner erfuhr. K. übernahm eine leitende Stelle am dortigen Opernhaus. Zusammen mit seinen Freunden Brockes u. Richey gehörte er zu den Initiatoren der 1715 gegründeten Teutsch-übenden Gesellschaft. 1716 verließ er die Hansestadt, um seine Dienste in Leipzig, Dresden u. 1718 in Weißenfels anzubieten. 1720 wurde er zum Geheimsekretär u. Hofdichter Augusts des Starken in Dresden ernannt. Nach Bessers Tod betraute man K. mit dem Amt eines Hofrats u. Zeremonienmeisters. 1730 erfolgte die Aufnahme in die Königlich-Preußische Akademie der Wissenschaften. Der Hamburgischen Patriotischen Gesellschaft trat er 1731 bei; 1741 wurde K. nobilitiert.

Als Autor, Bearbeiter u. Übersetzer von mehr als einem Dutzend von moraldidakt. Intentionen geleiteten Operntexten u. Oratorien orientierte sich K. zumeist an konventionellen ital. Vorlagen, aber auch an Bressand, Feind, Hunold u. Postel. Für die Musik seiner beim zeitgenöss. Publikum beliebten pompösen Aufführungen sorgten Komponisten wie Carl Heinrich Graun, Reinhard Keiser, Georg Caspar Schürmann u. Telemann. Hatte K. schon in seiner Hamburger Zeit zahlreiche bestellte Casualcarmina verfaßt (*Theatralische, geistliche, vermischte und galante Gedichte.* Hbg./Lpz. 1713), so nahm die Produktion von Gelegenheitsdichtungen zu Hof-Feierlichkeiten während der Dresdner Periode noch zu. Das sächs. Herrscherhaus wurde u. a. in dem prunkhaften Heldengedicht *August im Lager* (Dresden 1731), veranlaßt durch ein gigantisches Manöver, glorifiziert.

Zu den Verdiensten K.s zählt sein Bemühen um eine Erneuerung des dt. Lustspiels. Mit der musikal. Komödie *Der geduldige Socrates* (Hbg. 1721) u. den satir. Stücken *Die verkehrte Welt* (Hbg. 1725) u. *Der Dreßdner Frauen Schlendrian* (o. O. 1725) gelang es ihm, deutschsprachige Lustspiele auf die Hofbühne zu bringen. Er setzte sich ein für die Pflege der dt. Sprache u. Dichtung sowie deren gesellschaftl. Anerkennung.

In seiner Abhandlung zur Metrik, der *Untersuchung von der Beschaffenheit der einsylbigen Wörter in der teutschen Dicht-Kunst* (in: *Des Herrn von Besser Schrifften.* Hg. von K. Tl. 2, Lpz. 1732, S. 833-901), wandte sich K. gegen die von Opitz aufgestellte Regel, nach der eine Häufung monosilbiger Wörter in der Lyrik vermieden werden sollte. Ausgehend von dem durch Thomasius in Deutschland eingeführten Begriff des guten Geschmacks, entwarf K. in seiner *Untersuchung von dem guten Geschmack in der Dicht- und Rede-Kunst* (in: *Des Freyherrn von Caniz Gedichte.* Hg. von K. Lpz./Bln. 1727, S. 227-322) eine Ästhetik des rational erlernbaren Geschmacks, die sich an frz. Theoretiker, namentlich Boileau, anlehnte. Als Herausgeber der Werke seiner Lehrmeister Canitz u. Besser – beide Ausgaben mit Biographien versehen – hatte K. maßgebl. Anteil an der Verbreitung von deren Schriften.

Überblickt man das Œuvre K.s, wird eine Entwicklung deutlich, die unter wachsender Einwirkung des frz. Klassizismus Boileauscher Prägung eine zunehmende Distanzierung vom anfängl. Marinismus u. den Versuch einer Abkehr vom barocken Schwulststil zeigt. Als entschiedener Gegner Gottscheds stand der Hofdichter mit seinen literaturästhetischen Anschauungen Bodmer u. Breitinger nahe. Auch die Postulierung von Natürlichkeit, Klarheit u. Einfachheit der Poesie weist K. als frühen Vertreter der dt. Aufklärung aus. Doch blieb sein Schaffen, das sich inhaltlich u. formal nie von den barocken Vorbildern emanzipieren konnte u. dem altgewohnten Publikumsgeschmack Rechnung trug, hinter den theoret. Einsichten weitgehend zurück. So wirkte das wenig originelle Werk schon zu Lebzeiten K.s antiquiert.

Weitere Werke: L'inganno fedele. Hbg. 1714 (Schäfersp.). – Fredegunda. Hbg. 1715 (Musikal. Schausp.). – Die röm. Großmuth. Hbg. 1716 (Musikal. Schausp.). – Der Kgl. Prophete David. Ffm. 1718 (Oratorien). – Heinrich der Vogler. Hbg. 1719 (Singsp.). – Die getreue Alceste. Braunschw. 1719 (Oper). – Rhea Sylvia. Hbg. 1720 (Singsp.). – Regulus. Ein Trauersp. aus dem Frz. des Herrn Pradon übers. o. O. u. J.

[1723]. – Sancio. Hbg. 1727 (Singsp.). – Des Herrn v. K.s Gedichte. Hg. Johann Christoph Rost. Dresden 1745.

Literatur: Max Clemens Rosenmüller: J. U. v. K. Diss. Lpz. 1896. – Max Zobel v. Zabeltitz: Die Ästhetik des [...] J. U. K. In: Dresdner Geschichtsbl. 30 (1922), S. 13-16. – Hellmuth Christian Wolff: K. In: MGG. – Gordon W. Marigold: Zu einigen Gelegenheitsdichtungen v. J. U. v. K. In: Wolfenbütteler Barock-Nachrichten 8 (1981), S. 246-250.

Peter Heßelmann

König, René, * 5. 7. 1906 Magdeburg. – Soziologe, Essayist, Publizist.

Der Industriellensohn wuchs in Frankreich auf, der Heimat seiner Mutter. Seine Studien in Wien u. Berlin schloß er 1930 ab mit einer Dissertation bei Max Dessoir über *Die naturalistische Künstlerästhetik in Frankreich und ihre Auflösung* (Lpz. 1931). Nach weiteren Studien in Paris erlebte er im nationalsozialistischen Berlin, daß sein Buch *Vom Wesen der deutschen Universität* (Bln. 1935) politisch unliebsam auffiel. 1937 emigrierte K. in die Schweiz, wo er sich in Zürich ein Jahr später mit einer *Kritik der historisch-existentialistischen Soziologie* (Mchn. 1975) habilitierte. 1949 als Nachfolger Leopold von Wieses nach Köln berufen, bemühte er sich erfolgreich um die Wiederaneignung der empir. Sozialforschung in Deutschland.

Nach K.s Verständnis soll das Fach als objektive Wissenschaft von der Gesellschaft nicht nur über bevorstehende Krisen informieren, sondern auch zu deren Lösung – nicht aber zur Sozialerlösung – beitragen. Diese Gesellschaftsbeobachtung in therapeutischer Absicht wird in *Soziologie heute* (Zürich 1949) systematisch entfaltet. Seine unzähligen Beiträge zu Einzelfragen, etwa der Familien-, Gemeinde-, Betriebs-, Mode- oder Entwicklungssoziologie, die langjährige Redaktion der »Kölner Zeitschrift für Soziologie und Sozialpsychologie« u. die Herausgabe des *Soziologie*-Bands in der Reihe der Fischer Lexika (Ffm. 1958) förderten hierzulande die Nachkriegskarriere dieses Fachs. Trotz ihres methodolog. Akzents betrieben seine weiteren Arbeiten – *Soziologische Orientierungen* (Köln 1965) u. *Soziologische Studien* (Ffm. 1971) – Sozialforschung in betont aufklärerischer Absicht. Seine Gedankengänge entfalten sich in geschliffener Form u. finden weit über die akadem. Grenzen hinaus Beachtung. Die Autobiographie *Leben im Widerspruch* (Mchn. 1980) u. die Leistungsbilanz seines Lehrfachs *Soziologie in Deutschland. Begründer /Verächter /Verfechter* (Mchn. 1987) zeichnen sich aus durch ein entschieden sozialreformerisches Engagement. Unermüdlich erinnert K. dabei an die »logoswissenschaftliche« Herausforderung der Industriemoderne, die es auszuhalten gelte.

Weitere Werke: Niccolò Machiavelli. Zur Krisenanalyse einer Zeitenwende. Zürich 1941. – Sizilien. Ein Buch v. Städten u. Höhlen, v. Fels u. Lava u. v. der großen Freiheit des Vulkans. Zürich 1943. – Macht u. Reiz der Mode. Düsseld. 1971. – Indianer wohin? Alternativen in Arizona. Opladen 1973. – Die Familie der Gegenwart. Ein interkultureller Vergleich. Mchn. 1974. – Navajo Report 1970-80. Neustadt/Weinstr. 1980. – Menschheit auf dem Laufsteg. Die Mode im Zivilisationsprozeß. Mchn. 1985.

Sven Papcke

König im Bad. – Mirakelerzählung des 13. Jh.

Die im späten 13. Jh. im bairisch-österreichischen Raum anonym entstandene, früher dem Stricker zugeschriebene Reimpaarerzählung, die in 18 Handschriften, drei Fragmenten u. drei Drucken des SpätMA mit variierendem Versbestand (310-366 Verse) bezeugt ist, behandelt den weltweit verbreiteten Erzählstoff vom stolzen u. gedemütigten Herrscher. Wie zahlreiche andere Varianten der christlich-abendländ. Tradition exemplifiziert der K. i. B. den Magnificat-Vers »Deposuit potentes de sede et exaltavit humiles« (Lk 1,52): Ein mächtiger König, der niemanden über sich duldet, hört in der Vesper die Lesung dieser Bibelstelle. Empört läßt er die Stelle aus der Bibel tilgen u. verbietet ihre Nennung. Als er kurz danach im Badehaus weilt, nimmt ein Engel seine Gestalt an; er selbst wird nackt auf die Straße geworfen. Die Versuche des Königs, seine Identität nachzuweisen, bleiben erfolglos: Weder sein engster Ratgeber noch die Königin erkennen ihn. Er wird als Narr verspottet, bis der Engel den Gedemütigten in ein Gemach führt u. ihm den wahren Sachverhalt erklärt. Der König bereut seinen Hochmut, wird rehabilitiert u. berichtet öffentlich von seinem Erlebnis.

Die mhd. Erzählung, die auf Bearbeitungen des in der lat. Exempelliteratur der Zeit fußt, diente als Grundlage späterer dt. Fassungen. Von Hans Rosenplüt stammt eine kürzende Bearbeitung des K. i. B., außerdem fand die Geschichte Eingang in Sebastian Brants Drama *Tu-*

gent Spyl. – Stofflich eng verwandt sind Herrands von Wildonie Erzählung *Der nackte Kaiser* u. ein Meisterlied in Klingsors »Schwarzem Ton«, das vom König Nebukadnezar handelt.

Ausgabe: Hermann-Josef Müller: Überlieferungs- u. Wirkungsgesch. der Pseudo-Strickerschen Erzählung ›Der K. i. B.‹. Untersuchungen u. Texte. Bln. 1983.

Literatur: Michael Curschmann: Zur literarhistor. Stellung Herrands v. Wildonie. In: DVjs 40 (1960), S. 56-79, bes. S. 59-66. – Müller, a. a. O. *Ulla Williams*

König Rother. – Anonymes hochmittelalterliches »Spielmannsepos«.

Die Geschichte des Königs, der zu Bari »bi deme westeren mere« residierte, ist nahezu vollständig in einer Einzelhandschrift des ausgehenden 12. Jh. (Heidelb., Universitätsbibl., Cpg 390), daneben in vier Fragmenten des 13./14. Jh. überliefert. Die Entstehungszeit des schriftl. Textes ist nur grob auf die Jahre zwischen 1152 u. 1180 einzugrenzen. Dialektmischung in der Heidelberger Handschrift legt Wanderungsbewegungen des Stoffes bzw. Textes zwischen den nördl. Rheinlanden u. Bayern nahe oder läßt auf einen hochdt. dichtenden Niederdeutschen als Autor schließen (Klein). Auf den Norden als Ausgangspunkt der Fabel deutet die als Episode der altnord. *Thidrekssaga* überlieferte *Osantrixsaga*, die Übereinstimmungen mit dem ersten Teil des K. R. aufweist. Demgegenüber bleibt eine sich z. B. an der Namensform orientierende Verknüpfung mit den histor. Langobardenkönigen des 6./7. Jh. Authari u. Rothari oder dem zeitgenössischen Normannenherrscher Roger II. von Sizilien weniger plausibel.

Der K. R. basiert auf dem weltliterarisch geläufigen Brautwerbungsschema, das er in einem zweifachen Durchgang variiert. Eine Reihe von Motiven u. Strukturelementen ist traditionell: der erfahrene u. weitgereiste Berater, der von der einzig geeigneten Braut erzählt, der böse Brautvater, der alle Bewerber ermorden läßt, die heiml. Begegnung des Helden mit dem Mädchen etc. Individuell ist jedoch deren Verknüpfung u. die szen. Präsentation. Rother zieht, als seine vorgeschickten Boten nicht wiederkehren (König Constantin von Constantinopel ließ sie in den Kerker werfen), nach einem Jahr selbst »in recken wise« aus, begleitet nur von wenigen Genossen, darunter den Riesen Asprian u. Witolt. Er tritt unter dem Namen Dietrich an Constantins Hof auf, sich dabei als von Rother Vertriebener ausgebend. Durch Freigebigkeit erwirbt er sich die Gunst des Volkes, durch die Gewalttätigkeit seiner Riesen die Furcht des Hofes, der zu bedauern beginnt, daß Rothers Werbungsgesuch vorschnell abgelehnt wurde. In einer Kemenatenszene enthüllt Dietrich/Rother der Königstochter seine Identität. Nachdem er den Heidenkönig Ymelot, der Constantins Reich angreift, gefangengenommen hat, nutzt er die Gelegenheit, mit ihr zu fliehen u. nach Bari zurückzukehren.

Der zweite Durchgang, der von der *Osantrixsaga* unabhängige Wege geht, problematisiert das bereits Erreichte. Constantin gelingt eine listige Rückentführung der Tochter durch ein Kaufmannsschiff, Rother hat ein zweites Mal auszuziehen. Nicht List u. Tücke sollen diesmal die Prinzessin gewinnen helfen, sondern die Stärke der eigenen Heeresmacht. Doch zunächst gibt sich Rother, der als Pilger verkleidet Constantinopel betritt, in die Hände der Feinde: Er trifft ein, als der Heide Ymelot, der Constantin besiegt hat, gerade im Begriff ist, seinen Sohn mit Constantins Tochter zu verheiraten. Rother zeigt sich dieser u. wird gefangengenommen. Im letzten Augenblick verhindert das herbeigerufene Heer seine Hängung u. wirft die Heiden nieder. Rother verzeiht Constantin u. bricht mit seiner Braut in die Heimat auf. Noch auf dem Schiff gebiert sie einen Sohn, der auf der ersten Rückfahrt gezeugt worden war: Pippin, den Vater Karls des Großen. Nach über 20jähriger Herrschaft ziehen sich Rother u. seine Gattin ins Kloster zurück; Pippin, schließlich Karl übernehmen die Herrschaft.

Die Handlungsentwicklung ist strukturiert durch die Abfolge von Scheinharmonie (Gewinnung der Tochter ohne Zustimmung des Vaters), Krise (Rückentführung) u. endgültiger Harmonie. Der zur Sinnstruktur werdende gegenläufige Bezug zwischen beiden Teilen hat auch die Funktion, Verhaltensweisen von List u. Macht als aufeinander angewiesen zu zeigen. So bedeutet Rothers anfängl. Freigebigkeit nicht nur eine momentane Steigerung seines Ansehens, sondern ist Voraussetzung für seine spätere Rettung: Der zuvor beschenkte Graf Arnold wird ihm zu Hilfe eilen u. damit auch erst das siegbringende Eingreifen der Riesen ermöglichen.

Rother selbst repräsentiert weniger den Typus des individuellen Recken als den des vorbildl. Herrschers, der um die Notwendigkeit guter Berater weiß, u. der Text insg. weniger einen – aus der »Spielmannsepik« bekannten – fabulist. Abenteuerroman als ein narrativ entfaltetes Modell der Herrschaftsgewinnung u. -sicherung. Wo treue Begleiter, Riesen u. neugewonnene Freunde Rother in der Fremde beistehen, helfen einzelne Adelsgeschlechter, den inneren Frieden zu sichern. Die als loyal geschilderte bayerische Grafenfamilie der Tegelinger, die in Rothers Abwesenheit Statthalterfunktionen ausübt, wird man auch am ehesten als Auftraggeber, zumindest als primäre Adressaten des K. R. in Betracht ziehen können (aus der lobenden Erwähnung Berhters als Graf von Meran, seit 1152 Titel einer wittelsbachischen Nebenlinie, ist kein klares Bild zu gewinnen).

Zugleich ist die histor. Konkretisierung in die Universalität eines Herrschaftsmodells aufgehoben: Die versöhnlich endende Auseinandersetzung zwischen Rother u. Constantin zielt auf die Integration von westl. u. östl. Reich, auf eine utop. Reichseinheit, die über die verstärkte Bezugnahme auf die Karlsgenealogie im zweiten Teil des K. R. ihre Gültigkeit auch für ein »deutsches« Imperium erweist.

Die stärkere Fixierung auf das Königtum Rothers, auf die Intention, histor. Verbindlichkeit zu vermitteln, unterscheidet den K. R. von anderen, den »Spielmannsepen« zugeordneten Texten, obgleich er wie manche von diesen aus längerer mündl. Tradition erwuchs. Der erste Teil läßt noch ahnen, wie ein in der Mündlichkeit lebendes Kurzepos von der Brautgewinnung Rothers ausgesehen haben mag. Aus der vorliegenden, nun explizit »literarischen« Fassung ist nur noch der Prozeß der Transformation in die Schriftlichkeit zu erkennen. Der Text gehört damit in eine Übergangsphase zu ausgebildeter Literarizität, in der Auseinandersetzung mit älteren Modellen scheint noch die Bindung an die Mündlichkeit auf. Der Verfasser bleibt zwar gattungstypisch anonym u. exponiert sich auch nicht über eine ausgeprägte Erzählerfigur, doch individualisierende Erzählkunst deutet sich bereits an: Die Erkennungsszene zwischen Rother u. der Königin bei einer Schuhanprobe in der Kemenate zeigt treffende u. für Räumlichkeit sensible Darstellungskunst, anderes wie die Riesenszenen Sinn für Humor (Witolt beißt in seine Stange). Die Doppelung des Handlungsschemas bedeutet nicht einfach Aufschwellung, sondern stellt das herkömml. Modell zgl. in einen anderen Bezugsrahmen: Der Weg in seiner Wiederholungsstruktur wirft zwischen Scheitern u. Erfüllung, Vorgabe u. Einholung, Schein u. Endgültigkeit selbst die Frage nach der Art literar. (narrativer) Sinnkonstitution auf.

Daß im K. R. minnepsycholog., legendar. oder wunderbare Züge gegenüber dem Herrschaftsgedanken eine eher untergeordnete Rolle spielen, mag zur mangelnden Applizierbarkeit des Textes im SpätMA geführt haben: Als einziges der »Spielmannsepen« erfuhr er im 15. Jh. keine Erneuerung. Erst Ludwig Tieck machte sich eine Abschrift der Heidelberger Handschrift u. versuchte sich an einer Übersetzung (*Altdeutsche Epische Gedichte 1: König Rother.* Hg. Uwe Meves. Göpp. 1979).

Ausgaben: K. R. Hg. Theodor Frings u. Joachim Kuhnt. Bonn 1922. – R. Hg. Jan de Vries. Heidelb. 1922.

Literatur: *Forschungsbericht/Bibliographie:* Michael Curschmann: ›Spielmannsepik‹. Stgt. 1968, S. 25-34, 74-76 u. ö. – *Ältere Aufsätze:* Walter Johannes Schröder (Hg.): Spielmannsepik. Darmst. 1977. – *Neuere Titel:* Hans Szklenar: Studien zum Bild des Orients in vorhöf. dt. Epen. Gött. 1966, S. 113-150. – Christian Gellinek: K. R. Studien zur literar. Deutung. Bern/Mchn. 1968. – Uwe Meves: Studien zu K. R., Hzg. Ernst u. Grauer Rock (Orendel). Ffm. 1976. – Ferdinand Urbanek: Kaiser, Grafen u. Mäzene im K. R. Bln. 1976. – Rüdiger Schnell: Zur Karls-Rezeption im K. R. In: PBB 104 (1982), S. 345-358. – H. Szklenar: K. R. In: VL. – Thomas Klein: Zur Thidrekssaga I. Vilcina saga u. K. R. In: Heinrich Beck (Hg.): Arbeiten zur Skandinavistik. Ffm./Bern/New York 1985, S. 487-512. – Arend Quak: Spielleute in der sog. Spielmannsepik. In: Amsterdamer Beiträge zur älteren Germanistik 23 (1985), S. 143-152. – Maria Dobozy: Full circle. Kingship in the German epic. Göpp. 1985. – Gisela Vollmann-Profe: Wiederbeginn volkssprachiger Schriftlichkeit im hohen MA (Bd. 1, Tl. 1 der Gesch. der dt. Lit. v. den Anfängen bis zum Beginn der Neuzeit). Ffm. 1986, S. 129-133, 227-229. – Daniel Rocher: Le ›roi R.‹, une caricature allemande des byzantins au 12ème siècle. In: Médiévales 12 (1987), S. 25-31. – Walter Haug: Struktur, Gewalt u. Begierde. In: FS Klaus v. See. Odense 1988, S. 143-157. – Peter K. Stein: Beobachtungen u. Überlegungen zum ›K. R.‹. In: FS Ingo Reiffenstein. Göpp. 1988, S. 309-338.

Christian Kiening

Königsdorf, Helga, * 13. 7. 1938 Gera. – Erzählerin.

K. stammt aus einer Familie thüring. Schieferbergbauern, studierte Mathematik u. Physik u. lebt heute als Mathematikerin der Akademie der Wissenschaften in Ost-Berlin.

K.s erste Erzählungen *Meine ungehörigen Träume* (Bln./Weimar 1978) sind Ausdruck einer feministisch grundierten Protesthaltung. K. zeigt entfremdetes Leben in einer sozialistischen Gesellschaft. Ihre poetische Grundlagenforschung betrieb sie dort, wo die menschl. Bindungen am engsten sind: in der Ehe, der Familie, der Liebe. Die Texte, in denen v. a. Frauen Selbstauskunft geben, spiegeln eine Gesellschaft, die energ. Schritte für ein gleichberechtigtes Zusammenleben der Geschlechter unternommen hat. Aber ihre neue Unabhängigkeit bezahlen die Frauen mit Einsamkeit. Längst hat der solidar. Geist der sozialistischen Aufbauphase einem Materialismus Platz gemacht, der auch zu einer Sache der Gefühle geworden ist.

Die humoristischen u. satir., gelegentlich auch märchenhaften Elemente ihres Erzählens verstärken sich in *Der Lauf der Dinge* (Bln./Weimar 1982. U. d. T. *Mit Klischmann im Regen.* Darmst. 1983) u. *Lichtverhältnisse* (Bln./Weimar 1988. U. d. T. *Die geschlossenen Türen am Abend.* Ffm. 1989). Das Realitätsprinzip wird außer Kraft gesetzt, um den Blick auf das Vergessene u. Verdrängte lenken zu können. Beispielhaft ist die Erzählung *Reise im Winter* (in: *Lichtverhältnisse*), die den Utopieverlust des sozialistischen Bewußtseins im mytholog. Modell einer Reise abbildet, in deren Verlauf ein als weibl. Passagier verkleideter Engel verlorengeht.

Zu den wiederkehrenden Orten von K.s Geschichten gehört das »Institut für Zahlographie«, Schauplatz wissenschaftl. Don Quijoterien u. Objekt einer Satire, die einem ideologisierten Wissenschaftsbetrieb gilt, der nicht die Leistung, sondern den polit. Opportunismus belohnt. Eine Vertiefung u. literar. Durchbildung ihrer Auseinandersetzung mit eth. Fragen der Wissenschaft zeigt die autobiographisch gefärbte Erzählung *Respektloser Umgang* (Bln./Weimar u. Darmst. 1986). Zur erzählerischen Versuchsanordnung gehören zwei Frauen: die histor. Figur der Atomphysikerin Lise Meitner u. eine von schwerer Krankheit gezeichnete Naturwissenschaftlerin, die als Ich-Erzählerin auftritt. Im dynam. Prozeß dieser Konfrontation wird die Nähe u. Distanz zu der histor. Figur vermessen, die am Ende als Gestalt einer mißglückten Geschichte der Wissenschaft u. eines gescheiterten Lebens für diese Wissenschaft erscheint. – K. erhielt 1985 den Heinrich-Mann-Preis.

Weitere Werke: Ungelegener Befund. Bln./Weimar 1990 (essayist. Belletristik).

Sibylle Cramer

Königsmarck, (Maria) Aurora Gräfin, * 28. 4. 1662 Schloß Agathenburg bei Stade, † 16. 2. 1728 Quedlinburg; Grabstätte: ebd., Stiftskirche. – Librettistin, Lyrikerin.

Die gebürtige Schwedin wurde privat unterrichtet u. lebte nach dem Tod ihres Vaters seit Ende 1673 mit Mutter u. Schwester in Hamburg, wo sie nach 1678 im Mittelpunkt künstlerischen u. gesellschaftl. Lebens stand. Die Familie siedelte 1680 nach Stockholm über. Nach dem Tod ihrer Mutter kehrte K. 1692 nach Hamburg zurück, reiste 1694 mehrfach an den Dresdner Hof u. war Ende 1694 bis Frühjahr 1696 die Mätresse Augusts des Starken. 1698 wurde sie Koadjutorin u. 1700 Pröpstin des brandenburgischen Stifts Quedlinburg, das sie 1703-1718 stellvertretend leitete.

K. schrieb den Text zu Johann Wolfgang Francks Oper *Die drey Töchter Cecrops* (Hbg. 1680. Neudr. in: Reinhart Meyer, Hg.: *Die Hamburger Oper.* Bd. 1, Mchn. 1980, S. 125-170) u. verfaßte geistl. u. galante Gedichte. Sie war mit Reinhard Keiser u. Mattheson befreundet. Georg Christian Lehms widmete ihr *Teutschlands Galante Poetinnen* (Ffm. 1715).

Weitere Werke: *Gedichte:* Lehms a. a. O. Anhang S. 113-122. – Christian Friedrich Weichmann: Poesie der Nieder-Sachsen. Bd. 1, Hbg. 1721, S. 221. – Per Hanselli: Samlade Vitterhetsarbeten af Svenska författere från Stjernhjelm till Dalin. Bd. 8, Uppsala 1867, S. 33 f., 37-42, 61-65, 71-89.

Literatur: Friedrich Cramer: Biogr. Nachrichten v. der Gräfin M. A. K. Quedlinb./Lpz. 1833. – Ders.: Denkwürdigkeiten der Gräfin M. A. K. u. der K.'schen Familie. 2 Bde., Lpz. 1836 (Werke: Bd. 2, S. 91-102). – Birger Mörner: M. A. K. En Kronika. Stockholm 1914. Dt. Mchn. 1922. – Hermann Lorenz: M. A. Gräfin K. In: Mitteldt. Lebensbilder 5 (1930), S. 18-36. – Jean M. Woods: Nord. Weyrauch: the religious lyrics of A. v. K. and her circle. In: Daphnis 17 (1988), S. 267-326 (mit Textpubl. der gleichnamigen Gedichtslg.). – Dies.: A. v. K.; epitome of a ›Galante Poetin‹. In: ebd., S. 457-465. – Solveig Olsen: A. v. K.'s Singsp. ›Die drey Töchter Cecrops‹. In: ebd., S. 467-480.

Jürgen Rathje

Königsteiner Liederbuch. – Spätmittelalterliche Sammlung von Liedern, aus der Gegend von Königstein/Taunus.

Unter den Sammlungen, welche die nichtmeisterl. weltl. Lyrik der zweiten Hälfte des 15. Jh. überliefern u. deren Bild in Ausgaben u. literarhistor. Behandlung prägen, ist das K. L. eine der späteren u. die umfangreichste. Die Handschrift (ein Schreiber, rheinfränkisch) ist Teil des Konvoluts Berlin Mgq 719 u. umfaßt 169 Liedaufzeichnungen; die Papierzeichen deuten auf eine Entstehungszeit um 1471/72.

Das Profil der Sammlung wird durch anonyme Liebeslieder vom Typus des Gesellschaftslieds bestimmt, Rollenlyrik mit Liebesklage, Preis der Geliebten, werbender Liebesversicherung u. Warnung vor Schwätzern u. Verleumdern. Die Topik nimmt reduzierend Minnesangtraditionen auf, die in diesem Zusammenhang gefühlvoller, privater u. künstlerisch weniger anspruchsvoll wirken. Das Zurücktreten von parodistischen Schelt- u. Absageliedern u. Derbheiten, die im *Älteren Augsburger* u. im *Lochamer-Liederbuch* eine wichtige Rolle spielen, erzeugt den Eindruck des Feinen u. gesellschaftlich Akzeptierten. Daneben sind zu nennen Taglieder u. Zeitklagen sowie einige Lieder in überkommenen Tönen, v. a. im Hofton Reinmars von Brennenberg, des Brembergers – ein Paar balladesker Rollenlieder scheint der Schlüssel zur Bremberger-Sage zu sein.

Der sonstige Inhalt der Handschrift verweist auf die literar. Interessen der Familie der Grafen von Eppstein-Königstein, u. die einzige eindeutig identifizierte Person unter den wenigen in Liednachschriften Genannten, Graf Heinrich von Württemberg, war seit 1469 mit der Familie verschwägert (weiteren Identifizierungsansätzen müßte noch nachgegangen werden). Dies deutet auf eine adlige Liebhaberschicht, die die Lieder in Gebrauch hatte u. sammelte, wohl ohne viel poetische Eigenleistung. Spuren des Gebrauchs in der Vorstufe, die in Einzelblättern u. kleinen Heftchen bestand, sind für das K. L. charakteristische Devisen, monogrammartige Abkürzungen, Zeichnungen von Kronen u. Blumen sowie Spruchbänder am Liedende, die der Schreiber der erhaltenen Sammlung dorthin übernommen hat.

Die bei vier Liedern stehenden einstimmigen Melodieaufzeichnungen sind die ältesten Beispiele der dt. Lautentabulatur, einer Notationsweise, als deren Erfinder der Nürnberger Orgelmeister Konrad Paumann gilt. Es ergeben sich so – wie auch schon durch Überlieferungsparallelen – Bezüge zu musikalisch noch bedeutsameren Nürnberger Sammlungen, dem *Lochamer-* u. dem *Schedel-Liederbuch*, die allerdings weniger in adlige Kreise als in die städt. Bildungsschicht gehören.

Ausgabe: Paul Sappler: Das K. L. Mchn. 1970 (mit Untersuchungen u. Lit.).

Literatur: Christoph Petzsch: Zur Vorgesch. der Stammbücher. Nachschr.en u. Namen im K. L. In: Archiv 222 (1985), S. 273-292. *Paul Sappler*

Könneker, Marie-Luise, * 20. 5. 1945 Remlingen bei Wolfenbüttel. – Lyrikerin u. Herausgeberin.

Nach dem Studium der Literaturwissenschaft, Linguistik u. Psychologie in Bonn u. West-Berlin legte K. als Dissertation sehr lesenswerte *Untersuchungen zur Entstehungs- und Funktionsgeschichte eines bürgerlichen Bilderbuchs* zu Heinrich Hoffmanns *Struwwelpeter* (Stgt. 1977) vor. Im literar. Bereich erwies sich K. mit ihrem ersten Gedichtband *Taufsteine* (Darmst. 1981) als eine sensible Lyrikerin, die Kindheitserleben u. Motive großstädt. Gegenwart konzentriert zueinander in Beziehung setzt.

Besondere Beachtung erlangte K. jedoch durch die Herausgabe einer zweibändigen, als Geschichtslesebuch konzipierten Textsammlung zur Geschichte der Kindheit in Deutschland: *Kinderschaukel* (Darmst./Neuwied 1976), deren erster Band den Zeitraum von 1745-1860, der zweite Band den Zeitraum von 1860-1930 dokumentiert.

Weitere Werke: *Herausgeberin:* Mädchenjahre. Ihre Gesch. in Bildern u. Texten. Darmst. 1978. *Gerhard Bolaender*

Köpf, Gerhard, * 19. 9. 1948 Pfronten/Allgäu. – Romancier, Essayist, Hörspielautor, Literaturwissenschaftler, Herausgeber.

K., Sohn eines Landbriefträgers, wuchs im Allgäu auf. Er studierte Germanistik in München u. wurde 1984 zum Professor für Gegenwartsliteratur u. angewandte Literaturwissenschaft an die Universität Duisburg berufen.

In dem Roman *Eulensehen* (Mchn. 1989) sagt der Papagei Orinoco, Erzählen allein genüge nicht: »Worauf es ankommt ist das Wiedererzählen.« K. erfindet neue Geschichten, die mit alten Fabeln, Märchen u. Träumen verknüpft sind. Oft treten mehrere Erzähler auf. Sie sind Beobachter, Kommentatoren u. Protagonisten zugleich. Sie stammen aus Thulsern, das sich in der Nähe von K.s Geburtsort Pfronten denken läßt. Dieser Ort ist wie Faulkners Jefferson oder Marquez' Macondo, nur auf einer literar. Landkarte zu finden. Dort vermischen sich Fiktion u. Fakten, Gegenwart u. Vergangenheit.

Der Roman *Die Strecke* (Ffm. 1985) besteht aus einem Monolog des Streckenwärters Konrad Aggwyler, der seine Bahnstrecke ein letztes Mal abgeht. Einem imaginären Revisor an seiner Seite versucht er die Stillegung auszureden. Er blickt dabei zurück in die eigene Vergangenheit u. in die Geschichte. »Ich erschaffe die Welt in verkleinertem Maßstab im Rhythmus des vertrackten Abstandes zwischen den Schwellen.«

Der Erzähler im Roman *Die Erbengemeinschaft* (Ffm. 1987) berichtet von seiner Rückkehr in die Heimat Thulsern. Er verfolgt die Chronik seiner Familie über fünf Generationen zurück u. stellt sie in einer Reihe von Moritatentafeln vor. Seine Schilderungen beruhen auf Hunderten von Bildern, die eingekerbt sind in die Haut eines alten brasilian. Kürbisses, der Kalebasse. »Die Kalebasse ist das Weltgedächtnis, in dem nichts verlorengeht, sie ist die Haut, in die sich jeder Schmerz ritzt, jedes dumme kurze Glück und jede Katastrophe von lächerlicher Grausamkeit.« In einem Kalender, der nach Monaten u. Sternzeichen gegliedert ist, hält der Postbote von Thulsern im Roman *Eulensehen* seine Gedanken, die Erinnerung an weit Zurückliegendes u. die Auseinandersetzung mit den Geschehnissen des Tages fest.

Auch das Erzählen selbst thematisiert K. in seinen Romanen. Er flicht versteckte Zitate ein, spielt mit Sentenzen u. Namen u. variiert Motive aus der Dichtung. Jean Paul, Wilhelm Raabe, Jorge Luis Borges, Stefan Grabinski verpflichtet, betont er in den Essays die Zusammengehörigkeit von Lesen u. Schreiben, Rezeption u. literar. Umsetzung. Jeder neue Roman K.s enthält Hinweise auf die vorausgegangenen, bereits vorgestellte Personen tauchen wieder auf. K. schreibt mit seinen Romanen an einer Chronik des Ortes Thulsern u. hält in rückwärtsgewandter Utopie Bewahrenswertes fest. »Die Vergangenheit bewahrt, was scheinbar verbraucht ist, die Gegenwart fordert auf zum Finden und Er-Finden des vermeintlich Vergangenen, die Zukunft könnte jene Hoffnung sein, die aus der Gegenwart heraus verlängerbar ist, zumal die Zukunft nur durch die Vergangenheit hindurch denkbar ist« (*Komm, stirb mit mir ein Stück*. In: Literaturmagazin 19, 1987).

Weitere Werke: Innerfern. Ffm. 1983 (R.). – Schwellengang u. a. Prosa. Weingarten 1984. – *Herausgeber:* Ein Schriftsteller schreibt ein Buch über einen Schriftsteller, der zwei Bücher über einen Schriftsteller schreibt [...]. Dichter über Dichter u. Dichtung. Ffm. 1984. – Christoph Wilhelm Hufeland: Der Scheintod oder Slg. der wichtigsten Thatsachen u. Bemerkungen darüber in alphabet. Ordnung. 1808. Ffm. 1987. – Das Fischer-Tb. der Drachen. Ffm. 1987.

Literatur: Herbert Kaiser: Das Ich als Gedankengänger auf dem Weg zu sich selbst. G. K.s Roman ›Die Strecke‹. In: Lit. für Leser (1986). – Karlheinz Fingerhut: Erarbeitung moderner Signaturen. G. K.s Romankapitel ›Schwellengang‹ als Einf. in zeitgenöss. Erzählen. In: DD 19 (1988).

Ingrid Heinrich-Jost

Köpken, Friedrich von (seit 1786), * 9. 12. 1737 Magdeburg, † 4. 10. 1811 ebd. – Lyriker, Übersetzer u. Publizist.

Seine entscheidende geistige Prägung erhielt K., Sohn eines Magdeburger Kanonikus, als Schüler des Klosters Berge (1752-1756), wo sein Interesse v. a. für dt. u. frz. Literatur geweckt wurde. Während seines Jurastudiums in Halle (1756-1759) bildete er sich literarisch umfassend weiter. In seine Vaterstadt zurückgekehrt, wurde er 1761 Advokat, später auch Syndikus. Seine Liebe zu den schönen Wissenschaften u. Künsten ließ ihn 1760 gemeinsam mit Gleichgesinnten (u. a. August Friedrich Wilhelm Sack) den Gelehrten Club (später Mittwochsgesellschaft, ab 1775 Litterarische Gesellschaft) gründen, der bald eine zentrale Stellung im geistigen Leben Magdeburgs einnahm u. der K. als Spiritus rector immer verbunden blieb.

K. trat schriftstellerisch ab 1760 zunächst mit Rezensionen (u. a. zu Ramlers *Geistlichen Kantaten*) sowie mit kleineren poetischen u. prosaischen Stücken, meist Übersetzungen, in Johann Samuel Patzkes Wochenschrift »Der Greis« hervor. Seine Gedicht, eher zum persönl. Vergnügen geschrieben, hielt K. lange nicht für wert, gedruckt zu werden, so daß sie bis in die 80er Jahre nur vereinzelt in Zeitschriften u. Musenalmanachen erschienen. Erst ab 1792 veröffentlichte er mehrere lyr. Sammlungen, z. T. allerdings nur für Freunde bestimmt. Neben dem Klopstock gewidmeten *Hymnus auf Gott* (1788), einem zwischen Kantate u. Drama angesiedelten Singstück, das K. als sein Hauptwerk ansah, umfassen sie geistl. Lieder, Gedichte in anakreont. Tradition, poetische Episteln u. *Skolien* betitelte Tischlieder.

Leichtigkeit u. Eleganz in Sprache u. Vers waren für K. die dichterischen Ideale – Vorbilder sah er in Horaz, in der frz. Poesie, in Hagedorn, Gleim, Gotter, Uz u. Wieland, zu dessen »Teutschem Merkur« er 1787-1797 Beiträge lieferte. Für das Magdeburger Theater übersetzte u. bearbeitete K. einige frz. Komödien. Erwähnenswert unter seinen Abhandlungen ist der *Versuch über die Manier unserer bekannteren Dichter* (in: Deutsche Monatsschrift, H. 6, 1796), ein subjektiver Überblick über die dt. Literatur des 18. Jh., in dem K. sich als Anhänger der Dichtung alten Stils zeigt u. den literar. Erneuerungen der vergangenen Jahrzehnte überwiegend ablehnend begegnet.

Weitere Werke: Hymnus auf Gott, nebst andern vermischten Gedichten. Abdrücke für Freunde. Magdeb. 1792. – Skolien. Ebd. 1794. Erw. Aufl. 1805. – Episteln; zum Anhange vermischte Gedichte. Abdrücke für Freunde. Ebd. 1801. – Hymnus auf Gott, musikal. Gedicht, nebst einigen geistl. Liedern. Ebd. 1804. – *Herausgeber:* Skolien für den litterar. Club in Magdeburg. Ebd. 1798. – *Autobiographie:* Meine Lebensgesch. [...] (1794). In: Familien-Nachrichten für die Nachkommen A. H. Franckes, Stück 6. Halle 1916, S. 1-63.

Literatur: Jördens 6 (1811), S. 757-768. – Franz Muncker: K. In: ADB. – Ders.: Aus F. v. K.s Autobiogr. In: Im neuen Reich 11,2 (1881), S. 562-567. – Waldemar Kawerau: Aus Magdeburgs Vergangenheit. Halle 1886, S. 31-38 u. passim.

Helmut Riege

Koeppel, Matthias, * 22. 8. 1937 Hamburg. – Lyriker.

Aufgewachsen in Berlin, studierte K. 1955 bis 1961 dort Malerei an der Hochschule für Bildende Künste. 1973 war er Mitbegründer der Künstlergruppe »Schule der neuen Prächtigkeit«. Seit 1981 ist er Professor an der Technischen Universität Berlin.

Wie in seinen hyperrealistischen Gemälden u. Grafiken verbindet K. auch in seinen Gedichten Formbeherrschung mit aggressiv-iron. Gegenwartskritik, häufig in parodistischen Travestien traditioneller Vorbilder, v. a. der Romantik u. des Biedermeier. Wohl in Anlehnung an H. C. Artmann oder Ernst Jandl u. im iron. Rückgriff auf das Frühneuhochdeutsch des Hans Sachs u. oberdt. Dialekte erfand K. die Kunstsprache »Starckdeutsch«, deren phonet. u. morpholog. Verfremdung er als satir. Protest gegen »das überall verbreitete Mittelschwachhochdeutsche« bestimmt. Die zuletzt in *Starckdeutsch. Oine Orrswuhl dörr schtahurcköstėn Gedeuchten* (Bln. 1983. [3]1987) gesammelten u. von K. selbst illustrierten Texte behandeln banale Alltagserfahrungen von »Hullöndischen Tumautn« bis zum »Krautzzwurrtraitzul« u. polit. Schlagworte (»Ümmpörijalüstn« gegen »Zauzjarlüstn«) sowie Lieblingsthemen der dt. Lyrik wie den »Wunnewunnemorrnatt Moyen«.

Weitere Werke: Starckdeutsch I. Gedichte. Bln. 1975 (u. ö.). – Starckdeutsch II. Gedichte. Bln. 1982. – Selbstauslöser. Fotografien. Bln. 1984. – Ausstellungskat.e.

Heinrich Detering

Köppen, Edlef, auch: Joachim Felde, * 1. 3. 1893 Genthin/Mark Brandenburg, † 21. 2. 1939 Gießen. – Erzähler.

Nach dem Besuch des Gymnasiums in Potsdam studierte K. Philologie, Philosophie u. Kunstgeschichte in Kiel u. München u. meldete sich 1914 freiwillig zum Kriegsdienst. Er erlitt eine schwere Lungenverletzung. 1918 verweigerte er den Dienst u. wurde in eine Irrenanstalt nach Mainz eingeliefert. 1919 setzte er sein Studium in Berlin u. München fort, ging 1921 als Lektor zum Verlag Gustav Kiepenheuer in Potsdam, wurde 1925 Mitarbeiter der literar. Abteilung der »Funkstunde« am Berliner Rundfunk. Deren Leitung übernahm er 1932, wurde jedoch 1933 von den Nationalsozialisten fristlos entlassen.

Sein Hauptwerk, der Anti-Kriegsroman *Heeresbericht* (Bln. 1930), wurde 1935 verboten, der Autor mit Publikationsverbot belegt. K., der als Dramaturg einer Filmgesellschaft unter schwierigen Umständen lebte, starb an den Spätfolgen seiner Kriegsverletzung.

In der Flut der um 1930 erscheinenden »Kriegsromane« blieb die Verbreitung des literarisch anspruchsvollen Romans *Heeresbericht* gering, obgleich die Kritik das Buch begeistert aufnahm (Benn, Pinthus, Toller, Tucholsky). K.s Protagonist, der 21jährige Student Reisiger, kommt im Okt. 1914 als Freiwilliger an die Front. Die allg. Kriegsbegeisterung hat auch ihn erfaßt, wird aber bald durch die Realität an der Front korrigiert. Reisiger findet zunächst keine Möglichkeit, sich aus dem Teufelskreis von Befehl u. Gehorsam zu befreien. Als er erklärt, daß er den Krieg für »das größte aller Verbrechen« hält, wird er in ein Irrenhaus gesperrt.

Bei der Gestaltung des komplizierten u. widersprüchl. Lernprozesses seines Helden bediente sich K. neuartiger literar. Mittel, die sein Buch zum »avanciertesten Kriegsroman der Weimarer Republik« (Herbert Bornebusch) machen. Er unterbricht den Erzählverlauf, indem er Dokumente einfügt: offizielle Verfügungen, Kaiserreden, Heeresberichte, Presseverlautbarungen usw. Diese Technik der Montage liefert eine zweite Ebene, sie zeigt den Krieg als gesellschaftl. Phänomen. Die subjektive Perspektive des Helden wird unterlaufen, bestätigt oder erweitert, seine Erfahrung konterkariert oder ergänzt. Unkommentiert in den narrativen Kontext gestellt, exemplifizieren sie den Widersinn des Kriegs u. die bewußte Verfälschung der Wahrheit (kommentierte Neuausg. des Romans: Kronberg/Taunus 1976. Reinb. 1979).

Weitere Werke: Die Historie v. ein trocken Schiffahrt. Potsdam 1924 (E.). – Vier Mauern u. ein Dach. Bln. 1934 (R.).

Literatur: Michael Gollbach: Die Wiederkehr des Weltkriegs in der Lit. Zu den Frontromanen der späten 20er Jahre. Kronberg/Taunus 1978. – Eckardt Momber: s'ist Krieg! s'ist Krieg! Versuch zur Lit. über den Krieg. 1914–33. Bln. 1981.

Hans J. Schütz

Koeppen, Wolfgang, * 23. 6. 1906 Greifswald. – Erzähler, Essayist.

K. lebte seit 1908 mit seiner Mutter zunächst in Thorn/Ostpreußen, dann in Ortelsburg. Dort ging er auf das Realprogymnasium. 1919 kehrte er nach Greifswald zurück, besuchte die Mittelschule, begann dann eine Buchhändlerlehre, hörte Vorlesungen u. volontierte am Stadttheater. Einige Zeit war K. auf Reisen, 1926/27 arbeitete er als Dramaturg u. Assistenzregisseur am Würzburger Stadttheater, anschließend ging er nach Berlin, wo er der Volksbühne unter Piscator verbunden war. 1931 wurde er von Herbert Ihering als Feuilletonredakteur zum »Börsencourier« geholt, für den er bis Dez. 1933 mehr als 200 Theater-, Film- u. Literaturkritiken sowie Reportagen, kürzere Prosaskizzen u. Essays schrieb. Ende 1934, nach Erscheinen seines ersten Romans *Eine unglückliche Liebe* (Bln. 1934), reiste K. nach Holland (ins »freiwillige« Exil) u. hielt sich in Scheveningen, wo er seinen zweiten Roman *Die Mauer schwankt* (Bln. 1935. Neuausg. Ffm. 1983) schrieb, u. in Den Haag auf; Kontakt hatte er v. a. zu Erika u. Klaus Mann. Ende 1938 kehrte er nach Deutschland zurück, schrieb zunächst, in Berlin lebend, Drehbücher für Filmgesellschaften, lebte dann in München u. später versteckt am Starnberger See, um der Einziehung zur Wehrmacht zu entgehen. Seit Kriegsende wohnt K. in München, unterbrochen von längeren Reisen durch Europa u. die USA. Er erhielt viele Auszeichnungen, u. a. 1962 den Georg-Büchner-Preis u. 1984 den Arno Schmidt Preis.

Der Erstlingsroman *Eine unglückliche Liebe* (Bln. 1934) entfaltet Themen, die für das gesamte Werk charakteristisch sind: den Künstler-Bürger-Gegensatz, das Identitätsproblem, den Konflikt zwischen Sinnlichkeit u. Vernunft, Reisen als grenzüberschreitende Selbsterfahrung. Der Roman handelt, um 1933 spielend, von der körperlich schmerzhaft unerfüllt bleibenden Liebe eines 27jährigen, ebenso bürgerlich wie melancholisch-romantisch gezeichneten Philologiestudenten aus Berlin (ein verfremdetes Selbstporträt des Autors) zu einer jungen, in Zürich auftretenden Varietédarstellerin. In der Erzähltechnik verrät der Roman schon den Einfluß der literar. Moderne (Joyce, Dos Passos, Döblin u. andere). Er ist geprägt von nicht chronologisch angeordneten Erzähleinheiten mit Gegenwartsschilderungen, Phantasien des Protagonisten u. Reminiszenzen in Rückblenden. Die Prosa ist stark rhythmisiert, die Sprache teilweise rhapsodisch u. assoziativ mit langen Satzperioden. Die forcierte Metaphorisierung wirkt als ein Nachklang des von K. intensiv rezipierten Expressionismus nach.

Der Nationalsozialismus bedeutete für den jungen Autor einen Rückschlag im Bemühen, die literar. Avantgarde fortzuschreiben. Mit dem Aufgreifen der für ihn untyp. Heimatthematik in seinem zweiten Roman *Die Mauer schwankt* kam K., trotz deutl. Anspielungen auf den nationalsozialistischen Terror im ersten Teil, den konventionellen Erwartungen seines Lektors Max Tau entgegen; es überwiegt die auktoriale Erzählhaltung. Der Roman zeigt die fortschreitende Auflösung u. den Zusammenbruch einer überkommenen, den Pflicht-Begriff absolut setzenden Ordnungswelt – gemeint ist das dt. Kaiserreich zwischen 1913 u. 1918 – am Beispiel des von Zweifeln geplagten, konservativen Baumeisters Johannes von Süde.

Nach dem Krieg publizierte K. zunächst nur kürzere Prosatexte u. schrieb erst 1951 – wie stets in wenigen Wochen – als ersten Teil einer Trilogie den Roman *Tauben im Gras* (Stgt. 1951). Mosaiksteinartig stellt K. in über 90 kurzen Abschnitten u. mehr als einem Dutzend Handlungssträngen das Leben von rund 30 Personen an einem Februartag des Jahres 1951 in München dar. Entworfen wird ein vielschichtiges Tableau der restaurativen bundesrepublikan. Nachkriegsgesellschaft, gezeigt werden die polit., gesellschaftl. u. kulturellen Widersprüche der Zeit. Erzählform u. Stil sind nun stark an den experimentellen Roman mit seinen Wirkungen der Simultaneität angelehnt: charakteristisch sind, wie in den späteren Romanen ebenfalls, innerer Monolog, filmschnittartige Technik, Montage von Sprachjargon, Liedtiteln, Reklamesprüchen, literar. Zitat u. Anspielungen oder Zitate aus Sage u. Märchen, v. a. aber aus der Bibel u. den Mythologien.

1953 folgte der in Bonn angesiedelte Roman *Das Treibhaus* (Stgt.) über einen nach dem Krieg aus dem engl. Exil zurückgekehrten Intellektuellen, Dichter, Übersetzer u. sozialdemokratischen Bundestagsabgeordneten: Keetenheuve, aus dessen Perspektive der Roman in einer Art durchgängigem inneren Monolog erzählt ist, erkennt resignierend u. am Ende den Freitod wählend die unaufhaltsame Restauration u. das Scheitern der Etablierung einer polit. Kultur – im Mittelpunkt steht das Beispiel der Wiederaufrüstungsdebatte – sowie seine eigene fortgesetzte Exil- u. Außenseiterposition in der Politik u. in der Liebe.

In inhaltl. Radikalität u. gesellschaftskrit. Aggressivität markiert *Der Tod in Rom* (Stgt. 1954) den Höhepunkt der Trilogie. Es handelt sich um die früheste, entschieden krit. literar. Verarbeitung des Faschismus in Deutschland, seiner Vergangenheit u. seiner drohenden Wiederkehr. Diese demonstriert K. am Beispiel des nach dem Krieg im Nahen Osten untergetauchten u. als Waffenhändler auftretenden ehemaligen SS-Generals Judejahn, der in Rom mit der Familie seines opportunistischen Schwagers Friedrich Wilhelm Pfaffrath zusammentrifft. Kontrapunktisch sind Judejahns gewalttätige Phantasien u. sexuelle Obsessionen, die in einer Orgie der Gewalt kulminieren, sowie die musikal. Ambitionen des homosexuellen Neffen Siegfried Pfaffrath, der die Uraufführung seiner ersten avantgardistischen Symphonie erwartet, aufeinander bezogen. Es verbinden sich Elemente des satirisch-grotesken, bewußt mit Mitteln der Kolportage verfahrenden Gesellschaftsromans in der Tradition von Heinrich Manns *Der Untertan* u. des Künstlerromans in Anlehnung an Thomas Manns *Tod in Venedig*. K.s Roman ist eine sozialpsycholog. Faschismuskritik u. stellt den Zusammenhang von perverser Sexualität u. destruktiver Aggressivität als elementare Bestandteile des »autoritären Charakters« dar.

Alle drei Romane (von der Literaturkritik teils zustimmend besprochen, v. a. *Tauben im Gras*, teils heftig angegriffen) konnten aufgrund der formalen Avanciertheit u. der themat. Kühnheiten in einer noch von stilkonservativen Traditionen bestimmten literar. Landschaft der frühen Adenauerzeit nicht erfolgreich sein.

Ab Mitte der 50er Jahre verlegte sich K. auf das Schreiben von Reiseessays, die im Auftrag von Rundfunkanstalten entstanden (SDR) u. vorübergehend ökonom. Unabhängigkeit garantierten. Ausschlaggebend für diese Entwicklung waren jedoch primär poetolog. Gründe. K. wollte in einer unmittelbareren Form, die zgl. alle Darstellungsfreiheiten bot, sich seiner selbst u. der Welt vergewissern. Die Reiseessays (*Empfindsame Reisen. Nach Rußland und anderswohin.* Stgt. 1958. *Amerikafahrt.* Stgt. 1959. *Reisen nach Frankreich.* Stgt. 1961), der Romanprosa strukturell ähnlich, erneuern u. variieren die klass. Tradition des literarisierten Reiseberichts.

Auch hier werden weniger Schauplätze beschrieben u. Topographien gegeben (K., der Flaneur, reist »nicht um anzukommen«); vielmehr werden sehr subjektiv immer wieder auch persönl. Bedrängnisse u. Leiden wie Angst, Einsamkeit u. Tod in Träumen u. realen Erfahrungen auf die scheinbar schönen Bilder projiziert, um sie zu zerstören.

Erst mit dem virtuosen Prosastück *Jugend* (Ffm. 1976) erreichte der bis dahin im Schatten der bekannten dt. Nachkriegsautoren stehende K. den Durchbruch in der literar. Öffentlichkeit. *Jugend* ist, obschon autobiographisch inspiriert, phantasmagor. Dichtung über die »erlittene« Jugend. K. imaginiert, überwiegend in Ich-Erzählform, in 54 nicht chronologisch angeordneten kurzen u. kürzeren, stilistisch bewußt uneinheitl., eine Rondoform bildenden Abschnitten die Stationen seiner Jugend zwischen etwa 1908 u. 1924. Er fiktionalisiert die reale Geschichte wie die subjektiven Erlebnisse, schafft ein bzw. mehrere (aufgespaltene) Erzählsubjekte. Die Sprache ist metaphern- u. bilderreich u. stellt, verstärkt durch vielfache Anspielungen u. Zitate, eine Hommage an den Expressionismus dar.

Das Erzähler-Ich, »von Anbeginn verurteilt« u. traumatisiert durch Bilder des Schreckens u. des Todes, gegen die es anschreibt, erinnert die schmerzl. Auseinandersetzung mit der Mutter auf dem Hintergrund gelegentlich blasphemisch dargestellter bibl. Geschichte u. Heilsgeschichte. Es zeigt die Entstehung des Syndroms quälender Leiblichkeit u. Sexualität u. exponierten Außenseitertums zwischen allen Klassen, die negativ determinierende Sozialisation des unehel. Kindes in der Familie der Großmutter u. angsterfüllten Mutter sowie in den Gewalt repräsentierenden gesellschaftl. Institutionen von der Schule bis zum Militär: »Jugend ist die Klage um das sowohl gesellschaftlich zerstörte Leben, als auch um das in der ästhetischen Existenz immer schon verlorene, eingebettet in die Klage um das verlorene Paradies« (Martin Hielscher).

Der 1981 erschienene Band *Die elenden Skribenten* (Ffm.) sowie die Bände fünf u. sechs der *Gesammelten Werke in sechs Bänden* (Hg. Marcel Reich-Ranicki in Zusammenarbeit mit Dagmar von Briel u. Hans-Ulrich Treichel. Ffm. 1986) ermöglichten erstmals einen Überblick über die lange Zeit unterschätzte Publizistik, Kurzessayistik u. Literaturkritik seit Anfang der 30er Jahre. Porträts von Schriftstellern, subjektiv gefärbte literaturkrit. Texte, Berichte u. Essays lassen das dichterische Selbstverständnis K.s vor allem in den Bildern verzweifelter Außenseitergenies wie Büchner u. Grabbe deutlich hervorscheinen.

K.s Werke sind existentielle, extrem individualistische u. sich jeder ideolog. Vereinnahmung verweigernde, von der subjektiven Erfahrung der Vaterlosigkeit (»ein Emigrant bei meiner Geburt«), des wilhelmin. Gewaltsystems, von Krieg u. Novemberrevolution, von der Großstadt Berlin in der Weimarer Republik u. schließlich vom Faschismus geprägte Versuche zur Identitätsfindung. Die Rollenwechsel des sich in allen Werken hinter fingierten Ichs verbergenden Dichters verweisen auf die Identitätsproblematik des vorgeblich »heiteren Melancholikers« (so K.s Selbstcharakteristik). Sie lassen die Schwäche vor dem Leben als Kehrseite einer durch u. durch literar. Existenz (»Ich lebe in einem Roman«) erkennen, für die Schreiben Handeln ist.

Die Prosa K.s, der eine spezif. Wahrheit jenseits der realen Geschichte u. Politik eignet, ist durchweg autoreferentiell; sie thematisiert ihre Form, Sprache u. Subjektivität stets mit. Im ständigen Aufbau von Sinnbezügen u. deren Zerstörung sowie im »mythischen Blick«, der zgl. die Gefährdungen myth. Denkens offenlegt, spiegelt sie die Erfahrungskrise des Subjekts. Gekennzeichnet von einem Referenzsystem aus Literatur u. mytholog. Zitaten, bedeutet K.s Prosa – oft als manieristisch mißverstanden – fortwährende Selbstreflexion, auch Reflexion des Schreibens. K. hat damit wesentl. Anteil am Diskurs über die »Romankrise« seit der Jahrhundertwende.

Weitere Werke: New York. Stgt. 1961 (mit autobiogr. Nachw.). – New York. Mchn./Ahrbeck 1961. – Romanisches Café. Erzählende Prosa. Ffm. 1972. – Morgenrot. Ffm. 1987 (P.). – Angst. Erzählende Prosa. Ffm. 1987. – Von dem Machandelboom. Ein Märchen v. Philipp Otto Runge. Mit einer Nacherzählung u. einem Nachw. v. W. K. Ffm. 1987.

Literatur: *Sammelbände:* Text + Kritik 34 (1972). – Ulrich Greiner (Hg.): Über W. K. Ffm. 1976. – Eckart Oehlenschläger (Hg.): W. K. Ffm. 1987 (mit maßgebl. Bibliogr. v. Alfred Estermann). – *Weitere Titel:* Dietrich Erlach: W. K. als zeitkrit. Erzähler. Uppsala 1973. – Manfred Koch: W. K. Lit. zwischen

Nonkonformismus u. Resignation. Stgt. 1973. – Jean-Paul Mauranges: W. K. Littérature sans frontières. Bern/Ffm. 1978. – Gerhard vom Hofe u. Peter Pfaff: Das Elend des Polyphem. Zum Thema der Subjektivität bei Thomas Bernhard, Peter Handke, W. K. u. Botho Strauß. Königst./Taunus 1980. – Hartmut Buchholz: Eine eigene Wahrheit. Über W. K.s Romantrilogie. Ffm./Bern 1982. – Stanley Craven: W. K. A Study in Modernist Alienation. Stgt. 1982. – Thomas Richner: ›Der Tod in Rom‹. Eine existential-psycholog. Analyse v. W. K.s Roman. Zürich/Mchn. 1982. – Alfred Estermann: W. K. Begleith. zur Ausstellung der Stadt- u. Universitätsbibl. Ffm. 1982. – Richard Landon Gunn: Art and Politics in W. K.s Postwar Trilogy. Ffm./Bern 1983. – Carol Hanbidge: The Transformation of Failure. A Critical Analysis of Character Presentation in the Novels of W. K. Bern/Ffm. 1983. – Dietmar Voss: Wahrheit u. Erfahrung im ästhet. Diskurs. Studien zu Hegel, Benjamin, K. Ffm./Bern 1983. – Hans Ulrich Treichel: Fragment ohne Ende. Eine Studie über W. K. Heidelb. 1984. – Bernhard Uske: Gesch. u. ästhet. Verhalten. Das Werk W. K.s Ffm./Bern 1984. – Karl-Heinz Götze: W. K. ›Das Treibhaus‹. Mchn. 1985. – Hermann Schlösser: Reiseform des Geschriebenen. Selbsterfahrung u. Weltdarstellung in Reisebüchern W. K.s, Rolf Dieter Brinkmanns u. Hubert Fichtes. Wien 1987. – Martin Hielscher: W. K. Mchn. 1988. – Ders.: Zitierte Moderne. Poet. Erfahrung u. Reflexion in W. K.s Nachkriegsromanen u. in ›Jugend‹. Heidelb. 1988.

Wilhelm Haefs

Koerber, Lenka von, eigentl.: Helene von der Leyen, * 16. 3. 1888 Niedeck (Kreis Strasburg/Westpreußen), † 21. 7. 1958 Leipzig. – Journalistin, Erzählerin, Jugendbuchautorin.

Die Tochter eines Rittergutsbesitzers studierte kurze Zeit Malerei in Berlin (1911) u. lebte danach bis 1914 in London; ab 1920 war sie journalistisch tätig. 1925–1933 arbeitete K. als Sozialarbeiterin in Gefangenenanstalten u. war eine der ersten Jugendschöffinnen in Deutschland. Unter den Nationalsozialisten erhielt sie Berufsverbot. Nach dem Krieg lebte sie in Leipzig, aktiv am Aufbau der DDR beteiligt.

K. setzte sich frühzeitig für die Interessen der Arbeiterbewegung ein, v. a. durch ihren Kampf gegen das bürgerl. Strafrecht. Ihre Reportagen *Meine Erlebnisse unter Strafgefangenen* (Stgt. 1928) u. *Menschen im Zuchthaus* (Ffm. 1930) fanden großen Widerhall. Das Reisebuch *Sowjetrußland kämpft gegen das Verbrechen* (Reinb. 1933), in dem K. Eindrücke von ihrer Rußlandreise zusammenfaßte, konnte 1933 noch kurz vor der Machtergreifung der Nationalsozialisten erscheinen, bevor alle ihre Bücher eingezogen wurden. Nach dem Krieg versuchte sie v. a. die Jugend neu zu orientieren u. verfaßte Bücher über die gefährdete Nachkriegsjugend sowie zur kulturellen Neubesinnung, z. B. *Verirrte Jugend* (Bln. 1952) u. *Wir singen Bach* (Bln. 1954). K. war mit Käthe Kollwitz befreundet.

Weitere Werke: Agnes geht den schmalen Weg. Schwerin 1956 (E.). – Erlebtes mit Käthe Kollwitz. Bln. 1957 (Autobiogr.).

Christian Schwarz

Körber, Lilli, * 25. 2. 1897 Moskau, † 11. 10. 1982 New York. – Romanschriftstellerin.

Ihre frühe Jugend verbrachte die Tochter einer Polin u. eines österr. Kaufmanns in Moskau. Von dort mußte die Familie 1915 über Berlin in die Schweiz emigrieren. Ab 1917 studierte K. in Wien Literaturgeschichte, 1923 beendete sie ihr Studium in Frankfurt/M. mit einer Promotion über die Lyrik Franz Werfels. Anschließend kehrte sie nach Wien zurück, mußte jedoch erneut 1938 emigrieren, erst nach Frankreich, 1941 nach New York, wo sie lange als Krankenschwester arbeitete.

Die Biographie K.s trägt viel zur Motivation u. Erklärung ihrer Bücher bei: 1932 erschien bei Rowohlt der Reportageroman *Eine Frau erlebt den roten Alltag* (Bln.), der einen Aufenthalt der Autorin als Fabrikarbeiterin in der Sowjetunion dokumentiert u. sie sofort berühmt machte. In ihrem nächsten aufsehenerregenden Buch *Eine Jüdin erlebt das neue Deutschland* (Wien 1934. Neuausg. u. d. T. *Die Ehe der Ruth Gompertz*. Mannh. 1984) läßt sie den Leser die Auswirkungen des nationalsozialistischen Terrors auf eine jüd. Schauspielerin miterleben, deren Verzweiflung sie schließlich in den Freitod treibt. Ein dokumentar. u. humanitäres Interesse dominiert in K.s Schriften, literar. Gegenwelten werden nicht kontemplativ entworfen, sondern Erzählrahmen u. literar. Figuren reflektieren sensibel u. ohne Pathos polit. Ereignisse u. historisch exakt erfaßbare Wirklichkeit.

Weitere Werke: Sato-San, ein japan. Held. Wien 1936 (R.). – Begegnungen im Fernen Osten. Budapest 1936. London 1937. – Ein Amerikaner entdeckt Rußland. New York 1942.

Dorothea Bolte

Körner, *Koerner*, Christian Gottfried, * 2. 7. 1756 Leipzig, † 13. 5. 1832 Berlin; Grabstätte: Wöbbelin/Mecklenburg. – Verfasser ästhetischer, literaturkritischer u. politischer Schriften.

Der Sohn des Leipziger Theologie-Professors u. Predigers der Thomasgemeinde Johann Gottfried Körner (1726-1785) besuchte nach der Nicolai- u. Thomasschule in Leipzig die Fürstenschule in Grimma, bevor er 1772-1776 in Leipzig Philologie u. Philosophie (bei Platner u. Garve) sowie Jura u. Nationalökonomie, Mathematik u. Technologie studierte. 1776-1778 in Göttingen, promovierte K. 1778 in Leipzig zum Magister artium u. 1779 zum Dr. jur. Nach der juristischen Habilitation hielt er Vorlesungen über Naturrecht, polit. Ökonomie u. Technologie, wurde 1781 Konsistorialadvokat u. 1783 Oberkonsistorialrat.

Gemeinsam mit seiner Braut Anna Maria Jacobine Stock, seiner späteren Schwägerin Dora u. deren Verehrer Ludwig Ferdinand Huber bildete man einen literar. Zirkel, der sich der gegen die Leipziger Gottschedschule gerichteten Modeliteratur widmete. Im Mai 1784 wurde Kontakt zu dem in Mannheim mit poetischen u. finanziellen Problemen ringenden Schiller hergestellt, der sich vom 17. 4. 1785 an in Leipzig bei K. aufhielt. Von März 1785 bis 1787 war K. Gesellschafter des Göschen-Verlags, welchem er Schillers Werke zum Druck empfahl. Im Sept. siedelte Schiller mit den seit dem 7. 8. 1785 Vermählten nach Dresden um, wo u. a. das aus K.s profunden Kenntnissen der europ. okkulten Bewegung schöpfende Romanfragment *Der Geisterseher* entstand. K.s Haus galt als Treffpunkt der geistigen Welt Sachsens, in dem seit den 90er Jahren Goethe u. Wilhelm von Humboldt verkehrten u. wo später Oehlenschläger u. Kleist lasen. Dort regelmäßig stattfindende Veranstaltungen zogen die Brüder Schlegel, Tieck, Novalis, Tischbein, Kügelgen u. die Komponisten Naumann u. Hiller an.

Ab 1790 als Kurfürstlich Sächsischer Appellationsrat über ein gesichertes Auskommen verfügend, trat K. wie sein berühmter Dichter-Sohn Theodor für die Interessen Preußens ein u. wurde nach dem Herbstfeldzug 1813 zum Gouvernementsrat in Dresden ernannt. Aufgrund der Restituierung Friedrich Augusts III. verließ K. Sachsen u. wechselte auf Vermittlung Humboldts ins preuß. Bildungsministerium nach Berlin.

Selbst Mitgl. der Zelterschen Singakademie, berief K. 1820 den seit 1818 die Jüngere Liedertafel leitenden Joseph Klein, für den er 1805 das Libretto des Oratoriums *David* (1830 uraufg.) verfaßt hatte, zum Professor für Komposition an die neugegründete Schule für Kirchenmusik sowie zum Universitätmusikdirektor.

Zweifellos stand K.s schriftstellerische Tätigkeit hinter seiner Beamtenkarriere zurück, doch erregten seine auf Schillers Anregungen zurückgehenden u. überwiegend in dessen Zeitschrift »Thalia« u. in den »Horen« erschienenen Aufsätze u. Kritiken das Interesse der lesenden Welt. Sein erster publizierter Aufsatz *Über die Freiheit des Dichters bei der Wahl seines Stoffs* (in: Thalia, 1789) verteidigt Schillers Gedicht *Die Götter Griechenlands* gegen Friedrich Leopold von Stolbergs auf Häresie zielende Kritik. In seinem 1795 in den »Horen« erschienenen Aufsatz *Über die Charakterdarstellung in der Musik*, einem der bedeutendsten Beiträge zur Musikästhetik der Weimarer Klassik, erfährt Mozarts Instrumentalmusik eine erste Würdigung als absolute Musik. Hier wie in dem Pendant *Über die Bedeutung des Tanzes* (in: Phöbus, 1808) entwikkelt K. als ästhetisches Wirkungsphänomen den Begriff des »freien Schwebens des Körpers«, der den zentralen Terminus der antigraven Eigenschaft in Kleists berühmtem, zwei Jahre später verfaßtem Marionettenaufsatz vorwegnimmt. Seine frühen Aufsätze sammelte K. u. gab sie, um neue vermehrt, als *Ästhetische Ansichten* (Lpz. 1808) bei Göschen heraus.

Der 1807 verfaßte, in dieser Sammlung erstveröffentlichte Aufsatz *Über das Lustspiel* unterscheidet Tragödie u. Komödie hinsichtlich des ihnen inhärenten heroischen oder kindl. Charakters u. betont die inhaltl. Gestaltungskomponente gegenüber stofflich formalen Kriterien: »Nicht der Gegenstand, sondern die Behandlung« entscheidet über die Gattungszugehörigkeit. Diesen Standpunkt erläutert K. auch in seinem 1812 in Schlegels »Deutschem Museum« erschienenen Aufsatz *Über die Deutsche Litteratur.* 1812 begann er mit der bereits kurze Zeit nach Schillers Tod geplanten Gesamtausgabe von dessen Werken (*Schillers Werke.* 20 Bde., Stgt. 1812-18). Sein 1811 Goethe zur ersten Einsicht geschicktes biographisches Vorwort *Nachrichten zu Schillers Leben* (Bd. 1, S. I-LVIII) bietet die erste verläßl. Biographie seines Freundes. Von literaturwissenschaftl. Bedeutung ist auch die mit einer

Biographie eingeleitete Edition des lyr. Vermächtnisses seines Sohnes (*Leyer und Schwerd*. Bln. 1814), dessen *Poetischen Nachlaß* (2 Bde., Lpz. 1814/15) K. später folgen ließ.

Der literaturhistorisch bedeutende *Briefwechsel zwischen Schiller und Koerner* (Hg. Ludwig Geiger. 4 Bde., Stgt. 1893) gibt nicht nur wichtige Aufschlüsse über Schillers Werk, sondern auch über dessen Lebensumstände. Berühmt wurden aus dieser Korrespondenz die im Winter 1792/93 gewechselten sog. *Kallias*-Briefe, die einzigen Textdokumente für eine 1792 von Schiller geplante Schrift *Kallias, oder über die Schönheit*. Von K. wiederholt zum Studium der Philosophie Immanuel Kants angeregt, kritisierte Schiller die in der *Kritik der Urteilskraft* (1790) entfaltete Ästhetik mit dem Versuch einer aprior. Bestimmung des Schönen: »Schönheit ist also nichts anders als Freiheit in der Erscheinung« (8. 2. 1793). Dagegen machte K. geltend: »Dein Prinzip der Schönheit ist bloß subjektiv; es beruht auf der Autonomie, welche zu der gegebenen Erscheinung hinzugedacht wird« (15. 2. 1793).

Da Schiller trotz wiederholter Versuche gegen diesen Einwand einen von der Empirie unabhängigen Schönheitsbegriff nicht zu konstituieren vermochte, blieb sein *Kallias*-Dialog unvollendet.

WEITERE WERKE: Versuche über Gegenstände der innern Staatsverwaltung [...] – Dtschld.s Hoffnungen. Lpz. 1813. – Für dt. Frauen. Bln./Stettin 1824. – Körner's des Älteren Schr.en. Hg. Carl Barth. Nürnb. 1859. – C. G. K.s Ges. Schr.en. Hg. Adolph Stern. Lpz. 1881.

LITERATUR: Fritz Jonas: K. Biogr. Nachrichten über ihn u. sein Haus. Bln. 1882. – Heinrich Pröhle: Abh.en über Goethe Schiller Bürger u. einige ihrer Freunde. Potsdam 1889. – T. C. van Stockum: K. als Berater Schillers. In: Neoph. (1955). – Wolfgang Seifert: C. G. K. Ein Musikästhetiker der Dt. Klassik. Regensb. 1960. – Johannes Mittenzwei: Schillers ›musikal.‹ Briefw. mit K. In: Ders.: Das Musikalische in der Lit. Halle 1962. – Joseph P. Bauke: K. Portrait of a Literary Man. Diss. Columbia Univ. 1963. – Ders: K. u. F. Schlegel. Ein unbekannter Kommentar zu Schlegels Frühschr. In: Schiller-Jb. 7 (1963). – Werner Kohlschmidt: ›Geist, geistreich‹. Zu Schillers u. K.s Auseinandersetzung über Geist u. Kritik. In: Ders.: Dichter, Tradition u. Zeitgeist. Bern/Mchn. 1965. – J. P. Bauke: Der Heiland aus Paris. Ein unveröffentl. Briefw. zwischen K., Karl Graf Schönburg-Glauchau u. J. C. Lavater. In: Schiller-Jb. 10 (1966). – Albert James Camigliano: F. Schiller and K. A Critical Relationship. Stgt. 1976. – Peter Weber: Die Freundschaft zwischen Schiller u. K. [...]. In: Impulse 5 (1982). – Rüdiger Görner: Charakter u. Grazie. Einflüsse C. G. K.s auf Kleists ›Marionettentheater‹? In: LitJb (1983).

Andreas Meier

Körner, Josef, * 15. 4. 1888 Rohatetz bei Göding/Südmähren, † 9. 5. 1950 Liboč bei Prag; Grabstätte: Prag-Strašnice, Neuer Jüdischer Friedhof. – Germanist.

Der Sohn eines Gutsverwalters studierte in Wien u. Prag bei Jakob Minor, Josef Seemüller u. August Sauer. Er promovierte 1910 u. legte 1911 das Lehramtsexamen ab, war Realschullehrer u. wurde 1919 Gymnasialprofessor in Prag. Ein erster Habilitationsversuch scheiterte 1924; erst 1930 wurde K. gegen den Willen des antisemitischen Herbert Cysarz – des Nachfolgers von Sauer in Prag – als Privatdozent zugelassen. 1930-1938 war K. an der Deutschen Universität Prag Titularprofessor; Anfang 1939 wurde ihm, dem Juden, die venia legendi entzogen. Bis zu seiner Internierung in Theresienstadt Ende 1944 blieb K. Privatgelehrter. Nach dem Krieg lebte er schwerkrank u. unter drükkenden materiellen Verhältnissen als geächteter Deutscher wieder in Prag.

Als Rezensent wie als Herausgeber u. Autor widmete sich K. überwiegend der Romantikforschung, die er wiederholt mit fachgeschichtl. u. interdisziplinären sowie methodolog. Fragestellungen verband, so bereits in seinem ersten Buch *Nibelungenforschungen der deutschen Romantik* (Lpz. 1911. Neudr. Darmst. 1968) u. in seinem Abriß *Die Renaissance des germanischen Altertums* (in: Zeitschrift für den Deutschunterricht 27, 1913, S. 1-29). Von größter Bedeutung für die literarhistor. Bewertung der Frühromantik ist immer noch K.s Fund der Korrespondenz August Wilhelm Schlegels aus den Jahren 1804 bis 1812 auf Schloß Coppet am Genfer See. Eine Auswahl aus den nahezu 3000 Briefen veröffentlichte K. u. d. T. *Krisenjahre der Frühromantik. Briefe aus dem Schlegelkreis* (2 Bde., Brünn 1936/37. Neudr. Bern 1969); ein Erläuterungsband konnte nicht mehr fertiggestellt werden (postum 1958).

K.s akrib. Recherchen u. seine umfassende Quellenkenntnis sind dokumentiert in seinem noch heute zu Rate zu ziehenden *Bibliographischen Handbuch des deutschen Schrifttums* (Bern 1949. Neudr. der 3. Aufl. 1966). Der Nachlaß befindet sich an der Universität Bonn.

WEITERE WERKE: Arthur Schnitzlers Gestalten u. Probleme. Zürich 1921. – Romantiker u. Klassiker. Die Brüder Schlegel in ihren Beziehungen zu Schiller u. Goethe. Bln. 1924. Neudr. Darmst. 1971. – Goethes Mondlied. Ein Deutungsversuch. Bln. 1936. – Einf. in die Poetik. Ffm. 1949. ³1968. – Marginalien. Ffm. 1950. – Arthur Schnitzler: Briefe an J. K. In: LuK 2 (1967), S. 79-87.

Literatur: J. K. In: Dt. Rundschau 76 (1950), S. 857 f. – Robert L. Kahn: In memoriam J. K. In: MLR 58 (1963), S. 38-59. – J. K. In: ÖBL 4, S. 47. – Rüdiger Wilkening: K. In: NDB.

Rainer Kolk

Körner, (Karl) Theodor, * 23. 9. 1791 Dresden, † 26. 8. 1813 Rosenow bei Gadebusch/Mecklenburg (gefallen); Grabstätte: Wöbbelin/Mecklenburg. – Lyriker, Dramatiker.

Der Sohn von Christian Gottfried Körner empfing durch das Elternhaus, Treffpunkt der geistigen u. künstlerischen Welt Dresdens, vielfältige Anregungen. Nach Privatunterricht u. Besuch der Kreuzschule in Dresden wählte K. das Studium auf der Bergakademie in Freiberg. 1808-1810 hörte er berühmte Lehrer wie Abraham Gottlob Werner. Sein Interesse wandte sich aber vom prakt. Bergbau dessen Hilfswissenschaften zu. Zugleich trat seine Neigung zur Dichtung stärker hervor; mit Unterstützung des Vaters erschien die Gedichtsammlung *Knospen* (Lpz. 1810). K.s Projekt eines »Taschenbuchs für Christen« scheiterte. Ab Aug. 1810 studierte er in Leipzig Jura, war aber in zahlreiche studentische Händel verwickelt, so daß er im März 1811 floh, um drohender Verfolgung zu entgehen. Ein Studium in Berlin gab er krankheitshalber auf. K.s Vater beschloß, durch einen Ortswechsel das Studium des Sohns in ruhigere Bahnen zu lenken u. schickte ihn im Aug. 1811 nach Wien, wo K. v. a. Geschichte studierte. Neben gesellschaftl. Kontakten (u. a. zu Wilhelm von Humboldt, Friedrich Schlegel, Karoline Pichler) entstanden Lustspiele (u. a. *Die Braut, Der grüne Domino, Der Nachtwächter*), deren Aufführung ihm erste Anerkennung brachte. 1812 verfaßte er in schneller Folge u. a. die Dramen *Toni, Die Sühne, Rosamunde* u. *Zriny*. Im Sommer verlobte er sich mit der bekannten Hofschauspielerin Antonie Adamberger. Der Bühnenerfolg (v. a. von *Zriny*) verhalf ihm im Jan. 1813 zur Anstellung als Dichter am Burgtheater. Die polit. Situation wandelte sich jedoch mit Napoleons Rußlandfeldzug u. Niederlage. Auch der begeisterungsfähige K. wurde von der gesamteurop. Welle der Empörung mitgerissen. Am 19. März trat er in Breslau in das Lützowsche Freikorps ein. Eine erste schwere Verwundung empfing K. am 17. Juni in Kitzen bei Leipzig, stieß aber Mitte August wieder zur Truppe. Nördlich von Schwerin wurde er tödlich verwundet.

K.s allzu rasche u. recht umfangreiche Produktion u. die begeisterte Aufnahme seiner Dramen u. Gedichte stehen in umgekehrtem Verhältnis zu ihrer literar. Bedeutung (bereits Humboldt kritisierte ihre Oberflächlichkeit). Seine *Knospen* sind ein Jugendwerk mit allen Vorzügen u. Schwächen; K. lehnt sich deutlich an Vorbilder wie Goethe u. vor allem Schiller an. Es sind in erster Linie seine Erfahrungen während des Bergbaustudiums u. religiöse Gedanken, die er poetisch umsetzt. Themen wie Natur u. Liebessehnsucht sind romantisch getönt. *Die Braut* u. *Der grüne Domino* sind spielbare, aber anspruchslose Stücke, die sich von anderen Verwechslungskomödien der Zeit (etwa von Kotzebue) kaum abheben. Die Posse *Der Nachtwächter*, in der der Nachtwächter Schwalbe Röschen heiraten will, aber durch die Studenten Wachtel u. Zeisig hintergangen wird, geht auf Studentenulks zurück, die K. sicher aus Freiberg u. Leipzig kannte. Stark durch Kleists Novelle *Die Verlobung in St. Domingo* beeinflußt ist *Toni*. Allerdings nimmt der glückl. Ausgang, den K. dem Stück gibt, die trag. Spannung, die die Vorlage auszeichnet (was schon Tieck in einer ausführl. Rezension hervorhob). Ob *Zriny* der »bleibendste Wert unter Körners dramatischen Arbeiten, wenigstens als Gedicht« (so Schlegel in seinem Nachruf) zukommt, darf heute bezweifelt werden. Bereits die Zeitgenossen faßten das Stück als ungarisches Nationaldrama auf, u. als solches hatte es seine Wirkung. Gleichwohl blieben seine kompositor. Schwächen nicht verborgen (wie etwa der monströse Schluß).

Ein längeres Nachleben war hingegen K.s Liedern beschieden. Noch im Todesjahr erschienen *Zwölf freie deutsche Gedichte* (o. O.). Die vom Vater herausgegebene Sammlung *Leyer und Schwerdt* (Bln. 1814) erlebte bis 1834 sieben Auflagen u. danach weitere Ausgaben, Nachdrucke u. Vertonungen. Es sind Gelegenheitsgedichte im besten Sinn, da K. in ihnen seine Erlebnisse u. Stimmungen als Lützowscher Jäger unmittelbar eingefangen u. in eine die Zeitstimmung u. -umstände genau spiegelnde Symbolik verwandelt hat (*Durch*, *Reiterlied*, *Lützows wilde Jagd*). Mit ihnen kann K. mit Arndt, Schenkendorf, Uhland, Rückert als einer der ausdrucksstärksten Dichter der Freiheitskriege gelten. Sein Andenken wurde außerdem durch die Körner-Eiche in Wöbbelin u. andere Ehrenmale sowie durch Vertonungen seiner Lyrik wachgehalten. Im 20. Jh., v. a. nach dem Ersten Weltkrieg, ging das Interesse an K. stark zurück.

Ausgaben: Sämmtl. Werke. Hg. Karl Streckfuß. Bln. 1834. – Werke. Hg. Adolf Stern. 3 Bde., Stgt. 1890/91. – Werke. Hg. Hans Zimmer. 2 Bde., Lpz. 1893. [2]1916. – Briefw. mit den Seinen. Hg. Augusta Weldler-Steinberg. Lpz. 1910.

Literatur: Wurzbach 12. – Hasko Zimmer: Auf dem Altar des Vaterlandes. Religion u. Patriotismus in der dt. Kriegslyrik des 19. Jh. Ffm. 1971. – Erhard Jöst: Der Heldentod des Dichters T. K. Der Einfluß eines Mythos auf die Rezeption einer Lyrik u. ihre literar. Kritik. In: Orbis litterarum 32 (1977), S. 310-340. *Detlef Haberland*

Körner, Wolfgang, * 26. 10. 1937 Breslau. – Erzähler, Hörspiel- u. Drehbuchautor.

K. besuchte in der DDR das Gymnasium. Mit den Eltern floh er in die BR Deutschland u. lebt seit 1952 in Dortmund. Er war als Sachbearbeiter im Sozialamt, Geschäftsführer der Volkshochschule u. schließlich im Kulturamt tätig; seit 1980 lebt K. als freier Autor. Er war jahrelang Mitgl. der Gruppe 61.

K. verarbeitet in seinen Texten berufl. Erfahrungen, wobei exakte psycholog. Charakterisierung u. Gesellschaftskritik mit der Lust am Fabulieren abwechseln. Sein Roman *Versetzung* (Recklinghausen 1966) wurde als »erster deutscher Roman der modernen Verwaltungswelt« bezeichnet. Hagen, die Hauptfigur, setzt sich aus sozialem Engagement über den Dienstweg hinweg; am Ende scheitert er. Sprachkritische Züge weist auch der Roman *Nowack* (Düsseld. 1969) auf, der die Geschichte eines sich der Leistungsgesellschaft verweigernden Fotografen erzählt: die in den Phrasen der Werbesprache, der Welt der Arbeit u. Politik liegende Inhumanität wird offengelegt. Eine Synthese von realistischer u. phantastischer Erzählweise legte K. mit dem Roman *Kandinsky oder Ein langer warmer Sommer* (Mchn. 1984) vor; die Welt scheint hier als »wunderbares Chaos« (Körner), in dem jedes Wesen seinem Gesetz zufolge handeln muß.

Weitere Werke: Die Zeit mit Harry. Dortm. 1970. – Der Weg nach Drüben. Recklinghausen 1976. – Und jetzt die Freiheit. Ebd. 1977. – Ich gehe nach München. Ravensburg 1977. – Im Westen zu Hause. Recklinghausen 1978. – Willkommen in der Wirklichkeit. Mchn. 1987. – Der einzig wahre Karriere-Ratgeber. Über Leichen zum Erfolg. Reinb. 1988.

Literatur: Ursula Kirchhoff: W. K. In: Informationen zur Sprache u. Literaturdidaktik 31 (1981), S. 113-129. – Inge Meidinger-Geise: K. In: KLG. *Helmut Blazek*

Körner, Wolfgang Hermann, * 30. 6. 1941 Sindelfingen/Württemberg. – Erzähler, Romancier u. Hörspielautor.

K. studierte nach dem Abitur Bauwesen in München u. Berlin, brach sein Studium nach dem Vordiplom 1967 ab u. lebte 1973-1978 in Ägypten. Er wohnt als freischaffender Schriftsteller in Neumagen/Mosel.

Zivilisationsüberdruß, die Hypothek des Dritten Reichs, die »schrankenlosen Verbrechen« der Vergangenheit u. Gegenwart, Weltuntergangsphantasien, Gefahren u. Chancen der zunehmenden Technisierung sind Probleme, die K. seit dem Geschichtenband mit dem ironisch gemeinten Titel *Normalfälle* (Neuwied/Bln. 1967) thematisiert.

Im Roman *Katt im Glück* (Darmst./Neuwied 1967) stellte er den Typ des Aussteigers dar, der sich dem Druck der Leistungsgesellschaft entzieht. Dies ist der Weg vieler Protagonisten K.s: Vom Aussteiger Katt zum Totalverweigerer Flaig in der Erzählung *Der Eremit* (Ffm. 1985) ist es nur ein Schritt.

K.s Werke intendieren die Aufhebung der sozialen Gegensätze: Der Debütroman *Krautgärten* (Neuwied/Bln. 1970) stellt sich die Aufgabe, »Schranken niederzureißen, mit alten Kategorien aufzuräumen«. Die *Ägyptischen Träume* (Bln. 1980) sprechen von einer gerechten Weltordnung, in der »alle Menschen dieser Erde bescheiden, glücklich, gleichberechtigt« leben könnten. K. hat diese Kurzprosa – durchaus sendungsbewußt – im Untertitel als *Tractatus logico-philosophicus Germanicus* bezeichnet.

Leitbilder sind Nikolaus von Kues u. sein Prinzip des »Zusammenfalls der Gegensätze« (Coincidentia oppositorum), sowie – nicht explizit – Charles Percy Snow mit seinen Thesen zur Überwindung der Kluft zwischen den »zwei Kulturen« Wissenschaft u. Literatur. In den Erzählungen *Die Nilfahrt* (Ffm. 1984), *Der Eremit* u. *Das Weinschiff* (Ffm. 1987) versucht K., literar. u. wissenschaftl. Rede zu kombinieren, eine Synthese zwischen naturwissenschaftlich-techn. u. künstlerisch-geisteswissenschaftl. Intelligenz zu erreichen. Gemeinsam ist ihnen, daß sie, indem sie die Welt beschreiben, nicht abbildend, sondern schöpferisch tätig sind: »Wer formuliert, entwirft und setzt in die Welt.«

Weitere Werke: Die Verschwörung v. Berburg. Neuwied/Bln. 1971 (Kriminalroman). – *Hörspiele:* Spiegelbild. 1970. – Fünfsatzspiel. 1971. – Dokumentation. 1971. – Ich will den Fischen vom Wasser erzählen. Wiesb. 1980. SWF 1980.

Lutz Hagestedt

Körte, (Friedrich Heinrich) Wilhelm, * 24. 3. 1776 Aschersleben, † 28. 1. 1846 Halberstadt. – Literarhistoriker.

K.s wissenschaftl. Wirken ist eng an das Lebenswerk Gleims, der sein Großonkel war, gebunden. Nach einem Jurastudium in Halle (1796-1799) widmete er sich ganz seinen literar. Interessen, promovierte zum Dr. phil. u. nahm sich seit dem Tod Gleims dessen Nachlasses an. Als Verwalter u. Herausgeber eines für das literar. Leben des 18. Jh. unschätzbaren handschriftl. Materials hat er bedeutenden Anteil an der Aufdeckung der vielfachen Literaturbeziehungen des Dichters, Kunstförderers u. Mäzens Gleim.

K.s erste Edition galt Gleims Freund Ewald Christian von Kleist. Die *Sämmtlichen Werke nebst des Dichters Leben aus seinen Briefen an Gleim* (2 Bde., Bln. 1803) läßt philologisch zwar zu wünschen übrig, findet indes wegen der darin mitgeteilten u. seitdem verlorengegangenen handschriftl. Quellen weiterhin Beachtung. Dasselbe gilt in stärkerem Maß für K.s Gleim-Editionen. Seine Publikationen »aus Gleims literarischem Nachlasse« von 1804 (*Briefe der Schweitzer, Bodmer, Sulzer, Gessner.* Zürich), von 1805/06 (*Briefe Teutscher Gelehrter.* 3 Bde., ebd.) u. von 1810 (*Gleims Fabeln und Erzählungen.* Halberst.) münden ein in die immer noch grundlegende Ausgabe der *Sämmtlichen Werke* (7 Bde., 1 Suppl.-Bd., Halberst. 1811-13 u. 1841. Neudr. Hildesh. 1971).

K.s Stärke lag in dieser archival. Editionsarbeit; seine Werke von 1820 (*Das Leben L. N. M. Carnot ...].* Lpz.) u. 1833 (*Leben und Studien F. A. Wolfs.* 2 Bde., Essen) zeugen davon ebenso wie seine kulturhistorisch interessante Sammlung *Die Sprichwörter und sprichwörtlichen Redensarten der Deutschen* (Lpz. 1837 u. ö. Neudr. Hildesh./New York 1974). Wo er sich hingegen in literar. Fehden zu Wort meldete, wie 1806 (*Kritik der Ehre, Sittlichkeit und des Rechts in F. H. Jacobi's Schrift: Was gebieten Ehre, Sittlichkeit und Recht in Absicht vertraulicher Briefe.* Zürich) oder 1808 (*J. H. Voss. ein pragmatisches Gegenwort.* Halberst.), blieb er ohne Widerhall. Zu einiger Verwirrung in der Lessing-Philologie allerdings hat sein letztes Werk (*Albrecht Thaer, sein Leben und Wirken als Arzt und Landwirth.* Lpz. 1839. Neudr. Wiesb. 1967) beigetragen: Anhand von Archivmaterial glaubte K. belegen zu können, daß mindestens die ersten 53 Paragraphen von Lessings *Erziehung des Menschengeschlechts* tatsächlich von Thaer stammten – eine Behauptung, die erst in der zweiten Hälfte dieses Jahrhunderts stringent zurückgewiesen werden konnte.

Als Philologe u. Herausgeber hat K. so Spuren hinterlassen, die in der literaturwissenschaftl. Forschung noch nicht ganz verwischt sind.

Weitere Werke: Kleiner Katechismus der Lehre vom Büchernachdruck. Halberst. 1818. – Dr. M. Luther, nicht Lutheraner, noch weniger Päpstlicher, sondern wahrhaft evang. Katholik. Potsdam 1818. – Consilia Scholastica. F. A. Wolfs Ideen über Erziehung, Schule u. Univ. Quedlinb./Lpz. 1835.

Literatur: Jürgen Stenzel (Hg.): E. C. v. Kleist: Sämtl. Werke. Anhang. Stgt. 1971 (zur Kleist-Edition). – Alfred Anger (Hg.): J. W. L. Gleim, ›Versuch in Scherzhaften Liedern‹ u. ›Lieder‹. Nach den Erstausg.n v. 1744/45 u. 1749 mit den Körteschen Fassungen im Anhang. Tüb. 1964 (zur Gleim-Edition). – Heinrich Schneider: Lessings letzte Prosaschr. In: Ders.: Lessing. Zwölf biogr. Studien. Salzb. 1950, S. 222 ff. (zu Thaer/Lessing).

Klaus Bohnen

Koestler, Arthur, auch: A. Costler, * 5. 9. 1905 Budapest, † 3. 3. 1983 London. – Publizist, Essayist, Romancier.

Der Sohn einer österreichisch-ungarischen jüd. Kaufmannsfamilie wuchs zweisprachig erst in Budapest, dann in Wien auf. Ein Studium der Ingenieurwissenschaft brach er ab, um 1926 als Verfechter eines westlich orientierten Zionismus nach Palästina zu gehen. Der Versuch, in einer Kollektivsiedlung heimisch zu werden, scheiterte. Nach verschiedenen Gelegenheitsarbeiten konnte K. 1927 als Auslandskorrespondent für Ullstein in Jerusalem Fuß fassen. Im Auftrag des Verlags arbeitete er ab 1929 in Paris u. Berlin, zuletzt als wissenschaftl. Redakteur. 1931 wandte sich K. dem Marxismus zu u. trat in die KPD ein. 1932/33 unternahm er eine ausgedehnte Reise durch die UdSSR. Die folgenden Jahre des beginnenden Exils verbrachte er in Paris u. Zürich. Im Auftrag der Komintern erkundete K., ausgestattet mit den Presseausweisen einer ungarischen Zeitung u. des liberalen engl. »News Chronicle«, die Lage im Spanischen Bürgerkrieg. 1937 verhaftet, wurde er auf brit. Intervention hin nach vier Monaten wieder freigelassen. 1938 brach K. endgültig mit der Kommunistischen Partei. Er lebte in Paris, wurde zeitweilig interniert, trat in die frz. Fremdenlegion ein u. konnte 1940 vor der Gestapo nach London entkommen. Nach freiwilligem Dienst in der brit. Armee wurde er Kriegsberichterstatter. Weiteren Reisejahren mit Auslandsaufenthalten in Palästina, Frankreich u. in den USA folgte 1952 der Entschluß, in London seßhaft zu werden. Seit 1940 schrieb K. nur noch englisch.

Aufsehen erregte K. mit seinem Schwarzbuch über Spanien *Menschenopfer unerhört* (Paris 1937) u. dem Tagebuch aus der Todeszelle in Sevilla *Ein spanisches Testament* (Zürich 1938). Drei Romane über die Ethik der Revolution setzen sich mit dem Stalinismus auseinander. Der Spartakus-Roman *The Gladiators* (London 1939. Dt.: *Die Gladiatoren.* Hbg. 1948) führt das Umschlagen der Utopie in die Katastrophe vor. *Darkness at noon* (London 1940. Dt.: *Sonnenfinsternis.* Zürich 1946) gibt Einblick in das Denken eines bolschewistischen Revolutionärs der alten Garde. Rubaschow sucht nach seiner Verhaftung den Fehler in der revolutionären Logik. Die von ihm gehorsam ausgeführten Taten belasten ihn nun. Er beginnt an dem bisher für unwiderlegbar gehaltenen Grundsatz, daß der Zweck die Mittel u. auch alle Opfer rechtfertige, zu zweifeln. Dennoch bekennt er im inszenierten Tribunal nie begangene Verbrechen gegen die Partei, um ihr einen letzten Dienst zu erweisen. Der Roman *Arrival and Departure* (London 1943. Dt.: *Ein Mann springt in die Tiefe.* Zürich 1945) lotet tiefenpsychologisch frühkindl. Verstrickungen in Verrat, Schuld u. Strafbedürfnis als Antrieb zu polit. Handeln aus.

Im Kalten Krieg wurde K. zum erbitterten Antikommunisten, der den Westen zum ideolog. Kreuzzug gegen den in seinen Augen übermächtigen Osten aufrufen wollte, so auf dem »Kongreß für kulturelle Freiheit«, Berlin 1950, u. in dem Roman *The Age of Longing* (London 1951. Dt.: *Gottes Thron steht leer.* Ffm. 1951). In den 50er Jahren ergänzte K. seine autobiograph. Schriften *Ein spanisches Testament* u. *Scum of the Earth* (London 1941) um die Bände *Arrow in the Blue* (London 1951. Dt.: *Der Pfeil ins Blaue.* Wien 1953) u. *Invisible Writing* (London 1954. Dt.: *Die Geheimschrift.* Wien 1955). Sie geben eine Chronik seines Lebenswegs bis 1940 u. lassen die Radikalität der jeweiligen Neuanfänge erkennen. Politischer Scharfsinn u. psychoanalyt. Wissen fließen in dem schonungslosen, zeitgeschichtlich aufschlußreichen Bericht zusammen. Seit 1955 trat K. fast nur noch mit Themen aus der Anthropologie, Biologie, Psychologie u. Physik hervor.

Die größte öffentl. Wirkung erzielte K. in den 40er Jahren, v. a. mit dem in mehr als 30 Sprachen übersetzten u. vielfach neu aufgelegten Roman *Sonnenfinsternis.* Die in ihm entwickelte sog. »Rubaschow-Theorie der Geständnisse« fand in der Diskussion über die Moskauer Schauprozesse große Beachtung. Der Roman trug zur Niederlage der kommunistischen Partei Frankreichs, damals stärkste Partei, bei der Volksabstimmung über die Verfassung 1946 bei. Auch literarisch überragt dieses Werk die anderen Romane, in denen die Vermittlung zwischen Erfindung, Geschichte, autobiograph. Aufarbeitung u. polit. Diskurs nicht immer geglückt ist. Die Fixierung auf den *Gott, der keiner war* (*The God, that failed: Six Studies in Communism.* Hg. Richard Crossmann. London 1950. Dt.: Konstanz 1959) brachte ihm den Vorwurf ein, vom Stalinismus u. dessen rigidem Denken nicht loszukommen. Mit seinen naturwissenschaftl. Arbeiten gelang es K. wiederum, produktiv Anstoß zu erregen u. Anstöße zu geben. Er wurde für sein Werk mit mehreren Preisen

u. 1968 mit der Ehrendoktorwürde der Queen's University, Canada, ausgezeichnet.

Weitere Werke: (alle Werke unter Pseud.): Encyclopedia of Sexual Knowledge. London 1934-38. – The Yogi and the Commissar. London 1945. Dt.: Der Yogi u. der Kommissar. Esslingen 1950. – Twilight Bar. London 1945 (D.). – Thieves in the Night. London 1946. Dt.: Diebe in der Nacht. Wien 1945 (R.). – Promise and Fulfilment: Palestine 1917-49. London 1949. – The Trail of the Dinosaur. London 1955 (Ess.). – The Sleepwalkers. London 1959. Dt.: Die Nachtwandler. Bern 1959. – The Lotus and the Robot. London 1960. Dt.: Von Heiligen u. Automaten. Bern 1961 (Ess.). – Suicide of a Nation? London 1963. – The Act of Creation. London 1964. Dt.: Der göttl. Funke. Bern 1966 (Ess.). – Diesseits v. Gut u. Böse. Bern 1965 (Ess.). – The Ghost in the Machine. London 1967. Dt.: Das Gespenst in der Maschine. Wien 1968. – Ges. autobiogr. Schr.en. 2 Bde., Wien 1970/71. – The Case of the Midwife Toad. London 1971. Dt.: Der Krötenküsser. Der Fall des Biologen Paul Kammerer. Wien 1972. – The Roots of Coincidence. London 1972. Dt.: Die Wurzeln des Zufalls. Ffm. 1974. – The Call-Girls. A tragi-comedy. London 1972. Dt.: Die Herren Call-Girls. Mchn. 1975. – The Heel of Achilles. Essays 1968-73. London 1974. – Janus, a Summing Up. New York 1978. Dt.: Der Mensch – Irrläufer der Evolution. Bern 1978. – Als Zeuge der Zeit. Bern 1982 (Ausw. aus den autobiogr. Schr.en). – Stranger on the Square (zus. mit Cynthia Koestler). London 1984. Dt.: Auf fremden Plätzen. Wien 1984.

Literatur: Hans Paeschke: Chronik eines intellektuellen Revolutionärs. In: Monat 11 (1955). – John Atkins: A. K. London 1956. – Peter Alfred Huber: A. K.s Werk in literar. Sicht. Diss. Zürich 1962. – Alfred Kantorowicz: Abschied v. A. K. In: A. K.: Dt. Schicksale. Wien 1964. – J. Colder: Chronicle of Conscience. A Study of George Orwell and A. K. London 1968. – Sidney A. Pearson: A. K. Boston 1978. – Rud Merrill u. Thomas Frazier: A. K. An International Bibliography. Ann Arbor 1979. – Hilde Spiel: Das Kerzenlicht der Wahrheit. A. K. mit siebzig. In: Dies.: In meinem Garten schlendernd. Mchn. 1981. – Iain Hamilton: A. K. London 1982. – George Mikes: A. K. London 1983. – Thomas Koebner: A. K.s Abkehr vom Stalinismus. In: Exilforsch. Bd. 1, Mchn. 1983. – Norbert Schaffeld: Die Darstellung des nationalsozialist. Dtschld. im engl. Roman. Ffm. 1987.

Anneli Hartmann

Koffka, Friedrich, auch: Sincerus, Florin, * 22. 4. 1888 Berlin, † 5. 11. 1951 London. – Dramatiker, Hörspielautor.

Nach dem Jurastudium wurde K. Amtsgerichtsrat u. arbeitete bis 1933 als Richter am Kammergericht in Berlin. Ersten schriftstellerischen Erfolg erlangte er mit dem expressionistischen Drama *Kain* (Bln. 1917), das 1918 von der Reinhardtschen Versuchsbühne »Das junge Deutschland« in Berlin uraufgeführt wurde. 1938 emigrierte K. nach London, wo er als Mitarbeiter u. Sprecher der BBC tätig war. Gleichzeitig schloß er sich der von Kurt Hiller u. anderen gegründeten »Gruppe Unabhängiger Deutscher Autoren« an u. war leitendes Mitgl. des »Club 1943«, einer Gegenorganisation zum kommunistisch orientierten »Freien Deutschen Kulturbund«. Neben seiner Mitarbeit am Feuilletonteil des deutschsprachigen Organs »Die Zeitung« verfaßte K. im Exil hauptsächlich Hörspiele wie *Goethe in England* (1949) oder *Onkel Toby* (1950).

Weitere Werke: Kaiser Wilhelm II.: Zum zwanzigjährigen Regierungsjubiläum. Charlottenburg 1908 (Ess.). – Herr Oluf. Bln. 1919 (D.). – Briefe nach Elinor Gardens. London 1943. – Pamela. 1950 (Hörsp.). – Wellington. 1951 (Hörsp.).

Heiner Widdig

Kofler, Gerhard, * 11. 2. 1949 Bozen/Südtirol. – Lyriker.

K. wuchs in Brixen auf, studierte in Innsbruck u. Salzburg Germanistik u. Romanistik u. lebt als Kulturpublizist u. Autor in Wien. Er ist Mitgl. der Grazer Autorenversammlung u. der Südtiroler Autorenvereinigung. Er erhielt mehrere Stipendien u. Preise. – K. zählt zu der Norbert C. Kaser verpflichteten Generation jüngerer krit. Südtiroler Autoren. In seinen epigrammatisch kurzen, einfach gebauten Gedichten (*Südtiroler Extravaganzen*. Wien 1981. *Neue Südtiroler Extravaganzen*. Wien/Bozen 1984) arbeitet K. mit experimentellen Formelementen wie Zitat u. dem gezielten Einsatz von Hochdeutsch, Südtiroler Mundart u. Italienisch. Im Mittelpunkt von K.s oft humorvollen Wahrnehmungen, Kindheitserinnerungen u. poetischen Notaten steht die »autonome Provinz« Südtirol mit ihren polit., ethn. u. kulturellen Problemen.

Weitere Werke: Die Rückseite der Geographie. Wien/Bozen 1988 (L.). – Mexcaltitán. Gedichte in Spanisch u. Deutsch. Wien 1989.

Ursula Weyrer

Kofler, Werner, * 23. 7. 1947 Villach. – Verfasser von Prosa u. Hörspielen.

Nach dem Abbruch einer Lehrerausbildung reiste K. jahrelang durch Europa u. war in den verschiedensten Berufen tätig. Seit 1968 lebt er als freier Schriftsteller in Wien. 1969 wurde K.s erstes Hörspiel *Stimmen* im ORF gesendet. 1978 wurde er mit dem Förderungspreis zum Österreichischen Staatspreis für seinen Roman *Ida H. Eine Krankengeschichte* (Bln. 1978) ausgezeichnet. – Während K.s frühe – v. a. lyrische – Veröffentlichungen von »dunkler«, poetischer Sprache getragen sind, zeigen die späteren Arbeiten eine geänderte Literaturauffassung. Die Texte entziehen sich der eindeutigen Zuordnung zu einer Gattung. Angelehnt an experimentelle Formen, wendet K. die Technik der Collage u. Montage an: Erzählpassagen wechseln ab mit Zeitungsausschnitten, Tonbandprotokollen u. Gedichten. Gegenstand seiner Texte sind die gesellschaftl. Wirklichkeit u. die eigene Lebenswelt – mit dem Anspruch, daß sich »mit literarischen Mitteln etwas in Erfahrung bringen läßt«. Dokumentiert werden die Degradierungsrituale u. Anpassungsmechanismen, denen das Individuum ausgeliefert ist, die Bedrohlichkeit familiärer oder bürokratischer Ordnungen. In seinen jüngsten Prosawerken (*Amok und Harmonie*. Bln. 1985. *Am Schreibtisch*. Reinb. 1988) konzentriert sich K. auf die Banalitäten u. Ungeheuerlichkeiten des Alltags, die er – stilistisch angelehnt an die furiosen Schimpflitaneien Bernhards – der Lächerlichkeit preisgeben will.

Weitere Werke: Analo. Das große kleine Comix-Buch (zus. mit Friedrich Aigner). Wien 1973. – Örtl. Verhältnisse. Bln. 1973 (L. u. P.). – Guggile: Vom Bravsein u. vom Schweinigeln. Eine Materialslg. aus der Provinz. Bln. 1975. – Aus der Wildnis. Zwei Fragmente. Bln. 1980. – Zell-Arzberg. Ein Exzeß. Mchn. 1982 (D.). – Konkurrenz. Wien/Bln. 1984 (R.). – Hotel Mordschein. Drei Prosastücke. Reinb. 1989.

Literatur: Franz Schuh: W. K. u. die Sprengkraft der österr. Lit. In: Protokolle 4 (1981), S. 11-15. *Kristina Pfoser-Schewig*

Kogon, Eugen, * 2. 2. 1903 München, † 24. 12. 1987 Falkenstein. – Politischer Publizist.

Der aus einem streng kath. Elternhaus stammende K. promovierte nach dem Studium der Nationalökonomie u. Soziologie in München, Florenz u. Wien über den *Korporativstaat des Faschismus* (Wien 1927). Anschließend Redakteur in Wien, gehörte er zum Kreis um den Ständestaattheoretiker Othmar Spann. 1935 übernahm K. die Vermögensverwaltung des Hauses Sachsen-Coburg-Gotha u. kam in Deutschland zweimal wegen antinationalsozialistischer Agitation in Haft. Nach der Annektierung Österreichs wurde er im Konzentrationslager Buchenwald interniert, wo er der illegalen Lagerleitung angehörte.

Unmittelbar nach der Befreiung am 12. 4. 1945 schrieb er für die amerikan. »Psychological Warfare Division« u. in Zusammenarbeit mit anderen Buchenwald-Häftlingen einen Bericht über das Konzentrationslager Buchenwald, der die Grundlage für sein immer wieder aufgelegtes Buch *Der SS-Staat. Das System der deutschen Konzentrationslager* (Ffm. 1946) bildet.

Waren die ersten Ausgaben der »Frankfurter Hefte«, die K. seit April 1946 (bis 1984) zusammen mit Walter Dirks herausgab, von der Beschäftigung mit der »konsequenten Inhumanität« des Nationalsozialismus geprägt, so widmete sich K. später dem Aufbau des demokratischen Staats, den er sich föderalistisch u. sozialistisch wünschte. 1948 begann K.s publizistisches Engagement für ein vereintes Europa u. gegen die Remilitarisierung der Bundesrepublik.

Gemäß seiner Forderung, daß Widerstand in der Normalität beginnen müsse, verstand K. die »Frankfurter Hefte« als krit. Alternative zum restaurativen Denken. In seinen Artikeln, später auch in Rundfunkkommentaren u. als Moderator des Fernsehmagazins »Panorama«, nahm K. zu gesellschaftspolit. Problemen Stellung. Er setzte sich schon früh für die gewerkschaftl. Mitbestimmung ein, begrüßte die Ostpolitik Willy Brandts u. unterstützte die Friedensbewegung. 1951-1968 war K. Professor für Politische Wissenschaften an der TH Darmstadt.

Weitere Werke: Die unvollendete Erneuerung. Dtschld. im Kräftefeld 1945-63. Ffm. 1964 (Aufsätze). – Lenin. Mchn. 1971 (Ess.). – Cäsar. Mchn. 1972 (Ess.). – Die Stunde der Ingenieure. Düsseld. 1976. – E. K. – ein polit. Publizist in Hessen. Ffm. 1982. – *Mitherausgeber:* Nationalsozialistische Massentötungen durch Giftgas. Ffm. 1983.

Literatur: Walter Jens u. a. (Hg.): Plädoyers für die Humanität zum Gedenken an E. K. Mchn. 1988. – Ernst Otto Czempiel u. a.: E. K. ist ein Jahr tot. In: Die Neue Gesellsch./ Frankfurter Hefte 35 (1988), S. 1088-1112. *Hans Sarkowicz*

Kohl, Johann Georg, * 28. 4. 1808 Bremen, † 28. 10. 1878 ebd. – Geograph.

K. entstammte einer Kaufmannsfamilie. Er studierte bis zum Tod seines Vaters vier Semester in Göttingen, Heidelberg u. München Jura u. besuchte Vorlesungen in Ethnographie, Technologie u. Mathematik. 1830 ging er nach Kurland als Hauslehrer bei deutschstämmigen Adelsfamilien u. begann mit ersten literar. Versuchen. Nach Reisen in Kurland legte er ein zweibändiges Werk über *Die deutsch-russischen Ostseeprovinzen* vor (Dresden 1841). 1837/38 unternahm er seine ersten großen *Reisen in Südrußland* (2 Bde., ebd. 1841. 3 Bde., 1846/47), die seinen Ruf als Reiseschriftsteller begründeten u. ihn bewogen, sich diesem Beruf ganz zu widmen. Er zog nach Dresden u. legte in den folgenden Jahren Reisewerke über mehrere europ. Länder vor. Nach Aufenthalten in Berlin, wo er mit dem führenden dt. Geographen Carl Ritter in engen Kontakt kam, in Paris u. London ging er 1854 für vier Jahre in die USA. Hier galt sein Interesse landeskundl. *Reisen in Canada, New York und Pennsylvanien* (Stgt. 1856) u. der Forschungs- u. Entdeckungsgeschichte (*Die beiden ältesten Generalkarten von Amerika.* Weimar 1860. *History of the East Coast of Northamerica particularly the Coast of Maine.* Portland 1868 [im Auftrag des U.S. Coast Survey Office]).

Zeichnen sich bereits K.s unterhaltende Reisewerke durch einen bemerkenswerten Gehalt an fundierten geographischen, histor. u. volkskundl. Informationen aus, so sind die letztgenannten Arbeiten sowie seine allgemeingeograph. Themen gewidmeten Werke von hohem wissenschaftl. Rang. Noch vor seinen Spätwerken *Die geographische Lage der Hauptstädte Europa's* (Lpz. 1874) u. *Die natürlichen Lockmittel des Völker-Verkehrs* (Bremen 1876) rangiert die erste Abhandlung zur allg. theoret. Stadt- u. Verkehrsgeographie, *Der Verkehr und die Ansiedlungen der Menschen in ihrer Abhängigkeit von der Gestalt der Erdoberfläche* (Dresden 1841). Von 1863 an war K. Stadtbibliothekar seiner Heimatstadt u. Mitarbeiter vieler angesehener dt. Zeitungen u. Zeitschriften.

Literatur: Wilhelm Wolkenhauer: J. G. K. In: ADB. – Gottfried Pfeifer: ›... man sollte J. G. K. nicht vergessen!‹ In: Westfäl. Geograph. Studien 33 (1976), S. 221-236.

Hans-Jürgen Nitz

Kohl, Johann Peter, * 10. 3. 1698 Kiel, † 9. 10. 1778 Altona. – Polyhistor, Übersetzer.

K. studierte hauptsächlich Theologie ab April 1716 in Kiel u. ab Aug. 1720 in Rostock. 1725 wurde er Professor der Kirchengeschichte u. der schönen Wissenschaften an der Kaiserlichen Akademie der Wissenschaften in St. Petersburg. Als er 1728 auf eigenen Wunsch entlassen wurde, erhielt er auf Lebenszeit eine Pension von 200 Rubeln von der russ. Regierung u. lebte fortan als Privatgelehrter in Hamburg. Er heiratete 1750 Dorothea Elisabeth Pitschmann u. siedelte mit ihr 1768 nach Altona über. Im selben Jahr schenkte K. der dortigen Gelehrtenschule Christianeum seine wertvolle, 18 Handschriften u. 466 Bücher umfassende Bibliothek.

K.s schriftstellerische Tätigkeit erstreckte sich auf Geschichte, Theologie u. Literaturgeschichte. Besondere Verdienste erwarb er sich auf dem Gebiet der frühen slaw. Geschichte u. Literaturgeschichte mit seiner *Introductio in historiam et rem literariam Slavorum imprimis sacram* (Hbg. 1729), zumal durch die Berücksichtigung der Sammlung slawisch überlieferter Texte Ephraims des Syrers. Im Sinne der Frühaufklärung machte er einer breiteren (nicht nur gelehrten) Öffentlichkeit Pierre Desmaizeaux' *Vie de Monsieur Bayle* (in: Pierre Bayle: *Dictionnaire historique et critique.* Bd. 1, Amsterd./Leiden [4]1730, S. XVII-CVIII) zugänglich: *Das Leben des Weltberühmten Herrn Peter Bayle [...]* (Hbg. 1731).

K. übernahm für das Jahr 1731 die Redaktion der wöchentlich zweimal in Hamburg erscheinenden »Niedersächsischen Nachrichten von Gelehrten neuen Sachen« u. trat selbst als Herausgeber dreier period. gelehrter Schriften hervor, in denen er auch zahlreiche eigene Aufsätze – meist in dt. Sprache – veröffentlichte, hauptsächlich über Fragen der klass. u. neueren Literaturgeschichte. Mattheson u. Johann Matthias Dreyer waren Mitarbeiter seiner »Hamburgischen Berichte von neuen Gelehrten Sachen aus einer [...] Correspondentz mit den berühmt- und gelehrtesten Männern in Deutschland, Schweden und Dänemark [...]« (1732-57). In drei Bänden erschien die »Hamburgische vermischte Bibliothek, worin zur Aufnahme der Wissenschaften, Künste und Sprachen allerhand neue Entdeckungen und Gedanken [...] mitgetheilet werden« (1743-45), u. in der gleichen Form publizierte K. auch den »Gesammelten Briefwechsel der Gelehrten, die zum Wachsthum der Wissenschaften, insonderheit der gelehrten Geschichte, nebst der sowohl geistlichen als weltlichen Auslegungskunst [...] in eine sogenannte correspondirende Gesellschaft zusammengetreten« (1750-52).

K. führte ein bescheidenes, überaus fleißiges Gelehrtenleben. Er war liebenswürdig im Umgang u. verfügte über ein umfangreiches Bezugsnetz, von dem schon seine ausgedehnte Korrespondenz zeugt. Als Integrationsfigur literar. Lebens erscheint K. in den von ihm besorgten Editionen. Dem jung verstorbenen Johann Bernhard Brockes zu Ehren stellte er 55 Epicedien zusammen u. gab sie, dem Vater Barthold Heinrich Brockes gewidmet, als *Ueber den Sarg eines Tugend-begabten Jünglings ausgestreuete Cypressen* (Hbg. 1732) heraus. Unter den Autoren finden sich Georg Behrmann u. Ludwig Friedrich Hudemann, Hermann Samuel Reimarus u. Johann Christian Wolf, die Gymnasiasten u. späteren Professoren Paul Schaffshausen u. Johann Dietrich Winckler, aber auch der mecklenburgische Prediger Gottfried Lohmann, dessen aus dem Französischen (Jean Puget de La Serre: *Les douces Pensées de la Mort.* Rouen 1644) in gebundene Sprache übertragene *Süsse Todes-Gedancken* (Hbg. 1732) K. ebenfalls ediert hatte. Andere Dichter des Epicedien-Bands, Hagedorn, Johann Christoph Krüsike, Jacob Friedrich Lamprecht, Johann Joachim Neudorf, Tobias Heinrich Schubart, Telemann, Matthäus Arnold Wilckens u. Albrecht Jacob Zell, haben als Autoren der *Poesie der Nieder-Sachsen* (Bde. 1-3: Hg. Christian Friedrich Weichmann. Bde. 3-6: Hg. J. P. K. Hbg. 1721-38. Neudr. hg. von Jürgen Stenzel. Mchn. 1980) dt. Literaturgeschichte gemacht, ebenso wie Brockes, Johann Albert Fabricius u. Michael Richey, vormals Mitglieder der Teutsch-übenden Gesellschaft, u. Michael Christoph Brandenburg, der wie sie zur Zeit dieser K.-Editionen der ersten Patriotischen Gesellschaft angehörte.

K., hochgeachtet im literar. Leben seines Kreises u. als Gelehrter seiner Zeit international bekannt, ist heute vergessen.

WEITERE WERKE: *Vollständiges Werkverzeichnis:* Meusel 7, S. 234-240.

LITERATUR: Paul Christian Henrici: De bibliotheca gymnasii Altonani narratio. Altona 1772. – Hans Schröder: Lexikon der hamburg. Schriftsteller bis zur Gegenwart. Bd. 4, Hbg. 1866, S. 136-145. – Christoph Perels, Jürgen Rathje u. Jürgen Stenzel (Hg.): C. F. Weichmanns Poesie der Nieder-Sachsen (1721-38). Nachweise u. Register. Wolfenb. 1983, bes. S. 104-106.

Jürgen Rathje

Kohler, Josef, * 9. 3. 1849 Offenburg, † 3. 8. 1919 Berlin. – Universaljurist.

K., das sechste u. jüngste Kind eines Volksschullehrers, wirkte nach dem Studium der Jurisprudenz an den Universitäten Freiburg i. Br. u. Heidelberg u. nach glänzenden Staatsexamina fünf Jahre als Anwaltsvertreter, Amtsrichter u. schließlich Kreisgerichtsrat in Mannheim, bis er 1878 aufgrund seines fundamentalen Werks *Deutsches Patentrecht* (Mannh. 1878. Neudr. Aalen 1984) ohne Habilitation Ordinarius in Würzburg, 1888 in Berlin wurde.

K., eine der berühmtesten u. international bekanntesten dt. Juristen- u. Gelehrtenpersönlichkeiten seiner Zeit, war auf fast allen Gebieten des Rechts tätig, bahnbrechend im Patent- u. Urheberrecht, führend in der Rechtsvergleichung, zielweisend in der Universalrechtsgeschichte u. anregend in verschiedenen Rechtsdisziplinen. Mit rund 2500 Veröffentlichungen, darunter über 100 Büchern u. selbständigen Schriften, hat er ein kaum überschaubares Werk hinterlassen. Seine bleibende wissenschaftl. Leistung, die für die rechtl. Bewertung des techn. u. künstlerischen, v. a. literar. Schaffens von größter Tragweite war, bestand in der Vertiefung der Einsicht, daß durch die geistige Schöpfung des Menschen Güter hervorgebracht werden, für welche die in einer Erfindung oder in einem Ton- oder Schriftwerk verkörperte Idee, das Immaterielle, nicht der sie verkörpernde Gegenstand, das Materielle, wesentlich sei, u. daß diese Idee nicht weniger als eine wertvolle Sache den bes. Schutz des Rechts verdiene.

Für die Literatur ist K. aber nicht nur durch Bücher wie *Das literarische und artistische Kunstwerk und sein Autorschutz [...]* (Mannh. 1892), *Urheberrecht an Schriftwerken und Verlagsrecht* (Stgt. 1907) oder *Kunstwerkrecht* (Stgt. 1908) von Bedeutung, sondern auch durch seine poetischen Versuche, wenngleich diese keinen höheren künstlerischen Rang beanspruchen können. Zu erwähnen sind hier zwei kleine Bände, *Lyrische Gedichte* (Mannh. 1892) u. *Neue Dichtungen* (Mannh. 1895), bes. aber seine freien Nachdichtungen von Dantes *Göttlicher Komödie* (3 Bde., Köln 1901-03) u. *Aus Petrarcas Sonettenschatz* (2 Bde., Bln. 1902/03), schließlich seine Übertragung von Shakespeares *König Richard II.*

(Bln. 1918). Aufsehen erregte seinerzeit sein 1895 ins Russische übersetztes Buch *Shakespeare vor dem Forum der Jurisprudenz* (Würzb. 1883. Bln. ²1919. Neudr. Aalen 1980), das sowohl einen Beitrag zur Universalrechtsgeschichte liefern als auch das Verständnis für ästhetische Probleme fördern sollte. K. hat damit als erster die Aufgabe gewiesen, grundlegende Einsichten in das Recht u. gültige Aussagen über das Recht auch in der Dichtung zu suchen.

Weitere Werke: Das Autorrecht. Jena 1880. – Recht als Kulturerscheinung. Würzb. 1885. – Das Recht als das Lebenselement der Völker. Würzb. 1887. – Studien aus dem Strafrecht. Mannh. 1890. – Ges. Beiträge zum Zivilprozeß. Bln. 1894. Neudr. Aalen 1969. – Der Ursprung der Melusinensage. Lpz. 1895. – Das Strafrecht der Ital. Statuten vom 12.-16. Jh. Mannh. 1897. – Hdb. des Dt. Patentrechts in rechtsvergleichender Darstellung. Mannh. 1900. – Einf. in die Rechtswiss. Lpz. 1902. ⁶1929. – Vom Lebenspfad. Mannh. 1902. – Verbrecher-Typen in Shakespeares Dramen. Bln. o. J. [1903]. – Aus Kultur u. Leben. Bln. 1904. – Die Patentgesetze aller Völker (zus. mit Maximilian Mintz). 2 Bde., Bln. 1907-12. – Aus vier Weltteilen. Reisebilder. Bln. o. J. [1908]. – Lehrbuch der Rechtsphilosophie. Bln. 1909. ³1923. – Recht u. Persönlichkeit in der Kultur der Gegenwart. Stgt. 1914. Neudr. Aalen 1980. – Internat. Strafrecht. Stgt. 1917. – Grundlagen des Völkerrechts. Stgt. 1918.

Literatur: *Bibliographie:* Arthur Kohler: J. K.-Bibliogr. Basel 1931. Neudr. Aalen 1984. – *Weitere Titel:* Fritz Berolzheimer: J. K., Bausteine zu einem literar. Charakterbild. In: Juristisches Literaturblatt (1907), Sp. 97. – Paul Krückmann: J. K. In: Ztschr. für dt. Zivilprozeß 48 (1920), S. 309 ff. – Ernst Heymann u. a.: J. K. zum Gedächtnis. Reden. Bln. 1920. – Albert Osterrieth: J. K. Ein Lebensbild. Bln. 1920. – Ernst Rosenfeld: J. K. In: Jb. der Dt. Shakespeare-Gesellsch. 56 (1920), S. 113. – Hugo Daffner: J. K. In: Jb. der dt. Dante-Gesellsch. 6 (1921), S. 75. – Adalbert Erler: J. K. In: HRG. – Klaus Luig: J. K. In: NDB. – Günter Spendel: J. K. Bild eines Universaljuristen. Heidelb. 1983. – Ingeborg Malek-Kohler: Im Windschatten des Dritten Reiches. Freib. i. Br. 1986.

Günter Spendel

Kohlhaase, *Kohlhaas*, Wolfgang, * 13. 3. 1931 Berlin. – Drehbuch-, Hörspiel- u. Fernsehspielautor, Erzähler.

Aufgewachsen als einziges Kind eines Schlossers, volontierte K. nach dem Mittelschulabschluß 1947 beim Jugendjournal »Start« u. arbeitete anschließend als Kulturredakteur für die FDJ-Zeitung »Junge Welt«. 1950-1952 war K. Dramaturgieassistent bei der DEFA. Seither lebt er als freier Schriftsteller in Ost-Berlin. Mehrere seiner Drehbücher erhielten nationale u. internationale Auszeichnungen.

Erste Filmszenarien widmete K. aktuellen Kinder- u. Jugendthemen. Anerkennung fanden die mit Gerhard Klein gedrehten »Berlin-Filme« *Alarm im Zirkus* (Koautor Hans Kubisch. Bln./DDR 1954. Urauff. 1954), *Eine Berliner Romanze* (Koautor G. Klein. Bln./DDR 1956. Urauff. 1956) u. *Berlin – Ecke Schönhauser* (Urauff. 1957), die im Stil des ital. Neorealismus Lebensgefühle u. Alltagsprobleme von Jugendlichen im Nachkriegs-Berlin zur Sprache bringen. Die unpathet. Vergegenwärtigung nationalsozialistischer Kriegsvergangenheit bildete seit den 60er Jahren ein weiteres Grundthema. Trotz kulturpolit. Kontroversen überzeugten der mit Konrad Wolf konzipierte Film *Ich war neunzehn* (Urauff. 1968), der Radiodialog *Die Grünstein-Variante* (Urauff. 1976. Film: Urauff. 1984) u. die Filmnovelle *Der Aufenthalt* (nach Hermann Kant. Urauff. 1983) durch ihre neue Erzähl- u. Sehweise. – Als Erzähler anekdotisch-alltägl. Vorfälle u. schicksalhafter Ereignisse, in denen sich Individual- u. Zeitgeschichte wechselseitig beleuchten, trat K. mit dem Prosaband *Silvester mit Balzac und andere Erzählungen* (Bln./DDR 1977. ⁵1986. Gekürzte Ausg. Neuwied 1979) hervor. Von unnachgiebigen Selbstverwirklichungsversuchen einer Schlagersängerin in den Grenzen sozialistischer Alltäglichkeit handelt K.s erfolgreicher Gegenwartsfilm *Solo Sunny* (Urauff. 1980). Wie in diesem so gelang K. mit der im Genre der Gaunerkomödie eingefangenen Situationsschilderung des Jahres 1946 in der dt.-dt. Kinoproduktion *Der Bruch* (Bergisch Gladbach 1989. Urauff. 1989; Film-R.) die Neugestaltung seines Berlin-Themas als ein an zumeist juvenilen Lebenslagen gewonnenes Erkunden von Daseinsformen in je konkreten Umbruchzeiten.

Weitere Werke: Die Störenfriede (zus. mit Werner Kubsch). Bln./DDR 1953. Urauff. 1953 (Film-E.). – Der Fall Gleiwitz (zus. mit G. Rücker). Urauff. 1961 (Drehbuch). – Josef u. alle seine Brüder (zus. mit Karl Georg Egel). Urauff. 1962 (Fernsehsp.). – Berlin um die Ecke. 1965. Urauff. 1987 (Drehbuch). – Fragen an ein Foto. Urauff. 1969 (Hörsp. In: NDL, H. 1, 1970). – Fisch zu viert (zus. mit Rita Zimmer). Urauff. 1969/70 (Hörsp., Fernsehsp., D.) – Der nackte Mann auf dem Sportplatz. 1973. Urauff. 1974 (Drehbuch). – Ein Trompeter kommt. Urauff. 1970. In: Hörspiele 11 (1972). Als Fernsehsp. Urauff. 1977. – Mama, ich lebe. Urauff. 1977 (Drehbuch). – Die Zeit die bleibt. Ein Film über Konrad Wolf. Urauff. 1985 (Drehbuch).

Literatur: Hans Richter: Gespräch mit W. K. In: SuF 31 (1979), S. 977-990. – Peter Gugisch: W. K. In: Hans Jürgen Geerdts (Hg.): Lit. der DDR. Bd. 3, Bln./DDR 1987. – Dorothea Neukirchen: DDR vor Ort. W. K. als Drehbuchautor. WDR 1989 (Filmporträt). *Michael Irmscher*

Kokoschka, Oskar, * 1. 3. 1886 Pöchlarn/Donau, † 22. 2. 1980 Montreux. – Maler, Grafiker; Dramatiker, Erzähler.

K. zählt zu den herausragenden Doppelbegabungen des 20. Jh; als Maler international anerkannt, hat er auch der literar. Entwicklung wichtige Anstöße gegeben. Der Sohn eines Goldschmieds besuchte 1904-1909 die Wiener Kunstgewerbeschule, 1907-1909 war er Mitarbeiter der »Wiener Werkstätte« sowie des Kabaretts »Fledermaus«. Von Adolf Loos gefördert, trat er 1908 auf der »Kunstschau« in Wien als Maler hervor u. erregte mit seiner avantgardistischen Bildsprache großes Aufsehen. 1910/11 hielt sich K. als Mitarbeiter des »Sturm« in Berlin auf; nach seiner Rückkehr nach Wien war er 1911-1914 mit Alma Mahler liiert. Als Kriegsfreiwilliger wurde K. 1915 schwer verwundet; nach seiner Genesung war er 1919-1924 als Professor an der Dresdner Akademie der Bildenden Künste tätig. Nach ausgedehnten Reisen lebte K. 1933 wieder in Wien; 1934 ging er aus polit. Gründen nach Prag, ehe er 1938 mit seiner späteren Frau Olda Paldovská in das Exil nach London flüchtete. Seit 1953 lebte K. in Villeneuve am Genfer See. Er begründete u. leitete (bis 1962) die »Schule des Sehens« in Salzburg.

Im Jahr 1908, das K.s Durchbruch als bildender Künstler markiert, erschien auch seine erste literar. Arbeit, die noch weitgehend vom Jugendstil geprägte Versdichtung *Die träumenden Knaben* (mit acht farbigen Zeichnungen. Wien 1908. Faks.-Neudr. 1968). In den darauffolgenden Jahren entstanden vier Dramen, mit denen K. zum Wegbereiter des expressionistischen Theaters wurde: Das 1909 in Wien uraufgeführte Drama *Mörder Hoffnung der Frauen* (Erstdr. in: Der Sturm, 1910. Weitere Fassungen 1913 u. 1916. Vertonung durch Paul Hindemith 1921) u. die Elemente des absurden Theaters vorwegnehmende »Komödie für Automaten« *Sphinx und Strohmann* (Urauff. Wien 1909 u. d. T. *Eine Groteske*. Später umgearb. u. erw. u. d. T. *Hiob*) exponieren bereits K.s zentrales Thema, den unaufhebbaren Antagonismus der Geschlechter; das 1911 entstandene Stück *Der brennende Dornbusch* (Erstdr. 1913 u. d. T. *Schauspiel*. Urauff. 1917 Dresden) u. *Orpheus und Eurydike* (entstanden 1915. Urauff. Ffm. 1921), in dessen mytholog. Gestalten sich Alma Mahler u. K. spiegeln, schließen hier an. Kennzeichen dieser Theaterversuche sind die Aufhebung kausaler Handlungsabläufe, eine pathetisch-ekstat. Sprache u. eine der Idee des Gesamtkunstwerks verhaftete szen. Gestaltung, die neben grellen Farb- u. Lichteffekten auch Elemente des Tanzes u. der Gebärdensprache miteinbezieht.

Nach seiner Ablösung vom Expressionismus schrieb K. vorwiegend – meist autobiographische – Erzählprosa, in der sich, unter weitgehendem Verzicht auf kompositor. Durchdringung, nüchtern-realistische, mit reflexiven Passagen durchsetzte Schreibweisen mit einer z. T. ins Halluzinatorische gesteigerten Poetisierung verbinden. Einige der leitmotivisch miteinander verknüpften Geschichten haben in K.s Autobiographie *Mein Leben* (Vorw. u. dokumentar. Mitarb. von Remigius Netzer. Mchn. 1971) Eingang gefunden, so daß auch hier, im freien Umgang mit den Fakten, Realität u. subjektive Wahrheit des »Erlebnisses« ineinanderfließen. Ein im Prager Exil entworfenes historisierendes Drama *Comenius* (für den Erstdr. 1973 überarb.; Fernsehfassung 1974) reflektiert die aktuellen polit. Verhältnisse der Hitlerzeit u. faßt in der Zurückweisung aller die Freiheit des Individuums einengenden Ideologien u. einem kompromißlosen Pazifismus wichtige Momente von K.s Weltauffassung zusammen.

Weitere Werke: *Ausgaben:* Dramen u. Bilder. Mit einer Einl. v. Paul Stefan. Lpz. 1913. – Allos Makar. In: Zeit-Echo, H. 20 (1915), S. 300 f. (Gedichte, mit 5 Lithogr.n). – Vier Dramen. Bln. 1919. – Schr.en 1907-55. Zusammengestellt u. mit Erläuterungen u. bibliogr. Angaben hg. v. Hans Maria Wingler. Mchn. 1956. – Das schriftl. Werk. Hg. Heinz Spielmann. 4 Bde., Hbg. 1973-76. – *Einzeltitel:* Der brennende Dornbusch. Mörder Hoffnung der Frauen. Lpz. 1917 (= Der jüngste Tag 41). – Der weiße Tiertöter. Forts. der träumenden Knaben. In: Kunstblatt 2 (1918), S. 367-370. Wien 1920 (Die Gefährten 10). Neudr. Nendeln 1973. Weitere Ausg.n u. d. T. Der gefesselte Columbus. Bln. 1916 (mit 12 Lithogr.n). – Ann Eliza Reed. Hbg. 1952 (E. u. Lithogr.). – Spur im Treibsand. Gesch.n. Zürich 1956. – Briefe. Hg. Olda Kokoschka u. H. Spielmann. 4 Bde., Düsseld. 1984-88.

Literatur: Otto Kamm: O. K. u. das Theater. Diss. Wien 1958. – Hans Schwerte: Anfang des expressionist. Dramas: O. K. In: ZfdPh 83 (1964), S. 171-191. – Horst Denkler: Über

O. K.s Dramen. In: Jb. der Evang. Akademie Tutzing 15 (1965/66), S. 288-306. – Ders.: Die Druckfassungen der Dramen O. K.s. Ein Beitr. zur philolog. Erschließung der expressionist. Dramatik. In: DVjS 40 (1966), S. 90-108. – Josef Paul Hodin: O. K. Sein Leben. Seine Zeit. Bln./Mainz 1968. – Regina Brandt: Figurationen u. Kompositionen in den Dramen O. K.s. Diss. Mchn. 1968. – Lia Secci: Die lyr. Dichtungen O. K.s. In: JbDSG 12 (1968), S. 457-492. – Gerhard Johann Lischka: O. K.: Maler u. Dichter. Eine literar.-ästhet. Untersuchung zu seiner Doppelbegabung. Bern/Ffm. 1972. – Alfred Reisinger: K.s Dichtungen nach dem Expressionismus. Wien 1978. – Henry I. Schvey: O. K. the Painter as Playwright. Detroit 1982. – Georg Jäger: K.s ›Mörder Hoffnung der Frauen‹. Die Geburt des Theaters der Grausamkeit aus dem Geist der Wiener Jahrhundertwende. In: GRM N. F., Bd. 32, H. 2 (1982), S. 215-233. – Werner J. Schweiger: Der junge K. Leben u. Werk 1904-14. Wien 1983. – Ders.: O. K. ›Der Sturm‹. Die Berliner Jahre 1910-16. Eine Dokumentation. Wien 1986. – Frank Whitford: O. K.: A Life. London 1986. – O. K. Symposion. Hg. Hochschule für angewandte Kunst in Wien u. a. Salzb./Wien 1986. *Ernst Fischer*

Kolb, Annette, eigentl.: Anna Mathilde K., * 3. 2. 1870 München, † 3. 12. 1967 ebd.; Grabstätte: ebd., Bogenhausener Friedhof. – Erzählerin u. Essayistin.

Die Herkunft K.s ist bestimmend für ihren Lebensweg u. für ihre schriftstellerische Arbeit. Ihre Mutter war die schon als 18jährige preisgekrönte Pariser Konzertpianistin Sophie, geb. Danvin, ihr Vater der bayerische Gartenarchitekt Max Kolb, 1860 Leiter der Botanischen Gärten in München, der später zum kgl. Gartenbauinspektor ernannt wurde. Die persönlichkeitsbildenden Faktoren in K.s Kindheit u. Jugend sind auf der einen Seite ein eigenwilliges, stark musisch ausgeprägtes Familienleben (K. war selbst eine begabte Pianistin) u. auch Familienbewußtsein, das gesellschaftl. Leben im Hause Kolb, konzentriert um die Mutter u. ihren frz. Salon, in dem zahlreiche Künstler der Zeit, v. a. der Kreis um Richard Wagner, aber auch die frz. Diplomatie (Camille Barrère) eine große Rolle spielten, u. schließlich die schon dem Untergang entgegengehende Münchner Hofgesellschaft. Von der anderen Seite trübt ein dunkler Schatten von Anfang an (im Geburtsjahr K.s brach der dt.-frz. Krieg aus) K.s Leben: die tiefe Kluft zwischen Frankreich u. Deutschland, denen sie sich gleichermaßen zugehörig fühlte.

1899 trat sie erstmals mit *Kurzen Aufsätzen* (Mchn.) an die Öffentlichkeit u. brachte von da an bis in ihr hohes Alter die Fragen ihrer Zeit, ihre Begegnungen mit Künstlern u. Staatsmännern, ihr polit. Engagement für ein friedl. Europa, ihre musikal. Kenntnisse u. ihr persönl. Leben in ihr schriftstellerisches Werk ein, v. a. in dt., aber auch in frz. Sprache abgefaßt.

Im Ersten Weltkrieg engagierte sich K. zum Verdruß beider Lager als entschiedene Pazifistin, geriet deshalb politisch in Frankreich wie in Deutschland ins Zwielicht u. emigrierte in die Schweiz. (*Briefe einer Deutsch-Französin.* Bln. 1916. Frz. 1917). Hier gewann die Freundschaft mit dem gleichgesinnten René Schickele, Redakteur der »Weißen Blätter«, mehr u. mehr an Gewicht. 1919 kehrte sie nach Deutschland zurück, lebte überwiegend in Badenweiler u. nahm mit Reisen quer durch Europa, mit Künstlerbegegnungen, Theater- u. Festspielbesuchen, in polit. Missionen u. Vermittlungsaufgaben aktiv am Leben ihrer Zeit teil. (So zeichnete sie Thomas Mann in *Doktor Faustus* in der Figur der Jeannette Scheurl nach). Der literar. Niederschlag findet sich in einigen Essaybänden, in zahlreichen Zeitungsaufsätzen u. in Übersetzungen: *Die Last* (Zürich 1918), *Zarastro. Westliche Tage* (Bln. 1921), *Wera Njedin. Erzählungen und Skizzen* (Bln. 1924), *Kleine Fanfare* (Bln. 1930; Ess.s), *Beschwerdebuch* (Bln. 1932; Ess.s).

Schon 1933 mußte sie über die Schweiz nach Paris, 1940 nach New York fliehen. Zeugnis von dieser Flucht legte sie in einem dichten Bericht (*Memento.* Ffm. 1960) ab. Nach 1945 lebte sie in Paris u. München; in zwei Essaybänden sammelte sie Altes u. Neues: *Blätter in den Wind* (Ffm. 1954) u. *Zeitbilder* (Ffm. 1964).

Am bekanntesten geblieben sind ihre drei Romane: *Das Exemplar* (Bln. 1913), *Daphne Herbst* (Bln. 1928) u. *Die Schaukel. Eine Jugend in München* (Bln. 1934). Alle drei tragen autobiograph. Züge, u. insbes. *Das Exemplar* zeugt im Inhalt, in der Personengestaltung wie im Sprachstil von unbekümmerter Begabung und dem Mut des Andersdenkens. »Das Exemplar« ist der ironisch-zärtl. Beiname, den die kluge u. zgl. träumerische Mariclée einem Engländer in hoher polit. Stellung gegeben hat, mit dem sie eine nicht mehr mögl. Liebesromanze zu leben versuchte. Der Roman wurde mit dem Fontane-

Preis ausgezeichnet u. von Rainer Maria Rilke u. Franz Blei hochgeschätzt.

In *Daphne Herbst* zeigt K. ihre Begabung für satir. Witz, mit dem sie die Münchner Gesellschaft charakterisiert. *Die Schaukel* schildert die Familiengeschichte der Lautenschlags (Kolbs) als wechselvolles Auf u. Ab zwischen Lebensfreude u. beklemmender Lebensangst im Wissen um einen gesellschaftl. Umbruch kurz vor 1914. K.s schriftstellerische Arbeiten, insbes. die Romane, sind auf einen leisen Trauerton gestimmt, getragen von dem Wissen, daß Literatur an polit. Entscheidungen nichts ändert, daß vielleicht all ihre Arbeiten nur wie »Blätter in den Wind« geworfen waren. Sie wurde im Alter für ihre engagierte Haltung u. ihr schriftstellerisches Lebenswerk hoch geehrt: Sie erhielt mehrere Auszeichnungen u. wurde 1949 Mitgl. der Akademie der Wissenschaft und der Literatur zu Mainz, 1950 Mitgl. der Akademie der Schönen Künste in München.

Weitere Werke: Sieben Studien. Mchn. 1906. – Wege u. Umwege. Lpz. 1914. – Versuch über Briand. Bln. 1929. – Mozart. Wien 1937 (Biogr.). – Festspieltage in Salzburg u. Abschied v. Österr. Amsterd. 1938. – Franz Schubert. Sein Leben. Stockholm 1941 (Biogr.). – König Ludwig II. v. Bayern u. Richard Wagner. Amsterd. 1947 (Biogr.). – 1907–64. Ffm. 1964. – Die Romane (Das Exemplar – Daphne Herbst – Die Schaukel). Sonderausg. Bln. 1968. – A. K./René Schickele. Briefe im Exil 1933–1940. In Zusammenarbeit mit Heidemarie Gruppe hg. v. Hans Bender. Mainz 1987.

Literatur: Doris Rauenhorst: A. K. Ihr Leben u. ihr Werk. Freib. i. Br. 1969. – Richard Lemp: A. K. Leben u. Werk einer Europäerin. Mainz 1970 (mit vollst. Bibliogr.). – Elazar Benyoetz: A. K. u. Israel. Heidelb. 1970. *Hiltrud Häntzschel*

Kolb, Peter, * 10. 10. 1675 Dörflas bei Marktredwitz, † 31. 12. 1726 Neustadt/Aisch. – Pädagoge u. Ethnologe.

Nach dem Studium der Theologie, Philosophie, Mathematik u. Physik in Halle (Magister 1703) war K. Hofmeister bei B. F. von Krosigk, einem ehemaligen preuß. Gesandten. In seinem Auftrag reiste K. 1705 zum Kap der Guten Hoffnung, um naturwissenschaftl. Forschung zu betreiben. Nach dem Tod seines Gönners (1707) war K. Sekretär der Holländischen Ostindien-Kompagnie, bis er aus Gesundheitsgründen 1713 nach Europa zurückkehrte. 1718 berief ihn Markgraf Georg Wilhelm von Ansbach-Bayreuth zum Rektor der Lateinschule in Neustadt/Aisch.

K.s Hauptwerk (*Caput Bonae Spei Hodiernum [...].* Nürnb. 1719) beinhaltet neben Beschreibungen der Geographie, Fauna u. Flora der Kaplandschaft auch Beobachtungen zur Verwaltung u. zum Lebensstil der weißen Siedler. Seine auf fundierter Kenntnis basierende Schilderung der zu seiner Zeit noch kaum von den Weißen beeinträchtigten Kultur der Khoikhoi macht diese Arbeit zu einer bedeutenden Quelle ethnolog. u. histor. Forschung. Übersetzungen erschienen 1721 (Amsterd.), 1731 (London) u. 1742 (Paris). Rousseau zitierte das Werk mehrmals in *Discours sur l'origine et les fondements de l'inégalité parmi les hommes* (1755). Trotz einiger unhaltbarer Annahmen K.s über Kulturelemente der Khoikhoi wird K.s Schrift aus ethnolog. Sicht noch heute positiv beurteilt.

Weitere Werke: P. K.s Reisen zum Vorgebirge der Guten Hoffnung. Hg. Paul Germann. Lpz. 1922.

Literatur: Friedrich Ratzel: K. In: ADB. – Paul Germann: P. K.s Leben u. Bedeutung für die Völkerkunde. In: Ders. (Hg.): P. K.s Reisen [...]. a. a. O. – O. F. Raum: K. In: Dictionary of South African Biography. Bd. 3, Kapstadt 1977. – August Wolfschmidt: Zum Gedenken an Rektor Mag. P. K. In: Jahresber. Friedrich-August-Gymnasium. Neustadt/Aisch 1976/77. *O. F. Raum*

Kolb, Richard, * 29. 6. 1891 Bamberg, † 1945 Bad Reichenhall. – Hörspieltheoretiker, Rundfunkintendant.

K. diente im Ersten Weltkrieg als Hauptmann. 1923 nahm er am Marsch der Nationalsozialisten auf die Münchner Feldherrnhalle teil. Seit 1924 Rundfunkkritiker, wurde er 1930 Schriftleiter der »Bayerischen Radio-Zeitung«. Im Okt. 1932 berief man K. zum Sendeleiter der »Berliner Funkstunde«, nach der Machtübernahme der Nationalsozialisten zu ihrem Intendanten. Im April 1933 nach München versetzt, verlor er aufgrund seiner Zugehörigkeit zum Strasser-Flügel der NSDAP Ende 1933 seinen Intendantenposten. Seit 1938 war er a. o. Professor für Wehrwissenschaft in Jena. 1945 nahm sich K. das Leben.

K. entwickelte in seinem 1930 als Artikelfolge u. 1932 als Buch erschienenen *Horoskop des Hörspiels* (Bln.) eine der folgenreichsten dt. Hörspieltheorien. Suggestion u. Verinnerlichung sind für K. Grundbedingungen der Hörspielkunst im Gegensatz zum Schauspiel. Die »entkörperte Stimme« des Sprechers soll vom Hörer als »Stimme des eigenen Ichs« wahrgenommen werden. Im Ausdruck raum- u. zeitloser seel. Urkräfte könne das Hörspiel das romant. Kunstideal erfüllen.

Während sich noch in der Nachkriegszeit ein großer Teil der Hörspielproduktion auf K.s Theorie stützte, kritisierte Helmut Heißenbüttel 1968 auf der Internationalen Hörspieltagung in Frankfurt/M. den restaurativen Kunstbegriff K.s (in: *Neues Hörspiel.* Hg. Klaus Schöning. Ffm. 1970). Er forderte dagegen für das »Neue Hörspiel« die Ablösung des imaginativen Sprachgebrauchs durch ein Spiel mit der Materialität von Sprache.

Weitere Werke: R. K. u. Heinrich Siekmeier (Hg.): Rundfunk u. Film im Dienste nationaler Kultur. Düsseld. o. J. [1934]. *Theresia Wittenbrink*

Kolbe, Uwe, * 17. 10. 1957 Berlin/DDR. – Lyriker.

Nach Abitur, Gelegenheitsarbeiten u. Armeedienst ist K. seit 1979 freier Autor. 1980/81 besuchte er den einjährigen Sonderkurs am Leipziger Literaturinstitut. Er ist Mitherausgeber der Ostberliner Literaturzeitschrift »Mikado« (1983-87; Selbstverlag). Seit 1988 lebt K. mit Doppelpaß in Hamburg.

K. wurde – wie Matthies, Hegewald, Hilbig u. andere – früh von Franz Fühmann entdeckt u. gefördert (»ecce poeta«). Erste Gedichte veröffentlichte er in »Sinn und Form« (28, H. 6, 1976). Sein erster Band *Hineingeboren* erschien 1980 (Bln./Weimar, Ffm. 1982). Der Titel meint eine Distanznahme: K. hat an seinem Land nicht mitgebaut. »Ich finde mich in die Welt / Wie sie nicht ist / Mit Gesang / Ich rufe nicht / Ich folge nicht / Protest ist keines meiner Worte / Ich kenne mich und weiß / Um die Verbote / Daß mir keins gilt.«

K. ist vom literar. Expressionismus inspiriert, von Whitman, Neruda, Pessoa, Baudelaire u. anderen, u. baut sich einen eigenen kleinen Mythos: »Ibykos im Prenzlauer Berg, geleitet von Spatzen.« Die späteren Gedichte nehmen das Pathos etwas zurück, sind v. a. durch einen großen Reichtum an Formen u. Sprechweisen gekennzeichnet: *Abschiede und andere Liebesgedichte* (Bln./Weimar 1981, Ffm. 1983) u. *Bornholm II* (Bln./Weimar 1986, Ffm. 1987). Gewiß gibt es auch hier noch »trunkne Poesie« u. »gebrochene« Romantik, wichtiger wird für K. jedoch zunehmend eine gestische, »körperliche« Sprache (Gedichttitel: *Komm wir sind Vögel, Komm gehn wir* u. andere). »Freude ist Aufruhr«, teilt K. mit (*Verschrobenes Geburtstagsakrostichon [...]*. In: *Abschiede [...]*), bekennt sich zur Liebe als Hiersein, zu Gedichten als »Brücken aus Luft unbegangen«. Seine Bilder u. Wortfügungen scheuen nicht Sarkasmen, Grotesken, karnevaleske Gesten, bekunden die Freude am Ausbrechen aus Konventionen (»ab in die Herrlichkeit Nacht«). Dennoch stehen die Gedichte in Spannung zum Experiment, überlassen sich dem »Gesang unter dem Text« (Mallarmé), um dann wieder keck in einen lyrischen Alltagston zurückzuspringen. »Mein Weg ist Klang, Sang, / knappe Fügung, Bruch und stummes / Hohlwegzeichen, spielerischer / Wörtleinwimpel reich Gefilde, Schein / von Fernen auf dem Glücks- / Betonhof.«

Weitere Werke: Gedenkrede Franz Fühmann. In: F. Fühmann: Die Schatten. Hbg. 1986. – *Gedichte in Anthologien und Zeitschriften:* Luth Rathenow (Hg.): einst war ich fänger im schnee. Bln. 1984. – Sascha Anderson u. Elke Erb (Hg.): Berührung ist nur eine Randerscheinung. Köln 1985. – U. K. u. a. (Hg.): Mikado oder Der Kaiser ist nackt. Darmst. 1988. – Egmont Hesse (Hg.): Sprache & Antwort. Ffm. 1988. – Ursula Heukenkamp u. a. (Hg.): Die eigene Stimme. Bln./Weimar 1988. – drehpunkt 70. Basel 1988. – Wolfgang Sellin u. Manfred Wolter (Hg.): Der neue Zwiebelmarkt. Bln./DDR 1988. – Kurt Drawert (Hg.): Die Wärme die Kälte des Körpers des Andern. Liebesgedichte. Bln./Weimar 1988.

Literatur: Ursula Heukenkamp: Das Ungenügen an der Idylle. In: SuF 33 (1981), S. 1120-1130. – Franz Fühmann: Anläßlich der Gedichte U. K.s. In: Ders.: Essays. Gespräche. Aufsätze 1964-81. Rostock 1983. – Annette van Erp u. Thony Visser: Gespräche mit U. K. In: Dt. Bücher, H. 2 (1986). – Christine Cosentino: Aber die Sprache ... In: GDR-Monitor Nr. 18 (1987/88). – Uwe Wittstock: U. K. In: NRs, H. 2 (1988). – Anthonya (Thony) Visser: Überlegungen zur Lyrik U. K.s. In: C. Cosentino u. a. (Hg.): DDR-Lyrik im Kontext. Amsterd. 1988. *Alexander von Bormann*

Kolbenheyer, Erwin Guido, * 30. 12. 1878 Budapest, † 12. 4. 1962 München. – Erzähler, Dramatiker, Lyriker, Essayist, Kulturphilosoph.

K., als Sohn eines karpatendt. Architekten u. einer sudetendt. Mutter »deutsch-böhmischer Grenzdeutscher«, studierte Zoologie, Philosophie u. Psychologie in Wien, wo er über *Die sensorielle Theorie der optischen Raumempfindung* (Lpz. 1905) promovierte. Nach ersten literar.

Erfolgen entschied er sich für eine Existenz als freier Schriftsteller, ab 1919 in Tübingen, ab 1932 in München. Als führender Exponent der antimodernen u. völk. Literaturbewegung wurde er 1926 Mitgl. der Preußischen Akademie der Künste, die er 1931 aus Protest verließ, um 1933 triumphierend zurückzukehren. Für sein unermüdl. öffentl. Wirken im Dienste der »nationalen Revolution« erhielt K. im Dritten Reich zahlreiche Auszeichnungen. 1948 wurde er mit einem fünfjährigen Berufsverbot belegt; ein Berufungsverfahren stufte ihn allerdings 1950 als minderbelastet ein, das Verbot einzelner Werke wurde aufgehoben.

Dem in altertümelndem Chronikstil erzählten Roman *Meister Joachim Pausewang* (Mchn. 1910) aus der Zeit Jakob Böhmes folgte K.s großangelegtes, völkisch-mystizist. Hauptwerk, die Romantrilogie *Paracelsus* (3 Bde., Mchn. 1917-26): Dieser Entwurf des faustischen Menschen »deutscher Art« basiert auf einer biologistischen, sozialdarwinistischen Geschichtskonzeption, wie sie K. in *Die Bauhütte* (Mchn. 1925. Erw. Neuausg. 1940) begründete. Hauptgedanke dieses »metaphysischen Naturalismus« ist die Annahme einer »plasmatischen Kapazität« des dt. Volks, die sich gegen die »plasmatisch vergreisten« u. »artfremden« Zivilisationen des Westens durchsetzen werde. Die zeitgenöss. Krise wurde dabei von K. als »Anpassungskrise« des Volks in einer sog. »Schwellenzeit« interpretiert. Der Nationalsozialismus ließ sich in diesem Weltbild nur allzu leicht als der längst ersehnte »artumfassende Neubau« des »Volkskörpers« einordnen. In »Schwellenzeiten« führen auch K.s Dramen *Giordano Bruno* (Wien 1903. Erw. Neuausg. u. d. T. *Heroische Leidenschaften*. Mchn. 1929) u. *Gregor und Heinrich* (Mchn. 1934), in denen der Kampf gegen den universalen Machtanspruch der Kirche im Mittelpunkt steht. Von K.s zahlreichen Reden gewann der 1932 an dt. Hochschulen gehaltene Vortrag *Unser Befreiungskampf und die deutsche Dichtkunst* (Mchn. 1932) bes. Bedeutung.

Weitere Werke: Amor dei. Mchn. 1908 (R.). – Montsalvasch. Mchn. 1912 (R.). – Das Lächeln der Penaten. Mchn. 1927 (R.). – Die Brücke. Mchn. 1929 (D.). – Jagt ihn – ein Mensch! Mchn. 1931 (D.). – Reps, die Persönlichkeit. Mchn. 1932 (R.). – Dt. Bekenntnis. Unser Leben. Dichtungen für Sprechchöre. Mchn. 1933. – Das gottgelobte Herz. Mchn. 1938 (R.). – Widmungen. Mchn. 1938. – Vox humana. Mchn. 1940 (L.). – Tetralogie: Mensch u. Götter. Mchn. 1944 (D.). – Sebastian Karst über sein Leben u. seine Zeit. 3 Bde., Mchn. 1957/58 (Autobiogr.). – Gesamtausg. 18 Bde. in zwei Abt.en. Heusenstamm 1957-78.

Literatur: Konrad Wandrey: K. Der Dichter u. Philosoph. Mchn. 1934. – Ernst Frank: Jahre des Glücks, Jahre des Leids. Eine K.-Biogr. Velbert 1969. – Robert König: Der metaphys. Naturalismus E. G. K.s. Nürnb. 1971 (mit Bibliogr.).

Johannes Sachslehner

Kolbenhoff, Walter, eigentl.: W. Hoffmann, * 20. 5. 1908 Berlin. – Romanautor.

K. stammt aus einer sozialdemokratischen Arbeiterfamilie. Nach Volksschule, Fabrikarbeit u. Jahren der Wanderschaft schrieb er als Mitgl. des Bundes proletarisch-revolutionärer Schriftsteller u. der KPD für deren Organ »Die Rote Fahne«. Er emigrierte 1933 nach Kopenhagen u. schloß dort Freundschaft mit Wilhelm Reich, der K.s ersten Roman *Untermenschen* (Kopenhagen 1933. Bln. 1979) herausgab. Nach der Besetzung Dänemarks wurde K. Wehrmachtssoldat, 1944 gefangengenommen u. in den USA interniert. Im Camp lernte er Alfred Andersch u. Hans Werner Richter kennen.

Nach seiner Rückkehr arbeitete K. in München als Übersetzer u. Reporter für die »Neue Zeitung« u. den »Ruf«, deren Programm eines »sozialistischen Humanismus« er teilte. Er war auch Mitbegründer der Gruppe 47. Die Einmischungen der amerikan. Militärbehörde bei »Ruf« u. »Neue Zeitung« führten zum Ausscheiden K.s. Die Gründung der BR Deutschland u. die sozialpartnerschaftl. Einbindung der Arbeiterbewegung entzogen ihm die weltanschaul. Basis der bisherigen Arbeiten. Größere öffentl. Anerkennung blieb ihm nach 1950 versagt.

Den fünf Romanen liegen K.s Erfahrungen aus dem proletar. Milieu der Weimarer Republik, seiner Tätigkeit für die KPD u. der Kriegs- u. Nachkriegszeit zugrunde. Im Mittelpunkt steht die Entwicklung u. Zerstörung von Klassenbewußtsein u. Solidarität. In *Untermenschen* schildert er soziales u. psych. Elend. Im Roman *Von unserem Fleisch und Blut* (Stockholm/Mchn. 1947) beschreibt er einen fanatischen jungen »Werwolf«, der bei Kriegsende aus seinen faschistischen Wahnvorstellungen nicht mehr herausfindet. Das Buch wurde zum Vorbild ähnl. Tatsachenberichte. K.s Romane weisen Einflüsse der Neuen Sachlichkeit u. der modernen amerikan. Literatur auf. Das epische Geschehen ist in Dialoge u. Reflexionen aufgelöst. Sein Bericht *Schellingstraße 48* (Ffm. 1984) ist ein lebendiges Zeugnis der Kriegs- u. Nachkriegserfahrungen.

WEITERE WERKE: Die Kopfjäger. Mchn. 1960 (R.). – Das Wochenende. Ein Report. Freib. i. Br. 1970. – Bilder aus einem Panoptikum. Hg. Gerhard Hay. Ffm. 1988 (E.).

LITERATUR: Gabriele Schultheiß: Die Muse als Trümmerfrau. Untersuchung der Trümmerlit. am Beispiel W. K.s. Diss. Ffm. 1982. – Marita Müller: Kontinuität engagierter Lit. vor u. nach 1945. Zum Werk W. K.s. In: Jost Hermand (Hg.): Nachkriegslit. in Westdtschld. Bd. 2, Bln. 1984, S. 41 ff. – Hans Schwab-Felisch: Vor u. nach 1945. Zwei Zeitgenossenschaften. W. K. u. Dieter Wellershoff. In: Merkur, H. 5 (1985), S. 430 ff. – Hans Werner Richter: Aus den Anfängen der Gruppe 47. Günter Eich u. W. K. In: liberal (1985), S. 27. ff. *Agnes Hüfner*

Kolde, *Colde, Coelde*, Dietrich, auch: D. von Münster, D. von Osnabrück, * um 1435 Münster, † 1515 Löwen; Grabstätte: ebd., Franziskanerkirche. – Prediger u. geistlicher Schriftsteller aus dem Franziskanerorden.

K. stammte aus einer, wahrscheinlich begüterten, Bürgerfamilie, trat in Osnabrück in den Augustinerorden ein, studierte in Köln u. trat zwischen 1483 u. 1486, am Niederrhein bereits ein bekannter Prediger, zu den Franziskanern strenger Observanz über. Er stieg in der Kölner Ordensprovinz zum Guardian verschiedener Konvente u. zum Definitor auf.

Lange andauernde Verehrung, wenn auch nicht den zur noch in unserem Jahrhundert vergeblich betriebenen Seligsprechung erforderl. »cultus non interruptus«, verdankte er seinem aufopferungsvollen Wirken während der 1489 bis 1493 in Brüssel wütenden Pestepidemie. Humanisten wie Rudolf von Langen, Trithemius u. Erasmus galt K. als vorbildl. Geistlicher u. Prediger.

Von K.s Predigttätigkeit hat sich wenig erhalten. Sein geistl. Lied *Och edel ziele mercke*, als Gespräch zwischen der minnenden Seele, dem Bräutigam Christus u. einem Beichtiger angelegt, findet sich bis heute vielfach in Anthologien niederländ. Lyrik. K.s *Der Kerstenen Spiegel* [zuerst Köln um 1480] ist mit wenigstens 45 Auflagen eine der bis Mitte des 16. Jh. meistgedruckten Schriften des niederländisch-niederdt. Sprachraums. Die Schrift soll dem Laien alles zur Erlangung der Seligkeit nötige Wissen vermitteln u. enthält, eingerahmt von einem erläuterten Glaubensbekenntnis und einer »Sterbekunst«, v. a. einen ausführl. Katechismus. Sie verdankt ihren immensen Erfolg wohl der Ausrichtung auf die Glaubenspraxis. In spätere Auflagen wurden kleinere erbaul. Schriften K.s, aber auch anderer Verfasser, inkorporiert.

AUSGABEN: Christoph Moufang: Kath. Katechismen des 16. Jh. in dt. Sprache. Bd. 1, Mainz 1881 (hochdt. Übers.). – Jérôme Goyens: Un héros du Vieux-Bruxelles. Le Bienheureux Thiérri Coelde. Mechelen 1929 (kleinere Erbauungsschr.en). – Clemens Drees: Der Christenspiegel des D. K. v. Münster. 1954 (krit. Ausg.). – Kurt Ruh (Hg.): Franziskan. Schrifttum. Bd. 2, Mchn. 1985 (S. 166-179: Kollatie über Apok 3/15).

LITERATUR: *Bibliographie:* Bio-Bibliographia Franciscana Neerlandica. Saeculi XVI, II, Nieuwkoop 1970, Nr. 281-307. Ante Saeculum XVI, I, Nieuwkoop 1974, S. 197-248. II, Nr. 1-21. III, S. 7-40. – *Weitere Titel:* Heinrich Hoffmann v. Fallersleben: De liederen van broeder Dirck van Munster. In: De Dietsche Warande III (Amsterd. 1857), S. 252-261. – Karl Zuhorn: Neue Beiträge zur Lebensgesch. D. K.s. In: Franziskan. Studien (1941), S. 107-116, 163-194. – Albert Groeteken: Der älteste gedr. dt. Katechismus u. die niederdt. Volksbücher des seligen D. K. In: Franziskan. Studien (1955), S. 53-74, 189-217, 388-410. – Benjamin de Troeyer: K. In: VL (Lit., weitere Ausg.n). *Heinz Wittenbrink*

Koldewey, Robert (Johann), * 20. 9. 1855 Blankenburg/Harz, † 4. 2. 1925 Berlin. – Archäologe u. Bauforscher.

Wie für seinen Onkel Karl Koldewey, Leiter der ersten dt. Polar-Expedition, wurde für K. aus der Faszination durch unbekannte Welten ein Lebensberuf. Nach dem Studium Architekt bei der Stadt Hamburg, verlegte er sich ab 1882 professionell aufs Ausgraben. Neben Projekten in Kleinasien, Unteritalien u. auch schon Mesopotamien stand als Krönung seiner archäolog. Tätigkeit die im Auftrag der dt. Orient-Gesellschaft u. der kgl. preuß. Museen 1899 begonnene Freilegung Babylons (der 1917 die brit. Eroberung Bagdads ein abruptes Ende setzte). K., der so dem Geschichtsbild über diesen Teil des Vorderen Orients konkretes Relief gab, gelang mit *Das wieder erstehende Babylon* (Lpz. 1913. ^{4}1925. Neuausg. von Barthel Hrouda. Mchn. 1990), seinem reich illustrierten, streckenweise spannend zu lesenden Erfahrungsbericht, eine in der Klarheit der Vergegenwärtigung kaum nachgebende Darstellung.

Weitere Werke: Das Ischtartor in Babylon. Lpz. 1918. – Die Königsburgen v. Babylon. Hg. Friedrich Wetzel. Lpz. 1931.

Literatur: Walter Andrae: Babylon. Die versunkene Weltstadt u. ihr Ausgräber R. K. Bln. 1952. *Arno Matschiner*

Koller, Joseph Benedikt (von ?), * 26. 8. 1767 Binsdorf/Württemberg, † 4. 9. 1817 Stuttgart. – Dramatiker.

Nach Privaterziehung in Lindau, Schul- (1782) u. Gymnasiumsbesuch (1783-1787) in Augsburg sowie Philosophie- u. Jurastudium (*Abhandlung über die Priesterehe.* Straßb. 1793) in Freiburg i. Br. (seit 1788) wurde K. 1794 Hofmeister im Dienst des Reichskammergerichtsassessors Egyd Joseph Karl Frhr. von Fahnenberg in Wetzlar. Durch dessen Aufstieg zum österr. Gesandten am Immerwährenden Reichstag kam K. 1795 nach Regensburg, wo er am 14. 1. 1802 zum Kanzlisten, später zum k. k. Legationssekretär ernannt wurde.

Neben Gedichten u. Aufsätzen sowie einer Anzahl von Possen, Lustspielen u. anderen dramat. Werken (sog. »dramatischen Gemählden«) im Geschmack seiner Zeit, die trotz eines erweiterten Literaturbegriffs in den Philologien heute allesamt vergessen sind, ist K. der älteste Versuch einer Ästhetikgeschichte zu verdanken, die seinem Gönner gewidmet ist: *Entwurf zur Geschichte und Literatur der Aesthetik, von Baumgarten bis auf die neueste Zeit* (Regensb. 1799).

K. veröffentlichte unter dem Kurznamen J. Koller, was zu Verwechslungen mit Joseph Benedikt Maria Koller geführt hat.

Weitere Werke: Die Wette. Augsb. 1791 (Schausp.). – Verbrechen aus Liebe. Basel 1793 (D.). – Obrist Steinau. Basel 1794 (häusl. Lustsp.). – Konvenienz u. Pflicht. Regensb. 1796 (D.). – Erzeugnisse aus dem Gebiete des Wahren u. Schönen. Regensb. 1798. – Konrad, Hzg. v. Zäringen. Regensb. 1800 (vaterländ. Schausp.). – Donaureise v. Regensb. bis Wien. Regensb. 1802. – Aphorismen für Schauspieler u. Freunde der dramat. Kunst. Regensb. 1804. Neudr. Mchn. 1920. – Schauspiele. Lpz. 1810.

Literatur: Hamberger/Meusel 4, 10, 11, 18, 23. – Johann Jacob Gradmann: Das gelehrte Schwaben. Ravensburg 1802. – Jöcher/Adelung, Erg.-Bd. 7. – Benedetto Croce: Ästhetik als Wiss. vom Ausdruck. Tüb. 1930. *Carsten Zelle*

Kolleritsch, Alfred, * 16. 2. 1931 Brunnsee/Steiermark. – Erzähler, Lyriker, Herausgeber.

K. gewann als Autor, Herausgeber u. Initiator literar. Lebens Bedeutung für die österr. Gegenwartsliteratur. 1958 gehörte er zu den Gründern des Grazer »Forum Stadtpark« (»Grazer Gruppe«) – dem avantgardistischen Gegenpol zum offiziellen Kulturbetrieb im restaurativen Klima Nachkriegsösterreichs. Als literar. Plattform der Gruppe gründete K. 1960 die »manuskripte«, die unter seiner Leitung zu einer der meistbeachteten deutschsprachigen Literaturzeitschriften avancierten.

K. wuchs als Sohn eines Forstverwalters in der Nähe eines steir. Schlosses auf, absolvierte die Mittelschule in einem Grazer Internat u. studierte Geschichte, Germanistik u. Philosophie (Promotion 1964 über Heidegger). Seit 1958 ist er in Graz als Gymnasiallehrer tätig.

Mit eigenen Buchpublikationen trat K. relativ spät an die Öffentlichkeit. 1972 erschien sein erstes Prosawerk *Die Pfirsichtöter. Ein seismographischer Roman* (Salzb.). K.s Prosatexte lesen sich wie eine – philosophisch geprägte – Annäherung an die Welt der eigenen Kindheit u. Jugend. In den *Pfirsichtötern* werden Bildsegmente u. Gestalten des vertrauten Erfahrungsraums als Spielmaterial für ein sprachkrit. Experiment benutzt, das auf die Demontage überlieferter Erzählklischees zielt. Die Bewohner eines Schlosses, die sich als Herrschende u. Beherrschte, Philosophen u. Ausgestoßene in starrer Hierarchie gegenüberstehen, werden als Akteure in ein aus der Abstraktion gewonnenes Wirklichkeitsmodell eingesetzt. Es entwickelt sich eine Abfolge surrealer, ritualhafter Szenerien von seltsam suggestiver Bedeutungsschwere.

In seinem zweiten Roman *Die grüne Seite* (Salzb. 1974) schildert K. – formal nunmehr im Rahmen geläufiger Erzählverfahren – über drei Generationen einer Familie hinweg das Ringen der Söhne um das eigene Wahrnehmen der Dinge gegen die Beeinflussungsversuche ihrer Väter.

Einem Zurückweichen vor der Kraft der Kindheitsbilder mag der Umstand zuzuschreiben sein, daß K. in der Folge mehr als Lyriker hervortrat. Für seine erste größere Gedichtsammlung *Einübung in das Vermeidbare* (Salzb. 1978) wurde er mit dem Petrarca-Preis geehrt. K.s Gedichte entstammen einer ebenso skeptischen wie offenen Beobachtungshaltung, fern lyr. Emphase oder bloß sprachl. Originalität.

Oftmals sind sie an ein »Du« gerichtet, das wie der Leser zum Teilhaber an überraschenden Wahrnehmungsabläufen wird.

Der Roman *Allemann* (Salzb. 1989) knüpft an K.s Grundmotiv der Selbstbehauptung an, wiederum in Nähe zu autobiograph. Erfahrungen: Ein Internatszögling, der dem vom totalitären Staat vorgegebenen soldatischen Ideal nicht entsprechen kann, gewinnt die Kraft zum Überleben durch die Nähe zweier Opfer des Systems, einer poln. Zwangsarbeiterin u. eines sexueller Abnormitäten beschuldigten Erziehers. Wie in keinem anderen Werk K.s tritt hier seine gegen das Fortwirken faschistischer Verhaltens- u. Denkweisen gerichtete Wirkungsabsicht zutage.

Weitere Werke: erinnerter zorn. Graz 1971 (L.). – Im Vorfeld der Augen. Salzb. 1982 (L.). – Absturz ins Glück. Salzb. 1983 (L.). – Gespräche im Heilbad. Verstreutes, Gesammeltes. Salzb. 1985. – Augenlust. Salzb. 1986 (L.).

Literatur: Peter Laemmle u. Jörg Drews (Hg.): Wie die Grazer auszogen, die Lit. zu erobern. 2., erg. Aufl. Mchn. 1979.
Volker Schindler

Kollisch, Margarete, geb. Moller, * 9. 12. 1893 Wien, † 11. 10. 1979 New York. – Lyrikerin.

K. zählt zu den österr. Exilautorinnen, die trotz beträchtl. Ansehens in den USA im deutschsprachigen Raum weitgehend unbekannt blieben. Bereits vor der Emigration 1939 veröffentlichte die Philologin (Germanistik u. Anglistik), die als Lehrerin u. Journalistin tätig war, erste Texte in österr. Zeitungen u. Zeitschriften (u. a. in »Die Bühne«, »Der Tag«). Ab 1939 in New York, verdiente K. ihren Lebensunterhalt vorrangig als Heilmasseuse u. Therapeutin. Literarischen Anschluß fand sie im österr. Exilkreis um Mimi Grossberg. Ihre Gedichte erschienen in Exil-Anthologien (*Kleinkunst aus Amerika.* Wien 1964. *Reisegepäck Sprache. Deutschschreibende Schriftstellerinnen in den USA 1938–1978.* Mchn. 1979). K.s Lyrik entstand aus der tiefen Verbundenheit mit ihrer sprachl. u. geistigen Heimat. In ihren spätromant. Stimmungs- u. Sinngedichten sind Einflüsse von Hesse u. Rilke spürbar (*Wege und Einkehr.* Wien 1960). Der postum erschienene Band *Rückblendung* (Wien 1981) weist K. durch die lyr. Aufarbeitung von Erinnerungen an die ehemalige Heimat als Exilautorin aus, die im traditionsgebundenen Schreiben existentiellen Halt erlangt.

Weitere Werke: Unverlorene Zeit. Ausgew. Gedichte u. Betrachtungen. Wien 1971.
Christine Schmidjell

Kolmar, Gertrud, eigentl.: G. Chodziesner, * 10. 12. 1894 Berlin, † 1943(?) unbekannt. – Lyrikerin, Dramatikerin, Erzählerin.

K. wuchs als Tochter eines bekannten Strafverteidigers in einer künstlerisch aufgeschlossenen jüd. Großbürgerfamilie auf. Ihre große Sprachbegabung (Französisch, Englisch, Russisch, Hebräisch) machte sich früh bemerkbar; sie legte ein Examen als Sprachlehrerin ab u. arbeitete als Dolmetscherin u. Erzieherin taubstummer Kinder. Seit 1928 lebte sie zurückgezogen im elterl. Haus u. widmete sich vorrangig der Pflege ihrer Eltern. Literarischen Zirkeln u. Bewegungen schloß sie sich nie an. Seit 1933 zunehmend isoliert, lehnte sie eine Emigration um des Vaters willen ab. 1941 wurde sie zur Zwangsarbeit verpflichtet, im Febr. 1943 verschleppt, vermutlich nach Auschwitz; seither ist sie verschollen.

Der Ruf K.s gründet sich auf ihre Lyrik, die nur schwer einer Tradition oder Richtung zuzuordnen ist. Zwar lassen sich Einflüsse der frz. Lyrik von Baudelaire bis zu den Symbolisten (u. weniger der zeitgenöss. Expressionisten) festmachen, die magische Wortgewalt einer einsam u. eisern gegen ein verhängnisvolles Schicksal als Grundbedingung des Lebens anschreibenden Dichterin ist indessen so rücksichtslos individuell, wie es die auf Identitätssuche fixierte Poetik des 20. Jh. verlangt u. wie sie innerhalb der dt. Literaturgeschichte allenfalls in Haltung u. Biographie der Droste eine Entsprechung findet. K.s große Stärke liegt weniger in der traditionellen, außerordentlich vielfältigen Formensprache des Gedichts als in der innovativen Prägung seiner Metaphorik – visionär u. sehnsuchtsvoll singt ein schwermütiges Ich gegen die Sinnlosigkeit des Daseins an, verbündet sich mit einer oftmals exotischen, myth. Pflanzenwelt, klagt u. fordert für die Schutzbedürftigen dieser Welt, für Frau, Kind u. stumme Kreatur. Daneben interessieren sie histor. Themen; geschichtl. Persönlichkeiten u. Embleme, Wappen werden in lyr. Beschreibung existentiell gedeutet. Das Spätwerk *Die Frau und die Tiere* (1938. In: *Das lyrische Werk.* Heidelb./

Darmst. 1955) vermittelt einen Kunstwillen, der sich eine strenge themat. Bindung abverlangt, zu zykl. Durchführung einer Idee neigt u. alles daran setzt, »dem scheinbar Sinnlosen einen Sinn zu geben« (Brief an die Schwester vom 25. 11. 1941).

Weitere Werke: *Ausgabe:* Frühe Gedichte 1917-22. Wort der Stummen. 1933. Mchn. 1980. – *Einzeltitel:* Gedichte. Bln. 1917. – Preuß. Wappen. Bln. 1934. – Tag- u. Tierträume. Gedichtausw. u. Nachw. v. Friedhelm Kemp. Mchn. 1963. – Eine Mutter. Mchn. 1965 (R.). – Briefe an die Schwester Hilde (1938-43). Mchn. 1970.

Literatur: Karl Krolow: Das lyr. Werk G. K.s. In: Akzente 3 (1956), S. 162-166. – Wolfdietrich Schnurre: G. K. In: Jürgen Petersen (Hg.): Triffst du nur das Zauberwort. Stimmen v. heute zur dt. Lyrik. Ffm. 1961. *Dorothea Bolte*

Kolmarer Liederhandschrift. – Umfangreichste Sammlung von Meisterliedern des 14./15. Jh., mit Melodien.

Die K. L. (München, Bayerische Staatsbibliothek, Cgm 4997) führt ihren Namen nach dem früheren Aufbewahrungsort seit 1546. In diesem Jahr hat Georg Wickram den Codex in Schlettstadt erworben, um in Colmar eine geistl. Meistersingergesellschaft zu gründen, u. kurz darauf die erste Schule gehalten. Die Meistersinger des 16. Jh. haben die K. L. als das große »Buch von Mainz«, als Dokument der Begründung ihrer löbl. Kunst durch zwölf Meister unter Kaiser Otto I. u. Papst Leo verehrt. Der Codex wurde ausgeliehen u. abgeschrieben, Adam Puschman u. andere pilgerten seinetwegen nach Colmar. Im 17. Jh. geriet er anscheinend in Vergessenheit, bis er 1789 auf der Zunftstube der Colmarer Schuster wiederentdeckt wurde. Bald nach den ersten Veröffentlichungen über den Fund (1790, 1792) galt die Handschrift als verschollen oder unzugänglich. Aus dem Nachlaß eines Colmarer Buchhändlers gelangte sie nach Basel u. wurde 1857 nach München verkauft. 1862 publizierte Karl Bartsch die erste grundlegende Beschreibung u. eine reiche Auswahl von Texten. In der Liedforschung trägt die Handschrift die Sigle k (K) oder t.

Die Geschichte der K. L. vor 1546 ist ungeklärt. Um 1484/90 diente sie als Vorlage für Teile der *Donaueschinger Liederhandschrift* (mit Melodien), die vermutlich für das Zisterzienserinnenkloster Wonnental (auf dem rechten Ufer des Rheins gegenüber Schlettstadt) angefertigt wurde. Wann u. woher die K. L. nach Schlettstadt kam, bleibt offen. Ein sekundärer, schwer datierbarer, aber jedenfalls spätestens bald nach Wickrams Kauf angebrachter Eintrag behauptet, das Buch habe Jahrhunderte in Mainz (»me[n]cz«) in der Dombibliothek gelegen. Die abenteuerl. Zeitangabe verrät Abhängigkeit von der Ursprungssage des Meistergesangs. Die Ortsangabe mag jedoch zutreffen: Die K. L. braucht nicht unbedingt in Mainz entstanden zu sein, aber sie hat sich vielleicht seit etwa 1500 oder früher dort befunden u. war damals bereits weiteren Meistersingerkreisen bekannt. Sie könnte also durchaus mit dem »Buch von Mainz« der zuerst durch ein Lied des frühen 16. Jh. bezeugten Ursprungssage identisch sein.

Der Codex (29,5 x 20 cm, 856 Blätter) beeindruckt allein schon durch die umfangsbedingte quaderförmige Gestalt. Er wird jetzt aufgrund der Wasserzeichen der verwendeten Papiere in die Jahre um 1460 datiert. Die Papieranalyse erlaubt zgl. einen Einblick in die etappenweise Entstehung der Sammlung, deren älteste Schicht weniger als die Hälfte des endgültigen Bestands umfaßt. Zwei anonym bleibende Schreiber waren an der Herstellung beteiligt (A, B). Der Hauptverantwortliche (A) hat u. a. ein Marienlied »in dem vnherkanten tone magistri scilicet scriptoris huius libri« aufgezeichnet u. dürfte demnach der archivalisch bislang nicht faßbare Nestler von Speyer sein, den die Meistersinger des 16. Jh. regelmäßig als Erfinder des »Unerkannten Tons« nennen. Die Schreibsprache ist rheinfränkisch, doch macht sich der Einfluß von Vorlagen unterschiedlichster Provenienz bemerkbar. Eine eingehende Untersuchung steht noch aus; daher lassen sich Versuche einer genaueren Lokalisierung vorläufig nicht durch sprachl. Argumente absichern. Am häufigsten erwogen worden ist eine Entstehung der K. L. in Mainz – im Hinblick auf die erwähnte Notiz in der Handschrift u. auf die führende Rolle, die Frauenlob († 1318 in Mainz) darin zukommt. Neuerdings wird mit anderen Gründen für Speyerer Herkunft plädiert. Diese These erhält eine gewisse Stütze durch die bisher nicht bemerkte Tatsache, daß eine große Sammlung naturwissenschaftlich-medizinischen Inhalts, die um 1460 vermutlich in Speyer oder der weiteren Umgebung angefertigt wurde u. sich um 1500 im Besitz eines Speyerer Domherrn befand, von den Schreibern der K. L. herrührt; die Hauptverantwortung liegt hier offensichtlich bei B. Demnach hat Schreiber A (Nestler), ein Kenner der meisterl. Liedkunst, die K. L. kaum mit seinem »Gehilfen« B für sich selber angelegt, sondern A u. B haben für denselben Auftraggeber (wohl kein Kleriker) gearbeitet; immerhin könnte A den Plan, die große Liedersammlung zu schaffen, initiiert haben.

In der K. L. sind aus zahlreichen verschiedenartigen Quellen rund 940 Lieder u. vielstrophige Gedichte (insg. fast 4400 Strophen) in 107 Tönen, ferner fünf geistl. Leichs zusammengetragen. Die Lieder sind nach Tönen, die Töne nach Tonautoren geordnet, u. die Eingangsstrophe jeden Tons sowie die Leichs sind mit Noten versehen. Die sonst erhaltenen vorreformator. Meisterliedersammlungen (ab etwa 1425) – durchweg mit bescheidenerem Umfang – weisen allenfalls Ansätze zu einer Gruppenbildung nach Tönen u. Tonautoren auf u. bieten nie Melodien. Vom Einrichtungstyp her am nächsten verwandt ist die *Jenaer Liederhandschrift*; eine direkte Beziehung besteht jedoch nicht.

Die K. L. überliefert hauptsächlich Meisterlieder in Tönen, die – nicht immer zu Recht – als Schöpfungen von Spruchdichtern des 13. u. frühen 14. Jh. galten. Sie spiegelt damit eine am Rhein anscheinend bes. ausgeprägte Tendenz, neue Lieder nur noch in Tönen alter Meister zu dichten, wogegen Hans Folz (aus Worms) sich in seinen sog. Reformliedern wendet. Das Programm der Redaktoren der K. L. u. vielleicht schon einer ihrer Vorlagen war es offenbar, die berühmtesten alten Meister in einem Buch zu versammeln. Die Chronologie ist für die Reihenfolge nicht maßgebend. Am Anfang stehen die tönereichsten Autoren u. diejenigen, deren Töne am häufigsten bei den »Nachsängern« Verwendung gefunden hatten: Frauenlob, Regenbogen, der Marner, Konrad von Würzburg, Boppe; Frauenlob- u. Regenbogen-Corpus zusammen machen nahezu die Hälfte des Bands aus. Im Schlußteil sind u. a. die Teilnehmer am *Wartburgkrieg* – Walther von der Vogelweide, Wolfram von Eschenbach usw. – fast vollzählig vertreten. Die Mehrzahl der jüngeren Tonerfinder – darunter Heinrich von Mügeln, der Mönch von Salzburg u. Muskatblut (erste Hälfte des 15. Jh.) – kam erst bei der allmähl. Erweiterung des Kernbestands hinzu. Nach u. nach fanden auch mehr Liedtypen Aufnahme, die in der Praxis der zeitgenöss. Meister keine Rolle mehr spielten. Eine ganze Abteilung von Prunkformen verschiedener Autoren (Leichs, Reihen usw.) wurde schließlich in das Frauenlob-Corpus, zwischen seinen Marienleich u. die Spruchtöne, eingeschoben.

Das Textcorpus der K. L. umspannt rund zweieinhalb Jahrhunderte u. ist reich an Unica. Die zeitl. Schichtung läßt sich nur in groben Umrissen rekonstruieren, weil fast nie zwischen Dichtungen der Tonerfinder u. solchen der »Nachsänger« unterschieden u. kaum je ein Nachsänger namentlich genannt wird. Etwa ein Achtel des Bestands kann man – z. T. aufgrund der Parallelüberlieferung in der *Großen Heidelberger Liederhandschrift* – mit Sicherheit der Zeit von 1200 bis 1350 zuweisen. Das Gros der Texte ist wohl nach der Mitte des 14. Jh. gedichtet, als das mehrstrophige Meisterlied den Spruch endgültig abgelöst hatte. Dem neuen Usus gemäß sind alte Einzelstrophen zu Liedern ergänzt oder gebündelt tradiert worden.

Das Spektrum der Liedthemen ist relativ breit. Höchsten Rang hat, wie die Eröffnung der K. L. mit Frauenlobs Marienleich u. die – durch Nachträge verunklärte – Ordnung der Lieder innerhalb der Toncorpora zeigen, die geistl. Thematik (Lob Marias u. der Trinität, gelehrte Spekulation über Gottes Sein vor der Schöpfung u. ä., seltener bibl. Erzählungen u. Katechetisches); sie nimmt auch am meisten Raum ein. Weitere Schwerpunkte der Sammlung bilden Kunstthematik u. allg. gehaltener Frauenpreis. Politisch-aktuelle Texte, wie sie Spruchdichter des 13. Jh., aber auch Heinrich von Mügeln u. Muskatblut – u. zur Zeit der Entstehung der Handschrift Michel Beheim – verfaßten, sind kaum vertreten. Möglicherweise haben die Redaktoren der K. L. Auswahltendenzen ihrer Vorlagen noch verstärkt.

Neben der *Jenaer Liederhandschrift* stellt die K. L. die wichtigste Quelle von Melodien dt. Lieddichtung des 13. u. 14. Jh. – aufgezeichnet freilich in Fassungen des 15. Jh. – dar. Vielfach bietet sie das einzige oder das älteste Zeugnis.

Für die Geschichte der frühen Meisterlieddichtung seit dem 14. Jh. hat die K. L. als Sammelbecken vieler verlorener Überlieferungen größte Bedeutung. Gerade ihrer Einzigartigkeit wegen vermittelt sie aber von der Situation dieses Strangs der volkssprachl. Lieddichtung um die Mitte des 15. Jh. ein Bild, das dringend der Ergänzung durch die bescheideneren Sammlungen u. die Autorhandschriften bedarf.

AUSGABEN: Meisterlieder der K. Hs. Hg. Karl Bartsch. Stgt. 1862 (Ausw., 187 Nrn.). – Die Sangesweisen der Colmarer Hs. u. die Liederhandschrift Donaueschingen. Hg. Paul Runge. Lpz. 1896. – Durward Saline Poynter: The Poetics of the Early Meistersänger as Reflected in the K. Hs. (Cgm 4997). Diss. Los Angeles 1965. – Die K. L. In Abb.en hg. v. Ulrich Müller, Franz Viktor Spechtler u. Horst Brunner. 2 Bde., Göpp. 1976 (vollst., leicht verkleinerte Schwarzweißreproduktion). – Textausgaben einzelner Lieder sind nachgewiesen in: RSM 3-5. Bearb. v. Frieder Schanze u. Burghart Wachinger. Tüb. 1986-90.

LITERATUR: Karl Bartsch, a. a. O. – Ursula Aarburg: K. L. In: MGG (Lit.). – Karl Stackmann (Hg.): Die kleineren Dichtungen Heinrichs v. Mügeln. 1. Abt., 1. Teilbd., Bln. 1959, S. LXV-XCV. – Heinrich Husmann: Aufbau u. Entstehung des cgm 4997 (K. L.). In: DVjs 34 (1960), S. 189-243. – Christoph Petzsch: Der magister scilicet scriptor der K. L. In: Die Musikforsch. 26 (1973), S. 445-473. – Horst Brunner: Die alten Meister. Mchn. 1975. – C. Petzsch: Die K. L. Entstehung u. Gesch. Mchn. 1978. – Georg Steer: Donaueschinger Liederhandschrift. In: VL. – Walter Röll: Die K. L. In: PBB 102 (1980), S. 284-291. – K. Stackmann u. Karl Bertau (Hg.): Frauenlob (Heinrich v. Meissen). Tl. 1, Gött. 1981, S. 102-112. – Frieder Schanze: Meisterl. Liedkunst zwischen Heinrich v. Mügeln u. Hans Sachs. 2 Bde., Mchn. 1983/84. – Burghart Wachinger: K. L. In: VL (Lit.). – Horst Brunner u. Johannes Rettelbach: ›Der vrsprung des maystersangs‹. Eine Schulkunst aus dem frühen 16. Jh. u. die K. L. In: ZdfA 114 (1985), S. 221-240. – F. Schanze: Meisterliederhandschriften. In: VL. – W. Röll: Meisterl. Liedkunst. In: ZfdPh 106 (1987), S. 131-135. – C. Petzsch: Wasserzeichen u. Provenienz der ›K. L.‹ (Cgm 4997). In: ZdfA 117 (1988), S. 201-210. – Gisela Kornrumpf: Die K. L. Bemerkungen zur Provenienz. In: FS Karl Stackmann. Gött. 1990, S. 155-169.

Gisela Kornrumpf

Kolping, Adolf, * 8. 12. 1813 Kerpen/Rheinland, † 4. 12. 1865 Köln; Grabstätte: ebd., Minoritenkirche. – Volksschriftsteller u. Sozialreformer.

Der Sohn eines Schäfers u. Kleinlandwirts trat nach einer Schusterausbildung 24jährig in das Kölner Marzellengymnasium ein. Nach dem Abitur (1841) studierte er in München u. Bonn Philosophie u. Theologie (Priesterweihe Köln 1845). Seine erste Anstellung erhielt er an der St. Laurentius-Kirche in Elberfeld, wo er den bereits bestehenden Jünglingsverein zum Gesellenverein umwandelte. Die Übersiedlung als Domvikar nach Köln (1848; 1862 Rektor der Minoritenkirche) gab ihm eine umfassendere Plattform für die Schaffung von Zufluchtsstätten (Gesellenhäusern) für Handwerker mit fachspezif. Bildungsmöglichkeiten. In K.s Todesjahr hatte der Gesellenverein, der sich rasch in dt. Ländern u. Österreich-Ungarn ausbreitete, 24 600 Mitglieder in 418 Vereinen.

Die Aufwendungen für die von ihm direkt gegründeten Häuser bestritt er als erfolgreicher Volksschriftsteller weitgehend aus seinen Einkünften. So redigierte er 1850-1854 das »Rheinische Kirchenblatt« mit den Beilagen »Vereinsorgan und Feierstunde«, ab 1854 die »Rheinischen Volksblätter für Haus, Familie und Handwerk« (Aufl. 6200) u. populäre Volkskalender (»Kalender für das katholische Volk 1854[-1866]«; Aufl. 14 000). K.s Milieuschilderungen (*Erzählungen*. 5 Bde., Münster, später Paderb. 1862-94) sind meist in der rheinischen Landschaft verwurzelt; seine genaue Beobachtungsgabe schuf Typen großer Lebendigkeit u. Volkstümlichkeit wie Dr. Fliederstrauch u. den Landboten Stephan. Im Mittelpunkt seines volkspädagog. Konzepts standen Beruf u. Familie. In polit. Fragen beurteilte er die Entwicklung aus streng katholisch-österr. Observanz.

AUSGABE: A.-K.-Schr.en. Kölner Ausg. Hg. Michael Hanke u. a. Bisher 6 Bde., Köln. 1975 ff.

LITERATUR: Sebastian George Schäffer: A. K. Paderb. 1880. Neuausg. v. Bernhard Ridder. Köln [8]1961. – Victor Conzemius: K. u. Ignaz v. Döllinger: Annalen des Histor. Vereins für den Niederrhein 164 (1962), S. 118-191. – Michael Schmolke: A. K. als Publizist. Münster 1966. – V. Conzemius: A. K.: In: Rhein. Lebensbilder 3 (1968), S. 221-233. – Michael Hanke: Sozialer Wandel durch Veränderung des Menschen. Leben, Werk u. Wirken des Sozialpädagogen A. K. Mühlheim 1974. – Heinrich Festing: A. K. u. sein Werk. Freib. i. Br. 1981. [6]1985. – Victor Conzemius:: K. In: TRE.

Victor Conzemius

Kolroß, Johannes, auch: Rhodonthracius, Carbinorosa, * wohl vor 1490 Kirchhofen bei Staufen/Breisgau oder Hochdorf bei Luzern, † 1558/60 Basel. – Orthograph, Dramatiker u. Kirchenlieddichter.

1503 immatrikulierte sich K. in Freiburg i. Br.; sonst ist über seine Ausbildung nichts bekannt. Wahrscheinlich aus religiösen Gründen ging er ins protestantische Basel, wo er seit 1529 an der Barfüßerschule lehrte, die in diesem Jahr als erste Lateinschule überhaupt in eine dt. Knabenvolksschule umgewandelt wurde.

In Zusammenhang mit dem Lese- u. Schreibunterricht entstand sein *Enchiridion: das ist / Handbuchlin tütscher Orthographi* (Basel 1530); gleichwohl ist es nicht für den Anfängerunterricht bestimmt. Es gehört zu den frühen dt. Orthographien, die der v. a. seit dem SpätMA immer hinderlicher gewordenen Inkongruenz von geschriebener u. gesprochener Sprache entgegenwirken sollten, u. war u. a. als Hilfsmittel für die Lektüre der deutschsprachigen Bibel gedacht. Seine vier Teile behandeln Buchstabenlehre, Doppelkonsonanten u. -vokale, Kürzungszeichen u. konventionelle Abkürzungen ganzer Wörter, Gebrauch der Majuskeln.

Zusammen mit Birck u. Boltz bestimmte K. das Basler Theaterleben der ersten Hälfte des 16. Jh. Seine Schauspiele weisen die lehrhafte, volkserzieherische Intention der meisten Reformationsdramen auf. Das bekannteste, *Von Fünfferley betrachtnussen, die den Menschen zur Buße reizen* (aufgeführt 1532 in Basel, 1540 in Augsburg), vereinigt zwei religiös-didakt. Typen: den Jedermannn-Stoff u. Motive der Parabel vom verlorenen Sohn. Einem Totentanz-Szenarium (Tod u. Teufel, Todsünden, vergnügungssüchtige Jugend u. mahnende Instanzen der geistl. u. weltl. Autoritäten samt himml. Sphäre) steht eine Gruppe von Prodigusszenen (Reue u. Bekehrung des Jünglings) gegenüber. Eigenwillig ist die Gliederung durch vierstimmige, in sapphischen Oden gehaltene Chöre. In ihrem Reimsystem – Binnenreim u. Dreireim – werden sie kennzeichnend für K. Eine Neubearbeitung erlebte das Stück 1934 durch Cäsar von Arx.

Auch auf dem Gebiet des evang. Kirchenlieds hat K. sich hervorgetan. Am bekanntesten sind wohl das Morgenlied *Ich dank dir lieber Herre* aus dem Zürcher Gesangbuch, *So Gott zum Haus nicht gibt sein Gunst* (1525) im Zwickauer Gesangbuch, der *Gsang umb friden* – eine Bearbeitung von Luthers *Verleih uns Frieden gnädiglich* – u. das kirchenpolit. *Lied vom Concilio* (vor 1553).

Ob die *Tragedi wider die Abgottery* (1535) allein aus K.' Feder stammt oder ein Gemeinschaftswerk von K., Birck u. Christoffel Wyßgerber ist, ist ungesichert.

Ausgaben: *Enchiridion:* Johannes Müller: Quellenschr.en u. Gesch. des deutschsprachl. Unterrichtes bis zur Mitte des 16. Jh. S. 64-91, 414-416. – *Eyn schon spil von Fünfflerley betrachtnussen den menschen zur Buß reytzende:* T. Odinga (Hg.): Schweizer Schausp.e des 16. Jh. Bd. 1, Zürich 1890, S. 51-100.

Literatur: Karl Goedeke: Every-Man, Homulus u. Hekastus. Hann. 1865, S. 77-86. – Jakob Bächtold: Gesch. der Dt. Lit. in der Schweiz. Frauenfeld 1892, S. 299-301. – J. W. Hess: J. K., erster Lehrer an der dt. Knabenschule zu Barfüßern in Basel. In: Schweizer pädagog. Ztschr. 7 (1897), S. 306-315. – M. H. Jellinek: Gesch. der Nhd. Grammatik. Bd. 1, Heidelb. 1913, S. 53 f. Bd. 2, 1914, S. 49-51. – W. Brändly: Woher stammt J. K.? In: Zwingliana 8 (1948), S. 365-367. – Marcus Jenny: Christoffel Wyßgerber alias Christophorus Alutarius. In: Basler Ztschr. für Gesch. u. Altertumskunde 49 (1950), S. 53-80. – E. Läuchli: Fünferlei Betrachtnisse v. J. K., ein Basler Drama des 16. Jh. In: Basler Stadtbuch 1960, S. 158-176. – M. Jenny: Gesch. des deutschschweizer. Gesangbuches im 16. Jh. Basel 1962. – Adalbert Elschenbroich: K. In: NDB. – Wolfgang F. Michael: Das dt. Drama der Reformationszeit. Bln. 1984, S. 224-226. – Christa Prowatke: Auf rechte weis teutsch lesen u. schreiben lernen. Zum Anteil der Grammatiker des 16. Jh. an der Herausbildung nationaler Normen in der dt. Literatursprache. In: Wiss. Ztschr. für die Univ. Rostock, Gesellschaftswiss. Reihe 35, H. 8 (1986), S. 41-46.

Ingeborg Dorchenas

Komareck, *Komarek,* Johann Nepomuk, * 1757 Prag, † nicht vor 1821 Pilsen. – Schauspieler u. Dramatiker.

Der aus Böhmen stammende K. schloß sich 1779 in Prag der von Brunianschen Truppe an u. wechselte dann nach zwei Jahren 1781 zum später von ihm verspotteten Prinzipal Peter Ilgener. Mit Ilgener spielte er in Erfurt u. Naumburg. Nach einem Engagement bei der Schönemannschen Kindertruppe 1783 in Wittenberg findet man ihn zunächst 1785 in Altenburg u. später bis 1789 in Dresden bei Joseph Seconda. Vermutlich mit der Fallerschen Truppe kam K. dann nach Eger u. Pilsen, wo er 1793 die Tochter seines Verlegers Joseph Johann Morgensäuler heiratete. In Pilsen erschienen 1797 seine letzten bekannten Werke. Nach 1821 fehlen dann jegl. Hinweise auf K.

Seine vorwiegend der heimatl. Geschichte entlehnten Stoffe weisen K. als einen der ersten böhm. Nationalautoren aus. Vor Schillers *Wallenstein* dramatisierte er das gleiche Thema in seinem vaterländ. Trauerspiel *Albrecht Waldstein,*

Herzog von Friedland (Pilsen 1789. ²1792). Auf Ereignisse des Dreißigjährigen Kriegs in Böhmen greift auch das Nationalschauspiel *Graf von Thurn* (Lpz. 1792) zurück, in dessen Vorrede K. sich antiaufklärerisch gebärdet u. heftig gegen die Französische Revolution polemisiert. Böhmischer Geschichte sind das den Libussa-Stoff dramatisierende Nationalschauspiel *Przémisl* (Pilsen/Lpz. 1793) u. das Trauerspiel *Krock* (Pilsen 1793. Auch: Deutsche Schaubühne, 1793) verpflichtet, wie er auch sein auf Benedicte Nauberts Roman *Hermann von Unna* (1788) zurückgehendes histor. Schauspiel *Ida, oder das Vehmgericht* (Pilsen, Lpz. 1792) auf böhm. Schauplätze verlegt. Sein Trauerspiel mit Chören *Maria von Montalban, oder Lanassa's zweiter Theil* (Lpz. 1792) basiert auf Plümickes Trauerspiel *Lanassa* (1789). Das seinem Schwiegervater gewidmete Schauspiel *Dr. Faust von Mainz* (Lpz. 1794) geht wie Klingers *Faust*-Roman historisch unkorrekt von der Identität Fausts mit dem Mainzer Buchdrucker Fust aus.

Obgleich K. in der Vorrede zum *Graf von Thurn* von einem glückl. Erfolg der *Ida* spricht, ist außer für den *Waldstein*, der am 10. 4. 1791 in Pilsen aufgeführt wurde, u. die in Peter von Winters Vertonung als Oper gegebene *Marie von Montalban* (Urauff. Mchn. 1800) eine Wirkung seines Werks nicht nachweisbar.

WEITERE WERKE: Kleiner Beitr. zur teutschen Bühne [...]. 1. Bd., Pilsen u. a. 1791 (darin: Der schwache Mann [...]; Inkle u. Yariko; Die Ankunft. Ein Vorsp. [...]; Etwas v. Peter Ilgeners Direkzion. Ein Kap., das [...] ein Spiegel für manchen Direkteur ist). – Die Versöhnung, oder: Die Liebe macht alles gut. Pilsen, Klattau, Lpz. 1793. – Schausp.e. Bd. 1, Lpz. 1793. – Die Dorfparade. Eine ländl. Oper [...]. Pilsen 1797.

LITERATUR: Ernst Kraus: J. N. K. In: Bohemia, 28. 12. 1888, Beilage Nr. 359.

Andreas Meier

Kommerell, Max, * 25. 2. 1902 Münsingen bei Ulm, † 25. 7. 1944 Marburg; Grabstätte: ebd., Hauptfriedhof. – Essayist, Lyriker, Erzähler, Dramatiker, Übersetzer.

Die frühe Orientierung an der Reformpädagogik Gustav Wynekens u. Hans Blühers u. literar. Anlehnung an Carl Spitteler gab der Arztsohn während des Studiums in Tübingen, bei Friedrich Gundolf in Heidelberg u. von 1921 an in Marburg zugunsten der Lektüre Hölderlins u. Georges auf. Zu diesem trat er von 1921 an in ein Schüler- u. Jünger-Verhältnis; im Kreis um den Marburger Vertrauten Georges, den Historiker Friedrich Wolters, fand K. bis zum Abschluß seines Studiums mit einer Jean-Paul-Dissertation Bildungsgemeinschaft u. leidenschaftl. Freundschaft. Zwischen 1924 u. 1928 teilte er mit dem geliebten Freund Johann Anton das Wanderleben Georges. Nach dem Bruch mit George 1930, dessen Machtanspruch er sich entzog, dem Eintritt ins Berufsleben durch eine germanistische Habilitation in Frankfurt/M. 1930, dem Freitod Johann Antons 1931 – seinem Gedenken ist *Michelangelo. Dichtungen und leichte Lieder* (Ffm. 1931) gewidmet – u. der Verheiratung ließ K. sich in Frankfurt/M. nieder. An die Stelle Georges trat als literar. Vorbild Hugo von Hofmannsthal, neue Freundschaften entstanden mit Karl Schlechta u. Karl Reinhardt, Herbert von Buttlar, Hofmannsthals Tochter Christiane u. ihrem Mann Heinrich Zimmer, Ernst Robert Curtius, Rudolf Alexander Schröder u. Hans-Georg Gadamer, der 1941 die Bekanntschaft mit Heidegger vermittelte; infolge der Berufung nach Marburg im selben Jahr erweiterte sich der Freundeskreis um Rudolf Bultmann u. Werner Krauss. Neben zahlreichen philolog. Essays über Schillers Dramatik, Goethes Gedichte u. seinen *Faust II*, Lessings Dramaturgie, Hölderlin u. Rilke entstanden Versbände, Übertragungen aus Calderón, Szenisches u. Erzählprosa.

K.s Werk ist durch die wissenschaftl. u. literar. Doppelbegabung des Autors geprägt. Die Entwicklung beider Anlagen stand über acht Jahre lang unter dem Einfluß Georges, der K.s Studien über Jean Paul, über Goethe u. Hölderlin u. seine weltliterar. Bildung anregte u. betreute; der seinen pointiert ausgrenzenden Formgebrauch u. die erhöhende Sprachgebärde bestimmte. Der Poetik Georges entzog sich K. bereits vor dem Bruch durch die ihm eigene Lust am individuellen Augenblick, der sich restaurativen Arrangements nicht fügen will. Von den *Leichten Liedern* an bevorzugte K. das zufällig aufgelesene Bild, die anmutige Freiheit der Assoziation, unpreziöse Reime. Im gleichen Maß entfernte er sich vom Kulturkonservatismus des »Kreises« zugunsten einer Modernität, die er auf den Spuren Jean Pauls entdeckte, dessen »›ausländischen‹ Blick auf die Erdendinge« er beschrieb. Statt des hohen Tons bevorzugte K. im *Dichterischen Tagebuch* (Ffm. 1935) u. später einen persönlich intimen, mit dem er die Spanne zwischen dem Erhabenen u. der innersubjektiv erfahrenen Wirklichkeit als »Weltalter des Abschieds« ausmaß. Die eigene Zeit deutete er im Spätwerk mit Hofmannsthals Begriff der Verwandlung, als deren labiles Innehalten er das ernste Gedicht u. die parodistisch heiteren *Kasperlespiele für große Leute* (Krefeld 1948) verstand: »Wo der siegende Wille versagt, wird oft der Puls der großen Rätsel hörbar«.

WEITERE WERKE: Der Dichter als Führer in der dt. Klassik. Bln. 1928. ²1942. – Gespräche aus der Zeit der dt. Wiedergeburt. Bln. 1928. – Jean Paul. Ffm. 1933. ⁵1977. – Das letzte Lied. Ffm. 1933. – Mein Anteil. Bln. 1938 (L.). – Geist u. Buchstabe der Dichtung. Goethe, Kleist, Hölderlin. Ffm. 1940. Erw. ²1942. Erw. ³1944. ⁵1962. – Die Lebenszeiten. Bln. 1941. – Der Lampenschirm aus den drei Taschentüchern. Bln. 1941. ⁶1979. – Gedanken über Gedichte. Ffm. 1943. ³1968. – Mit gleichsam chines. Pinsel. Ffm. 1944. ²1946 (L.). – Beiträge zu einem dt. Calderón. 2 Bde., Ffm. 1946. – Die Gefangenen. Trauersp. in 5 Akten. Ffm. 1948. – Briefe u. Aufzeichnungen 1919–44. Olten 1967. – Dame Dichterin u. a. Ess.s. Mchn. 1967. – Ess.s, Notizen, Poetische Fragmente. Olten 1969. – Gedichte, Gespräche, Übertragungen. Mit einem einführenden Ess. v. Helmut Heißenbüttel. Olten 1973.

LITERATUR: *Bibliographien* in: M. K.: Briefe u. Aufzeichnungen 1919–44, a. a. O. – Marbacher Magazin 34, 1985 (mit einem Beitr. v. Joachim Storck über M. K.). – *Weitere Titel:* Hans Egon Holthusen: M. K. u. die dt. Klassik. In: Ders.: Das Schöne u. das Wahre. Mchn. 1958. – René Wellek: M. K. as Critic of Literature. In: FS Horst Rüdiger. Bln. 1975. – Dorothea Hölscher-Lohmeyer: Das moderne Ich. Eine Analyse des Romans v. M. K. ›Der Lampenschirm aus den drei Taschentüchern‹. In: JbDSG (1980), S. 399–418. – Gert Mattenklott: M. K. – Versuch eines Porträts. In: Merkur 7 (1986), S. 541–554.

Gert Mattenklott

Kompert, Leopold, * 15. 5. 1822 Münchengrätz (Mnichovo Hradiště/Böhmen), † 23. 11. 1886 Wien. – Erzähler, Publizist.

Als Sohn eines jüd. Wollhändlers besuchte K. das Piaristengymnasium in Jungbunzlau (Mladá Boleslav) u. studierte ab 1838 an der Universität Prag Philosophie. Aufgrund finanzieller Probleme des Vaters mußte er jedoch das Studium aufgeben; in der Folge war er in Wien, dann in Ungarn als Hofmeister tätig, u. a. von 1843 bis 1847 als Erzieher der Kinder des Grafen Gyulá Andrássy. 1847 kehrte K. nach Wien zurück; ein hier begonnenes Medizinstudium brach er 1848 zugunsten einer Tätigkeit als Feuilletonredakteur des »Österreichischen Lloyd« ab. 1852 nahm er neuerlich eine Stelle als Erzieher an, diesmal bei dem Rothschild-Prokuristen Goldschmidt. Nach 1857 widmete er sich v. a. seiner literar. Arbeit u. histor. bzw. ästhetischen Studien; daneben trat er als Präsident der Schulsektion im Vorstand der Wiener Israelitischen Gemeinde u. als Landesschulrat für Niederösterreich (ab 1876) energisch für die kulturellen Belange der österr. Juden ein.

Seine ersten literar. Arbeiten veröffentlichte K. in der »Pannonia«, dem Beiblatt der »Preßburger Zeitung«, u. in Ludwig August Frankls »Sonntagsblättern«. In der geistigen Tradition des Josephinismus stehend, schilderte er in beinahe allen seinen Werken die Welt des böhm. Ghettos, die er in seiner Kindheit u. Jugend selbst erlebt hatte. Beträchtlichen Erfolg errang K. bereits mit *Aus dem Ghetto* (Lpz. 1848), einer Sammlung von fünf Erzählungen, in denen er einfühlsam u. mit ungewöhnl. Realistik das Leben der jüd. Bevölkerung darstellt. Als Schöpfer der gattungsgeschichtlich bedeutenden jüd. »Problemnovelle« – die über ein bloßes Genrebild hinausgeht – profilierte sich K. auch in seinen nächsten Werken, so in *Neue Geschichten aus dem Ghetto* (2 Bde., Bln. 1855). In dem umfangreichen Roman *Zwischen Ruinen* (3 Bde., Bln. 1875) plädierte er für die Integration von Juden durch Mischehe; in der Assimilation seines Volkes sah er den Weg zur nationalen Größe Deutschlands. Eben diese Tendenz in K.s Werken bewirkte, daß sie weitgehend verdrängt u. vergessen wurden.

Zu den engsten Freunden K.s zählten neben Frankl auch Laube, Kürnberger, Saar u. Emil Kuh; bes. Einfluß nahm er mit seinem Schaffen auf Franzos. K. war Mitgl. der Schriftstellervereinigung »Concordia«.

WEITERE WERKE: Böhm. Juden. Wien 1851 (E.en). – Am Pflug. 2 Bde., Bln. 1855 (R.). – Gesch.n einer Gasse. 2 Bde., Bln. 1865. – Franzi u. Heini. Wien 1881 (E.). – Sämtl. Werke. Hg. Stefan Hock. 10 Bde., Lpz. 1906. – Ghetto-Gesch.n. Hg. Burkhard Bittrich. Bln. 1988.

LITERATUR: Paul Amann: L. K.s Literar. Anfänge. Prag 1907. – Joseph P. Strelka: L. K. – Erzähler des jüd. Ghetto. In: Zeman 3, S. 431–438. – Thomas Winkelbauer: L. K. u. die böhm. Landjuden. In: Hans Otto Horch u. Horst Denkler (Hg.): Conditio Judaica. Tl. 2, Tüb. 1989, S. 190–217.

Johannes Sachslehner

Kongehl, Michael, * 19. 3. 1646 Creuzburg/Ostpreußen, † 1. 11. 1710 Königsberg. – Lyriker, Dramatiker, Epiker.

Der Sohn eines Mälzenbrauers studierte nach Schulbesuch in Creuzburg u. Königsberg seit 1661 Theologie u. Jura in Jena u. hielt sich später drei Jahre in Nürnberg auf. 1671 krönte ihn Georg Neumark zum Dichter, 1673 wurde er als »Prutenio« in den Pegnesischen Blumenorden aufgenommen. Um 1675 wurde er Sekretär der brandenburgischen Kanzlei in Königsberg; 1696 zum Ratsherrn aufgestiegen, wurde er kurz vor seinem Tod 1710 Bürgermeister auf dem Kneiphof. Mit vielen Dichtern aus dem Baltikum u. Nürnberg stand K. in freundschaftl. Verbindung.

K. verfaßte etwa 750 Gedichte – darunter zahlreiche Hochzeits- u. Trauergedichte zum Lobpreis »Vieler / theils Lorbeer-Bekröhnten / theils anderwerts Lorbeer- und Lobwürdigen Häubter« – u. über 500 dt. Epigramme. Nur ein Bruchteil seiner in einem gewandten rhetorischen Stil geschriebenen Gedichte wurde in seine Sammlungen aufgenommen. Weite Verbreitung bes. in pietistischen Gesangbüchern fanden einige der geistl. Lieder K.s; am bekanntesten blieb *So bleibt dennoch ein gut Gewissen, das schönste Kleinod von der Welt.*

1675/76 wurden von K. in Nürnberg mindestens acht kleinere Schriften gedruckt, neben drei schäferl. Gelegenheitsgedichten sowie dem Heldenroman *Surboisa* (1676) zwei Novellen gegen den Krieg, *Die vom Himmel herab gestürmte Himmel-Stürmer* (1675) u. *Das von dem ungerathenen Sausewind versuchte und verfluchte Kriegs-Leben* (1675), u. eine Trilogie über Geburt, Passion u. Auferstehung Jesu in Form dreier Hirtengedichte. Nach der Rückkehr nach Königsberg wandte sich K. auch dem Drama zu.

Weitere Werke: *Gedichtsammlungen:* Belustigung bey der Unlust. Königsb. 1683. – Immergrünender Cypressen-Hayn. Ebd. 1694. Lustquartier, neben dem Cypressen-Hayn. Ebd. 1694. – Siegprangender Lorbeerhayn. Ebd. 1700. – Eines vortreffl. Poeten Geist- u. weltl. Gedichte. o. O. 1715 (anonym). – *Dramen:* Misch-Spiel Die vom Tod erweckte Phönizia. Königsb. 1682. – Der Unschuldig-beschuldigten Innocentien Unschuld. Der Verkehrte u. Wiederbekehrte Prinz Tugendhold. Ebd. 1691. – Die Unvergleichlich-schöne Princessin Andromeda. Ebd. 1695.

Literatur: Herdegen, S. 438-444. – Koch 2, S. 251. 3, S. 500 ff. 4, S. 564. – Fischer-Tümpel 2, S. 132. – Hanswerner Heincke: K. In: Altpreuß. Biogr. 1, S. 354. – Ders.: M. K. Königsb. 1939 (nicht nachweisbar). – Adalbert Elschenbroich: K. In: NDB. – Heiduk/Neumeister, S. 61 f., 394. – DBA.

Renate Jürgensen

Koninc Ermenrîkes Dôt, eigentl.: Van Dirick van dem Berne. – Mittelniederdeutsche Volksballade des 16. Jh.

Das Lied (Hg. John Meier. In: Deutsche Volkslieder. Balladen. Bd. 1/1, Bln./Lpz. 1935, Nr. 2) besteht aus 24 Strophen im Hildebrandston. Es ist ohne Melodie u. stark zersungen überliefert: separat (A) als Fliegendes Blatt (wohl Lübeck: Johann Balhorn d. Ä., um 1540) mit Holzschnitt, u. (B) zusammen mit einem historisch-polit. Lied, *Van Juncker Baltzer*; in Joseph L. de Boucks Liederbuch-Fragment, vermutlich um 1595 bei Johann Balhorn d. J.

Dietrich von Bern will den König von »Armentriken« (Ermenrich als Ländername) wegen seiner Grausamkeit (?) aus dem Frankenreich vertreiben. Hildebrand warnt. Von der Zinne herab rät Hildebrands Frau, »Koeninck Bloedelinck«, den erst zwölfjährigen, riesengroßen Sohn einer Witwe, mitzunehmen. Die zwölf Herren kleiden sich wie zum Tanz. Unterwegs passieren sie den »nyen« Galgen, den Ermenrich schon für sie hat errichten lassen. In »Freysack« verwehrt ihnen der treue Torhüter Reinholt von Meilan den Zutritt. Ermenrich läßt sie jedoch vor. Der letzte Dietrichmann verschließt das Tor, damit keiner entkomme. Dann treten sie im Reigen vor Ermenrich u. fragen nach dem Galgen. Als Ermenrich schweigt, enthauptet Dietrich ihn. Alle auf der Burg außer Reinholt werden erschlagen. Blödelinck wird vermißt, doch auf die Klage Dietrichs meldet er sich gesund aus einem Keller zurück. Er prahlt, alle 350 Mann Ermenrichs verwundet zu haben.

Dietrich u. seine Gesellen bestehen also ein gefährliches u. am Ende lustiges Abenteuer: ein Episodenlied im balladesken Stil. Szenisch-bildhafte Eindrücke, Versatzstücke aus der Heldenepik, werden lose aneinandergereiht; einzig der Überraschungscoup mit dem nicht mehr trag. Ausgang interessiert. Die heroische Tradition hat ihre Verbindlichkeit verloren u. ist verfügbar geworden. Wo u. wann das zuerst geschah, liegt im dunkeln. Das *Jüngere Hildebrandslied* mag den Anstoß gegeben haben. Dänische Kämpeviser bieten Berührungspunkte. Das Lied hat jedenfalls teil an jenem Austauschprozeß zwischen nord. u. oberdt. Heldendichtung, in welchem die niederdt. Literatur die Mittlerrolle spielte. Als stoffgeschichtl. Superstrat tritt – schon den Namen nach – die Anbindung an die histor. Dietrichepik zutage. Dietrichs Klage um Blödelinck erinnert an jene um die toten Etzelsöhne in der *Rabenschlacht.* Bindeglied ist v. a. Ermenrich als Gegenspieler, doch von Dietrichs Exil u. Heimkehr ist nicht die Rede. Als eigentl. Substrat zeichnen sich vielmehr die Harlungen- u. die Svanhildsage ab: »Freysack« klingt nach Friesach, aber die Heldensage kennt nur Breisach als Sitz der Harlungen. Der »neue« Galgen spielt auf den älteren für die Harlungen an, deren Tod jetzt Dietrich an Stelle Eckarts an Ermenrich zu rächen scheint. Der Rachezug für die beiden Harlungen hat sich womöglich mit dem der beiden Svanhild-Brüder vermischt, von dem u. a. das nord. *Hamdirlied* erzählt. Hamdir u. Sörli können Ermenrich an Händen u. Füßen verstümmeln, aber nicht enthaupten. Dazu fehlt ihnen der hunn. Halbbruder. Auch Blödelinck fehlt im entscheidenden Augenblick, ohne aber noch ein unentbehrl. Helfer zu sein. So überlebt in Gestalt der Ballade eine Sage, die erste Konturen bei Jordanes im 6. Jh. gewann.

Literatur: Helmut de Boor: Das niederdt. Lied von ›K. E. d.‹. In: FS Theodor Siebs. 1922, S. 22-38. – Walther Kienast: Hamdismal u. ›K. E. d.‹. In: ZfdA 63 (1926), S. 49-80. – Hans Fromm: Das Heldenzeitlied des dt. HochMA. In: Neuphilolog. Mitt.en 62 (1961), S. 94-118. – Ernst Erich Metzner: Zur frühesten Gesch. der europ. Balladendichtung. Ffm. 1972. – Walter Haug: E. d. In: VL (Lit.). *Hilkert Weddige*

Konjetzky, Klaus, * 2. 5. 1943 Wien. – Lyriker, Prosaist, Literaturkritiker.

K. lebt seit 1949 in München, die Familie mußte infolge der Kriegswirren Österreich verlassen. Seit dem Studium der Geschichte, Philosophie u. Germanistik (bis 1971) arbeitet K. als freier Autor, Lektor u. Redakteur. Er ist Mitbegründer der »Wortgruppe München links« (1972) u. war Mitherausgeber verschiedener Zeitschriften, u. a. des »kürbiskern«. Durch seine offenen Literaturkonzepte geriet K. zunehmend in ideolog. Konflikte mit dem von der DKP abhängigen Verlag der Zeitschrift, deren Einstellung (1987) K. zum Anlaß nahm, seine Einlassung auf das Umfeld der DKP rückblickend als Mißverständnis u. Illusion zu bezeichnen. In seinen Texten stellt K. eigene Erinnerungen dem histor. Kontext gegenüber, »die eigenen kleinen Kopf-Bilder und das große Geschichts- und Menschenbild [...]«. »Erinnerungsfähigkeit«, so K., »konstituiert Literatur. [...] Literatur stellt Identität her. [...] Identität mit den Brüchen, den Widersprüchen« (*Literatur macht heimisch in der Welt.* In: kürbiskern 2, 1987, S. 10-23).

Werke: Grenzlandschaft. o. O. 1966 (L.). – Perlo peis ist eine isländ. Blume. Mchn. 1971 (E.en). – Für wen schreibt der eigentlich? (Zus. mit Manfred Bosch). Mchn. 1973 (Dokumentation). – Poem vom grünen Eck. Mchn. 1975. – Was interessiert mich Goethes Geliebte? Tendenziöse Gedanken u. Gespräche über Lit. u. Wirklichkeit. Mchn. 1977. – Die Hebriden. Mchn. 1979 (L.). – Hauskonzert in h. Ffm. 1980 (Theaterstück). – Am anderen Ende des Tages. Mchn. 1981 (R.). – Die Lesereise. Leonberg 1987. *Gerhard Lampe*

Konrad, Marcel, * 6. 5. 1954 Luzern. – Erzähler.

Aus dem Heraufbeschwören dunkler Kindheitserinnerungen bezieht der zum Lehrer ausgebildete K. die wilden Energien seines Erzählens, das sich, nach des Autors eigenen Angaben, vom Verzicht auf die Eingriffe des ordnenden Verstandes den Schlüssel zur Wahrheit erhofft. In seinem Erstlingsroman *Stoppelfelder* (Zürich 1983) zieht ein zum Tode verurteilter Sittlichkeitsverbrecher Bilanz seines trostlosen Lebens. Der Erinnerungsstrom umkreist die Gestalt des brutalen Vaters, das Hereinbrechen der Sexualität u. die Träume von einer besseren Welt. Der Protagonist von *Erzählzeit, ein Zustand* (Zürich 1984) erfährt sich demgegenüber nicht als Opfer, da er im Rückblick auf sein Leben als Bauernknecht alle Verwundungen unter dem Panzer seiner Abgebrühtheit zu verstekken sucht. Wie die Gewalt von einer Generation zur nächsten weitergegeben wird, zeigt auch der monumentale Roman *In meinem Rükken hängt das Vatertier – vor meinen Füßen liegt das Muttertier* (Zürich 1988), in dem K. das problemat. Faszinosum der früheren Texte, die Schilderung der dumpfen Atmosphäre einer aus allen histor. Bezügen herausgehobenen Bauernwelt, einer gegenständlicheren Schilderung der nun städt. Schauplätze opfert. *Dominik Müller*

Pfaffe **Konrad**, Mitte (?) u. zweite Hälfte des 12. Jh. – Verfasser des deutschen *Rolandsliedes*.

K. nennt sich selbst »phaffe«, d. i. niederer Geistlicher mit häufig auch außerkirchl. Aufgabenbereich. Er war offenbar für den Welfenhof in Regensburg (u. Braunschweig?) tätig u. übersetzte im Auftrag eines Herzogs Heinrich u. seiner Gemahlin die altfrz. *Chanson de Roland* in dt. Reimpaarverse. Die entsprechenden Angaben des Epilogs (vv. 9017-9094) sind so vieldeutig, daß lange Zeit die mäzenatische Zuschreibung an Heinrich den Stolzen (1126-1138), Heinrich Jasomirgott (1143-1156) oder Heinrich den Löwen (1155-1180) völlig offen schien. Heute gelten Heinrich der Löwe u. seine Gemahlin Mathilde, Tochter des engl. Königs Heinrich II. u. der Eleonore von Aquitanien, als Auftraggeber. Wenn der Hinweis auf die außergewöhnl. Bußfertigkeit des Herzogs (vv. 9066 ff.) auf dessen Pilgerfahrt ins Hl. Land gedeutet werden darf, muß das dt. *Rolandslied* im Jahr 1172 oder kurz danach fertiggestellt worden sein.

Die unmittelbare Vorlage des Pfaffen K. ist nicht erhalten. Am nächsten steht ihr die Version der Oxforder Handschrift (O) der *Chanson de Roland*. Ungeklärt ist, woher K. die Vorgeschichte (*Entrée d'Espagne*), vv. 31-360, bezogen hat. Wenn hier nicht mündl. Traditionen eingeflossen sind, wird man annehmen müssen, daß die dem dt. Bearbeiter vorliegende altfrz. Version bereits derart erweitert war.

Die *Chanson de Roland* ist um 1100 entstanden. Sie verklärt den histor. Spanienfeldzug Karls des Großen von 778 mit dem verlustreichen Überfall auf das heimkehrende Heer der Christen in den Pyrenäen.

Karl der Große hat sieben Jahre lang in Spanien Krieg geführt. Da erklärt der Heidenkönig Marsilies in trüger. Absicht, sich zu ergeben. Karl berät sich mit seinen Vasallen. Roland schlägt seinen Stiefvater Ganelon als Unterhändler vor. Dieser muß um sein Leben fürchten u. sagt Roland Fehde an für den Fall, daß er mit dem Leben davonkomme. Ein Waffenstillstand wird vereinbart, u. die Franzosen ziehen ab. Ganelon aber hat sich mit den Heiden verbündet u. ein Komplott geschmiedet. Marsilies überfällt Roland, der mit Olivier u. einer kleinen Christenschar die Spanische Mark sichern soll. Aus Stolz weigert sich Roland, den Kaiser durch ein Hornsignal zurückzurufen. Erst als die Christen aufgerieben sind, schickt er das Signal aus. Karl kehrt um, beklagt die Toten u. vernichtet die fliehenden Heiden. Der verwundete Marsilies ruft Baligant, das Oberhaupt aller heidn. Reiche, zu Hilfe. In einer grausamen Racheschlacht siegt der christl. Kaiser über das unermeßl. Heer der Heiden. Nach der Rückkehr hält Karl in Aachen Gericht. Ganelon beruft sich auf sein Fehderecht, deshalb muß ein Gottesurteil die Entscheidung bringen. Ganelon unterliegt u. wird zum Tod durch Vierteilung verdammt.

Der dt. Bearbeiter mußte die *Chanson de Roland* nicht nur in seine Sprache, sondern auch in einen veränderten gesellschaftl. u. polit. Kontext übertragen, der bestimmt war durch den imperialen Anspruch des Auftraggebers, durch die in der Kanonisation von 1165 kulminierende Karlsverehrung u. durch die seit der Jahrhundertmitte auch die dt. Länder überziehende Kreuzzugsbewegung. Es kann also nicht verwundern, wenn die *Chanson* in ein förml. Kreuzzugsepos umstilisiert wurde. Die Geschichte des Verrats, die Frage nach Recht u. Unrecht Ganelons, nach der Rolle des Kaisers u. der Funktion seiner Vasallen war nicht ohne weiteres in die vertrauten Vorstellungen der Verhältnisse im Reich zu übertragen. Deshalb bemühte sich K. um eine durchgehende geistl. Interpretation des Geschehens.

Das dt. *Rolandslied* hat offenbar schon bald nach seiner Entstehung weite Verbreitung gefunden. Dafür spricht die reiche Überlieferung. Außer der fast vollständigen Heidelberger Handschrift (P) sind fünf Fragmente bekannt, die alle noch dem 12. Jh. angehören. Seinen Siegeszug in der dt. Literatur trat das *Rolandslied* jedoch in der modernisierenden Bearbeitung an, die der Stricker dem Text im zweiten Jahrzehnt des 13. Jh. angedeihen ließ. Von ihr sind mehr als ein halbes Hundert Textzeugen nachzuweisen. Literarische Nachwirkungen zeigen sich hauptsächlich im *Willehalm* Wolframs. Dieser schließt direkt an das Geschehen im *Rolandslied* an u. zitiert seinen Wortlaut immer wieder. Danach ist nur noch die aus dem Beginn des 14. Jh. stammende niederdt. Kompilation von Karlsgeschichten zu nennen, die u. d. T. *Karlmeinet* überliefert ist u. im fünften Teil die Geschichte von Karls Spanienfeldzug enthält. Dieser Teil scheint streckenweise (vielleicht vermittelt über eine nicht erhaltene niederdt. Bearbeitung) auf das *Rolandslied* zurückzugehen.

Unsicher ist, ob K. auch an der Ausarbeitung der dt. *Kaiserchronik* beteiligt war. Die sprachlich-stilistische Nähe spricht für einen engeren Zusammenhang beider Texte.

AUSGABEN: Rolandslied. Hg. Carl Wesle. Bonn 1928. 3., durchges. Aufl. besorgt v. Peter Wapnewski. Tüb. 1985 (Lit.). – Rolandslied. Hg. Friedrich Maurer. Lpz. 1940. Neudr. Stgt. 1964. – Rolandslied. Vollfaks. des Codex Palatinus Germanicus 112. Einf. Wilfried Werner u. Heinz Zirnbauer. Wiesb. 1970.

LITERATUR: Ernst Friedrich Ohly: Zum Reichsgedanken des dt. ›Rolandsliedes‹. In: ZfdA 77 (1940), S. 189-217. – Friedrich-Wilhelm Wentzlaff-Eggebert: Kreuzzugsdichtung des MA. Bln. 1960. – Eberhard Nellmann: Die Reichsidee in dt. Dichtungen der Salier- u. frühen Stauferzeit. Bln. 1963. – Dieter Kartschoke: Die Datierung des dt. Rolandsliedes. Stgt. 1965. – Herbert Backes: Bibel u. Ars praedicandi im ›Rolandslied‹ des P. K. Bln. 1966. – Karl Bertau: Das dt. ›Rolandslied‹ u. die Repräsentationskunst Heinrichs des Löwen. In: DU 20 (1968), S. 4-30. – Horst Richter: Kommentar zum ›Rolandslied‹ des P. K. Tl. 1, Bern/Ffm. 1972. – Karl-Ernst Geith: Carolus Magnus. Studien zur Darstellung Karls des Großen in der dt. Lit. des 12. u. 13. Jh. Bern/Mchn. 1977. – Marianne Ott-Meimberg: Kreuzzugsepos oder Staatsroman? Strukturen adeliger Heilsversicherung im dt. ›Rolandslied‹. Mchn. 1980. – Eberhard Nellmann: P. K. In: VL (Lit.).

Dieter Kartschoke

Priester **Konrad**. – Verfasser/Kompilator einer Predigtsammlung des 12. Jh.

Eine der bedeutendsten Predigtsammlungen des 12. Jh. wurde laut Vorrede von einem nicht genauer zu identifizierenden »prespiter cůnradus« zusammengestellt. Die Tatsache, daß ihm »librorum copia« zur Verfügung stand, legt die Entstehung in einem Kloster oder Stift nahe, d. h. daß K. entweder Mönch oder Kanoniker war. In der Augustinus-Predigt lobt er – unabhängig von der Quelle – das Leben der Augustinerchorherren, was Mertens, in Verbindung mit der schwer zu untermauernden These, daß die Sammlung in Südtirol entstanden sei, dazu führte, K.s Heimat in Neustift zu vermuten. Die Annahme der älteren Forschung, die Predigten stammten aus dem Bodenseeraum, ist allerdings noch schwerer zu begründen.

Die Sammlung von 114 Texten geht auf mehrere dt. u. lat. Quellen zurück u. war »plebeis et popularibus prespiteris« zugedacht, also Pfarrern, denen keine große Bibliothek für die Predigtvorbereitung zur Verfügung stand u. die deshalb ein umfassendes Nachschlagewerk wie K.s Predigtwerk benötigten. Sie bietet einen vollständigen Jahrgang von Predigten für alle Sonntage u. Feste des Kirchenjahrs, einige Heiligenpredigten u. Predigten für Heiligenfeste im allgemeinen (Apostel, Jungfrauen usw.). Bei den Sonntagspredigten handelt es sich um klass. Homilien, in denen Epistel- u. Evangelienlesungen nacherzählt u. dann ausgelegt werden. Da für die Herrenfeste häufig mehrere Texte geboten werden, stellt K. auch bisweilen Sermones zur Verfügung. Der Lehrgehalt der Predigten ist sehr allgemein gehalten, spezif. Standesangelegenheiten o. ä. werden nicht angesprochen, was allerdings für Musterpredigten ohnehin charakteristisch ist. In den Heiligenpredigten wird zumeist die Legende ausgelegt, in mehreren sogar nur erzählt. Obwohl man die Predigten keineswegs mit in dieser Form tatsächlich gehaltenen Ansprachen gleichsetzen darf, können sie dennoch als gutes Beispiel für die homiletische Praxis im ausgehenden 12. Jh. gelten.

AUSGABEN: Anton E. Schönbach: Altdt. Predigten. Bd. 3, Graz 1891. – Volker Mertens: Das Predigtbuch des P.s K. Überlieferung, Gehalt u. Texte. Mchn. 1971, S. 185-284 (alle mehrfach überlieferten Predigten). – Weitere Ausg.n bei Karin Morvay u. Dagmar Grube: Bibliogr. der dt. Predigt des MA. Veröffentlichte Predigten. Mchn. 1974, S. 18-21.

LITERATUR: Konrad Kunze: Studien zur Legende der hl. Maria Aegyptiaca im dt. Sprachgebiet. Bln. 1969, S. 47-49. – Mertens, a. a. O. – Werner Schröder: Zum Typologie-Verständnis in der mediävist. Literaturwiss. In: Harald Scholler (Hg.): The Epic in Medieval Society. Tüb. 1977, S. 64-85. – Volker Mertens: P. K. In: VL (Lit.).

Werner Williams-Krapp

Konrad von Ammenhausen, * etwa 1280/90, † etwa Mitte des 14. Jh. – Verfasser eines Schachbuchs.

Die längste u. im SpätMA beliebteste Versfassung des Schachbuchs von Jacobus de Cessolis wurde 1337 von einem Autor vollendet, der sich nur versteckt im Schlußakrostichon seines Werks zu erkennen gibt (vv. 19 233-19 336):

»Cuonrat von Ammenhusen«, Mönch u. Leutpriester in Stein am Rhein. 1324, 1328 u. 1335 ist dort im Benediktinerkloster St. Georgen ein Konventuale aus Ammenhausen (im Thurgau) belegt. K. bezeichnet sich als »niht gar alt« (v. 14 052, 14 588) z. Zt. seiner Arbeit u. spielt mehrfach auf Reisen an (Chur, Konstanz, Frankreich, Provence); häufiger bezieht er sich auf Schwaben.

K.s *Schachzabelbuch* gilt als zweite oder ungefähr zeitgleich mit Heinrichs von Beringen Dichtung entstandene Versbearbeitung des lat. Prosatraktats *Liber de moribus hominum et de officiis nobilium ac popularium super ludo scaccorum*, den der oberital. Dominikaner Jacobus de Cessolis (bezeugt 1288-1322) aufgrund seiner Predigten über die im Schachspiel enthaltenen Bedeutungen verfaßt hatte. In der Form einer Allegorie werden alle Schachfiguren, ihre Züge u. das Schachbrett (»zabel« = lat. »tabula«) beschrieben, in Hinsicht auf ihre Funktionen in der Gesellschaft ausgelegt u. mit Exempeln illustriert. Der Nutzen des Spiels erwächst aus der Lehre über die weltl. Stände u. ihre Pflichten; Schachallegorien gehören zu der v. a. im SpätMA sehr verbreiteten didakt. Literatur u. sind bis gegen Ende des 15. Jh. zahlreich überliefert.

K.s alemann. Bearbeitung in Paarreimen (19 336 Verse) erweitert die lat. Vorlage beträchtlich. In einer eigenen Vorrede vor Jacobus' Prolog bezeichnet er als intendiertes Publikum »tugenthafte«, die – unabhängig von ihrem Stand – »zuht und êre« in seinem volkssprachl. Werk besser als in dt. »üpig maere« erfahren könnten (vv. 115-117, 144-160, 180-191). In den vier Teilen des Traktats handelt er, mit unermüdlich wiederholtem Bezug auf seine Quelle, von der Erfindung des Spiels, den Adeligen in Gestalt der großen u. den »gemeinen« Handwerksleuten als den kleinen Steinen sowie vom Schachbrett u. den Zügen der Figuren.

Ein oriental. Philosoph erdachte das Spiel, um den tyrannischen König Evilmoradach zu bessern, Müßiggang zu verhindern u. die menschl. Neugier auf Unbekanntes zu befriedigen. König u. Königin, die »alten« als Richter (mlat. »alphilus«, heute Läufer), die Ritter (heute Springer) u. die Rochen als Landvögte (mlat. »roccus«, heute Turm) werden nach ihrem Aussehen beschrieben u. die von ihnen geforderten Eigenschaften dargelegt. Wie Jacobus befürwortet K. das Erbkönigtum; über seine Vorlage hinaus erfaßt er die Geistlichkeit im Rahmen des kanonischen Rechts (vv. 4350 bis 4377) u. in einer Klage über die allgegenwärtige Habgier (vv. 4708-4739). Die »venden« (mlat. »pedes«, heute Bauern) bedeuten die mittelalterl. Berufe, die – durch Attribute bezeichnet – zu mehreren in einer Figur vereinigt sein können: 1. Bauer; 2. Schmied, Maurer u. Zimmermann (einschließlich der Seeleute); 3. Weber, Färber, Tuchscherer, Schneider, Bartscherer, Metzger, Gerber, Schuster, Kürschner, Hutmacher, Sattler u. Schreiber (einschließlich der Jäger); 4. Kaufmann u. Geldwechsler; 5. Arzt u. Apotheker; 6. Schank- u. Gastwirt; 7. Stadtwächter, Gemeinde- u. Zollbeamter; 8. Verschwender, Spieler, Bote (einschließlich Kundschafter). Den bei Jacobus fehlenden Müller behandelt K. in einem Nachtrag als einen zweiten »venden« (vv. 18 997-19 162). Die Vielfalt seiner auch historisch aufschlußreichen Darstellung nützt K. insbes. zur Ständekritik; sachkundig prangert er berufsspezif. Laster u. Betrügereien an. Im letzten Teil der Dichtung erscheint das Schachbrett als Bild der Stadt Babylon oder eines Königreichs oder der ganzen Welt; Stellung u. Züge der Figuren werden als Beziehungen u. Handlungsweisen der Stände interpretiert.

Durch die Fülle des gegenüber seiner Quelle u. den anderen dt. Versbearbeitungen (Heinrich von Beringen; Pfarrer zu dem Hechte, mitteldt. 1355; Stephan von Dorpat, mittelniederdt. vor 1375) kompilierten Wissens, durch die Spannweite seines Werks von zeitgeschichtl. Anspielungen bis zu – ebenfalls reichlich vermehrten – Exempelerzählungen aus antiken u. patrist. Autoren wurde K.s Version lehrhafter Gebrauchstext für ein breites Laienpublikum. Ihre Beliebtheit bezeugt die Überlieferung des 14. u. 15. Jh. in 26 meist schweizerischen u. elsäss. Handschriften u. einem Fragment; teils stammen sie aus der Werkstatt Diebold Laubers in Hagenau. Ein Drittel von ihnen ist – wie eine Reihe anderer lat. u. volkssprachl. Schachbücher – illustriert: Zum traditionellen Grundzyklus der Repräsentationsbilder der Stände können typisierte Berufsbilder u. selten Ereignisbilder als Miniaturen zu den Exempeln treten. Zudem sind viele, z. T. illustrierte Inkunabeln erhalten.

In dem 1432 entstandenen *Guldîn spil* benutzte Meister Ingold für das Schachspiel auch K.s Fassung des Traktats. Johannes von Morschheim dürfte sie bei der Abfassung seines *Spiegel des Regiments* 1497 vorgelegen haben. 1507 erschien in Konstanz Jakob Manlius' Kurzfassung von K.s Werk im Druck; zwei andere Ausgaben folgten 1520 u. 1536. K.s Einfluß erstreckte sich vielleicht auf weitere Texte, aber Ähnlichkeiten u. gemeinsame Quellen der didakt. u. ständekrit. Literatur lassen einzelne Rezeptionsvorgänge schwer erkennen.

Ausgaben: Das Schachzabelbuch Kunrats v. A. Hg. Ferdinand Vetter. Frauenfeld 1887-92 (außerdem Jacobus de Cessolis u. Manlius). – Das Schachzabelbuch. Die Illustrationen der Stuttgarter Hs. Hg. Carmen Bosch-Schairer. Göpp. 1981 (Faks.).

Literatur: Heinz-Jürgen Kliewer: Die mittelalterl. Schachallegorie [...]. Gießen 1966. – Hans Lieb: K. v. A. In: Schaffhauser Beiträge zur Gesch. 57 (1980), S. 152 f. – Norbert H. Ott: K. v. A. In: NDB. – Gerard F. Schmidt: K. v. A. In: VL. – Burkhard Malich: Der Arzt in der Darstellung des K. v. A. In: Wolfram Kaiser u. Arina Völker (Hg.): Ethik in der Gesch. v. Medizin u. Naturwiss.en. Halle/Saale 1985, S. 46-53.

Sabine Schmolinsky

Konrad von Fußesbrunnen. – Verfasser des mittelhochdeutschen Reimpaarepos *Die Kindheit Jesu*.

Nach dem Prolog soll das Werk von 3027 paarweise gereimten Versen auch ein Zeugnis tätiger Reue über eigene weltl. Jugenddichtung sein. Da sonst von dieser nichts bekannt ist, muß die Frage mögl. Topik offen bleiben. Das verlorene Jugendwerk mit dem *Nibelungenlied* zu identifizieren (W. Hansen 1987), dazu gehören Courage u. der unbefangene Blick des Nichtfachmanns.

K. war Angehöriger eines edelfreien Geschlechts, benannt nach dem niederösterr. Ort Fußesbrunn (heute Feuersbrunn bei Krems). Er wurde etwa um 1160 geboren. Sein Werk, nicht genau datierbar, entstand um die Jahrhundertwende. Es zeigt Beherrschung des Erzählstils u. Formelguts der höf. Epik. Die Zahl der ganz oder teilweise erhaltenen Handschriften (12), die Einarbeitung in *Passional* u. in Philipps des Kartäusers *Marienleben*, eine Umsetzung in lat. Prosa sowie die lobende Erwähnung durch Rudolf von Ems bezeugen durchgehende Bekanntheit u. Wertschätzung bis ins 14. Jh., zgl. aber wohl auch schon Verlust an Interesse für das selbständige Dichtwerk. Dazu kommt die erst kürzlich gemachte Entdeckung, daß das umfangreiche Fragment L einen Teil des berühmten (südbairischen?) St. Galler Codex 857 aus dem zweiten Viertel des 13. Jh. bildete. Die Handschrift enthält neben K. Wolframs von Eschenbach *Parzival* u. *Willehalm*, das *Nibelungenlied* u. *Karl den Großen* des Stricker. Man sieht hier die *Kindheit Jesu* in repräsentativ-höf. Umgebung eine Generation nach ihrer Entstehung. Übrigens war der Handschriftendieb, der K.s Text aus dem Codex entfernte, kein geringerer als Johann Jacob Bodmer.

Das Epos erzählt das Leben der Jungfrau Maria von ihrer Vermählung mit Joseph bis zur Rückkehr aus Ägypten. Auf der Flucht wird die Hl. Familie von einem Straßenräuber gefangen, der sie aber unter dem Eindruck von Kind u. Mutter in sein Haus lädt, sie bewirtet u. beherbergt. Auf dem Rückweg ins Hl. Land sind die drei noch einmal seine Gäste. Ein höfisch-hochzeremonielles Festmahl mit Nachtlager u. Weggeleit am kommenden Morgen stellt den Höhepunkt des Ganzen dar. Der bekehrte Räuber ist der gute Schächer des Evangeliums. Den Schluß bilden Wundertaten des Christuskindes, das in Nazareth die Schule besucht.

Die Hauptquelle ist ein frühchristl. apokryphes Evangelium, der sog. *Ps.-Matthaeus*. In ihm versuchte der unbekannte Verfasser das Schweigen der kanonischen Evangelien über die Kindheit Jesu mit legendarisch-genrehaften Geschichten zu kompensieren u. zgl. die Jungfräulichkeit Mariens durch die Konkretheit eines epischen Berichts zu bezeugen.

Die literar. Stellung ist durch den erzählerischen Rang des Werks u. die Singularität der Thematik in seiner Zeit kennzeichnend. Es ist das einzig bekannte geistl. Epos in der »klassischen« Generation Hartmanns, Wolframs u. des *Nibelungenlieds*. Den frühen Hartmann hat man als stilistisches Vorbild ansehen wollen. Auch wenn sich die Annahme nicht sichern läßt, ist damit doch auf eine individuelle Formung der Aussage, auf eine, wenn auch weit bescheidenere, Eleganz u. metr. Sensibilität in der *Kind-*

Das Kapitel über die Gestirne in Konrads »Buch der Natur« wird in einer Handschrift des 15. Jahrhunderts (Heidelberg, Universitätsbibliothek, Cpg 300, Bl. 36v) durch ein ganzseitiges Bild der personifizierten sieben Planeten (Saturn, Jupiter, Mars, Sonne, Venus, Merkur, Mond) eingeleitet, die auf einem Wolkenband über der Erde schweben.

Konrad von Megenberg

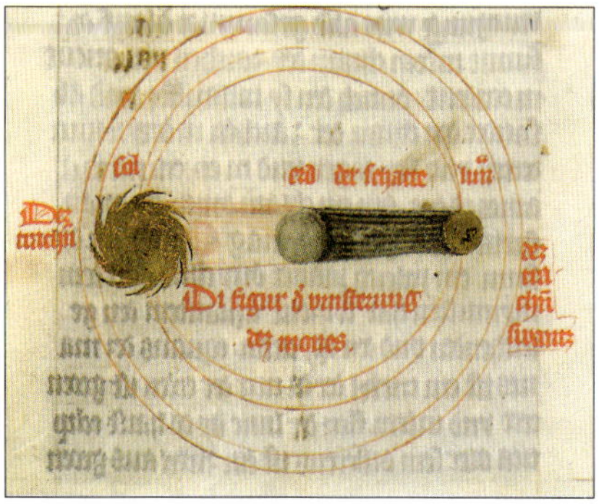

Schema einer Mondfinsternis nach dem geozentrischen Weltbild. Aus einer anonymen Übersetzung der »Sphera mundi« des Johannes de Sacrobosco (Berlin, Staatsbibliothek Preußischer Kulturbesitz, mgf 479, Bl. 13ᵛ).

Die »Sphera mundi« des Engländers John of Holywood (Johannes de Sacrobosco), 1. Hälfte 13. Jh., ist vor der Mitte des 14. Jahrhunderts von Konrad von Megenberg ins Deutsche übertragen worden: Kreisbild der in vier Quadranten geteilten Erde, deren drei mit Meer bedeckt sind, während im vierten die sieben bewohnbaren Teile zwischen den unbewohnbaren heißen und kalten Grenzbereichen am Äquator und am Pol eingeschrieben sind (München, Bayerische Staatsbibliothek, Cgm 156, Bl. 26ʳ; *oben links*). – Die Planetenbewegung nach der Epizykeltheorie mit der Einteilung des Tierkreises; Illustration einer im Umkreis der Wiener Universität entstandenen Sacrobosco-Übersetzung (Berlin, Staatsbibliothek Preußischer Kulturbesitz, mgf 479, Bl. 15ʳ, 2. Hälfte 14. Jh.; *oben rechts*). – Die vier sich kreisförmig umschließenden Elemente Erde, Wasser, Luft und Feuer in der sublunaren Sphäre; Holzschnitt aus Jobst Gutknechts Druck (1516) der »Sphera materialis« des Konrad Heinfogel, einer Bearbeitung der Megenbergschen Fassung *(links)*.

Lange vor Konrads von Megenberg »Buch der Natur« wurde naturkundliches Wissen durch die lateinischen Bestiarien vermittelt. Miniatur eines Maulwurfs aus einem südenglischen Bestiar des 12. Jahrhunderts (Oxford, Bodleian Library, Ms. Ashmole 1511, Bl. 36[r]).

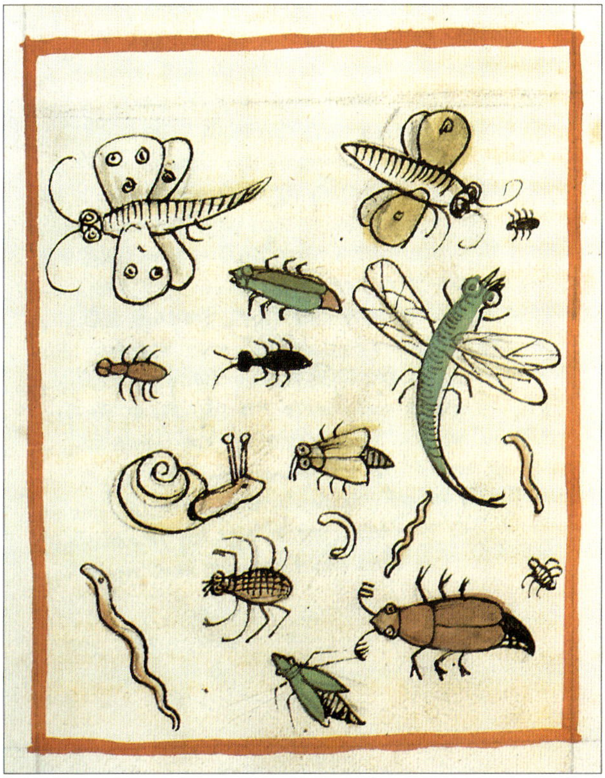

An die durch die Bestiarien begründete Bildtradition knüpfen auch die Illustrationen von Konrads »Buch der Natur« vielfach an. *Links:* Kolorierte Federzeichnung zum Kapitel über die Vögel aus einer Megenberg-Handschrift der elsässischen Lauber-Werkstatt (Heidelberg, Universitätsbibliothek, Cpg 300, Bl. 120[v], um 1440/50). *Rechts:* Titelzeichnung zum Insekten-Kapitel aus einer mittelrheinischen Handschrift (Heidelberg, Universitätsbibliothek, Cpg 311, Bl. 189[v], Mitte 15. Jh.).

Der Vogel Phönix, der sich im Alter von 500 Jahren auf einem von der Sonne entzündeten Holzstoß verbrennt und nach drei Tagen wieder aus der Asche erhebt, ist ein Symbol der Auferstehung Christi. Illustration aus einer anonymen Bestiar-Kompilation des 12. Jahrhunderts (Augsburg, Universitätsbibliothek, Cod. II. 1. 2° 109, Bl. 149^{r}, 15. Jh.).

Die Bilderhandschriften des »Buchs der Natur« sind eine Fundgrube spätmittelalterlicher Tier- und Pflanzendarstellungen. Die kolorierte Federzeichnung eines durch die Wasseroberfläche hindurch sichtbaren Störs im Cpg 300 der Heidelberger Universitätsbibliothek (Bl. 188^{v}), um 1440/50, ist von geradezu expressionistisch anmutender Ausdruckskraft.

In ihrem Aufbau gründen letztlich alle mittelalterlichen Tierbücher auf dem um das Jahr 200 wohl in Alexandrien entstandenen griechischen »Physiologus«. Einhorn-Miniatur aus einer lateinischen »Physiologus«-Handschrift (Hamburg, Staats- und Universitätsbibliothek, Cod. 47 in scrin., Bl. 67^{v}).

In der Tradition älterer Bestiarien und naturkundlicher Kompendien stehen die katalogartigen Illustrationsfolgen des »Buchs der Natur« Konrads von Megenberg. Die ornamental stilisierten Pflanzenzeichnungen im Cpg 311 der Heidelberger Universitätsbibliothek aus der Mitte des 15. Jahrhunderts (*linke Spalte:* Hopfen, Knoblauch, Melone) stammen von einem anderen Künstler als die Darstellungen heimischer und exotischer Tiere (*rechte Spalte:* Igel, Elefant, Schwan).

Konrads von Megenberg Vorlage, der »Liber de natura rerum« des Thomas von Cantimpré (1201 - etwa 1263), wurde 1472 von Peter Königschlacher erneut ins Deutsche übertragen. Miniatur eines kopflosen Wunderwesens aus der einzigen Handschrift dieser Fassung (Stuttgart, Württembergische Landesbibliothek, Cod. med. et phys. 2° 15, Bl. 51^{r}).

Im Schlußteil des »Buchs der Natur« berichtet Konrad über monströse Merkwürdigkeiten der göttlichen Schöpfung. Johann Bämlers Druck, Augsburg 1475, führt in einem ganzseitigen Holzschnitt solche Wunderwesen vor *(oben links)*. Auf Bl. 361^{v} des Cpg 300 der Universitätsbibliothek Heidelberg versammeln sich hundsköpfige Geschöpfe, sog. Cynocephali *(oben rechts)*. Auch in Handschriften anderer Texte, speziell in Reiseberichten, finden sich solche Darstellungen. So begegnet Alexander der Große auf seiner Indienfahrt kopflosen Monstern, die das Gesicht auf der Brust tragen (München, Bayerische Staatsbibliothek, Cgm 7377, Bl. 213^{v}, Ende 14. Jh., Weltchronik; *links*).

Thomas' von Cantimpré »Liber« wurde dem deutschsprachigen Laienpublikum in der Übertragung Konrads von Megenberg bekannt. Eine 1406 in Mitteldeutschland entstandene Handschrift des lateinischen Originals (Würzburg, Universitätsbibliothek, M. ch. f. 150) zeigt auf Bl. 142^{v} ein Meeresungeheuer, das ein Schiff angreift.

Zahlreiche Illustrationen im »Buch der Natur« betonen die medizinische Nutzanwendung der aufgeführten Pflanzen und weisen damit auf die späteren Kräuter- und Destillierbücher voraus: Lilien mit einem Destilliergerät im Vordergrund (Heidelberg, Cpg 300, Bl. 306^{r}; *oben links*). Das Kräuterbuch Johann Hartliebs (gestorben 1468), Leibarzt des Wittelsbachers Albrecht III., stützt sich wesentlich auf Konrad von Megenberg: Kolorierte Federzeichnung des Steinbrech (Linz, Landesmuseum, Ms. 4, Bl. 17^{v}; *oben rechts*). Mit 381 Holzschnitten ist Peter Schöffers »Gart der Gesundhait« von 1485 ausgestattet, das wohl eindrucksvollste Kompendium der Arzneipflanzen im späten 15. Jahrhundert (*rechts:* Knoblauch).

Naturkundliches, pharmazeutisches und chemisches Wissen vereinigen sich in den frühneuzeitlichen Destillierbüchern, wie dem »Liber de arte distillandi de compositis« des Straßburger Arztes Hieronymus Brunschwig. Titelblatt des Straßburger Drucks von 1507.

heit Jesu verwiesen. Die theolog. Ausbeute bleibt gering, aber durch Thematik u. Wortschatz wird die Dichtung eingebunden in die Folge der mhd. epischen Darstellungen des Christus- u. Marienlebens vom 12. bis 14. Jh., mit denen sie auch z. T. in den Handschriften zusammen überliefert ist. Das würde sogar auch für die »höfische« Handschrift L (s. o.) zutreffen, wenn sich dort – wie es sehr wahrscheinlich zu machen ist – an die *Kindheit* das Epos von Tod u. Himmelfahrt Mariens des eine knappe Generation jüngeren Konrad von Heimesfurt anschloß. Auch in der lat. Prosaparaphrase des um 1330 »für die ungelehrten Laien« abgefaßten *Klosterneuburger Evangelienwerks*, wo die Dichtung in eine Perikopenglosse eingearbeitet ist, ist sie Bestandteil eines evangelisch-mariolog. Zyklus in deutl. Nähe zu gottesdienstl. Auslegung. Freilich hat hier ein später Benutzer, nicht mehr gewillt, den Wahrheitsanspruch des bibl. Berichts u. der apokryphen Epik gleichzusetzen, bei der Überschrift vermerkt: »Theologi non tenent sed reprobant« (die Theologen halten daran nicht mehr fest, sondern tadeln es).

Ausgabe: Die Kindheit Jesu. Krit. Ausg. v. Hans Fromm u. Klaus Grubmüller. Bln./New York 1973. – Die Kindheit Jesu. Ausgew. Abb.en zur gesamten handschriftl. Überlieferung. Hg. dies.n, Kurt Gärtner u. Konrad Kunze. Göpp. 1977.

Literatur: Kurt Gärtner: Zur neuen Ausg. u. zu neuen Hss. der ›Kindheit Jesu‹ K.s v. F. In: ZdfA 105 (1976), S. 11-53. – Bernd Schirok: Der Raub der ›Kindheit Jesu‹. Codex St. Gallen 857 u. K. v. F. In: ZdfA 116 (1987), S. 230-234.

Hans Fromm

Konrad von Haimburg, auch: Konrad von Gaming, † 17. 8. 1360 Gaming. – Verfasser mittellateinischer geistlicher Lyrik.

Der Heimatort des niederösterr. Kartäusers, Haimburg (eigentlich Hainburg) bei Preßburg, kann nur aus seinem Beinamen erschlossen werden; das Geburtsjahr ist unbekannt. Erstmals ist er als Vikar von Mauerbach nachweisbar, 1342-1345 als Prior von Seiz. 1350-1354 u. von 1358 bis zu seinem Tod war er Prior von Gaming. In der Kartause Smichov bei Prag hielt er sich wahrscheinlich 1345-1350 auf; dort stand er mit Ernst von Pardubitz in Verbindung, dem ersten Erzbischof von Prag u. Kanzler Kaiser Karls IV. Von ihm erhielt K. den Auftrag, ein *Lectionarium mariale* zu verfassen, das 1350 abgeschlossen war; beim tägl. Chordienst im Veitsdom wurden daraus jeweils neun »Lesungen« von einem Kollegium gesungen, das Karl IV. u. Ernst 1344 zur Belebung der Marienverehrung gestiftet hatten. Eine Kurzfassung entstand 1356 für Meinhard von Neuhaus, den Bischof von Trient; u. d. T. *Laus Mariae* war sie weit verbreitet (über 60 Handschriften sind erhalten; ungedruckt).

Ähnlich große Wirkung hatten K.s geistl. Lieder (Analecta hymnica 3. Hg. Guido M. Dreves. Lpz. 1888. Neudr. Ffm. 1961, S. 5-102). Die »Reimgebete« oder »pia dictamina« waren nicht für die Liturgie, sondern für die private Andacht bestimmt. Unmittelbar erkennbar ist dies bei der ersten Gruppe, 59 Heiligenliedern. Handlungselemente, die z. T. auf die *Legenda aurea* zurückgehen, dienen der Veranschaulichung eines gottergebenen Lebens: Die Grußform u. die durchgehende Anrede an den Heiligen vergegenwärtigen seine vorbildhaften Tugenden; Hoffnung auf ewigen Lohn steht hinter der abschließenden Bitte um Beistand gegen Anfechtungen u. um Fürsprache bei Gott. Auch in der Auswahl wird die Bevorzugung persönl. Formen der Frömmigkeit deutlich: Volkstümliche Heilige wie Anna, Elisabeth u. Ursula oder Nothelfer stehen neben den Kirchenvätern.

K.s Mariengedichte sind ebenfalls »Leselieder«; v. a. in der ungewöhnl. Fülle preisender Namen, Attribute u. Sinnbilder aus der mariolog. Tradition zeigt sich das für meditative geistl. Lyrik charakterist. Streben nach Verinnerlichung. Die unbefleckte Empfängnis z. B. wird immer wieder typologisch aufgefaßt: Im *Hortulus* etwa ist Maria zunächst mit dem Paradiesgarten, dann mit der Braut des Hohenliedes gleichgesetzt; sie empfängt Christus als ihren Bräutigam. Dem vielfältigen Wechsel zwischen präfigurativen Bildern u. dem damit Gemeinten entspricht der hohe formale Anspruch: Jedes der fünf allegor. Lieder ist u. a. durch Akrosticha u. jeweils unterschiedl. Reim- u. Strophenbindung ausgezeichnet. Ähnliche Formentfaltung bieten die vier Glossenlieder, die u. a. *Magnificat* u. *Ave Maria* kommentierend umschreiben. – Die Mariengrüße *Crinale* u. *Anulus* wurden u. a. von Heinrich Laufenberg u. Sebastian Brant in die Volkssprache übertragen; das bestätigt die Bedeutung K.s für die Frömmigkeitsgeschichte im SpätMA.

Literatur: Joseph Szövérffy: Die Annalen der lat. Hymnendichtung 2. Bln. 1965, S. 325-329, 367 f. – Fritz Wagner: Zur Dichtkunst des K. v. H. In: Mlat. Jb. 8 (1973), S. 233-244. – Franz Josef Worstbrock: K. v. H. In: VL (Lit., bes. zu Überlieferung u. Übers.en). – J. Szövérffy: Marian. Motivik der Hymnen. Leiden 1985, S. 293-308. *Anette Syndikus*

Konrad von Haslau. – Verfasser eines mittelhochdeutschen Lehrgedichts, Ende des 13. Jh.

Daß das anonym überlieferte, 1264 Reimpaarverse umfassende Gedicht *Der Jüngling* von K. stammt, weiß man nur aus einer Anspielung im sog. *Seifried Helbling* (II, 440 ff.). Aus ihr kann für den *Jüngling* eine Abfassung in den 80er Jahren des 13. Jh. angenommen werden, was auch durch die schon freiere Metrik u. die reinen Reime bestätigt wird. K. wird dort als Landsmann bezeichnet, was auf Herkunft aus Niederösterreich, vielleicht aus Haslau/Leitha, hindeutet. Dazu paßt auch der Dialekt des Werks. Aus dem *Jüngling* selbst kann man wohl schließen, daß K. Fahrender war u. verschiedentlich die Aufgaben eines Erziehers übernahm.

In seiner Erziehungslehre wendet K. sich v. a. an Jünglinge adeliger Herkunft u. versucht ihnen in sehr lebendiger, manchmal etwas derber Sprache unter Einbeziehung mannigfacher Vergleiche u. Rätsel die Grundbegriffe richtigen Benehmens beizubringen. Sein Hauptaugenmerk gilt dabei zunächst äußeren Dingen wie der richtigen Kleidung u. Haartracht oder der Tischzucht. Auch innere Werte wie Bewahrung vor der schädl. Kraft der Lüge u. rechter Gebrauch von Besitz werden angesprochen. Dazwischen finden sich immer wieder Passagen mit allg. Aussagen, etwa zu der nachteiligen Vermischung adeliger u. bäuerl. Zucht und den schädl. Folgen falscher Erziehung. K. reiht seine verschiedenen Lehren lose aneinander, ohne daß eine Gliederung erkennbar wäre. Verbindendes Element ist das Motiv der Pfennigbuße (vieleicht der *Disciplina clericalis* des Petrus Alphonsi entnommen): Nach jeder Lehre verlangt K. von dem Jüngling, der sie nicht befolgt, einen Pfennig. Bei schwereren Vergehen wird die Buße erhöht, bei ganz verabscheuungswürdigen Vergehen verzichtet er auf die Buße.

Bei einem Vergleich mit Vorgängern, z. B. dem *Winsbecke*, fällt das fast völlige Fehlen höf. Elemente auf. Möglich ist, daß sich K. nur an den niederen Adel wandte. Große Verbreitung erreichte das Werk – vielleicht wegen des dialektalen Einschlags – nicht.

Ausgabe: Der Jüngling. Hg. Walter Tauber. Tüb. 1984.

Literatur: Helmut de Boor: Die dt. Lit. im späten MA. Tl. 1, Mchn. ³1973, S. 391-393. – Hans-Friedrich Rosenfeld: K. v. H. In: VL. – Wernfried Hofmeister: Der ›Jüngling‹ K.s v. H. Versuch einer Neubewertung. In: Sprachkunst 15 (1984), S. 1-13. *Elisabeth Wunderle*

Konrad von Heimesfurt. – Verfasser der geistlichen Versepen *Unser vrouwen hinvart* (H.) u. *Diu urstende* (U.) aus dem Anfang des 13. Jh.

K. nennt seinen Namen im Prolog der H. (v. 20 f.), wo er sich als »armer phaffe« bezeichnet, u. im Akrostichon der U. Im Dichterverzeichnis des nach 1230 entstandenen *Alexander* Rudolfs von Ems (vv. 3189-3191) wird er gleich nach Gottfried von Straßburg angeführt. Ein mit dem Autor gleichnamiger Ministeriale K. v. H. (heute Hainsfarth bei Oettingen im Ries) erscheint 1198-1212 in vier Urkunden des Bischofs Hartwig von Eichstätt (1196 bis 1223); er dürfte vermutlich mit dem Verfasser identisch sein. Aus der Selbstbezeichnung »phaffe« in der H. wäre demnach nicht zu schließen, daß K. dem geistl. Stand angehörte, sondern daß er ein geistlich gebildeter Laie war. Die H. war wohl das frühere Werk, auf das er sich in einer Auseinandersetzung mit seinen Kritikern im Prolog der U. (vv. 19 ff.) bezieht.

Da K. die *Kindheit Jesu* Konrads von Fußesbrunnen u. von den höf. Klassikern nachweislich nur die Werke Hartmanns von Aue, einschließlich des *Iwein* (um 1205), kannte u. da sich seine literar. Technik in den von diesen beiden Autoren vorgezeichneten Bahnen bewegt, hat er seine beiden Werke wohl noch im ersten Jahrzehnt des 13. Jh. verfaßt. Die H. ist in vier Handschriften u. sechs Fragmenten überliefert, die U. nur in einer Handschrift u. mehreren Exzerpten, die rund ein Drittel des Werks umfassen, in den Handschriften der *Weltchronik* Heinrichs von München. Über die Prosaauflösungen der *Weltchronik* in den *Historienbibeln* hat die U. dann bis in die Frühdruckzeit indirekt gewirkt. Zitate u. deutlich feststellbare Anleihen aus K.s Werken zeugen von einem beachtl. Einfluß auf spätere geistl. Dichtungen. Die H. hat v. a. auf den *Heiligen Georg* Reinbots von Dürne (nach 1231), die U. auf *Christi Hort* Gundackers von Judenburg (Ende 13. Jh.) gewirkt.

Wie die *Kindheit Jesu* gehen auch H. u. U. auf bekannte neutestamentl. Apokryphen zurück. K. will diese bisher nur in lat. Sprache verbreiteten Stoffe einem volkssprachl. Publikum vermitteln (H., vv. 67-71; U., vv. 44-47). Das tut er mit den neuen Möglichkeiten der höf. Vers- u. Erzähltechnik. Auch höf. Verhalten weiß er zu gestalten; in den Beratungsszenen der U. erscheinen die Hauptpersonen als Muster höf. Bildung in einem weltlich-vornehmen Milieu. Außer seinen Hauptquellen benutzte er Antiphonen, Responsorien u. Lesungen aus der Liturgie der Kirchenfeste, an denen die in seinen Werken dargestellten Ereignisse gefeiert werden. Die Kenntnis der zahlreichen Bibelstellen in beiden Werken könnte ausnahmslos liturgisch vermittelt sein. Daß er das in den Eichstätter Osterfeiern bes. gut bezeugte »Canticum triumphale« *Cum rex gloriae Christus* benutzte (U., vv. 1698-1702), darf als Hinweis auf seinen Wirkungsort gesehen werden.

Die H. (1209 Verse) ist eine sehr freie Bearbeitung des *Transitus Mariae* des Ps.-Melito, der bekanntesten abendländ. Legende vom Tod u. der Himmelfahrt Marias. In der H. wird erzählt, wie Maria in Gegenwart der auf wunderbare Weise nach Jerusalem zurückgeführten Apostel stirbt u. von ihnen im Tal Josaphat begraben wird. Nach drei Tagen wird sie von Christus auferweckt u. fährt vor den Augen der Apostel zum Himmel. Thomas, der auch hier eine Sonderrolle spielt, kommt zu spät; doch unterwegs erscheint ihm Maria u. überläßt ihm ihren Gürtel, mit dem er dann beweisen kann, daß auch er Zeuge ihrer Auferstehung war.

Die U. (2162 Verse) hat als Rahmen das aus den Evangelien u. der Apostelgeschichte bekannte Passions-, Oster- u. Pfingstgeschehen. In diesen paßt K. eine souveräne Bearbeitung seiner Hauptquelle ein, des *Evangelium Nicodemi*, das im MA fast kanonische Bedeutung erlangt hatte. Es berichtet vom Prozeß Jesu vor Pilatus, von der Auferstehung Jesu u. der Befreiung des von den Juden eingekerkerten Joseph von Arimathia durch den Auferstandenen, von Zeugenaussagen über die Himmelfahrt u. schließlich von dem Zeugnis der Söhne Simeons (vgl. Lk 2,25) über Jesu Höllenfahrt, das Zerbrechen der Höllentore, die Befreiung Adams, der Patriarchen, Propheten u. übrigen Gefangenen aus der Gewalt Satans. Im Descensus-Bericht der Simeonsöhne Karinus u. Leoncius ist die Erzählung von Adams Sohn Seth über seine Reise zum Paradies (U., vv. 1868-2020) gegenüber der Hauptquelle stark erweitert. Verhörszenen u. Prozeßverfahren prägen K.s Darstellung u. erweisen ihn als Kenner der Gerichtspraxis u. Rechtssprache seiner Zeit.

Die Werke K.s wurden nach dem Zeugnis Rudolfs von Ems von den dichtenden Zeitgenossen hoch geschätzt. Die moderne Forschung allerdings hat wegen ihres langwährenden Desinteresses an der geistl. Literatur des MA den literar. Rang von H. u. U. bis vor kurzem kaum gesehen. Der für die Überlieferung der mhd. Sprache u. Literatur zentrale St. Galler Codex 857, der die besten Textzeugen von Wolframs *Parzival* u. *Willehalm* u. des *Nibelungenlieds* vereinigt, enthielt vermutlich als letztes Werk die H. Sie bildete zusammen mit der *Kindheit Jesu* den erst in der Neuzeit herausgetrennten Schlußteil.

Ausgaben: ›Unser vrouwen hinvart‹ u. ›Diu urstende‹. Hg. Kurt Gärtner u. Werner J. Hoffmann. Tüb. 1989 (mit ausführl. Einl., Bibliogr. u. Registern).

Literatur: Werner Fechter: K. v. H. In: VL. – Werner J. Hoffmann: K. v. H. Untersuchungen zu Quellen, Überlieferung u. Wirkung seiner beiden Werke ›Unser vrouwen hinvart‹ u. ›Diu urstende‹. Diss. Trier 1987.

Kurt Gärtner

Konrad von Landeck, *Landegg*, auch: Schenk K. v. L. – Um 1300 tätiger Minnesänger.

Der Sänger gehört dem Thurgauer Geschlecht derer von Landeck in der ehemaligen Grafschaft Toggenburg an. Die Herren von Landeck waren Ministeriale der Grafen von Toggenburg u. bekleideten seit der zweiten Hälfte des 12. Jh. das erbl. Schenkenamt des Stifts von St. Gallen. Von den beiden in Frage kommenden Namensträgern hält man aufgrund einer Anspielung auf die Belagerung Wiens von 1276 durch König Rudolf I. von Habsburg in Lied 5 den älteren Konrad für den Dichter. Er ist zwischen 1271 u. 1306 in zahlreichen Urkunden bezeugt. Bei dem 1313-1347 urkundenden Konrad handelt es sich um seinen Sohn.

Die *Große Heidelberger Liederhandschrift* (C) überliefert unter dem Namen 22 Minnelieder, die K. als einen Kenner hoch- u. späthöf. Minnesangkunst ausweisen, von denen er Formeln und Motive z. T. wörtlich übernimmt. Besonders deutlich sind die Anklänge an die späten schwäb. Dichter Gottfried von Neifen u. Ulrich von Winterstetten. Die meisten Lieder sind fünfstrophig; 13 u. 16 haben je drei, 7, 9, 10 u. 18 je vier Strophen. K.s Repertoire prägen stollig gebaute Strophen unterschiedl. Länge mit z. T. kunstvoller Reimgestaltung (u. a. Binnenreim, grammat. Reim). Lied 2 hat Refrain.

K. verwendet durchgängig Natureingang als traditionelle Folie für das Befinden des Sängers: Winterklage in 1, 5, 6, 9, 13, 14, 16, 17, 20, 21 u. 22, Maien- bzw. Sommerpreis in den übrigen Liedern. Auch thematisch steht er mit seinen Minneklagen u. Frauenpreisliedern in der Tradition hohen Sangs; die seit Neidhart übl. neuen Liedtypen im »genre objectif« nimmt er – anders als sein Vorbild Neifen – nicht auf. Er bedient sich rhetorischer Mittel wie Anaphern, Alliterationen, rhetorischer Fragen, Apostrophen – im Anschluß an Winterstetten häufig an ein implizites Publikum – u. der »figura etymologica«, verzichtet jedoch weitgehend auf Bilder (Ausnahmen: 9 u. 10).

Ausgabe: Karl Bartsch (Hg.): Die Schweizer Minnesänger. Frauenfeld 1886. Neudr. Darmst./Frauenfeld 1964, S. CXXVIII-CXXXVII (Untersuchung), 207-246 (Text).

Literatur: Friedrich Grimme: Die Schweizer Minnesänger. In: Germania 35 (1890), S. 302-339, hier S. 326 f. – Joachim Kirchner: Herr K. der schenk v. L. ein epigone des Minnesangs. Diss. Greifsw. 1912. – Viola Bolduan: Minne zwischen Ideal u. Wirklichkeit. Studien zum späten Schweizer Minnesang. Ffm. 1982, v. a. S. 59-82 u. 163-171. – Günther Schweikle: Schenk K. v. L. In: VL. *Claudia Händl*

Konrad von Megenberg, *de Monte Puellarum*, * um 1309 Mäbenberg bei Abenberg/Mittelfranken, † 14. 4. 1374 Regensburg; Grabstätte: ebd., Niedermünster. – Verfasser bedeutender theologischer, staats- u. kirchenpolitischer, moralphilosophischer u. naturkundlicher Schriften. (Bildkapitel S. 473–480)

Knapp siebenjährig siedelte K. 1316 nach Erfurt zum Schulbesuch über, wechselte aber noch vor 1334 zum Artesstudium an die Pariser Universität, wo er den Magistergrad erwarb u. als Lektor im Zisterzienser-Kolleg St. Bernhard wirkte. Bezeugt ist sein zwischenzeitl. Ausschluß von Vorlesungen u. Prüfungen an der Universität, eventuell aufgrund von Zwistigkeiten mit einem Magister Christian, der zu den Anhängern des von K. aufs heftigste bekämpften Wilhelm von Ockham gehört haben könnte.

1342-1348 war K. Rektor der Wiener Stephansschule, aus der später als Stiftung von Herzog Rudolf IV. die Universität hervorging. In dieser Stellung leitete er zgl. das gesamte Schulwesen in Wien. K.s letzte u. längste Wirkungsstätte war Regensburg, wohin er 1348 übersiedelte, nachdem ihm ein Traum die Heilung von einer Lähmung durch Fürbitte des hl. Erhard verheißen hatte. Wie schon 1337 u. 1341 von Paris aus, reiste er noch mindestens viermal, u. a. im Auftrag der Stadt Regensburg (1357) u. des Kaisers (1361), an die Kurie nach Avignon. 1359-1363 war er Pfarrer der Dompfarrei von St. Ulrich, bis zu seinem Tod lebte er als einfacher Domherr im Ernvelser Haus.

K. war einer der literarisch produktivsten Kleriker des 14. Jh.; von ihm stammen rund zwei Dutzend Schriften. Verschollen sind – mit Ausnahme einer *Vita S. Erhardi* (um 1364/65) – die meisten der hagiographischen (Viten von Dominikus, Matthaeus, Beschreibung einer Franziskus-Vision) u. einige der theolog. u. philosophischen Schriften. In zwei Handschriften ist sein noch unediertes theolog. Hauptwerk, der *Commentarius de laudibus B. V. Mariae* (nach 1364) überliefert, in einer der Traktat *contra Walter Burleigh*. In seiner frühesten kirchenpolit. Schrift, dem *Planctus ecclesiae in Germaniam* (1337/38) in leon. Hexametern, widmet sich K. dem Verhältnis von Sacerdotium u. Imperium u. ergreift Partei für Ludwig den Baiern, für den er beim Papst Verständnis zu wecken sucht. Gleichfalls kirchenpolit. Natur sind Traktate gegen Ockham (1354) u. gegen die neuen Bettelorden (*Lacrima ecclesiae*, 1364).

Weitere Werke erweisen K. als Kirchenrechtler u. Moralphilosophen. In jüngster Zeit wird die *Yconomica* (1348/52), neben der *Monastica* (= *Speculum felicitatis humanae*, 1348) das moralphilosophische Hauptwerk K.s, zu seinen bedeutendsten Schriften gezählt. In dieser drei Bücher umfassenden Enzyklopädie behandelt K. »Hauswesen« u. Hierarchien im Bürgertum, am Fürsten- u. Kaiserhof, in Kirche u. Kurie.

Breite Wirkung erzielten zwei dt. naturwissenschaftl. Schriften: *Die deutsche Sphaera* (zehn Handschriften u. vier Drucke) ist eine kompetente Bearbeitung der *Sphaera Mundi* des Johannes von Sacrobosco in vier »haubtstuk«. Darin unterrichtet K. unter anderem über das aristotelisch-ptolemäische Weltbild u. die Beschaffenheit von Himmel u. Erde (1), über Äquator, Tierkreis, Meridian, Horizont u. Polarkreis (2), behandelt Auf- u. Untergang der Gestirne aus der Sicht der Poeten u. Astronomen, Tages- u. Nachtdauer, Erd- u. Klimazonen (3), zuletzt die Himmelsmechanik sowie Sonnen- u. Mondfinsternis (4). In einer paargereimten Vorrede empfiehlt er, sein der Wahrheit verpflichtetes Lehrbuch gegenüber Riesen- u. Reckensagen zu bevorzugen.

In über 100 Handschriften u. acht Drucken (1475-1540) ist das mit zahlreichen Allegorien ausgestattete, umfangreiche *Buch der Natur* oder *puoch von den natürleichen dingen* überliefert. Diese Bearbeitung des *Liber de natura rerum* des Thomas von Cantimpré (um 1240) für ein Laienpublikum ist in acht Hauptstücken seinshierarchisch gegliedert u. handelt dabei vom Menschen (1), von den Himmeln und den sieben Planeten (2), den Tieren (Vierfüßer, Vögel, »merwunder«, Fische, Schlangen, Insekten/Gewürm; 3), von Bäumen u. Sträuchern (4), Kräutern (5), Edelsteinen (6) u. Metallen (*Von dem gesmaid*; 7), schließlich von Wunderbrunnen u. Wundermenschen (8). In der um 1348-1350 entstandenen ersten Redaktion A sind diese acht Hauptteile von einem gereimten Prolog u. Epilog umrahmt, die in Redaktion B fehlen: Hier wird der Text durch eine Widmung an Herzog Rudolf IV. von Habsburg, eine dt. Fassung des athanas. *Symbolum Quicunque*, einen kurzen Engel-Passus u. den Traktat *von der sel* eingeleitet. Entgegen bisheriger Forschung wurde Redaktion B nicht von K. selbst, sondern 1359 von einem traditionalistisch denkenden Anonymus angefertigt, der systematisch jede Erinnerung an den wahren Verfasser des *Buchs der Natur* im Text zu tilgen trachtete (Buckl 1990), jedoch keine neuen Quellen einarbeitete. Abweichend von seiner lat. Hauptvorlage sieht K., naturphilosophische Gedanken der Schule von Chartres aufnehmend (Blank), »zwischenwürkende kreft« walten, durch die Gott nur mittelbar in menschl. u. kosm. Abläufe eingreift. Noch weitgehend unerforscht ist die Wirkungsgeschichte des *Buchs der Natur*, das als wichtiges Werk auf dem Weg zur Herausbildung einer eigenständigen dt. Fachprosa gilt.

Ausgaben (ausführl. Verz. im VL): Buch der Natur [BdN]. Hg. Franz Pfeiffer. Stgt. 1861 (Eichstätter Neuedition in Vorbereitung durch Georg Steer u. Walter Buckl). – Planctus ecclesiae in Germaniam. Hg. Richard Scholz. Mchn. 1941. – Von der Sel. Eine Übertragung aus dem Liber de proprietatibus rerum des Bartholomäus Anglicus. Hg. G. Steer. Mchn. 1966. – Ökonomik. Hg. Sabine Krüger. Stgt. 1973-84. – Die Dt. Sphaera. Hg. Francis B. Brévart. Tüb. 1980.

Literatur: Helmut Ibach: Leben u. Schr.en des K. v. M. Bln. 1938. – Sabine Krüger: K. v. M. In: Gerhard Pfeiffer (Hg.): Fränk. Lebensbilder. Würzb. 1968, S. 83-103. – Georg Steer: Zur Nachwirkung des ›BdN‹ K.s v. M. im 16. Jh. In: Festg. Josef Dünninger. Bln. 1970, S. 570-584. – Uwe Ruberg: Allegorisches im ›BdN‹ K.s v. M. In: Frühmittelalterl. Studien 12 (1978), S. 310-325. – Claude Lecouteux: K. v. M.: Von den Wundermenschen. In: EtGerm 37 (1982), S. 290-304. – Walter Blank: Mikro- u. Makrokosmos bei K. v. M. In: Klaus Grubmüller u. a. (Hg.): Geistl. Denkformen in der Lit. des MA. Mchn. 1984, S. 83-100. – G. Steer: K. v. M. In: VL (Lit.). – Traude-Marie Nischik: Das volkssprachl. Naturbuch im späten MA. Sachkunde u. Dinginterpretation bei Jacob v. Maerlant u. K. v. M. Tüb. 1986 (dazu Walter Buckl in: PBB 111, 1989, S. 138-146). – G. Steer: Imagines mundi-Texte als Beitr. zur Ausformung eines laikalen Weltbildes im SpätMA. In: Norbert R. Wolf u. a. (Hg.): Wissensorganisierende u. wissensvermittelnde Lit. im MA. Wiesb. 1987, S. 23-33. – Gerold Hayer: Die Überlieferung v. K.s v. M. ›BdN‹. Eine Bestandsaufnahme. In: Volker Honemann u. Nigel F. Palmer (Hg.): Dt. Hss. 1100-1400. Tüb. 1988, S. 408-423. – W. Buckl: K. v. M. aus zweiter Hand. Die ›B‹-Redaktion des ›BdN‹ Diss. Eichstätt 1990.

Walter Buckl

Konrad von Mure, * um 1210 Muri (Aargau), † 30. 3. 1281; Grabstätte: Zürich, Marienkapelle des Großmünsters. – Mittellateinischer Schriftsteller, Geistlicher u. Lehrer.

Seine erste Ausbildung erhielt K. wohl in der Lateinschule des Benediktinerklosters Muri; um 1230/35 trat er in das Zürcher Großmünster ein, studierte dann Artes u. Recht in Italien (Bologna ?) u. wohl auch in Paris; danach war er Priester in Zürich. 1243 war K. als Magister, 1244-1271 als Leiter der Stiftsschule am Zürcher Großmünster tätig, wo er ab 1246 als Kanoniker, ab 1259 zudem als Kantor bezeugt ist. Daneben wirkte er als Jurist u. Notar für das

Stift. Seine Promotion im Kirchenrecht (»doctor decretorum«) ist freilich erst spät u. unsicher belegt. In freundschaftl. Verhältnis stand K. zu Rudolf von Habsburg, dem späteren dt. König, bei dessen Tochter Guta er Pate war.

K.s lehrhaft-literar. Œuvre ist – typisch für den Gelehrten des MA – lateinisch abgefaßt; die überwiegende Zweckbestimmung der Werke für den Schulunterricht bedingte vielfach die Versform. Bei aller Freiheit gegenüber der Sprache ist K. bewußter Stilist mit Hang zum Artifiziellen. – Weite Verbreitung fand der Grammatik u. Sachwissen vermittelnde *Novus Grecismus*, eine Bearbeitung u. Ergänzung des *Grecismus* (um 1200) Eberhards von Béthune. Der *Libellus de naturis animalium* ist ein Tierbuch mit geistlich-moralischen Auslegungen (interessante Exkurse zur Pergament- u. Farbenherstellung u. zur Buchmalerei). In den Schulbetrieb gehören ferner eine Brieflehre (*Summa de arte prosandi*) sowie der *Fabularius*, ein alphabetisch angelegtes Handbuch u. a. zur Poetik, Literaturgeschichte (Dichterbiographien) u. Mythologie. An angehende Kleriker wendet sich der *Libellus de sacramentis*, ein Leitfaden zur Verwaltung der Sakramente. Politisch-panegyrischen Charakter haben die *Commendaticia* auf die Königswahl u. -krönung Rudolfs (1273) u. ein Epos auf dessen Sieg gegen Ottokar von Böhmen 1278 (beide Werke nur in Bruchstücken erhalten). Verloren sind u. a. eine Romdichtung, zwei Legenden, ein Marienpreis u. ein Gedicht zur Erklärung der Namen von Schweizer Flüssen u. Bergen.

Ausgaben: Clipearius Teutonicorum. Hg. Paul Ganz (s. Literatur), S. 174-185. – Summa de arte prosandi. Hg. Walter Kronbichler. Zürich 1968. – ›Commendaticia‹ u. ›De victoria regis Rudolfi‹. Hg. Erich Kleinschmidt (s. u.), S. 301-312, 316-319. – De naturis animalium. Hg. Árpád Peter Orbán. Heidelb. 1989. – Die übrigen Werke sind nicht ediert.

Literatur: Paul Ganz: Gesch. der herald. Kunst in der Schweiz im 12. u. 13. Jh. Frauenfeld 1899, S. 172-185. – Franz J. Bendel: K. v. M. In: MIÖG 30 (1909), S. 51-101. – Anton Mayer: Die Quellen zum Fabularius des K. v. M. Diss. Mchn. 1916. – Ernst Rieger: C. v. M. als Urkundenschreiber. In: MIÖG, Ergänzungsbd. 14 (1939), S. 361-383. – Erich Kleinschmidt: Herrscherdarstellung. Bern/Mchn. 1974, bes. S. 291-319. – Ders.: K. v. M. In: VL.

Nikolaus Henkel

Konrad von Stoffeln. – Autor eines spätmittelalterlichen Artusromans.

Nur eine der beiden stark voneinander abweichenden Handschriften des 15. Jh., die – außer einem Fragment des 14. Jh. – den Artusroman *Gauriel von Muntabel* überliefern, enthält auch dessen Schluß, wo »von stoffel maister Cuonrat« als Verfasser genannt wird. Er könnte mit dem urkundlich zwischen 1252 u. 1282 erwähnten gleichnamigen Straßburger Domherrn aus dem Freiherrengeschlecht von Hohenstoffeln im Hegau identisch sein; nicht zuletzt die alemann. Reime des Werks machen diese Annahme wahrscheinlich.

Ausgangspunkt der Aventiurehandlung ist das in der Epik des 13. Jh. beliebte Märchenmotiv der Liebe des Helden zu einer Fee, das hier wie im *Meleranz* des Pleier u. in den (nur durch Ulrich Füetrers später Fassung bekannten) Romanen *Poytislier* u. *Seifried de Ardemont* in die Artuswelt integriert wird: Gauriel rühmt die Schönheit seiner Feengeliebten; durch diese Übertretung des Schweigegebots verliert er sie u. mit ihr auch seine ritterl. Schönheit, die sich in Häßlichkeit verkehrt. Beides läßt sich nur dadurch restituieren, daß er die drei besten Artusritter besiegt u. sie als Gefangene in das von der Außenwelt abgeriegelte Land seiner Geliebten bringt. Daraufhin versöhnt sich die Fee mit Gauriel u. heiratet ihn schließlich. Darauf folgen noch – in der für den späten Artusroman typischen, auf bloße Kampfaktion ausgerichteten, offenen Reihung – drei weitere mit den Rittern der Tafelrunde bestandene Befreiungsaventiuren.

K. schöpft aus der Tradition des klass. u. des nachklass. Artusromans, aus dem er zahlreiche Motive variierend kombiniert: Nicht nur im Auftreten u. Herbeizitieren berühmter Helden (u. a. Erec, Iwein, Garel, Wigalois, Daniel, Persibein), sondern auch mit der Anspielung auf Handlungszüge aus anderen Romanen (z. B. Erecs »verligen« oder der Kampf von Gauriels Bock mit Iweins Löwen) wird die Rückbindung in eine übergreifende arthurische Erzählwelt erreicht. Hartmanns *Iwein* u. Ulrichs von Zazikhoven *Lantzelet* sind am breitesten benutzt, eine direkte Quelle ist jedoch nicht nachweisbar, das Motiv der gestörten Martenehe noch am ehesten aus frz. Lais (*Graelant*; Marie de France: *Lanval*) bekannt.

Schon Jakob Püterich von Reichertshausen schätzte in seinem *Ehrenbrief* die Leistung des

Dichters gering; die ältere Forschung folgte diesem Urteil weitgehend.

AUSGABE: Gauriel v. Muntabel. Hg. Ferdinand Khull. Graz 1885. Neudr. Osnabr. 1969.

LITERATUR: Karl Deck: Untersuchungen über Gauriel v. Muntabel. Diss. Straßburg 1912. – H. A. Demtröder: Untersuchungen zu Stoff u. Stil des ›Gauriel v. Muntabel‹ des K. v. S. Diss. Bonn 1964. – Alfred Karnein: Minne, Aventiure u. Artus-Idealität in den Romanen des späten 13. Jh. In: Friedrich Wolfzettel (Hg.): Artusrittertum im späten MA. Gießen 1984, S. 114-125. – Neil Thomas: K. v. S.'s Gauriel v. Muntabel: a comment on Hartmann's Iwein? In: Oxford German Studies 17 (1988), S. 1-9. *Norbert H. Ott*

Konrad von Waldhausen, * um 1325 Waldhausen bei Grein (oder in der Nähe), † 8. 12. 1369 Prag. – Reformprediger.

Anfang der 40er Jahre trat K. in das Waldhausener Augustinerchorherrenstift ein; wohl 1349 wurde er zum Priester geweiht. Wahrscheinlich hat er auch ein Universitätsstudium absolviert. In den 50er Jahren entwickelte sich K. vor allem in Wien zu einem bedeutenden Volksprediger, der mit scharfen Worten das allzu weltl. Leben des Klerus u. die verbreitete Simonie anprangerte. Besonders getroffen fühlten sich die Mendikantenorden, v. a. die Dominikaner u. die Augustinereremiten. Während einer Predigtreise 1363 nach Prag wurde Kaiser Karl IV. auf K. aufmerksam u. bemühte sich, ihn nach Böhmen zu holen. Im selben Jahr erhielt K. eine Pfarrei in Leitmeritz. Seine größte Wirkung erzielte er durch seine Predigttätigkeit in Prag, wo er solche Popularität erreichte, daß er auf einem Platz außerhalb der Kirche predigen mußte; Karls Ehefrau u. sogar Juden sollen ihm zugehört haben. Hier gingen die Attackierten jedoch zum massiven Gegenangriff über, was z. T. zu handgreifl. Auseinandersetzungen auf offener Straße führte. Überdies beschuldigten ihn die Mendikanten der Verbreitung häret. Gedankenguts, was zunächst – v. a. aufgrund von K.s hohem Ansehen – ohne nennenswerte Folgen blieb. In den nächsten Jahren predigte er auch in der Erzdiözese Salzburg. Der Streit mit den Mendikanten verschärfte sich schließlich so, daß 1368 ein Häresie-Prozeß gegen ihn in Gang gebracht wurde. K. starb vor Prozeßende.

Zusammen mit seinem Freund Jan Milíč von Kremsier wird K. als Vorläufer der hussitischen Bewegung gesehen. Neben Briefen, theolog. u. apologetischen Schriften sind v. a. seine lat. Predigtsammlungen bekannt, die sowohl seine tatsächl. Predigtweise spiegeln, als auch als Musterpredigten wiederum die homiletische Praxis beeinflußten. Nachschriften von seinen Ansprachen gibt es jedoch nicht. Die für Studenten der Prager Universität verfaßten 73 scholastisch geprägten *Sermones* fanden große Verbreitung u. wurden von Hus für seine *Postilla* (1407/08) ausgiebig verwertet. K.s Werk ist, von wenigen Ausnahmen abgesehen, noch unediert u. nur ansatzweise ausgewertet.

LITERATUR: Karl F. Richter: K. Waldhauser. In: Lebensbilder zur Gesch. der böhm. Länder 3 (1978), S. 159-174. – Winfried Baumann: Die Lit. des MA in Böhmen. Mchn./Wien 1978. – Ders.: K. Waldhauser – ein dt. Prediger im Prag Karls IV. In: FS Nicola R. Pribić. Neuried 1983, S. 465-471. – Franz Machilek: K. v. W. In: VL (Lit.). *Werner Williams-Krapp*

Konrad von Würzburg, * um 1235 Würzburg, † 31. 8. (?) 1287 Basel; Grabstätte: ebd., Maria-Magdalenen-Kapelle (abgegangen) des Münsters. – Autor mittelhochdeutscher Lied-, Lob- u. Erzähldichtungen.

K.s Geburtsheimat ergibt sich v. a. aus seinem Namen. In Franken gedichtet wurde von seinen Werken, soweit sie lokalisierbar sind, anscheinend nur die Erzählung *Der Schwanritter*, die wohl 1257/58 im Auftrag Graf Ludwigs III. von Rieneck entstand. Anschließend ging K. vermutlich an den Niederrhein, wo er 1257 oder 1258 durch Vermittlung oder im Auftrag der Grafen von Kleve *Das Turnier von Nantes*, ein Lobgedicht auf den dt. König Richard von Cornwall, etwas später wahrscheinlich auch den kleinen Roman *Engelhard* schuf. Seine weiteren Gönner fand K. dann seit den 60er Jahren am Oberrhein. Für den Straßburger Dompropst Berthold von Tiersberg dichtete er zwischen 1261 u. 1277 die Erzählung *Heinrich von Kempten*; nähere Beziehungen zum Straßburger Bischof (1273-1299) Konrad III. von Lichtenberg, den K. in einer Spruchstrophe rühmt, können angenommen werden. In Basel hatte K. sich wohl in den 60er Jahren niedergelassen. Er besaß dort ein Haus in der vornehmen Spiegelgasse (der heutigen Augustinergasse); verheiratet war er mit einer Berchta, er hatte zwei Töchter. K.s Basler Gönner gehörten ebenfalls zur Führungsschicht. Auftraggeber der Legende *Silvester* war der Domherr Liutold von Roeteln, hinter der Legende *Alexius* standen die beiden Burger, d. h. Angehörige ratsfähiger Familien, Johannes von Bermeswil u. Heinrich Isenlin, die Legende *Pantaleon* veranlaßte der einflußreiche Johannes von Arguel. Der Roman *Partonopier und Meliur* (vermutlich 1277) verdankt seine Entstehung hauptsächlich dem Ritter Peter Schaler, einer der bedeutendsten Persönlichkeiten des damaligen Basel, daneben den Burgern Heinrich Merschant u. Arnold Fuchs. Mäzen des unvollendeten Romans *Trojanerkrieg* schließlich war der Domkantor Dietrich an dem Orte (de Fine).

K., der nichtadliger Herkunft war – die Quellen nennen ihn »magister« oder »meister«, nicht »her« –, verfügte über eine beträchtl. Kenntnis der lat. Sprache u. der röm. Literatur; Französisch scheint er erst spät, durch die Arbeit an *Partonopier und Meliur*, gelernt zu haben. Als sein großes Vorbild erwähnt er mehrfach Gottfried von Straßburg. Er selbst wird von zeitgenöss. u. nachgeborenen Dichterkollegen wie Hermann Damen, Rumelant von Sachsen, Boppe, Frauenlob, Hugo von Trimberg u. Heinrich von Mügeln gerühmt; die Meistersinger des 15.-18. Jh. verehrten ihn als einen der Zwölf alten Meister, der legendären Begründer der Kunst des Meistergesangs.

K.s umfangreiches Œuvre umfaßt zahlreiche Dichtungen in singbaren Strophen u. in Reimpaarversen. Zu den gesungenen Dichtungen – die Melodien sind allerdings lediglich zu vier Spruchtönen (Nr. 18, 25, 31, 32) erhalten – gehören die Leichs, die Minnelieder, die Sangsprüche u. das allegor. Gedicht *Die Klage der Kunst.* K.s religiöser Leich preist in virtuoser geblümter Rede Gott, Maria, v. a. aber Christus; der Minneleich klagt über die Miserabilität der Gegenwart, in der die Minne nichts mehr gilt, Amor u. Venus werden aufgefordert, diesen Zustand zu ändern, am Schluß erscheint das Bild künftigen fröhl. Tanzes. Hauptmerkmal der 23 Minnelieder ist extreme Schematisierung. Es finden sich Sommer-, Winter- u. Tagelieder, fast alle sind dreistrophig, die Strophenformen weisen meist einen dritten Stollen auf, auffallend ist der Reichtum an Reimen. Die Lieder sind ohne Bezug zu der Minnedienstrealität, sie preisen, vielfach lehrhaft, die Frauen u. die Minne im allgemeinen. Am nächsten stehen K.s Minnesang Gottfried von Neifen u. Ulrich von Winterstetten, gewirkt hat er v. a. auf den Kanzler. Die 51 als echt geltenden Sangspruchstrophen K.s sind in sieben Tönen, durchweg mit drittem Stollen, abgefaßt. Geistliche Themen sind weit in der Minderzahl, sonst befassen sich die Strophen mit Kunst, mit Frauenliebe, v. a. aber mit Herrenlehre; zwei Lobsprüche auf Bischof Konrad von Straßburg u. König Rudolf von Habsburg stehen vereinzelt. Aussagen über K.s Lebensrealität lassen sich so gut wie nicht erkennen. *Die Klage der Kunst,* vielleicht ein Frühwerk, besteht aus 32 achtzeiligen Strophen. Der Gedanke, die Freigebigkeit werde in der Gegenwart nur den Kunstlosen zuteil, wird in Form einer Personifikationsallegorie ausgeführt. Die in der Literaturgeschichte der Folgezeit wichtige Form der Allegorie ist bei K. damit erstmals als selbständiges Gedicht ausgeführt.

K.s im MA berühmtestes u. verbreitetstes Reimpaargedicht war *Die goldene Schmiede,* ein Marienpreisgedicht, in dem Marias Wesenheit, ihr Rang u. ihre heilsgeschichtl. Bedeutung durch eine Fülle kunstvoll formulierter u. virtuos gereimter Bilder herausgehoben werden. Im Prolog formuliert der Dichter den Wunsch, der Gottesmutter in der Schmiede seines Herzens ein Gedicht aus Gold zu schmelzen u. darin klaren Sinn aus Karfunkel zu fassen, zgl. aber seine Unfähigkeit: denn Marias Lob sei unauskündbar. K.s Dichtung hat vielfach auf andere Autoren, etwa Frauenlob, Eberhard von Sax u. Hermann von Sachsenheim, gewirkt.

Stilistisch ganz andersartig sind die drei Verslegenden K.s, *Silvester, Alexius* u. *Pantaleon.* Sie sind nach lat. Vorlagen schlicht gereimt, ihre relative Kürze u. Einfachheit unterscheidet sie deutlich von der romanhaften Legendenepik des 13. Jh. in der Art von Rudolfs von Ems *Barlaam und Josaphat* u. Reinbots von Durne *Der heilige Georg;* sie entspricht indes durchaus der Art, in der man in der Zeit nach K. Legenden auf deutsch zu gestalten suchte.

Für sich steht in K.s Werk das Propagandagedicht *Das Turnier von Nantes,* das in der polit. Situation von 1257/58 für den nur teilweise anerkannten dt. König Richard von Cornwall zu werben suchte. Die Dichtung entwirft ein

Gegenbild zur tatsächl. Situation der Zeit: Um König Richard, der nicht nur freigebig, sondern auch tapfer u. im Waffenhandwerk bestens geübt ist, scharen sich die dt. Fürsten in vorbildl. Einigkeit; dadurch gelingt es ihnen, die welschen Gegner niederzukämpfen u. dem dt. Namen zu Ruhm zu verhelfen.

K.s vier Verserzählungen sind typologisch ganz unterschiedlich. *Der Schwanritter* sucht durch die Erzählung eines mehrfach, in Deutschland zuerst von Wolfram von Eschenbach am Schluß seines *Parzival* behandelten Stoffs den Glanz adliger Geschlechter – Brabant, Geldern, Kleve, Rieneck-Loon – zu erhöhen. *Der Welt Lohn* zeigt, wie der Ritter Wirnt von Grafenberg durch die Konfrontation mit der Frau Welt, die ihm zunächst ihre glanzvolle Vorder-, dann aber ihre grauenvolle Rückseite zeigt, zur richtigen Welterkenntnis geführt wird: Er verzichtet auf weltl. Leben u. geht auf Kreuzfahrt. Den verbreiteten Stoff der »Geschichte vom gegessenen Herzen« nimmt *Das Herzmaere* auf: Der Ehemann einer Dame läßt ihr das Herz ihres Geliebten, das dieser ihr nach seinem Tod zusenden läßt, als köstl. Speise vorsetzen; als sie erfährt, was sie gegessen hat, stirbt sie ihm an gebrochenem Herzen nach. Die anekdotenhafte Erzählung *Heinrich von Kempten* fordert die Ritter auf, durch Tapferkeit u. Furchtlosigkeit dem Vorbild des Helden zu folgen. Heinrichs reaktionsschnelle Kühnheit bewährt sich zweimal, beim erstenmal rettet sie ihm das eigene Leben, beim zweitenmal das Leben Kaiser Ottos. Auch hier griff K. einen Stoff auf, der schon vor ihm, bei Gottfried von Viterbo, belegt ist.

Thema von K.s frühestem Roman *Engelhard* ist die Treue. Der Wert höchster Treue wird an einer Neufassung der Freundschaftslegende von Amicus u. Amelius exemplifiziert u. der als treulos geltenden Gegenwart entgegengesetzt. Die Freunde, deren Verbundenheit sich aufs Höchste bewährt u. ihr gottgesegnetes Glück herbeiführt, heißen bei K. Engelhard u. Dietrich von Brabant, die Handlung ist an den dän. Hof König Fruotes verlegt; die Darstellung der Liebesgeschichte zwischen Engelhard u. der Königstochter Engeltrud steht unter dem Einfluß des *Tristan* Gottfrieds von Straßburg.

Der Roman *Partonopier und Meliur* greift den nach 1150 entstandenen frz. Roman *Partonopeus von Blois* auf, den ein unbekannter Autor zur Verherrlichung des Hauses Blois-Champagne verfaßt hatte. Stofflich handelt es sich um eine Mixtur. Elemente der Antikenromane, der Matière de Bretagne, der Chansons de geste u. von Feenmärchen werden miteinander verbunden. Partonopier von Blois gewinnt die Gunst der byzantin. Reichserbin Meliur, verliert sie dann durch eigene Schuld wieder u. erringt sie schließlich durch ritterl. Taten endgültig. An Nebenfiguren hebt K. über die Vorlage hinaus hervor, daß der Aufstieg nichtadlig Geborener in die adlige Welt zu nichts Gutem führen kann – eine Sicht, die in Einklang stehen dürfte mit der von K.s Basler Auftraggeber.

K.s größtes Werk ist der von ihm unvollendet hinterlassene *Trojanerkrieg*. Der weitverbreitete riesige Torso sucht die Fülle der mit dem Trojanischen Krieg zusammenhängenden Geschichten in größten Dimensionen neu u. zusammenhängend zu erzählen. Dabei bemüht sich K. um größte Objektivität, er verschmäht es, wie sonst im MA meist üblich, für Griechen oder Römer Partei zu ergreifen. Quellen sind die *Estoire de Troie* des Benoit de Sainte-Maure u. die wichtigsten Trojatexte der röm. Literatur (Ovid, Statius, *Ilias latina*, vielleicht auch Dares u. Dictys).

K. ist der profilierteste u. erfolgreichste dt. Autor der zweiten Hälfte des 13. Jh. An Vielseitigkeit kommt ihm im dt. MA kein anderer Dichter gleich. Dabei bleibt er teilweise außerhalb etablierter Formtypen, in der Regel greift er jedoch traditionelle Gattungen auf. Allerdings zeigen K.s Beiträge zu den vorhandenen Gattungen fast durchweg ein hohes Maß an eigener Prägung. In der Vielfalt der von K. gepflegten Formtypen drückt sich wohl mehr als in einzelnen inhaltl. Zügen die für diesen Berufsdichter weithin entscheidende Besonderheit der städt. Situation aus: Hier fand er viele Menschen mit vielerlei literar. Wünschen auf engem Raum als Gönner u. Auftraggeber vor. Als Stilist gehört K. zu den größten Virtuosen, die die dt. Literaturgeschichte kennt. Jacob Grimm, der ihn gelegentlich mit Ovid verglich, sagte über ihn, er sei »vielleicht unsrer Sprache sagte über ihn, er sei »vielleicht unsrer Sprache am meisten Meister gewesen.«

Ausgaben: Kleinere Dichtungen. Hg. Edward Schröder. 3 Bde., Bln. 1924–26 u. ö. – Die goldene Schmiede. Hg. ders. Gött. 1926 u. ö. – Die Legenden. Hg. Paul Gereke. 3 Bde., Halle/Saale 1925–27. – Engelhard. Hg. P. Gereke u. Ingo Reiffenstein. Tüb. ³1982. – Partonopier u. Meliur. Hg. Karl Bartsch. Wien 1871. – Der Trojan. Krieg. Hg. Adelbert v. Keller. Stgt. 1858.

Literatur: Horst Brunner: K. v. W. In: VL. – Rüdiger Brandt: K. v. W. Darmst. 1987. – Hartmut Kokott: K. v. W. Ein Autor zwischen Auftrag u. Autonomie. Stgt. 1989. – H. Brunner (Hg.): K. v. W. Seine Zeit, sein Werk, seine Wirkung. Marbach/Neckar 1989 (Jb. der Oswald-v.-Wolkenstein-Gesellsch. 5). – Ders. (Hg.): Die dt. Trojalit. des MA u. der Frühen Neuzeit. Wiesb. 1990. *Horst Brunner*

Konsalik, Heinz G(ünther), eigentl.: Heinz Günther, auch: Jens Bekker, Stefan Doerner, Günther Hein, Benno von Marroth, Boris Nikolai, Henry Pahlen, * 28. 5. 1921 Köln. – Romanautor.

K. entstammt nach eigenen Angaben einem alten Adelsgeschlecht, das seinen Titel im Wilhelminischen Zeitalter ablegte. Nach dem Abitur studierte er Medizin, dann Theater- u. Literaturwissenschaft. Im Zweiten Weltkrieg war K. als Kriegsberichterstatter in Frankreich u. in der Sowjetunion. Nach dem Krieg arbeitete er zunächst als Dramaturg, Journalist, Lektor u. Redakteur. Seit 1951 ist er freier Schriftsteller.

Der literar. Durchbruch gelang K. 1956 mit dem Roman *Der Arzt von Stalingrad* (Mchn. Verfilmt 1958). Seither schrieb er über 130 Romane, die in 28 Sprachen übersetzt wurden u. bis 1989 eine Gesamtauflage von 72 Mio. Exemplaren erreichten. Zu den bekanntesten Titeln gehören u. a.: *Liebesnächte in der Taiga* (Mchn. 1966), *Heiß wie der Steppenwind* (Bayreuth 1971), *Die Verdammten der Taiga* (ebd. 1974), *Sie waren zehn* (Mchn. 1979), *Die strahlenden Hände* (Bayreuth 1984), *Das Bernsteinzimmer* (ebd. 1988). Vorabdrucke in der Illustriertenpresse, Buchgemeinschaftsausgaben u. zahlreiche Verfilmungen sicherten K. eine medienübergreifend optimale Verwertung seiner Werke u. machten ihn zum meistgelesenen u. kommerziell erfolgreichsten Schriftsteller der Gegenwart. Als erster dt. Schriftsteller integriert er 1990 bezahlte Produktwerbung in die Handlung eines Fortsetzungsromans (*Die Wagners – wer sonst?* In: Bild am Sonntag).

K.s Romane bestehen aus einer Mischung von Elementen des Rußland-, Kriegs-, Liebes-, Abenteuer-, Arzt- u. Zeitromans. Während ihre Botschaft ausgesprochen nationalistisch-konservative Züge trägt, erklärt sich die Massenwirksamkeit der Romane aus den sozialen Illusionen, die sie bei ihren Lesern erzeugen.

K. erhielt 1981 den ironisch gemeinten »Kriegspreis« der Gewerkschaft Handel, Banken und Versicherungen (HBV).

Literatur: Jost Hermand: Vom heißen zum kalten Krieg. H. G. K.s ›Der Arzt v. Stalingrad‹. In: Sammlung 2 (1979), S. 39–49. – Heinz Puknus u. Reinhold G. Stecher: H. G. K. Der Autor u. sein Werk. Mchn. 1979. – Werner G. Schmidtke: vorleben – oder: Der unbekannte K. In: Magazin für Abenteuer-, Reise- u. Unterhaltungslit. 12, H. 47 (1985), S. 4–10. *Matthias Harder*

Konstanzer Liebesbriefe. – Liebesbriefsteller, um 1350.

Die in einer Donaueschinger Handschrift aufgezeichneten 23 Liebesbriefe in vierhebigen Reimpaaren sind von einem unbekannten, vermutlich geistl. Autor verfaßt. Die Sprache weist nach Konstanz oder Umgebung. Die Sammlung setzt – nach Blattverlust – mit einem Brieffragment ein; das in xxiii referierte »prohemio« mit Wirkungsabsicht ist nicht erhalten: Der Dichter wollte im Dienst der Minne einen Rosenkranz flechten, aus dem ein Liebender sich bei Bedarf bedienen könne.

i–vii bieten Musterbriefe für die Zeit der Annäherung u. Werbung (Ihr-Anrede); die übrigen Briefe (mit Du-Anrede) beziehen sich auf einen bereits vertrauteren Umgang mit der Geliebten. Die zwischen 20 u. 158 Verse umfassenden, teilweise mit lat. Zitaten versehenen Briefe (i, x u. xi fragmentarisch) erfassen typische Situationen im Liebesverhältnis.

Die K. L. stehen in der lat. Tradition der ars dictaminis u. gehören zu den ältesten dt. gereimten Liebesbriefstellern. Der Verfasser kannte u. a. den *Frauendienst* Ulrichs von Lichtenstein; aus der *Minnelehre* Johanns von Konstanz lassen sich gelegentlich wörtliche Übernahmen feststellen. Auf zeitgenöss. u. spätere Literatur haben die K. L. offensichtlich nicht gewirkt.

Ausgaben: Joseph v. Laßberg (Hg.): Lieder Saal. Bd. 1. Privatdr. o. O. 1820 u. St. Gallen 1848. Neudr. 1968, S. 5–114.

Literatur: Albert Ritter: Altschwäb. Liebesbriefe. Graz 1897. – Ernst Meyer: Die gereimten Liebesbriefe des dt. MA. Marburg 1899. – Anton Henrich: Zu den gereimten Dresdener Liebesbriefen. In: PBB 37 (1912), S. 552-555. – Ernstpeter Ruhe: De Amasio ad Amasiam. Mchn. 1975. – Walter Blank: K. L. In: VL.
Claudia Händl

Kopelew, Lew Sinowewitsch, auch: Kopelev, Lev Zinovevic, * 9. 4. (27. 3.) 1912 Kiew. – Germanist, Verfasser biographischer u. politischer Schriften u. Journalist.

K., Sohn russ. Juden, studierte in Moskau Germanistik u. war während des Zweiten Weltkriegs als überzeugter Kommunist in einer Propagandaabteilung der Armee tätig. Als er 1945 verhaftet wurde, warf ihm die Anklage bürgerlich-humanistische Propaganda, Mitleid mit dem Feind u. Verleumdung der sowjetischen Führung vor; auf zehn Jahre Straflager lautete das Urteil. Nach seiner Rehabilitierung 1956 lehrte K. in Moskau dt. Literatur- u. Theaterwissenschaft, fiel aber erneut in Ungnade u. wurde 1968 als Renegat u. Verleumder aus Partei u. Schriftstellerverband ausgeschlossen. Während eines Studienaufenthalts in der BR Deutschland erfolgte 1981 K.s Ausbürgerung. Heute lebt u. arbeitet er in Köln.

K., der sich nicht als Dissident betrachtet, gilt heute als einer der bekanntesten »Brückenbauer zwischen Ost und West«. Den Schlüssel zum Verständnis dieser versöhnl. Funktion findet man am deutlichsten in seinen autobiographischen Aufzeichnungen *Aufbewahren für alle Zeit* (Hbg. 1976) u. *Tröste meine Trauer* (Hbg. 1981). Im Stil eines Erzählers berichtet K. schonungslos über die für ihn so schicksalhaften Jahre 1945-1954. Dabei greift er nicht auf Dokumente zurück, sondern gibt seine Erinnerungen an den stalinistischen Terror wieder. Mehrfach verweist er dabei auf die von ihm bewunderte Tradition der russ. Kultur, seine Liebe zur Heimat – beides macht ihm das menschenverachtende Handeln der sowjetischen Soldaten um so unverständlicher. Das Streben nach Wahrheit u. Toleranz kommt ebenso zum Ausdruck wie K.s profunde Kenntnis der dt. Sprache u. Literatur. Dies machte ihn damals zum »Aufklärer an den deutsch-sowjetischen Fronten« (Böll), prädestinierte ihn dazu, als Vermittler zwischen beiden Ländern u. Völkern zu wirken. K., der heute keiner polit. Partei angehört u. erklärterweise kein Kommunist mehr ist, sieht in der Freiheit des Wortes das notwendige u. unabdingbare Medium, jegl. Willkür zu begegnen, Gerechtigkeit in einer humanen Gesellschaft zu verwirklichen. 1981 erhielt der in der BR Deutschland vielgelesene Autor den Friedenspreis des Deutschen Buchhandels.

Weitere Werke: Verbietet die Verbote. Hbg. 1977. – Und schuf mir einen Götzen. Lehrjahre eines Kommunisten. Hbg. 1979. – Ein Dichter kam vom Rhein. Heinrich Heines Leben u. Leiden. Bln. 1981. – Warum haben wir aufeinander geschossen? (zus. mit Heinrich Böll). Bornheim-Merten 1981. – Antikommunismus in Ost u. West (zus. mit H. Böll u. Heinrich Vormweg). Köln 1982. – Kinder u. Stiefkinder der Revolution. Unersonnene Gesch.n. Mchn. 1983. – Wir lebten in Moskau (zus. mit Raissa Orlowa). Mchn. 1987. – Worte werden Brücken. Aufsätze, Vorträge, Gespräche. Mchn. 1989.
Karl-Jörgen Simonsen

Kopernikus, Nikolaus, recte: Nicolaus Copernicus (latinisiert aus: Niklas Koppernigk), * 19. 2. 1473 Thorn (Toruń), † 24. 5. 1543 Frauenburg (Frombork); Grabstätte: ebd., Dom (Lage unbekannt). – Arzt, Ökonom, Astronom.

K.' Eltern entstammten dt., urspr. schles. Familien; sein Vater war 1450 aus Krakau in die reiche Handels- u. Hansestadt Thorn übergesiedelt. Nach dem Abfall der zum Preußischen Bund zusammengeschlossenen dt. Städte u. Stände vom Deutschen Orden (1454) u. dem zweiten Thorner Frieden (1466) unterstanden das »Königliche Preußen« mit Thorn u. Kulm, in denen K. aufwuchs, sowie das Bistum Ermland, seine spätere Wirkungsstätte, aus eigenem Entschluß der poln. Krone. Allerdings sprach K. selbst nicht polnisch; er schrieb wissenschaftl. Werke u. Briefe lateinisch u. faßte verwaltungstechn. u. polit. Briefe sowie seine Denkschriften zur preuß. Münzreform deutsch ab.

Nach dem Tod des Vaters (1483) nahm der Onkel Lukas Watzenrode, ab 1463 Kanonikus an der Bischofskirche zu Kulm, ab 1479 Domherr in Frauenburg u. seit 1489 Bischof des Ermlands, K. in seine Obhut. K. besuchte vermutlich die Lateinschule in Kulm. In Kulm wurde er Kanonikus, bevor er 1491 an der Krakauer Artistenfakultät zu studieren begann. Nach kurzer Unterbrechung studierte er 1496 bis 1501 in Bologna, nach Erwerb des Magister artium (spätestens 1499) v. a. die Rechte zur

Vorbereitung auf die ihm zugedachte Domherrenstelle in Frauenburg. Doch widmete er sich auch weiterhin mathemat. Studien u. stellte bei Dominicus Maria di Novara astronomische Beobachtungen an. Bereits 1497 war ihm die Domherrenstelle übertragen worden; Mitte 1501 erlaubte ihm das Domkapitel ein Weiterstudium nur unter der Bedingung, daß er sich der Medizin widme. Hierzu ging er nach Padua. Am 31. 5. 1503 erwarb er in Ferrara den Doktor des kanonischen Rechts. Ende des Jahres kehrte er ins Ermland zurück, vorerst jedoch als persönl. Sekretär u. Leibarzt seines bischöfl. Onkels nach Heilsberg.

Erst 1510 trat K. seine Domherrenstelle in Frauenburg selbst an, war dann 1516-1521 mit kurzer Unterbrechung Administrator des Domkapitels mit Residenz in Allenstein, zuletzt als Festungskommandant gegen die eindringenden Ordensheere, danach Kommissar des Ermlands bei den Friedensverhandlungen u. 1523 als Generaladministrator des gesamten Bistums interimist. Vertreter des zu wählenden Bischofs. Den Zeitgenossen bekannt war K. vor allem als juristischer Berater des Bischofs u. Domkapitels (zwischen 1517 u. 1526 verfaßte er im Auftrag des Bistums drei Denkschriften zur anstehenden preuß. Münzreform, die bezeugen, daß er auch als Ökonom seiner Zeit voraus dachte) sowie als umsichtiger Verwalter des Domkapitels, als angesehener Arzt, der bis an den poln. Königshof gerufen wurde, schließlich als Humanist, der mit seiner lat. Übersetzung der Briefe des (damals noch als »klassisch« geltenden) Theophylaktos Simokates (*Epistolae morales, rurales et amatorie interpretatione latina.* Krakau 1509) die erste in Polen erschienene Übersetzung eines griech. Autors überhaupt besorgte.

Um den Astronomen K. wußten nur wenige, wenn er auch schon als solcher im Widmungsgedicht des mit ihm befreundeten Humanisten Laurentius Corvinus zur Simokates-Übersetzung (noch ohne Wissen um das neue Weltbild) gefeiert u. 1514/15 durch Paul von Middelburg, den Leiter der vom 5. Laterankonzil einberufenen Kalenderreformkommission, zu einer Stellungnahme aufgefordert wurde. Die erste »Skizze der von ihm selbst aufgestellten Hypothesen der Himmelsbewegungen« (*De hypothesibus motuum coelestium a se constitutis commentariolus*), die zwischen 1510 u. 1514 entstand, kursierte nur in wenigen handschriftl. Exemplaren. Das ab 1515 erarbeitete Hauptwerk *De revolutionibus* (»Die Umwälzungen«), um dessen Herausgabe sich Georg Joachim Rheticus ab 1539 bemühte, erschien erst in K.' Todesjahr in Nürnberg im Druck – mit einer anonymen Vorrede des für die Druckerlaubnis verantwortl. Tübinger Theologen Andreas Osiander, in der das neue Weltbild entgegen der Absicht K.' als bloße Hypothese zur einfacheren Berechnung der Planetenörter deklariert wird. (Von Osiander stammt auch die Erweiterung des Titels zu *De revolutionibus orbium coelestium* – »Die Umwälzungen der Himmelssphären«.) Auch Rheticus' *Narratio prima* über das neue System in Form eines offenen Briefs an Johannes Schöner, die weitere Verbreitung fand als K.' Werk selbst, erschien erst 1540 in Danzig.

K.' Versuch, die Astronomie über die angeblich verfälschende Tradition des MA hinweg wiederherzustellen, folgt humanistischen Motiven. Keineswegs fühlte sich K. mit seinem neuen Weltsystem, in dem gegenüber der aristotelisch-ptolemäischen Astronomie die Plätze von Erde u. Sonne vertauscht sind, als Revolutionär der Wissenschaft im späteren Sinne, vielmehr als Restaurator im damaligen, urspr. Sinne von »revolutio«. Er war bemüht, endlich die der mathemat. Astronomie seit Beginn zugrundeliegende Forderung nach ausschließlich kreis- u. gleichförmigen Bewegungen am Himmel zu erfüllen, gegen die Ptolemaios mit seiner Annahme von »Ausgleichsbewegungen« verstoßen hatte (Revolution als Rephysikalisierung). Dazu benutzte er die mathematisch-kinemat. Hilfsmittel (Epizykel u. Exzenter), die seit Ptolemaios üblich waren, ordnete sie aber geschickter an, so daß die ungleichförmige Ausgleichsbewegung durch einen gleichförmig kreisenden (Doppel-)Epizykel wiedergegeben wurde. Die bis dahin mittels des Epizykels beschriebene Anomalie der Schleifenbewegung der Planeten mußte er daraufhin für scheinbar erklären; er faßte sie als bloßen optischen (parallaktischen) Effekt der Bewegung des Beobachters (mit der Erde) auf. Die Erscheinungsbilder erforderten dann als Konsequenz die Ruhe der

Sonne u. der Fixsternsphäre (sowie deren unermeßl. Entfernung). Nachträglich ergab sich für K. hieraus eine viel größere Harmonie der Schöpfung u. aufgrund der Zusammenfassung der Schleifenbewegung aller Planeten in der einen Bewegung der Erde eine größere Ökonomie der Astronomie. Allein hierdurch wurden auch K.' spätere Anhänger von der Richtigkeit seiner Theorie überzeugt; denn während K. der Meinung war, daß die Wiedererneuerung der alten theoret. Grundlagen die Astronomie von ihren über die Jahrhunderte angewachsenen Fehlern befreie, entstanden wegen der Übernahme der ptolemäischen Daten auch bei Zugrundelegung seiner Theorie rasch ähnl. Diskrepanzen zwischen Theorie u. Beobachtung.

K. hatte sich in seinem Hauptwerk als in Italien geschulter Humanist nicht nur formal eng an den *Almagest* des Ptolemaios gehalten, der v. a. durch die Bemühungen Georg Peurbachs u. Johannes Regiomontanus' wieder über das Original zugänglich geworden war, sondern auch inhaltlich weitgehend bloß dessen Daten transformiert, so daß bei ihm entsprechend der geozentr. Sonnentheorie nicht die wahre, sondern nur die mittlere Sonne das Zentrum einnimmt; erst Kepler machte das heliostatische zu einem heliozentrischen Weltsystem u. schuf die dafür notwendige neue Astronomie. Die Anerkennung des neuen Weltbilds erfolgte allerdings letztlich erst durch die Anerkennung der Keplerschen Gesetze im Rahmen der Newtonschen Physik zu Beginn des 18. Jh. – weil sich die Konsequenzen im Rahmen des neuen theoret. Konzepts einer Mechanisierung der Physik bewährten. Die Begründer dieser neuen Wissenschaft von der Natur sahen jedoch mit Recht in K. denjenigen, der durch sein die triviale Anschaulichkeit aufgebendes Denken diesen Weg eingeleitet hatte.

Werke: N. Copernikus. Gesamtausg. Hg. Heribert M. Nobis. Hildesh. 1974 ff. (bisher 2 Bde.). – *Einzeltitel:* N. Coppernicus: Über die Kreisbewegungen der Weltkörper. Übers. u. mit Anmerkungen v. C. L. Menzler. Thorn 1879. Neudr. Lpz. 1930. – N. K.: Erster Entwurf seines Weltsystems. Übers. u. erläutert v. F. Rossmann. Mchn. 1948. – Die Geldlehre des N. Copernikus. Hg. Erich Sommerfeld. Bln./DDR u. Vaduz 1978.

Literatur: *Bibliographie:* Henryk Baranowski: Bibliografia Kopernikowska. 2 Bde., Warschau 1958-73. – *Weitere Titel:* Leopold Prowe: N. Copernikus. 2 Bde. in 3 Tln. 1883/84. Neudr. Osnabr. 1967. – Ernst Zinner: Entstehung u. Ausbreitung der coppernican. Lehre. Erlangen 1943. Neudr. hg. u. ergänzt v. Heribert M. Nobis u. F. Schmeidler. Mchn. 1988 (mit neuerer Lit.). – Hans Blumenberg: Die Genesis der kopernikan. Welt. Ffm. 1975.

Fritz Krafft

Kopisch, August, * 26. 5. 1799 Breslau, † 6. 2. 1853 Berlin; Grabstätte: ebd., Dreifaltigkeitsfriedhof. – Lyriker, Dramatiker, Erzähler, Kunsthistoriker, Übersetzer; Maler.

Der aus einer großbürgerl. patriz. Kaufmannsfamilie stammende K. verließ das unter Mansos Leitung stehende Breslauer Magdalenen-Gymnasium vorzeitig, um an den Kunstakademien von Prag (1815-1817), Wien (1818/19) u. Dresden (1821-1824) Malerei zu studieren. Am stark klassizistisch geprägten Akademiebetrieb fand er wenig Gefallen, öffnete sich aber, vorab unter dem Einfluß der Volkslieder u. Sagenstoffe sammelnden Vuk Stephanowitsch, Joseph Meinert u. Ludwig Tieck, der Romantik. Obwohl die Familie ihn zur Malerei oder zu einem bürgerl. Beruf drängte, neigte der vielseitig Begabte, der zwischen bildender Kunst, Literatur u. Wissenschaft schwankte, nach dem frühen Tod des Vaters (1819) zunehmend zur Dichtung. Es entstanden poetische Versuche in der Nachfolge Ossians, Klopstocks u. Schillers. Eine unglückl. Liebe sowie eine ihn beim Malen behindernde Handverletzung, die sich der sportlich Aktive beim Schlittschuhlaufen zugezogen hatte, wurden zum willkommenen Vorwand für einen längeren Genesungsaufenthalt in Italien (1824-1829). Dort fesselte ihn, nach einem Jahr in Rom, nicht so sehr das antike Erbe als die südital. Mentalität, in der er als »Don Augusto Prussiano« ganz aufging. Die Malerei gab er zwar nicht vollständig auf, hauptsächlich bearbeitete u. übersetzte K. aber neapolitan. Komödien des Camerano u. wurde mit dem anonymen Volksgut des Südens vertraut, wovon die *Agrumi. Volksthümliche Poesien aus allen Mundarten Italiens, gesammelt und übersetzt* (Bln. 1837) Zeugnis ablegen. Zudem betätigte er sich als Experte bei Kunstkäufen für dt. Besucher u. als Cicerone in Neapel, z. B. für den späteren preuß. König Friedrich Wilhelm IV., der ihn nach 1840 an den Hof in Berlin ziehen sollte. Sein reges Mitteilungsbedürfnis äußerte sich in zahlreichen Briefen wie jenem an die geliebte Mutter über die Besteigung des Ätna während der Sizilienreise 1827 (*Besteigung des Aetna. Ein Brief.* Breslau 1832). Die Begegnung mit Platen im selben Jahr führte K. zu intensiver Hinwendung zur Antike, die ihren Ausdruck in einem Odenaustausch zwischen den beiden fand. Der anfangs enthusiastischen Freundschaft im Zeichen der unbestrittenen Mentorschaft Platens folgten bald Abkühlung u. Trennung.

1829 zurückgekehrt nach Breslau, nahm K. aktiv am künstlerischen Leben des »Breslauer Künstlervereins« um Eichendorff, Freytag, Holtei, Hoffmann von Fallersleben teil, wie er auch in der Berliner Abendgesellschaft als überaus geschätzter Rezitator u. Gelegenheitsdichter glänzte. Von Friedrich Wilhelm IV., dem er nicht nur während der 1848er Revolution in kritikloser Loyalität anhing, erhielt er eine Jahrespension. K. war im Hofmarschallamt als Kunstexperte tätig, wobei das Auftragswerk *Geschichte der königlichen Schlösser und Gärten zu Potsdam von der Zeit ihrer Gründung bis zum Jahre 1852* (Bln. 1854) entstand, nach dessen Vollendung er, erst seit drei Jahren mit Marie von Sellin verheiratet, an einem Schlaganfall starb.

Um die zwei Pole von K.s Werk, Antike-Rezeption u. Volksdichtung, dreht sich bes. seine Lyrik, die neben zur Formvirtuosität gesteigerten Oden, Festgesängen u. Gelegenheitsgedichten v. a. an überlieferte Sagen, Märchen u. Schwänke anknüpfende Gedichte enthält. K.s *Allerlei Geister* (Bln. 1848), Balladen von kleinen Naturwesen, Kobolden, Elfen u. Zwergen, denen ein sozialkrit. Moment fehlt, sprechen unmittelbar an, sind aber oft nicht so schlicht als sie scheinen, sondern das Ergebnis elaborierender Kunstbemühung.

Die *Heinzelmännchen*, die K.s Namen am ehesten in einem breiteren literar. Bewußtsein bewahren, die von Loewe vertonte nordische Sage *Nöck* oder das in Rom entstandene Trinklied *Noah* etwa sind gekennzeichnet durch ihre Nähe zur Musik, das Melodische u. Lautmalerische ihrer Sprache. K.s Tendenz zur Kleinform, die keine umfangreicheren vollendeten Dichtungen entstehen ließ, ist v. a. bestimmt durch seinen sprunghaften Geist allseitiger Auffassungsbereitschaft, der eine inhaltl. u. formale Geschlossenheit seines Œuvres verhinderte. Wie in seiner Malerei blieb vieles skizzenhaftes Fragment, so z. B. ein Normannenepos oder eine Sammlung sizilian. Sagen u. Legenden. K. ist denn auch wesensmäßig keine dramat. Natur, wie eine nicht bühnenreife, in sechsfüßigen Jamben vorgenommene Dramatisierung des zweiten Teils der *Nibelungen* u. d. T. *Chrimhild* (Bln. 1856) u. das im Morgenland spielende Trauerspiel *Walid* (Bln. 1856) verraten. K.s Prosaschriften sind durchwegs Reflexe seines Aufenthalts in Süditalien, so die Novelle *Ein Carnevalsfest auf Ischia* (Bln. 1856), die alle Kahlköpfigen der Insel versammelt u. in der Folge zur Heirat des reichen Don Antonio mit der schönen Witwe Donna Theresa führt. Die mit dem Landschaftsmaler Ernst Fries gemachte *Entdeckung der blauen Grotte auf der Insel Capri* (Bln. 1838) wandelt die sehnsuchtsvolle romant. Suche nach der blauen Wunderblume um zu einem erfolgreichen Schwimmunternehmen, das einer antiken Grotte gilt, die, ihres Geheimnisses entkleidet, zur Touristenattraktion wird. Diese detailgenaue Abenteuerschilderung verweist symbolisch auf K.s literaturhistor. Ort: den des Epigonen, der zwischen den Zeiten steht, zwar nicht innovativ anregt, aber mit eigenem, meist schalkhaftem Ton sich artikuliert als ein Spätromantiker, der seinen klassizistischen Untergrund ebensowenig verleugnet wie seine Voranleihen beim poetischen Realismus.

Weitere Werke: Gedichte. Bln. 1836. – Die göttl. Komödie des Dante Alighieri, metr. Übers. nebst beigedr. Originaltext, Abh.en, Register. Bln. 1842. – Genaue Feststellung des jeweiligen Aufenthaltes Friedrich II. an jedem Tage seiner Regierung. Bln. 1852. – Ges. Werke in 5 Bdn. Hg. Carl Boetticher. Bln. 1856. – Breslauer Kunst- u. Geistesleben vor 100 Jahren. Ungedr. Briefe v. u. an A. K. Mitgeteilt v. Ernst Scheyer. In: Schles. Ztg., 26. 6. u. 1. 7. 1930.

Literatur: Paul Bornefeld: A. K. Sein Leben u. seine Werke mit einer Quellenuntersuchung zu seiner Sagendichtung. Diss. Münster 1912. – Ernst Scheyer: A. K. In: Friedrich Andreae u. a. (Hg.): Schles. Lebensbilder 4. Breslau 1931, S. 310-324. – Ders.: Zu Briefen v. u. an A. K. Aus seiner Kunstakademiezeit 1814-24. In: Aurora 27 (1967), S. 53-77. – Klaus Günther Just: A. K.; K. als Dichter. In: Schlesien 12 (1967), S. 17-30, 87-102. – Marianne Rumpf: Wie war zu Cölln es doch vordem mit Heinzelmännchen so bequem. In: Fabula 17 (1976), S. 45-76.

Markus Zenker

Koplowitz, Jan, auch: Gulliver, * 1. 12. 1909 Kudowa/Schlesien. – Verfasser von Romanen, Reportagen u. Jugendbüchern.

K.' Biographie u. Werk sind bestimmt von seinem Engagement für den Sozialismus. Der Sohn eines jüd. Hotelbesitzers arbeitete als Lehrer, Buchhändler u. Redakteur der Arbeiterpresse. Ab 1929 war er Mitgl. der KPD u. des Bundes proletarisch-revolutionärer Schriftsteller, schrieb polit. Revuen für Agit-Prop-Truppen, als deren Darsteller u. Leiter er auch arbeitete. 1933 floh er nach Verhaftung u. Folterung in die ČSR, lebte dort illegal bis 1939 u. emigrierte dann über Polen u. Schweden nach England (Metallarbeiter u. Gewerkschaftsfunktionär). 1947 kehrte er nach Deutschland (Ost) zurück, arbeitete in der Maxhütte (Unterwellenborn/Kreis Saalfeld) u. für den Rundfunk, war Vorsitzender der »Kommission für kulturelle Massenarbeit der DDR«, Direktor der Berliner Konzert- u. Gastspieldirektion, schließlich freier Schriftsteller. Er erhielt u. a. 1977 den Heinrich-Mann-, 1980 den Lion-Feuchtwanger-Preis.

Das »Arbeiterlesebuch« *Unser Kumpel Max der Riese* (Bln./DDR 1954) basiert auf K.' Erfahrungen in der Maxhütte u. ist »eine im Sinn von Egon Erwin Kisch in viele Splitter explodierte ›offene Reportage‹« (Koplowitz). Diese Form greift er häufig auf, z. B. in *die taktstraße* (ebd. 1968). Höhepunkt des erzählerischen Werks ist der breit angelegte »Roman einer Familie« *Bohemia – Mein Schicksal* (Halle 1979), in dem er die Geschichte jüd. Hotelbesitzer in einem »Weltkurort« an der dt.-tschech. Grenze schildert. Der Roman, als Gegensatz zum amerikan. »Holocaust«-Melodram konzipiert, will »den Aufbruch aus dem Ghetto zum Fortschritt« darstellen.

Weitere Werke: Es geht nicht ohne Liebe. Bln./DDR 1956 (R.). – Glück auf, Piddl. Ebd. 1960 (Jugendroman). – Herzstation. Ebd. 1963 (R.) – Gesch.n aus dem Ölpapier. Halle 1972 (E.). – Die Sumpfhühner. Ebd. 1977 (R.). – Der unglückselige Blaukünstler. Halle 1986 (R.).

Literatur: Christel Berger: Interview mit J. K. In: WB, H. 1 (1983). – Dies.: Über J. K. In: ebd.

Karin Rother

Kopp, Josef Vital, * 1. 11. 1906 Beromünster, † 22. 9. 1966 Luzern. – Romanautor, Essayist, Theologe.

Der Sohn des Gemeindeammanns von Beromünster verbrachte Kindheit u. Schulzeit, wie er in dem autobiograph. Roman *Der sechste Tag* (Einsiedeln 1961) anschaulich darstellt, in der fast noch mittelalterlich anmutenden Atmosphäre dieses Landstädtchens. Nach theolog. Studien in Innsbruck u. Solothurn wurde er 1931 zum kath. Priester geweiht, war jedoch nur kurze Zeit in Luzern als sozial engagierter Jugendseelsorger tätig, ehe er ab 1935 ein Zweitstudium in klass. Philologie aufnahm, das er nach Studien in Freiburg i. Br., Berlin u. Heidelberg 1939 mit einer Dissertation über frühgriech. Lyrik abschloß. Bereits seit 1938 war er Lehrer am Gymnasium von Willisau, wo er bis 1945, als er für weitere 17 Jahre in gleicher Funktion an die Kantonsschule Luzern wechselte, Religion u. klass. Sprachen unterrichtete. K.s literar. Werke bis 1958 sind vom humanistischen Bildungserlebnis geprägt u. tendieren dazu, antike Gestalten u. deren Verhaltensweise als für die Gegenwart modellhaft darzustellen: so der Platon verpflichtete Roman *Sokrates träumt* (Einsiedeln 1946), der Roman *Brutus* (ebd. 1950) u. der antike Liebesroman *Die schöne Damaris* (ebd. 1954). Erst im Roman *Die Launen des Pegasus* (ebd. 1958), einer Auseinandersetzung mit dem Problem des künstlerischen Schaffens, wandte sich K. in Thematik u. Schauplatz der unmittelbaren Gegenwart zu. Zur vollen Höhe seines literar. Könnens fand er dann aber erst in *Der sechste Tag*, einer Romanbiographie, die das Erlebnis der Kindheit auf erschütternde Weise dem Wissen um den Tod gegenüberstellt. Seit 1959 befaßte sich K. intensiv mit Leben u. Werk des kirchl. Dissidenten Teilhard de Chardin, was deutlich auf seine letzten Romane abfärbte, die das Priestertum zum Thema haben. *Die Tochter Sions* (Luzern 1966. Lpz. 1969) stellt die Erfahrungen eines unbotmäßigen Klerikers dar, während der erst postum erschienene Roman *Der Forstmeister* (Luzern 1967) den Sieg eines Reformers über die Verkrustungen eines Funktionärssystems darstellt, das unverkennbar Ähnlichkeit mit der kath. Hierarchie aufweist. Dieser Roman wirkt außerordentlich hermetisch u. komplex u. wurde von der Kritik wohl darum bis heute noch nicht in seiner wahren Bedeutung anerkannt.

Literatur: Karl Fehr: J. V. K. Ein Dichter- u. Priesterleben im Bannkreis moderner Welt- u. Gottesschau. Luzern 1968 (mit Bibliogr.).

Charles Linsmayer

Koppel-Ellfeld, Franz, * 7. 12. 1838 Eltville/Rhein, † 16. 1. 1920 Dresden. – Bühnenautor, Erzähler, Redakteur.

Nach dem Studium der Geschichte u. Philosophie in Tübingen, Leipzig u. Heidelberg erhielt K. 1871 eine Privatdozentur für Kulturgeschichte an der TH Dresden, wurde 1876 a. o. Professor, wechselte 1877 als Feuilletonredakteur zu den »Dresdner Nachrichten« u. wurde 1890 Hofdramaturg in Dresden.

Nach Anfängen mit Gedichten u. der Behandlung ernsterer Stoffe in Roman (*Zwei Brüder Jesu.* Stgt./Lpz. 1867) u. Tragödie (*Spartakus.* Wien 1876) wandte sich K. der Schulhumoreske (*Ein Don-Juan-Examen.* Lpz. 1881), dann dem Lustspiel zu.

Durch die Zusammenarbeit mit Franz von Schönthan wurde er zu einem der erfolgreichen Vertreter des frz. Vorbilder rezipierenden u. sozial entschärfenden Unterhaltungstheaters der Gründerzeit: Als bes. zugkräftig erwiesen sich ihre histor. Stoffe ins Familiäre wendenden Lustspiele *Komtesse Guckerl* (1895. Bln. 1902), *Renaissance* (Bln. 1897) u. *Die gold'ne Eva* (1896. Bln. 1902). Seinen Beitrag zur vaterländ. Stimmung im Kaiserreich leistete K. mit *Albrecht der Beherzte* (Lpz. 1889) u. dem Festspiel *Die Feuertaufe* (Breslau 1893).

Weitere Werke: Gorilla oder Chimpanse. Dresden 1877 (Schwank). – Marguerite. Dresden 1887 (D.). – Florio u. Flavio. Ein Schelmenstück u. Liebesspiel (zus. mit Schönthan). Bln. 1902.

Christian Schwarz

Kordon, Klaus, * 21. 9. 1943 Berlin. – Kinder- u. Jugendbuchautor.

K. wuchs im Osten Berlins auf. Nach dem Tod der Mutter 1956 lebte er in Heimen, machte sein Abitur in Abendkursen u. absolvierte ein Fernstudium der Volkswirtschaft. 1972 wegen versuchter »Republikflucht« verurteilt, wurde K. nach einjähriger Haft von der BR Deutschland freigekauft. Seit 1980 arbeitet er als freier Autor.

Das umfangreiche Werk K.s umfaßt Jugendromane, realistische u. phantastische Kindergeschichten, Erzählungen, Texte für das Erstlesealter, Bilderbuchtexte u. Gedichte. Der Jugendroman *Ein Trümmersommer* (Weinheim 1982) u. die Trilogie *Brüder wie Freunde* (ebd. 1978), *Tage wie Jahre* (enthalten in *Frank guck in die Luft.* Ebd. 1986) u. *Einer wie Frank* (ebd. 1982) schildern K.s Nachkriegskindheit u. -jugend in Ost-Berlin. Sein zeitgeschichtl. Interesse kommt ebenfalls in dem Jugendroman *Die roten Matrosen oder Ein vergessener Winter* (ebd. 1984) zum Ausdruck, der die Ereignisse 1918/19 in Berlin aus sozialistischem Blickwinkel aufbereitet.

Ein weiteres bevorzugtes Thema K.s sind die Lebensverhältnisse von Kindern u. Jugendlichen in der sog. Dritten Welt, die K. von zahlreichen ausgedehnten Reisen kennt. Sein Erstlingsroman *Tadaki* (Hbg. 1977. Tb. Ravensburg 1982. Überarb. u. d. T. *Der Weg nach Bandung.* Hbg. 1989) spielt in Indonesien. Die Jugendromane *Monsun oder Der weiße Tiger* (Weinheim 1980) u. *Wie Spucke im Sand* (ebd. 1987) untersuchen die Verhältnisse in Indien auf Humanität u. Zukunftsmöglichkeiten.

Mehrfach hat K. die Realität der BR Deutschland kritisch dargestellt, u. a. in der Familiengeschichte *Schwarzer Riese. 5. Stock* (ebd. 1979. Tb. Ravensburg 1984). Die Sammlung von Erzählungen u. Nacherzählungen *Die 1002. Nacht und der Tag danach* (Würzb. 1985) zeigt K.s Interesse an der phantastischen u. märchenhaften Literatur. Er erhielt u. a. 1982 den Friedrich-Gerstäkker-Preis, 1985 den Züricher Kinderbuchpreis »La vache qui lit«.

Weitere Werke: Möllmannstraße 48. Stgt. 1978. Tb. Ravensburg 1983 (E.). – Die Einbahnstraße. Stgt. 1979. Tb. Ravensburg 1987 (R.). – Die Wartehalle. Würzb. 1983 (R.). – Zugvögel oder Irgendwo im Norden. Stgt. 1983 (R.). – Die Reise zur Wunderinsel. Weinheim 1983. Tb. 1988 (R.). – Hände hoch, Tschibaba! Bln. 1985. Tb. Reinb. 1988 (E.). – Der Ritter im Sack. Bln. 1988 (E.). – Der Käpt'n aus dem 13. Stock. Hbg. 1988 (R.). – Die Flaschenpost. Ravensburg 1988 (R.). – Ein richtiger Indianer. Bln. 1989 (E.).

Literatur: Karl-Heinz Klimmer: An die Verhältnisse – über den Schriftsteller K. K. In: Jugendmagazin, H. 2 (1984), S. 68-75.

Birgit Dankert

Koreff, David Ferdinand (nach der Taufe 1816: Johannes Ferdinand), auch: Anthropos, * 1. 2. 1783 Breslau, † 15. 5. 1851 Paris; Grabstätte: ebd., Père-Lachaise. – Lyriker, Librettist, Essayist; Arzt.

K., Sohn eines angesehenen jüd. Arztes, widmete sich seit 1802 dem Studium der Medizin, zunächst in Halle, dann in Berlin. Dort fand er Zugang zu der von der romant. Bewegung inspirierten Salongeselligkeit; seit 1803 gehörte er dem »Nordsternbund« an u. lieferte 1805/06 unter dem Pseud. Anthropos Beiträge zu den von Varnhagen u. Chamisso herausgegebenen »Musenalmanachen« des Kreises. Doch erst ein Jahrzehnt später legte er ein Bändchen *Lyrische Gedichte* (Paris 1815) vor. 1804-1811 betrieb er eine ärztl. Praxis in Paris; auf seine »ganz neuen Ansichten über das Lebensprinzip« wies Frau von Staël, die wie die Brüder Schlegel zu seinem Kreis zählte, in ihrem Buch *De l'Allemagne* hin. K. praktizierte, ohne sich um völlige theoret. Durchdringung zu bemühen, in oft spektakulär erfolgreichen Kuren als magnetischer Arzt in der Nachfolge Mesmers. Nach Reisen in Italien u. der Schweiz 1811-1813 – als Arzt u. Vertrauter der Marquise Delphine de Custine – fand K. sich Ende 1813 zum Kongreß in Wien ein; doch die Hoffnung, seine Kontakte zu den Gegnern Napoleons könnten ihn für eine Staatsstellung empfehlen, erfüllte sich erst, als Caroline von Humboldt 1815 den preuß. Kanzler Hardenberg auf ihn aufmerksam machen ließ.

In einer trotz des zunehmenden Antisemitismus glänzenden Karriere wurde K. 1816 gegen den Widerstand der Fakultät zum Professor der Medizin an der Universität Berlin ernannt, 1818 zum Geheimen Oberregierungsrat in der Staatskanzlei. An der Gründung der Universität Bonn hatte er maßgebenden Anteil; er vermittelte die Berufung August Wilhelm Schlegels. In der Berliner Gesellschaft machte der Leibarzt u. Günstling des Kanzlers den Magnetismus zur medizinischen Mode. Freilich sollte sich gerade Friederike Hähnel, die »magnetische Hellseherin« (Varnhagen) u. Mätresse des Kanzlers, mit K.s Feinden zu seinem Sturz verbünden. Rahel Varnhagen freilich bewahrte dem Freund K. ebenso die Treue wie E. T. A. Hoffmann, der ihn in den *Serapions-Brüdern* als den »unruhigen, unsteten«, aber glänzend begabten Vinzenz porträtiert hatte. K.s letzten Erfolg in Berlin hatte eine Aufsatzreihe über Spontinis Oper *Olympia* in der »Vossischen Zeitung« von 1821 vorbereitet; nach der Uraufführung seiner eigenen Oper *Aucassin und Nicolette oder die Liebe aus der guten alten Zeit* (gedruckt in: Berlinischer Taschenkalender 1820, S. 221-298. 1821, S. 131-190; vertont von Georg Abraham Schneider) siedelte er 1822 – offiziell als wissenschaftl. Berichterstatter – nach Paris über; es war K.s »Tragik, daß er, der daheim als ›Jude‹ angegriffen worden war, jetzt in Paris als ›Preuße‹ Mißgunst erfuhr« (Oppeln-Bronikowski). Zwar schätzten ihn Heine wie Benjamin Constant, u. in den Abendgesellschaften um Stendhal, Merimée u. Musset war er gern gesehen; die erste wirkungsreiche frz. Gesamtausgabe der Werke Hoffmanns wurde von K. inspiriert. Doch ein Skandalprozeß nach der Heilung der Lady Hamilton hatte 1837 sein ärztl. Ansehen erschüttert, das durch einen weiteren Prozeß (1847) gegen die Erben der Marie Duplessis – Vorbild von Dumas' *Kameliendame* – fast völlig vernichtet wurde.

Weitere Werke: Dissertatio de venenorum actione in organismum animalium. Heidelb. 1803. – Don Tacagno. Kom. Singspiel. Musik v. Friedrich v. Drieberg. Urauff. 1812. Paris 1819. – Der Einzug des Kaisers. Wien 1814. – De regionibus Italiae aeri pernicioso contaminatis. Bln. 1817. Dt. in: Magazin für die gesamte Heilkunde 9 (1921). – Über die Erscheinungen des Lebens u. über die Gesetze, nach denen es im menschl. Organismus sich offenbart. Bln. 1820.

Literatur: Karl August Varnhagen v. Ense: Biogr. Porträts. Lpz. 1871, S. 1-58. – Marietta Martin: Un Aventurier intellectuel sous la Restauration et la Monarchie de Juillet. Le Docteur K. Paris 1925. – Friedrich v. Oppeln-Bronikowski: D. F. K. Serapionsbruder, Magnetiseur, Geheimrat u. Dichter. Bln. 1927. – Fritz Ernst: Ess.s. Bd. 2, Zürich 1946, S. 228-236. – Réne-Marc Pille: Sechs ungedr. Briefe K.s an Chamisso. In: Ztschr. für Germanistik 8 (1987), S. 171-178. *Walter Schmitz*

Korff, Hermann August, * 3. 4. 1882 Bremen, † 11. 7. 1963 Leipzig. – Literaturhistoriker.

Aus einer Unternehmerfamilie stammend, studierte K. 1902-1906 in Heidelberg u. Bonn u. promovierte 1907 bei Max von Waldberg in Heidelberg über *Scott und Alexis. Eine Studie zur Technik des historischen Romans* (Heidelb. 1907). 1907-1909 arbeitete er als Redakteur beim »Rheinischen Merkur«, 1913 konnte er der Akademie für Sozial- u. Handelswissenschaften in Frankfurt/M. seine Habilitationsschrift vorlegen: *Voltaire im literarischen Deutschland des 18. Jahrhunderts* (Heidelb. 1917/18).

Von 1914 an war K. Privatdozent an der neugegründeten Universität in Frankfurt/M., wurde dort 1921 nach der Teilnahme am Ersten Weltkrieg a. o. Professor, 1923 Ordinarius in Gießen; 1925 erhielt er einen Ruf nach Leipzig als Nachfolger Albert Kösters. In Leipzig las er bis über seine Emeritierung 1954 hinaus bis 1957 – nur unterbrochen von zwei Gastprofessuren in Harvard (1935) u. Columbia (1938). Da er sich nicht für den Nationalsozialismus engagiert hatte u. in seinem Werk das klass. dt. Kulturerbe zu bewahren bemühte, konnte er seine Lehrtätigkeit auch in der DDR ohne Schwierigkeiten fortsetzen. Dennoch hat K. keine eigene Schule begründet.

Hauptwerk K.s ist sein berühmter *Geist der Goethezeit* (Bd. 1: *Sturm und Drang*. Lpz. 1923. [8]1966. Bd. 2: *Klassik*. Lpz. 1930. [8]1966. Bd. 3: *Frühromantik*. Lpz. 1940. [7]1966. Bd. 4: *Hochromantik*. Lpz. 1953. [7]1966. Register-Bd. [5]1966). Begleitet wird diese umfangreiche Epochendarstellung von Einzelstudien u. Vorträgen (*Die Lebensidee Goethes*. Lpz. 1925. *Die Dichtung von Sturm und Drang im Zusammenhang der Geistesgeschichte*. Lpz. 1928. Neudr. New York 1972. *Goethes deutsche Sendung*. Lpz. 1938) u. von Anthologien (*Edel sei der Mensch*. 2 Bde., Zürich 1947).

Der Ideenzusammenhang von K.s Œuvre zeigt sich prägnant in der Vortragssammlung *Humanismus und Romantik* (Lpz. 1924) u. in der Einleitung zur zweiten Auflage des ersten Bandes von *Geist der Goethezeit* (1954). K. ging von einem geschichtsphilosophischen Zusammenhang aus, der sich von der europ. Renaissance bis zur dt. Romantik entfaltet habe. »Renaissance« heißt dabei die Wiedergeburt des antiken (Ciceronischen) Humanitätsideals, die sich gegen die dominierende christl. Lebensvorstellung vollzogen habe. Die Reformation galt K. als gleichsam dt. »Reinigung« des Christentums, die westeurop. Aufklärung als äußere Zerstörung der christl. Vorstellungswelt u. der Sturm und Drang wiederum als subjektivistische Überwindung einer im Maschinenmenschen der Aufklärung gefesselten Individualität, die Poesie als »symbolische Verklärung der Welt« zu verstehen versuchte. Die Unabschließbarkeit der individuellen Selbstverwirklichung ergab für K. das »Lebensproblem«, das erst in der Klassik bewältigt werden konnte, als insbes. Goethe über Formgebung (d. i. Kunst) einen ästhetischen Zustand hervorbrachte, der den Kampf zwischen »Sehnsucht« u. »Begrenzung« im schönen Artefakt bespiegelt u. das Leben symbolisch aufzufassen erlaubte. Gleichwohl sei das »metaphysische Bedürfnis« damit nicht befriedigt gewesen, sondern habe sich im romant. Ideal, dem »Kultus des Übersinnlichen«, Bahn zu brechen gewußt. Damit sei der Kreislauf des europ. Geistes vorerst an ein Ende gekommen.

Weitere Werke: Faustischer Glaube. Lpz. 1938. – Goethe im Bildwandel seiner Lyrik. 2 Bde., Lpz. u. Hanau 1958. – *Herausgeber:* Ztschr. für Deutschkunde 40-47 (zus. mit Walther Hofstaetter). Lpz. 1926-33. – Aufriß der dt. Literaturgesch. (zus. mit Walther Linden). Lpz. 1930. Microfilm London 1980. – Goethes Gedichte. Lpz./Stgt./Zürich 1947. – Die Liebesgedichte des Westöstl. Divans in zeitgeschichtl. Folge [...]. Lpz./Stgt./Zürich 1947.

Literatur: *Schriftenverzeichnis* in: Gestaltung. Umgestaltung. FS zum 75. Geburtstag v. H. A. K. Lpz. 1957 (vollst.). – *Weitere Titel:* Joachim Müller: H. A. K. In: NDB. – Claus Träger: H. A. K. (1882-1963). In: Namhafte Hochschullehrer der Karl-Marx-Univ. Lpz. 1983, S. 84-95. *Jürgen Fohrmann*

Kormart, *Kornmart, Cormart*, Christoph(orus), * 22. 7. 1644 Leipzig, † 18. (?)2.1701 Dresden; Grabstätte: ebd., Friedhof der Sophienkirche. – Übersetzer.

Das sechste Kind des Leipziger Zeitungsschreibers u. »Universitätsverwandten« Georg Kornmarth (ab 1633: Kormart) wurde von einem Hauslehrer unterrichtet u. erhielt dann vermutlich an der namhaften Nikolaischule eine lutherisch-humanistische Erziehung. Mit 15 Jahren trat K. sein Universitätsstudium in Wittenberg an. Spätestens 1662 kehrte er in die Heimatstadt zurück, hörte Vorlesungen von Jakob Thomasius, Friedrich Rappolt, Quirin Schacher u. anderen (Magister 1665), lernte Französisch, Holländisch u. gegen Ende des Jahrzehnts auch Italienisch, wohl mit der Absicht, das väterl. Zeitungsgeschäft zu übernehmen.

Selbst Mitgl. einer studentischen Schauspielertruppe, konnte K. seine Sprachkenntnisse vertiefen u. gleichzeitig seine Leidenschaft für das Theater befriedigen, indem er Märtyrer- u. Tyrannenstücke in die Muttersprache übertrug u. dem damaligen dt. Geschmack anpaßte. Unter Hervorhebung des Politischen u. des Theatralischen gewann K. für die dt. Bühne so große europ. Erfolge wie Corneilles *Polyeucte* (Lpz. u. Halle/Saale 1669. Neudr. hg. u. eingel. von Robert J. Alexander. Bern/Ffm. 1987) u. *Héraclius* (Dresden 1675), Vondels *Maria Stuart*

(Halle/Saale 1672) u. wohl auch Thomas Corneilles beliebtes Lustspiel *Timocrate* (Dresden 1683), das er aber anonym publizieren ließ.

Außer diesen sowohl auf der Schul- wie auf der Wanderbühne aufgeführten Bearbeitungen – die *Maria Stuart* wirkte stark auf Johannes Riemer – schrieb bzw. übersetzte K., der 1670 seine Jurastudien in Straßburg wohl wegen des Todes des Vaters abbrechen mußte, auch staatswissenschaftl. u. juristische Traktate. Durch den Beistand eines Freundes, des Hof- u. Justitienrats Gabriel Gottlieb Voigt, konnte K. sich als »vornehmer Advokat« in Dresden niederlassen. Seit langem hatte er gute Beziehungen zu hochangesehenen Mitgliedern des Beamtenadels wie Wolfgang Siegfried von Lüttichau u. Karl von Friesen unterhalten u. in seinen Werken für die Mitwirkung dieses alteingesessenen Adels an der Ausübung der polit. Macht plädiert. Doch nahm er sein Jurastudium wieder auf u. erlangte 1678 an der Universität Jena den Doktortitel. Er heiratete u. erhielt dabei die Schenke »Zum Weißen Einhorn« sowie ein Mietshaus in der Stadtmitte. Obwohl er dann seine Laufbahn erheblich beeinträchtigte, weil er ein paar Jahre nach der Eheschließung die Interessen der Malz- u. Bierbrauer der Stadt Dresden gegen die illegale Einfuhr von Bier durch den Adel vertrat, durfte er dem neuen Kurfürsten Johann Georg IV. sein letztes Werk *Tractatus politicus* (Dresden 1693) widmen u. persönlich überreichen. Inzwischen hatte K. eine kleine Gedichtsammlung u. d. T. *Entwurff etzlicher Sonnetten und Epigramme* (o. O. 1684) veröffentlichen lassen sowie den sechsmal gedruckten, anonym herausgegebenen Liebesroman *Die zum Christenthum neubekehrte Jüdin oder verliebte und abgefallene Josebeth* (Ffm. 1680) u. eine fünfbändige Übersetzung nach einer holländ. Fassung von La Calprenèdes heroisch-galantem Roman *Statira oder Cassandra* (Lpz. 1685-88. ²1689-1707).

Literatur: Wilhelm H. Johannes: C. K. als Übersetzer frz. u. holländ. Dramen. Diss. Bln. 1892. – P. H. Powell: C. K.'s Adaptations of P. Corneilles ›Polyeucte‹ and ›Heraclius‹ and their Relation to the Contemporary German Drama of the 17th Century. MA Thesis. Cardiff 1936. – Abram Friesen: Das Theater K.s u. Schochs. Diss. masch. Mainz 1958. – Robert J. Alexander: Anonym ersch. Werke v. C. K. In: Wolfenbütteler Barock-Nachrichten 6 (1979), S. 340 f. – Klaus Reichelt: C. K. In: Ders.: Barockdrama u. Absolutismus. Ffm./Bern 1981, S. 66-118.

Robert J. Alexander

Korn, Christoph Heinrich, * 14. 1. 1726 Tübingen, † 25. 9. 1783 Stuttgart. – Verfasser von Romanen, zeitgeschichtlichen u. reformkatholischen Schriften.

K., der in Tübingen Jura studierte, 1747 in holländ. Kriegsdienste trat u. sich um 1759 in Stuttgart niederließ, lebte in seinen Ulmer (1769-1776) u. späten Stuttgarter Jahren von einer stets um Aktualität u. Aufkärung bemühten Schriftstellerei. Er begann mit fiktionaler Prosa, wandte sich aber bald dem zeitgeschichtl. Bericht u. der polit. Publizistik zu. Mit seinen Erzählungen (*Versuch in rührenden Erzählungen.* Stgt. 1770; auch einzeln erschienen. *Die Abendlust im Prater zu Wien.* Ffm., Lpz. [Ulm] 1774) bewies er Gespür für die Tendenz zum Kurzroman als empfindsamer Seelenstudie oder novellistisch geschürzter Geschichte. Seine stilistisch gelungenen Romane eines moralisierenden Pragmatismus, die fast alle Albrecht Friedrich Bartholomäi in Ulm verlegte (K. wohnte 1769-1773 bei ihm), sind als in Handlung umgesetzte Tugendlehre aufschlußreich für bürgerl. Lebensideale wie für unbewußte Beziehungsängste des bürgerl. Mannes (*Die Ausländer in der Schweiz.* Ulm 1770. *Die tugendhafte und redliche Frau am Hofe.* Ffm., Lpz. 1770). Mit *Canut der Grosse* (Ulm 1771) versuchte K. – wie gleichzeitig Albrecht von Haller – den polit. Staatsroman wieder zu beleben.

K.s zeitgeschichtl. Arbeiten bestehen zum einen aus sog. Totengesprächen, die zeitgeschichtl. Ereignisse wie das Verbot des Jesuitenordens (*Gespräche im Reiche der Todten zwischen Benedikt dem XIV. und Klemens dem XIV.* o. O. [Ulm?] 1776) oder das Treiben des Wunderheilers Johann Joseph Gaßner (*Gespräche im Reiche der Lebendigen zwischen [...] einem katholischen Pfarrer und dem Herrn Redlich.* o. O. [Ulm?] 1775) erörtern, zum andern aus Fortsetzungsserien, bei denen es sich um eine geschickte, jedoch von krit. Reflexion unberührte Zusammenstellung von Zeitungsmeldungen aus der Staats-, Kriegs- u. Hofgeschichte handelt (*Geschichte des gegenwärtigen Krieges zwischen Rußland, Polen und der Ottomanischen Pforte.* Ffm., Lpz. 1771-75. *Geschichte der Kriege in und ausser Europa.* 29 Tle., Nürnb. 1776-83. *Kurzgefaßte Geschichte des Englisch-Französisch-Spanischen Krieges [...] in Nordamerika.*

Salzb. 1780). Wie alle seine Werke erschienen auch jene Schriften K.s anonym, die sich, ähnlich denen von Riesbeck oder Pezzl, kritisch mit dem Mönchswesen u. den Grenzen zwischen geistl. u. weltl. Macht auseinandersetzen, gedacht als politisch-publizistisches Plädoyer für die Reformen Josephs II. (*Das Grab der Bettelmönche.* o. O. [Ulm?] 1781. *Magazin für Mönche und Nonnen.* o. O. [Ulm?] 1782. *Biographie eines Mönchs.* o. O. [Ulm?] 1782).

Literatur: Albrecht Weyermann: Neue histor.-biogr.-artist. Nachrichten v. Gelehrten u. Künstlern aus Ulm. Ulm 1829. – Ernst Weber u. Christine Mithal: Dt. Originalromane zwischen 1680 u. 1780. Eine Bibliogr. [...]. Bln. 1983.

Ernst Weber

Korn, Karl, * 20. 5. 1908 Wiesbaden. – Journalist, Essayist, Biograph.

Nach dem Studium u. a. bei Paul Tillich, Karl Mannheim, Max Scheler u. einem Lektorat in Toulouse arbeitete der Lehrerssohn K. als Redakteur 1934-1937 beim »Berliner Tageblatt«, dann bei der »Neuen Rundschau«. Seine Mitarbeit bei der Renommierzeitung der Nationalsozialisten »Das Reich« endete 1940 nach sechs Monaten mit seiner Entlassung, dem Schreibverbot u. der Einberufung zum Kriegsdienst. 1949-1973 baute er als einer der Herausgeber der »Frankfurter Allgemeinen Zeitung« deren Feuilleton-Redaktion auf. Als Literaturkritiker setzte er sich für die Gruppe 47, v. a. auch für Böll, ein. Als Schriftsteller reflektierte K. exemplarische Lebensläufe: seinen eigenen bis 1940 in *Lange Lehrzeit. Ein deutsches Leben* (Ffm. 1975), den eines für ihn beispielhaften Publizisten in *Zola in seiner Zeit* (Ffm. 1980). Sprachkritik als Gesellschaftskritik betrieb er in dem Klassiker *Sprache in der verwalteten Welt* (Ffm. 1958).

Weitere Werke: In der Stille. Gedanken u. Betrachtungen. Bln. 1944. – Die verlorene Revolution 1848. Bln. 1948. – Der gezähmte Mensch. Moralistische Gedanken. Düsseld. 1949. – Faust ging nach Amerika. Freib. i. Br. 1958. – Über Land u. Meer. Journal aus drei Jahrzehnten. Ffm. 1977.

Walther Kummerow

Korn, Renke, * 14. 12. 1938 Unna. – Dramatiker, Hör- u. Fernsehspielautor.

Der Sohn eines Studienrats studierte Germanistik, Geschichte u. Philosophie (1963 Staatsexamen) u. war danach als Hilfsarbeiter, Lehrer, Dreher, Regieassistent u. Regisseur tätig. Seit 1963 lebt er in West-Berlin als freier Schriftsteller u. arbeitet v. a. für das Fernsehen.

K. gehört zu jener Gruppe von Bühnenautoren, die die Forderungen der Studentenbewegung nach einer aufklärenden, gesellschaftsverändernden Literatur in Form eines neuen Volksstücktypus in den 70er Jahren realisierte. Themen sind Anpassungszwang (*Verteidigung eines Totengräbers.* WDR 1966. Hörsp.), individuelles polit. Handeln (*Das Attentat auf das Pferd des Brasilianers Joao Candia Bertoza.* NDR 1971. Hörsp.; als Schausp. Urauff. Aachen 1973), Gastarbeiterproblematik (*Die Reise des Engin Özkartal von Nevşehir nach Herne und zurück.* Urauff. Tüb. 1975. Schausp., Fernsehsp.), Jugendarbeitslosigkeit (*Tilt.* ZDF 1979. Fersehsp.) u. die Partnerschaft in der »Konkurrenzgesellschaft«, in seiner bekanntesten, auch in Buchform erschienenen Szenenfolge *Partner* (Urauff. Dortmund 1971. Gedr. Zürich 1971). Zur Darstellung verwandte K. Mittel des Hörspiels wie die Rückblende, die strenge Einheit von Ort-Raum-Zeit, Elemente des absurden Theaters, der Gerichtsverhandlung u. der Episodenreihung. Zunehmend sind K.s Arbeiten von dem Konflikt zwischen Handlungsmöglichkeit u. Resignation, Agitation u. Kompromißbereitschaft gekennzeichnet.

Weitere Werke: *Theater:* Die Überlebenden. Urauff. Gött. 1967. – Flucht nach Hinter-Wiesenthal. Urauff. Dortm. 1971. – Kollegen. Urauff. Braunschw. 1973. – *Filme:* Der Alte. ZDF 1975. – Die neue Armut der Familie S. ZDF 1978. – Der Architekt der Sonnenstadt. ZDF 1979. – *Hörspiele:* Picknick. WDR 1969. – Vorstellungen während der Frühstückspause. WDR 1971. – Es mußte sein, Elke, das war ja nicht mehr auszuhalten. WDR 1974. – Geh nach Dtschld. SFB/BR 1977. – Gedämpft. HR/BR/SFB 1978. – Der gute Mensch v. Kreuzberg oder ich will kein Hausbesitzer sein (zus. mit Christoph Teubel). RIAS 1983.

Literatur: Gerd Jäger: Arbeitswelt auf dem Theater. In: Theater Heute, H. 4 (1975), S. 32. – Christoph Müller: ›Wirklichkeitsimitation? Die Reise des Engin Özkartal ...‹. In: ebd., H. 8 (1975), S. 48.

Christian Schwarz

Kornfeld, Paul, * 11. 12. 1889 Prag, † 25. 4. (oder Januar) 1942 Łódź (Konzentrationslager). – Dramatiker, Erzähler, Essayist.

Wie viele seiner Prager Dichterkollegen zog es auch K., Sohn eines wohlhabenden jüd. Unternehmers, schon bald nach Deutschland: 1914 übersiedelte er nach Frankfurt/M., 1916 heiratete er die Schauspielerin Fritta Brod. Nach einer Tätigkeit als Dramaturg in Darmstadt ging er 1928 nach Berlin u. schrieb dort Aufsätze u. Kritiken für »Das Tage-Buch«. 1932 kehrte er nach Prag zurück. Hier wurde er 1941 von den Nationalsozialisten gefaßt u. ins Konzentrationslager nach Łódź deportiert, wo er ums Leben kam.

Mit der Tragödie *Die Verführung* (Bln. 1916. Urauff. Ffm. 1917), einem Aufschrei gegen den Zeitgeist, wurde K., Zeitgenosse von Max Brod u. Kafka, Klassenkamerad von Ernst Deutsch, Willy Haas u. Werfel, mit einem Schlag berühmt u. zu einem der wegweisenden Dramatiker des Expressionismus: Bitterlich, der in seinen Weltschmerz verliebte Held der Tragödie, opponiert mit dem Mord an einem Spießbürger gegen die »Menschen ohne Seele«.

Charakter u. Seele, Wirklichkeit u. Wahrheit werden in K.s Essay *Der beseelte und der psychologische Mensch* (in: Das junge Deutschland. Jg. 1, Nr. 1, 1918), einer für den Expressionismus programmat. Schrift, zu fundamentalen Gegensätzen erklärt, die Psychologie wird als nichtssagend u. oberflächlich verworfen. Zudem enthält dieser Essay Ansätze zu einer antinaturalistischen, nicht-mimetischen, auf Überhöhung u. Stilisierung beruhenden Schauspielkunst. Nach dem wenig erfolgreichen Mysterienspiel *Himmel und Hölle* (Bln. 1919. Urauff. Bln. 1920) wandte sich K. vom expressionistischen Drama ab.

In den 20er Jahren schrieb K. Komödien. Den Idealen von Revolution, Weltverbesserung u. Menschheitserlösung erteilte er in *Der ewige Traum* (Bln. 1922. Urauff. Ffm. 1922) u. in *Palme oder Der Gekränkte* (ersch. u. uraufg. Bln. 1924) eine spött. Absage. Ist in dieser in der Tradition Molières stehenden Charakterkomödie ein hypochondrischer Narr u. Misanthrop porträtiert, so machte sich K. in *Kilian oder Die gelbe Rose* (Bln. 1926. Urauff. Ffm. 1926) über philosophisches Geschwätz u. hochtrabende Phrasen als Mode der Salons lustig.

K.s letztes dramat. Werk ist die Tragödie *Jud Süß* (ersch. u. uraufg. Bln. 1930): In der Geschichte vom Aufstieg eines Außenseiters interessiert K. das Wechselspiel von polit. Macht u. moralischer Korruption, von Vernunft u. Verblendung, dem Kalkül des Karrieristen u. der Hysterie der Massen.

Erst postum erschien K.s einziger Roman *Blanche oder Das Atelier im Garten* (Hbg. 1957), entstanden 1930-1941. In nuancierten Charakter- u. Stimmungsbildern wird der Zusammenhang von Liebe, Traum u. Tod eingekreist, wird das Bild einer brüchigen u. bedrohten Welt gezeichnet. Der Roman – »Zeugnis eines gelassenen, feinfühligen Stils« (Peter Härtling) – gilt heute als K.s bedeutendstes Werk.

Weitere Werke: Legende. Bln. 1917 (E.). – Die Begegnung. In: Dt. Dichter aus Prag. Lpz. 1919 (E.). – Sakuntala. Bln. 1925 (D.). – Smither kauft Europa. Bln. 1929 (Kom.). – Revolution mit Flötenmusik u. a. krit. Prosa. Hg. Manon Maren-Grisebach. Heidelb. 1977.

Literatur: Manon Maren-Grisebach: Weltanschauung u. Kunstform im Frühwerk P. K.s. Diss. Hbg. 1960. – Dies.: P. K. In: Wolfgang Rothe (Hg.): Expressionismus als Lit. Bern/ Mchn. 1969. – Margarita Pazi: P. K. In: Dies.: Fünf Autoren des Prager Kreises. Ffm. 1978. – Dies.: Zu P. K.s Leben u. Werk. In: JbDSG 27 (1983). – Jürgen Serke: Böhm. Dörfer. Wien/Hbg. 1987.

Wolfgang Seibel

Kornfeld, Theodor, * 15. 1. 1636 Herford, † 15. 3. 1698 Holte/Osnabrück. – Lyriker u. Poetiker.

K. studierte in Jena (Magister 1666). 1668 zog er nach Osnabrück; hier war er von 1670 bis kurz vor seinem Tod Konrektor des Gymnasiums. 1686 wurde er Miterzschreinhalter der Deutschgesinnten Genossenschaft.

K.s für Autodidakten geschriebene, an Balthasar Kindermann angelehnte *Selbst-Lehrende Alt-Neue Poesie Oder Vers-Kunst* (Bremen 1685 u. 1686) vermischt »Virtuosentum mit rationalistischer Nüchternheit nicht gerade glücklich« (Markwardt). Vor allem seine darin wieder abgedruckten religiösen Figurengedichte (z. B. Apfel, Ei, Leuchter, Sanduhr, Herz, Becher, Kreuz) wurden als »Torheiten« kritisiert. »Denn entweder passen sie nicht recht zu den Gegenständen, oder sie ergeben sich überhaupt nicht ohne Verrenkung von Wort und Vers« (Neumeister).

Weitere Werke: Geistl. Verlöbniß. Gießen 1664. – Decuriam programmatum sacrorum primam [...]. Osnabr. o. J. – Decuriam programmatum mixtorum secundam [...]. Osnabr. 1690. – Pericopae evangelicae tripartitae. Hbg. 1675.

Literatur: Johann Christoph Strodtmann: Historie des Schulwesens u. der Akademie zu Osnabrück. In: Programm des Ratsgymnasiums Osnabrück (1896), S. 31. – Bruno Markwardt: Gesch. der dt. Poetik. Bd. 1, Bln. ³1964, S. 227. – Heiduk/Neumeister, S. 198 u. 395.

Jutta Sandstede

Korrodi, Eduard, * 20. 11. 1885 Zürich, † 4. 9. 1955 ebd. – Literaturkritiker u. Essayist.

Der Sohn eines Lehrers u. einer Innerschweizer Bauerntochter verbrachte seine Jugend in Zürich u. im Internat des Kollegiums »Maria Hilf« in Schwyz, wo er 1905 die Reifeprüfung ablegte. Schon als Germanistikstudent in Zürich u. Berlin arbeitete er für kath. Zeitschriften als literar. Rezensent. Nach der Promotion bei Adolf Frey in Zürich (*Stilstudien zu C. F. Meyers Novellen.* Lpz. 1912) war K. in St. Gallen u. Zürich als Lehrer tätig. Obwohl seine Habilitationspläne am Widerstand Emil Ermatingers gescheitert waren, wurde er 1914 in Konkurrenz zu Robert Faesi u. Konrad Falke zum Nachfolger Fritz Martis als Feuilletonredakteur der »Neuen Zürcher Zeitung« gewählt u. blieb bis 1950 in dieser Stellung. Während des Ersten Weltkriegs unterstützte K., der im Grunde zeitlebens Freys helvetozentr., an Keller u. Meyer orientiertem Ästhetizismus verpflichtet blieb, zwar auch die nach Zürich emigrierten dt. Autoren, engagierte sich aber als Kritiker u. Herausgeber (*Schweizerische Bibliothek* des Rascher Verlags, Zürich. 15 Bde., für Soldaten gedacht) v. a. für seine Schweizer Landsleute. Mit seinen *Schweizerischen Literaturbriefen* (Frauenfeld 1918) redete er dann unversehens einer Öffnung der schweizerischen Literatur das Wort u. forderte dazu auf, der »Weltänderung« gerecht zu werden u. den durch Keller-Nachfolge u. Heimatkunst geprägten »Seldwylergeist« aufzugeben, um Anschluß an die dt. Entwicklung zu finden. Wie sich bald herausstellte, orientierte er sich dabei jedoch einseitig an jenen Autoren, die klassisch-romant. Tendenzen weiterführten, während er in der Verurteilung expressionistischer bzw. gesellschaftskrit. Ansätze durchaus mit Ermatinger einigging. Das führte zu Auseinandersetzungen mit Jakob Bührer, Zollinger u. Walter Muschg, die dem wechselweise in vielen Gremien einflußreichen »Literaturpapst« jedoch nichts anhaben konnten. Fatalerweise stand der innerlich zutiefst unsichere K. ausgerechnet auch zu jenen dt. Dichtern, die seinen ästhetischen Vorstellungen am besten entsprachen, in einem zwiespältigen Verhältnis. Hermann Hesse verärgerte er 1920 durch die vorlaute Bekanntgabe des ihm von der Zeitungsmitarbeit bekannten *Demian*-Pseudonyms Sinclair u. 1936 durch den Einsatz gegen die Übersiedlung des S. Fischer Verlags nach Zürich. Thomas Mann wiederum brachte er am 26. 1. 1936 durch seinen gegen das literar. Exil gerichteten Artikel *Literatur im Emigrantenspiegel* dazu, sich endgültig der Emigration zuzurechnen (siehe Manns *Offenen Brief an Eduard Korrodi* in der »Neuen Zürcher Zeitung« vom 3. 2. 1936). K., der einen wendigen, zumeist leicht iron. Stil schrieb, spielte für die Deutschschweizer Literatur 35 Jahre lang auf vielfach problemat. Weise das »literarische Bundesgericht« (Frisch), geriet jedoch nach seinem Tod rasch in Vergessenheit.

Weitere Werke: (zus. mit Robert Faesi). Das poet. Zürich. Miniaturen aus dem 18. Jh. Zürich 1913. – Schweizerdichtung der Gegenwart. Zürich 1919. – Geisteserbe der Schweiz. Erlenbach/Zürich 1929. [2]1943 (Anth.). – Erlebte Lit. Olten 1952 (Ess.s). – Aufsätze zur Schweizer Lit. Hg. Heinz Weder. Bern 1962.

Literatur: Freundesgabe an E. K. Zürich 1945. – Traugott Vogel: E. K. In: Leben u. Schreiben. 80 reiche magere Jahre. Zürich 1975. – Erwin Jaeckle: E. K. In: Niemandsland der 30er Jahre. Meine Erinnerungen 1933-42. Zürich 1979. – Helen Münch-Küng: Der Literaturkritiker E. K. Diss. Bern 1989.

Charles Linsmayer

Korsch, Karl, * 15. 8. 1886 Tostedt/Lüneburger Heide, † 21. 10. 1961 Belmont/Mass. – Philosoph.

Der Sohn eines Amtsgerichtssekretärs wuchs in Meiningen auf; nach der juristischen Promotion in Jena 1910 wurde K. 1912 Mitgl. der SPD, Frontoffizier im Ersten Weltkrieg, 1919 Mitgl. der Sozialisierungs-Kommission, 1919 der USPD, 1920 (Ausschluß 1926) der KPD. 1923 war er Justizminister der SPD-KPD-Koalition in Thüringen, 1924-1928 Abgeordneter des Reichstags; 1933 emigrierte er über Dänemark u. London in die USA.

K. entwickelte sich vom Anhänger des Bernstein-Flügels in der SPD u. Mitgl. der engl. Fabian Society zu einem Theoretiker der Weltrevolution auf syndikalistischer Basis. Gemeinsam mit dem gleichzeitig erschienenen Buch *Geschichte und Klassenbewußtsein* von Georg Lukács unterzog K.s *Marxismus und Philosophie* (Lpz. 1923. Erw. Ffm. 1966) die Geschichte des Marxismus einer grundlegenden Rekonstruktion. K. entdeckte in der Theorie des histor. u.

dialektischen Materialismus einen unaufhebbaren Widerspruch: sie sei zwar Ausdruck revolutionären Bewußtseins, aber nicht das der revolutionären Klasse, also des Proletariats. Denn zwischen dem histor. Begriff des Proletariats als Klasse u. dem Proletariat als dialektischem Begriff von Individuen klaffe nicht, wie bisher angenommen, eine zufällige, sondern eine method. Lücke. Das hatte noch Lenin als Schwäche negiert, K. bestimmte diese Lücke als die revolutionäre Potentialität des Marxismus.

Ausgehend von Marx' berühmtem Satz »Die Philosophen haben die Welt nur verschieden interpretiert, es kommt aber darauf an, sie zu verändern«, fiel für K. auch der Historische Materialismus unter das Verdikt, Philosophie zu sein, also Ideologie. Entsprechend verstand er Marx' *Kritik der politischen Ökonomie* nicht – wie Karl Kautsky, Rosa Luxemburg u. Lenin – als ein wirtschaftswissenschaftl. Lehrgebäude, sondern als Kritik aller Ökonomie.

K. bestimmte den Begriff des »Fetischismus der Warenwelt« im ersten Band des *Kapitals* als zentrale Kategorie marxistischer Dialektik. Mit ihr habe Marx, im Anschluß an seine hegelianischen Vorstellungen der Entfremdung in den *Pariser Manuskripten*, die Verdinglichung des Bewußtseins (so auch bei Lukács) im Kapitalismus beschreiben können. Für K. ist die Marxsche Dialektik nur dem »Inhalt nach Ökonomie«, der Form nach aber eine Gesellschaftswissenschaft, die es ermöglichen soll, »hinter einem menschlichen Gewirr von ›ideologischen‹ Verkleidungen den versteckten realen Sachverhalt ›naturwissenschaftlich treu zu konstatieren‹«. Nach K. ist Marxismus also eine Methode zur Erlangung objektiven Bewußtseins – etwa im Sinne des mit K. befreundeten Wiener Logikers Otto Neurath –, nicht aber dieses Bewußtsein schon selbst. Allerdings, so fügte K. an, ist die Marxsche Methode »nach der formellen Seite bis heute noch sehr wenig entwikkelt« (*Karl Marx*. London 1938. Erw. Ffm. 1967).

Erst Mitte der 60er Jahre wurde bekannt, welchen großen Einfluß K. vor allem zwischen 1933 u. 1939 auf Brecht ausgeübt hatte, auf dessen Ausformulierung des »Verfremdungseffekts« er entscheidend einwirkte. Allerdings sollte K. im Marxismus schließlich überhaupt kein historisch anwendbares Aussagesystem mehr sehen, während der Pragmatiker Brecht (Korsch: »der Hofdichter der russischen Revolution«) gerade das Fehlen von Handlungsperspektiven in K.s Theorie vermißte: »Mein Lehrer dient der Sache der Freiheit. Er hat sich selber ziemlich frei gemacht von allerlei unangenehmen Aufgaben«.

Über die vorübergehende Wiederentdeckung des Marxismus in der 60er Jahren hinaus haben die von K. in der Zeit der Weimarer Republik entwickelten Modelle von Betriebsräteschulungen das Arbeiterbildungsprogramm Oskar Negts u. auch die Neokapitalismustheorie André Gorz' geprägt.

Ausgaben: Die materialist. Geschichtsauffassung [1929] u. a. Schr.en. Ffm. 1971. – Polit. Texte. Ffm. 1974. – Gesamtausg. Ffm. 1980 ff. (bisher 2 Bde.). – *Briefwechsel* in: Claudio Pozzoli (Hg.): Marxist. Revolutionstheorien. Jb. Arbeiterbewegung 2 (1974), S. 117 ff.

Literatur: Claudio Pozzoli (Hg.): Über K. K. Jb. Arbeiterbewegung 1, 1973 (mit Bibliogr.). – Michael Buckmiller (Hg.): Zur Aktualität v. K. K. Ffm. 1981. – Otto Langels: Die ultralinke Opposition der KPD [...]. Ffm. 1984. – Hans-Jürgen Kornder: Konterrevolution u. Faschismus [...] im Werk v. K. K. Ffm. 1987. – *Verhältnis zu Brecht:* Wolfdietrich Rasch: Bertolt Brechts marxist. Lehrer. In: Merkur 10 (1963), S. 988-1003. – K. K. – Lehrer Bertolt Brechts. alternative 41 (1965). – Herbert Claas: Die polit. Ästhetik Bertolt Brechts [...]. Ffm. 1977, S. 45 ff. – Klaus-Detlef Müller: Brechts Me-ti u. die Auseinandersetzung mit dem Lehrer K. K. In: Brecht-Jb. (1977), S. 9-29. – Werner Mittenzwei: Das Leben des Bertolt Brecht [...]. 2. Bde., Bln./DDR 1986, passim. *Johannes Schulz*

Korschunow, Irina, geb. Masterow, * 31. 12. 1925 Stendal. – Kinderbuchautorin.

Nach dem Abitur, Studienjahren u. verschiedenen Tätigkeiten schreibt K. seit Mitte der 50er Jahre Beiträge für die Presse, Bilderbuchtexte wie *Der bunte Hund, das schwarze Schaf und der Angsthase* (illustriert von Gerhard Oberländer. Mchn. 1958) u. Kinderbücher. Dabei beschrieb sie v. a. Umwelterfahrungen von Vor- u. Grundschulkindern, so in der Sammlung *Niki aus dem 10. Stock* (Stgt. 1973). Phantastische Gestalten wie in den *Wawuschel*-Büchern (Stgt. 1968-73. 1982) erleben als Alter ego der Kinder heitere u. ernste Episoden. Der Jugendroman *Er hieß Jan* (Zürich 1979) klagt, ausgehend von einer trag. Liebesbeziehung, die Unmenschlichkeit des Nationalsozialismus an. Viele ihrer Kinderbücher sind in andere Medien übernommen worden. K. verfaßte selbst Drehbücher zu Fernsehfilmen. Mit dem Familienroman *Glück hat seinen Preis* (Hbg. 1983) wandte sich K. der allg. Belletristik zu. Sie schreibt heute nur noch selten für Kinder u. Jugendliche.

Weitere Werke: Die Sache mit Christoph. Mchn. 1978 (R.). – Hanno malt sich einen Drachen. Mchn. 1978 (R.). – Ein Anruf v. Sebastian. Zürich 1981 (R.). – Der Findefuchs. Mchn. 1982. Stgt. 1984 (E.). – Kleiner Pelz. Zürich 1984 (E.). – Der Eulenruf. Hbg. 1985 (R.). – Malenka. Hbg. 1987 (R.).

Birgit Dankert

Kortner, Fritz, eigentl.: Nathan Kohn, * 12. 5. 1892 Wien, † 22. 7. 1970 München. – Schauspieler, Regisseur; Dramatiker, Drehbuchautor.

K., Sproß einer jüd. Wiener Juweliersfamilie, besuchte die k. k. Akademie für Musik und darstellende Kunst. Sein Lehrer Ferdinand Gregori nahm ihn 1910 als Anfänger mit ans Großherzogliche Hof- u. Nationaltheater Mannheim. Der junge Hofschauspieler setzte sich bald nach Berlin ab, wo er zwei Jahre zum Ensemble Max Reinhardts gehörte. Sein Durchbruch erfolgte 1913 unter Berthold Viertels Regie an der Wiener Volksbühne. Letzte Station seiner »Lehrjahre« waren 1918/19 Erich Ziegels Hamburger Kammerspiele.

In Berlin, wo K. ab Herbst 1919 lebte, wurde er in Inszenierungen Leopold Jessners u. Erich Engels zum Prototyp des expressionistischen u. republikan. Schauspielers, dessen formende Sprachkraft u. schöpferische Ausdrucksphantasie auf der Bühne u. im Film schon den künftigen Regisseur ahnen ließen. Im Regisseur K. wiederum steckte auch ein geheimer Dramatiker, u. als das Exil (er emigrierte 1933 nach London u. lebte 1937-1947 in den USA) ihn zwang, eine neue Sprache zu lernen, ohne daß er sich als Schauspieler genügend entfalten konnte, schlug sich das, was ihn sprachlich erregte u. bedrängte, in schriftstellerischer Betätigung als Stückeschreiber (*Another Sun.* Zus. mit Dorothy Thompson. Urauff. New York 1940. *Somewhere in France.* Zus. mit Carl Zuckmayer. Urauff. Washington 1941) u. Drehbuchautor (*Der Ruf.* Urauff. Bln. 1949) nieder.

1949 inszenierte K. an den Münchner Kammerspielen seine noch in Amerika geschriebene Komödie *Donauwellen,* ein galliges, in der Tradition von Nestroy u. Karl Kraus sich bewegendes Volksstück über den Opportunismus u. Alltagsfaschismus der »kleinen« Nazis. Als Regisseur setzte K. dem in Deutschland nach 1945 noch lange praktizierten Staatstheaterklassizismus u. dem wirklichkeitsfernen »Stil«-Theater der 50er Jahre einen widerspruchsvollen, die bitteren Lebenswahrheiten betonenden Realismus entgegen. Seine Aufführungen lösten oft Theaterskandale aus, u. sein Stück *Die Sendung der Lysistrata* (Mchn. 1961) rief einen Fernsehskandal hervor, weil hier zu deutlich gegen die Wiederbewaffnung der BR Deutschland Stellung bezogen wurde.

In seinem Schauspiel *Die Zwiesprache* (Mchn. 1964) wird das zwangsläufige Scheitern einer nach außen vorbildl. Ehe gezeigt, die den unerwartet sie bedrängenden Schatten einer persönlich u. politisch nicht bewältigten Vergangenheit nicht standzuhalten vermag. Wenn auch die dramat. Kraft u. psychologisierende Logik seiner Stücke unterschätzt wird, die Einwände gegen die Kolportagehaftigkeit ihrer szen. Konstruktion sind berechtigt. In seiner Autobiographie *Aller Tage Abend* (Mchn. 1959) erweist sich K. dagegen als ein sprachlich fesselnder Erzähler u. scharfsichtiger Zeitzeuge, dessen Gedanken u. Leidenschaften Gericht über den Zustand der Welt halten, wobei er ein verständnisvoller Anwalt der Menschen bleibt.

Weitere Werke: Letzten Endes. Fragmente. Mchn. 1971. – Theaterstücke. Köln 1981.

Literatur: Claus Landsittel (Hg.): K. anekdotisch. Mchn. 1967. – Matthias Brand: F. K. in der Weimarer Republik. Rheinfelden 1981. – Klaus Völker: F. K. – Schauspieler u. Regisseur. Bln. 1987. – Ivan Nagel: F. K., Peter Zadek, Peter Stein. Mchn. 1989.

Klaus Völker

Kortum, Karl Arnold, * 5. 7. 1745 Mülheim/Ruhr, † 15. 8. 1824 Bochum; Grabstätte: ebd., Alter Friedhof. – Arzt, Naturforscher, Polyhistor, Lyriker, Satiriker.

Nach dem Besuch der Volksschule in Mülheim u. des Archigymnasiums in Dortmund studierte der Apothekerssohn 1763-1766 in Duisburg Medizin. K. praktizierte zunächst in Duisburg u. Mülheim u. ließ sich 1770 in Bochum als Arzt nieder. 1792-1807 übte er zusätzlich das Amt eines Bergarztes aus. Friedrich Wilhelm III. verlieh ihm 1816 den Titel eines Königlichen Hofrats.

K.s thematisch heterogenes Gesamtwerk läßt die Tätigkeit eines Polyhistors erkennen. Der ungemein produktive Autor, der auch in Zeitschriften zahlreiche Aufsätze ganz unterschiedl. Inhalts publizierte, verfaßte u. a. Monographien wie *Grundsätze zur Bienenzucht* (Wesel/Lpz. 1776), *Anfangsgründe der Entzifferungskunst deutscher Zifferschriften* (Duisburg 1782), *Über die Unschädlichkeit der Kirchhöfe und der Begräbnisse in Städten und Dörfern* (Osnabr. 1801) u. *Der Kaffee und seine Stellvertreter* (Elberfeld 1809). Darüber hinaus bekunden paläozoolog. Untersuchungen (*Das in der Lippe gefundene Urushorn und der Zahn des Abulabaz.* Hagen 1813) u. archäolog. Studien (*Beschreibung einer neuentdeckten alten germanischen Grabstätte.* Dortm. 1804) die vielseitigen Interessen eines Historikers u. Naturforschers, der Anhänger der Alchimie war (*Verteidiget die Alchimie gegen die Einwürfe einiger neuen Schriftsteller.* Duisburg 1789). Der Arzt widmete sich in populär geschriebenen Abhandlungen der medizinischen Volksaufklärung. Als versierter Medizinhistoriker veröffentlichte K. die großangelegte *Skizze einer Zeit- und Literärgeschichte der Arzneikunst [...]* (Lpz. o. J. [1808]).

Einen festen Platz in der Literaturgeschichte erwarb sich K. als Verfasser komisch-satir. Poesie. Zu den kleineren Arbeiten gehören Scherzgedichte, Rätselreime, humorige Elegien, Märchen u. kuriose Anekdoten. Ein zeit- u. gesellschaftssatir. Grundton kennzeichnet auch alle größeren, metrisch einfach strukturierten Dichtungen. Hauptwerk K.s ist das 1784 erstmals erschienene komische Heldengedicht *Leben, Meynungen und Thaten von Hieronimus Jobs dem Kandidaten* (Münster, Hamm 1784. Neudr. hg. von Burkhard Moennighoff. Stgt. 1986). Eine um zwei Teile erweiterte Ausgabe folgte 1799 u. d. T. *Die Jobsiade* (Dortm. Neudr. hg. von Curt Noch. Lpz. 1956). Das erfolgreiche Werk steht in der Tradition komischer Heldenepen. K. konnte an Satiren von Tassoni, Boileau, Swift u. Pope anknüpfen. Anregungen erhielt er zudem durch Zachariaes *Der Renommiste* (1744), Nicolais *Das Leben und die Meinungen des Herrn Magisters Sebaldus Nothanker* (1773-76) u. Schwagers *Leben und Schicksale des Martin Dickius* (1775/76). Bei der parodistischen Nachbildung des heroischen Stils berief sich K. auf die variierten freien Knittelverse des Hans Sachs. Durch die Nichtbeachtung metr. Regelzwänge u. die Freiheiten des Reims gelingt es ihm scheinbar mühelos, die witzig-groteske Wirkung seiner eigenwillig-skurrilen Verse zu erzielen. Auch Satzbau u. Sprache, die den Eindruck der Unbeholfenheit erwecken, tragen neben den von K. selbst hergestellten plumpen Holzschnitten zur Komik des volkstüml. Textes bei. Parodierte K. einerseits die metr. u. sprachl. Regelverstöße der Sturm-und-Drang-Dichtung, so karikierte er mit dem Lebenslauf des Hieronimus Jobs andererseits ebenso treffsicher die Anfänge des dt. Bildungsromans. Mit der Biographie seines verbummelten, dumm-dreisten Theologiekandidaten u. den genrehaften Milieuschilderungen zielte K. auf Spießertum, zeitgenöss. Modeerscheinungen u. nichtsnutziges Studentendasein.

Das während des 19. Jh. weitverbreitete Erfolgsbuch inspirierte Künstler zu Bearbeitungen. Johann Peter Hasenclever schuf mehrere Bilder zur *Jobsiade*, u. Wilhelm Busch illustrierte die Lebensbeschreibung (*Bilder zur Jobsiade.* 1872). Opern von Albert Barkhausen (1936) u. Joseph Haas (1944) sowie weitere Vertonungen verdanken K. ihren Stoff.

Weitere Werke: Der Märtyrer der Mode. Wesel 1778 (Satire). – Anweisung, wie man sich vor alle ansteckende Krankheiten verwahren könne. Wesel/Lpz. 1779. – Die mag. Laterne. 3 Bde., Wesel 1784-87 (L.). – Adams Hochzeitsfeier. Wesel 1788 (Kom. Gedicht). – Einfälle in frohen jugendl. Stunden. Essen 1803. – Kurze aber getreue Erzählung der [...] Gesch. einer Somnambüle, gen. Elsabe Schlunz. Hamm 1819. – Des Jobsiadendichters C. A. K. Lebensgesch. v. ihm selbst erzählt u. hg. v. Karl Deicke. Dortm. 1910.

Literatur: Karl Deicke: Der Jobsiadendichter K. A. K. Sein Leben u. seine Schr.en. Mülheim 1893. – Hans Dickerhoff: Die Entstehung der Jobsiade. Diss. Münster 1908. – Ernst Tegeler: Der Bochumer Arzt Dr. C. A. K. der Dichter der Jobsiade. Jena 1931. – Margret Axer: K. A. K.: Die Jobsiade. Gattung, Stoff u. Form. Diss. Bonn 1950. – Karl Frick: Die alchemist. Studien des [...] Dr. C. A. K. In: Sudhoffs Archiv 43 (1959), S. 254-274. – Erich Reincke: Der Dichter der ›Jobsiade‹ Dr. med. K. A. K. u. seine mecklenburg. Vorfahren. In: Das Carolinum 32,45 (1966), S. 45-54. – Karl Wiechert: Wie aus K.s Jobsiade eine Buschiade wurde. In: Wilhelm-Busch-Jb. 34 (1968), S. 29-40.

Peter Heßelmann

Kosegarten, Christian, * 1770 Grevesmühlen/Mecklenburg, † 21. 4. 1821 Hamburg. – Philosoph, Jurist, Lyriker.

Der Pastorensohn studierte evang. Theologie. Anstellungen als Hauslehrer in Neustrelitz, Waren u. Hamburg folgten. 1800 begann K. in Leipzig das Studium der Rechte, promovierte 1801 u. ließ sich 1803 als Advokat in Hamburg nieder. 1813 beteiligte er sich am Feldzug gegen Napoleon.

K.s theoret. Schriften reichen von der Anthropologie (*Kritik der Humanität.* Lpz. 1796) über die Staatstheorie (*Was soll der Fürst seyn? Was kann der Fürst seyn?* Hbg. 1797) zur Historie (*Grundzüge unseres Zeitalters in Deutschland.* Lpz. 1819). Sein philosophischer Ansatz liegt einerseits im »Bewußtseyn der Selbstständigkeit des Menschen«, andererseits in der »Unbegreiflichkeit des Ewigen«. Empirie u. Wissensdrang sind dabei zwangsläufig einer metaphys. Instanz unterworfen. In der Poesie sah K. die Möglichkeit, ohne bewußt intellektuelle Leistung direkt zum Göttlichen vorzudringen; die genialische Einbildungskraft stellt das »Band zwischen Gott und Mensch dar«. K.s eigene, diesem Postulat verschriebene Gedichtproduktion (*Gedichte.* Zus. mit Johann Dietrich Hartmann. Rostock 1794) beurteilte er selbst jedoch als untergeordnet. Vielmehr hegte er eine schwärmerische Begeisterung für die Lyrik seines Stiefbruders Gotthard Ludwig Kosegarten, als dessen Schüler u. Geliebten er sich stilisierte.

WEITERE WERKE: Memnons Bildsäule in Briefen an Ida. Bln. 1799. – Der Schattenkönig. Lpz. 1800. – Der Staat u. die Juden. Hbg./Bln. 1800. – Der Freystaat. Hbg. 1809. – Ansichten für den Dt. Staatenbund. Hbg. 1816.

LITERATUR: Hans Schröder: Lexikon der hamburg. Schriftsteller. Bd. 4, Hbg. 1866.

Dominica Volkert

Kosegarten, Gotthard Ludwig, auch: Ludwig Theob(o)ul, * 1. 2. 1758 Grevesmühlen, † 26. 10. 1818 Greifswald; Grabstätte: Altenkirchen auf Rügen, Kirchenfriedhof. – Lyriker, Idyllendichter, Übersetzer.

Der Sohn eines luth. Pastors erlernte die klass. Sprachen im Hausunterricht, studierte in Greifswald Theologie (1775-1777), betätigte sich als Hauslehrer (1777-1785), war Rektor der Stadtschule in Wolgast (1785-1792), wurde Pastor zu Altenkirchen (1792-1808) u. schließlich Professor der Geschichte (1808) u. Theologie (1817) an der Universität Greifswald, wo er auch mehrfach Dekan u. Rektor war. Schon früh trat K. erfolgreich mit Gedichten hervor (*Melancholien.* Stralsund 1777), die auf empfindsame Weise Liebeserfahrungen wiedergeben, unter Klopstocks Einfluß religiösen Gefühlen Ausdruck verleihen oder auch seelenvoll naturverbunden wirken sollen. Bis 1800 folgten weitere Gedichtbände, Predigten, autobiographisch gefärbte Briefromane (*Ewalds Rosenmonde.* Bln. 1791. *Hainings Briefe an Emma.* 2 Bde., Lpz. 1791) sowie Beiträge zu Schillers »Musenalmanach« u. den »Horen«. Von K.s zahlreichen Übersetzungen dieser Zeit sind *Clarissa* (8 Bde., Lpz., 1790-93) u. *Brittisches Odeon, oder Denkwürdigkeiten aus dem Leben und den Schriften der neuesten brittischen Dichter* (2 Bde., Bln. 1800) hervorzuheben.

Zwischen 1800 u. 1803 erschienen als »Romantische Dichtungen« drei Romane, die »Liebe der Natur« (*Ida von Pleßen.* 2 Bde., Dresden 1800), »Liebe der Gottheit« (*Bianca del Giglio.* 2 Bde., Dresden 1801) u. »Liebe des Vaterlandes« (*Adele Cameron.* 2 Bde., Dresden 1803) vermitteln sollten. Während diese nach Richardsons Muster mit dem Thema der verfolgten Unschuld verfahren, nähert sich K. mit *Ida von Pleßen* der trans-dualist. Liebesauffassung von Friedrich Schlegels *Lucinde* (1799).

K.s größter schriftstellerischer Erfolg war *Jucunde. Eine ländliche Dichtung in fünf Eklogen* (Bln. 1803), die bis 1843 sechs Auflagen erlebte. In der Nachfolge von Voßens *Luise* (1783/84) bietet *Jucunde* ein bukolisch-idyll. Bild von K.s Wirkungskreis auf Wittow/Rügen, wobei Beschreibungen (Hünengrab, Arkona, Uferpredigt) der Erzählung Lokalkolorit verleihen. Die Handlung der 1804 erschienenen *Inselfahrt* (Bln.), nach ähnl. Muster verfertigt, spielt auf Hiddensee. K.s Hang zum Wunderbaren u. Mystischen, der schon in den »Romantischen Dichtungen« zu bemerken ist, zeigt sich bes. in den *Legenden* (2 Bde., Bln. 1804), die Gottfried Keller als Vorlage für seine *Sieben Legenden* (1872) dienten.

Die Kriegsunruhen ließen K. 1808 Altenkirchen verlassen u. die Geschichtsprofessur in Greifswald antreten. Am Anfang dieser letzten Schaffensperiode stand *Die Rede am Napoleonstage des Jahres 1809* (Greifsw. 1809), in der Napoleon zwar hohes Lob erntet, die aber auch hohe Friedenserwartungen in ihn setzt. In seinen *Vaterländischen Gesängen* (Greifsw. 1813) befürwortet K. aufgrund christl. Ethik eine Haltung der Mäßigung, Achtung u. Toleranz dem Feind gegenüber. Seine Autobiographie *Geschichte seines fünfzigsten Lebensjahres* erschien 1816 (Lpz.) als Verteidigungsschrift gegen die Anklage des Verrats am Vaterland u. betont K.s tolerante Grundsätze: Er werde den »dummen Götzen Teutschtum« (S. 181) nicht anbeten; ihm stehe »das Menschenthum [...] höher als das Volksthum« (S. 183). Die drei letztgenannten Werke wurden beim Wartburgfest 1817 verbrannt. Gegen Ende seines Lebens wandte sich K. mit einer Übersetzung von Mme. Guyons *Les torrents* (*Die Ströme*. Stralsund 1817) noch einmal der Mystik zu.

Mit Herder, Wilhelm von Humboldt u. Schleiermacher befreundet, unterhielt K. auch Beziehungen zu Goethe u. Schiller, die allerdings neben anderen prominenten Zeitgenossen (Tieck, Friedrich Schlegel) scharfe Kritik an seinem Werk übten – mit einiger Berechtigung, denn K.s dichterische Sprache wirkt weitgehend klischeehaft u. wird zumeist von konventionellen Formulierungen geprägt. Nach seinem Tod nahm sein Ruf zwar schnell ab, aber sein Werk wurde bis Ende des 19. Jh. mehrmals in Auswahl neu aufgelegt. Sieben seiner Gedichte blieben durch Schuberts Vertonungen bekannt.

Weitere Werke: Gesänge. Stralsund 1776. – Poesien. 3 Bde., Lpz. 1798-1802. – Die Jungfrau v. Nikomedia. Bln. 1808. – Die Lieder Luthers. Greifsw. 1818. – Dichtungen. 12 Bde., Greifsw. 1824-27 (Bd. 12: Biogr. K.s v. seinem Sohn Johann Gottfried Ludwig Kosegarten). – Uferpredigten u. hymnolog. Aufsätze. Hg. Gottlieb Christian Mohnike. Stralsund 1831. – Reden u. kleine prosaische Schr.en. Hg. ders. 3 Bde., ebd. 1831/32. – Kürschners Dt. Nationallit. 135 (1893) (enthält Jucunde u. kleinere Schr.en).

Literatur: Adolf Häckermann: K. In: ADB. – H. Franck: G. L. K. Ein Lebensbild. Halle 1887. – Bruno Markwardt: Greifswälder Dozenten als Dichter. Zur Würdigung E. M. Arndts u. G. L. K.s. FS zur 500jahrfeier der Univ. Greifswald. 1956. – Friedrich Schlegel: Krit. Studienausg. Bd. 2: Charakteristiken u. Kritiken 1. Hg. Hans Eichner. Paderb./Mchn./Wien 1967, S. 24 f. – M. Heiderich: The German Novel of 1800. Bern 1982, S. 234-239. *Manfred Heiderich*

Koser, Reinhold, * 7. 2. 1852 Schmarsow bei Prenzlau, † 25. 8. 1914 Charlottenburg bei Berlin. – Historiker u. Archivar.

Der einer Pastorenfamilie entstammende K. studierte in Berlin, Wien u. Halle, wo er 1874 promovierte u., von Johann Gustav Droysen gefördert, mit der Herausgabe der *Staatsschriften aus der Regierungszeit Friedrichs des Großen* (2 Bde., Bln. 1877-85) u. der *Politischen Korrespondenz Friedrichs des Großen* (10 Bde., Bln. 1879-83) begann. Seit 1880 Privatdozent, von 1885 an a. o. Professor in Berlin für neuere allg. u. brandenburgische Geschichte, wurde K. 1891 als Nachfolger Alfred Doves Ordinarius in Bonn, 1896 außerdem Nachfolger Heinrich von Sybels als Direktor der Staatsarchive in Preußen u. des Geheimen Staatsarchivs. Neben der Verbesserung der Archivverwaltung u. -organisation u. seiner Arbeit als Herausgeber sowie in zahlreichen Editionskommissionen (seit 1905 Vorsitzender der Generaldirektion der MGH) widmete K. sich dem friderizian. Preußen; ihm widmete er sein wichtigstes Werk, *König Friedrich der Große* (2 Bde., Stgt. 1893-1903. U. d. T. *Geschichte Friedrichs des Großen*. 4 Bde., Stgt. [5]1912-14. Neudr. Darmst. 1963).

Obwohl K. noch in der Tradition boruss. Geschichtsschreibung stand, gelangte er doch auf stets sorgfältiger Quellengrundlage u. unter Einbeziehung der Ergebnisse zeitgenöss., bes. verfassungsgeschichtl. Forschungen zu einem realistischeren Bild der preußischen Gechichte. Das ließ ihn mit einigen Geschichtslegenden, wie sie noch Johann Gustav Droysen vertreten hatte, brechen. 1912 wurde K. Mitgl. des Ordens »Pour le mérite für Wissenschaft und Künste«.

Weitere Werke: Friedrich der Große als Kronprinz. Stgt. 1886. – Staat u. Gesellsch. der neueren Zeit (zus. mit Friedrich v. Bezold u. Eberhard Gothein). Lpz. 1908. – Gesch. der brandenburg.-preuß. Politik. Stgt. 1913. – *Herausgeber:* Forsch.en zur Brandenburgischen u. Preuß. Gesch. N. F. der Märk. Forsch.en. Bde. 1-4, Lpz. 1888-91 (v. R. K. begründet). – Acta Borussica. Bln. 1892 (v. R. K. mitbegründet). – Briefw. Friedrich des Großen mit Grumbkow u. Maupertuis. Lpz. 1898. Neudr. Osnabr. 1966. – Briefw. Friedrichs des Großen mit Voltaire (zus. mit Hans Droysen). 3 Bde., Lpz. 1908-11. Neudr. Osnabr. 1965.

Literatur: Otto Hintze: R. K. In: HZ 144 (1915), S. 65-87. – Harry Bresslau: Gesch. der MGH. Hann. 1921. – Stephan Skalweit: R. K. In: Bonner Gelehrte. Bonn 1968, S. 272-277. – Bernhard vom Brocke: R. K. In: NDB. *Michael Behnen*

Kossak, (Karl Ludwig) Ernst, * 4. 8. 1814 Marienwerder, † 3. 1. 1880 Berlin. – Feuilletonist, Reiseschriftsteller.

Nach dem Danziger Abitur studierte der Sohn eines preuß. Regierungsbeamten in Berlin

Philologie, Geschichte u. Musik. Seit 1838 gab er Klavierunterricht u. lieferte krit. Beiträge für Musikzeitschriften. In den führenden Blättern erschienen seit 1846 Feuilletons von K., der im Nachmärz zunächst die »Berliner Feuerspritze« redigierte, dann 1854-1867 die Wochenzeitung »Berliner Montagspost« leitete u. großenteils selbst schrieb.

Von den Zeitgenossen als »Schöpfer des Berliner Feuilletons« gefeiert, verstand es K., mit leichter Feder, humoristischem Grundton, aber auch krit. Gemeinsinn dem Berliner Leben der Jahrhundertmitte literar. Dauer zu verleihen (u. a. *Berlin und die Berliner*. Bln. 1851. *Berliner Silhouetten*. Bln. 1859). Von seiner ausgedehnten Reisetätigkeit – durch Deutschland, nach Italien, Frankreich, der Schweiz – geben K.s Reiseschilderungen Zeugnis (*Pariser Stereoskopen*. Bln. 1855. *Schweizerfahrten*. Lpz. 1858. *Bade-Bilder*. Bln. 1858), in denen satir. Seitenhiebe auf die komischen Begleiterscheinungen des aufkommenden Massentourismus nicht fehlen. 43jährig erlitt K. einen Schlaganfall; er blieb körperlich gelähmt.

Weitere Werke: Aus dem Papierkorbe eines Journalisten. Ges. Aufsätze. Bln. 1852. Neuausg. 1976. – Aus dem Wanderbuche eines literar. Handwerksburschen. Bln. 1856. – Berliner Federzeichnungen. 6 Bde., Bln. 1859-65. – Reisehumoresken. 2 Bde., Bln. 1862.

Literatur: Ursula Ellermann: E. K. Eine Darstellung seines Lebens u. seiner krit. Arbeit. Diss. Münster 1947. – Heinz Knobloch: Blättchen für E. K. In: Ders.: Berliner Fenster. Bln./DDR 1981.

Arno Matschiner

Koster, Dora, auch: Oiseau bleu, Platonia Mars, Isa Syltjé, * 5. 6. 1939 St. Gallen. – Lyrikerin, Erzählerin; Malerin.

K., dt.-jüd. Herkunft, lebt heute in Zürich. Ihre erste, autobiograph. Buchveröffentlichung *Nichts geht mehr* (Zürich 1980) ist eine schonungslose Lebensbilanz. Dabei steht die Spannung zwischen poetischer Empfindsamkeit u. den harschen Lebensumständen im Vordergrund, reflektiert werden aber auch deren gesellschaftl. Bedingungen. Der Politkrimi *Mücken im Paradies* (Zürich 1981) kritisiert das starre Rollenschema von Mann u. Frau. Im Gedichtband *Zeitblut* (Zürich 1987), für den K. den Zürcher Literaturpreis 1987 erhielt, gibt die Autorin ihrer Hoffnung auf weibliche Selbstbestimmung Ausdruck. Bekannt ist K., die Scheinheiligkeit u. Verlogenheit mit ihrem Werk entlarven will, auch als »gefürchtete Frauenrechtlerin, die die Anliegen der Frau vehement vertritt und öffentlich fordert« (Koster). – 1986 erhielt sie den Helgoländer Preis. Gedichte von K. wurden 1986 von Martin Derung vertont.

Weitere Werke: Sanft u. gefährlich. Bern 1981 (L.). – Winkender Mond wir kommen. Zürich 1982 (L.). – Geteert u. gefedert. Kiel 1983 (P.). – Nur ein Sprung in die Welt. Mchn. 1984 (L.). – Schattenviolette. Mchn. 1984 (L.). – Blautraum. Ein realist. Märchen. Mchn. 1985. – Orchideen u. darnach. Zürich 1988 (L.). – Die kleine Schweizerin. Zürich 1990.

Guido Stefani

Kottenrodt, Wilhelm, auch: W. Kotzde-Kottenrodt, * 1. 3. 1878 Gohlitz/Havel, † 4. 9. 1948 Ebnet bei Freib. i. Br. – Erzähler, Lyriker, Schul- u. Jugendbuchautor, Biograph.

K. studierte 1893-1899 Pädagogik in Berlin, schied nach achtjähriger Tätigkeit aus gesundheitl. Gründen aus dem Schuldienst aus (1907) u. lebte ab 1908 als freier Schriftsteller. Frühzeitig mit der Jugendbewegung verbunden, wurde er Mitbegründer des Artamanen-Bundes, »der als direkter Vorläufer der NSDAP gelten kann« (Wolfgang Wippermann, 1976).

K.s literar. Werk ist der historisierenden Heimatkunst zuzuordnen. K. begann mit histor. Erzählungen, Kinderbüchern, teils balladesker Lyrik (*Horst und Heide*. Bln. 1905) u. Dichtungen aus dem german. Sagenkreis. Schriften vor dem Ersten Weltkrieg zeigen bereits seine Wendung zur völk. Programmatik (*Der Feind im Land*. Lpz. 1911. *Und deutsch sei die Erde*. Mainz 1912), die K. auch in entsprechenden Geschichtsbüchern für den Unterricht vertrat. Gleichzeitig verfaßte er künstlerisch wenig bedeutsame Romane wie *Wilhelm Droemers Siegesgang* (Bln. 1913) u. Romane nach mittelalterl. Stoffen wie *Wolfram* (Stgt. 1920) über den Sängerkrieg. In dem histor. Roman *Eine Burg im Osten* (Stgt. 1925) werden Aufstieg u. Niedergang des Deutschen Ordens beschrieben u. Fragen einer Ostpolitik im völkisch-nationalistischen Sinn behandelt.

Weitere Werke: Der Schwedenleutnant. Bln. 1905 (E.). – Kleine Leute. Gesch.n aus der Heimat. Bln. 1906 (E.en). – Die Fahrt zu den Ameisleuten. Mainz 1913 (Jugendb.). – Der v. Bismarck. Mainz 1914 (E. über einen Vorfahren Bismarcks im MA). – Dt. Führer u. Meister. Ffm. 1937.

LITERATUR: Wolfgang Wippermann: Gesch. u. Ideologie im histor. Roman des Dritten Reiches. In: Horst Denkler u. Karl Prümm (Hg.): Die dt. Lit. im Dritten Reich [...]. Stgt. 1976, S. 183-206. *Christian Schwarz*

Kotzebue, August (Friedrich) von (russischer Dienstadel 1785), * 3. 5. 1761 Weimar, † 23. 3. 1819 Mannheim; Grabstätte: ebd., Hauptfriedhof. – Dramatiker u. Journalist.

K. entstammte einer angesehenen weimarischen Kaufmanns- u. Ratsfamilie. Nach dem Besuch des von Musäus, K.s Onkel, geleiteten Gymnasiums in Weimar, studierte er ab 1777 Jura in Jena u. Duisburg, schrieb nebenher Dramen, Romane u. Gedichte, beteiligte sich an studentischen Liebhabertheatern u. gründete in Jena einen Dichterclub. 1781-1790 bekleidete er hohe Ämter in Petersburg u. Estland. Gleichzeitig leitete er in Reval ein Liebhabertheater, für das er eine Reihe eigener Schauspiele schrieb, unter ihnen das Rührstück *Menschenhass und Reue* (Bln. 1789), mit dem K. seinen Ruf als populärster Dramatiker seiner Zeit begründete.

Nach dem Tod seiner ersten Frau, einer estländ. Adeligen, reiste K. 1790 zunächst nach Mainz, Mannheim u. Paris. Im selben Jahr schrieb er das obszöne Pasquill *Doctor Bahrdt mit der eisernen Stirn, oder die deutsche Union gegen Zimmermann. Ein Schauspiel [...] von Knigge* (o. O. 1790. Neudr. Lpz. 1907). Mit dieser Schrift bezog er Position in einer literar. Fehde zwischen Johann Georg Zimmermann u. Carl Friedrich Bahrdt, deren Tragweite ihm kaum bewußt gewesen sein mag. Die Invektiven gegen Campe, Boie, Lichtenberg, Nicolai, Knigge u. andere provozierten einen Skandal, der eine der Ursachen dafür war, daß K.s dramat. Werk trotz seiner großen Popularität von der zeitgenöss. Kritik nicht nur mit Geringschätzung, sondern auch mit dem Vorwurf der Unmoralität bedacht wurde.

1792 kehrte K. nach Rußland zurück, ging 1798 als Theaterdichter nach Wien u. 1800 wieder nach Rußland, wo er unter dem Verdacht, Jakobiner zu sein, verhaftet u. nach Sibirien verbannt wurde (*Das merkwürdigste Jahr meines Lebens*. 2 Bde., Bln. 1801). Durch Paul I. begnadigt, wurde er nach vier Monaten wieder freigelassen u. zum Direktor des Deutschen Hofschauspiels in Petersburg ernannt. 1801, nach der Ermordung des Zaren, ließ sich K. in Weimar nieder. Dort kam es zum Konflikt mit Goethe, der das Lustspiel *Die deutschen Kleinstädter* (Lpz. 1803) inszenieren wollte. Da K. sich weigerte, iron. Anspielungen auf die Frühromantiker, v. a. auf die Gebrüder Schlegel, gegen die er bereits 1799 das Pamphlet *Der hyperboreeische Esel oder Die heutige Bildung [...]* (Lpz. 1799. Neudr. ebd. 1907) veröffentlicht hatte, zu streichen, unterblieb die Aufführung schließlich. Als es wegen einer von K. geplanten Ehrungsfeier für Schiller, mit der er Goethe u. die Schlegels kompromittieren wollte, zum Skandal kam, reiste K. erneut nach Paris. Ab 1803 gab er gemeinsam mit Garlieb Merkel von Berlin aus die gegen Goethe u. die Schlegels gerichtete Zeitschrift »Der Freimüthige« (Bln. 1803-06) heraus, kündigte aber seine Mitarbeit nach Streitigkeiten mit Merkel schon bald auf.

Nach Napoleons Sieg 1806 floh K. nach Estland, von wo aus er die antinapoleonischen Zeitschriften »Die Biene« (Königsb. 1808/09) u. »Die Grille« (Königsb. 1811/12) herausgab. 1813, nach der Niederlage Napoleons, wurde K. zum Generalkonsul in Preußen ernannt, zog nach Königsberg, übernahm die Leitung des Theaters u. schrieb eine *Geschichte des Deutschen Reiches von dessen Ursprunge bis zu dessen Untergange* (Lpz. 1814/15).

1817 kehrte er noch einmal nach Weimar zurück u. gründete das »Litterarische Wochenblatt« (Weimar 1818/19), in dem er v. a. gegen die polit. Ziele der studentischen Turnerbünde u. Burschenschaften, gegen Demokratie u. Pressefreiheit polemisierte; auf dem Wartburgfest im Okt. 1817 wurden daher auch Schriften K.s, der zudem noch im Verdacht stand, ein Spion des Zaren zu sein, verbrannt. Seine Ermordung durch den Jenaer Burschenschafter Karl Ludwig Sand gab Anlaß für die Karlsbader Beschlüsse.

K., der mehr als 230 Stücke, daneben zahlreiche Romane, Prosastücke, Reisebeschreibungen, autobiograph. u. histor. Schriften u. Aufsätze verfaßte, war der in Europa am meisten gespielte Dramatiker des 19. Jh. Die Ursachen für K.s Publikumserfolg dürften in seiner – bereits von Goethe anerkannten – Beherrschung bühnenwirksamer Mittel, in der geschickten Handlungsführung u. der Wahl populärer Stoffe liegen. In Abgrenzung von Schiller, Goethe u. anderen sprach sich K. für das Theater als Ort nicht der Erziehung, sondern der Unterhaltung aus (z. B. in *Fragmente über Recensenten-Unfug – Eine Beylage in der Jenaer Literatur-Zeitung.* Lpz. 1797). Das immer gleiche Grundschema seiner Lust- u. Trauerspiele, Possen, Rühr- u. Familienstücke, nach dem die den Ausgangspunkt für den dramat. Konflikt bildende gestörte Ordnung über Verwicklungen u. parallel gestaltete Nebenhandlungen in einem idealen, stadt-, gesellschafts- oder europafernen Freiraum wiederhergestellt u. in einem rührseligen Schlußtableau sinnfällig gemacht wird, bot dem Publikum bürgerl. Illusionstheater u. veranlaßte K.s zahlreiche Kritiker, ihn als trivial zu verurteilen. K.s kaum noch gespielte Stücke sind zunehmend zum Gegenstand sozialgeschichtlich orientierter Trivialliteraturforschung geworden.

AUSGABEN: Theater. Mit biogr. Nachrichten. 40 Bde., Wien/Lpz. 1840/41. – Ausgew. prosaische Schr.en. 45 Bde., Wien 1842/43. – Schauspiele. Hg. u. kommentiert v. Jürg Mathes. Mit einer Einf. v. Benno v. Wiese. Ffm. 1972.

LITERATUR: Karl-Heinz Klingenberg: Iffland u. K. als Dramatiker. Weimar 1962. – Walter Hinck: Das dt. Lustsp. des 17. u. 18. Jh. Stgt. 1965. – Horst Albert Glaser: Das bürgerl. Rührstück. Stgt. 1969. – Frithjof Stock: K. im literar. Leben der Goethezeit. Düsseld. 1971. – Peter Brückner: ›... bewahre uns Gott in Dtschld. vor irgendeiner Revolution!‹ Die Ermordung des Staatsrats v. K. durch den Studenten Sand. Bln. 1975. – Doris Maurer: A. v. K. Ursachen seines Erfolges. Bonn 1979. – Peter Kaeding: A. v. K. Auch ein dt. Dichterleben. Bln. 1985.

Sabine Lorenz

Kracauer, Siegfried, eigentl.: S. Krakauer, auch: Ginster, raca; * 8. 2. 1889 Frankfurt/M., † 26. 11. 1966 New York. – Essayist, Prosaautor, Film- u. Kulturtheoretiker, Geschichtsphilosoph.

Der Sohn einer kleinbürgerl. jüd. Familie besuchte das namhafte Reform-Realgymnasium Philanthropin der Israelitischen Gemeinde in Frankfurt/M. Seine Studien der Ingenieurwissenschaften schloß er 1914 mit der Promotion ab; er arbeitete vor u. während des Ersten Weltkriegs als Architekt in Frankfurt u. Osnabrück u. betrieb zgl. philosophisch-kulturkrit. Studien. Ab 1920 arbeitete K. als freier Mitarbeiter u. 1921-1929 als Feuilleton-Redakteur der »Frankfurter Zeitung«, 1930-1933 als deren kulturpolit. Korrespondent in Berlin.

Die frühen Schriften variierten K.s zentrales Thema noch konservativ-idealistisch; er untersuchte Momente der »transzendentalen Obdachlosigkeit« in den technisch-funktional gewordenen Gesellschaftsprozessen der Neuzeit u. maß deren Sinnverlust, verstanden als Realitätsverlust, am »sinnüberwölbten Kosmos« des MA. Beeinflußt von Max Scheler schrieb K. die (noch unveröffentlichte) Erzählung *Die Gnade.* 1920 widmete er seinem Lehrer u. Freund Georg Simmel eine Monographie. 1922 veröffentlichte er die an Husserl orientierte erkenntnistheoret. Untersuchung *Soziologie als Wissenschaft* (Dresden). K. stand dem Kreis um den liberalen Rabbiner Nobel in Frankfurt nahe, distanzierte sich jedoch heftig von den einflußreichen religiösen bzw. esoter. Erneuerungsbewegungen der frühen 20er Jahre.

1923 kam es in der lebenslangen, für K. enttäuschenden Beziehung zu Adorno zu einem ersten tiefgreifenden Bruch. Um 1925 intensivierte K. sein Studium des Marxismus, beschäftigte sich mit den Phänomenen der Massenkultur u. griff Anregungen von Bloch, Benjamin u. Leo Löwenthal auf. Dies führte ihn zu einer Neuorientierung, zu einem wachsenden Interesse am Konkreten, an den unscheinbaren Phänomenen des sozialen Alltags.

War das Buch *Der Detektivroman* (1925. Erstveröffentlichung Ffm. 1971) noch angelegt als »Metaphysik«, als geschichtsphilosophische Allegorie anhand der Topoi dieses populären literar. Genres, so bezeugen K.s autobiograph. Romane *Ginster* (Bln. 1928) u. *Georg* (1934. Erstveröffentlichung Ffm. 1973), die Monographie *Die Angestellten* (Ffm. 1930) u. zahlreiche Essays u. philosophische Miniaturen (»Denkbilder« im Sinne Benjamins) seine materialistischen Zeitdiagnosen u. sein erfahrendes Denken.

1933 floh K. mit seiner Frau Lili nach Paris. Während der folgenden acht Jahre entstanden im Exil der Roman *Georg* u. die »Gesellschaftsbiographie« *Jacques Offenbach und das Paris seiner Zeit* (Amsterd. 1937). Obwohl die frz. Übersetzung von *Ginster* (ein Roman über einen Antihelden im Ersten Weltkrieg, über den Joseph Roth schrieb: »Ginster im Krieg, das ist: Chaplin im Warenhaus.«) K. Ansehen in Frankreich verschaffte, blieb seiner literar. Arbeit im Exil der finanzielle Erfolg versagt. *Georg* war ein Schlüsselroman über K.s Arbeit bei der »Frankfurter Zeitung« u. die ideolog. Brüche während der Weimarer Republik.

1941 gelangten K. u. seine Frau, vermittelt über Löwenthal u. Adorno, nach New York u. erhielten 1946 die amerikan. Staatsbürgerschaft. K. arbeitete, finanziert über immer neu zu beantragende Stipendien, in der Film Library des Museum of Modern Art als Filmhistoriker, z. B. über totalitäre Filmpropaganda, u. veröffentlichte 1947 *From Caligari to Hitler* (Princeton 1947. Dt. Hbg. 1958), eine Studie über Mentalitätstypen, über sozialpsycholog. Dispositionen, die den Sieg des Nationalsozialismus begünstigten, gespiegelt im dt. Film der Weimarer Republik. Diese »Prophetie nach rückwärts«, die 1958 in einer verstümmelten Übersetzung deutsch erschien, beeinflußte anhaltend die Debatten um Filmkritik u. Filmgeschichte in der BR Deutschland. *Theory of Film, The Redemption of Physical Reality* (New York 1960. Dt. Ffm. 1964), wiederum der Versuch einer materialen Geschichtstheorie am Gegenstand Film, wurde heftig kritisiert wegen der stark normativen Ästhetik, leitete aber zgl. eine zögernde Auseinandersetzung mit K.s Schriften in der BR Deutschland ein. In deren Folge veröffentlichte K. 1963 *Das Ornament der Masse* (Ffm.), eine Sammlung seiner besten kulturkrit. Essays aus den 20er Jahren u. *Straßen in Berlin und anderswo* (Ffm. 1964), eine Sammlung seiner schönsten Miniaturen aus den Jahren 1925-1933. K. hinterließ ein unvollendetes Werk, *History. The Last Things before the Last* (New York 1969. Dt. Ffm. 1973), ein Plädoyer für die wechselseitige Durchdringung von Makro- u. Mikrogeschichte u. eine Annäherung an die Geschichte über ihren Vergleich mit der Photographie u. vor allem dem Film.

WEITERE WERKE: Die Entwicklung der Schmiedekunst in Berlin, Potsdam u. einigen Städten der Mark vom 17. Jh. bis zum Beginn des 19. Jh. Worms 1915. – Propaganda and the Nazi War Film. New York 1942. – The Conquest of Europe on the Screen. The Nazi Newsreel 1939-40. Washington 1943. – Satellite Mentality (zus. mit Paul L. Berkman). New York 1956. – Über die Freundschaft. Ffm. 1971 (Ess.s). – Kino, Essays, Studien, Glossen zum Film. Hg. Karsten Witte. Ffm. 1974. – Schr.en. Hg. K. Witte. 8 Bde., Ffm. 1971 ff.

LITERATUR: Theodor W. Adorno: Der wunderl. Realist. In: Ders.: Noten zur Lit. 3. Ffm. 1966. – S. K. In: Text + Kritik. Mchn. 1980. – Inka Mülder: S. K. – Grenzgänger zwischen Theorie u. Lit. Seine frühen Schr.en 1913-33. Stgt. 1985. – Ingrid Belke u. Irina Renz: S. K. 1889-1966. Marbach 1988. – Thomas Y. Levin: S. K. Eine Bibliogr. seiner Schr.en. Marbach 1989.

Claudia Lenssen

Kräftner, Hertha, * 26. 4. 1928 Wien, † 13. 11. 1951 ebd. – Lyrikerin u. Erzählerin.

K. besuchte in Mattersburg/Burgenland das Realgymnasium. Der Tod des Vaters im Sept. 1945, die letzten Kriegstage u. die Besatzungszeit erschütterten die sensible Jugendliche schwer. Nach der Matura begann sie in Wien Germanistik u. Anglistik zu studieren u. übernahm 1949 eine Dissertation zum Thema »Die Stilprinzipien des Surrealismus, nachgewiesen an Franz Kafka«. Angeregt durch den Logotherapeuten Viktor E. Frankl beschäftigte sie sich aber zunehmend mit Psychologie, Philosophie u. Soziologie. Die Freundschaft zu einem jungen Bibliothekar, den sie »Anatol« nennt, blieb bis zu ihrem Freitod u. trotz zahlreicher Krisen bestimmend für ihr Leben u. Schreiben. Hans J. Schütz zählt K. neben Ingeborg Bachmann zu den wichtigsten österr. Lyrikerinnen der Nachkriegszeit.

K., die ab 1946 unter dem Einfluß von Trakl u. Rilke zu schreiben begann, veröffentlichte erstmals im Okt. 1948 in der von Hermann Hakel herausgegebenen Zeitschrift »Lynkeus« das Gedicht *Einem Straßengeiger.* 1950 erhielt sie Zugang zum Autorenkreis um Hans Weigel u. publizierte nun vermehrt Texte in Anthologien u. Zeitschriften. Eine Reise nach Norwegen 1949 u. ein längerer Parisaufenthalt 1950 waren einschneidende Erlebnisse. Für ihr *Pariser Tagebuch* (Wien 1950) erhielt K. 1951 den Prosapreis der Zeitschrift »Neue Wege«. Antrieb u. Inhalt der poetischen Produktion ist immer die psych. Verfassung der Dichterin. K.s Texte oszillieren zwischen beschwörender Sprachverwendung u. Sprachskepsis. Sie stehen damit in der Tradition einer »psychogrammatischen« Literatur, die von der expressionistischen bis zur experimentellen österr. Dichtung der 60er Jahre reicht. Die Auflösung des Ich in konstant bleibenden sprachl. Bildern des Traums, des Todes, der Liebe u. der Fremdheit überlagert die Wirklichkeit der äußeren Welt. Von der ersten Ausgabe von K.s Texten (*Warum hier? Warum heute?* Graz 1963) wurden nicht einmal 100 Exemplare verkauft. Erst durch Neuauflagen 1977 (Eisenstadt) u. 1981 (Darmst.) begann die allmähl. Wiederentdeckung. 1988 kam es zur Gründung einer Hertha-Kräftner-Gesellschaft in Mattersburg, die sich der Pflege des Werks u. des Nachlasses widmet.

AUSGABEN: Das Werk. Gedichte. Skizzen. Tagebücher. Mit Bibliogr. Eisenstadt 1977. – Das blaue Licht. Lyrik u. Prosa. Darmst. 1981.

LITERATUR: Paul Hühnerfeld: H. K. In: Ders.: Zu Unrecht vergessen. Hbg. 1957, S. 337-340. – Otto Breicha u. Andreas Okopenko: H. K. In: Wort in der Zeit 8 (1962), S. 15-18. – Sabine Grossi: Die psychogrammat. Struktur der Dichtung H. K.s. Diss. Salzb. 1973. – Hans J. Schütz: H. K. In: ›Ein dt. Dichter bin ich einst gewesen‹. Mchn. 1988.

Bernhard Fetz